王仲殊先生肖像

考古学专刊
甲种第三十九号

新世纪的中国考古学（续）

——王仲殊先生九十华诞纪念论文集

中国社会科学院考古研究所　编著

科学出版社

北京

内 容 简 介

本书是中国社会科学院考古研究所在王仲殊先生领导下长期在考古研究所工作过的年逾六旬的一批学者和一些敬仰王仲殊先生的中青年科研人员为王仲殊先生九十华诞集体撰写的论文集。所收46篇论文涉及史前时代至宋元明时期；在研究内容上，既有古代墓葬、聚落、城址的研究，也有关于手工业考古、佛教考古、中外文化交流考古、科技考古等诸领域的专题研究，更有不少是关于考古遗物的各种专题研究，以及田野考古管理的探讨等。这些论文，时间跨度长，内容丰富，从一个侧面展现了新世纪以来中国考古事业繁荣发展的时代图景。论文集卷首载有《王仲殊先生传略》和《王仲殊先生著作目录》。

本书可供考古学、历史学和文物、博物馆等学科的研究人员、大专院校相关专业的师生及考古、文物工作爱好者阅读、参考。

图书在版编目（CIP）数据

新世纪的中国考古学．续：王仲殊先生九十华诞纪念论文集 / 中国社会科学院考古研究所编著．—北京：科学出版社，2015.9
（考古学专刊．甲种；39）
ISBN 978-7-03-045732-5

Ⅰ.①新… Ⅱ.①中… Ⅲ.①考古学–中国–文集 Ⅳ.①K870.4-53

中国版本图书馆CIP数据核字（2015）第223265号

责任编辑：张亚娜／责任校对：彭 涛
特约编辑：顾智界
责任印制：肖 兴／封面设计：张 放

科学出版社 出版
北京东黄城根北街16号
邮政编码：100717
http://www.sciencep.com

中国科学院印刷厂 印刷
科学出版社发行 各地新华书店经销

*

2015年9月第 一 版　开本：787×1092　1/16
2015年9月第一次印刷　印张：44 1/2　插页：1
字数：1 052 000
定价：320.00元
（如有印装质量问题，我社负责调换）

ARCHAEOLOGICAL MONOGRAPH SERIES
TYPE A No. 39

CHINESE ARCHAEOLOGY IN THE NEW CENTURY
(Continued)

Festschrift in Honor of Prof. Wang Zhongshu on the Occasion of His Ninetieth Birthday

by

The Institute of Archaeology, Chinese Academy of Social Sciences

Science Press
Beijing 2015

序

  1950年7月，王仲殊先生从北京大学历史系毕业。当时正值中国科学院考古研究所于同年8月1日成立，亟需吸收新的研究人员。经北大教授张政烺先生推荐，主持考古研究所工作的副所长梁思永先生欣然接纳王仲殊先生入所。就在研究所成立几天后，王仲殊先生到研究所报到。梁思永先生接见了王仲殊先生，并多加勉励。同年9月，夏鼐先生到考古研究所就任副所长。夏鼐先生到任的第一天，便与王仲殊先生见面。夏先生此前已得知王仲殊的历史文献基础较好又通日文，便劝导他在学术研究上专攻应将田野调查发掘工作与历史文献记载充分结合的汉唐时代考古学，又因汉唐时代中国与日本交往密切，而古代日本在制度、文化上多受中国影响，故可进而兼攻日本考古学和日本古代史。夏鼐先生还决定亲自担任王仲殊先生的导师。

  王仲殊先生到研究所后，当年10月就参加了考古研究所正式成立后的首次田野考古发掘——河南辉县战国、汉代墓地的发掘。这是王仲殊先生第一次参加的考古发掘工作。在夏鼐先生的指导下，他熟悉了田野考古的全过程，为他日后主持几项重要的考古发掘打下了坚实的基础。

  此后，王仲殊先生先后参加或主持了豫西考古调查、北京西郊董四墓发掘、湖南长沙古墓葬发掘、河南禹县白沙水库地区古墓的发掘、汉长安城遗址的考古勘探与发掘、黑龙江渤海上京龙泉府遗址和六顶山渤海墓地的发掘，以及河北满城汉墓、山西乔村战国墓、成都凤凰山明墓等一系列考古发掘，这些发掘也是新中国最早的一批考古发掘项目。王仲殊先生还先后参加了《辉县发掘报告》《长沙发掘报告》的编写，主持了《六顶山与渤海镇——唐代渤海国的贵族墓地与都城遗址》等长篇发掘报告的编写，并快速发表了《洛阳烧沟附近的战国墓葬》《汉长安城考古工作初步收获》和《汉长安城考古工作收获续记——宣平门的发掘》等中篇发掘报告或简报。

  新中国成立之初，全国范围内考古工作者甚少，包括在各个大学任教的也仅有区区数十人。为了解决这一问题，扩大考古工作者队伍，国家文化部文物局会同中国科学院考古研究所和北京大学历史系于1952~1955年先后举办了4届考古工作人员培训班，共有来自全国的341名学员参加了培训，这些人中的绝大多数后来成为各地考古工作的骨干。中国科学院考古研究所的夏鼐、郭宝钧、安志敏、王仲殊、石兴邦等多位先生为培训班授课，辅导学员们的田野考古实习。为了更好地培养考古人才，1952年考古研究所和文化部文物局联合支持北京大学历史系创办了新中国第一个考古专业，王仲殊先生与夏鼐、郭宝钧、安志敏等先生一道，承担了考古专业的授课任务。他们为新中国考古人才的培养做出了不可磨灭的重要贡献，值得我们后人铭记。

在以夏鼐为主的前辈学者的关怀和指导下，王仲殊先生在研究所迅速成长起来。1957～1965年，他被委任为考古研究所的学术秘书，还曾任汉唐考古研究组副组长（组长由夏鼐先生兼任），为考古研究所的发展做出了重要贡献。1966年开始的"文革"使各个行业都受到冲击，考古工作也未能幸免。大批考古学者被下放到农村"劳动改造"，极少数职工留守。1970年，王仲殊先生担任考古研究所留守工作的领导人。他利用修复阿尔巴尼亚委托的重要文物——"羊皮书"的机会，通过时任中国科学院院长郭沫若上书周恩来总理，将夏鼐先生等知名学者调回北京，使他们恢复专业的工作。他还和夏鼐先生一道，致函郭沫若院长并周恩来总理，建议《考古》和《考古学报》复刊，获得批准，这两份杂志就成为"文革"后期最先复刊的中国学术期刊。在《考古》和《考古学报》复刊的带动下，遵照周恩来总理的指示，科学院的数十种杂志也相继复刊。对于《考古》等学术杂志的复刊，王仲殊先生起了主导作用。

1978～1982年，王先生升任中国社会科学院考古研究所副所长，进一步成为所长夏鼐的得力助手。1982～1988年，王仲殊继夏鼐之后，被连续委任为中国社会科学院考古研究所所长，兼任考古所学术委员会主任，《考古学报》和《考古学集刊》主编。在个人学术职称方面，由于"文革"期间的延误，王仲殊于1979年被破格由助理研究员直接提升为研究员。1981年他被聘为中国社会科学院研究生院教授，并由国务院学位委员会直接评定为博士生导师。从1991年开始，他享受国务院颁发的政府特殊津贴。1992～1998年，他再度担任考古研究所学术委员会主任。2006年，王仲殊先生被授予荣誉学部委员称号。

今年是考古研究所成立65周年，也是王仲殊先生在考古研究所从事考古研究65周年。从这个意义来说，可以说王仲殊先生是考古所成长、发展的见证人，也是新中国的考古学发展的参与者和见证人。

王仲殊先生是在梁思永、夏鼐两先生的引领下走上了考古之路的。受到这两位严格看待田野考古训练的前辈学者的影响，王仲殊先生一直主张重视田野考古工作，重视田野考古资料的刊布，而他所承担的几项重要的考古工作的发掘报告都已完成出版。王先生身体力行，尤其是在他自1978～1988年担任考古研究所副所长和所长期间，他始终坚持把田野考古放在考古研究所业务工作的首位。他对考古研究业务工作的各个环节的严格要求和督促，使梁思永、夏鼐先生开创的严谨、扎实、注重田野工作、精益求精、艰苦奋斗的作风得以继承和发扬。

王仲殊先生一直致力于加强中国考古学与国外考古学界的交流。他本人在青年时代就喜爱日本历史和文学，对日本的和歌、俳句都有很深造诣，曾多有创作，深受好评。他具有较深的中国历史和文献功底，这使他几十年来从事汉唐考古学与中日古代文化交流的历史学和考古学研究具有得天独厚的优势。几十年来，他在三角缘神兽镜的产地、日本古代都城制度的源流、高句丽好太王碑记载历史事实的解读、日本高松冢古坟的墓主人、《后汉书》和《三国志》记载中的倭国与中国王朝的关系等问题，先后提出了一系列有别于日本历史和考古学界定论和体系的创新观点，获得很多日本知名学者的赞同。正因为如此，他在日本学术界享有很高的声誉。他荣获日本福冈亚洲文化奖大奖，成为继巴金、费孝通之后的第三位获此殊荣的中国人。

王仲殊先生不仅自己潜心研究中日交流的考古学，还积极推进中国和外国考古学界的交流。他始终认为，中国的考古学者不仅要对本国的考古学有深入的研究，还应当了解和研究外国考古学，只有这样，才可称为名副其实的考古学强国，也才和我们文明古国、文化大国的地位相称。正是基于这一理念，从他担任研究所所长时起，我们研究所开始向日本、美国等国家派遣留学生、进修生。据不完全统计，我所近30年来向国外派遣留学生、进修生及中、长期访问学者约达60人次。

王仲殊先生对考古研究所怀有深厚的感情。他自1950年进入考古研究所工作，直至20世纪90年代末退休，一直未曾调动工作。退休后仍接受考古研究所的返聘，考古研究所是他唯一工作的单位。他虽已年事甚高，但至今仍然每周来研究所，为完成各项学术任务而努力。王先生还十分关心研究所的发展，积极支持研究所领导的工作，常提出事关考古研究所发展的建议。

今年是王仲殊先生90华诞。为了纪念和庆祝，我们研究所的老、中、青同仁们纷纷献文，汇编成这一本纪念论文集。我们衷心祝愿王仲殊先生健康、长寿，学术青春永驻！

王　巍

2015年3月28日

王仲殊先生传略

王 巍

一

1925年10月15日王仲殊先生出生于浙江省宁波市。父亲是宁波的一位中学语文老师，兼任报社的文艺副刊编辑，并长期受聘为著名的天一阁文献委员会委员。王先生从少年时代开始，便受父亲的培育、熏陶，在古典文学和历史文献方面打下良好的基础。抗日战争期间，王先生离开宁波，辗转于嵊州、新昌、宁海各地，历尽艰辛，完成了初中和高中的学业。1946年夏秋之际，他先后考取厦门大学、北京大学、武汉大学、复旦大学和浙江大学等国内第一流大学，却就近选择最后考取的浙江大学，攻读历史学。1949年新中国成立，浙江大学院系调整，王仲殊听从浙江大学教授谭其骧先生劝导，转学到北京大学。

1950年7月，他从北京大学历史系毕业。当时正值中国科学院考古研究所即将成立，需要增添新的研究人员。经北大教授张政烺先生推荐，考古研究所副所长梁思永先生欣然接纳王仲殊于同年8月初入所，并多加指导、勉励，热忱至高。这样，王仲殊便成为考古研究所成立后第一个从大学毕业分配而来的青年研究人员。可以说，王仲殊先生是考古研究所成长、发展的重要实践者和见证人之一。

1950年9月，夏鼐先生到考古研究所就任副所长之职，不久便担任王先生的导师。在以夏先生为主的前辈学者的殷切关怀和大力帮助下，王先生在工作上迅速成长，研究上多见成绩。1958～1965年，他被委任为考古研究所的学术秘书，又任汉唐考古研究组副组长（组长由夏鼐副所长、所长兼任）。1978～1982年，他升任中国社会科学院考古研究所副所长，进一步成为所长夏鼐先生的得力助手。1982～1988年，王仲殊先生继夏鼐先生之后，被委任为中国社会科学院考古研究所所长，兼任学术委员会主任，并任《考古学报》和《考古学集刊》的主编。在个人学术职称方面，由于"文革"期间的延误，王仲殊先生于1979年被破格提升为研究员（相当于大学教授）。1981年他被聘为中国社会科学院研究生院教授，并由国务院学位委员会直接评定为博士生导师。从1991年开始，他享受国务院颁发的关于做出突出贡献的政府特殊津贴。1992～1998年，他重新担任考古研究所学术委员会主任；1999年至今，又改任学位委员会委员之职。

此外，1979～1988年王仲殊先生曾任中国考古学会常务理事兼秘书长，1980～1985年曾任《中国大百科全书·考古学》编辑委员会副主任兼《秦汉考古》主编，1996～1999年任《辞海》编辑委员会委员兼考古学分科主编，2002年以来又任《大辞海》考古学分科主编。1988～1998年，王仲殊先生连任第7、第8两届中国人民政治协商会议全国委员会委员。

王仲殊先生在学术研究上的成果亦为国际学术界所称道。早在1973年，他被聘为秘鲁国立库斯科大学的名誉教授。1988年，德国考古学研究院则授以通讯院士称号。1990年，亚洲史学会推举王仲殊先生为评议员（相当于常务理事）。1995年，日本冲绳学研究所又聘请其为客座研究员。1996年，继巴金、费孝通之后，王仲殊先生被日本方面授以"福冈亚洲文化奖"大奖，这更是十分难得的荣誉。

这里，应该特别提到的是，在1966年以后的所谓"文革"期间，我国许多学术研究机构，包括中国科学院所属人文·社会科学的各研究所在内，几乎皆被迫停业，唯独考古研究所因受周恩来总理关爱，得以继续开展业务。当时，王仲殊先生受命主持考古研究所的工作，凭借其与中国科学院院长郭沫若先生之间的亲密交往关系，尽力保护遭受迫害的老一辈学者，尤其是将下放在外省农村劳动的夏鼐先生、安志敏先生等调回北京，恢复其在考古研究所的职务。1971年夏，王仲殊还与夏鼐先生一同为郭沫若院长起草致周恩来总理的请示报告，恳请《考古》《考古学报》等复刊以应国内外需要，立即蒙周总理批准，乃使考古研究所的学术研究得以进一步开展，为1978年改革开放以后中国考古事业的新的光辉历程奠定了极为重要的基础。

学问与人品往往有着密不可分的关系，这在王仲殊先生身上显得格外清楚。众所周知，王仲殊是夏鼐先生的学生和接班人。与夏鼐先生一样，王先生为人正派、诚实，襟怀坦白，表里如一。他从不隐瞒自己的观点，更不曲意逢迎，取悦于别人。针对一些不良的倾向，敢于发表自己的意见，无所畏惧。王仲殊先生学风严谨，立论扎实、可靠。在他的学术论著中，从不轻易发表没有把握的见解，更不仅凭主观臆测而大事渲染。实事求是，严以律己，理之所在，决不退让，这是王仲殊先生的治学之道。

二

1948年冬，在南京中央研究院历史语言研究所任职的夏鼐先生拒绝迁移台湾，坚决留在大陆。1949年秋全国解放，夏先生应聘在杭州的浙江大学任教授，直至1950年夏末。当时，王仲殊已转学到北京大学，与夏先生不曾相识。然而，夏先生在浙大任职期间，多次听谭其骧教授（历史地理学）、夏禹勋教授（日本语文）等老师言及王仲殊在学业上的优秀成绩，印象至深。

1950年9月中旬的一个夜晚，夏鼐先生自杭州乘火车到达北京。次日一早，他初次与王仲殊在考古研究所的办公室见面，立即为王仲殊指引治学的方向。夏先生熟知历史文献和日本语文是王仲殊在学业上的优势所在，故明确主张王仲殊应专攻在研究上必须充分以历史文献记载与田野调查发掘相结合的中国汉唐时代考古学，又因汉唐时代中国与日本交往密切，而古代日本在制度、文化上多受中国影响，故可兼攻日本考古学和古代史。数十年来，夏鼐先生指引的治学方针始终为王仲殊所遵循，直至今日而不改。

1950年10月初，王仲殊便跟随夏鼐先生到河南省辉县，参加新中国成立后第一次大规模的考古调查发掘工作。正是遵照上述夏鼐先生为他规定的专业方向，王仲殊在辉县琉璃阁发掘的对象几乎全是汉代墓葬。由于夏先生的言传身教，严格要求，开始奠定了他在田野考古学上的技术基础。1951年4月至7月，夏鼐先生还带领王仲殊到河南省从郑州到渑池的中西部地区进行对各个时代遗址的调查发掘，决定以汉唐时代考古学为专业的王仲殊也参加了几处新石器时代遗址的发掘。由于新石器时代遗址与汉代墓葬在发掘工作的操作上各有特点，互为补充，从而使他进一步增长了关于田野考古学的理论、方法等各方面的知识。

此后，就较为重要的项目而言，王仲殊先生先后参加了湖南省长沙的汉代墓葬、陕西省西安的汉长安城遗址、河北省满城的汉代陵墓、吉林省敦化的渤海墓葬、黑龙江省宁安的渤海上京龙泉府遗址等的发掘工作。其中，1956～1962年汉长安城遗址的发掘由他主持，使他成为考古研究所汉长安城工作队的第一任队长，所获成果为以后该都城遗址的长期发掘打下坚实的基础。1964年春秋两季，他主持敦化六顶山渤海墓葬和宁安渤海镇渤海上京龙泉府遗址的发掘，规模大、效率高，收获丰富，为中国汉唐时代边疆考古学的开展做出积极的贡献。题为《六顶山与渤海镇——唐代渤海国的贵族墓地与都城遗址》的发掘报告书由王仲殊先生任主编，内容充实，叙述清楚，出版后多受好评，并荣膺"国家社会科学基金项目优秀成果奖"和"郭沫若中国历史学奖"等重要奖项。

在长年的考古学研究的实践中，王仲殊先生勤奋好学，孜孜以求，逐渐形成了具有本人自身特色的知识结构和治学方式。50多年来，单就中国考古学范围之内而言，他的论著相当丰富。在前已述及的田野工作方面，有与其他人合著的《辉县发掘报告》《长沙发掘报告》《六顶山与渤海镇》三部发掘报告，又有个人独著的《洛阳烧沟附近的战国墓葬》《汉长安城考古工作的初步收获》《汉长安城考古工作收获续记——宣平城门的发掘》等单篇的发掘报告和简报。在综合研究和专题研究方面，则有个人独著的《汉代文明》（英文）、《汉代考古学概说》（中文，有朝鲜文译本）等专书，又有《沂南石刻画像中的七盘舞》《略论杯盘舞及其时代》《汉潼亭弘农杨氏冢茔考略》《中国古代墓葬概说》《中国古代都城概说》《论吴晋时期的佛像夔凤镜》《吴县、山阴和武昌——从铭文看三国时代吴的铜镜产地》《"青羊"为吴郡镜工考——再论东汉、三国、西晋时期吴郡所产的铜镜》《"黄初"、"黄武"、"黄龙"纪年镜铭辞综释》《"建安"纪年铭神兽镜综论》《黄龙元年镜与嘉兴元年镜铭辞考释》《关于好太王碑文辛卯年条的释读》《再论好太王碑文辛卯年条的释读》等个人独著的论文共约数十篇，其中不少受到国内外学术界的重视，获得好评。

作为中国考古学界的重大事项之一，《中国大百科全书·考古学》于1986年8月正式出版。王仲殊先生不仅作为编辑委员会副主任协助主任夏鼐先生负责全书的设计、规划和编辑事务，而且亲自承担《中国古代墓葬制度》《秦汉考古》《秦汉墓葬》《汉长安城遗址》《汉魏洛阳城遗址》《铜镜》《汉代铁器》《汉代铜器》《汉代漆器》《汉代陶瓷器》等20多个条目的撰写，字数近20万。特别是卷首开头最重要的《考古学》序目为夏鼐、王仲殊两先生共同合作撰写，高屋建瓴、深入浅出地论述了考古学的定义，研究的范围、目标和方法，学科的分支及其与其他学科的关系等等，并有条不紊地叙明世界考古学的发展史，内容详细、充实，论据确切可靠，至今仍是中国考古学界广为遵循的纲领性大著作。

三

如前所述，按照夏鼐先生为他设定的治学方针，王仲殊先生在研究以汉唐时代为中心的中国考古学的同时，也注重对日本考古学和古代史的钻研。早在20世纪50年代、60年代，王仲殊大量阅读日本的古代文献及近代、现代的考古学和古代史书刊，以求充实自身的基本知识，并把握对方的学术动态。考古研究所图书馆收藏甚丰，除中国本国的书籍、刊物以外，也有不少外国的书刊，尤以日本的为多。中国科学院图书馆、北京大学图书馆和中国国家图书馆（前称北京图书馆）皆兼藏日本文科方面的大量书籍、刊物，应有尽有，自可充分借阅，而王先生个人收集日本书籍、杂志、报刊颇多，更可随手检阅，十分便利。从1981年开始，王先生应邀访问日本，至今已达25次之多，每次都在日本参加考古学·古代史讨论会，作公开的学术讲演，顺便赴各地考察古迹，参观博物馆等，又为他对日本考古学和古代史的研究开创新的必要的条件。

经过长期的努力，王仲殊先生在日本考古学和古代史的研究上取得了很大成绩。他的研究成果充分表现于各种专著和许多论文，它们多被译成日文，在日本出版，有些论文则是由王先生本人直接用日文写作的。在专著方面，计有共著或独著的《探索中日古代文化的交接点》（共著）、《奈良·平安之都与长安》（共著）、《三角缘神兽镜之谜》（共著）、《古代日本的国际化》（共著）、《三角缘神兽镜》（独著）、《从中国看古代日本》（独著）、《三角缘神兽镜与邪马台国》（共著）等书，而王先生独著的各种论文则已多达数十篇。除1981年以来对平城京、平安京等日本古代都城研究和对称为"三角缘神兽镜"的日本古代铜镜研究的两大系列论著将在后文专门介绍以外，这里先以早在1959年发表的《说滇王之印与汉委奴国王印》和1972年发表的《日本高松冢古坟简介》两篇论文为例，稍加叙说。

在江户时代中期的1784年2月，一枚闪闪发光的金印在日本九州北部的志贺岛（今属福冈市）出土。据计测，印面为2.35厘米见方，纽作蛇形，通纽高2.23厘米。印文"汉委奴国王"五字，篆体，阴刻。如《后汉书·东夷传》所记，这显然是汉光武帝于建武中元二年（公元57年）通过来访的使者赐予倭的奴国之王的。所刻"汉委奴国王"五字应理解为"汉·倭·奴国王"，而"委"字则为"倭"的简体。然而，直到20世纪50年代之末，日本研究者众说纷纭，多有异论，特别是怀疑其为赝作，不是真品，主要的理由是印纽作蛇形，印文为刻凿而非铸就，不合规制云云。

1956年12月，我国云南省晋宁石寨山的西汉滇国墓出土1枚金印，印面2.4厘米见方，纽作蛇形，通纽高1.8厘米。印文"滇王之印"4字，篆体，阴刻。作为发掘单位的云南省博物馆举出各种理由，认为此印不是中国西汉王朝所赐，而是滇国本民族自制。但是，王仲殊先生在《考古》杂志上发表《说滇王之印与汉委奴国王印》的论文，在否定云南省博物馆的意见的同时，确认"滇王之印"金印应如《史记·西南夷列传》所记，为汉武帝于元封二年（公元前109年）所赐予。王仲殊先生以"滇王之印"印纽亦作蛇形，印文亦出于刻凿为主要依据，指明日本志贺岛出土的"汉委奴国王"金印为真品而非伪作。从此以后，怀疑论的迷雾消散，作为2000年来中日两国友好交流史的重要实物见证，金印发出更为灿烂、明亮的光辉。

1972年3月，在日本奈良县高市郡明日香村发掘了高松冢古坟。古坟石室内有着保存良好的壁画，其内容包含四神图、天象图和男女人物像等，绘描优美，装饰精良，色彩鲜明，实属空前大发现，轰动全国。王仲殊在郭沫若先生处得见快速送来的日本报纸关于高松冢古坟的详细报道，乃执笔撰作《日本高松冢古坟简介》之文，发表在复刊不久的1972年第5期《考古》上，立即引起日本学术界的注意。九州大学教授冈崎敬迅速将此文译为日文，转载在同年12月初出版的日本有名的《朝日杂志》。此后，王仲殊先生又连续写作《论日本高松冢古坟的年代问题》《关于日本高松冢古坟的年代与被葬者》等论文，皆被日本学者译为日文，刊登在日本出版的书刊上。

王仲殊论文的独到之处在于指明高松冢古坟出土的称为"海兽葡萄镜"的铜镜与我国陕西省西安市洪庆村早已发掘的唐代独孤思贞墓出土的海兽葡萄镜属大小、轻重、形状、花纹完全相同的"同范镜"，而独孤思贞墓志明记其人死于武周万岁通天二年（公元697年），次年神功二年（公元698年）葬入墓内，说明铜镜的制作年代在7世纪末。因此，王先生判断高松冢古坟的海兽葡萄镜是由日本文武天皇大宝二年（公元702年）来访长安的以粟田真人为执节使的第七次遣唐使于庆云元年（公元704年）携归日本的，从而推定高松冢古坟的筑造年代不在7世纪末而在8世纪初，进而主张古坟所葬为天武天皇之子、官居"知太政官事"的忍壁亲王。忍壁亲王受命负责编撰《大宝律令》，热衷于仿效中国唐代的制度、文化，而高松冢古坟壁画深具唐风，其题材、格式正与忍壁亲王的身份、职务相称，绝非偶然。王仲殊先生的观点为日本学术界所重视，有的学者则明确表示赞同。直到30余年以后的2004年10月，王先生还应邀到日本京都，就高松冢古坟的年代和被葬者再作讲演，受到热烈的欢迎。

四

古代日本在各方面的制度上广泛受到来自中国的影响，而都城制度则是其中最为重要、最为明显的一个方面。王仲殊先生研究中国古代都城，功底深厚，对古代中日两国都城制度的比较研究自亦得心应手，多有创见。

王先生在这一重大研究领域上发表的许多论著，应当首推《考古》1983年第4期所载《关于日本古代都城制度的源流》一文。该论文就中国古代都城制度对日本的深厚影响作全面、系统、深入的阐述，明确主张7世纪末至8世纪的日本都城藤原京和平城京在形制、布局上仿效7世纪初期以来中国唐王朝的都城长安和洛阳，而不是仿效5世纪末至6世纪前期的北魏王朝的都城洛阳，从而否定了当时在日本历史学界占主导地位的岸俊男先生对这个问题所持的观点，在整个学术界引起强烈反响。日本学者迅速将王仲殊先生此文译成日文，转载于日本的《考古学杂志》上，加之此前新闻媒体所作的许多报道，使得王先生的论点广泛传播，一时成为历史、考古学界乃至社会上的热门话题。从此以后，除个别例外，一般的研究者多沿用王仲殊先生之所说，没有大的异论。性情温和、态度谦虚的岸俊男先生虽然在某种程度上对自身的学说不无保留，却承认王仲殊论文具有说服力，从而不作争论和反驳。岸俊男先生的宽厚、大方的风度，使王仲殊先生深受感动。

经过16年的长期间隔，王仲殊先生从1999年开始，才继续就中日两国都城、宫殿的比较研究执笔为文，到2004年为止，共完成《论日本古代都城宫内大极殿龙尾道》《论洛阳在古代中日关系史上的重要地位》《试论唐长安城大明宫麟德殿对日本平城京、平安京宫殿设计的影响》《关于中日两国古代都城、宫殿研究中的若干基本问题》《试论唐长安城与日本平城京及平安京何故皆以东半城（左京）为更繁荣》《中国古代宫内正殿太极殿的建置及其与东亚诸国的关系》《唐长安城、洛阳城与东亚的都城》《论唐长安城圆丘对日本交野圆丘的影响》等8篇论文。各篇论文的题材、内容各有不同，正体现了王先生对中日两国古代都城、宫殿制度所作比较研究的全面、系统和无所不包的深入程度。这里，因限于篇幅，只就最具特色和最有创见的《论日本古代都城宫内大极殿龙尾道》和《论唐长安城圆丘对日本交野圆丘的影响》两篇论文作简单的介绍。前者刊登于《考古》1999年第3期，后者刊登于《考古》2004年第10期，是上述8篇论文中的首篇和末篇，一前一后，为王仲殊先生对于中日两国都城、宫殿的比较研究作重新的开始和最后的终结。

据20世纪70年代日本奈良国立文化财研究所的全面发掘，8世纪前期日本平城京宫内第一次大极殿建立于高为2.2米的、可以称为"龙尾坛"的大坛之上，这显然是出于对唐大明宫含元殿的模仿。龙尾坛在其前面左右两侧边缘处各设一条斜坡道以供升登，而坛的前面中央部分则无台阶之类的设施。1981年7月，岸俊男先生在一次国际学术会议上提出个人见解，认为龙尾坛前面中央处应有一条木造的阶梯，以便升登殿上，只因年久枯朽，不留痕迹，故未曾发现。于是，许多学者按此见解，绘描大极殿龙尾坛的复原图，突出坛前木造的大阶梯，公开发表，竟成定论。

另一方面，早在1959～1960年，中国科学院考古研究所马得志先生负责发掘唐长安城大明宫含元殿遗址，在发掘报告中明确认定龙尾道的位置在殿前的正中央处，建筑学者据以作成复原图，国内外学者皆信以为真，毫无异议。但是，1995～1996年中国社会科学院考古研究所以安家瑶为队长的西安唐城工作队的大规模发掘证明，含元殿前面正中央处根本不存在任何阶道，从而在考古研究所内部引发了关于龙尾道问题的激烈争论。

在这种情况下，王仲殊先生撰作题为《论日本古代都城宫内大极殿龙尾道》的论文，主要是参照《日本后纪》《续日本后纪》《日本文德天皇实录》等史书记载，尤其是根据13、14世纪日本"九条家图""近卫家图"等古图所绘8世纪末、9世纪以降的平安京宫内大极殿龙尾坛（史书中称龙尾道）的二条台阶分别设在坛的左右两侧近边缘处的实况，确证平城京宫内第一次大极殿龙尾坛的前面中央处不可能设有所谓木造的阶梯。日本学者读此论文，多加认同，而马得志先生亦承认当初发掘含元殿时因限于各种条件，对龙尾道遗迹的探测失误，从而使中日两国考古学界两全其美，各自维护了含元殿龙尾道和大极殿龙尾坛（史书中称龙尾道）的真相。其实，就中国方面而言，据《两京新记》《剧谈录》《西京记》《长安志》《南部新书》《唐语林》等唐宋时代书籍记述，唐大明宫含元殿前的龙尾道正是分为左右二股，各沿"翔鸾"、"栖凤"两阁盘曲而升登于殿上的，是属毋庸置疑。

关于中日两国古代都城制度的比较研究，从来都局限于都城内部的宫殿、里坊、街路、市场、寺庙等项，而不及于都城的郊外。学者们认为，自古以来，中国都城郊外多设各种礼制建筑物，而日本都城郊外则无类似的设施。无待于言，这是两国古代都城制度的重要差异之一。

1999年中国社会科学院考古研究所西安唐城工作队在唐长安外郭城南面正门明德门外发掘了唐代圆丘的遗址，引起各方面的重视。王仲殊先生以此为契机，撰作题为《论唐长安城圆丘对日本交野圆丘的影响》的论文，打破了历来关于中日两国古代都城制度的比较研究局限于都城内部而不及于郊外的旧例，可谓别开生面。

王先生在论文中根据《续日本纪》《日本文德天皇实录》等日本史书的记载，确认日本桓武天皇和文德天皇分别于8世纪后期的长冈京和9世纪中叶的平安京南郊交野郡柏原之地（在今大阪府枚方市片鉾町附近）设圆丘以祀天神的事实，又参照《大唐开元礼》《大唐郊祀录》等中国唐代的文献、典籍，证明当时日本天皇于十一月冬至之日在圆丘祀天神的制度仿自中国唐王朝，乃至礼仪的程序、祭祀的配享以及祭文的文章、字句等几乎全都与中国相同。就史书记载而言，日本冬至祭天的郊祀制度虽仅限于桓武天皇、文德天皇二代，却亦足以否定所谓日本古代都城郊外完全没有礼制建筑物的笼统之说。

五

在王仲殊先生对于日本考古学的研究中，日本出土的称为"三角缘神兽镜"的铜镜是最大的课题。自1981年以来，王先生在中国的《考古》等刊物上先后发表《关于日本三角缘神兽镜的问题》《关于日本的三角缘佛兽镜》《日本三角缘神兽镜综论》《景初三年镜和正始元年镜的铭文考释》《景初三年镜和正始元年镜铭文补释》《论日本出土的景初四年铭三角缘盘龙镜》《从日本出土的铜镜看三世纪倭与中国江南地方的交往》《论日本出土的吴镜》《论日本"仿制三角缘神兽镜"与所谓"舶载三角缘神兽镜"的关系》等专题论文，加上前述发表在《考古》杂志上的《论吴晋时期的佛像夔凤镜》《吴县、山阴和武昌》《"青羊"为吴郡镜工考》《"黄初"、"黄武"、"黄龙"纪年镜铭辞综释》《"建安"纪年铭神兽镜综论》《黄龙元年镜与嘉兴元年镜铭辞考释》等可作参证的关于中国铜镜研究的论文，共计约有20篇。这许多论文大都已由尾形勇、杉本宪司等日本学者译成日文，在日本著名学者西岛定生先生监修下编集成一本以《三角缘神兽镜》为题的专书，1992年在日本东京出版，1998年再版。

从20世纪20年代之初开始，日本学者富冈谦藏早已主张日本出土的三角缘神兽镜是3世纪中国三国时代的魏镜，包含在《三国志·魏书·东夷传》所记魏朝皇帝于景初三年、正始元年（公元239~240年）通过来访的使者赐给日本邪马台国女王卑弥呼的"铜镜百枚"之内，这便是所谓三角缘神兽镜的"魏镜说"。1953年以小林行雄为首的日本学者发掘京都府椿井大冢山古坟，出土三角缘神兽镜计30余枚之多，引起轰动，乃使对三角缘神兽镜的研究出现新的高潮，而小林行雄则成为研究此类铜镜的权威，大量联系古代政治历史，提出所谓"同范镜"理论，为日本学术界所信奉。

1957年4月至6月，以原田淑人为团长的日本考古学代表团访问中国。樋口隆康作为代表团的成员，在其所到之处的许多中国的博物馆、研究所等广泛搜寻三角缘神兽镜，竟然一无所见。但是，他和小林行雄一样，不以为意，依然坚持"魏镜说"而不改。随着时间的推移，日本考古调查发掘工作快速进展，古坟出土三角缘神兽镜的数量不断增加，大大超越了《三国志·魏书·东夷传》所记"铜镜百枚"之数。然而，固执"魏镜说"的学者不加反思，继续大肆宣扬，声称倭国使者访问魏王朝及其后的西晋王朝共有4次或5次，每次受赐铜镜，总共可达数百枚，不足为怪，至于中国全境始终绝无三角缘神兽镜的发现，则是由于此类铜镜是中国皇帝专门为赏赐倭王而特铸，故不在中国本国国内流传，云云。这便是所谓三角缘神兽镜的"特铸说"，其出于日本著名学者之口，使王仲殊先生惊异之余，深感遗憾。

王仲殊先生自1981年访问日本以来，在日本各处得见大量三角缘神兽镜的实物，仔细观察，增强认识。经过广泛收集相关的资料，进行周详、深入的比较，王先生就三角缘神兽镜问题的研究创作论文近20篇之多，已如前述。归纳他的观点、论旨，主要有以下各项：

（1）通过近年对奈良县天理市黑冢古坟等古坟的发掘，三角缘神兽镜在日本出土的总数至今已达500余枚，而此种铜镜在中国全境却依然一无所见，故可断言它们是在日本而不是在中国所制作。

（2）与中国同时期的铜镜相比，三角缘神兽镜在形制、图纹上有独特之点，不可笼统地与中国所产铜镜混为一谈。

（3）尽管如此，由于三角缘神兽镜大体上与中国铜镜多有相似之处，加之铭辞中有"陈氏作竟（镜）""张氏作竟""王氏作竟"等明确之语，可证其为东渡的中国工匠在日本所制作，而日本当地工匠作为助手，不起主要作用。

（4）三角缘神兽镜的外区形制、纹饰与中国画像镜相似，内区的图像则与中国神兽镜类同，而画像镜、神兽镜盛行在中国江南的吴地，罕见于黄河流域的魏的境域，故三角缘神兽镜应为吴的工匠而非魏的工匠在日本所制作。

（5）许多三角缘神兽镜都有详细的铭文，其辞句、款式、内容与一般中国铜镜的铭文相似，丝毫没有言及皇帝赐镜等情，足证所谓"特铸说"乃无稽之谈。

（6）日本学者主张三角缘神兽镜为中国魏朝皇帝所赐之镜，最为重要的依据在于镜铭中有"景初三年""正始元年"的纪年。但是，在"景初""正始"纪年镜的铭辞中，工匠陈是（氏）自述经历而称"本是京师，绝地亡出""本自州师，杜地命出"，可证陈是（氏）其人本为中国吴地扬州京城（今江苏省镇江，吴时称其地为"京"，东晋称"京口"）的镜师，因故亡命于日本，在日本作镜。

王仲殊先生认为，由于景初三年、正始元年是倭使首次访魏之年，值得纪念，其年号为在日本作镜的中国工匠纪入铭辞，无足为奇。应该特别指出，1986年10月在日本京都府福知山市发掘广峰15号古坟，出土了有"景初四年"纪年铭的盘龙镜，铭文的书体和字句可证制作此镜的工匠陈是（氏）与制作"景初三年""正始元年"铭三角缘神兽镜的工匠陈是（氏）属同一人。据《三国志·魏书》记载，魏明帝于景初三年正月病亡，继位的少帝改次年为"正始元年"，根本不存在所谓"景初四年"。正是因为陈是（氏）等人在日本作镜，与中国本土相隔远海，消息欠通，不知魏朝改元之事，乃继"景初三年"之后，在镜铭中使用"景初四年"的纪年。以后发觉"景初四年"纪年有误，乃改用"正始元年"的纪年，以做纠正，实属通情达理之事。

众所周知，在此之前，日本早有1枚"景初四年"铭盘龙镜被主张"魏镜说"的权威学者授意严密隐藏在某处的一所考古资料馆内。广峰15号坟"景初四年"铭盘龙镜发掘出土，引发媒体大力追查，隐藏者才被迫供认，一时使得日本学术界乃至社会各方面舆论哗然。权威学者违反学术讨论公开、公正的原则，长期隐藏"景初四年"铭纪年镜，其原因即在于"景初四年"铭纪年镜的存在足以否定三角缘神兽镜的"魏镜说"。

王仲殊先生的论证坚强有力，得到日本有关学者、专家以及广大古代史、考古学爱好者的认同和支持。有的学者虽继续奉行"魏镜说"，但因三角缘神兽镜在中国黄河流域魏的境内，特别是在魏的都城洛阳所作之说已被彻底否定，不得不改弦更张，另求新说，这便是1999年开始提出的所谓"三角缘神兽镜乐浪郡制作说"。

乐浪郡为汉武帝于元封三年（公元前108年）始置于朝鲜半岛，长期为中国所领有。3世纪初年公孙氏割据辽东，占领乐浪郡，并分其南部之地置带方郡。景初二年（公元238年），魏明帝命司马懿率军消灭公孙氏政权，同时收复乐浪、带方二郡。所谓魏少帝于次年景初三年（公元239年）赐给倭国女王的铜镜不在都城洛阳而在刚刚收复的边郡乐浪制作，本来就有牵强之嫌。2004年9月，王仲殊先生趁在北京举行亚洲史学会研究大会之便，就这一问题作即席发言，指明与中国境内一样，朝鲜半岛有着许多中国铜镜的发现，却从来不曾发现哪怕是一枚三角缘神兽镜，据此即可否定三角缘神兽镜在乐浪所作之说。至于称乐浪郡遗址出土的"画文带同向式神兽镜""斜缘二神二兽镜"之类的铜镜不见于中国本土云云，则是属于片面的夸张之辞，与事实不符。

2004年5月，由樋口隆康先生任馆长的泉屋博古馆通过荧光X射线分析，以三角缘神兽镜的青铜成分与中国铜镜的成分相似为由，又一次为"魏镜说"鼓劲。对此，王仲殊先生指出，经分析，日本铜铎所含之铅产自中国而不产于日本，却不能据此否定铜铎的制作地在日本，又指出三角缘神兽镜铭辞中有"用青铜，至海东"之语，正说明此类铜镜的青铜材料来自中国，又何足为怪。王先生还指明日本九州出土的玻璃勾玉（勾形珠）和玻璃管玉（管状珠）无疑是在日本本地制作的，但所用铅钡玻璃的材料却自中国输入，可为旁证。最近，日本有关学者从金属工学的立场出发，指出泉屋博古馆的解析方法存在严重错误，更足以发人深省，明辨是非。

##

除一般的考古学之外，王仲殊先生还注重对以文献资料为依据的古代学的研究。在这方面，最有代表性的论著是关于好太王碑文的释读和对于有关所谓倭面土国的各种史书记载的考证。前者有《关于好太王碑文辛卯年条的释读》和《再论好太王碑文辛卯年条的释读》两篇论文，皆发表在《考古》杂志上；后者则有《论所谓倭面土国之是否存在》的一篇论文刊登于《北京大学学报》，又有《从中日两国的文献资料看古代倭的国名及其他有关问题》的一篇论文译成日文，刊登在名为《东亚细亚的古代文化》的日本刊物上。

在我国吉林省集安县的集安镇，有着一块巨大的石碑。这是公元414年高句丽的长寿王为颂扬先王好太王的功绩而建立于他的陵墓之旁的。据碑文，好太王的谥号全称为"国冈上广开土境平安好太王"，而《三国史记·高句丽本纪》则称"广开土王"，故此碑通常称"广开土王碑"或"好太王碑"。碑文记公元4世纪末、5世纪初朝鲜半岛的情势甚详，其中包含倭人入侵半岛的情形，而辛卯年条则是关于倭人入侵的最重要的记述。辛卯年是好太王即位的第一年，相当公元391年。

辛卯年条的碑文可用现代汉语的标点符号分为"百残、新罗旧是属民，由来朝贡"与"而倭以辛卯年来渡海破百残□□新罗以为臣民"（两个空白的方框代表因碑面磨损而不能判读的两个字）的直接相连的两句。前句文字清楚，含义明确。后句有二字不能判读，特别是"来渡海"三字如何解释，成为学术界争论的焦点。

在第二次世界大战以前，学者们多主张"来"字为动词，不能判读的二字应相连而成为一个名词（一般认为是"任那"或"加罗"），故碑文可加标点而读为"而倭以辛卯年来，渡海破百残（百济）、任那（或加罗）、新罗，以为臣民。"但是，在20世纪50年代以后，有的学者认为若按以上的读法，则"来"字与"渡海"二字之间存在矛盾，在文理上不通。这就是说，倭人来到朝鲜半岛之后，若又渡海破半岛南部的百济、新罗等，则所渡为何处之海，就难以理解。

1984年，日本学者西岛定生撰作题为《关于广开土王碑文辛卯年条的读法》的论文，承认"来"字若作为动词，就要与"渡海"二字发生矛盾。于是，西岛定生先生一反通说，主张"来"字不是动词，而是表示时间推移的助词，而"以"字则是表示时间开始的助词，与"自"字相通。这样，他就解释"倭以辛卯年来"为"倭自辛卯年以来"，以消除"来"字与"渡海"二字之间的所谓矛盾。

王仲殊先生列举各种理由，反对西岛先生的论点。王先生指出，在中国两晋南北朝时期的书籍中，"来渡"二字常被相连成为一个动词而使用，这在葛洪《抱朴子》和陶弘景《真诰》中尤为多见。《抱朴子》有"（左慈）避地来渡江东"，《真诰》有"（杜契）建安之初来渡江东""（平仲节）以大胡乱中国时来渡江""（赵广信）魏末来渡江""（许光）以中平二年乙丑岁来渡江"等的文句，皆可借以说明辛卯年条中的"来""渡"二字相连而成为"来渡"的一个动词，而"来渡海"与"来渡江东""来渡江"之指渡长江而来相似，是指渡日本与朝鲜半岛之间的海峡而来无疑。总之，按照王仲殊先生的见解，辛卯年条后句应释读为"而倭以辛卯年来渡海，破百济、任那（或加罗）、新罗，以为臣民"。

西岛定生先生读了王先生的论文，欣然接受其见解，并坦诚表示自己不曾阅《抱朴子》《真诰》之书，故对好太王碑文辛卯年条的释读失误，而以研究好太王碑著称的日本学者武田幸男则再三对王仲殊先生的论说赞誉有加，深表钦佩。

日本史学界普遍认为，在中国东汉时代，日本有所谓"倭面土国"，其国王"帅升等"于汉安帝永初元年（公元107年）遣使来中国朝贡，多献"生口"（指奴隶）。日本学者以为"面土国"是《三国志·魏书·东夷传》所记倭地三十国中的一国，是即伊都国。北宋版《通典》有"（汉）安帝永初元年倭面土国王师升等献生口"的记载，便是所谓"倭面土国"的主要出典。

但是，范晔《后汉书》的有关记载则与《通典》相异。《后汉书·安帝纪》所记为"永初元年冬十月，倭国遣使奉献"，《后汉书·东夷传》所记为"安帝永初元年，倭国王帅升等献生口百六十人，愿请见"。西岛定生先生经过详细考证，于1991年5月在其所著题为《倭面土国出典考》的论文中否定了所谓古本《后汉书》中有关于"倭面土国"的记述之说，意义重大，实属卓识。只因出于某种考虑，西岛先生认为鱼豢《魏略》或许记有"倭面土国"之事，从而使他在否定"倭面土国"的论说中有不够彻底之嫌。

王仲殊先生受西岛先生启发，主张任何版本的《后汉书》中都无关于所谓"倭面土国"的记载。据王先生对《魏略》佚文的考察，鱼豢在《魏略》中所记倭地诸国的国名，有伊都国而无所谓面土国，可见当时倭地根本没有面土国，更不能认为面土国即是伊都国。王先生的见解是对西岛定生先生论说的补充，从而受到西岛先生的表扬。两先生在诸如"帅升等"为倭国王一人之名抑或是指倭国王"帅升"等人之类的次要问题上看法稍有差异，但在否定"倭面土国"的大方向上则互相支持、促进，求得共识，实属难能可贵，在中日两国学术交流上堪称楷模。

王仲殊先生指出，如淳注《汉书·地理志》"乐浪海中有倭人"之句时所称"如墨委面"的"委"字被《翰苑》著者张楚金误解为"倭"，实为"倭面"一词的最初由来。对此，西岛定生先生在1998年3月4日完稿而于同年7月22日（病逝之前3日）发表的最后论文中加以引用和称赞，使王仲殊先生感激之余，不觉泪下。

王仲殊先生对日本古代史的研究，除单篇的论文以外，还著有以《从中国看古代日本》为题的专书，由日本学者桐本东太译成日文，1992年在东京出版。西岛定生先生负监译之责，使译文不仅通顺、秀逸，而且毫无差错。全书共约20万字，由《从奴国到邪马台国》《倭五王及其前后的世纪》《圣德太子与中大兄皇子》《律令国家的完成》等四大章组成，每章各分6节，第三章《倭五王及其前后的世纪》则有11节，合计29节。其中《亲魏倭王卑弥呼》《邪马台国的所在地》《倭五王的遣使和上表》《中国南朝的外交政策》《扶桑馆内无倭人》《日出处天子致书日没处天子》《国书与天皇的称号》《对等外交的本质及其继续展开》《难波迁都与大化革新》《日本国号的成立》《大宝律令的制定》《第七次遣唐使的派遣》等10余节全以古代史书记载为依据，实属历史学的著作。王仲殊先生一贯主张，考古学与古代史相辅相成，在历史时代考古学的研究上尤其如此。为此，王先生不仅注重日本考古学，而且对以文献记载为依据的日本古代史亦悉心钻研，并显示自身的见解。

作为考古学者的王仲殊先生，还爱好文学，造诣不浅。在访问日本时，王先生见景生情，曾撰作有关裴世清、朱舜水的七言律诗，当众朗诵。特别是1986年10月应福冈县前原市市长要求，亲笔书写所作题为《伊都怀古》之诗，刻石成碑，树立在伊都历史资料馆门庭之前，受到许多专家和广大参观者的赞赏。王先生亦擅长于创作日本的和歌、俳句，在各种场合披露，并被记录于有关书刊中，深受日本学者乃至各界人士的好评，有的甚至有自愧不如之感。

七

自1956年迄今，王仲殊先生出国访问30余次，其中25次是访问日本，却也曾先后往访埃及、叙利亚、前苏联、越南、阿尔巴尼亚、秘鲁、墨西哥、伊朗、美国、韩国等许多国家。在王先生写作的有关外国的学术著述中，除关于日本考古学、古代史的许多论文和专书以外，也曾有《苏联考古学访问记》（共著）、《阿尔巴尼亚访问记》（共著）、《墨西哥古代文化简述》《秘鲁、墨西哥考古学访问记》等篇目，它们皆属介绍性文章，却可从中看出王先生对外国考古学概况的了解。

应该说明，在韩国考古学、古代史方面，王仲殊先生在《从中国看古代日本》的专书中有《友好的百济》《新罗的强盛》等连带性的叙述之节。2002年冬，他用日文写成以《唐长安城、洛阳城与东亚的都城》为题的讲演稿，在日本京都举行的盛大讲演会上就韩国庆州都城的形制、布局作论述，表明了本人自身的独特见解。特别是1995年发表题为《试论鄂城五里墩西晋墓出土的波斯萨珊朝玻璃碗为吴时由海路传入》的论文，对古代中国与波斯的交往途径提出与众不同的新论点，水平甚高。此外，1998年所作题为《论汉唐时代铜钱在边境及国外的流传》的论文虽以日本冲绳各遗址出土的开元通宝铜钱为主要论述对象，其取材却广泛包含中国从新疆到黑龙江乃至台湾、澎湖、南沙群岛等各处的发现，在国外则普遍采用东非、西亚、中亚、俄罗斯（西伯利亚）、蒙古、朝鲜、韩国、日本等许多地区的资料，足见其放眼世界，在学术研究上注重中国与外国的交流关系，这便是王先生所说的"中外交流考古学"。

在2002年制成的中国社会科学院考古研究所《中国考古》网上资料的考古学家传略中，详细记录着王仲殊先生对于考古学研究的全面看法，十分重要，特转述如下，作为此次新撰《王仲殊先生传略》的总结。

王仲殊先生认为，中国考古学的成就表现在各个方面，归根到底，则是在于田野调查发掘工作中的许多重要发现。这就要求我们在调查发掘中不断改进工作方法，提高操作质量。特别是要本着高度负责的精神，认真研讨、考究，乃至运用必要的科学技术手段，对出土遗迹、遗物进行整理、测定、分析，在此基础上及时完成调查发掘报告的编写，并开展进一步的学术研究，撰作各种论文，编著专题性或综合性的专书。王先生指出，考古学研究要充分结合文献记载，在历史时代考古学的研究上尤其如此。中国古代文献浩如烟海，自当按各人的专业需求，择要阅读。要紧的是必须懂得文献史、目录学等，以便在繁多的古籍中寻求确切相关的记载，加以考核。在引用文献记载时，务必实事求是，力求准确，不可断章取义，切忌牵强附会。

王仲殊先生深切地体会到，古代中国境域辽阔，人口众多，历史久长，文化发达，与周边邻近地区关系密切，与远方的外国多有交往，这就使得作为世界考古学重要组成部分的中国考古学有着丰富多彩的内容和宏伟壮观的规模。正是由于中国的考古事业取得了巨大的成绩，才使现今的世界考古学得以具备比较完整、充实的体系。王先生说，毋庸置疑，中国是考古学大国。世界上许多国家的学者都在研究中国考古学，这当然是好事。中国学者在研究本国考古学的同时，也应适当地研究外国考古学，其中包含中外交流考古学。这样，我们的国家更能称得上是真正的考古学大国。王先生强调指出，中外交流考古学不限于以中国境内发现的遗迹、遗物为研究的依据，也要以外国境内发现的遗迹、遗物为论述的对象，在研究过程中皆须参证中国和外国的文献记载。中国学者研究中外交流考古学，其优势在于通晓中国考古学，但也须熟知相关的外国考古学。对此，懂得外国的语文是必要的前提。

王仲殊先生说，研究考古学，包括研究中外交流考古学，一定要写作学术上有所创新的论文，而写论文的关键在于选题。题目选定了，论文就等于完成了一半。但是，选题应具备下列3个最主要的条件，缺一不可：1）这个题目在考古学上是有重要或比较重要的意义的；2）别人没有做过这个题目，或者虽然做过，但论述不够充分、全面，甚至论点有误；3）本人掌握的资料齐全，有能力写作以此为题的论文。这样，除了熟悉属于最基本的考古调查发掘和古代文献记载的书籍以外，应当广泛阅读中国学者和外国学者的许多著作，包括及时检阅国内、国外有关刊物上发表的各种新发现的报道及相关的论述，才可为自己的论文选题找到必要的线索和可靠的依据。

八

2006年春，王仲殊先生被授予中国社会科学院荣誉学部委员称号。在自此年以迄2009年的数年间，年逾八旬的王先生仍然不断接受邀请，访问日本，乃使1981年以来他应邀访日增至28次，每次都一如既往，参加学术讨论会，作《井真成与阿倍仲麻吕·吉备真备》《论日本巨大古坟箸墓所葬何人的问题——是卑弥呼抑或是台与》《新罗的历史·文化及都城的形制》《从中国看古代日本的"东国"——论埼玉稻荷山古坟铁剑的铭文》等深含创见的讲演，讲演稿作为论文，在中国的刊物上发表，并翻译成日文，在日本的书刊上转载，受到赞许。2010年6月，王先生又应邀参加在上海世界博览会日本馆内乃至黄浦江上由日本方面主办的关于日本遣唐使历史的规模盛大的学术活动，并写作《日本遣隋使·遣唐使概述》的论文，叙述范围宽广无缺，文章简明扼要而不乏新见解，也颇受好评。

作为考古学者的王仲殊先生，还爱好文学，造诣不浅。在访问日本时，王先生见景生情，曾撰作有关裴世清、朱舜水的七言律诗，当众朗诵。特别是1986年10月应福冈县前原市市长要求，亲笔书写所作题为《伊都怀古》之诗，刻石成碑，树立在伊都历史资料馆门庭之前，受到许多专家和广大参观者的赞赏。王先生亦擅长于创作日本的和歌、俳句，在各种场合披露，并被记录于有关书刊中，深受日本学者乃至各界人士的好评，有的甚至有自愧不如之感。

七

自1956年迄今，王仲殊先生出国访问30余次，其中25次是访问日本，却也曾先后往访埃及、叙利亚、前苏联、越南、阿尔巴尼亚、秘鲁、墨西哥、伊朗、美国、韩国等许多国家。在王先生写作的有关外国的学术著述中，除关于日本考古学、古代史的许多论文和专书以外，也曾有《苏联考古学访问记》（共著）、《阿尔巴尼亚访问记》（共著）、《墨西哥古代文化简述》《秘鲁、墨西哥考古学访问记》等篇目，它们皆属介绍性文章，却可从中看出王先生对外国考古学概况的了解。

应该说明，在韩国考古学、古代史方面，王仲殊先生在《从中国看古代日本》的专书中有《友好的百济》《新罗的强盛》等连带性的叙述之节。2002年冬，他用日文写成以《唐长安城、洛阳城与东亚的都城》为题的讲演稿，在日本京都举行的盛大讲演会上就韩国庆州都城的形制、布局作论述，表明了本人自身的独特见解。特别是1995年发表题为《试论鄂城五里墩西晋墓出土的波斯萨珊朝玻璃碗为吴时由海路传入》的论文，对古代中国与波斯的交往途径提出与众不同的新论点，水平甚高。此外，1998年所作题为《论汉唐时代铜钱在边境及国外的流传》的论文虽以日本冲绳各遗址出土的开元通宝铜钱为主要论述对象，其取材却广泛包含中国从新疆到黑龙江乃至台湾、澎湖、南沙群岛等各处的发现，在国外则普遍采用东非、西亚、中亚、俄罗斯（西伯利亚）、蒙古、朝鲜、韩国、日本等许多地区的资料，足见其放眼世界，在学术研究上注重中国与外国的交流关系，这便是王先生所说的"中外交流考古学"。

在2002年制成的中国社会科学院考古研究所《中国考古》网上资料的考古学家传略中，详细记录着王仲殊先生对于考古学研究的全面看法，十分重要，特转述如下，作为此次新撰《王仲殊先生传略》的总结。

王仲殊先生认为，中国考古学的成就表现在各个方面，归根到底，则是在于田野调查发掘工作中的许多重要发现。这就要求我们在调查发掘中不断改进工作方法，提高操作质量。特别是要本着高度负责的精神，认真研讨、考究，乃至运用必要的科学技术手段，对出土遗迹、遗物进行整理、测定、分析，在此基础上及时完成调查发掘报告的编写，并开展进一步的学术研究，撰作各种论文，编著专题性或综合性的专书。王先生指出，考古学研究要充分结合文献记载，在历史时代考古学的研究上尤其如此。中国古代文献浩如烟海，自当按各人的专业需求，择要阅读。要紧的是必须懂得文献史、目录学等，以便在繁多的古籍中寻求确切相关的记载，加以考核。在引用文献记载时，务必实事求是，力求准确，不可断章取义，切忌牵强附会。

王仲殊先生深切地体会到，古代中国境域辽阔，人口众多，历史久长，文化发达，与周边邻近地区关系密切，与远方的外国多有交往，这就使得作为世界考古学重要组成部分的中国考古学有着丰富多彩的内容和宏伟壮观的规模。正是由于中国的考古事业取得了巨大的成绩，才使现今的世界考古学得以具备比较完整、充实的体系。王先生说，毋庸置疑，中国是考古学大国。世界上许多国家的学者都在研究中国考古学，这当然是好事。中国学者在研究本国考古学的同时，也应适当地研究外国考古学，其中包含中外交流考古学。这样，我们的国家更能称得上是真正的考古学大国。王先生强调指出，中外交流考古学不限于以中国境内发现的遗迹、遗物为研究的依据，也要以外国境内发现的遗迹、遗物为论述的对象，在研究过程中皆须参证中国和外国的文献记载。中国学者研究中外交流考古学，其优势在于通晓中国考古学，但也须熟知相关的外国考古学。对此，懂得外国的语文是必要的前提。

王仲殊先生说，研究考古学，包括研究中外交流考古学，一定要写作学术上有所创新的论文，而写论文的关键在于选题。题目选定了，论文就等于完成了一半。但是，选题应具备下列3个最主要的条件，缺一不可：1）这个题目在考古学上是有重要或比较重要的意义的；2）别人没有做过这个题目，或者虽然做过，但论述不够充分、全面，甚至论点有误；3）本人掌握的资料齐全，有能力写作以此为题的论文。这样，除了熟悉属于最基本的考古调查发掘和古代文献记载的书籍以外，应当广泛阅读中国学者和外国学者的许多著作，包括及时检阅国内、国外有关刊物上发表的各种新发现的报道及相关的论述，才可为自己的论文选题找到必要的线索和可靠的依据。

八

2006年春，王仲殊先生被授予中国社会科学院荣誉学部委员称号。在自此年以迄2009年的数年间，年逾八旬的王先生仍然不断接受邀请，访问日本，乃使1981年以来他应邀访日增至28次，每次都一如既往，参加学术讨论会，作《井真成与阿倍仲麻吕·吉备真备》《论日本巨大古坟箸墓所葬何人的问题——是卑弥呼抑或是台与》《新罗的历史·文化及都城的形制》《从中国看古代日本的"东国"——论埼玉稻荷山古坟铁剑的铭文》等深含创见的讲演，讲演稿作为论文，在中国的刊物上发表，并翻译成日文，在日本的书刊上转载，受到赞许。2010年6月，王先生又应邀参加在上海世界博览会日本馆内乃至黄浦江上由日本方面主办的关于日本遣唐使历史的规模盛大的学术活动，并写作《日本遣隋使·遣唐使概述》的论文，叙述范围宽广无缺，文章简明扼要而不乏新见解，也颇受好评。

在中国考古学方面，王仲殊先生于2010年发表题为《汉长安城城门遗址的发掘与研究》的长篇文稿，其特点在于田野调查发掘工作与历史文献记载紧密结合，图文并茂，既是整理调查发掘工作所得遗迹、遗物的详细报告，又是联系历史文献记载而作深入研究的优秀论文，其所究明的长安城的历吏情况不仅限于西汉和新莽，而且延续至东汉及其以后的各代，一直到隋初。文稿发表的时间虽不免有过于偏迟之嫌，但王先生早年对汉长安城遗址调查发掘工作所承担的责任终于由此作了完善的交代，使大家感到满意。

2011年、2012年，王仲殊先生先后应社会科学文献出版社的要求，编集《王仲殊文集》（共4卷，每卷各约40万字，合计约160万字），应中国社会科学出版社的约定，编著称为《古代中国与日本及朝鲜半岛诸国的关系》的专题文集（约30万字），又按外语教学与研究出版社的建议，由该社编辑汉英双语对照本的专著《汉代考古学概说（Han Civilization）》（约40万字），它们分别于2013年、2014年完成，及时出版问世。2014年，上海辞书出版社又出版了由王仲殊先生任主编并参与条目撰写的《大辞海·文物考古卷（考古学科）》（约50万字），则可以说是新的、别具一格的大著作。这样，年届九旬的王仲殊先生终于在他长久的学术生涯上划了圆满的句号。中国社会科学院考古研究所的同仁们，继2005年编著《新世纪的中国考古学——王仲殊先生八十华诞纪念论文集》之后，2015年又编著它的续集，以纪念王先生的九十华诞。王先生年事虽高，但身心健康，孜孜不倦，治学如常，实在令人感佩。

王仲殊先生著作目录

1. 《空心砖汉墓》，《文物参考资料》1953年第1期。
2. 《洛阳烧沟附近的战国墓葬》，《考古学报》第8册，1954年。
3. 《墓葬略说》，《考古通讯》1955年第1期（创刊号）。
4. 《沂南石刻画像中的七盘舞》，《考古通讯》1955年第2期。
5. 《琉璃阁的汉代墓葬》，《辉县发掘报告》，科学出版社，1956年。
6. 《汉代物质文化略说》，《考古通讯》1956年第1期。
7. 《略说杯盘舞及其时代》，《考古通讯》1957年第3期。
8. 《西汉后期墓葬（附长沙203号墓出土木船模型复原）》，《长沙发掘报告》，科学出版社，1957年。
9. 《汉长安城考古工作初步收获》，《考古通讯》1957年第5期。
10. 《汉长安城考古工作收获续记——宣平城门的发掘》，《考古通讯》1958年第4期。
11. 《关于泉州出土和镜的说明》，《考古通讯》1958年第7期。
12. 《苏联考古工作访问记（一）》（合著），《考古》1959年第2期。
13. 《苏联考古工作访问记（二）》（合著），《考古》1959年第4期。
14. 《苏联考古工作访问记（三）》（合著），《考古》1959年第5期。
15. 《苏联考古工作访问记（四~七）》（合著），《考古》1959年第9期。
16. 《说滇王之印与汉委奴国王印》，《考古》1959年第10期。
17. 《汉潼亭弘农杨氏冢茔考略》，《考古》1963年第1期。
18. 《论战国及其前后的素镜》，《考古》1963年第9期。
19. 《日本高松冢古坟简介》，《考古》1972年第5期。
20. 《日本の高松塚古墳について》（冈崎敬訳），《朝日ジャーナル》1972，Vol.14，No.50。
21. 《墨西哥古代文化简述》，《考古》1973年第4期。
22. 《阿尔巴尼亚访问记》（合著），《考古》1973年第5期。
23. 《日本古代文化简介》，《考古》1974年第4期。
24. 《日本最近发现的太安万侣墓》，《考古》1979年第3期。
25. "Intercambios académicos de trabajos arqueológicos entre China, Perú y México," ***China Reconstructs***《中国建设》，Vol.XX, No.3, MARZO, 1979.

26.《论日本高松冢古坟的年代问题》,《考古》1981年第3期。

27.《关于日本三角缘神兽镜的问题》,《考古》1981年第4期;又见《中日文化交流史论文集》,人民出版社,1982年。

28.《中国古代墓葬概说》,《考古》1981年第5期。

29.《关于日本高松冢古坟的年代与被葬者——为高松冢古坟发掘十周年而作》,《考古》1982年第4期。

30.《中国古代墓葬概说》,《日中古代文化の接点を探る》(合著),(日本)山川出版社,1982年。

31.《中国古代都城概说》,《考古》1982年第5期。

32.《高松塚古墳の年代と被葬者について》(菅谷文則訳),橿原考古学研究所紀要《考古學論攷》第8册,奈良県立橿原考古学研究所,1982年。

33. **Han Civilization**（Translated by K. C. Chang and Collaborators）, New Haven and London, Yale University Press, 1982.

34.《中国古代都城制概论》,《奈良·平安の都と長安》(合著),小学館,1983年。

35.《关于日本的三角缘佛兽镜——答西田守夫先生》,《考古》1982年第6期。

36.《关于日本古代都城制度的源流》,《考古》1983年第4期。

37.《日本の古代都城制度の源流について》(菅谷文則、中村潤子訳),《考古學雜誌》第69卷第1号,日本考古学会,1983年。

38.《日本三角缘神兽镜综论》,《考古》1984年第5期。

39.《汉代考古学概说》,中华书局,1984年。

40.《景初三年镜和正始元年镜的铭文考释》,《考古》1984年第12期。

41.《景初三年镜和正始元年镜铭文补释》,《考古》1985年第3期。

42.《论吴晋时期的佛像夔凤镜——为纪念夏鼐先生考古五十年而作》,《考古》1985年第7期;又见《中国考古学研究——夏鼐先生考古五十年纪念论文集》,文物出版社,1986年。

43.《夏鼐先生传略》,《考古》1985年第8期,《考古学报》1985年第4期;又见《中国考古学研究——夏鼐先生考古五十年纪念论文集》,文物出版社,1986年。

44.《日本の三角緣神獸鏡について》(尾形勇訳),《三角緣神獸鏡の謎》(合著),角川書店,1985年10月。

45.《吴县、山阴和武昌——从铭文看三国时代吴的铜镜产地》,《考古》1985年第11期。

46. "Xia Nai, An Outstanding Archaeologist", *China Pictorial*（人民画报）12/1985.

47.《淄博市博物馆藏镜不是三角缘神兽镜》,《考古》1986年第2期。

48.《"青羊"为吴郡镜工考——再论东汉、三国、西晋时期吴郡所产的铜镜》,《考古》1986年第7期。

49. 《考古学》（合著），《中国大百科全书·考古学》，中国大百科全书出版社，1986年。
50. 《中国古代墓葬制度》，《中国大百科全书·考古学》，中国大百科全书出版社，1986年。
51. 《铜镜》，《中国大百科全书·考古学》，中国大百科全书出版社，1986年。
52. 《秦汉考古》，《中国大百科全书·考古学》，中国大百科全书出版社，1986年。
53. 《秦汉墓葬》，《中国大百科全书·考古学》，中国大百科全书出版社，1986年。
54. 《汉代铁器》，《中国大百科全书·考古学》，中国大百科全书出版社，1986年。
55. 《汉代铜器》，《中国大百科全书·考古学》，中国大百科全书出版社，1986年。
56. 《汉代陶瓷器》，《中国大百科全书·考古学》，中国大百科全书出版社，1986年。
57. 《汉代漆器》，《中国大百科全书·考古学》，中国大百科全书出版社，1986年。
58. 《汉长安城遗址》，《中国大百科全书·考古学》，中国大百科全书出版社，1986年。
59. 《汉魏洛阳城遗址》，《中国大百科全书·考古学》，中国大百科全书出版社，1986年。
60. 《呉の「鏡師陳世」製作の神獣鏡を考える》（特別公開講演），奈良国立文化財研究所，1986年。
61. 《吴镜师陈世所作神兽镜论考》，《考古》1986年第11期。
62. 《夏鼐先生与中国考古学》，《文物天地》1987年第3期。
63. 《论日本出土的景初四年铭三角缘盘龙镜》，《考古》1987年第3期。
64. 《"黄初"、"黄武"、"黄龙"纪年镜铭辞综释》，《考古》1987年第7期。
65. 《中国古代墓葬制度概说》，《中原文物》1987年特刊（7）。
66. 《从日本出土的铜镜看二世纪倭与中国江南的交往》，《华夏考古》1988年第2期。
67. 《"建安"纪年铭神兽镜综论》，《考古》1988年第4期。
68. 《论日本出土的吴镜》，《考古》1989年第2期。
69. 《夏鼐》，《当代中国社会科学名家》，社会科学文献出版社，1989年6月。
70. 《古代的日中关系——从志贺岛的金印到高松冢的海兽葡萄镜》，《考古》1989年第5期。
71. 《东晋南北朝时代中国与海东诸国的关系》，《考古》1989年第11期。
72. 《古代の日中関係—志賀島の金印から高松塚の海獣葡萄鏡まで》，《古代日本の国際化》（合著），朝日新聞社，1990年。
73. 《关于好太王碑文辛卯年条的释读》，《考古》1990年第11期。
74. 《好太王碑文辛卯年条の釈読について》，《アジア史学会ニュース》第3号（1991年5月24日·アジア史学会長春研究大会）。
75. 《伊都懷古に寄せて》，《平原弥生古墳—大日孁貴の墓》（原田大六著）上卷，葦書房，1991年。
76. 《再论好太王碑文辛卯年条的释读》，《考古》1991年第12期。
77. 《倭の五王をめぐって》，《謎の五世紀を探る》（江上波夫、上田正昭編），讀賣新聞社，1992年。

78. 《三角縁神獣鏡》（西嶋定生監修，尾形勇、杉本憲司訳），学生社，1992年。

79. 《中国からみた古代日本》（西嶋定生監訳，桐本東太訳），学生社，1992年。

80. 《关于〈魏志·倭人传〉、〈后汉书·倭传〉的标点和解释》，《古籍整理与研究》第七期，中华书局，1992年。

81. 《中国南北朝時代に関する歴史的・考古学的研究》，《東アジアの古代をどう考えるか—東アジア古代史再構築のために》（江上波夫、上田正昭監修），飛鳥評論社，1993年。

82. 《漢代考古學概説》（姜仁求譯注），學研文化社，1993年。

83. 《三世紀의東亞細亞（三世的東亞細亞）》，《제4회아세아사학회 서울엔구데회》（The 4th Seoul Symposium of Asia History Academy），삼성 미술 문화 재단（三星美術文化財團），1993年。

84. 《外国人代表祝辞》，《沖縄文化の源流を探る》，復帰20周年記念沖縄研究国際シンポジウム実行委員会，1994年。

85. 《论所谓倭面土国之是否存在》，《北京大学学报（哲学社会科学版）》1994年第4期。

86. 《论日本出土的青龙三年铭方格规矩四神镜——兼论三角缘神兽镜为中国吴的工匠在日本所作》，《考古》1994年第8期。

87. 《日本出土の青龍三年銘方格規矩四神鏡について—呉の工匠の三角縁神獣鏡日本製作説を兼ねて》（高橋久美二・土橋誠訳），《京都府埋蔵文化財情報》54号，京都府埋蔵文化財調査センター，1994年12月；又見《丹後文化圏》，丹後古代文化研究会，1999年。

88. 《第七次遣唐使のいきさつについて》，《就实女子大学史学論集》（第9号），就实女子大学史学科，1994年。

89. 《试论鄂城五里墩西晋墓出土的波斯萨珊朝玻璃碗为吴时由海路传入》，《考古》1995年第1期。

90. 《黄龙元年镜与嘉兴元年镜铭辞考释——试论嘉兴元年镜的年代及其制作地》，《考古》1995年第8期。

91. 《古代中日両国の交流から見た日本文化》，《（第七回）福岡アジア文化賞講演集》，福岡アジア文化賞委員会，1996年。

92. 《三角縁神獣鏡と邪馬台国》，《（第七回）福岡アジア文化賞講演集》，福岡アジア文化賞委員会，1996年。

93. 《中日両国の文献資料からみた古代倭の国名とそれに関する諸問題》（熊倉浩靖訳），《東アジアの古代文化》92号（1997·夏）；又見《三角縁神獣鏡と邪馬台国》（合著），1997年。

94. 《裴世清と小野妹子—聖徳太子の対中交渉について》，古代史国際シンポジウム（聖徳太子フオーラム）《研究報告集》，1997年9月，奈良（斑鳩町）。
95. 《三角縁神獣鏡と邪馬台国》（合著），梓書院，1997年。
96. 《渤海上京龙泉府遗址》，《六顶山与渤海镇——唐代渤海国的贵族墓地与都城遗址》，中国大百科全书出版社，1997年。
97. 《好太王碑文辛卯年条の釈読について》，《上田正昭著作集》第2卷月報，角川書店，1998年。
98. 《西嶋定生先生を偲ぶ》，《博古研究》第16号，博古研究会，1998年。
99. 《三角縁神獣鏡》新装普及版（西嶋定生監修，尾形勇、杉本憲司訳），学生社，1998年。
100. 《论汉唐时代铜钱在边境及国外的流传——从开元通宝的出土看琉球与中国在历史上的关系》，《考古》1998年第12期。
101. 《论日本古代都城宫内大极殿龙尾道》，《考古》1999年第3期。
102. 《中国からみた古代東国の成立—群馬県内古墳出土銅鏡の背景について》，《東アジアから見た古代の東国講演集》（合著），上毛新聞社，1999年。
103. 《论日本"仿制三角缘神兽镜"的性质及其与所谓"舶载三角缘神兽镜"的关系》，《考古》2000年第1期。
104. 《夏鼐先生的治学之路》（合著），《考古》2000年第3期。
105. 《琉球列島・奄美諸島各地出土の開元通宝に関して》（熊倉浩靖訳），《アジアの中の沖縄》，アジア史学会第9回研究大会实行委員会，2000年。
106. 《关于日本第七次遣唐使的始末》，《考古与文物》2000年第3期。
107. 《仿製三角縁神獣鏡の性格といわゆる舶載三角縁神獣鏡との関係を論ず（上）》（熊倉浩靖訳），《東アジアの古代文化》102号（2000・冬）。
108. 《仿製三角縁神獣鏡の性格といわゆる舶載三角縁神獣鏡との関係を論ず（下）》（熊倉浩靖訳），《東アジアの古代文化》103号（2000・春）。
109. 《论洛阳在古代中日关系史上的重要地位》，《考古》2000年第7期。
110. "On the Important position of Luoyang in the History of Ancient Sino-Japanese Relations," *Chinese Archaeology*, Vol.1, Beijing 2001.
111. "Problems of the Triangular-rimmed Bronze Mirrors with Divinity and Animal Design Unearthed from Japan," *Chinese Archaeology*, Vol.1, Beijing 2001.
112. 《试论唐长安城大明宫麟德殿对日本平城京、平安京宫殿设计的影响》，《考古》2001年第2期；又见《21世纪中国考古学与世界考古学》，中国社会科学出版社，2002年。
113. 《中国からみた五世紀における倭国の治天下大王》，《稲荷山古墳の鉄剣を見直す》（上田正昭、大塚初重監修，金井塚良一編），学生社，2001年。

114. 《关于中日两国古代都城、宫殿研究中的若干基本问题》，《考古》2001年第9期。

115. 《外国人代表挨拶》，《世界につなぐ沖縄研究》，復帰25周年記念沖縄研究国際シンポジウム実行委員会，2001年。

116. 《夏鼐先生治学の道》（堀内明博訳），《古代文化》2001年11月号（Vol.53），古代学协会。

117. "Some Basic Problems in the Study of Ancient Chinese and Japanese Capitals and Palaces", *Chinese Archaeology*, Vol.2, Beijing 2002.

118. "On the Influence of the Lindedian Pavilion, Daminggong Palace, Tang Chang'an City, Upon the Design of Palaces in the Japanese Capitals Heijokyo and Heiankyo", *Chinese Archaeology*, Vol. 2, Beijing 2002.

119. 《外国人代表挨拶》，《世界に拓く沖縄研究》，第4回沖縄研究国際シンポジウム実行委員会，2002年。

120. 《怀念我的朋友张光直》，《四海为家——追念考古学家张光直》，生活·读书·新知三联书店，2002年。

121. 《论琉球国"万国津梁之钟"的制作地问题》，《考古》2002年第6期。

122. 《我对考古学研究的一些看法》，《中国文物报（文博百家言）》2002年9月13日。

123. 《アジア史学会島根大会開催にあたって—燦爛たる出雲の古代文化》，《環日本海文化の再発見—東アジア青銅器文化と古代出雲》（講演·報告集），アジア史学会第11回研究大会実行委員会，2002年11月。

124. 《试论唐长安城与日本平城京及平安京何故皆以东半城（左京）为更繁荣》，《考古》2002年第11期；又见《新世紀の考古学—大塚初重先生喜寿記念論文集》，纂修堂，2003年。

125. "Why Did the Eastern Half City（Left Capital）of Tang Chang'an City and Japanese Heijokyo and Heiankyo Capitals Become More Prosperous?" *Chinese Archaeology*, Vol. 3, Beijing 2003.

126. 《灿烂的出云古代文化》，《考古》2003年第8期。

127. 《那須国造碑の永昌（年号）と庚子（歲次）について》（井之口茂訳），《博古研究》第26号，博古研究会，2003年10月。

128. 《中国古代宫内正殿太极殿的建置及其与东亚诸国的关系》，《考古》2003年第11期。

129. 《唐長安城および洛陽城と東アジアの都城》，《東アジアの都市形態と文明史》（千田稔編），国際日本文化研究センター，2004年。

130. "Institution of Establishing the Main Pavilion Taijidian in the Imperial Palace of Ancient China and Its Involvement in the Relationship Between Then China and Other

East Asian Countries," *Chinese Archaeology*, Vol. 4, Beijing 2004.

131. 《从东亚石棚（支石墓）的年代说到日本弥生时代开始于何时的问题》，《考古》2004年第5期。
132. 《论唐长安城圆丘对日本交野圆丘的影响》，《考古》2004年第10期。
133. 《我的诗作》，《时代履痕——中国社会科学院学者散文选》（下），社会科学文献出版社，2004年。
134. 《唐長安城圓丘の日本交野圓丘への影響について》（熊倉浩靖訳），《東アジアの古代文化》第122号，2005年。
135. 《中日两国考古学·古代史论文集》，科学出版社，2005年。
136. 《〈三国志·魏书·东夷（倭人）传〉中的"景初二年"为"景初三年"之误》，《考古》2006年第4期。
137. 《井真成与阿倍仲麻吕、吉备真备》，《考古》2006年第6期。
138. 《见微知著，博通中西》，《南方文物》2007年第3期。
139. 《巨大古墳箸墓の被葬者について—卑弥呼か台与か》（熊倉浩靖訳），《東アジアの古代文化》131号（2007·春）。
140. 《论日本巨大古坟箸墓所葬何人的问题——是卑弥呼抑或是台与》，《考古》2007年第8期。
141. 《新罗的历史·文化及都城的形制》，《探古求原》，科学出版社，2007年。
142. 《再论日本高松冢古坟的年代及所葬何人的问题》，《考古》，2009年第3期。
143. 《从中国看古代日本的"东国"——论埼玉稻荷山古坟铁剑的铭文》，《考古》2009年第12期。
144. 《汉长安城城门遗址的发掘与研究》，《考古学集刊》第17集，科学出版社，2010年。
145. 《夏鼐与中国考古学的发展》，《中国社会科学报》2010年2月4日。
146. 《日本遣隋使·遣唐使概述》，《中国社会科学报》2010年5月6日、13日。
147. 《中国考古学研究应与世界考古学接轨》，《中国社会科学报》，2011年1月27日。
148. 《论开元通宝对日本古代货币制度的影响》，《安志敏先生纪念文集》，文物出版社，2011年。
149. 《再论日本出土的景初四年铭三角缘盘龙镜》，《考古》2012年第6期。
150. 《古代中国与日本及朝鲜半岛诸国的关系》，中国社会科学出版社，2013年。
151. 《王仲殊文集》，社会科学文献出版社，2014年。
152. 汉英对照《汉代考古学概说（Han Civilization）》，外语教育与研究出版社，2014年。
153. 《考古学》（合著），中国大百科全书出版社，2014年。
154. 《大辞海·文物考古卷（考古学科）》（合著），上海辞书出版社，2014年。

目 录

序……………………………………………………………………………………王　巍（i）
王仲殊先生传略……………………………………………………………………王　巍（v）
王仲殊先生著作目录………………………………………………………………………（xxi）

考古学文化及其相关问题探讨……………………………………………………王　巍（1）
中国古代都城考古概论…………………………………………………………刘庆柱（18）
小河西文化生计形态管窥——内蒙古敖汉旗西梁遗址出土磨盘磨棒的残留物和微
　痕分析…………………………………………………刘　莉　陈星灿　刘国祥（56）
呼伦贝尔草原两处细石器遗址的发掘与研究…………………………………刘景芝（66）
浅谈伏羲与石岭下类型之发掘…………………………………………………赵　信（84）
论马家窑文化石岭下类型………………………………………………………谢端琚（89）
鹤壁刘庄下七垣文化墓地陶器分期等相关问题探析…………………………高天麟（103）
禹会村遗址低温陶的历史背景……………………………………辛礼学　王吉怀（149）
对于陶寺文化晚期聚落形态与社会变化的新认识……………………………何　努（158）
1921~1949年中国考古学发展回顾……………………………………………胡谦盈（172）
略说商末周初的青铜罍…………………………………………………………王世民（179）
夏家店下层文化玉器概论………………………………………………………朱乃诚（185）
论古文字中"宜""俎"二字及其相关问题——兼论古代的几、俎与厨刀……
　………………………………………………………………………………曹定云（211）
也谈石鼓文的产生年代…………………………………………………………赵　超（221）
咸池考……………………………………………………………………………冯　时（230）
论周初二名簋所记事……………………………………………………………郑　光（246）
西周监察制度考略………………………………………………………………黄益飞（266）
新疆青铜时代的分区试析——考古类型学的视角……………………………丛德新（276）
西周中晚期姬姓诸侯墓葬的比较研究——以应国墓地M84为例……………张长寿（297）
临淄齐故城秦汉铸镜业考古进展及手工业考古的审视………………………白云翔（309）
秦汉华南金银器研究初步………………………………………………………刘　瑞（321）
略论满城汉墓玉器与岫岩玉……………………………………………………卢兆荫（335）

试探大云山汉墓玻璃编磬	安家瑶（342）
从禹王城的手工业遗存看汉代河东郡的经济地位	张岱海（349）
汉代博局镜中乳钉配置的研究	孔祥星　刘一曼（355）
汉长安城武库遗址述论	李遇春（367）
考古视野下的吐火罗问题	郭　物（373）
邺城规制初论	杨　泓（404）
扬州城的城门	汪　勃（415）
杏园唐墓出土铜镜的考古学研究	徐殿魁（430）
唐代渤海国火炕遗址的类型与等级	孙秉根（441）
佛教传入高句丽时间考	王飞峰（470）
于阗人的来源与绿洲于阗国的出现	巫新华（482）
辽陈国公主墓出土的玉佩精品	林秀贞（498）
西夏陵形制与建筑特点	蒋忠义　李春林（504）
元中都现阶段考古成果与元中都形制布局初探	孟凡人（513）
定陵出土文物与《明史·舆服志制》研究	王　岩（552）
从泉州到锡兰山——明代中国与斯里兰卡交往的考古学实证	姜　波（564）
考古学几个关键概念的辨析	施劲松（577）
关于田野考古发掘管理的认识和建议	缪雅娟（583）
科技考古三题	袁　靖（592）
忆一次古代制陶模拟实验	白荣金（600）
西朱封龙山文化大型墓葬M203出土绿松石的检测	赵春燕　梁中合（607）
湖北枣阳九连墩楚墓出土木质遗物的研究	王树芝　赵志军　胡雅丽（613）
掐丝珐琅和眼镜制作技术的传入	马文宽（644）
蚝岗人吃什么——来自人骨碳氮稳定同位素分析的讨论	张雪莲（665）
后记	白云翔（673）

目　录

序……………………………………………………………………………王　巍（i）
王仲殊先生传略……………………………………………………………王　巍（v）
王仲殊先生著作目录……………………………………………………………（xxi）

考古学文化及其相关问题探讨……………………………………………王　巍（1）
中国古代都城考古概论……………………………………………………刘庆柱（18）
小河西文化生计形态管窥——内蒙古敖汉旗西梁遗址出土磨盘磨棒的残留物和微
　痕分析……………………………………………刘　莉　陈星灿　刘国祥（56）
呼伦贝尔草原两处细石器遗址的发掘与研究……………………………刘景芝（66）
浅谈伏羲与石岭下类型之发掘……………………………………………赵　信（84）
论马家窑文化石岭下类型……………………………………………………谢端琚（89）
鹤壁刘庄下七垣文化墓地陶器分期等相关问题探析……………………高天麟（103）
禹会村遗址低温陶的历史背景……………………………辛礼学　王吉怀（149）
对于陶寺文化晚期聚落形态与社会变化的新认识…………………………何　努（158）
1921~1949年中国考古学发展回顾…………………………………………胡谦盈（172）
略说商末周初的青铜罍………………………………………………………王世民（179）
夏家店下层文化玉器概论……………………………………………………朱乃诚（185）
论古文字中"宜""俎"二字及其相关问题——兼论古代的几、俎与厨刀………
　………………………………………………………………………曹定云（211）
也谈石鼓文的产生年代………………………………………………………赵　超（221）
咸池考…………………………………………………………………………冯　时（230）
论周初二名簋所记事…………………………………………………………郑　光（246）
西周监察制度考略……………………………………………………………黄益飞（266）
新疆青铜时代的分区试析——考古类型学的视角………………………丛德新（276）
西周中晚期姬姓诸侯墓葬的比较研究——以应国墓地M84为例…………张长寿（297）
临淄齐故城秦汉铸镜业考古进展及手工业考古的审视……………………白云翔（309）
秦汉华南金银器研究初步……………………………………………………刘　瑞（321）
略论满城汉墓玉器与岫岩玉…………………………………………………卢兆荫（335）

试探大云山汉墓玻璃编磬	安家瑶（342）
从禹王城的手工业遗存看汉代河东郡的经济地位	张岱海（349）
汉代博局镜中乳钉配置的研究	孔祥星　刘一曼（355）
汉长安城武库遗址述论	李遇春（367）
考古视野下的吐火罗问题	郭　物（373）
邺城规制初论	杨　泓（404）
扬州城的城门	汪　勃（415）
杏园唐墓出土铜镜的考古学研究	徐殿魁（430）
唐代渤海国火炕遗址的类型与等级	孙秉根（441）
佛教传入高句丽时间考	王飞峰（470）
于阗人的来源与绿洲于阗国的出现	巫新华（482）
辽陈国公主墓出土的玉佩精品	林秀贞（498）
西夏陵形制与建筑特点	蒋忠义　李春林（504）
元中都现阶段考古成果与元中都形制布局初探	孟凡人（513）
定陵出土文物与《明史·舆服志制》研究	王　岩（552）
从泉州到锡兰山——明代中国与斯里兰卡交往的考古学实证	姜　波（564）
考古学几个关键概念的辨析	施劲松（577）
关于田野考古发掘管理的认识和建议	缪雅娟（583）
科技考古三题	袁　靖（592）
忆一次古代制陶模拟实验	白荣金（600）
西朱封龙山文化大型墓葬M203出土绿松石的检测	赵春燕　梁中合（607）
湖北枣阳九连墩楚墓出土木质遗物的研究	王树芝　赵志军　胡雅丽（613）
掐丝珐琅和眼镜制作技术的传入	马文宽（644）
蚝岗人吃什么——来自人骨碳氮稳定同位素分析的讨论	张雪莲（665）
后记	白云翔（673）

Table of Contents

Foreword ·· Wang Wei (i)
A Brief Biography of Prof. Wang Zhongshu ······································· Wang Wei (v)
Bibliography of Prof. Wang Zhongshu's Works ··· (xxi)

The Exploration on the Archaeological Cultures and Relevant Issues ············ Wang Wei (1)
A Summary on the Archaeology of the Capitals of Ancient China ············ Liu Qingzhu (18)
The Observation on the Subsistence Type of the Xiaohexi Culture—The Analyses on the
    Residues and Microwears on the Stone Querns and Rollers Unearthed at Xiliang Site in
    Aohan Banner, Inner Mongolia ··············· Li Liu, Chen Xingcan and Liu Guoxiang (56)
The Excavation and Study on Two Microlithic Sites on the Hulun Buir Steppe ···············
    ·· Liu Jingzhi (66)
On Fuxi and the Excavation of the Shilingxia Type ································ Zhao Xin (84)
On the Shilingxia Type of Majiayao Culture ····································· Xie Duanju (89)
The Examination of the Periodization of the Pottery Wares from the Burials of Xiaqiyuan
    Culture at Liuzhuang in Hebi City and Relevant Issues ··················· Gao Tianlin (103)
The Historic Background of the Low Temperature Pottery of the Yuhui Site ··············
    ··· Xin Lixue and Wang Jihuai (149)
New Understandings on the Settlement Pattern and Social Changes in Late Taosi Culture
    ·· He Nu (158)
The Review of the Development of Archaeology in China During 1921-1949 ··············
    ·· Hu Qianying (172)
On the Bronze Lei-wine Jars at the Late Shang through the Early Zhou Dynasties ········
    ·· Wang Shimin (179)
On the Jades of the Lower Xiajiadian Culture ································· Zhu Naicheng (185)
On the Characters Yi宜 and Zu俎 in the Paleography and Relevant Issues—Also on the
    Ji-tray, Zu-chopping board and Kitchen Knives in Ancient China ······ Cao Dingyun (211)
On the Date of the "Stone Drums of Qin" ······································· Zhao Chao (221)
The Examination of "Xianchi" ··· Feng Shi (230)

On the Events Recorded by Two Famous Gui-tureens at the Beginning of the Western
　　Zhou Dynasty ··· Zheng Guang（246）
The Examination of the Supervisory System of the Western Zhou Dynasty ···············
　　·· Huang Yifei（266）
On the Zoning of the Bronze Age in Xijiang—in the Perspective of Archaeological
　　Typology ·· Cong Dexin（276）
The Comparative Study on the Burials of the Lords of the States from the Ji Family in the
　　Mid and Late Western Zhou Dynasty ······························· Zhang Changshou（297）
The Development of the Archaeology of the Mirror-casting Industry of the Qin and Han
　　Dynasties and the Observation on the Handicraft Archaeology in the Linzi City Site of
　　the Qi State ·· Bai Yunxiang（309）
A Preliminary Study on the Gold and Silver Wares of the Qin and Han Dynasties Found
　　in South China ··· Liu Rui（321）
On the Jades Unearthed From the Mancheng Han Tombs and the Xiuyan Jade ···········
　　·· Lu Zhaoyin（335）
A Trial Examination on the Glass Chime Stones Unearthed From the Han Tombs at
　　Dayun Hill ··· An Jiayao（342）
The Economic Position of the Hedong Commandery in the Han Dynasty Seen from the
　　Handicraft Remains at Yuwangcheng Site ······························· Zhang Daihai（349）
The Study on the Arrangement of the Nipples in the TLV Mirrors of the Han Dynasty
　　·· Kong Xiangxing and Liu Yiman（355）
On the Arsenal Site in the Han Chang'an City Site ························· Li Yuchun（367）
The Tocharian Issue in the Archaeological Perspective ························· Guo Wu（373）
A Preliminary Study on the Planning of the Ye City ······················· Yang Hong（404）
The Gates of the Yangzhou City ·· Wang Bo（415）
The Archaeological Studies on the Bronze Mirrors Unearthed from the Tombs of the
　　Tang Dynasty at Xingyuan in Yanshi ··· Xu Diankui（430）
The Types and Classes of the Kang (Heatable Brick Bed) of the Bohai Kingdom in the
　　Tang Dynasty ··· Sun Binggen（441）
On the Time of the Introduction of Buddhism into Goguryeo ········ Wang Feifeng（470）
The Origin of the Khotanese People and the Emergence of the Oasis Kingdom of Khotan
　　··· Wu Xinhua（482）
The Masterpieces of the Jade Ornaments Unearthed from the Tomb of the Princess of
　　State Chen of the Liao Dynasty ·· Lin Xiuzhen（498）

The Structure and Architectural Features of the Xixia Mausoleums ··································
···Jiang Zhongyi and Li Chunlin（504）
The Present Achievements of the Archaeology of the Zhongdu (Central Capital) of the
　Yuan Dynasty and a Preliminary Exploration to the Structure and Layout of the Zhongdu
　City ··· Meng Fanren（513）
The Studies on the Artifacts Unearthed from Dingling Mausoleum of the Ming Dynasty
　and the Yufu Zhi (Treatise on Imperial Vehicles and Costumes) of Ming Shi (the History
　of Ming) ··· Wang Yan（552）
From Zaitun to Simhala—the Archaeological Evidence for the Communications between
　China and Sri Lanka During the Ming Dynasty ·······································Jiang Bo（564）
The Clarification of Some Key Concepts of Archaeology ······················· Shi Jinsong（577）
The Understandings and Suggestions on the Management of the Archaeological Excavations
　··· Miao Yajuan（583）
Three Essays on the Science and Technology for Archaeology ···················· Yuan Jing（592）
Recalling a Simulation Experiment of the Ancient Pottery Making Process ···············
　··· Bai Rongjin（600）
The Testing of the Turquoises Unearthed from Xi Zhufeng M203, a Large-sized Tomb of
　the Longshan Culture··································Zhao Chunyan and Liang Zhonghe（607）
The Studies on the Wooden Artifacts Unearthed from the Tombs of the Chu State at
　Jiuliandun in Zaoyang, Hubei ··················· Wang Shuzhi, Zhao Zhijun and Hu Yali（613）
The Introduction of the Making Techniques of Cloisonné Enamel and Eyeglasses into
　China ·· Ma Wenkuan（644）
What Did the Haogang People Eat—The Discussion Based on the Analyses of the
　Stable Isotopes of Carbon and Nitrogen in Human Bones ················Zhang Xuelian（665）

Postscript···Bai Yunxiang（673）

考古学文化及其相关问题探讨

王 巍

考古学文化是考古学的基本概念，也是考古学理论的重要组成部分。在我国，对考古学文化的研究是考古学研究尤其是新石器时代乃至夏商周时期考古学研究的重要内容。自20世纪80年代以来，国内大部分地区的考古学文化序列已经逐步建立起来，考古学的发展日新月异，各种新的理论与方法被日益广泛应用，使中国考古学研究呈现出前所未有的多姿多彩。在考古学日新月异发展的今天，我们还要不要继续把对考古学文化的研究作为考古学研究的重要内容？如果要，如何在原有的基础上顺应学科发展，推进考古学文化的研究？从理论上到实践上，这都是有待探讨的问题。笔者拟结合中国考古学的实践和个人的一些体会，对考古学文化及其相关问题略抒管见。

一 考古学文化概念的提出及其积极意义

考古学文化这一概念是英国著名考古学家戈登·柴尔德1925年在其名著《欧洲文明的曙光》中首先确立的[1]。这一概念提出后，在欧美考古学界产生了很大影响。"它把遗存的研究由年代特征扩大到传统、地域特征"[2]。它使受单线进化论强烈影响、过分偏重于对人类整体演化过程的考古学产生了革命性变革，学者们转而注重不同地区文化面貌的差异和彼此的联系，开始通过考古遗存研究人们集团的文化发展状况以及相互之间的联系，使考古学研究进入了一个新的阶段。正因如此，考古学文化概念的确立，被格林·丹尼尔誉为"史前考古学的新起点"[3]。

考古学文化概念确立后的相当一个时期，考古学文化被作为考古学研究的核心问题。许多考古学家致力于确立某个考古学文化以及不同考古学文化之间关系的研究，推动了考古学的发展。这种研究实际上是建立考古学文化的时空框架，或可称之为考古学文化谱系的研究。在国外，也有人称其为"重建文化史"的研究。

在我国，考古学文化的研究一直在史前和商周时期研究中占重要地位。现代考古学在中国诞生之初，仰韶文化和龙山文化的确立和其相互关系的讨论是中国考古学的核心问题，李济、梁思永和尹达等前辈学者为考古学文化研究在中国的开展做出了开创性贡献[4]。新中国成立后至20世纪80年代初，中国考古学者撰写的研究新石器时代的学术论著中，与考古学文化研究相关者占绝大多数。这种情况的出现是有其学科背景的。新中国成立以来，中国史前考古学的一个重大进展是各地考古发现的大量增多。至1979年，"建国30年以来，新石器时代遗址的发现已超过六七千处，各种规模的调查发掘遍及全国，新的发现层出不穷，丰富多彩，文化类型的分析及其相互关系的探索日益深入"[5]。面对大量的新发现，中国史前考古的首要任务就是了解所要研究地区存在过哪些考古学文化以及各考古学文化的面貌，进而探究该文化的来龙去脉，及其与周围存在的其他考古学文化的关系，即考古学文化的"谱系研究"。

夏鼐在1959年发表《关于考古学上文化的定名问题》，为考古学文化时空框架建设提供了理论指导[6]。20世纪70年代，^{14}C测年技术的应用又为考古学时空框架建设提供了技术支持。1972年，考古研究所实验室发表第一批^{14}C数据，安志敏著文，整体讨论各地考古学文化序列问题[7]。20世纪80年代，苏秉琦正式提出"区系类型"理论[8]，严文明提出"重瓣花朵"模式[9]，石兴邦、张忠培、佟柱臣、俞伟超、邹衡等学界前辈以及全国的几代考古工作者，都为构建我国各地区考古学文化时空框架、研究其相互关系、探讨史前文化格局演变做出了卓越的贡献[10]。

经过全国考古学者几十年的共同努力，我国的考古学文化谱系研究已经取得了显著的成绩。目前，在我国的绝大多数地区，已经不同程度地确立了本地区考古学文化的发展序列（虽然相当多的地区还存在着某些缺环），并对各地区各个时期的考古学文化面貌有了不同程度的了解。

二　我国考古学文化研究中的几种倾向

对任何事物都应当辩证地看待和分析。考古学文化的研究确实在考古学发展史上发挥过积极的作用，至今仍在发挥重要作用，这一点是毋庸置疑的。但也应当看到，在相关研究中存在着某些值得注意的倾向。归纳起来，主要有以下几点。

1）偏重研究某一类遗物，对考古学文化整体面貌的把握相对薄弱。考古学文化一般以几种具有典型特征的陶器组合为代表性特征，研究考古学文化应当充分重视对典型陶器的分析，这本来是理所当然的。但是，一些学者将对陶器的重视推到了极致，使对考古学文化的研究成为只是以某一类陶器甚至是某一种典型器物作为实际研究的对象。正如布鲁斯·特里格（B. Trigger）指出的那样，"尽管考古学文化一般从组合整体特征上来被定义，实际上它们常常只是从一种或者至多少数几种器物群如陶器和石器等来做描述"[11]。当然，我们并不反对对典型器物进行研究，恰恰相反，我们认为这类研究对于解决某些学术课题是不可缺少的。但是，它不应是考古学文化研究的全部。作为人类生活的物质遗存，考古学文化所反映的内容相当广泛，对其研究应当除了某一类典型器物之外，还有更加广泛的内容。

2）过分注重某一类遗存的有无，缺乏对考古遗存的量化分析。泰勒（W. Tayler）曾经指出，有些确立考古学文化的研究中，仅以某类器物是否存在作为着眼点，而不作数量上的分析,没有定量分析,就没有可信的定性分析[12]。一种典型的陶器,在聚落中是大量出土,还是仅仅出土1~2件,这对于我们理解其所包含的意义是大不一样的。其实,这是很浅显的道理。但在实际研究中,却往往容易被忽视。一些考古学者仅仅着眼于某种遗物的有无,不注意考古遗存的量化研究。这种仅以某一种陶器的有无来划分考古学文化甚至进而谈及使用该陶器的人群族属的做法的科学性是需要斟酌的。

3)注重对器物形制的分析,对导致这些形制特点的原因关注不够。在一些对器物研究的个案中,往往把注意力集中于某一器物的某一特定特征(如瘪裆、弧裆、乳状袋足等),对导致这些特征的制作工艺则没有给予足够的关注。实际上,这些不同的特征是不同的制作工艺导致的,而这些不同的制作工艺很有可能也是不同的人们集团各自的工艺特点之所在。

4)注重器物本身,对遗存功能的研究关注不够。考古发掘中出土的遗迹和遗物都是当时人们生活的遗留,都具有一定的功能。在一些关于考古学文化的研究中,往往忽视了对这些遗迹和遗物功能的研究。只是看到了该考古学文化的器物组合,至于为何使用这样的器物组合,而不是其他组合?它反映了什么样的生活方式和意识,体现了什么样的传统?却较少进行研究,而这方面恰恰是我们研究过去人们生活时必须予以重视并认真探讨的。众所周知,任何人工制品都有其用途,都是人们为了某一种目的而制作,以满足人们的某种需求。作为考古学者,必须重视对遗迹和遗物功能的研究。通过遗迹和遗物的形制、出土状态和多学科分析,探讨其功能,透过功能来研究人们生活的具体状况。总之,如果只注重对典型器物的分析,忽视对器物的功能分析,就有可能导致忽视考古学文化作为过去人们集团活动所遗留下来的遗存的系统性和整体性。

5)热衷于命名新的考古学文化,争抢"命名权"。对于考古学文化的研究还有一种值得注意的倾向,即有些学者热衷于以自己发掘的遗址命名考古学文化,将此看作自己主要的学术贡献,甚至在对其文化面貌尚缺乏基本了解的情况下,便匆忙命名,争抢"冠名权"。这种做法是不可取的。一个考古学者的学术贡献,主要不是看其是否命名了新的考古学文化,而是看其对新发现的考古学文化面貌的把握是否准确,对其年代和文化谱系的认识是否正确,对迄今已知的考古学文化的研究在理论上、方法上是否有所创新,是否提出了前人不曾提出的、具有说服力的新观点。如果做到了这些,即便没有发现新的考古学文化或类型,也并非不能对考古学文化的研究做出贡献。反之,即便提出考古学文化的命名,也不一定能够得到学术界的认可,更谈不上真正的学术贡献。

三　继续使用"考古学文化"概念的必要性

由于存在上述误区,考古学文化研究受到了一些考古学家的批评。在国外,一些考古学流派对继续使用考古学文化概念的合理性和必要性产生怀疑乃至否定,认为考古学文化的研究已经过时。

在我国,考古学经过近百年的发展,目前,大部分省区的考古学文化序列已经基本建立起来了,是不是考古学文化的研究已经过时了呢?我们认为,那种因为考古学文化研究中存在一些问题而主张摈弃考古学文化这一概念的看法,就如同倒洗澡水连澡盆里的孩子也倒掉一样,是不可取的。问题并不在于考古学文化概念和理论,而在于如何正确地使用。考古学文化这一概念在今天仍然有其存在的必要性与合理性。尤其是史前和原史(夏商周)考古学研究,离不开考古学文化及其谱系的研究。不了解一个地区曾经存在过的考古学文化及其面貌,不搞清其来龙去脉以及与周围地区同时期考古学文化的关系,就不可能通过考古资料来研究存在于该地区的人群的生活,就不能了解该人群与周围人群之间的关系,更谈不上研究当时的历史。

当然,我们不应仅仅满足于对考古学文化基本面貌及其年代和谱系的了解,还应该通过对考古学文化内涵的认真分析,了解遗迹和遗物的功能,探讨该文化所反映的社会内部的状况和文化传统,但这些非但不能成为摈弃考古学文化这一研究方法的理由,恰恰相反,从事这些研究必须以正确地辨识和确立考古学文化为前提。

四　"考古学文化"的定义及其内涵和外延

关于"考古学文化"这一概念,在《中国大百科全书·考古卷》夏鼐和王仲殊写的"考古学"中是这么定义的:"考古学文化"是代表同一时代的、集中于同一地域内的、有一定地方性特征的遗迹和遗物的共同体。在考古学文化的上述定义中,有三个关键词,即时间、空间、特征性遗迹和遗物,它们构成了考古学文化的骨架。这一定义无疑是正确的,但在实际操作中存在两个问题:一是一些学者往往只重视器物组合,没有充分认识到遗迹也是区别考古学文化的重要特征;二是这个经典定义本身也仅仅强调了考古学文化的物质属性(的一部分),即一组有自身特征和时空分布范围的遗迹和遗物共同体,没有体现出考古学文化所反映的过去人们的精神世界和社会关系。

那么,考古学文化究竟是否应当包括物质文化之外的与人们的精神生活有关的内容呢?众所周知,"文化"这一概念在人类学中占据着十分重要的地位。人类学中关于文化的定义有上百种之多,最为人们所接受的是英国人类学家爱德华·泰勒的定义,他指出:文化"是一个复杂的整体,它包括知识、信仰、艺术、道德、法律、风俗以及作为社会成员的人所具有的其他一切能力与习惯"[13]。人类学就是要研究人类文化的发展过程，研究各地文化的异同以及形成的原因。

考古学中文化的概念转借自人类学。考古学与人类学存在着很多相通之处，但又有某些不同，因而如何认定考古学文化的内涵和外延，考古学家们的意见并不一致。争论的焦点在于，考古学文化只是一组器物的组合，还是应当包括我们能够发现的全部物质文化遗存，甚至包括了物质遗存所反映的精神文化。

我们认为，考古学文化是从过去人们活动遗留下来的实物遗存中归纳出来的，首先是依托于实物遗存而被认识的。如果没有这些实物遗存，考古学文化就成了无源之水、无本之木。换言之，实物遗存是考古学文化的载体，没有实物遗存，就没有考古学文化。需要强调的是，这里所说的"实物遗存"不仅仅是一组器物，应当包括其他具有特征的遗物，还应当包括遗迹。村落的布局、建筑的形式、墓葬结构和埋葬习俗等，也都应是考古学文化的重要组成部分。例如，在兴隆洼遗址的环壕聚落中，居住址成排分布[14]；在临潼姜寨的半坡文化聚落内，居住址分成几个小群，且居住址的门都朝着位于聚落中央的广场[15]；在安徽尉迟寺遗址[16]、湖北枣阳雕龙碑遗址[17]和河南邓州八里岗[18]等遗址发现的新石器时代房址，则是彼此相连的排房建筑，它们都构成了其所属考古学文化的显著特征。

总之，我们认为，考古学文化不仅包括该文化创造者们制造、使用并遗留下来的遗物，还应当包括因他们的行为而形成并保存下来的遗迹。

需要指出的是，这些过去的人们遗留下来的实物遗存并非只是与其物质生活有关，还与其精神生活密切相关。如新石器时代的彩陶虽然是实物遗存，但彩绘纹饰的内容和纹饰组合的变化，都与当时人们的审美意识、精神信仰和宗教崇拜密切相关，反映了人们的精神世界。半坡文化彩陶的人面纹和鱼纹、庙底沟文化彩陶的鸟纹、圆点和弧线三角纹、大汶口文化的八角星纹等都是如此。大汶口文化的大口尊是实物遗存，但上面的符号则是人们精神信仰的体现。良渚文化玉琮表面的人与兽合体的图案，也有着深邃的含义，是创造良渚文化的人们集团共同认同的重要象征符号，对于该集团的凝聚具有重要意义。

再如墓葬，它本身是实物遗存，但是埋葬习俗如墓葬形制、朝向、死者的葬式、随葬品的种类和放置方式以及排列方式等都反映了当时人们的世界观、生死观和灵魂信仰。不同的人们集团，其埋葬习俗及其所反映的宗教信仰也往往各具特色。如兴隆洼文化的居室葬、半坡文化横阵墓地和史家墓地的多人合葬墓、红山文化及东北地区史前到历史时期的石棺墓和积石冢、长江下游地区西周至春秋时期流行的土墩墓、长江上游和福建等地流行的悬棺葬等，无不与当时人们的习俗和信仰息息相关。这些埋葬习俗构成了该考古学文化的显著特点，应当是考古学文化的重要组成部分。

还有各个时期与祭祀有关的遗存，如良渚文化的祭坛、石家河文化的大量陶制人像和动物塑像、出土女神像和各种动物塑像的红山文化的"神庙"等。它们不仅包括相关文化创造者们创造的物质文化，而且与其早期宗教信仰密切相关，是反映其精神世界的重要线索，也是其所属考古学文化的重要组成部分。如果将这些重要的遗迹排除在外，仅仅以陶器等器物作为这些考古学文化的特征，显然不能反映这些人们共同体的生活及其所创造文化的全貌。

另外，人是社会的人。个人与周围的人结成一定的社会关系，有血缘的，有地缘的；有宗教的，有世俗的。各种各样的社会关系都在生活中有所表现，也会在考古学文化遗存中有所反映。例如，聚落群的形成与分布、城市和乡村内部的布局、墓地中墓葬的排列以及墓葬规模和随葬品数量方面存在的差别等，这些都从一个侧面反映了当时的社会组织结构和人们之间的社会关系。因此，考古学文化除了反映人们的物质生活和精神生活之外，还在一定程度上反映了人们的社会生活，反映了当时的社会组织结构和社会关系。对于在考古学文化中蕴藏着的这些方面的丰富信息应当予以特别的重视。

综上所述，考古学文化不应仅仅是一种或几种陶器的组合，它应包括石器、玉器等其他遗物和居住址、墓葬等遗迹，是过去的人们集团生活的遗留，涵盖了过去人们生活的方方面面。

人类生活丰富多彩，可以根据不同的标准进行不同的区分。依笔者所见，可以分成物质生活、精神生活和社会生活三部分。物质生活又可细分为生产、交换或分配、消费等不同的环节。人类行为多种多样，在考古学文化中都会有所表现，关键在于我们能不能充分认识这一点。没有意识到，就会对有关的资料视而不见。因此，我们主张，应当强化考古学文化是过去人们各方面生活和行为的反映和遗留的意识，将与当时人们的精神世界和社会组织有关的遗存也作为考古学文化的组成部分。这种见解往往被说成是考古学文化内涵的拓展。从纠正迄今存在的将考古学文化看作是一种或几种典型陶器的模糊认识的意义来说，如此表述似乎未尝不可。但是，从根本来说，这不是考古学文化内涵的扩展，而是还考古学文化的本来面目。

五　导致考古学文化自身特点形成和变化的诸因素

考古学文化应当是过去人们集团活动所遗留下来的实物遗存所反映的当时人们集团文化特征的总和。由于任何人们集团都有自己的传统和生活方式，因而他们的遗存也具有区别于其他集团的特点，这就形成了不同的考古学文化。

人们生活在各种各样的系统之中，这些系统对人们的生活给以各种各样的影响或制约。系统发生变化，也会促使人们的生活发生变化，而作为人们生活遗留的考古学文化当然也会相应地发生变化。了解可能对考古学文化面貌的变化产生影响的诸因素，对于分析考古学文化发生变化的原因具有重要意义。影响考古学文化面貌、制约考古学文化发展的系统或因素，主要包括以下几个方面。

(一)自然环境与生态系统及其变化

任何生物都生活在一定的自然环境之中,都依赖于其生存所不可缺少的生态系统。人类也不例外。一定范围的温度、湿度和降水量是人类生存所必需的。不同的自然环境,不同的生态系统,决定了人类生活方式的差别。在这方面,我国是一个很好的例证。

我国幅员辽阔,南北跨将近50个纬度,自北向南包括了寒温带、中温带、暖温带、亚热带和热带等不同的温度带,可以说,除了人烟稀少的寒带外,其他主要温度带在我国都有分布。另外,还有以喜马拉雅山脉和昆仑山脉为代表的高原气候区。从气候区域来看,既有面向太平洋的东南季风气候区,又有面向印度洋的西南季风区,还有面向欧亚大陆的西部非季风区。季风气候区中,又依其距离海洋的远近,气候呈现不同的特点。以与农作物生长关系极为密切的降雨量来看,可以分为湿润、半湿润、半干旱、干旱等区域。从地形地貌来看,有高原、丘陵、山洞、峡谷、平原、盆地、沙漠、草原、沼泽、湖泊、河流、海洋、岛屿等,世界上存在的各种地形,我国几乎无所不有。甚至令人类感到恐惧的各种自然灾害,如火山、地震、台风、海啸、泥石流等,我国自古以来便时有发生。在不同的生态环境下生活的人们,其生活方式当然会各不相同,作为其生活遗留的考古学文化的面貌当然也会千差万别。

一切事物都是不断运动和发展变化的,自然环境亦不例外。由于各种原因,人们生存的自然环境会不时发生各种变化。如干旱、洪涝、升温、降温、寒流、地震、火山等自然灾害时有发生,会对人们的生活产生不同程度的影响,在考古学文化中也会有所反映。如持续的干旱会导致农业的歉收甚至绝收,连年的灾荒会令一个集团衰落;突如其来的地震、洪水会摧毁人们的家园,使人们流离失所,迁至他处,甚至会造成一个村落的整体毁灭,例如,青海民和喇家遗址毁于4000年前的地震和泥石流就是例证[19]。瘟疫的流行,会使原本生机勃勃的城镇变成一片废墟,甚至会导致一个人们集团的消失、该集团的考古学文化的衰落或消亡。

需要指出的是,人类受自然环境和生态系统制约的程度并非一成不变的。越是时代久远,人们的生业系统受自然环境和生态系统的制约程度越大。随着人们智力的发展和对自然界认知能力的提高,人们适应和改造自然的能力越来越强,其生业系统受自然环境和生态系统制约的程度也逐渐减小。

(二)生业系统(经济活动)及其变化

物质资料的生产活动是人类最基本的活动,也是构成考古学文化的最基本的活动。多种多样的地形、地貌和气候、多种多样的生态环境,决定了我国自古以来各个地区人们经济生活(也即人们的生业系统)的多样性。"靠山吃山,靠水吃水",在远古时期更是如此。居住在河湖或海边的人们当然会把各种各样的水产品作为主要的食物以及蛋白质的来源,获取这些水产品便在他们的经济活动中占据最为重要的位置。如黑龙江东部的新开流文化遗址[20]中,出土了很多渔捞工具,1座窖穴中出土了大量完整地摆放整齐的鱼骨,可能是专门存放鱼的窖穴,但在该遗址却并未发现农业生产工具。生活于内陆地区、靠近森林生活的人们,蛋白质的获取则主要依靠捕食森林中生活的各种动物。于是,狩猎便自然而然地成为生活于内陆地区、靠近森林生活的人们的重要经济活动。在以畜牧为主要生业的地区,人们的生活习俗与以农业为主的地区的人们显著不同,他们过着游牧生活,往往居无定所,"逐水草而居"。以农业为主要生业的人们集团则长期定居生活,他们在居屋的建造、村落的规划和建设方面投入很多精力,形成了较为固定的建筑形式和聚落布局。同样是以农业为主要生业的地区,从事稻作农业的集团和从事粟作农业的集团所使用的生产工具和生活用具往往各不相同,这些生活上的差异都会在各自的考古学文化中表现出来。

（三）生产技术及其进步

考古学文化是过去人们生活的遗留。人类生活的变化,必然会导致其考古学文化的面貌发生变化。技术是人类改造自然、使之为自己的生存服务的技能。人类的技术是在不断进步的,这些变化都会导致其生活发生不同程度的变化,如农业生产技术和家畜饲养业的发展,使人们的生活发生了很大变化。它使长期的定居生活成为可能,人口也得到较快的繁衍,于是,像西安半坡[21]、临潼姜寨[22]那样的大型聚落便应运而生。农业的出现和发展,导致人们的饮食生活也发生了变化。首先是烹调方式的变化。旧石器时代的人们以篝火烧烤为主要烹调方式;进入新石器时代以后,农业的出现和植物性食物所占比重的增加导致了陶器的出现,煮炊的方式被发明,后来又发明了蒸的方式,陶器的器类由较为单一的夹砂陶罐增加为各种各样的器类,釜、灶、甑以及鼎、鬲、斝、甗等三足器应运而生。这类煮炊用陶器一般都是夹砂陶,在遗址中往往出土较多,也往往是该考古学文化的典型陶器。

随着农业的发展,生产出来的大量粮食需要储存。于是,大型的陶瓮、陶罐等盛储用陶器便应运而生。另外,剩余农产品的出现,使一部分人可以脱离农业生产转而从事其他事务,社会内部出现了专门从事各种手工制作的工匠,从而促进了各种手工业技术的不断发展。如红山文化、良渚文化等的玉器,制作十分精美,从残留于玉器表面的圆弧状加工痕迹来看,当时已经使用了专门的旋转制作器具。制陶技术的进步,使陶器产生了显著的变化。如仰韶时代的陶窑用氧化焰烧制红色系的陶器,龙山时代还原焰的烧制方法盛行,导致灰色系和黑色系陶器应运而生。再如快轮技术的进步,山东龙山文化的创造者发明了蛋壳陶,使其成为山东龙山文化的重要特征。再如,在战国时期,铁器的冶炼与制造技术取得了较大的进步,极大地提高了社会生产

力,改变了人们的生活,也促使铁器在人们生活中发挥越来越大的作用,在战国以后的考古学文化中,铁器所占比重显著增加,人们的生产和生活也随之发生了变化。

总而言之,技术系统即物质生活资料的生产方式是决定一个考古学文化面貌的重要因素之一,技术系统的发展和变化是导致考古学文化发生变化的最重要的动力之一。

(四)信仰与观念及其变化

人类是具有思维能力的动物。这些能力是在劳动中产生和发展起来的。远古时期的人们,由于对风、雨、雷、电等各种自然现象及人类繁衍的原因缺乏了解,认为万物皆有神灵,认为存在着独立于人类世界之外的另一个世界——神的世界。出于对神灵的敬畏,人们以各种各样的方式极力讨好神灵,于是便产生了形形色色的祭祀活动,发明了各种各样与祭祀活动有关的器具。不同的人们集团,其信仰往往各不相同,其祭祀的对象和形式也往往各有特色。这些基于不同的信仰而产生的不同的祭祀活动,往往以各种不同的形态遗留下来,这就是我们今天看到的在各种各样考古学文化之中保留的与信仰和观念有关的遗存,它们反映了当时的人们的传统、信仰、观念、伦理、审美等精神生活的方方面面,是我们研究人们精神世界不可多得的珍贵资料,其重要性绝不亚于各种反映当时物质生活的遗物。例如,各地史前文化的彩陶图案、红山文化流行的各种动物形玉器等,均构成各自文化的突出特色[23]。再如商代晚期流行的祖先崇拜,商王用大量战俘作为祭祀的牺牲和殉葬,使杀殉祭祀成为晚商文化的一个重要特色[24]。

需要指出的是,与物质资料的生产活动相比,人类的信仰和观念具有相对稳定的特点,一经形成,便不容易随便改变。如祭祀的形式、埋葬习俗等往往都是最为保守、最不轻易变化的部分。这种观念和传统方面的滞后性是普遍存在的。因此,埋葬习俗和祭祀形式是一个集团最具有特点、最为稳定的部分,也应当成为考古学文化最为基本的特征之一。例如,在殷墟发现的墓葬流行于墓底设腰坑,坑中往往放置一条狗殉葬,成为商人葬俗的重要特点。西周王朝建立后,将大批殷遗民迁至成周洛阳。在洛阳发现数量较多的西周时期殷遗民的墓葬,都是带有腰坑、坑内殉狗的,可见被迁至成周的殷人仍然沿袭着本民族的埋葬习俗[25]。

总之,一个考古学文化的形成和发展、变化,一定要受到当时人们的信仰和观念的制约。一般而言,如果我们看到前后两个考古学文化不仅器物组合与形制存在不同,而且埋葬习俗和祭祀形式方面也存在显著差别,则这两个考古学文化的创造者可能属于不同的集团。当然,也有一种情况属于例外,就是由于某种原因,促使该集团的宗教信仰和观念发生了重大变化,从而导致其埋葬习俗和祭祀形式发生了显著变化。

(五)社会结构及其变化

如前所述,考古学文化是人们集团生活的遗留,人是社会的人,考古学文化当然不可避免地会带上社会的烙印。其中有来自集团内的,也有来自集团外的。任何集团都有自己的传统、自己的生活方式、自己的纪律与约束。每个集团的成员都必须遵守集团的这些传统和纪律,如若不然,将会受到严厉的惩罚。正因如此,集团才得以维持和巩固与发展,也正因如此,考古学文化才得以形成自己的特点,也才使自己的传统得以继承。另一方面,考古学文化也在一定程度上反映了社会的系统和状况。聚落分布的状况,史前聚落和历史时期城市内的功能分区以及墓地内墓葬的布局,都是这方面的例证。

社会不是一成不变的,也要随着集团经济、政治和文化等方面的发展、变化而不断变化。如社会成员之间的贵贱与贫富的分化、等级制度的形成、王权和国家的出现等,都会在人们的生活中有所反映,在作为人们生活遗留的考古学文化中,当然也会有所表现。如战争的出现和频发导致全国各地史前城址的建造;集团内部贫富与贵贱的分化,权贵阶层的形成,导致反映等级身份的器具——"礼器"的出现。例如,辽宁牛河梁[26]和安徽凌家滩[27]显贵墓中随葬的玉龙、玉人、玉龟、玉鸟等;良渚文化权贵墓[28]中随葬的玉琮、玉璧;陶寺遗址大型墓葬[29]中随葬的龙盘、特磬、鼍鼓、排钺等,成为各个考古学文化最突出的特色。又如王权和初期国家——邦国的出现,导致浙江良渚[30]、四川宝墩[31]、湖北石家河[32]、山西陶寺[33]、陕西石峁[34]等巨型都邑的兴建,也成为这几个考古学文化所反映的社会状况的典型代表。再如夏王朝的建立和发展,导致二里头遗址大型宫殿建筑的兴建、中轴线理念的形成、宫城的兴建、官营手工业作坊的出现等[35];商王朝的发展导致殷墟宫殿、王陵区的出现等[36],无不是当时社会状况的真实写照。这些变化都会导致人们生活发生变化,而这些都会在当时人们生活遗留的考古学文化的面貌中有所反映。

(六)不同考古学文化间的交流、碰撞与融合

由于考古学文化是一个人们共同体在物质遗存方面的遗留,而除了一些在极端的状况下的例外,一个人们集团都是与其他集团发生着各种各样的联系,如联姻、贸易、战争、结盟、馈赠、贡纳等,任何人都是处于同其他人的联系和交往之中,这些联系往往会在其考古学文化面貌中有所反映。例如,通过联姻,A氏族部落的人会嫁到联姻B氏族部落来,会把A氏族部落的生活习俗、生活器具乃至技术带到B氏族部落之中,从而可能会导致B氏族部落的文化发生某些变化。又如,距今约6000年前的庙底沟文化向周围施以强力辐射,导致黄河上游的马家窑文化、黄河下游的大汶口文化、长

江中游的大溪文化、长江下游的崧泽文化都出现了以弧线和圆点为特征的彩陶[37]。再如，新石器时代末期至夏时期，黄河中游地区的空三足炊器——鬲、甗，经燕山地区传至辽西地区，导致该地区夏家店下层文化中鬲和甗成为主要的炊器。

六 考古学文化的多元结构

因为与周边地区存在文化交流，所以仔细分析一个考古学文化的各种因素不难发现，可以将其区分为几个部分：一是，该文化前身或母体的考古学文化的特点，是继承、承袭而来；二是，与该考古学文化同时并存且关系密切的其他（一个或几个）考古学文化的特点，是接受、吸收而来；三是，该考古学文化自身的特点，是发明、创造而来。可以将考古学文化的这种构成称为考古学文化的"多元结构"[38]。对考古学文化的研究，必须注意对其构成进行区分。不同的研究关注点也是有所不同的。

在研究某一个考古学文化的谱系时，特别要注重第一部分，即该文化主要承袭了哪个考古学文化的传统。在讨论某一个考古学文化的创造者们与周围其他集团关系时，应格外关注第二部分，即该文化分别与哪几个考古学文化发生了比较密切的联系。在判断某一个考古学文化性质、辨识其特点时，则应以第三部分，即该文化独创的文化因素作为主要的着眼点，这部分是该考古学文化研究最本质、最核心的内容所在，需要格外予以关注，并掌握正确的研究方法。

七 考古学文化圈、考古学文化和考古学文化类型

纵观各地区考古学文化的分布，可以看到，往往一个较大的区域内存在的几个考古学文化的面貌会存在一定程度的相似性，构成了有别于其他区域的考古学文化圈或文化丛。例如，公元前5000～前3000年的仰韶文化就是这样一个文化圈或文化丛，在不同的时间和地域分别由半坡文化、庙底沟文化、西王村文化、后冈一期文化、大司空文化、大河村文化和下王岗文化等几个考古学文化遗存构成。尽管关于这些文化之间的关系在学术界存在着争论，但它们之间存在着较为密切的关系，共同构成仰韶文化圈的重要组成部分，则是不争的事实。山东龙山文化为我们提供了考古学文化类型的典型。该文化西部存在着城子崖、尹家城和教场铺类型，东部存在着姚官庄、尧王城和杨家圈类型。各类型文化面貌相似，又各有特点[39]。

应当如何理解这种考古学文化的"层级"现象呢？如上所述，考古学文化是地域、经济形态、文化传统和宗教信仰相似的人群的物质遗存，不同"层级"的考古学文化很可能对应着不同规模的、有相似地域、经济形态、文化传统和宗教信仰的人群。范围最大的考古学文化圈或可对应"部族"，其中的诸考古学文化均对应部族内的各个小的集团。他们一方面坚持共同的传统，存在较为紧密的联系，因而在文化面

貌上具有较大相似性；另一方面，又与自己所在文化圈之外的集团发生着各种各样的联系，具有各自不同的文化特点。

以这种考古学文化"层级"的视角观察，各个集团力量盛衰不定，不同集团之间的关系也一直处于变化之中。例如，大约在公元前4000年前，中原地区仰韶文化圈的庙底沟文化曾向周围地区施以强烈影响，其范围北达内蒙古河套地区，南到长江中下游地区，东及黄河下游的海岱地区，西抵黄河上游的甘青地区，形成中原地区史前文化对周围的第一次"冲击波"。此后，黄河中游地区的史前文化处于动荡整合之中，而周围地区的几个考古学文化，如黄河下游的大汶口文化、长江中游的屈家岭文化、长江下游的良渚文化呈现出显著发展的态势，并都曾向黄河中游地区努力拓展，形成了黄河中游地区与周边地区交流、互动的又一次浪潮。这种不同文化圈之间的交流、碰撞、融合与互鉴是以华夏集团为核心的中华文化得以形成的重要动因。这种不同区域之间文化的互动一直贯穿于中国古代历史发展的进程之中，是推动中华文化发展的重要动力。研究各个考古学文化圈之间的互动关系，是中国考古学研究的重要内容，对于了解多元一体的中华文化的形成和发展具有十分重要的意义。

八　考古学文化的族属

如前所述，不同"层级"的考古学文化对应着不同的人群集团。那么，这些考古学文化和考古学文化圈与我国古代文献或古史传说中族的对应关系是怎样的？这个问题是从事新石器时代晚期到历史时期考古学文化研究时经常遇到的问题。

对于探讨考古学文化的族属，即将考古学文化与古史传说和古代文献中记载的族群或集团相联系，很多中国考古学家持谨慎的态度，但也有学者明确肯定这种对应关系，以建立史前文化和历史时期文化的联系。严文明在"重瓣花朵"模式[40]中就提出，中原地区"根据古史传说，这一带曾是黄帝和炎帝为代表的部落集团活动的地域，以后在这里形成华夏各族"；甘青地区的新石器时代文化"应是往后戎羌各族的史前文化"；在山东地区，"大汶口文化和龙山文化等就应是东夷诸族的史前文化"；燕辽地区古文化是燕文化的重要渊源；长江中游孕育了楚文化；长江下游诸文化应是古越族的史前文化。

我们认为，古代文献或古史传说中记载的"族"或集团，如"东夷""西戎""南蛮""北狄"虽是出于以华夏集团为核心的称谓，包含着对周围集团的贬义，但当时在华夏集团周围，东、西、南、北分布着不同的部族集团，却是事实。在进行新石器时代晚期到夏商周时期考古学文化研究时，古代文献和古史传说中关于各个族群、集团的记载是值得重视的。以严谨为理由，拒绝探讨某考古学文化族属的做法是不可取的；尚未对考古学文化及其谱系进行缜密研究，就轻易将某某考古学文化与历史上某某族群或某某集团挂钩的做法，更是不可取的。正确的态度是，首先独立进行考古学文化本身及其谱系的研究，搞清楚该文化存在的年代和分布范围，进而了解其来龙去脉。在此基础上，与古代文献和古史传说中的族群或集团的存在年代和活动范围进行对照，在时间和空间吻合的前提下，再对该考古学文化的内涵进行分析、对照，如果两者十分吻合，或可以认真考虑两者的关联，做出推论，但即便如此，仍需更多的考古资料来进行验证。

九　历史时期考古学文化研究中的几个问题

其一，一个族（或族群）的考古遗存能否表现为两种考古学文化？我们认为，一个族群在不同的时期，因为前面所述的各种主观的和客观的原因，其所创造的考古学文化会出现程度不同的变化。如果这种变化是限制在不改变原来主体文化面貌和内涵，即器物组合、居住形态、埋葬习俗等方面不发生明显的变化，只是器物形制等方面发生一些变化，那么就应当将这些变化视为原考古学文化之内的变化，可以将其作为同一考古学文化不同的"期"来加以区分。商文化的二里冈期和殷墟二期就是如此。如果不仅是器物形制，而且上述其他各方面也发生了较为显著的变化，以至于难以涵盖在原来的考古学文化之内，那就应当将其作为新的考古学文化。例如，主要分布于河南西部的王湾三期文化和年代较晚的二里头文化虽然分布范围有所重合，某些器物形制（质地、纹饰、器形、制法）存在相似之处，两者极有可能同属于夏族创造的文化遗存。但是，二里头文化出现了一些新的器类，器物组合发生了变化，在聚落群及中心性聚落的规模、宫殿建筑的建筑形式及体量方面，也都出现了显著的变化，且分布范围也较王湾三期文化更为广泛。因此，应当将它们区分为两个不同的考古学文化。

其二，不同的族属是否会拥有同一个考古学文化？如前所述，考古学文化是一个人们集团生活的遗留，不同的集团因其传统不同，习俗有别，是不大可能共同拥有一个考古学文化的。不过，由于某种原因，一个考古学文化也许会接受另一个文化的某些甚至较多的文化因素。如南北朝时期拓跋鲜卑建立的北魏在孝文帝时期实行汉化政策，在政治、经济、文化等各个方面效法汉族，使其文化面貌发生了极大的变化，反映在考古学文化上就会出现虽是鲜卑族的政权，但文化面貌与汉族的文化十分接近的情况。但是，在生活习俗及日用生活器具方面，鲜卑族仍然保留了浓厚的自身特色。

关于不同的族属是否可以属于一个考古学文化，最为明显的例子是对二里头文化族属的争论。关于二里头文化的族属，曾在学术界产生过激烈的争论。一些学者认为她是夏族创造的文化，一些学者根据其一至四期的文化面貌发生了较为显著的变化，认为可以将其一分为二，前者属于夏族的文化，后者是推翻了夏王朝的商族创造的文化。笔者认为，如果二里头一至四期确属同一个考古学文化，即一至四期的文化面貌的变化没有超出同一考古学文化的范围，那么她就不大可能是夏、商两个族群创造的文化。目前，绝大多数学者认为二里头文化应是夏族创造的文化遗存，至于在第

二、三、四期中出现新的文化因素，可能是由于夏王朝后期，夏族与其他族群联系日益密切的缘故。

其三，考古学文化的变迁与政治变革、王朝更替之间的对应关系是怎样的？在夏商时期的考古学文化研究中有一个问题，就是"夏商文化分界"的问题，也就是夏王朝被商王朝取代之后，考古学文化面貌是否会发生较为明显的变化？一种观点认为，考古学文化面貌具有一定程度的滞后性，不会随着王朝的更迭而立刻发生变化。也有一种观点认为，王朝的更迭会在一定程度上在考古学文化面貌上反映出来，考古学文化面貌的变化可以作为划分前后两个王朝的分界。

我们认为，对于这个问题，需要具体问题具体分析，不能一概而论。诚然，王朝的更迭一般不会立刻在文化面貌上发生显著的变化，但是往往会导致前朝的都城遭废弃，王宫被焚毁，甚至王陵被捣毁。新建立的王朝则会大兴土木，新筑都邑和宫殿。这样，以都邑和宫殿的兴废作为王朝更迭的标志是可以的。在器用制度方面，也会发生一些变化，至于这些变化是不是立刻反映在考古学文化面貌的变化上，则具体情况各不相同。如秦始皇统一中国后，实行统一文字、度量衡和推行郡县制等一系列措施，使全国范围内的文化趋同。汉代则在秦代的基础上进一步加强统一，全国各地出土的汉代陶器、墓葬形制等都表现出相当程度的一致性。这些都说明，在中央集权的帝国时期，由于强力地推行统一的制度，使全国在较短时间内文化趋同也是很有可能的，只是夏商时期是王国阶段，远不能和秦汉帝国同日而语，在考古学文化的变化方面，也不会像秦汉帝国时期那样快速，会有一定程度的滞后性。

其四，中原王朝文化和其地方类型是什么样的关系？在史前时期，一个强势的文化会向周围扩展其影响。在历史时期，一个强势的王朝会通过征伐等各种方式，开拓其领土。在新扩展的土地上，该强势文化会与当地土著文化发生融合，表现在考古学文化面貌上，就会出现既与主体文化中心地区类似，又带有当地文化特色的现象，形成主体文化的地方性变体，即文化类型。以商文化为例，从早商到晚商时期，商文化都可以区分为多个类型，如盘龙城类型、台西类型、大辛庄类型、大城墩类型等，它们多数就是因为商文化的扩张而形成的商文化地方类型。

注　释

[1]　[英]戈登·柴尔德著，陈淳、陈洪波译：《欧洲文明的曙光》，上海三联书店，2008年。
[2]　杨建华：《外国考古学史》，吉林大学出版社，1995年。
[3]　[英]格林·丹尼尔著，黄其煦译，安志敏校：《考古学一百五十年》，文物出版社，2009年。
[4]　陈星灿：《中国史前考古学史研究》，社会科学文献出版社，2007年。
[5]　任式楠：《中国考古学·新石器时代卷》绪论，中国社会科学出版社，2010年。
[6]　夏鼐：《关于考古学上文化的定名问题》，《考古》1959年第4期。
[7]　安志敏：《略论我国新石器时代文化的年代问题》，《考古》1972年第6期。

[8] 苏秉琦：《关于考古学文化的区系类型问题》，《文物》1981年第5期。

[9] 严文明：《中国史前文化的统一性与多样性》，《文物》1987年第3期。

[10] 张忠培：《中国考古学史的几点认识》，《中国考古学：实践·理论·方法》，中州古籍出版社，1994年。

[11] ［加］布鲁斯·特里格著、陈淳译：《考古学主要概念的历史演变》，《东南文化》1992年第5期。

[12] Taylor W. W., A Study of Archaeology , Menasha:American Anthropological Association, 1948.

[13] ［英］泰勒著、蔡江浓编译：《原始文化》，浙江人民出版社，1988年。

[14] 中国社会科学院考古研究所内蒙古工作队：《内蒙古敖汉旗兴隆洼聚落遗址1992年发掘简报》，《考古》1997年第1期。

[15] 半坡博物馆、陕西省考古研究所、临潼县博物馆：《姜寨——新石器时代遗址发掘报告》，文物出版社，1988年。

[16] 中国社会科学院考古研究所、安徽省蒙城县文化局：《蒙城尉迟寺（第二部）》，科学出版社，2007年。

[17] 中国社会科学院考古研究所：《枣阳雕龙碑》，科学出版社，2006年。

[18] 北京大学考古实习队、河南省南阳市文物研究所：《河南邓州八里岗遗址发掘简报》，《文物》1998年第9期。

[19] 中国社会科学院考古研究所甘青工作队、青海省文物考古研究所：《青海民和县喇家遗址2000年发掘简报》，《考古》2002年第12期。

[20] 黑龙江省文物考古工作队：《密山县新开流遗址》，《考古学报》1979年第4期。

[21] 中国科学院考古研究所、陕西省西安半坡博物馆：《西安半坡》，文物出版社，1963年。

[22] 半坡博物馆、陕西省考古研究所、临潼县博物馆：《姜寨——新石器时代遗址发掘报告》，文物出版社，1988年。

[23] 辽宁省文物考古研究所：《牛河梁——红山文化遗址发掘报告（1983～2003年度）》，文物出版社，2012年。

[24] 黄展岳：《古代人牲人殉通论》，文物出版社，2004年。

[25] 余黎星、高南定、余扶危：《洛阳殷人墓与殷遗民墓葬俗研究》，《洛阳理工学院学报（社会科学版）》2011年第3期。

[26] 辽宁省文物考古研究所：《牛河梁——红山文化遗址发掘报告（1983～2003年度）》，文物出版社，2012年。

[27] 安徽省文物考古研究所：《凌家滩——田野考古发掘报告之一》，文物出版社，2006年。

[28] 浙江省文物考古研究所：《反山》，文物出版社，2005年。

[29] 中国社会科学院考古研究所山西工作队等：《1978～1980年山西襄汾陶寺墓地发掘简报》，《考古》1983年第1期。

[30] a.赵晔：《余杭卞家山遗址发现良渚时期"木构码头"等遗存》，《中国文物报》2003年9

月23日。

b.浙江省文物考古研究所：《杭州市余杭区良渚古城遗址2006～2007年的发掘》，《考古》2008年第7期。

c.刘斌、王宁远：《2006～2013年良渚古城考古的主要收获》，《东南文化》2014年第2期。

[31] a.成都文物考古研究所、新津县文管所：《新津宝墩遗址调查与试掘简报（2009～2010年）》，《成都考古发现（2009）》，科学出版社，2011年。

b.江章华、何锟宇等：《宝墩遗址聚落考古取得重要进展》，《中国文物报》2012年8月17日。

[32] a.北京大学考古系等：《石家河遗址群调查报告》，《南方民族考古》第五辑，四川科学技术出版社，1992年。

b.湖北省荆州博物馆等：《肖家屋脊》，文物出版社，1999年。

c.湖北省荆州博物馆等：《谭家岭》，文物出版社，2011年。

d.湖北省文物考古研究所等：《邓家湾》，文物出版社，2007年。

e.湖北省文物考古研究所等：《湖北天门市石家河古城三房湾遗址2011年发掘简报》，《考古》2012年第8期。

[33] a.中国社会科学院考古研究所山西队等：《山西襄汾县陶寺遗址Ⅱ区居住址1999～2000年发掘简报》，《考古》2003年第3期。

b.中国社会科学院考古研究所山西队等：《陶寺城址发现陶寺文化中期墓葬》，《考古》2003年第9期。

c.中国社会科学院考古研究所山西队等：《山西襄汾县陶寺城址发现陶寺文化大型建筑基址》，《考古》2004年第2期。

d.中国社会科学院考古研究所山西队等：《山西襄汾县陶寺城址祭祀区大型建筑基址2003年发掘简报》，《考古》2004年第7期。

e.中国社会科学院考古研究所山西队等：《山西襄汾陶寺城址2002年发掘报告》，《考古学报》2005年第3期。

f.中国社会科学院考古研究所山西队等：《山西襄汾县陶寺中期城址大型建筑ⅡFJT1基址2004～2005年发掘简报》，《考古》2007年第4期。

g.中国社会科学院考古研究所山西队等：《山西襄汾县陶寺城址发现陶寺文化中期大型夯土建筑基址》，《考古》2008年第3期。

[34] 陕西省考古研究院、榆林市文物考古勘探工作队、神木县文体局：《陕西神木县石峁遗址》，《考古》2013年第7期。

[35] a.中国社会科学院考古研究所二里头工作队：《河南偃师市二里头遗址宫城及宫殿区外围道路的勘察与发掘》，《考古》2004年第11期。

b.《河南偃师市二里头遗址中心区的考古新发现》，《考古》2005年第7期。

c.赵海涛、陈国梁、许宏：《二里头遗址发现大型围垣作坊区全面揭露一处二里头文化末期大型庭院建筑》，《中国文物报》2006年7月21日。

d. 许宏、赵海涛、陈国梁、李志鹏：《偃师二里头遗址中心区遗存》，《中国考古学年鉴（2005）》，文物出版社，2006年。

e. 赵海涛等：《二里头遗址宫殿区2010~2011年度勘探与发掘新收获》，《中国文物报》2011年11月4日。

f. 中国社会科学院考古研究所：《二里头（1999~2006）》，文物出版社，2014年。

[36] 中国社会科学院考古研究所：《殷墟的发现与研究》，科学出版社，1994年。

[37] 王仁湘：《史前中国的艺术浪潮——庙底沟文化彩陶研究》，文物出版社，2011年。

[38] 张忠培：《中国古代的文化与文明》，《考古与文物》2001年第1期。

[39] 中国社会科学院考古研究所：《中国考古学·新石器时代卷》，中国社会科学出版社，2010年。

[40] 严文明：《中国史前文化的统一性与多样性》，《文物》1987年第3期。

原稿发表于《考古》2014年第12期。

王仲殊评注：

王巍同志在《考古学文化及其相关问题探讨》的论文第四节《"考古学文化"的定义及其内涵和外延》中引述夏鼐、王仲殊在1986年出版的《中国大百科全书·考古学卷》的总条目《考古学》中关于"考古学文化"的定义："考古学文化是代表同一时代的、集中于同一地域内的、有一定地方性特征的遗迹和遗物的共同体。"他虽然说这一定义无疑是正确的，但又说在实际操作中存在两个问题。一是一些学者往往只重视器物组合，没有充分认识到遗迹也是区别考古学文化的重要特征；二是这个经典定义本身也仅仅强调了考古学的物质属性（的一部分），即一组有自身特征和时空分布范围的遗迹和遗物共同体，没有体现出考古学文化所反映的过去人们的精神世界和社会关系。

这里，我要郑重说明：对于王巍提出的这两个问题，夏鼐先生和我早已在上述《考古学》总条目的前段阐明："虽然考古学的研究是以物质的遗存为依据，但作为历史科学的组成部分，它的研究不限于物质文化，而是在于通过各种遗迹和遗物，研究人类古代社会的各个方面，其中包括生产规模、技术水平等物质文化，也包含美术观念、宗教信仰等精神文化。"夏鼐先生和我还特地指出，前苏联曾长期将考古学称为"物质文化史"，这局限了考古学的研究范围，是很错误的。夏鼐先生和我又指出，作为考古学研究对象的实物，包括遗物和遗迹两大类，范围极广，决不能片面地把"实物"理解为器物。

不久以前，中国大百科全书出版社已将上述《考古学卷》总条目《考古学》单独编成一册由夏鼐、王仲殊合著的题为《考古学》的小开本专书。此书装订精良，售价低廉，大家可以购来一阅，便知端的。

中国古代都城考古概论

刘庆柱

一 古代都城考古学学术意义

考古学是通过人类及其与之相关遗存的物化载体，研究人类历史的科学。考古学一般分为"史前考古学"与"历史时期考古学"，分别研究人类原始社会历史与人类进入"文明"时代的"国家"形成以后的历史。国家属于政治学概念，国家活动基本平台是"政府"，考古学视阈之下的国家"中央政府"物化载体平台是都城，从这个意义上说，都城与国家是密切相关的，都城是国家的"缩影"。

从严格的学术意义上讲，古代都城考古学属于"历史时期考古学"，但是文明起源、国家形成是长期的、复杂的历史发展过程。应该说"早期文明"与"早期国家"的形成，是介于我们传统所认知的"史前考古学"与"历史时期考古学"之间的。近年来的考古发现也证实了这一点。如被考古学界认为属于新石器时代晚期的良渚城址、陶寺城址、石峁城址、王城岗城址、新砦城址与夏代纪年基本吻合的二里头遗址等，其中大多已迈入国家的门槛、进入"文明"时代，这些城址有些可能就是古代"国家"的"都城"，也就是现在学术界一般所说的"早期中国"之都城。

都城因其在不同历史时期处于不同的国家社会形态，而不同社会形态的国家缩影——都城，其布局形制也随之发生相应变化。探索古代都城布局形制发展变化，实际上是考古学研究国家社会形态及其历史发展的重要内容。古代都城是古代国家的历史缩影，国家与国家之间的不同表现可以是多种多样，但是作为代表不同人群、族群之间的国家"区分"，主要是"政治性"与"文化性"的因素，而反映不同时期、不同国家的"政治性""文化性"物化载体就是其国家都城与帝王陵墓。就此而言，这也就是古代都城考古学研究的学术意义之所在。

近年来中国考古学的科学实践，也清楚地说明古代都城考古学的重要性。正是中国古代都城考古学的新进展、新成果、新理念，支撑了20世纪90年代中后期国家夏商周断代工程及其后的中华文明探源工程的开展。夏商周断代工程所依据的基础科学资料，均来源于新石器时代末期城址与夏商周时代都城遗址考古发现与研究成果，如涉及夏代纪年的河南登封王城岗城址、新密新砦城址、偃师二里头遗址等，关于商代纪年的偃师商城遗址、郑州商城遗址、安阳殷墟遗址等，与西周纪年相关的丰镐遗址、琉璃河西周城址及西周都邑考古发现的青铜器铭文资料等。正在进行的中华文明探源工程更是以早期都城与都邑考古发现与研究为中心，如偃师二里头遗址、新密新砦城址、登封王城岗城址、陶寺城址、石峁城址、良渚城址等，由近及远推进中华文明探源工程学术研究，寻找文明之源、国家之源，而国家与都城是并存的。

长期以来，学术界把古代都城研究的重点置于建筑史学、人类文化学、历史地理学等方面，当然这些研究对于人们了解、认识古代都城是必要的。但必须指出，古代都城作为古代王朝的历史"缩影"，对其进行研究更为重要的学术任务是揭示社会历史发展变化的原因，国家不同族群的融合、认同过程，不同族群的"国人""国民"精神理念的形成与发展，这是古代都城考古学研究的主要学术意义。

二 历史文献记载的中国古代都城

中国有着极为丰富的历史文献，其中记载了大量中国古代都城的历史资料，其时间跨度从传说时代的"五帝"，到夏商周、秦汉、魏晋南北朝、隋唐、宋辽金元明清王朝。有学者统计，"内地各省市共有15年以上的古都53处，涉及的王朝或政权172个；不足15年的古都计有79处，涉及的政权90个，未知具体年代的古都2处，涉及的政权4个，另外还应该添上夏、商两代的都城和周的先世都城30处，几宗合计：共有古都164处，涉及的王朝或政权269个。周边各省区，可知有具体年代的古都6处，涉及的政权8个；未知具体年代的古都47处，涉及的政权难以确知，共有古都53处。内地与周边各地合计，共有古都217处，可知的所涉及的王朝或政权277个"。以上所述古代都城，还不包括"远古传说"的"都城"[1]。当然，上述统计的古代都城中，在"王朝""政权"等基本学术概念上比较模糊，因此其科学性存在一些问题。这些问题有的甚至导致对中国古代历史的"误读"。都城与国家相连，国家与主权密不可分，国家采取的管理方式可以是多种多样的，但前提是国家主权的神圣不可侵犯性。都城作为一个国家的政治统治中心、军事指挥中心、经济管理中心、文化礼仪活动中心，具有十分严格的"排他性"。本书所说的古代都城，包括处于古代文明形成时期及统一王朝或国家分裂时期（如春秋战国时代、三国两晋南北朝时期），各地具有国家主权、疆域等"实体性国家"之都城。

三 古代都城考古发现史

在世界考古学范围内，探索、研究古代国家历史，尤其是早期国家历史，一般需要通过古代都城考古学去实施，如在两河流域古代文明、古代埃及文明、希腊与罗马文明、南亚次大陆文明、玛雅文明、印加文明等考古学研究中，古代都城考古学均被视为"重中之重"。自19世纪中叶以来，古代都城遗址考古取得了一个又一个重大发现,如西亚的乌尔城址(Ur,公元前第3~第2世纪之交重新统一的巴比伦尼亚的首府)、巴比伦城址(Babylon,古巴比伦王国首府)、阿叔尔城(Assur,早期亚述王国首府)、克尔萨巴德(Khorsabad,亚述王国的都城)、尼尼微(Nineveh,亚述王国首府和文化中心)、耶路撒冷古城遗址等,地中海地区附近的迈锡尼城址、雅典古城遗址、罗马古城遗址、庞培城址等,北非的埃及底比斯古城址(Thebes,埃及南部尼罗河畔)及亚历山大古城址、迦太基城址等,东亚的古都长安、洛阳、殷墟、奈良、庆州等古代城址,南亚次大陆的哈拉帕城址、摩亨佐达罗城址等,中南美洲的特奥蒂瓦坎城址、帕伦克城址、马丘比丘城址、昌昌城址等。上述城址的田野考古发现与研究,成为世界各个主要"文明"起源与形成的学术研究基础,这些古代都城考古学研究建构了世界古代文明形成与发展的基本历史框架。

中国古代文明起源、形成与发展的学术研究,同样是以中国古代都城考古学研究为基础,使几千年的中国古代文明起源、形成与发展得以获得科学的认知。1928年,中国的第一个国家考古科学研究机构——中央研究院历史语言研究所成立伊始,就把中国考古学的重点定位于古代都城考古——殷墟考古。作为国家重大研究项目的殷墟考古,从古代国家历史研究层面上,拉开了中国考古学的序幕。1928~1936年期间,殷墟小屯宫庙区遗址、西北岗商王陵区等一系列重大考古发现,向世界展示出中国古代的辉煌文明,古代都城——殷墟遗址也成为中国考古学的"圣地"[2]。从中国古代都城考古学方法论方面来说,考古学家在殷墟遗址首次识别了"夯土",从而为探寻古代都城的宫殿、宗庙、帝王陵墓等大型政治性物化载体,找到了科学认知的路径与方法。殷墟考古使先秦史成为"信史",使中国历史学从"传统"走向"现代",使考古学成为中国人文科学中的"显学"。

新中国的建立,使中国考古学得到了前所未有的发展。新中国考古学的奠基者、领导者郑振铎、梁思永、夏鼐先生等,在20世纪50年代初,就把中国科学院考古研究所的田野考古发掘与研究重点,确定在安阳殷墟遗址[3]、西周沣镐遗址[4]、洛阳东周王城遗址[5]、汉长安城遗址[6]、汉魏洛阳城遗址[7]、隋唐长安城遗址和隋唐洛阳城遗址等最为重要的中国古代都城遗址上[8]。20世纪50年代末~90年代末,中国科学院考古研究所(1977年更名为中国社会科学院考古研究所)在以往中国古代都城遗址考古工作基础之上,又相继进行了夏文化的河南偃师二里头遗址[9]、北京元大都遗址[10]、偃师商城遗址[11]、河北临漳邺城遗址[12]、杭州南宋临安城遗址、陕西秦汉栎阳城遗址[13]、安阳洹北商城遗址[14]、山西襄汾陶寺城址[15]、河南新密新砦城址[16]等考古工作。与此同时,作为地方省市自治区的考古工作,在相关古代都城田野考古研究方面也取得多项学术成果,如河南登封王城岗城址[17]、郑州商城遗址[18]、新郑郑韩故城遗址[19]、宋开封城遗址等[20],内蒙古辽代都城遗址[21]、元上都遗址等[22],河北中山国灵寿城遗址[23]、赵邯郸城遗址[24]、燕下都遗址[25]、元中都遗址等[26],陕西秦雍城遗址[27]、秦咸阳城遗址[28]、统万城遗址等[29],山西夏县魏安邑

  d.许宏、赵海涛、陈国梁、李志鹏：《偃师二里头遗址中心区遗存》，《中国考古学年鉴（2005）》，文物出版社，2006年。

  e.赵海涛等：《二里头遗址宫殿区2010～2011年度勘探与发掘新收获》，《中国文物报》2011年11月4日。

  f.中国社会科学院考古研究所：《二里头（1999～2006）》，文物出版社，2014年。

[36] 中国社会科学院考古研究所：《殷墟的发现与研究》，科学出版社，1994年。

[37] 王仁湘：《史前中国的艺术浪潮——庙底沟文化彩陶研究》，文物出版社，2011年。

[38] 张忠培：《中国古代的文化与文明》，《考古与文物》2001年第1期。

[39] 中国社会科学院考古研究所：《中国考古学·新石器时代卷》，中国社会科学出版社，2010年。

[40] 严文明：《中国史前文化的统一性与多样性》，《文物》1987年第3期。

原稿发表于《考古》2014年第12期。

王仲殊评注：

  王巍同志在《考古学文化及其相关问题探讨》的论文第四节《"考古学文化"的定义及其内涵和外延》中引述夏鼐、王仲殊在1986年出版的《中国大百科全书·考古学卷》的总条目《考古学》中关于"考古学文化"的定义："考古学文化是代表同一时代的、集中于同一地域内的、有一定地方性特征的遗迹和遗物的共同体。"他虽然说这一定义无疑是正确的，但又说在实际操作中存在两个问题。一是一些学者往往只重视器物组合，没有充分认识到遗迹也是区别考古学文化的重要特征；二是这个经典定义本身也仅仅强调了考古学的物质属性（的一部分），即一组有自身特征和时空分布范围的遗迹和遗物共同体，没有体现出考古学文化所反映的过去人们的精神世界和社会关系。

  这里，我要郑重说明：对于王巍提出的这两个问题，夏鼐先生和我早已在上述《考古学》总条目的前段阐明："虽然考古学的研究是以物质的遗存为依据，但作为历史科学的组成部分，它的研究不限于物质文化，而是在于通过各种遗迹和遗物，研究人类古代社会的各个方面，其中包括生产规模、技术水平等物质文化，也包含美术观念、宗教信仰等精神文化。"夏鼐先生和我还特地指出，前苏联曾长期将考古学称为"物质文化史"，这局限了考古学的研究范围，是很错误的。夏鼐先生和我又指出，作为考古学研究对象的实物，包括遗物和遗迹两大类，范围极广，决不能片面地把"实物"理解为器物。

  不久以前，中国大百科全书出版社已将上述《考古学卷》总条目《考古学》单独编成一册由夏鼐、王仲殊合著的题为《考古学》的小开本专书。此书装订精良，售价低廉，大家可以购来一阅，便知端的。

中国古代都城考古概论

刘庆柱

一 古代都城考古学学术意义

考古学是通过人类及其与之相关遗存的物化载体，研究人类历史的科学。考古学一般分为"史前考古学"与"历史时期考古学"，分别研究人类原始社会历史与人类进入"文明"时代的"国家"形成以后的历史。国家属于政治学概念，国家活动基本平台是"政府"，考古学视阈之下的国家"中央政府"物化载体平台是都城，从这个意义上说，都城与国家是密切相关的，都城是国家的"缩影"。

从严格的学术意义上讲，古代都城考古学属于"历史时期考古学"，但是文明起源、国家形成是长期的、复杂的历史发展过程。应该说"早期文明"与"早期国家"的形成，是介于我们传统所认知的"史前考古学"与"历史时期考古学"之间的。近年来的考古发现也证实了这一点。如被考古学界认为属于新石器时代晚期的良渚城址、陶寺城址、石峁城址、王城岗城址、新砦城址与夏代纪年基本吻合的二里头遗址等，其中大多已迈入国家的门槛、进入"文明"时代，这些城址有些可能就是古代"国家"的"都城"，也就是现在学术界一般所说的"早期中国"之都城。

都城因其在不同历史时期处于不同的国家社会形态，而不同社会形态的国家缩影——都城，其布局形制也随之发生相应变化。探索古代都城布局形制发展变化，实际上是考古学研究国家社会形态及其历史发展的重要内容。古代都城是古代国家的历史缩影，国家与国家之间的不同表现可以是多种多样，但是作为代表不同人群、族群之间的国家"区分"，主要是"政治性"与"文化性"的因素，而反映不同时期、不同国家的"政治性""文化性"物化载体就是其国家都城与帝王陵墓。就此而言，这也就是古代都城考古学研究的学术意义之所在。

近年来中国考古学的科学实践，也清楚地说明古代都城考古学的重要性。正是中国古代都城考古学的新进展、新成果、新理念，支撑了20世纪90年代中后期国家夏商周断代工程及其后的中华文明探源工程的开展。夏商周断代工程所依据的基础科学资料，均来源于新石器时代末期城址与夏商周时代都城遗址考古发现与研究成果，如涉及夏代纪年的河南登封王城岗城址、新密新砦城址、偃师二里头遗址等，关于商代纪年的偃师商城遗址、郑州商城遗址、安阳殷墟遗址等，与西周纪年相关的丰镐遗址、琉璃河西周城址及西周都邑考古发现的青铜器铭文资料等。正在进行的中华文明探源工程更是以早期都城与都邑考古发现与研究为中心，如偃师二里头遗址、新密新砦城址、登封王城岗城址、陶寺城址、石峁城址、良渚城址等，由近及远推进中华文明探源工程学术研究，寻找文明之源、国家之源，而国家与都城是并存的。

长期以来，学术界把古代都城研究的重点置于建筑史学、人类文化学、历史地理学等方面，当然这些研究对于人们了解、认识古代都城是必要的。但必须指出，古代都城作为古代王朝的历史"缩影"，对其进行研究更为重要的学术任务是揭示社会历史发展变化的原因，国家不同族群的融合、认同过程，不同族群的"国人""国民"精神理念的形成与发展，这是古代都城考古学研究的主要学术意义。

二 历史文献记载的中国古代都城

中国有着极为丰富的历史文献，其中记载了大量中国古代都城的历史资料，其时间跨度从传说时代的"五帝"，到夏商周、秦汉、魏晋南北朝、隋唐、宋辽金元明清王朝。有学者统计，"内地各省市共有15年以上的古都53处，涉及的王朝或政权172个；不足15年的古都计有79处，涉及的政权90个，未知具体年代的古都2处，涉及的政权4个，另外还应该添上夏、商两代的都城和周的先世都城30处，几宗合计：共有古都164处，涉及的王朝或政权269个。周边各省区，可知有具体年代的古都6处，涉及的政权8个；未知具体年代的古都47处，涉及的政权难以确知，共有古都53处。内地与周边各地合计，共有古都217处，可知的所涉及的王朝或政权277个"。以上所述古代都城，还不包括"远古传说"的"都城"[1]。当然，上述统计的古代都城中，在"王朝""政权"等基本学术概念上比较模糊，因此其科学性存在一些问题。这些问题有的甚至导致对中国古代历史的"误读"。都城与国家相连，国家与主权密不可分，国家采取的管理方式可以是多种多样的，但前提是国家主权的神圣不可侵犯性。都城作为一个国家的政治统治中心、军事指挥中心、经济管理中心、文化礼仪活动中心，具有十分严格的"排他性"。本书所说的古代都城，包括处于古代文明形成时期及统一王朝或国家分裂时期（如春秋战国时代、三国两晋南北朝时期），各地具有国家主权、疆域等"实体性国家"之都城。

三 古代都城考古发现史

在世界考古学范围内，探索、研究古代国家历史，尤其是早期国家历史，一般需要通过古代都城考古学去实施，如在两河流域古代文明、古代埃及文明、希腊与罗马文明、南亚次大陆文明、玛雅文明、印加文明等考古学研究中，古代都城考古学均被视为"重中之重"。自19世纪中叶以来，古代都城遗址考古取得了一个又一个重大发现,如西亚的乌尔城址(Ur,公元前第3~第2世纪之交重新统一的巴比伦尼亚的首府)、巴比伦城址(Babylon,古巴比伦王国首府)、阿叔尔城(Assur,早期亚述王国首府)、克尔萨巴德(Khorsabad,亚述王国的都城)、尼尼微(Nineveh,亚述王国首府和文化中心)、耶路撒冷古城遗址等,地中海地区附近的迈锡尼城址、雅典古城遗址、罗马古城遗址、庞培城址等,北非的埃及底比斯古城址(Thebes,埃及南部尼罗河畔)及亚历山大古城址、迦太基城址等,东亚的古都长安、洛阳、殷墟、奈良、庆州等古代城址,南亚次大陆的哈拉帕城址、摩亨佐达罗城址等,中南美洲的特奥蒂瓦坎城址、帕伦克城址、马丘比丘城址、昌昌城址等。上述城址的田野考古发现与研究,成为世界各个主要"文明"起源与形成的学术研究基础,这些古代都城考古学研究建构了世界古代文明形成与发展的基本历史框架。

中国古代文明起源、形成与发展的学术研究,同样是以中国古代都城考古学研究为基础,使几千年的中国古代文明起源、形成与发展得以获得科学的认知。1928年,中国的第一个国家考古科学研究机构——中央研究院历史语言研究所成立伊始,就把中国考古学的重点定位于古代都城考古——殷墟考古。作为国家重大研究项目的殷墟考古,从古代国家历史研究层面上,拉开了中国考古学的序幕。1928~1936年期间,殷墟小屯宫庙区遗址、西北岗商王陵区等一系列重大考古发现,向世界展示出中国古代的辉煌文明,古代都城——殷墟遗址也成为中国考古学的"圣地"[2]。从中国古代都城考古学方法论方面来说,考古学家在殷墟遗址首次识别了"夯土",从而为探寻古代都城的宫殿、宗庙、帝王陵墓等大型政治性物化载体,找到了科学认知的路径与方法。殷墟考古使先秦史成为"信史",使中国历史学从"传统"走向"现代",使考古学成为中国人文科学中的"显学"。

新中国的建立,使中国考古学得到了前所未有的发展。新中国考古学的奠基者、领导者郑振铎、梁思永、夏鼐先生等,在20世纪50年代初,就把中国科学院考古研究所的田野考古发掘与研究重点,确定在安阳殷墟遗址[3]、西周沣镐遗址[4]、洛阳东周王城遗址[5]、汉长安城遗址[6]、汉魏洛阳城遗址[7]、隋唐长安城遗址和隋唐洛阳城遗址等最为重要的中国古代都城遗址上[8]。20世纪50年代末~90年代末,中国科学院考古研究所(1977年更名为中国社会科学院考古研究所)在以往中国古代都城遗址考古工作基础之上,又相继进行了夏文化的河南偃师二里头遗址[9]、北京元大都遗址[10]、偃师商城遗址[11]、河北临漳邺城遗址[12]、杭州南宋临安城遗址、陕西秦汉栎阳城遗址[13]、安阳洹北商城遗址[14]、山西襄汾陶寺城址[15]、河南新密新砦城址[16]等考古工作。与此同时,作为地方省市自治区的考古工作,在相关古代都城田野考古研究方面也取得多项学术成果,如河南登封王城岗城址[17]、郑州商城遗址[18]、新郑郑韩故城遗址[19]、宋开封城遗址等[20],内蒙古辽代都城遗址[21]、元上都遗址等[22],河北中山国灵寿城遗址[23]、赵邯郸城遗址[24]、燕下都遗址[25]、元中都遗址等[26],陕西秦雍城遗址[27]、秦咸阳城遗址[28]、统万城遗址等[29],山西夏县魏安邑故城遗址[30]、山东齐临淄城遗址和曲阜鲁城遗址[31]、湖北楚国江陵城遗址等[32]。

20世纪90年代中后期以来，考古工作者在中国古代都城考古中取得了重大进展，其中尤其以"早期中国"都城（或都邑）遗址的考古成果最为突出，如二里头遗址的宫城遗址、陶寺城址的大城和小城及"观天授时"遗址、王城岗城址、良渚古城遗址、陕西神木石峁城址等，以及偃师商城宫城遗址、洹北商城遗址还有中古时代以来的黑龙江金上京遗址、北京金中都遗址、河北元上都遗址、江苏明中都遗址、明南京城遗址、明清北京城遗址。

上述古代都城遗址（或都邑）的考古发现与研究，构建起中国考古学从史前时代进入历史时期、从史前聚落到"邦国""王国""帝国"的历史发展基本架构，为考古学认知从"血缘政治"向"地缘政治"的发展变化，寻找到科学支撑的相应"物化载体"。

20世纪90年代中期，中国古代都城考古积累了大量田野考古发掘资料，一些重要城址的田野考古发掘报告开始陆陆续续整理、编辑、出版。涉及中国古代都城考古学研究的相关课题，越来越多地引起学术界重视。中国古代都城考古学研究也从考古发现的城址时空研究，进一步深入到古代都城遗址的布局形制变化及其历史原因的探讨。中国古代都城考古学研究成为中国考古学的"龙头"课题。

四　古代都城考古的基本构成要素

中国古代都城考古首先要究明其物化载体形式，即古代都城的主要物质文化内涵。都城首先应该是城，而城的空间形式是以城墙围绕。都城的空间根据其使用功能不同，而形成都城之内的空间"分区"，这种分区一般是从都城之中的路网结构反映出来，如果把都城空间比作一个"人"的话，那么都城之中的路网就类似"人"的"骨架"。连接路网与城墙的节点是城门，城门是城的坐标点与"门面"，城门的数量、形制（即"门道"数量）还是城的"身份"象征。都城是国家的政治统治（或管理）中心、军事指挥中心、文化礼仪活动中心，社会与经济管理中心，这四个"中心"的活动平台是宫殿、武库、礼制建筑、粮仓、民居、市场、手工业作坊等，帝王陵墓是都城的"阴间"存在形式。

1. 城墙与城壕

美国著名学者刘易斯·芒福德认为，"由于有了城墙，城市生活便有了一个共同基础"。因此城市被城墙"封围"成为其重要特征。从世界范围来看，"直到18世纪，在大多数国家中，城墙仍旧是城市最显著的特征之一"[33]。还有的学者更为明确地指出，"封闭的城墙是城市的基本特征"[34]，城市"物化表现为公共建筑和坚固的周环防御墙"[35]。何驽从城墙功能角度指出："我们总体认为城市或都邑应当有城墙环护，其功能不仅是军事防御的实用需要，而且确实能'为我们提供一种安全感、稳定感、永恒感、一种威严感和自豪感。'（见：凯文·林奇著，林庆怡等译：《城市形态》第236页，华夏出版社，2001年）城市外轮廓上的城墙，在空间上首先将城区与郊野、城市与乡村以物化的边界区别开来，控制乡野之民随意出入城区，部分地剥夺了他们的空间到场权、空间使用权和在空间中活动的权力，借以维持城区内的秩序和等级，最终为了保障统治者的安全。"[36]城墙是都城必备的要素，城墙是区分都城或宫城与其他地区的分界线。都城城墙又是必备的防御设施，历史文献记载的"城以卫君"，清楚地说明了"城"的防御功能。

城墙的防御功能，是防御"人"的，那么城墙就应该具备使"人"不能"徒手"翻越的基本条件。这样就要求城墙具有防御人翻越的基本要求，为此城墙虽然不必要上下垂直，但其"收分"标准亦应控制在防御人翻越的限度。因此城墙的宽与高应有一定的比例关系，这在目前对于古代都城（包括其他古代城址）的城墙研究中，需要给予足够重视。我们需要从已知的古代都城（或古代城址）城墙宽与高的数据比例关系，确定城墙与"非城墙"的科学依据。比如，近年考古发现的良渚城址，其"城墙"基础宽约50米，甚至宽达百米以上，有的学者认为其有可能是防水的"河堤"遗存，因为按照城墙基础50米左右的宽度，城墙高度只有达到35~45米，才可能具有防御人翻越的功能。当然也有可能当时人们利用了原来的河堤工程基础，于其上再修筑城墙。不过这需要进一步的田野考古去究明。

与城墙相关的"马面"等建筑设施，是为了加强城墙的防御功能。目前来看，"马面"的出现可能早至新石器时代晚期，它的功能变化可能是从军事性城堡扩及政治性中心城市及都城，其空间发展则是从北方农牧交汇地带进入内地及中原地区。

从加强防御角度而言，城墙之外又设置城壕。作为城墙与城壕的历史而言，"城壕"是从"环壕"发展而来，城墙之外取土修筑城墙的壕沟成为城壕，就此而言城壕是城墙的"副产品"。城壕的设置与城墙的修筑是"一举两得"的结果。有必要说明的是，城壕是"对外"的，在有些地方出现城墙之内外均有城壕，其城内"城壕"需要进一步开展考古工作究明。比如良渚城址的内城壕可能是城内用于通行的河道，犹如历史时期都城城墙之内的"环涂"。

2. 城门与宫门

中国古代都城城门是都城标志性建筑，都城正门又是都城坐标性建筑。

目前考古发现先秦时代都城城门数量与形制、分布位置比较清楚者甚少，很难得出规律性结论。如已经考古发现的最早属于"都城"性质的城门是良渚城址的城门，它们均为"水门"，这与城址的自然地理环境有关。基本究明都城城门的偃师商城遗址，可能有6座城门，东西对称分布城门各2座，南北相对城门可能各1座。城门均为1个门道。又如东周（春秋时代晚期）楚国都城——纪南城遗址，考古发现7座城门遗址，其中南、北、西城门各2座，东城门1座，在上述南、北城门中各有1座"水城门"。特别需要指出的是，西城墙的北部城门与南城门的"水城门"各为3个门道。纪南城的3个门道城门是目前中国古代都城考古中发现时代最早的"一门三道"的都城城门[37]。东周时代的曲阜鲁国故城考古发现东、西、北城墙各辟3座城门，南城墙辟2座城门。曲阜鲁城是目前考古发现时代最早具有11座城门（并且东、西、北各3座城门）的古代都城，其南城门（南东门）外置双阙[38]。东周时代临淄城大城发现6座城门，分别为东、西城门各1座，南北城门各2座。临淄城小城东、西、北各1座城门，南城门2座。赵国邯郸城王城之西城四面各辟2座城门，东城西、北各2座城门，东、南各1座城门。魏国都城安邑城之小城四面各1座。

总结以上先秦时代都城城门数量、配置、形制有以下几个特点：第一，偃师商城和赵国王城之西城的城门对称性分布；第二，楚国纪南城出现了"一门三道"城门；第三，曲阜鲁城的东、西、北三面各3座城门；第四，曲阜鲁城南城门（即南东门）的城门之外置"双阙"（或"双观"）；第五，安邑城小城四面各置1座城门。上述都城及宫城城门的五个特点，为其后帝国时代都城与宫城城门制度所承袭。

在先秦时代都城城门特点的基础上，从西汉王朝都城——汉长安城开始至明清北京城，都城城门从数量、形制、分布位置等诸多方面，形成自身特点。这时的都城一般设置12座城门（也有个别都城设置11座城门或13座城门），四面城墙各辟3座城门（个别都城有北城墙设置2座城门或4座城门，还有极个别都城南城墙设置4个城门），绝大多数城门为"一门三道"，个别都城城门也有"一门五道"，如唐长安城明德门。大多同一都城或在外郭城城门，或在内城城门，或在宫城城门置阙，个别都城同时置阙于都城与宫城城门（如汉长安城东城门之"阙"类建筑[39]与未央宫"东阙"、"北阙"）。从汉长安城四面的12座城门来看，凡是与宫城宫门相对的城门规模较大[40]。至于都城城门中的"正门"，应该与其他城门有所不同，如唐长安城正门有5个门道[41]，而其他城门则均为3个门道。

都城的宫城一般四面各置一门，汉代以后多以南宫门为宫城正门。从北魏洛阳城开始，宫城正门一般3个门道（如北魏洛阳城宫城阊阖门遗址[42]），有的5个门道（如唐长安城大明宫丹凤门[43]）。南北朝及其以后的宫城正门，一般是都城外郭城、内城与宫城城门之中规模最大、规格最高的。宫城正门一般置"阙"，如汉长安城未央宫有"东阙"[44]，考古发现的北魏洛阳城宫城阊阖门有双阙，隋唐洛阳城宫城正门——应天门置双阙[45]，降至明清北京城宫城的正门——午门之外的双阙。在已经考古发现的邺南城朱明门亦有双阙[46]，朱明门可能为邺南城"内城"或"皇城"的南城门[47]。在都城城门之中，一般宫城正门是规模最大、规格最高的，这也说明宫城在都城之中至高无上的地位。

自西汉晚期长安城以降，都城一般朝向为坐北朝南，外郭城、皇城（内城）、宫城的正门均为南门（如果南门东西并列3座，则以中间南门为正门），它们成为都城、皇城、宫城朝向的标识。外郭城、皇城、宫城南北排列的三座正门，北与都城大朝正殿南北相对，上述四点连成一条南北向直线，形成都城中轴线。

3. 道路、路网与分区

都城道路因其使用者身份不同、所处位置不同，道路规格、规模不尽相同，形成都城之中不同等级道路。都城分布的不同道路，成为都城的"骨架"，形成都城的"路网"。都城路网，也是都城不同空间社会功能分区的"界线"。以上所述，构成都城道路不同于一般城市的几个特点。

第一，都城道路有"中轴路""干道"及其他道路，这些道路有着明显的等级。连接都城、皇城（内城）、宫城正门的道路，是都城的"中轴路"。都城中轴路的名称，各个时代不尽相同，如北魏洛阳城为"铜驼街"[48]，唐长安城为"朱雀大街"或称"朱雀门街"[49]，隋唐洛阳城为"天街"等[50]。一般来说与城门、宫门相连接的道路是都城的"干道"，如汉长安城的"八街"，是汉长安城宣平门、清明门、安门、直城门、雍门、横门、厨城门、洛城门通入都城之内道路。与宫城正门相通的道路，有的是"驰道"，如汉长安城未央宫东宫门之外的道路即属此类。有的宫城正门之前的东西向道路，是都城之中十分重要的道路，如唐长安城宫城承天门之前的东西向道路。

第二，都城道路等级不同，其规模、形制也不一样。如汉长安城"八街"，是都城之中重要的道路，它们分布与都城的8座城门相连接。这些道路是都城之中规模最大的，一般路宽45~50米，其形制均为"一道三股"，即中间为皇帝使用的"驰道"，两边为其他人通行使用。又如唐长安城的"中轴路"，南起外郭城南门——明德门（都城正门），向北依次为皇城正门——朱雀门、宫城正门——承天门、太极殿，这条"中轴路"时称"朱雀大街"，街道宽150~155米。唐长安城中有南北向大街11条、东西向大街14条，与城门连通的大街一般宽约百米，而只有朱雀大街宽达150米[51]。

第三，都城道路是其"分区"的主要标示。如汉长安城"八街"把都城分隔为11个区，即未央宫（包括武库）、长乐宫、桂宫、"北阙甲第"、北宫、明光宫、西市、东市、厨城门民居区、洛城门民居区和宣平门民居区[52]。唐长安城的朱雀大街是都城中轴路，都城之内的西安市长安县与万年县分列其两侧，东市与西市对称分列中轴路东西两侧。皇城和宫城的南、东、西三面分别被春明门与金光门东西向大街、启夏门与安化门南北向大街与外郭城分开；皇城与宫城南北之间被通化门与开元门之间的东西向大街南北分开。上述路网在都城之内分区的现象是十分突出的。

4. 宫城与宫殿

宫城是都城的核心，历史文献记载所说的"筑城以卫君""造郭以守民"[53]，此"城"即"宫城"简称，亦称"内城""小城"；"郭"即"郭城"简称，亦称"外郭城""外城""大城"。王国时代的"宫城"称为"王宫"，帝国时代的"宫城"或称"皇宫"。"宫城""王宫"或"皇宫"之"宫"均因"宫殿"（王国时代为宫殿与宗庙，或称宫庙；帝国时代为宫殿）而得名。宫城是王室或皇室的中央政权机构所在地，王国时代宫城的主要建筑是"宫殿"与"宗庙"，帝国时代宫城的主要建筑是"宫殿",因此可以说"宫城"主要是"宫殿"之城。宫城以"城墙"围之称"宫城",宫城应是为王室、皇室的宫庙或宫殿等代表国家权力的建筑群所修的城,用以加强宫庙的安全保卫。

宫城实际出现得很早,它是文明的产物,与"国家"产生的时间大致同步。"早期中国"城市是社会政治发展的产物,是政权所在地,因此它不是一般意义上的城市,它实际是宫城性质的城市。随着社会历史的发展,国家管理机构扩大,相应"政府"之"平台"增加,都城运转辅助人员增多,都城活动空间扩展,在"城"(宫城)外出现了"郭"(郭城),继之又发展到宫城之外出现"内城"或"皇城",在宫城与"内城"或"皇城"之外为外郭城。

作为同一都城中的宫城、内城(或皇城)与郭城,它们并不是同时营建的,一般是先筑宫城(或小城、内城),后建郭城(或大城、外城),历史上这样的事例很多,如汉长安城[54]、隋唐长安城等[55]。都城之中宫城、外郭城等的营建时间的先后,不只是建设工程的时间先后安排问题,它们反映了都城建设中以宫城为"核心"的理念。

王国时代晚期,随着国家政治权力的变化,作为国家权力物化载体的宫城形制也在发生着变化。春秋战国时代各地出现的"亚宫城",如山西侯马的晋都遗址,其宫城与"亚宫城"由平望、牛村和台庄3座小城组成,三者彼此连接,形成"品"字形平面[56]。再如战国时代中晚期的赵邯郸城,也有同晋都新田宫城与"亚宫城"并存的相似情况。赵邯郸城的宫城和"亚宫城"亦由3座小城组成,三者彼此相连,平面也是"品"字形,其中西边的小城应为宫城,东、北2小城似为"亚宫城"[57]。进入帝国时代,宫城与"亚宫城"并存制度仍然流行。秦都咸阳有北宫和南宫,北宫当为秦咸阳宫,南宫或为秦咸阳城渭河以南的"亚宫城"。西汉一代,都城长安有正式皇宫、临时皇宫、阶段性皇宫、避暑皇宫和后妃使用的宫城,形成非常有特色的宫城与"亚宫城"群。这一制度既是前代的集大成,又对后代产生深远而重要的影响。东汉一代,都城洛阳还是存在着宫城与"亚宫城",不过二者前后地位有所不同,南宫从宫城变成"亚宫城",北宫从"亚宫城"变成宫城。从西汉的宫城与多"亚宫城"制向汉魏的双宫城、单宫城制的发展,是皇权加强的反映,说明了外戚势力的下降。

城的单一宫城制,形成于魏晋洛阳城。唐代初年唐长安城为单一宫城,高宗时以唐太宗为唐高祖在都城东北部修建的避暑之地——永安宫(次年更名大明宫),改建为宫城[58]。唐玄宗时曾一度将兴庆宫作为皇宫。与此同时,唐长安城的宫城、大明宫仍然作为皇宫存在,但是这与魏晋时代以前的都城多宫城、双宫城,内涵不同。唐代以后,多宫城制不复出现。当然,属于都城附近的避暑性的宫城修筑,自秦汉时代以来一直延续不断,如从汉长安城的甘泉宫,历经唐长安城九成宫(隋仁寿宫)、玉华宫、翠微宫、华清宫,晚至清代北京城的承德避暑山庄等,这些大多具有宫城的基本布局形制,个别则离宫特性较为突出。伴随着单一宫城制,北魏洛阳城及以后历代都城中出现了内城（或皇城），这应是中央集权进一步加强的体现。

宫城作为都城政治中枢所在，其对安全的要求应是第一位的，因此宫城一般选址于都城中地势较高的地方，控制都城制高点。此外，最高统治者的办公、起居的宫城，位于都城最高处，还使之产生高高在上，"君临天下"之感。宫城周围的环境规划，也涉及王室、皇室的安全。宫城在都城中，与百姓民居和生产、生活区有"缓冲带"隔离分开，从而确保宫城的安全，如汉长安城未央宫周围四邻均为皇室各类建筑或达官显贵宅第，其东为武库、长乐宫，北为桂宫、北宫和"北阙甲第"，西、南两面为都城西、南城墙，西城墙之外即建章宫，南城墙之外为礼制建筑群等[59]。汉魏洛阳城的宫城位于内城北部，其南部为铜驼街两侧的高级官署和皇室宗庙、社稷、寺院等重要建筑；宫城东、西部为贵族的邸宅；宫城北部属皇室池苑与金墉城[60]。唐长安城的宫城位于都城北部，其南有皇城与里坊区相隔离，其东西两侧安置有达官显贵宅邸，其北部为皇室禁苑。上述几座都城中的宫城周围环境与建筑分布情况，在古代都城、宫城中是普遍的。这一格局也反映出宫城在都城的政治中枢地位。

中国古代宫城平面有方形与长方形两种，在长方形宫城中，又有东西宽、南北窄与南北长、东西窄两类。属于方形平面的宫城有偃师商城宫城、魏安邑城宫城（小城）、赵邯郸城宫城（赵王城）、汉长安城未央宫及辽中京、金上京、元上都之宫城等。东西宽、南北窄的长方形宫城（或宫庙区）有郑州二里冈商城宫城（或宫庙区）、东周洛阳城宫城、郑韩故城西城之宫城、秦咸阳城宫城、燕下都宫城（或宫庙区）等。南北长、东西窄的长方形宫城（或宫庙区）有陶寺城址的宫城、二里头遗址的宫城、安阳洹北商城的宫城、安阳殷墟宫庙区、曲阜鲁城宫庙区、齐临淄城宫城、东汉雒阳城的南宫与北宫、北魏洛阳城宫城、唐长安之太极宫、大明宫、元大都宫城、明清北京城宫城等。从上述材料可以看出，方形平面的宫城在汉代以前比较流行，中古后期的辽、金、元的一些都城之宫城亦是方形平面，这可能是都城营建上的复古反映。东西宽、南北窄的长方形平面的宫城，商代已出现，东周时期流行，汉代以后很少发现。南北长、东西窄的长方形平面的宫城，早在陶寺城址已经出现，商代曾有发现，东周时期已较多出现，汉代以后流行，并成为宫城平面的主要形式。出现这种情况的原因有二：其一，这时期的宫城一般为坐北朝南的南北方向；其二，宫城除主体宫殿外，作为宫城轴线上的主要宫殿建筑群中宫殿建筑数量增加，使宫城轴线（南北方向）延长，从而将宫城平面南北加长。

宫城中的主体建筑一般位于宫城中央或宫城东西居中位置。在历代宫城中，主体建筑（或正殿）位置的发展变化，往往是由宫城中央或偏北，向偏南发展。一般来说，主体建筑（或正殿）位置，秦汉时代以前多置于宫城中央或偏北。魏晋以后，正殿一般置于宫城偏南位置。出现上述空间位置变化的原因，应该是由于社会发展，国家统治机器越来越庞大、越来越强化，反映这些国家权力变化的考古学载体——大型宫殿建筑数量越来越多，单体体量越来越大。为了使大朝正殿后面（即北面）的轴线

（南北方向）之上安排更多的重要宫殿建筑物等，在保证大朝正殿"居前"的原则下，正殿只能由北向南移，这样可以使正殿北部、宫城之内营建更多皇室所需要的重要建筑物。

中国古代宫城布局的另一特点是外朝居南、内廷位北，正殿居南、后宫位北。

宫城之中的宫殿是国家政治的平台，是都城的政治中枢。中国古代文明社会与国家形成的诸考古学要素中，最重要的是出现了构筑有以布政宫殿建筑为中心的城市，古代宫殿遗址考古所反映的不同时代宫殿形制、布局的变化，宫殿与宫城、都城关系等诸多方面问题，对研究古代历史是至关重要的。

中国古代宫殿遗址的平面形制（指宫殿主体建筑物——殿堂之平面），一般为长方形和方形，个别也有圆形或多边形的。宫殿之中殿堂平面为长方形的数量最多，延续时间最长、使用范围最广，这类殿堂大多坐北朝南，采光效果较好。由先秦至唐宋，长方形平面的殿堂进深与面阔之比值变化值得注意，如河南偃师二里头遗址的第一号宫殿比值为0.375[61]、湖北黄陂盘龙城F2比值为0.382[62]、汉长安城未央宫前殿之中殿和椒房殿正殿比值分别为0.6与0.59[63]、汉长安城桂宫第二号建筑正殿比值为0.57[64]、汉宣帝杜陵寝殿比值为0.58[65]、北魏洛阳城太极殿比值为0.60[66]、唐大明宫含元殿和宣政殿比值分别为0.55与0.57等[67]。由此可以看出，宫殿殿堂进深与面阔比值总的发展趋势是由小到大，先秦时代变化较明显，汉唐时代趋于稳定，其比值接近"黄金律"（0.618）。

据目前已究明的古代宫殿殿堂平面的考古资料和文献记载来看，中国古代的大朝正殿平面绝大多数为长方形。皇室宫殿建筑还直接影响着中古以后的重要寺院的佛殿、道观的殿堂、各类庙等建筑，其主体建筑的平面亦多为长方形。

方形平面的建筑遗址，多与礼制建筑有关，如战国时代的河南辉县固围村魏王室陵墓之上的享堂遗址[68]，河北中山国王陵享堂遗址及其出土兆域图上的"王后堂"和"哀后堂"[69]，秦始皇陵的寝殿遗址[70]、汉长安城社稷遗址[71]、汉景帝阳陵陵庙遗址[72]、汉宣帝杜陵陵庙遗址[73]，汉长安城南郊的宗庙和辟雍遗址[74]，汉魏洛阳城南郊的辟雍、明堂、灵台遗址等[75]，上述方形平面建筑的渊源可能会追溯到史前时期古老先民们的祭祀性建筑。

汉魏时代以后，方形平面的礼制建筑已很少，渐被长方形平面的建筑所取代。其实这种现象早在西汉时代已出现，当时的一些帝陵陵寝的殿堂建筑平面为长方形。中古时代的祭祀性、宗教性、礼制性建筑的主体殿堂平面由原来的方形演变成长方形，反映出皇权势力越来越强，而"族权""神权"越来越成为皇权的附庸。

从目前考古资料来看，宫城中建筑遗迹主要为大型夯土建筑基址。先秦时代这种建筑基址中有宗庙和宫殿建筑。田野考古发掘资料显示，属于夏商时代的二里头遗址和偃师商城遗址中，其宫城之中分别发现了可能属于宫殿与宗庙遗址。大约战国时代中晚期秦王国与秦代的秦咸阳城、西汉时代的汉长安城，宗庙有的不但不在宫城之中，而且也不在大城（外城）之内，而是置于都城之外，出现了宗庙在都城安置的"矫枉过正"做法。根据历史记载，大约从东汉雒阳城开始，宗庙在都城之中与宫城之外，北魏洛阳城开始形成宗庙在内城（后来的皇城）之中、宫城之外，这一规制影响深远。

宫殿与宗庙的分别营筑、宗庙从宫城中的移出，是国家权力对宗族权力的胜利，是地缘政治的加强、血缘政治的削弱，是社会历史发展进步的体现。这一胜利导致都城建设中宗庙、宫殿营建顺序的变化。《礼记·曲礼（下）》记载：三代时期"君子将营宫室，宗庙为先，厩库为次，居室为后。"到了汉代，高祖刘邦登基伊始，先建宫殿、武库、太仓等［《汉书》卷一（下）《高帝纪》（下）］，宗庙的营筑是稍后的事。

5. 礼制建筑[76]

"礼制建筑"包括宗庙、社稷、明堂、辟雍、灵台、圜丘（或称天坛）、地坛、太学等。

目前考古发现推测为宗庙遗存的有夏代的河南偃师二里头遗址宫城遗址中的第二号建筑遗址，商代的偃师商城宫城遗址中的第四号、第五号、第六号建筑遗址，西周的陕西扶风县云塘村建筑遗址，春秋时代的陕西凤翔马家庄一号建筑遗址等[77]。汉长安城南郊礼制建筑遗址中的"王莽九庙"应该是目前可以确认的中国古代都城的时代最早的宗庙建筑遗址。

关于古代都城社稷遗址考古发现资料甚少，目前可以认定为时代最早并且唯一进行考古发掘的古代社稷遗址是汉长安城社稷遗址[78]，其方形平面形制对后代社稷影响深远，现在仍然保存完好的明清北京城社稷的主体建筑与院落亦为方形平面[79]。汉长安城社稷遗址位于都城南城门之外，与宗庙遗址分列于南城门南北向道路两侧，形成"左祖右社"格局，这也是目前考古发现最早的都城"左祖右社"的社稷。至于《周礼·考工记》中所记载的"左祖右社"，或是战国时代学者的"理想"，或是西汉时代文人之所为。从西汉时代晚期形成的都城"左祖右社"制度，一直延续至明清北京城，平面方形社稷的形制，也是延续两千年来基本未变。

历史文献记载先秦时代已有明堂、辟雍、灵台、圜丘、太学等[80]，但是目前尚未有考古发现。汉唐时代都城的明堂、辟雍、灵台、圜丘、太学遗址等已有考古发现，如汉长安城的辟雍遗址（或明堂），汉魏洛阳城的明堂、辟雍、灵台、太学遗址，南朝的地坛遗址，北魏平城的明堂遗址、曹魏洛阳城与唐长安城的圜丘遗址、唐洛阳城明堂遗址等。宗庙、社稷与上述礼制建筑遗址从西汉时代均在汉长安城之外，到汉魏洛阳城时期宗庙、社稷进入都城之内、甚至内城之中，反映了它们与明堂、辟雍、灵台、圜丘、地坛等礼制建筑的"地位"之不同。极为个别的也有把"明堂"置于宫城之中，如唐洛阳城宫城之中的"明堂"，这可能与武则天的复古思想有关，武则天是把"明堂"作为"大朝正殿"对待。祭祀日月及与农业相关的"籍田""亲蚕"建筑设施，在南北朝时期出现。明清北京城时期礼制建筑，现在大多保留，成为中国古代都城礼制建筑历史文化集大成时代。

6. 宗教建筑

古代都城宗教建筑遗址，在汉长安城遗址及其以前的古代都城遗址中目前还未发现。历史文献记载，东汉明帝在雒阳城建造了第一座佛教寺院——白马寺[81]，东汉白马寺可能在东汉洛阳城之外[82]。中国古代都城之中，目前考古发现年代最早的宗教建筑是北魏王朝的平城与洛阳城的"国家大寺"永宁寺与"皇家石窟"云冈石窟、龙门石窟。已经考古发掘的北魏洛阳城永宁寺遗址，位于都城的宫城之南的内城中，东临都城的"中轴路"——铜驼街，其所处位置重要，这与北魏皇室十分重视佛教有关[83]。北魏宣武帝以后，都城寺院大增，多达500余所，一般分布在外郭城中，少数在内城之中[84]。东魏、北齐时期，邺南城成为北方佛教中心，佛教备受重视，但是佛寺也只是营建于邺北城的"旧宫"之地与邺南城的宫城、皇城之外，已经考古发现的邺南城的赵彭城佛寺遗址，位于邺南城朱明门遗址（南城门）以南1300米，该佛寺遗址可能在邺南城的外郭城之中[85]。历史文献记载唐长安城内有佛教寺院153座（其中僧寺122座、尼寺31座）[86]，这些寺院均在宫城与皇城之外、郭城之内[87]。已经考古发现的西明寺遗址[88]、青龙寺遗址[89]、实际寺遗址[90]等均在内城（皇城）之外、外城之中，现在地面仍然存在的大慈恩寺、大荐福寺、大兴善寺、大庄严寺、醴泉寺等，亦均在郭城之中。宫城与皇城之中也有皇室、中央官署从事宗教活动的平台"内道场"，其规模不大，一般属于宫殿、官署的"附属性"建筑。龚国强认为唐代"多数皇帝在宫城中设有佛教内道场。同时，皇城中也开始出现佛教精舍类的设施，这在唐以前似乎还没有过"[91]。北宋东京城的内城，不只是中央官署与国家宗庙、社稷、太学所在地，还分布有重要的寺院、市场[92]。辽金元各王朝的都城宗教寺院绝大多数位置在外城之中。

古代都城的祆教、摩尼教、景教等寺院，一般在外郭城中。

都城之中各种寺院形制布局，一般仿照都城宫殿布局形制，宗教活动的主要建筑形制是仿照宫殿的，所谓"汉式"宗教建筑。古代西方国家作为神权的宗教建筑与国家政府平台的宫殿建筑是不同的两种形制，它们反映出国家的神权与政权是"平行"关系，甚至有时神权还在政权之上。而在中国古代都城中宗教建筑与宫殿建筑的"趋同性"，说明了宗教对政权的附属地位及其从属性。

从古代都城宗教建筑一般不在宫城之内，而基本位于郭城之中，以及宗教建筑仿照都城宫殿布局形制来看，可以说中国古代都城宗教建筑是从属于皇权的，其在都城的"政治地位"不只是低于"宫殿"，甚至也要低于宗庙、社稷建筑。这也说明中国古代社会不是政教合一的社会，代表国家的王权、皇权政体是至高无上的。

7. 帝王庙

在中古时代以后的中国古代都城出现的帝王庙，与传统的都城礼制建筑中的"宗庙"不同,也与各种类型的祭祀天地日月及其他宗教性建筑不同。帝王庙是祭祀传说时代"帝王"与"前朝"帝王及有"文治武功"名臣的建筑。

对于传说时代"帝王"的祭祀,历史文献记载先秦时代已经开始。祭祀的"帝王"实际上是传说时代(一般认为属于史前时代)的"圣君",对其祭祀不在当时的都城之中,如秦灵公于"上畤"与"下畤"对黄帝、炎帝的祭祀[93]。还有在其传说的中心活动地区或其传说的"陵墓"所在地进行祭祀,如秦始皇祭祀虞舜于九嶷山、祭祀大禹于会稽,实际上均属于"墓祭"[94]。

都城附近往往还有一些祭祀"自然神"的"畤",如东周时代秦国在都城之外设"畤"祭祀白、青、黄、赤四帝。汉初,刘邦增立北畤,祠黑帝,合为"五畤"[95]。汉文帝在汉长安城东北修建"渭阳五庙",祭祀代表东、西、南、北、中"五方"的"五帝"[96]。

北魏王朝皇帝不但对黄帝、帝尧、帝舜等进行祭祀[97],而且还祭祀周王朝的重要政治人物。祭祀活动仍然在与传说圣君活动相关的地方。特别需要指出的是北魏王朝统治者是鲜卑人,他们对"三皇五帝"及周代王朝圣君、名臣祭祀,体现出其对"华夏"历史与文化的认同。

隋代帝王祭祀的进一步发展,反映在从夏商周到汉代的"开国"帝王均在扩展祭祀之列,此外还有更多名臣。这时的祭祀活动,在被祭祀对象的都城故地或其陵墓附近举行。

唐代初年延续了隋代祭祀传说圣君与夏商周及汉代开国帝王做法,祭祀地点也没有变化[98]。唐玄宗时期,帝王祭祀发生了重大变化,其一在都城之内修建了祭祀传说时代圣君("上古之君"与"三皇五帝")的"庙";其二是祭祀的对象扩大,但是后者大多安排在那些帝王的原来都城所在地[99]。唐玄宗在长安城为祭祀"上古之君"和"三皇五帝"修建的"帝王庙",还不是严格意义上的"帝王庙",那还是对共同"祖先"的祭祀。

降及宋代,对先代圣君、历代帝王的祭祀,主要在各自陵墓进行[100]。

元代的祭祀对象主要为先代圣君及少数帝王等,祭祀地点多在被祭祀者生前重要活动地区[101]。

明代是中国古代都城帝王庙的真正"出现"时期,此前唐玄宗在都城修建的"帝王庙"实际上是祭祀传说时代的圣君,他们是被作为国家与民族的共同"祖先"进行祭祀的,朱元璋在明南京城与明中都分别营建了历代帝王庙[102],明南京城历代帝王庙中祭祀18位历史人物,不仅有传说时代的圣君,更为重要的还有明代之前中国历史上主要王朝夏商周汉唐宋元王朝的开国君主,其中元王朝皇帝被置于帝王庙中,它标示着明王朝认为元王朝是"中国历史"的"一部分"。因此明代把以前的"帝王庙"发展为"历代帝王庙","历代"至关重要,这是跨越"朝代"的"国家历史"。尤为重要的是,洪武二十一年(1388年),朱元璋又增加37位夏商周汉唐宋元王朝的"名臣"

从祠于历代帝王庙[103]，这些名臣之中有汉族，也有少数民族。这时的帝王庙具有了真正政治意义上的"国家宗庙"，之所以这样说，是因为朱元璋把三皇五帝与夏、商、周、汉、唐、宋、元作为一个不同时期连续性王朝的"国家"整体来看待的。

永乐徙都北京之后，所建历代帝王庙祭祀的先代圣君、帝王与明南京城历代帝王庙中基本相同。

清代北京城历代帝王庙沿袭了明代北京城历代帝王庙。清王朝的历代帝王庙比以前帝王庙享祀的帝王数量有了大量增加，尤其是一些少数民族建立的王朝帝王进入历代帝王庙祭祀对象之中。顺治二年（1645年），历代帝王庙中增加了辽、金、元三代帝王及其名臣，还有明代的国君与功臣。乾隆四十九年（1784年）依据"国家观念""正统理念"，提出中国历史上的历代王朝的历代帝王均应具有"庙享"地位，因此应与享祀历代帝王庙的帝王标准一致[104]，最后使历代帝王庙享祀圣祖3位（伏羲、炎帝、黄帝）、帝王185位、历代贤臣名将79位。清代"历代帝王庙"的祭祀对象包括了中国古代历史上几乎所有王朝与绝大多数帝王，其祭祀内容发展到"全面""系统""完整"的"国家"祭祀，历代帝王庙真正成为"国家"的"庙"。历代帝王庙成为多民族统一国家完整历史的缩影。从嘉靖十一年至清代末年的380年间，北京历代帝王庙举行过662次祭祀大典，其中6位皇帝有16次亲自主持，而雍正、乾隆皇帝各主持了5次与6次。历代帝王庙的正殿——景德崇圣殿的屋顶，也从绿琉璃瓦更换为具有最高等级的皇家建筑之黄琉璃瓦[105]。

清代北京城历代帝王庙的另一个重要历史意义，是作为国家最高统治者的女真人，尊重中华民族几千年来形成并发展的文明史，不论在这条历史长河中哪个王朝、哪个民族作为国家统治者，他们都视其为多民族统一国家的有机组成部分、中华民族历史不可缺少的一部分。当然，在中国多民族统一国家发展史上，这种共同"祖先"（圣君）的认同早已有之，而且不少是古代中国的周边部族，如南北朝时期的北魏鲜卑人，他们把"三皇五帝"作为祖先祭祀；再如在中国中古时代以后的北方、东北方的契丹、女真、蒙古等部族建立的多民族统一的国家——辽、金、元、清王朝，其统治者代表国家对中华民族圣君与历代王朝帝王的祭祀，特别是在国家的政治中心、文化中心的都城建立历代帝王庙，对传说时代"三皇五帝"的祭祀、对历代王朝历代帝王的祭祀，这实际上是对共同"先祖"、共同国家历史的"祭祀"，是对中华民族历史的"祭祀"，这说明了多民族对共同国家—中国的认同，对以汉族为主体形成的中华民族认同，对多元一体的中华民族历史文化的认同。

8. 武库

古代都城之中与军事设施相关的重要建筑有武库。武库是储存兵器之地[106]。目前见到考古发现的"武库"资料，主要是武库遗址及与武库相关的出土兵器铭文[107]、封泥等[108]，时代为战国时代晚期和秦汉时代。武库有国家与地方政府武库之分，它们分别设置在都城与地方政治中心城邑[109]。目前考古发现最早的古代都城武库是汉长安城武库遗址[110]。都城的武库是国家的重大建筑工程。汉高祖营建汉长安城时，武库与大朝正殿——前殿、宫城宫门——东阙和北阙、国家粮仓——太仓等被列入第一批国家重大建筑工程，武库之重要由此可见[111]。根据历史文献记载，结合考古勘探发现了东汉洛阳城内东北部的武库遗址[112]，西邻北宫，南邻永安宫[113]，其所处位置十分重要。汉代以后的都城武库遗址尚未开展田野考古工作，但是历史文献多有记载魏晋南北朝隋唐时代一些王朝的都城之中有武库建筑[114]，隋代都城或有南、北武库[115]，唐代两京各有武库，唐长安城的武库在宫城——太极宫中[116]。但是上述武库的基本内容并不清楚，有待开展田野考古工作进一步究明。

9. 粮仓

粮仓是都城必备的设施。早在夏代之前的陶寺城址已经考古发现粮仓遗址。20世纪70年代初在洛阳东周王城宫殿区东侧考古发现了大面积的东周粮仓遗址，在东西300米、南北400米的范围之内，考古勘探发现了排列整齐的74座粮窖，粮窖口径与窖深各10米。这是目前考古发现古代都城之中最早的大型粮仓群[117]。都城粮仓建设是国家的重大建设工程，汉高祖刘邦定都长安城，第一批国家工程就包括了国家粮仓——太仓的建设。都城粮仓一般置于都城重要位置，或在都城之中，或在宫城、内城之中，也有的大型粮仓设置在都城附近。如汉长安城太仓在都城之内东南部，京师仓[118]、凤翔西汉仓储遗址[119]等在都城京畿之地。东汉雒阳城的粮仓在城内东北部[120]。北魏洛阳城的宫城之内东南部有粮仓，在内城东北部亦发现粮仓。隋炀帝于大业二年（公元606年）在隋洛阳城北3.5千米处修建了国家粮仓——回洛仓，近年在洛阳市瀍河区瀍河乡小李村和马坡村一带，考古发现了回洛仓遗址，回洛仓城东西1140米，南北355米，其中有排列整齐的700座仓窖，据推算可储粮1.93亿千克。回洛仓仓城东西两侧各设置一个仓窖区，其间被仓城管理区分隔开来。每个仓窖区又由"十"字形道路将其分成四个独立的存储区，仓窖成组分布、排列整齐。仓城南部有沟渠通至仓城以南的河流之中，这应该是运输粮食的通道[121]。隋唐洛阳城国家粮仓——含嘉仓位于都城东北部，其南邻皇城与东宫北墙，西邻圆璧城，北邻北城墙[122]。此外，在皇城右掖门附近还有子罗仓，这是储存盐与粮食的仓库[123]。唐长安城国家粮仓——太仓在宫城的掖庭宫北部，近年在唐长安城禁苑西部考古发现了皇室粮仓。

10. 民居

历史文献记载的"郭以居民"[124]，就是说居民生活在"郭城"之中，"郭"在"城"之外[125]。目前关于都城民居遗址的考古工作，总体来说进行的不多。先秦时代都城以殷墟的民居遗址开展考古工作较多一些，其他都城遗址的民居遗址考古工作很少。秦汉时代的都城民居组织形式认识，主要来自一些陵邑遗址及其他考古发现遗物与相关历史文献记载。隋唐两京里坊遗址田野考古工作，基本究明其布局形制。

汉长安城的居民在"里"中生活，"里"的历史较为久远，先秦时代已经有与"里"相关的历史文献记载，如：

《周礼·地官·遂人》："五家为邻，五邻为里。"

《礼记·杂记下》："夫若无族矣，则前后家，东西家。无有，则里尹主之。"

《国语·鲁语上》："唯里人所命次。"

《逸周书·商誓》："百姓里居君子，其周即命。"

《初学记》卷二四引《吴越春秋》："越王曰：'寡人之计，未有决定，欲筑城立郭，分设里闾。'"

《管子·度地》载："百家为里，里十为术，术十为州，州十为都，都十为霸国。"

在出土的西周青铜器铭文中，也有一些涉及"里"的内容，如令方彝、㝬处簋、史颂簋铭文中的"众里君""里人""里君"等。

根据上面的先秦资料与汉代都城"里"的基层社会组织情况，可以推测先秦时代都城中的民居应该也是实行"里"的组织管理形式。但是至今关于先秦时代都城中的属于民居的"里"之遗址尚未发现。不过在安阳殷墟多年来的田野考古工作中，发现了属于"民居"的遗址，有的学者称之为"族邑"，"族邑"区集生活、生产、墓地于一起。其实上述所谓"族邑"就是以血缘关系为纽带的"聚"、"落"（或称"格"）、"村"等"乡村"社会组织在都城的反映。这种社会组织形态，在中国古代历史上的"乡村"一直延续数千年，其各种各样居民区的"村庄"名称往往以"姓"命名。殷墟居民区应该属于古代都城民居区的早期形态，即"乡村"社会形态在古代都城的反映。至于把殷墟说成"王族城邑"居中，"小族邑"在其周围的所谓"族邑模式"，实际上就是"城以卫君""郭以居民"的中国古代都城中的"普适性"特点。

关于秦汉时代"里"的考古发现资料中有直接记载秦咸阳城、汉长安城的"里"名者，如秦咸阳城遗址出土的秦陶文中有"屈（+邑）里""完里""沙里""戎里""商里""直里""夤里""蒲里""彩里""白里""新安里"等"里"名[126]。汉简、汉印之上的"冠里""修成里""大里""戚里""宣明里""建阳里""昌阴里""黄棘里""北焕里""南平里""陵里""函里""李里""孝里""宜里""棘里""南里""苟里""有利里""当利里""假阳里""器陵里""敬上里"等里名[127]，可能为汉长安城之"里"名。《三辅黄图》记载汉长安城有160"里"，至于这些"里"的布局形制我们还不清楚，但是近年开展的汉景帝阳陵邑遗址考古勘探发现，陵邑之中有东西向道路11条、南北向道路31条，两种方向道路相交形成200多个长方形空间，每个"长方形空间"可能就是阳陵邑中的一个"里"。汉长安城与阳陵邑中的"里"，其平面布局形制应该如文献所说的那样"室居栉比，门巷修直"。"里"是长安城中最基层的行政组织，城市的户籍管理也是以

"里"为基点。"里"的负责人为里魁，或称里正。"里"是封闭式管理，设有门，置"里门监"管理进出。城对其基层社会的管理是通过"里"，"里"又是百姓生活的基本空间形式。城外农村之基层社会的管理是通过"乡"及其所属的"里"，那里的"里"大概与"聚"是一致的，"聚"是城外社会生活、生产基层组织。

中国古代都城之中的居民区始称"里"，汉晋时期在都城洛阳出现了"坊"，这时的"坊"与后来的都城"里坊"不同，它们应该是宫室名称及不同于"里"的规整空间形制[128]。如前所述，汉代以后都城的"里坊"实际上是两个概念，正如秦汉时代乡村的"里"与"聚"，"里"是国家对居民的管理组织，"聚"是人们的生存空间形态。"里坊"似乎也可以说，"里"是国家对其居民进行社会（包括户籍、税收等）管理的组织，"坊"是城市居民的生存空间形态及治安管理。对此，齐东方指出"里坊"的根本区别为，"坊"是就其在城市中的规划区块而言，"里"是有社会管理性质的单位，前者仅适用于城市，后者城乡均适用[129]。李久昌认为："从坊之概念形成看，坊可能是城市空间的量度单位，里则是其组织单位，坊的范围似比里大，坊可包容里，具有较强的规划性意味，而里则基本不能包含坊之全部范围。"[130]唐代晚期，都城之中的"里坊"封闭性，渐趋松动。

隋唐两京在中国古代都城之中开展里坊遗址考古工作是最多的。20世纪50年代中后期，完成了对隋唐长安城里坊的初步勘察[131]，60年代初进行了全面复查和核实[132]。其后又发掘了胜业坊、兴化坊、太平坊、安定坊等里坊遗址及里坊之间道路遗迹[133]。隋唐洛阳城遗址进行全面勘察的同时，也基本究明里坊遗址的分布、形制，并对明教坊、履道坊、恭安坊等里坊遗址进行了考古发掘[134]。

中国古代都城里坊制度发展到唐宋之际，由于都城城市社会生活的更加多样，文化生活更加丰富，商业更加繁荣，中世纪以前的封闭性里坊制与市制，渐被冲破，原来坊市中的封闭路网被打开，与城内其他道路相连通，使居民区与商业街融为一体。到了金中都的街巷出现了"胡同"的雏形，考古工作者在金中都丰宜门与端礼门之内勘探出多条东西向胡同遗迹[135]，元代则基本完成了近代的胡同定型[136]。

11. 市场与手工业

有些学者认为，"市"早在史前时代已经出现[137]。先秦时代文献也有关于市场的记载，如：

《世本·作篇》："祝融作市"（《太平御览》卷191引《世本》）。

《淮南子·览冥训》：黄帝之世"道不拾遗，市不豫贾，城郭不关，邑无盗贼，鄙旅之人相让以财"。

《易·系辞》："列廛于国，日中为市，致天下之民，聚天下之货，交易而退，各得其所。"

《周礼·考工记》："匠人营国，方九里，旁三门。国中九经、九纬，经涂九轨，左祖右社，面朝后市。市朝一夫。"

目前考古发现时代最早的古代都城市场，为战国时代早期至秦汉之际的秦雍城市场,该市场遗址位于秦雍城城内北部,其南为雍城宫庙建筑区。市场平面长方形,周筑夯墙,四面中部各辟一门[138]。从秦雍城的"市"形制及一些列国都城之中有多个市场来看,战国时代的"市"已经比较成熟,今后有可能考古发现时代更早一些都城的"市场"。秦献公是战国时代的大政治家、大改革家,这主要反映在他执掌国家政权伊始进行的三大改革:秦献公元年(公元前384年)"止从死"、二年(公元前383年)迁都栎阳[139]、七年(公元前378年)在都城设置固定的"市"[140]。20世纪80年代初,在秦汉栎阳城遗址考古发现的"栎市"陶文[141],应该就是秦献公迁都栎阳设置的"市"之见证。已经考古发现的资料显示,战国时代列国都城不但设置了"市",而且诸如齐国、燕国等都城之中甚至有几个"市"[142]。战国秦汉时期不但都城有"市",其他城市也有"市",如:"陕市"[143]"河市"[144]"成市"[145]"杜市"[146]"安陆市"[147]"筥市"[148]等。

中国古代都城市场遗址以汉长安城、唐长安城的市场遗址考古工作进行的较多[149]。汉长安城作为国家修建并管理的市场是"东市"与"西市"[150],"东市"即汉高祖建立的"大市"[151],"西市"为汉惠帝所建[152]。汉代都城东市和西市的名称不但直接为唐长安城所沿袭,也传至中古时代的日本都城——平城京[153]。已经考古勘探究明的汉长安城东市与西市的"井字形"路网[154],为唐长安城的东市与西市所承袭。

古代都城的市场根本性变化,发生在宋东京城,这时传统的里坊制度已近崩溃,街巷冲破封闭型里坊,使都城居民区与商业区结合在一起,传统的中古时代及其以前的都城"坊市"成为历史。

有的学者认为手工业的出现是社会分工表现,并由此导致城乡分化,城市成为手工业集聚地,农业则在乡村。考古发现说明这种假设很难得到证实。其实在中国古代"城乡分化"主要是由于"政治"原因形成的,"城"本身主要是"政治性"功能。古代都城的手工业主要是"官手工业",所谓"工在官",它们主要任务是服务于王室或皇室的。作为都城中的一些"民营"手工业,也是服务于都城之中不同人群的。

12. 帝王陵墓区

中国古代历史上人们认为人存在于两个世界中,一个是人们生活着的"阳间"世界,另一个是人们死后的"阴间"世界。古代帝王视都城为其"阳宅",陵墓为其"阴宅",因此历史文献有"陵墓若都邑"的记载[155],二者的"理念"是一致的,不同的是规模不一[156],陵墓只是象征都城而已。

从目前考古已经基本究明的古代都城与帝王陵墓区来看,大多数都城的帝王陵墓区在都城之外,一般说时代越早,陵墓区与都城距离越近,陵墓区规模越小;时代越晚,陵墓区与都城距离越远,陵墓区规模越大。从陵墓区与都城二者之间的地势比较,可以看出,一般前者地势较高,后者地势较低。

属于"早期中国"与商代都邑或都城的石峁城址、王城岗城址、新砦城址、二里头遗址、偃师商城遗址、郑州商城遗址现在尚未找到其相应的王陵区。殷墟的王陵区在都城之外西北部的侯家庄西北岗，海拔80米，略高于小屯宫庙区海拔（78~79米），其南2500米为小屯殷墟宫庙区，王陵区范围东西450米，南北250米，共有"亚"字形王陵8座，"中"字形大墓3座，"甲"字形大墓1座[157]。根据历史文献记载，西周都城丰镐遗址的王陵区应在都城东南部[158]。进入东周时代，秦雍城、楚纪南城、齐临淄城、赵邯郸城、魏安邑城、秦咸阳城等王陵区均在都城之外，与殷墟西北岗王陵区相比较，一般来说他们与都城距离更远一些，王陵区规模更大一些。属于战国时代晚期的秦咸阳城的"东陵"陵区，在秦咸阳城以东40千米[159]。至于陵区规模，秦公陵区总面积约21平方千米；秦雍城面积约10.56平方千米[160]，秦公陵规模相当于秦雍城的二分之一。

如果说商代与西周时代，都城的王陵更注重"地下"建设的话，那么自春秋战国时代开始出现都城的王陵建设越来越重视从"地下"向"地上"的发展与转变，这一时期出现从"墓而不坟"到"大作丘垄"，"园陵"越来越成为"朝廷"的缩影[161]。

进入帝国时代以后的古代都城，帝陵陵区建设成为平衡血缘政治与地缘政治的新的平台、新的形式、新的力量。帝陵陵区是皇帝、皇权利用另一个"世界"（"阴间世界"），在现实世界（都城及国家）强化专制统治的政治平台、固化皇帝"文治武功"的标识。

对帝王陵墓的考古学研究，可以从多方面认识相应都城的考古学问题。如：帝陵陵区形制布局与古代都城的对比研究。考古勘探发现西汉帝陵为"双重陵园"[162]，这与汉长安城的"双城制"是一致的。在西汉帝陵的"大陵园"包含了帝陵陵园与皇后陵园，这与汉长安城中东西并列长乐宫与未央宫又是相似的。西汉帝陵及其陵园的朝向坐西朝东，而西汉时代中期以前，汉长安城的朝向也是坐西朝东的[163]。再有，东汉帝陵及其陵园是坐北朝南，而东汉洛阳城也是坐北朝南的。古代帝陵及其陵园制度发展到唐代，我们又可以发现一种新的历史"重复"现象出现了：唐长安城是由外郭城、皇城和宫城组成的"三重城"，而唐代帝陵陵园也出现了象征"三重城"的"三重阙"，即：陵园南门阙、乳台、鹊台[164]。如果把乳台与鹊台之间视为象征都城的外郭城，那么在其间分布的帝陵陪葬墓，说明"郭以居民"。我们发现汉唐帝陵的陵园之内除了墓主人皇帝、皇后之外的墓葬，个别存在的其他墓葬就是皇帝的后妃之墓。帝陵其他陪葬墓均安排在陵园之外的东部或北部。唐代帝陵陪葬墓在帝陵陵园南部、东南部等位置。作为帝陵陪葬墓的墓主人应该是达官显贵，他们墓葬在帝陵陵园位置，与其生前在都城的宅第位置基本相似。汉长安城中皇宫——未央宫北部的"北阙甲第"、未央宫东部的"东第"，均为都城的达官显贵宅第[165]。唐长安城的宫城、皇城在都城北部，宫城以北邻禁苑，官宦贵族宅第大多在宫城和皇城的东西两侧或皇城南部，因此这又与唐代帝陵陪葬墓在陵区的位置不谋而合。另一个特别值得注意的问题，达官显贵宅第在古代都城之中位置，往往反映出其在皇帝、皇室心目中的地位，皇帝所谓"'近我'以尊异之"[166]。在汉唐帝陵陪葬墓中发现，陪葬墓主人地位越显赫，其墓葬距离帝陵越近，如：汉高祖长陵陪葬墓中，距长陵陵园最近的陪葬墓是萧何墓、曹参墓；汉惠帝安陵陪葬墓中，距安陵陵园最近的陪葬墓墓主是鲁元公主与张敖；汉武帝茂陵陪葬墓中，距茂陵陵园最近的陪葬墓墓主是卫青、霍去病[167]。

近年来，在古代都城考古研究中，考古学者努力把古代都城与其所属的古代帝王陵墓进行对照研究，从而使古代都城研究的内容更为丰富、更为具体、更为深刻。这方面考古学界已经进行了有益探索，取得一些阶段性学术成果。

五　中国古代都城布局形制理论

1. 都城布局形制发展与社会形态关系（单城制、双城制与三城制）

都城是国家政府"平台"，不同社会形态下的国家政府功能不同、组成不同，加之随着人类历史发展，国家政府机构越来越众多、规模越来越庞大，分工越来越细密，这些变化反映在都城发展史上，都城由单一"宫城"发展为宫城与郭城的"双城制"，进一步又发展为宫城、内城（或称皇城）和外郭城（或称"外城"）的"三城制"。表面上看这不过是都城空间的变化，实际上造成都城上述空间变化的根本性原因是国家社会形态的变化，导致国家政府构成与规模的变化，作为政府平台自然而然也会发生相应变化。

目前学术界所说的"邦国""王国""帝国"的共同本质特点就是"国家"，"国"是其"同类项"。有"国"就有"都"，"国家"与"都城"是"共生体"。但是都城的形制受制于国家社会形态。一般来说，"单城制"与"邦国"社会形态是一致的。从"邦国"发展到"王国"，社会经济发展了，国家规模变大了，国家管理职能增多了，管理及"辅助"人员的增加了，仅仅只有"卫君"之"城"已经不能满足国家管理集团的需要，为一般政府管理者及国家统治集团"服务"的人员修建生活与工作"平台"，成为都城发展的需要，这也就导致了"郭以居民"的"郭城"出现。"郭城"与"宫城"并存的"双城制"都城，与考古发现的"王国"社会形态是一致的。

从王国时代到帝国时代，国家政体的主要变化是郡县制的推行，地缘政治的加强，血缘政治的削弱。以皇帝为代表的专制统治的强化，必须有皇帝直接掌握的庞大的国家机器，也就是国家政府机构。这些政府机构平台需要在都城之中设置相应空间，这就是帝国时代都城之中内城或皇城出现的历史必然。考古发现"三城制"的"郭城"、"内城"及"宫城"的共同出现与"帝国"社会形态是一致的。

当然，作为考古学研究的物化载体，物质文化与社会政治二者之间的变化，存在"时间差"，即物质文化变化一般滞后于社会政治变化。如战国秦汉时代是中国古代历史上从"王国"时代进入"帝国"时代的重大变化时期，但是秦汉帝国都城中的秦咸阳城、汉长安城、东汉雒阳城还是保留着"王国"时代的"双城制"都城形制。但是秦汉帝国的都城,在其政治"核心"——宫殿与宗庙布局形制方面,已经发生了不同于王国时代都城的本质性变化,即从"宫庙并列"到"大朝正殿"居中。秦咸阳城、汉长安城在这些方面的变化甚至还出现了政治上"矫枉过正"的现象,即宗庙不但不能在宫城之中与大朝正殿"平起平坐",甚至被安置于都城之外。

中国古代都城发展史表明,从"双城制"变为"三城制"始于北魏洛阳城,此后至中国古代帝国时代结束的明清北京城,历代王朝都城的"三城制"始终未变。

2. 宫庙布局变化与血缘政治、地缘政治的此消彼长。

古代都城作为国家政治统治中心的"平台",都城的"单城制""双城制"与"三城制"是国家社会形态变化的集中反映。从"野蛮"到"文明",从"原始社会"到"国家"出现,从"邦国""王国"到"帝国",它们集中体现在"血缘政治"与"地缘政治"的发展变化方面。"地缘政治"出现与"文明起源与形成""国家出现"可能是同步的,"地缘政治"与"血缘政治"从"邦国""王国"到"帝国"时代是始终"共存"的两支主要社会"政治势力"。历史发展说明,"地缘政治"与"血缘政治"相比较,前者越来越强,后者越来越弱。宫殿与宗庙在古代都城中的布局形制变化,可以再现这种变化的历史,这反映了人类历史的进步。"宫殿"和"宗庙"是古代都城的"核心"建筑,"宫殿"与"宗庙"在都城布局上处于"并列""共存"于"宫城"之中时,应是"王国"时代重要标志。当"宫殿"与"宗庙"在都城的位置发生变化,"宫殿"与"宗庙"不再是二者"并列"于"宫城"之中,而是"宫殿"中的"大朝正殿"在宫城之中处于"居中""居前""居高"的时候,"宗庙"被"移出"宫城之外(或都城之外),这时的"国家"已经是"皇权"(战国时代晚期的个别"王权")至上的时代,也就是标示着"王国"时代结束、帝国时代到来。秦咸阳城、汉长安城的"大朝正殿"与"宗庙"位置变化,充分说明了这一历史变化,而这种"物质文化"的变化,几乎与当时"社会政治"、"社会形态"变化是同步的。

3. 中央集权的强化与古代都城轴线发展变化。

古代都城轴线是中国古代都城的重要特点。表面上看古代都城轴线是建筑规划与技术问题,实质上是国家政治理念在都城建设上的反映。

以往关于中国古代都城轴线的研究,一是统称"中轴线",二是都城中轴线似乎与古代都城同时出现,其实并非如此,古代都城轴线、中轴线是古代都城发展的产物。

目前考古发现的陶寺城址、登封王城岗城址、新砦城址等,很难看出其轴线、中轴线规划理念。二里头宫城遗址的二号宫庙遗址与一号宫殿遗址并列于宫城东西,这可能是目前考古发现时代最早的都城轴线。一号宫殿遗址主体建筑殿堂遗址与其院落南门及宫城南门(七号遗址)南北相对。二号遗址主体建筑与其院落南门相对,在宫城南城墙上还未发现与之相对的宫门。不过从宫城整体布局来看,南宫墙东部有可能还有一座宫门,如果这一推测不误的话,二里头宫城应该有两条东西并列的南北向轴线，也就是宫城的"双轴线"。类似情况在偃师商城的晚期宫城中也有可能存在。偃师商城在其早期都城中有一条南北向轴线，其南端为偃师商城南城门，向北经宫城南宫门、北宫门至北城门（即传统所说的"小城"北门）。那样的话，偃师商城（早期）可能是我们目前所知道的时代最早具有中轴线的都城遗址。

在二里头宫城遗址与晚期偃师商城的宫城遗址中出现的"双轴线"规划，应该与当时宫城中"左庙右宫"的"宫庙"并列布局有关。地缘政治与血缘政治结合的"二元"政治，决定了都城之宫城中"宫庙"并列的"双轴线"。

秦咸阳城是战国时代修建的都城，秦始皇建立秦帝国之后仍然以此为都城，就都城形制而言，它属于从王国时代到帝国时代的"过渡型"都城。就目前秦咸阳城遗址考古发现而言，我们还无法究明战国时代秦咸阳城与秦代秦咸阳城的都城轴线问题。但是，秦代末年秦始皇修建的秦阿房宫前殿工程，从汉代史学家司马迁的记述来看，当时似乎规划了一条南北向的都城轴线，其北自阿房宫前殿，南至终南山，所谓"表南山之巅为阙"[168]。

汉长安城是帝国时代第一个修建的都城，从汉高祖修建皇宫——未央宫伊始，大朝正殿——前殿的"居中"理念就确定了，也就是说未央宫的"双轴线"已不可能存在。虽然皇宫——未央宫的中轴线理念已经出现并实施，但是作为整个都城的"中轴线"规划理念那时还没有形成，直到西汉晚期南郊礼制建筑的全面建成，都城的中轴线及其"左祖右社"格局才最终形成。都城中轴线形成的早期阶段，"中轴线"并不具备科学的、严格的建筑规划意义上"居中"与"左右对称"的内涵。但是随着古代都城的发展，都城"中轴线"越来越接近"居中"，西汉晚期形成都城整体的"中轴线"。东汉雒阳城前期是大朝正殿与南宫的南宫门、外郭城南城门——平城门形成南北向的都城"中轴线"，晚期是大朝正殿与北宫的南门、外郭城南城门形成南北向的都城"中轴线"；魏晋洛阳城和北魏洛阳城的都城中轴线就比汉代长安与洛阳的都城"中轴线"更为接近"居中"位置。古代都城中轴线真正实现"居中"，应该是隋大兴城与唐长安城，此后一直延续至明清北京城。

古代都城"双轴线"折射了地缘政治与血缘政治的"二元"政治格局，古代都城从"双轴线"发展为"中轴线"是地缘政治强化与血缘政治弱化的表现。古代都城的"点""线""面"，即以帝国的大朝正殿为都城"基点"，由此"基点"产生了都城"中轴线"，以此"中轴线"形成帝国都城的整体空间。大朝正殿的"基点"是都城的"核心"，其处于帝国都城的"居中""居前"位置与"居高"地势。

六　中国古代都城的发展与多民族统一国家认同

古代都城，是一个国家及其全体"国民"、所有族群的考古学文化中，最具代表性、"国民性"、典型性、稳定性、认同性的物化载体。

中国古代都城考古学研究揭示，从夏代都城的"早期中国"都城的陶寺城址、二里头遗址至明清北京城，4200多年来的都城发展史研究说明，它们有着一脉相承的文化传统。从王国时代都城的"城以卫君、郭以守民"的"双城制"，到帝国时代都城集中体现中央集权统一国家的"三城制"，经历了"早期中国"商周、秦汉、魏晋南北朝、隋唐、宋辽金元、明清历代王朝。不论是中原地区人们建立的王朝，还是周边地区不同族群建立的王朝，从这些王朝的都城考古发现与研究中，我们认识到它们之间有着一条3000多年来绵延不断、逐渐发展、越来越成熟、越来越完整、越来越深化、越来越被多民族认同的"国家"核心历史文化——古代都城文化，它是多民族共同缔造的中华民族的"根"文化。

在中国古代都城发展史上，许多少数族群建立的王朝都城，发挥着极为重要的作用，有的具有里程碑式意义。如鲜卑人建立的北魏王朝都城平城与洛阳城，在那里开启了大规模的佛教的"汉化"（即"中国化"）与佛教的"国家化"，更为重要的是北魏洛阳城在传统"双城制"基础之上"迟到"完成的中国古代都城"三城制"，这一直为以后中国历史上历代王朝都城所承袭。此外还有统万城、十六国时期邺北城与东魏、北齐邺南城等，隋唐长安城成为中国古代历史上最为"规整"都城，与北朝时期上述少数族群建立的王朝都城关系至关重要。从辽上京、金中都、元大都至清代北京城，这些周边少数族群相继建立的帝国都城，是中国古代都城历史文化的集大成，是多元一体中华民族历史文化的集大成。

七　古代都城考古方法

1. 从"已知"到"未知"的早期古代都城认知问题

如同其他科学研究一样，中国古代都城考古学研究中，对"未知"古代都城（主要是早期古代都城）的考古研究，应该遵循一种普遍的、基本的科学研究规律，即从"已知"探索"未知"。了解中国古代都城考古学史是掌握古代都城考古学研究"已知"的重要手段。在"已知"前提下，对"未知"提出符合现有科学知识的假设，通过田野考古工作，认定或修正，或否定其假设，从而推动古代都城考古学的发展。

2. 都城考古工作要自始至终贯彻宏观与微观、"面"与"点"相结合，全面调查、勘探与重点发掘相结合的原则

都城考古的"面"，就是从宏观上解决都城位置、环境、布局形制等。都城布局形制是都城考古最重要内容，它主要包括城墙、城门的分布，都城的形制，路网与分区。此外还有与都城相关的城外附属遗存（如礼制建筑、陵墓、离宫等）地望的确定与分布状况。都城布局形制的考古研究重点是都城"基点"——大朝正殿与都城轴线及宫城。

都城考古的所谓"点"是指"微观"的研究，也就是具体发掘对象的研究，这是深化、究明都城宏观考古研究所必需的。"点"要选择有代表性、有对比性、有参照系、有典型学术意义的考古研究对象，考古发掘与研究的诸"点"之间应该具有科学的、内在的关联性、逻辑性，通过诸"点"的考古发掘研究，揭示其相关的规律性，深化"面"的考古研究。

都城考古应以宫城考古为重心，先秦时代宫城考古应以宫殿、宗庙等主要殿堂遗址考古为中心。秦汉时代以后，宗庙等礼制建筑移出宫城，但其仍应为都城考古的重点发掘与研究对象。当前尤应注意的是，先秦时代都城考古中，要认真、准确地区分朝政宫殿与宗庙等礼制建筑。都城考古要优先选择反映都城政治性的物化载体作为田野考古发掘与研究对象，它们主要是宫城、皇城、宫殿、官署、武库、宗庙、社稷、明堂、辟雍、灵台、圜丘、地坛等。

古代都城遗址一般地面调查很难取得科学的、精确的考古资料，必须在全面考古调查基础之上，进行考古勘探。大面积寻找遗址、遗存"线索"，可以利用相关遥感技术（主要是航空遥感、地面遥感）、地球物理勘探技术（物探技术）等。古代都城城墙、城门、建筑遗址等的具体方位、走向、形制及一般时代推测等，需要传统洛阳铲的考古勘探解决。考古勘探是古代都城田野考古的基础性、长期性、不间断性工作，是古代都城宏观考古的基本方法。

选择都城中的重点遗址进行发掘是科学研究中"点"的解剖，这是加深对都城考古学基本要素深层次认识所必要的。重点遗址的选择要有代表性、典型性。这些又要求对"面"有较全面的了解，否则代表性、典型性遗址难以"筛选"出来。都城考古中全面调查、勘探，与重点发掘必须有机地结合。目前在实际工作中，一些地方存在着行政上将二者分别由钻探队与考古科研部门分开各自进行工作的情况，这显然是违背都城考古学的运作机制和科研工作规律的。都城考古中的遗址勘探是该学术课题的重要科研步骤，勘探和发掘是都城考古完整、统一、有机的组成部分。另一方面，目前在都城考古学中也还存在着全面调查、勘探与重点发掘结合不够的情况，其主要倾向是对前者在都城考古学中的重要性、必要性的认识上有待强化，运作力度上有待加大。

都城考古工作的开展，在基本解决都城布局形制的前提下，对若干都城考古学基本要素中子课题的选择，要有明确的先后次序，"切入点"应从宫城、宫殿、宗庙等皇权（或王权）和国家政权的集中体现物着手。都城考古工作要渐次由政治性载体（宫殿、宗庙等）向文化性、经济性载体展开，由都城中心向周边展开。

3. 都城考古规划的长期性与规划实施的阶段性

规划的长期性是就都城考古发掘与研究的整体性而言的，它要分成若干子课题。子课题要与实施阶段性相一致，子课题设置要考虑到科研成果的形式，田野工作要目的明确、步骤清楚。都城考古学中的田野考古、室内整理、报告编写、综合研究要形成良性循环，克服课题研究周期过长的问题。

4. 中国古代都城考古学中的"地层学"与"类型学"应用问题

关于地层学方法在古代都城考古的应用，应特别注意作为地层中遗物的建筑材料与建筑遗迹的地层共存关系。一般来说，都城重要建筑遗址大多呈现出"一次性"堆积，属于该建筑物不同时期的建筑材料遗物处于同一地层中，这往往给遗物断代研究带来极大困难。都城建筑物大多是重要建筑，如宫室、宗庙、陵寝、官署、武库、寺观等，而这些建筑始建与使用年代，有的见于文献记载，因此作为这些建筑的时代上下时限是基本清楚的。如我们根据历史文献记载，知道秦咸阳宫始建于战国中期毁于秦末战火，那么该遗址秦文化层中出土的建筑材料遗物时代就限定在战国时期至秦代。为了进一步区分战国时代秦王国与秦代遗物，我们可以把秦咸阳城遗址与秦始皇陵相关遗存出土同类遗物进行比较研究，解决秦咸阳城遗址中秦始皇与其以前秦国相关遗物年代学问题。需要说明的是，考古学文化与王朝的更替不是必须同步的，它们之间没有时代上的必然联系与相互关联。如汉长安城武库，始建于西汉初年，毁于王莽末年，该遗址汉代建筑堆积层中出土的瓦当时代跨度就包容了西汉一代。而建章宫、桂宫始建于武帝，废弃于西汉末年，这些遗址的汉代堆积层出土的瓦当时代上限不会早于武帝时代。利用后者遗物就可以与"武库"出土遗物进行比较研究，区分出西汉时代中期前后的遗物。若要进一步地将西汉一代大型建筑遗址出土遗物分期更细，还可利用西汉王朝200多年间，不同时期营筑的11座帝陵陵寝建筑遗址出土的遗物，可将其西汉一代不同时期出土建筑材料等遗物的上限分别排列出来，解决了都城大型建筑中使用时间长、建筑堆积一次性形成，建筑遗物断代困难的问题。这一方法同样适用于秦汉以后历代大型建筑遗址出土相关遗物（主要指建筑材料）分期断代的研究。如唐代砖、瓦、瓦当分期研究，多年来一直进展不大，若以唐代自唐高祖李渊献陵至唐僖宗靖陵的关中18座唐代帝陵陵寝建筑遗址出土砖、瓦、瓦当作为基本考古资料，各陵出土砖、瓦、瓦当时代上限准确，依次排列，将较好地解决唐代砖、瓦、瓦当分期断代问题。

5. 古代都城考古学研究中的多学科结合

古代都城考古学研究是一个系统学术工程，它涉及诸多学术领域，因此需要进行多学科结合研究。其中有自然科学技术在考古学的应用，也有人文科学与哲学社会科学相关学科的合作。以早期都城为重要研究内容的夏商周断代工程和中华探源工程，其中在古代都城考古学研究中的多学科结合方面，开展了大量卓有成效的研究工作，取得了多方面重要学术成果。

二里头遗址、偃师商城遗址、安阳殷墟遗址、汉长安城遗址、汉魏洛阳城遗址、隋唐两京遗址、辽上京遗址、元上都遗址等都城遗址进行的城址遥感与物探、地理信息系统建立、测年技术应用、生态环境复原等许多方面，推动了相关都城考古研究的进展。它们充分显现出自然科学技术在古代都城考古学的应用的广阔前景。

古代都城考古与历史学、历史地理学、民族学、宗教学、文化人类学、古文字学、铭刻学、古钱学等相关学科结合，使古代都城考古学研究更加深化、细化。

古代都城考古的多学科结合研究，已经从整体上推动了学术界的"科学化"、"现代化"，提高了人文社会科学的科学"含量"。

八 结 束 语

长期以来在古代都城研究中，把究明都城（或城市）地望、形制、布局与建筑技术作为其主要学术研究内容。当然，这在古代都城史、古代都城考古研究的"起步"阶段或前期，是学科发展过程中必要与必须要的，但是不能说这是古代都城研究的终极目标。中国古代都城作为古代国家历史的缩影，考古学家研究古代都城，是力图通过古代都城这样一座集国家政治统治、经济管理、文化礼仪活动、军事指挥于一体的历史活动平台，探索它们所折射的国家在政治、经济、军事、文化礼仪活动方面的重大历史及其发展变化规律，这应该是考古学关于中国古代都城研究的学术定位。

在中国古代都城考古学研究中，我们力图使这一研究"透物见人"，通过古代都城考古调查、勘探、发掘及现代自然科学技术在都城考古学的应用，使我们在中国古代都城研究中，了解到更为深层次的历史信息。如：古代都城考古发现之于史前时代到王国时代、王国时代到帝国时代的历史发展的研究，可以通过"宗庙"与"宫殿"在都城布局位置上的变化、各自建筑形制上的发展，折射出血缘政治与地缘政治的此消彼长。又如，西汉王朝都城——汉长安城的宫城为未央宫，此外都城之内还有长乐宫、北宫、桂宫、明光宫等"亚宫城"，汉长安城中上述宫城与"亚宫城"并存的空间形式，实际上反映出西汉王朝的"二元政治"。以往的考古学研究，对此大多只是"描述"上述考古发现物化载体的"表象"变化，而历史文献对这些"表象"也是大多语焉不详。以上所述，反映了考古学透过都城遗址的"物质遗存"，解析、探索"人"及"社会"的历史的科学研究特点。

王朝的更迭、都城的兴建是历代统治者的"国之大事"，因此关于都城建设与古代都城史研究，历来为官方与学术界所倍加重视。20世纪80年代初，国家推出的历史文化名城保护工作及80年代中期在中国兴起的世界遗产事业热潮，作为不可移动的、重要文化遗产的古代都城，越来越备受社会关注，相关的古代都城研究越来越"升温"。

2015年2月8日

注 释

[1] 史念海：《中国古都和文化》第164页，中华书局，1998年。

[2] a.李济：《傅孟真先生领导的历史语言研究所——几个基本观念及几件重要工作的回顾》，

《感旧录》，传记文学出版社，1985年。

b. 李济：《小屯地面下情形分析初步》，《安阳发掘报告》第一册，历史语言研究所，1929年。

c. 石璋如：《小屯第一本·遗址的发现与发掘乙编·殷墟建筑遗存》第2页之李济《序》，历史语言研究所，1959年。

[3] 郭宝钧：《一九五〇年春殷墟发掘报告》，《中国考古学报》第5册，1951年。

[4] 考古研究所沣西发掘队：《1955~1957年陕西长安沣西发掘简报》，《考古》1959年第10期。

[5] a. 郭宝钧：《洛阳古城勘察简报》，《考古通讯》1955年第1期。

b. 中国科学院考古研究所洛阳发掘队：《洛阳涧滨东周城址发掘报告》，《考古学报》1959年第2期。

[6] a. 王仲殊：《汉长安城考古工作的初步收获》，《考古通讯》1957年第5期。

b. 王仲殊：《汉长安城考古工作收获续记——宣平城门的发掘》，《考古通讯》1958年第4期。

[7] 阎文儒：《洛阳汉魏隋唐城址勘查记》，《考古学报》总第9期。

[8] 中国科学院考古研究所西安唐城发掘队：《唐代长安城考古纪略》，《考古》1963年第11期。

[9] 徐旭生：《1959年夏豫西调查"夏墟"的初步报告》，《考古》1959年第11期。

[10] 中国科学院考古研究所、北京市文物管理处 元大都考古队：《元大都的勘查和发掘》，《考古》1972年第1期。

[11] 中国社会科学院考古研究所洛阳汉魏故城工作队：《偃师商城的初步勘探和发掘》，《考古》1984年第6期。

[12] 中国社会科学院考古研究所、河北省文物研究所 邺城考古工作队：《河北临漳邺北城遗址勘探发掘简报》，《考古》1990年第7期。

[13] 中国社会科学院考古所栎阳发掘队：《秦汉栎阳城遗址的勘探和试掘》，《考古学报》1985年第3期。

[14] 中国社会科学院考古研究所安阳工作队：《河南安阳市洹北商城的勘察与试掘》，《考古》2003年第5期。

[15] 梁星彭、严志斌：《山西襄汾陶寺文化城址》，《2001年中国重要考古发现》，文物出版社，2002年。

[16] 赵春青等：《河南新密新砦遗址发现城墙和大型建筑》，《中国文物报》2004年3月5日。

[17] 河南省文物研究所、中国历史博物馆考古部：《登封王城岗遗址的发掘》，《文物》1983年第3期。

[18] a. 安志敏：《1952年秋季郑州二里冈发掘记》，《考古学报》第八册，1954年。

b. 河南省文化局文物工作队第一队：《郑州商代遗址的发掘》，《考古学报》1957年第1期。

c. 河南省博物馆、郑州市博物馆：《郑州商代遗址发掘报告》，《文物资料丛刊》第1集，文物出版社，1977年。

[19] 河南省博物馆新郑工作站等：《河南新郑郑韩故城的钻探和试掘》，《文物资料丛刊》第3集，文物出版社，1980年。

[20] 开封宋城考古队：《北宋东京外城的勘探与试掘》，《文物》1992年第12期。

[21] 内蒙古文物考古研究所：《辽上京城址勘查报告》，《内蒙古文物考古文集》第一辑，中国大百科全书出版社，1994年。

[22] 贾洲杰：《元上都调查报告》，《文物》1977年第5期。

[23] 河北省文物研究所：《战国中山国灵寿城——1975～1993年考古发掘报告》，文物出版社，2005年。

[24] 河北省文物管理处、邯郸市文物保管所：《赵都邯郸故城调查报告》，《考古学集刊》第4集，中国社会科学出版社，1984年。

[25] a.中国历史博物馆考古组：《燕下都城址调查报告》，《考古》1962年第1期。
b.河北省文化局文物工作队：《河北易县燕下都故城勘察和试掘》，《考古学报》1965年第1期。

[26] a.刘建华：《河北省张北县白城子古城址调查简报》，《辽海文物学刊》1995年第2期。
b.李惠生、赵淑英：《元中都学术研讨会在张北县召开》，《文物春秋》1998年第3期。

[27] 陕西省雍城考古队：《秦都雍城钻探试掘简报》，《考古与文物》1985年第2期。

[28] a.秦都咸阳考古工作站：《秦都咸阳第一号宫殿建筑遗址简报》，《文物》1976年第11期。
b.刘庆柱：《秦都咸阳几个问题的初探》，《文物》1976年第11期。

[29] a.陕北文物调查组：《统万城遗址调查》，《文物参考资料》1957年第10期。
b.戴应新：《统万城遗址勘测记》，《考古》1981年第3期。

[30] 中国科学院考古研究所山西工作队：《山西夏县禹王城调查》，《考古》1963年第9期。

[31] a.山东省文物管理处：《山东临淄齐故城试掘简报》，《考古》1961年第6期。
b.群力：《临淄齐国故城勘探纪要》，《文物》1972年第5期。
c.山东省文物考古研究所等：《曲阜鲁国故城》，齐鲁书社，1982年。
d.关野雄：《齐都临淄调查》，《中国考古学研究》，东京大学东洋文化研究所，1956年。

[32] 湖北省博物馆：《楚都纪南城的勘查与发掘》（上、下），《考古学报》1982年第3、第4期。

[33] ［美］刘易斯·芒福德著 宋俊岭、倪文彦译：《城市发展史——起源、演变和前景》第53、69页，中国建筑工业出版社，2005年。

[34] 凯文·林奇著，林庆怡等译：《城市形态》第236页，华夏出版社，2001年。

[35] H. W. F. Saggs. Civilization before Greece and Rome. Yale University Press, 1989: 114.

[36] 何驽：《都城考古的理论与实践探索——从陶寺遗址和二里头遗址都城考古分析看中国早期城市化进程》第9页，《三代考古（三）》，科学出版社，2009年。

[37] 湖北省博物馆：《楚都纪南城的勘查与发掘》（上），《考古学报》1982年第3期。

[38] 山东省文物考古研究所等：《曲阜鲁国故城》第9～10页，齐鲁书社，1982年。

[39] a.刘庆柱、李毓芳：《汉长安城》，文物出版社，2003年。
b.王仲殊：《汉长安城考古工作初步收获》，《考古通讯》1957年第5期。

[40] 王仲殊：《汉长安城考古工作的初步收获》，《汉长安城考古工作收获续记宣平城门的发

掘》,《考古通讯》1957年第5期、1958年第4期。

[41] 中国科学院考古研究所西安工作队:《唐代长安城明德门遗址发掘简报》,《考古》1974年第1期。

[42] 中国社会科学院考古研究所汉魏故城队:《河南汉魏洛阳故城北魏宫城阊阖门遗址》,《考古》2003年第7期。

[43] 中国社会科学院考古研究所西安唐城队:《西安市唐长安城大明宫丹凤门遗址的发掘》,《考古》2006年第7期。

[44] 《汉书》卷一(下)《高帝纪》(下)载:"萧何治未央宫,立东阙、北阙、前殿、武库、大仓。"

[45] a.中国科学院考古研究所洛阳工作队:《隋唐东都城址的勘查和发掘》,《考古》1961年第3期。

b.洛阳市文物工作队:《隋唐东都应天门遗址发掘简报》,《中原文物》1988年第3期。

[46] 中国社会科学院考古研究所、河北省文物研究所邺城考古工作队:《河北临漳县邺南城朱明门遗址的发掘》,《考古》1996年第1期。

[47] 朱岩石:《东魏北齐邺南城内城之研究》,《汉唐之间的视觉文化与物质文化》,文物出版社,2003年。

[48] 关于铜驼街之街名来历,可参见以下两条文献记载。《艺文类聚》卷九十四《兽部中·骆驼》载:"《洛中记》曰:有铜驼二枚,在宫之南四会道,头高九尺,头似羊,身颈似马,有肉鞍两个相对。"上海古籍出版社,1982年,第1630页。又《初学记》卷二十九《兽部·驼》载:"《邺中记》曰:二铜驼如马形,长一丈,高一丈,足如牛,尾长二尺,脊如马鞍,在中阳门外,夹道相向。"

[49] 《唐两京城坊考》卷二《西京·外郭城》第34页载:"当皇城南面朱雀门,有南北大街曰朱雀门街,东西广百步。南出郭外之明德门,在朱雀门至明德门,九里一百七十五步。"又"朱雀街西准此。"中华书局,1985年。

[50] 《唐两京城坊考》卷五《东京·外郭城》第147页载:"当皇城端门之南,渡天津桥,至定鼎门,南北大街曰定鼎街。亦曰天门街,又曰天津街,或曰天街。"中华书局,1985年。

[51] 中国科学院考古研究所西安唐城工作队:《唐代长安城考古纪略》,《考古》1963年第11期。

[52] 刘庆柱、李毓芳:《汉长安城》第23页,文物出版社,2003年。

[53] 徐坚等:《初学记》卷二十四引《吴越春秋》,中华书局,1962年。

[54] 《汉书》卷一(下)《高帝纪》(下):高祖五年"治长乐宫。"七年"萧何治未央宫"。《汉书》卷二《惠帝纪》:惠帝元年"城长安",六年"长安城成"。

[55] 徐松:《唐两京城坊考》卷一:大兴城"隋时规建,先筑宫城,次筑皇城,次筑外郭城",中华书局,1985年。

[56] a.山西省文物管理委员会:《山西省文管会侯马工作站工作的总收获》,《考古》1959年第5期。

b. 山西省文物管理委员会：《侯马晋城遗址》，《中国大百科全书·考古学》，中国大百科全书出版社，1986年。

[57] 河北省文物管理处等：《赵邯郸故城调查报告》，《考古学集刊》第4集，中国社会科学出版社，1984年。

[58] 徐松：《唐两京城坊考》卷一《西京·大明宫》第18页："贞观八年，置为永安宫，次年改大明宫，备太上皇清暑。龙朔二年，高宗病风痹，以宫内湫湿，命司农少卿梁孝仁修之，改名蓬莱宫。"中华书局，1985年。

[59] 中国社会科学院考古研究所：《汉长安城未央宫——1980～1989年考古发掘报告》，中国大百科全书出版社，1996年。

[60] a.王仲殊：《汉代考古学概说》，中华书局，1984年。
b.中国科学院考古研究所洛阳工作队：《汉魏洛阳初步勘查》，《考古》1973年第4期。
c.段鹏琦等：《洛阳汉魏故城勘察工作的收获》，《中国考古学会第五次年会论文集（1985年）》，文物出版社，1988年。

[61] 中国科学院考古研究所二里头工作队：《河南偃师二里头早商宫殿遗址发掘简报》，《考古》1974年第4期。

[62] 湖北省博物馆等：《盘龙城1974年度田野考古纪要》，《文物》1976年第2期。

[63] 中国社会科学院考古研究所：《汉长安城未央宫——1980～1989年考古发掘报告》，中国大百科全书出版社，1996年。

[64] 中国社会科学院考古研究所、日本奈良国立文化财研究所中日联合考古队：《汉长安城桂宫第二号建筑遗址发掘简报》，《考古》1999年第1期。

[65] 中国社会科学院考古研究所：《汉杜陵陵园遗址》，科学出版社，1993年。

[66] 中国社会科学院考古研究所：《中国社会科学院考古研究所考古博物馆洛阳分馆》，文化艺术出版社，1998年。

[67] a.中国社会科学院考古研究所西安唐城工作队：《唐大明宫含元殿遗址1995～1996年发掘报告》，《考古学报》1997年第3期。
b.马得志等：《唐代长安宫廷史话》，新华出版社，1994年。

[68] 中国科学院考古研究所：《辉县发掘报告》，科学出版社，1956年。

[69] 河北省文物研究所：《䂮墓——战国中山国国王之墓》，文物出版社，1996年。

[70] 陕西省考古研究所等：《秦始皇陵兵马俑坑一号坑发掘报告》，文物出版社，1988年。

[71] 刘庆柱、李毓芳：《汉长安城》，文物出版社，2003年。

[72] 陕西省考古研究所：《汉阳陵》，重庆出版社，2002年。

[73] 中国社会科学院考古研究所：《汉杜陵陵园遗址》，科学出版社，1993年。

[74] 中国社会科学院考古研究所：《西汉礼制建筑遗址》，文物出版社，2003年。

[75] 中国社会科学院考古研究所：《汉魏洛阳故城南郊礼制建筑遗址——1962～1992年考古发掘报告》，文物出版社，2010年。

[76] 姜波《汉唐都城礼制建筑研究》:"明堂、郊坛一类的祭祀性遗址,考古学界一般称之为'礼制建筑'遗址。为便于讨论,我们不妨给'礼制建筑'下一个明确的定义:即在按照儒家经典的祭祀原则、在古代都城范围内修建的、对天地祖先人鬼等举行国家祭祀活动的建筑设施。这些建筑设施包括:祭天地的南北郊坛(圜丘与方丘)、祭祖的宗庙、迎时气祭五帝的'五郊坛'、祭土地和五谷的社稷坛、祭先农先蚕的先农坛和先蚕坛,以及明堂(祭天享祖之所)、辟雍、太学(祀奠孔子之所)和灵台(不仅仅是天文台,还兼具望云物、察祥瑞、兴祭祀的功能)等。"文物出版社,2003年。

[77] 刘庆柱:《中国古代都城宫庙遗址的考古发现与研究》,《二十一世纪的中国考古学——庆祝佟柱臣先生八十五华诞学术文集》,文物出版社,2006年。

[78] 中国社会科学院考古研究所:《西汉礼制建筑遗址》,文物出版社,2003年。

[79] a.潘谷西:《中国古代建筑史》(元、明建筑)第四卷第131~133页,中国建筑工业出版社,2001年。

b.潘谷西:《中国大百科全书·文物 博物馆》第465页之"社稷坛"条,中国大百科全书出版社,1995年。

[80] 《周礼》、《仪礼》与《礼记》等相关部分,《十三经注疏》,中华书局,1982年。

[81] 杨衒之:《洛阳伽蓝记》。

[82] a.段鹏琦:《汉魏洛阳故城》第111页:"东汉以来的白马寺,即今洛阳白马寺的前身,无论是历史学家、宗教史家还是考古工作者都持同一看法,迄未出现不同认识。"文物出版社,2009年。

b.刘叙杰等:《中国古代建筑史》第一卷第497页:"汉明帝十年(公元前67年),天竺僧人摄摩腾、竺法兰随中土使者蔡愔等抵达洛阳,先迎居于鸿胪寺(汉代接待外国使节之国宾馆)。次年,在洛阳雍门外建造佛寺。因摄摩腾等以白马负梵经、佛像来华,遂命名此寺为白马寺。这是佛教传来我国后肇建的第一座佛寺,当时之建置情况已不可考。由于我国素无此类建筑,按照常理推测,该寺之形制,应为摄摩腾等熟悉的天竺或西域佛寺式样。"中国建筑工业出版社,2003年。

[83] 段鹏琦:《汉魏洛阳故城》第112页:"永宁寺位于北魏宫前铜驼街西侧第二列坊内,东邻太尉府,西对永康里,南界昭玄曹,北有御史台。该寺系孝明帝熙平元年(公元516年)灵太后胡氏所立,是北魏洛阳城内最著名的佛教寺院,也是孝文帝都城制拟置于内城的唯一佛寺。"文物出版社,2009年。

[84] 傅熹年等:《中国古代建筑史》第二卷第159页,插图第2-7-1 北魏洛阳主要佛寺分布示意图,中国建筑工业出版社,2001年。

[85] 中国社会科学院考古研究所、河北省文物研究所 邺城考古队:《河北临漳县邺城遗址赵彭城北朝佛寺遗址的勘探与发掘》,《考古》2010年第7期。

[86] 徐松撰,张穆校补:《唐两京城坊考》,中华书局,1985年。

[87] a.韩保全:《隋唐长安的宗教与寺院》,《论唐代城市建设》,陕西人民出版社,2005年。

b.史念海等：《西安历史地图集》第97页《唐长安城寺观图》，西安地图出版社，1996年。

[88] 中国社会科学院考古研究所西安唐城工作队：《唐长安西明寺遗址发掘简报》，《考古》1990年第1期。

[89] 中国社会科学院考古所西安唐城队：《唐长安青龙寺遗址》，《考古学报》1989年第2期。

[90] 柏明：《唐长安太平坊与实际寺》，西北大学出版社，1994年。

[91] 龚国强：《隋唐长安城佛寺研究》第98页，文物出版社，2006年。

[92] 刘春迎：《北宋东京城研究》第147页，科学出版社，2004年。

[93] 《汉书》卷二十五（上）《郊祀志》（上）载："秦灵公于吴阳作上畤，祭黄帝；作下畤，祭炎帝。"

[94] 《史记》卷六《秦始皇本纪》：秦始皇三十七年"十一月，行至云梦，望祀虞舜于九疑山。……上会稽，祭大禹。"

[95] 《史记》卷二十八《封禅书》。《说文解字》第291页："畤，天地、五帝所基止祭地。"中华书局，1963年。

[96] 《史记》卷二十八《封禅书》："赵人新垣平以望气见上，言'长安东北有神气，成五采，若人冠冕焉。或曰东北神明之舍，西方神明之墓也。天瑞下，宜立祠上帝，以合符应。'于是作渭阳五帝庙，同宇，帝一殿，面各五门，各如其帝色。祠所用及仪亦如雍五畤。"

[97] 《魏书》卷二《太祖纪》。《通志》卷四十三《礼志》。

[98] 《旧唐书》卷二十四《礼仪志》。

[99] 《唐会要校正》卷二十二之《前代帝王》第369～371页，三秦出版社，2012年。

[100] 《宋大诏令集》卷一百五十六。

[101] 《元史》卷七十六《祭祀志》之《古帝王庙》。

[102] 《明史》卷五十《礼志》（四）记载：洪武六年"以五帝三王及汉唐宋创业之君俱宜于京师立庙致祭，遂建历代帝王庙于钦天山之阳仿太庙同堂异室之制，为正殿五室中一室三皇，东一室五帝，西一室夏禹商汤周文王。又东一室周武王、汉光武、唐太宗，又西一室汉高祖、唐高祖、宋太祖、元世祖，每岁春秋仲月上旬甲日致祭，而以周文王终。"

[103] 《明史》卷五十《礼志》（四）之"历代帝王陵庙"。

[104] 《日下旧闻考》卷五十一。

[105] 北京旅游百科全书编辑部：《北京旅游百科全书》第298页，京华出版社，2005年。

[106] 《汉书》卷二十四（下）《食货志》（下）："边兵不足，乃发武库工官兵器以澹之"。《后汉书》《志》第二十五《百官》（二）："（太仆属官）考工令一人，六百石。本注曰：主作兵器弓弩刀铠之属，成则传执金吾入武库，及主织绶诸杂工。左右丞各一人"。

[107] a.李三：《内蒙古准格尔旗出土一件上郡铜戈》，《文物》1982年第11期。

b.陕西省考古研究所：《秦始皇陵兵马俑坑一号坑发掘报告》，文物出版社，1988年。

c.张颔：《检选古文物秦汉二器考释》，《山西大学学报》1979年第1期。

d.许玉林、王连春：《辽宁宽甸县发现秦石邑戈》，《考古与文物》1983年第3期。

[108] 中国社会科学院考古研究所汉长安城工作队：《西安相家巷遗址秦封泥的发掘》，《考古学报》2001年第4期。

[109] 刘庆柱、李毓芳：《西安相家巷遗址秦封泥考略》："从出土的秦兵器铭文可知，武库之设战国时期已出现，如秦昭襄王十八年上郡戈、秦王政五年吕不韦戈等均有关于'武库'刻铭（见王辉：《秦铜器铭文编年集释》，三秦出版社，1990年。）。武库出现伊始，就有中央武库与地方武库，前者器铭为'武库'，后者器铭多为地名加武库。如'广衍铜矛'（时代约为昭襄王十二年），器铭'上武'，其为'上郡武库'省文；又如昭襄王十八年'上郡戈'，器铭'上郡武库'。秦王政五年相邦吕不韦戈、少府矛、秦二世元年丞相李斯戈等器铭均为'武库'，其前未见地名。西汉时代承袭秦制，中央和地方均设武库，前者只称'武库'，后者多与地名相连，如《汉书·魏相传》有'洛阳武库令'，又如《汉金文录》有'洛阳武库钟''上常武库戈'等，出土遗物有'雒阳武库熏炉'等。"《考古学报》2001年第4期。

[110] 中国社会科学院考古研究所：《汉长安城武库》，文物出版社，2005年。

[111] 《汉书》卷一《高帝纪》。

[112] 中国科学院考古研究所洛阳工作队：《汉魏洛阳城初步勘查》：武库遗址"位于东北城角的南侧约200米，它的东墙紧邻大城的东垣墙，两堵垣墙平行间距约32米。遗址面积南北长约199米，东西宽142～186米，整个平面近似方形，四面都有夯筑围墙，中有聚集成组的夯筑台基和大型的建筑遗址。四面墙基周长736米左右，墙宽约3米，在南墙东段，发现一处阙口，宽约7米，应是门址，这是该组建筑中唯一的门址。遗址的中心，系有一群小方形的夯筑台基，南北骈列五排，规划的整齐有序，排与排间距约4米左右，每排约有12个台基，除最北一排的中心位置有两个台基是长方形外，其他的皆正方形约2.5米见方。最南一排的正中央另有一面积较大的方形台基，这一排只见10个。总共58个台基。在这群台基的四周，均见有较大面积的建筑物：东侧是一座面积较大，形状和结构不甚规整的夯筑遗迹，南北长约62米，东西宽约83米。西侧有两座南北长方形的夯筑遗迹，前后排列，其中较大的一座，南北长108米，东西宽约18米。北侧是一座面积最大的夯筑遗迹，形状规整，呈东西长方形，长约118米，宽约27米，夯筑台基残高2.7米左右。南侧有九座大小不等的夯筑遗迹，其间夯筑基址有互相叠压关系，其中较大的一座，是东西长方形，长约130米，宽约9米，其他八座皆系东西长方形，面积小些。在南墙附近发现一个圆形土坑，径长6米左右，距地表深约2米，土坑里堆满薄云母片，深度不明。此外，在这一群建筑遗址的中部探出两条东西向路土，各宽5～9米，残长15米左右。东墙下探见早期路土一条，系南北向，宽约27米，残长160多米。再南还有一组小型建筑基址，已经探出三面墙基和一部分建筑遗迹。"《考古》1973年第4期。

[113] 王仲殊：《中国古代都城概说》图第2《东汉洛阳城平面图》，《考古》1982年第5期。

[114] 《三国志》卷九、《晋书》卷二十九、《宋书》卷二十四、《南齐书》卷十六、《魏书》卷一百十、《北齐书》卷十二、《隋书》卷二。

[115]《隋书》卷二十六。

[116]《新唐书》卷四十八。

[117] 洛阳博物馆：《洛阳战国粮仓试掘纪略》，《文物》1981年第11期。

[118] 京师仓遗址西距汉长安城遗址130千米。京师仓仓城依自然地势筑成，呈长方形，东西长1120米，南北宽700米，周长约3330米，面积为78.4万平方米。仓城遗址之内共有6座粮仓遗址，位于仓城遗址内北部偏西。粮仓遗址外围有围墙遗迹。见陕西省考古研究所：《西汉京师仓》，文物出版社，1990年。

[119] 凤翔仓储遗址位于秦汉雍城遗址东距汉长安城遗址170千米，应为西汉中央政府设在都城西部的粮食转运仓库。仓储建筑遗址平面长方形，南北长216米，东西宽33米，由南北并列的3座库房组成。见陕西省考古研究所、宝鸡市考古工作队、凤翔县博物馆：《陕西凤翔县长青西汉汧河码头仓储建筑遗址》，《考古》2005年第7期。

[120] 中国科学院考古研究所洛阳工作队：《汉魏洛阳城初步勘查》：汉魏太仓遗址在武库遗址北侧，"距大城北垣墙仅53米，系由夯筑墙基围成的两座方形的庭院建筑，一东一西两两相对。西侧的一座庭院建筑，作南北长方形，面积约100米×70米，夯筑墙基宽约2米。中有五座大小不等的夯筑台基，正中一座是长方形，南北长57米，东西宽约17米，从其位置和规模看，应该是中心建筑。东北侧有一长方形夯筑基址，形状不甚规整，面积也较大，南北长约50米，东西宽约26米，在它的南侧和西侧还有三座小型夯筑台基。东南有一处较大的阙口，无疑是该组建筑的通道。东面的一座庭院建筑，是由四条夯土墙围成的一组建筑物，面积约50米见方，墙宽均2米左右，保存较好，里面未见任何建筑物，也不见有阙口。北墙外另见一条单独的东西夯墙，宽约2米，全长55米。"《考古》1973年第4期。

[121] 洛阳市文物考古研究院：《洛阳隋代回洛仓遗址——2011~2013年考古勘探发掘简报》，《洛阳考古》2014年第2期。

[122] a.含嘉仓仓城遗址南北长710米，东西宽612米，总面积为43万平方米。城墙夯筑。仓城内分作管理区和粮窖区，管理区位于仓城西北部，面积约6万多平方米；粮窖区现已探出粮窖应有400多座。见河南省博物馆、洛阳市博物馆：《洛阳隋唐含嘉仓的发掘》，《文物》1972年第3期。

b.洛阳市文物工作队：《洛阳含嘉仓1988年发掘简报》，《文物》1992年第3期。

c. 洛阳市文物考古研究院：《隋代回洛仓遗址2011—2013年考古勘探发掘简报》，《洛阳考古》2014年第2期。

[123] 洛阳博物馆：《洛阳隋唐东都皇城内的仓窖遗址》，《考古》1981年第4期。

[124]《吴越春秋》："筑城以卫君，造郭以居民。"《初学记》卷二十四。

[125]《管子·度地》："内为之城，城外为之郭。"

[126] 陕西省考古研究所：《秦都咸阳考古报告》第139页，科学出版社，2004年。

[127] 王子今：《汉代长安乡里考》，《人文杂志》1992年第6期。

[128] 李久昌：《国家、空间与社会——古代洛阳都城空间演变研究》第323~324页：汉晋时期

洛阳里制"开始出现'坊'的概念并运用于都城规划建设中。在《礼记》中有《坊记》篇,'坊'亦读作'防'。《说文解字》云:'防,堤也。'可知'坊'与'防'同义,即在城市中周围有像堤防一样的四周带有围墙的区域。《太平御览》卷157《州郡部·坊》引《汉宫阙名》曰:'洛阳故北宫有九子坊。'又引《晋宫阁名》曰:'洛阳宫有显昌坊、修城坊、绥福坊、延禄坊、休徵坊、承庆坊、桂芬坊、椒房坊、舒兰坊、艺文坊。'上述'坊'皆为宫室名称。但引人注目的是,'坊'名之采用,是与宫城布局之调整一并进行的。《三国志·明帝纪》云:魏明帝大治洛阳宫,起昭阳、太极殿,筑总章观,又于芳林园中起陂池,于列殿之北,立八坊,诸才人以次序处其中。这里透出的重要信息是,坊具有规划区块的含义,其与里相同之处是二者都具有按照身份等级划分居住区的含义,同时它也说明了后来'坊'之名成为与'里'并用的城市基层行政组织的渊源和路径。由此看来,西周以降,洛阳都城里制已初具规模,里制控制和管理都城居民之要义,愈发为统治者看重。汉晋时期洛阳都城的里,作为一种都城内的基层行政组织的功用日益凸现,里与市在功能上相互渗透,而都城形制经过宫城制度的调整,也呈现出向平正规整方向发展的趋势,这就为里向里坊过渡铺敷了契机。"三秦出版社,2007年。

[129] 齐东方:《魏晋隋唐城市里坊制度——考古学的印证》,《唐研究》第九卷,北京大学出版社,2003年。

[130] 李久昌:《国家、空间与社会——古代洛阳都城空间演变研究》第325页,三秦出版社,2007年。

[131] 陕西省文管会:《唐长安城地基初步探测》,《考古学报》1958年第3期。

[132] 中国科学院考古研究所西安唐城发掘队:《唐代长安城考古纪略》,《考古》1963年第11期。

[133] a.马得志:《唐长安发掘新收获》,《考古》1987年第4期。
b.柏明:《唐长安太平坊与实际寺》,西北大学出版社,1994年。
c.中国社会科学院考古研究所西安唐城工作队:《唐长安城安定坊发掘记》,《考古》1989年第3期。
d.赵强、李喜萍、秦建明:《唐长安城发现坊里道路遗迹》,《考古与文物》1995年第6期。

[134] a.中国社会科学院考古研究所洛阳工作队:《"隋唐东都城址的勘查与发掘"续记》,《考古》1978年第1期。
b.中国社会科学院考古研究所洛阳唐城队:《洛阳唐东都履道坊白居易故居发掘简报》,《考古》1994年第8期。

[135] a.于杰、于光度:《金中都》第27~28页,北京出版社,1989年。
b.北京市文物研究所:《北京市考古五十年》,《新中国考古五十年》,文物出版社,1999年。

[136] a.元·熊梦祥著:《析津志辑佚·城池街市》之《城池街市》条载:元大都有"三百八十四火巷,二十九衖通。"北京古籍出版社,1981年。
b.朱一新:《京师坊巷志稿》载:"元经世大典,谓之火巷。胡同即火巷之转。"衖通即

胡同，为蒙语音译。

[137] 贺业钜：《中国古代城市规划史》第597页："远在原始社会末期就已经存在了。"中国建筑工业出版社，1996年。

李久昌：《国家、空间与社会——古代洛阳都城空间演变研究》第431页："在我国古代典籍中，有许多关于市的起源的记载，或谓神农之世已经有市，或谓黄帝设市，或云祝融作市，总之市在古代出现的时间很早。"三秦出版社，2007年。

[138] 王学理、尚志儒、呼林贵：《秦物质文化史》第90～91页："'市'遗址坐落于雍城北部，北距雍城北墙不足100米，西部在县棉织厂院内，东距高王寺约100米，与马家庄宗庙遗址南北对应，相距近1000米。经详细勘探，知其是一个近似长方形的全封闭空间，四周围以夯墙。西墙长166.5米，南墙长230.4米，东墙长156.6米，北墙长180米，宽1.8～2.4米。面积约34030平方米。钻探时于四周围墙中部都发现有'门塾'建筑，门塾一般宽21米以上，进深14米左右。墙体两侧均有瓦片堆积，应是夯墙上的覆瓦。围墙之内为露天的空场，没有发现夯土等遗迹。……据出土物种类及纹饰推测，这座'市'建筑的建造使用年限当从战国早期至秦汉之际。"三秦出版社，1994年。

[139] 《史记》卷五《秦本纪》："献公元年，止从死。二年城栎阳。"

[140] 《史记》卷一百二十九《货殖列传》："行为市"。

[141] 中国社会科学院考古研究所栎阳发掘队：《秦汉栎阳城遗址的勘察和试掘》，《考古学报》1985年第3期。

[142] 裘锡圭：《战国文字中的"市"》，《考古学报》1980年第3期。

[143] 黄河水库考古工作队：《1957年河南陕县发掘简报》，《考古通讯》1958年第11期。

[144] 中国科学院考古研究所：《洛阳中州路（西工段）》，科学出版社，1959年。

[145] 湖南省博物馆、中国社会科学院考古研究所：《长沙马王堆一号汉墓发掘》，文物出版社，1972年。

[146] 陈尊祥：《杜虎符真伪考辨》，《文博》1985年第6期。

[147] 湖北孝感地区第二期亦工亦农文物考古训练班：《湖北云梦睡虎地十一座秦墓发掘简报》，《文物》1976年第9期。

[148] 蒋英炬：《临沂银雀山西汉墓漆器铭文考释》，《考古》1975年第6期。

[149] a.刘庆柱：《西安市汉长安城东市和西市遗址》，《中国考古学年鉴（1987年）》，文物出版社，1989年。

b.中国科学院考古研究所西安唐城工作队：《唐长安西市遗址发掘》，《考古》1961年第5期。

[150] 《汉书》卷二十四（下）《食货志》（下）载：王莽"遂于长安及五都立五均官，更名长安东西市令及洛阳、邯郸、临淄、宛、成都市长皆为五均司市师。东市称京，西市称畿，雒阳称中，余四都各用东西南北为称，皆置交易丞五人，钱府丞一人。"

[151] 《史记》卷二十二《汉兴以来将相名臣年表》载：汉高祖"六年立大市"。亦见刘庆柱

《汉长安城的宫城和市里布局形制述论》："《汉书》卷二《惠帝纪》载：惠帝六年'起长安西市'。这就是说，在此之前，西市之东已有了市场，不过因当时还未建西市，故此市也不会称东市。疑此市应为汉高帝六年所建的'大市'。我们认为尽管刘邦设立'大市'之举是对全国而言，但京师长安绝不会例外。高帝在长安设立的'大市'应即后来的长安'东市'。'东市'和'西市'是以其相对方位而命名的。高帝时，长安因无'西市'，故不言'东市'，只称'大市'。惠帝六年建立长安西市时，'西市'之名就因其东已有高祖所立'大市'，否则'西'无从谈起。大概自'大市'之西'起长安西市'之时，'大市'亦改称'东市'。"石兴邦等：《考古学研究》，三秦出版社，1993年。

[152] 《汉书》卷二《惠帝纪》：惠帝六年"起长安西市"。

[153] 平城京的中轴路——朱雀大路东西两侧，分布安置了东市与西市。

[154] 刘庆柱：《西安市汉长安城东市和西市遗址》，《中国考古学年鉴（1987年）》，文物出版社，1989年。

[155] 《吕氏春秋·安死篇》：人在陵墓之旁或其上"设阙庭，为宫室，造宾阼也，若都邑。"学林出版社，1984年。

[156] 《汉书》卷二十七（上）《五行志》（上）："园陵小于朝廷。"

[157] 中国社会科学院考古研究所：《殷墟的发现与研究》第100～102页、51页："西北冈是殷代的王陵区，它在殷代宫殿宗庙区遗址所在地的小屯村北约2.5千米，在洹河北岸。西北冈东约300米为前营村，南约800米为武官村，南偏西800米为侯家庄。因此处地势稍高于武官村及侯家庄二村，故该二村居民称其为北冈或西北冈。在解放前，西北冈大墓所在地（西区）的产权属侯家庄居民所有，故曰侯家庄西北冈，实际上它不在侯家庄西北，而是东北。因其在武官村正北，故解放以后称其为武官北地。该处海拔为80米。"又殷墟小屯宫庙"遗址地处小屯村周围的最高点，海拔为78～79米多"。科学出版社，1994年。

[158] 《史记》卷四《周本纪》："九年，武王上祭于毕。"【集解】马融曰："毕，文王墓地名也。"又载：武王"后而崩。"【集解】骃按，《皇览》曰："文王、武王、周公冢皆在京兆长安镐聚东社中也。"【正义】引《括地志》云："武王墓在雍州万年县西南二十八里毕原上也。"

[159] a.张海云：《芷阳遗址调查简报》，《文博》1985年第3期。
b.韩伟、程学华：《秦东陵概论》，《考古学研究》，三秦出版社，1993年。

[160] 陕西省考古研究院秦汉考古研究部：《陕西秦汉考古五十年综述》，《考古与文物》2008年第6期。

[161] 《汉书》卷二十七（上）《五行志》（上）。

[162] a.西省考古研究所：《汉阳陵》，重庆出版社，2002年。
b.陕西省考古研究院、咸阳市文物考古研究所、茂陵博物馆：《汉武帝茂陵考古调查、勘探简报》，《考古与文物》2011年第2期。
c.陕西省考古研究院、咸阳市文物考古研究所：《汉哀帝义陵考古调查、勘探简报》，

《考古与文物》2012年第5期。

[163] a.刘庆柱、李毓芳：《关于西汉帝陵形制诸问题探讨》，《考古与文物》1985年第5期。
b.刘庆柱、李毓芳：《西汉十一陵》，陕西人民出版社，1987年。
c.焦南峰：《试论西汉帝陵的建设理念》，《考古》2007年第11期。

[164] 刘庆柱、李毓芳：《陕西唐陵调查报告》，《考古学集刊》第5集，中国社会科学出版社，1987年。

[165] 《汉书》卷四十一《夏侯婴传》："惠帝及高后德婴之脱孝惠、鲁元于下邑间也，乃赐婴北第第一。"师古注："北第者，近北阙之第，婴最第一也。"《汉书》卷五十七（下）《司马相如传》（下）："故有剖符之封，析圭而爵，位为通侯，居列东第。"师古注："东第，甲宅也。居帝城之东，故曰东第也。"

[166] 《汉书》卷四十一《夏侯婴传》。

[167] 刘庆柱、李毓芳：《西汉十一陵》，陕西人民出版社，1987年。

[168] 《史记》卷六《秦始皇本纪》载：秦始皇三十五年"乃营作朝宫渭南上林苑中。先作前殿阿房，东西五百步，南北五十丈，上可以坐万人，下可以建五丈旗。周驰为阁道，自殿下直抵南山。表南山之巅以为阙。为复道，自阿房渡渭，属之咸阳，以象天极阁道绝汉抵营室也"。

小河西文化生计形态管窥

——内蒙古敖汉旗西梁遗址出土磨盘磨棒的残留物和微痕分析

刘 莉[1] 陈星灿[2] 刘国祥[3]

辽河流域早期新石器文化的起源一直是考古界关心的课题。目前普遍认为小河西文化是该地区最早的新石器遗存。虽然小河西文化的绝对年代尚有疑问，但根据白音长汗遗址的地层关系，小河西遗迹叠压在兴隆洼文化遗存之下，因此考古界一般认为小河西是兴隆洼文化（公元前6200年~前5200年）的前身，年代估计为公元前6200年以前。但小河西文化遗址发掘数量少，对该文化的研究大致集中于对其文化类型、源流及年代的分析[1,2]。

根据对大植物遗存的分析，兴隆洼文化出土的粟（*Setaria italica sp. italica*）和黍（*Panicum miliaceum*）已具有早期驯化（domesticated）的特征[3]。如果小河西文化是兴隆洼文化的前身，它应为辽河流域探索粟作起源提供重要线索。由于早期发掘时没有使用浮选法，对小河西的生计形态研究很难展开。但最近对小河西、榆树山和南湾子北几个遗址进行调查或试掘，浮选出少量炭化黍[4]。为了深入了解辽河流域的农业起源，并克服缺少大植物遗存的困境，我们对内蒙古敖汉旗西梁遗址出土小河西文化的1件磨盘（88MAJ1-IH2③:24）和1件磨棒（88MAJ1-IH2③:25）进行了残留物和微痕分析。本文为分析结果的报告。

一 遗址背景

小河西文化遗址一般分布于河流两岸较高的黄土坡地或台地上[5]。西梁遗址（又名千斤营子）位于敖汉旗牛古吐乡孟克河东岸千斤营子村西梁坡地上。遗址面积13700平方米，发现有80余座房址。但仅发掘了15座房址和1座墓葬，房址面积12.9~77.4平

---

1. 美国斯坦福大学东亚系。
2. 中国社会科学院考古研究所。
3. 中国社会科学院考古研究所。

方米。另外还发现1座蹲踞式狗坑[6]。从聚落形态来看,西梁遗址很可能是一个颇具规模的定居村落。小河西文化遗址出土的石器以打制为主,压制和琢制也较多,磨制最少。磨盘、磨棒是经常出土的器型之一。磨盘、磨棒与加工植物食物关系密切,因此残留物和微痕分析可以提供当时人们食物结构的重要信息。

二 分析方法

本文分析的两件石器收藏在内蒙古赤峰学院中国社会科学院考古研究所工作站。我们于2012年夏从器物上采集残留物和微痕标本。

残留物样品采于磨盘和磨棒使用面(图1)。样品采集、处理和检测的过程如下。1)将磨棒置于塑料袋中,注入蒸馏水,使大约10厘米的磨棒一端没于水中,把装在塑料袋中的磨棒放入超声波清洗器中,震荡3分钟,吸取塑料袋中的溶液至15毫升离心管中。2)磨盘体积较厚重,无法使用超声波清洗器;改用塑料取液器汲取蒸馏水滴于石器表面,等待1~2分钟后用取液器吸头轻刮石器表面使残留物溶于水中,吸取该溶液至15毫升离心管中。

图1 西梁遗址出土磨盘、磨棒

3)在实验室通过重液离心方法将管中的残留物溶液进行分离,为了提取淀粉粒和植硅体,重液的浓度配置为2.35。吸取分离后的残留物溶液到洁净载玻片上,干燥后滴加约20μl(微升)50%甘油溶液,加盖玻片,并用指甲油封片。4)样品检测使用蔡司生物显微镜(Carl Zeiss Axio Scope A1),配备有微分干涉相差(DIC)及偏振光装置。将玻片标本置于载物台上,对观察到的淀粉粒分别在亮视野、DIC及偏光下使用Axiocam HRc数码相机拍照记录(放大400倍),用Zeiss Axiovision V4.8软件测量淀粉粒最长径。迄今为止斯坦福大学考古中心植物考古实验室已收集近千份植物标本,并记录了800多份标本的淀粉粒形态用来与古代淀粉粒进行对比鉴定。我们在西梁石器的残留物标本中未发现有鉴定意义的植硅体,因此本研究着重于淀粉粒分析。

获得残留物标本之后收集微痕标本。微痕的采集使用PVS(Polyvinyl siloxane聚乙烯硅氧烷)取模法,使用蔡司金相显微镜观察PVS模片,放大倍数分别为50、100、200、500。随后使用蔡司Axiocam HRc数码相机拍照存档。石器微痕的对比标本来自斯坦福大学考古中心实验室及中国社会科学院考古研究所的实验考古档案,包括使用砂岩石器碾磨加工各种谷物、块根、橡子、豆类、木器、蚌器、矿石、石等物获得的微痕标本。所观察的微痕类型包括光泽亮度(低、中、高)、光泽区连接形态(polish reticular pattern）、光泽区地形（polish topography）、线状痕形态（striations）、线状痕剖面（V型或U型）、凹坑（pitting）和表面微观地形等（surface micro-topography）等[7~9]。

三 分析结果

（一）残留物分析

2件石器上共提取135颗淀粉粒，其中19颗来自磨盘，116颗来自磨棒。2件石器上的淀粉粒数量如此悬殊应与提取方法有关，使用超声波清洗器显然比塑料取液器的效果好得多。

所发现的淀粉粒根据形态可以分为五种类型，与我们数据库的资料进行比较后，可在不同程度鉴定到植物种类（表1）。有些淀粉粒出现损伤的迹象（N=21；占总数15.6%），其特征为，边缘破损、表面粗糙、有深裂隙，或消光十字中心区呈一片黑暗或模糊不清。这些特征与实验考古研究中碾磨后的淀粉粒的形态相似[10,11]，这一现象与磨盘、磨棒的使用功能一致。

表1 西梁磨盘、磨棒提取的淀粉粒统计

	I型	II型	III型		VI型	V型	未鉴定	总数
	百合	栝楼根	山药	块根	粟/黍	小麦族		
磨盘淀粉粒总数	2	5	1	3	4	1	3	19
磨盘淀粉粒/%	10.5	26.3	5.3	15.8	21.1	5.3	15.8	100
磨盘损伤淀粉粒		1			1	1	3	6
磨棒淀粉粒总数	5	28	73	8	1	1		116
磨棒淀粉粒/%	4.3	24.1	62.9	6.9	0.9	0.9		100
磨棒损伤淀粉粒	2	2	8	3	1			15
淀粉粒总数	7	33	74	11	5	2	3	135
淀粉粒/%	5.2	24.4	54.8	8.1	3.7	1.5	2.2	100
损伤淀粉粒总数	2	3	8	3	2	1	3	21
损伤淀粉粒/%	28.6	9.1	10.8	27.3	40	50	100	15.6

I型淀粉粒（N=7，占总数5.2%）的特点是颗粒度长度范围大（15.79~52.71微米）。形状为规则或不规则的长椭圆形，脐点极为偏心，大多数情况下可见层纹，消光十字臂弯曲。这些特征类似百合（Lilium sp.）鳞茎淀粉粒。今天至少有8种百合分布于中国东北地区[12,13]。根据其形态和长度，I型淀粉粒与山丹百合（L. pumilum）和卷丹百合（L. tigrinum）最为接近，这两种百合在中国东北都有分布（图2~图4）。

II型淀粉颗粒（N=33；占总数24.4%）包括三种形式：1）钟形；2）圆形或近圆

形；3）2～3颗淀粉粒相连的复粒。其颗粒长度范围为8.93～29.14微米，大多数情况下脐点偏心，较大的颗粒上可见层纹，消光十字臂有直有弯。与Ⅱ型淀粉粒最具可比性的植物为栝楼根，又称天花粉（*Trichosanthes kirilowii*）（图2～图4）。栝楼在中国许多地区都有分布，生长在疏林、灌丛、草地、田野及村庄旁，并广为栽培[14]，内蒙古也有栽培[15]。

Ⅲ型淀粉颗粒（N=74；占总数54.8%）呈三角形或不规则椭圆形，颗粒长度范围为10.97-43.06微米。脐点极为偏心、可见层纹、消光十字臂弯曲。它们类似于Ⅰ型淀粉粒，但三角形状更规则和对称，其不规则椭圆形不见于Ⅰ型。这些特点都见于薯蓣

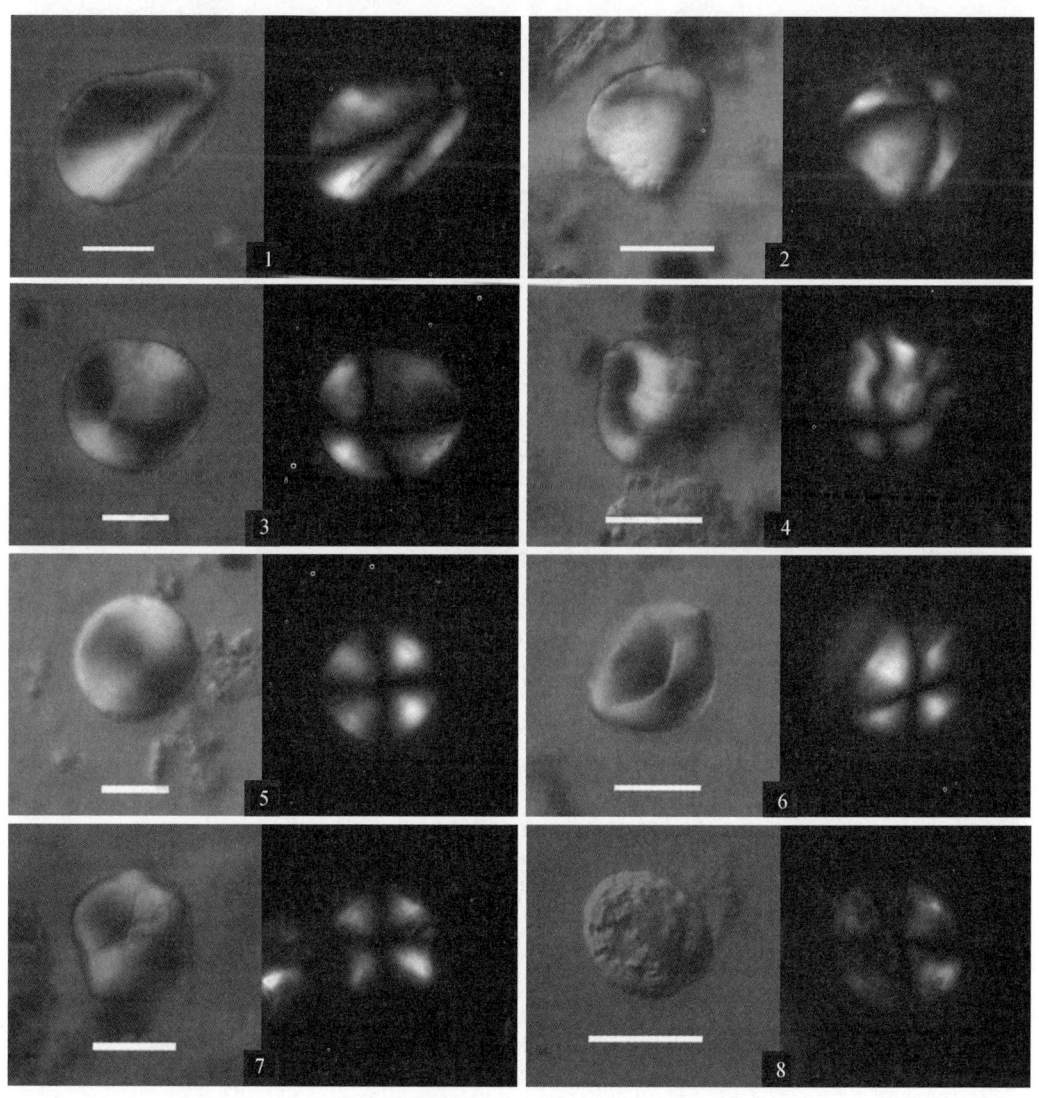

图2　西梁磨盘、磨棒上发现的淀粉粒

1.Ⅰ型淀粉粒，鉴定为百合　2, 3.Ⅱ型淀粉粒，鉴定为山药　4～6.Ⅲ型淀粉粒，鉴定为栝楼根　7.Ⅳ型淀粉粒，鉴定为粟黍　8.Ⅴ型淀粉粒，鉴定为小麦族（标尺：1～4, 8为20微米；5～7为10微米）

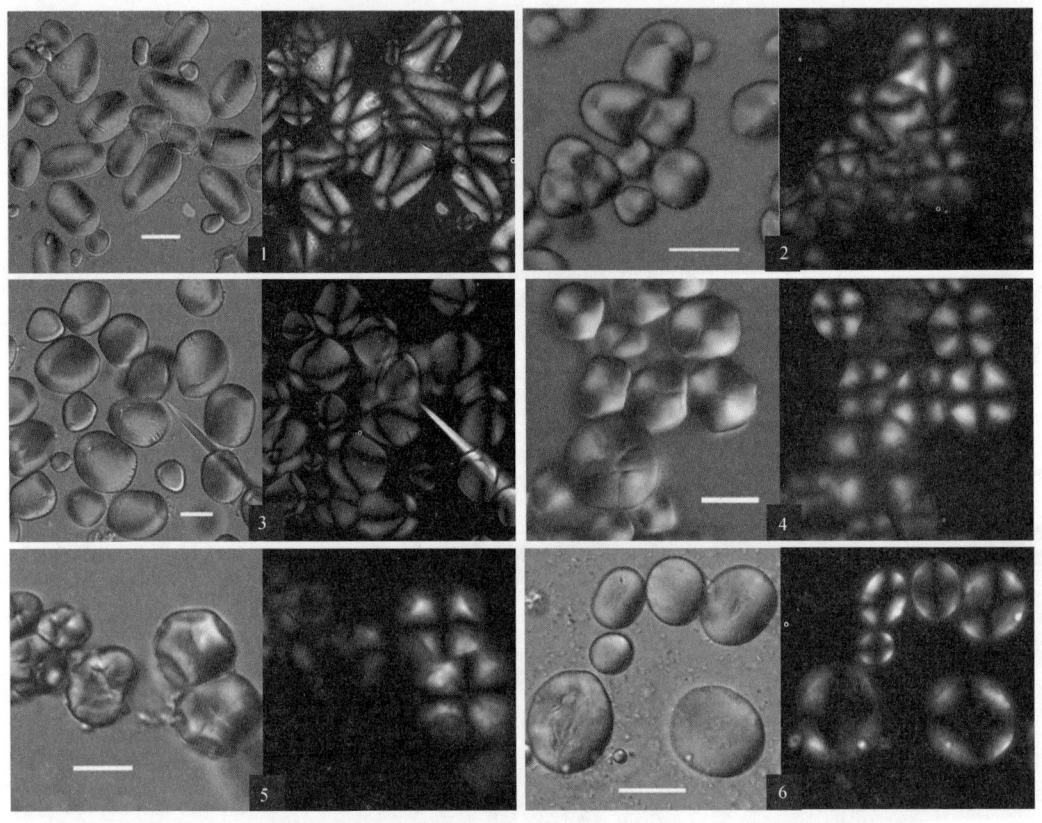

图3 现代淀粉粒对比标本

1. 山丹百合（*L. pumilum*；陕西延安） 2. 栝楼根（*Trichosanthes kirilowii*） 3. 山药（*Dioscorea polystanchya*；山西新绛） 4. 粟（*Setaria italica*） 5. 粟（*Setaria italica*），经碾磨 6. 冰草（*Agropyron cristatum*）

（标尺：4、5为10微米；其他为20微米）

属的山药（*Dioscorea polystachya*）（图2~图4）。不同地区山药的淀粉粒形状及长度范围区别很大。比较我们资料库中来自中国北方的十几份标本，Ⅲ型淀粉粒与采自河南商丘惠楼及山西新绛的栽培山药标本最为接近。野生山药生于山坡、山谷林下、溪边、路旁的灌丛或杂草中，并广泛栽培[16]。内蒙古乌兰察布市也有栽培。

Ⅳ型淀粉粒（N=5；占总数3.7%）的长度范围为11.94~17.96微米，粒型为多边形或圆形，裂隙呈Y、V，或直线形，脐点居中，消光十字臂直、无层纹。这些形态类似于粟和黍淀粉粒。有些颗粒出现损伤特征，特点是中央凹陷，有较深的放射状裂隙。根据我们的实验数据，这些特征常见于碾磨过的粟和黍（图2，图3）。Ⅳ型淀粉粒的长度超过现代野生粟（*Setaria italica* sp. *viridis*）和驯化黍的长度范围，而落入驯化粟的范围内（图4）。但仅根据淀粉粒长度很难区分粟和黍；因此我们将Ⅳ型淀粉粒鉴定为粟黍。

Ⅴ型淀粉粒（N=2；占总数1.5%）呈圆形和椭圆形，长度范围15.79~23.73微米，表面平坦，脐点居中，可见层纹，消光十字臂交叉处接近直角。其中一破损淀粉粒表

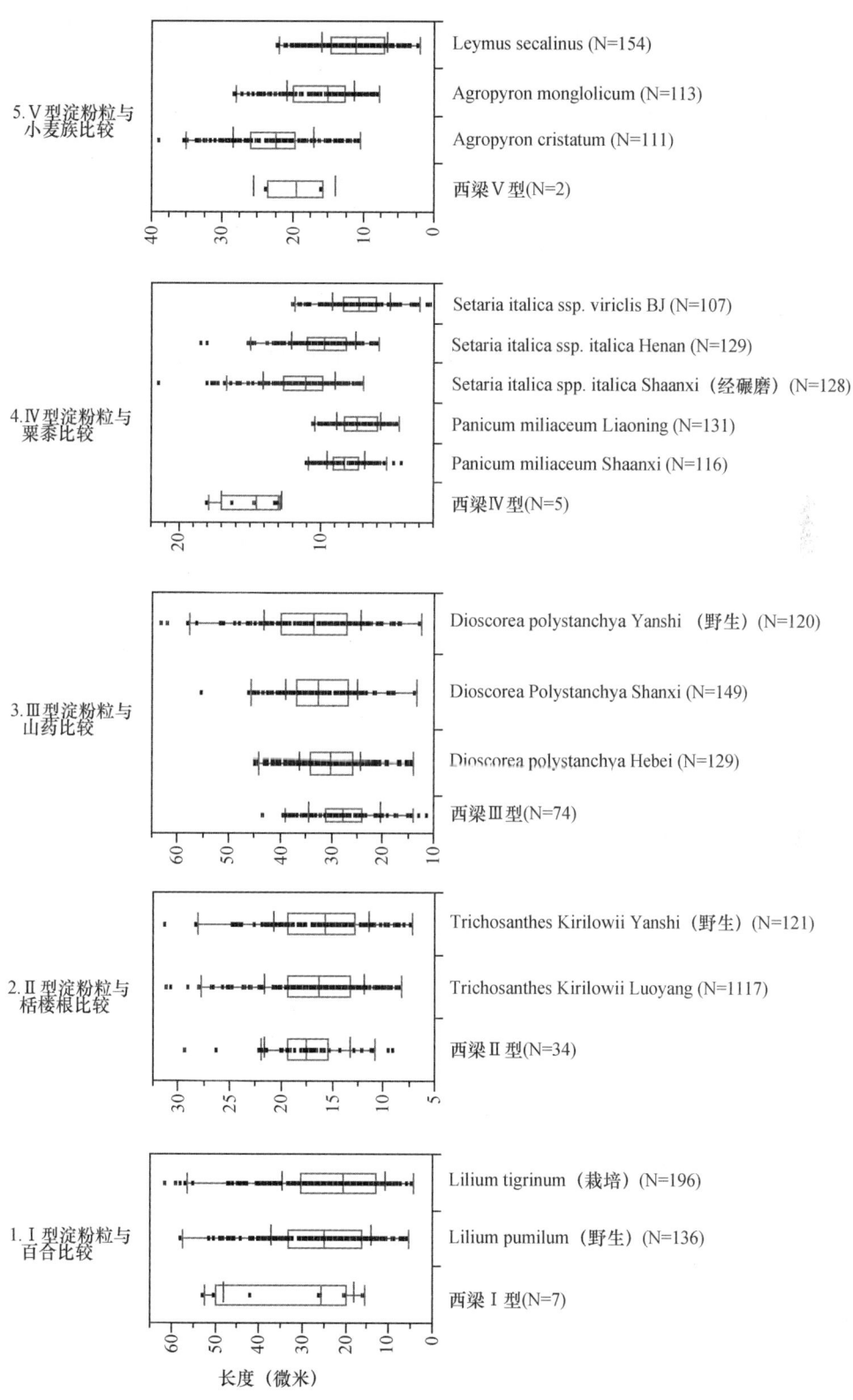

图4 古代淀粉粒与现代对比标本淀粉粒长度比较

面残破，层纹明显暴露，消光十字呈大面积黑暗区。这些淀粉颗粒在形态和大小方面都与中国北部及内蒙古广为分布的禾本科小麦族（Triticeae）中的许多物种相似，这包括冰草属（Agropyron）、披碱草属（Elymus）、鹅观草属（Roegneria）、赖草属（Leymus）、大麦属（Hordeum）等[17]。Ⅵ型淀粉粒的特性尤其与我们对比标本中冰草（Agropyron cristatum）、沙生冰草（A. desertorum）及赖草的淀粉粒相似（图2～图4）。

其他一些淀粉粒只识别为块根植物（N=11；占总数8.1%）。这些颗粒通常是圆形、脐点偏心、消光十字臂弯曲。它们在百合和栝楼根中都可找到，因此无法进一步分类。有一部分淀粉粒缺乏可供鉴定的特征，因此归为未鉴定一类（N=3；占总数2.2%）。

总的来看，所发现淀粉粒中的绝大部分来自块根植物（92.5%），其中以山药为主。谷物包括粟黍和小麦族植物，仅占5.2%。

（二）微痕分析

我们从磨盘和磨棒的使用面上各取三个PVS模片。磨盘的使用面较平，可见若干中度和高度光泽区，大部分区域不见线状痕，仅在个别高度光泽区见到非常细的线状痕。磨棒的表面高低不平，很难找到大面积的使用面，可能是经过修琢后使用时间不长。在少量较平的使用面上，可见较大面积连接的高度光泽区；细线状痕仅在个别高光泽处出现，走向与磨棒的长轴平行。磨盘和磨棒的微痕特征十分一致，以中、高度光泽为主，细线状痕偶尔出现。与我们的微痕资料库的标本比较，这些特点与砂岩磨盘磨棒加工块根植物形成的微痕最接近，尤其是加工山药和栝楼根（图5）。根据我们的实验观察，山药和栝楼根都含有纤维，碾磨时这些纤维会聚集，石器微痕中的细线状痕应是碾磨纤维时留下的痕迹。微痕观察与淀粉粒分析结果基本吻合。

四 讨 论

根据以上分析，西梁出土的磨盘、磨棒主要用来碾磨块根植物，包括山药、栝楼根和百合。根据其他地区石器残留物分析，至少在2万多年前黄河中游的人们就已经对这三种植物加以利用[18, 19]，可见采集块根植物是源于旧石器时代的生计形态。西梁出土的工具大部分是打制石器，显然是继承旧石器时代的工艺传统。遗址中发现的葬狗现象，也应是狩猎传统的继续。这些现象支持西梁遗址为新石器文化早期遗存的可能性。

粟黍淀粉粒的发现十分重要。虽然数量很少，但是说明在兴隆洼文化之前，粟黍已经进入了辽河流域人们的食谱。由于粟黍不经碾磨便可用陶器蒸煮食用，所以我们不能根据磨盘、磨棒上淀粉粒的多少来直接推测粟黍在人类食谱中所占比例。中国北方食用野生粟黍的历史可以追溯到2万多年前黄河中游的柿子滩遗址。至于西梁的粟黍

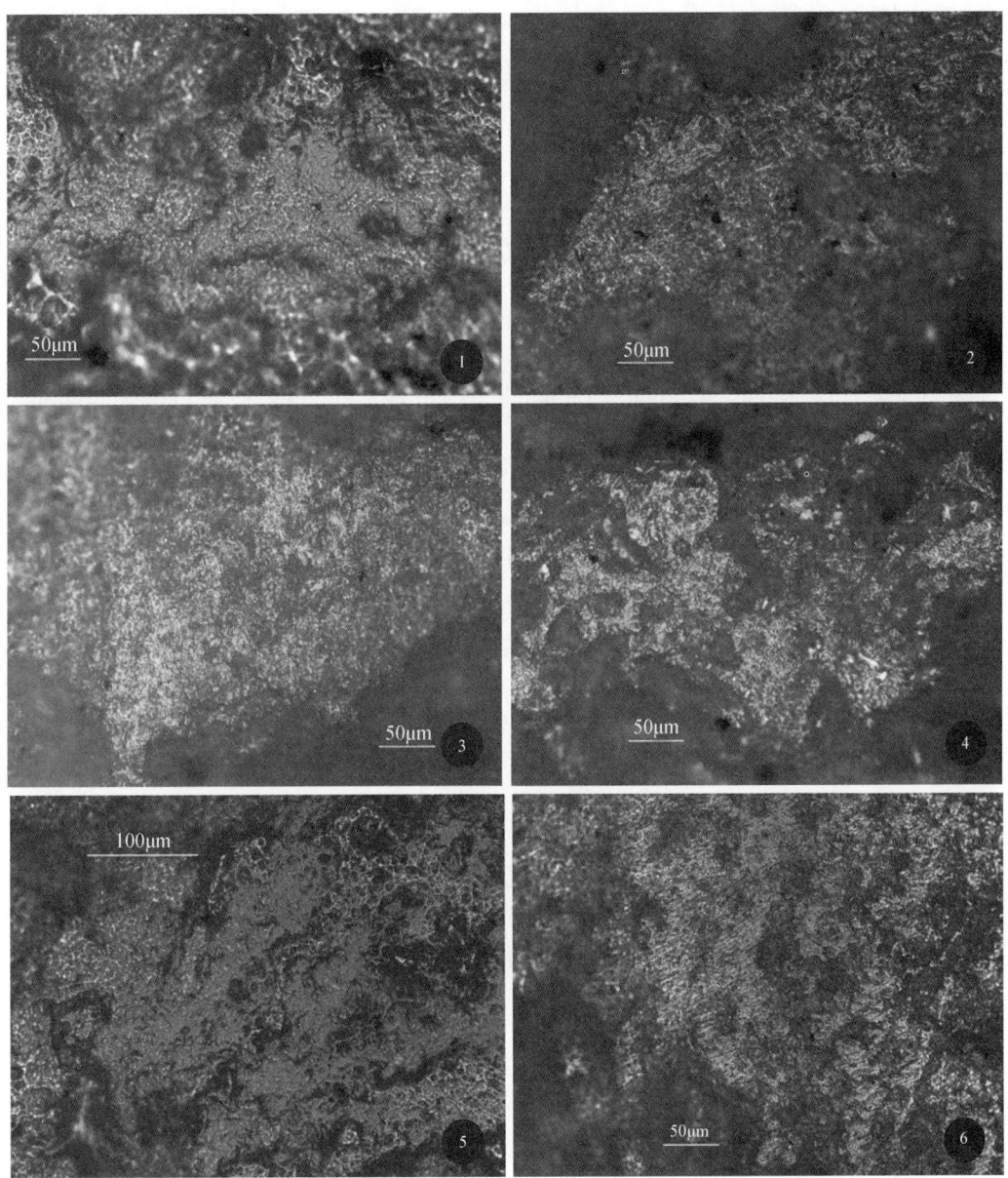

图5 西梁磨盘、磨棒上的微痕与实验考古石器微痕比较

1.西梁磨盘上的高度光泽 2.西梁磨盘上的细线状痕 3.西梁磨棒上的细线状痕 4.西梁磨棒上的高度光泽及微型凹坑 5.实验考古磨盘碾磨栝楼根1小时后形成的高度光泽 6.实验考古磨棒碾磨山药0.5小时后形成的细线状痕和微型凹坑

是否为驯化种，淀粉粒不能提供准确的答案。这是因为野生和驯化粟黍的淀粉粒形态有很大程度的重合；虽然两者的长度有明显区别，野生种小于驯化种，但也有部分重合（图4）。尤其是经过碾磨后，淀粉粒长度有增大的趋势，因此经碾磨的野生粟黍淀粉粒长度有可能落入栽培粟的范围里。另外，我们对粟黍栽培初期的淀粉粒形态并不清楚，其长度是否已经历变化过程，无从得知。这些因素都会导致错误鉴定的可能性。因此，淀粉粒分析不能解决小河西粟黍是否栽培的问题。

根据兴隆沟出土粟黍的分析，兴隆洼时期的粟黍已具有驯化种的早期形态。植物考古学家公认谷物从野生到驯化的转变是一个漫长的过程，在其呈现出驯化形态特征之前（如颗粒增大、饱满）应有一个长期的人工栽培（cultivation）过程，称为驯化前栽培（pre-domestic cultivation）。这一过程可能长达千年以上[20]。据此，如果小河西文化和兴隆洼文化有传承关系，而兴隆洼粟黍已具有初期驯化特征，那么小河西的粟黍应该至少处于所谓驯化前栽培阶段。

根据我们田野工作的观察，冰草和赖草在辽河流域分布十分普遍。虽然考古遗址出土的大植物遗存中几乎未见报道小麦族野草种子，但不少旧石器晚期和新石器早期遗址的工具上都发现小麦族淀粉粒[21]。这一现象值得进一步研究。西梁仅发现两粒小麦族淀粉粒，可能不是这两件工具的主要加工对象。

总之，西梁磨盘磨棒的微痕和残留物分析显示，小河西文化先民虽然已居住在较大型的定居村落，其经济形态明显继承了旧石器晚期的采集狩猎传统。块根可能是主要的植物食物来源，但粟黍和小麦族的种子也是食谱中的一部分。粟黍是否处于驯化前栽培阶段，或已经具有驯化形态，有待于更多大植物遗存的发现和分析。辽河流域小河西文化遗址的植物遗存应是寻找东北地区农业起源的主要线索。

注　释

[1]　赵宾福、杜占伟：《小河西文化检析》，《中国国家博物馆馆刊》2014年第1期。

[2]　索秀芬：《小河西文化初论》，《考古与文物》2005年第1期。

[3]　赵志军：《从兴隆沟遗址浮选结果谈中国北方旱作农业起源问题》，《东亚考古》，文物出版社，2004年。

[4]　孙永刚：《西辽河上游地区新石器时代至早期青铜时代植物遗存研究》，内蒙古师范大学博士学位论文，2014年。

[5]　乌兰：《西辽河地区小河西文化聚落的微观分析》，《赤峰学院学报》2014年第35卷第3期。

[6]　杨虎、林秀贞：《内蒙古敖汉旗榆树山、西梁遗址房址和墓葬综述》，《北方文物》2009年第2期。

[7]　Dubreuil, Laure, Long-term trends in Natufian subsistence: a use-wear analysis of ground stone tools. *Journal of Archaeological Sceince*, 2004. 31(11): p. 1613~1629.

[8]　Fullagar, Richard, Residues and usewear, in *Archaeology in Practice: A Student Guide to Archaeological Analyses*, J. Balme and A. Paterson, Editors. 2006, Blackwell Publishing: Malden. p. 207~234.

[9]　Fullagar, Richard, Li Liu, Sheahan Bestel, Duncan Jones, Wei Ge, Anthony Wilson, and Shaodong

[10] 葛威、刘莉、陈星灿、金正耀：《食物加工过程中淀粉粒损伤及在考古学中的应用》，《考古》2010年第7期。

[11] Henry, Amanda G., Holly F. Hudson, and Dolores R. Piperno, Changes in starch grain morphologies from cooking. *Journal of Archaeological Science*, 2008. 36: p. 915～922.

[12] 马毓泉：《内蒙古植物志》第八卷，内蒙古人民出版社，1985年。

[13] 杨利平、梁鸣、李滨胜、郑建森：《东北百合属植物及其栽培利用》，《国土与自然资源研究》1996年第2期。

[14] 路安民、陈书坤：《中国植物志》第七十三卷第一分册，科学出版社，1986年。

[15] 马毓泉：《内蒙古植物志》第五卷，内蒙古人民出版社，1980年。

[16] 裴鉴、丁志尊：《中国植物志》第十六卷第一分册，科学出版社，1985年。

[17] Yang, Xiaoyan and Linda Perry, Identification of ancient starch grains from the tribe Triticeae in the North China Plain. *Journal of Archaeological Science*, 2013. 40: p. 3170～3177.

[18] Liu Li, Sheahan Bestel, Jinming Shi, Yanhua Song, and Xingcan Chen, Paleolithic human exploitation of plant foods during the last glacial maximum in North China. *Proceedings of the National Academy of Sciences*, 2013. 110(14): p. 5380～5385.

[19] Guan, Ying, Deborah M. Pearsall, Xing Gao, Fuyou Chen, Shuwen Pei, and Zhenyu Zhou, Plant use activities during the Upper Paleolithic in East Eurasia: Evidence from the Shuidonggou Site, Northwest China. *Quaternary International*, 2014. http://dx.doi.org/10.1016/j.quaint.2014.04.007.

[20] Willcox, George Pre-domestic cultivation during the Late Pleistocene and Early Holocene in the Northern Levant, in *Biodiversity in Agriculture: Domestication, Evolution, and Sustainability*, P. Gepts, et al., Editors. 2012, Cambridge University Press: Cambridge.

[21] Liu Li, A long process towards agriculture in the Middle Yellow River valley, China: Evidence from macro- and micro-botanical remains. *Journal of Indo-Pacific Archaeology*, 2015. 35: p. 3～14.

呼伦贝尔草原两处细石器遗址的发掘与研究

刘景芝

呼伦贝尔草原位于内蒙古东北部，处于中国北部边疆，西以额尔古纳河为界与俄罗斯相望，西南与蒙古国的东方省相连；北部及东南以嫩江为限与我国黑龙江省毗邻，南与内蒙古兴安盟相接。呼伦贝尔草原是因呼伦和贝尔两大湖而得名，这一地区以两个大湖为中心，包括海拉尔河流域、哈拉哈河流域和克鲁伦河流域的广阔草原。从20世纪20年代开始直至现在，仅分布在我国境内的呼伦贝尔草原上，就发现可能属于旧石器时代晚期的遗址或地点5处，相当于欧洲中石器时代的古人类遗址或地点可能有2处[1]，以细石器为主要特征的新石器时代遗址或地点240多处[2]。以上这些遗址或地点发现的古人类遗骸及其文化遗存，是研究中国北方草原地区与周边地区和国家人类及其文化关系的宝贵资料。

2003～2008年中国社会科学院考古研究所、内蒙古文物考古研究所、呼伦贝尔民族博物馆和海拉尔博物馆等单位合作，先后对呼伦贝尔草原辉河水坝细石器遗址和哈克细石器遗址进行了正式发掘。以下报道两处遗址的发掘收获与研究成果。

一 辉河水坝细石器遗址

辉河水坝细石器遗址位于呼伦贝尔草原海拉尔河流域的中游地区，分布在鄂温克自治旗西苏木辉河水坝右岸，地理坐标48°55′32″N，119°41′13″E（图1）。1975年发现，曾做过多次的调查和试掘[3]。1996年第1次发掘，2003年第2次发掘[4]，2004年做了些补充发掘。特别是2003和2004年的发掘共出土文化遗物7525件，包括大量的以细石器为主的石制品，少量的陶片，以及许多动物骨骼；清理出文化遗迹5处，有居住遗迹、

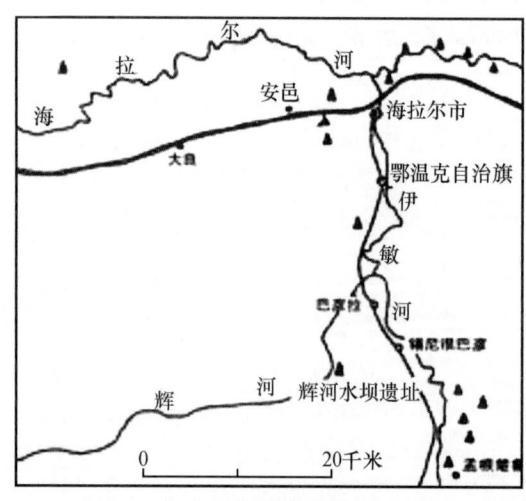

图1 遗址位置示意图

墓葬、用火遗迹和堆积动物骨骼灰坑等[5]。

(一) 地层堆积

遗址埋藏在辉河右岸由沙丘构成的第二级阶地内，堆积物由不同颜色的细砂、含粉砂细砂或粉砂质细砂所组成。探方多选择在靠近水坝的台地边缘，其中T1探方位于水坝的东北侧，地层保存完好。以T1南壁剖面为例，可见厚度258厘米，文化层距地表深140厘米，堆积自上而下分为8层：

第1层：浅棕褐色细砂层，厚47~70厘米。

第2层：浅褐色含粉砂细砂层，厚30~38厘米。发现有现代零星的人类肢骨和掌骨。

第3层：浅黄色含粉砂细砂层，厚22~38厘米。

第4层：浅棕褐色细砂层，厚10~15厘米。

第5层：黑褐色粉砂质细砂层，厚21~28厘米。含有细石器、陶片和动物骨骼等文化遗物。

第6层：灰褐色粉砂质细砂层，厚10~12厘米。含有细石器、陶片和动物骨骼等文化遗物。

第7层：深褐色粉砂质细砂层，厚20~56厘米。含有以细石器为主的文化遗物及篝火（GH1）和居住遗迹（JZ1）等。

第8层：黄色粉砂质细砂层，生土层未见底。

(二) 文化遗物

1. 石制品

新石器时代文化层出土石制品2773件，包括有细石器制品和大型石器两类。其中前者数量多，且类型十分丰富。

细石器制品中石核包括预制石核和剥离石叶后形成的细石核（图2）；石片包括预制石核侧面剥片、预制石核台面剥片和其他剥片；石叶包括石条、石叶和细石叶，后两种又可进一步分为完整者、近端断片、中段断片和远端断片；细小石器种类丰富，有端刮器，可分为长身圆头形和圆形，石镞，可分为柳叶形和凹底三角形（图3），作为复合工具的石刃，可分为单刃、复刃和残石刃等，钻孔用的石钻分为窄长形和宽短形，边刮器可分为单刃和复刃，此外，还有少量的雕刻器和尖状器等。

细石器制品的原料包括白云岩、燧石、石英砂岩、玉髓、蛋白石、黑曜石、石英岩、流纹岩、泥岩和水晶等。这些原料大部分可以在距遗址东北10千米的伊敏河岸沙砾石层中找到，因此推测它们主要来自本地河岸的砾石层，以及遗址附近的岩石。

辉河水坝细石器以其数量多、类型丰富为其显著特征，加之制作细石器生产出来

图2　细石核

图3　石镞

的副产品，使复原当时人类制作细石器的工艺过程成为可能。从石制品类型分析中，我们可以看到辉河先民细石器工艺已达到高超的技术水平。对他们的细石器工艺流程进行动态类型学分析，可以得出一整套严谨的作业步骤。从这个工艺流程，我们可以了解到人类生产细石器活动的全过程，并可以解读生产者——辉河先民的技术能力和认知能力[6]。

2. 陶器

新石器时代文化层出土陶片611件。其中大部分为器腹碎片，口沿和底部数量很少，无可复原完整的器物，可辨认的器形以罐类为主，有少量的盆或碗。罐大部分为方唇或方圆唇，直口或微敛口，有的在唇面压印篦点纹花边，器体多饰以绳纹。陶土中羼有粗砂或细砂，其中以羼细砂为主。陶器皆为手制，火候较低。许多陶片上常常出现由外向内的圆形钻孔（图4）。

陶器颜色以夹砂灰褐陶为主，其次为夹砂灰陶，夹砂红褐陶和夹砂黑陶数量较

图4 陶片

少。陶器上多有纹饰,观察了602件标本,除素面占35.5%外,绳纹占52.2%、网格纹占10%、篦点纹占2.2%,其中绳纹陶片数量最多。

陶器皆为手制。从发现的平底碗器物特征上观察,它的制作过程似是由三个部分接合而成,先做好器物的底部,然后将腹部底边搭在底部外边捏压在一起,器底保留了一圈手捏接合的痕迹,最后将口沿部分与腹部上边相结合,现保存的器物腹部边缘正是与口部相接的地方。陶器上保留了一个圆形钻孔,由外向里钻透,可能陶器不甚打破,钻孔絮结再使用。

遗址新石器时代文化层出土的陶纺轮,是当时人们用来纺线的工具。它的发现标志着这一地区的人类已进入会纺织的历史阶段,人类已学会用纺织物而不只是披兽皮来护体和御寒,它是狩猎游牧地区这类发现的早期见证。

(三)文化遗迹

新石器时代文化层清理出文化遗迹5处,有居住遗迹1处(编号JZ1),墓葬1座(编号M1),堆积动物骨骼灰坑1个(编号H1),以及篝火遗迹2处(编号GH1和GH2)。对分布于T1探方内的篝火遗迹(GH1)及其周围分布的文化遗物进行清理,发现了当时人类细石器制作现场。

1. 居住遗迹

居住遗迹1座(JZ1)。发现于T1第7层下部,水平剥离层26～35小层内。堆积物和文化遗物与第7层的相同,属于第7层堆积。其南北最长450厘米,东西最宽350厘米,显露面积约16平方米,近于长椭圆形。南部边缘压在探方南壁之外,暂时未向南扩方。遗迹的东部边缘近中部有一个圆形柱洞(ZH1),其口距地表210厘米,口径52

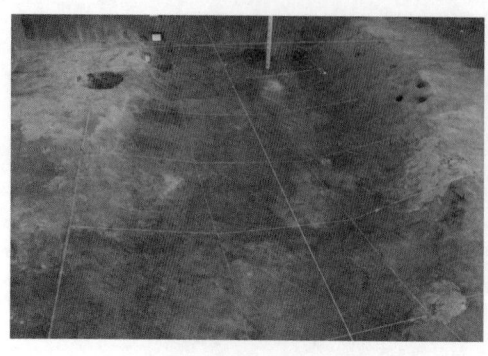

图5 居住遗迹

厘米,深44厘米,柱洞的内侧已延伸到遗迹之内,并稍向西倾斜。遗迹的西壁靠上部边缘从南向北分布有7个小柱洞(ZH2~ZH8)和4个小板窝(B1~B4)。这些小柱洞的口径7~20厘米,深3~16厘米;小板窝长径13~44厘米,短径12~14厘米,深4~5厘米。它们皆向东倾斜(图5)。西壁较东壁陡直,且高出东壁20~25厘米,这有利于抵御西北寒风。在居住遗迹堆积中发现了较多的石制品、陶片及一些动物骨骼。

居住遗迹应是一处地穴式建筑。东西两侧分布的柱洞和板窝可能是当时人类搭建顶子留下来的栽柱子和插板子的痕迹,推测人们在柱子和板子上再铺垫兽皮或茅草。根据遗迹保存情况分析,它应是辉河水坝早期人类的居住场所。该处居住遗迹类似东北地区一直使用过的"地窨子"。

2. 篝火遗迹

篝火遗迹2处。编号GH1和GH2。

GH1 发现于T1第7层较上部位,水平剥离层16~20小层中,口距地表183厘米,底部距地表197厘米,形状不甚规则,南北长74厘米,东西宽57厘米。堆积物颜色比周围黑,但未见炭粒。从灰烬中清理出文化遗物38件,有石片9件,石叶7件,保存完好的石镞和石刃各1件,以及动物骨骼20件。其圜底,1件大型动物的肋骨平铺在底部。清理遗迹周围时,发现许多石片、石叶和石屑等,其中细石核4件和作为石砧用的砾石1块,以及一些陶片和骨片等。堆积内外发现的陶片很少,密集地分布着各类细石器制品,其中绝大部分为石片、石叶和石屑。此外,在篝火旁不仅发现了4件细石核,还发现有1件石砧。初步观察遗迹内外的石片、石叶和石屑与4件石核的石料相同,它们应该剥自于这些石核之上。推测当时人们在篝火旁取暖烧烤食物的同时,还制作细石器。给我们留下了当时人类制作细石器的宝贵现场。

GH2 发现于T4新石器时代文化层中,所处层位与GH1所在层位相同。其形状近于圆形,壁稍圆滑,内弧,圜底。深度15厘米,面积南北长径102厘米,东西短径95厘米,堆积物为黑色灰烬,未见炭粒和文化遗物。遗迹周围也未见散落的遗物。在遗迹的东南部,清理出羊骨堆包括羊的颌骨及肢骨等。

3. 堆积动物骨骼灰坑

堆积动物骨骼灰坑1个(H1)。分布于T3探方内,形状近于圆形,东西长径170厘米,南北短径156厘米,坑口距坑底22厘米,坑壁内弧,圜底。坑内堆积了大量的动物骨骼(图6),包括头骨、牙床、肋骨、肢骨、肩胛骨和蹄骨,以及动物角等。其间夹杂着少量的石叶和石片,以及陶片等。发掘表明这处遗迹是一次堆积而成,可能与当

图6　堆积动物骨骼灰坑

时氏族的大型活动或某种祭祀有关。

经北京大学考古文博学院黄蕴平教授鉴定动物种属，有食草类的马、驴、牛、黄羊、羚羊、羊和兔等，食肉类的狐、狼、獾、狗和小型猫科动物，杂食类的猪，还有鸟禽类的动物，以及鱼类和啮齿类的动物等。这些动物个体年龄大部分为青年或幼年，主要为野生种，应是狩猎所得。其中是否已有饲养的家畜，还需进一步鉴定。

经北京大学考古文博学院科技考古与文物保护实验室用灰坑内的动物骨骼进行加速器质谱（AMS）^{14}C测试年代，距今（4045±30）年（计算年代采用的^{14}C半衰期为5568年，经树轮校正后年代2620BC）。

4. 墓葬

墓葬1座（M1）。分布在T3探方的西南。由于修水坝时取土该部位地层与T3探方一样遭到破坏，文化层裸露。加上后来的自然剥蚀部分头骨显露出地面。清理该墓发现，头向朝西，部分肢骨置于头骨的东部。此墓没有明显的墓穴，仅是平地掩埋，直接埋于生土层之上。其人骨分布范围南北长121厘米，东西宽38厘米（图7）。人骨保存情况，由于头骨部分显露出地面，因而面骨和颅底自然缺失。埋葬的人骨架零散，只有头骨和部分肢骨残段，不见椎骨、髋骨、指骨和趾骨等。由此推断，这座墓葬应为二次葬。该墓随葬品很少，在头骨的右侧有1件残存下部的平底陶器，内外皆饰以网格纹。此外，在头部还发现了1件采用白云岩压制而成的柳叶形箭头。

墓葬（M1）所处地层与T1第7层堆积相同，属于新石器时代。经北京大学考古文博学院科技考古与文物保护实验室对人骨进行加速器质谱（AMS）^{14}C测试年代，距今（8555±40）年（计算年代采用的^{14}C半衰期为5568年，经树轮校正后年代7600BC）。中国社会科学院考古研究所王明辉根据颅壁较薄，眶上缘薄锐，眉弓眉间发育不显

图7 墓葬

著，乳突较小，枕外隆突不发育，股骨嵴发育较弱等特征，判断其为女性。根据头骨颅内缝皆愈合，颅外缝只有部分人字缝未完全愈合，以及牙齿磨蚀较重等特征，判断其年龄为45～50岁。根据颅形偏低等特征，如果排除是个体变异，那么可能含有某些北亚蒙古人种的特征因素。

辉河水坝遗址地层保存完好，文化内涵丰富。从新石器时代文化层发掘出土大量以细石器为主的石制品和一些陶片；清理出篝火遗迹，堆积大量动物骨骼的灰坑，特别是发现细石器制作现场、居住遗迹和墓葬等，这些遗迹和遗物表明，该遗址即是一处史前先民细石器制造场，又是一处人们居住生活的地方。

遗址新石器时代文化层中清理出密集分布的以细石器为主的石制品。有制作细石器时，剥下来的大量副产品小石片、折断的细石叶和碎屑等，这些产品有时几乎成层散落。如清理篝火遗迹（GH1）周围时，发现了许多小石片、折断的细石叶和碎屑等，并发现了它们的母体细石核和作为石砧用的砾石。这些遗物和遗迹现象充分说明，辉河水坝遗址是一处草原地区史前先民的细石器制造场。

辉河水坝遗址新石器时代文化层清理出土的居住遗迹（JZ1），是呼伦贝尔草原地区的首次发现。简单明晰的构筑形式，不仅反映出这一时期北方草原地区史前人类的建筑技术水平，同时，进一步证明这处遗址也是一处古代人类生活居住的地方。

陶器是当时人类生活的用具，在遗址新石器时代文化层发现有一定的数量，虽然我们没有发现可以复原的完整陶器，但根据现有的陶片，可以对这一时期人类的制陶技术有所了解。这些陶片的存在，进一步说明该遗址也是当时人类居住生活的场所。

墓葬为平地掩埋，没有葬具，仅有少数随葬品。这些特征一方面反映了遗址的文化性质，另一方面也反映出该地区史前先民的埋葬习俗。墓葬中发现的人骨是进行人种鉴定的重要材料，为研究这一地区游牧民族的起源提供了直接证据。

细石器、陶器的制作风格体现了当时的工艺技术水平，居住遗迹和墓葬的发现，为我们了解当时社会结构和埋葬习俗等提供了宝贵资料和重要线索。对于遗址中出土的大量动物遗骨的研究,是了解当时动物群种属,自然环境变迁,及其与人类关系的重要依据。各种遗迹现象是当时人们社会、氏族、宗教等方面活动的产物,这些资料为研究呼伦贝尔草原早期文化的社会发展形态、生产力水平以及宗教信仰等增加了新的研究内容。

辉河水坝遗址新石器时代文化,根据采用居住遗迹底部动物骨骼进行加速器质谱（AMS）^{14}C测试,年代距今（7750±40）年（计算年代采用的^{14}C半衰期为5568年,年代数据未作树轮年代校正）。根据T3⑦H1和T1⑦与T1⑥交界的动物骨骼进行加速器质谱（AMS）^{14}C测试年代,前者距今（4045±30）年（计算年代采用的^{14}C半衰期为5568年,经树轮校正后年代2620BC）,后者距今（4045±40）年（计算年代采用的^{14}C半衰期为5568年,经树轮校正后年代2620BC）。根据采用M1的人骨进行加速器质谱（AMS）^{14}C测试,年代距今（8555±40）年（计算年代采用的^{14}C半衰期为5568年,经树轮校正后年代7600BC）,如果这一数据测定无误的话,它应该是遗址的最早年代。从以上测年数据可知,辉河水坝遗址新石器时代文化延续的时间很长。

二 哈克细石器遗址

遗址位于呼伦贝尔市海拉尔区哈克镇哈克村海拉尔河左岸,地理坐标N49°13′00″,E120°04′41″,南距哈克镇哈克村3千米,北距团结村1～5千米,西距海拉尔区26千米。滨洲铁路和301国道在遗址西南侧通过,海拉尔河从东南流向北,绕过遗址又流向西,遗址呈东西走向,成半岛型地貌,面积东西长5千米,南北宽0.5～2千米不等,遗迹分布在海拉尔河谷二级台地上,海拔高度为617～692米。1985年调查发现,1985～1999年在该遗址区域内先后发现三处地点[7]、[8],2001～2003年进行过两次试掘[9]、[10],2004年进行第一次正式发掘。2007和2008年又分别做了两次补充性发掘[11]。2004年呼伦贝尔市人民政府将哈克遗址公布为市级重点文物保护单位,2006年晋为内蒙古自治区重点文物保护单位,保护区面积为10平方千米（图8）。

哈克遗址第一地点位于保护区的最东端,紧靠海拉尔河左岸。该遗址地点三面环水,常年被河水冲刷,形成高出河面6米的河崖。在河水的冲刷下,河崖形成剖面,暴露出遗物。1985年第二次文物普查时发现,普查人员在河滩上采集到许多细石器、陶片、动物骨骼等文化遗物。2001年呼伦贝尔民族博物馆对哈克遗址第一地点进行深入调查并进行1米×2米小面积的试掘。

2003年对遗址第一地点进行试掘,布2米×9米的探沟一条,出土文化遗物2154件,包括以细石器为主的石制品1085件,骨角制品13件,其中有罕见的象牙人面雕像和刻有许多符号的骨雕,陶片514件,穿孔装饰品2件,动物骨骼540件。试掘出文化遗迹3处,有墓葬1座,灰坑2座。

2004年对遗址第一地点进行发掘5米×5米探方9个,加上2003年的试掘面积,总

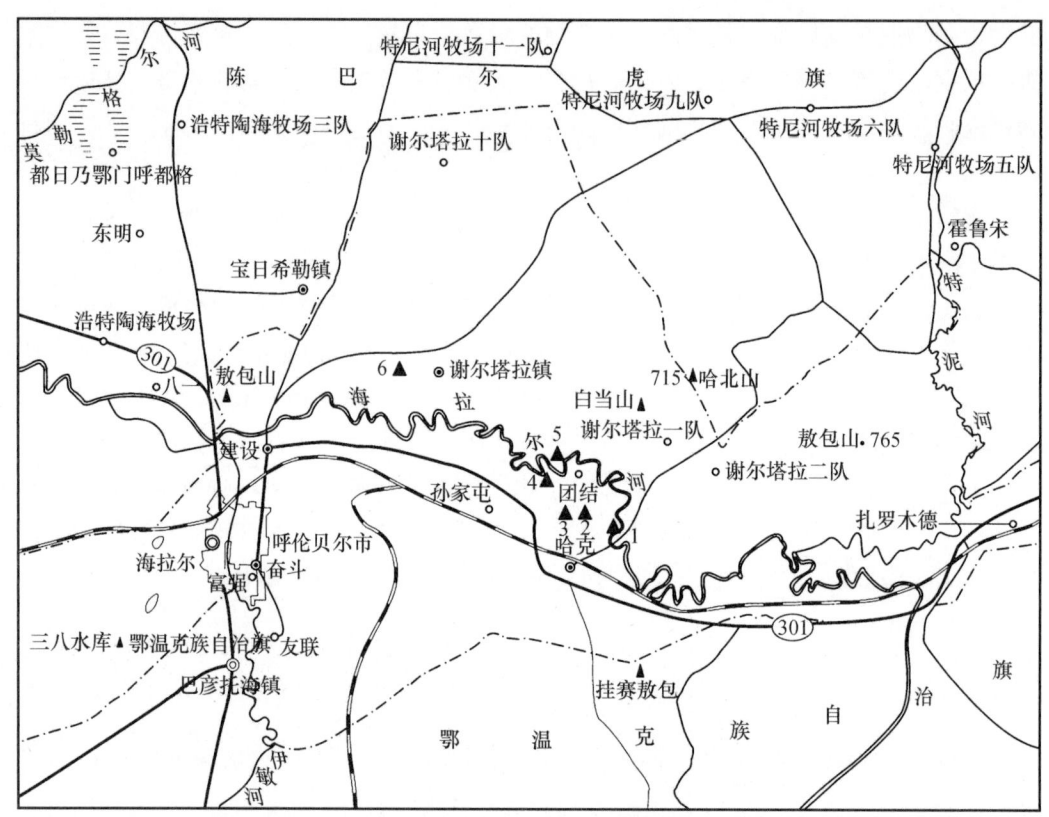

图8　哈克遗址地理位置图

共发掘252平方米。发掘清理出文化遗迹21处，包括房址、墓葬、灰坑、蚌堆和残灶坑等。出土文化遗物11000多件，有大量制作精美的细石器、骨角器、陶片和装饰品，以及大型哺乳动物和水生动物的遗骨等。遗址中还出土了可能反映当时人类精神和宗教行为的象牙人面雕像，可能用于计算的带有刻纹和刻划符号的骨雕。以上这些为研究这一地区史前文化提供了极其丰富的实物资料。根据地层堆积和文化遗物的分析研究，认识到哈克遗址是一处从新石器时代一直延续到历史时期的重要聚落遗址。

2007年对该遗址地点进行补充性发掘，在清理3号墓葬人骨时，于第2具头骨之下发现1件珍贵的史前玉器，它是该遗址发掘出土的有明确地层关系的第1件玉器。同时对墓葬出土人骨进行人种和体质特征等方面研究。此次发掘还对遗址发掘地层进行孢粉取样和^{14}C取样，以供环境分析和年代测定。

2008年对该遗址地点进行补充性发掘，主要是对2004年在T5~T6探方发现的大房址，继续清理它的东、西、北部边缘部分。此次工作继续扩方，将这处房址全部清理出土。故遗址发掘的总面积增至296平方米。并采用全站仪对遗址的地形地貌进行测量和绘图。

(一)地层堆积

遗址T5~T6探方发掘出土文化遗迹较为丰富,包括大房址1座(F1),墓葬2座(M2、M3),灰坑9处(H6~14)和祭祀堆1处(JSD3)等,以及大量的细石器,一些骨角器,许多陶片和动物骨骼等文化遗物。故以此为例堆积地层自上而下为:

第1层:泥质粉砂层,厚10~23厘米。浅褐色,含植物根系,及少量扰动的文化遗物,为耕土层。

第2层:粉砂层,0~20厘米。灰褐色,含植物根系,及少量扰动的文化遗物,土质结构松散。

第3层:粉砂层,0~15厘米。灰黄色,断断续续杂有棕褐色马粪,含有少量的文化遗物,及近现代铁器,为马圈堆积和为其铺垫的砂子。

第4层:泥质粉砂层,厚0~12厘米。浅黑褐色,含腐殖质团块,植物根系中等,土质结构松散,含灰坑、陶片等文化遗物。

第5层:泥质粉砂层,厚0~24厘米。黑褐色,含腐殖质团块,植物根系较上层含量高,土质结构松散,含陶片等文化遗物。

第6层:粉砂层,厚0~20厘米。浅黑褐色,含少量腐殖质及植物根系,土质结构松散,含早期青铜时期文化遗物。

第7层:泥质粉砂层,根据不同颜色分为以下二层。

第7a层:黑褐色泥质粉砂层,厚5~19厘米。含腐殖质及植物根系少,土质结构松散,含新石器时代晚期文化遗物,此层之下开口H9、H12、M2、M3。

第7b层:浅褐色泥质粉砂层,厚5~22厘米。含植物根系少,结构松散,含新石器时代早期文化遗物,此层之下开口F1、H10、H11、H13、H14、JSD3。

第7层以下生土,由黄色粉砂质细砂所组成,结构松散,含有5~10毫米不等砾粒。

(二)文化遗物

据统计,遗址发掘出土文化遗物1万多件,包括有以细石器为主的石制品、骨角制品、陶片和动物骨骼(其中包括鱼骨和蚌壳),此外,还有穿孔装饰品和烧土等。

细石器是当时哈克遗址史前先民使用的主要生产工具(图9)。它是从细石核上剥下细石叶,利用这种细石叶制成箭头进行狩猎;制成石刃镶嵌在骨刀梗上用于采集;制成石钻用来钻孔。这些细石器质地坚硬,有许多原料采用了玉髓、黑曜石和蛋白石等,加工技术精湛,使它们不仅实用,而且十分美观。大量利用细石叶制成的精美箭头、石钻和石刃等,显示出哈克遗址的细石器处于细石器工艺发展的成熟阶段。

骨角器是哈克遗址史前先民用动物的骨骼或角作为原材料所制成。遗址中发现了

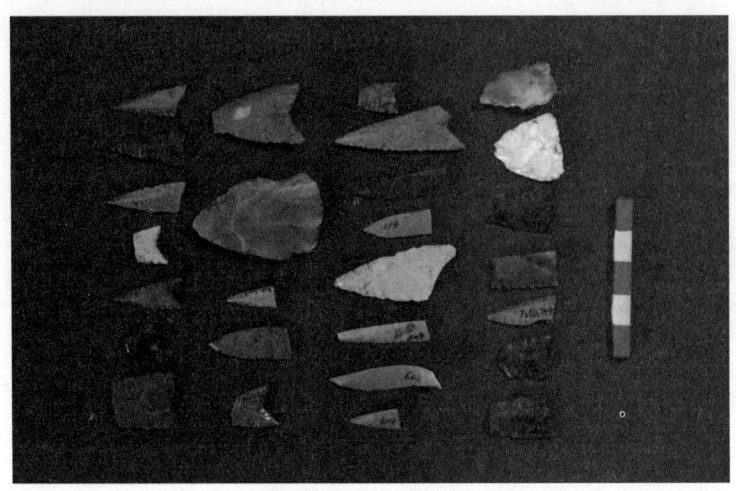

图9 细石器

用动物骨骼制作的骨鱼叉、骨锥、骨刀柄,以及利用动物角制成的工具等。特别引人注目的是发现了1具象牙人面雕像(图10)、带有刻纹和刻划符号的骨雕(图11),以及用动物牙齿钻孔雕琢成的栩栩如生的鸟头。哈克遗址出土的骨角器多姿多彩。

图10 象牙人面雕像　　图11 带有刻纹和刻划符号的骨雕

陶器是遗址中发现较多的一类遗物,不过皆为陶片,未见完整器。陶质皆为夹砂陶,陶色以灰褐色为主,兼有红褐色和黑褐色。从发现的陶片特征上看,陶器器形主要为罐(图12),并多饰以斜线纹和菱形网格纹等(图13)。从遗址中发现的制陶工具1件石质陶垫分析,这里出土的陶器应主要产自于本地。

图12 陶器

图13 陶器

（三）文化遗迹

1. 房址

F1 位于T5~T6探方内及其周边，平面呈不甚规则的椭圆形，面阔7.6米，进深9.4米，面积为56.08平方米（图14）。

沿F1周边发掘清理出柱洞13个，编号D1~D13。其中包括门柱2个（D1和D2），分布在F1的东部边缘，间距较大，尺寸在13个柱洞中也最大，它们应是F1的左右两个门柱。F1南部分布柱洞4个（D3~D6），西部分布柱洞4个（D7~D10），北部分布柱洞3个（D11~D13）。

灰烬堆积（HD1），位于F1两个门柱中间偏东南处，平面略呈圆形。直径89厘米，厚21厘米。清理灰堆时未发现有任何遗物，也没有任何炭粒。分析可能燃烧的是杂草类物质。

沙堆（SHD1），位于F1中心部位的圆形凹坑内堆沙而成。凹坑平面略呈圆形，南北长径144厘米，东西短径138厘米，自居住面下凹33厘米，坑内的沙堆高74厘米，系由纯净的黄沙构成。

土台（TT1），位于F1的西部，较东部居住面高出12~22厘米。该土台南北最长740厘米，东西最宽346厘米。柱洞6~11皆分布于土台范围内。

清理房址发现大量文化遗物，包括有以细石器为主的石制品、陶片、骨角器等，以及各类动物的骨骼。

2. 灰坑

遗址中发现的灰坑数量最多，共14处（H1~H14）。它们主要发现于T1~T2探方和T5~T6探方，其T3探方仅发现一处。这些灰坑形状呈圆形、椭圆形或不规则形，大小和深度不尽相同。其中出土文化遗物皆比较少，有细石器、陶片和动物骨骼等。

H1 位于T1~T2探方中部偏南，打破生土，坑口距地表深99厘米。该灰坑面积较

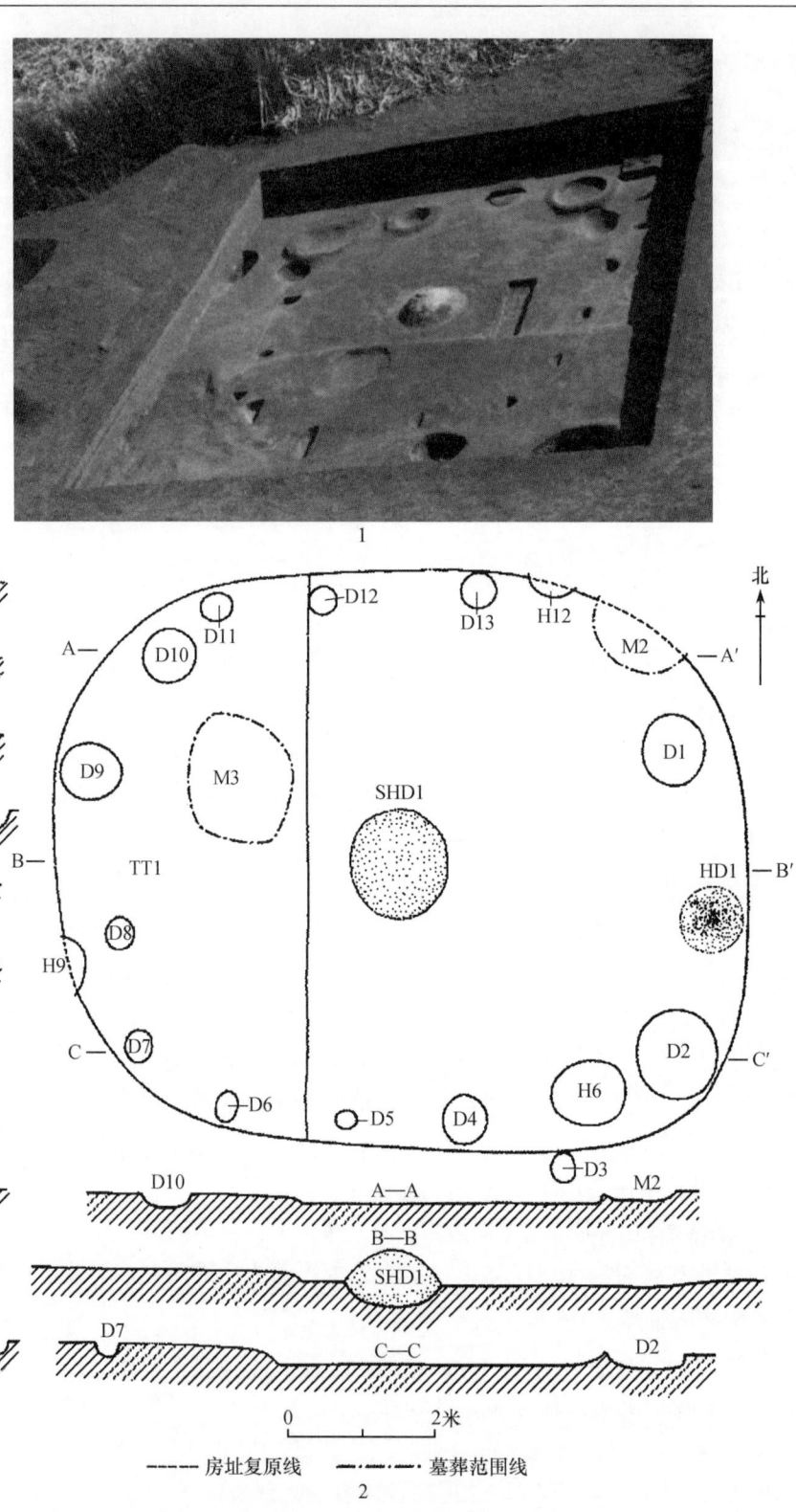

图14 房址（F1）
1.摄影图 2.平、剖面图

大，口部平面呈不规则形，长径156厘米，短径122厘米，剖面也呈不规则形，深80厘米，底部呈椭圆形，长径95厘米，短径72厘米。该灰坑为一次堆积而成，填土松软，为灰色粉砂土。包含较多的文化遗物，出土有陶片、石制品和动物骨骼。经统计，灰坑内共出土陶片21件，石制品20件，以及动物骨骼45件（包括一些鱼骨）。

3. 用火遗迹

遗址中发现的用火遗迹除大房址内有一处外，在T1～T2 D探方还发现一处残灶坑，在T4和T8探方各发现一处篝火遗迹。这三处用火遗迹与房址内的灰烬堆积不同，无论是在遗迹堆积中还是在其周围分布有石制品、陶片或动物骨骼等文化遗物。

灶坑（Z1）位于T1～T2 D探方北部偏西部位，开口第7层下，打破生土，口距地表深86厘米，底距地表116厘米，红烧土分布范围直径大约30厘米。该灶残破已不成形，红烧土残存有15厘米厚，之下灰层有15厘米厚。取红烧土块装袋后，被挤压成红烧土粉末。

清理该遗迹时在其周围发现许多遗物，在灶的东侧，分布有夹砂陶片3块，在灶的西侧和西南侧，分布有动物骨堆3处，在夹砂陶片的东侧还发现了一具猪头骨，以及零星的石片、细石叶和碎骨等。清理残灶坑周围未发现居住遗迹现象，估计自然力和人为破坏，不仅使该灶坑受到严重损坏，而且原来的房屋遗迹已荡然无存。经测量和统计，第1处动物骨堆距地表深97厘米，动物骨骼包含有8件，第2处动物骨堆距地表深113厘米，动物骨骼包含有135件，第3处动物骨堆距地表深112厘米，动物骨骼包含有50件，初步观察它们主要是小型食肉类动物的骨骼。这处灶坑分布在第7层文化堆积的底部，应该是遗址最早的文化遗存。从以上遗迹和遗物现象来看，生动形象地描绘出哈克先民的生活场景。

4. 蚌堆

遗址中发掘清理出两处蚌堆（BD1和BD2）。它们是人们有意堆积而成，由此可知，渔捞是当时人类很普遍的生产活动。这种生产活动在遗址中从早期一直延续到晚期，从未间断。

BD1　位于T3探方靠近西壁中部，开口第6层下，顶部距地表深87厘米，堆积范围呈椭圆形，南北长径48厘米，东西长径52、厚15厘米。从这处河蚌堆中清理出完整河蚌60个，蚌片25片，陶片2件，动物骨骼22件，鱼骨刺7个。

BD2　位于T4探方靠南壁中部偏东，有很少部分被压在南壁之下，开口第7层下，顶部距地表深92厘米，堆积范围呈圆形直径35厘米，厚7厘米。从这处河蚌堆中清理出河蚌片32片，陶片1件，鱼刺4个，鱼鳃5个，鱼牙床1个，此外，在蚌堆的东侧清理出两件较大的石块，类似这种现象在其他遗迹中也有发现，其含义和作用不明。

5. 祭祀堆

发掘清理出3处动物遗骨堆和陶片组成的堆积，本文暂称此类遗迹为祭祀堆（JSD1～JSD3）。

JSD3 分布于T5~T6探方东部扩方部分的南部，堆于生土面上，清理发现摆放整齐的一些动物骨骼，有肩胛骨（其上有四个人为的小钻孔）、椎骨和肢骨等，在骨堆的东南侧清理出1件较大的石块。顶部距地表深83厘米，此堆积高10厘米（图15）。

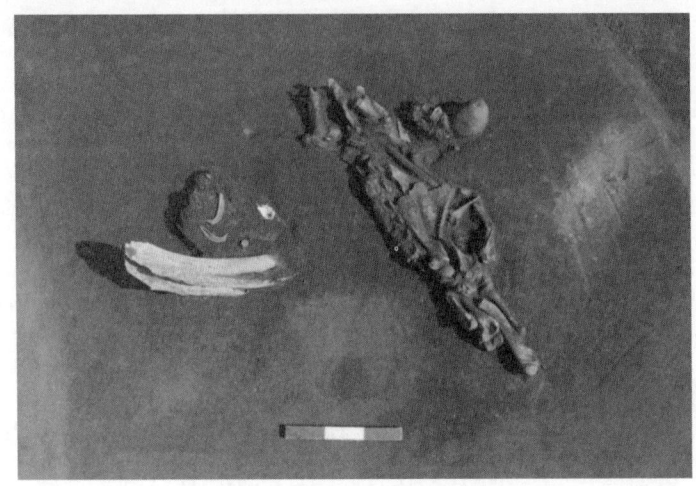

图15　祭祀堆（JSD3）

6. 墓葬

墓葬5座。发现于T1、T4、T5~T6和T9探方内，分别编号为M1~M5。这些墓葬皆为平地掩埋，未发现有明显的墓穴痕迹，基本上也不见随葬品，除了M3发现的1件玉器和少量的陶片，以及M4和M5有些祭祀的动物骨骼。此外，遗骨皆不完整，由此推测它们皆为二次葬。

M2分布于T5~T6探方的东北部，开口第7A层下，发现时由于墓葬的北部和东部压在北壁和东壁外，故分别进行扩方清理。其开口第7层下，呈东北—西南向，墓葬分布范围近于椭圆形，长径130厘米，短径112厘米。上部距地表深64厘米，底部距地表深84厘米，填土为花土，无葬具，有少量的陶片、石制品和动物骨骼，由于分布散乱，故不能确定它们是随葬品，还是填土时带进去的。墓葬保存状况一般，为5人二次合葬墓。1号墓主人头骨缺失，仅有肢骨等部分。2~5号墓主人头骨保存，但比较破碎，并分别保留有肢骨等部分。此外，3号头骨处还发现1件属于另一个体的残破上颌骨以及数颗上颌牙齿，故将其编号为3B。头部向东或东北，面向不一。1号墓主人缺失头骨故未进行性别和年龄的测定，2号墓主人仅保留有很少的头骨碎片故也未能进行性别和年龄的测定，3A个体可能为一位20岁左右的男性。3B个体从牙齿的磨耗程度来看，为20岁左右，性别不明。4号个体可能为一位女性，年龄在35岁左右。5号个体可能为一位男性，年龄在20岁左右。从清理时的情况分析，墓葬应为平地掩埋。该墓葬压在F1东北角之上，时代应稍晚于后者（图16）。

哈克遗址是我国北方草原早期文明形成和发展的一处重要聚落遗址。发掘采用了

图16 墓葬（M2）

GPS定位系统，在重要的文化层位对出土的每件标本进行三维测量、记录和观察，以获取更多科学信息。从哈克遗址新石器时代文化层出土陶片中提取炭样，进行加速器质谱（AMS）^{14}C测试，年代距今（7710±40）年，之上堆积有早期青铜时代以及更晚时期游牧民族的文化遗存。

其一，根据不同文化层及遗物特征得出遗址具有三个不同时期的遗存，第一阶段年代可初步推定在距今8000～7000年前；第二阶段时间大体相当于汉代前后；第三阶段年代大约相当于公元8～10世纪。三个阶段的遗存中，第一阶段则是新发现的，其面貌与贝加尔湖以东地带的文化有些关联，而和南面西辽河流域的文化系统区别明显。结合近年发掘的辉河水坝遗址等考古资料，首次初步揭示出伊敏河—海拉尔河流域考古学遗存从7000～8000年前至公元8～10世纪前后的5个不同文化时期的发展谱系。

其二，以遗址发掘出土的大量细石器为素材，在前人研究的基础上，对细石器类型进行系统的分类、归纳和定义。同时，对这些细石器材料进行工艺流程动态分析、复原与研究。

其三，通过比较，哈克人骨所反映的体质特征及其基本的种系成分与北亚蒙古人种类型最为相似，而与东亚类型、东北亚类型和南亚类型之间均存在较大的形态距离。通过分析看出哈克组与同属于呼伦贝尔草原地区的扎赉诺尔组[12]、[13]、谢尔塔拉等组[14]有较近的亲缘关系，而哈克组先民与扎赉诺尔组、谢尔塔拉组居民体质特征的一致性很可能反映出正是东汉时期扎赉诺尔先民，公元9～10世纪的谢尔塔拉先民的祖先类型之一。

其四，综合古人类学、环境考古学、动物考古学等多学科技术手段的分析与研究，深化了对哈克遗址所处自然环境与人地关系、资源利用，乃至社会、经济结构的认识，从而对这处遗址的文化面貌有了一定的认识和了解。同时，为廓清伊敏河—海拉尔河流域考古学遗存的发展谱系进一步提供了依据，使得我们有条件将该地隋唐时期的文化根基追溯到遥远的新石器时代。

哈克细石器遗址是呼伦贝尔草原地区一处难得的早期先民及古代游牧民族遗留下来的聚落遗址。遗址的发掘与研究，填补这一地区考古研究中的某些空白，为研究北方草原地区早期文化和古代游牧民族的形成与发展，以及呼伦贝尔地区与周边国家和地区的文化关系提供了重要的资料和研究成果。

内蒙古是我国细石器地点分布最多最广的地区之一，然而有地层关系的细石器遗址目前发现的并不多，因此，辉河水坝和哈克两处细石器遗址的发掘和研究，对于探讨我国北方草原地区早期文化的发展具有相当重要的价值。这一地区广泛分布着新石器时代先民及古代游牧民族制作的细石器工艺文化遗存[15]、[16]，目前掌握的材料就极其丰富而多姿多彩，对这些宝贵资料进行类型学分析，结合石器实验，复原其工艺技术全过程，是当今考古学研究中的重要内容之一；对于细石器起源地的研究目前还未定论，了解这一地区细石器与华北旧石器时代晚期业已出现的细石器和西伯利亚细石器的关系，可能为解决这一学术问题提供依据。

呼伦贝尔是研究北方游牧民族起源及其文明发展的重要地区，辉河水坝和哈克两处细石器遗址具有丰富的文化内涵，它为研究这里的自然变迁、游牧民族及其文化起源、社会进步具有不容忽视的作用。两处细石器遗址新石器时代文化层出土的细石器、陶器和骨角器的制作风格独特，特别是象牙人面雕像和具有刻划符号的骨雕，体现出当时人类已具备了较高的工艺技术水平。这些遗物是当时人们社会、氏族、宗教等多方面意识形态的产物，为研究这一地区独具风格的"哈克文化"增加了新的重要内容。墓葬中清理出土的人骨架是进行人种鉴定的重要材料，为研究这一地区游牧民族的起源提供了直接证据。特别重要的是，这一地区原始文化遗存中居住遗迹和墓葬的发现使我们对当时社会结构和埋葬习俗有所认识，为我们研究游牧民族从迁移狩猎向居舍相对集中的氏族部落的过渡提供了重要线索。此外，通过呼伦贝尔的考古，了解这一地区古气候、古环境对认识现代我国北方的气候环境也具有十分重要的意义。呼伦贝尔草原特殊的地理位置使得这一地区的早期人类及其文化的研究成为探讨中国北方草原早期文明的重要研究内容，并成为带有国际性学术意义的重要研究课题。

探讨中国北方草原早期文明是中华文明探源的重要组成部分，呼伦贝尔草原是古代游牧民族的历史摇篮，研究这一地区的早期人类及其文化；探讨这一地区人类的迁徙与融合、生产工具和生活用具的改进与提高，原始经济由狩猎采集向游牧和兼有农业的发展，以及社会形态和宗教信仰等等方面，将丰富以往我们对这一地区考古研究工作内容的匮乏，填补这一地区考古研究中存在的许多空白。发掘这一地区早期人类的文化遗产，提高有关草原文明时期的考古学研究的学术水平成为弘扬中华古代文明不可或缺的重要内容之一。

注 释

[1] 安志敏：《海拉尔的中石器遗存——兼论细石器的起源和传统》，《考古学报》1978年第3期。

[2] 赵越等：《古代呼伦贝尔》，内蒙古文化出版社，2004年。

[3] 赵越：《呼伦贝尔辉河水坝细石器遗址清理简报》，《内蒙古文物考古》1992年第1、2期。

[4] 刘景芝：《内蒙古呼伦贝尔辉河水坝和哈克—团结细石器遗址》，《华南及东南亚地区史前考古——纪念甑皮岩遗址发掘30周年国际学术研讨会论文集》，文物出版社，2005年。

[5] 刘景芝等：《内蒙古呼伦贝尔辉河水坝细石器遗址发掘报告》，《考古学报》2008年第1期。

[6] 刘景芝：《呼伦贝尔辉河水坝遗址的细石器工艺探讨》，《人类学学报》2010年第29卷第3期。

[7] 王成：《伊敏河下游及海拉尔地区细石器遗存调查》，《呼伦贝尔文物》1997年总第4期。

[8] 乌恩等：《内蒙古海拉尔市团结遗址的调查》，《考古》2001年第5期。

[9] 赵越：《呼伦贝尔市哈克遗址试掘简报》，《呼伦贝尔文物》2002年总第7期。

[10] 刘景芝等：《内蒙古呼伦贝尔大草原调查发掘两处细石器遗址》，《中国文物报》2003年12月5日。

[11] 刘景芝等：《哈克遗址——2003~2008年考古发掘报告》，文物出版社，2010年。

[12] 内蒙古自治区文物工作队：《内蒙古陈巴尔虎旗完工古墓清理简报》，《考古》1965年第6期。

[13] 钱玉成等：《科右中旗北玛尼吐鲜卑墓群》，《内蒙古文物考古文集》第一辑，中国大百科全书出版社，1994年。

[14] 中国社会科学院考古研究所内蒙古工作队等：《内蒙古呼伦贝尔市海拉尔区谢尔塔拉墓地》，科学出版社，2006年。

[15] 赵越：《论哈克文化》，《内蒙古文物考古》2001年第1期。

[16] 刘景芝等：《内蒙古呼伦贝尔呼和诺尔和铜钵庙两处细石器遗址》，《考古学研究（七）：庆祝吕遵谔先生八十寿辰暨从事考古教学与研究五十五年论文集》，科学出版社，2008年。

浅谈伏羲与石岭下类型之发掘

赵 信

我是"中华伏羲文化研究会"会员,也是该会出版的《伏羲文化研究》忠实读者,不少专家学者纷纷撰写文章,阐述伏羲研究观点。下述几则观点与笔者产生了共识。

中国远古传说中,有"三皇五帝"之说,以"三皇"为例,就有七种说法:①天地人,②天地泰,③伏羲、女娲、神农,④伏羲、神农、祝融,⑤伏羲、神农、共工,⑥伏羲、神农、黄帝,⑦伏羲、燧人、神农。近人多采用伏羲、女娲、神农说[1]。而伏羲则居三皇之首。伏羲是何意呢?正如东汉应劭于《风俗通义》一书所说:"伏者,别也、变也;戏者,献也、法也。伏羲画八卦,以变化天下,天下法则,咸伏贡献,故曰伏戏也。"

传说伏羲为"人面蛇身",远古彩陶装饰,汉画像石、唐绢画均有显示,其含义就是"人面"配以"蛇身",既表达了伏羲是"人"不是"神",又体现了伏羲氏族早期崇拜物"蛇"的图腾形象。古书中还有记载:"伏羲龙身,女娲蛇躯。"其实"蛇"与"龙"是同一体,蛇是龙的初体,龙是由蛇衍化而来的繁体。正如闻一多《伏羲考》所说:"有一个这种大蛇为图腾的团族,兼并了、吸收了许多别的形形色色的图腾团族,大蛇才接受了兽类的四脚。马的头、鼠的尾、鬣鹿的角、狗的爪、鱼的鳞和须……于是便成了我们现在所知道的龙了。"因此,"蛇"才变成了"龙"的造型,总之无论"龙"与"蛇"都是伏羲氏族图腾崇拜的产物[2](图1)。

伏羲生于成纪,即现在的天水市,为大多数学者所认同。首先的原因是多数古文献都有记载,例如:战国魏墓中出土的《竹书纪年》,北魏的郦道元《水经注》,西晋的皇甫谧《帝王世纪》,隋代的《伏生墓志铭》,唐代的司马贞《三皇本纪》,宋代的《太平寰宇记》,明代的李贽《史纲评要》,清代的

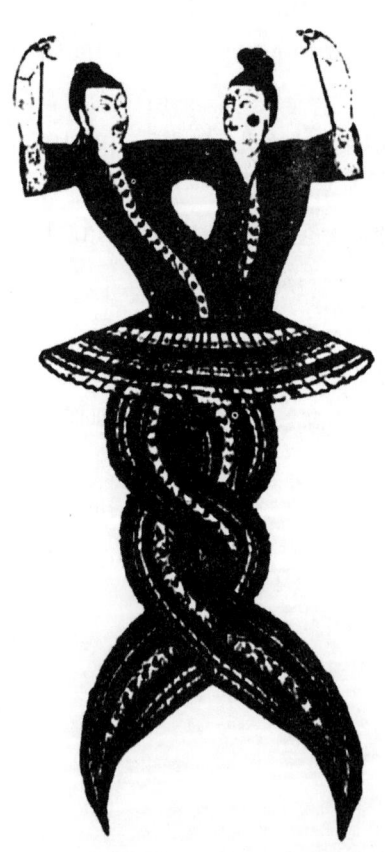

图1 新疆吐鲁番唐绢画伏羲、女娲交尾图

吴秉权《纲鉴易知录》等15种之多。其次黄河和渭水流域是中华文明发源地之一，甘肃渭水流域就是古城纪所在地，也是伏羲文化在天水传播的范围，如地上存在"伏羲庙""伏羲卦台山"、伏羲住处"伏羲窟"；地下发现了以大地湾、师赵村为代表的史前遗址达数百处，基于以上证明，伏羲生于成纪绝非空穴来风。

考古人员在古城纪，即天水地区将调查出的古遗址，择其重要者如大地湾、师赵村、西山坪、傅家门等进行了科学的考古发掘，出土了大量的遗迹和遗物，从而进一步印证了古文献所说：伏羲时代出现结网兴渔、养畜兴牧、作历兴农、钻木取火、养蚕织布、建造房屋、制作陶器、造书契、画八卦等的说法真实性。这些创造发明应归功于伏羲本人和他领导下伏羲氏族集团创造的辉煌成果。

另外，从师赵村和西山坪发掘的过程中，见到了一系列史前文化堆积层：

　　　大地湾一期文化（公元前6200～前5400年）
　　　师赵村一期文化（公元前5300～前4900年）
　　　仰韶早期文化（公元前4800～前3800年）
　　　仰韶中期文化（公元前3900～前3500年）
　　　马家窑文化石岭下类型（公元前3800～前3200年）
　　　……

我们赞成考古学家谢端琚教授所说，伏羲文化上限开始于大地湾一期文化，下限终于马家窑文化石岭下类型。可见伏羲氏族历经三千年的活动时空，迄今给我们留下了难以计数的史前文物古迹。

20世纪80～90年代，中国社会科学院考古研究所甘青考古队，对甘肃天水师赵村和武山傅家门相继进行了考古发掘，均揭出了马家窑文化石岭下类型遗存。

所谓石岭下类型，就是20世纪50年代，甘肃省文管会在1947年我国著名考古学家裴文中教授于甘肃渭河流域所发现的武山石岭下遗址，进行了科学的发掘，发现了在马家窑文化马家窑类型之下，有一层既有马家窑类型又有庙底沟类型之双重因素的陶器群，故命名为"石岭下类型"。

这种文化类型主要分布在甘肃渭河上游及其支流葫芦河、西汉水和洮河流域。

上述两处遗址，除了发现石岭下类型介于马家窑类型之下，庙底沟类型之上的确凿地层证据之外，尚出土了一批遗迹和遗物。

遗迹有圆形或方形的半地穴式房址，这些房址均有住室、门道和灶坑。还发现窑址、窖穴、祭祀坑、墓葬等。

房址　如师赵村T113F28，圆形。住室面积6平方米，门向280°；T237F4，方形，住室面积6.6平方米，方向358°。

傅家门T212F2，椭圆形，住室面积12平方米，方向270°。T132F11：8，长方形，方向150°。房内灶址旁，出土了重叠在一起的卜骨5件：如符号卜骨T132F11：8（图2-1），在牛的肩胛骨下端，阴刻"S"形符号；T132F11：9（图2-2、3），在羊的盆骨背面阴刻"1"形符号,其正面阴刻"11"形符号;T132F11：6(图2-4),在猪的肩胛骨下缘,阴刻"二"形符号;T132F11：7(图2-7),在猪的肩胛骨一面右侧,阴刻"1"形符号。灼痕卜骨T125H6：32、T132F11：12(图2-5、6),在羊的肩胛骨下端,只保留灼痕。

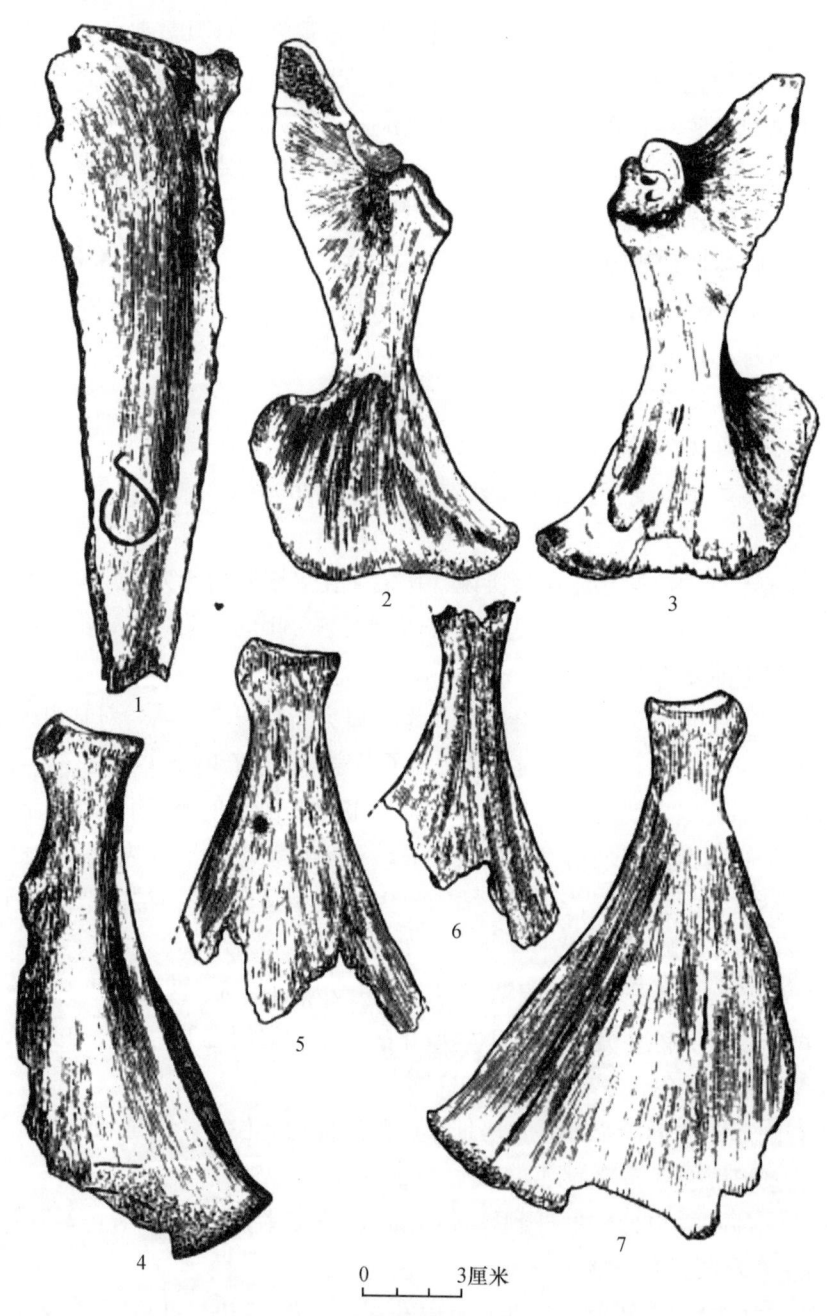

图2　石岭下类型卜骨
1. 符号卜骨(T132F11：8)　2、3. 符号卜骨(T132F11：9反面、正面)　4. 符号卜骨(T132F11：6)
5. 灼痕卜骨(T125H6：32)　6. 灼痕卜骨(T132F11：12)　7. 符号卜骨(T132F11：7)

窑址 师赵村窑址1座，横穴式，由窑室、火道、火膛三部分组成，方向116°。

窑穴 窑穴多为圆筒形，袋形，盆形，一般口径1.5～2米，深约2米。内填灰土。多出土彩绘陶片。

傅家门T125H6为袋形窑穴，出土灼痕卜骨1件（图2-5）。T128H2是所见窑穴最大者，为圆形袋状，口径2.2米，底径2.8米，深2米。出土复原的完整陶器10余件，纹饰以彩绘鸟纹为主体。

祭祀坑 仅见傅家门出土1座，编号T212H5，叠压在石岭下类型房址T212F2之下，为长方形竖穴式。长1.9米，宽1米。坑底发现动物骨骸5块，并置放大小不等的鹅卵石4块，以及石球、石环、残彩陶盆、素面红陶盆各1件。底面火烧痕迹明显，不见人骨架。经研究，绝非是埋人之墓葬，而是当时先民在此进行原始祭祀活动的遗存。

墓葬 皆为长方形竖穴式土坑墓，葬式为二次葬。

师赵村出土的墓葬，一般长2米，宽1.2米，深0.2～0.35米。除了T207M5为双人葬外，其余皆为单人葬。随葬器物除了T207M5和T209M6分别随葬石锛和石球外，余皆随葬彩陶片。另T210M4～T209M6的3座墓，墓底骨架周围还摆放着鹅卵石数块。

傅家门仅发现1座编号T247M1，较前者所见的墓葬为深，长2.12米，宽1.02米，深0.94米，方向270°，人骨仅存肢骨和牙齿，为一女性儿童。随葬品有石球1件，彩陶盆2件，兽骨1件，其周围摆放着大小不等的砾石5块。

遗物 出土有：石斧、网坠，骨锥、针、箭头、纺轮，以及彩陶器皿和带有阴刻符号的陶盆等。还有其数量众多的动物骨骸。其中彩陶、器皿具有鲜明的特色，多手制，器外施彩，然后进窑烧制而成，触水不脱。纹饰可分几何形和动物形两种，前者多以椭圆点、弧形、勾叶组成母题。后者主要是鲵鱼纹和变体鸟纹两大类。鲵鱼纹俗称"娃娃纹"，似"人面蛇身"，形象逼真。变体鸟纹多见头、颈部和几何形纹样配置在一起，装饰在器物表面上，姿态美轮美奂[3]（图3）。

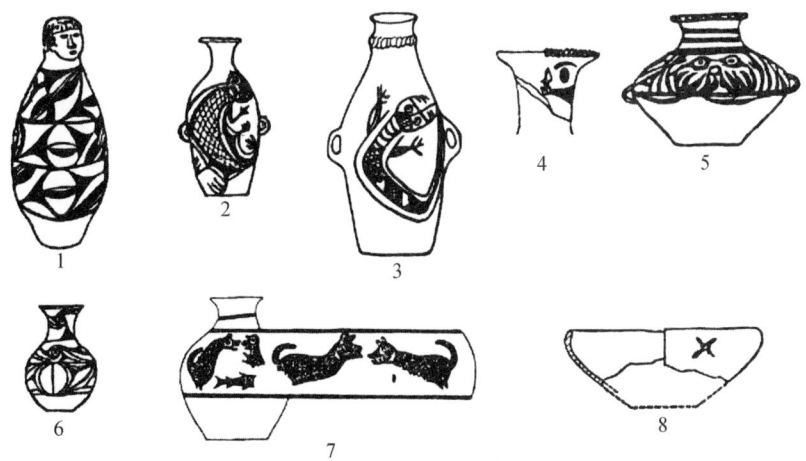

图3 石岭下类型陶器符号与图像

1～3.瓶（大地湾、傅家门、西坪-人像、鲵鱼纹） 4.瓶颈（傅家门-人面像） 5.罐（杨家坪-双鸟纹）
6.瓶（甘肃-变体鸟纹） 7.壶（大地湾-两兽争鱼纹） 8.盆（傅家门-"X"形符号）

这些考古新发现,是伏羲氏族文化晚期的人们在与大自然的拼搏、劳动、繁衍生息中,创造的灿烂的物质文明和精神文明的佐证,同时也是伏羲文明传承至今的文化载体。因此对于进一步探讨伏羲文化深奥的内涵,具有重要的学术价值。

注　释

[1]　马汉江:《天水演义》,中国文联出版社,2012年。

[2]　李宁民:《人祖伏羲与宗庙》,作家出版社,2008年。

[3]　a. 赵信:《甘肃武山傅家门史前文化遗址发掘简报》,《考古》1995年第4期。

　　　b. 谢端琚、赵信:《武山傅家门遗址的发掘与研究》图413页,《考古学集刊》第16集,科学出版社,2006年10月。

　　　c. 中国社会科学院考古所:《师赵村与西山坪》,中国大百科全书出版社,1999年。

论马家窑文化石岭下类型

谢端琚

马家窑文化石岭下类型因在甘肃武山县城关镇石岭下村首先发现而得名。1947年裴文中教授调查发现，20世纪50年代以来对该遗址进行多次调查或试掘工作。遗址面积约14万平方米，出土新石器时代马家窑文化石岭下类型的灰坑等遗迹和大量的石器、陶器等遗物，文化内涵属于马家窑文化，但它具有独自的特色，因此被考古学界命名为石岭下类型，同时也发表了不少研究成果和看法。本文拟在前人研究的基础上对它进行梳理、归纳，对有争议的学术问题提出个人的浅见，与学界同仁商讨，以期对石岭下类型的研究能有进一步的深入。

一

石岭下遗址是1947年裴文中教授调查渭河流域古人类遗址时发现的[1]。1957年秋季甘肃省文管会在渭河上游渭源、陇西、武山三县开展文物普查时作了复查。对该遗址的范围、文化层厚度和采集的文化遗物等，都做了记录，在该遗址采集有彩陶片等文化遗物[2]。

1959年8月，上海博物馆马承源、李鸿业和甘肃博物馆张学正等同志对石岭下类似的甘谷灰地儿遗址进行考查。灰地儿遗址属甘肃甘谷县五甲庄，位于渭河北岸的台地上。遗址面积约14万平方米，文化层较厚，达4米，采集的陶器较多，有完整而罕见的陶屋模型和细颈彩陶瓶等重要陶制品[3]。

1961年9月，甘肃省博物馆张学正和黄河水库考古队张国柱及笔者对石岭下、灰地儿等遗址又进行了一次比较仔细的考察，对两处遗扯分别作了较详细的记录，"建议再作一次发掘"。第二年即1962年，甘肃省博物馆文物队欣接我们的建议，对石岭下遗址作了发掘。这次主要收获是："在武山石岭下发现的典型马家窑类型地层之下，还有一层文化面貌更接近于庙底沟类型的文化遗存。"[4]类似这种文化遗存，后来在甘肃临洮马家窑，天水罗家沟、师赵村、西山坪，武山傅家门等遗址都有发现这种三层文化的迭压关系，其中，经过较大规模发掘的有师赵村、西山坪和傅家门等遗址。

1981~1989年中国社会科学院考古研究所对天水师赵村遗址进行了13次不同规模的发掘工作。师赵村是甘肃天水市太京乡师家崖和赵家崖两个村的简称，即取自村名的首字,相连为师赵村而得名。遗址坐落在藉河北岸台地上。该遗址是1956年甘肃省文物管理委员会在渭河上游普查古遗址时发现的。总面积共20万平方米。发掘面积5370平方米。主要收获是发现了师赵村一期至七期文化遗迹和遗物,计有房址36座、窖穴50个、陶窑6座、祭祀遗迹2座、墓葬19座。出土石器、骨器、陶器等遗物共1600余件。其中,属第四期即石岭下类型的房址2座、陶窑1座、窖穴2个、墓葬5座。出土石器、骨器、陶器等遗物共182件。1986~1990年中国社会科学院考古研究所对天水西山坪遗址进行发掘。西山坪遗址位于天水市西15千米的藉河南岸台地上,隶属天水市太京乡甸子村葛家新庄。遗址总面积20万平方米。揭露面积共1525平方米。发现马家窑文化不同类型的房址3座、窖穴22个、墓葬4座、祭祀坑1座。其中,包括石岭下类型的窖穴和石器、陶器等遗物[5]。

1991~1993年中国社会科学院考古研究所对武山傅家门遗址进行了5次发掘。傅家门遗址位于甘肃武山县西南25千米的马力乡傅家门村,坐落在榜沙河西岸的台地上。遗址揭露面积1200平方米。发现房址、窖穴等遗迹和石器、骨器、陶器等遗物。该遗址出土的石岭下类型较丰富,有房址2座、窖穴12个、墓葬1座、祭祀坑1座和石、骨、陶器等300余件。其中,祭祀坑和卜骨等遗物均是首次发现,为探讨该类型的文化面貌增添了新的内涵[6]。

二

石岭下类型的分布范围,主要在渭河上游及其支流葫芦河流域,次为西汉水和洮河流域。但其分布中心区域应在天水—武山一带。经调查发掘或采集有完整石岭下类型文化遗物的遗址有:天水市师赵村、西山坪、杨家坪、罗家沟、关子镇,武山县石岭下、傅家门,甘谷县灰地儿、王家坪、渭水峪,秦安县山王家,静宁县威戎镇和临洮马家窑等遗址。其中,石岭下、师赵村、西山坪、罗家沟和马家窑等遗址都发现有庙底沟类型在下,石岭下类型居中,马家窑类型在上的文化层叠压关系,这为确定石岭下类型的相对年代提供了地层依据。三者的相对年代即石岭下类型晚于仰韶文化庙底沟类型,而早于马家窑文化马家窑类型。其年代顺序为庙底沟类型—石岭下类型—马家窑类型。

石岭下类型出土的木炭标本经^{14}C年代测定的共6个。甘谷灰地儿木炭标本经^{14}C年代测定为公元前3980~前3640年。秦安大地湾木炭标本(H201:20)经年代测定为公元前3947~前3697年。天水师赵村木炭标本(T104:4)经年代测定为公元前3502~前3147年。天水西山坪木炭标本2个经年代测定(T32H7)为公元前3502~前3042年、(T37H13)为公元前3091~前2788年。武山傅家门木炭标本(T28H2)经年代测定为公元前3264~前2912年。经高精度树轮校正,其上下跨年在公元前3980年~前3042年[7]。石岭下类型与仰韶文化庙底沟类型,在彩陶器方面还存在一些共性,如陶质呈砖红色，彩绘花纹疏朗明快等。石岭下类型彩陶，部分陶表面施有白陶衣，彩陶花纹多以圆点、弧边三角、弧线组成的几何形纹和动物形纹。其中，以变形鸟纹和鲵鱼纹最具代表性，与仰韶文化不同。变形鸟纹主要表现鸟首、颈部及其羽毛的形态。鲵鱼纹亦称娃娃鱼纹。如今在甘肃天水、武山等地河流中仍能见到这种鱼，并且被视为珍稀的鱼类。陶器造型多样，主要的器形有碗、盆、壶、瓶、罐、瓮和陶屋模型等。

三

石岭下类型的先民多以氏族或部落为单位聚居在一起。聚落遗址包括房屋、窖穴、陶窑、墓葬和祭祀坑等。这些遗址保存较好的有傅家门和师赵村遗址。

房屋保存较好较完整的有多处。按其平面形制可分为圆形、椭圆形、方形、长方形等不同形式。如傅家门房屋（T212F2），呈椭圆形，为半地穴式建筑。口径3.3～4.3米，壁高0.3米。地面经加工修整，后又经火烧烤，质地坚硬，居住面中部有一圆形灶坑。灶坑内充满红烧土块，近灶旁放置石锛和彩陶盆各1件。门道突出于住室西侧，呈梯形，残长0.4米（图1）。傅家门房屋（T132F11），为长方形半地穴式建筑。长4.13米，宽3.24米，壁高0.6米。居室地面经夯打，平整坚硬，地面及墙壁经火烧烤以起到防潮作用。居室中部设一圆形灶坑。在灶坑周围除摆放有石斧、锛、刀、陶环

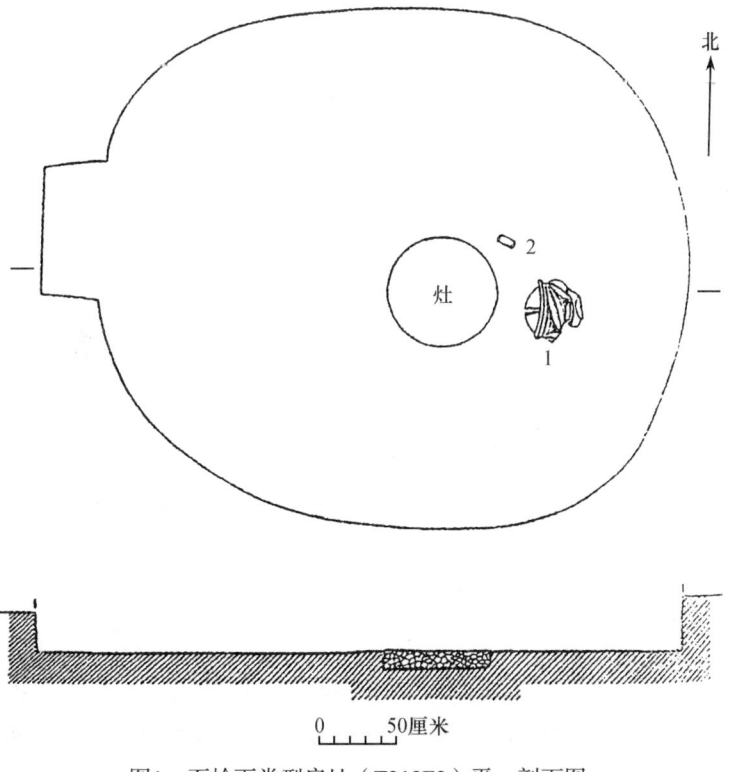

图1 石岭下类型房址（T212F2）平、剖面图

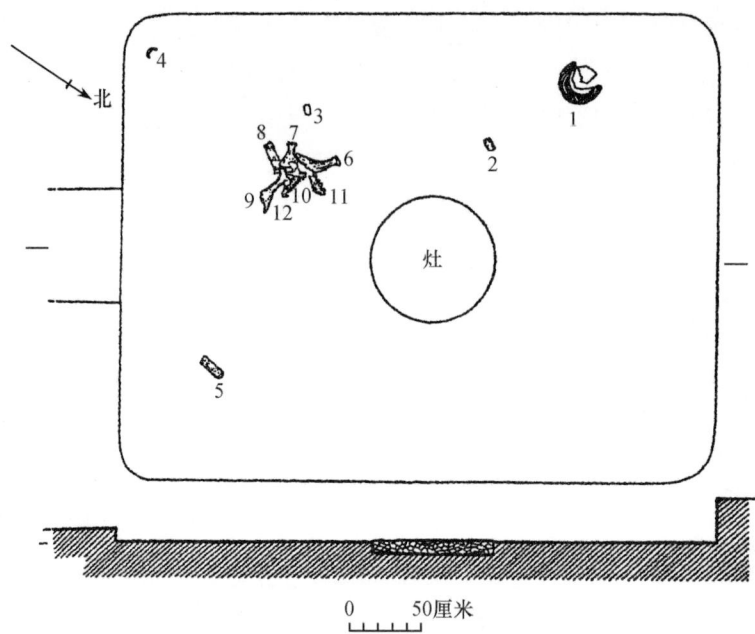

图2 石岭下类型房址（T132F11）平、剖面图

各1件外，西北部还有1件残陶盆，东南部发现重叠在一起的卜骨5件及猪下颌骨2块（图2）。

在房屋的周围布有不同形式的窖穴，按其形制可分为筒形、袋形、盆形等三种，坑内皆为深灰色土堆积。土质内含灰烬、红烧土和木炭渣等杂物。坑内出土物主要是不同器型的残陶片。坑穴大小不一，最小者口径1.44米，深0.52米。最大者口径3米，深2米。一般在1.5~2米，深约1米。

在师赵村和傅家门遗址还发现一批石岭下类型的墓葬。其形制为长方形竖穴土坑墓，一般长2~3米，宽约1米。未发现葬具，葬式皆为二次葬，人骨保存欠佳，但有石锛、凿、石球和陶器等随葬品，其中，陶器多为残陶片。在墓底摆放有大小不等的鹅卵石，比较罕见。如师赵村遗址石岭下类型第4号墓（四期M4），墓底就出现摆放有序的鹅卵石14块，该墓为单人二次葬，人骨保存着四肢骨和上下牙床。随葬品有残陶片10件和兽骨1件。墓主人经鉴定，为一女性（图3）。师赵村遗址石岭下类型第5号墓（四期M5），墓底摆放鹅卵石6块，为双人二次葬。随葬品较多，计有石球1件、磨石1件、陶环1件、陶片3件、鹿角1件和羊下颌骨1件，共8件。墓主人经鉴定，两人都是成年男性，两人均为25~30岁男人（图4）。傅家门遗址石岭下类型第1号墓（T247M1），为单人二次葬，墓底亦摆放有大小不等的砾石5块，随葬品有石球1件，残陶盆2件和兽骨1件，墓主人为女性儿童（图5）。这种在墓底摆放排列有序砾石葬制，曾在多处遗址发现。据报道，1947年在临洮寺洼山遗址"发掘一寺洼期之墓葬似曾经混乱者，人骨之旁、之下均有排列之大砾石甚多，或与墓葬有关"[8]。1987年在

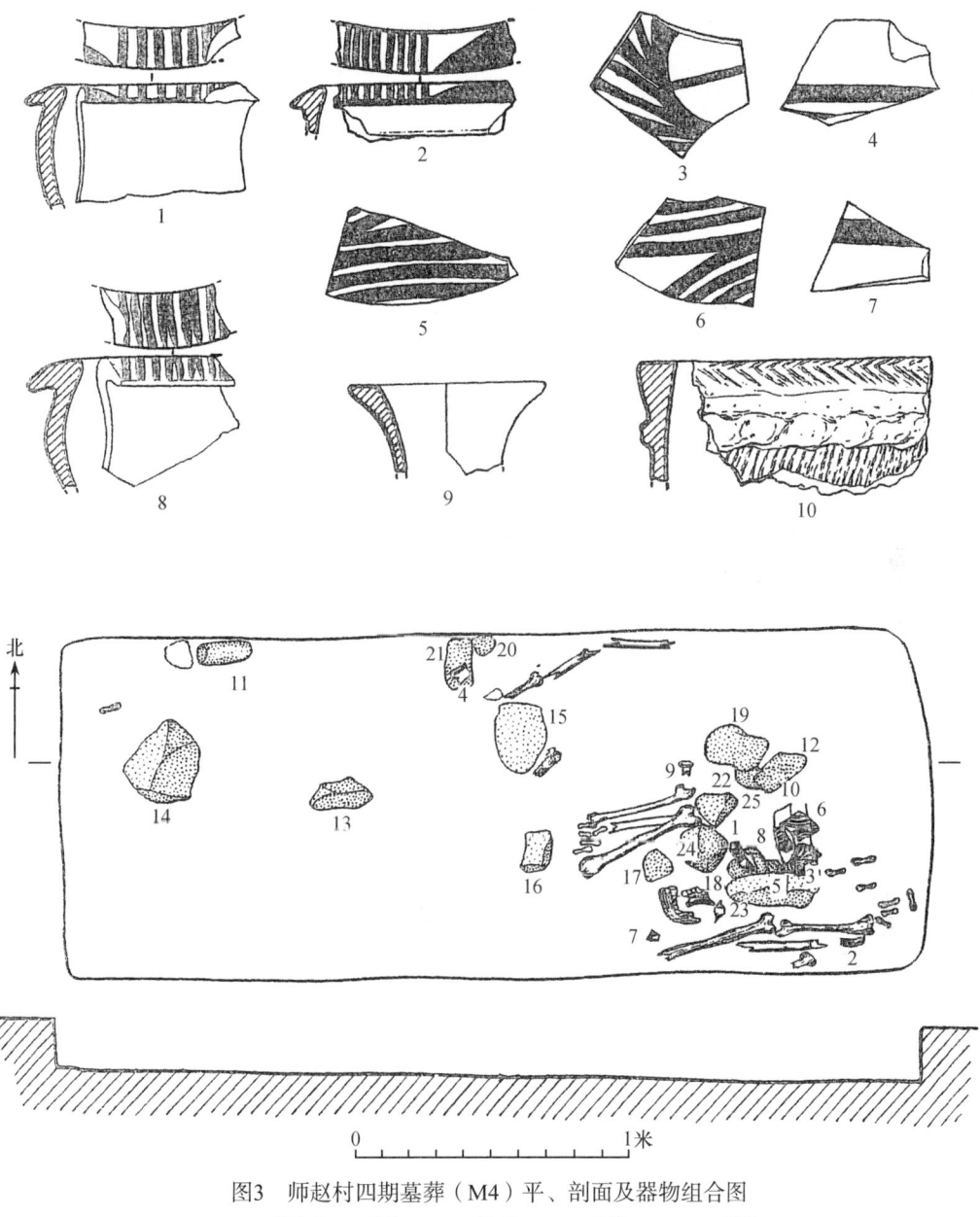

图3 师赵村四期墓葬（M4）平、剖面及器物组合图
1~8.彩陶片 9.陶瓶口 10.陶瓮口 11.石凿 12~25.石块

酒泉干骨崖四坝文化遗址也发现类似的葬制。"在这类墓中堆放着从河床中取来的砾石，数量不等，少者一两块，多的五六十块，……有的还把砾石摆成棺椁状，……它反映出当时人们对死去的人很大的恐惧心理，为求生存者的平安，使用砾石将死者压住，使无法干扰生者的正常生活。"[9] 1991年在傅家门遗址发现的第1号墓，同样在墓底发现摆放着大小不等的砾石5块。这说明该葬俗早在石岭下类型时期即已存在，后来影响到洮河流域和河西走廊等地区较晚时期的居民葬俗。这是史前考古发掘的新发现，为研究史前时期先民的葬俗，提供了重要的实物资料。

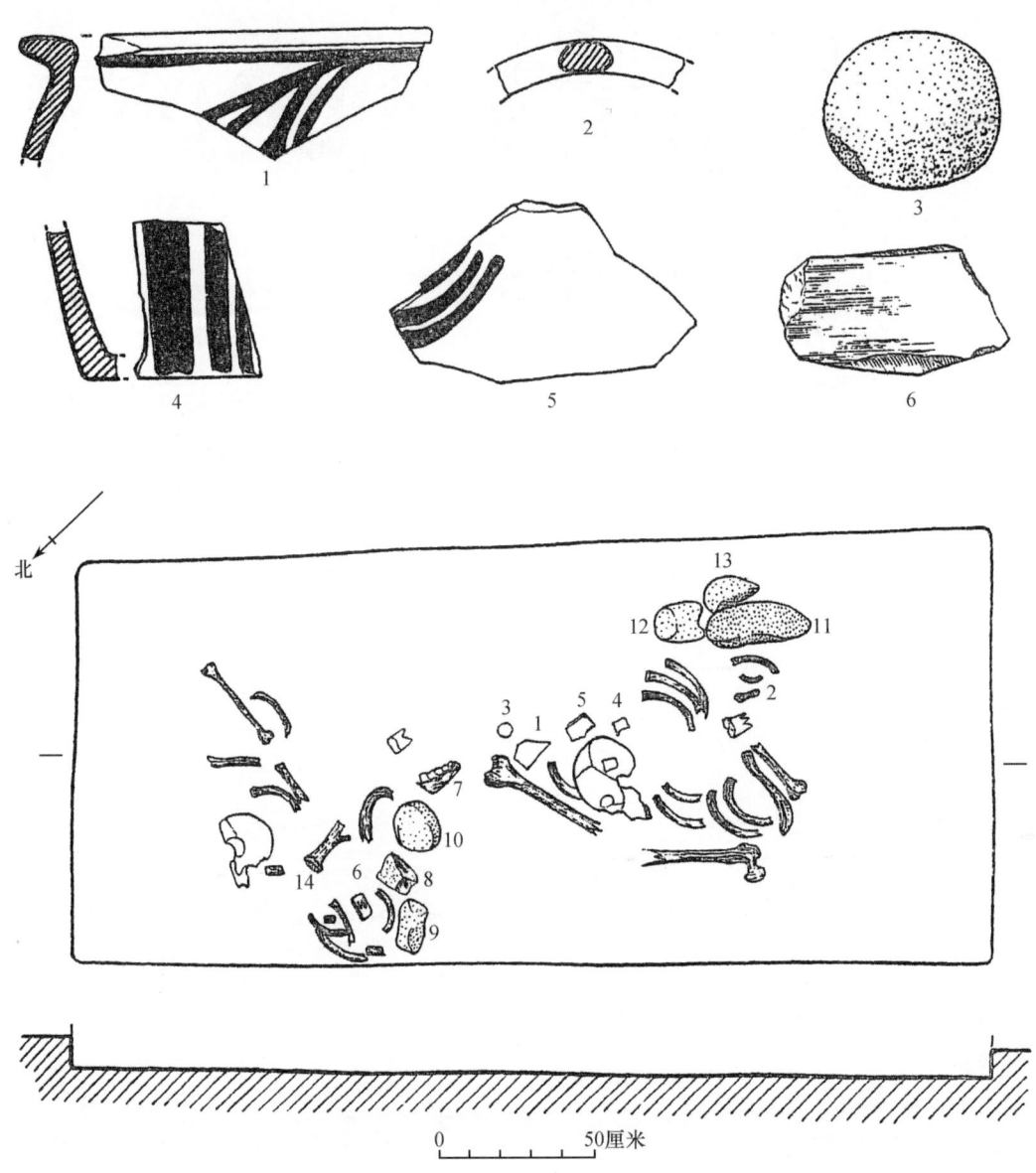

图4 师赵村四期墓葬（M5）平、剖面及器物组合图
1、4、5. 彩陶片 2. 陶环 3. 石球 6. 砺石 7. 兽牙 8～13. 石块 14. 鹿角

四

　　石岭下类型居民的经济生活，是以原始农业为主，兼营畜牧业和狩猎业。从傅家门遗址出土的193件生产工具中，可知当居民所用的生产工具，有石质的石斧、锛、凿、刀、镰、磨棒、磨盘和石球等，其中，石斧47件，石刀29件，凿16件，三项相加共92件。约占生产工具总数的一半。这几种工具应是最适用于生产活动的。石球、陶

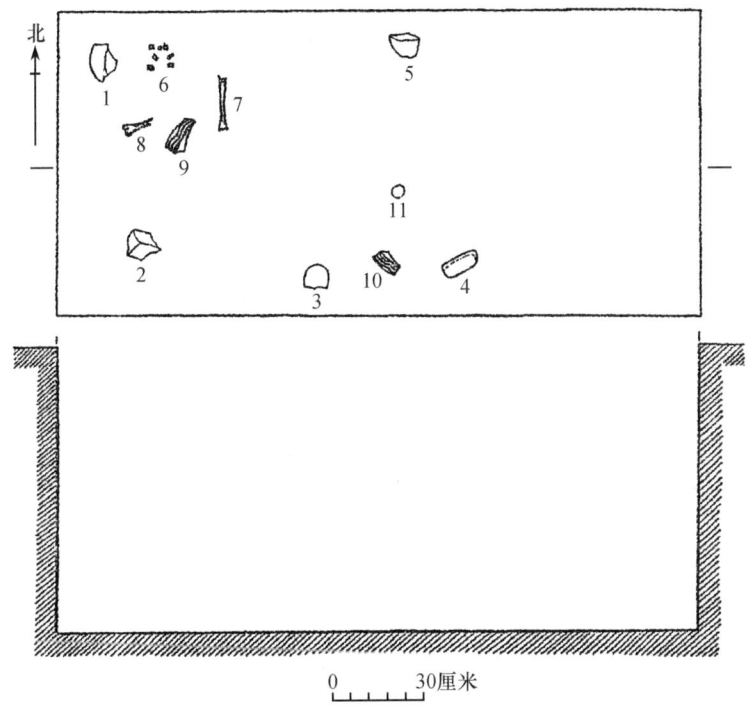

图5 石岭下类型墓葬（T247M1）平、剖面图
1~5.鹅卵石 6.人牙 7.人骨 8.兽骨 9、10.盆 11.石球

球出土量亦较多，表明狩猎业也占一定的地位。还有陶纺轮、石纺轮、网坠和骨针、骨锥等纺织工具，反映在当时普遍经营纺织业。出土的动物骨骼经鉴定有：猪、羊、牛、狗、兔、梅花鹿和竹鼠等。猪、羊、牛等为饲养的家畜。竹鼠为野生动物，即为狩猎的对象。在家畜中猪是主要的畜种。据统计，出土的猪骨骼约占动物骨骼总数的一半以上[10]。

手工业中制陶业最为发达，生产的精美彩陶器著称于世，它不仅是作为生活的实用器和陪葬的随葬品，也是供人们欣赏的艺术品。在师赵村遗址发现有石岭下类型的陶窑（四期Y2），保存较好，结构为横穴式陶窑。由火膛、窑室、窑算和火道组成。窑室平面呈椭圆形，直径1.2~1.4米。壁残高0.9米。周壁弧形向上收缩，推知窑室作穹隆顶封闭式。火焰从火膛斜向进入窑室接通三股火道。窑室可容纳多件陶容器，应有一定的生产规模（图6）。陶器制法多手制，以泥条筑成法为主，多经慢轮修整，器表多进行抹、压、刮、磨等修理工序。造型朴素大方，雅致精美。小件器物系直接捏塑成，各种动物形的小工艺品，技艺高超，形象生动。陶质有泥质陶和夹砂陶，在泥质陶上多施有彩绘，施彩的部位除在陶器的口、颈、腹上部外，有的还在器内壁施彩，简称内彩。陶色多呈砖红色或橙黄色，少数为橘红色。部分器外表施有一层白陶衣。纹饰有彩绘花纹、绳纹、划纹、弦纹、附加堆纹等。彩绘花纹有几何形纹和动物形纹

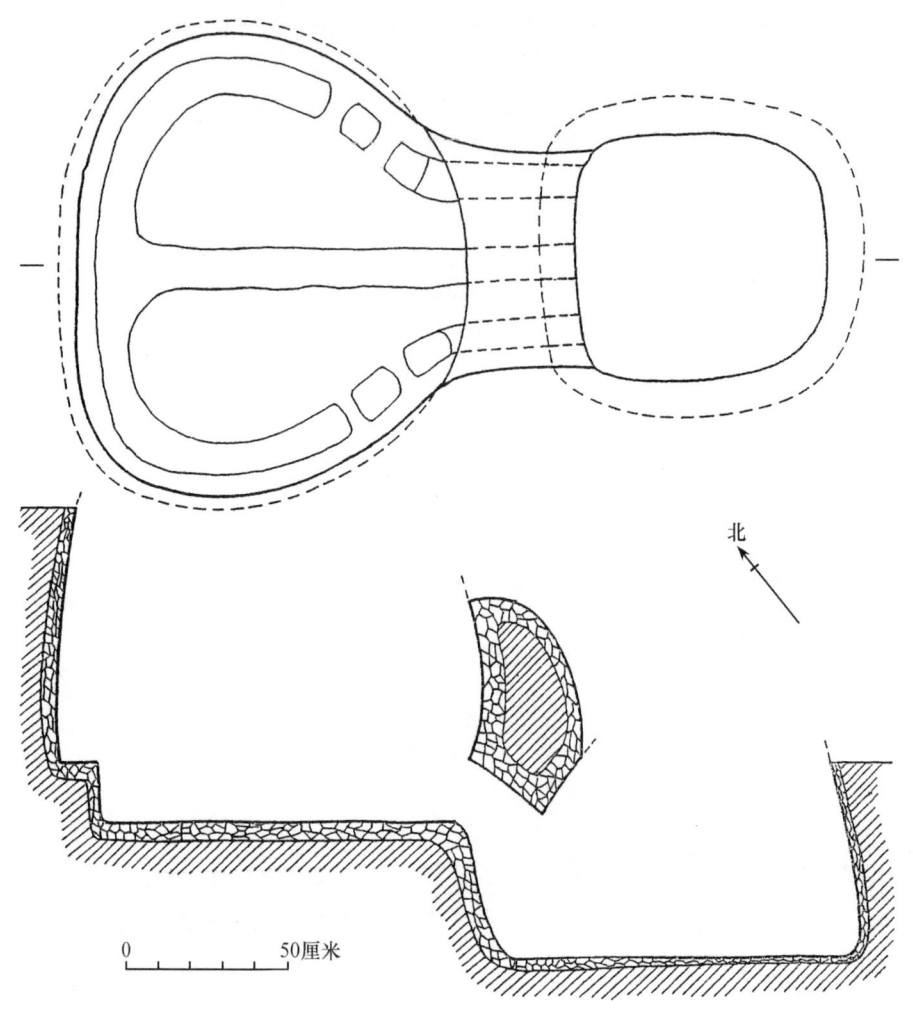

图6 师赵村四期陶窑（Y2）平、剖面图

两种。几何形纹主要是平行条纹、波浪纹、圆点纹、弧线三角钩叶纹、同心圆圈纹等。动物形纹有变形鸟纹和鲵鱼纹等。器形有碗、盆、瓶、壶、罐、瓮和陶屋模型等。

现将能作为石岭下类型代表且具有典型性的完整器物，作简要介绍。敛口碗，1959年出自灰地儿遗址。碗口微敛，弧壁平底，素面无纹（图7-1）。卷沿盆，亦出自灰地儿遗址，盆宽沿外卷，折腹往下收缩成小平底，外表彩绘二道平行条纹，内壁绘多道波浪纹，口径41.5厘米，高18.3厘米（图7-2）。浅腹盆，出自灰地儿遗址，浅腹平底，施有内彩（图7-3）。侈口细颈瓶，2件，均出自灰地儿遗址。1件腹部浑圆，彩绘弧线三角钩叶纹和变形鸟纹（图7-4）；另1件腹部作扁周圆形，彩绘圆点纹和多道平行条纹（图7-5）。小口平底瓶，2件，1件出自傅家门遗址，细颈深腹，腹侧置一对称的环形耳，彩绘一完整的鲵鱼纹，口径5.5厘米，高18厘米（图7-9）；另1件，采自静宁威戎镇，腹部彩绘变形鸟纹和平行条纹等多种纹饰，高27.1厘米（图7-6）。彩

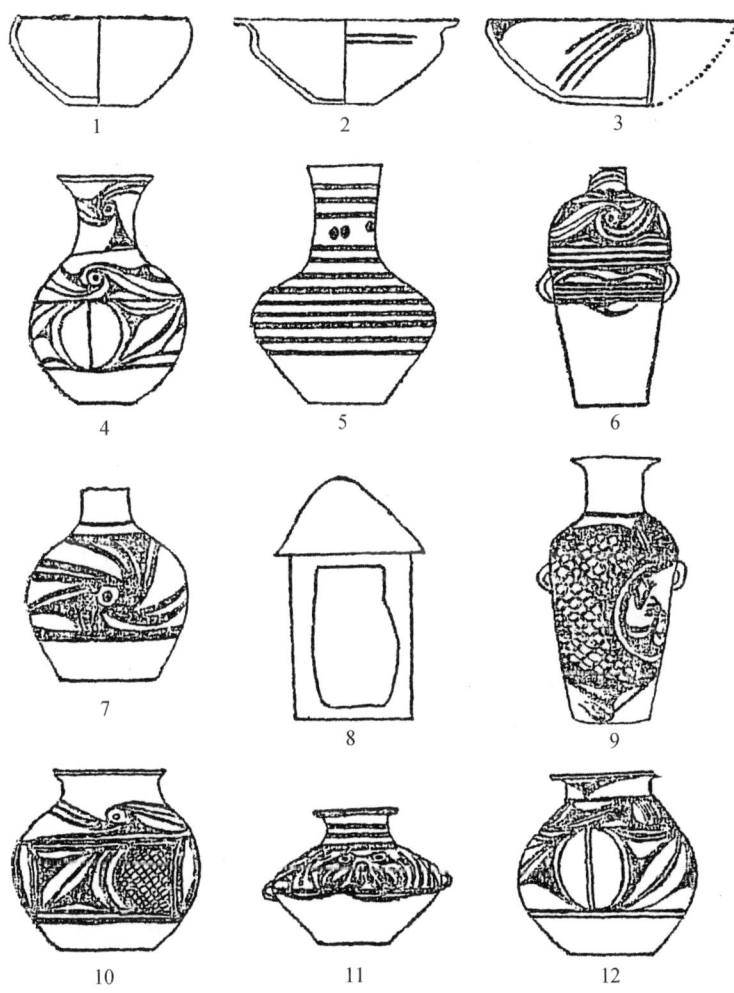

图7　石岭下类型陶器

1. 敛口碗　2. 卷沿盆　3. 浅腹盆　4、5. 侈口细颈瓶　6、9. 小口平底瓶　7. 彩壶　8. 陶屋模型
10、12. 彩罐　11. 扁腹罐

（6. 出自静宁威戎镇　7. 甘谷王家坪　9. 武山傅家门　10、11. 天水市　12. 秦安山王家　余皆出自武山灰地儿　3. 采自《文物》1976年第3期　4. 采自《仰韶文化的彩陶》，上海人民出版社，1957年。7、9～12. 采自《甘肃彩陶》，文物出版社，1979年。余皆采自《考古》1961年第7期）

陶壶，1958年采自甘谷王家坪遗址，小口，宽肩圆腹，平底，彩绘变形鸟纹和平行条纹，残高15厘米（图7-7）。彩陶罐，2件。1件1964年采自天水市，侈口短颈，宽肩圆腹，彩绘变形鸟纹和半圆纹多种等花纹，口径11.4厘米，高16.5厘米（图7-10）；另1件，1977年采自秦安县，器形完整，保存较好，彩绘弧线三角钩叶纹和圆圈纹等组成宽面图案，口径15.5厘米，高29厘米（图7-12）。扁腹罐，1956年出自天水杨家坪遗址，腹部作扁圆形，在腹侧置一对称的小环耳，腹上部布满几何形图案，口径11厘米，高15.4厘米（图7-11）。陶屋模型，出自灰地儿遗址，保存完好，方形尖锥顶，前

壁有一长方形门口，屋顶前沿直径16.2厘米，高7.9厘米（图7-8）。这件陶屋模型在马家窑文化石岭下类型中尚属首次发现，它为复原当时房屋的结构形式，提供了极为重要实物样本。

1991～1993年发掘傅家门遗址中，出土了一批保存较好，而精美的陶制品，如彩陶钵（T137∶31），尖唇弧腹，平底，内壁彩绘三联圆圈纹，口径16.4厘米，高5.7厘米（图8-1）。彩陶盆（T102∶85），宽沿弧壁，彩绘涡形三角间网格纹，口径32厘米，高14.3厘米。彩陶盆（T128H1∶28），近口部附一对鸡冠耳，器腹有凸弦纹一周，彩绘变形鸟纹，口径34.4厘米（图8-3）。陶盆（T101∶27），敛口弧壁，近口部阴刻一个"X"形符号，口径19.4厘米（图8-2）。陶瓶（T106∶66），双唇口，细颈，在颈部与肩部相接处阴刻一个"一"字形符号，口径11.2厘米。彩陶罐

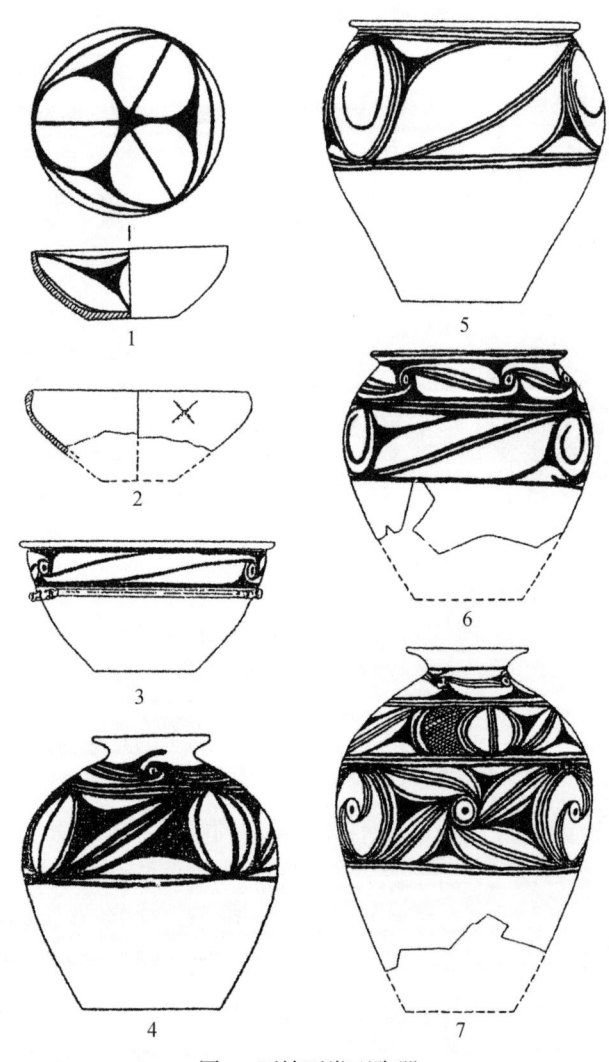

图8　石岭下类型陶器
1.钵　2、3.盆　4.彩陶罐　5～7.彩陶瓮

（T128∶35），完整，小口短颈，圆腹平底，彩绘变形鸟纹和涡形三角纹，口径14厘米，高32厘米，底径15厘米（图8-4）。彩陶瓮（T209H2∶30），圆腹，彩绘变形鸟纹和涡形三角纹，口径26厘米（图8-6）。彩陶瓮（T128H2∶24），完整，彩绘弧线三角纹和平行条纹等，口径31.6厘米，高37厘米（图8-5）。彩陶瓮（T128H2∶36），彩绘分三层，上层为变形鸟纹，中层为网格纹和三角杏圆纹，下层为变形鸟纹和弧线三角纹等，口径22厘米（图8-7）。

五

石岭下类型的居民是有宗教信仰的。在傅家门遗址发现有祭祀坑（T212H5），保存完整。平面呈长方形，长1.9米，宽1米，深0.35米。在坑内放置有猪头盖骨、下颌骨、肋骨、肢骨等骨骼。同时还摆放有彩陶盆、石球和石环等器物（图9）。祭祀坑虽在青海阳山半山类型墓地曾有发现，但在甘肃石岭下类型时期的遗址中却是首次发现，并且其年代比阳山的半山类型要早。

在傅家门遗址的房址和窖穴内出土一批卜骨，共6件。与其同出的有彩陶盆和石斧、锛、刀等器物。卜骨取材于羊、猪和牛的肩胛骨。卜骨未加整治，也未施钻或凿，但有明显的灼痕和阴刻符号。卜骨标本一（T132F11∶6），比较完整，为猪肩胛骨，骨面阴刻"二"字形符号。长21.68厘米，宽7厘米（图10-2）。标本二（T125H6∶32），为羊肩胛骨。下端稍残，骨面留有圆形的灼痕，并阴刻有"一"字

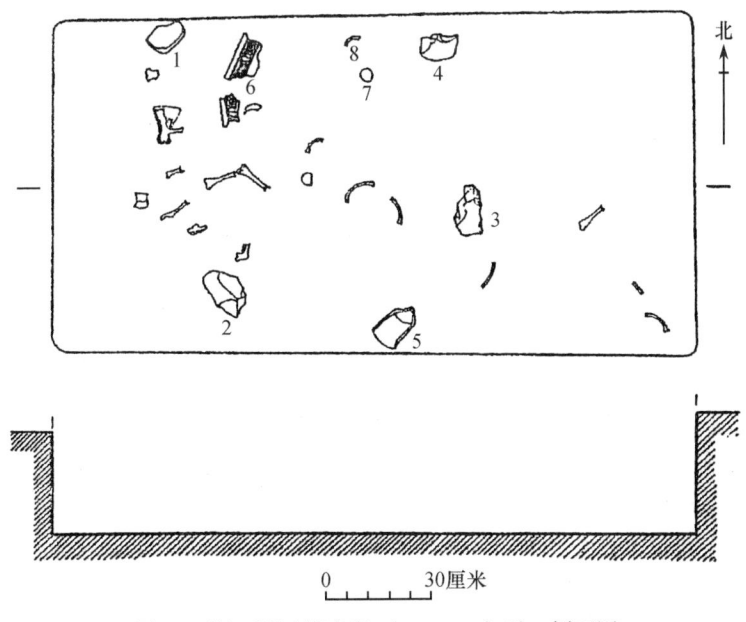

图9　石岭下类型祭祀坑（T212H5）平、剖面图
1~4.鹅卵石　5.DⅡ式盆（H5∶2）　6.CⅡ式盆（H5∶1）
7.B型石球（H5∶3）　8.石环（H5∶4）　其余均为幼猪骨

形符号。长11.5厘米，宽8厘米（图10-4）。标本三（T132F11：12），亦为羊肩胛骨，下端稍残，骨面留有焦黄色圆形灼痕。长10.5厘米，宽6.5厘米（图10-3）。标本四（T132F11：8），为牛肩胛骨，骨面留有灼痕，并刻有一个像英文字母"S"的字形符号（图10-1）。符号都比较简单，也不规范，但它与古文字及商代卜辞并非无关，应能对探讨中国古文字的起源提供重要的线索。同时，祭祀坑与卜骨的发现，表明石岭下类型时期居民已有宗教祭祀活动。

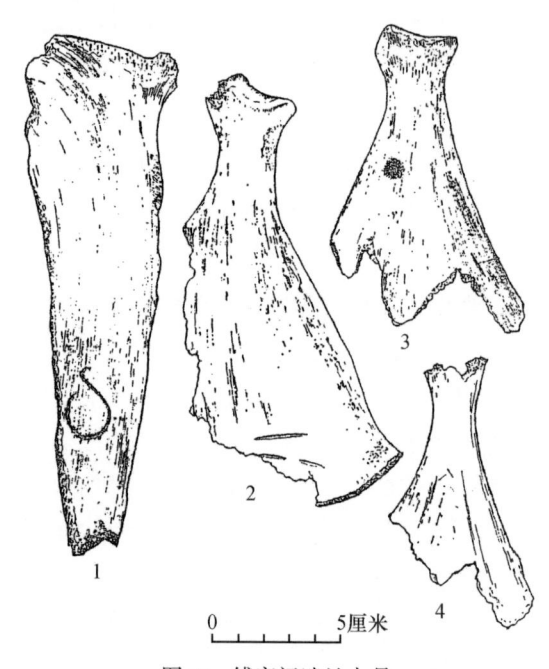

图10　傅家门遗址卜骨
1～4. F11：8、F11：6、T125H6：32、F11：12

据研究，中国史前时期卜骨所用的材料，主要是羊、猪、牛和鹿的肩胛骨，并以羊的肩胛骨为主。甘青地区出土的卜骨，包括齐家文化、四坝文化的卜骨均以羊的肩胛骨为主，而且占的比很大，笔者曾作过统计，约占中国史前时期卜骨总数的65%，这可能与该地区牧羊业的发达有关[11]。在未发掘傅家门遗址前，年代较早的卜骨是在内蒙古自治区巴林左旗富河沟门遗址发现的，卜骨属于富河文化，该文化年代经碳14测定为公元前3510～前3107年[12]。而石岭下类型的年代，据灰地儿遗址的木炭标本，经^{14}C测定为3980年。显然石岭下类型的年代比富河文化早，是迄今所知年代最早的，这为探讨卜骨的起源问题，提供了可贵的实物例证。

傅家门遗址除在卜骨上有阴刻符号外，在陶器上也发现有阴刻符号。如陶盆（T101：27），在近口部阴刻有一个"X"字形符号。陶瓶（T106：66），在颈部阴刻有"一"字形符号。这些符号都是刻在器物正面醒目的位置上，以引起人们的注意和识别。该遗址出土的卜骨和陶器上的符号，计有"1""一""二""S""X"等五种。关于这些符号的含义问题，不少专家作过研讨，给我们很大的启迪、他们将这些符号与已知的中国最早文字商代甲骨文及周代金文进行对照，有很精辟的诠释。就傅家门遗址发现的卜骨而言，可借鉴的有：最简单的笔划"1"字形，解为汉字"十"字，"X"形解为汉字"五"字[13]。"—"形解作汉字"一"字，"1"形也可解作汉字"一"字，"二"形解作"二"字[14]。张政烺先生在《试释周初青铜器铭文中的易卦》一文中，将"—"形隶定为汉字"一"字，"二"形释为"二"字，"X"或"X"形可通用，均解为"五"字等[15]。

六

关于石岭下类型与仰韶文化、马家窑文化的关系问题，自20世纪70年代以来，就引起考古学者的关心。并发表论文提出各自的观点。主流的观点认为石岭下类型应属于马家窑文化范围内。如有学者提出："通常被纳入马家窑类型的彩陶可分为石岭下、雁儿湾、西坡岎和王保保四组，石岭下组年代晚于庙底沟类型而早于雁儿湾和西坡岎两组"[16]，明确地把石岭下类型纳入马家窑文化范围内。有学者通过大地湾与师赵村遗址发掘资料的比较，提出："石岭下类型与大地湾仰韶晚期是两类遗存不能相互替代。……作为马家窑类型前身的石岭下类型与大地湾仰韶晚期遗存是两回事。"[17] 略有不同的意见认为："如果考虑到约定俗成的因素，仍然将这类遗存称为石岭下类型，也未尝不可，不过它不是马家窑文化系列的源头，而是仰韶文化系列中晚期偏早阶段的遗存。"[18]。众所周知，仰韶文化的发展序列是半坡类型—庙底沟类型—西王村类型。以山西芮城西王村遗址命名的"西王村类型"是仰韶文化晚期的代表遗存，我们可以此遗存与傅家门遗址石岭下类型进行比较。这两处遗址出土的陶器有一些相似之处，如均有彩陶，器类以陶碗、盆、钵为主，但两者的差别是很明显的，在西王村遗址出土的折沿鸡冠耳陶盆、尖唇内敛小平底碗、口微内敛"红顶碗"、镂孔圈足豆、带流器、带鸡冠耳大口深腹瓮和刻有似花边形口沿的尖底瓶等陶容器，这些器物在傅家门遗址石岭下类型文化遗存中是不见的，但傅家门遗址出土的较多彩陶器，如小口彩陶壶、彩陶瓮、刻符陶钵和彩绘或雕塑的人像、人面陶器等器物，在西王村遗址中也是没有的。还有很突出的不同是西王村遗址彩陶数量极少，不见完整的彩陶器，而且彩陶纹饰也很简单。据发掘报告统计，"彩绘陶仅见4残片。……彩绘有红地红彩和红地粉白彩两种：红彩的有两片，系绘于盆沿上的三条斜线纹和人字形折波纹，白彩的亦仅两片，一片为折波纹，另一片为圆点纹和条纹"[19]。但傅家门遗址却出土大量的彩陶器，据统计，完整或可复原的彩陶器达20余件。彩绘以黑彩为主，花纹画面较繁缛和格律化，并在器内绘彩。两遗址的彩陶虽然存在一些共性但差异是明显的。石岭下类型与马家窑文化的共性显然大于与仰韶文化的共性。因此将它归入马家窑文化的范畴应是恰当和合理的。石岭下类型某些特点与仰韶文化有相似之处，说明石岭下类型也继承有仰韶文化的因素，而最终发展成为甘青地区的马家窑文化。因此我们可以称它为"马家窑文化石岭下类型"，属于马家窑文化的早期文化遗存。

注　释

［1］　裴文中：《甘肃史前考古报告》，《裴文中史前考古论文集》，文物出版社，1987年。

［2］　甘肃省文物管理委员会：《甘肃渭河上游渭源、陇西、武山三县考古调查》，《考古通讯》1958年第7期。

［3］　马承源：《甘肃灰地儿及青岗岔新石器时代遗址的调查》，《考古》1961年第7期。

［4］　甘肃省博物馆、北京大学历史系考古专业　运城发掘队：《从马家窑类型驳瓦西里耶夫的"中国文化西来说"》，《文物》1976年第3期。

［5］　中国社会科学院考古研究所：《师赵村与西山坪》，中国大百科全书出版社，1999年。

［6］　中国社会科学院考古研究所：《武山傅家门遗址的发掘与研究》，《考古学集刊》第16集，科学出版社，2006年。

［7］　中国社会科学院考古研究所：《中国考古学中碳十四年代数据集（1965～1991）》，文物出版社，1992年。

［8］　夏鼐：《临洮寺洼山发掘记》，《中国考古学报》，商务印书馆发行，1949年。

［9］　李水城：《三下河西——河西史前考古调查发掘记》，《文物天地》，1990年第6期。

［10］　袁靖：《关于动物考古学研究的几个问题》，《考古》1994年第10期。

［11］　谢端琚：《论中国史前卜骨》，《史前研究——西安半坡博物馆成立四十周年纪念文集（1958～1998）》，三秦出版社，1998年。

［12］　中国社会科学院考古研究所内蒙古工作队：《内蒙古巴林左旗富河沟门遗址发掘简报》，《考古》1964年第1期。

［13］　于省吾：《关于古文字研究的若干问题》，《文物》1973年第2期。

［14］　徐锡台：《汉字探源》，三秦出版社，1994年。

［15］　张政烺：《试释周初青铜器铭文中的易卦》，《考古学报》1980年第4期。

［16］　严文明：《甘肃彩陶的源流》，《文物》1978年第10期。

［17］　张强禄：《马家窑文化与仰韶文化的关系》，《考古》2002年第1期。

［18］　郎树德：《大地湾考古与甘肃新石器时代研究》，《陇右文博》2002年第2期。

［19］　中国社会科学院考古研究所山西工作队：《山西芮城东庄村和西王村遗址的发掘》，《考古学报》1973年第1期。

鹤壁刘庄下七垣文化墓地陶器分期等相关问题探析

高天麟

一

刘庄墓地是南水北调中线工程流经之地，为配合工程顺利实施有关文物部门精心组织大力协作，使偌大一片墓地及时得以发掘清理，并为考古研究提供了一批既丰富而又十分珍贵的文物考古资料。

中原地区龙山文化以降，作为有一定规模的墓地屈指数来也只有陶寺墓地一处；至夏商时期的墓葬资料，二里头遗址虽多些，但迄今也未见大片墓地，因此刘庄墓地300余座墓葬资料就显得弥足珍贵。

面对如此丰富而珍贵的资料，由赵新平先生领衔多名学者参与编写，得到国内多名资深专家关注的《鹤壁刘庄——下七垣文化墓地发掘报告》[1]（以下简称《报告》）于2012年3月出版，这是十分令人欣喜的！

《报告》将该墓地338座墓葬资料用文字、图、表等形式精细汇编使之成为内容丰富翔实的田野考古发掘报告，它也是目前研究夏商时期考古学文化不可多得的发掘报告。美中不足的是，《报告》在三个区之间的一些变化或存在的不同情况缺少反映，有关墓葬随葬陶器分期问题只介绍了六组墓葬打破关系，限于这六组打破关系有多座墓没随葬陶器，这给分期问题的研究探讨带来难度，从而不能苛求在短时间内搞清楚这些内容，它或许是本报告发表之后，后续要完成的任务！

尽管报告编者对陶期分期还未来得及作深入的研究探讨，不过，还是发表了一定的看法："从随葬陶器的类型学特点把握，我们认为M94和M103两座墓分别随葬陶鬲和陶鬲、大平底盆组合，反映较早的形制特点"；"在其鼓腹鬲与垂腹鬲两大系统当中，M24：1和M298：2鬲分别代表其最晚的形式……"（《报告》第379~380页）。杨林中先生：《晋东南地区龙山晚期与夏商时期考古学文化的基本认识》一文，对刘庄墓地的陶器分期也有所涉及，该文把刘庄墓地陶鬲演化示意：M94：1→M10：2→M218：2→M24：1[2]这些看法无疑对后面的研究者极具参考价值。

《报告》所提供的墓地存在六组打破关系，它反映了墓地可能存在分期的信息，也是进行分期探索的唯一依据。面对数以百计形式各异又富于变化的陶鬲、陶豆等陶器，它们是否预示着有时间先后和时代变化，这正是笔者准备着力的。限于水平很可能是谬误百出，敬请学者们不吝指正。

二

呈"U"字形的刘庄墓地，两端外伸，后端相连接，墓葬的这种分布状况是否也反映着有时间的先后因素，这是笔者有所疑虑的。

夹砂罐是随葬陶器中出土数量较少，笔者试图从夹砂罐的出土情况统计兼及其形式上的变化，结果发现刘庄这个呈"U"字形的墓地之中，随葬夹砂罐的19座墓，有13座葬在"U"字形的东侧，6座葬在"U"字形的连接处（南面），无一座葬在"U"字形的西侧，这似乎给笔者所疑虑的问题开启了若干可探索的空间。继之我们又将随葬单耳罐的墓作了检核，其结果：9座墓中有3座葬在东侧，有6座葬在南面无一座葬在西侧，这一情况显然和夹砂罐的随葬情况相同。进而我们又检核了三个区随葬陶鬲的情况，随葬1件鬲的墓共80座，东侧只有2座；南面有17座；西侧达61座。随葬陶鬲组合墓共63座，葬在东侧9座；南面20座；西侧34座。如此等等反映了"U"墓地是存在差别的。为便于检核、统计。笔者将"U"字形墓地在原《报告》所作分区的基础上作了小调整，将原东区的南至界定在M185一线以北（以E作代号）；原西Ⅰ区改为南区（以S作代号），它从M185东南侧的M255向南至M174，再由M174向西至M66与M155之间为分界，然后由M155向东北至M36，再由M36向东南经M71、M102回到起点M255；原西Ⅱ区改称西区，由M66和它正北的M56一线以西北这一大片墓地界定为西区（以W作代号），改作代号为的是便于讨论。

刘庄墓地除包含上述三个墓区这一特点外，还有一些情况可陈述：

1）三个区的空墓率（指无随葬陶器墓）数西区最高，西区共有墓葬183座，空墓则有72座，约占39%、其次是东区约占37%、南区最底约占33.8%。

2）随葬陶器较丰富墓的比例，三区中又数南区比例最高，南区总计74座墓，而随葬4件以上陶器的墓有11座，占墓葬总数的14.8%，其他东、西两区分别只占2.4%、2.7%上述现象虽不能说明多少问题，但反映先人对墓地的选择上尤其是占有财富稍多的家族对墓地的选择则优中选优的事实。这种情况在不分区的情况下容易被忽略。

东、南两区随葬夹砂罐、单耳罐检核：

单独随葬夹砂罐：EM18∶1、EM16∶1、EM15∶1、EM17∶1、EM164∶1、EM51∶1、EM1∶1、EM79∶1、EM211∶1、EM84∶1、EM139∶1；SM90∶1、SM70∶1。

组合随葬夹砂罐：EM29∶3、EM188∶3、EM64∶1、EM125∶1、EM4∶1；SM42∶1、SM102∶3、SM72∶1、SM193∶2、SM73∶1、SM57∶2（图1）。

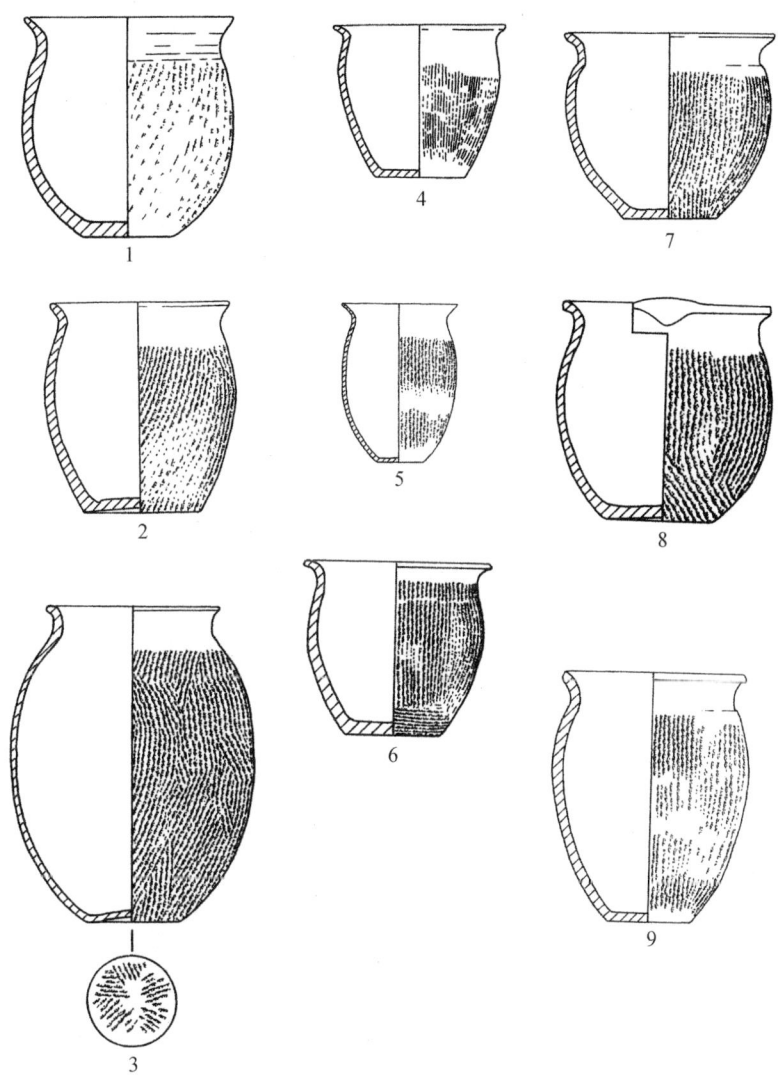

图1 夹砂陶罐
1. SM102:3 2. EM51:1 3. SM42:1 4. EM188:3 5. SM90:1 6. EM1:1
7. SM73:1 8. EM164:1 9. SM70:1

单独随葬单耳罐：EM11:1、EM14:1、EM153:1；SM121:1、SM210:1、SM63:1、SM112:1、SM198:1、SM202:1、SM192:1。

组合随葬单耳罐：EM185:2；SM71:1、SM116:1、SM100:1（图2）。

夹砂罐、单耳罐仅葬于东、南两区，它又反映了什么问题？这还须结合其他随葬陶器的检核才能看出一些问题。

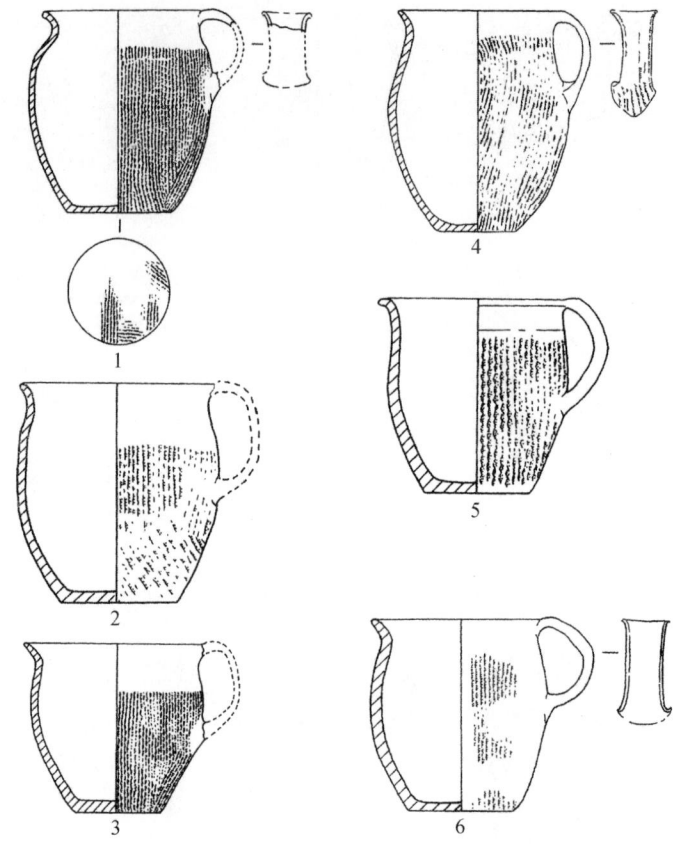

图2 单耳陶罐
1. EM185：2 2. SM63：1 3. SM210：1 4. EM11：1 5. SM202：1 6. SM121：1

三 陶器分期

陶器分期必须运用地层学和类型学的手段，以地层学为依据。刘庄墓地的六组打破关系，本是很好的地层依据，但正如前面业已指出的由于多座墓没有随葬陶器，故所能提供的分期信息极为有限，尽管这样，我们还是应该利用其有限的不完整的信息，对一些现象进行梳理，或许能获得部分信息（附表1）：

1)《报告》列示WM22→WM23，WM22：1鬲，系大口，宽沿外侈，口径大于腹径，整器敦实。被打破的WM23：1是1件口径8厘米，高8.8厘米的钵《报告》称盆，似乎小了一点（图3-5、6），这两者之间虽存在打破关系，但是否存在分期意义，这就要进行比对。发现EM5随葬2件标本，EM5：1鬲，是1件高领，侈沿，袋足胖硕的鬲，与其伴出的EM5：2则是1件与WM23：2钵形制酷似的钵（图3-1、2），类似EM5这样的墓还有 EM26：1鬲也是高领，侈沿，袋足微外侈；EM26：2钵，形制也大体同于WM23：1（图3-3、4）。这样的例子还可举出一些，限于篇幅就不再一一列举。由

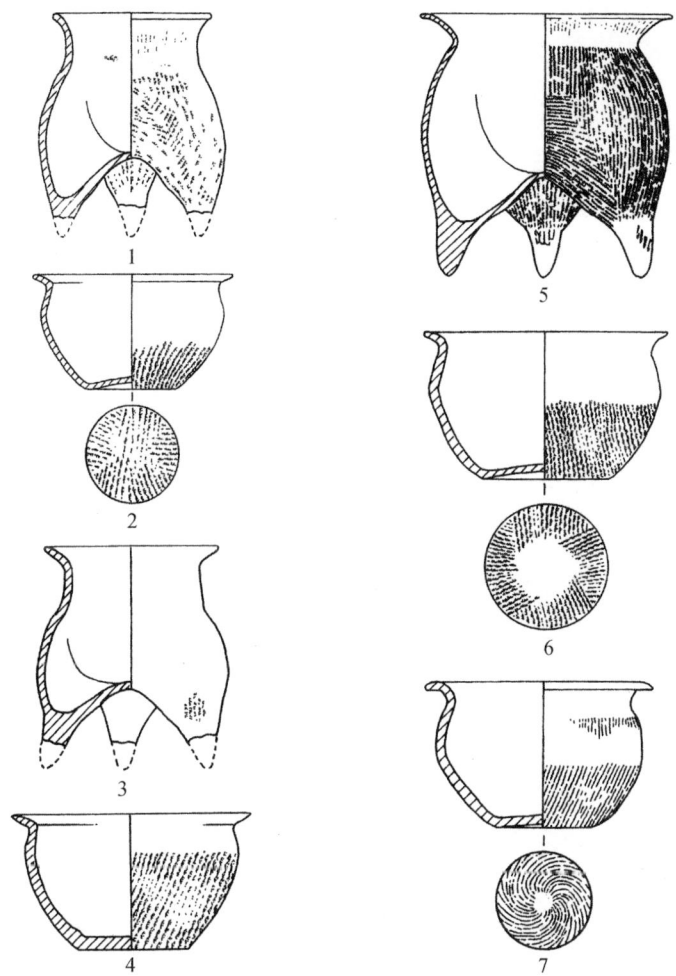

图3 陶鬲、盆
1. AaⅠ式鬲（EM5：1） 2. Aa型盆（EM5：2） 3. AaⅠ式鬲（EM26：1） 4. Aa型盆（EM26：2）
5. BaⅦ式鬲（WM22：1） 6. Aa型盆（WM23：1） 7. Aa型盆（WM46：3）

这组墓葬随葬陶器比对的结果，大致可以看出它们之间是存在差别的，这种差别恐怕不仅仅限于陶器形制上的差别，而更有可能反映着时间上的差别，因为EM5、EM26出土的2件鬲的形制与《报告》依据类型学的特点所指出的2件鬲EM94：1、SM103：1具早期特点的说法是一致的，由此也验证了《报告》的说法是经得起检验的。就此，大致可以确定这是一组反映早晚关系的墓，这样WM22：1的鬲晚于EM5：1、EM26：1的鬲。

2）《报告》在地层关系一节中列举的六组打破关系中就有WM261→WM263，而在《报告》第289页则说成是WM261→WM262，但在第372页又写成WM261→WM263，有点莫衷一是，查墓葬分布图所示的打破关系来看，应是WM261→WM262。WM261随葬陶盆1件，是腹间饰绳纹的大口平底盆（图4-4），

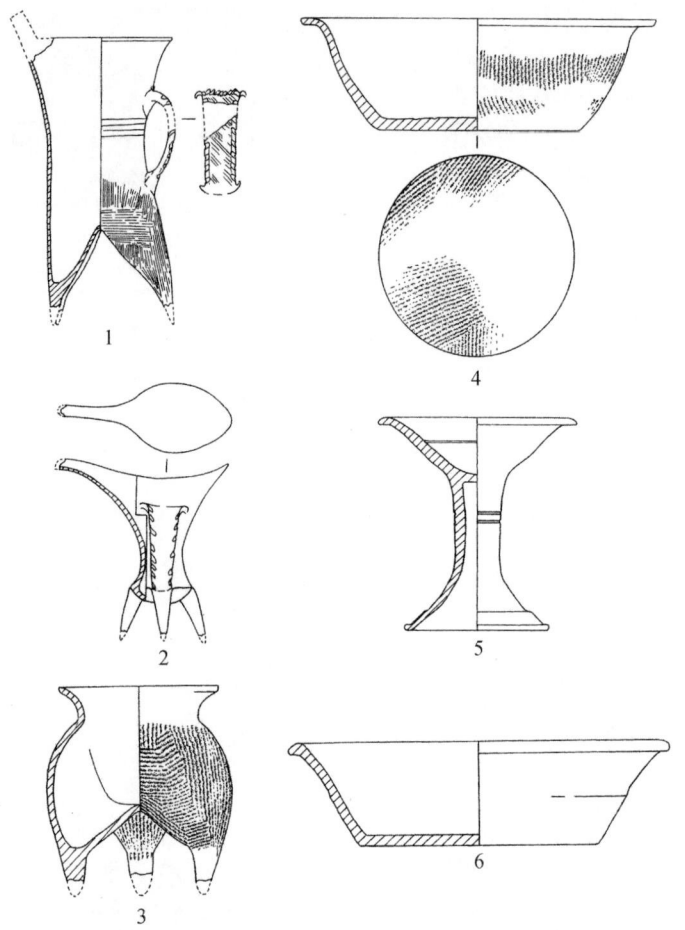

图4 陶器
1. 鬶（WM262：1） 2. 爵（WM262：2） 3. BaⅣ式鬲（WM263：2）
4. BⅥ式盆（WM261：1） 5. E型豆（WM262：3） 6. BⅢ式盆（WM263：1）

似乎具有下七垣文化的特点，被它打破的WM262出陶鬶（WM262：1）、陶爵（WM262：2）、陶豆（WM262：3）。《报告》在谈到断代时认为刘庄墓地年代最早可至二里头文化第二期，而WM262随葬了极具二里有文化特征的鬶、爵等陶器（图4-1、2、5），认为它预示着这座墓在墓地属年代稍早的。WM261从形成关系来看要晚于WM262，但两者的早晚关系能否构成分期，同样需要作更多的比对。WM263与WM262并列，在其周围还不多见有这样排列的，说明两者的关系当很近，WM263随葬鬲、盆各1件，鬲WM263：2、盆WM263：1，该墓鬲的特点是束颈，侈沿，胖袋足最大径在上腹，与鬲伴出的平底盆，是1件具二里头文化特点的素面敞口大平底盆（图4-3、6），这表明与WM262并列的WM263的文化因素也同样复杂，且时间上也不会晚于WM262，梳理这2座墓的关系，最大的益处是又找出WM263：2鬲的形式。

3）SM159似乎与WM262近同，也随葬有鬶、角等多见于二里头文化的陶器，除此之外，还随葬两件陶豆，1件腹间饰圆圈纹的圆肩罐和1件陶鬲（图5），SM159：3的鬲与WM265：1形制酷似（图5-4）与WM263：2形制有出入，WM263：2口沿较前两器显宽还出领，从找线索的角度这样又多了一个比对关系。由上述三组关系已理出5件分属四种形制的陶鬲：W M22：1，EM5：1、EM26：1鬲，SM159：3、WM265：1，WM263：2。

除了对上述三组关系进行追溯、检核外，其余的线索似乎已不多，须另辟蹊径。墓地有相当一部分墓葬随葬组合陶器，数量多寡不一。笔者对此作了粗略的检核排比，也尝试作了分型分式，这样便于对组合随葬器形互相印证。检核从组合墓中数量较少，统计排比较易入手的陶簋组合开始。

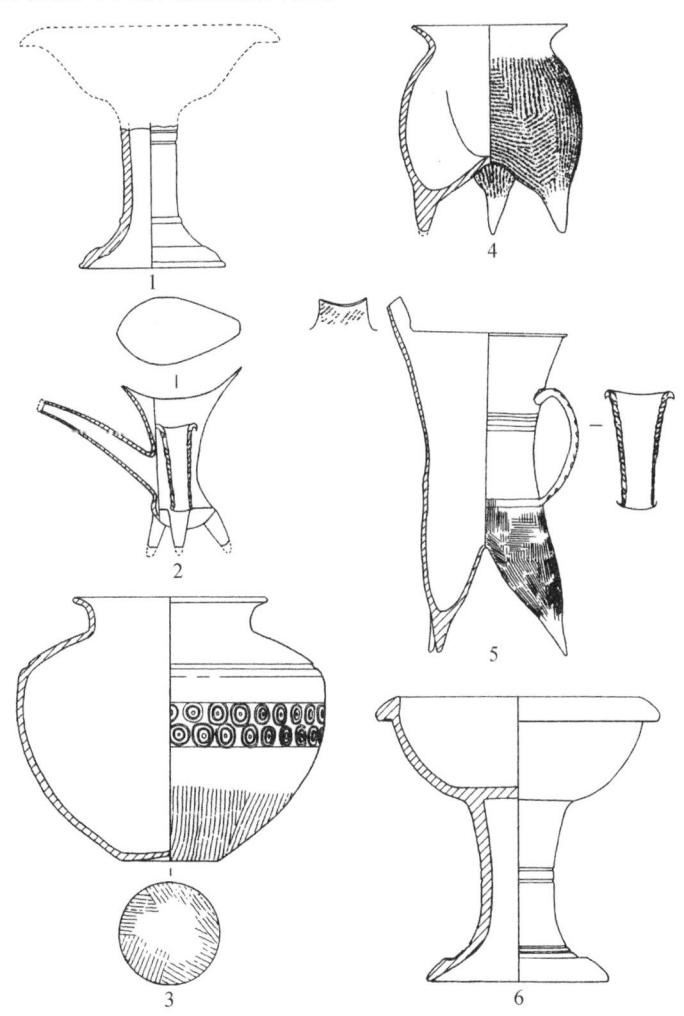

图5 陶器
1. Da I 式豆（SM159：2） 2. 角（SM159：6） 3. 圆肩罐（SM159：1） 4. Ba I 式鬲（SM159：3）
5. 鬶（SM159：5） 6. Da Ⅲ式豆（SM159：4）

（一）陶簋组合检核

8座随葬陶簋的墓有5座葬在东区（EM4、EM29、EM85E、EM97、EM189）；葬在南区的SM161、SM193是平列的；葬在西区的只WM203。簋组合的器形有数种，有和夹砂罐、豆作组合的如EM4、EM97、SM161；和夹砂罐、盆、豆作组合的只EM85；和侈沿罐、鼎、盆作组合的只EM29；和单耳罐、豆组合的SM193。8座墓中有2座墓随葬陶鬲，EM189与簋、豆；WM203与素面簋、大平底盆随葬（图6）。8座墓的簋分七种形式，EM97：1为折沿浅腹盆附矮圈足，整器颇似龙山文化的圈足豆（或称盘）兹将其列为"A"型（图6-7）；EM4：2、EM85：4、SM161：1这3墓随葬的簋均为敞口侈沿盆附喇叭形宽圈足（图6-1、4），其中SM161：1簋器腹无纹饰足部无镂孔，这3座墓随葬的簋笔者列其为"B"型；SM193：3为敛口折肩钵附矮小的圈足将之列为"C"型（图6-2）；EM29：2为一上沿曲壁弧腹，腹壁饰两周涡纹盆附粗柄状圈足将之列为"D"型（图6-5）；WM203：3为一素面深腹钵附喇叭状圈

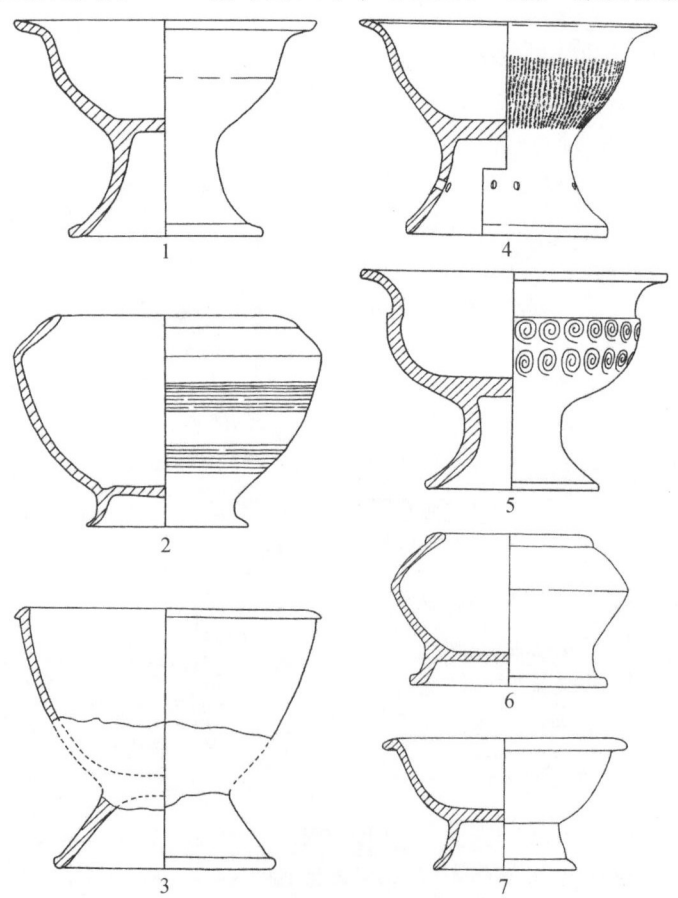

图6　陶簋

1. B型SM161：1　2. C型SM193：3　3. E型WM203：3　4. B型EM4：2　5. D型EM29：2　6. F型EM189：2
7. A型EM97：1

足列为"E"型（图6-3）；EM189：2为敛口凸腹罐附宽大圈足列该器为"F"型（图6-6）。上述8座以鬲和其他器形组合随葬墓，它们本身有无早晚差别，我们大致作了比对感觉只有个别墓略显差别，因为那3座随葬"B"型鬲的墓，似可不必考虑它们之间是否存在早晚的问题；随葬"A"型鬲的EM97另两件器形：一为浅腹厚胎夹砂罐（EM97：2）；另为碗腹盘附豆柄的豆（EM97：3），这2件标本前者在南区墓地曾有单独随葬的如SM192：1，只是腹有深浅，该墓的豆在本墓地独此1件；"C"型鬲SM193：3与SM193：2的单耳罐、SM193：1豆组合随葬，其实单耳罐在东区亦曾有单独随葬的，如EM11：1，另外，SM193：1豆的形制也较独特，不过，该豆的整器外沿作连线还大致能连起圆弧线，何况它与EM10：1的豆还有某些相似之处，表明它和EM37：2、EM39：1、EM10：1、EM4：3这些墓有较密切的关系，需要指出的是：南区的SM161和SM193两墓是平列的，说明两者的关系当很近，SM161是鬲、罐组合（罐未刊出），前已指出SM161、EM4、EM85共同随葬"B"型鬲，SM161和EM85同为鬲、罐组合，而EM4只多了1件豆，情况和SM193相似，两者的差别是SM193随葬的是单耳罐；另外EM4也随葬1件豆，虽和SM193的并不是同一形制，但EM4豆的两外侧作连线也能连成圆弧线，凡此，说明两者在排列关系上和器形组合变化方面均显示时间上是接近的。随葬"F"型EM189：2和"E"型WM203：3鬲与前面所介绍的6座墓之间除鬲的形制有差别外，这2座墓各随葬1件陶鬲，这是否反映时间上有所差别？因为EM189：3的豆和EM37：2、EM39：1、EM10：1豆的形制已有一定的差别，EM189：3豆的两外侧盘、柄、座之间作连线已连不起EM37：2、EM39：1那样的圆弧线，而同为与鬲随葬的EM4、SM193的豆，两外侧作连线均能连起圆弧线，另外EM189：1的鬲与EM5：1、EM10：2、EM26：1、EM39：2等鬲的形制也存在某些差别；但WM203：1鬲与EM189：1两者大体上还保持着EM39：2垂腹鬲的风格。而另外2件器形，平底盆和素面深腹钵形鬲，在鬲的组合墓中平底盆好像不是很多，在其他组合中则是屡见不鲜。素面深腹钵形鬲则更是别开生面，这一器形曾在琉璃河所谓的夏家店下层文化的墓葬出土过[3]，同墓随葬的还有1件形制如同EM4、EM85、SM161所随葬的鬲，还有1件夏家店下层文化典型器，筒形矮足鬲，再1件是形制与昌平雪山所见侈口短颈圆腹袋足鬲（图7）。由此说明WM203总体看与SM161、EM4、EM85等随葬鬲的墓时代当一致。EM189所随葬的鬲、豆经与有关墓的同类器作比对，感觉它似乎会晚于EM5等所随葬的鬲、豆，而该墓随葬的鬲形制也颇特殊，它与另7座鬲组合墓类比如前所述已发生递变。但能否构成一期之差的分期，则尚须观察。

鬲组合墓主要分布在东区，南区也有少量分布。它多与上述两区所独见的单耳罐、中型侈沿夹砂罐（有的唇沿饰花边纹）等组合随葬，说明这一组合是代表墓地较早的随葬组合，而同时也说明"U"字形墓地像似东区最早启用，然而其他两区也非绝对的空候着，从排比的情况看来有一些组合墓也有埋葬在西区的，但总的趋势是渐次向南、向西推进的。

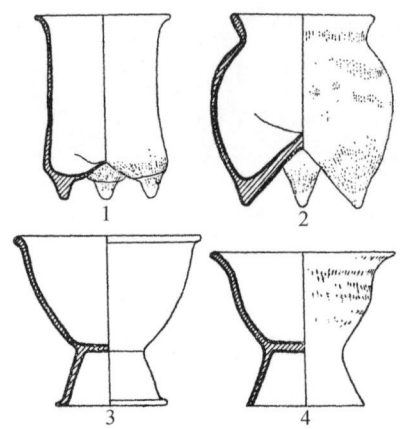

图7 北京琉璃河夏家店下层文化墓葬随葬陶器
1、2.鬲（M1∶1、2） 3、4.簋（M1∶3、4）

（二）陶鼎组合墓

共9座，2座葬在东区（EM29、EM337）4座葬在南区（SM87、SM158、SM218、SM236）3座葬在西区（WM46、WM93、WM308），东区EM29因其与簋、盆、罐组合随葬，由于其中的罐在东、南两区的若干墓葬曾作为单独随葬，而EM29∶2"D"型簋虽是1件别开生面的器形，但腹壁饰涡纹的盆在刘庄墓地还能找出几件，在新乡潞王坟遗址也曾有出土，尤其是EM29∶4的鼎，根据淇县宋窑遗址所总结的鼎的早晚期的特征和演变轨迹，EM29∶4鼎当属于较早的特征，故把它放在鼎组合中的第一组，EM29∶4鼎列为AaⅠ式（图8-3），与AaⅠ式EM29∶4鼎形制接近的尚有WM46∶1（图9-3），WM46除鼎外还有WM46∶2、3的Aa型盆，WM46∶4BaⅠ式鬲。而WM46∶2、3Aa型盆与WM23∶1、EM5∶2、EM26∶2盆属同一形制，而上述WM23则是被WM22所打破，这样WM46组合中的鼎、盆找到了它是代表较早的时代依据，从而，间接又说明WM46∶4BaⅠ式鬲早于WM22∶1BaⅦ式；（与WM46∶4形制近同的还有同一插图的SM49∶1）随之新的问题就提出来了，即2件鬲WM46∶4和SM49∶1是折沿鼓腹鬲与EM5、EM26随葬的有颈鬲则成了同时或平行的陶鬲形式，如是，这只能说当时这两型鬲是同时在使用或稍有错次，这一点值得关注，当然，WM46的2件盆的口沿和EM23∶1、EM5∶2、EM26∶2也存在某些差别，这一点也不应忽视，但在整个墓地随葬这型盆的墓也只有这几座。与Ⅰ式鼎形制接近的除上述WM46∶1外，还有SM236和WM308。SM236有5件随葬陶器，SM236∶1鬲、SM236∶2豆、SM236∶3的盆、SM236∶4圈足盘、SM236∶5的鼎。SM236∶1鬲，宽领斜折，溜肩，胖腹微垂，高实足经排比列为BaⅠ式；SM236∶2豆作宽沿浅盘，柱状把，喇叭状足排比后列为DaⅠ式；SM236∶3盆，为敞口浅腹素面平底盆经排比后列为BⅠ式；SM236∶4圈

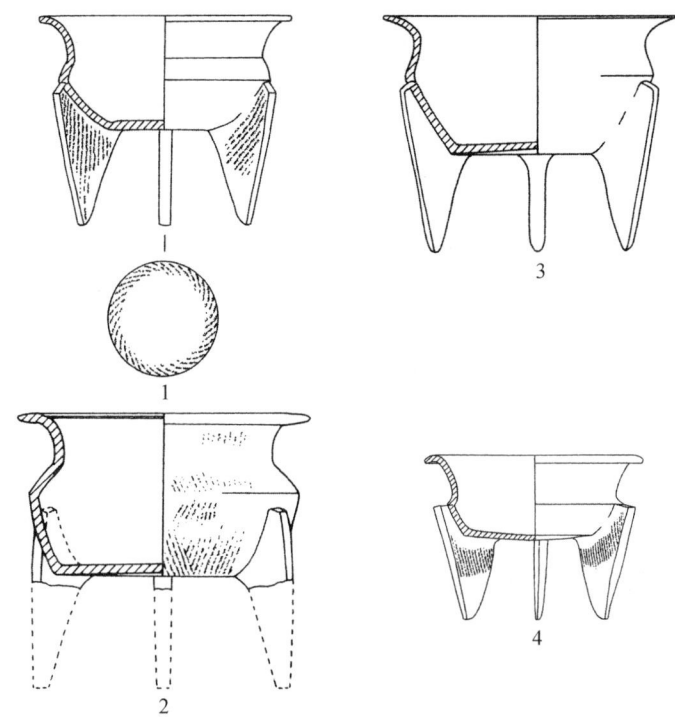

图 8　陶鼎
1. AaⅢ式WM93：1　2. Ab型EM337：1　3. AaⅠ式EM29：4　4. AaⅢ式SM87：2

足盘，浅腹直壁盆附中粗圈足排比后列为Ⅰ式；SM236：5的鼎形制和EM29：4比较接近，少有的差别表现在EM29：4的鼎口部较SM236：5鼎口稍大同列为AaⅠ式（图9-4）。WM308随葬2件陶器，WM308：1鬲作尖唇，短沿，束颈胖腹，这型鬲的口沿在淇县宋窑遗址属AaⅠ式[4]，笔者把WM308：1鬲列为BbⅠ式；WM308：2鼎形制大体和EM29：4近似同列为AaⅠ式（图9-2）。SM158鼎足虽残。而其上部的形制稍异于AaⅠ式鼎的形制，列其为AaⅡ式（附表1-14），SM158：2鬲作侈沿，束颈，最大径在上腹，饰细绳纹排比后列为BaⅡ式（图23-1）；SM158：3是泥质折肩罐。WM93：1鼎、WM93：2敛口涡纹瓮、WM93：3豆等3件标本，由于WM93：1鼎腹壁曲度大时代显晚，尤其豆的形制亦与SM236：2等豆有别，涡纹虽见之较早，但作为涡纹瓮形式还是首见，据此，将WM93：1鼎列为AaⅢ式（图8-1），WM93：3豆列为E型。SM87：2鼎上壁内曲尤甚；SM87：1豆，敞口，盘底深凹与柄相接处折角极显列为E型；SM87：3平底盆，口沿下内曲为首见，3件标本所反映的新特点，决定了它们所处的位置，由此，SM87：2鼎同列为AaⅢ式（图8-4）；SM218：3鼎形制与SM87：2略同；SM218：2鬲，作侈口，短领内束，鼓肩，袋足微内收；M218：1是"豪华"型圈足盘；SM218：4豆虽与SM236：2同属D型，但两者的圈足盘则差别明显，故SM218：3鼎亦列为AaⅢ式（图9-1），这说明鼎组合的墓存在递变关系，是由EM29：4等为代

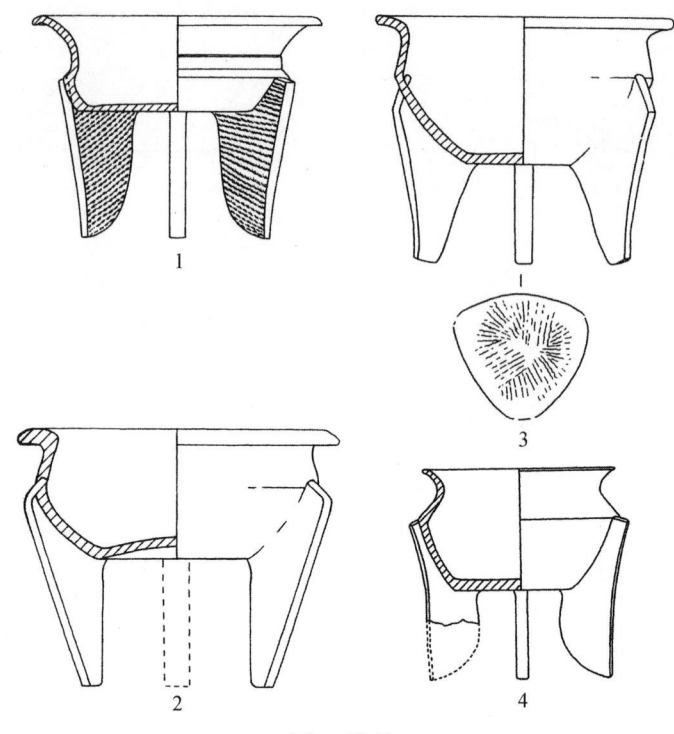

图9 陶鼎
1. AaⅢ式（SM218∶3） 2. AaⅠ式（WM308∶2） 3. AaⅠ式（WM46∶1） 4. AaⅠ式（SM236∶5）

表AaⅠ式在向SM158∶2为代表AaⅡ式再向SM87∶2等为代表的AⅢ式晚的特征发展。EM337∶1是葬在东区西北边际单独随葬鼎的墓，EM337∶1其口沿下虽有曲度，但整器形制稍嫌特殊，有关该墓的早晚一时难以定夺，而它又坐落在东区，似列它Ab型为宜（图8-2）。

（三）圈足盘组合检核

圈足盘在刘庄墓地也占有不小的比例，仅次于鬲的组合，共21座，其中大部葬在南区，达14座（SM40、SM55、SM57、SM61、SM69、SM71、SM99、SM117、SM118、SM176、SM218、SM231、SM236、SM242），7座葬在西区（WM21、WM34、WM65、WM247、WM278、WM287、WM315），东区无一座，下面按区作检核、排比。

南区：SM40随葬3件陶器SM40∶1鬲未刊，SM40∶2为中型浅盘，中粗圈足列为Ⅰ式圈足盘（图10-1）。SM40∶4为敞口折沿，浅腹素面平底盆列为BⅣ式、SM40∶3泥质罐。

SM55随葬2件陶器，SM55∶1残剩折沿浅盘圈足残暂列为Ⅰ式；SM55∶2鬲，作

图10 Ⅰ式陶圈足盘
1. SM40∶2 2. SM71∶4 3. SM242∶2 4. SM57∶1 5. SM247∶2 6. SM236∶4

折沿，深袋足略呈外撇状，颇具龙山文化遗风列为AaⅠ式。

SM57 随葬3件陶器，SM57∶1圈足盘形制与SM40∶2近同只是体形稍大同列为Ⅰ式（图10-4），SM57∶2夹砂罐、SM57∶3豆属DaⅠ式，此墓无鬲，而随葬侈沿深腹中型夹砂罐时代未必会晚。经检核随葬Ⅰ式圈足盘的除上述3座墓外，尚有SM61∶2、SM71∶4、SM236∶4、SM242∶2、WM247∶2、WM278∶3（图10-2、6、3、5，图11-4）。

SM69随葬3件陶器，SM69∶1圈足盘，它的盘和Ⅰ式差别不大，而圈足较Ⅰ式略显粗、高现列为Ⅱ式（图11-1）；SM69∶2豆，笔者列为DaⅠ式；SM69∶3豆整器与DaⅠ式接近，只是豆盘的口沿两者有明显差别故列为Db型。

SM117随葬3件陶器，SM117∶1圈足盘为浅盘，中形圈足列为Ⅱ式（图11-2）；SM117∶2豆，笔者列为DaⅠ式；SM117∶3鬲，侈沿，束颈，胖腹足底呈外撇状被列为BaⅠ式；Ⅱ式圈足盘除SM69、SM117外，另有SM176∶1、SM231∶1、WM287∶2（图11-3、6）。

SM99随葬5件陶器，SM99∶1豆、SM99∶2圈足盘、SM99∶3折肩罐、SM99∶4陶

图11　陶圈足盘
1.Ⅱ式（SM69∶1）　2.Ⅱ式（SM117∶1）　3.Ⅱ式（SM231∶1）　4.Ⅰ式（WM278∶3）
5.Ⅳ式（WM315∶1）　6.Ⅱ式（WM287∶2）

盆、SM99∶5豆，此墓较特殊之处是无鬲也无夹砂罐随葬，而SM99∶2圈足盘其圈足壁上增饰上下"T"字形镂孔，显得"豪华、气派"；它与后面的SM218∶1的形制接近，表明它有可能较WM69为晚故列为Ⅲ式（图12-4）；SM99∶5的豆与WM96∶3作类比，其豆身两侧作连线，已连不起圆弧列为E型，SM99∶1豆则是新出现的形制列为DaⅡ式。

SM118随葬5件陶器，SM118∶1豆（E型）、SM118∶2平底盆（BⅦ式）、SM118∶3鬲（BaⅣ式）、SM118∶4圈足盘的圈足壁，饰6个上下"T"字形镂孔，较SM99∶2更显"豪华"列为Ⅲ式（图12-2），SM118∶5为矮领球腹，腹间饰涡纹罐。SM118和SM117两者的陶鬲形制出入不是很大，但SM118∶4的圈足盘较M99∶2更显"豪华"，这样，这两者和WM99、SM117之间能否构成时间上的界线，值得考虑。随葬4件陶器的SM218，其圈足盘（SM218∶1）与随葬Ⅲ式圈足盘的SM99∶2、SM118∶4形制接近，同列为Ⅲ式（图12-1）。

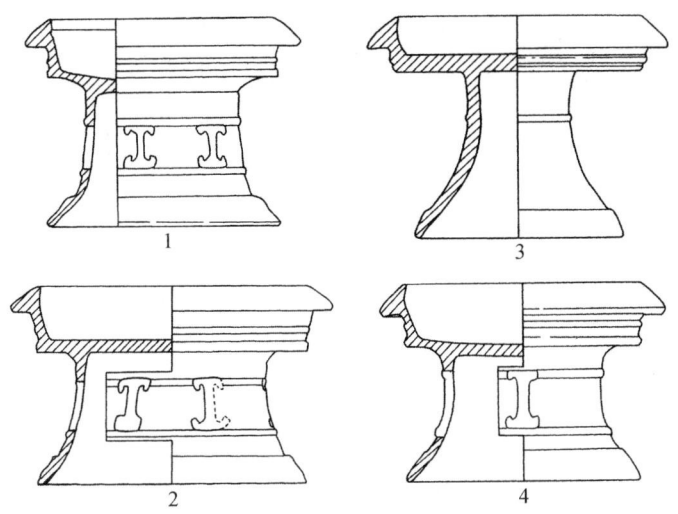

图12 陶圈足盘
1.Ⅲ式（SM218∶1） 2.Ⅲ式（SM118∶4） 3.Ⅴ式（WM34∶2） 4.Ⅲ式（SM99∶2）

西区圈足盘组合墓的检核：WM21随葬4件陶器，WM21∶4圈足盘，盘浅而宽大，圈足残从残痕看较前面诸式明显增高列为Ⅳ式，WM21∶1饰涡纹残盆（无刊）WM21∶2鬲（BbⅡ式）、WM21∶3豆（E型）。

WM315随葬5件标本，WM315∶1的圈足盘在圈足盘组合形制比较特殊的一种形式，但在浅盘、高圈足这一点上与WM21较为接近，故将两者同列为Ⅳ式（图11-5），WM315∶3的豆列为（E型），WM315∶2的平底盆列为Ⅸ式。

WM34随葬2件陶器，WM34∶2圈足盘，在诸多圈足盘中唯它的圈足较为特殊，而呈筒状喇叭形，几乎与豆柄形无所差别，特列为Ⅴ式（图12-3）；WM34∶1豆亦为E型。

除上述的簋、鼎、圈足盘外，豆的出土数量也较大，并和多种器形作组合现不妨从东区的豆、鬲等组合开始检核。

（四）豆、鬲等组合检核

1. 东区豆、鬲组合

EM39为豆、豆、鬲组合EM39∶1是敞口浅盘豆，盘内沿有一周浅凹槽，细柄，柄部有九个圆形镂孔（上三下六）细察之，发现这型豆（包括EM4∶3、EM37∶2）一个显著的特点，即从豆盘的两外侧经豆柄再至豆座这三点相连，则呈一个内曲的圆弧，列此型豆为A型（附表1-8），EM39∶3豆棱角分明颇具龙山文化特点，列为B型（图14-3）；EM39∶2鬲作侈沿，矮领，胖袋足略呈垂鼓状，从照片看外形与鬲SM103∶1鬲十分近同，与EM5∶1鬲形制也极为相似。本文列其为A型鬲中的AaⅠ式。此墓检核过程中有一段小插曲，这就是EM39∶1豆的形制，与东区若干墓随葬的豆形制接近，但在东区墓葬排列中不见此墓号，在整张墓葬排列图中找不到M39，而编号M29的有两处，回过头来再核对文字，文中交代M39在T5343北部，在此范围内并无M39，而有编号M29的，显然是填错了墓号。EM39∶1豆的形制与EM37∶2、EM193∶1豆的形制也相近，这或许正反映这片墓区随葬方面的某些特点。

EM37也是1座豆、鬲组合墓，豆EM37∶2、鬲EM37∶1；EM37∶2豆盘形制与EM39∶1近同列为A型（图13-4）；EM37∶1鬲领稍高，沿微外侈，袋足垂鼓略外撇，与EM39∶2鬲同列为AaⅠ式。

EM10是豆、鬲组合，豆（EM10∶1）敞口浅盘，柄稍粗并有六个圆形镂孔，豆盘与豆柄两外侧作连线则呈一个内曲的圆弧，这一特点和EM37∶2、EM39∶1的豆柄的风格是一致的，而从形制来看与它接近的有EM193∶1的豆，仅此两例同列为A型（图

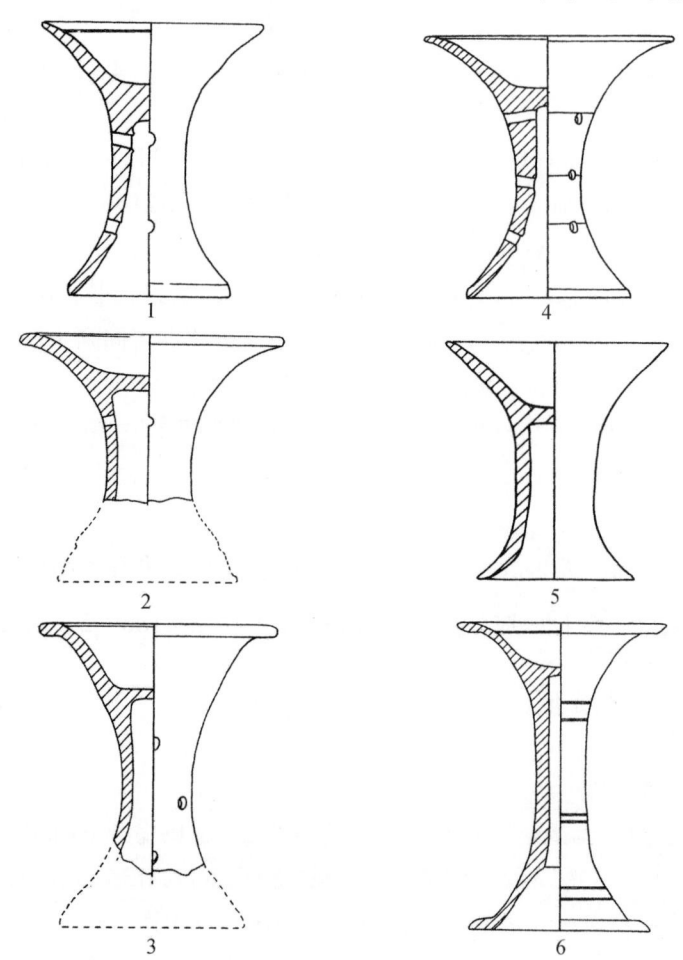

图13　A型陶豆

1. EM10∶1　2. EM95∶1　3. EM4∶3　4. EM37∶2　5. SM193∶1　6. EM190∶1

13-1、5）。EM10：2鬲矮直领，胖袋足略呈外撇状，足尖有刻槽，这型鬲在形制上与前述的EM5、EM26、所随葬的鬲有所区别今列为Ac型，但它的鼓腹三足外撇的特点和风格仍然是和上述EM5、EM26、所随葬的鬲相一致，另外从墓葬排列来看它和东区随葬夹砂罐的EM17、簋罐组合的EM85、单耳罐的EM14等墓排列有序，因此它们之间在时间上当不会有较大的间隔，从而表明这型鬲当有可能和长颈袋足鬲是共存的或至少共存过一段时间。

EM95随葬豆、鬲各1件，EM95：1豆，大浅盘，沿外展，粗柄上部有两个镂孔，下部残，EM95：1豆尽管柄较粗座已残，但仍然可以看出它的两外侧从盘外沿到座外沿作连线，大致还成圆弧状，暂列A型（图13-2）。EM95：2鬲矮领，侈沿，袋足外鼓，三足较高并呈外撇状现列为AaⅡ式。

EM190：1豆，独随葬豆1件，该豆大体上还保持豆盘与豆柄两外侧作连线尚呈一个内曲的圆弧，列A型（图13-6）。

EM4是豆、簋、罐组合EM4：3豆形制和EM37：2、EM39：1相近，同列为A型（图13-3），该墓的簋、罐在簋组合中已有描述，此处从略。可列为A型豆的尚有南区的SM127：3、SM242：1和西区的WM278：1（图14-4、1、5）。

EM97亦为豆、簋、罐组合EM97：3豆为碗形盘接柱状柄，柄座呈喇叭状，此器形极为单一暂列为"C"型（图14-6）。该墓随葬的簋、罐同样在簋组合中以作描述。

EM189是一座豆、簋、鬲组合，EM189：3豆大敞口，浅盘细柄，豆盘两外侧作连线，其内曲圆弧已不像前述四座墓那么规整，故把EM189：3豆暂列为"Ab"型（图14-2）。EM189：2簋形制特殊，相似一个敛口鼓腹罐附一矮圈足被列为F型。EM189：1鬲宽领，侈沿，腹微垂，高足，整器外形袋足也略呈外撇状，不过，EM189：1所呈现的口径和腹径相若，垂腹也不像EM39：2鬲那样，今列为AaⅢ式，这一组合的器形似乎已向晚的趋势发展。

东区的EM185、EM188、分别是豆、单耳罐，豆、夹砂罐、泥质罐组合，EM227为豆、盆、斝组合，这3座墓的豆EM185：1、EM188：2、EM227：2均作浅盘，柱状豆柄，喇叭形柄座，它们与东区EM37：2、EM39：1豆的形制有明显的差别，显然是两种形制，现把这三座墓的豆列为"D"型豆中的DaⅠ式（图15-6、1，图16-1）。

2. 南区的豆、鬲等组合墓

DaⅠ式型豆在南区墓中的随葬量远较东区为广，它们与罐（包括单耳罐）作组合的有5座；与圈足盘作组合有5座（内有2座含陶鼎）；与罐、盆、盆、作组合有2座；与罐、鬲、鬹、角组合的1座；与鬲组合的1座，共14座（附表2）。可列为DaⅠ式豆的尚有南区的SM42：2、SM57：3、SM72：2、SM73：2、SM78：1、SM116：2、SM218：4、（图15-4、2、9、8、5、7、3）。

SM99：1则是厚唇沿弧壁碗状盘，承柱状柄，柄座呈喇叭状，这型豆既区别于A型

图14 陶豆
1. A型（SM242∶1） 2. Ab型（EM189∶3） 3. B型（EM39∶3） 4. A型（SM127∶3）
5. A型（WM278∶1） 6. C型（EM97∶3）

而与DaⅠ式型豆也有一定的差别，但似乎和"D"型豆又有不易割舍的关系，不妨把它视为"D"型派生出来的，现列为DaⅢ式（图16-2），同属DaⅢ式的有SM159∶4、WM66∶2（附表1-15）；（图16-5）。属DaⅢ式的SM99∶1和"E型"（SM99∶5）共存，同为DaⅢ式的SM159∶4与相似DaⅠ式的SM159∶2豆共存，只因SM159∶2豆盘残失而从豆柄形状与SM57∶3的豆柄极为近似，这些现象表明处在这阶段正是豆的形制产生变化的时期。

SM69∶3与其伴出的SM69∶2形制大体接近，只是两者的盘口出入较大SM69∶2作敞口沿外展列DaⅠ式，而SM69∶3的盘口则为收口故把它列为"Db型"（图16-4）。

WM65∶3敞口、沿外翻、弧壁浅腹，细高柄，喇叭形柄座。此豆因与DaⅠ式、Ⅱ式有一定差别，故列为DaⅤ式（图17-1）。

WM106∶1为一弧壁深腹盆状盘（盘壁饰旋纹）承柱状高柄，柄底呈喇叭状，这

图15 Da I 式陶豆
1. EM188：2 2. SM57：3 3. SM218：4 4. SM42：2 5. SM78：1 6. EM185：1
7. SM116：2 8. SM73：2 9. SM72：2

一形式的豆又是独此一件，故把它列为DaⅥ式（图17-6）。

南区的SM87：1敞口，沿外展，沿下微内曲后弧壁至盘底，故底略呈内凹状，细柄，喇叭形柄座，盘、柄连接处有明显的折角，这一作风与"A"型豆有明显的区别，而它的豆盘形制也与"D"型有差别，特列为"E"型（图18-7）。在南区与"E"型豆同一形制的尚有SM176：3、SM99：5、SM118：1（图18-2）。

"E"型豆在南区只SM87等4座，而在西区则远不至这个数，经粗略的统计则有WM34、WM93等21座（附表2）。

3. 西区的豆、鬲等组合墓

西区的豆组合墓，分鬲、豆，鬲、豆、盆，鬶、爵、豆，鬲、豆、盆、簋，鬲、豆、盆、圈足盘，鬲、豆、豆、盆，鼎、豆、瓮等，共10座。

WM66：2豆为碗形盘下连矮柱状柄、座，是一种数量很少的新型豆将其列DaⅢ式（图16-5）。WM66：1鬲，为折沿束颈胖腹微垂列为BaⅢ式。

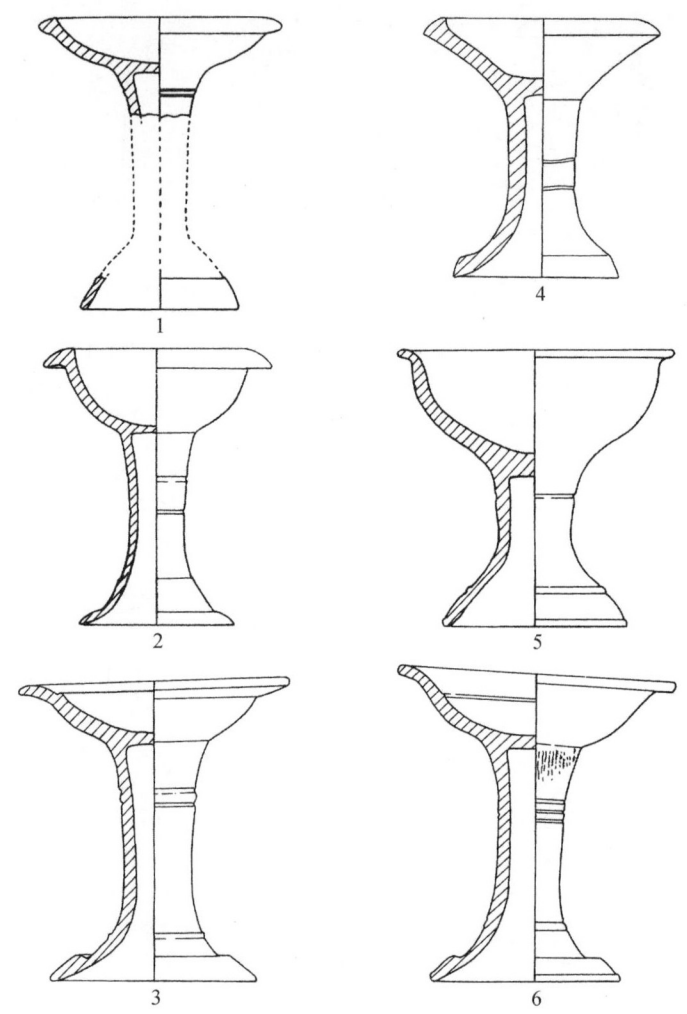

图16 陶豆

1. DaⅠ式（EM227∶2） 2. DaⅢ式（SM99∶1） 3. DaⅠ式（SM69∶2） 4. Db型（SM69∶3）
5. DaⅢ式（WM66∶2） 6. DaⅠ式（SM105∶2）

WM148∶1豆为敞口浅盘柱状柄，像似浅盘和深盘之间的变异形式，列为"DaⅣ式"豆（图17-5）。WM148∶2鬲，为折沿胖腹三足微内并列为BaⅡ式。

WM251∶2豆与WM324∶1形制相近，同列为"E"型；WM251∶1鬲为侈沿束颈，宽腹，列为BaⅤ式。

WM259只刊出WM259∶1袋足略斜撑的弧裆筒子鬲（Ad型），未刊豆。

WM275∶2豆柄稍粗，豆座呈覆钵状，因豆盘形制和"E"型豆一致，故也将其列为"E"型。WM275∶1为高领垂腹鬲列为AaⅤ式。

WM298∶1豆与浅盘柱状豆形制大体接近稍有变异，列为DaⅡ式（图17-4），WM298∶2为垂腹鬲列为AbⅢ式。（WM298报告执笔者把它和WM24推定为是墓地最

图15 DaⅠ式陶豆
1. EM188：2 2. SM57：3 3. SM218：4 4. SM42：2 5. SM78：1 6. EM185：1
7. SM116：2 8. SM73：2 9. SM72：2

一形式的豆又是独此一件，故把它列为DaⅥ式（图17-6）。

南区的SM87：1敞口，沿外展，沿下微内曲后弧壁至盘底，故底略呈内凹状，细柄，喇叭形柄座，盘、柄连接处有明显的折角，这一作风与"A"型豆有明显的区别，而它的豆盘形制也与"D"型有差别，特列为"E"型（图18-7）。在南区与"E"型豆同一形制的尚有SM176：3、SM99：5、SM118：1（图18-2）。

"E"型豆在南区只SM87等4座，而在西区则远不至这个数，经粗略的统计则有WM34、WM93等21座（附表2）。

3. 西区的豆、鬲等组合墓

西区的豆组合墓，分鬲、豆，鬲、豆、盆，鬹、爵、豆，鬲、豆、盆、簋，鬲、豆、盆、圈足盘，鬲、豆、豆、盆、鼎、豆、瓮等，共10座。

WM66：2豆为碗形盘下连矮柱状柄、座，是一种数量很少的新型豆将其列DaⅢ式（图16-5）。WM66：1鬲，为折沿束颈胖腹微垂列为BaⅢ式。

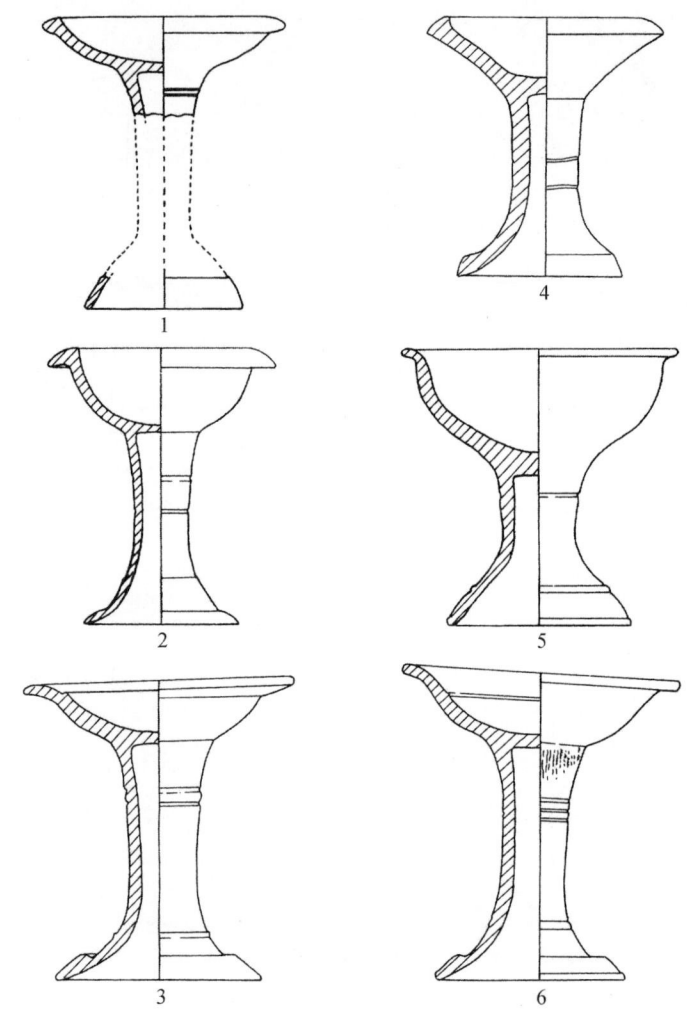

图16 陶豆

1. DaⅠ式（EM227：2） 2. DaⅢ式（SM99：1） 3. DaⅠ式（SM69：2） 4. Db型（SM69：3）
5. DaⅢ式（WM66：2） 6. DaⅠ式（SM105：2）

WM148：1豆为敞口浅盘柱状柄，像似浅盘和深盘之间的变异形式，列为"DaⅣ式"豆（图17-5）。WM148：2鬲，为折沿胖腹三足微内并列为BaⅡ式。

WM251：2豆与WM324：1形制相近，同列为"E"型；WM251：1鬲为侈沿束颈，宽腹，列为BaⅤ式。

WM259只刊出WM259：1袋足略斜撑的弧裆筒子鬲（Ad型），未刊豆。

WM275：2豆柄稍粗，豆座呈覆钵状，因豆盘形制和"E"型豆一致，故也将其列为"E"型。WM275：1为高领垂腹鬲列为AaⅤ式。

WM298：1豆与浅盘柱状豆形制大体接近稍有变异，列为DaⅡ式（图17-4），WM298：2为垂腹鬲列为AbⅢ式。（WM298报告执笔者把它和WM24推定为是墓地最

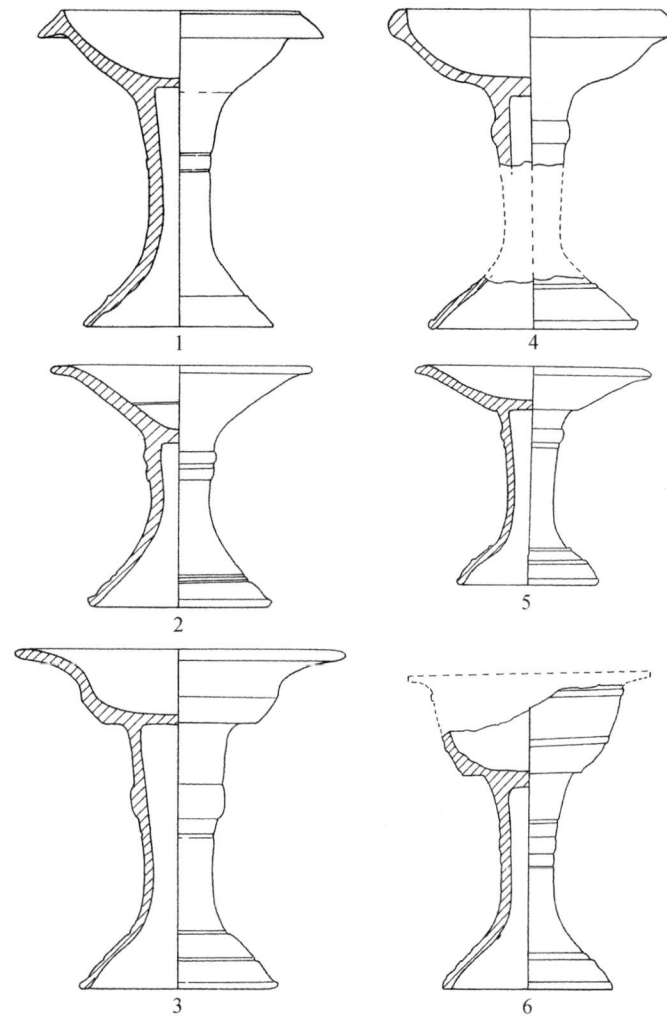

图17　陶豆
1. DaⅤ式（WM65∶3）　2. DaⅤ式（WM292∶1）　3. Dd型（WM327∶2）　4. DaⅡ式（WM298∶1）
5. DaⅣ式（WM148∶1）　6. DaⅥ式（WM106∶1）

晚的，这一看法值得商榷）。

　　WM304为豆、鬲组合，WM304∶2豆与WM287∶1的豆（E型）近似，只是WM304∶2豆柄稍粗，WM304∶1鬲，腹部以上残，型、式难定。WM324∶1豆与WM335∶2豆同为E型（图18-6、5），WM324∶2鬲与WM335∶1鬲近同，前者列BaⅥ式后者列BaⅦ式。

　　WM327∶2敞口浅盘，唇沿外展，盘壁内曲，竹节形豆柄，喇叭形柄座，这一形制像似"D"型的派生型，故列为Dd型（图17-3）；WM327∶1鬲，小口束颈，鼓腹。

　　WM287为圈足盘、豆组合，WM287∶1豆为E型。

　　西区7座豆、鬲、盆组合墓：WM20∶1豆，敞口侈沿盘，圆柱状豆柄，下接覆钵状豆座,这型豆由于盘腹和豆座发生了变化,因此,其外侧盘、柄和座作连线已构不成圆弧线,列为E型(图18-4);WM20:2鬲 大口,沿微外侈从残部看似胖腹。

WM96共随葬5件陶器,WM96:3豆敞口盘心内凹,已具E型豆的特点,现列为E型(图18-3);鬲WM96:2中口,侈沿束颈,耸肩,最大径在肩部;盆2件,WM96:1浅腹,大敞口,另1件未刊;WM96:4敛口钵形豆列为Dc型。

WM106:1豆,盘口残,从残部看豆盘呈盆形与豆柄相连接处成折角,豆座呈喇叭状,盘壁、豆柄、豆座多处饰凸旋纹这型豆两外侧盘、柄、座三点相连,已构不成圆弧,列为DaⅥ式(图17-6);WM106:2鬲口部残,从残存部分看,似束颈胖腹,最大径在中腹列为BaⅣ;WM106:3盆未刊。

WM126:3豆,大敞口,豆柄较矮,喇叭状座,列为E型(图18-9);WM 126:2鬲折沿,束颈,直腹鬲列为Ad型;盆WM126:1(小)、4(大)2件形制近同,均作

图18 E型陶豆
1. WM315:3 2. SM176:3 3. WM96:3 4. WM20:1 5. WM335:2 6. WM324:1 7. SM87:1
8. WM240:1 9. WM126:3

敞口，沿下内束，腹弧收，圜底，相对来说小者腹稍深；列为AbⅣ式。

WM254：1豆，列为E型，WM254：2盆 形制和WM126：4近同列为AbⅣ式；WM254：3鬲 矮领，侈沿，鼓腹，最大径在中腹列为BaⅤ式。

WM292：1豆，大敞口浅盘，盘心略凹旋纹下移，柄稍短有竹节状饰，喇叭状豆座列为DaⅤ式（图17-2）；WM292：3鬲 大口侈沿，束颈，袋足微下垂，矮弧裆列为BaⅤ式；WM292：2盆 大敞口浅腹圜底列为AeⅠ式。

WM240：1豆、WM240：2盆、WM240：3折肩罐、WM240：4鬲。WM240：1豆和WM254：1近同列E型（图18-8）；WM240：4鬲 中口，侈沿束颈，耸肩胖腹，最大径在上腹列BaⅤ式；WM240：2盆为素面，敞口，大平底盆BⅣ式；折肩罐，泥质，作矮领，沿微外侈，圜底，肩部饰旋纹数周。

WM315：3豆与鬲、盆、罐、圈足盘等伴出，其形制同E型（图18-1）WM335。

西区的上述7座豆、鬲、盆组合墓从豆的形制来看和南区的SM127：3的豆是有差别的，而南区的SM127：3则和东区的EM37：3E、M39：1大体保持同一形制，或许是代表早的形制。

（五）随葬陶鬲墓检核

1. 东区的陶鬲墓

EM94、EM137是东区仅有的2座单独随葬1件陶鬲的墓，EM94：1是长颈，侈沿，垂腹，高实足鬲，《报告》从标型学的角度已指出它是代表较早形式的陶鬲，经过排比笔者认同这一说法并把这型鬲列为AaⅠ式（图19-1）。EM137：1口部残，此鬲从照片外形看与SM103：1鬲十分近似，同列为AaⅠ式（图19-4）。葬在东区和南区交界处的SM103，随葬2件标本，鬲SM103：1，SM103：2素面敞口平底盆，《报告》从标型学的角度指出SM103：1鬲是代表早期形式（图19-2），并有可能较EM94：1的鬲还稍早。

东区除EM94、EM137单独随葬1件鬲外，另有9座随葬鬲组合墓，除前述的EM5、EM26外，还有随葬鬲、豆、豆组合的EM39，EM39：2鬲的形制与EM5：1、EM26：1鬲的形制相近，这或许反映这片墓区随葬方面的某些特点，EM5：1、EM26：1鬲列为AaⅠ式（图3-1、3），故EM39：2亦列为AaⅠ式（图19-5）。基于这样的因素东区另7座鬲组合墓EM10、EM37、EM39、EM95、EM173、EM189、EM195有必要逐一作检核。

EM173随葬鬲、盆各1件，鬲（EM173：2）、盆（EM173：1），鬲矮领，沿微外侈，袋足垂鼓并外撇，列为AaⅡ式（图19-6）；盆敞口侈沿，沿下微内曲的深腹盆AbⅠ式。

EM195随葬鬲1件，盆2件。鬲（EM195：3）矮领，沿微外侈，袋足中鼓，三足外撇，列为AaⅡ式（图20-4）；EM195：2为敞口弧腹平底盆，下腹饰绳纹，作为平底盆

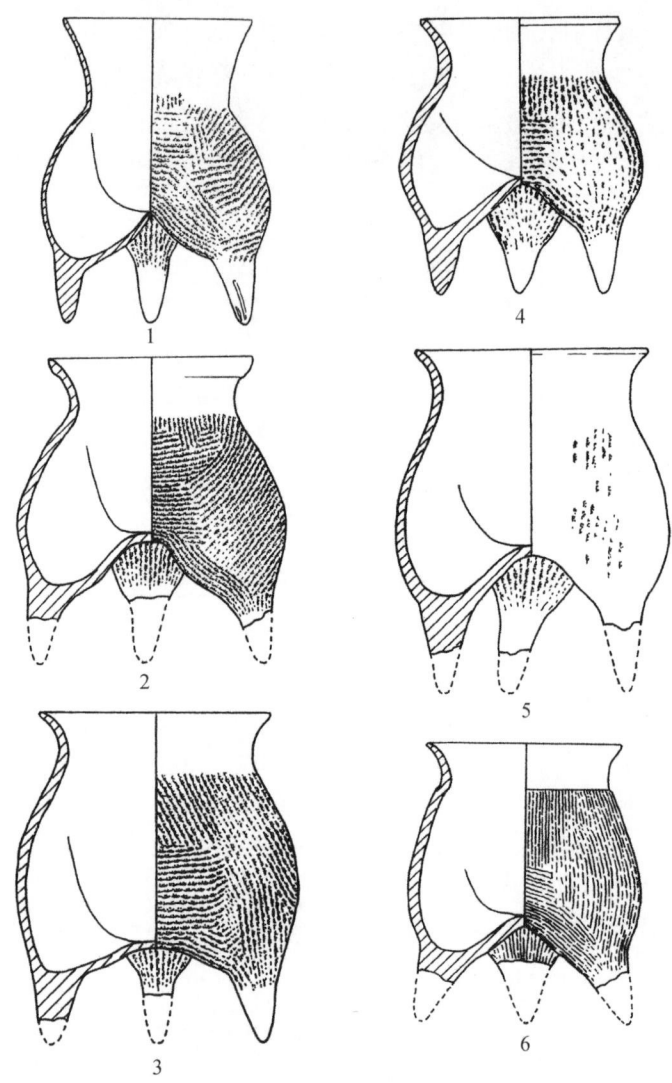

图19　陶鬲
1. AaⅠ式（EM94∶1）　2. AaⅠ式（SM103∶1）　3. AaⅡ式（WM203∶1）　4. AaⅠ式（EM37∶1）
5. AaⅠ式（EM39∶2）　6. AaⅡ式（SM173∶2）

则腹显深，列为AcⅠ式；EM195∶1侈沿大口盆，中腹微鼓，腹间饰绳纹增饰对称鸡冠状錾，这是颇具二里头文化特点列为AbⅠ式。

EM189∶1有领侈沿垂腹列为AbⅠ式（图21-1）。

EM10∶2直领，鼓腹，三足微外撇，列为Ac型（图21-4）。

经查核，东区的上述9座墓尽管它的组合有鬲、豆，鬲、盆等多种形式，但随葬的鬲基本都为有领只不过领有高矮，这是它的一大特点，另一特点是它们的袋足不管胖瘦或鼓腹或垂腹，但都呈外撇状，只是程度有所不同；随葬的豆均为浅盘，柱状柄，

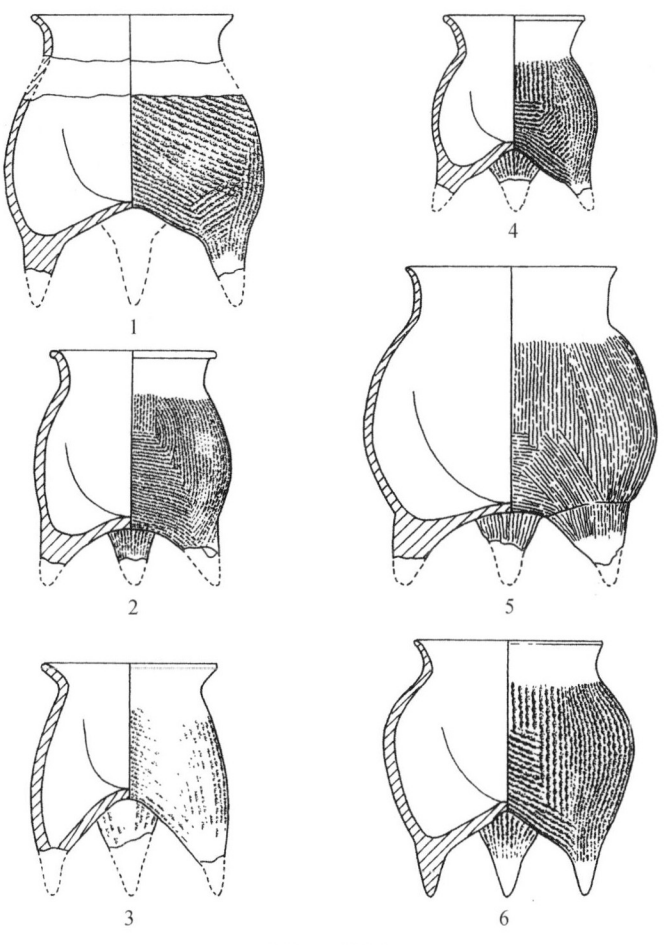

图20 陶鬲
1. AaⅡ式（WM294∶1） 2. AaⅢ式（SM105∶3） 3. BaⅠ式（SM55∶2） 4. AaⅡ式（EM195∶3）
5. AaⅢ式（SM201∶1） 6. AaⅣ式（SM49∶1）

喇叭状足，盘外径与柄外径及与柄座外径相连为一内曲圆弧，这种特点集中反映在东区，当然东区也有少量浅盘柱状柄豆，如东区的EM227∶2（图16-1），以及东区墓地西南沿与南区相连接处的EM185∶1、EM188∶2（图15-6、1）还有EM85瓮组合墓的解绍中所提到的浅盘细把豆恐怕也属这一形制，然而这型豆在南区墓葬中有较多随葬，但在西区又乏见。上述两型豆与随葬鬲、角的南区2件豆SM159∶2、4和西区随葬鬲、爵的WM262∶3豆作比对，发现上述两座墓3件豆，SM159∶2豆盘虽残，但从豆柄看与DaⅠ式SM57∶3的豆柄极近似（图15-2），SM159∶4该豆的盘、柄、柄座外径相连接已构不成内曲圆弧状，而在盘与柄与柄座的相连处均出现了角度，但从整个豆的外形来看则更具美感，列为BaⅢ式（附表1-15），SM159坐落在南区中部，随葬DaⅠ式、DaⅢ式兼具两种形式的豆，而此墓两种形制的豆与WM262∶3E型则有明显的差别。至此，已从鬲和豆的形制变化佐证东区的鬲、豆和南区的SM159及西区的WM262

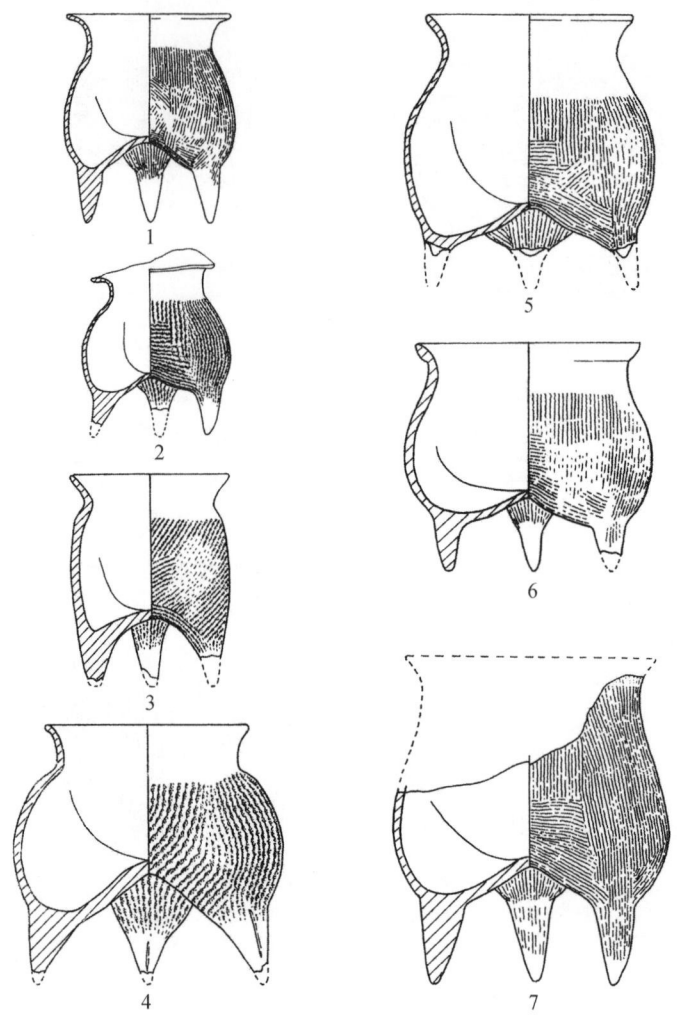

图21　陶鬲
1. AbⅠ式（EM189∶1）　2. AbⅣ式（WM315∶4）　3. Ad型（WM126∶2）　4. Ac型（EM10∶2）
5. AbⅡ式（WM124∶1）　6. Ae型（WM111∶1）　7. AbⅢ式（WM298∶2）

所随葬的同类器有所差别，这也表明WM147、SM159、WM262等随葬鬶、爵、角具有二里头文化特点的墓，未必是墓地最早的墓，且它们之间可能还存在早晚。

2. 南区随葬陶鬲墓

南区单独随葬陶鬲17座，另有17座鬲组合墓，形制远较东区复杂。

SM19∶1，矮直领沿微外侈，腹中鼓足尖微外撇尚具东区陶鬲的特点，列为AaⅠ式（附表1-2）

SM49∶1，短领，圆唇微外侈，最大径在上腹，高弧裆实足微内拼列为AaⅣ式（图20-6）

SM68∶1，侈沿，束颈，溜肩，最大径在上腹，实足细高（图27-3）；此鬲形制与

SM104∶1有近同之处列为BaⅤ式。

SM74∶1，大口，直沿微外侈，素面，腹中鼓，高弧裆，高实足略外撇，列为Ad型。

SM104∶1，束颈，侈沿，尖圆唇，袋足上部呈溜肩状，最大径在上腹，高实足微外撇列BaⅠ式（图26-6）。SM123∶1平口，束颈，尖圆唇外侈，鼓肩，最大径在上腹，实足细高列为Bd型（图22-3）。

SM138∶1，侈沿，方唇，束颈，鼓腹，最大径在上腹，下残列为BaⅠ式。

SM145∶1，口部残，垂腹，从残部看，形制可能和EM5∶1近同当是早的特征。

SM154∶1，与SM162∶1极为相似，同为深袋足直立状，唯SM154∶1口部为圆唇，略显短领列为BaⅡ式（图23-6）。

SM157∶1，大口，短唇微外侈，整器矮胖，口部显单薄，最大径在上腹列为Be型（图22-6）。

SM162∶1，短唇，沿微外侈，胖袋足最大径在上腹器表饰细绳纹列为BaⅡ式（图

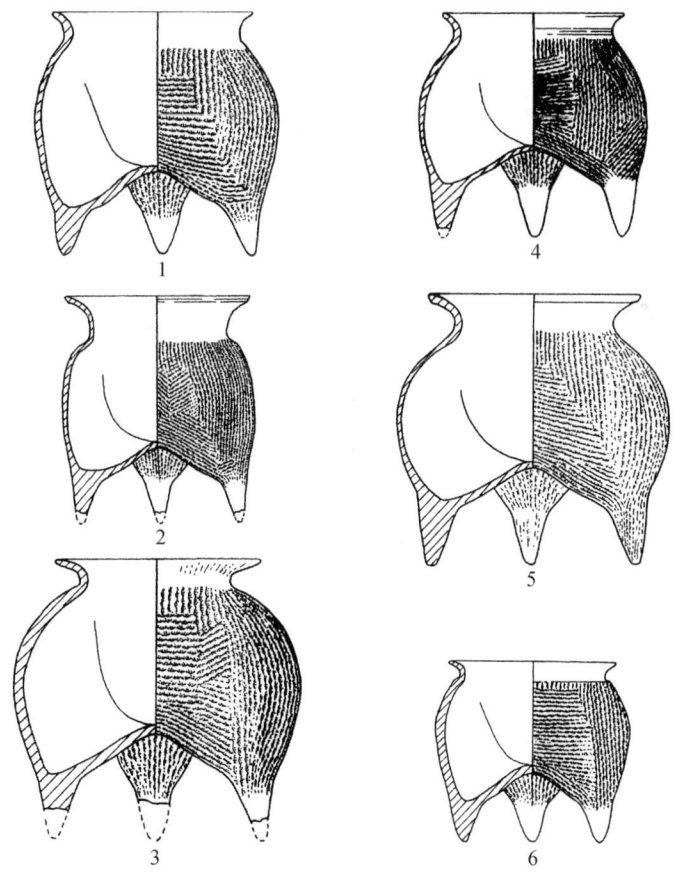

图22　陶鬲

1. BbⅠ式（WM308∶1）　2. Bc型（WM278∶2）　3. Bd型（SM123∶1）　4. BbⅡ式（WM21∶2）
5. Bd型（WM327∶1）　6. Be型（SM157∶1）

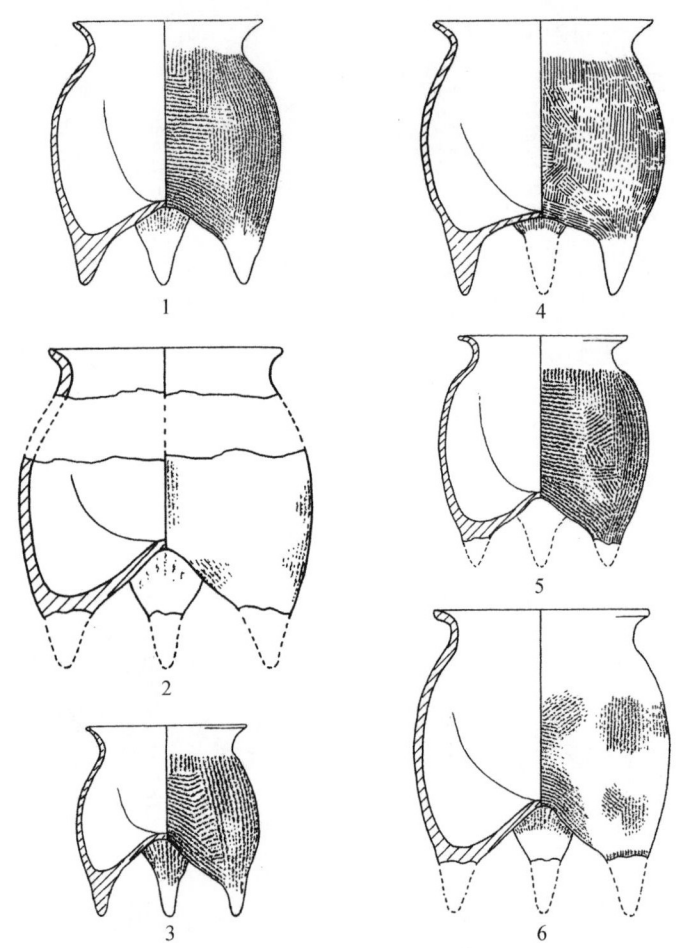

图23 陶鬲

1. BaⅡ式（SM158:2） 2. BaⅡ式（SM162:1） 3. BaⅢ式（SM150:2） 4. BaⅡ式（WM148:2）
5. BaⅡ式（WM314:1） 6. BaⅡ式（SM154:1）

23-2）。

　　SM177:1，束颈大侈沿，腹垂鼓，高实足器表细绳纹（图24-2）列为BaⅤ式。

　　SM201:1，直领，沿微外侈，胖腹微下垂，下接三矮粗形似袋足瓮的三足（图20-5）列为AaⅢ式。

　　SM208:1束颈，侈沿，袋足上部呈溜肩状，最大径在上腹，高弧裆、高实足微外撇，列为BaⅤ式。

　　SM221:1侈领，溜肩（图25-2），列为BaⅢ式。

　　SM232:1折沿圆唇，胖腹低弧裆，实足矮粗稍显外撇，列为BaⅠ式。

　　SM234:1形制和SM232:1鬲近同（图26-1），列BaⅠ式。

　　南区另有17座陶鬲组合墓，它们的形制不再一一罗列，现将南区34件陶鬲，经过

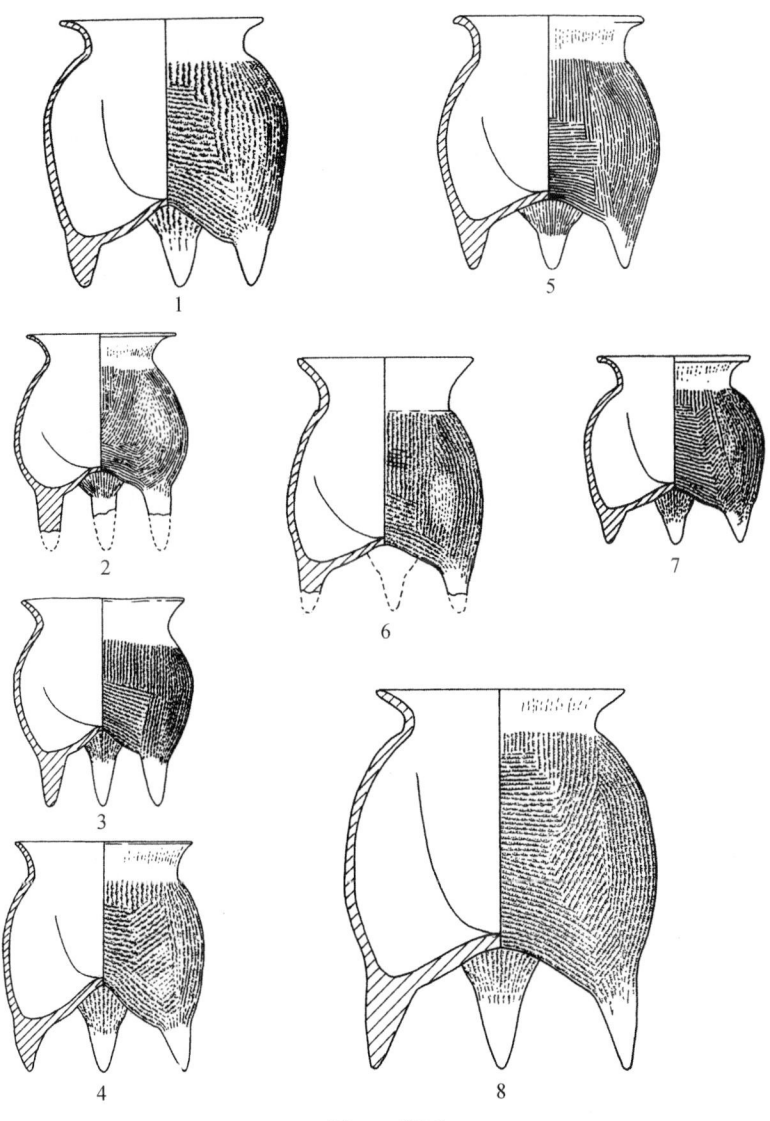

图24 陶鬲

1. BaⅣ式（WM96：2） 2. BaⅤ式（SM177：1） 3. BaⅣ式（SM78：4） 4. BaⅤ式（WM83：1）
5. BaⅤ式（WM254：3） 6. BaⅤ式（WM292：3） 7. BaⅤ式（WM240：4） 8. BaⅤ式（WM256：1）

排比归纳如下诸形式。

AaⅠ式（直领垂腹撇足鬲）：SM19：1（附表1-2）、SM103：1（图19-2）；AaⅡ式：SM61：1（附表1-10）、SM105：3（图20-2）；AaⅢ式SM201：1（图20-5）；AaⅣ式SM49：1（图20-6）；Ad型SM89：2；Af型SM74：1。

B型（胖腹鬲）根据口沿等的变化分为四个亚型。

BaⅠ式（折沿胖腹鬲）SM104：1、SM236：1、SM117：3、SM234：1、WM46：4、WM265：1（图26-6、2、3、1、5、4）、SM55：2（图20-3）、

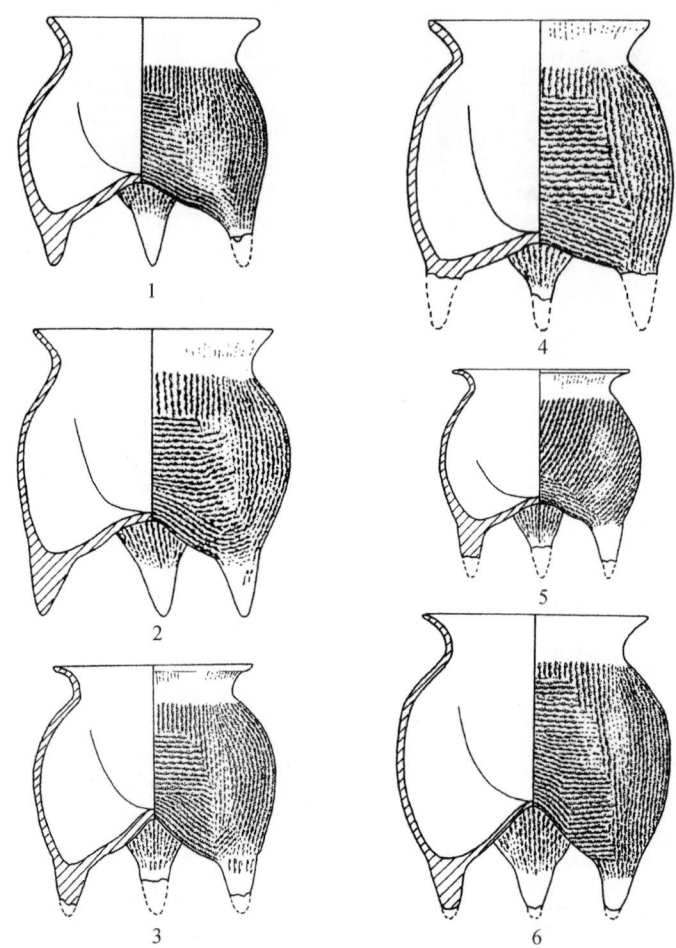

图25 陶鬲
1. BaⅢ式SM174∶2 2. BaⅢ式SM221∶1 3. BaⅣ式WM247∶1 4. BaⅢ式WM66∶1 5. BaⅣ式SM118∶3
6. BaⅣ式SM218∶2

SM159∶3（图5-4）、SM138∶1、SM242∶3。

BaⅡ式（折沿深袋足鬲）SM154∶1、SM158∶2、SM162∶1、WM148∶2、WM314∶1（图23-6、1、2、4、5）。

BaⅢ式（侈领鬲）SM150∶2（图23-3）、SM174∶2、SM221∶1（图25-1、2、4）。

BaⅣ式（侈领束颈鬲）SM78∶4（图24-3）、SM118∶3、SM218∶2、WM247∶1（图25-5、6、3），SM231∶2。

BaⅤ式（侈沿宽领鬲）SM68∶1（图27-3）、SM176∶2（附表1-19）、SM177∶1（图24-2）、SM208∶1。

Bc型（在西区）。

Bd型（平口束颈鼓肩鬲）SM123∶1（图22-3），Be型（大口短沿束颈鬲）

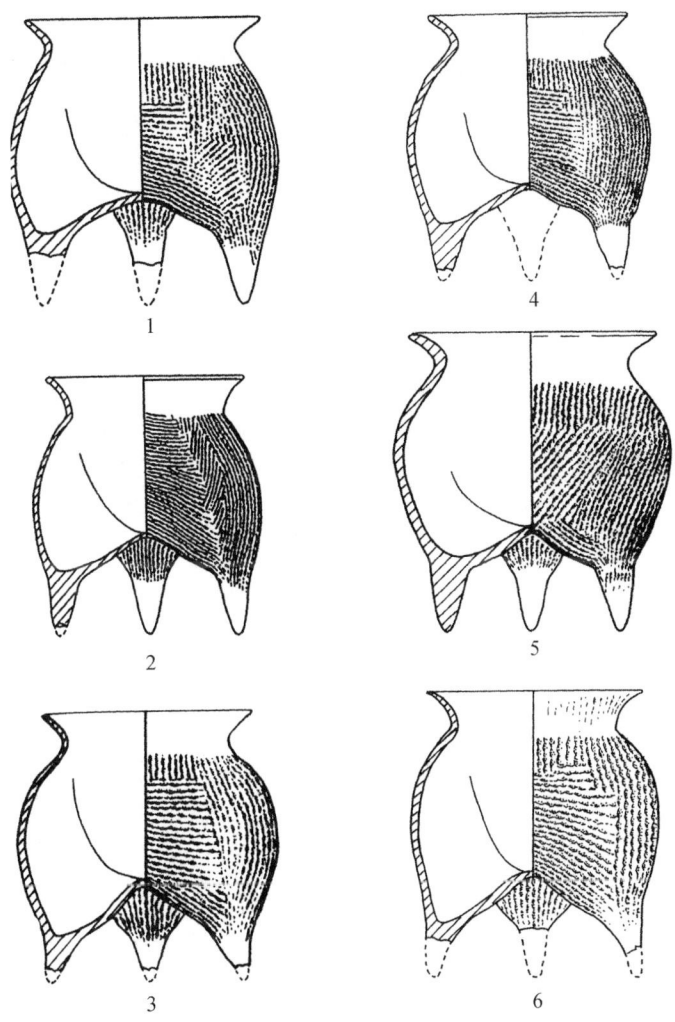

图26 陶鬲
1. BaⅠ式（SM234∶1） 2. BaⅠ式（SM236∶1） 3. BaⅠ式（SM117∶3） 4. BaⅠ式（WM265∶1）
5. BaⅠ式（WM46∶4） 6. BaⅠ式（SM104∶1）

SM157∶1（图22-6）。

3. 西区随葬陶鬲检核

为探讨三个区域墓葬所随葬陶鬲，它们之间有无差别，笔者已对东、南两区随葬陶鬲的墓分别作了检核，鉴于西区随葬陶鬲的墓数量较大，全部检核似嫌冗长，我们从西区不同方位选了18座墓随葬的鬲连同组合随葬鬲共48件，现把它们的形制粗略归纳如下：

AaⅡ式（小口，侈沿，垂腹，袋足略外撇）WM203∶1、WM294∶1（图19-3，图20-1）。

AaⅤ式（长口深腹微垂）WM275∶1。AbⅡ式WM124∶1、AbⅢ式WM298∶2、

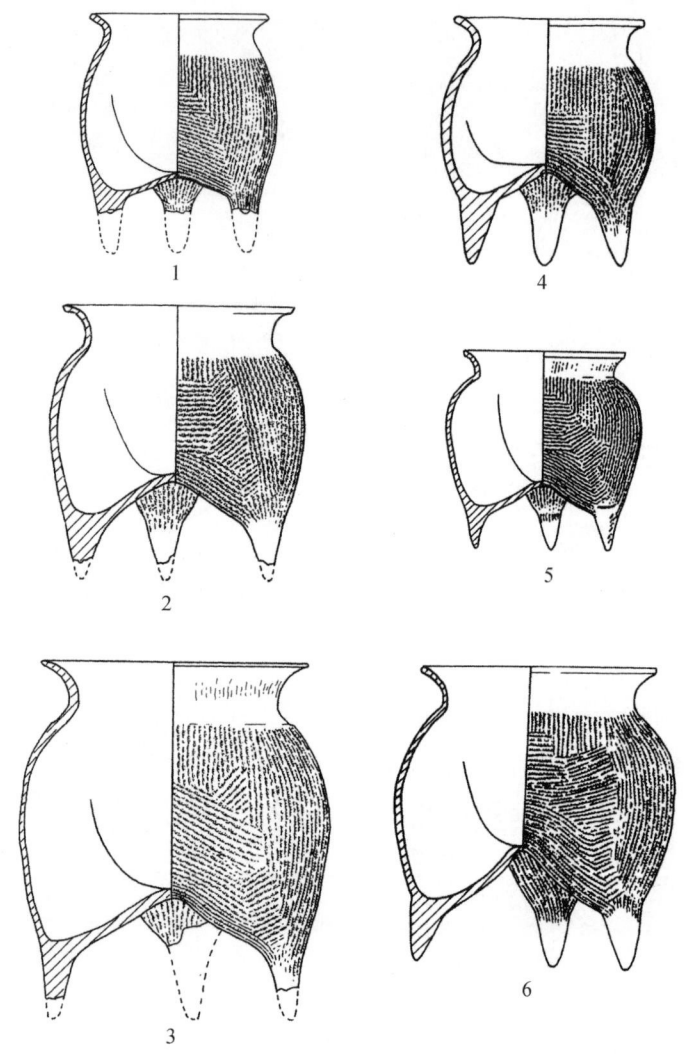

图27 陶鬲
1. BaⅥ式（WM86：4） 2. BaⅤ式（WM9：1） 3. BaⅤ式（SM68：1） 4. BaⅥ式（WM44：1）
5. BaⅩ式（WM239：1） 6. BaⅤ式（WM65：2）

AbⅣ式WM315：4、Ae型（垂腹鬲）WM111：1（图21-5、7、2、6）。

Ad型（直口桶腹鬲）WM126：2（图21-3）。

BaⅠ式（折沿，束口，鼓腹）WM46：4、WM265：1（图26-5、4）、WM220：1。

BaⅡ式（小口，侈沿，束颈，肩微耸，胖腹，矮足）WM148：2、WM314：1（图23-4、5）。

BaⅢ式（折沿罐腹）WM66：1（图25-4）。

BaⅣ式（小口侈沿束颈胖腹）WM96：2（图24-1）、WM247：1（图25-3）、WM263：2（图4-3）、WM264：1、WM106：2。

BaⅤ式（侈沿束颈，溜肩，胖腹，大弧裆，高实足微外撇）WM9∶1、WM65∶2（图27-2、6）、WM254∶3、WM256∶1、WM292∶3、WM240∶4、WM83∶1（图24-5、8、6、7、4）、WM54∶1（附表1-18）。

BaⅥ式（折沿深腹鬲）WM86∶4、WM44∶1（图27-1、4）、WM324∶2（图28-3）。

BaⅦ式（侈沿深腹）WM335∶1（图28-1）、WM22∶1（图3-5）、WM330∶1（附表1-20）；WM330∶1可与杞县鹿台岗H39∶6鬲作比较[5]。

BaⅧ（大口侈沿束颈）WM285∶1（附表1-29）。

BaⅨ（宽领斜侈沿耸肩）WM56∶1（图28-4）。

BaⅩ式（矮领，侈沿，鼓肩袋足内拼）WM239∶1（图27-5）、WM289∶1（图28-2）。

BaⅪ式（矮领，侈沿，斜圆方唇）WM160∶1（图29-1）。

BaⅫ式（矮领，侈沿，方唇）WM120∶1（图29-4）、WM24∶1、WM125∶1、（附表1-27、28）。

BaⅩⅢ（高领斜侈，方唇）WM326∶1（图29-5）。

BbⅠ式WM308∶1（图22-1）。

BbⅡ式WM21∶2（图22-4）。

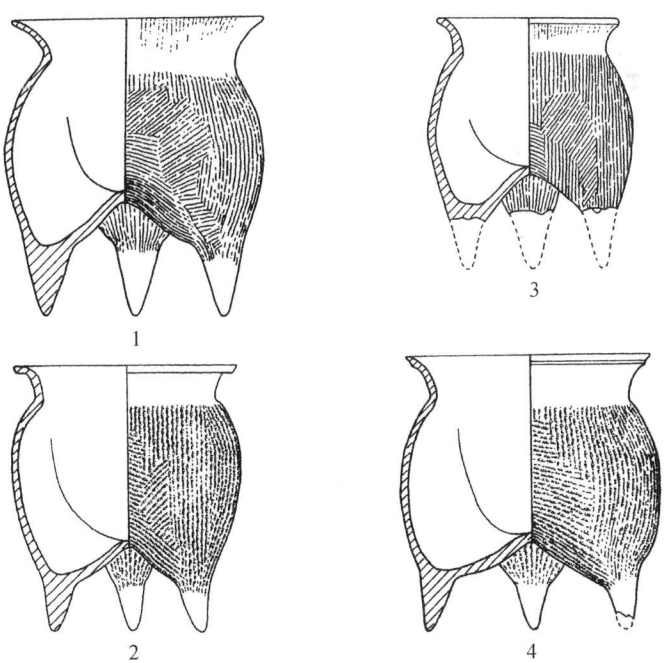

图28 陶鬲
1. BaⅦ式（WM335∶1） 2. BaⅩ式（WM289∶1） 3. BaⅥ式（WM324∶2） 4. BaⅨ式（WM56∶1）

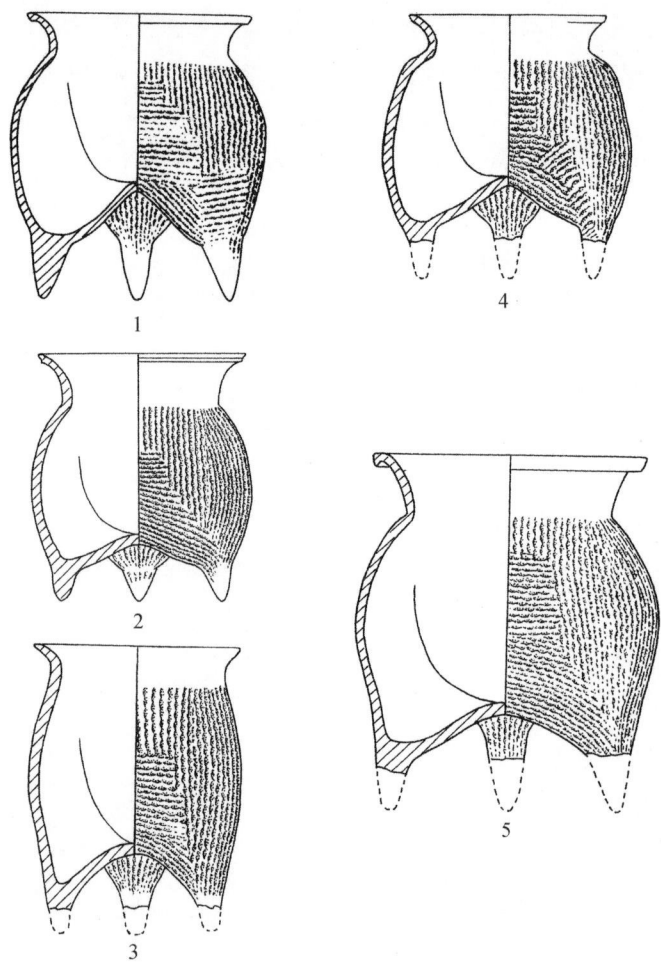

图29 陶鬲

1. BaⅪ式（WM160∶1） 2. Bg型（WM320∶1） 3. Bf型（WM283∶1） 4. BaⅫ式（WM120∶1）
5. BaⅩⅢ式（WM326∶1）

Bc型WM278∶2（图22-2）。

Bd型WM327∶1（图22-5）。

Bf型WM283∶1侈沿直桶鬲，绳纹较粗（图29-3）。

Bg型（高领，侈沿，胖腹，低弧裆）WM320∶1（图29-2）形制与二里头三期Ⅲ.ⅤH240∶59出土近同[6]。

（六）盆组合检核

盆、鬲、豆组合主要葬在西区，东区无一座，南区仅一座，SM127随葬四件陶器，只刊出SM127∶2盆、SM127∶3豆。

SM127∶2 为敞口，侈沿，弧腹，腹间饰两周旋纹，纹间填两周涡纹，平底，列为AbⅠ式（图30-5）；SM127：3豆，敞口浅盘，喇叭形圈足。SM127：3豆柄形制尚保持EM37：2、EM39：1豆柄形制故列为A型。

盆分两大型，A型为深腹盆又分五个亚型，B型为浅腹平底盆，其形制虽无大的变化，但因其口沿、有无纹饰、腹深浅方面存在变化而分为多种形式：

Aa型：EM26：2、EM5：2、WM23：1、WM46：3（图3-4、2、6、7），WM46：2（图30-1）。

Ab型Ⅰ式EM195：1、EM173：1、EM227：3、SM127：2（图30-4、6、2、5）。

Ab型Ⅱ式SM78：2（图31-1）、WM264：3（附表1-13）。

Ab型Ⅲ式WM147：2（图30-3）

Ab型Ⅳ式WM83：2、WM254：2（图31-2、5）、WM126：1（图32-3）。

Ac型Ⅰ式EM195：2（图31-3）。

Ac型Ⅱ式SM117：5（图32-1）。

Ac型Ⅲ式SM78：3（图31-4）。

Ad型Ⅰ式WM96：1（图33-3）。

Ad型Ⅱ式SM99：4（图32-2）。

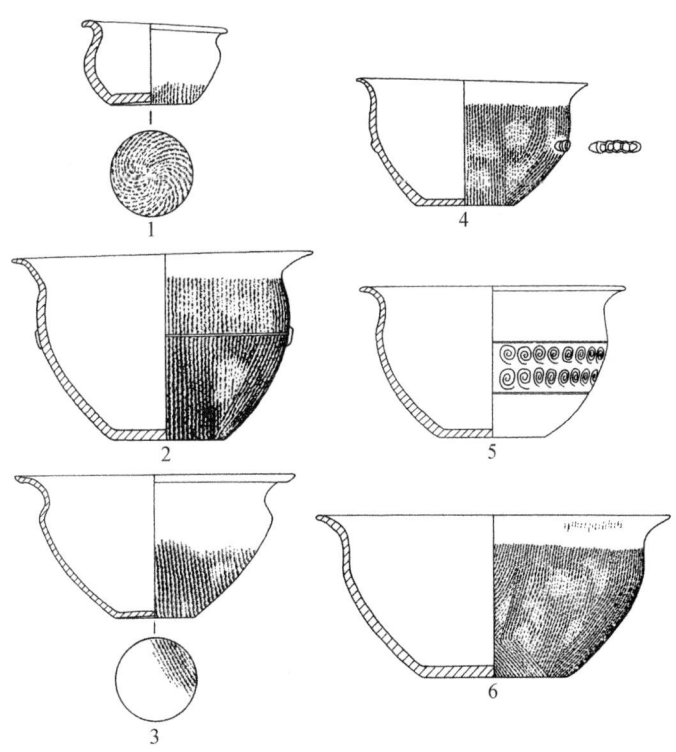

图30　陶盆

1. Aa型（WM46：2）　2. AbⅠ式（EM227：3）　3. AbⅢ式（WM147：2）　4. AbⅠ式（EM195：1）
5. AbⅠ式（SM127：2）　6. AbⅠ式（EM173：1）

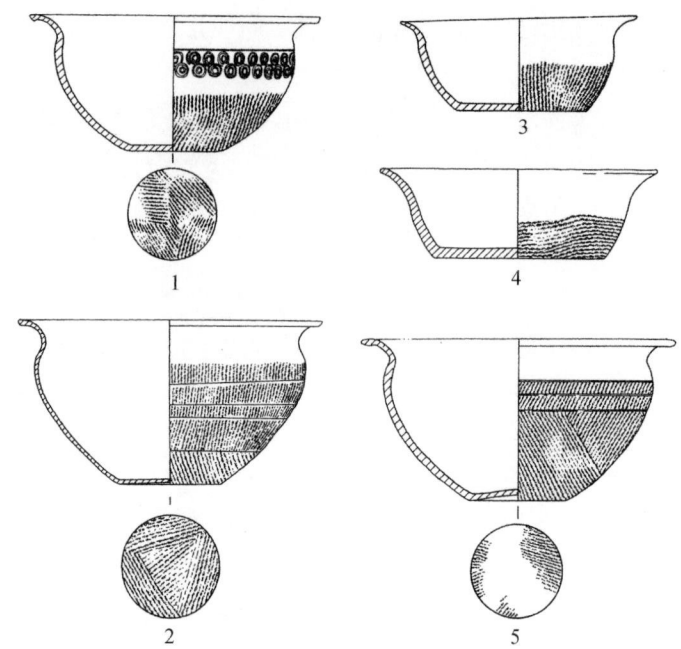

图31 陶盆
1. AbⅡ式（SM78∶2） 2. AbⅣ式（WM83∶2） 3. AcⅠ式（EM195∶2） 4. AcⅢ式（SM78∶3）
5. AbⅣ式（WM254∶2）

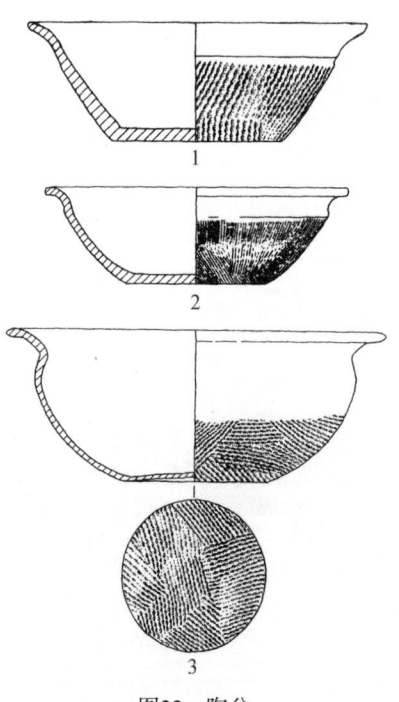

图32 陶盆
1. AcⅡ式（SM117∶5） 2. AdⅡ式（SM99∶4） 3. AbⅣ式（WM126∶1）

Ad型Ⅲ式SM89∶1（图33-2）。

Ad型Ⅳ式WM86∶3（图33-1）。

Ad型Ⅴ式WM301∶1（图34-1）。

Ae型Ⅰ式：WM292∶2、WM323∶2、WM306∶1（图34-3、2、4）。

B型Ⅰ式WM203∶2（图35-7）。

B型Ⅱ式SM103∶2、SM236∶3（图35-6、1）、SM71∶2（图36-1）。

B型Ⅲ式WM263∶1（图4-6）。

B型Ⅳ式SM40∶4（图35-4）。

B型Ⅴ式WM238∶1（图36-2）。

B型Ⅵ式WM136∶1、WM261∶1（图4-4）、WM240∶2（图35-2）、SM176∶4（图36-5）B型Ⅶ式SM118∶2（图35-3）、SM87∶3（图36-3）、B型Ⅷ式WM86∶2（图35-5）、B型Ⅸ式WM315∶2（图36-4）。

B型Ⅹ式WM285∶2（附表1-30）。

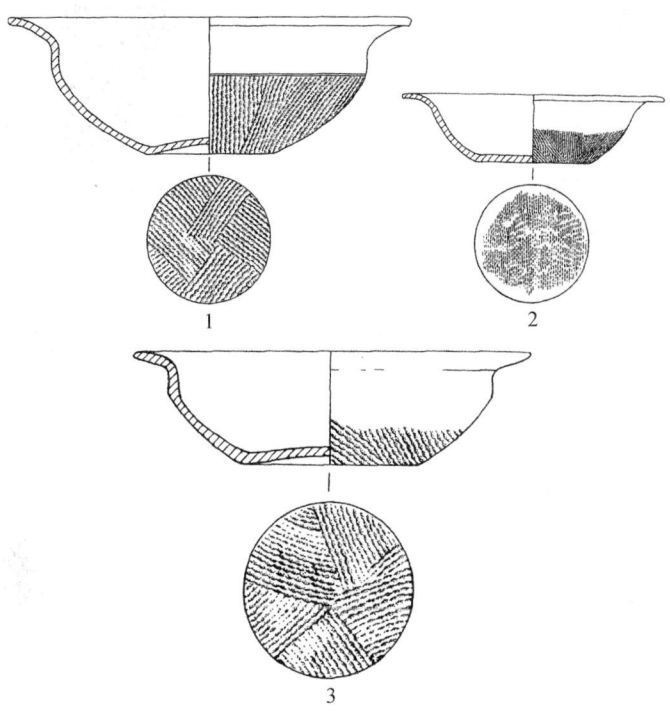

图33　陶盆

1. AdⅣ式（WM86∶3）　2. AdⅢ式（SM89∶1）　3. AdⅠ式（WM96∶1）

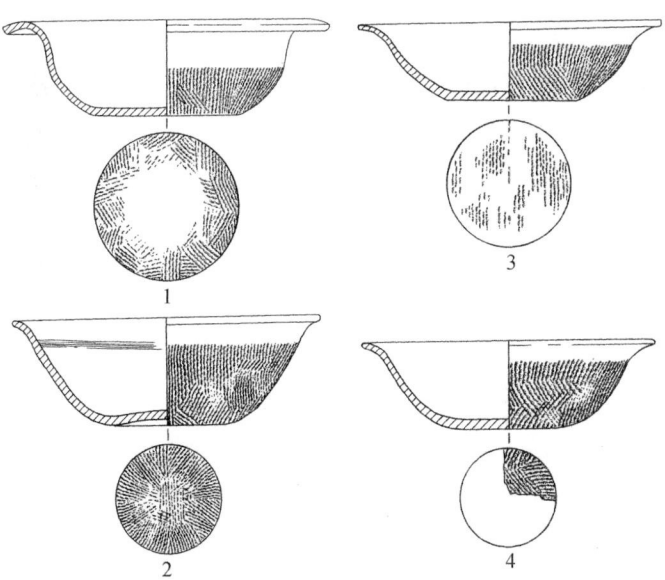

图34　陶盆

1. AdⅤ式（WM301∶1）　2. AeⅠ式（WM323∶2）　3. AeⅠ式（WM292∶2）　4. AeⅠ式（WM306∶1）

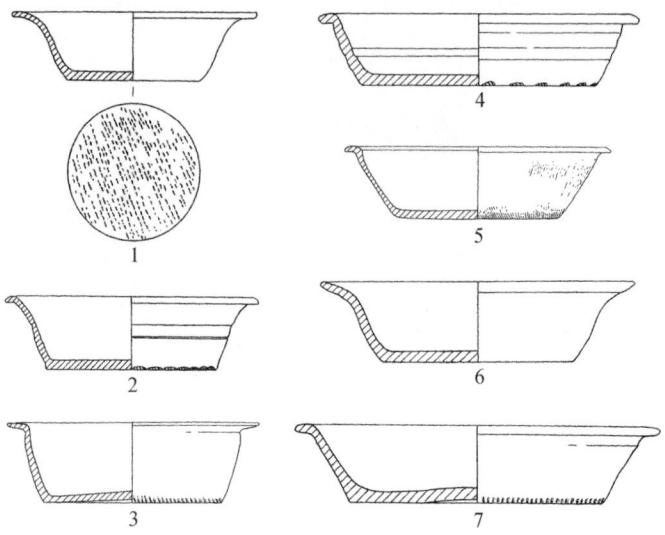

图35 陶盆
1. BⅡ式（SM236∶3） 2. BⅥ式（WM240∶2） 3. BⅦ式（SM118∶2） 4. BⅣ式（SM40∶4）
5. BⅧ式（SM86∶2） 6. BⅡ式（SM103∶2） 7. BⅠ式（WM203∶2）

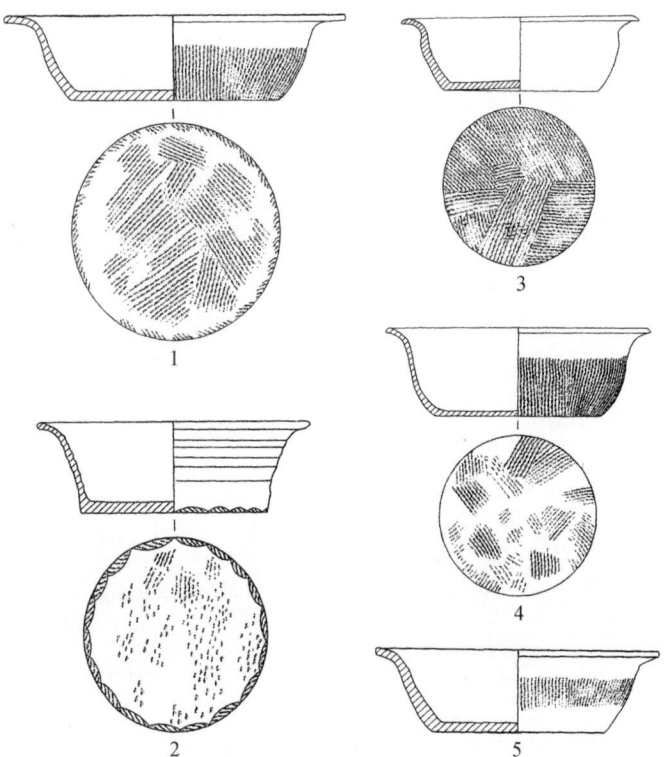

图36 陶盆
1. BⅡ式（SM71∶2） 2. BⅤ式（WM238∶1） 3. BⅦ式（SM87∶3） 4. BⅨ式（WM315∶2）
5. BⅥ式（SM176∶4）

四

通过对东南两区的夹砂罐、单耳罐以及《报告》提供的几组打破关系，还有三个区的簋、豆、鬲等陶器组合墓的检核，大致可以归结为以下几点认识：

①作为炊具一类的夹砂罐和单耳罐，主要葬在东、南两区，西区几乎是零，这一现象无疑反映了墓地存在分区，也折射出墓地有早晚分期的可能。

②簋类组合墓除EM189时代可能稍晚，余皆属早期，主要分布在东区，南区也有少量分布，西区只1座WM203，在南区它多与上述两区所独见的单耳罐、中型侈沿夹砂罐（有的唇沿饰花边纹）等组合随葬。西区的WM203随葬的3件标本之一，WM203：3簋形制特殊，且与北京琉璃河夏家店下层文化墓葬M1所随葬的素面簋形制一致，而该墓还随葬1件与SM161：1形制接近的素面簋和1件近似昌平雪山龙山文化出土的陶鬲，这就表明刘庄墓地早期的相对年代不是相当于二里头文化中期，而是接近龙山文化晚期。代表墓地较早的这一随葬组合，主要葬在东区，说明"U"字形墓地像似东区最早启用，然而，其南、西两区也绝非空候着，也有零星的埋葬，但总的趋势是渐次向南、向西推进的。

③鼎组合主要分在南区和西区，东区只1座。经排比EM29：4、SM236：5、WM46：1、WM308：2所代表的AaⅠ式时代较早；SM158：1所代表的AaⅡ式次早；SM87：2、SM218：3、WM93：1所代表的AaⅢ式较晚，但不意味着它是墓地最晚。墓地还有比它要晚许多的墓葬。

④圈足盘组合共21座，有14座葬在南区占70%，余30%葬在西区。排比结果Ⅰ式圈足盘有SM40：2、SM236：4、WM247：2、WM278：3等9座时代较早；SM69：1、SM117：1等所代表Ⅱ式次早；SM99：2、SM118：4、SM218：1所代表的Ⅲ式时代稍晚；WM21：4、WM315：1所代表的Ⅳ式又较Ⅲ式为晚；WM34：2为Ⅴ式可能是圈足盘中时代最晚，但也不是墓地最晚的组合。

⑤豆组合A、B、C三型，以A型数量稍多，B、C型各1件，主要葬在东区，南区只SM127：3、SM242：1两座，上述三型豆大都和垂腹鬲作组合，因此当是墓地早期的组合。Ad型是A型中派生出来的，从和它伴出的豆来看时间上可能较A型稍晚。D型豆又分四个亚型，以DaⅠ式居多，DaⅡ式只3座，DaⅢ式WM298：1；DaⅣ式WM148：1；DaⅤ式WM65：3；DaⅥ式WM106：1各1座，Db型SM69：3，Dc型WM96：4，Dd型WM327：2。D型豆中的DaⅠ式主要分布在南区，东区也有3座，西区只有个别的DaⅠ式的变异形式，它与A型豆的关系总体上应较A型豆为晚，但鉴于这型豆在东区也有分布，且又有与夹砂罐、单耳罐作组合，因此两者当有过共存或平行发展的时期；而DaⅡ式→DaⅤ式及几个亚型则是DaⅠ式向E型豆转换过程中出现的一些特殊形式，尤其是DaⅡ式SM99：1、SM159：4、WM66：2既有D型豆的因素，也

有后来E型豆的成分，有的墓则两种形式共存那是绝好的说明，但这种情况只有一、二例。另有的干脆是D型豆的变异形式，如DaⅢ式WM298：1，但WM298：2鬲，报告执笔者认为是墓地垂腹鬲的最晚形式，对此，笔者有不同看法：首先要指出的是DaⅢ式WM298：1豆是不是D型豆的变异形式？如是，那就是说它仅仅是一种变异，根本形式未变，那它仍具有D型豆在墓地属早中期的特性；其次WM298：2鬲与鹿台岗H39：6并非一类鬲，两者的形制相差甚远，一为长颈侈沿垂腹，H39：6为侈沿鼓腹鬲，WM298：2当属于WM294：1（图20-1）接近的垂腹鬲，而WM294：1略与WM203：1（图19-3）形制接近，而WM203：1与WM203：2的盆、WM203：3的簋作组合，这个组合中的簋在琉璃河与B型簋伴出，而B型簋在刘庄墓地是属于早期形式，因此，我们指出，视WM298：2鬲为墓地垂腹鬲的最晚形式的看法值得商榷。另外，从排列关系上看WM298和WM327似乎是平列的（一左一右或一东一西），两者都随葬豆，虽豆的形制有别，但豆的组合在墓地并非是最晚，另WM327：1的鬲与南区的SM123：1鬲形制颇为接近，而从墓地诸种器形组合排列的情形来看，东区相对早于南区（并非绝对）南区又相对早于西区，那么南区的SM123：1鬲和西区的WM327：1鬲形制近同，这说明WM327：1虽葬在西区但并非是最晚的，由此，也从侧面说明与其平列的WM298：2鬲也不是最晚的。

E型豆在墓地豆组合中数量最多，但在东区无一座，南区只SM87：1、SM176：1等4座，余20座均葬在西区，表明这型豆在五种豆的形式中是最晚的形式。

⑥如前论述，盆分两大型，A型为深腹盆它又分五个亚型，B型为浅腹平底盆，其形制虽无大的变化，但因其口沿、腹深浅等方面存在变化而分为多式。

Aa型：只有5件，东区EM26：2、EM5：2，西区WM23：1、WM46：2、WM46：3。

Ab型Ⅰ式，有东区EM195：1等3件，南区SM127：2为1件。

Ac型Ⅰ式，有东区EM195：2；Ⅱ式，有南区的SM117：5。

B型Ⅰ式，有西区WM203：2、Ⅱ式，有南区的SM103：2、SM236：3、SM71：2。

以上诸型盆大体是墓地早期盆的形式。

Ab型Ⅱ式SM78：2、WM264：3，Ab型Ⅲ式WM147：2。

Ac型Ⅲ式SM78：3。

B型Ⅲ式WM263：1、Ⅳ式SM40：4、Ⅴ式WM238：1。

以上AbⅡ式、Ⅲ式、AcⅢ式、B型Ⅲ式、Ⅳ式是墓地中期或早中期的陶盆形制。

Ab型Ⅳ式主要是西区的WM126：1、2等4件。

Ad型Ⅰ式WM96：1，Ⅱ式SM99：4，Ⅲ式SM89：1，Ⅳ式WM86：3，Ⅴ式WM301：1。

Ae型主要有西区WM292：2等3件。

B型Ⅴ式SM176：4等3座，Ⅵ式WM136：1、Ⅶ式SM118：2等2座，Ⅷ式

WM86∶2、Ⅸ式WM315∶1、Ⅹ式WM285∶2。

以上诸形式陶盆是墓地晚期陶盆形制,这其中的大部分还不是最晚的,像Ad型Ⅴ式WM301∶1可能是墓地最晚的盆形制。晚期盆主要出在西区,中期南区和西区都有分布,早期盆大部在东区少量在西区和南区,这和其他器形的分布情况是相吻合的。

⑦陶鬲是东、南、西三区都存在,且又多达数十种形式,是一种变化较快衡量墓葬早晚十分重要的器类,诚如前面业已指出的:鬲在东区数量较少,南区稍多,西区数量最多并且形式也最多。东区所随葬的主要是A型鬲的三个亚型:Aa型、Ab型、Ac型。Aa型为高领垂腹鬲,又分三式:AaⅠ式EM5∶1、EM26∶1、EM37∶1、EM39∶2、EM94∶1、EM137∶1六座,还有南区的SM103∶1、SM19∶1。Ⅱ式有东区EM95∶2、EM195∶3、EM173∶2等3座,西区有WM203∶1、WM294∶1;Ac型EM10∶2;南区的SM127鬲残(无刊),从仅剩的豆、盆形制来看具早期特点。AaⅠ式、Ⅱ式以及Ac型大体上是墓地早期形式的鬲。

AaⅢ式有南区的AaⅣ式SM49∶1、SM61∶1、SM105∶3、SM201∶1。

Ab型Ⅰ式EM189∶1、Ⅱ式WM124∶1、Ⅲ式WM298∶2、Ⅳ式WM315∶4。

B型的BaⅠ式,SM234∶1、SM55∶2、SM117∶3、SM242∶3、SM159∶3、SM236∶1、SM138∶1、WM46∶4、WM265∶1、WM308∶1。

BaⅡ式SM162∶1、SM158∶2、SM154∶1、WM148∶2、WM314∶1。

BaⅢ式SM150∶2、SM174∶2、SM221∶1,WM66∶1。

BaⅣ式WM263∶2、WM264∶1、WM247∶1、SM78∶4、SM118∶3、SM218∶3、SM231∶2、WM96∶2。

Ad型SM89∶2。

Af型SM74∶1。

以上诸形式鬲大体上是墓地中期或中期偏早的鬲形式,但不排斥编排形式靠后的少数几例时代又可能稍晚。

BaⅤ式侈沿束颈鬲SM68∶1、SM104∶1、SM176∶2、SM177∶1、SM208∶1、WM240∶4、WM83∶1、WM292∶3、WM254∶3、WM265∶2、WM54∶1、WM256∶1、WM9∶1。

BaⅥ式WM86∶4、WM44∶1、WM324∶1。

BaⅦ式WM335∶1、WM22∶1、WM330∶1。

BaⅧ式WM285∶1(表1-29)。

BaⅨ式WM56∶1。

Bd型WM327∶1。

自BaⅤ式至BaⅨ式以及Bd型是墓地陶鬲的晚期形式,它多与E型豆及为数不多的变形豆作组合。

BaⅩ式WM239∶1、WM289∶1。

BaⅪ式WM160∶1。
BaⅫ式WM120∶1、WM24∶1、WM125∶1。
BaⅩⅢ式WM326∶1。
Ad型WM126∶2。

  BaⅩ式至BaⅩⅢ式以及Ad型当是墓地最晚的陶鬲形式。这样，实际上把刘庄墓地的陶鬲分为了四组，四组中代表墓地早期形式的AaⅠ式、Ⅱ式以及Ac型主要分布在东区，南区和西区只是极少量的。AaⅢ式Ab型、BaⅠ式、BaⅡ式、BaⅢ式、BaⅣ式、Ad型、Ae型是墓地中期陶鬲的主要形式，这些鬲中有的时间上可能还偏早，另有极少量的又有可能时间或稍偏晚。它们主要分布于南区另有少量分布在西区。BaⅤ式至BaⅨ式及Bd型，是墓地陶鬲的晚期形式，除南区有少数几座外，绝大部分分布在西区，部分与E形豆作组合。BaⅩ式至BaⅩⅢ式以及Ad型是墓地陶鬲最晚的形式，，只分布在西区，并多为单独一件鬲（本文只选西区独葬鬲20件）可见为数众多。

  通过对墓地随葬陶器所做的分期探索、分析，理清了墓地东、南、西三个区的四组的差别（其中第四组不甚完整，只是单一的陶鬲）和发展关系，一定程度上也理出了墓地多组随葬陶器的早晚差别和演变轨迹，这有助于对刘庄墓地文化属性的认识。显而易见，刘庄墓地所反映的文化面貌是极具个性的，难怪当年有学者通过对淇县宋窑遗址的发掘，敏锐地感到其文化既不同于二里头文化，也与下七垣文化漳河型，二里岗文化有很大的差别，遂称命名为"辉卫文化"，并考证它是夏、商时期以韦族为主体的先民所创造的文化遗存[7]，学界对此持"可备一说"[8]。这一发现，使漳河型的南下途径成了悬案。尽管有学者认为随着鹿台岗类型的发现有助于解除这一谜团[9]，但仔细观察刘庄墓地的随葬器形，它和鹿台岗类型还是有很大的差别，这仍然值得大家关注！如若辉卫型为先商文化，那么墓地当应有大量的与偃师商城相衔接或至少有一群相对应的器类，综观墓地出土的大量陶器，尤其是鬲，它和偃师商城可作比对的实在稀少，这也是视辉卫型为先商文化颇费解释的，而这一现象倒是对王国维夏人和"商人错处河济盖数百岁"[10]的最好诠释。

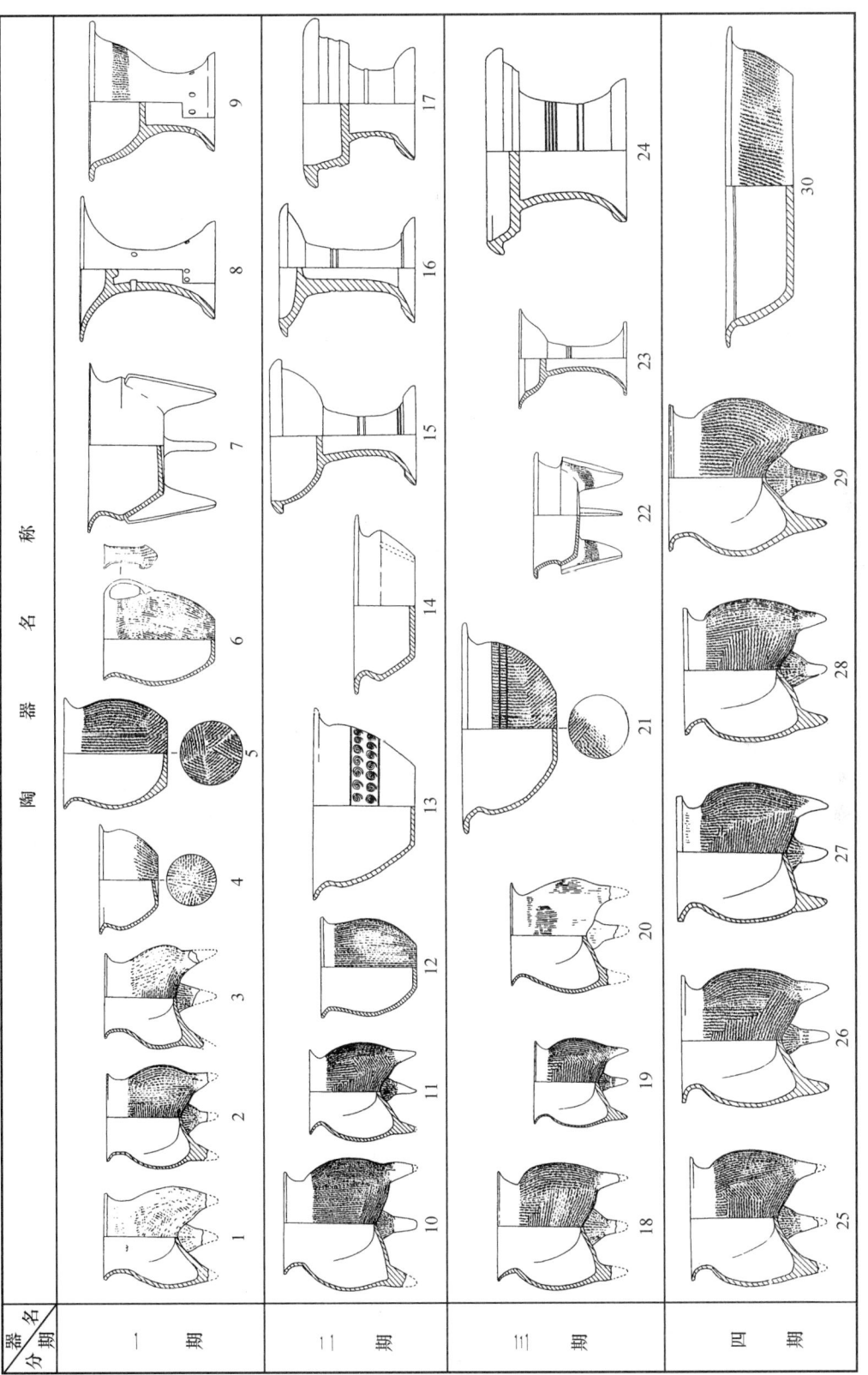

附表1 刘庄墓地陶器分期对照表

1～3. Aa I 式鬲（EM5:1, SM19:1, EM95:2） 4. Aa型盆（EM5:2） 5. 夹砂罐（EM29:3） 6. 单耳罐（SM11:1） 7. I 式鼎（SM29:4） 8. A型豆（EM39:1）
9. B型簋（EM85:4） 10. Aa II 式鬲（SM61:1） 11. Ba I 式鬲（SM159:3） 12. 夹砂罐（SM57:2） 13. Ab II 式盆（WM264:3） 14. Aa II 式鼎（SM158:1）
15. Da III 式豆（SM159:4） 16. Da I 式鬲（SM102:2） 17. I 式圈足盘（SM40:2） 18. Ba V 式鬲（WM54:1） 19. Ba V 式鬲（SM176:2） 20. B VIII 式鼎（WM330:1）
21. Ab IV 式鬲（WM126:4） 22. II 式鬲（WM24:1） 23. E型豆（SM87:2） 24. II 式圈足盘（SM231:1） 25. Ba X 式鬲（WM9:1） 26. Ba XI 式鬲（WM284:1）
27. Ba XII 式鬲（WM125:1） 28. Ba XIII 式鬲（WM285:1） 29. Ba XIII 式鬲（WM285:1） 30. B X 式盆（WM285:2）

附表2　东、南、西三区豆组合墓登记表

墓号	所在区域	随葬组合	D型豆（浅盘柱状把）	深弧腹豆 A型	深弧腹豆 E型	原报告插图号	备注
EM4	东区	夹砂罐、簋（B型）、豆		△		七，4	
EM10	东区	鬲（Ac型）、豆		△		一二，4	
EM37		AaⅠ式鬲、豆		△		五0，3	
EM39		AaⅠ式鬲、B型豆		△		五0，4	
EM95		AaⅡ式鬲		△		一二0，3	
EM185		豆、单耳罐	DaⅠ式			二三一，6	
EM188		豆、夹砂罐等	DaⅠ式			二三一，4	
EM189		Ab鬲、簋（F型）、豆（Ab型）	Ab型豆			二三六，4	
EM190		豆		△		二三六，3	
EM227		斝、豆、盆（AbⅠ式）	DaⅠ式			二七三，5	
SM42	南区	夹砂罐、豆	△			五四，5	
SM57		豆、夹砂罐	△			五七，6	
SM69		圈足盘、豆另一件Db型	△			八八，4、2	
SM72		夹砂罐、豆等	△			九四，6	
SM73		夹砂罐、豆	△			九四，4	
SM78		豆、鬲（BaⅣ式）、盆（AcⅢ式）、罐等	△			九八，3	
SM87		豆、鼎（Ⅲ式）、鬲、盆（BⅢ式）			△	一一三，4	
SM99		豆、盆（AdⅡ式）、罐等	DaⅢ式		△	一二八，1、2	
SM102		豆、夹砂罐等	△			一三0，5	
SM105		豆、泥质罐、AaⅠ式鬲等	△			一三五，5	另有残豆盘一件
SM116		豆、单耳罐	△			一四七，3	
SM117		豆、BaⅠ式鬲、盆、罐等	△			一五一，4	
SM118		豆、盆、BaⅤ式鬲、罐等			△	一五三，3	
SM127		豆、盆（AbⅠ式）、鬲（残）等		△		一六五，5	
SM159		豆、鬲（BaⅠ式）、鬶、角等	DaⅢ式		△	二0一，1、6	
SM176		豆、盆（BⅤ式、BaⅥ式鬲等			△	二二一，3	
SM193		豆、单耳罐、簋（C型）	△			二四0，3	
SM218		豆、鬲（BⅣ式）、鼎（Ⅲ式）等	△			二七0，2	

续表

墓号	所在区域	随葬组合	D型豆（浅盘柱状把）	深弧腹豆 A型	深弧腹豆 E型	原报告插图号	备注
SM236		豆、鬲（BaⅠ式）、盆（BⅡ式）、鼎（Ⅰ式）等	△			二九一，3	
WM20	西区	豆、鬲（残）、盆			△	二八，4	
WM21		豆、鬲（BbⅡ式）、圈足盘			△	二八，5	
WM34		豆、圈足盘			△	四三，4	
WM65		豆、鬲（BaⅤ式）、圈足盘	DaⅤ式			八四，3	
WM66		豆、鬲（BaⅢ式）	深腹碗形豆 DaⅢ式			八四，4	
WM96		豆、鬲（BaⅤ式）、盆（AdⅠ式）	Dc型		△	一二四，1、2	
WM106		豆、鬲（BaⅤ式）、盆	深腹盆形豆 DaⅥ			一八三，1	
WM126		豆、鬲（Ad型）盆2（均AbⅣ式）			△	一六二，1	
WM148		豆、鬲（BaⅡ式）	DaⅣ式			一八七，4	
WM240		豆、鬲（BaⅤ式）、盆（BaⅣ式）			△	二九四，4	
WM251		豆、鬲（BaⅤ式）			△	三〇三，5	
WM254		豆、鬲（BaⅤ式）、盆（AbⅣ式）			△	三一三，4	
WM262:3		豆、鬹、爵			△	三二二，2	
WM275		豆、鬲（AaⅤ式）			△	三三八，4	
WM278		豆、鬲（Bc型）、圈足盘			△	三三八，6	
WM287		豆、圈足盘			△	三五三，4	
WM292		豆、鬲（BaⅤ式）、盆（AeⅠ式）			△		
WM298		豆、鬲（Ad型）	DaⅡ式			三六三，4	
WM304		豆、鬲（残）			△	三七四，3	
WM315		豆、鬲Ad型）、盆（BⅨ式）、圈足盘			△	三八六，4	
WM323		豆、盆（AeⅠ式）			△	三六九，4	
WM324		豆、鬲（BaⅥ式）			△	三六九，6	
WM327		豆、鬲（Bd型）	Dd型			四〇一，4	
WM335		豆、鬲（BaⅦ式）			△	四〇六，5	

说明：A，为两外侧连线作圆弧形，代表早的形式；E，为两外侧连线作折角代表晚的形式；D，浅盘豆大体上代表中期。

注 释

[1] 河南省文物局：《鹤壁刘庄——下七垣文化墓地发掘报告》，科学出版社，2012年。

[2] 杨林中：《晋东南地区龙山晚期与夏商时期考古学文化的基本认识》第286~291页插图三，《有实其积——纪念山西省考古研究所六十华诞文集》，山西人民出版社，2012年。

[3] 北京市文物管理处、中国科学院考古研究所琉璃河考古工作队等：《北京琉璃河夏家店下层文化墓葬》，《考古》1976年第1期。

[4] 北京大学考古系商周组：《河南淇县宋窑遗址发掘报告》，《考古学集刊》第10集，地质出版社，1996年。

[5] 郑州大学文博学院等：《豫东杞县发掘报告》插图第五0-16，科学出版社，2000年。

[6] 中国社会科学院考古研究所：《偃师二里头》插图第133-8，中国大百科全书出版社，1999年。

[7] 张立东：《论辉卫文化》，《考古学集刊》第10集，地质出版社，1996。

[8] 中国社会科学院考古研究所：《中国考古学·夏商卷》第143、164页，中国社会科学出版社，2003年。

[9] 中国社会科学院考古研究所：《中国考古学·夏商卷》第143、164页，中国社会科学出版社，2003年。

[10] 王国维：《殷周制度论》，《观堂集林》卷十。

禹会村遗址低温陶的历史背景

辛礼学[1]　王吉怀[2]

一　前　言

陶器，属于人类创造性的伟大发明，在人类早期发展史上曾经起到过重要的作用。与日常生活息息相关的陶器，是人类第一次改变自然材料性质的创造，并具有划时代的意义。

史前时代的陶器，承载着相应遗址的地域特征、文化属性和技术发展水平等信息。它又作为生活中离不开的器具，曾伴随着人类走过了万余年的历史。陶器的出现，才使人类文明的发展成为可能。

考古中发现的史前人类的陶器，概括了生活用具的方方面面，因此，陶器一般具有典型的区域文化特征，是判断遗址文化性质、年代范围、制作技术、发展水平的关键物证，也是考古学中类型学的主要参照物。

低温陶，按正常的思维去理解，应该是人类发明陶器制作的初期物品，这在考古遗址中表现得非常突出。我国华北地区目前较早期的南庄头遗址[1]、淮河上游的贾湖文化[2]、中原地区的裴李岗文化[3]、冀南地区的磁山文化[4]等，都是人类较早期文化的代表。在作为当时生活用具的陶器方面，表现了一定的原始性，普遍具有烧成火候低、质地疏松易破碎、吸水性强的特点，这就是低温陶。

在人类发明制陶烧陶的初期，低温陶的出现是可以理解的，但是，如果低温陶与相应的文化时代不符，那就需要我们从另一个角度去考察低温陶存在的内在含义。

考古界认为，人类发展到原始社会末期的龙山文化时代，其手工业制作也到了空前的时期，其中，在陶器的制作方面同时到了较高的水平，特别是在烧制火候的制陶技术也达到了前所未有的程度，基本不见早期低温陶的出现。如果说，龙山文化时期出现低温陶，即属于不正常现象，这就需要我们从遗址的性质去考察低温陶存在的实际意义。

---

1. 蚌埠市博物馆
2. 中国社会科学院考古研究所

二 对龙山文化陶器的正常认识

龙山文化处于我国新石器时代晚期阶段,就陶器的发展历史而言,已经经过了至少有八九千年的历程。据考古资料所知,我国最早的陶器,在距今12000年或13000年以前就已经被人类所发明,桂林甑皮岩遗址曾被确认是中国目前发现的最早的陶器[5]。经过漫长的岁月,到距今4000年前后的龙山文化时期,已经达到了非常成熟的阶段。尤其是在龙山文化的陶礼器方面,其制作工艺,造型特点,烧制火候,都会使我们现代人咋舌称赞。特别是属于高档礼器的黑陶高柄杯等器形,素有"黑如漆、亮如镜、薄如纸、硬如瓷"的美称。即使作为生活实用器的各类陶器,也普遍达到了八九百度以上的烧制火候,所以,龙山文化的陶器多数具有极低的吸水性,不夸张地说,龙山文化在制陶方面达到了人类自有陶器历史以来的最高峰,既是高科技发达的今天,如果用手工制造出高档的陶礼器,也并非容易。因此,我们不能不承认,龙山文化是人类历史上制陶的高峰期、成熟期。

三 禹会村遗址的陶器现象

1. 禹会村遗址的历史背景

禹会村遗址既是淮河中游地区龙山文化的典型代表,也是龙山文化一个新的地方类型,更重要的还是古史记载和民间传说中"禹会诸侯"的发生地[6]。

《左传·哀公七年》载:"禹会诸侯于涂山,执玉帛者万国。"《汉书》:"禹会诸侯于涂山,执玉帛者万国。"《春秋传》也有"禹会诸侯于涂山……山下有禹墟及禹会村"的记载。

由于上述原因,才注入了遗址的特殊性,并呈现出许多异常的现象。

一般而言,遗址中出土的陶器,不外乎在房址内、墓葬中、灰坑里和相应的地层间等,但无论如何,都与当时的生活密不可分。房址内的陶器,应是当时人们生活中遗留下来的遗物;墓葬中的陶器,应是墓主人生前生活的缩影或死者身份的反映;灰坑里的陶器则是生活废弃物的堆放;而地层间的陶器则多为生活过程中的遗留物。如果陶器的出土地点超出以上遗迹单位,或不是作为生活用具,那陶器的本身价值或意义就应该与生活无关。

禹会村遗址被学术界定为"禹会诸侯"之地[7]。因为,2013年12月22~24日,在蚌埠召开了"禹会村遗址与淮河流域文明研讨会",来自中国社会科学院考古研究所和历史研究所、中国先秦史学会、北京大学与天津、河北、上海、江苏、浙江、山东、河南、湖北、四川及安徽等地的相关专家60余人进行了全面深入的论证。通过对考古资料和多学科研究,大家对禹会村遗址的考古资料和文化特征并结合文献记载与涂山地望的考证，就禹会村遗址的性质达成了共识。禹会村遗址的发现，使原来仅仅停留在文献中的争执，在考古学上得到了落实，同时，也为国家形成的探索起到了重要的学术支撑。

"禹会诸侯于涂山，执玉帛者万国"是非常有名的事件。过去只见于文献记载，现在通过考古发掘知道禹会村遗址就和它有密切关系。"禹会诸侯"是在什么情况下发生的？有什么意义？我们知道大禹治水的时候，他是舜帝手下管理工程的人，负责治水。在这个地区的发现，说明大禹在治理淮河的过程中召集了周围部落的首长聚会，或是分配任务，或是庆祝胜利，立下盟约。

"禹会诸侯"是指在大禹治水过程中发生的重大历史事件。相传在距今约4000年前的夏朝尧舜时代，正值冰河时代后期，气候转暖，积雪消融。大地山河，沦为泽国，天地万物，同为波臣。人类或登高陵土山，或以木为舟，载沉载浮，幸免沦没。"汤汤洪水方割，荡荡怀山襄陵，浩浩滔天"[8]。加之海水水面升高，沧海横流，海水倒灌，淮河淤积，使泰山以西到沂蒙以南至苏北地区，成为大片泽国。在洪水横流泛滥于天下时，人民流离失所，无家可归，各部落的人们被迫逃避到一个个高地上，形成了许多孤岛……

不少人都会从历史教科书上了解到在距今四千年前后，"洪水横流，泛滥于天下"的记载，也正是洪水事件的发生，才留下了带有神话色彩的大禹治水的故事。

大禹治水的神话故事在全国许多地方世代相传，禹的足迹不仅遍于全国各地，而且许多名山大川也都被说成是受禹治理过的。其中有关大禹和其父鲧在今鲁南苏北黄淮泛区治水的传说也在华夏文化史上留下了浓墨重彩的一页。今天，我们仍然能感觉到当年大禹治水所走到的区域，因为，在我国黄河上下，大江南北的许多区域都留有比比皆是的禹迹，如禹王宫、禹王庙等建筑，还有更多的地方为表达后世感其公德而塑起的大禹治水像，如，安徽怀远县境内（如今属蚌埠市）有禹墟和禹王宫，怀远县城有大禹像；陕西韩城市有禹门；山西河津县城有禹门口；山西芮城塑有大禹塑像，山西夏县中条山麓有禹王城址；河南开封市郊有禹王台；禹县城内有禹王锁蛟井；河南省禹州市禹王大道与画圣路交汇处立有大禹像。湖北武汉龟山东端有禹功矶；湖南长沙岳麓山巅有禹王碑；苏州太湖沿岸村落里都供奉着"水神"禹王的雕像；四川南江县还建有禹王宫；四川汶川威州路口立有高达16米的大禹塑像；山东济南黄河景区立有大禹像；山东兖州有大禹像；山东有禹城；浙江绍兴有大禹陵有高达21米的大禹铜像；浙江余杭镇广场上有一座大禹像；汉水流域旬阳县城东60千米外的山崖上刻了"禹穴"二字；关口镇也落成有大禹塑像；甘肃兰州九州台森林文化公园立有大禹像；三峡大坝附件的黄陵庙供奉着治水英雄大禹的像；江苏最东端圆陀角风景区立有大禹像；壶口瀑布立有大禹像；河南洛阳更有大禹开凿龙门的传说等。这些遍布中国的大禹遗迹，记刻着大禹的丰功和人们的思念。可见，大禹是我国古代伟人中最受人们崇敬的一个，也说明大禹其人其事，在我国历史上的分量是举足轻重。

蚌埠西郊的禹会村，尽管不被更多的人所知，但可是一个名见经传的地方，禹会村遗址的发掘成果是自汉代司马迁以来2000多年考证研究"禹会诸侯于涂山，执玉帛者万国"的最重要的考古发现，故"禹会"也由此而得名。

通过我们的考古发掘与论证，在学术界达成了共识，其中之一就是"涂山"地望是最重要的考古学证据，其学术上的说服力是五种"涂山"说中最充分的[9]。禹会村遗址与文献记载的"禹会诸侯"事件密切相关，遗址中所展现的经过精心设计营建、面积达2000平方米的大型而别致的T形坛和以祭祀为主的器物组合，以及不同区域的文化特征，大体再现了当时来自不同区域的氏族部落曾在此为实施某项重要任务而举行过大型聚会和祭祀活动，由此烘托出"禹合诸侯于涂山，执玉帛者万国"这一历史事件发生的真实性。

专家经过考察认为，禹会村遗址的发掘成果，使我们再次认识到像以往那样仅仅靠文献的梳理和考证是难以解决禹会诸侯的涂山所在地的。换言之，禹会村遗址的发掘，使禹会诸侯于涂山的古史传说得到了落实[10]。

禹会村遗址属于龙山文化，但文化迹象又不是我们通常所认为的龙山文化中具有长期定居性质的聚落遗存，迹象证实了它就是与文献记载和民间传说的历史事件（禹会诸侯）密切相关的短期遗存，所以，在遗址中才出现了与自身性质相吻合的遗迹和遗物现象。

2. 禹会村遗址表象

就龙山文化而言，陶器的制作与烧制已达到了相当高的水平，这是学术界的共识，而禹会村遗址出土陶器在器型上虽具有龙山文化的特点，但是在火候上表现出了一些反常现象，这是什么原因导致了禹会村遗址如此反常，我们不能不从遗址的时代背景去考察。

禹会，是因"禹会诸侯"而得名，其遗址也被学术界定为大型的礼仪性建筑基址，考古已经证实了史书记载和民间传说"禹会诸侯"事件的真实性。一系列的考古论证，无不得益于遗址中各类遗迹、遗物的出现。禹会村遗址的陶器多出自于与祭祀有关的遗迹中，遗址中的祭祀沟[11]或不同类型的祭祀坑[12]，都是当时祭祀器具的埋藏点，在使用以陶器作器具的宗教活动后，将所使用的器具有意或无意的抛于坑或沟内，有的并没有完全摔碎，还保留有器物本来的造型（图1）。甚至当时还在坑中保留有器物的完整个体（图2）。而更多的现象是杂乱无章，即像考古发掘中出现的灰坑，但仔细观察，却又与灰坑明显不同，也就是说，灰坑的包含物是杂乱的，即包含了当时人类生活的方方面面，也就是我们今天所说的垃圾坑。而在禹会村遗址的这些坑中，尽管陶器是散落的，但从陶质、陶色的散落范围，又能找到一件器物的个体（图3）。这种现象证实了坑中的器物是从坑外扔进去的。同时，还有一种现象，是在坑中人为的摆放，而形成了个体破碎后的成堆现象（图4），这些都是在不同的祭祀活动后留下的迹象。

图1 祭祀沟中的陶器现象

图2 祭祀坑中的陶器现象

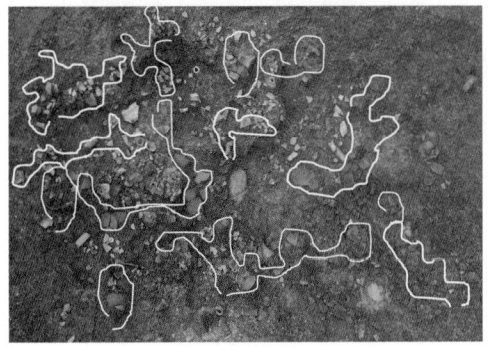
图3 祭祀坑中陶器破碎后的现象

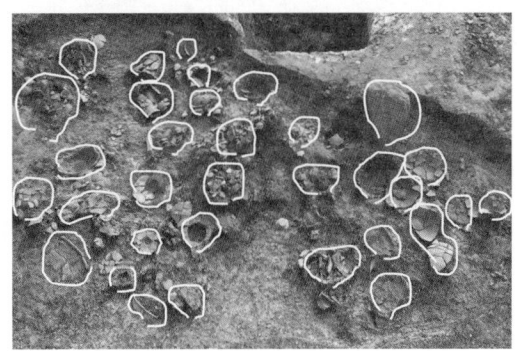
图4 祭祀坑的陶器个体现象

禹会村遗址的陶器异常，主要表现在低温陶方面。所谓低温陶，即表现出了陶器的烧制火候低，陶质酥松，吸水性强，容易破碎等特点。有相当多的器物，在清理时很难辨认器物的本来形状（图5），甚至达到了极其难以起取的程度（图6）。类似这样的陶器，在禹会村遗址中占据了相当大的比例，并给后期的修复工作带来了极大的难度。经过修复成型的陶器看上去与龙山文化具有极其明显的反差（图7）。

图5 低温陶出土现象

图6 低温陶出土现象

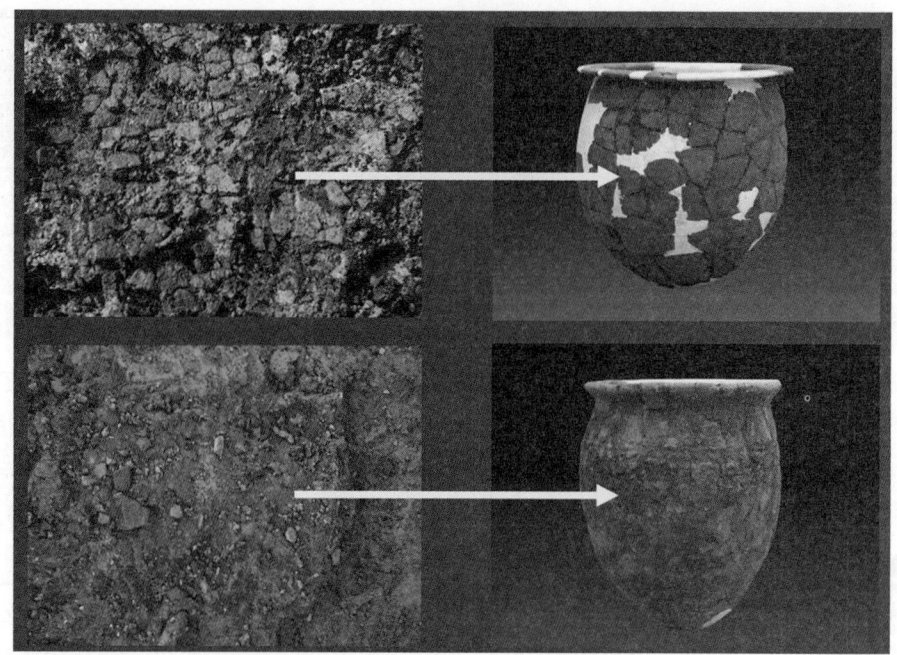

图7　低温陶出土时和修复后

四　对低温陶的观察与测试

龙山文化晚期的陶器制作技术十分成熟，该现象在众多的龙山文化遗址中均有反映，然而，蚌埠禹会村遗址却不尽相同，其中，数量众多制作粗糙、质地疏松、保存状况较差的陶器，同该时期应有的制陶水平有着显著差异。同时，禹会村遗址出土的陶器也表现出了多区域龙山文化面貌特征，基于禹会村遗址陶器的复杂性，陶器烧成温度的测定对判断遗址的性质则显得尤为关键。

禹会村遗址中为什么会出现如此大量的低温陶，我们不得不从遗址的性质去思考。前期发掘时，我们曾一度认为这些低温陶肯定不是生活中的用具，应该是为祭祀活动专门烧制的器具。但是，对考古遗址现象的观察，仅凭肉眼是很难诠释其中的内涵，必须运用自然科学的手段进行测试和研究。

在古陶器的烧成温度研究中，较早而且较广泛使用的方法主要有两种：一是通过X射线衍射、光学显微镜和差热分析方法研究矿物的存在方式，分析估算出陶器的大致烧成温度范围；二是利用陶器热膨胀测试获得的数据，估算出陶器的烧成温度，此方法经过适当的校正，可以得到较准确的结果。

对陶器烧成温度的研究，是为禹会村遗址的文化性质提供科技考古的佐证，因为陶器是最能代表文化的实物体，同时也为我们推断陶器的实际用途提供科学依据，所以，对陶器烧成温度的测试，将会为回答禹会村遗址低温陶的问题找到一个突破口。

俗话说，水火既济而土合，土无水不能成器物，器物不经火烧则不能成为陶器[13]，因而烧成温度是陶器成型的重要因素。

既然定论了该遗址是与"禹会诸侯"事件有关,又在此举行了隆重而又神圣的祭祀盟会活动,那么,该遗址所出陶器必定会在烧成温度上有所体现。在我们发掘的同时,曾大胆的推测低温陶是专门为祭祀而烧制的,但推论、猜测都不能作为定论的依据,为此,就有关低温陶的现象特别作了烧成温度的测试和研究,由中国科学技术大学采用热膨胀仪分析法对不同陶质、陶色,不同类型的陶器进行了测试,结果显示了最高烧成温度为917℃,最低为550~650℃,同时还有700℃、800℃不等。

禹会村遗址出土陶器的烧成温度普遍较低,致使陶器表面疏松多孔,具有较强的吸水性,不具备生活实用的价值。而从祭祀沟出土的陶器,其胎质较薄、材质均匀,但其烧成温度较低,说明材质经过一定的选取,并在较低温度下烧成。而该遗址出土的代表祭祀性质的陶器,其烧成温度较龙山文化其他遗址陶器的烧成温度也偏低。一系列的现象进一步说明了该遗址陶器主要是为祭祀而制作的,从烧成温度的角度支持了"禹会村遗址是一处以祭祀为主的礼仪性基址"这一观点。

考古证实了禹会村遗址是一处短期行为的遗址,只是在"禹会诸侯"期间,来自不同地域的氏族成员在此活动,他们在活动期间,也要生活,因此,像900℃左右的陶器可以作为生活用具,而500℃、600℃的陶器,我们完全可以认为是作为祭祀时的专属用具[14]。

五 低温陶给我们的启示

通常而言,在其他地区的龙山文化中,无论是短期聚落还是长期聚落,或是具有一定规模性的城址,像500℃、600℃的陶器是非常罕见的。因为,作为生活用具的器皿,只有烧制到一定的火候,才能具备一定的硬度,或具备较低的吸水性,才能使用。而禹会村遗址中的低温陶数量之多,却是正常的,正因为有这些低温陶的存在,才显现了该遗址的性质不是以生活为主的定居聚落,而主要与短期盟会行为和祭祀活动有关,也正因为这些低温陶才证实了它的真正用途,才证实了"禹会诸侯"事件发生的真实性,同时,也衬托出了禹会村遗址与其他地区龙山文化的明显差异。

作为治水首领大禹,在治水期间遇到了困难,因此,召会各国诸侯,盟会于涂山脚下,共商治水大计,来自于各个部落的首领及成员,会集禹会,举行为期不长的盟会和祭祀活动,祭拜的程序神圣,祭祀的内容复杂,所用器具量大,因此,才出现了专为祭祀而烧制器物的现象。我们对禹会村遗址的低温陶,从出土、提取到修复的过程中进行过多方位的观察,加上测试的结果,认为低温陶在当时仅仅烧制成型能摆供品而已,使用后便抛之掩埋,这些弃于坑中的"垃圾",为我们今天考证历史,提供了十分珍贵的资料。正因为禹会村遗址的低温陶,才为我们补史、证史提供了学术支撑。

注 释

[1] 南庄头遗址的发现和发掘，填补了我国旧石器时代晚期文化至磁山、裴李岗新石器时代早期文化之间的一段空白，出土标本经 ^{14}C 测定，年代为距今 10500～9700 年（未经树轮校正）。遗址中发现的陶片是目前我国考古发掘得到的地层和年代都确切的最早的陶制品之一。这些陶片的陶胎壁厚 0.8～1.0 厘米，烧成火候低，质地疏松。

[2] 河南省文物考古研究所：《舞阳贾湖》，科学出版社，1999 年。

[3] a. 第一次由开封地区文管会、新郑县文管会：《河南新郑裴李岗新石器时代遗址》，《考古》1978 年 2 期。第二次由开封地区文管会、新郑市文管会，郑州大学历史系考古专业：《裴李岗遗址一九七八年发掘简报》，《考古》1979 年第 8 期。第三、四次由中国社科院考古研究所：《1979 年裴李岗遗址发掘报告》，《考古学报》1984 年第 1 期。

b. 河南省博物馆、密县文化馆：《河南密县莪沟北岗新石器时代遗址发掘报告》，《河南文博通讯》1979 年第 3 期。

c. 开封地区文管会、密县文管会、郑州大学历史系考古专业：《密县马良沟新石器时代遗址调查报告》，《考古》1981 年第 3 期。

d. 开封地区文管会、巩县文管会、郑州大学历史系考古专业：《河南巩县铁生沟新石器时代遗址试掘简报》，《文物》1980 年第 5 期。

e. 中国社会科学院考古研究所：《河南新郑沙窝沟李新石器时代遗址》，《考古》1983 年第 12 期。

[4] 河北省文物管理处、邯郸市文物保管所：《河北武安磁山遗址》，《考古学报》1981 年第 3 期。

[5] 中国社会科学院考古研究所、广西壮族自治区文物工作队、桂林甑皮岩遗址博物馆、桂林市文物工作队：《桂林甑皮岩》，文物出版社，2003 年。

[6] 中国社会科学院考古研究所、蚌埠市博物馆：《蚌埠禹会村》，科学出版社，2013 年。

[7] 中国社会科学院考古研究所、安徽省文化厅、蚌埠市人民政府：《禹会村遗址研究——禹会村遗址与淮河流域文明研讨会论文集》，科学出版社，2014 年。

[8] 《尚书·尧典》。

[9] 涂山所在地常见有五种说法：一说在会稽，就是今天浙江绍兴县西北 45 里。二说在渝州，即今天的重庆市。三说在濠州，就是我们安徽蚌埠市，四说在当涂，就是今天安徽当涂县，五说在三涂山，就是在今天的河南嵩县西南 10 里左右。

[10] 王震中：《从蚌埠禹会村遗址看涂山的所在及夏禹权力的时代特征》，《禹会村遗址研究——禹会村遗址与淮河流域文明研讨会论文集》，科学出版社，2014 年。

[11] 祭祀沟是禹会村遗址中重要的遗迹单位之一，是在大型祭祀台基上使用祭祀器具后抛弃的地点。

[12] 不同类型的祭祀坑是禹会村遗址中的重要遗迹现象之一，主要分为：竖穴深坑上下叠压埋藏器物；圜底深坑分层抛弃埋藏器物；平底浅坑单层埋藏器物；平底深坑单层埋完整藏器物；圜底深坑单层抛弃埋藏器物；

[13] 李家治、张志刚、邓泽群等：《新石器时代早期陶器的研究——兼论中国陶器起源》，《考古》1996年第5期。

[14] 中国社会科学院考古研究所、蚌埠市博物馆：《蚌埠禹会村》，科学出版社，2013年。

对于陶寺文化晚期聚落形态与社会变化的新认识

何 努

陶寺文化分为早中晚三期，每期陶寺遗址聚落形态都发生了重大变化。2010年之前，根据当时掌握的陶寺遗址考古资料，我们提出陶寺早期城址56万平方米；中期城址扩建，包括中期小城总计280万平方米；晚期城址包括宫殿区、观象台等被彻底平毁，普通遗迹和遗物的分布面积却可达300万平方米。笔者认为，陶寺文化晚期，陶寺遗址已失去了都城的地位，没有城墙、宫殿区、王级和大贵族墓葬，经过政治报复，陶寺晚期的政权很可能移出陶寺。陶寺遗址在晚期沦为群龙无首的"无政府"状态。造成陶寺文化晚期的社会与政治动荡，极可能是陶寺城址内部早期王族与中期王族之间的宿怨引导的阶级矛盾冲突[1]。

然而，2011～2012年，我们通过大面积揭露，发现陶寺中期城址外北部一座大型夯土基址ⅣFJT1～ⅣFJT3（图1）。经过发掘基本确定，ⅣFJT1～ⅣFJT3基址平面形状为圆角方形，部分为中梁沟所破坏，北边缘东西残长28米，东南拐角明显，南北残宽至少48米，方向为北偏西45°左右，与城墙及宫殿基址ⅠFJT3方向一致。该夯土基址南部包含残存的陶寺文化早期基址ⅣFJT1和部分残存的陶寺文化中期基址ⅣFJT2夯土板块。陶寺晚期的基址ⅣFJT3保存相对完整[2]，西北段台基外壁高于现存地表40厘米左右，是迄今发现陶寺夯土建筑基址唯一残留高于地表的台体。我根据该建筑基址所处多水环境，推测其功能为"泽中之方丘"，祭祀地祇之坛[3]。

2005年发掘资料显示，ⅣFJT2中期基址主体曾被陶寺晚期偏早的房子、窖穴打破，表明作为地坛，ⅣFJT2在陶寺晚期偏早阶段便被彻底破坏，祭坛功能丧失。但是陶寺晚期某个时段，地坛被重新修复扩建为ⅣFJT3，总面积约在1000平方米。而ⅣFJT3复被陶寺晚期偏晚的灰坑、窖穴、小房子和小墓葬打破，再次被彻底毁弃。

这使我想起2006年，为了找到陶寺宫殿区内中期核心建筑基址ⅠFJT3的西北角，用探沟法在ⅠFJT3基址的西北部，发现另一座夯土基址的部分遗迹，夯土质量很差，编号为ⅠFJT4，面积大约2000平方米，时代为陶寺晚期。当时我们全力寻找ⅠFJT3的四至，同时疑惑ⅠFJT4的时代判断可能有问题，便没有对ⅠFJT4的具体情况进行进一步的发掘追寻。而如今，结合城北ⅣFJT3"地坛"为陶寺晚期复建，使笔者开始对原

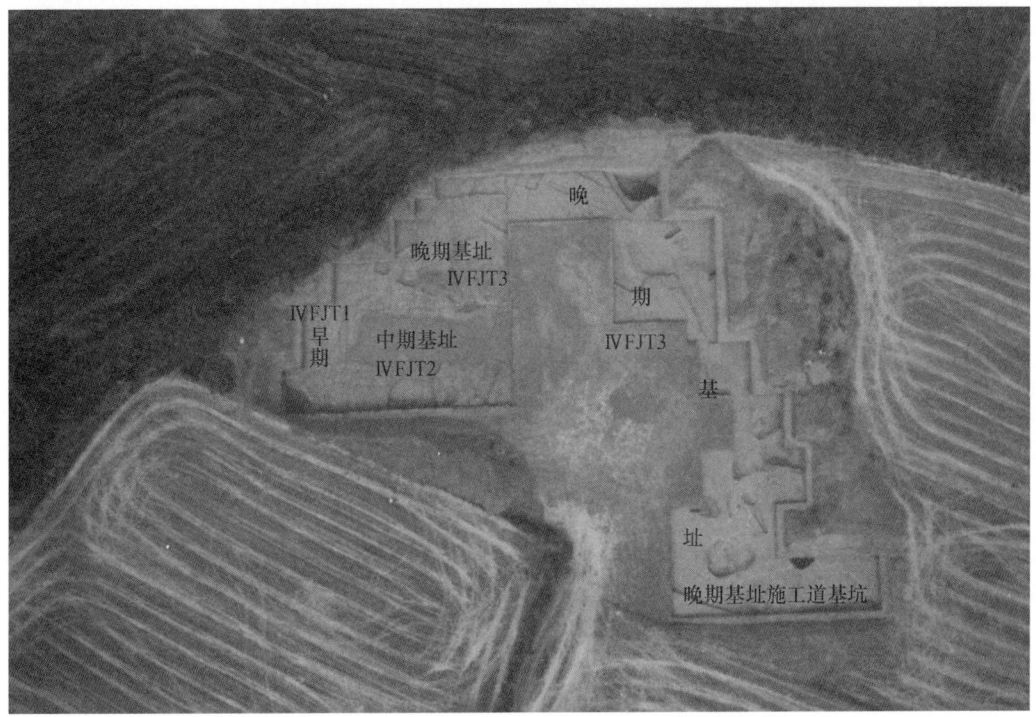

图1　IVFJT1~IVFJT3鸟瞰

来"陶寺文化晚期没有城墙、宫殿区、王级和大贵族墓葬"的认识产生怀疑。

2013~2014年度陶寺遗址的发掘工作,对陶寺城址的聚落形态认识,有了重大突破。通过钻探与发掘,确认陶寺宫殿区外围存在沟墙防御体系(图2),可称之为"宫城",并且早中晚三期兴废关系十分复杂(图3、表1)。

通过分析最新资料,笔者的初步认识是,陶寺文化早期,宫殿区确立之后,首先用堑壕将宫殿区围护起来,它们是Q15III、Q16II、Q10II、Q11II的沟底界面。使用一段时间后,随着早期城址外城Q8和Q9的建设,宫殿区堑壕被填平并夯筑起宫墙,它们是Q15III、Q16II、Q10II、Q11II沟槽内的夯土建筑(图3-1)。此时宫城出现,面积达到13万平方米。建筑的方法是在底部填土1~2米厚,然后再打夯土。早期沟槽现存开口宽7~12米,个别残宽5米左右,底宽3.5~4米,残深1.5~5米,复原(到原始生土地表)深度8~9米。笔者推测早期宫殿区围壕开口原本通常在10米左右宽。

表1　陶寺宫殿区防御系统时代分期表

编号	部位	陶寺文化早期	陶寺文化中期	陶寺文化晚期偏晚
Q15	北沟墙	Q15III	Q15II	Q15I
Q16	南沟墙	Q16II	无	Q16I
Q10	东沟墙	Q10II		Q10I
Q11	西沟墙	Q11II	Q11I	无

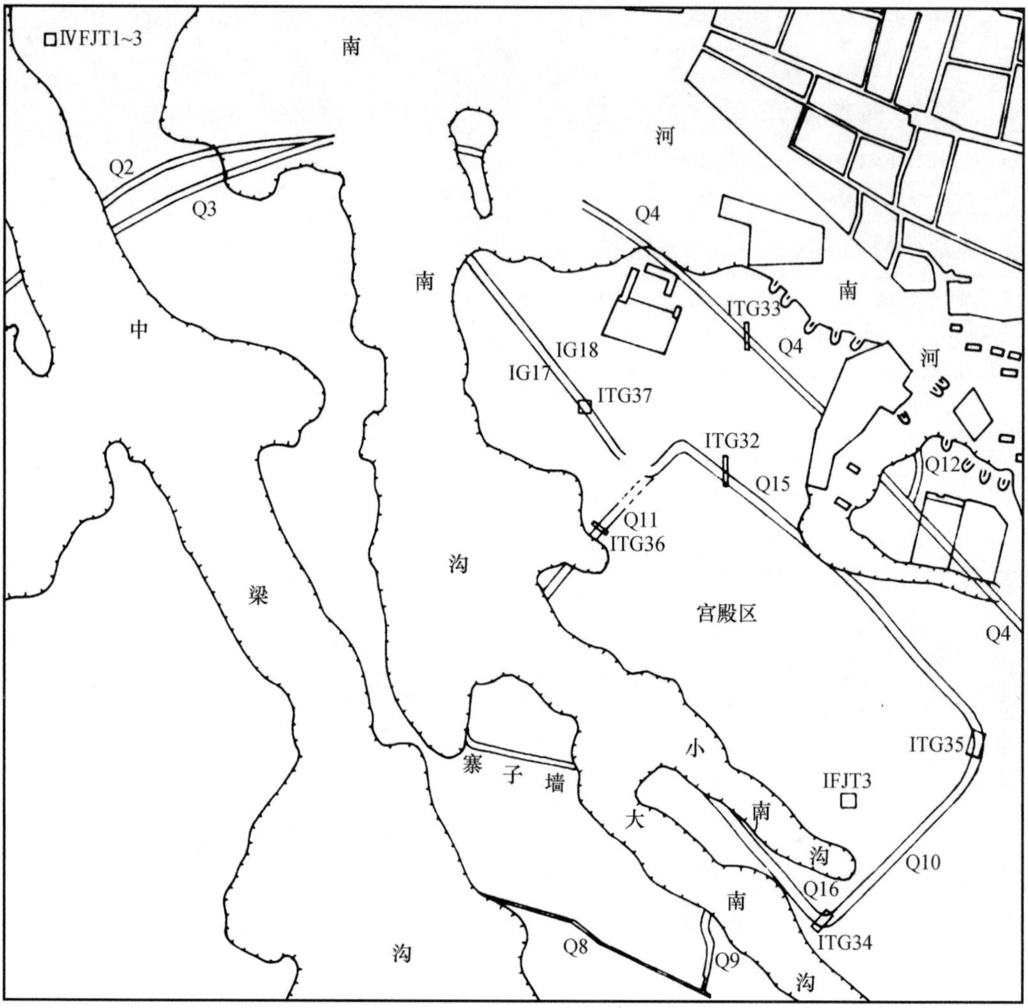

· 160 ·　新世纪的中国考古学（续）——王仲殊先生九十华诞纪念论文集

图2　陶寺宫殿区防御系统（沟墙）平面图

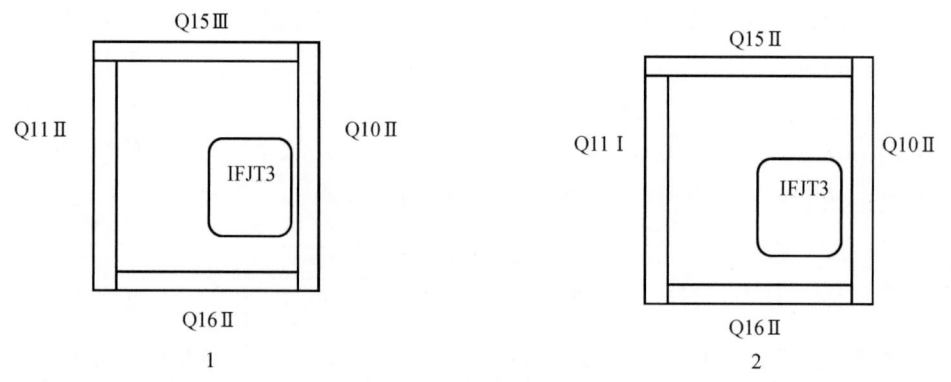

图3　早期"宫城"示意图
1. 沟墙　2. 城墙扩建

宫殿区在陶寺中期继续沿用，但是在早期宫墙城墙Q15III、Q11II原址上全面拓宽，成为Q15II、Q11I（图3-2，表1）。现存开口宽度13米左右，个别处8米左右，底宽7～9米。基槽变浅，残深1～4米，复原深度2～4米。笔者推测原本开口宽度在13米左右。Q16II依然保留在地面未动（表1）。

陶寺中晚期之交，对宫城北墙Q15II和南墙Q16II及东墙Q10 II进行了大规模的破坏和平毁。ITG32处成为小型墓地（图4）。而西墙Q11I似乎依然保留。

陶寺晚期偏晚某个阶段，宫城北墙Q15和南墙Q16及东墙Q10被修复重建为Q15I和Q16I及Q10 I（图5）。基槽深1.5～2米，比中期浅，基坑挖得浮皮潦草。此次重建不是孤立的事件，宫城内陶寺晚期夯土基址、城外西北大型方形夯土建筑IVFJT3均为陶寺晚期偏晚修筑的大型建筑。晚期宫城基槽内夯土质量与晚期宫殿建筑、夯土基址同样低劣。

 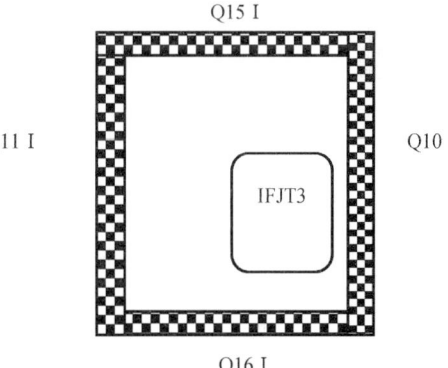

图4　陶寺晚期小型墓地打破中期墙槽　　图5　晚期"宫城"城墙复建示意图

但不久，陶寺晚期的宫城又被彻底平毁，在ITG32处沦为墓地（图6），其余地段均被陶寺晚期地层所叠压。

在判定晚期宫城城墙复建现象的同时，我们还通过解剖发现，陶寺外郭城北墙Q4没有早期阶段的（图7）。ITG33解剖处，Q4II夯土基槽为中期，Q4I（？）为陶寺晚期。Q4I基槽被陶寺文化晚期地层与灰坑破坏严重，解剖沟中的残宽20米左右，残余夯土最厚约0.5米，有些部位仅余0.1米左右。由于Q4其他段未发现同样晚期夯土遗存，所以一时难以判断是陶寺晚期外郭城墙基槽还是晚期夯土建筑恰好坐落在中期Q4的基础上。其下叠压IH117、IH118与房址IF18等陶寺晚期遗迹，打破Q4II夯土基础。假如今后进一步发掘证明ITG33段的Q4I是陶寺文化晚期的复建的外郭城，则表明陶寺晚期不仅重建了部分宫城城墙，还复建了一部分外郭城；假如证明Q4I就是晚期的一座夯土建筑，则其建筑规模也比较大，从而更说明陶寺晚期还复建过一些规模较大的夯土建筑基址。

图6 陶寺晚期偏晚墓葬破坏Q15I　　　　　　图7 ITG33Q4剖面

从总体上看，陶寺文化早中期之间"宫城"城墙拓宽以及外郭城的扩建，比较容易理解为陶寺城址内部的人扩建行为。

然而，最令人费解的是ITG32段中期宫城北墙Q15Ⅱ和晚期Q15Ⅰ之间，宫墙—墓地—宫墙—墓地之间兴废和功能频繁的转换，全系陶寺城址内部居民所为，实在于理难通。更合理的解释似乎是，对中期陶寺政权及其都城聚落实施政治报复的是一拨人，复建陶寺宫城、城北"地坛"的则是另一群人。后者秉承陶寺早中期城址的余脉，很可能是陶寺中期政权后裔在晚期偏晚时段的复辟，因而是陶寺本城人的可能性更大。前者作为后者的敌对势力，摧毁陶寺中期政权，对陶寺实施政治报复者很可能是外来人。

赵春燕博士对陶寺遗址出土人牙进行锶同位素分析认为[4]，陶寺晚期非本城出生人口即外来移民比例可占到75%和76.9%。博凯龄对陶寺出土动物骨骼做动物考古分析认为，陶寺晚期绵羊饲养（可能用于羊毛纺织业）显著增长，成为家畜饲养的主业[5]。绵羊饲养成为主业尤其是以羊毛纺织业为特色的生业方式，显然不是中原地区传统的生业方式，却是中国西北地区游牧或半游牧史前部族的传统生业方式。陶寺文化早中期一直以猪为家畜饲养的主业。陶寺晚期外来人猛增且占主导地位，与以羊毛纺织为目的的绵羊饲养激增，可以说是相辅相成，能够间接支持"陶寺晚期外来人对陶寺实施政治报复"的推测，并明显指证这些外来人来自西北或北方地区。这些超过70%的外来人，曾对陶寺遗址长期实际占有，并将自身的考古学文化因素与陶寺遗址本地原有的陶寺早、中期文化进行有机的融合，形成了陶寺晚期文化。

据我分析，陶寺文化晚期核心器物组合为斝、扁壶、小口折肩罐、侈口折肩罐、浅腹盆、圜腹盆、深腹盆、豆、敛口折肩瓮、圈足瓮、圈足罐、鬲、甗。新出现的型式有侈口折肩罐，深腹盆，Bb型圈足罐，甗，鬶式鬲，肥足鬲，高直领单把鬲。其中肥足鬲、深腹盆、甗、鬶式鬲、高直领单把鬲、高直领双鋬鬲很可能受到外来因素的影响。而侈口折肩罐和Bb型圈足罐则是中期小口折肩罐的变异。肥足鬲（图8-1）显然是晋中杏花村四期无领双鋬鬲Ⅲ式H7∶3（图8-2）[6]与陶寺中期筒腹鬲（图8-3）结合的产物。高直领双鋬鬲（图8-5）明显受到杏花村四期薄唇有领双鋬鬲Ⅲ式Y301∶2（图

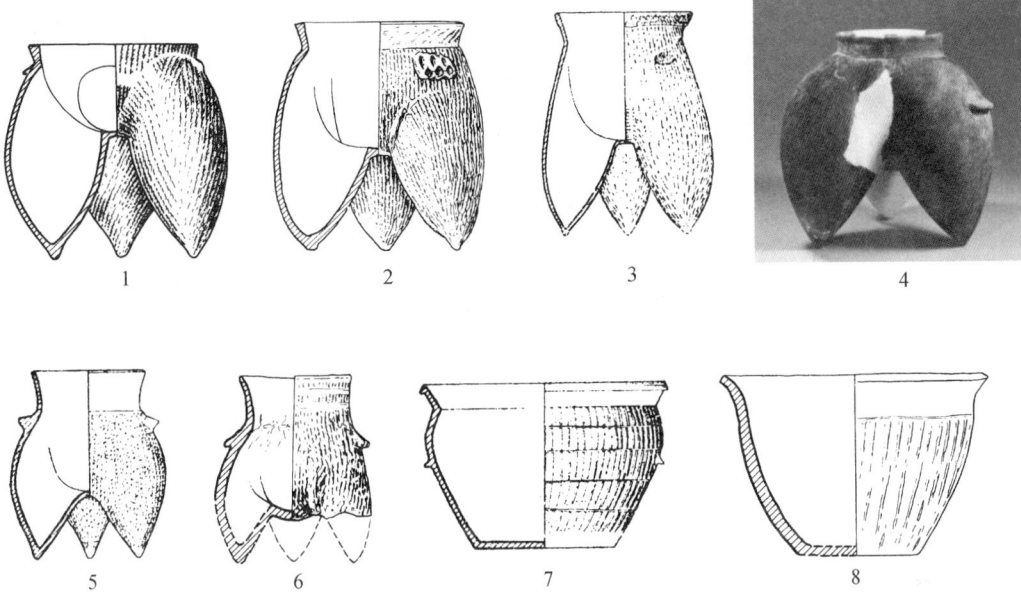

图8 陶寺文化晚期新出现文化因素与周边文化对比

1. 陶寺肥足鬲IH6：36　2. 杏花村有领双鋬鬲H7：3　3. 陶寺采集中期筒腹鬲　4. 石峁后阳湾W2出土矮领双鋬鬲
5. 陶寺高直领鬲T404④：11　6. 杏花村薄唇有领双鋬鬲Y301：2　7. 陶寺深腹盆H428：101　8. 杏花村深腹盆H110：1

8-6）影响[7]。深腹盆（图8-7）受到杏花村四期侈沿盆H110：1（图8-8）影响[8]。显然，陶寺文化晚期对陶寺都城聚落、社会政治造成巨大冲击、动荡与变革的势力，从考古学文化因素的角度考量，直接来自晋中杏花村四期类型遗存的可能性比较大。

正因如此，《晋中考古》在结语中，将陶寺文化按照双鋬鬲为判别标准，纳入了所谓"晋中Ⅴ期类遗存"。该类遗存西起晋陕境内的黄河西岸汇入黄河的诸支流，北达阴山脚下，南至侯马、河津一带，东北深入洋河和桑干河，占据了整个冀西北，北京昌平是这一遗存分布的东部端点，可见它以汾河为中心，广布于黄土高原东半部。当然，内部也存在地域差别。典型遗址包括陶寺、白泥窑子、老虎山、朱开沟、黛山口、大口、石峁（图8-4）、筛子绫罗、岔沟等[9]。

韩建业先生将这类遗存归结为老虎山文化。他将龙山前期老虎山文化分为老虎山、游邀、永兴店三个类型；将龙山后期老虎山文化分为白草塔、筛子绫罗、游邀三个类型。白草塔类型包括石峁遗址，游邀类型包括杏花村遗址。晋南地区与此同时的是临汾盆地的陶寺晚期类型和运城盆地的三里桥类型。他认为，相当于中原二里头文化一、二期的朱开沟文化早期，包含了石峁遗存，是从当地老虎山文化白草塔类型发展来的[10]。韩建业总结道："龙山前期该地区（指北方地区——笔者按）在变革的基础上开始活跃起来，对晋南、豫北冀南等地施加影响，但还不足以改变当地文化格局；龙山后期对西部以外的周围地区施加强烈影响，引起了相关地区文化格局的程度不同的变化和进一步的连锁反应。"[11]

不论考古学文化和类型具体如何划分，在龙山时代晚期和二里头文化一、二期前后，内蒙古南部、陕北、晋中、晋南，确实存在一个双鋬鬲文化圈。在陶寺文化中期，晋南地区原本具有庙底沟二期文化传统的陶寺文化，显然是被老虎山文化强行介入双鋬鬲文化因素，才被纳入这个双鋬鬲文化圈的。陶寺文化晚期，北方地区的老虎山文化诞生了一个政治中心，这就是陕西神木石峁城址。石峁城址的横空出世，不仅改变了老虎山文化成为朱开沟文化，而且很可能彻底改变了陶寺文化晚期陶寺遗址的都城地位与国家命运。

陕西神木石峁城址的发现，似乎为寻找颠覆陶寺中期政权、摧毁陶寺中期都城、造成陶寺晚期社会动荡的策源地，提供了一些重大线索。

自2011年石峁遗址最终被考古确定为龙山末期至夏代城址以来，石峁城址纷至沓来的重大发现，不仅使其成为中国史前最大的城址，而且也成为同时期唯一可势压陶寺城址的城址[12]。石峁城址与陶寺城址在许多方面的异同，很容易引导学者们关注二者之间微妙的关系。

首先，石峁遗址延续的年代为公元前2300~前1900年，大体与陶寺遗址延续年代相当。但是，石峁城址最辉煌的时段在公元前2100~前1900年，大约相当于陶寺文化中晚期。恰恰正值此时，陶寺文化被介入双鋬鬲而纳入石峁城址所代表的双鋬鬲文化圈，二者在文化上有了共性。无怪乎考察过陶寺和石峁的学者纷纷注意到"陶寺和石峁很像"。

第二，石峁城址也是座超大型的城址，内城面积210万平方米，外城面积190万平方米，总面积达400万平方米（图9）。陶寺中期城址大城（相当于石峁的内城）270万平方米，东南小城（相当于石峁的外城）10万平方米，总面积280万平方米，占地面积不及石峁，却是当时东亚第二大城址（良渚城址已经废弃）。

第三，石峁和陶寺城址的区块模式有类似之处。石峁的核心即"皇城台"，相当于陶寺城址的"宫城"。只不过石峁的皇城台是"台城"，利用周围的自然沟壑作为天然屏障，再将台城外壁削成阶梯状直壁，砌上包石，而不像陶寺宫城那样用夯土墙将宫城围起来。皇城台、内城、外城构成石峁城址的区块模式。宫城、大城、东南小城则构成陶寺中期城址的区块模式（图10）。石峁与陶寺所不同的是，皇城台、内城和外城的营建，基本都是依山就势，城市形态具有山城特色，不甚规则。而陶寺中期城址除了东南小城形状似刀把外，宫城及大城均为圆角长方形，城市形态比较规整。

第四，石峁与陶寺城址内的功能区划都比较明确。陶寺中期大城内宫城设置在中部偏北，大型仓储区位于宫城的东部，手工业作坊区位于大城东南部，普通居民区位于城内西北部。郊天祭日的观象台和王族墓地设置在东南小城内，却位于大城外。"地坛"位于大城外西北部（图11）。石峁城址的功能区划除了皇城台相当于宫城外，内城里相对独立的山峁都形成一个相对独立的功能区如普通居民区或墓葬区，疑

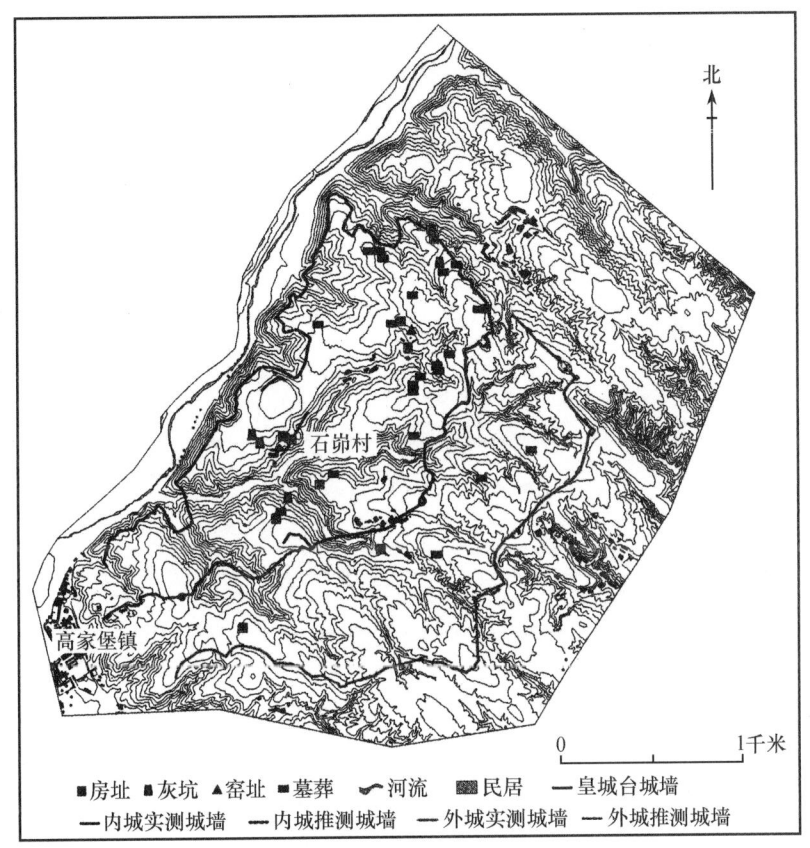

图9　石峁城址平面图
（引自《陕西神木县石峁遗址》，《考古》2013年7期，图二）

似礼制建筑（祭坛）设置则设置在外城外。

第五，石峁城址与陶寺中期城址城门均有瓮城设置，不过石峁东北门的瓮城更加复杂，左右墩台和内外瓮城构成呈反"乙"字形的曲折通道，主门道内两侧设有门塾（图11）。陶寺中期城址北门瓮城仅为一个"C"形缺口（图12）。无疑，石峁瓮城的军事防御能力更强。

第六，石峁城址的城墙以片石砌筑为主，仅瓮城墩台、马面、角楼台基芯用夯土包石，夯土采用条形窄板块（图11），方法与陶寺城址小板块错缝夯筑颇为类似。而陶寺的城墙皆为夯土夯筑，没有包石。这是二者在城墙建筑技术上的差别。或许是由于不同的地理条件所造成的不同的筑墙技术传统。陶寺遗址地处黄土塬上，黄土资源富足。石峁处于页岩山地，石料来源充足。

第七，石峁与陶寺的玉器在组合、器类、形制、玉料、素面、工艺等诸多方面，呈现出较高的一致性。两地出土的玉器，假如不注明出土地点，混在一起，很难区分出来。两地的玉器组合主要为钺、戚、刀、璧、牙璧、环、琮、圭。石峁有石家河文

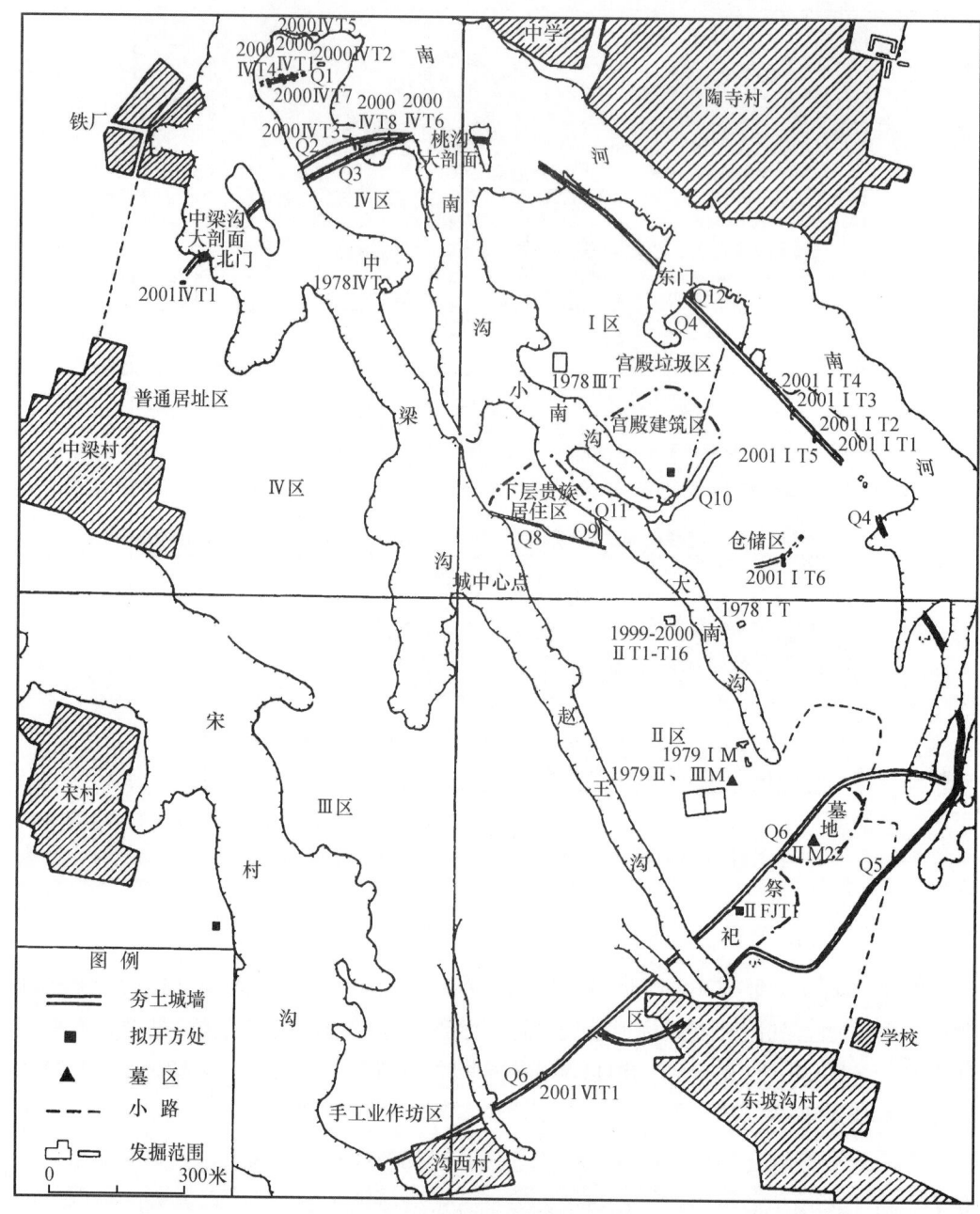

图10　陶寺城址平面图

化玉鹦鹉,晚期有牙璋,陶寺不见;陶寺有玉璜、石家河文化玉兽面,石峁不见。两地玉料均以岫岩玉为主,器体较薄。均为片切割,管钻工艺,除石家河文化玉器外,均为素面,不加修饰。二者存在明显的差别,在于部分玉器尤其玉钺的存在背景关系有很大不同。石峁部分玉钺插在城墙的石缝中(图13),使用行为和目的匪夷所思。陶寺的玉器尤其是玉钺,主要出自贵族墓葬(或从贵族墓葬扰出),作为军权的象

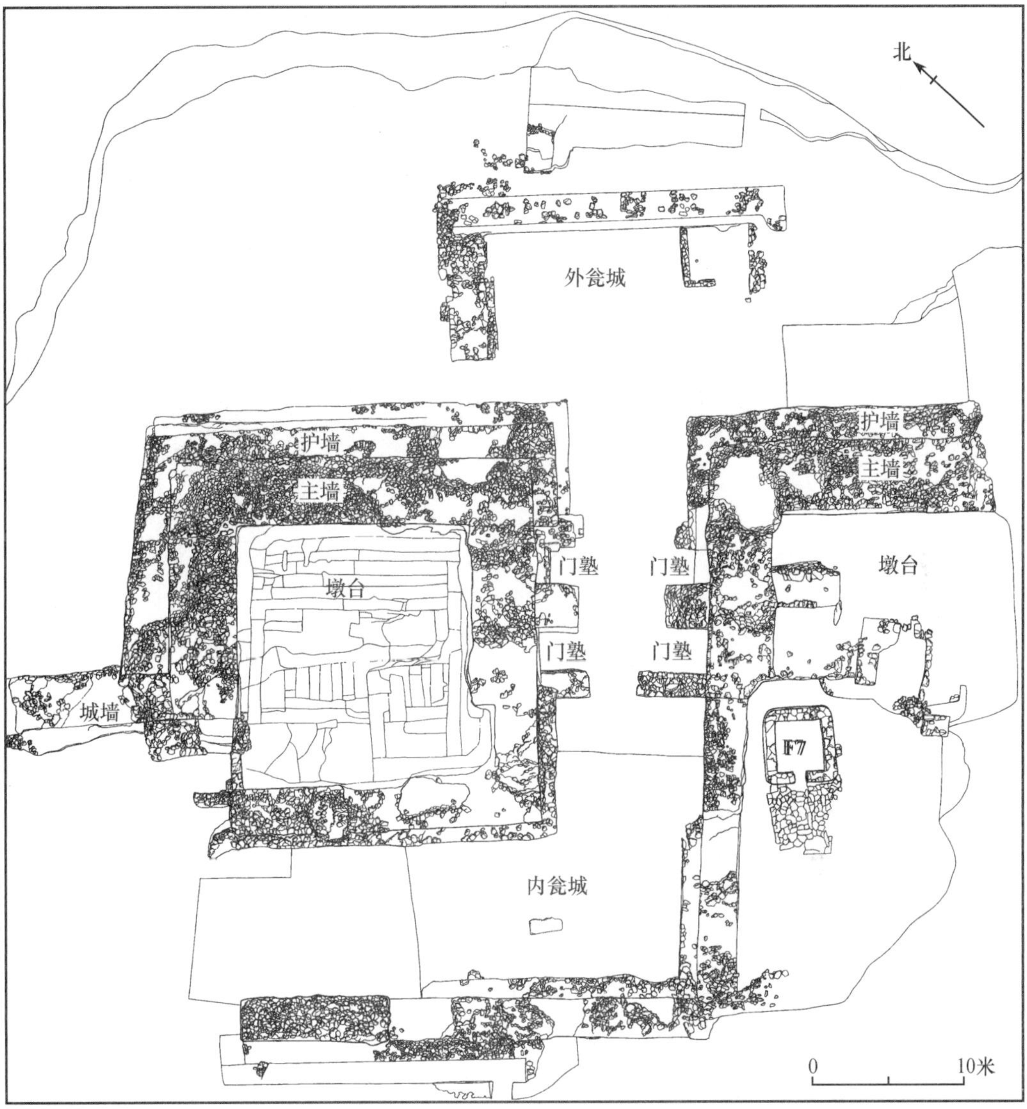

图11　石峁外城东北门平面图

（引自《陕西神木县石峁遗址》，《考古》2013年第7期，图三）

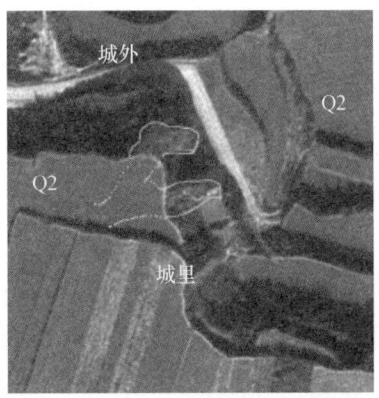

图12　中梁沟陶寺中期大城北门航片

征。陶寺城墙地表以上部分荡然无存，不能完全排除在夯土墙体里插玉钺的可能性，但就目前所见陶寺城墙夯土基础里，从未见插玉器的现象。我们曾在陶寺观象台路沟的晚期堆积层（IIHG3）中，发现插在土里的玉钺（图14）与几块碴狗构成存在背景关系，似与门道出疫、压胜瘟神巫术活动有关。以此类推，石峁石墙里嵌入的玉钺是否也有巫术功能？

图13　石峁东门外瓮城墙内玉钺
（引自《陕西神木县石峁遗址》IIHG3出土玉钺，《考古》2013年7期，图五）

图14　陶寺观象台路沟废弃堆积

图15　石峁壁画
（引自《陕西神木县石峁遗址》，《考古》2013年7期，图一五）

第八，石峁东北门门道内侧出土几何纹"壁画"（图15），实际是门道内壁绘制的装饰纹样。陶寺宫城内曾经出土较多的刻花白灰墙皮（图16），也有几何纹样者，是陶寺宫殿殿堂建筑外墙装饰。而陶寺宫殿的内墙，则有可能用蓝铜矿涂刷彩色墙裙（图17）。

第九，石峁和陶寺遗址晚期都有人头骨集中埋葬现象，人头骨均有被敲砸的迹象。所不同的是，石峁的人头骨集中摆放，相对规矩，位置在东北门门道和城墙根下，头骨数量也较有规律（图18），以女青年为主。陶寺晚期的人头骨集中出在宫殿区的垃圾坑里，以青壮年男性为主[13]，数量也无规律，丢弃比较随意（图19）。如果说石峁人头骨有献祭城墙的功能，陶寺宫殿区破坏性垃圾坑的人头骨则是压胜巫术的功能，与祭祀无关。

第十，石峁城址出土较多石雕人面像，以皇城台出土最为集中[14]。陶寺本无偶像崇拜传统，人面偶见于陶器柄部或鏊（图20，图21），可能受到石峁的影响。

综上分析，我认为造成陶寺遗址晚期失去都城地位、社会政治动荡的策源地很可

图16　陶寺宫城内刻花墙皮

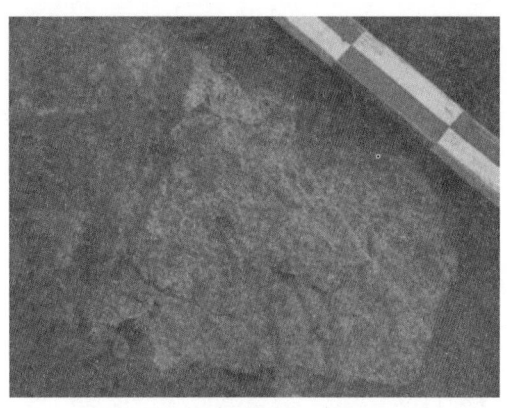

图17　陶寺宫城内出土蓝墙裙

图18　石峁K2人颅骨遗迹
（引自《陕西神木县石峁遗址》，《考古》2013年7期，图一二）

图19　陶寺IHG8①人颅骨遗迹

图20　陶寺出土人形

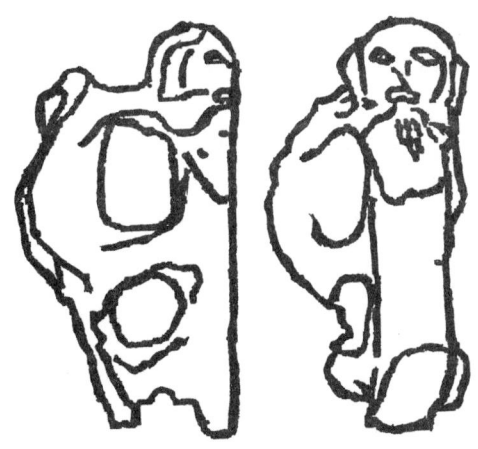

图21　陶寺出土人形器柄

能是石峁城址。当然我们目前还没找到确切的证据证明石峁人入侵陶寺城址并摧毁陶寺政权，对其实施政治报复。然而，陶寺文化晚期，石峁城址通过晋中的游邀类型（包括杏花村四期类型和离石、柳林四期[15]），对陶寺遗址进行挫败和监管，则是很有可能的。从文化面貌上看，老虎山文化晋中游邀类型（包括杏花村、离石、柳林四期）与石峁城址所属的老虎山文化白草塔类型更为相近，政治上有可能是同一个政体，其政治、军事、经济中心在石峁城址。从政体的角度，我暂称之为"石峁集团"。

陶寺文化晚期，"石峁集团"对陶寺遗址实施占领和控制期间，难以看到有效的社会行政管理组织机构的遗存和线索。陶寺晚期，遗址内几乎每个灰坑里都有肢解的人骨。这样一个肆意践踏人的生存权的社会，一定是暴戾的、混乱的近乎"无政府"状态的悲惨世界。有一种低成本的管理手段，便是放任本地居民内部矛盾与混乱形成内耗，瓦解本地人团结，使本地人始终处在散乱的弱势地位而寻求强势的外方仲裁管理。"石峁集团"对于陶寺的控制和管理似乎就是采取这样的谋略。

值得注意的是，陶寺文化晚期，石器工业作坊在遗址内遍地开花[16]，早已突破陶寺中期大城西南手工业作坊区[17]的限制，与骨器生产一同突入宫殿区[18]。绵羊饲养及其羊毛业突飞猛进地发展，使得陶寺完全洗尽往日的帝都烟华，沦为"石峁集团"的经济殖民地。此时的陶寺原住民（陶寺文化早、中期城址土著居民的后裔），有可能全面沦为"石峁集团"的"工奴"或"农牧业生产奴隶"。

在陶寺晚期偏晚的某个时段，"石峁集团"可能一度失去对于陶寺遗址的控制。陶寺本地政权复辟一时，对宫城、宫殿、地坛等重要建筑进行了复建。但由于财力有限，建筑质量普遍很差。

陶寺晚期偏晚后段，陶寺遗址复辟政权昙花一现，很可能被缓过劲来的"石峁集团"再次剿灭。陶寺本地的居民有可能被彻底迁徙，从而导致陶寺遗址彻底废弃，并被人为强行从历史的记忆中抹去，曾经惊世的辉煌文明被尘封，最初的"中国"被褫夺。

附记：本文得到国家科技部"十二五" 科技支撑计划项目《中华文明探源及其相关文物保护技术研究（2013～2015）》之《中华文明起源过程中三大都邑性聚落综合研究》（课题编号2013BAK08B04）子课题 "陶寺遗址的考古研究工作"的经费支持。

注　释

[1]　何驽：《从陶寺遗址考古收获看中国早期国家特征》，《中国古代文明与国家起源学术研讨会论文集》，科学出版社，2011年。

[2]　中国社会科学院考古研究所山西队等：《2012年度陶寺遗址发掘的主要收获》，《中国社会科学院古代文明研究中心通讯》第24期，2013年。

[3] 何驽：《试论都邑性聚落布局的宇宙观指导理论——以陶寺遗址为例》，《三代考古（五）》，科学出版社，2013年。

[4] 赵春燕、何驽：《陶寺遗址中、晚期出土部分人类牙釉质的锶同位素比值分析》，《第四纪研究》2014年第1期。

[5] 博凯龄（Katherine Brunson）：《中国新石器时代晚期动物利用的变化个案探究——山西省龙山时代晚期陶寺遗址的动物研究》，《三代考古（四）》，科学出版社，2011年。

[6] 国家文物局、山西省考古研究所、吉林大学考古系：《晋中考古》第133~134页插图一〇八·3，文物出版社，1988年。

[7] 国家文物局、山西省考古研究所、吉林大学考古系：《晋中考古》第132页插图第一〇七·5，文物出版社，1988年。

[8] 国家文物局、山西省考古研究所、吉林大学考古系：《晋中考古》第145页，图第一一五·1，文物出版社，1988年。

[9] 国家文物局、山西省考古研究所、吉林大学考古系：《晋中考古》第198~199页，文物出版社，1988年。

[10] 韩建业：《中国北方地区新石器时代文化研究》第126~155页，文物出版社，2003年。

[11] 韩建业：《中国北方地区新石器时代文化研究》第155页，文物出版社，2003年。

[12] 陕西省考古研究院、榆林市文物考古勘探工作队、神木县文体局：《陕西神木县石峁遗址》，《考古》2013年第7期。

[13] 张雅军、何驽、尹兴喆：《山西陶寺遗址出土人骨的病理和创伤》，《人类学学报》，第30卷第3期，2011年。

[14] 陕西省考古研究院、榆林市文物考古勘探工作队、神木县文体局：《陕西神木县石峁遗址》，《考古》2013年第7期。

[15] 国家文物局、山西省考古研究所、吉林大学考古系：《晋中考古》第73~87页，文物出版社，1988年。

[16] 翟少冬、王晓毅、高江涛：《山西陶寺遗址石制品及相关遗迹调查简报》，《考古学集刊》第19集，科学出版社，2013年。

[17] a. 何驽：《2010年陶寺遗址群聚落形态考古实践与理论收获》，《中国社会科学院古代文明研究中心通讯》第21期，2011年。

b. 中国社会科学院考古研究所山西队等：《2012年度陶寺遗址发掘的主要收获》，《中国社会科学院古代文明研究中心通讯》第24期，2013年。

[18] a. 中国社会科学院考古研究所山西工作队、山西省考古研究所、临汾市文物局：《山西襄汾陶寺城址2002年发掘报告》，《考古学报》2005年第3期。

b. 严志斌：《陶寺文化石制品研究》，《二十一世纪的中国考古学》，科学出版社，2006年。

1921～1949年中国考古学发展回顾

胡谦盈

以田野工作为基础的近代考古学是一门新兴的学科，它起源于欧洲资本主义社会初期，1760～1840年为萌芽期；1840～1867年为形成期；1867～1918年为成熟期；1918～1950年为发展期。考古学在成熟期从欧洲、北非、西亚普及到东亚和美洲，以及自然科学方法开始被应用。到发展期考古学传入中国，从1921年瑞典人安特生在河南省渑池县仰韶村发现了仰韶文化，至今共93年。以新中国诞生为界，中国考古学的发展大致分为截然不同的前、后两个时期。1921～1949年为前期；1950年至今为后期。两个不同时期的考古学研究发展概况、科研成果以及田野考古学科学性存在十分明显的差别。在这里，我仅就前期考古学发展概况进行简略的回顾与评论。

1921～1949年的20多年间，我中华民族的命运多舛，社会长期处于军阀混战动乱时期，国弱民穷，国家常常遭受帝国主义列强侵略和凌辱，因之中国考古学的诞生及其发展历程的步履十分困难。下面分为三个方面来加以分析说明。

一　主持考古事业的演化

20世纪20年代初，考古学由瑞典人安特生传入中国，日本和其他国籍的人随之而来在我国任意盗掘和掠夺文物，中国的考古事业完全任由外国人随意宰割。后来出现了由外国财团出钱（所谓资助研究经费），中国出文物资源，由中、外学者共同合作进行考古研究工作。如1927年北京周口店旧石器时代遗址发掘研究等项目。20世纪20年代末期伴随着军阀混战动乱时期结束，国立中央研究院历史语言研究所考古组（组长李济）和国立北平研究院史学研究会（所）考古组（组长徐旭生）相继成立，考古研究工作回归中国学者手中掌握和主持，并大力开展田野调查发掘工作，我国考古事业有了一定的发展。但好景不长，从1937年开始抗击日本帝国主义侵略，直到1949年10月中华人民共和国诞生的12年内，因受战事及其他因素制约，我国田野考古工作处于停顿状态。由此说明，我国考古事业的发展与国情是紧密联结在一起的。

二 主要考古研究成果

因受种种条件限制，这一时期的田野考古工作做的不多，尤其属于大规模发掘和收获丰富以及科研成果在国内、外学界产生深远影响的工作项目更是寥寥无几。其中研究成果最为卓著以及得到学界公认的重大发现，计有：

1. 旧石器时代考古

北京周口店中国猿人头骨及相关遗存的出土与研究，是这时期旧石器时代考古最重要的科研成果。它的发现充分说明早在旧石器时代中国华北地区已有人类活动和居住，从而打破和粉碎安特生根据新石器时代文化遗存资料猜想"中国文化西来说"的错误主张。

2. 新石器时代考古

山东省章丘龙山镇城子崖龙山文化遗址，是这时期发掘规模最大、对其文化内涵和面貌特征了解最全面的一处新石器时代晚期遗址。梁思永根据城子崖遗址的发掘收获，并旁及山东省日照两城镇和杭州良渚等遗址的发现，发表了一篇经典性论著《龙山文化——中国文明的史前期之一》：

①首次提出龙山期文化是中国古代社会发展步入文明时代的前夜。这一立说，被最近10多年来我国大力开展"中国文明探源工程"的考古实践中越来越具体的得到证实，它是一个切合实际的科学预见。

②再一个重大突破和创新，是梁思永根据当时发现的70多个龙山期文化遗址的文化内涵和特征及遗址的分布，划分为山东沿海区、豫北区和杭州湾区三个不同区域，这当属中国考古文化区系思想的萌芽。20世纪50年代后期，伴随着长江流域各大型水库的建设开展田野调查发掘工作以后，夏鼐（长江水库考古队队长）撰文阐明长江流域的考古文化与黄河流域的考古文化存在区别。石兴邦（长江水库考古队副队长）遵循夏老师的学术思想对问题做了进一步的发挥，把中国考古文化的分布进行初步分区，它应属于中国考古文化区系的形成期初级阶段。苏秉琦于20世纪70年代介入中国考古文化区系的研究，并亲身力行做了大量田野考古组织、领导和研究工作，是中国考古文化区系研究课题的集大成者。记得20世纪80年代有位学者对区系文化立说提出质疑，苏先生问我有何看法，我十分直率的谈了上述观点（我和先生在考古研究所共事数十年，来往密切，特别是中国实行改革开放后办公室仅一墙之隔，我不出差时天天见面，还有刘观民常在一起座谈议论学术问题，包括探讨先周文化、中国考古文化区系、窑洞和所谓"玉器文化时代"[1]等，深知先生是一位学术民主的前辈，容许后辈发表个人意见）。苏先生听完后，笑了一笑，说："我从来没说中国考古文化区系立说是我个人独创，童叟皆知，学术研究总是踩踏着先行者的肩膀往上爬的，世上无一例外。"

3. 历史时期考古

考古研究成果丰硕而且至今在国内、外学术界仍然具有重大影响的工作项目，是河南省安阳市小屯村商朝晚期（盘庚迁殷至纣亡）都城遗墟（俗称殷墟）和西北岗商王陵墓的发现与确认，从1928年开始连续数年共进行15次的大规模发掘，出土了种类繁多和数量大宗的商代文化遗迹和遗物，特别是甲骨文字及其含义的破解（在发掘殷墟之前，殷墟甲骨文资料在北平、天津等地已有流传，而且王国维等学者已经开始研究和识读文字），使得西汉史家司马迁在《史记·殷本纪》中记载的商王世系、庙号及其相关历史事迹得到甄别和补充，成为清晰可靠的信史。这件事情在当时社会上引起了强烈的"地震"，唤起了人们高度重视考古学研究的重大作用和意义。

三 考古研究科学性差

这时期从事考古学研究的人员除个别人例外，都是"半路出家"，没有接受过科学考古学研究和田野调查发掘方法操作的严格训练，因之这时期田野调查发掘工作多不符合考古学的科学要求，提供的研究成果往往存在这样或那样的缺陷和问题。下面列举三个典型事例来加以说明。

①安特生是地质学家而不是训练有素的考古学家，因此他在河南省渑池县仰韶村发现的仰韶文化，里面包含有龙山文化陶器。安特生这个错误是中国学者刘耀（尹达）发现和论证清楚的。再如，他在甘青地区调查发掘包括采购文物得来的物质文化遗存资料，十分简单的滥用类型学原理即器形比较研究方法但无年代明确的标本做根据建立的考古文化编年"六期说"，猜想单色陶也就是齐家文化的年代最早，安排在"六期说"之首。1945年夏鼐在甘肃省宁定县（今称广河县）阳洼湾安特生工作地点附近发掘齐家文化墓葬，在墓穴填土里发现马家窑文化彩陶碎片，发表了《齐家期墓葬的新发现及其年代之改订》一文，从地层学断代原理证实马家窑文化早于齐家文化，成为学术界的一种共识。至于安特生主张辛店文化早于寺洼文化猜想，迄今仍然无法得到证明落实变成一桩悬案。

②中央研究院李济等最初发掘遗址是按多少厘米为一层向下挖掘收集文化遗存资料的；董作宾在殷墟发掘时胳膊上挎着一个大布袋，跟随工人挖土后面俯拾甲骨片，从而把遗址中的不同文化堆积挖乱，以及将不同年代、不同文化性质的遗迹和遗物混杂在一起，这种工作方法与科学考古发掘研究应该说是两回事。后来由梁思永主持殷墟等遗址发掘后，在工作实践中渐渐意识到并且开始运用地层学方法进行发掘，即根据遗存的叠压顺序发掘并厘清各种遗存的面貌特征、相互关系、层位和年代，1931年成功地在安阳后岗遗址发现了考古文化"三叠层"。不过，关于后岗遗址中的仰韶、龙山和商代三种不同时代、不同文化性质的遗存地层叠压现象，《后岗发掘小记》报告中的介绍只有遗存分布平面图。剖面图是一个理想的示意图，反映出当时在工作上

还不够完善。俞伟超曾在文章中说"安阳后岗三叠层的发掘也存在缺陷",指的恐怕就是上述问题。但只要我们仔细研究《后岗发掘小记》原文,就不难发现梁思永论证各种遗存及相关问题是有根有据而且十分全面、准确和透彻的,其作品无疑属于超一流科研水平。总之,我们从不懂考古发掘即乱挖一气过渡到运用地层学方法论进行遗址发掘,应该说是在工作上一个飞跃和质的变化,它标志着我国考古学研究发展进入成熟时期,是我国考古事业发展史中了不起的一件大事、好事。

③北平研究院徐旭生等在周秦文化探索研究中,选择陕西省宝鸡市斗鸡台遗址为典型,从1934～1937年进行三次发掘。发掘区分为戴家沟沟东、沟西和废堡三处,仅沟东区发掘于11年后1948年出版了《斗鸡台沟东区墓葬》专刊(北平1948年版。下称《报告》)。根据报道,在沟东区共清理104座墓葬,《报告》仅介绍有随葬品的82座墓。其实,没有随葬品的22座墓中,也有不少是古代墓葬,按道理应该报道它们是何时代的墓葬及其文化属性。由于斗鸡台墓葬在田野发掘和编写报告工作中存在失误以及墓葬的随葬品较少等原因,这次大规模发掘在学术界的影响微弱,唯近年在某种场合和情况下《报告》被少数学人捧为"考古学经典著作"来宣扬。众所周知,科学研究是探求真理,在这里我本着求真务实和遵循"吾爱吾师,吾尤爱真理"原则对《报告》试作剖析:

1)安志敏已有文章指出,斗鸡台发掘不符合考古科学要求,墓葬形制未弄清楚。问题显而易见,《报告》中有些墓没有墓圹,表明墓葬的墓穴全部挖掉;有些墓只有平面图而无剖面图,而且平面图的长方形墓底均为直线直角,与周墓竖穴形制不符;还有,作者也未交代清楚各类不同墓葬的层位关系。前面有说明,1931年中国考古学研究已进入成熟时期,斗鸡台沟东区墓葬是1934～1935年发掘的,但不符合科学要求,表明其发掘操作技能和研究落后于当时的考古研究科学水平。

2)《报告》中均为周(先周和西周)、秦(战国)、汉(王莽时期前后)墓葬等历史时期的文化遗存,但不知何故作者只运用类型学原理将墓葬分为瓦鬲墓时期、屈肢葬墓时期(按:其实这类墓也有洞室墓,它与下面的洞室墓时期墓葬又如何划分呢?再有,屈肢葬墓的随葬陶器也有瓦鬲出土,它与前面的瓦鬲墓时期墓葬时期墓葬又如何划分呢?岂不矛盾)和洞室墓时期三类,以及使用器形比较法但无年代明确的标本做根据去推断陶鬲等器物形制的演化规律问题,避而不谈墓葬的历史纪年及其文化属性——即它们分属于中国历史上哪个王朝时代的墓葬,表明其研究工作不符合"历史时期考古必须与文献记载相结合"的科学要求。

3)我在《考古研究中的若干问题》和《姬周陶鬲研究》两文中有详论,确认遗存的早、晚相对年代,地层学断代是准确的。类型学断代的原理是运用器物形制比较法对年代不清楚的器物,根据年代明确的同类标本来推定其年代。这种立说是逻辑推理性质的,属于可能性而不是绝对准确无误的定论。原因是事物往往有产生、发展和衰亡的演化过程,各种器物的情况也是如此。这就说明,处于上述不同阶段的同类同式器物的年代是不同的,所以器物相似和相同是一回事,具体标本的年代是否相同又是另一回事,二者是不同含义和不同科学概念的两个问题。至于各式器物的沿用年代以及在不同阶段制作的同类同式标本的差年是否达到考古分期的要求则需要通过地层学研究来探讨和解决,使用类型学研究法是无法解决这类问题的。关于器物形制演化规律的研究,在考古中存在截然不同的两种观点和处理方法:一种是正确的方法,也就是必须十分严肃地贯彻和坚持遵循人的认识来源于客观存在的科学方法,先确定具体标本的年代,然后根据众多早、晚期相对年代明确的标本年代先后顺序,说明其形制特征及器形演化规律性。另一种是错误的方法,即十分简单的滥用类型学原理,也就是运用器形比较方法但无年代明确的标本做根据进行所谓"陶器排队悟出标本的早、晚相对年代及其器形变化顺序,来安排遗存编年",从方法论来说,这种立论属于一种不着边际的从猜想到猜想终点还是猜想的"故弄玄虚"的文字游戏,与求真务实的学术研究是两回事。前面已谈及,作者是使用器物形制比较方法去探讨和研究斗鸡台墓葬分期及随葬器皿形制演化规律问题的,因无年代明确的标本做根据,所以在论述问题时出现这样或那样的失误,它集中反映和暴露在《报告·附录》中的《陶鬲器形演化图》上(图1)[2]。即《报告》作者根据陶鬲器形排队悟出标本早、晚年代及其所谓鬲形演化规律:第一,主观臆断由所谓"原始鬲A型袋足类"变为"B型连裆类";再变为"C型折足类";最后变为"D型矮脚类"(苏秉琦认为A、B、C、D四型是不同形制陶鬲。自称维护老师陶鬲立说的俞伟超、邹衡等人在考古中却称C型折足鬲为连裆鬲,也就是把B、C两类陶鬲等同看待,违背苏说陶鬲分类观点和主张)。其实所谓A、B、D三型都是袋足陶鬲,不同之处是它们三个袋足形体有高、矮、肥、瘦差异而已。其次,上述三型陶鬲中,B型是新石器时代不招寨遗址出土的龙山文化袋足陶鬲,年代为公元前2400~前2000年;A、D两型是历史时期的袋足陶鬲,其中A型是斗鸡台沟东区出土的先周晚期(年代为公元前1100~前1046年)和战国陶鬲(标本见原报告附录图二,年代为公元前368~前256年);D型是殷墟出土的商代后期(按:D型商鬲的年代为公元前1300~前1046年,比A、C两型周鬲的年代要早)和斗鸡台沟东区出土的西周末期(年代约为公元前827~771年)陶鬲,由此可见,它们是分属不同文化性质的陶器,而且在年代上彼此相差数百年甚至1千年,所以它们之间不可能存在前后承传联系。至于斗鸡台沟东区出土的"C型折足陶鬲"是周文化特有的瘪裆鬲,似未见于其他文化出土。《报告》中的标本是西周早、中期(公元前1046~前878年)陶鬲,与不招寨龙山文化袋足陶鬲的制法和器形完全不同,年代也相差1000多年,表明它们并无亲缘传承关系。斗鸡台沟东区出土的西周文化"C型瘪裆鬲和D型矮脚袋足鬲"是不同类型谱系陶器,二者也无亲缘传承联系,此点我在《姬周陶鬲研究》一文中有详论,在此不再重复。第二,《报告》作者毫无根据地凭个人主观意志把斗鸡台沟东区出土的锥脚袋足陶鬲和铲脚袋足陶鬲列为所谓原始鬲A型,并猜想前者与不招寨龙山文化陶鬲中所谓BC型陶鬲[2]的年代相当；后者与寺洼文化陶鬲年代近似（见原报告附录图二）。1955年春，中国科学院考古研究所（今中国社会科学院考古研究所）沣西考古队在丰京客省庄挖出锥脚袋足陶鬲，夏鼐说它的年代略早于西周即周文王、武王时期的先周陶鬲。1959年春我在客省庄村南发现西周初期灰坑H10挖破先周房址H11的现象，而H11的填土中就有锥脚袋足陶鬲出土，从地层学断代原理证实夏鼐的说法是正确的。也就是说，先周文化锥脚袋足陶鬲和龙山文化袋足陶鬲并非同年代的器皿，而是前者比后者晚了1千年以上，这怎能违反器皿早晚年代逻辑说后者因袭前者的鬲形呢？至于铲脚袋足陶鬲，1954年春我在宝鸡市戴家沟西边约数华里的李家崖战国洞室墓M8有发现，该鬲和战国晚期"亚字形陶壶"共生，从此人们才明白它属于战国晚期秦文化陶器，其年代比寺洼文化陶鬲晚约700多年。最后，《报告》作者认为西周折足鬲（瘪裆鬲）和商朝年代（公元前1600~前1046年）相当；西周末期（公元前827~前771年）矮脚袋足陶鬲属于殷周之际年代（公元前1046年为商亡年）的陶器，其错误就十分明显无须多言了，等等（见北平1948年版《斗鸡台沟东区墓葬》附图及说明）。

综上所述，斗鸡台墓葬不仅在田野发掘工作中存在失误，在编写考古报告研究中也存在多方面不符合考古学理论要求的地方，甚至违反年代学逻辑主张年代早的B型新石器时代龙山文化陶鬲因袭年代晚的A型历史时期先周晚期和战国陶鬲的鬲形，以及将不同制作方法和器形、不同年代、不同性质的商文化袋足陶鬲和西周文化瘪裆陶鬲混为一谈，称之为类型相同、年代相同的所谓"C型折足陶鬲"（图1）。因此近年有学者把《报告》捧为"考古学经典作品"来宣扬实在令人难以理解和接受。苏秉琦是我国考古界有重要学术贡献的前辈之一。1934年夏毕业于北平师范大学历史系，同年9月参加斗鸡台墓葬发掘，1937年结束发掘工作后承担编写沟东区墓葬报告。由于他是一位刚毕业的大学生而且没有接受过科学考古学研究的训练，编写报告时又十分缺乏参考资料，在撰写考古"处女作品"出现这样或那样的失误人们都是很容易理解的，"人非圣贤，孰能无过"，不必大惊小怪。科学研究是探求真理，考古学又是一门实证科学，在研究中务必要十分严肃地贯彻实事求是的精神，绝不容许文过饰非，甚至把错误的东西说成真理，这是一个关系学风的原则性问题。

2014年8月10日完稿于潘家园寓所

注　释

[1]　考古学上石器时代、铜器时代和铁器时代的划分根据的是生产工具的质料。其次，时代的划分是世界各地共同具有的文化因素特征，而不是个别地域独有的器种，如中国"铜礼器"或"玉礼器"。因此，我认为"玉器文化时代"立说是欠妥的。

[2]　图1中不招寨遗址出土的所谓AB型、B型和BC型三类陶鬲早晚年代顺序的区分，其立说既无地层叠压关系证据，又无年代明确的同类标本来比较确认，充分说明它属于一种不着边际的猜想和臆断，问题无疑有待进一步研究。

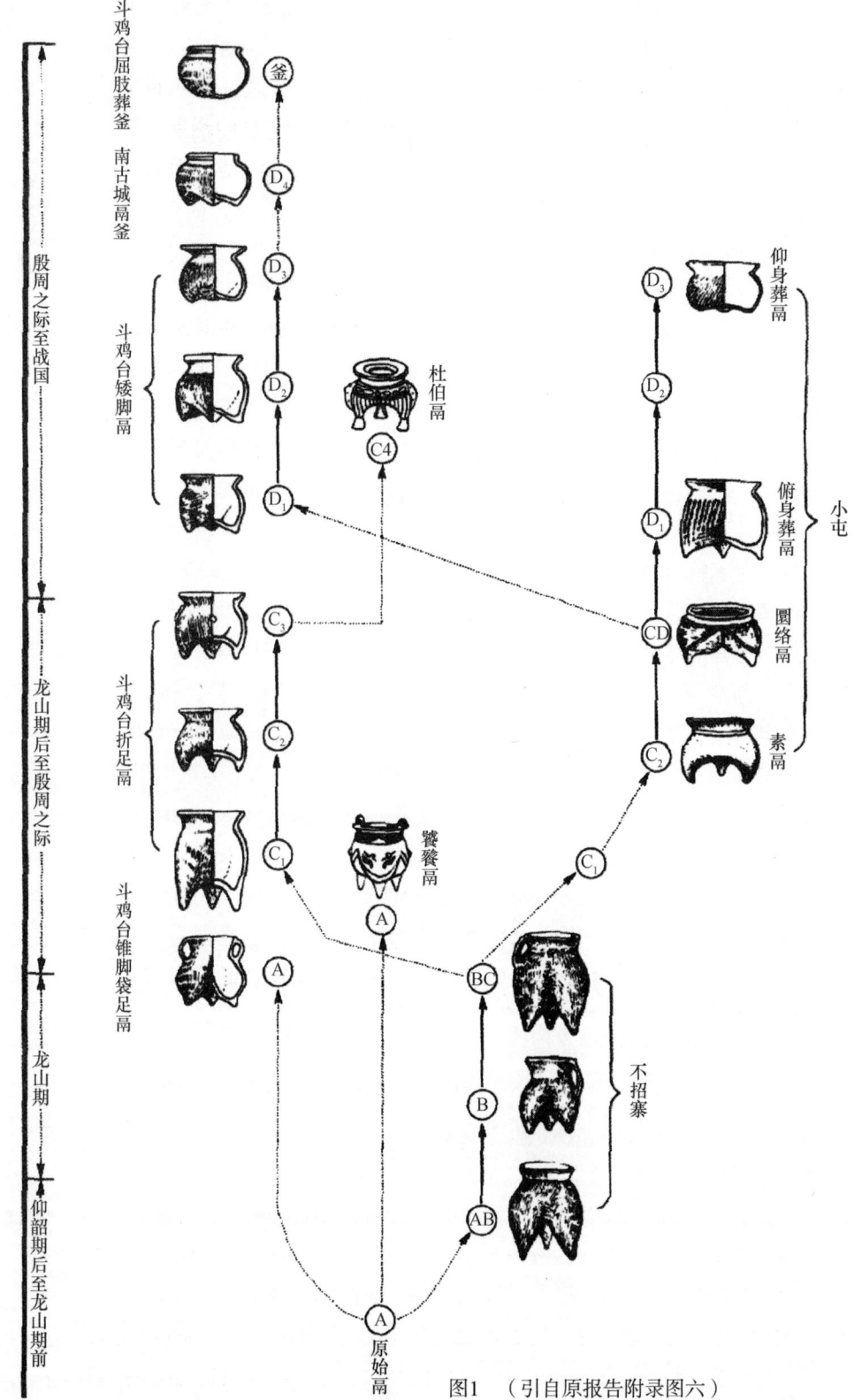

图1　（引自原报告附录图六）

略说商末周初的青铜罍

王世民

今年6月，流失海外数十年、备受关切的皿方罍，经过有关单位长时间的不懈努力，终于使其回归出土故地——湖南，与收藏在湖南省博物馆的罍盖合体。这是商周青铜器流传历史上前所未有的一件盛事。笔者有幸曾应邀专程前往长沙，参加皿方罍合体仪式和鉴赏研讨活动，得以亲手摩挲这件瑰伟的商代重器，获得极为深刻的印象。为了充分认识皿方罍的学术价值，有必要检讨方罍这种器物在商代青铜礼器组合中的地位。

人所共知，商代青铜礼器是"重酒组合"。中国社科院考古所安阳队的青年学者岳洪彬同志，为攻读博士学位，于20世纪末撰写题为《殷墟青铜礼器研究》的论文（中国社会科学出版社，2006年出版）。该文以1949年以后的殷墟发掘资料为主，早年殷墟发掘资料为辅，对总计178座墓的上千件青铜礼器（实收991件），进行全面的考古类型学分析和比较研究，取得了可喜的成果。据其列举的资料区分，殷墟出土酒器共计724件，占礼器总数的73%。而出土最多的觚、爵二器，分别是245件和231件，合计476件，占礼器总数的48%和酒器总数的66%。可见殷墟时期享用觚、爵的普遍情况。而出土数量稍少的斝（47件）、尊（46件）、卣（38件）三器，享用者应为身份高于仅有觚、爵之人。至于出土数量甚少的罍（11件）、壶（8件）、瓿（9件），及觥（10件）、盂（10件）等器，其中有的器体较大，甚至不止一件，无疑享用者的身份更加高贵。

殷墟出土11件罍的形制，都是广肩敛腹样式，但器身横断面有圆形和长方形两种，圆罍盖作带蘑菇状捉手的半球形，方罍盖及其捉手则为四阿屋顶形。这11件罍出自10座墓[1]，除小屯M5（妇好墓）出土2件方罍外，其余9墓均各出土1件。这些墓随葬青铜礼器的基本组合为：炊食器有鼎、甗、簋，酒器有常见的觚、爵，稍少见的斝、尊、卣（或无尊），以及甚少见的罍。据岳洪彬排比，被列为殷墟二期晚段的小屯M18、小屯M238、大司空村M539三墓所出圆罍，郭家庄M26所出方罍，均为平底或微内凹。而被列为殷墟三期早段的戚家庄M269圆罍，晚段的郭家庄M160圆罍（图1-1）和大司空村M51方罍，以及被列为殷墟四期的郭家庄北M6圆罍和刘家庄北M1046方罍，则有高度不同的圈足。至于通高，一般都是30多厘米，个别器高大，如M1046方罍高44.4厘米，小屯M5方罍高50厘米有余。

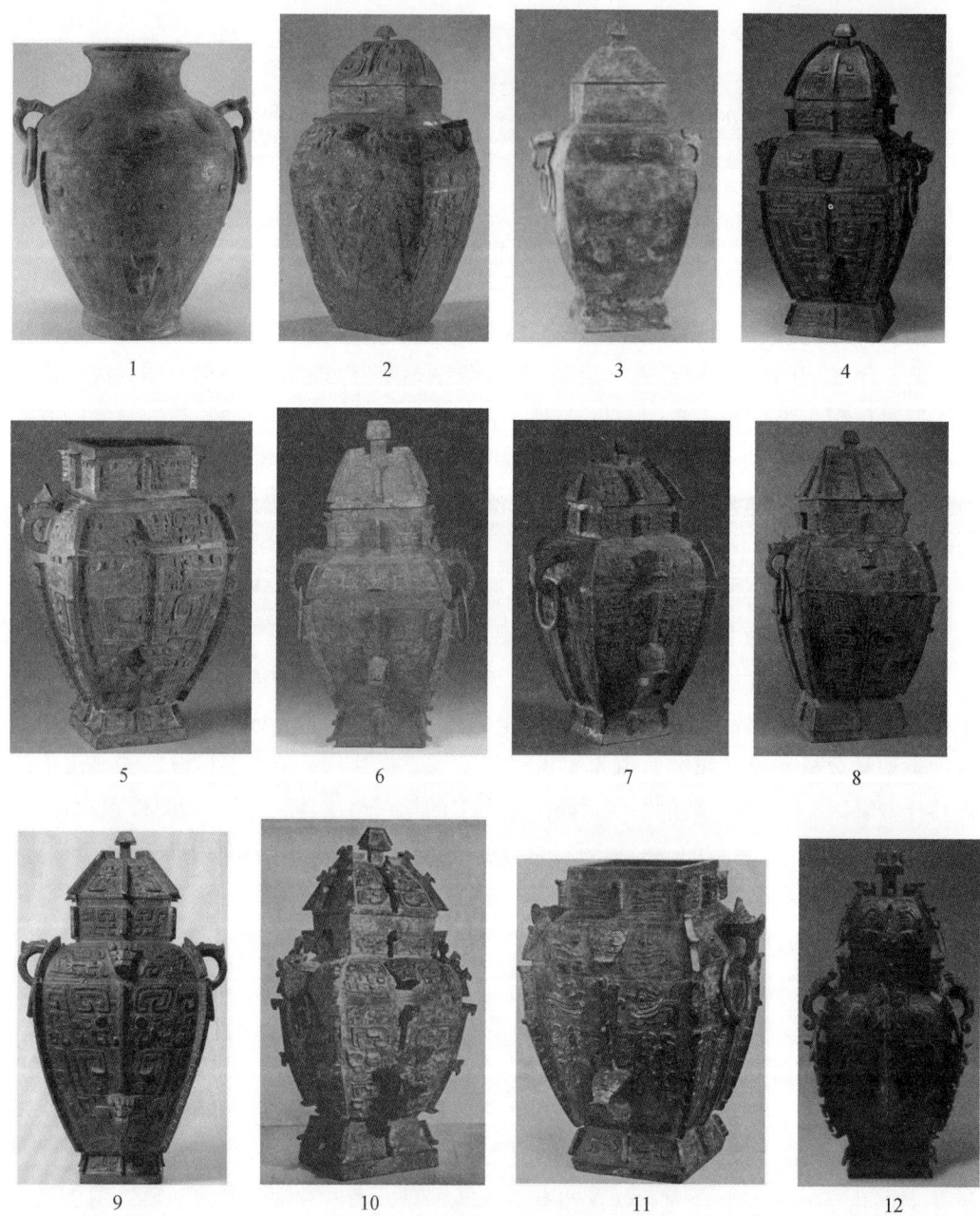

图1 商末周初部分青铜罍

1. 安阳郭家庄M160圆罍（通高44.8厘米） 2. 殷墟妇好墓方罍（通高51.4厘米） 3. 安阳刘家庄北M1046方罍（通高44.4厘米） 4. 北京故宫博物院亚醜者姤方罍（通高60.8厘米） 5. 上海博物馆亚寏方罍（通口高53厘米） 6. 鹿邑太清宫大墓方罍（通高47.6厘米） 7. 洛阳北窑西周M6方罍（通高50.4厘米） 8. 辽宁喀左小波汰沟方罍（通高51厘米） 9. 日本泉屋博古馆方罍（通高62.5厘米） 10. 美国圣路易博物馆方罍（通高62.7厘米） 11. 美国某私藏方罍［通口高39.2（？）厘米］ 12. 湖南省博物馆皿方罍（通高83厘米）

小屯M5的墓主被认定为殷王武丁的配偶妇好，墓内随葬各类青铜礼器多达210件（190件有铭文），其中有许多成对的大件器物，豪华程度前所未见，规格之高自非其他诸墓可比。所出2件方罍（图1-2），满饰繁缛复杂的花纹，包括兽面纹、夔龙纹、圆涡纹、蝉纹、三角夔纹等，但平铺没有突起，显得落落大方。近似妇好墓二方罍的，还有郭家庄M26方罍及郭家庄M160圆罍。其余圆罍和方罍都基本平素，或肩部饰一周六个泡状圆涡纹。刘家庄北M1046方罍（图1-3），虽亦仅肩部饰圆涡纹，但器身较高，同出很多礼器，且有"亚△"铭文，墓主仍属高级贵族。看来，在随葬青铜罍的商代墓葬中，享用方罍者的身份应高于享用圆罍者。

殷墟以外地方发现的商代贵族墓葬，也有随葬方罍高于随葬圆罍的情形。

例如山东益都苏埠屯墓地。1965～1966年清理1座早年被严重盗掘的有四条墓道的大墓（M1）[2]，出土的2件大铜钺及若干青铜礼器，有"亚醜"铭文。随后，张长寿先生以"殷之彝"笔名，发表《山东益都苏埠屯墓地和"亚醜"铜器》一文[3]，收集研究传世铜器中有图像的15类56件"亚醜"铜器，认为传世"亚醜"铜器的大部分有可能是苏埠屯出土的，有的或许就出自M1奴隶殉葬墓和附近别的被盗掘过的墓。并且指出，"第一号奴隶殉葬墓的形制、规模，可以和西北岗殷陵相媲美。表明它很可能是薄姑氏国君的陵寝"。这组铜器多饰衬雷纹地的突起兽面纹，显得异常豪华。其中有2件亚醜方罍、1件亚醜圆罍和1件亚醜者姤方罍（图1-4）。方罍器身和盖的四面和四角，都有突出的扉棱，与殷墟方罍完全不同。1986年在该墓清理的M8[4]，一条墓道，所出青铜礼器18件，有方鼎、圆鼎、簋、觚、爵、斝、尊、卣、罍等，其中罍为圆形，非方形，青铜礼器多有"册融"或"融"铭文，身份明显低于四条墓道的M1，墓主被推断"很可能就是亚醜国族的作册"。

再如山东滕州前掌大墓地，发掘一批商代晚期和西周早期墓葬[5]。其中M11墓主身份较高，随葬方形铜罍（有"史"字铭文），形制与安阳刘家庄北M1046相仿，同出的青铜礼器有不同形制的鼎8件，甗、簋各1件，觚、爵、斝、尊、卣、壶、觯、角等酒器，又有盉和盘。M38墓主身份稍低，随葬圆形铜罍，同出的青铜礼器有鼎3件，鬲和簋，及觚、爵、斝、尊、卣、觯等酒器。

又如河南鹿邑太清宫的长子口墓[6]。这是1座有南北两条墓道和13具殉人的大墓，墓葬形制和随葬器物有商代晚期风格，也有西周初期的特点。随葬的79件青铜礼器中，鼎多达22件，酒器有11种48件，觚、爵即有10套。而器作方形者甚多。一般认为，墓主应与商王朝有密切关系，是周初具有相当高地位的非一般的方国国君。或以为"长"即为"微"，墓主很可能是周初宋国的开国国君微子启[7]。其所出方罍属亚醜方罍一类豪华型（图1-6），器身瘦高，纹饰和扉棱突起较甚，通盖高47.6厘米，或许仍是商代遗物。

考古发掘中所见豪华型方罍，还有洛阳北窑西周早期墓M6出土的母鼓方罍（图1-7）[8]。这处西周王室墓地曾遭严重盗掘，大型墓无论有墓道与否，青铜礼器均已无存，中型墓遗留礼器的也很少。M6是1座两次被盗的中型墓，青铜礼器除母鼓方罍外，尚存1件铜壶盖和2件铜匕，并无更多表明墓主身份的器物。但此方罍制作精美，与亚醜方罍相类，通高50.3厘米，纹饰以雷纹为地、盖顶、器颈、器肩和上腹，均为兽面状对称夔纹，下腹则为三角夔纹，圈足亦饰夔纹。

西周诸侯方国墓地，随葬方罍者也有发现。但是，最引人注目的是北京房山琉璃河M1193大墓，却没有发现方罍[9]。该墓是琉璃河燕国墓地中最大的一座，墓坑四角各伸出一条墓道（这与西北岗殷陵的墓道在四侧不同），由于严重盗掘，青铜礼器仅存内容相同的43字铭文圆罍和四足盉，以及1件铜觯。这罍为盖面和肩部有圆涡纹的素面圆体，圈足较高。因为铭文述及周王"令克侯于匽"的史实，墓主被认定为第一代燕侯，地位显赫可想而知。湖北随州两处西周诸侯墓地，分别发现方罍和圆罍。羊子山墓地的M4出土神面纹方罍、尊、卣及方鼎、方座簋等青铜礼器，方罍有噩侯作器铭文[10]。叶家山墓地中M28、M111两墓随葬的青铜礼器，分别有"曾侯谏"和"曾侯犺"铭文[11]，其中青铜圆罍，均通高40多厘米，纹饰华丽，上腹饰卷尾夔龙，下腹饰兽面，双耳兽首翘起。同出的青铜礼器都有多种。M111的罍盖之上为高浮雕蟠龙，同出器物中又有编钟和镈。类似的蟠龙盖圆罍，过去在四川彭县竹瓦街[12]和辽宁喀左北洞村[13]曾有个别出土，但器主的身份不明。

其他地方的商末周初墓葬，也有一些出土圆形罍。例如：山东长清兴复河[14]、寿光"益都侯城"[15]，山西灵石旌介村M1和M2[16]、河南罗山蟒张M1[17]、郑州洼刘M1[18]、陕西岐山贺家村M1[19]、宝鸡纸坊头M1[20]、泾阳高家堡M4[21]，以及长安普渡村出有长由盉的西周中期墓[22]。同出的礼器都有鼎、簋、觚、爵、尊、卣等，数量并不太多，也没有特殊的精品，墓主应具有相当的身份，但非雄踞一方的君长，大体似属大夫级别的人物。

除此之外，还有一些地方非墓葬发掘出土过方罍，例如辽宁喀左山湾子方罍（失盖）[23]，形制与安阳刘家北M1046和大司空村M51一致，属通体光素类型；小波汰沟方罍[24]，属纹饰突起的豪华型（图1-8）；陕西城固苏村二方罍[25]，与妇好墓方罍类似。湖北汉阳竹林嘴方罍（失盖）[26]，器颈、上腹、下腹顶部和圈足，均饰对称的长冠鸟纹，具有周初特点。至于国内外博物馆收藏的出土情况不明精品铜器，更不乏豪华型方罍，例如上海博物馆藏亚寠方罍（图1-5）；见于日本林巳奈夫著《殷周时代青铜器の研究・殷周青铜器综览》一书下册图版中的方罍的，有日本泉屋博古馆（图1-9）、根津美术馆、藤田美术馆、出光美术馆、美国旧金山亚洲博物馆、圣路易美术博物馆（图1-10）、芝加哥美术馆、萨克勒美术馆等处藏品（图1-11），年代属商代晚期或西周初期，往往通高60多厘米，失盖者则通口高50多厘米。

总结以上所述：（一）殷墟随葬青铜礼器的贵族墓，出土罍者甚少，其中圆形罍高30多厘米，方形罍高40~50厘米，出土方罍者身份较高。（二）殷墟以外的商末周初贵族墓，也大体如此情况；但个别身份特高者既有用方罍者，也有用圆罍者，均属豪华类型。（三）国内外博物馆收藏的许多方罍，或非墓葬出土，或出土情况不明，体量较大，纹饰华丽，一般通高50~60厘米，但无接近70厘米者。

现在回过头来再说新近回归的皿方罍。据湖南省博物馆人员近期深入考察，该器系1919年出土于桃源县水田乡茅山峪的杉窝山，并无其他器物同出，1924年被古董商收购后不久即流失海外。皿方罍器体之硕大，远远超过前述所有方罍，器身高63.6厘米，器盖高28.9厘米，合计通高达到83厘米，高出几近20厘米（图1-12）。而其以雷纹为地突起的周身纹饰，包括满腹的兽面纹和其间的小鸟纹，以及四隅、四面的八条突出的勾状扉棱，高浮雕兽首衔环双耳和兽首錾等，更是其他方罍所不及，气势恢宏，无与伦比。因而人们称之为"方罍之王"绝非过誉。十多年前李学勤先生发表研究文章[27]，论证以为这件方罍的作器者是周人，制器的年代尚为殷末。这次在皿方罍合体研讨会上，对皿方罍的形制纹饰、铸造工艺等方面，进行了多角度的研讨，公认其技艺高超精湛，多数专家坚主年代应属商代晚期。由此可见，皿方罍的回归对于中华古代文明的研究具有十分重要的意义。

2014年7月30日

注　释

[1]　岳洪彬：《殷墟青铜礼器研究》第434~443页附表一"殷墟各期段青铜礼器型式统计表"，表中注有这10座墓的资料来源处，此处不再罗列。

[2]　山东省博物馆：《山东益都苏埠屯第一号奴隶殉葬墓》，《文物》1972年第8期。

[3]　a. 殷之彝：《山东益都苏埠屯墓地和"亚醜"铜器》，《考古学报》1977年第2期.
　　b. 张长寿：《商周考古论集》，文物出版社，2007年。

[4]　山东省文物考古研究所等：《青州市苏埠屯商代墓发掘报告》，《海岱考古》第1辑，1989年。

[5]　中国社会科学院考古研究所：《滕县前掌大墓地》，文物出版社，2005年。

[6]　河南省文物考古研究所等：《鹿邑太清宫长子口墓》，中州古籍出版社，2000年。

[7]　王恩田：《鹿邑太清宫西周大墓与微子封宋》，《中原文物》2002年第4期。

[8]　洛阳市文物工作队：《洛阳北窑西周墓》，文物出版社，1999年。

[9]　琉璃河考古队：《北京琉璃河1193号大墓发掘简报》，《考古》1990年第1期。

[10]　随州市博物馆：《随州出土文物精粹》，文物出版社，2009年。

[11]　湖北省博物馆等：《随州叶家山西周早期曾国墓地》，文物出版社，2013年。

[12]　王嘉祐：《记四川彭县竹瓦街出土的铜器》，《文物》1961年第11期。

[13]　辽宁省博物馆等：《辽宁喀左县北洞村发现殷代青铜器》，《考古》1973年第4期。

[14]　山东省博物馆：《山东长清出土的青铜器》，《文物》1964年第4期。

[15]　山东省博物馆：《山东寿光县新发现一批纪国铜器》，《文物》1985年第3期。

[16]　戴尊德：《山西灵石县旌介村商代墓和青铜器》，《文物资料丛刊》第3辑，1980年。

［17］ 信阳地区文管会等：《河南罗山县蟒张商代墓地第一次发掘简报》，《考古》1981年第2期。

［18］ 郑州市文物考古研究所：《郑州市洼刘西周早期墓葬》，《文物》2001年第6期。

［19］ 陕西省博物馆等：《陕西岐山贺家村西周墓葬》，《考古》1976年第1期。

［20］ 卢连城等：《宝鸡强国墓地》，文物出版社，1988年。

［21］ 陕西省考古研究所：《高家堡戈国墓》，三秦出版社，1994年。

［22］ 陕西省文物管理委员会：《长安普渡村西周墓的发掘》，《考古学报》1957年第1期。

［23］ 辽宁省博物馆等：《辽宁省喀左县山湾子出土商周青铜器》，《文物》1997年第12期。

［24］ 中国青铜器全集编辑委员会：《中国青铜器全集》第4卷图版112，文物出版社，1998年。

［25］ 唐全裕等：《陕西省城固县出土殷周铜器整理简报》，《考古》1980年第3期。

［26］ 湖北省考古学会：《武汉附近考古新发现》图版第4，《江汉考古》1980年第1期。

［27］ 李学勤：《皿方罍研究》，《文博》2001年第5期。

夏家店下层文化玉器概论

朱乃诚

夏家店下层文化是夏代与商代前期分布在辽西地区的一支重要的考古学文化。

夏家店下层文化主要分布在辽宁西部的朝阳、锦州、阜新地区，内蒙古东南部的赤峰地区，河北省的承德、秦皇岛、唐山与廊坊地区，北过西喇木伦河，南临渤海，东抵医巫闾山，西南逾滦河。以辽西的老哈河中上游、教来河上游、大凌河、牤牛河流域分布最为密集。夏家店下层文化的年代，大约在公元前2000年至公元前1400年之间。

夏家店下层文化的分布范围与年代表明，其与夏、商王朝必然存在着密切的文化关系。夏家店下层文化使用的玉器，对于认识辽西地区的玉文化传统，探索夏、商时期大范围内的玉文化的交流与发展，以及中华玉文化发展至夏、商时期的时代特点等，自然具有重要的意义。

本文在考察大甸子墓地出土玉器的基础上，概述夏家店下层文化玉器的器类与特点，以及文化特征与文化传统，并对有关问题阐述我的初步认识。

一　夏家店下层文化玉器的发现与研究现状

目前已发现的夏家店下层文化的遗址有4000多处，经发掘的重要遗址有20多处。如内蒙古赤峰夏家店、药王庙[1]、蜘蛛山[2]、敖汉旗大甸子[3]、宁城南山根[4]、敖汉旗小河沿[5]、范杖子[6]、宁城小榆树林子[7]、赤峰点将台[8]、宁城三座店[9]、喀喇沁旗大山前[10]、赤峰二道井子[11]、新店与西山根[12]、吉林库仑旗西梁墓地[13]、辽宁北票丰下[14]、凌源县萧杖子[15]、兴城仙灵寺[16]、阜新平顶山[17]、建平水泉[18]、喀喇沁河东[19]、朝阳胜利三角城[20]、热电厂遗址[21]、凌源三官甸子城子山[22]、北票康家屯[23]、河北香河庆功台[24]等。经调查发现集中分布的夏家店下层文化遗址，包括聚落与石城址，有阴河城堡带[25]、半支箭河中游聚落群[26]，以及20世纪70年代末在辽宁朝阳地区的文物普查发现的千余处夏家店下层文化遗址[27]、在内蒙古敖汉旗文物普查发现的2300多处夏家店下层文化遗址[28]，1975年在吉林省库仑、奈曼两旗调查发现的60多处夏家店下层文化遗址[29]。其中敖汉旗城子山一号地点城址面积达15万平方米[30]。

在已发掘并报道的20多处夏家店下层文化遗址中，有11处遗址发现了玉器。如敖汉旗大甸子遗址[31]、赤峰二道井子遗址[32]、赤峰西道村点将台遗址[33]、库仑旗西梁墓地[34]、北票丰下遗址[35]、兴城仙灵寺遗址[36]、朝阳热电厂遗址[37]。另外在调查的吉林奈曼旗五间房遗址、西南城子梁遗址、后岗梁遗址、东北梁墓地也发现有夏家店下层文化玉器[38]。其中以大甸子墓葬中出土的玉器为主，有94件。器类有钺（斧）、玦形坠、璧形坠、弧形坠、弯条形坠、片状弧形坠、璜形坠、矩形坠、楔形坠、勾云形坠、鸟形坠、钩形坠、蝉形坠、异形坠、璇玑形坠、直条形坠、有齿直条形坠、圆柱形坠、玉环、玉笄、玉镯、斜口筒形器、刻纹镂空玉臂饰、弯板状玉臂饰、玉珠与红玛瑙珠等。赤峰点将台遗址仅有玉蚕。北票丰下遗址有玉牌饰（鸟形饰）、绿松石珠、红玛瑙珠等。兴城仙灵寺遗址仅有小件玉饰。赤峰二道井子遗址出土有玉斧、凿与小型玉璧。库仑旗西梁墓地出有玉玦。朝阳热电厂出有玉石饰件。奈曼旗五间房遗址发现有玉玦，西南城子梁遗址发现有玉饰件，后岗梁遗址发现有玉璜形饰，东北梁墓地发现有玉玦。而公布玉器资料的仅有大甸子墓地、西梁墓地、丰下遗址等几处。另外，还有几件早年征集的玉龙、玉人等，也应是夏家店下层文化的玉器[39]。

对夏家店下层文化玉器的研究，主要是伴随着1996年出版大甸子遗址发掘报告、全面公布了这批玉器之后展开的。迄今为止，对大甸子遗址出土的这批夏家店下层文化玉器的研究，除了刘观民先生在《大甸子》发掘报告中作过较为全面的介绍与分析外，近20年来只有几篇研究论述。如刘国祥对大甸子墓地的玉器在墓中的随葬现象、功能以及与红山文化玉器的关系等进行的分析[40]。杨晶分析了这批玉器在墓中的出土情况，考察玉器使用者的社会地位问题，并且将这批玉器分为四类，前三类分别与红山文化、山东龙山文化、中原龙山文化的玉器有关系，第四类为夏家店下层文化自身特征的玉器[41]。廖泱修将大甸子玉器分为兴隆洼文化玉器、红山文化玉器、龙山文化玉器、石家河文化玉器、二里头文化玉器、齐家文化玉器，以及夏家店下层文化玉器和未能明确属何种文化的玉器等八类[42]。邓聪则分析了夏家店下层文化中的二里头文化玉器因素[43]。邓淑苹在研究红山文化勾云与带齿类玉器时，分析了大甸子玉器中具有红山文化传统的玉器，认为应都为红山文化时期所流传下来的玉器，或由红山玉器的局部再加改雕而成[44]。赵宾福在分析辽西地区史前玉器时涉及了夏家店下层文化玉器[45]。黄翠梅在研究红山文化兽面形玉佩时亦分析了夏家店下层文化玉器[46]。笔者考证三星他拉"C"形玉龙是夏家店下层文化玉器[47]。此外，还有李恭笃[48]、孙守道[49]、杨虎[50]等研究者也论及过夏家店下层文化玉器。

这些研究成果，对于我们进一步认识夏家店下层文化玉器，都是有启发意义的。

二　夏家店下层文化玉器的器类与特点

目前考古发掘出土的夏家店下层文化玉器有百余件。这些玉器分为仪仗与人体装饰两大类。

仪仗类玉器主要有玉钺（玉斧）。人体装饰类玉器是夏家店下层文化玉器的主体，并且以玉珠和各种形式的坠饰为主，还有头饰、臂饰等。

（一）仪仗类玉器

玉钺

大甸子墓地出土的玉钺有6件，《大甸子》发掘报告称为玉斧[51]。在赤峰二道井子遗址也见有玉斧。大甸子6件玉钺，4件出自大甸子墓地的大型墓（M648：10、M666：13、M672：17、M726：1），2件出自中型墓（M375：5、M683：6）。器型呈扁薄的长条形，柄的一端穿一孔或双孔，并遗有木柄痕迹（图1-1~4）。刘观民先生分析其安装木柄的方式有两种。一种是以钺的柄端纳入木柄中，并利用穿孔加固（图1-4）。另一种是钺的柄端透出柄外，木柄夹住钺的穿孔部位，并利用穿孔加固（图1-1）。

从这几件玉钺的形制呈扁薄的长条形看，形似玉圭，与二里头遗址出土的玉圭接近，如二里头72YLⅢKM1：3玉圭[52]、80YLⅢM2：5玉圭[53]、84YLⅥM11：3玉圭[54]（图1-5~7）。二里头玉圭的出土现象，1件可以明确是横置在人骨的腿部位置（84YLⅥM11：3玉圭），1件置于墓室的头端右侧，另1件不明。我认为以往所认识的二里头玉圭，在二里头文化三、四期都是作为玉钺使用的[55]。而大甸子墓地出土的玉钺，大都是横置于人骨的胸腰之际，其木柄则与人骨方向一致。据大甸子M715：14石钺在墓中的放置情况，在钺柄上端有1件铜冒，钺柄下端装1件铜镦，铜冒与铜镦之间的长度为79.5厘米，可知其钺柄的长度约80厘米。大甸子玉钺与二里头玉圭（玉钺），形制接近，使用方式亦应相同。

大甸子玉钺呈扁薄长条形，作为砍伐的功能较弱，其使用功能应是仪仗用具。

（二）人体装饰类玉器

玉玦形坠

大甸子墓地出土的玉玦形坠有10件。5件为完整器，都是耳部的坠饰。5件为玦形坠的一段改制的坠饰，2件是耳部的坠饰，3件是腰间或胸部的坠饰。这种由玉玦的一半或一段改制的坠饰，最早见于兴隆洼文化。有4件完整玦形坠的质料为半透明白石英，材质、形制与兴隆洼文化的玉玦接近。如大甸子M1214：1玦形坠（图2-1）的材质与形制，见于敖汉旗兴隆洼M108墓葬中出土的玉玦[56]。大甸子另1件玦形坠M1032：4，呈扁薄形（图2-2），形似小型璧状，材质为白色软玉，并且有褐色斑。这件玦形坠的形制见于内蒙古林西白音长汗遗址出土的兴隆洼文化玉玦[57]，但材质不见于兴隆洼文化中；这件玦形坠的材质却见于俄罗斯Chertovy Vorota遗址出土的距今约

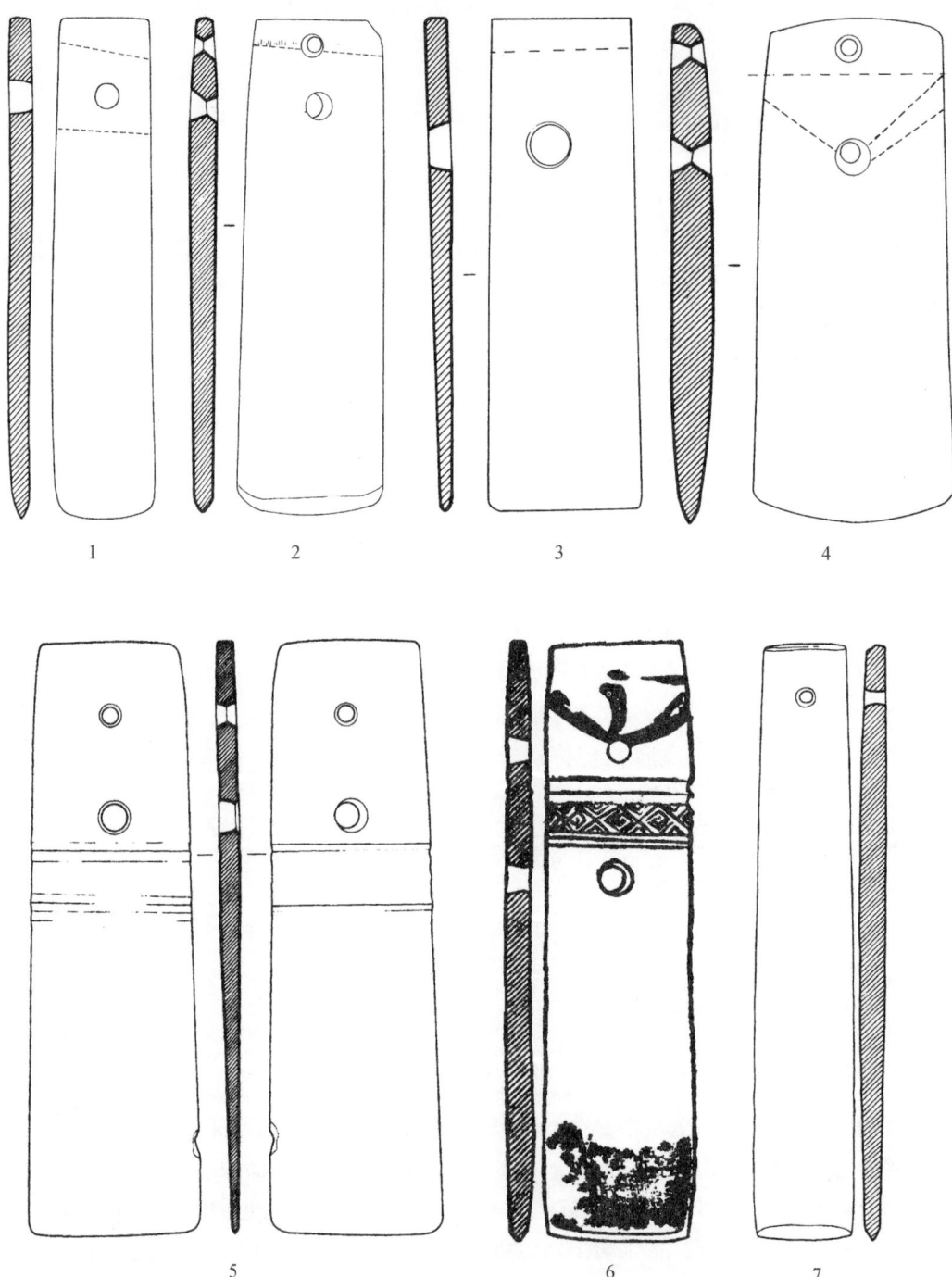

图1 大甸子、二里头出土玉钺
1. 大甸子M726:21 2. 大甸子M672:17 3. 大甸子M648:10 4. 大甸子M375:5 5. 二里头72YLⅢKM1:3 6. 二里头80YLⅢM2:5 7. 二里头84YLⅥM11:3

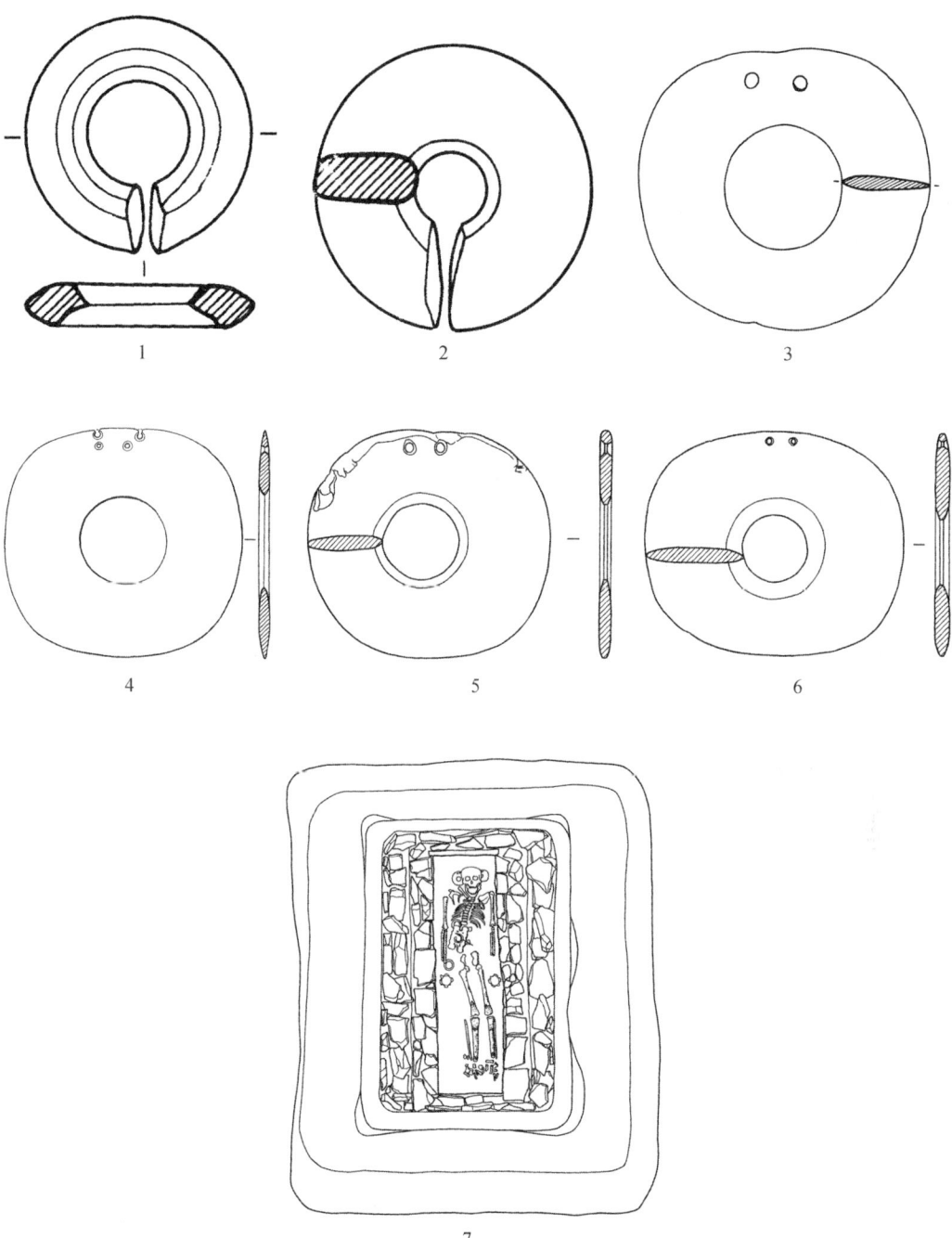

图2 大甸子、牛河梁遗物、遗迹
1. 大甸子M1214：1玦形坠 2. 大甸子M1032：4玉玦形坠 3. 大甸子M853：13玉璧形坠
4. 牛河梁N2Z1M15：4玉璧 5. 牛河梁N5Z1M1：1玉璧 6. 牛河梁N5Z1M1：2玉璧 7. 牛河梁N5Z1M1平面图

7000年的玉玦[58]，但形制有所区别。类似材质的玉器还见于红山文化晚期，如牛河梁遗址群第十六地点79M1：4双熊首三孔玉饰为白色软玉，有褐色斑纹[59]。从器形与材质角度分析，大甸子M1032：4玦形坠也可能是兴隆洼文化的作品。

夏家店下层文化玉玦形坠，不论其是否完整，不是直接穿戴在耳部，而是坠挂在耳部或腰间或胸前。从使用功能分析，没有必要制作成玦形，所以称为玦形坠。而兴隆洼文化玉玦是穿戴在耳部，所以要制作成玦形。由此表明，发现于夏家店下层文化中的玉玦形坠，原本都是兴隆洼文化的作品。

需要指出：大甸子M1032：4玉玦形坠与牛河梁N1679M1：4双熊首三孔玉饰、俄罗斯Chertovy Vorota遗址玉玦的玉料是相同的。这三者之间，距离相隔上千千米，年代相差数千年。其中反映的问题，值得深思。

璧形坠

大甸子墓地出土的璧形坠有5件，在墓中位置都在腰胸之际。器形都较小。应是挂在腰胸部位的饰品。其中M853：13是最大的1件璧形坠，出自大型墓中。外缘为不正的圆，外径8.2厘米，内径3.2厘米，厚0.4厘米。在近外缘处有两孔，孔距1厘米，孔径0.3～0.6厘米，孔缘有系缚磨痕（图2-3）。这件璧形坠与红山文化晚期的牛河梁第二地点一号冢M15：4（图2-4）[60]、牛河梁第五地点一号冢大墓M1：1（图2-5）、M1：2（图2-6）[61]这3件玉璧的形制相同，则是略小一些。牛河梁N2Z1M15：4玉璧的外径为12.4～12.9厘米，牛河梁N5Z1M1：1与M1：2玉璧的最大外径分别为12厘米与12.9厘米。牛河梁N5Z1M1大墓中的2件玉璧置在人头骨左右两侧[62]，是属于头部两侧冠饰类的装饰（图2-7）。

大甸子M853：13璧形坠大概是红山文化晚期玉璧在夏家店下层文化中的再次使用，但使用方式与功能有明显的区别。红山文化晚期玉璧的功能更多的与宗教活动的礼仪活动有关，而夏家店下层文化璧形坠则是普通装饰，在大、中、小型墓中都有，只是形制大的璧形坠出自大墓中。

弧形坠、弯条形坠、片状弧形坠、璜形坠、矩形坠、楔形坠

大甸子墓地出土的弧形坠、弯条形坠、片状弧形坠、璜形坠、矩形坠、楔形坠，大都是利用原玉器的残件改制的坠饰。其中有的弯条形坠的形制与兴隆洼文化的弯条形坠相同。如大甸子M317：8弯条形坠（图3-5）与兴隆洼M109墓葬出土的弯条形坠接近[63]。

勾云形坠

大甸子墓地出土的勾云形坠有2件，分别是M821：5、M373：7，《大甸子》报告称之为"镂花坠"。

大甸子M821：5勾云形坠（图3-1），为完整器，长6.9厘米，最宽3.3厘米，厚0.4厘米，玉质呈淡绿色。在器物的中部以瓦沟纹，以及镂圆孔与弧形孔的方式形成"回"字方形内卷的形式，即勾云的形式。在器物的四角作横向外伸的瓦沟纹外弯的钩形状

夏家店下层文化玉器概论 ·191·

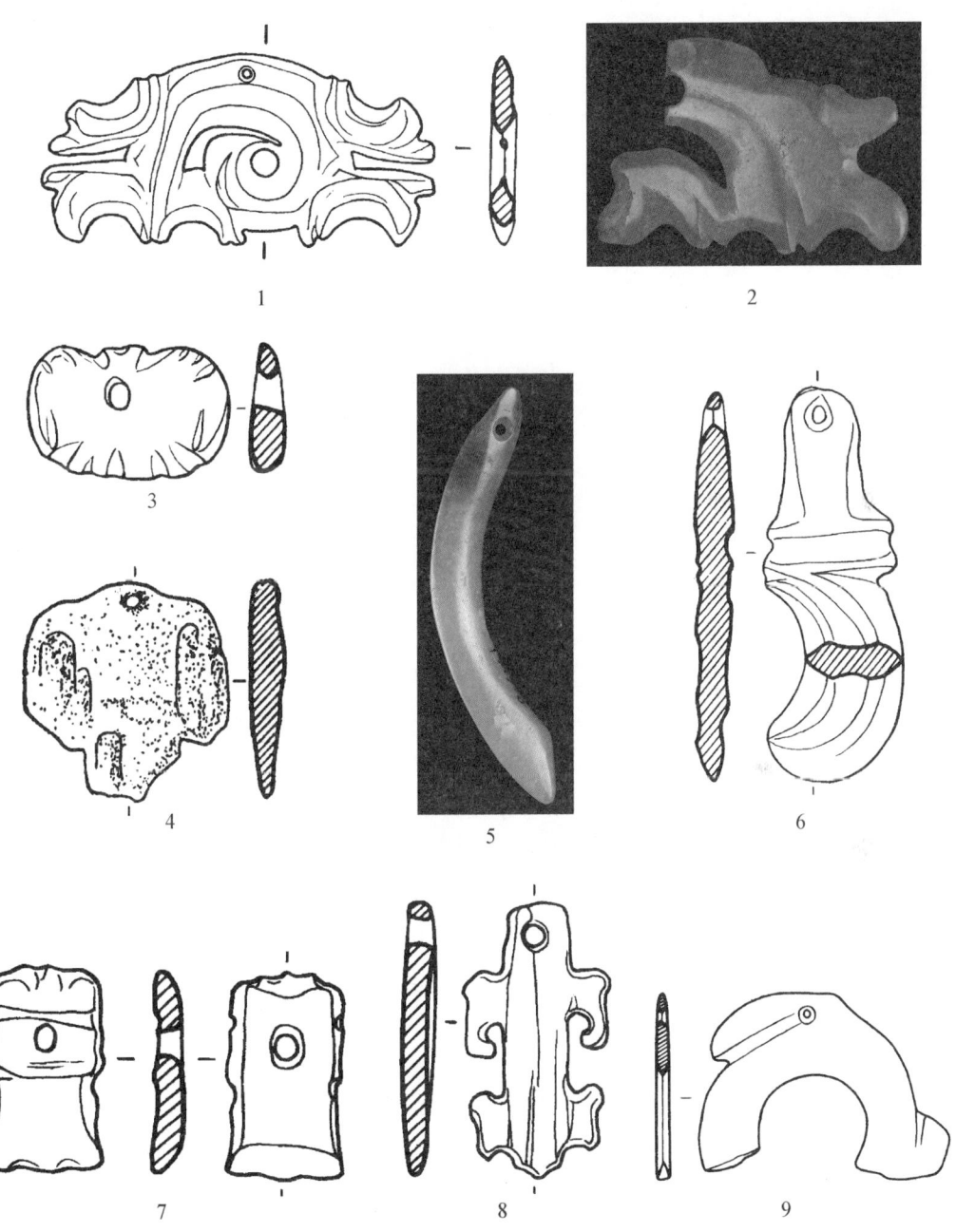

图3 大甸子、丰下出土玉坠
1. 大甸子M821：5玉勾云形坠 2. 大甸子M373：7玉勾云形坠 3. 大甸子M1257：4玉鸟形坠 4. 丰下T8③：2玉鸟形坠 5. 大甸子M317：8玉弯条形坠 6. 大甸子M308：1玉钩形坠 7. 大甸子M383：6玉蝉形坠 8. 大甸子M383：11玉异形坠 9. 大甸子M454：27玉璇玑形坠

角。在器物的中部下端有3个双齿牙。在器物的中央上端穿一小孔，孔径0.1厘米。

大甸子M373：7为残缺约一半的勾云形坠饰（图3-2）[64]，残存长2.75厘米，宽1.7厘米，厚0.25厘米。玉质呈莹白半透明状。器物的中部应是以瓦沟纹、镂弧形弯钩孔而形成"回"字方形内卷的形式。在器物中部上端凸出0.28厘米，以便在这件器形很小的勾云形坠饰的上端穿一小孔，小孔的直径约0.23厘米。在器物一边的上下角作横向外伸的瓦沟纹外弯的钩形状角。在器物的下端保留两个双齿牙。

这2件勾云形坠饰，许多研究者认为是红山文化制作的，但是，目前在红山文化遗迹内出土的玉器中，不见与这2件玉器相同的器形。从这2件玉器形制很小，而且有穿线系挂的小孔等现象推测，这2件勾云形坠可能是红山文化末期或者是红山文化之后至夏家店下层文化时期制作的具有红山文化玉器传统的作品。

玉鸟形坠

夏家店下层文化出土的玉鸟形坠有2件，除大甸子墓地出土的1件外，还有辽宁北票丰下遗址出土的1件。

大甸子M1257：4玉鸟形坠，《大甸子》报告称为雕花坠[65]。是在近椭圆形玉片的上下周边刻出楔形槽，形成象征鸟的首部、张翼及尾翼。整个形态似张开双翅与尾翼呈飞翔状态的鸟。但在中心偏上位置穿一孔，可知其使用作用是为坠饰。其宽3厘米，长2厘米，厚0.5厘米，孔径0.2厘米（图3-3）[66]。

丰下T8③：2玉鸟形坠，原发掘简报称为玉牌[67]。整器雕刻简洁。雕刻出象征首部的外凸部分、圆弧的翅肩、两侧下垂的双翅翼、直条形的尾翼。其中一侧翅翼的下端残缺，但经过磨光，尾翼一角亦残缺。整个形态似站立垂翅呈站姿状态的鸟（鸮）。但在首部穿一孔，表明其使用作用亦为坠饰。其宽3厘米，长3厘米，厚0.6厘米，孔径约0.2厘米（图3-4）[68]。

由于大甸子M1257：4玉鸟形坠与丰下T8③：2玉鸟形坠的形态与发掘出土的红山文化的玉鸮的形态有相同之处，所以一些研究者将大甸子与丰下的玉鸟形坠都视作红山文化玉器。

大甸子、丰下的玉鸟形坠饰与胡头沟、东山嘴、牛河梁发现的红山文化玉鸮，在形态方面有相似之处，表现的可能也是鸮。然而，在细部特征方面有明显的区别。

红山文化的玉鸮，形态具象，而大甸子与丰下的玉鸮，形态十分抽象。

红山文化玉鸮的反面都有对穿的鼻形孔。表明其使用方式是缀缝在其他物品上的。大甸子与丰下玉鸮的反面没有这种对穿的鼻形孔，而是在其首部或颈背处穿一小孔。表明其使用方式是穿系线绳垂挂的。

大甸子、丰下玉鸮与红山文化玉鸮存在着这些区别表明，他们实际上已分属两类器形。大甸子、丰下玉鸮仅是保留了红山文化玉鸮形态的一些因素，而没有鸮的含义了。所以，可以称之为玉鸟形坠。

而大甸子、丰下玉鸟形坠与红山文化玉鸮存在着形态上的联系现象则说明，夏家店下层文化的这种玉鸟形坠，是由红山文化玉鸮演变发展而来的，是红山文化玉鸮风格的孑遗。

玉钩形坠

大甸子遗址出土的玉钩形坠有1件，即M308∶1，《大甸子》称为雕花坠[69]。长7.1厘米，宽2.5厘米，厚0.7厘米（图3-6）。

许多研究者根据这种玉钩形坠上具有"瓦沟纹"特点，以及与红山文化勾云形玉佩四角上的钩形角相同的现象，将这种玉钩形坠判定为红山文化玉器。但是，这种玉钩形坠，至今未曾见于考古发掘的红山文化层位和单位中，所以，尚不能遽然将这种玉钩形坠定为红山文化玉器。

这件玉钩形坠的一端穿一孔，出自一座中小型墓内，墓主为14～17岁的女性，在该墓的壁龛中随葬1件平底罐、2只猪趾，在葬具内随葬1件玉钩形坠。该墓随葬品简单，表明这件玉钩形坠不是礼仪用品，而是件装饰品。在玉钩形坠的一端穿有小孔，表明这是件坠饰。

玉蝉形坠

大甸子遗址出土的玉蝉形坠有1件，即M383∶6，《大甸子》报告称为雕花坠[70]。这件玉蝉形坠一面磨平无纹，一面以减地浅浮雕方式雕刻出蝉首部及其喙部与眼部，以及颈部、背翼和尾翼。底端有两个凹口，使底端呈三部分，中间部分为尾翼、两侧部分为翅翼末端（图3-7）。

大甸子玉蝉形坠的形制，目前在辽西及东北地区没有其源头，而与长江中游地区发现的"石家河文化晚期"的玉蝉，形制相同。其可能是江汉地区的"石家河文化晚期"制作后辗转传入到辽西地区的。或许夏家店下层文化对其进行过穿孔等加工程序。

异形坠

大甸子M383∶11异形坠，《大甸子》报告称为雕花坠[71]。长3.8厘米，宽2厘米，厚0.5厘米，孔径0.2毫米（图3-8）。以往有研究者认为这是件玉龟形器[72]。其实这件玉异形坠大概是截取某件玉雕镂孔器局部改制而成[73]，并在首部穿一孔。其首部有穿孔，其使用作用仅仅是一种装饰的挂件。

玉璇玑形坠

大甸子遗址出土的玉璇玑形坠有1件残品，即大甸子M454∶27[74]。残存三分之二，有二牙角，一牙角的角头已残缺，但断口被磨平。环外径4厘米，内径1.9厘米，厚0.2厘米。环上有一孔，孔径0.1厘米（图3-9）。

这件玉璇玑形坠的文化传统不是辽西地区的红山文化，已有研究者论述过[75]。但从这件玉璇玑形坠的环与牙角的断处都已磨平，用于穿线的小孔位于残器中央上端位置的现象分析，其最后的制作应是在夏家店下层文化时期对残玉璇玑形器的再利用而改制的。这件玉璇玑形坠是残件改制品，而且形体较小，应是用于挂在胸前的、不具有宗教含义的装饰品。

直条形坠

大甸子墓地出土的直条形坠有4件，器形简单，在直条状小玉棒的一端穿一孔，作为坠饰。其中1件直条形坠M612∶27（图4-1），下端为圭首形，形似安徽含山凌家滩遗址87M4墓葬与07M23墓葬出土的玉签[76]。

有齿直条形坠

大甸子墓地出土的有齿直条形坠2件，1件M706∶1，长8.2厘米，宽1厘米，厚0.45厘米。上端有孔，孔径0.3厘米，近孔端的两侧边缘雕出对称的三个凹齿槽，下端呈三角形（图4-2）。另1件M905∶13，长9.8厘米，两端无孔，在上端与中部收束，在上下部的两侧边缘分别雕出对称的三个凹齿槽，共六对凹齿槽。上下端都截平（图4-3）。这种形制的玉器，在发现的早期玉器中，十分少见。

圆柱形坠

大甸子墓地出土的圆柱形坠有1件M810∶2，长约7.5厘米，一端有孔，另一端为平头无尖（图4-4），在墓中置于人骨架的胸前，可知是为胸前坠饰。

玉环

大甸子墓地出土的玉环有4件，其中1件M1205∶6为白石环。外径大都在4.5厘米左右，内径都大于2.2厘米。横截面呈椭圆形。在墓中的位置大都在腰胸之间，其中2件略大的玉环，环孔略呈梨形，梨尖部位是穿系线绳的最佳位置，是为上端，可知这类玉环都是垂挂的坠饰。其中M453∶6玉环，十分精致，外径4.7厘米，内径3.6厘米，环孔为梨形。环体窄小，其断面，在穿挂线绳这一边的环体，很薄，约0.2厘米，断面为薄片状，而相对应的那一边的环体，较厚，约0.5厘米，断面为扁椭圆状（图4-8）。这件玉环的整个断面，由下端的略厚而渐渐环形变薄，是一件简洁而漂亮的胸前挂饰，并因系挂使用，在梨状孔的梨尖部位的环体上产生有裂纹。

梨形孔的玉环类器物，最早见于红山文化晚期牛河梁遗址群第十六地点M1出土的玉璧[77]，出自墓中人头骨左侧耳下位置，可知牛河梁N16M1∶1玉璧实际上是一件饰于左耳部的璧形坠饰。

夏家店下层文化中的梨形孔的玉环是源自红山文化晚期。但像大甸子M453∶6那样精致的玉环坠饰，不见于红山文化晚期玉器中，可能是夏家店下层文化制作的。

玉笄

大甸子墓地出土的玉笄有2件，《大甸子》称为圆柱形坠。其中M371∶31玉笄，长15.1厘米，直径0.99厘米。圆首、束颈，在颈部上端接近首部位置横穿一小孔，孔口径大于0.2厘米，孔内径0.1厘米。颈下有一道凹弦纹，下端收尖。在器身中部横穿两孔，孔径0.1厘米，两孔心距0.5厘米（图4-5）。这件玉器呈细长条圆锥形，出自墓龛中，应是玉笄，其玉质晶莹剔透，是至今在辽西地区发现的夏家店下层文化及其之前玉质最好、最为精致的一件玉笄。其品质可与殷墟妇好墓出土的商代王室的玉笄媲美。

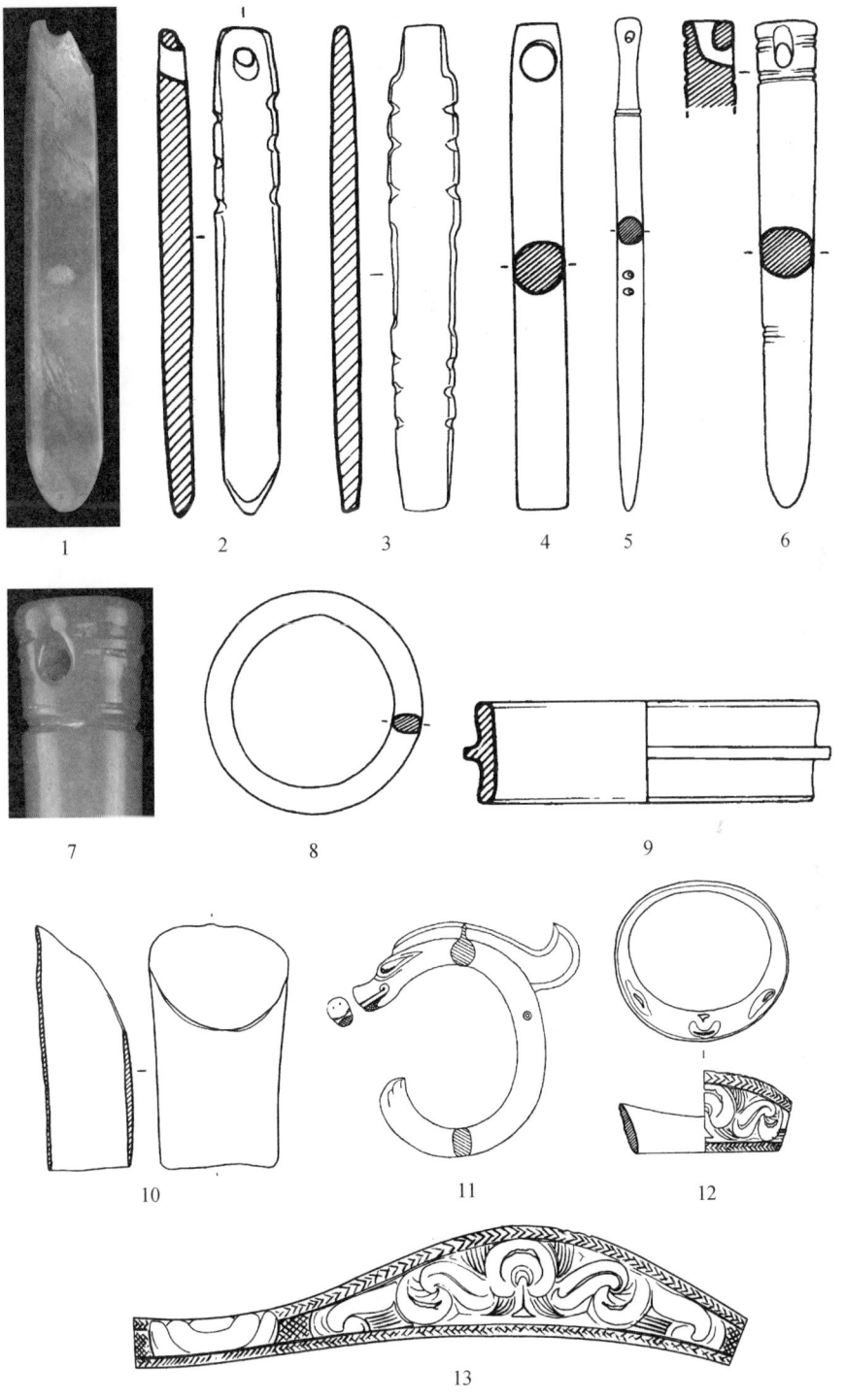

图4 大甸子出土玉饰、玉器

1. 大甸子M612：27玉直条形坠　2. 大甸子M706：1玉有齿直条形坠　3. 大甸子M905：13玉有齿直条形坠　4. 大甸子M810：2玉圆柱形坠　5. 大甸子M371：31玉笄　6. 大甸子M371：32玉笄　7. 大甸子M371：32玉笄首部　8. 大甸子M453：6玉环　9. 大甸子M453：8玉镯　10. 大甸子M833：2玉斜口筒形器　11. 三星他拉玉龙　12. 大甸子M458：2刻纹镂空玉臂饰　13. 大甸子M458：2刻纹镂空玉臂饰展开

值得注意的是，在这件玉笄的器身中部横穿的两小孔，孔口边缘相当整齐，呈直口孔；而在玉笄首部横穿的一小孔，孔口较大，在0.2厘米以上，边缘有较大的斜弧面，呈扁喇叭口。这件玉笄上的这两种不同形式的穿孔现象，似乎表明玉笄的器身中部横穿的两小孔与首部横穿的一小孔不是同时制作的。当然也不排除因首部的穿孔表面既有横向的内弧形面又有垂直方向的外弧形面，而使得穿孔呈现出扁喇叭口。

M371∶32玉笄，长8.6厘米，直径1.19厘米，呈短粗形。平首，顶端穿一象鼻形弯孔，首部有三道凹弦纹，颈部是一道较深粗的凹弦纹，下端收呈钝尖，在器身下部有一凹口（图4-6）。这件器物在成器之后可能又经过加工或改制，首部、颈部的凹弦纹被磨去局部，以及器身下部的凹口，都可能是再次加工拟改制的遗痕。首部的象鼻形弯孔也明显是在凹弦纹之后制作的。首部凹弦纹被磨去的原因，可能是为了便于穿孔而先磨平穿孔部位所致。

M371∶32玉笄首部的穿孔是再次加工制作的现象，似证实了M371∶31玉笄首部横穿的一小孔是再次加工制作的。

M371∶32玉笄的形制与湖北天门肖家屋脊"石家河文化晚期"W6瓮棺中出土的玉笄[78]、湖南澧县孙家岗"石家河文化晚期"M33墓葬中出土的玉笄[79]接近。由此表明大甸子M371∶32玉笄虽然较短，但确实应是作为玉笄使用的。

然而，"石家河文化晚期"的玉笄，在首部通常不穿孔，大甸子2件玉笄M371∶31、M371∶32在首部都穿孔，这是不同的现象。但大甸子M371∶31玉笄在器身中部横穿小孔的现象，又与"石家河文化晚期"也存在着在玉笄器身中部横穿小孔的现象相吻合。

大甸子2件玉笄M371∶31与M371∶32的器形特点表明，他们原本就是作为玉笄使用的，但后来又都在玉笄的首部穿孔。在作为玉笄使用的器物首部再行穿孔的目的是什么呢？

廖泱修曾推测大甸子M371∶32玉笄首部的象鼻形弯孔可能与垂挂饰件有关，并推想垂挂了与M371∶32玉笄同出的楔形坠而形成了"步摇式"发笄[80]。廖泱修的这一推想虽然证据不足，他也不知M371∶32玉笄首部的象鼻形弯孔是后来制作的，但很有意义。

我们查看了大甸子M371∶32玉笄首部象鼻形弯孔的孔口，发现孔口的上侧有凹槽磨痕（图4-7），是长期摩擦而形成的。这说明大甸子M371∶32玉笄首部象鼻形弯孔确实是为了系挂垂饰而专门制作的。

M371∶31细长条圆锥形玉笄与M371∶32短粗状玉笄一起出自M371墓龛中，其首部也有可能是后来制作的小孔，说明大甸子M371∶31玉笄首部的小孔也是为了系挂垂饰而专门制作的。

M371墓葬是大甸子墓地中的一座大型墓，位于墓地中区，墓圹长2.7米，宽1.15米，深5.4米，有属于第一等级的木质葬具，还有壁龛，葬一40～45岁的男性。在葬具内随葬有绿松石珠4件、绿松石片镶嵌物200件、蚌饰2件、骨镞13件。在壁龛中随葬有

3件彩绘陶鬲、3件彩绘平底陶罐、1件彩绘陶壶、2只猪趾、2件玉笄、2件弯条形坠、1件楔形坠、1件白石珠、4件海贝等装饰品。壁龛中的这些装饰品不是出自葬具内，而是放置在壁龛中，说明他们不是作为项饰或胸饰、耳饰的垂直饰件使用的。2件弯条形坠、1件楔形坠、1件白石珠与玉笄一起放在壁龛中，应是玉笄的附件。即2件弯条形坠、1件楔形坠、1件白石珠、4件海贝可能分别与2件玉笄相配组成两套头饰。其组成方式，依据M371：32玉笄首部象鼻形弯孔的孔口上侧有凹槽磨痕现象推测，可能是将1件弯条形坠、1件楔形坠或1件白石珠、2件海贝系挂在玉笄的首部穿孔上。这种头饰是"步摇式"发笄。

大甸子"步摇式"发笄应与中原地区距今4000年以前的陶寺文化早期的"步摇式"发笄有关，但有了进一步的发展。主要体现在笄杆的变化。陶寺文化早期"步摇式"发笄的笄杆是骨笄，而大甸子"步摇式"发笄的笄杆是十分精致的玉笄。所以，大甸子"步摇式"发笄应是陶寺文化早期"步摇式"发笄发展演变的结果。

从夏家店下层文化受到二里头文化影响的现象分析，大甸子"步摇式"发笄应是受到二里头文化影响的结果。由此推测：二里头文化中应有品质很好的玉笄与"步摇式"发笄。

玉镯

大甸子M453：8玉镯，《大甸子》报告称为玉臂饰。通体抛光，外表中部有一匝凸棱，形状为有领环。出土时，套在人骨右臂尺骨与桡骨上，可知是玉镯。外径7.7厘米，内径6.3厘米，宽2厘米，厚0.4厘米（图4-9）。这是目前发现的年代较早的有领环状玉镯。

斜口筒形器

斜口筒形器也是夏家店下层文化使用的红山文化的作品（图4-10）。大甸子墓地出土1件，出自M833中型墓中，发现于人体背后，横于腰间与脊椎相垂直。刘观民先生推测似系于腰后。其使用方式与红山文化作为礼仪用具有显著的区别。由此可知夏家店下层文化使用红山文化晚期的斜口筒形玉器，并不是作为重器来使用的，也是作为一种装饰品使用的。

需要注意的是，大甸子M833：2斜口筒形器的下端（平口端）没有穿小孔。以往据此以为这种在平口一端没有穿小孔的斜口筒形器较红山文化晚期的在平口一端穿有小孔的斜口筒形器为晚。而牛河梁第二地点四号冢下层墓葬M8、M9、M16分别出土的3件斜口筒形器[81]，都不见在平口一端穿小孔。由此可知这种在平口一端不穿孔的斜口筒形器要比穿小孔的为早。这一现象说明，夏家店下层文化使用红山文化的斜口筒形器，并不是红山文化玉器使用至末期的自然延续发展的结果，而是夏家店下层文化居民破坏了红山文化晚期早段的墓葬，窃取墓中玉器再利用的结果。红山文化晚期的墓葬发现较少，或许与夏家店下层文化时期对红山文化墓葬的破坏有关。

刻纹镂空玉臂饰

大甸子遗址出土的刻纹镂空玉臂饰有1件，即M458：2，《大甸子》报告称为玉臂饰。断面呈椭圆形。一端接近平口，另一端为斜口。形成了宽窄不一的带状环。平口端的环口略小，长径6厘米，短径4.8厘米。斜口端的环口略大（图4-12、13）。

这件刻纹镂空玉臂饰，外表满施纹饰。在两端分别以"人"字纹组成一周的窄条带纹，作为边框带。主题纹饰施于宽带状环面处，以减地浅浮雕方式雕刻成瓦沟形弧旋勾云纹，间以三角或弧形镂孔，在瓦沟形弧旋勾云纹之间，以成组的单线刻纹补白。在主题纹饰的相对面，即最窄处环面上，饰简单的弧形瓦沟纹，为副题纹饰。在主题纹饰与副题纹饰之间，分别饰斜线交叉的网格纹，为辅助纹饰。

这件刻纹镂空玉臂饰的器体本身，大概是截取红山文化斜口筒形器的上端而再行雕刻制作的[82]。刻纹镂空玉臂饰上的瓦沟形弧旋勾云纹间以三角或弧形镂孔，似与红山文化兽面形玉佩有联系，可能是红山文化兽面形玉佩上瓦沟纹的发展与延续；而网格纹是辽西地区在夏家店下层文化时期出现的纹饰，"人"字形边纹则是辽西地区夏家店下层文化最先在玉器上使用的装饰纹饰。据此可以认为，这件刻纹镂空玉臂饰是在继承红山文化玉器传统的基础上，由夏家店下层文化改制红山文化斜口筒形器并创新制作的一件玉雕精品。

大甸子M458：2刻纹镂空玉臂饰，出土单位明确，纹饰特征鲜明，是夏家店下层文化的一件精工玉雕作品。其纹饰中的网格纹与"人"字形纹，应是一种具有时代特征的纹饰。

弯板状玉臂饰

大甸子M659：7弯板状玉臂饰，为四边形。弯板曲面的弦长7.1厘米，宽6.8厘米，最厚处为0.4厘米，外表雕刻瓦沟纹，上下有六道瓦沟纹，并以中间瓦沟纹边棱为轴，两边三道瓦沟纹弧形相接成三重"匚"形。弯板四角各有一孔，孔径0.1~0.2厘米（图5-1、4）。这件玉器在墓中的位置是缚于左臂肱骨外侧。可知这是件玉臂饰。

与大甸子M659：7弯板状玉臂饰的玉质相同，纹饰相同，使用功能也相同的玉臂饰见于牛河梁遗址群第三地点9号墓（N3M9：29）（图5-2、5）[83]，所以，一些研究者将大甸子M659：7玉璧饰作为红山文化玉器。

然而大甸子M659：7玉臂饰与牛河梁N3M9：29玉臂饰是有区别的。

一是形制有区别。牛河梁N3M9：2玉臂饰为弯板状的"凸"字形，曲面弧长8厘米，宽6.2厘米，厚0.3厘米。凸出部分的上端边缘为弧形。在凸出的上端穿一孔，在"凸"字形下部两侧边分别穿两孔。大甸子M659：7玉臂饰为四边形，在四角各穿一孔。这种形制方面的区别，表明两者的使用方式有区别。

二是瓦沟纹有区别，主要表现在瓦沟纹的瓦沟边棱上。牛河梁N3M9：2玉臂饰的瓦沟纹的瓦沟边棱较为平缓，而大甸子M659：7玉臂饰的瓦沟纹的瓦沟边棱较为明显。大甸子M659：7玉臂饰应是牛河梁N3M9：2玉臂饰的发展形式。这种纹饰方面的区别，表明两者的制作工艺有区别。

与大甸子M659：7弯板状玉臂饰形制相同的玉器，还见于辽宁省博物馆早年收藏的1件弯板状玉臂饰（雕2122—25034）和美国哈佛大学赛克勒艺术博物馆早年收藏的1件弯板状玉臂饰。这2件弯板状玉臂饰略长些，形制上与大甸子M659：7弯板状玉臂饰也略有区别。

其中辽宁省博物馆藏弯板状玉臂饰长10.5厘米，宽7.8厘米，厚0.5厘米。在一侧边的中部有尖凸，在另一侧边穿3个小孔。弧面上有8道瓦沟纹（图5-3、6）[84]，比大甸子M659：7弯板状玉臂饰多两道瓦沟纹。但也是以中间一道瓦沟纹边棱为中轴，两边瓦沟纹弧形相接成四重"匚"形。3个小孔穿在瓦沟纹弧形相接的这一侧边。其瓦沟纹边棱比大甸子M659：7弯板状玉臂饰的更明显些。

美国哈佛大学赛克勒艺术博物馆藏弯板状玉臂饰，长9.7厘米。弧面上有六道瓦沟纹（图5-7）[85]，也是以中间一道瓦沟纹边棱为中轴，两边三道瓦沟纹弧形相接成三重"匚"形，并且也在弧形相接的这一侧边穿了三个小孔。但瓦沟纹的沟底接近平底，瓦沟边棱凸显，实际上，瓦沟纹已演变为减地凸棱纹。

从器形以及瓦沟纹的形式分析，辽宁省博物馆藏弯板状玉臂饰应晚于大甸子M659：7弯板状玉臂饰，美国哈佛大学赛克勒艺术博物馆藏弯板状玉臂饰又晚于辽宁省博物馆藏弯板状玉臂饰。

由牛河梁N3M9：2弯板状玉臂饰（图5-3）向大甸子M659：7弯板状玉臂饰（图5-1），再向辽宁省博物馆藏弯板状玉臂饰（图5-6），直到美国哈佛大学赛克勒艺术博物馆藏弯板状玉臂饰（图5-7）的演变发展，其瓦沟纹向凸棱纹的纹饰演变过程，一目了然。而弯板状玉臂饰上穿孔位置的变化，似表明这类玉璧饰的使用方式也在发生变化。

然而美国哈佛大学赛克勒艺术博物馆藏弯板状玉臂饰上的凸棱纹形式的瓦沟纹，虽然是牛河梁N3M9：2弯板状玉臂饰及其他红山文化玉器上瓦沟纹的演变发展而来的，但纹饰风格已完全不同，已不属于红山文化玉器纹饰的风格。

而在形制方面，大甸子M659：7弯板状玉臂饰、辽宁省博物馆藏弯板状玉臂饰、美国哈佛大学赛克勒博物馆藏弯板状玉臂饰这3件较为接近，他们与牛河梁N3M9：2弯板状玉臂饰的区别明显。由此推测，大甸子M659：7弯板状玉臂饰、辽宁省博物馆藏弯板状玉臂饰、美国哈佛大学赛克勒艺术博物馆藏弯板状玉臂饰，可能都不是红山文化玉器，而应是夏家店下层文化制作的。是红山文化弯板状玉臂饰演变发展至夏家店下层文化时期出现的一种新的玉臂饰的形制。

关于这种弯板状玉臂饰制作的取材问题。《牛河梁》发掘报告曾提出，牛河梁N3M9：2玉璧饰的弯度似斜口筒形器，怀疑这件玉璧饰是截取斜口筒形玉器的斜口侧的一段再加工而成[86]。而美国哈佛大学福格博物馆早年收藏的1件斜口筒形玉器上施有与大甸子M659：7弯板状玉臂饰上三重"匚"形瓦沟纹形式接近的纹饰（图5-8）[87]，

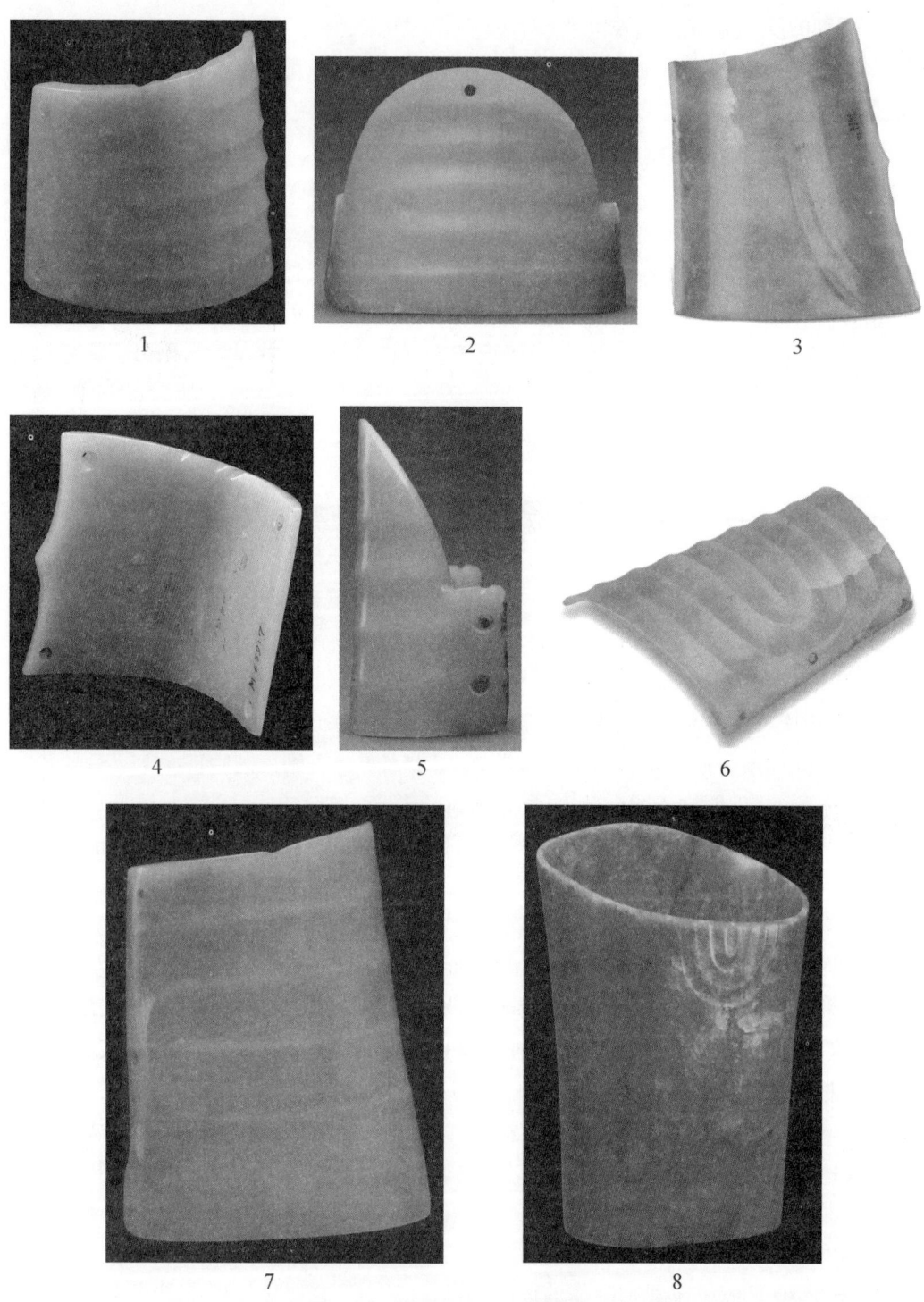

图5 各地出土、收藏玉器

1. 大甸子M659：7弯板状玉臂饰正面　2. 牛河梁N3M9：29玉臂饰正面　3. 辽宁省博物馆藏弯板状玉臂饰反面
4. 大甸子M659：7弯板状玉臂饰反面　5. 牛河梁N3M9：29玉臂饰侧面　6. 辽宁省博物馆藏弯板状玉臂饰正面
7. 美国哈佛大学赛克勒艺术博物馆藏弯板状玉臂饰　8. 美国哈佛大学赛克勒艺术博物馆藏斜口筒形器

只不过两者的纹饰方向，错位90度。但这一现象也似表明，夏家店下层文化的多重"匚"形瓦沟纹的弯板状玉臂饰，可能系截取红山文化斜口筒形器作为原材料进行改制加工而成。

这两个例子以及上述的大甸子M458∶2玉雕斜口短筒形器等现象共同表明了，从红山文化末期就开始了对一些斜口筒形玉器进行截取改制，改制成环类、弧形类等玉器。

将红山文化斜口筒形玉器作为玉料改制成其他玉雕作品的行为，可能延续到夏家店下层文化之后的很长一段时期。这是研究古代玉器需要特别注意的一个问题。

玉珠与红玛瑙珠

大甸子墓地出土的玉珠有36枚，出自14座墓。在9座墓中（男性5座、女性4座）各出1枚，位于胸腰之际。另5座墓出2至10枚不等，都是女性墓，用于项链，与白石珠、红玛瑙珠间杂串缀。玉珠的形制有短圆柱体玦形、短圆柱体管形、算珠形三种。

那种短圆柱体玦形珠，最早见于兴隆洼文化[88]，与玦形坠一样，不应是夏家店下层文化的作品，因为其使用方式表明没有必要制作成玦形。显然是夏家店下层文化利用兴隆洼文化制作的短圆柱体玉玦作为项链中的一颗串珠使用。

短圆柱体管形玉珠，在红山文化中较为多见，尤其是那种短圆柱体、小孔的玉珠，在牛河梁诸积石冢墓葬中出土不少[89]。这类玉珠应是红山文化的作品。是夏家店下层文化利用红山文化制作的短圆柱体玉珠作为项链中的串珠使用。

而算珠形玉珠，则是夏家店下层文化制作的。其中M810∶1算珠形玉珠，直径2.9厘米，是至今发现的夏家店下层文化截面积最大的1枚玉珠。其光洁无瑕，是玉珠中的上乘作品。

大甸子墓地还出土了大量的绿松石珠、红玛瑙珠、白石珠。丰下遗址亦出土了红玛瑙珠。

在大甸子墓地中，绿松石珠用于头饰与耳饰。如M677使用22枚绿松石珠与4枚海贝组成头饰。而红玛瑙珠、白石珠与玉珠间杂串缀用于项链。如M756使用7枚红玛瑙珠、842枚白石珠组成一串项链。M371使用54枚红玛瑙珠、16枚白石珠、10枚玉珠，以及直条形坠、弯条形坠等组成一串项链。M453女性使用39枚红玛瑙珠、25枚白石珠、6枚玉珠，以及璧形坠、玦形坠、梨形孔玉环等组成一串项链，另外还穿带臂饰，耳戴铜耳环、绿松石珠等装饰。

由于夏家店下层文化流行头饰与项饰等装束，使用玉珠、红玛瑙珠、白石珠等多种色彩珠子间杂串缀的项链装饰，开始盛行，有的项链上还串缀形状各异的长条、弯条、环状坠饰，同时贝饰也十分流行。这是北方民族豪放性格在人本装束与装饰方面的一种表现。

三　夏家店下层文化玉器的文化特征与传统

目前已发现的夏家店下层文化的玉器，数量有限，器形种类也较少，除个别玉器外，形制与纹饰大都较为简略，但文化面貌却十分复杂。存在着下面八种现象。

第一，夏家店下层文化使用了兴隆洼文化玉器，如玦形坠、玦形珠等。这类玉器原本是兴隆洼文化的玉玦，而夏家店下层文化则作为坠饰来使用。这类玉器不是夏家店下层文化制作的，所以不宜将夏家店下层文化使用的这类玦形坠饰作为兴隆洼文化玉器传统的继续，而是兴隆洼文化玉器被夏家店下层文化所利用。夏家店下层文化居民应是破坏了不少兴隆洼文化的墓葬而获得兴隆洼文化玉器。夏家店下层文化与兴隆洼文化没有文化传统方面的联系。

第二，夏家店下层文化使用了红山文化玉器，如斜口筒形器，穿双孔的璧形坠等。这类玉器原本是红山文化的礼仪用玉器，而夏家店下层文化则是将这些玉器作为普通的装饰品来使用。夏家店下层文化的这种使用红山文化玉器的现象，与夏家店下层文化使用兴隆洼文化玉器的性质是相同的，也不宜作为红山文化玉器传统的继续，而是红山文化玉器被夏家店下层文化所利用。夏家店下层文化居民也自然是破坏了不少红山文化的墓葬等遗迹而获得红山文化玉器。

第三，夏家店下层文化玉器中确实具有红山文化玉器的传统。这种红山文化玉器传统现象可分为两类。

一类是指夏家店下层文化制作的具有红山文化玉器遗风的玉器，如鸟形坠饰等。这是红山文化同类玉器发展演化的结果。由于这类玉器是红山文化玉器风格的继续发展，可以分析其承袭红山文化玉器演化的线索，所以很容易将之误判为红山文化玉器。

另一类是夏家店下层文化改制红山文化玉器而形成的具有红山文化玉器余韵的夏家店下层文化的新作品，如钩形器、弯板状玉璧饰等。由于这类玉器是截取红山文化玉器的局部而改制的作品，保留了红山文化玉器的局部特征，所以也很容易将之误判为红山文化玉器。实际上，这两类玉器都属于夏家店下层文化制作的保留有红山文化玉器特征的玉器，反映了红山文化玉器传统的延续。

第四，夏家店下层文化使用了具有山东地区与辽东地区文化传统的玉器，如璇玑形坠饰。这种璇玑形玉佩在距今5000年至距今4300年之间已在辽西北部地区使用。如2006年在内蒙古扎鲁特旗鲁北镇东南约40千米的南宝力皋吐墓地出土了1件璇玑形玉佩[90]。夏家店下层文化时期改制曾在辽西地区使用的这种器形用作坠饰装饰，应是正常的事。至于这种璇玑形玉佩如何转载到达辽西地区，需要深入探讨。

第五，夏家店下层文化玉器具有"石家河文化晚期"玉器的传统。如蝉形坠饰。这件蝉形坠饰原本是"石家河文化晚期"的作品，在传入夏家店下层文化使用过程中，可能又进行了加工，如磨平、穿孔等。

第六，夏家店下层文化玉器接受了二里头文化玉器的影响，如形制似玉圭的玉钺。这种玉器，在二里头文化三、四期中已作为玉钺使用。

夏家店下层文化中使用贝作为装饰，可能也与二里头文化的影响有关，但使用方式不同了。二里头文化中将贝作为项饰，而在夏家店下层文化中则发展作为头饰与衣饰。

另外，大甸子M371：31"步摇式"玉发笄的文化属性，目前尚不能明确。这类"步摇式"发笄，无疑是与陶寺文化的"步摇式"发笄有关，应是陶寺文化"步摇式"发笄的一种发展形式。但不是陶寺文化直接影响的结果。

大甸子M371：31"步摇式"玉发笄或许与二里头文化有关。

在二里头文化中曾发现了1件被称为柄形饰的玉笄形器（87YLⅥM57：5），为圆柱体，首部为一扁纽，残长13.6厘米，最大直径1.2厘米[91]。其形制、玉质与大甸子M371：31玉笄的形坠、玉质相同，但形体较为粗大。这类玉笄形器目前在二里头文化中仅发现这1件。二里头87YLⅥM57：5玉笄形器在墓葬中位于中部的左侧，是否作为笄使用，是否与"步摇式"玉发笄有关，目前尚不能确定。如果今后能够证实大甸子M371：1玉笄原本是二里头文化的作品，那么这应是二里头文化中上乘的玉笄作品，是当时地位很高的贵族使用的。

第七，夏家店下层文化产生了一批形制新颖、制作精致的玉器。如刻纹镂空玉臂饰、梨形孔玉环、算珠形玉珠等，还有使用玉珠、红玛瑙珠、白石珠以及间杂各种小型条状、环状玉坠饰而串缀的项链等。这些玉器才是代表了夏家店下层文化玉器制作工艺的水平。

而依据据夏家店下层文化制作的这批形制新颖、制作精致的玉器，以及改制的具有红山文化玉器传统的玉器，如玉钩形坠等，可以判断三星他拉"C"形玉龙（图4-11）[92]、东拐棒"C"形玉龙[93]等，都是夏家店下层文化的作品。

三星他位"C"形玉龙、东拐棒"C"形玉龙，器型硕大，与目前考古发掘出土的夏家店下层文化玉器进行比较，可以看出大甸子墓地出土的玉器，尚不是夏家店下层文化中特别高档次的玉器。由此分析，夏家店下层文化玉器中的重器与极品，还有待于进一步的发现与确认。

第八，夏家店下层文化玉器对商周玉文化产生了重要影响。主要是夏家店下层文化制作或改制的玉器及使用方式对商周玉文化产生的影响。如殷墟妇好墓中出土的1件玉钩形坠[94]，其形制与大甸子M308：1玉钩形坠接近，应是商代晚期王室收集使用的夏家店下层文化玉器。又如殷墟妇好墓出土的外表中部有一匝凸棱的玉镯（M5：1042）[95]、张家坡西周墓出土的外表有三匝凸棱的玉镯（M58：3、M58：6）[96]，其形制可能与大甸子M453：8玉镯有联系。还有算珠形红玛瑙珠在妇好墓中有发现[97]，在北京房山琉璃河西周早期墓[98]、陕西长安张家坡西周墓[99]、山西天马曲村晋侯墓地[100]、绛县横水西周中期墓[101]、河南三门峡虢国墓[102]、陕西韩城梁带村芮国墓地[103]、平顶山应国墓地[104]等西周大型墓中都有出土,而大甸子墓地出土的红玛瑙珠是我国天水以东地区年代最早的发现[105]。

此外,商代晚期玉器制作中的掏堂工艺可能也与夏家店下层文化石容器的制作工艺有关,而商周时期盛行的玉石串饰等装饰风格可能与夏家店下层文化盛行头饰、项饰与衣饰的风气也有关系。

夏家店下层文化玉器的这些文化特征与传统以及对商周玉文化的影响等现象表明,夏家店下层文化在继承辽西地区红山文化的玉文化传统的基础上,广泛吸收接纳各方面的玉文化因素,形成了多元文化传统而又有创新内涵的这种独特的玉文化风貌,对我国玉文化的进一步发展,发挥了重要的作用。

注 释

[1] a.中国社会科学院考古研究所内蒙古工作队:《内蒙古赤峰药王庙、夏家店遗址试掘简报》,《考古》1961年第2期。

b.中国社会科学院考古研究所内蒙古工作队:《赤峰药王庙、夏家店遗址试掘报告》,《考古学报》1974年第1期。

[2] 中国社会科学院考古研究所内蒙古工作队:《赤峰蜘蛛山遗址的发掘》,《考古学报》1979年第2期。

[3] 中国社会科学院考古研究所:《大甸子——夏家店下层文化遗址与墓地发掘报告》,科学出版社,1996年。

[4] 中国社会科学院考古研究所内蒙古工作队:《宁城南山根遗址发掘报告》,《考古学报》1975年第1期。

[5] 辽宁省博物馆等:《辽宁敖汉旗小河沿三种原始文化的发现》,《文物》1977年第12期。

[6] 内蒙古自治区文物工作队:《敖汉旗范杖子古墓群发掘简报》,《内蒙古文物考古》1984年第3期。

[7] 中国科学院考古研究所内蒙古工作队:《内蒙古宁城县小榆树林子遗址试掘简报》,《考古》1965年第12期。

[8] a.刘晋祥:《赤峰市点将台青铜时代遗址》,《中国考古学年鉴(1991)》,文物出版社,1992年。

b.田广林:《夏家店下层文化时期西辽河地区的社会发展形态》,《考古》2006年第3期。

[9] a.郭治中、塔拉:《宁城县三座店夏家店下层文化至汉代遗址》,《中国考古学年鉴(1989)》文物出版社,1990年。

b.内蒙古文物考古研究所:《内蒙古赤峰市三座店夏家店下层文化石城遗址》,《考古》2007年第7期。

[10] 赤峰考古队:《内蒙古喀喇沁旗大山前遗址1996年发掘简报》,《考古》1998年第9期。

[11] 内蒙古文物考古研究所:《内蒙古赤峰市二道井子遗址的发掘》,《考古》2010年第8期。

[12] 徐光冀:《赤峰英金河、阴河流域的石城遗址》,《中国考古学研究——夏鼐先生考古五十

年纪念论文集》，文物出版社，1986年。

[13] 吉林省文物工作队李殿福：《吉林省库仑奈曼两旗夏家店下层文化遗址分布与内涵》，《文物资料丛刊》第7辑，文物出版社，1983年。

[14] 辽宁省文物干部培训班：《辽宁北票县丰下遗址1972年春发掘简报》，《考古》1976年第3期。

[15] 凌源县博物馆、朝阳市文物普查队：《凌原萧杖子村夏家店下层文化祭祀遗址》，《中国考古学年鉴（1992）》，文物出版社，1994年。

[16] a.高美璇：《兴城县仙灵寺夏家店下层文化遗址》，《中国考古学年鉴（1985）》，文物出版社，1985年。
b.高美璇：《兴城县仙灵寺商周时期古遗址发掘收获》，《锦州文物通讯》总第2期，1985年。

[17] 辽宁省文物考古研究所、吉林大学考古学系：《辽宁阜新平顶山石城址发掘报告》，《考古》1992年第5期。

[18] 辽宁省博物馆等：《建平水泉遗址发掘简报》，《辽海文物学刊》1986年第2期。

[19] 辽宁省博物馆文物工作队、朝阳地区博物馆文物工作组：《辽宁建平县喀喇沁河东遗址试掘简报》，《考古》1983年第11期。

[20] 孙国平：《朝阳胜利三角城遗址调查记》，《辽宁文物》1982年第12期。

[21] 何贤武：《朝阳热电厂夏家店下层文化遗址》，《中国考古学年鉴（1988）》，文物出版社，1989年。

[22] 李恭笃：《辽宁凌源县三官甸子城子山遗址试掘报告》，《考古》1986年第6期。三官甸子城子山遗址，后来编为牛河梁遗址群第十六地点。

[23] 辽宁省文物考古研究所：《辽宁北票市康家屯城址发掘报告》，《考古》2001年第8期。

[24] 廊坊市文物管理所、香河县文物保管所：《河北香河县庆功台村夏家店下层文化墓葬》，《文物春秋》1999年第6期。

[25] 徐光冀：《赤峰英金河、阴河流域的石城遗址》，《中国考古学研究——夏鼐先生考古五十年纪念论文集》，文物出版社，1986年。

[26] a.赤峰考古队：《内蒙古赤峰市半支箭河中游1996年调查报告》，《考古》1998年第9期。
b.国家文物局合组赤峰考古队：《半支箭中游先秦时期遗址》，科学出版社，2002年。

[27] 郭大顺、田立坤等：《中国考古60年·辽宁省》，《中国考古60年（1949～2009）》，文物出版社，2009年。

[28] 塔拉、索秀芬、李少兵：《中国考古60年·内蒙古自治区》，《中国考古60年（1949～2009）》，文物出版社，2009年。

[29] 吉林省文物工作队李殿福：《吉林省库仑奈曼两旗夏家店下层文化遗址分布与内涵》表一、表二，《文物资料丛刊》第7辑，文物出版社，1983年。

[30] 中国社会科学院考古研究所内蒙古工作队、敖汉旗博物馆：《内蒙古敖汉旗发现夏家店下层文化中心性祭祀遗址》，《中国社会科学院古代文明研究中心通讯》第1期，2001年。

[31] a.中国社会科学院考古研究所：《大甸子——夏家店下层文化遗址与墓地发掘报告》，科学出版社，1996年。
b.邵国田：《内蒙古敖汉旗发现1件夏家店文化玉斧》，《考古》1997年第11期。

[32] 内蒙古文物考古研究所：《内蒙古赤峰市二道井子遗址的发掘》，《考古》2010年第8期。

[33] 田广林：《夏家店下层文化时期西辽河地区的社会发展形态》2006年第3期。

[34] 吉林省文物工作队李殿福：《吉林省库仑奈曼两旗夏家店下层文化遗址分布与内涵》，《文物资料丛刊》第7辑，文物出版社，1983年。

[35] 辽宁省文物干部培训班：《辽宁北票县丰下遗址1972年春发掘简报》，《考古》1976年第3期。

[36] 高美璇：《兴城县仙灵寺夏家店下层文化遗址》，《中国考古学年鉴（1985）》，文物出版社，1985年。

[37] 何贤武：《朝阳热电厂夏家店下层文化遗址》，《中国考古学年鉴（1988）》，文物出版社，1989年。

[38] 吉林省文物工作队李殿福：《吉林省库仑奈曼两旗夏家店下层文化遗址分布与内涵》表一、表二，《文物资料丛刊》第7辑，文物出版社，1983年。

[39] a.朱乃诚：《红山文化兽面玦形玉饰研究》，《考古学报》2008年第1期。
b.朱乃诚：《论三星他拉玉龙的年代》，《中国社会科学院古代文明研究中心通讯》第15期，2008年。

[40] 刘国祥：《大甸子玉器试探》，《考古》1999年第11期。

[41] 杨晶：《关于大甸子墓地玉器的分析》，《文物》2000年第9期。

[42] 廖泱修：《试析大甸子玉器与红山及其他文化的关系》，《玉文化论丛》2，文物出版社、众志美术出版社，2009年。

[43] 邓聪：《夏家店下层文化中的二里头文化玉器因素举例》，《三代考古（三）》，科学出版社，2009年。

[44] 邓淑苹：《红山文化勾云与带齿类玉饰的研究》，《玉魂国魄》，北京燕山出版社，2002年。

[45] 赵宾福：《关于辽西史前玉器的几个问题》，《玉魂国魄》，北京燕山出版社，2002年。

[46] 黄翠梅：《红山文化"带爪鹰面勾羽形佩"之形式发展及其余绪》，《古玉今颜——朝阳牛河梁红山文化国际论坛文集》，中国文史出版社，2008年。

[47] 朱乃诚：《红山文化兽面玦形玉饰研究》，《考古学报》2008年第1期。

[48] 李恭笃、高璇美：《夏家店下层文化若干问题研究》，《辽宁大学学报》1984年第5期。

[49] 孙守道：《中国史前东北玉文化试论》，《东亚玉器（第一册）》，香港中文大学中国考古艺术研究中心，1998年。

[50] 杨虎、刘国祥：《兴隆洼文化玉器初论》，《东亚玉器》第一册，香港中文大学中国考古艺术研究中心，1998年。

[51] 1995年敖汉旗博物馆收藏1件玉斧，其上有繁缛的刻纹，据传出自敖汉旗大甸子乡一带。见内蒙

古敖汉旗博物馆邵国田：《内蒙古敖汉旗发现一件夏家店下层文化玉斧》，《考古》1997年第11期。这件玉斧不是科学发掘品，其纹饰可能是后作的。本文对此件玉斧不作讨论。

[52] 中国科学院考古研究所二里头工作队：《河南偃师二里头遗址三、八区发掘简报》第305页插图第4-6，《考古》1975年第5期。

[53] 中国社会科学院考古研究所：《1980年秋河南偃师二里头遗址发掘简报》第204页插图第10-7，《考古》1983年第3期。

[54] 中国社会科学院考古研究所二里头工作队：《1984年秋河南秋二里头遗址发现的几座墓葬》第323页插图第9-6，《考古》1986年第4期。

[55] 朱乃诚：《关于夏时期玉圭的若干问题》，待刊稿。

[56] 中国社会科学院考古研究所、香港中文大学中国考古艺术研究中心：《玉器起源探索——兴隆洼文化玉器研究及图录》第106、107页，香港中文大学，2007年。

[57] 内蒙古自治区文物考古研究所：《白音长汗——新石器时代遗址发掘报告》，科学出版社，2004年。

[58] 中国社会科学院考古研究所、香港中文大学中国考古艺术研究中心：《玉器起源探索——兴隆洼文化玉器研究及图录》第133页，香港中文大学，2007年。

[59] 辽宁省文物考古研究所：《牛河梁——红山文化遗址发掘报告（1983—2003年度）》下册图版第284，文物出版社，2012年。

[60] 辽宁省文物考古研究所：《牛河梁——红山文化遗址发掘报告（1983—2003年度）》下册图版第80-4，文物出版社，2012年。

[61] 辽宁省文物考古研究所：《牛河梁——红山文化遗址发掘报告（1983—2003年度）》下册图版第224-1、2，文物出版社，2012年。

[62] 辽宁省文物考古研究所：《牛河梁——红山文化遗址发掘报告（1983—2003年度）》下册图版第223-1，文物出版社，2012年。

[63] 中国社会科学院考古研究所、香港中文大学中国考古艺术研究中心：《玉器起源探索——兴隆洼文化玉器研究及图录》第143页，香港中文大学，2007年。

[64] 彩色图版见郭大顺、洪殿旭等：《红山文化玉器鉴赏》第65页，文物出版社，2010年。

[65] 中国社会科学院考古研究所：《大甸子——夏家店下层文化遗址与墓地发掘报告》第173页插图第83-15，科学出版社，1996年。

[66] 彩色图版见郭大顺、洪殿旭等：《红山文化玉器鉴赏》第64页，文物出版社，2010年。

[67] 辽宁省文物干部培训班：《辽宁北票县丰下遗址1972年春发掘简报》，《考古》1976年第3期。

[68] 彩色图版见郭大顺、洪殿旭等：《红山文化玉器鉴赏》第68页，文物出版社，2010年。

[69] 中国社会科学院考古研究所：《大甸子——夏家店下层文化遗址与墓地发掘报告》第173页插图第83-5，科学出版社，1996年。

[70] 中国社会科学院考古研究所：《大甸子——夏家店下层文化遗址与墓地发掘报告》第173页

插图第83-16，科学出版社，1996年。

[71] 中国社会科学院考古研究所：《大甸子——夏家店下层文化遗址与墓地发掘报告》第173页插图第83-17，科学出版社，1996年。

[72] 刘国祥：《大甸子玉器试探》，《考古》1999年第11期。

[73] 2013年6月4日，黄翠梅细察此器后提出此认识。

[74] 中国社会科学院考古研究所：《大甸子——夏家店下层文化遗址与墓地发掘报告》第171页插图第83-1，科学出版社，1996年。

[75] 杨晶：《关于大甸子墓地玉器的分析》，《文物》2000年第9期。

[76] a.安徽省文物考古研究所：《凌家滩——田野考古发掘报告之一》彩版第30-4，文物出版社，2006年。
b.安徽省文物考古研究所：《安徽含山县凌家滩遗址第五次发掘的新发现》图版第6-3，《考古》2008年第3期。

[77] 辽宁省文物考古研究所编著：《牛河梁——红山文化遗址发掘报告（1983—2003年度）》下册图版第265-2，文物出版社，2012年。

[78] 荆州博物馆：《石家河文化玉器》第119页，文物出版社，2008年。

[79] 荆州博物馆：《石家河文化玉器》第114页，文物出版社，2008年。

[80] 廖泱修：《试析大甸子玉器与红山及其他文化的关系》，《玉文化论丛》2，文物出版社、众志美术出版社，2009年。

[81] 辽宁省文物考古研究所：《牛河梁——红山文化遗址发掘报告（1983—2003年度）》下册图版第139、第141、第143，文物出版社，2012年。

[82] 关于大甸子玉雕斜口短筒形器是截取红山文化斜口筒形器的上端改制的问题，廖泱修、邓淑苹曾分别提出过。见廖泱修：《试析大甸子玉器与红山及其他文化的关系》，《玉文化论丛》2，文物出版社、众志美术出版社，2009年；邓淑苹：《红山系玉器研究的再思》，《红山文化学术研讨会论文集》，2013年。

[83] 辽宁省文物考古研究所：《牛河梁——红山文化遗址发掘报告（1983—2003年度）》下册图版第190，文物出版社，2012年。

[84] 彩色图版见郭大顺、洪殿旭等：《红山文化玉器鉴赏》第151页，文物出版社，2010年。

[85] a.江伊莉、古方：《玉器时代——美国博物馆藏中国早期玉器》第38页，科学出版社，2009年。
b.辽宁省文物考古研究所：《牛河梁——红山文化遗址发掘报告（1983—2003年度）》下册图版第341-2，文物出版社，2012年。

[86] 辽宁省文物考古研究所：《牛河梁——红山文化遗址发掘报告（1983—2003年度）》上册第249页，文物出版社，2012年。

[87] 转引自邓淑苹：《谈谈红山系玉器》插图第8-2，《故宫文物月刊》第189期1998年12月。这件斜口筒形玉器现收藏在美国哈佛大学赛克勒艺术博物馆，见江伊莉、古方：《玉器时代——美国博物馆藏中国早期玉器》第36页，科学出版社，2009年。

[88] 见中国社会科学院考古研究所、香港中文大学中国考古艺术研究中心：《玉器起源探索——兴隆洼文化玉器研究及图录》第72、73页，香港中文大学，2007年。

[89] 见辽宁省文物考古研究所：《牛河梁——红山文化遗址发掘报告（1983—2003年度）》下册图版第60-1、第61-2、第64、第91-2、第188-2、第255-5，文物出版社，2012年。

[90] a.吉平：《内蒙古扎鲁特旗南宝力皋吐墓地》，《中国重要考古发现（2006）》，文物出版社，2007年。

b.内蒙古文物考古研究所等：《内蒙古扎鲁特旗南宝力皋叶新石器时代墓地》，《考古》2008年第7期。

[91] 中国社会科学院考古研究所二里头工作队：《1981年偃师二里头遗址墓葬发掘简报》，《考古》1992年第4期。

[92] a.翁牛特旗文化馆：《内蒙古翁牛特旗三星他拉村发现玉龙》，《文物》1984年第6期。

b.中国玉器全集编辑委员会：《中国玉器全集·原始社会》第26页，河北美术出版社，1993年。

[93] a.贾鸿恩：《内蒙古又发现一件新石器时代玉龙》，《中国文物报》1988年4月8日。

b.邓聪、刘国祥：《红山文化东拐棒沟C形玉龙的工艺试析》，《中国文物报》2011年1月21日、2月18日。彩色图版见《玉根国脉——2011"岫岩玉与中国玉文化学术研讨会"文集（一）》图版《五千年前岫岩玉雕》，科学出版社，2011年。

[94] a.中国社会科学院考古研究所：《殷墟妇好墓》第191页插图第95-6，文物出版社，1980年。

b.中国国家博物馆、中国社会科学院考古研究所：《商邑翼翼四方之极——殷墟文物里的晚商盛世》，安徽美术出版社、安徽人民出版社，2013年。

[95] a.中国社会科学院考古研究所：《殷墟妇好墓》图版第149-1，文物出版社，1980年。

b.中国社会科学院考古研究所、深圳博物馆：《玉石之魂——中国社会科学院考古研究所发掘出土商周玉器精品》第63页，文物出版社，2013年。

[96] a.中国社会科学院考古研究所：《张家坡西周墓地》第265页插图第202-8，中国大百科全书出版社，1999年。

b.中国社会科学院考古研究所、深圳博物馆：《玉石之魂——中国社会科学院考古研究所发掘出土商周玉器精品》第109页，文物出版社。2013年。

[97] 中国社会科学院考古研究所：《殷墟妇好墓》彩版第36-2，文物出版社，1980年。

[98] a.北京市文物研究所：《琉璃河西周燕国墓地》第35页插图第24，文物出版社，1995年。

b.古方等：《中国出土玉器全集·北京天津河北》第6页，科学出版社，2005年。

c.北京市文物研究所、北京大学考古学系：《1995年琉璃河遗址墓葬区发掘简报》，《文物》1996年第6期。

[99] a.中国社会科学院考古研究所：《张家坡西周墓地》图版第169-2、第170-2，中国大百科全书出版社，1999。

b.中国社会科学院考古研究所：《张家坡西周玉器》图版第403、第431、第439，文物出版社，2007年。

［100］ a.北京大学考古系商周组、山西省考古研究所：《天马—曲村·1980~1989年》，科学出版社，2000年。

b.北京大学考古文博院、山西省考古研究所：《天马—曲村遗址北赵晋侯墓地第六次发掘》，《文物》2001年第8期。

［101］ 山西省考古研究所、运城市文物工作站、绛县文化局：《山西绛县横水西周墓地发掘简报》，《文物》2006年第8期。

［102］ 河南省文物考古研究所、三门峡市文物工作队：《三门峡虢国墓》，文物出版社，1999年。

［103］ 陕西省考古研究院等：《梁带村芮国墓地——2007年度发掘报告》彩版第163-5，文物出版社，2010年。

［104］ 河南省文物考古研究所、平顶山市文物管理局编：《平顶山应国墓地》，大象出版社，2012年。

［105］ 黄翠梅：《文化·记忆·传记——新石器时代至西周时期的玉璜及串饰》，《东亚考古的新发现》，中研院，2013年。

论古文字中"宜""俎"二字及其相关问题

——兼论古代的几、俎与厨刀

曹定云

一 甲骨、金文中"宜"与"俎"的纠葛

甲骨、金文中有"宜"与"俎"字,其形体作🔲、🔲、🔲、🔲、🔲等诸形。对于上述诸字的隶定与考释,过去长期纠缠不清,概括起来,有如下5种意见。

1)通释为"宜"。此释首起于清代学者吴式芬,他在《攈古录》释为"宜"[1]。于省吾先生亦认为:此乃"宜字初文,当读如菹醢之菹,义为肴"[2]。郭沫若在《两周金文辞大系考释》中云:"说文宜,古文作🔲,秦泰山刻石者(诸)产得🔲,古鉥🔲民和众,汉封泥🔲春左园,均是宜字,宜有肴义。"[3]饶宗颐先生亦主此说,并云:"古文宜,祭名。《泰誓》'宜于冢土',《周礼·大祝》'大师宜于社'。《尔雅·释天》郑《注》:'宜,有事祭也。'"[4]其余持此说者,不一一列举。

2)通释为"且"。此释源于清代学者吴大澂。他在考释《戍甬鼎》铭文时说:"🔲疑为且之异文,读若俎……且,古国名。🔲,亦且之异文,当读如祖。"[5]杨树达亦从之。

3)通释为"俎"。此释起源于罗振玉。他在《殷墟书契考释》(中)云:"《说文解字》:'俎,礼俎也。从半肉,在且上'。半肉谓~也。然在且旁,不在且上。卜辞作🔲,则正像置肉于且上之形。古金文亦有俎字,作🔲(貉子卣)、🔲(俎女彝),前人皆释为宜,误矣。"[6]王国维亦云:"🔲,即俎字。"[7]孙诒让云:"🔲……当且之异文,几中从一横而上下列为^形,疑即俎字。"[8]近人王襄、高去寻、屈万里等均释为"俎",今不一一列举。2005年11月,在台湾东海大学召开的"甲骨学国际学术讨论会"上,台湾学者姚志豪先生发表《说奠俎》一文,将这类字通释为"俎"[9]。

4)释"俎""宜"为一字。此释源于众多名家。如唐兰先生云:"且多叚为祖。🔲即俎字,亦即宜字。"[10]商承祚先生在《说文中之古文考》云:"桉宜与俎为一字,而宜乃俎之孳乳。"[11]容庚先生在《金文编》中亦主俎、宜为一字之说[12]。于

省吾先生云:"桵宜、俎古同名,许误岐为二字。宜训安,乃俎之引申文。"[13]此外,孙海波、陈梦家、周法高等,亦主俎,宜为一字。新出《甲骨文字诂林》《编者按》云:"古'俎'、'宜'同字。……'宜'为后起之孳乳字。"[14]

5. 释"房"。此释原出郭沫若。他在《殷周青铜器铭文研究·大丰簋韵读》中云:"❏字金文多为之,自宋以来均释宜,近人罗振玉始释为俎。……案此字于卜辞中所可见者,其义不限于俎。……余乃恍然其为房俎之房之本字。"《鲁颂·閟宫》:"毛炰胾羹,笾豆大房。"《毛传》云:"大房,半体之俎也。"郑《笺》云:"大房,玉饰俎也。"[15]但他后来,又在《两周金文辞大系攷释》中,对释"房"进行否定,认为"仍以释'宜'为是"[16]。20世纪60年代初、黄盛璋先生重提此说,他认为:"铭文云:'王饗大❏,此❏字旧多不得其解。吴大澂、杨树达释为祖,谓大祖之庙,字形实不类。郭沫若初释为'房'、后改释为'宜',亦未得其确解。铭文王饗大❏之后,接着就是赏赐。'大❏'必为举行大饗与赏赐的地点。案太庙、太室的得名,当因其房屋特大,此大❏应亦此意。❏字又入韵,当为房字初文。《考工记》'夏后氏石室,殷人重屋,周人明堂。'……我们知道明堂中央有太室,太室之上为圜屋以覆之,而出于四屋之上,所谓重屋,是为祭天之所,汉人称之为通天屋,此❏字正像重屋与窗牖之列……罗振玉反谓❏为房俎之初文、像上下两间、中为所置之肉、实则倒本为末。"[17]由此可以看出,郭黄二位虽然都释"房",但"房"之含义是不同的:郭沫若释为"房俎"之"房";而黄盛璋则释为"房屋"(太庙)之"房"。这是性质完全不同的两种事物,不可同义而语。

二 从"俎"字看古代的俎、几与厨刀

甲骨金文中"俎""宜"二字长期纠葛不清,其重要原因在甲骨金文中,长期未找出"俎"形的古文字。但这一历史的局限终于被突破。20世纪70年代,陕西扶风庄白出土了一批西周窖藏青铜器。其中有1件《三年㝬壶》,其铭文云:

唯三年九月丁巳,王在奠(郑),卿(饗)醴,王乎虢叔召㝬,易羔❏(俎),己丑,王在句陵,卿(饗)逆酉(酒),乎师寿召㝬,赐彘❏(俎),拜稽首,敢对扬天子休,用乍皇祖、文考尊壶,㝬其万年永宝[18]。

此铭文中的❏字,与过去常见的❏字迥然不同,于豪亮先生将其释为"俎",使俎、宜长期相混的情况得以初步澄清[19]。但《三年㝬壶》中的❏字作何解释?仍是一个有待研究的问题。不少学者将此字右侧看成是一个切肉的案;左侧是案脚。又湖北江陵望山楚简中有"俎"字,其形作"❏"(望山二五)[20]。此字无疑应释为"俎",是由《三年㝬壶》之"俎"衍化而来,是一脉相承的同一个字。但对此字的解释却存在问题。何琳仪先生在《战国古文典》云:"金文作❏(三年㝬壶)、从爿从肉,会肉案在爿(床之初文)形几上之形,且亦声。爿、且借用一竖笔犹如商周文字

髀，战国文字作♦。战国文字H足与且脱离作ᐯ形，许慎遂误以为从'半肉'。"[21] 由此可以看出，何琳仪认为"ᐯ"是由H衍变而来。这里存在两个问题：（一）右边"自"是否是"俎"（案板）形？（二）左边"宀""ᐯ"是否是"H"之足形？

要想弄清上面问题，首先必须弄清古代的"俎"是什么样子，"俎"字左侧之"ᐯ"究竟是何物？而这两个问题又是紧密相连的。

古代的"俎"是什么样子呢？汉扬雄《方言》五："俎，几也。西南蜀汉之郊曰杫。"《广雅·释器》："俎，几也。"《一切经音义》引《字书》："俎，肉几也。"可见，古代的"俎"属"几"类。但由于时代的不同，"俎"的样式也会发生变化。《礼记·明堂位》："俎，有虞氏以梡，夏后氏以嶡、殷以椇，周以房俎。"郑注："梡，断木为四足而已。嶡之言蹷也，谓中足为横距之象，周礼为之距。椇之言枳椇也、谓曲挠也。房谓足下跗也，上下两间有似于堂房。"梡、嶡、椇、房俎均是不同形式的俎。

俎根据用途又可分为两类：一类是，祭祀用俎，俎上置祭品，用以祭祀先祖；另一类是，庖厨用俎，俎上以切肉等，类似于后世的椹板（砧板）。这两类俎的情况，今介绍如下：

1）祭祀用俎。1962年安阳大司空村M53出土了1件石俎。该俎与随葬的陶器、铜器一起出土，置于墓主人的头端[22]。此石俎为长方形、长22.8厘米，宽13.4厘米，高12厘米（图1-1）。因为是放入墓中的冥器，其体积自然此实用的俎要小。但该俎与陶器放置在一起，并同时伴葬有牛腿和羊腿，可见是作为置牲之用，为祭祀用俎无疑。20世纪50年代，山东沂南汉画像石墓中，在原图103、104上，在前庭院中有1张长几（俎），几上虽未置物，但几前是紧闭大门的堂屋、而堂屋应安放祖先神位。故从此"几"安放的位置看，也应是作为祭祀用的[23]（图1-3）。

2）庖厨用俎。这种俎就是后世的椹板，亦称砧板，是厨房切菜（肉）之具。这种俎的特征是板面厚而硬，以便承受切割时的冲力。这种俎一般多为木质，故殷周时代的考古中，很难发现原物。但汉代画像石中，却可以觅其踪影。河南密县打虎亭1号汉墓东耳室北壁上有1幅庖厨图，内中有1俎：板面为长方形、较厚，板下有四足（图1-4）[24]。俎旁跪着1人，正在挥刀剖鱼。这是俎为庖厨用具的真实写照。又贵州兴仁县交乐19号汉墓出土1件庖厨俑（M19：22）[25]（图1-2），其俑正在俎上切肉。此俎之形状与密县打虎亭汉壁画墓之俎基本相同。

1978～1980年山西襄汾陶寺遗址龙山文化墓地的发掘，取得了丰硕的成果。其中在M3015中发现了"木俎"痕迹。该墓是一大型墓葬，出土各类放有一组陶器和厨房用具（图1-6）。图中的79为"木俎"，从外轮廓看，应为长方形、长约74厘米，宽约39厘米（此尺寸是笔者按图上比例尺推算的，是约数，仅作参考）[26]。比安阳大司空村M53所出石俎大多了。这也是考古中发现最早的"木俎"了。

以上的俎，无论是石俎还是木俎，其俎面均为长方形，俎下有四足，作"几形。

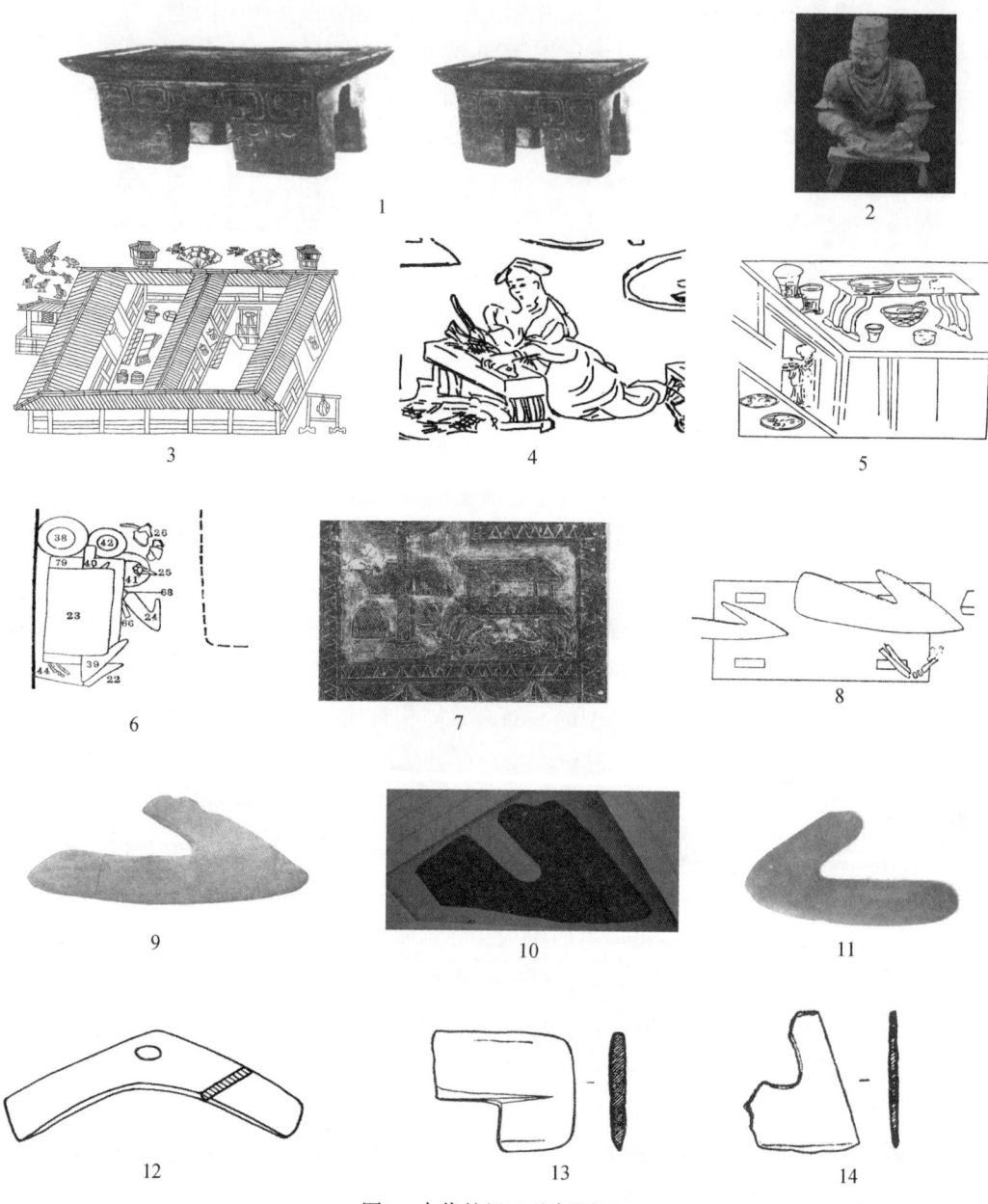

图1 古代的俎、几与厨刀

1. 安阳大司空村M53石俎 2. 兴仁汉墓陶俑 3. 沂南汉画像石中的几（俎）——左庭院大门前 4. 河南密县打虎亭庖厨图局部 5. 河南密县打虎亭一号墓东耳室中的"几" 6. 陶寺遗址M3015出土"木俎"、石刀等 7. 沂南古画像石墓中的"房俎"（图右） 8. M3015木俎上的猪蹄骨及石刀 9. 浙江余杭石濑镇出土V形石刀 10. 江苏吴江梅堰良渚文化三角形石刀 11. 陕西延安市芦山峁征集带钩石刀 12. 湖北清江香炉遗址V形铜刀 13. 陶寺遗址早期曲尺形刀 14. 陶寺遗址晚期曲尺形刀

故《广雅·释器》："俎，几也"是非常正确的。但"俎"只是古代"几"中的一种，"几"还有别的样式。《密县打虎亭汉墓》一号墓东耳室甬道北壁，原图100有1"几"（图1-5）[27]，为我们提供了另类实例。此"几"面为长方形，其足在两端：两足之间有横木连接，并呈横曲状。这大概就是所谓"棋"了。"几"字是一个道道地地的象形字，它所象征的大概就是这种"棋"：其两边腿向外弯曲。"俎"是"几"中的一种。凡"几"（包括俎）均有自身的特征：其板面均为长方形，这是须要特别注意的。因为甲骨、金文中，其"且"作 ⒜、⒝形，与"俎"面长方形不类。以往文学家将 ⒜、⒝解释为"且（俎）"形，明显欠妥。

"俎"字左侧之" ⒞"究竟是何物？长期得不到解决。《三年癖壶》中" ⒟"字出现后，有学者将"⒠"解释为"⒡"之腿；将《望山楚简》中的 ⒢字左侧" ⒣"解释为"⒡"之变体，实则均未中的。这一问题的真正解决，有赖于山西襄汾陶寺遗址的发掘。前面已经提到：在陶寺遗址M3015西北角一组随葬品中有"木俎"、而"木俎"旁边有3件石刀（图中的24、39、40）。此石刀是青灰色石灰岩磨制而成，形体近似倒置之"V"字形，故考古所山西队的同志们定名为"V"字形石刀。刀"之"上端为柄，稍加琢磨，以便把握，并曾见到装置木柄的痕迹。刀身宽于柄部，下缘磨成弧状双面刃，在大型墓中每出于木俎附近，似属厨刀一类（图1-8）[28]。在1990年7月27日，中国社会科学院考古研究所成立40周年考古发掘成果展览会上，陶寺遗址发掘者之一高炜先生指出："这就是古文字中'俎'之偏旁，'⒣'过去无法理解，不知何意。经此墓（M3015）证明，这就是厨刀。过去认为是石犁、误也。"[29]陶寺遗址"V"形石刀的发现，无疑揭开了古文字中"俎"字之谜。

陶寺遗址"V"形石刀（厨刀）的发现，也开阔了人们的视野，使人们联想到：此类石刀在过去的考古发掘中就已经出现过。例如，在江浙一带的良渚文化中、浙江余杭石濑镇在20世纪50年代，就曾出土大小同形的石刀6件：大的为双刃，小的为单刃，顶端有直角形小缺口（图1-9）[30]。20世纪60年代，江苏吴江梅堰良渚文化中，曾出土过三角形带柄刀：此刀"器形较大，柄与刀的末端相齐，中有一凹槽延伸器内，斜刃在较长的一边，柄上端有一梯形缺口（图1-10）[31]。陕西延安市芦山峁曾征集到带钩石刀1件：此刀"刃部在石刀外缘，呈弧形，两面磨制，有使用痕迹，柄长7.5厘米，系手握处"[32]（图1-11）。湖北清江流域香炉石遗址中，发现铜V形刀1件：此刀"穿孔，牛扼形，刃锋利"[33]（图1-12）。以上此类刀，过去不明其用途，有的甚至误认为是"犁"。经陶寺遗址之发掘，证明此类刀均系厨刀，从而解开了这一谜团，同时也解开了"俎"字之谜。

在陶寺遗址早期文化中，还发现了另外一种刀呈曲尺形。此种刀"薄片磨光，长边较宽，短边较窄，两边磨出锋刃，器形较小"（图1-13）。其中T111：4D：21为弧刃，ⅡH4：12似为长方形石刀改制[34]。在陶寺遗址晚期文化中，继续发现了这件曲尺形石刀，如ⅠT112：3A：3，薄片磨光，体型较小，外周沿呈三角形，较宽的一面有刃（图1-14）[35]。这种"曲尺形刀"的最大特征是拐弯处呈直角，与V形刀明显不同。"V"开刀体型大，宜于切割；"曲尺形"刀体型小，宜于剥皮、剔骨。两种刀各有所长，优势互补，均是厨房用具。"俎"字所从之"刀"、既可以是"V"形刀，也可以是"曲尺形"刀。从外形看，《三年瘊壶》左侧可能是"曲尺形"刀，而《望山楚简》"✍"左侧肯定是"V"形刀。两个"俎"字所从之"刀"，异形而同工，俎字的奥妙也就大白于天下了。

三 俎、宜二字的构成与区分

《说文·俎》："俎，礼俎也，从半肉在且上。"过去的文字学家一般均将"俎"解释为从肉从且（祖）之字。现在看来，明显欠妥。根据前面所论，"俎"字左侧之"✍"不是"肉"，而是"厨刀"。至于右侧之"且"也非"且"（祖）形。因为，古代的"俎"其板面均为长方形，而金文中的"且"作 ⊟ 形，与长方形不类。这个 ⊟ 实则是"祖先"之"祖"，是由甲骨文中的 ⊟ 衍变而来。故金文中的 ⊟ 是从刀从且（祖）的形声字："刀"为形，"且"（祖）为声。

《说文·宜》："⊟，所安也。从宀之下一之上。⊟、⊟，古文宜。⊟ 亦古文宜。"目前，甲骨、金文中所发现的"宜"字均作 ⊟、⊟、⊟ 诸形：其内之"夕""夕"为"肉"，其外之 ⊟、⊟ 为"且"（祖）。其本意是"用肉以献（祭）祖"，乃会意字。而以往学者将 ⊟ 视为"且"（俎）形，认为是将"肉"置于"且"（俎）上以祭。这样理解从字义上是"讲通"了，但与字之结构明显不符：宜字所从之 ⊟、⊟、⊟ 是"祖先"之"祖"，而非"几俎"之"俎"。"宜"字原本从肉从且（祖先之祖），是会意字，其义是用肉以献祖也。许慎《说文》所谓"宜……从宀之下一之上"距甲骨、金文中的宜字原形已相去远矣！

由于俎、宜二字原本都从"且"（祖先），只是另一部分结构不同：宜从"肉"，俎从"刀"。但"肉"与"刀"其形又有相近之处。故俎、宜二字在甲骨、金文中最容易相混。这也是古文字学家们在俎宜二字上长期纠葛不清的原因所在。今天，我们分析了俎宜二字的结构：从"肉"者为"宜"；从"刀"者为"俎"。这就为区分二字确立了准绳和依据。

一般学者认为：俎字的最早出现是在《三年瘊壶》。其实，早在《三年瘊壶》之前，甲骨、金文中就已经有"俎"字了，只是学者们没有将其从"宜"字中分辨出来罢了。例如甲骨文中有 ⊟、⊟、⊟、⊟ 诸字。以往文字学家将此四者通释为"宜"，或通释为"俎"，自然欠妥。按照今天本文标准进行分析，前三者从且从肉，应释为"宜"；后者从且从刀，应释为"俎"。这样甲骨文中的宜、俎就分开了。最初将后者释为"俎"字的是孙诒让，但他同时又将前面诸字也释为"俎"，实际仍然是俎宜不分。这也是时代的局限吧！

再如金文中有 ▨（般献）、▨（秦子戈）、▨（四祀邲其卣）、▨（戍甬鼎）诸形，过去学者或通释为"宜"、或通释为"俎"，显然也是相混了。按照今天的标准进行分析，前三者应释为"宜"，后者应释为"俎"（通徂）。《戍甬鼎》铭文过去释"宜"，铭文则为：

　　王令宜子迨（会）西方，省……

这样隶释，铭文中的"宜子"则难解。今释为"俎"（徂），铭文则为：

　　王令俎（徂）子迨（会）西方，省……

铭文中的"俎子"字宜读为"徂子"。《诗·大雅·皇矣》"侵阮徂共"。《疏》引鲁诗说，阮徂共皆国名。"俎子"（徂子）即徂国之君也，为西方之小国，铭文之意豁然贯通，此为 ▨ 应释"俎"字之证也。

宜，俎二字在甲骨、金文中不仅结构相近，而且字义上也有相通之处。《诗·女曰鸡鸣》："与子宜之。"《传》："宜，肴也。"《仪礼·乡饮·酒礼》"宾辞以俎。"《疏》："俎者，肴之贵者。"此中，宜俎均训"肴"，是其互通之证。由于宜俎在某些情况下可以互通，这也是宜俎二字长期纠葛不清的另一个原因。

四　说"房俎"

在宜俎二字的考释中，郭沫若、黄盛璋先生后将此二字释为"房俎"之"房"。但郭、黄二位对"房"的理解是完全不同的：郭释为"房俎"之"房"；黄释为"房屋"之"房"（太室）。"房俎"之"房"的原意是什么呢？《礼记·明堂位》"周以房俎"，郑注："房，谓足下跗也，上下两间，有似于堂房。"《周礼》郊禘之事，则有全烝，王公立秋，则有房烝。韦注："全烝、全其牲体而升之。房，大俎也、半解其体升之房也。"可见，"房"就是"大俎"，分上下两间，每间置半牲，两间合则可置全牲。王国维云："房烝者，对全烝言之。盖半体之俎，当有两房，半体各置其一，合两房而牲体全谓之房俎。"[36]

以上文献记载说明，"房俎"就是大俎，其本质仍然是"俎"，而非"房屋"之"房"。但这种"房俎"在考古中很难发现，因为这种"俎"多为木质，容易腐朽。值得庆幸的是，我们在汉画像中，看到了这种"房俎"的图像。《沂南古画像石墓发掘报告》拓片第68幅原图版77中，有一"俎"置于"几"上：上面"俎"近方形，有四足；下面之"几"为长方形，比"俎"大，其足为曲挠形（图1-7左）[37]。此图像应该就是文献中所说的"房俎"。因为，它是由"俎"和"几"接合而成，也可以看作是由两俎（一小一大）接合而成，故出现了上下两个俎面和两个空间，类似于"房屋"。如果每一个俎面放置一半牲，则上下两个俎面就可以放置一全牲了，与"房烝"之义甚合。所以，这种俎、几结合而成的祭器，应该就是文献中的"房俎"。这种殷周时代很难发现的实物，我们在汉画像中找到了它，显得尤为珍贵。

根据这一发现，我们回过头来再看陶寺遗址发现的"木俎"，仍有耐人寻味之处（图1-5）。该图中，79为木俎，长约75厘米，宽约39厘米。但在79上面仍有一木器痕迹（标号23），23号木器原报告定为"木匣"[38]。此定名有可商榷之处：①那个时代的生产工具和工艺水平能否做出"木匣"，实际存有疑问；②如果是"木匣"，"匣"中应存放有实物，但图中未有任何表示和反映；③23与79之间，尚夹有39与40两件器物，此39与40均为"石刀，而且这两件石刀尚有一部分压在23之下，而不是排斥在23之外"。以上情况说明：23号木器不是"木匣"，如果真是"木匣"，木匣放置在79号木俎上，39与40石刀不可能有一部分压在23之下。我推测，此23号木器实应为"木俎"。此"木俎"长约58.13厘米，宽约34.9厘米（此按图中比例尺推算，是约数，仅供参考）。它比下面79号"木俎"要小。此23号小木俎放置在79号大木俎之上，两个"俎"之间形成一个空间，而39与70两件石刀原本放置在两俎之间，木俎腐朽后，故此两件石刀有一部分压在23号木俎之下。由此可见，这是一件小木俎和大木俎相结合而成的祭器，与前面所述沂南画像石中的"房俎"基本相同；形成两个俎面和两个空间。如果此种推测不误，那陶寺遗址M3015中的两个"木俎"接合而成的祭器，很可能是最早最原始的"房俎"了。

总之，"房俎"并非是黄盛璋先生所说的"房屋"（太室），而仍然是"俎"。它是由大小二俎（或一俎一几）接合而成，形成两个俎面和两个空间，类似于"房屋"，故称"房俎"。它是在比较隆重的场合才使用的祭器，其规格比普遍的祭祀要高。陶寺遗址M3015在遗址墓地中是最为重要的大墓，随葬品最为丰富，也为此作了一个很好的佐证。

五 结 语

我对宜俎二字的思考不是始自今日，而是始于20世纪90年代。陶寺遗址考古材料公布之后，我更加密切关注。2005年11月20号下午，在台湾东海大学召开的"甲骨学国际学术讨论会"上，台湾学者姚志豪先生宣讲《说奠俎》之论文。由于文中将古文中的"宜"一律释为"俎"，引起了入会学者的热烈讨论和争论。我当时在会上作了即席发言，指出"俎"字所从之"仌"即为"V"形石刀，"俎"为切肉之具，并列举了陶寺遗址石刀的例子；而且，我还说"过去列强侵我中华：人为刀俎，我为鱼肉"，以证"俎"旁所从之"仌"确为"刀"。我的发言更引发了大家对"俎"字讨论的兴趣。这次会后，我就一直想写一篇文章，试图对宜俎二字的纠葛进行清理，以廓清其中的迷雾。但由于他事的干扰，总是抽不出时间来实现这一愿望。近来稍有空闲，遂将过去收集的材料进行梳理，写成此文，以就正于学界。文中不妥之处，祈各方方家指正。

注　释

[1] 吴式芬：《攈古録金文》清光绪二十一年家刻本，1895年。

[2] 于省吾：《双剑誃诗经新证》卷一第10页，中华书局，2009年。

[3] 郭沫若：《两周金文辞大系考释》（再修本）第2页，科学出版社，1956年。

[4] 饶宗颐：《殷代贞卜人物通考》，香港大学出版社，1959年。

[5] 吴大澂：《说文古籀补》附录第9页，清光绪十年写刻本，1884年。

[6] 罗振玉：《殷墟书契考释》（中）第38页上，东方学会石印本，1927年。

[7] 王国维：《戬寿堂所藏殷墟文字考释》，《王观堂全集》第3册，台北文华出版公司，1968年。

[8] 孙诒让：《契文举例》（下）第1页，吉石丛书本，1917年。

[9] 姚志豪：《说〈奠俎〉》，《花园庄东地甲骨论丛》，圣环图书印行。2006年。

[10] 唐兰：《殷墟文字二记》，《古文字研究》第一辑第55页，中华书局，1979年。

[11] 商承祚：《说文中之古文考》，《金陵学报》第四·二第179~216页，1934年。

[12] 容庚：《金文编》卷七第527页，中华书局，1985年。

[13] 于省吾：《论俗书每合于古文》，《中国语文研究》第5期，香港中文大学中国文化研究所吴多泰中国语文研究中心，1984年。

[14] 于省吾等：《甲骨文字诂林》第四卷第3337页，中华书局，1996年。

[15] 郭沫若：《殷周青铜器铭文研究》第一卷第22~26页，科学出版社，1961年。

[16] 郭沫若：《两周金文辞大系考释》（再修本）第2页，科学出版社，1956年。

[17] 黄盛璋：《大丰簋铭制作的年代、地点与史实》，《历史研究》1960年第6期。

[18] 陕西周原考古队：《陕西扶风庄白一号西周青铜器窖藏发掘简报》，《文物》1978年第3期。

[19] 于豪亮：《说俎字》，《于豪亮学术文存》，中华书局，1985年。

[20] 湖北省文物考古研究所、北京大学中文系：《望山楚简》，中华书局，1995年。

[21] 何琳仪：《战国古文字典》第574页，中华书局，1998年。

[22] 中国科学院考古研究所安阳队：《1962年安阳大司空村发掘简报》第383~384页图版第1-6，《考古》1964年第8期。

[23] 南京博物院、山东文物管理处：《沂南古画像石墓发掘报告》，文化部文物管理局出版，1956年。

[24] 河南文物研究所：《密县打虎亭汉墓》，文物出版社，1993年。

[25] 贵州省文物考古研究所：《贵州兴仁县交乐十九号汉墓》图版第4-4，《考古》2004年第3期。

[26] a.中国社会科学院考古研究所山西工作队、临汾地区文化局：《1978~1980年山西襄汾陶寺墓地发掘简报》，《考古》1983年第1期。

b.解希恭主编：《襄汾陶寺遗址研究》第41~56页，科学出版社，2007年。

[27] 河南文物研究所：《密县打虎亭汉墓》第127页插图第100，文物出版社，1993年。

[28] 高炜：《陶寺龙山文化木器的初步研究——兼论北方漆器起源问题》，《襄汾陶寺遗址研究》第456页插图第3-2，科学出版社，2007年。

[29] 此为高炜先生在1990年7月27日考古发掘成果展览会上的讲解。

[30] 浙江省文物管理委员会：《钱塘江流域五个县的几处古遗址初步调查》，《文物参考资料》1956年第8期。

[31] 江苏省文物工作队：《江苏吴江梅堰新石器时代遗址》，《考古》1963年第6期。

[32] 姬乃军：《延安市芦山峁出土玉器有关问题探讨》，《考古与文物》1995年第1期。

[33] 湖北省清江隔河岸考古队，湖北省文物考古研究所：《清江考古》第278页，科学出版社，2004年。

[34] a.中国社会科学院考古研究所山西工作队、临汾地区文化局：《山西襄份县陶寺遗址发掘简报》第20页图第3~6，《考古》1980年第1期。

b.解希恭等：《襄汾陶寺遗址研究》第24页插图第3-6，科学出版社，2007年。

[35] a.中国社会科学院考古研究所山西工作队、临汾地区文化局：《山西襄份县陶寺遗址发掘简报》第26页图第9~1，《考古》1980年第1期。

b.解希恭等：《襄汾陶寺遗址研究》第31页插图第9-1，科学出版社，2007年。

[36] 王国维：《说俎》，《观堂集林》卷第6，乌程蒋氏本，1923年。

[37] 南京博物馆、山东省文物管理处：《沂南古画像石墓发掘报告》图版第77，文化部文物管理局出版，1956年。

[38] a.中国社会科学院考古研究所山西工作队、临汾地区文化局：《1978~1980年山西襄汾陶寺墓地发掘简报》，《考古》1983年第1期。

b.解希恭等：《襄汾陶寺遗址研究》第41~56页，科学出版社，2007年。

也谈石鼓文的产生年代

赵 超

著名的石鼓10件历经历史播迁,现在沉睡在故宫博物院中。它作为中国古代最早的纪念性铭文石刻,在历史考古与古文字研究中都具有重要的参考价值,堪称国宝。然而,这样一件重要的文物,却没有一个确定无疑的制作年代。因此,对其产生年代的判定就是一个有待解决的长期课题了。

由于石鼓文铭刻内容中没有明确的纪年,出土时间又极早,且对其出土情况只有一些传闻性的记载,原所在地不确切,无法进行有关的考古年代学分析。致使1千多年来历代学者对石鼓文的年代讨论不断,众说纷纭。但是至今仍没有一个能够被大家都赞同的确定结论。自从唐代,石鼓文被介绍出来后,就被时人认为是西周宣王时期出游的纪念物,是史籀所书。所谓根据也就是《说文解字》叙中说:宣王太史籀著大篆。如贞观年间的苏勖在《记打本石鼓》卷首说:"世咸言笔迹存者李斯最古,不知史籀之迹近在关中。"韦应物所做的《石鼓歌》中就认为"周宣大猎兮岐之阳,刻石表功兮炜煌煌"[1]。这种说法很有市场,从唐代的张怀瓘、韩愈直到清代的钱大昕、孙星衍等人全都赞同这个说法。甚至后代常把石鼓称作"宣王猎碣。"而宋代程大昌认为这是周成王时候的作品。认为"(《左传·昭公四年》载)成王时有岐阳之搜"。杜预注曰:"成王归自奄,大狩于岐山之阳。"而石鼓即出土于陈仓,上面又有与畋猎有关的诗句,于是便以为石鼓记载的畋猎之事与成王大狩之事相合,从而得此看法[2]。董逌《广川书跋》、沈梧《石鼓文定本》等也采取这一看法。以上这些说法只是依据古文献中的只言片语做出的主观臆断,缺乏全面的考察与具体的证据,何况石鼓文的字体与我们现在所见到的西周铜器铭文字体风格也不相符。是不能成立的。

以后又有金代的马定国说它是北周时期的石刻[3]。清初学者顾炎武曾认为石鼓文是北朝的刻石,万斯同也持此说[4]。清代人俞正燮根据《魏书》里面记录的李彪上表中有"礼田岐阳,先皇之义"的记载,提出它是北魏的刻石[5]。但这些看法认可的人不多。

而早在宋代,郑樵就提出石鼓文是秦国的器物。他说:"此十篇是秦篆,以也为殴,见于秦斤;以丞为丞,见于秦权。"又说:"其文有曰嗣王,有曰天子,天子可谓帝,亦可为王。故知此则惠文之后,始皇之前所做。"[6]清代学者震均有《石鼓文集注》和《天咫偶闻》之作。认为石鼓为秦文公东猎后制作。他说:"考《史记·秦本纪》文公三年以兵七百人东猎,四年至汧渭之会,此即'汧殹沔沔'是也。""一鼓之中,天子与公杂见,……则天子,周王也,公,秦文也。"[7]如采此说,则石鼓立于秦文公四年(公元前762年)。

1923年,马衡发表《石鼓文为秦刻石考》一文,认为石鼓作于秦穆王时,他说:"夫秦穆公有功王室,得岐西之地而列为诸侯,至缪公始霸西戎,天子致贺。鼓文纪田渔之事,兼及其车徒之盛,又有颂扬天子之语,证明秦公敦之字体及烈烈桓桓之文,则此鼓之作,当与同时。缪公时居雍城,雍城在今凤翔县之南雍水。《元和郡县志》所记出土之地,正为雍城故址。"[8]这时,认为石鼓是秦器的观点占了主流。秦穆公在位的时间是公元前659~前621年。

1933年,郭沫若在日本见到三井购去的安国本石鼓文拓本后,作《石鼓文研究》,认为它作于秦襄王时期。"石鼓既在三畤原上,则与三畤之一之建立必有攸关。揆其用意,实犹后世神祠佛阁之建立碑碣也。三畤之作,据《史记·十二诸侯年表》,西畤作于襄公八年,当周平王元年;鄜畤作于文公十年,当平王十五年。"后来他在《再论石鼓文之年代》一文中强调:"平王东迁,襄公出师送之,凯旋时所作。事在襄公八年。""今考《而师》一石有'天子来,嗣王始,故我来。'……为新王始立之意,固甚明白。与此关系相合者,谨襄公作西畤一事而已。"[9]秦襄公八年(公元前770年)。

对秦襄公说,王辉曾用四条史实理由证明了它的不合理。即:一、周平王在犬戎的攻击下不会来西边的汧水与秦王会猎。二、秦襄公时并没有占据汧水流域。三、襄公所作西畤在西垂(今甘肃礼县),不在三畤原。四、石鼓中用"吾",属于晚期特点,如果石鼓是后人所刻,也应该像秦公钟镈那样将"公"改作"先祖""皇祖"等[10]。

此后1947年,唐兰作《石鼓文刻于秦灵公三年考》,是根据灵公三年作上下畤的记载确定的。秦灵公三年(公元前422年)。10年后,他又作《石鼓文年代考》,将其时代继续下推,定在秦献公十一年(公元前374年)。唐兰认为石鼓文就其书体而言,应该在秦公簋之后,诅楚文之前。他指出石鼓文中四字不写作四横,第一人称代词用吾不用朕,也写作殹,都是较晚的写法。石鼓的写法比秦公簋方正匀称,布局紧密板滞,也显得比较晚。定为秦献公十一年是由于这一年,周太史儋去见秦献公。这一年是周烈王二年,周王"还可以称嗣王"[11]。

1961年,段骝提出石鼓文是秦德公时期的遗物,认为秦德公元年(公元前677年),周僖王崩,周惠王嗣立,符合"天子""嗣王"的说法[12]。1981年,李仲操提出秦宣王说,认为秦宣公三年(公元前673年),周天子在郑国与虢君的援助下复国,几个月后,秦宣公即来陈仓北坂作密畤。与"天子□来,嗣王□□,故我来□"相符[13]。韩伟则根据凤翔高庄秦墓地出土陶缶上的"北园王氏缶"等陶文,结合《诗经·秦风·驷驖》中"游于北园"的诗句,认为北园所在应该是三畤原上,是在秦宪公迁都后开辟的。北园包括了部分西虢领地,应该是在秦武公十一年(公元前

687年），灭小虢后开辟的。石鼓与《诗经·秦风·驷驖》"均可能是武公时代的产物"[14]。1982年，黄奇逸提出石鼓作于秦武王元年（公元前310年）到秦昭王三年（公元前304年）之间的说法，他认为"天子"与"嗣王"不是一个人，天子是周王，嗣王是新继位的秦王。公是随秦王出猎的大夫，古代，大夫是可以称公的。惠文王是在执政13年后称王的。算不得嗣王。所以应该是武王或昭王[15]。

以上诸多认为石鼓文属于秦石刻的说法说明学界对于石鼓文是秦国的石刻这一点已经接近共识，但是对具体年代却始终无法统一意见。近来又有很多人根据对石鼓文中部分文字内容的释读与分析，得出了秦哀公等多种说法。这些意见都是根据石鼓文中的内容与历史相对比，由于仅侧重于个别文句词语及不同的史实，得出了多种多样的结论，同时也产生很多无法自圆其说的疑问，也就都缺乏令人信服的说服力。上引王辉批评郭沫若之说即是一个典型例证，其他对石鼓文年代的说法也同样遭受过类似从史实与文字形体方面提出的质疑。须知这批石鼓一共10件，而每件石鼓所刻诗句的内容都不相同，且泛言于渔猎、车马、出游、山水之间，既无确切的纪年与人物名称，又无明显的历史大事。要想把它们记述的事件与历史文献记载套上，并且都确定在同一个年代中，恐怕是不可能的。

台湾学者陈昭容对此做过很好的讨论，她在1993年发表的《秦公簋的时代问题——兼论石鼓文相对年代》一文中说："大部分考订石鼓年代的方法，都是从文献资料中找出某位秦公在位时有某一特殊事件，与石鼓所叙相合，以此订其具体年代。然而，渔猎、修道、植树，何代没有？用历史事件来订具体年代，可以是方法之一，但不是唯一的方法。"她认为"其具体年代宜在春秋晚期到战国早期之间，距秦公簋近些，离诅楚文远些"[16]。实际上也就是婉转地认为石鼓文的绝对年代无法判定，只能确定在一个时间段之中，用石鼓文文辞中的特征与有限的史料去进行历史时代的考证，显然是没有什么把握的。

而且在对石鼓文年代的讨论中，始终有一个问题无法很好解决。就是内容与文字形体时代的无法统一。从石鼓文内容中有"天子，嗣王"等内容来看，似乎在刻石时应该有周天子的存在，而且周王刚继位不久。这样则从内容上应判断为春秋早、中期的产物。郭沫若就是由此把它定为送周平王东迁的秦襄公八年所刻。但是其文字又表现出时代较晚的特点。很多学者认为文字属于春秋晚期的。

裘锡圭认为："关于石鼓文的年代，直到目前还没有出现一种既能很好照顾到内容，又能很好照顾到其字体的说法，为了解决内容与字体的矛盾，有必要强调指出罗君惕关于石鼓文时代的意见里的一个合理因素。……他提出的石鼓所刻之诗是早于刻石年代的作品的想法，却十分具有启发性。""春秋晚或战国早期的秦统治者为了宣扬秦的受命之君襄公的业绩，完全有可能在雍都南郊祭上帝的地方，把襄公时所做的纪功、纪游之诗刻在石碣上。"[17]

这样一来，等于说我们从石鼓文本身的内容中去寻找可资断代的历史证据是没有什么用处的。也就是说，我们只能去根据文字形体的特点断代，但由于不少学者还坚持认为石鼓文的内容与刻石时期史实有关。如王辉在讨论时，就认为裘锡圭提倡的石鼓的诗篇与刻石不是同时所作这一观点是不能成立的。所以，迄今为止，研究石鼓文的学者们仍然不放弃史料分析的做法，继续着从字里行间寻找断代证据的努力。

如近年来，徐宝贵所作《石鼓文整理研究》一书，比较详尽地汇集了有关石鼓文研究的资料和历代学者的研究，他在对石鼓文年代的考察中，从三个方面讨论。即一、文字形体的特点，二、与诗经的语言关系。三、内容所反映的史实。得出的结论是石鼓作于秦景公时期[18]。

这一观点得到裘锡圭的赞同。实际上，我们如果细看他们的论述与结论，其观点主要还是认为：根据石鼓文的字形来看，与可以确定为与秦景公时期的秦公钟镈，秦公一号大墓出土石磬十分相似。这一点，早在1997年，王辉讨论石鼓年代时，根据凤翔秦公一号大墓出土石磬文字，就提出石鼓文是秦景公时制作的意见。王辉曾经对秦公大墓石磬的文字与石鼓文做了详尽的对比，认为二者"文字结构，安排布局，甚至运笔方法几乎全同，如出一人手笔。"纵观众多观点的论述中，出自文字形体的判断是根本，其他论据只是陪衬而已。

文字形体的比较断代，无疑是比单纯使用史料去确定年代更为可靠的方法。但是要利用文字形体去断代，我们就需要有一系列比较完备的不同年代文字形体变化资料作为标准，特别是需要有一些具有时代特征以资断代的典型字例。可是需要看到，春秋战国时期秦文字的变化并不是十分明显，而且我们能够掌握的秦文字材料也不是很多，不可能给秦文字画出很明确的时代变化系列。现有的自西周以后到秦统一之前这一时期的秦国文字资料，除秦公钟、镈等一些秦国青铜器与秦公大墓出土石磬外，常用的只有秦兵器刻铭、砖瓦刻铭、陶文、诅楚文、华山玉版与几件秦虎符等。这里面兵器、砖瓦等刻铭又是简略粗糙的民间实用铭刻，无法与石鼓文这样庄重规范的书体相比较。而且即使从所有这些铭刻中去排列比较，也不容易找出秦文字形体上明显的时代变化规律。李学勤在《石鼓文解读》一书的序言中就说过："秦文字在春秋后几百年中，比其他列国文字更稳定与规范，前后变化小。年代确定不了。"但是他也认为石鼓文的文字可能是在"春秋中期后段到晚期。"[19]

特别是目前学界对秦系文字变化的比较出现异议。通过对同样的秦文字资料进行排比，却得出不同的意见。如上述王辉、徐宝贵等人的比较，认为石鼓文的字体特点与秦公大墓石磬、秦公钟等相似。陈昭容的比较字形，也得出类似的结论。而赖炳炜也对同样的秦文字资料比较后，却认为石鼓文的字体风格与商鞅量、秦封邑瓦书等相似，从而把石鼓文的时代定在秦惠文王称王之年[20]。罗君惕《秦刻十碣考释》也早就表达了类似的观点。高明近年在整理秦小篆的基础上，认为："如果将春秋时期的金文、与石鼓文及李斯省改的小篆作一较为全面的比较。我们就不难发现，石鼓文与秦篆的形体是多么的接近，而石鼓文的年代也大致可以判定了。"[21]从而结合其他论据，将石鼓文定为秦惠文王所作。同样的文字材料，却得出如此歧义的看法，可见秦系文字在春秋战国期间的变化不是很明显，时代特征不多。学者们对字体时代的判定中主观感性成分较多。由此可见，秦文字形体的比较是有一定参考作用的，但是完全依靠它去确定绝对年代也并不可行。

因此，我们非常赞同陈昭容早就提出的一个观点，即就现有资料而言，石鼓文的绝对时代恐怕无法得出令人普遍信服的结论，最好也就是判断一个相对的时间段。所以试在以上习惯考证思路外，从石刻本身的发展情况来看石鼓文的时代。即通过讨论石鼓文的形制与树立地点以及讨论中国古代纪念性石刻出现的大致时代，来给石鼓文的时代推测一个大致范围。

回顾历来对于石鼓文的考证研究，就徐宝贵广泛收集的有关论著目录来看，已有1000多种论文与专著问世。但是其中很少讨论石鼓这种石刻的形制与其原来的用途。

有人曾经提出，石鼓可能是宫殿的柱础石。但是从这10件石鼓顶部浑圆不平，大小尺寸与外形并不完全一致来看，不大可能是柱础。而且从现在了解到的秦国宫殿建筑遗址发掘中还没有发现大型的柱础石存在。所以，参照西方古代石刻的早期形态，如西亚北非的一些古代石刻多采取类似石鼓这样的圆锥形石块，著名的两河流域发现的汉谟拉比法典碑与其他大量亚述、巴比伦石刻均是如此。我们认为这10件石鼓应该是早期的纪念性石刻，专门用于刻写纪念文辞。所以它保存了原石的大致形态。郭沫若曾认为："揆其用意，实犹后世神祠佛阁之建立碑碣也。"虽然有些附会，没有考虑秦時祭天的用途与石鼓歌颂帝王的内容不相符之处，但也是注意到了它的纪念性作用。

关于石鼓的出土地点，现在的讨论大多认为它出土于秦雍城地区，可是由于郭沫若力主石鼓是出自秦国所立的"時"，后来似乎没有什么明显的不同意见，多将其认作是附属于某一秦"時"的石刻。但是"時"是用于祭祀上帝，祈求神灵护佑的祭坛，与之有关的建筑与刻石应该都是表达对上帝的虔敬与祈祝。而石鼓文的全部内容都是表达人间的田猎游乐，记述帝王的行迹，与祭祀天神看不出丝毫关联。将其归属到"時"中实属牵强。与之相比，在雍城地区已经发掘出大量宫殿、宗庙建筑与陵墓，如在凤翔县城南郊发现的马家庄一、二、三、四号建筑遗址，姚家岗宫殿区遗址，铁沟、高王寺宫殿区遗址，在凤翔县城以西的蕲年宫、棫阳宫、年宫等遗址[22]，以及雍城南郊三時原上包括数十座大墓的秦公陵园等。据近年来的考古调查勘探，雍城陵区已经发现14座秦公陵园[23]。而这些大型建筑群中，特别是宗庙建筑与陵园中，都有可能树立石鼓文这样的纪念性石刻。从其内容、意义与传说的出土地点来看，我们认为：石鼓诸石树立在秦国王侯陵墓之前的可能性应该更大一点。高明也曾提出"有可能在秦惠文王死后，臣子们将歌颂他事迹的十只鼓形石刻安放在他陵墓前的神庙里。"[24]。只是从石鼓出土凤翔的情况看，不大可能是出自惠文王陵，焦南峰等已经确定秦惠文王葬于咸阳附近。

如果石鼓文原来是建立在某一位秦国王公陵墓之前的纪念性石刻的话，那么，它很可能像后世在神道两边树立的神道石刻一样，分两列排列在神道两旁。这也正可以说明它的总数必然为双数。从现在能见到的石鼓文字体来看，它们十件铭文的字体书法都很相近，尤其是保存得较好的"车工""汧沔""霝雨"等石。所以以往都是把这批石鼓看做同时一起刊刻的。但我们试在此提出一个设想，如果把它们看作树立在陵墓前的神道石刻的话，它们会不会分属于不同的陵墓，而不是同时刊刻的呢？如果是那样，也就表明从某一时期起，秦国陵墓前已经形成了树立纪念性神道石刻的习俗，并延续被多位王公采用。这比仅在某位秦王（公）时期突兀地产生这样一批既无前兆，也无后续的石刻要合理得多。当然，由于资料证据缺乏，这也仅是一个推测。但唐兰有一段话说得很有道理："如果说石鼓要放在公元前8～前7世纪，即春秋前期，那么这样十个一组的石刻。仅仅是昙花一现。要远隔三四百年后才有《诅楚文》的出现，将是不可理解的。"[25]因此，唐兰就指出诅楚文和始皇刻石皆晚出，认为石鼓应在前4世纪（献公时）。Gilbert L Mattos（马几道）在研究秦石鼓时也认为刻石的风气在中国出现较晚，所以石鼓应该是前5世纪的作品[26]。这些看法，已经不仅局限在对石鼓文内容与字体的考证上，而是从历史发展的角度去分析了。须知历史上任何事物，均有一个产生、发展的逐渐过程。理顺这一过程，才利于得出合理的结论。

石鼓文的出现，标志着专门的记功性石刻在古代中国的产生，也就开创了中国石刻发展的历史。因此，它自然会涉及中国古代思想史的发展与宣扬功德，立石纪念的思想是在什么时候开始出现的。

司马迁在《史记·秦始皇本纪》中记载的《琅琊台刻石》铭文中有："群臣相与颂皇帝功德，刻于金石，以为表经。"的句子。说明在秦始皇统一天下后，企图把统治延至久远，同时把自己的功德也永远传流下去的思想已经成为施政的主要理念。而这种思想应该是随着秦国力强大，野心也日益扩大的过程逐渐形成的，特别是为专制独裁的大一统政治思想所需要，所服务的。几千年的历史告诉我们，歌功颂德，并不仅仅是佞臣奴才的阿谀之道，而是专制政体维护权威，巩固统治的重要手段。

在中国古代石刻中，碑本身的最初作用就是歌功颂德。最早的大型石刻群体工程——秦始皇刻石就是用来赞颂秦始皇的赫赫功绩的。中国现存的石刻中，用于纪功颂德的碑记要早于墓碑出现。正表明石刻最早独立出来，得以应用，就是由于它能历时久远，具有明显的纪念性意义。从而得到统治者的青睐与采纳。

巫鸿在他对中国古代纪念性建筑的研究中，特别强调了这一点。巫鸿《中国古代艺术与建筑中的纪念碑性》一书中曾总结西方学者的看法，认为："一座有功能的纪念碑，不管它的形状和质地如何，总要承担保存记忆，构造历史的功能。总力图使某位人物、某个事件或某种制度不朽。总要巩固某种社会关系或某个共同体的纽带。总要成为界定某个政治活动或礼制活动的中心。总要实现生者与死者的交通，或是现在与未来的联系。"

"中国艺术和建筑的三个主要传统——宗庙和礼器，都城和宫殿，墓葬和随葬品。均具有重要的宗教和政治内涵。这些建筑和艺术形式都有资格被称为纪念碑或是纪念碑群体的组成部分。"[27]

巫鸿还认为：在统治者野心蓬勃高涨的东周时期，丧葬建筑的宏伟程度迅速增加，诸侯们把高大的陵墓看成是个人的纪念碑。建台成为时尚，台越高，个人越觉得强大。我们从文献记载中可以了解到当时的众多大台，如魏王建中天台，齐景公建大台，卫灵公建重华台，晋灵公建九层台等。秦穆公给由余看宫室积聚，由余称"使鬼为之，则劳神矣"。可见秦国的宫殿之巍峨奢华。而后商鞅建冀阙，体现皇权，也是新型的纪念碑。他认为咸阳宫殿中有三组纪念碑，即：仿六国宫殿，十二金人，阿房宫。墓葬在东周末期也加大，向高发展，形成金字塔式的纪念碑建筑物。石碑在中国出现相当晚，原因是在这一特定时期，纪念碑式建筑才成为适当的宗教艺术形式。

以上说法虽不尽完善，但反映了当时政治思想发展的一定规律。需要进一步分析的是：春秋与战国时期的诸侯国关系及政治思想并不相同。作为宗周天子下属的诸侯国，春秋时期的各国公侯们主要目的是争霸，所谓"挟天子以令诸侯"。这时还残留着西周的传统贵族政治，还没有形成专制独裁的寡头统治。诸侯给自己大唱赞歌，宣扬功德，从而巩固个人统治地位的做法还没有条件流行。起码上面还有个名义上的周天子在。楚子发兵中原，观兵于周疆，问鼎轻重，便遭到周大夫王孙满的严厉驳斥，称："天祚明德，有所底止。成王定鼎于郏鄏，卜世三十，卜年七百，天所命也。周德虽衰，天命未改。鼎之轻重，未可问也。"[28]即其一例。

只有到了战国时期，随着七雄分立的强势，各国纷纷称王，不臣之心，并吞之意日益彰明。诸侯们争相显示实力，强化统治，企图统一天下。专制制度逐渐完善。这时，歌功颂德，大兴纪念的风气才有了合适的环境，并且逐渐出现了高台、大墓、金人、巨阙、刻石等具有纪念性的各种实体物质。

正如在上面介绍的巫鸿意见，竖立纪念碑的思想应该是比较晚出现的。特别在秦国，应该是在秦孝公变法，国力强大后，诸侯敬畏，权位日尊，才会逐渐产生歌功颂德，传至久远的思想意识。《史记·秦本纪》中记载"（孝公）十九年，天子致伯，二十年，诸侯毕贺"，表明当时产生了可以扬威后世的强国成就，如果像其他从石鼓内容中去考查断代的做法那样，这一记载也可解释石鼓中关于"天子"、"嗣王"的说法。《史记·秦本纪》中还特别强调了在秦孝公十二年"作为咸阳，筑冀阙。"《史记正义》云："刘伯庄云：'冀犹记事，阙即象魏也。'"《史记·商君列传》亦云："于是以鞅为大良造。……居三年，作为筑冀阙宫廷于咸阳。"《史记索隐》云："冀，记也。出列教令，当记于此门阙。"象魏在古代文献中被明确定义为悬挂法令公告的门阙，如《周礼·天官·太宰》称："乃县治象之法于象魏。"可见商鞅在秦国建筑这样的纪念性、公告性建筑是当时的一件重大事件，也应该是首次建立这样的纪念性、公告性建筑。由此，国家宣扬帝王威严、政权强力，树立纪念性标志与宣传物的做法会不断产生，而到秦始皇时则达到在各地刻石纪功的顶点。石鼓的产生因此也不会太早。将之看作秦孝公或秦惠文王以下时间段的产物或许是比较合理的。

注　释

[1] 见《全唐诗》卷一九四，中华书局，1960年。
[2] 〔宋〕程大昌：《雍录》，中华书局，2005年。
[3] 见《金史·马定国传》，中华书局二十四史标点本，1973年。
[4] 〔清〕顾炎武：《金石文字记》卷一，亭林遗书本。万斯同《石园文集》卷六，见《四明丛书》张氏约园刊本。
[5] 〔清〕俞正燮：《癸巳类稿》，商务印书馆，1957年。
[6] 〔宋〕郑樵：《石刻音序》，见《宝刻丛编》，十万卷楼丛书本。
[7] 〔清〕震均：《天咫偶闻》，《石鼓文集注》清光绪三十九年刻本，北京古籍出版社，1982年。
[8] 马衡：《凡将斋金石丛稿》，中华书局，1977年。
[9] 郭沫若：《石鼓文研究》，人民出版社，1955年。
[10] 王辉：《由"天子""嗣王""公"三种称谓说到石鼓文的年代》，《中国文字》新20期。
[11] 唐兰：《石鼓文刻于秦灵公三年考》，《申报·文史周刊》第2期，1947年；《石鼓文年代考》，《故宫博物院院刊》1958年第1期。
[12] 段飈：《论石鼓乃秦德公时遗物及其他——读郭沫若同志〈石鼓文研究〉后》，《学术月刊》1961年第9期。
[13] 李仲操：《石鼓最初所在地及其刻石年代》，《考古与文物》1981年第2期。
[14] 韩伟：《北园地望及石鼓诗之年代小议》，《考古与文物》1981年第4期。
[15] 黄奇逸：《石鼓文年代及相关诸问题》，《古文字研究论文集》，四川大学出版社，1982年。
[16] 陈昭容：《秦公簋的时代问题——兼论石鼓文相对年代》，《中央研究院历史语言研究所集刊》第66份。
[17] 裘锡圭：《关于石鼓文的时代问题》，《传统文化与现代化》1995年第1期。
[18] 徐宝贵：《石鼓文整理研究》，中华书局，2008年。
[19] 王美盛：《石鼓文解读》，齐鲁书社，2006年。
[20] 赖炳炜：《石鼓文年代再讨论》，《古文字研究》第二十六辑。
[21] 高明：《石鼓文新证》，《考古学报》2010年第3期。
[22] 参见陕西省考古研究所雍城考古工作队：《1982年凤翔雍城秦汉遗址调查简报》，《考古与文物》1984年第2期；陕西省考古研究所雍城考古工作队：《凤翔马家庄一号建筑群遗址发掘简报》，《文物》1985年第2期；马振智、焦南峰：《蕲年、棫阳、年宫考》，《陕西省考古学会第一届年会论文集》，《考古与文物丛刊》第三号等。
[23] 焦南峰、孙伟刚、杜林渊：《秦人的十个陵区》，《文物》2014年第6期。
[24] 高明：《石鼓文新证》，《考古学报》2010年第3期。

［25］ 唐兰：《石鼓文刻于秦灵公三年考》，《申报·文史周刊》第2期，1947年。

［26］ Gilbert L Mattos：《The Stone Drums of Ch'in》，Nettetal Steyler Verlag-Wort und Werk.

［27］ 巫鸿：《中国古代艺术与建筑中的纪念碑性》，上海人民出版社，2009年。

［28］ 见《春秋左氏传》宣公三年，《十三经注疏》，中华书局，1980年。

咸 池 考

冯 时

中国传统天文学最终定型的四象体系在战国时代已经形成,其以东宫之象为苍龙,西宫之象为白虎,南宫之象为朱雀,北宫之象为玄武。然而在司马迁所著的《史记·天官书》中,人们熟知的这个传统的四象体系却产生了一些耐人寻味的变化。《天官书》云:

> 东宫苍龙,……南宫朱鸟,……西宫咸池,……北宫玄武。

其中西宫之象不言白虎而称"咸池",与传统之说大异。马续作《汉书·天文志》,乃承其说,可见这一思想非出太史公的一己之念,而应反映着一种渊源有自的古老传统。王元启《史记正讹》:"咸池者,西宫诸宿之总名,与前后苍龙、朱鸟、玄武一例。"是知太史公明显是将咸池与东宫苍龙、南宫朱雀、北宫玄武并列,并以其作为西宫之象的。不啻如此,《天官书》的另一则记载更印证了这种不同的四象观念。《天官书》又云:

> 故紫宫、房心、权衡、咸池、虚危列宿部星,此天之五坐位也,为经,不移徙,大小有差,阔狭有常。

张守节《正义》:"紫宫,中宫。房心,东宫也。权衡,南宫也。咸池,西宫也。虚危,北宫也。五官列宿部内之星也。"咸池星官本为西宫星象中位居五车星官内的三颗星,太史公举其作为西宫主星,而与中央紫宫以及四个象限宫中的东宫房心、南宫权衡、北宫虚危等授时主星并列,共同组成五宫的体系,仍然体现着以咸池为西宫之象的观念。

一 传统之任德远刑观念

中国传统天文学以龙、虎相配而构成东、西二宫之象的历史十分悠久,自仰韶时代的河南濮阳西水坡星象图以至晚商(图1、图2),更晚讫战国初年曾侯乙二十八宿漆箱星象图(图3)[1],都完整地呈现了这个以龙、虎为主题的作为东、西二宫之象的四象内涵。事实上,尽管在传统的四象体系中,北宫的形象因早晚不同而产生一些变化,但这并不影响东、西、南三宫的形象保持一种一成不变的传统(图4),尤其是东宫以角、亢、氐、房、心、尾六宿所构成的龙象以及西宫以觜、参两宿(包括伐三

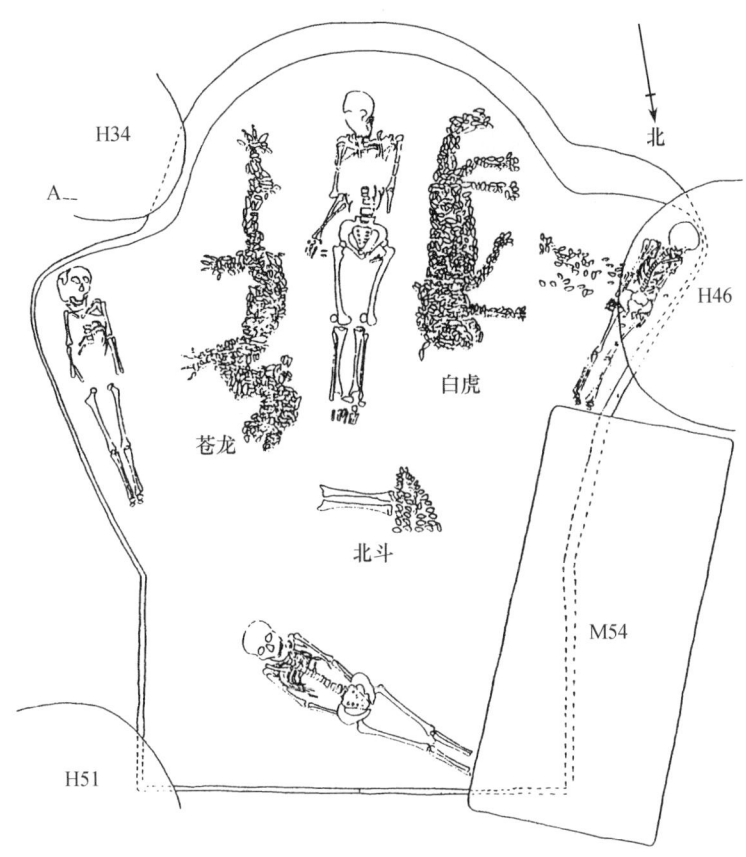

图1 河南濮阳西水坡45号墓平面图
（蚌塑组成北斗与龙、虎星象图，采自《文物》1988年第3期，图上文字为作者所补）

星）所构成的虎象，由于心、参两宿作为早期授时主星的重要地位，从而决定了龙、虎两象的形象在四象体系中始终是固守不移的[2]。既然如此，那么《天官书》以咸池星官取代白虎而作为西宫之象，其喻义究竟是什么？显然，这种做法只能反映着根深蒂固的阴阳刑德观念，体现了中国古人基于观象授时传统的，并由这种天文观所决定的任德远刑、主生避杀的哲学思考与固有追求。

中国传统的阴阳思想几乎影响着传统文化的各个层面。人类的繁衍与生命的诞生当然可以使古人萌生最基本的阴阳判断，而由对生命诞生原因的探求扩大到对万物生养原因这一带有普遍性

图2 郑州小双桥出土商代青铜建筑构件
（其中雕有龙、虎二象，采自《郑州商城考古新发现与研究》）

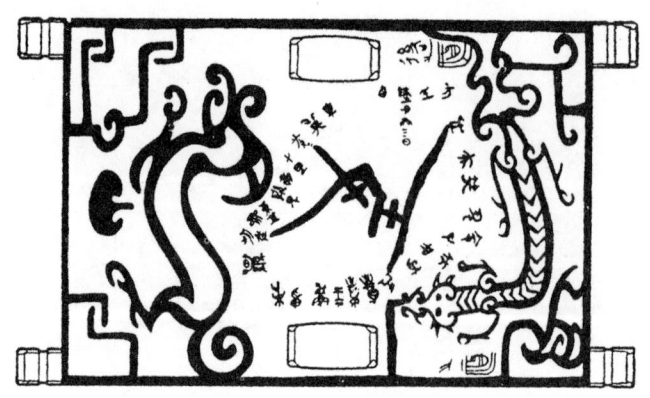

图3 战国初年曾侯乙二十八宿漆箱星象图（采自《曾侯乙墓》）

图4 虢国墓地出土四象铜镜
（北宫为鹿，东、西、南三宫分别为龙、虎、鸟，采自《上村岭虢国墓地》）

的认识，则必须要求古人完成一种具有一般意义的哲学思辨，这就是阴阳。诚然，观象授时的目的乃在于为农业生产及作物的生长提供准确的时间服务，这使时间成为作物生长乃至万物生长的必要基础与根本保证，当然这促使先民很自然地建立起了生命与时间的联系，而时间决定万物生长的事实恰好与古人对于阴阳决定万物生养的认识相一致，从而使时间体系必然成为表述阴阳观念的最理想的载体。不仅如此，由于中国传统的时空关系表现为空间决定时间，因此，人们要想获得精确的时间，就必须首先测得精确的空间，这意味着空间体系其实与时间体系一样，同样是表述阴阳的基本形式。这些思想显然构成了中国传统宇宙观的重要部分，其产生时间甚至可以一步步地追溯到距今八千年前的新石器时代[3]。

《管子·四时》："日掌阳，月掌阴，阳为德，阴为刑。"《淮南子·天文》："日为德，月为刑。"此即阴阳刑德之义。很明显，在阴阳体系的框架下来规划空间与时间，四方与四时自然各有所属，就东、西二方及与之相配的春分、秋分二时而言，则东属阳而秋属阴，春分属阳而秋分属阴，如果将这种阴阳思想纳入到四象的系统，则又呈现龙属阳而虎属阴。将刑德观念与之配合，由于德为阳而刑为阴，所以时空体系中之东方与春分及四象体系中之龙皆属德属阳，而西方与秋分以及四象之虎则属刑属阴。这种阴阳刑德体系与时空体系相互拴系的形式一旦确定，人们便可以根据相应的取舍以表现祈生避杀的基本诉求。

古人观象授时的宗旨实在于主德就阳而祈生，显然，刑杀的思想是与这一基本追求格格不入的，所以中国传统的宇宙观无不以就阳避阴，任德远刑为理念。《春秋繁露·阴阳义》云：

> 天地之常，一阴一阳。阳者天之德也，阴者天之刑也。……是故天之道以三时成生，以一时丧死。……春，喜气也，故生；秋，怒气也，故杀；夏，乐气也，故养；冬，哀气也，故藏。四者天人同有之。……使德之厚于刑也，如阳之多于阴也。

又《王道通三》云：

> 阴，刑气也；阳，德气也。阴始于秋，阳始于春。

又《天地阴阳》云：

> 任德远刑，若阴阳。

传统观念以"三时成生"，以"一时丧死"，即在明确强调秋气所具有的肃杀伐灭的属性，故以其属刑而不属德。而在观象授时的活动中，为实现祈生的根本目的，首先需要削除的就是刑杀的影响。因此古人习以任德远刑为念，尽量避免在重生主德的时空体系与天文框架内体现杀伐的因素。很明显，基于这样的阴阳刑德观念，凡表现刑杀的内容，在祈生的前提下都必须加以避除。

时空观与阴阳观的融合使得方位成为了阴阳的表现形式，这种观念至少在公元前第3千纪的中叶即已作为一种制度被确定了下来。红山文化祭天的圜丘与祭地的方丘并列建造而分置于东、西，正合天属阳而配以东方德阳之位、地属阴而配以西方刑阴之位的固有传统。而红山文化的交泰遗迹更明确以阴阳北斗分饰不同的方色，其中居阳者配以东方青色，居阴者配以西方白色[4]。显然，东方主德属阳、西方主刑属阴的思想已完好地建立了传统阴阳观的知识背景。当然这些思想还可以向前推溯得更早。

《尚书·尧典》四神章所呈现的阴阳观念也是明确的，其以帝尧命羲、和，羲、和命四神，正体现了在四时基础上发展出的阴阳创世史观。其中羲、和作为晚世伏羲、女娲的原型[5]，实际表现的就是拟人化的阴阳观念。而隶于二神之下的分至四神，其春分神属阳而名羲仲，秋分神属阴而名和仲，完好地体现了时空与阴阳的匹合。这些思想当然是在河南濮阳西水坡原始宗教遗存的背景下发展并完善起来的，这意味着西水坡的四子遗迹同样具有着时空阴阳的象征意义[6]。

东、西方位的阴阳属性既已确定，那么东、西二宫之象的阴阳性质当然自可明了。传统以龙象虽具阴阳二体，这是随龙星行天的不同位置而形成的变化，然而对于阴阳体系中的龙星的定位，古人则更强调其居东居天的阳的属性，所以《周易》乾卦以龙繇，即以龙主天主阳。而与龙象相对的西宫虎象，则属阴而主刑杀。钱塘《淮南天文训补注》引《京氏易·积算传》云：

> 龙德十一月，子在坎，左行。虎刑五月，午在离，右行。
> 即以龙德、虎刑相对，德本主生，刑则主杀。

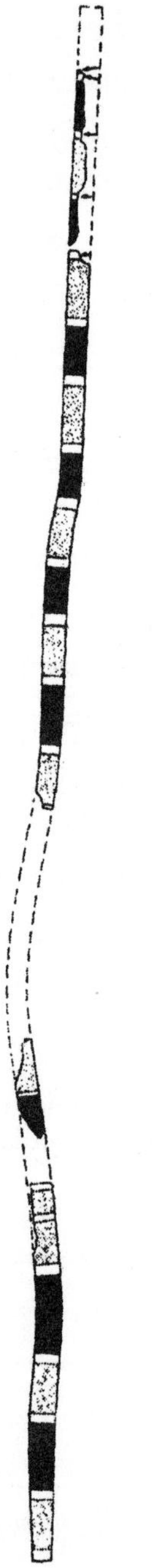

《天官书》则云：

参为白虎。三星直者，是为衡石。下有三星，兑，曰罚，为斩艾事。其外四星，左右肩股也。小三星隅置，四觜觿，为虎首，主葆旅事。

张守节《正义》："罚，亦作'伐'。《春秋运斗枢》云'参伐事主斩艾'也。"司马贞《索隐》引宋均云："葆，守也。旅犹军旅也。言佐参伐以斩艾除凶也。"皆明由觜、参及其附座伐星所组成的虎象，无论其星官名称抑或所呈现的形象，都明确无疑地显示了其本主杀伐的内涵，这一事实恰与古人以西方属阴而主刑杀的认识相合，或者正是由于先民以西方为主刑杀之方，所以才有将觜、参、伐三官想象为虎形的创造，并以斩伐之义命名星官。虎为杀伐噬人之兽，这一题材普遍地装饰于商周时代的青铜器皿，甚至西宫之中与觜、参相邻的昂、毕二宿本亦具有杀伐的意义，也都不无西方属阴观念的影响。后世以五行配属五方，其中木属东方，金属西方，同样体现了木生主德、金杀主刑的阴阳刑德观念。

正是基于这样的阴阳刑德观念，古人在表现时空及其与之相关的天文思想的时候，便会经常刻意地避言主刑的西方方色——白色，或者与西方相属的主杀的形象——虎象，并以主德主生的颜色兼以表示，这甚至成为传统阴阳观重德避刑的一种固有表现手法。

二 任德远刑观念的考古学与文献学证据

（一）陶寺槷表

目前发现于山西襄汾陶寺遗址的夏代早期或先夏时代的两件槷表实物，其中一件的表体髹有青、红、黑三色漆，且髹漆呈现黑色最长、红色最短、青色居中的设计形式（图5），其用意显然是要以象征空间与时间的三种颜色的长短变化暗喻二分二至时由槷表所测得的晷影长短，从而借此实现以方色喻指四时的目的。然而槷表髹漆独避象征秋分的白色，这种做法却显示了古人避除丧死之一时的传统思考。

图5　陶寺文化槷表
（采自《自然科学史研究》第28卷第3期，2009年）

櫱表柱体尽管没有髹以表示秋分的白色，但这并不意味着由櫱表所建立的标准时体系中不包括秋分，事实上由于春、秋二分日的晷影同长，其中主刑的秋分是以与之具有相同晷长的春分兼而表现的。四时之晷影以冬至最长，夏至最短，春、秋二分居中而均齐。《周髀算经》卷上记二分日之晷影长度同为七尺五寸五分，《易纬通卦验》卷下则记二分日晷长皆为七尺二寸四分，此虽皆为据率损益而得，非出实测，但却足以说明古人对于二分日晷影同长这一基本事实的认知。《续汉书·律历志下》录有实测二十四节气的晷长，其中春分日晷长为五尺二寸五分，秋分日晷长为五尺五寸，虽不均齐，却很接近。《律历志下》云："日道发南，去极弥远，其景弥长，远长乃极，冬乃至焉。日道敛北，去极弥近，其景弥短，近短乃极，夏乃至焉。二至之中，道齐景正，春秋分焉。"由此可知，虽然实测二分日之晷长存在些许差异，但这并不影响古人对于其时晷影均齐等长的固有认识。陶寺文化尚处于人们据二至日影长依率损益求算二分日影长的时代，《周髀算经》等早期文献所记载的二分日影长数据及其计算方法，应该即体现了三代乃至更早时期先民的实际认知水平。而这种求算春、秋二分日晷影同长的事实，正是古人借德阳主生的春分之色——青色——兼而表现秋分的认识基础。很明显，由于櫱表乃是辨方正位并进而测定时间的基本仪具，而这种测定时空的工作正是古人认为的测定阴阳的工作，所以为着正时祈生的根本追求，古人在揆度阴阳的天文仪具上髹以表示主生的青、红、黑三时之色而独避白色，正准确地表达了就阳避阴、任德远刑的观念[7]。

（二）《管子·幼官》与《幼官图》

古人以春兼秋以表达对于其就阳避阴的追求，在上古历法制度中同样有所体现。《管子·幼官》及《幼官图》记载了一种以一年三十节气的古历，其制以一年分为春、夏、秋、冬四季，每季各主一方，分别含有八、七、八、七个节令，每节辖有十二日，共计三百六十日，其余五日归为中方，作为年节。其三十节令与四季五方的名称、配色可整理如下：

中央，其色黄。

春，东方，其色青。

十二地气发，十二小卯，十二天气下，十二义气至，十二清明，十二始卯，十二中卯，十二下卯，三卯同事。

夏，南方，其色赤。

十二小郢，十二绝气下，十二中郢，十二中绝，十二大暑至，十二中暑，十二大暑终，三暑同事。

秋，西方，其色白。

十二期风至，十二小卯，十二白露下，十二复理，十二始节，十二始卯，十二中卯，十二下卯，三卯同事。

冬，北方，其色黑。

十二始寒，十二小榆，十二中寒，十二中榆，十二寒至，十二大寒之阴，十二大寒终，三寒同事。

三十节令的体系不取十五日为节，而取一节十二日，其本旨实在于取法天之数。《国语·周语下》："纪之以三，平之以六，成于十二，天之道也。"显然，这种历制既合乎自然之数，也与夏历以十五日为节而平分二十四节气的做法并无本质的区别。不过应该注意的是，三十节令体系所建立的各季节令名称互有差异，其中夏、冬二季多以"暑"名或"寒"名，并分别以"三暑同事"与"三寒同事"为旨，是为强调寒暑之别。而夏节名又称"郢"，冬节名又称"榆"，则二字或读为"盈""缥"，义为盈缩，也在描述冬夏昼夜长短变化的天象[8]。与此不同的是，春、秋二季节名则多以"卯"相称，且同言"三卯同事"，反映了时人对于春、秋二季关系的独特认识。

通过对《幼官》所记冬、夏二季节名的分析可知，其内容既涉寒暑变化，又及日之长短盈缩，故以此制例之，春、秋二季节令多以"卯"名就不能不与春、秋二分日的特殊天象有关。二分日之所以名"分"，原因即在于其时昼夜平分而等长，这与夏节名"郢"为盈，冬节名"榆"为缥，分别描述昼夜盈缩长短的认知完全一致，古以夏至名曰"日长至"，冬至名曰"日短至"，体现了同样的思想。因此就传统的时空体系而言，既然春分日在卯位，则春季节令所名之"卯"显然即应据其时所合日辰言之。然而春季节名既以东方卯位所称，则秋季节名便当以西方酉位称之，故惠栋《尚书古义》以为此秋之三卯当系"三柳"，"柳""卯"同字[9]，因《说文》正以"丣"为"酉"字古文。而臧庸《与孙渊如论校管子书》更以春既言卯，则秋当言酉，故秋当言十二小酉、十二始酉、十二中酉、十二下酉，今文本之"卯"当为古文"酉"字之误[10]。

这些解释多相迁就，并未触及经文的本义。臧氏改字，更使经义湮灭，殊不足取。惠氏虽据《说文》"酉"字古文作"丣"以解秋之三卯，然仍以秋之三卯实即三酉，也未尽善。事实上，《管子》文本于春、秋二季同以"卯"名的事实是相当清楚的，且以"三卯同事"并述春、秋二季，因此在承认二季同名的前提下探求经义才是比较客观的做法。究其原因，这种春、秋二节同名的现象则应体现着传统时空观与阴阳观的影响。很明显，尽管在地平方位体系中春分所当之辰为卯，秋分所当之辰为酉，但是由于春、秋二分日之晷影同长，因此在古人以春季主生而秋季主杀的阴阳刑德观念的背景下，为表达以祈生为根本目的的基本追求，以东方春季所喻之德生兼而表现西方秋节，正可以避除刑杀，从而通过以德兼刑、任德远刑的做法完美地体现主生的思想。这种以东方之卯而兼西方之酉的做法与陶寺鼗表以春之青色而兼秋杀以达到避除主杀之白色的设计一脉相承。而《说文》以"卯"为"酉"之古文，其实同样反映了这种以东方德生之卯而兼西方刑杀之酉的固有传统。许慎保留的这则重要史料，无疑本之于至少在东周时代仍传承有序的以德位之卯兼指刑位之酉的古老传统。

（三）楚帛书

长沙子弹库出土的战国楚帛书同样提供了秋分避言白色而以主生之颜色代而表现的证据，帛书言及五方色，则以五色配以擎天五柱，文云分至四神"捍蔽之青木、赤木、黄木、白木、墨木之精"，其以五色配伍五方的体制非常完整。然而述及分至四神之配色，却唯独缺少西方白色。帛书称四神云：

　　长曰青𣙙，二曰朱四单，三曰翌黄难，四曰㳽墨𣙙。

其于分至四神以长幼伦序，与《尚书·尧典》所体现的分至四神以仲叔行字相次的思想别无二致。而帛书所述四神之名，其伯、仲二神以方色用字居于名首，叔、季二神则以方色用字居于名次，厘然有序，不相混淆。帛书秋分神名残损，学者或补为"翟"，并以字意为白色[11]，但如此理解不仅迂曲，与同篇所言五色木直言西方白色相违，而且也与叔、季二神名以方色居中的次序不相协调。其实，帛书于秋分神本即避言白色，其以黄色表示，这一事实非常清楚。很明显，秋分神本应以白色命名却舍白而取黄，而黄为中央主生之色，这种做法同样表现了古人就阳避阴的传统思想。

（四）藏传缂丝画

现藏美国大都会博物馆的藏传缂丝画也明显地继承了这一阴阳思想。缂丝画绘中国传统的五位图，中央为九州方域，其为八极圆界，表现了一幅完整的宇宙图式[12]。九州之外与八极以内的区域分为四方，并配以颜色，其呈黄为上、青为下、红居左、白居右的分布（图6），故学者以为缂丝画方位与颜色的配属关系当依今日之方位形式呈现上北为黄、下南为青、左西为红、右东为白的配色[13]，殊无道理。事实上，缂丝画的配色仍然遵循着中国方色理论的固有传统，即红为南方之色，青为东方之色。如果我们以这两种方色为标准将缂

图6　藏传缂丝画
（大都会博物馆藏，陆婷婷女士提供）

丝画的方向左旋九十度，使其以红色的区域居上，则其体现的方位布局与颜色的配伍形式便呈上南下北、左东右西，这个位置正与中国固有的方位形式完全相同。显然，缂丝画本应以上南配红，下北配白，左东配青，右西配黄，其中南方、东方的配色与

传统方色理论完全一致，而北方的配色本为黑色，此则配以白色，其目的当然并不在于强调使用黑色的反色，而是因为在中国传统的黑白颜色的体系中，古人始终以白色为阳色，故将其配于北方阳位，从而以此消弭黑色属阴而与北方阳位所产生的矛盾。而西方本应配以白色，但帛画却以中央主生的黄色与之相配，这种做法与楚帛书以西方秋分神名舍白而就黄所体现的观念完整相同，显然体现着同样的就阳避阴的刑德思想。

类似的方色观念还见于纳西族的创世神话。该族《延寿经》叙述神人九兄弟与神女七姊妹开天辟地，"在东方立起白海螺顶柱，在南方立起绿松石顶柱，在西方立起黑玉顶柱，在北方立起黄金顶柱，在天地的中央立起顶天的铁柱"[14]，其五柱观念与楚帛书所述完全相同[15]。然而就其配色而论，可以发现《延寿经》不仅在楚帛书的基础上左旋390度，而且将其南、北方向颠倒，从而形成了介于楚帛书与藏传缂丝画的中间行式。这当然证明了藏传缂丝画的配色与纳西文《延寿经》所载的五柱配色一样，皆源出中原传统方色理论的事实。

（五）金沙遗址所见带柄有领三鸟铜璧

古人以春兼秋，其目的当然在于就德而避刑，因而在刑德观念的背景下，四时的表现为着避除刑杀的需要往往缺少丧死之秋时，而仅呈现着主德之春及夏、冬三时。陶寺 表所綦四时之色唯存青、红、黑三色，《管子·幼官》于四时节令仅见卯、暑、寒三名，都是这种观念的反映。不啻如此，四川成都金沙遗址所出带柄有领铜璧[16]，正背两面皆旋饰三鸟图像（图7-1），其所具有的文化内涵也在表现成生之三时。

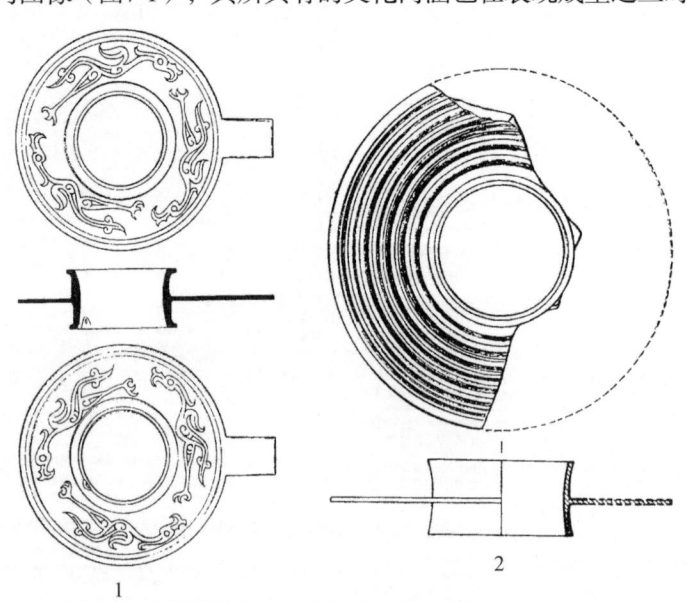

图7　金沙遗址出土遗物（采自《金沙》）
1.带柄有领铜璧　2.有领玉璧

此器之三鸟图像显然可与金沙遗址同出之太阳四鸟金箔饰进行对比（图8）。金箔饰图像以太阳居中，且旋饰十二芒[17]，以象一年十二月；太阳之外的四方则饰有四鸟，以象分至四气。由于古人以为四气各有神灵司理，而四神的原型即本诸四鸟，所以分居太阳四方的四鸟，其本质也就象征着分至四神。这些问题，我们已有系统的讨论[18]。类似的旋芒太阳图像还见于金沙遗址出土的青铜立人[19]，立人头戴太阳冠，太阳旋饰十三芒（图9），象征闰年十三月。这种平年十二月与闰年十三月的图像表达于二里头文化青铜钺与圆仪上同样可以看到，所不同的是，金沙金箔图像乃是通过太阳旋芒形式表现历月，而二里头文化遗物则直接借装饰于器物上的纪时"甲"字表现历月，手法虽异，但二者所反映的其时已经建立起阴阳合历的基本事实却十分清楚。

图8　金沙遗址出土太阳四鸟金箔　　图9　金沙遗址出土青铜立人（采自《金沙》）
　　　（采自《金沙》）

装饰三鸟的璧形器，其中央的圆孔有领，这种特殊形制与金沙遗址出土的有领玉璧完全相同（图7-2）[20]，唯前者旁出一柄而已。玉璧作为礼天之器，其形不仅像天，而且至少在春秋时期，人们甚至已以这类璧形表现天盖[21]。然而在盖天家的理论中，天盖并不是一个光素的平面，而由太阳视运动所形成的七衡六间所组成。这种七衡六间的图形表示就是七个同心圆（图10），它们分别表示一年十二个中气的视日行轨迹，其中最重要的三衡便是内圆（内衡）夏至日道、外圆（外衡）冬至日道以及第四周（中衡）的春、秋分日道，而以这三衡为主要内涵的上古遗存不仅见于红山文化三环圜丘，而且通过礼天的玉璧形制及其纹样广泛地体现了出来。安徽含山凌家滩出土新石器时代玉璧已见三环的形制，而且这种传统的影响直至西汉时期依然清晰[22]。古人对于以二分二至为基础的三衡的认识应该很早，其年代至少可上溯到公元前第四千纪，这或许为殷商先民认识二十四节气提供了保证。金沙有领玉璧的双面皆刻有七组清晰的同心圆，每组圆圈纹由疏密相间的极细的阴线组成，距离相等，应该有理由视为早期的七衡图。而较之稍早的殷墟妇好墓曾经出土装饰有七个同心圆的铜镜（图11）[23]。二者比较，也可以解释为早期的七衡图。很明显，金沙先民对于太阳及其运行规律早已有了精确的观测和清晰的认识，这与遗址同出金箔所饰的四气十二芒太阳以及立人铜像的十三芒太阳所反映的当时已建有阴阳合历的事实正相适应。

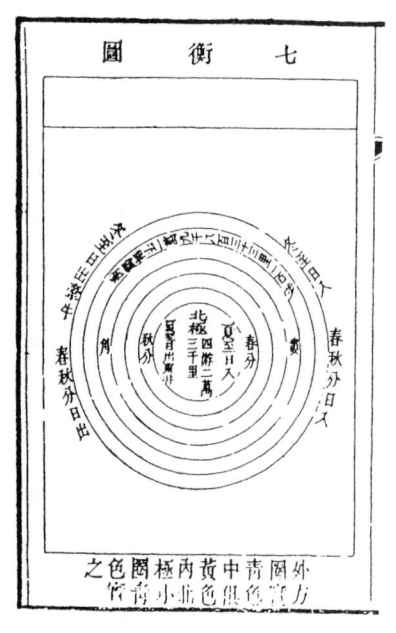 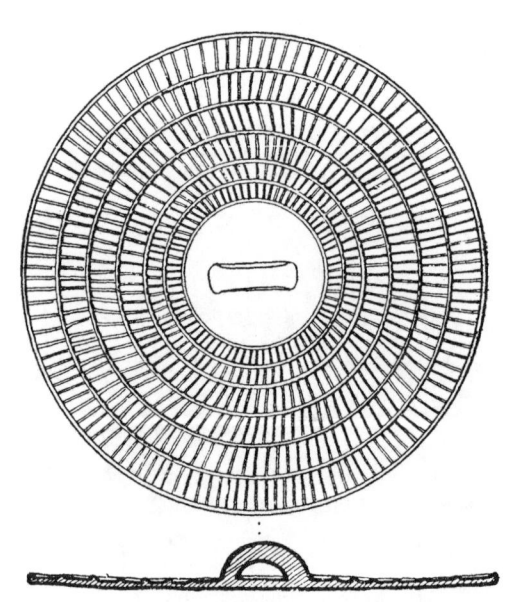

图10　《周髀算经》"七衡六间图"　　图11　殷墟妇好墓出土铜镜（采自《殷墟妇好墓》）

这些证据显示，金沙先民将三鸟与有领玉璧形器的结合，其内涵显然是在天盖的背景上强调三时的设计主题。以三衡或七衡所表现的天盖，盖天家则称为"黄图画"，它实际是一幅以北极为中心的星图。而其上所绘之三衡本在于表现二分二至，这一观念在金沙遗存中当然可以借助十二芒太阳及其与四鸟的配合形式来表现，这是说明时人所具天文观的完美形式。但是在三时成生且一时丧死的阴阳刑德的系统中，三衡的设计对于秋杀一时的隐没就显得难以处理，于是古人通过将象征四气的四鸟隐去一鸟的做法表现避除秋时之刑杀的观念，从而达到表现任德远刑的目的。显然，有领铜璧所绘的三鸟，其象征意义无疑即指以春分、夏至和冬至为主题的三气，所避的一气应该就是主刑的秋分。

上述证据清楚地显示，在以祈生为宗旨的观象及相关宗教活动中，"以三时成生,以一时丧死"的观念使得古人自然要求在表现主生的愿望时就阳而避阴,从而在表现形式上讳称主杀的西方秋时,而以东方或中央这些主生之方色兼而表现。正像夏代早期或先夏时代的槷表虽仅饰三色而避言白色,但这并不说明以槷表建时不包括秋分,事实上在任德远刑观念下的槷表饰色设计,由于春、秋二分时的表影长度相同,古人只需通过以表现春分的主德之青色兼示秋分,就可以很容易地实现在保证四时体系完整的前提下而不倍主德避刑的阴阳传统的目的,正像《管子·幼官》以春季节令之名兼称秋季节令,又若楚帛书与藏传缂丝画作为秋分神的名称及西方方位需要以主生的中央黄色表现一样,因此我们知道,传统的宇宙观为强调祈生的基本追求,具有刑杀内涵的西方秋分及其所象征的白色或虎象有时是需要通过具有主德主生意义的东方之色替代或兼而表示的,董仲舒《春秋繁露》将古人的这种做法称为"权",而《天官书》于西宫避言白虎而称咸池,正是这种观念的反映。

三 咸池古义及四象表现形式的转变

咸池虽然在中国传统的天官体系中作为西宫星官的名称,但它的本义却是太阳于东方出升之地的地名。《淮南子·天文》云:"日出于旸谷,浴于咸池,拂于扶桑,是谓晨明。登于扶桑,爰始将行,是谓朏明。"

据此可知,所谓"咸池",其实就是古人心目中太阳于东方出升之前所浴之池。《楚辞·离骚》:"饮余马于咸池兮。"王逸《章句》:"咸池,日浴处也。"《文选·何晏景福殿赋》:"虽咸池之壮观。"吕向《注》:"咸池,日出处。"有关太阳沐浴的神话见载于《山海经》,其《海外东经》云:"黑齿国,下有汤谷。汤谷上有扶桑,十日所浴。在黑齿北,居水中,有大木,九日居下枝,一日居上枝。"

是明"咸池"也就是"汤谷"。《楚辞·天问》:"出自汤谷,次于蒙汜。"《尚书·尧典》:"分命羲仲,宅嵎夷,曰旸谷。"《淮南子·天文》及《史记·五帝本纪》亦作"旸谷",而旧本皆作"汤谷"[24],《归藏·启筮》则作"阳谷",《说文·山部》"崵"字下引今文《尚书》又作"崵谷"[25],知"旸""汤""阳""崵"古书无定,其本应作"旸"或"阳",指太阳出升之地;而太阳自水而出,故又以"旸""阳"字从"水"而作"汤";古人以其地为谷,遂又以字从"山"。至于"谷""池"之别,则名异而实同,并无区分。《大荒南经》又云:"东南海之外,甘水之间,有羲和之国。有女子名曰羲和,方浴日于甘渊。"

浴日之所又名"甘渊",知"甘渊"其实就是"咸池"、"旸谷"的异名。《大荒东经》云:"东海之外大壑,少昊之国。……有甘山者,甘水出焉,生甘渊。"郭璞《注》:"水积则成渊也。"明甘渊之地即在东海以外之大谷,谷深积水而成渊,此与咸池、旸谷的意义完全相合。

中国大陆以东乃为广阔的大海,这种特定的地理环境决定了先民观测到的日出现象一定是太阳从海中升起，所以传统表示日出的文字"旦"作"☉"，即象太阳从大海出升的景象。这一现象无疑可以诱发人们产生所谓"浴日"的想象，以至于古人将东海视为太阳的浴所，太阳在出升之前要在其间洗澡，而这个浴日的大池其实就是旸谷（汤谷），古人或又名之曰"甘渊"或"咸池"。"池""渊"同义，而据"甘"乃言美味可知，"咸池"之"咸"的本义亦当指滋味而言，其应用为咸淡之鹹的本字。《说文·甘部》："甘，美也，从口含一。"段玉裁《注》："甘为五味之一，而五味之可口皆曰甘。"古文字"甘"字作"ㅂ"，象物在口中，为口中含物之形，故"甘"又训"含"。《释名·释言语》："甘，含也，人所含也。"而"咸"、"鹹"二字虽异，"咸"为本字，"鹹"字晚出，为从"卤""咸"声的形声字，但二字同有含的意义却很明确。朱骏声《说文通训定声》："咸，假借又为含。"《周礼·秋官·伊耆氏》："共其杖咸。"郑玄《注》："咸，读为函。"《说文·卤部》："鹹，衔也，北方味也。"又《金部》："衔，马勒口中也。"段玉裁《注》："其在口中者谓之衔，引申为凡口含之用。"《汉书·义纵传》："衔之。"师古《注》："衔，含也。"皆以"咸""鹹"训含，与"甘"同义。《尔雅·释言》："鹹，苦也。""苦"从"古"声，古文字"古"作"𠮷"，象以干盾摭口之形，以会食物味苦而闭口不受之意，其与"含"义适相反。《诗·卫风·伯兮》："甘心首疾。"马瑞辰《毛诗传笺通释》："甘与苦，古以相反为义。"凡此皆可证"甘渊"亦即"咸池"。海水味道咸苦，故"咸池"之"咸"本即用为厚味之鹹，则咸池之义即谓咸水之大池，其本指东海，较然明白。

《淮南子·天文》："咸池者，水鱼之囿也。"高诱《注》："咸池，星名。"《隋书·天文志》："天潢南三星曰咸池，鱼囿也。"张守节《史记正义》："咸池三星，在五车中，天潢南，鱼鸟之所托也。"古以咸池为水鱼之囿，正合咸池本为大海的古义。

咸池本为日出之地，于地属东，于刑德必属德而主阳。《楚辞·远游》："张《咸池》奏《承云》兮。"洪兴祖《补注》："《周礼》有《大咸》，尧乐也。《乐记》云：《咸池》备矣。咸，皆也。池之为言施也。言德无不施也。"其解虽嫌迂曲，但以《咸池》之乐为德乐，却与咸池主德的本义不无关系。《周礼·春官·大司乐》："以乐舞教国子舞《云门》《大卷》《大咸》《大磬》《大夏》《大濩》《大武》。……舞《咸池》，以祭地示。"郑玄《注》："《大咸》，《咸池》，尧乐也。尧能禅均刑法以仪民，言其德无所不施。"此以咸池主德之明证。

《淮南子·天文》："斗杓为小岁，正月建寅，月从左行十二辰。咸池为太岁，二月建卯，月从右行四仲，终而复始。……大时者，咸池也；小时者，月建也。"钱塘《淮南天文训补注》："《淮南》有两太岁，此太岁非太一也。或说'太'当为'大'，然义则同。咸池直参，参主斩伐，咸池在其上，故不可向。太史公曰'西宫咸池'，犹言西宫白虎也。……咸池所建，当以日所在定之。"实此"太岁"亦即"大岁"，意同大时，正如斗杓为小岁意指小时月建一样。钱大昕《潜研堂文集》卷十一《答问》云："问：《淮南》以咸池为太岁，与它书所言太岁又异，何故？曰：《淮南》书云'斗杓为小岁，正月建寅，月从左行十二辰。咸池为大岁，二月建卯，月从右行四仲，终而复始。'又云：'大时者，咸池也；小时者，月建也。'咸池与月建，大小相对，初未尝指咸池为太岁。其作'太岁'者，乃后人转写之讹，然吴斗南《两汉勘误》谓《淮南》不名天一为太岁，又自以咸池名之，则南宋本已误矣。"所论极精。小时为月建已很清楚，其本指朔塑月的系统，积十二个朔望月为三百五十四日有余，是为小岁。而与其对应的咸池作为日出之地，自属德阳，况《天文》又记日出旸谷，历咸池、扶桑、曲阿、曾泉、桑野、衡阳、昆吾、鸟次、悲谷、女纪、渊虞、连石、悲泉、虞渊、蒙谷十六地而立十六时，以咸池为日行所经之轨迹，遂知古人有以咸池喻日的传统。故钱塘以咸池所建当以日所在定之，其说甚是。据此可知，所谓大时、小时亦即大岁、小岁，实则乃言阴阳合历之气、朔系统，大时咸池为气，其为阴阳合历的阳历部分，以日行而纪回归年，故也称"大岁"；小时月建为朔，其为阴阳合历的阴历部分，以月行而纪朔望月，积十二月以为一年，长度短于主阳之回归年，故也称"小岁"。其实，《天文》有关大时、小时或大岁、小岁的概念并不完整，《周髀算经》卷下于此则有大岁、小岁、经岁三者之分，更为细致。其文云："术曰：置小岁，三百五十四日九百四十分日之三百四十八。……置大岁，三百八十三日九百四十分日之八百四十七。……置经岁，三百六十五日九百四十分日之二百三十五。"明经岁乃指阴阳合历中的阳历系统，小岁实指阴阳合历中的阴历系统，而大岁较之小岁而言，则指闰年。以此比观《淮南子·天文》之大岁、小岁，知其应分别相当于《周髀算经》之经岁、小岁，皆各述阴阳合历中的气、朔循环。于此论之，古人以咸池属阳的认识也深具传统。

咸池所具有的阳德属性虽然足以使其可以兼而表现阴刑，但是如果咸池不在星象上与西宫星官有所联系，这种借阳御阴的做法就总不免失于合理，因此更为重要的是，咸池不仅具有属阳主德的性质，而且其作为西宫星官，又由其主阳的本质发展出主掌五谷收获的德生内涵。《春秋元命包》："咸池主五谷，其星五者各有所职。咸池，言谷生于水，含秀含实，主秋垂，故一名'五帝车舍'，以车载谷而贩也。"这一意义恰与古代政教观强调秋实丰稔而避其刑杀的观念相吻合。

有鉴于是，咸池本具有德阳主生的含义是十分明显的。其本作为日出之地名，实指东海；于方位论，则属东方，故为德阳之位而主生，又据此发展出主五谷丰实。毋庸置疑，先民以具有如此内涵的咸池指称西宫，而避言秋阴之白色与虎之刑伐形象，这种做法不仅与陶寺塈表以东方青色兼示秋分、《管子·幼官》以春季节名兼指秋节，以及楚帛书与藏传帛画以中央黄色兼示秋分或西方的传统相同，而且正合任德远刑且以阳统阴的祈生观念。

诚然，西宫避言白虎而称咸池，这种做法虽然满足了主阳去阴的刑德观念，但在表现形式上却与其他三宫直称其象的传统总不免有失和谐，于是人们为保证象的表述整齐划一，同时又不影响主德祈生的基本诉求，便开始将四象体系进行重新整理，终于出现了见于《礼记·月令》系统的与四象对应的四虫形式，即春虫鳞，夏虫羽，秋虫毛，冬虫介。四虫本出四象的事实是明显的，然而郑玄解四时之虫云："虫鳞，谓象物孚甲将解。虫羽，谓象物从风鼓翼。虫毛，谓象物应凉气而备寒。虫介，谓象物闭藏地中。"穿凿无据。孙希旦《礼记集解》引马晞孟曰："苍龙，木属也。其类为鳞，故春则其虫鳞。朱鸟，火属也。其类为羽，故夏则其虫羽。白虎，金属也，其类为毛，故秋则其出毛。玄武，水属也，其类为介，故冬则其虫介。"所言甚确。然前人虽知四虫之所属，却不明何以《月令》不直言四象而非得曲称四虫。其实这种做法正是出于为任德远刑的阴阳观服务的需要。四虫的本义显然分别出于主春之龙象，主夏之鸟象、主秋之虎象及主冬之玄武之象，但其避言方色与具体物象的做法，却使一切有关刑杀的因素得以消除。因此，这种统一且隐晦的描述四象的形式不仅使各宫的原始物象得以保留，而且兼顾了避除刑杀因素的阴阳追求，因而极为理想。很明显，四象形式的这种转变表明，《天官书》所反映的四象体系显然比《月令》的体系更为朴素，也更为古老。

2013年3月1日写讫于洛杉矶盖蒂研究所
2013年10月13日修订于尚朴堂

注　释

[1]　冯时：《中国天文考古学》第六章第五节，社会科学文献出版社，2001年。

[2]　关于古代美术品中龙、虎相配题材的论释，详参冯时《龙的来源——一个古老文化现象的考古学观察》，《史学研究》第101号，韩国史学会，2011年3月。

[3]　a. 冯时：《天文考古学与上古宇宙观》，《中国史新论——科技与中国社会分册》，中央研究院、联经出版公司，2010年。

　　b. 冯时：《上古宇宙观的考古学研究——安徽蚌埠春秋锺离君柏墓解读》，《中央研究院历史语言研究所》第82本第3分，2011年。

[4]　冯时：《天地交泰观的考古学研究》，《出土文献研究方法论文集初集》，台湾大学出版中心，2005年。

[5]　李零：《长沙子弹库战国楚帛书研究》，中华书局，1985年。

[6]　冯时：《中国古代的天文与人文》第二章第二节之二，中国社会科学出版社，2009年修订版。

[7]　a. 冯时：《陶寺圭表的初步研究》，文本、图像、记忆国际学术研讨会论文，上海大学、伦敦大学，2010年1月。

　　b. 冯时：《陶寺圭表及相关问题研究》，《考古学集刊》第19集，科学出版社，2013年。

[8] 章炳麟：《管子馀义》，上海右文社，1919年。

[9] 段玉裁《说文解字注》引虞翻《别传》云"卯"应读为"柳"。

[10] 见《拜经堂文集》。

[11] 饶宗颐：《楚帛书》，中华书局香港分局，1985年。

[12] 关于这种宇宙图式的研究，参见冯时：《上古宇宙观的考古学研究——安徽蚌埠春秋锺离君柏墓解读》，《历史语言研究所集刊》第82本第3分，2011年。

[13] James C. Y. Watt and Anne E. Wardwell, When Sild was Gold, The Metropolitan Museum of Art, Distributed by Harry N. Abrams, Inc., New York, 此条资料承陆婷婷女士见告，谨志谢忱。

[14] 李霖灿、张琨、和才：《么些象形文字延寿经译注》，《中央研究院民族学研究所集刊》第八期，1959年。

[15] 李零：《长沙子弹库战国楚帛书研究》，中华书局，1985年。

[16] 成都文物考古研究所：《金沙——21世纪中国考古新发现》，五洲传播出版社，2005年。

[17] 成都文物考古研究所：《金沙——21世纪中国考古新发现》，五洲传播出版社，2005年。

[18] a. 冯时：《中国天文考古学》第三章第三节之四，社会科学文献出版社，2001年。
b. 冯时：《中国古代的天文与人文》第二章第二节之二，中国社会科学出版社，2009年修订版。

[19] 成都文物考古研究所：《金沙——21世纪中国考古新发现》，五洲传播出版社，2005年。

[20] 成都文物考古研究所：《金沙——21世纪中国考古新发现》，五洲传播出版社，2005年。

[21] 冯时：《上古宇宙观的考古学研究——安徽蚌埠双墩春秋锺离君柏墓解读》，《中央研究院历史语言研究所集刊》第82本第3分，2011年。

[22] 冯时：《中国古代的天文与人文》第二章第三节，中国社会科学出版社，2009年修订版。

[23] 中国社会科学院考古研究所：《殷墟妇好墓》第104页，文物出版社，1980年。

[24] 司马贞《史记索隐》："《史记》旧本作汤谷，又引《淮南子》旧本亦作汤谷。"

[25] 参段玉裁《说文解字注》、钱大昕《潜研堂文集》卷五。

论周初二名簋所记事

郑 光

《利簋》和《天亡簋》是西周初年2件最著名、最重要的青铜簋。它们反映了中国古代许多重要的历史信息。此二簋铭以武王伐纣这一重大历史事件为中心，展现了许多历史画面，它可补充历史文献记载之不足，窥见一些未曾知晓的历史秘密，可印证某些历史事实，纠正一些错误说法。还可以从中钩稽出许多隐微、不为人所重、易误解、易望文生义、浅尝辄止、不愿深思的东西，从而相关地解决许多问题。故它们在明的、隐的方面都具有很多重要的意义。

由于此二铭具有重要的历史价值，素为学者所重视，研究、讨论的论文已有不少。本人从新的思维、新的方式出发研究之，感觉其中有一些重要的信息未得以发掘、发挥，有些错误的解释易误导于人，特撰此文以就正方家。对诸多学者所发表的意见，为省篇幅，谅不一一引述。其中有与人雷同者，从我们所遵从的有机整体论出发，那也是自己整体思想的一部分，是必然要得到的结论，非拼凑、抄袭人者。

《利簋》（图1-1）释文（《殷周金文集成（修订增订本）》，器号4131。以下书名简称《集成》，释文称《释文》，器号简作xxxx）：

  武征商，唯甲子朝，岁鼎克闻（昏），夙又（有）商，辛未，

  王在阑（管）师（次），赐又（右）事（史）利金，用乍（作）檀

  公宝尊彝。

《释文》"武征商"，"武"应作"珷"，为武王2字之合文，"武王征商"，应为铭题，亦可作器名。《集成》2696，前2字"内史"，亦为器名。《集成》2157、2158、2159之"大保"，在铭末，为器名。后4器上的"内史"、"太保"皆有明显边缘痕，若印章盖在铭文之首方或下方，故此铭正文应从"唯甲子朝"开始。接下来的"岁鼎"是争议最大，影响至巨的。

"岁鼎"之"岁"字，于省吾、张政烺、李学勤等大学者皆指为岁星。"鼎（贞）"作"当"讲，言武王伐纣之甲子那天早晨，天上岁星正当其位。学者便将之与古文献《国语·周语》："武王伐纣，岁在鹑火"等星象联系在一起。这成了国家科技重大工程，"夏商周断代工程"（下称"断代工程"）用以确定周之始年，武王伐纣年代的一个有力的天文学证据。根据现代天文学中岁星（木星）运行准确周期，与其他考古、文献等证据和种种科技手段相结合，求得武王伐纣年为公元前1046年1月

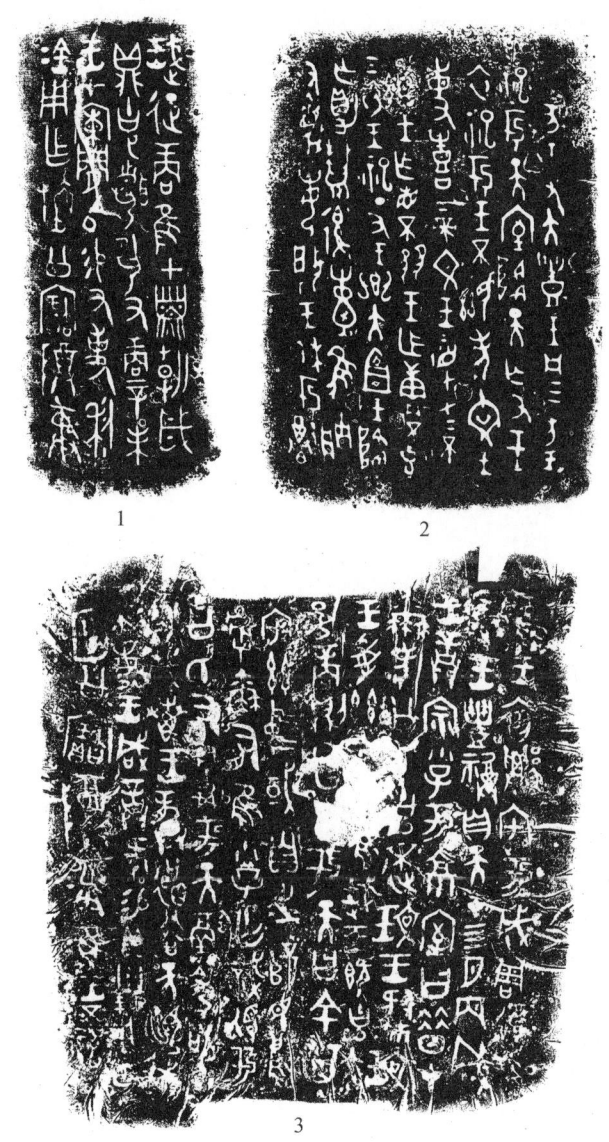

图1 铜器铭文

1.利簋铭文（《殷周金文集成（修订增补本）》第3册第2306页第4131号） 2.天亡簋铭文（《殷周金文集成（修订增补本）》第4册第2589页第4261号） 3.何尊铭文（《殷周金文集成（修订增补本）》第5册第3703页第6014号）

20日，建亥二月二十二日（甲子）[1]。此数据后来为李勇博士修改为公元前1046年3月21日，建丑二月二十三日（甲子）[2]。可见此铭在"断代工程"中所受之重视，计算数据又有分歧。

所谓"岁鼎"，有谓即周的星土分野鹑火，也有学者认为"岁鼎""即岁星上中天"[3]。

2007年，"断代工程"首席天文学家张培瑜认为："从分野说，岁星在一两年［间］即处于（某）同一星次，不会特别［强调］在'甲子朝'即甲子日的早晨（强调）'岁鼎'岁当其位，所以可能释为'岁星中天'更妥当些。"[4]（为了准确理解张文，对其词、字我们作了些增删和位置调整）即不能将一般的常见的现象"强调"为特殊现象。此表明，这里存在既想套用战国的占星术，又感到用它去附会《利簋》之"甲子朝岁鼎"有不合逻辑之处。为摆脱此困境，故想出一个"中天"说以应付之。然这也似乎是个伪命题，因为按张氏等人共制的《甲子日克商日月五星位置及岁鼎（木星中天）》表[5]中，按"断代工程"确定的武王伐纣日，公元前1046年1月20日（甲子），木星中天的时刻是23：75分，即1月21日（乙丑）0时略过，它并不在甲子之晨。看来，这种附会极不合适。我们且不去分析这种附会，始则遵战国分野说，继又因说不通，而悖其以年为周期的原则，左右失据且就从中国思想史、文化史的角度，西周本无岁星占，不管你用现代天文数据计算得如何精确，这种附会都是无用的。

"岁鼎"为武王伐纣时的天象之说，为权威们层层加码，已神乎其神，其本相真是如此吗？我们却有不同意见。

1972年，我开始在我所二里头队工作，正值当时社会上学习"国家理论"的风潮。我们面对的问题是：中国国家何时产生？二里头遗址是夏还是商？具体年代几何？除了古文献中的天文资料外，我的兴趣则集中于天文学史，认为天文学的科学数据最能令人信服。李约瑟的《中国科学技术史·天文学卷》于1975年科学出版社内部发行。始一出书，即托人买了一部，花了功夫数年研读，颇有体会。1978年，科学出版社出版《中国天文学史文集》，其中有几篇文章令我感兴趣，特别是陈久金之《从马王堆帛书〈五星占〉的出土试探我国古代岁星纪年问题》，此文使我大为开窍。我从1962年开始研读《左传》，作为儒学主要经典之一，我对其有些盲目相信，甚至迷信。陈先生说，《左传》及《国语》中所有关于岁星纪年资料均属战国时（公元前400～前360年间）编造出来，这是有科学计算的数据可证。这使我愕然，原来如此！陈氏也在其他文章中重申此观点[6]。在一新的《中国天文学史》中，又重申了陈氏的观点："根据对《左传》《国语》中所记的岁星位置[的计算]，证明它们和实际位置确实存在一种系统误差""证明《左传》《国语》的岁星纪年法大约是公元前4世纪确定的"[7]。其实，早在20世纪二三十年代，日本学者新城新藏就考证认为，《国语》《左传》的岁星纪年法和《吕氏春秋》所用的甘石纪年法（按：实即太阴纪年法或曰太阴占），都是以公元前365年岁星的实际天象为基准，根据岁星十二年一周天的规律定出来的[8]。《左传》《国语》中的岁星纪年资料为战国时公元前4世纪编造的资料，今天已成共识。我不理解，为何倡导、强调此说的专家还在"断代工程"中鼓吹"武王伐纣岁在鹑火"是实录。

2000年末，在一次"断代工程"内部总结会上，陈久金先生代表天文组作总结报告，其中谈到《国语》"武王伐纣，岁在鹑火"一说在解决西周开国年代上的作用。会间休息时，我与陈先生谈到此问题，有一番问答：

郑问："你过去多次说《国语》《左传》中岁星纪年资料是战国时人编造的，为何现在又肯定他是对的？"

陈答："《国语》《左传》中其他的都是假的，唯'岁在鹑火'一条与其他不同，它符合我们所计算的。"

郑答："《国语》这一条也是假的。"

陈问："为什么？"

郑答："按分野说，武王伐纣时，是从其本土，今陕西西安附近出发的，与之相应的分野应在鹑首，而鹑火的分野地在巩洛地区，这是平王东迁以后，即东周时的事。武王伐纣，不说岁在鹑首，而说岁在鹑火，就证明这是东周人粗心地编造的。"

陈答："（恍然大悟）呀！我怎么没想到。"

似乎他承认《国语》此说不合逻辑，不合事实。不知他是否后来还坚持此说。天文组居首的专家张培瑜先生如上所说，还是坚持此说。但他在2008年出版的《中国古代历法》中说道："《左传》《国语》关于岁星位置的记述，全与天不合，并非实录，而是作者依据十二岁行天一周推算得出的""这些位置大概是作者按照公元前4世纪前期岁星实测位置逆推得到的"[9]。但是，他并未撤销对《国语》武王伐纣时岁星占意义的肯定性判断。

同是一个专家，说出两种截然相反的话，让人感到十分吊诡。但是，他们无法否认《左传》《国语》中的岁星纪年资料，包括"岁在鹑火"一条皆是战国人编造的这一事实。那么，西周时期是不可能出现岁星纪年（应称岁星占）。要将此星象与武王伐纣联系在一起是荒唐的。实际上，我在1987年受仇士华先生之托为^{14}C测年技术界为普及年代学知识所写《谈谈我国古史年代学问题》中，除了引用陈久金《左传》《国语》岁星纪年资料是假的之说外，还指出，在古文献中，武王伐纣时，岁星位置有四种说法，只有"岁在鹑火"一说对武王有利，其余三说均不利。为何只取有利一说？[10] 只能说，这是缺乏严肃性和科学性的。我认为，如果说于省吾、张政烺等老先生不懂天文历法，有此错误联系，是可以理解的。而明知这里有问题，却要以假充真，则很难理解。因此，从科学性、严肃性讲，决不能将《利簋铭》的"岁鼎"解作岁在[东]周之分野鹑火，或"岁星中天"。

"岁鼎"，唯唐兰解释较正确，他释"岁"为"越"，越，夺也。引《孟子·万章》"杀越人于货"云：越鼎，夺取了鼎（即九鼎）。《周书·克殷解》："乃命南宫伯达、史佚迁九鼎三巫。"（《史记·周本纪》作"展九鼎宝玉"）[11]。

为释"岁"，先得从其前身，殷墟甲骨文考察起。甲骨文"岁"，从其早期始，约分四型，𢦔、𢦏、𢦔、𢦔。金文"岁"字至今只发现前三型。陈初生《金文常用字典》云："越"字金文作"戉"，不从走，或从邑，戉声[12]。按从邑，戉声者，为国名。徐中舒《甲骨文字典》："岁戉古本一字，甲骨文岁字象戉形。"[13] 说明岁通戉、越。这在先秦文献中也有反映。《礼记·明堂位》："越棘大弓，天子之戎器也。"郑玄释"越，国名也"，非。按：越即戉。《尔雅·释言》："越，扬也。"郝懿行《义疏》:"《明堂位》云:'越棘大弓',越即戉也。"郝说是。戉为钺,为大斧。黄钺、戚钺皆像王之权柄,像天子威杀之权威,故为天子之器。甲骨文岁字现知有二义。①岁时、年成,为本义。②岁祭,为转义。以岁字之戉音,转换到斧钺所产生的作用,砍杀牲以祭祀。甲骨文第一型应是"岁"的正字,借助于像钺身的一横,表界限,一足在其上,一足在其下,表跨越。如同甲骨文"涉"字 ,表涉水过河,从河水的一岸,越渡到河水的另一岸。故岁、越都有渡、历、过、逾义;涉亦有渡、历义(见宗福邦等《故训汇纂》相应字)[14]。战国时产生的岁星占,即利用五星之一的木星经历、跨越二十八宿的十二次,每岁一次,以占一岁之吉凶。故命木星为岁星。《说文》:"岁,木星也,越历二十八宿。"即用了越、历二义。《逸周书·小开武解》:"岁以纪终。"孔晁注:"四时终则成岁。"岁为历法的一个单位,四时终结则为一岁。《释名·释天》:"岁,越也,越故限也。"岁首先是越义,越过、渡过旧的界限。作为岁时来说,四时终则越,"岁既更始",过新年,辞旧迎新。清代王引之当明此义,他在《经义述闻·礼记下》"岁既单矣"中说:"越四时谓之岁,越一时亦可谓之岁。"其前一句是对的,后一句则不对。"岁既尽矣"的语言环境是,天子诸侯皆植桑养蚕,纺织成绸帛,到年终制成祭服,以供上帝、山川、先王、先祖之祀。即表最后要达成的目标。由于错简,此语由后面错移至前,故造成意义上的扭曲,造成王氏智者千虑之失。唐兰先生在这里正是用岁的越义、渡、历义,这是对的。按他的意思,"越鼎"象征王朝政权的九鼎由旧主过手于新主,由旧命变为新命。

这一重大历史事件还反映在《周易》中。《周易》中有《革》《鼎》二卦。二卦相反相成。《革》卦,"巳日乃孚,元亨利贞,悔亡"。"巳"有作"已"者,今从楚竹书《周易》本和《十三经注疏》本。"孚"与卦名不相应,有误。今据爻辞六二和其《象》辞"巳日乃革之",改卦辞为"巳日乃革",改《彖》辞"巳日乃孚,革而信之"为:"巳日乃革,革而孚。"巳,止,毕、终、尽、讫义[15]。此指天时人事到终极穷尽时,就要发生变革,即物极必反。春尽必为夏,夏尽必为秋,秋尽而改冬,四时尽而为岁,岁穷又返春,《系辞下》:"寒往则暑来,暑往而寒来,寒暑相推而岁成焉。"人事,盛极必衰,旧命至极,必改新命,此为社会革命。《象》辞原文晦涩。六二爻辞:"巳日乃革之,征吉、无咎。"《象》辞"巳日乃革之,行有嘉也",意义明晰。孚,在这里作生、育、养义[16]。"革而孚",谓至穷极时,革乃能生。原文之"革而信之",信应是对孚的诠释而混入正文者,或据卦辞的误文所释,其释义不确。《革》卦《彖》辞将此卦与历史相联系。"巳日乃革,革而孚之。文明以说,大亨以正,革而当,其悔乃亡。天地革而四时成,汤武革命,顺乎天而应乎人,革之时大矣哉。"从卦象讲,"文明"指下卦之离,离为火,为光明、文明之德;"说"指上卦兑,兑延伸为说、锐义。锐指兵器、刀具。"文明以说,大亨(通)以正"。言武王以文明之德,披坚持锐,以大通手段革除殷纣的昏德残暴之旧命,以正义正非正义。此即所谓"汤武革命,顺乎天而应乎人"。

《鼎》卦:"元吉,亨",《彖》曰:"鼎,象也,以木巽火,亨饪也,圣人亨以享上帝,而大亨以养圣贤。"《象》曰:"木上有火,鼎,君子以正位凝命。"此表明鼎(当指九鼎)的功用是享祭上帝,供养圣贤。享祭上帝为天子祭天的特权,他人不得有之。有了统治天下的政权,则可供养圣贤官吏以治理天下。《象》辞之"位",王位;"命",天命。谓天子有了王朝的政权,故须端正其位,固守其所赋天命。《系辞下》子曰:"德薄而位尊,知小而谋大,力小而任重,鲜不及也。《易》曰:鼎折足,覆公𫗧,其形渥(按:此为《鼎》卦九四爻辞),言不胜其任也。"此指统治天下的王,必须有道德、智慧和能力,才能保住江山,否则就会败覆,情况会非常糟糕。这些说明《鼎》卦之鼎,是代表王朝政权的彝器,并非一般的尊彝、什么鼎都能胜任,而是要特殊的、独一无二的宝器。它非自禹传下来的九鼎莫属。"九鼎"除了前面唐先生所引《周书》和《史记》外,还有《左传》宣公三年传,此传记楚庄王伐陆浑之戎,到达周都洛阳附近,向周王示威,问鼎(《史记·周本纪》说为"九鼎")大小轻重,实以觊觎周政权。周之王孙满回答道,此鼎为大禹所传下来的神器,有德者有之,无德者失之。"桀有昏德,鼎迁于商""商纣暴虐,鼎迁于周"。此天命所归,今天命未改,不得问鼎之轻重。此一故事成了"问鼎中原"的历史典故。

在《周易》中,《革》《鼎》二卦紧密相连。《杂卦》云:"革,去故也;鼎,取新也。"《序卦》云:"革物者,莫若鼎。"即言鼎象征天下政权。世事之变,莫大于国家政权的变革。从此之后,此二字形成"鼎革"的固定词组。形成"革故鼎新""鼎新革故"的著名成语,以象征天下国家政权之变革、更新。引申为凡事之革新。"岁"有越义,是否有变革义?有。《礼记·月令》记季冬之月云:"是月也,日穷于次,月穷于纪,星回于天,数将几终,岁且更始。"星象运行,穷、终则更始。更,变、变革也。另外,花(《殷墟花园庄东地甲骨》)474出现两个"革"字,为新发现的祭名。其第二辞"岁祖乙,福(祼)告妣庚",第三辞"福(祼)告,其秉革于妣庚",第五辞"率酚革"。秉在甲骨文中为西风名,也代表西方,为割杀义,其中祼即酚,革即岁。这里实只2个祭名,而变为5个祭名。花491一版仅一辞:"庚午,酚革妣庚二小宰、杁(祼)鬯一。"此两版干支相关,意义相连,后者是前者的补充和证明。酚即祼、杁,用鬯,革即岁,用宰。酚革即酚岁。酚岁或岁酚,用以祭祀祖先或名臣,此在《甲骨合集》中尚有不少例子。故岁同革义,无可置疑。这样《利簋》的"岁鼎"与《周易》的"革鼎"的意义就完全一致了。从而,我们掌握了充实、扎实的文献学、考古学、文字训诂学的证据。"岁鼎"反映的是一个重大的历史事件,而不是战国时人伪造的天象。

革鼎也好,岁鼎也好,在这里只是个象征性概念。并不是表示武王伐商之一开始,即甲子朝,就从商纣手中夺取了九鼎。九鼎决不会摆在战场上,商军一败,即可夺得。它当存放在商王朝的核心部分，非甲子当日可以拿到手。《史记·周本纪》："命南宫括、史佚展九鼎宝玉"，或许是在辛未武王至旧都之阑以后，"乃班"（班师回国）之前。故武王真正得到九鼎大约应在甲子日后数日。这里的"岁鼎"，相当"革命"概念，具有抽象性，引申义。古人言《周易》兴于文王、周公[17]。故其卦爻辞一定程度反映殷末周初的一些史事。其"革鼎"与周初铜器《利簋》铭之"岁鼎"为同一事，当无疑义。"岁鼎"之义，完全可近取，何必远求战国时术士之"岁星占"呢？

《利簋》之"克昏，夙有商"，昏，指昏庸残暴的商纣。《尚书·立政》："其在受，德昏。"克昏即克纣。《左传》宣公三年传，王孙满说：夏有德铸九鼎，桀有昏德，鼎迁于商，载祀六百，商纣暴虐，鼎迁于周。《利簋》《周易·革卦》及《左传》王孙满言均强调，从九鼎之铸，到鼎作为天下权象征，都突出一个德字。武王以仁义之师，有德之君，征伐昏暴之纣，革除黑暗无道的旧政权之命。这都是振振有词，冠冕堂皇的话。故"岁鼎"就不能按唐说抢夺九鼎，这样会少些正义感。说革鼎，是革了九鼎的命，革了殷纣、殷王朝的命，多好听！夙，早也、速也。夙有商，很快就有了商的天下。

下文之"辛未，王在阑师，赐又（右）事（史）利金"。辛未，为甲子之后之第七日。阑师（次），于省吾说在管（今郑州），非。唐说在今安阳殷墟，此阑同殷墟发现的《戍嗣子鼎》（《集成》2708）之阑。即武王牧野之战杀死纣王之后，据《周本纪》，《逸周书·克殷》，乙丑至戊辰，又在这里做了告天礼、祀文王等活动，然后直捣商纣的老巢，今安阳殷墟，以扫荡商纣的残余。尚书《武成》，《周本纪》的天下大定，反商政（封禄父）、展九鼎、释箕子囚，……乃罢兵西归，当在此后。此举在意义上，时间上都是合理的、必要的。文献中无此过程，不大合理。今有此一件史实，可补文献之阙。这还涉及武王由殷墟，经管、偃师返回豐都的时间是否能与《尚书·武成》相合，以确定武王伐纣的年代和历法上的问题（本人另文讨论之）。

这里所谓"又（右）事（史）"，或释有事、有司、右史，我以为当释"右史"。他相当武王的贴身秘书，容易得到武王的赏赐。

《利簋》铭发现的重大意义，反映中国历史上的一个重大事件，武王伐纣的年代问题，具体日期甲子日，正与《尚书·牧誓》及《武成》《逸周书·世俘》《史记·周本纪》及《齐世家》《汉书·律历志》及其他一些秦汉古籍所记日期相同。许多文献指向，许多学者据此前后的月相推算，得出结论，其日为周正（建子）二月五日[18]。《利簋》与诸多古文献相互证明其日期的可靠性。我们可据此推算出其可靠年代来，它应为公元前1111年1月1日。据张培瑜、张汝舟之历谱[19]，公元前1112年闰亥月。这是精确之历，但当时历法不精，又逢乱世，易失闰，失闰则亥月成子月，子月成丑月。据张培瑜《三千五百年历日天象》，公元前1112年冬至在12月31日癸亥，即牧野之战前一日，应在子月，即甲子日所在丑月，实际应为子月，表明历已失闰。此闰月，据文献记载，被移置于丑月后，当年丑月小，当公元前1111年1月26日至2月25

日（据《尚书·武成》、《逸周书·世俘》，当年必闰二月。刘歆《世经》闰二月说是对的）。以闰二月计，二张历谱的丑月皆庚申朔（刘歆《世经》同），五日甲子，此正是牧野之战的日子，合于文献记载和传统说法。"断代工程"所"断"与传统不合，不可靠。

《利簋》还涉及武王伐纣的另一重大历史和考古问题——九鼎问题。这在古代是不成问题的问题。在疑古思想中，这就成了问题。人们否认夏有铸九鼎的能力，认为当时生产力水平原始、低下，不可能有此能力。历史上也根本不可能有九鼎之传问题。就我在二里头遗址参加和主持发掘这么多年，特别是据对其铸铜工艺所掌握的资料认为，禹铸九鼎完全是可能的。故九鼎为先秦王朝政权、政治合法性的象征，也应当是事实，此在《利簋铭》中得到有力的证据。证明《左传》宣公三年王孙满的说法是正确的。

另外武王至殷都核心，扫荡纣之残余势力，不仅增加了新的历史资料，也在年代学上是有意义的。

前述革卦之"汤武革命"一语反映。我国历史上的天命观应在周以前就有了，这又与《周易》之《鼎》《革》二卦相关起来。这涉及我国哲学和政治学史问题。

最后，涉及《利簋》中的武王，是生称，还是谥号问题，此簋是否为周代最早的铜器问题。我以为，武王是死后谥号，不是生称。因而《利簋》不是今知最早的1件青铜器。此问题可从《天亡簋》而证得。

《天亡簋》又称《大豐簋》（《集成》4261，图1-2）。其铭文：

乙亥，王又（有）大豐，王凡三方，王祀于天室，降，天亡又（宥）王，衣祀于王不（丕）显考文王，事喜（饎）上帝，文王监在上，不（丕）显王乍（则）省，不（丕）𩛥（肆）王乍（则）虘（庸），不（丕）克乞（讫）衣（殷）王祀，丁丑，王鄉（饗）大宜，王降亡𦔮（贺、嘉）爵、退（褪）囊，唯朕又（有）蔑，每（敏）启王休于尊（殷）。

在作具体文字诠释前，先将我的解读与所采释文不同的地方整体录写如次：

乙亥，王又（有）大豐，王同三方，王祀于太室，［王］降太［室］，亡又（佑）王。衣祀于［文］王……丕𩛥（肆）王乍（则）庚，丕克讫衣（殷）王祀。丁丑，王饗太祖，王降，亡𦔮（贵）瓚复裸，唯朕有蔑，每（敏）扬王休于尊殷。

《天亡簋》铭文是讲武王克殷后，回到周地，举行了两次祭祀大典。赞礼者"亡"得到了重赏，而作此器。本器铭文意义重要，但很难阅读。自清末发现以来，释者甚众，争议不少，但读懂者极有限。作为器形外观，《天亡簋》较之《利簋》更显豪华、高贵。然就其铭文书体、布局，后者更显凝重，规整；前者则自在、随意，字体大小、疏密、结体不拘常规，潇洒自如。对于一个拘泥于常规的人来说，这种少见的叙述、书写方式、书体结构是很不习惯的。在理解铭文的内容、释读文字便产生种种困难、疑惑，出现种种争议，甚至是误读。为解决此问题，我们认为，需要有机整体世界观和思维方式，对此铭文先作外在整体、大形的考察，从望气角度掌握其总体风格、特征。然后进入对其叙述、书写方式、文字释读的细部考察，决不能从一开始就陷入其局部的分析、判断或猜测。不要见物不见人，见树木不见森林。

我们从铭文的外部和内部考察，都发觉它有许多非常、甚至奇怪的特色。在叙述上，对时王（武王）的活动记述较详。铭中有14个"王"字（包含省略的1个），其中11个"王"是指武王。如此之详，有时让人有烦琐的感觉。它反映了赞祭者"亡"对武王殷勤、崇敬之情。在书写方式上，"王祀于大（太）室，降大（太）"中，"降大（太）"是"王降大室"之省。后之"王饗太祖，王降"中"王降"仍是"王降太室"之省。两场祭祀皆在周太室。"降大（太）"与"王降"，是同一语的不同的简省和书写方式。不明此者，在断句和意义理解上产生了严重分歧和误读。前一"降"的误读，将误读的"天"与"亡"字组合成人名，故簋亦误名为"天亡簋"。今正之，此簋名应称"亡簋"。后一"降"，《释文》读为"王降亡勖（贺、嘉）爵"，"降"成为赏赐义。此"降"应解为降临。《文选·潘岳〈藉田赋〉》："于是我皇乃降灵坛，抚御耦"，李善注："降、临幸"。

在文字构形上。同一字有不同形态。如13个"王"字、4个"大（太）"字，2个"省"字及2个"降"字，及"文""亡""乍""省"字形态均不同，反映本铭之多变的特点。

4个"大（太）"字，有2个同"天"字，与"室"组成"大（太）室"。但因其形态同"天"，被读为"天室"。它本是周庙太室，却被理解为今河南登封的嵩山。嵩山又称太室山，据《逸周书·度邑》和《史记·周本纪》记，武王克殷后返周，途经今河南偃师一带，考察那里的山川形势。作为历代建都之地（《史记·封禅书》："三代之居，皆在河洛之间，故嵩高为中岳"），被称为土中或"中国"（《何尊》，《集成》6014，图1-3）。武王看中此地，欲在此建立新都，以依天室，定天保。武王"度邑"之后，方有后来的"营洛"、"作洛"、成王迁都成周之举。在读铭文"太室"为"天室"者看来，它与武王理想建都之地的天室，是多么契合，理由是多么充足。但这在逻辑上有许多不合理之处，这留待下面再谈。

说到2个"省"字问题，《释文》之"文王监在上"，"监"为"省"之误释，此字为倒"省"。此字从横目从屮，只是后者倒置于目下，与常态相反。此现象为所有学者忽略，竟置横目下之屮于不顾。此字倒置，表文王在天，从上往下看，其意义与监差不多，但其字绝不是监。"丕显王则省"，省字正写，表武王明察。亦有人将之读为"德"者，亦是未顾全体的猜测。

铭文中存在简体字。"王同三方"，由于将"同"字内的"口"省去，或认为此字只用其声符，此语便被读为"王凡三方"，意义晦涩。"同"者，谓和同，统一也。《诗·常武》："徐方既同""四方既平"。又有服从义。"三方"之说，十分奇特，颇费猜测，颇引争议。

所谓"三方"，是指周之西土之外的东、南、北三方。西土已由文王生前平定。武王伐纣，牧野之战时，其《牧誓》中，武王呼唤他的同盟军为"西土之人"。孔子说文王"三分天下有其二，以服事殷"（《论语·泰伯》）。这三分之二天下也主要指西方。《左传》昭公九年传，记周王使者对晋人说："我自夏以后稷、魏、骀、芮、岐、毕，吾西土也。及武王克商，蒲姑商奄吾东土也；巴濮邓楚，吾南土也，肃慎燕亳吾北土也。"可见，这里的三方是指西方以外其余的三方。

《释文》之"肆王则虞（庸）"，细省"庚"字下方为"贝"字之省笔，其形应与《卫簋》赏字所从之贝；《孟爵》宾字所从之贝形象类同，而不是"凡"，故此字应是赓。赓者，续也，言武王能继承文王之遗志，完成克殷大业。这是很明显的辨识方向，而不应简单认作庸。

最为简省的字为殷字，作白，如果不从相关的语言环境推断，不可能将它认作殷字。

《亡簋》铭中还有许多构形特异，而成疑难字者，如《释文》之"大宜"，"宜"为"祖"字之异构或通用字（花26、228、合376之"宜"等，义为示、祖、宗庙），"大宜"应为"太祖"。太祖指后稷。《逸周书·世俘》后面的残文断简之中，有祭"于稷"之文，此稷即后稷。在武王克商，四月返周之后，祀于周庙，朝诸侯时，在武王告祭辞中，只谈及公刘、太王、王季、文王，未涉及后稷（《尚书·武成》）。后稷当在此后祭祀，此铭"王享太祖"与之相应。享太祖，距四月与众诸举行各种建国大典活动的时间不宜太远。《世俘》记，四月乙卯（二十八日），武王与"庶国祀于周庙，庶国乃竟"。众国事乃完结而分手。五月十八，大祭文王，二十日享祀太祖，时间上是合理的。

《释文》之"䞑爵、退囊"4字构形特异，意义极重要。"䞑"字是个罕见之字。本铭的两次祭仪，亡都作为相礼官员（应属史官）参与其事，故受到武王重赏。"䞑"为赏赐义。或为"赏"的异构，或读为赉。

《释文》之"爵"字，既是一个构形特异，又是一个残缺不清晰的字。其左侧靠中间部分露出一象爵（斝）口部柱状物，有人据此猜测此字为"爵"字，这是不可靠的。因为从全体看它只是一残泐字符丰（玉）的一部分，其右侧之一竖，亦应是丰（玉）之残泐，二丰相对而立。不能截取一部分，而不顾其余，这是不严肃的。我们认为从全局观点，此字应是"瓒"字。瓒字对当今许多古文字学家来说，尚属一个生疏的问题，故对其不识，或误读，是可以理解的。由于它不是三言两语能说清的，故放在下面附录《说瓒》中略加讨论。

《释文》之"退"字，在容庚等《金文编》中未释出。在甲骨文中"復"与"退"字有时相混。甲骨文的復字主要部分，一般作𠷎，应为壶之变形，壶为其声符。古人造字，"止"在"王"上为"往"，"止"倒置于"壶"下为"復"（復）。往、复为《周易》的一对概念，六十四卦中有《復》卦，由下往上曰往，由夏往冬，阳气消尽。复，一曰来，"一阳来复"。本铭之"复"的构形，不同常规，其中部分为一圆圈，壶之方腹变为圆腹。圆腹上下出尖，即亦由方变圆，故此字为"复"的异构。郭沫若释之为"復"是正确的。甲骨文中也有些类似的字，如《合》37398之■，李宗焜《甲骨文字编》（第304页）释之为復，是对的。復在这里为连结词，又、再、加也。

《释文》之"橐"，它的主体明显是"壶"字之异构，相类的壶字在甲骨文和金文中屡见。大形更似《噩侯鼎》（《集成》2810）的"祼"字中的祼器■，《鲜盘》（《集成》10166）"祼"字中祼器■。其不同者此壶长颈变一直线，双耳呈一扁环状。颈上置一盘状物，这是瓒与某些祼字的标志性符号（详附录《说瓒》）。《鲜盘》的两个"祼"字，前一祼字作动词，为赞（助）义，两"祼"字皆有盘状符上下夹于颈与圈足上。《亡簋》之"壶"形字应与祼醴相关，而不单是1件酒器。且它与"瓒"字之后，皆无数量词。就这个意义讲，此字亦可读为祼，为祼鬯、祼醴义。金文中，赏祼，赐贝，或赐祼、贝，有时作赏卣（或作卣鬯）、贝，或赏鬯、贝，则祼通鬯。甲骨文也有用祼，或借为祼的‡或‡‡作鬯者。它与"橐"字区别，不仅其上有盘，其下还有圈足。此圈足的存在是毫无疑义，众人皆未识得。

本铭字形不合常规，显得怪异者，还有《释文》中的"朕""蔑""启"等字。学者对它们均有不同的解读[20]。《释文》释为"启"的字，应释为"扬"。它的构形奇怪，类似甲骨文的"启"字，其左侧的"日"字类似甲骨文的启字"户"旁，故有此误判。可《释文》却把"日"下之"丂"符给丢掉了，这是严重失误。铭文之"亡勛瓒复祼，唯朕有蔑，敏扬王休于尊殷"，意为，亡被赏赐瓒加祼（酒），为我有功劳，我造尊簋，敬扬王之恩惠。

总之，如此众多纷繁的争议，皆源于本铭的自由、多变的风格，不拘常规的叙述、书写方式，特别是文字构形的多变、怪异。让人感到困惑、迷茫、吃力。现代的西式教育、西式思维方式，特别是其分割机械的思维，注重规范、整齐、准确、逻辑性。长于守常，短于变通。在一些学术大家，如王国维，都免不了此短。他的西周月相四分说，便是吃了此亏。中国修辞学上为避复，表述及用词变化极其多样、极其丰富多彩，给人以美感。这需要一定文化修养、学术功力。中国大道哲学之易学的特征之一是变易。中国精神、技艺的最高境界是化，出神入化。本人深感此境在今天学术界极为缺乏。《亡簋》铭体现一个史家的变易。须有一定智慧和功夫适应这种变化，才能进入更深层次，获得更多信息。

以上解决了《亡簋》铭一些文字问题，下面将就它包含的意义，作进一步讨论。

其一，周武王是生称，还是死后的谥号。我们可以确定，本铭所纪事应在周王发在世时事。由于这里不见后来常见的武王的称呼，只有丕显王，丕䚔（肆）王之称，也就是说，周王发在生时不称"武王"，死后才谥之"武王"。此证明死称谥的古说，不可颠覆。就所记历史事件发生的时间，《利簋》早于《亡簋》。二器孰早孰晚,关键在看其何时铸器。《利簋》称谥,铸器当在武王卒后,而《亡簋》是在武王在世时铸器,故称谓不同,所以《亡簋》早于《利簋》。

武王克商后,在位的时间很短,《史记》记为二年,最长为刘歆《世经》七年说,"断代工程"取四年说。武王在位时,以至周公居摄时,周天下尚处动荡、混乱之中,国力甚为虚弱。内史利虽得武王赐金,其财力尚不足以支持其马上铸器,故在武王去世后铸器,当很自然。而本铭之(史)亡,情况就大不相同,在武王生前铸器,于理也很自然(详后)。且二器之铸,时间也不会差多远。

其二,本铭之"大丰"发生的时间、地点、目的问题。有人据铭文中"天"与"大"字形态不一,故作两字。"大丰"之地,只称"天室"不称"太室"。其地不在周之西土豐都,而在中岳嵩山。我们认为,这十分牵强。尽管在《逸周书·度邑》称,武王伐纣返周时,经过今河南偃师,作过夏商都地望、地理形势的考察,并欲在此建立新都。嵩山称太室山,故认为本铭之"天室"即此。但按古礼制,武王既不巡狩,又不封禅,更不是告成,他有何理由在此举行祭祀?通盘研究关于周初的历史文献,武王克殷后,真正成为天下君王,是在四月回到周都之后的事。《逸周书·世俘》:"维四月(乙)[丁]未,武王成辟四方,通殷命有国"。此即《尚书·武成》:"厥四月哉生明,王来自商,至于豐","既生魄,庶邦冢君暨百工受命于周。丁未,祀于周庙,邦甸侯卫骏奔走,执豆笾"。表示从武王得到天下诸侯的承认、拥戴而真正成为天下的共主。据《世俘》丁未后四日辛亥,乃举行柴望告天礼,大告"武成"。从此标志周王朝正式成立。故武王返周途中路过偃师考察时,又绕道去嵩山举行告天或封禅礼,是不可能的,况且他还要在四月初赶回周地,筹划、办理建国大典的种种事务。这对武王来说是急不可待的事。所以武王既无理由,又无时间去嵩山祭祀。关键还不在这些,关键的是,这次祭祀对象不是天,不是山,而是文王。祭祀文王不在豐都宗庙太室,却跑到嵩山顶上去,岂不荒唐!认为本铭"天","大"字形异者,除了未细研本铭外,更缺乏对甲骨文、金文之变易之美学现象的了解。

此种误读,还反映在对《何尊》铭(《集成》6014)的解读。此铭亦记录两次活动。一为成王迁都成周后,举行告祭武王的大祭,宣告其建新都于河洛之间的遗志的实现;二为他日在京室,成王用文王、武王事迹和武王心系成周之地的思想教训"宗小子",让他们继承先人遗志,好好在这里工作(《释文》"敬享哉",应为"敬作哉")。二事中,以后一事为主,前一事是为了作后一事的追述的依托,故用"初"字,为云现在所在的"京室",就是当初祭祀武王的地点:太室,以显宗小子的光荣。《释文》"祼自天"的"天",唐兰释为"祭礼在天室举行"[21]。原文"天"字后缺一"室"字,同于《亡簋》"降天"与"亡"字间省一"室"字。按此两次活动异时而同地。京室即太室。"京者,大也。"《诗·文王》:"祼将于京。"毛《传》:"京,大也。"《大明》:"曰嫔于京。"毛《传》:"京,大也。"《下武》:"三王在天,王配于京。"谓三王的神灵在天上,武王享三王于京室,即太室。过去不明京室与太室的关系,今可从《何尊》得以明白。金文之"天室",应为太室,亦即"京室"。一事物不同叫法,这是修辞学之"避复"手法,即变易手法。成周之"天室"距嵩山极近,但绝非嵩山。

《亡簋》乙亥之大丰,一定是一重要的祭祀活动,它不是一般意义祭祀活动。此次祭祀的对象是文王。祭祀文王,据《世俘》,克殷后第四日戊辰,回丰后,于周庙,皆与先王共祭过。乙亥之大祀原因为何?这涉及周人的开国史、中国古史年代学,涉及对武王伐纣甲子日以来的历日的理解。

这里不说我对此工作的具体过程,只从我所得结论进行的推导。经过我多年的研究,独立的推导,我认为,武王伐纣之年为公元前1111年。牧野之战的甲子日为周正(建子)二月五日。据《世俘》,从此日起武王分兵征服四方,甲子后三日丁卯,周将望受命伐御方,下一丁卯才返回,告馘俘。由此得知,此年必闰二月。否则《世俘》《武成》反映武王四月返周后,种种活动的日干支就不能成立;武王因往今安阳殷墟彻底清理商王朝,再折回经管(郑州)、偃师返周途中安排处理种种事务,多所耽误,而于四月初是回不到丰都的。武王伐纣,来时急行,走捷径,尚需月余。因此,此年必闰二月。由此往后推,直至《尚书》所记周公、成王、康王的月相干支,均可从今天较为精确的年表、历谱,如张培瑜《三千五百年历日天象》、张汝舟《西周经朔谱》等中,找到较为准确的定位。由此可以知道,武王返周的四月为戊子朔,癸亥望,四月丁未,武王成天下辟之日为二十日,辛亥告天礼在二十四日。五月戊午朔,《亡簋》之乙亥为十八日。此日与文王有何关系?我们不能不想到这可能与文王的忌日有关。

据《尚书·武成》:"惟九年,大统未集,予小子其承厥志。"言文王受命九年而崩,十三年武王伐纣完成父志。则文王崩年为公元前1115年。据《逸周书·文传》:"文王受命九年,时维暮春,在鄗,召太子发曰:'呜呼,我身老矣,……'。"所谓"文传",据清华简《保训》,就是文王在去世前,对太子发的遗训。《保训》:文王戊子溃,己丑授太子发训。查张汝舟《西周经朔谱》、鞠德源《万年历谱》,公元前1115年夏历三月,周历五月,辛巳朔,戊子初八日,己丑初九日,十八日为戊戌,有可能文王作遗训后九日即崩。克殷年,周五月乙亥,可能为文王之忌日。常言:暮春三月,即夏历三月,周正五月,此正合《逸周书·文传》的暮春。此外,《尚书·大传·泰誓》:"唯四月太子发上祭于毕,下至于孟津之上。"此四月,是伏生用殷正。《史记·周本纪》:"十二月戊子,师毕渡盟津。"司马迁亦用殷正。《齐世家》,"正月甲子,誓于牧野,伐商纣"。正月为殷正。上引《大传》文郑玄注,以四月为周正。但周正四月为仲春,不为暮春。这些是建正上的相互差违[22]。《尚书·泰誓》之《书序》:"惟十有一年,武王伐纣。"孔《疏》:"(文王受命)九年而文王卒。至此十一年。武王居丧三年而服毕也。案《周书》

云：文王受命九年惟暮春，在镐召太子发，作《文传》。（暮春）其时犹在，但未知崩月。就如暮春而崩，武王服丧至十一年三月大祥，至四月观兵。今文《泰誓》亦云，四月观兵也。"按《大传》之四月（殷正），指武王居丧满，于毕地祭文王墓地之月。率兵往东，到孟津就不是四月了。孔颖达对《大传》的理解不确，他是用夏正去理解。他说的四月是夏正，较《大传》又差了一月。他说"未知崩月"，也不确实。据他所说的"三年之丧，二十五月而毕"，其"武王服丧至十一年三月大祥"，正是从暮春到暮春。也就是说孔氏推得武王前往孟津观兵是在居丧三年之暮春，即丧期满后。从以上可以证得，《亡簋》之乙亥（周正五月十八日），是文王的忌日。此为周王朝立国之元年，也是武王实现文王灭殷之遗志之年，文王第一个忌日，岂不重要。故武王在周庙太室，为文王举行了盛大的祭祀典礼。这个结论应当是正确的。三为亡为何许人也。本铭两次重要祭祀的主人是时王发（后称武王）。赞礼者为亡（作"天亡"者，是对本铭的误读）。在如此重要的活动中能配合武王，可见亡的地位十分重要。在本铭中，其地位十分重要的证据还在，亡所受之赏赐：瓒与祼。据《尚书大传·唐传》："诸侯得赐弓矢者，得专征；赐斧钺者，得专杀；赐圭瓒者，得为鬯以祭。"（《礼记·王制》有相类记载）诸侯得天子斧钺之赐，表得到最高军事权力。得天子圭（玉）瓒之赐者，表得到最高荣誉。这反映了《左传》"国之大事，在祀与戎"之说。祭祀为国家之大事，亦为宗族之大事。祭祀以祼为主；祼以祼玉即瓒（圭瓒）结合鬱鬯为贵。在经籍中，得瓒、鬯赐者，只有周宣王时的执政大臣召虎（召公后代）。《书序》："平王锡晋公之侯秬鬯、圭瓒。"可是《尚书·文侯之命》并无"圭瓒"之赐，故不能算得瓒、鬯同赐者之列。金文中，以往知道有得瓒、鬯同赐者三例：《宜侯夨簋》（《集成》4320）、《师訇簋》（《集成》4342）、《毛公鼎》（《集成》2841）三位器主，今又得知武王史官亡亦得此赐。可见他的地位的显赫。亡、佚、逸通，此亡应即历史上大名鼎鼎的史佚或尹逸。《史记·周本纪》、《逸周书·克殷》及《世俘》记武王伐纣时，在牧野的告天祭礼和返周后，周庙之祭时，宣读策文者是史佚（尹逸）。《大戴·保傅》将之与太公、周公、召公尊为周初之"四圣"，可见其地位之崇高。现在我们从《亡簋》中，又发现了史佚的事迹资料。

通过探赜索隐的功夫，将《亡簋》这一重大历史秘密揭露出来。《亡簋》铭，已揭示其重要意义在：

1）结合古文献和现代的考古文物资料求得文王崩之年、月、日，即文王忌日所在。

2）武王乃死后谥称，非生称。

3）钩稽周人改正朔的时间（见注［22］）。

4）校正"天亡"名之误，探索了（史）亡与史佚、尹逸之间的关系。

其年代学上的意义非同寻常，应予特别重视。最后涉及一个问题，《利簋》所记事所发生的时间早，有武王之称，说明它铸于武王卒后（武王在位七年）。《亡簋》

所记事晚，无武王之称，只以时王称之，证明它铸得早。这说明（史）亡的地位远高于右史利，2人地位、财力有差别，故铸器有早晚之差。

《利簋》《亡簋》分别记录武王伐纣当日、当月事和伐纣后第4个月的事，为西周史最早的几件大事。两器铭具有相当丰富的历史内容，相当深刻的文化意义。今在前人研究的基础上稍作补正，深一步地挖掘，以期在古史研究上有所裨益。不当之处，望指正。

注　释

［1］　夏商周断代专家组：《夏商周断代工程1996—2000年阶段成果报告·简本》第47页，世界图书出版公司，2000年。

［2］　李勇：《月龄历谱与夏商周年代》第112页表第5～6，世界图书出版公司，2004年。

［3］　夏商周断代专家组：《夏商周断代工程1996—2000年阶段成果报告·简本》第45页，世界图书出版公司，2000年。

［4］　李广宇、张培瑜等：《夏商周时期的天象和月相·前言》，世界图书出版公司，2007年。其小标题（第3页）云："二岁鼎、岁星纪年……观测位置。"他始终摆脱不了武王伐纣与岁星纪年神秘关系梦幻的纠缠。

［5］　李广宇、张培瑜等：《夏商周时期的天象与月相》第556页，世界图书出版社，2008年。

［6］　陈久金：《历法起源和先秦四分历》，《科技史文集》第1辑，上海科技出版社，1978年。

［7］　中国天文学史整理研究小组：《中国天文学史》第115页，科学出版社，1981年。

［8］　新城所藏：《东洋天文学史研究》（沈璿译）第433页，中华学艺社，1933年。

［9］　张培瑜等：《中国古代历法》第186页，中国科学技术出版社，2008年。

［10］　郑光：《谈谈中国古史年代学问题》，发表于《中国第四纪冰川与第四纪地质论文集》第6辑，1990年；后又修改于1990年5月，在美国洛杉矶召开的"夏文化国际研讨会"上宣读。后又略作修改发表于《夏文化研究论集》，中华书局，1996年。

［11］　唐兰：《西周时代最早的一件铜器利簋铭文解释》，《文物》1977年第8期。

［12］　陈初生：《金文常用字典》第135页，陕西人民出版社，2004年。

［13］　徐中舒：《甲骨文字典》第143页，四川辞书出版社，1990年。

［14］　宗福邦等：《故训汇纂》，商务印书馆，2003年。

［15］　徐中舒：《甲骨文字典》第143页，四川辞书出版社，1990年。

［16］　徐中舒：《甲骨文字典》第143页，四川辞书出版社，1990年。

［17］　参考《易系辞》及孔颖达《周易正义·卷首》。

［18］　顾颉刚、刘起釪：《尚书校释译论》："既然有了西周金文材料做参证，使问题能得到结论，便可相信周文王受命纪年说是正确的。因此现在基本可以断言：周武王伐纣之年，是周文王'受命'十一年；牧野之战的甲子日，是十一年的二月五日。这里的二月五日甲子，在文献中基本上是可以较一致得出此结论"（中华书局，2005年，第1122页）。黄怀信等：

　　　　《逸周书汇校集注》第440页，上海古籍出版社，1995年。
[19]　a.张培瑜：《中国先秦史历表》，齐鲁书社，1987年。
　　　b.张培瑜：《三千五百年历日天象》，河南教育出版社，1990年。
　　　c.张汝舟：《西周经朔谱》第234页，《二毋室古代天文历法论丛》，浙江古籍出版社，1987年。
[20]　孙稚雏：《天亡簋铭文汇释》，《古文字研究》第3辑，中华书局，1980年。
[21]　a.唐兰：《何尊铭文解释》，《文物》1976年第1期。
　　　b.唐兰：《唐兰先生金文论集》第187页，紫禁城出版社，1995年。
[22]　商周之际的历法建正问题，是历来纠结的问题。从正统观念，周人在武王伐纣以后方改历，此前用殷正（《史记》正是如此）。这种正统观应当放弃，实事求是地看待周人建国史。周人数代，至少从古公开始，为推翻商王朝，蓄谋已久。到文王时，野心更为膨胀。所谓文王受命，标志周人已建立起独立于商朝的政权。不过开始还较为隐蔽。据《易纬》，如《易乾凿度》等认为，文王受命六年（公元前1119年），文王"伐崇国，居丰"，"建灵台，改正朔，布王号于天下"。周人改正朔当自文王受命六年始，其反形昭然。这是我们以上讨论商周之际历日的前提。文王受命，确有其事，见《大盂鼎》（2837）："在丕显玟王，受天有大命。"《何尊》（集成6014）："肆文王受兹大命。"受命后改历也是必然的。顾颉刚也认同文王受命改元说，参注［18］。文王受命六年既已改历，武王伐纣前后的历日必用周正，以正统观对此置疑者都是错误的。

附说瓒

　　关于瓒字，在甲骨文和金文中此字并不罕见，然而学术界对其研究极为有限。近十来年，以至近几年出版的甲骨文著录和工具书，均未识出此字，并为之立"户头"。有的古文字工具书，虽有"瓒"字头，但只从周金文开始，从而失去了对瓒字构形或结构的源头的了解。对其原初意义便茫然无知。最多只能知道它的浅层意义。其字形如何演变和多样性问题也无从知晓。

　　瓒字的识别，并不仅仅是汉字中的一个字的问题，它还涉及中国历史、中国文化、中国哲学的大问题。古文字的专业功底虽好，这方面的学术功底不够，也会不得其门而入。

　　瓒，涉及中国古代礼制，祼祭问题。《左传》云："国之大事，在祀与戎。"祀之大者，在于禘礼，禘礼之大者，在祼祭。《论语·八佾》记孔子语："禘自既灌（祼）而往者，吾不欲观之矣。"他在回答禘祭的原理之问时说，这是一般人不知道的，如果知道其原理，治国平天下就了然于胸，了如指掌。因为对天地、先祖的祭祀，是为了报本返始，是涉及宇宙万物生成，生命的本原问题。这是中国宇宙观的根本性问题。祭祀天地、祖先是这种思想的体现，不应仅从宗教的角度去理解。

　　祼礼涉及所用材料和器具问题。所用材料为酒醴、鬱鬯；所用器具为祼器、祼玉。裸器为尊彝爵斝类，酒醴实之尊彝之中，挹之以斗、勺，盛之以爵、斝类饮器。《周礼·春官·鬯人》："鬯人掌裸器［及裸玉］……凡裸玉，濯之、陈之，以赞裸事。"郑玄注，谓裸器有彝及舟与瓒；裸玉，谓圭瓒、璋瓒。按郑注有瑕疵，瓒不能两属。所谓舟，约据《周礼·司尊彝》和郑司农说，郑司农以为舟"若今时之承槃"。按，从甲骨文和金文看，舟、盘与裸器和裸玉（瓒）紧密相关，舟、盘二字早期音义相应通。裸玉，濯之而置于舟盘之中。商代甲骨文、玉器刻文、朱书或墨书文字、西周早期《子黄尊》（《集成》6000），瓒字和由瓒字略加义符而成的裸字的较早构形，其核心部分似章字，故瓒即璋，非有天子用圭瓒，臣用璋瓒的制度。《尚书·顾命》记周康王登基典礼时，所用裸玉只有璋（瓒），而无圭瓒。此即康王从主持祭祀礼的太宗手中所接受的"同瑁"之"瑁"。"同"为爵类之裸器，"瑁"从玉，为裸玉。瑁与宝、保音极近，可通，即《毛公鼎》铭之"瓒宝"。圭瓒者，玉瓒也。圭为上古测日的工具，具有高洁、神圣义。后又被帝王作符信物，称圭瑞。《周礼·典瑞》："裸圭有瓒。"裸圭、裸玉也。此圭非玉礼器之名。《考工记》对瑁的说法是错误的。

裸用瓒者，《礼记·郊特牲》："灌用圭瓒，用玉气也。""圭瓒"，应为玉瓒，为与后之玉字避复，故换用圭字。不明此者，会造成裸祭用圭形瓒之误。用玉气者，将瓒与裸器中的酒醴结合，使之沾上高洁、神圣之玉气，使裸祭更具庄严神圣之义。

瓒之为物，至今仍为许多学者沿传统说法，误以为挹酒勺之柄，以玉圭、璋为之者。这种文物至今未发现，证明此说是错误的。从上引文献看，它是裸玉，为独立之物，不为他物的附件。此物实际是考古上的玉柄饰。黄濬《古玉图录初集》上有一商代玉柄形饰，自名瓒。玉柄形饰从龙山时代至西周时期虽历经变异，但其首部呈束颈状则一直不变，其平面状如琴瑟。西周时其雕琢、用绿松石片装饰之美，更是达到无以复加的地步。是其他任何玉器所不及，可见其地位之崇高、神圣。《诗·旱麓》"瑟彼玉瓒"，透露出瓒之形制似琴瑟。瓒、瑟古音相近，声均为齿音，韵为旁对转。战国楚简琴瑟二字上部作⿱、⿰或⿳，似表束颈调琴弦之玉轸。西周至战国金文中，有一义同宝的字⿰、⿱（参容庚等《金文编》附录下679号字），上下之符号与简书琴瑟字上部符号相类，特别是其第三型，为金文瓒字之省形，中间之乙形符号表甲骨文"涉"字那样的水，为酒鬯义。瓒或称瓒宝，故此字有宝义，其形为束颈状玉器，还表示裸时用双。琴瑟以二轸表形，今之琴、瑟二字上面写成双玉，这包含着深刻的历史信息。先秦琴轸为玉质，此后有间用铜、骨、牙、木质者，而玉质者沿用至今不绝，所谓"金徽玉轸"。西汉南越王墓出土的琴轸为铜质，其形状极似商（包括二里头）、周的玉柄形饰。由此明白，《诗·旱麓》"瑟彼玉瓒，黄流在中"之义，即象琴瑟（轸）那样的玉瓒，秬鬯（郑《笺》"黄流，秬鬯"）在其间流淌。如果转换思维、将真实的玉瓒转换为裸器爵、斝流或口上象瓒的双柱，裸祭行裸时，秬鬯正是从两柱间流出。此将行裸这一细节，生动、形象地表现出来。由此可知瓒之大形、使用制度。

既然祼祭为中国历史、中国文化史上的大事，在甲骨文中应用极繁。祼字有从瓒字转义而来，有用瓒字加其他义符，如双手或流口等，由名词变为动词。更多用祼器做成会意字，并从不同角度、方向，极尽花样翻新地变化，或假借他形字为之，让人迷茫、思之不及。只要我们把握住根本，有正确的思维方式，便可从甲骨文和金文中认识出许多至今尚不认识的字，或对已识字做新的解释。

瓒字本初意义，应从早期的甲骨文的结构分析着手。经纵的横的研究，我们发现瓒字的早期形态符合文献记载，它主要有两部分：形符和音符；形符又分两部分：祼玉和承祼玉的舟盘。声符为下部立式之"舟"，形符之由舟盘演变出祼器尊壶类的象征物 □◯、后来又有了田形（可构成"章"字）。祼玉作丫、丫、丫、丰、㕣、𠂆，象钻，读瓒。㕣像双玉上合下分，如商代某些爵，下二柱，向上合为一柱，立于爵口。爵口两种形式的立柱，或许与祼礼时用双瓒相关。下面举若干例子为证。

花493第六辞，有二与祼瓒相关的字，一作𢀖，一作𢀗，前为"祼"字，后"瓒"字为赞助义，后者之"一"，为前者▽之省。花290𢀖、花475𢀗、花403𢀘（从◻者可认为是双▽之合）。在这些字中，上面讲的特征皆具（这里有的字不大清晰，原书摹本不确，本人反复审视照片和拓片，重新摹出，有与原书摹本不同者）。这些字中之▽、◯、◡皆为舟盘符。瓒字增符演为祼字而出舟盘者，还有屯南2196𢀙、屯2621𢀚、英2274𢀛、合3799𢀜、合4849𢀝、合17534𢀞、屯2232𢀟。类似之字还有屯3589𢀠、𢀡，此二字在卜骨上为同一字上下相重，其上为冒（瑁），为祼玉，中部为舟盘，下部为祼器。

商金文中有两个类似图形文字的会意字，觚铭：𢀢（《集成》6941）、𢀣（于省吾：《商周金文录遗》332，中华书局，1993年），象祼玉盛盘中。舟中所置为圭形玉，又见上引合3799）。盘下有酒尊，侧有人执勺或斗，表挹酒实爵、斝类祼器以祼。这形象地反映祼礼的有关情况。《录遗》中另一觚铭315之𢀤也应是瓒祼字。这些过去不认识的字表明觚也是祼器类。

我们再看看《亡簋》所谓的"爵"字，其字上部可复原为𢀥，为双祼玉，中部为盘◯，下部为声符舟H。三部组成为𢀦。类似此字者，甲骨文中尚有𢀧（𢀨即𢀥），或省为𢀩、𢀪、𢀫。有时它们转为祼义。西周《县改簋》（《集成》4269）有一字，其中𢀬为𢀥之省。此铭赞颂一官夫人如何相夫而有功。"𢀭恤"一词为赞恤义。《辛鼎》（《集成》2660）𢀮、《士上卣》（《集成》5421）𢀯为瓒字，引申为祼、享义。因此，《释文》之"爵"为瓒之误读，是无疑义的。

前云瓒为宝的问题。一般人持《说文》说法，将珍贵之物视为宝，但这不是宝的本义。宝的本义应与祼、瓒相关。金文：𢀰、𢀱、𢀲、𢀳、𢀴、𢀵。玺文：𢀶，其双玉或单玉者为祼玉瓒，其畐、酉，为祼器（黄德宽主编：《古文字谱系疏证》，商务印书馆，2007年，第704—706页）。甲骨文宝字一般学者认为，基本有二型▨、▨，但这不应是较早的形式。甲骨文中，有一被读为"璞"的字，才应是宝字较早的形式。此字有多种形式▨、▨、▨、▨、▨、▨、▨（李宗焜：《甲骨文字编》，中华书局，2012年，第1316页；刘钊、洪飏、张新俊：《新甲骨文编》，福建人民出版社，2009年，第945页）。屋上有山符者，象崇高，此屋当为宗庙。屋下双手或单手持玉者，象执瓒以祼。第一形字，为后来繁化者，加玉，加畐，畐为声符，音同缶。从贝玉者，贝为声。金文繁化，增加缶符，表声，贝转义为财货，宝字义也随之变异。最开头所引金文中，只有双玉者，体现其本象原义。原型原义的宝中之玉，表瓒，单手或双手执之，表祼。故此宝和玉有神圣意味。《孟子·滕文公》："卿以下必有圭田。"圭田为卿、大夫供祭祀之田。此以圭表祼玉，引伸为祭祀。故它具高洁、神圣义，义同宝（前贤解圭田为洁田，将圭作田的形容词，不知圭与祭祀的直接关系）。因此，瓒即宝，宝即瓒，故称瓒为瓒宝。

本铭之豊或豐，应为▨和壹之合成。▨应为瓒祼义。《论语·阳货》："子曰：礼云、礼云，玉帛云乎哉"。这个礼和玉是引申义，即由人神关系引申为人际关系。这种引申还见祼字、醴字。祼由对神的祼，引申为对宾客的祼，但不用瓒；醴由对神的酒，引申为对宾客的酒（二者品类应有别）。

以上所讲豊或豐，及宝字，亦可证明《亡簋》瓒字之释有充足根据，也扩展、丰富了对瓒字和相关字的理解。

说到瓒的演变，从商代开始，就其以祼玉为主体的瓒，及衍生的祼字，大体沿两方向进行：一繁化，《古玉图录初集》（黄濬：《古玉图录初集》卷4，北平尊古斋，1939年，第11页）商代玉柄饰刻文瓒（自名）▨，实际是上面所讲瓒字的各种构件或形态的组成或繁化，即丫—¥—又—▨—□—○—∪○—▨的组合。一简化，从安阳殷墟刘家庄出土的玉或石戈（或称璋）上的朱书和墨书文字"祼"字（孟宪武、李贵昌：《殷墟出土的玉璋朱书文字》，《华夏考古》1997年第2期；中国社会科学院考古研究所：《安阳殷墟刘家庄北1046号墓》，《考古学集刊》第15集，文物出版社，2004年），可以反映这个简化过程。▨→▨→▨→▨→▨。

西周时，瓒及其演化的祼字，虽失原始面貌，但从上面的探讨，它们演变的脉络，各部结构的意义也可以得以了解，如子黄尊（《集成》6000）▨、《小盂鼎》（《集成》2839）▨、《戈父辛鼎》（《集成》2406）▨《多友鼎》（《集成》2835）▨、《毛公鼎》（《集成》2841）▨等，它们的结构及其意义均脱离不了上面的分析。西周晚期之《漳伯簋》（《集成》3821）有一被释为"意"的字▨，仍保留了早期瓒字特征（见前面对甲骨文瓒字结构的分析）。此字若释"意"，其意义不明，释"瓒"，引申为祼、享，其义至显。其铭"作瓒与尊殷"。"与"，据《说文》，为党朋、朋友、相好义。"瓒与尊毁"，享友尊毁也。此类铭文在西周并不罕见。前引之《辛鼎》（《集成》2660）：作宝，用[字]多友，《康伯簋》（《集成》4160）："作宝毁，用饗朋友"等皆是。

《亡簋》铭中之"瓒"字构形虽然特殊、怪异，但其要件和意义也不违上面的分析。

本文为敬祝仲殊老所长90大寿而作，在写作过程中多得老所长和孙秉根先生的关照。拙作完成后，在一些文字处理，特别是古文字的植入上，南开大学程平山教授下了很大工夫。本文得以交稿，与他的努力密切相关。本人在此对他们致以深切的谢意！

西周监察制度考略

黄益飞

随着应监甗（《集成》[1]883）、叔趞父禹（《集成》11719）、鄂监簋[2]等所记"应监"、"荣监"及"鄂监"等涉及西周"监"的铜器的发现，学者对西周之"监"多有研释，或认为监是周王室所派遣的监国者[3]；或以为周王朝先设监国，后发展成为诸侯[4]。学者的讨论对西周时期监的认识颇具启益，然尚有可商榷之处。首先，"监国"乃世子监管国事之谓，《国语·晋语一》有云："君行，太子居，以监国也；君行，太子从，以抚军也。"《左传·闵公二年》则曰："大子奉冢祀社稷之粢盛，以朝夕视君膳者也，故曰冢子。君行则守，有守则从，从曰抚军，守曰监国，古之制也。"并是其证。因此，以应监、荣监为监国者，与史不合。以周初三监（详下）例之，则应监、荣监乃周天子所遣监官，非监国。另外，监演变成诸侯之说与周彝铭所见不合，西周时期几簋（《集成》3954）铭云："仲几父使几使于诸侯、诸监。""诸侯""诸监"并举，则诸侯与诸监有别[5]。应监甗属西周初年，其铭云："应监作宝尊彝。"与其同时之器有应公鼎（《集成》5841），彼铭曰："应公作宝尊彝。"两器同属成王时期[6]，前者为应监所作之器，后者乃应公（亦即应侯）所制之器，二者判然有别。因此，以西周之监发展为诸侯之说亦不可信。

无论如何，学者关于西周之"监"及相关制度的探索是我们进一步研究的基础。关于监的性质、设置范围等问题仍有进一步讨论的空间。本文兹就相关问题略陈胜义。

一 释"监"

《周礼·天官·冢宰》与《礼记·王制》均有关于"监"的记述，然二者所记并不相同，这也涉及"监"的本质及其沿革。

《周礼·天官·冢宰》云："施典于邦国，而建其牧，立其监，设其参，傅其伍，陈其殷，置其辅。"郑玄《注》："监，谓公侯伯子男各监一国。《书》曰：'王启监厥乱为民。'"孙诒让《正义》："云'监谓公侯伯子男各监一国'者，《大司马》注云：'监，监一国，谓君也。'《说文·臥部》云：'监，临下也。'五等诸侯有尊卑，皆君临一国，故同谓之监。……引《书》曰：'王启监厥乱为民'

者，贾《疏》云：'此是《尚书·梓材》之篇，周公封康叔而敕之，证监是诸侯之义。'"以"监"乃诸侯。前揭学者关于金文所见"监"的讨论中，以监为诸侯之说即本此文。前文已论，以监为诸侯乃西周制度并不可信。然学者仍涉此而误者，乃因是言出《尚书》故不敢违拗。"王启监，厥乱为民"语出《尚书·梓材》篇，先儒以为是篇乃周王诰康叔之语，则康叔系周王所启之监必矣，这也是西周时期监即诸侯说的主要依据，后世学者多奉郑康成说为圭臬。事实上，《梓材》一篇颇为混杂，据此而论西周之监尚需注意文本本身的问题。《梓材》文似有他篇窜入者，宋儒蔡沈即云：

> 按：此篇得于简篇断烂之中，……其（"王启监"诸语）非命康叔之书明矣。读书者优游涵泳、沉潜反复，绎其文义，审其语脉，一篇之中前则尊谕卑之辞，后则臣告君之语，盖有不可得而强合者矣。[7]

今人屈万里更以篇首至"戕败人宥"为王诰康叔之语，后文"王启监"以下为另一事[8]。案：蔡、屈之说甚是。《周书》诸诰与西周锡命金文语多相似，天子恒称己曰"余"、曰"我"、曰"朕"，而未见自称为"王"者，以"王启监"诸文系周王诰康叔之语，颇觉不辞。因此，"王启监"诸文非《梓材》文可知，据以认为西周之监系诸侯实不足取。

由监而成诸侯虽非周制，然而其或即分封制度的源流之一。监，本临视之义，上帝"监"民于上，《书·高宗肜日》："惟天监下民。"《诗·大雅·皇矣》："皇矣上帝，临下有赫。监观四方，求民之莫。"郑玄《笺》："临，视也。大矣天之视天下，赫然甚明，以殷周之暴乱，乃监察天下之众国，求民之定。"天子亦代天监临天下，《诗·商颂·殷武》："天命降监，下民有严。不僭不滥，不敢怠遑。命于下国，封建厥福。"王先谦《集疏》："《诗》言周天子之命，又下监临四方在下之民，惟当严严乎敬以奉上，不敢有所僭滥于民，不敢有所怠遑。天子乃明于下国，以封建锡其福焉。"诸侯者，代天子临下民，故诸侯亦可称作监。诸侯称监者，代天子监领一国也，故监又有领义，《大戴礼记·四代》："德以监位，位以充局，局以观功，功以养民。"王聘珍《解诂》："监，领也。"是也。"监"有领意，故而某些主事职官亦可称"监"，《礼记·月令》："季夏之月，……命四监大合百县之秩刍，以养牺牲，令民无不咸出其力。……季冬之月，乃命四监收秩薪柴，以共郊庙及百祀之薪燎。"郑玄《注》："四监，主山林川泽之官。"孙诒让《十三经注疏校记》云："'监'疑甸师，故掌薪柴。"[9]是甸师主山林川泽之事，故又称监。

《礼记·王制》所记与《周礼》不同，其文曰："天子使其大夫为三监，监于方伯之国，国三人。"郑玄《注》："使佐方伯领诸侯。"孔颖达《正义》引崔灵恩云："此谓殷之方伯皆有三人以辅之，佐其伯谓监其所领之诸侯也，周则于牧下置二伯亦或因殷使大夫为三监。"郑玄之后的学者皆以《王制》所记天子使大夫监方伯系殷制。先儒或有从之者，宋儒王与之《周礼订义》卷一引王昭禹说云：

> 《王制》曰：天子使大夫监于方伯之国，国三人，则是大夫谓之监也。

《梓材》曰:"王启监厥乱为民。"则是诸侯谓之监也。盖商人之制,八州八伯使大夫监之,虽武王之初亦因商制,所以三监监武庚是也。成周之制,九州九牧下有伯,所谓五侯九伯是也,九州九牧每牧之下有二伯,则十八伯矣,二伯分掌九州之牧,伯则是有四牧之半为九伯也,盖五侯举全数也,周既以伯佐牧矣,则不复大夫监之也,皆立其监者,谓诸侯之自监其一国耳。

以《王制》所记为殷制,以诸侯即监、五等诸侯自监一国乃周制,此系调和、增广郑康成之说。案:监即诸侯为西周制度并不可信,然《王制》所记是否殷制尚需他证以兹参酌。先儒亦有破郑注、孔疏而以《礼记·王制》所述为周制者,宋儒卫湜《礼记集说》引刘孟冶即曰:

> 天子之于大国诸侯,何其拳拳不释焉,三卿之命,诸侯不得而专,皆出于天子矣,又使其大夫为三监监其国,盖天下之患当制其始,始之不制,终将若何,故地方益密,法度愈详,不如是则不足分其权也。不惟此也,诸侯之征伐,固所以捍外患而御外凌,必天子赐之弓然后敢征,诸侯之生杀固所以助天子之赏善罚恶,必天子赐鈇钺然后敢杀,今也诸侯之贵而大夫有以制之,有以见天子之重矣。

大国三卿之命出于天子,诸侯征伐、刑杀亦需受命于天子,凡此皆周制,刘氏以此为据而论《王制》所记乃周天子为防止诸侯专权而于诸侯国置监,其说甚塙。

综上可明,西周之监并非诸侯,《周礼·天官·冢宰》所记亦非西周制度。西周时期,天子有遣大夫为监以监察诸侯之制,然而是否每国置三监,尚待他证。

二 周初三监

上引《礼记·王制》所记每国置三人为监似与周初三监有关,孙希旦《礼记集解》云:"愚谓方伯之国设三监,经传皆无其事,而惟见于此篇,岂其周初有三监监殷之事,故欲放而设之与?"其说是。周初三监及三监叛乱之事,向有岐说,兹将相关问题略作梳理。

周初"三监"之名见于《尚书大传》《书·大诰序》及近年新见清华简《系年》等,如孔颖达《毛诗正义》引《尚书大传》曰:"武王杀纣,继公子禄父,使管叔、蔡叔监禄父,禄父及三监叛。"《逸周书·作雒解》、郑玄《诗谱》及皇甫谧《帝王世纪》皆即以管叔、蔡叔及霍叔为"三监"。《作雒解》云:

> 武王克殷,乃立王子禄父,俾守商祀。建管叔于东,建蔡叔、霍叔于殷,俾监殷臣。

《诗谱》云:

> 武王伐纣,以其京师封武庚,三分其地,置三监,使管叔、蔡叔、霍叔尹而教之。自纣城而北谓之邶,南谓之鄘,东谓之卫。

《帝王世纪》曰：

> 自殷都以东为卫，管叔监之；殷都以西为鄘，蔡叔监之；殷都以北为邶，霍叔监之。是谓三监。

以管、蔡、霍三叔为三监系古人成说，渊源有自。"三监"之称亦见于清华简《系年》，其文云：

> 周武王既克殷，乃设三监于殷。武王陟，商邑兴反，杀三监而立录子耿。[10]

《系年》亦有三监之说，足证战国时期已有三监之称。然而《系年》所谓"武王陟，商邑兴反，杀三监而立录子耿"与传世文献所记不合，似非西周史实。《系年》所涉问题较为复杂，容另文申述。

《汉书·地理志》又以武庚、管叔、蔡叔为三监，其文曰：

> 周既灭殷，分其畿内为三国。邶，以封武庚；鄘，管叔尹之；卫，蔡叔尹之。

然武庚实系被监者，不得与管、蔡并列为三监[11]，故《地理志》之说不足据。

管叔、蔡叔及霍叔别有封国，仅为周王所委派之监官，而非周王在殷旧地所封建之诸侯，马瑞辰《毛诗传笺通释·杂考各说·邶鄘卫三国考》于此有详论，马氏云：

> 若如郑《谱》及皇甫谧说，三叔分监其地，则武庚转无分地矣。《汉书·地理志》武庚封邶，管叔尹鄘，蔡叔尹卫，皆于经传无征。……《逸周书·作雒解》云："俾康叔宇于殷。"《史记·卫世家》云："以武庚殷余民封康叔为卫君，居河、淇间故商墟。"是知康叔封卫即武庚旧封，则知武庚兼有卫地，不仅邶矣。盖周封武庚于殷，实兼有邶、鄘、卫之地，二监[12]别有封国，而身作相于殷，并未尝分据邶、鄘、卫之地也。

马氏又以诸监皆未就国而往殷地监武庚，此说是非难以遽定。周初周公、召公受封为鲁侯、燕侯，皆遣元子就封，而身相王室。元子就国之举，系周王之命，如召公元子燕侯克即以王命而适燕就国，事见克罍、克盉铭。克盉云：

> 王曰：大保，唯乃明乃心，享于乃辟。余大对乃享，命克侯于匽（燕）。……克宅匽（燕），纳土眔有司，用作宝尊彝。（《新收》[13]1367）

三监监殷似未就国，然是否遣元子就封，尚需更多史料以资研琢。另外，三监各自管辖范围诸说各异，由于缺乏新史料，相关讨论暂付阙如。

三监之中管、蔡二叔导武庚叛周而霍叔未与（详下）。霍叔虽未祸乱周室，但载籍皆云"三监"（"三叔"）叛周者，此盖太史春秋笔法。西周金文亦见春秋笔法之例，如史墙盘记恭王以前西周诸王事迹皆有功烈可书，独穆王云"型帅宇海"，义即穆王以己之仪范教诲天下，明褒实贬[14]。史载霍叔叛周者，亦犹晋太史董狐记赵盾弑其君晋灵公事。《春秋经·宣公二年》云：

> 秋九月，乙丑，晋赵盾弑其君夷皋。

《左传》详叙其事，谓晋灵公不君，赵盾、士会谏之而灵公不悦，灵公欲搏杀赵盾，反为盾同宗赵穿所弑，《传》文说赵盾弑君之事云：

> 秋九月，……乙丑，赵穿攻灵公于桃园。宣子未出而复，大史书曰"赵盾弑其君"以示于朝。宣子曰："不然。"对曰："子为正卿，亡不越境，反不讨贼，非子而谁。"宣子曰："呜呼！我之怀矣，自诒伊戚。其我之谓矣。"孔子曰："董狐，古之良史也。书法不隐。赵宣子古之良大夫也，为法受恶，惜也。越竟乃免。"

霍叔叛周与赵盾弑君相类，管叔、蔡叔乃霍叔亲兄，且霍叔与之同为三监而未能弥祸，史亦罪之。史遂有《书·大诰序》"武王崩，三监及淮夷叛，周公相成王将黜殷，作《大诰》"之说。《逸周书·作雒解》述其事最详，其文曰：

> 武王克殷，乃立王子禄父，俾守商祀。建管叔于东，建蔡叔、霍叔于殷，俾监殷臣。武王既归。成岁十二月崩镐，肂予岐周。周公立，相天子，三叔及殷东徐奄及熊盈以略。周公、召公内弥父兄，外抚诸侯。……二年，又作师旅，临卫政殷，殷大震溃。降辟三叔，王子禄父北奔，管叔经而卒，乃囚蔡叔于郭凌。

《作雒解》虽言三叔（管叔、蔡叔、霍叔）与武庚等略周地、叛周室，然"降辟三叔"却不及霍叔，此又霍叔未参与叛乱之明证。《史记·管蔡世家》记管蔡叛周之事，皆不及霍叔，此又为霍叔未叛之证。于此学者有详论，详参王引之《经义述闻·尚书·三监》，兹不赘引。伪《古文尚书·蔡仲之命》云："降霍叔于庶人，三年不齿。"伪孔《传》："罪轻，退为庶人。三年之后乃齿禄，封为霍侯。"案：此说不可据，霍侯之立在武王克商后，详见《管蔡世家》，以霍叔罪轻退位庶人恐系作伪者向壁虚造之论。伪《古文尚书》之不可信据亦可见一斑。霍叔未参与三监之乱者，盖因霍叔与武王兄弟和睦、武王对其宠荣优渥之故。霍叔即天亡簋之天亡，其本于先周受封于天，遂以天为氏，武王灭商后又近封于霍[15]。天亡簋（《集成》4261）云：

> 乙亥，……天亡右（佑）王，衣（殷）祀于王……丁丑，王卿（饗）大宜，王降亡勛（勋）爵復甂（囊）。

即天亡为武王助祭而受赏之事。

司马迁作《史记·管蔡世家》之时，对"三监"叛乱之春秋笔法已不甚了了，其于霍叔未参与叛乱及"三监"叛周两个看似自相矛盾的记载之间难以取舍，遂否定了周初有"三监"之事，仅言管叔、蔡叔初相武庚后又挟之作乱。《管蔡世家》云：

> 武王已克殷纣，平天下，封功臣昆弟。于是封叔鲜于蔡，封叔度于蔡，二人相纣子武庚禄父，治殷遗民。……封叔处于霍。……武王既崩，成王少，周公旦专王室。管叔、蔡叔疑周公之不利于成王，乃挟武庚以作乱。

太史公之说亦散见于《周本纪》《鲁周公世家》《卫康叔世家》等。《管蔡世家》所言管叔、蔡叔相武庚，武庚叛乱等事，皆不及霍叔。太史公以降，学者莫衷一是，致使异说纷出。《汉书·地理志》又以管、蔡合武庚为三监，马瑞辰《毛诗传笺通释·杂考各说·邶鄘卫三国考》又出"专指监殷而言，则监者仅止二人，兼指监殷臣民，则武庚亦在三监之列"之调停之说，皆不足据。因霍叔未乱，学者亦有否定周初有三监者，如王引之《经义述闻·尚书·三监》即以三监为二监之讹，崔述《丰镐考信录》[16]亦谓霍叔未尝监殷。

三　西周诸监及其衰亡

监的主要职责即在于监察，《诗·小雅·节南山》云："国既卒斩，何用不监？"郑玄《笺》："天下之诸侯日相侵伐，其国已尽绝灭，汝何用为职，不监察之？"是监即监察之谓。监自周初设立以来，逐渐成为西周时期一项重要政治制度，其设置范围十分广泛，大致包括百官之监、内外服所置之监、盐监等，诸监的职能亦主要在于对百官、内服邦君、外服诸侯及盐业资源的监察。

1. 百官之监

西周金文有"监司""聝司"之职，前者如：

> 唯十又一月初吉辰在丁亥，王在宗周，王格太师宫。王曰：善，昔先王既命汝左胥夒侯，今余肇申先王命，命汝左胥夒侯，监齵师戍。（善鼎《集成》2820）

> 王曰：颂，命汝官司成周贮廿家，监司新造贮，用宫御。（颂鼎《集成》2828）

后者如：

> 余命汝死我家，聝司我西扁、东扁仆驭、百工、牧、臣妾，董裁内外，毋敢不善。（师獣簋《集成》4311）

> 王呼内史尹册命师兑：余既命汝胥师龢父，司左右走马，今余唯申就乃命，命汝聝司走马。（三年师兑簋《集成》4318）

> 王册命尹赐盠：赤市、幽亢、攸勒，曰：用司六师王行、参有司：司徒、司马、司空。王命盠曰：聝司六师眔八师埶。（盠尊《集成》6013）

"监司"，即监视、监察之谓。"聝"，读作聪[17]，《说文·耳部》："聪，察也。"故，"聝司"亦监察之谓。学者也已指出，盠之职责即监察六师、八师[18]。所异者，监司主目视，聝司主耳闻。二者皆系周天子所置，以监察王朝百官。

2. 内、外服所设之监

周王朝于外服应国所置之监——应监、鄂监已见上文。由此可见，西周初年不仅在殷旧地置三监，以监察武庚及殷遗民，在周王朝所封建的同姓诸侯国亦设监，以监察诸侯。事实上，周王朝于外服诸侯所置之监非局限于应国、鄂国，由几父簋之"诸侯、诸监"知，周天子于外服诸侯置监为普遍现象。据文献记载，周王朝为控制迁往成周之殷遗民，亦启监以治之，《书·多方》："王曰：'呜呼！猷告尔有方多士暨殷多士：今尔奔走臣我监五祀，越惟有胥伯小大多正，尔罔不克臬。'"伪孔《传》："监，谓成周之监。"是也。

周天子除于成周置监以臣殷遗民外，还在畿内岐周置监，以监察畿内邦君。周彝铭有"荣监"者，如：

> 叔趯父作旅再，其宝用。（正面）
> 荣监。（背面）（叔趯父再《集成》11719）

荣为畿内之邦，《史记·周本纪》："成王既伐东夷，息慎来贺，王赐荣伯，作《贿息慎之命》。"《集解》引马融曰："荣伯，周同姓，畿内诸侯，为卿大夫。"《通志·氏族略·以邑为氏》："荣氏，周大夫荣夷公，其先食邑于荣。杜预云：巩县西有荣锜涧，周畿内地也。"然器出扶风，则西周时期荣氏采邑似在岐周，叔趯父即荣监可明。此足证周天子于畿内采邑亦置监。

诸监的主要职责有二，其一在于监察诸侯，其二在于助周天子教化万民。监乃天子常设以察诸侯者，其有代天子巡查之职能，所监事项或与天子巡守诸侯之事相类。天子巡守诸侯之事见于《礼记·王制》，其文云：

> 天子五年一巡守，岁二月，东巡守，至于岱宗，柴而望祀山川，觐诸侯，问百年者就见之。命大师陈诗，以观民风，命市纳贾，以观民之所好恶，志淫好辟；命典礼、考时月、定日，同律、礼、乐、制度、衣服，正之。山川、神祇有不举者为不敬，不敬者君削以地；宗庙有不顺者为不孝，不孝者君绌以爵；变礼易乐者为不从，不从者君流；革制度、衣服者为畔，畔者君讨；有功德于民者，加地进律。五月南巡守，至于南岳，如东巡守之礼。八月，西巡守，至于西岳，如南巡守之礼。十有一月，北巡守，至于北岳，如西巡守之礼。

此即天子巡守及诸监监察之大略。

助天子教化万民之事见诸载籍。《尚书·梓材》即云："王启监，厥乱为民。曰：无胥戕，无胥虐，至于敬寡，至于属妇，合由以容。"[19]伪孔《传》："言王者开置监官，其治为民，不可不勉。教民无得相残伤、相虐杀，至于敬养寡弱，存恤妾妇，和合其教，用大道以容之，无令见冤枉。"（伪孔《传》以监为监官破郑玄监即诸侯之论，其说甚谛）教民向德、相亲亦诸监职责之一端。

周王朝于畿内、外服、殷商故地及殷遗民聚居之处均设监以实现对其监察，可明监并非临时、权宜之计，乃周王朝实现对天下诸侯、臣民的监察而实施的一项重要政治制度。

3. 盐监

为了控制海岱地区的海盐资源，周王朝还于东土置盐监。卤监鼎出山东省龙口市（原黄县）[20]，其铭曰："卤监作宝尊彝。"则卤监之所在即今之龙口市。今龙口、掖县以西在商周时期为海盐主产区，《尔雅·释地》："（十薮）齐有海隅。"郭璞《注》："海滨广斥。"郝懿行《义疏》："今自登莱之黄县、掖县以西，历青州之寿光、乐安以东，及武定之海丰、利津以北，延袤千余里间，皆海隅之地。《管子》所谓渠展之盐，《左传》所云泽之萑蒲、薮之薪蒸，盖胥于是焉。"山东半岛海滨广斥，盐卤遍地，卤监之设，其意即在控制该地盐卤。卤监鼎属西周成康时期，卤监之设当在周初。然时至昭王时期仍有为争夺海盐而行征伐之事，如小臣謎簋记伯懋父以殷八师讨东夷、征五䚄之事，䚄从卤，与盐卤相关，"五䚄"即《管子·地员》之"五桀"，乃海滨广斥之地，此铭即周王朝为掠夺海盐资源而发动战争之明证[21]。可见盐在西周时期是重要战略资源，西周王朝为占据盐卤等重要资源，既有常设之盐监，又不惜动用武力来维护其食盐供应的安全。西周盐监袭自殷商之制[22]，又为后世盐业官营及盐监制度的直接来源。

外服所置之监，尚有"阚监"（阚监鼎，《集成》2367）。"阚"，于省吾读为"管"，即管蔡之管[23]，地在今河南郑州。所监未详。

西周时期存在以官为氏的传统，监亦有职官逐渐成为了氏名，如：

  仲再父作厥皇祖考夷王、监伯尊簋。（仲再父簋《集成》4188）

  邓孟作监嫚尊壶。（邓孟壶《集成》9622）

两者即以官为氏之例。

西周时期周天子广泛置监，其监察范围涵盖王朝百官、畿内邦君、外服诸侯及重要战略资源。西周时期设监的主要目的，在于实现天子对百官、诸侯及重要资源的监察。西周时期所设之监是秦汉以后监察制度的滥觞。

东周时期，天子卑微诸侯僭越，《国语·吴语》记黄池之会时董褐有"周室既卑，诸侯失礼于天子"之语、东周时期曾侯与钟又有"周室之既卑"[24]之言，皆是周室卑微之明证。周天子亦无力监察邦君、诸侯、控制重要资源，西周王朝所确立的"监"制也失去了存在的基础，彻底废亡。另外，东周时期由于战争频仍，军队对于诸侯国的存亡、兴衰具有重要意义，因此诸侯对于军队格外重视，故而又以国之贵胄、君之宠臣为监军，以便监察控制军队，《史记·司马穰苴列传》云："齐景公召穰苴与语兵事，大说之，以为将军。……穰苴曰：'臣素卑贱，君擢之闾伍之中，加之大夫之上，士卒未附，百姓不信，人微权轻，愿得君之宠臣、国之所尊以监军，乃可。'于是景公许之，使庄贾往。"监军之设虽系司马穰苴所请，然亦时势使然，监军之任非国君之亲信、宠臣不可。东周时期的监军又为后代相关制度的渊薮。

注 释

[1] 中国社会科学院考古研究所：《殷周金文集成》（修订增补本），中华书局，2007年。

[2] 田率：《新见鄂监簋与西周监国制度》，《江汉考古》2015年第1期。

[3] a. 郭沫若：《释应监甗》，《考古学报》1960年第1期。
　　b. 耿铁华：《关于西周监国制度的几件铜器》，《考古与文物》1985年第4期。
　　c. 赵伯雄：《周代国家形态研究》第151~154页，湖南教育出版社，1990年。
　　d. 杨宽：《西周史》第130页，上海人民出版社，2003年。
　　e. 王玉哲：《中华远古史》第592~594页，上海人民出版社，2003年。
　　f. 任伟：《西周封国考疑》第272~281页，社会科学文献出版社，2004年。

[4] a. 徐中舒：《西周史论述（上）》，《四川大学学报》（哲社版）1979年第3期。
　　b. 伍仕谦：《论西周初年的监国制度》，《人文杂志（丛刊）》第二辑，1984年。
　　c. 徐锡台：《应、申、邓、柞等国铜器铭文考释》，《容庚先生百年诞辰纪念文集》，广东人民出版社，1998年。

[5] 郭沫若：《释应监甗》，《考古学报》1960年第1期。

[6] 黄益飞：《应国具铭铜器研究》第三章第一节，中央民族大学硕士学位论文，2010年。

[7] （宋）蔡沈：《书集传》卷四，凤凰出版社，2010年。

[8] 屈万里：《尚书集释》第170页，中西书局，2014年。

[9] （清）孙诒让：《孙诒让遗书》第503页，齐鲁书社，1983年。

[10] 清华大学出土文献研究与保护中心编，李学勤主编：《清华大学藏战国竹简》（贰）第三章，中西书局，2011年。

[11] 伍仕谦：《论西周初年的监国制度》，《人文杂志（丛刊）》第二辑，1984年。

[12] 清儒王引之以"三监"之中并无霍叔，"三监"乃"二监"之误，"二监"指管叔、蔡叔，马氏据以立说。王说虽不确，然马氏以诸监别有封国之说甚是，后文于此有详论。

[13] 钟柏生、陈昭容、黄铭崇、袁国华：《新收殷周青铜器铭文暨器影汇编》，艺文印书馆，2006年。

[14] 冯时：《史墙盘铭文所见西周政治史》，《第四届国际汉学会议论文集——出土材料与新视野》，中研院，2013年。

[15] 冯时：《天亡簋铭文补论》，《出土文献》第一辑，中西书局，2010年。

[16] （清）崔述：《丰镐考信录》卷四，《崔东壁遗书》，上海古籍出版社，1983年。

[17] 李梦涵：《毛公鼎相关问题研究》第四章，中国社会科学院研究生院硕士学位论文，2015年。

[18] 马承源主编：《商周青铜器铭文选（三）》第229页，文物出版社，1988年。

[19] 前文已论此语非出《梓材》，为讨论方便仍系于《梓材》篇。

[20] 李步青、林仙庭：《山东省龙口市出土西周铜鼎》，《文物》1991年第5期。

[21] 冯时：《古文字所见之商周盐政》，《南方文物》2009年第1期。

［22］ 冯时：《古文字所见之商周盐政》，《南方文物》2009年第1期。

［23］ 于省吾：《利簋铭文考释》，《文物》1977年第8期。

［24］ 湖北省文物考古研究所、随州市博物馆：《随州文峰塔M1（曾侯与墓）、M2发掘简报》，《江汉考古》2014年第4期。

新疆青铜时代的分区试析

——考古类型学的视角

丛德新

本文试图对新疆地区考古学的研究历程与成果进行梳理，涉及了新疆地区的旧石器时代考古学文化、新疆彩陶、青铜时代的遗存、金属器、人骨研究成果。提出新疆地区考古学文化研究中需重点关注的两个问题，即地理环境对考古学文化的影响、关注青铜时代考古学文化与"丝绸之路"的关系。并提出新疆地区考古学文化的分区标准，进行了分区。进而对各区考古学文化分别进行了介绍，其中尤其注重墓葬、陶器、铜器等方面。

一　新疆地区考古学研究简述

自19世纪末、20世纪初，中国新疆地区的古代文化遗存开始为世人所了解，这一地区很快成为欧亚大陆上最具吸引力的考古热土。众多古代文化遗存的发现与西方探险家的考察活动有着密不可分的关系，但这些大多是非正规的考古工作，甚至对古代遗址造成了巨大的破坏。自新中国建立，相对正规的考古工作逐渐开展起来，中国考古工作者开展了许多卓有成效的工作；尤其是20世纪80年代以来，新疆地区的考古发掘渐成规模，新发现层出不穷，许多空白领域得到填补，并屡屡突破前人的旧说，研究新论迭出[1]。20世纪80年代以来，相继出版了多种考古报告和资料汇编，新发现显示出越来越大的影响力。中国考古学者们围绕着这些考古发掘成果的研究工作，也取得了令人瞩目的成果。

经过学者们的不懈努力，新疆地区各个阶段的考古学研究日益深入，尤其是新疆青铜时代的研究领域，更涉及古代环境、人种及DNA遗传研究、动物考古学、植物考古学、文化间互动、冶金史等多个方面。

这个阶段已有的研究论文既涉及对新疆地区史前各阶段考古学文化的命名及认识、区域考古学文化研究，也涉及陶器类型学、青铜器制作以及冶铜业的发展阶段研究，还有人类学、生态环境等方面的研究。凡此，可以看作是对新疆地区史前时期历史画卷的多方位、多角度的描述。虽然这些研究的深度和广度并不那么齐整，也许有的还未达到对这一地区史前生活进行准确摹写的地步，但研究者的触角已经开始撬动或正在触及新疆及周边地区古代文化研究、探索之路上的横亘着的阻碍，相信不久的将来，研究成果会越发清晰也越发令人期待和振奋。

已有的考古成果和迄今为止的研究显示，新疆地区的旧石器时代考古学文化基本面貌对于大多数研究者而言，至今仍是一个待解的课题[2]。虽然在从东疆的吐鲁番故城沟西台地，绵延至葱岭上的塔什库尔干吉日尕勒等地的广大空间，都有比较重要的石叶—刮削器采集点的发现。但正如研究者所言，对这些遗址的准确测年工作的滞后，以及地层学上存在的一些问题，仍然制约着对此类遗存的深入研究。相对于新疆地区旧石器考古研究存在的困惑，目前学者们对新疆地区史前文化的定性命名、彩陶、铜器以及地域文化面貌认识等方面，却有了越来越深入的认识[3]。

新疆地区陆续发现的一些彩陶的遗存，一直以来，备受关注。对新疆彩陶这一课题的研究过程，实际上也可以看做是中国考古学者们对新疆考古学研究历程的一个缩影[4]。从最初的纯粹单一的彩陶研究，进行程式化的分类，发展到今天大多数的研究者已自觉地将其视为考古学区域文化研究中的一个组成部分。研究者们跳出了新疆彩陶"西来说"或"东来说"简单定式的束缚，从更广域的视角来审视新疆区域文化的发展、变化过程，以及其中所反映的不同阶段、不同方式的文化交流形式。这种研究视野的转变，一方面是受到了材料、研究角度的推动，同时也是深受了时代学术思潮的启示。在诸如新疆彩陶以及对青铜时代的认识等问题上，学者们的研究成果或许并不是唯一令人关注的话题，透视研究历程，了解一代代研究者们在新疆地区考古学研究道路上的改进过程，也是同样值得关注的。

新疆地区新近发现的比较重要的青铜时代的遗存，不论是在环塔里木盆地周边，还是在东疆、北疆乃至帕米尔高原上，屡屡见诸报道，内容非常丰富。受到不断涌现的新材料的启发和引导，探讨新疆地区考古学文化分区的研究文章不仅数量较多，而且颇具深度。陈戈、王炳华、安志敏、水涛、韩建业等人的论文，着眼于全疆范围内不同的地域文化特点，进行划分类型、区域、比定年代，阐述各区域文化的特质乃至探讨各区域间的文化交互关系的研究，蔚成风气，成就斐然[5]。

这些工作对于推动新疆地区新石器至青铜时代—早铁器时代的考古学文化研究的深入开展，大有裨益。尽管上述学者的结论见仁见智，但大家"不约而同"将目光聚焦到对新疆地区考古学文化的分区、分期的问题上来，表明这一课题在构建新疆地区考古学文化框架中举足轻重的位置。在不断的探讨中，逐渐区分出如塔里木盆地北缘区、塔里木盆地南缘区、罗布泊地区、哈密及周边地区、吐鲁番盆地及周边地区、帕米尔地区、伊犁河流域、环准噶尔盆地区以及天山中部山各区等八九个相互关联的区域。这里需要说明的是，这里归纳的地区，仅是目前材料较多的地区，在时代上也不完全具有共时性，随着新材料的出现，这一分区体系还会进一步补充与修正。

除此之外，近年来新疆地区出土越来越多的古代金属器已经引起了广泛的关注，关于这方面的论述也屡有刊布，新意迭出。梅建军等人对部分地区铜器的检测分析，揭示了新疆东部青铜器中有砷铜及含砷元素的青铜的存在。从自然科学的角度所做的研究、论证，涉及了新疆地区早期冶金发展及与周邻地区的关系等课题，体现出了良好的学术背景和开阔的学术视野。相信从青铜冶金这个角度来探讨新疆与周邻地区的文化往来，会得出更多的具有说服力的结论，因而尤其令人期待[6]。

自1929年英国人基思（A.Keith）发表了对出自塔克拉玛干沙漠东北部墓葬的头骨资料的研究报告以来[7]，对于新疆地区的古人类种族的研究，在很长的一段时间内是西方研究者的专属领域。韩康信等学者自1986年开始，连续对新疆境内出土的古代居民骨骼资料进行种族人类学的研究，成果颇丰。其中对新疆罗布泊孔雀河下游古墓沟墓地出土的人骨研究，是其中出色的研究个案之一[8]。古墓沟墓地有两组不同形式的墓葬，墓葬中没有考古研究者惯常关注的陶器出土。

韩康信根据墓葬出土的人骨资料，归纳出人骨的特点具有古欧洲人类型特点，进而又区别出与南西伯利亚的米努辛斯克盆地内相似的安德罗诺沃变种类型和阿凡纳羡沃类型。有趣的是，这两组人骨类型分别与墓地中不同的墓葬类型相对应。在此基础之上，韩康信提出了古代新疆地区居民的一种迁徙模式，极大地启发了考古学者对这批材料的认识。近年来，小河墓地等完整材料的整理和发表，更进一步推动了这方面的研究。在以往考古学和体质人类学研究的背景下，吉林大学等利用人类线粒体DNA遗传数据及利用分子遗传学方法研究新疆古代居民人种学的工作开始起步，这一领域的新成果陆续展现并引起了人们的重视。

自然科技手段在考古学中的应用，也开拓出一些新的研究领域，扩大了研究视野。张全超、王明辉等通过对人类骨骼的化学分析进行古代人群的食性研究，从新疆和静县察吾乎四号墓地出土人骨微量元素含量中，获得古代人群的食谱结构，得出了察吾乎四号墓地的古代居民食物结构中以肉食为主，植物类食物所占比重相对较少的结论，从量化的角度支持了考古学者的研究。

二 新疆地区"青铜时代"的时代界定

新疆地区的"青铜时代"在时间上界定在公元前2000~前1000年。这是由于新疆地区目前较少可以称之为青铜时代的、公元前2000年之前的遗存[9]。无论是通过^{14}C测年，还是用陶器等考古材料与周边文化的比较，基本上集中在以公元前2000年作为一个较早的时代界限。新疆周边地区（西、北、东面）的青铜时代起始时代上皆较早，使新疆地区的同类型遗存显现为时代上的一个"盆地"。相信随着今后考古工作的深入与测年手段的改进，也许将来可能有一些变化。

新疆地区公元前2000年以降，至公元前1000年的历史发展阶段目前有"铜石并用时代""青铜时代""铜器时代""金属器时代"以及"早期铁器时代"等不同的称谓[10]。其中"青铜时代"及"早期铁器时代"的称呼使用较多,"早期铁器时代"的概念,往往与"青铜时代"在时间上相互重叠,界定的标准更为模糊。我倾向采用"青铜时代"的称谓,主要的依据是在工具或武器之中开始使用青铜这个判断标准;同时,也兼顾到目前新疆地区古代遗存测年的实际情况;此外,对新疆考古学文化历史阶段的划分,不能忽视其与周边地区考古学文化的对应关系,因此,认为青铜时代或许能够反映这个时期遗存的整体面貌的时代特征。目前多种提法并存的现象,原因之一是,依据的标准没有一个清晰的说明,对各主要遗址(墓地)内出土各种金属遗物缺乏准确的量与质的统计,缺少量化的标准等。

三　新疆的地理单元

新疆位于亚洲大陆的北部,地形地貌特点以往简言之表现为"三山夹两盆"——北部的阿尔泰山,中部的天山和南部的昆仑山分别将准噶尔盆地和塔里木盆地包容其中的构造特征;仔细划分,还可区分出准噶尔—吐哈盆地、伊犁盆地、塔里木盆地和其相间的山带以及山带之间的谷地(沟谷)等,后一个特点在天山的中部和西部表现得尤其突出。从地质学的角度,甚至可以进一步划分出10个二级构造单元,21个三级构造单元[11],凸显了新疆地区地貌及结构上的多样性。

在整个新疆的范围内,既有天山南北两个大的地理分区,又有相对较小的地理单元,如哈密、吐鲁番盆地,环塔里木周边绿洲,帕米尔高原以及天山中部沟通南北的沟谷地带及天山西部多列的东西向山谷等;天山横亘中间,自东向西延伸沙漠、戈壁面积广大;南北相对隔绝;绿洲在沙漠的边缘,多依河流附近,随河流摆动。

这样的地理环境使该地区东西向的交流比较便利,也使古代文化的分布在三条地理线上居多。遗址(墓葬)主要的分布特征是沿绿洲及山前坡(台)地分布;受到地理环境的影响,不同地理单元内遗址的构筑形式表现出差别,文化面貌也有各自的特征,显示出各地区间的区别是存在的。这种区别的产生可能有时间上的先后,但遗址(墓葬)的内涵也显示了地域间的差别。这种相对独立的单元的存在,既是青铜时代多样文化遗存存在的基础,也是汉通西域时期新疆众多"城郭之国""行国"等不同特质小国(集团)林立政治格局的深层次背景。

新疆地处古代几个著名的农业和游牧文明之间,是各种文化交流与融合的重要地区,各种不同的文化因素的影响在新疆内不同的地域也各有表现。新疆青铜时代古代文化所显示出的特点也可以看到高耸的山脉不仅没有阻隔文化的交流和人群的移动,反而成为文化传播的坐标和桥梁。古代文化以及人群的流动,正是借此为导向,在欧亚大陆的深处悠久而缓慢地发生着。

四 新疆地区青铜时代考古学文化的分区

（一）分区标准的思考

在前述引文中，对新疆地区青铜时代考古学文化分区的研究已经卓有成效了。但新材料的出现，使得这一研究仍然具有吸引力。对于分区的划分，在充分考虑了地理环境的因素之外，主要涉及考古学文化的自身特点。在充分重视对陶器的组合和其他随葬品研究基础之上，还应该重视对遗迹的构造形式、埋葬习俗等内容做仔细区分。

目前主要依据各区域已知的考古材料，并结合了各区域的地理特点，将新疆地区的考古学文化区分为八个大的文化区（图1），即塔里木盆地北缘区、塔里木盆地南缘区（分为两个区域）、罗布泊地区、哈密及周边地区、吐鲁番盆地及周边地区、帕米尔地区、伊犁河谷及周边、环准噶尔盆地区[12]。从目前的材料分析，各区域内的文化类型是否具有一脉相承的关系，尚难做出肯定的结论（也可能存在其他文化类型）。但是在一定的时期内，它们各自具有较强的一致性，表现出相对稳定的特点。还有一点值得说明的是，目前划出的分区，只局限在我国新疆的区域内，实际上部分考古文化区域的范围，还可能跨越当今的国界而呈现。

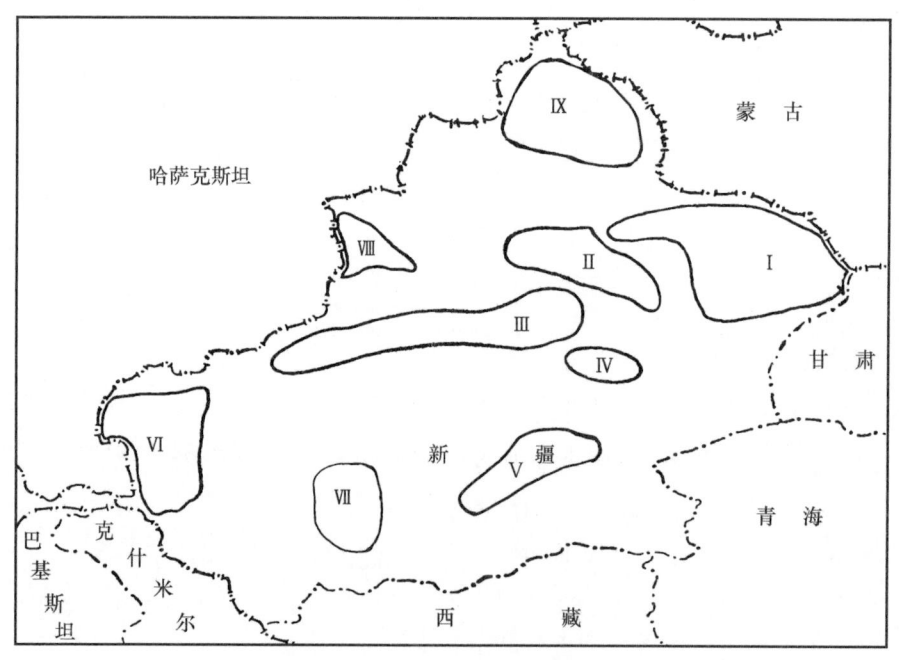

图1 新疆青铜时代考古学文化区域示意图

（二）新疆地区各考古学文化区

1. 哈密盆地—巴里坤区

该区域主要以新疆东部的哈密盆地及其周边为主，包括了巴里坤草原及天山东端北麓的木垒、吉木萨尔等地。东边隔河西走廊与甘肃相呼应。现有的材料显示具有较早年代的特点，在公元前2000年左右，这一区域的陶器与甘青地区的四坝文化、火烧沟文化的陶器显示了较多的相似性。在该区域中有以哈密天山北路墓地和焉不拉克遗址为代表性的两类遗存。前者主要分布在天山北路林场和雅满苏矿一带，墓葬形制以长方形土坑竖穴和竖穴土坯墓为主，土坯墓在这一时期很少见，在青铜时代之后相对较多。葬式主要为侧身屈肢葬；陶器以夹砂红陶为主，多平底器。器形以各种双耳罐为大宗，还有单耳罐、筒形罐、壶形器、注形器和盆等；彩陶主要是红底黑彩，纹样以几何纹为主，有菱形纹、三角纹、竖线纹和松叶纹等（图2）。其他种类的器物还包括石器、青铜工具及饰件，还有金、银、骨、贝蚌饰件等。天山北路遗存的年代大致可以确定在公元前2千纪中叶[13]。可以归入这一类的墓葬类型还有哈密五堡水库等。

焉不拉克墓葬目前在哈密盆地也发现多处同类型遗迹，如南湾墓地、寒气沟及腐殖酸厂等。发掘者将其命名为焉不拉克文化。焉不拉克墓地的墓葬形制以竖穴土坑或竖穴石室和土坯二层台为主，普遍使用土坯作为建筑材料，实行多人合葬和单人葬，葬式多为屈肢葬。陶器主要为夹砂红陶和灰黑陶，器形有单耳钵、单耳豆、腹耳壶、单耳杯、单耳罐、双耳罐、四耳罐等；有一定数量的彩陶，基本是红衣黑彩，彩陶纹饰主要有三角纹、锯齿纹、水波纹、纵向曲线纹、十字纹等，内彩比较发达。陶器之外，还有铜刀、铜箭头、镜和牌饰等青铜小件制品，还出现了小件铁器[14]。^{14}C测定的年代数据主要集中于公元前1300~前500年（数据均为树轮校正年代，下同）。天山东端北麓的木垒县、奇台县的同期遗址中也有较多与焉不拉克文化相同的因素，显示出了较为密切的联系。

2. 吐鲁番盆地—天山东部山谷区

包括吐鲁番盆地及天山中部的山间低谷，如阿拉沟、鱼儿沟等。目前发掘的遗址有鄯善县的苏贝希（苏巴什）遗址和墓地、洋海墓地、艾丁湖墓地，托克逊县的喀格恰克墓地[15]；天山东部的山谷有乌鲁木齐市的阿拉沟东风厂、鱼儿沟墓地及南山矿区等遗址。目前有学者以苏贝希文化统而称之[16]。该区域内的墓葬形制主要为竖穴土坑、竖穴洞室墓和竖穴石室等多种形式，地表上一般都有石堆或石围标志；陶器基本以夹砂红陶为主，器形有单耳罐、单耳钵、单耳杯、筒形杯、壶、瓮、带扳碗等，彩陶数量较多，以红衣黑彩为主，纹饰包括多种三角纹、涡旋纹、网格纹、水波纹、曲线纹、锯齿纹等。铜器则有刀、管銎戈、箭头、带钩、牌饰和铜镜等（图3）。^{14}C年代数据主要集中在公元前1000~前200年。依据现有的材料分析，天山东部沟谷区的

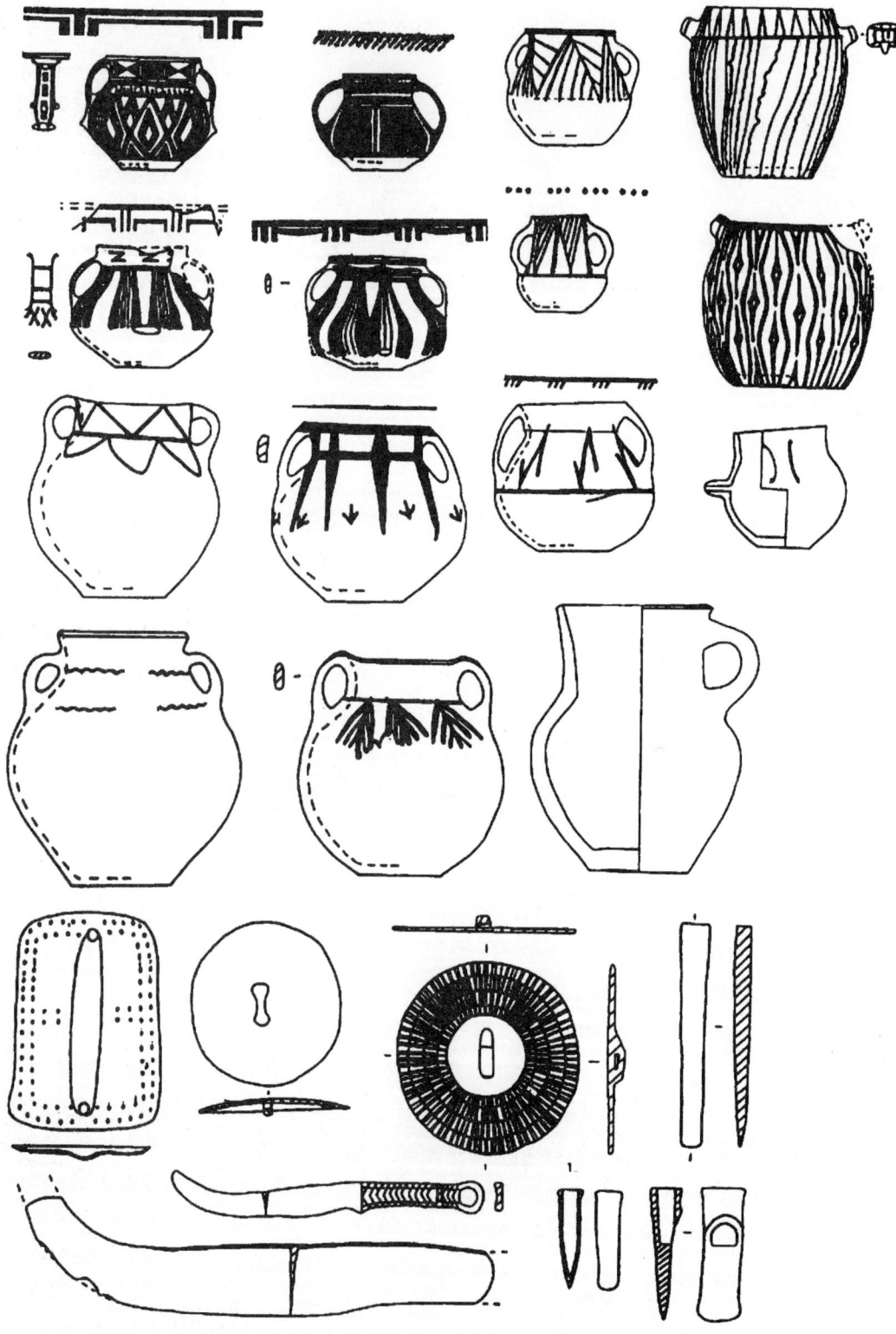

图2 天山北路墓葬出土的陶器与铜器

文化面貌与吐鲁番盆地有一定的差别，前者的起始年代可能早于吐鲁番盆地诸遗址的年代。

3. 塔里木盆地北缘区

主要包括天山中部山谷间的焉耆盆地及天山南麓、塔里木盆地北缘中部地区，以和静县察吾乎沟内的多处墓葬群及轮台群巴克墓葬、拜城的克孜尔水库墓地等材料为主[17]。已被命名为察吾乎沟口文化（察吾乎文化）。墓葬地表有石围、石堆或土堆标志等几种形式；后两处墓葬特点以地表有封土的石堆墓为主，规模一般较大，底部

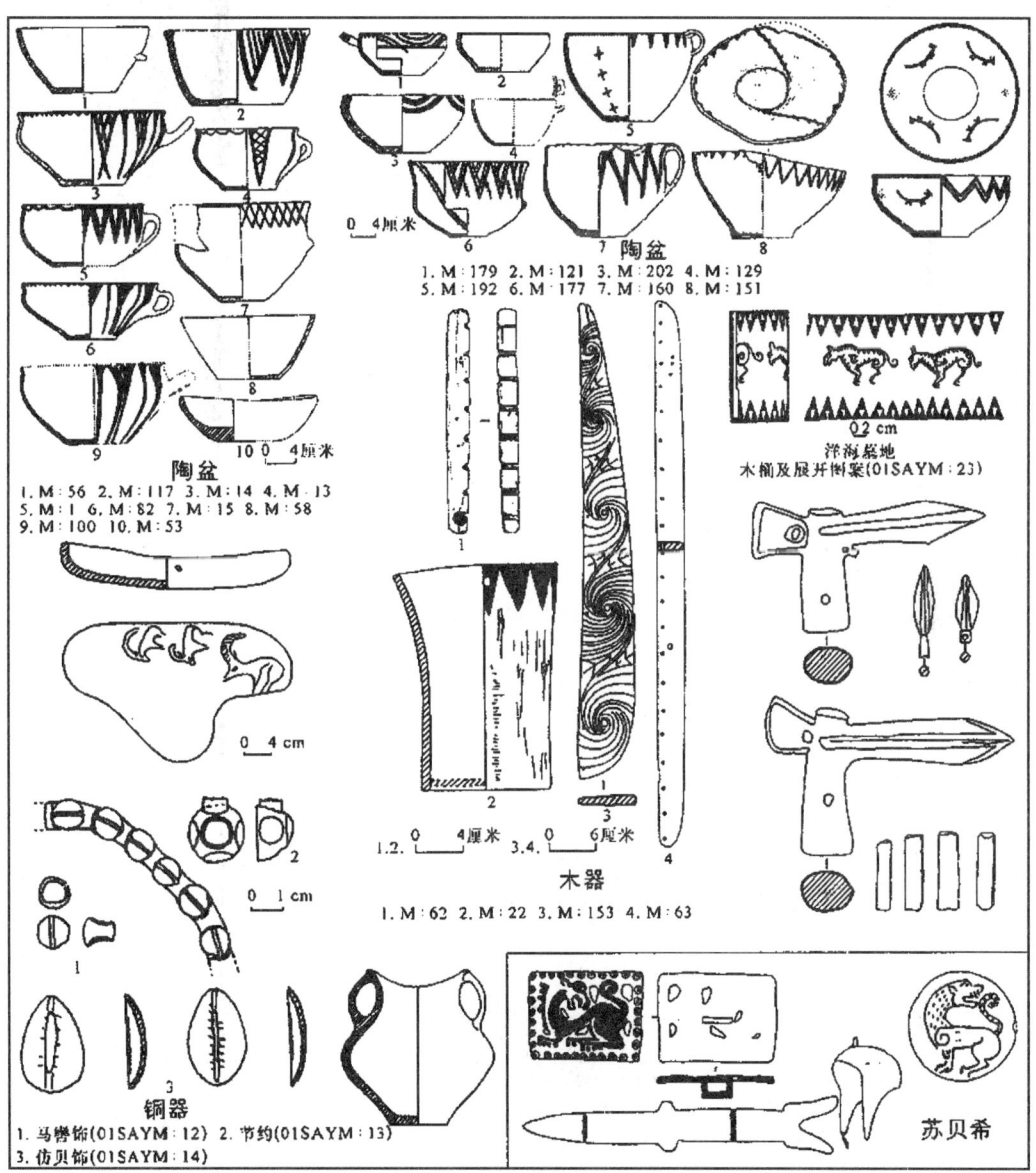

图3 吐鲁番洋海墓地和苏贝希墓地出土器物
（此图采自郭物《新疆史前晚期社会的考古学研究》，见注[31]）

直径有二三十米，高1.5米，在墓葬封土下有大量殉葬坑，坑内埋有马、羊等，中心墓口上有棚木。石围或土堆之下，有一个或多个墓室（坑），部分的中心墓室（墓坑）周围分别有埋葬儿童、马、骆驼小坑；墓室分竖穴石室（以石块砌出墓壁）和竖穴土坑两种。土坑墓有的带有小而长的墓道（？），以多人二次合葬为主，葬式为仰身或侧身屈肢。陶器基本以各种带流罐（器）最具特色，此外还有单耳罐、双耳罐、单耳杯、盆、钵、壶、釜形罐等器形。彩陶较发达，基本为红彩和黑彩两种，纹饰图案有三角纹、棋盘格纹、网格纹、折线纹、回形纹、菱形纹、竖线纹、斜向飘带纹等。铜器则有工具、武器和装饰品多种；铁器主要为小型器，种类有短剑、刀，其他质地还有骨、石、角器等。新疆地区铜镜存在两个系统：一是圆形镜，一是带柄镜，两类在该区皆有。

察吾乎沟文化的^{14}C年代数据主要集中在公元前900~前500年。已有学者对察吾乎沟文化进行了期别的划分，并将和静县察吾乎与轮台群巴克分别界定为不同的类型[18]（图4）。

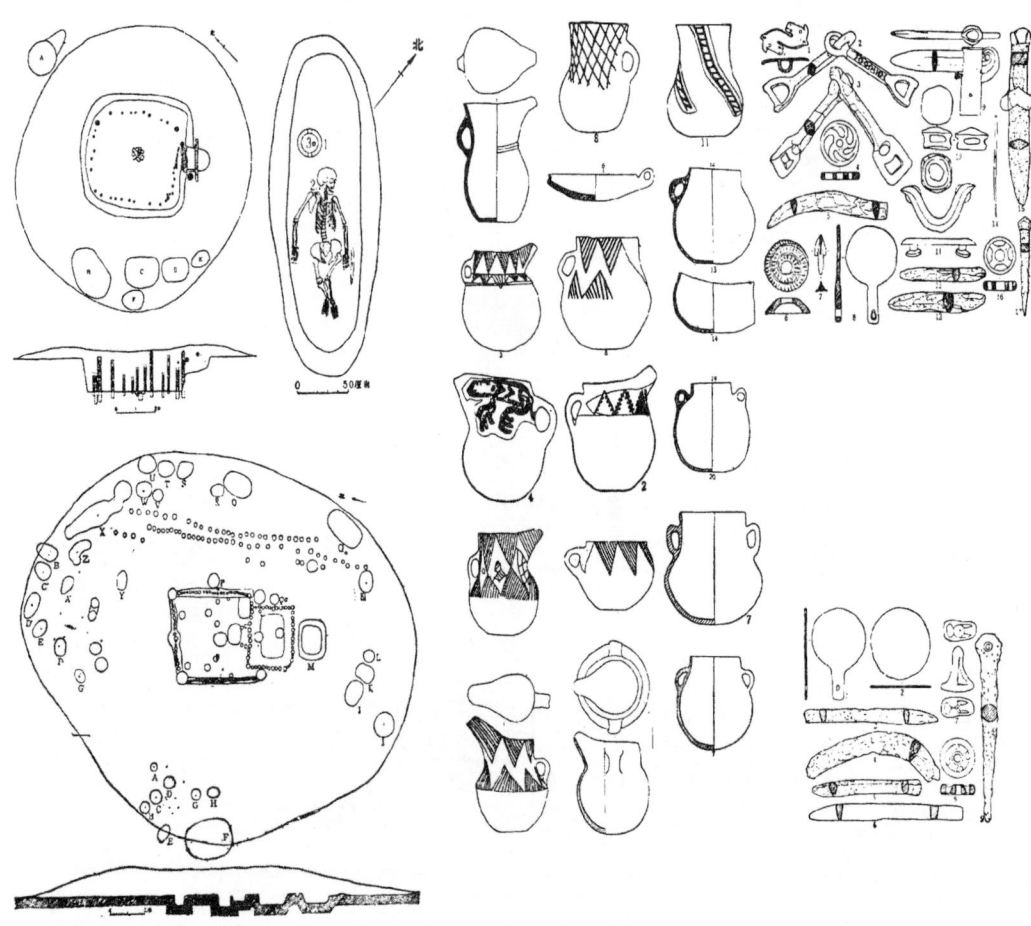

图4 轮台群巴克墓葬、遗物图

4. 塔里木盆地东缘区（塔里木河下游）

主要以罗布泊地区的小河5号墓地以及孔雀河古墓沟墓地为代表，还包括铁板河墓地和英国人斯坦因以及中瑞科学考察团在罗布泊地区的调查材料[19]。小河5号墓地墓葬使用无底的船形木棺。在木棺头档的外侧竖立不同形状的立木为标志物。以单人葬为主，仰身直肢；随葬物品有草编小篓、木箭杆、木质人面具以及其他木器等；孔雀河墓地的墓葬为竖穴沙室，竖穴内有木挡板，部分墓葬在墓穴外围环列木桩，木桩排列成放射状。葬式也主要是单人葬，仰身直肢。随葬品中未见陶器，较多木器、骨器和草编器皿及个别红铜饰品，还有木雕及石质的人像（图5）。两处墓葬及罗布泊地区发现的其他零星墓葬显示了高度的相似性。小河墓地的年代最早已达公元前2000年之际，古墓沟墓葬的^{14}C年代也主要集中在公元前1800年前后。显示了此类遗存的年代相

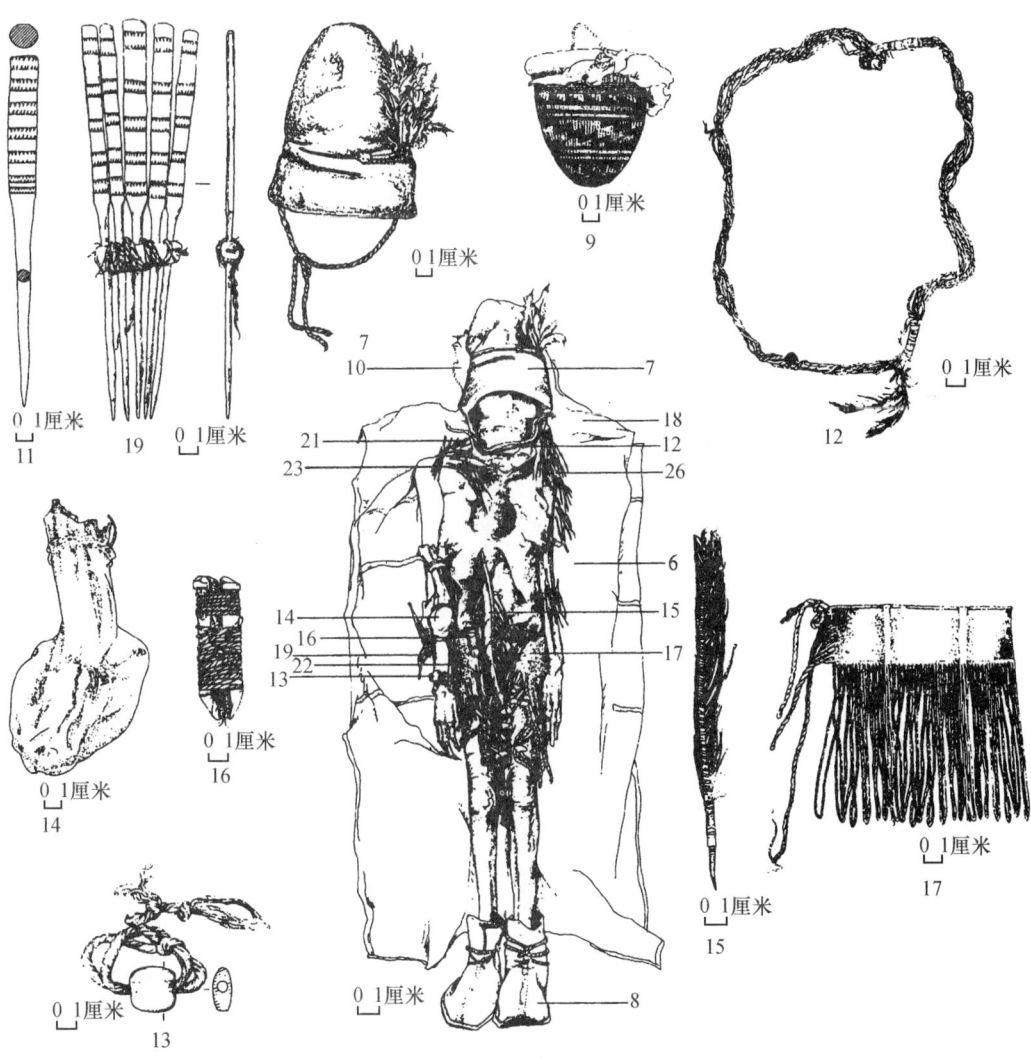

图5 小河5号墓地M4墓主及部分随葬品

对集中。该区域的另一处遗迹铁干里特的测年较以上两处为晚，但面貌也具有非常多的相似形[20]。

小河墓地无陶器，是用植物编制的篓（草编篓）类器作为盛器的，有研究者对其残留物进行分析后得出当时人食用粥类食物。在墓地的木桩上发现有青铜工具的痕迹，如凿痕等，推测可能青铜（？）工具出现（图6）。

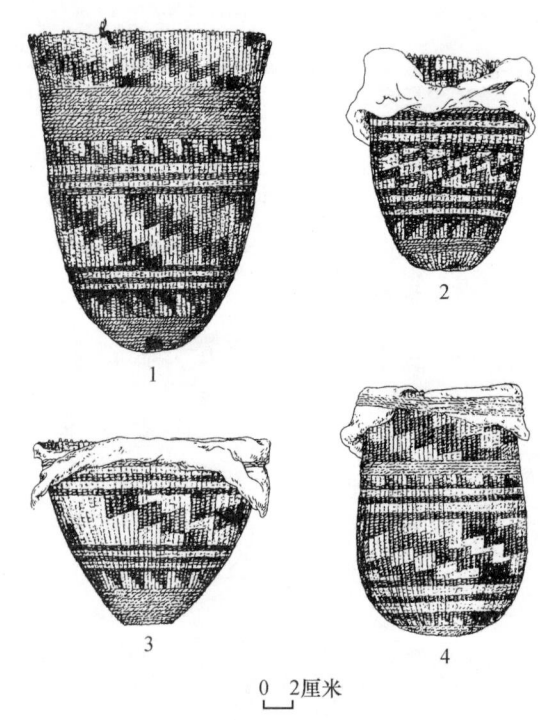

图6 小河墓地采集草编篓

5. 塔里木盆地南缘东区

主要包括若羌和且末两县，位于塔克拉玛干沙漠的东南边缘。目前发掘的墓地有扎洪鲁克墓地和加瓦艾日克墓地的部分墓葬[21]。这两处墓地的年代下限已进入公元以后，超出了本文讨论所谓时间范围。仅以加瓦艾日克的M1、M3及M5可以纳入讨论的范围。三座墓葬的墓室均为竖穴土坑墓，葬式为多人合葬，一次葬的葬式为仰身屈肢，陶器分夹砂红褐陶和灰黑陶，以圜底器为主，器形有带流罐、单耳罐、双耳罐、钵等（图7）。年代在公元前7世纪以后。

6. 塔里木盆地南缘西区

目前主要有克里雅河下游和尼雅河流域，其中位于昆仑山北侧的于田流水墓地是近年来的新发现[22]。墓葬表面有石堆或石围标志，竖穴土坑墓，有合葬墓和单人葬；出土的陶器以素面为主，器形有罐类、釜和钵等圜底器，器表装饰主要为戳印（刻划）的几何形纹。铜器主要以铜刀为主，还有镜、斧、矛等；此外还有少量的金饰

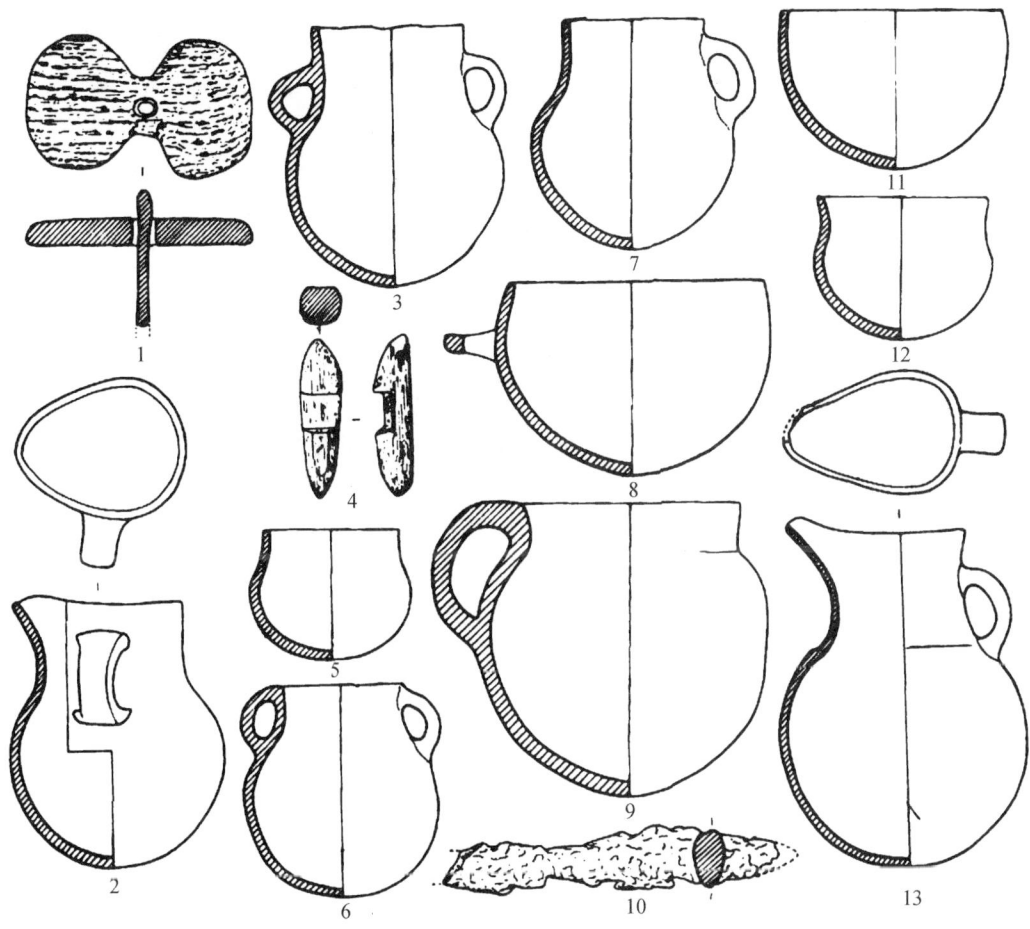

图7　且末县加瓦艾日克M1墓葬、遗物图

件。该墓地的年代大致在公元前8～前7世纪。地处克里雅河下游的圆沙古城遗址附近的墓葬群中的H墓地也是一处比较重要的材料，公布的M1陶器皆为采集品，以夹砂灰褐陶和黑陶为主，陶器有壶、单耳罐、双耳罐、带流罐、盆等（图8）。

在克里雅的尾闾三角洲地区还存在一种与半月形石镰共存的陶器，以夹砂红褐陶为主，器形以罐、杯为主，多平底器；纹饰主要是刻印纹、凸棱纹和乳突纹。在尼雅河下游也发现了与此相同的遗存，调查者推测后者的年代在公元前2000～前1000年。

7. 帕米尔高原区

主要指塔什库尔干塔吉克自治县。已发掘的主要遗迹有香宝宝墓地和下坂地墓葬群[23]。香宝宝墓地墓葬在地表上有圆形石堆和袋状石围两种标记，石围分圆形、方形、长方形。墓坑均为竖穴，埋葬方式以侧身屈肢葬较多见，类型有火葬、一次葬、多人二次葬等形式。陶器为夹砂粗红褐陶，素面。器形简单，以圜底器为主，有釜、罐、钵等，其他还有铜箭头、耳环、铜饰件和铁刀等。^{14}C年代数据集中在公元前

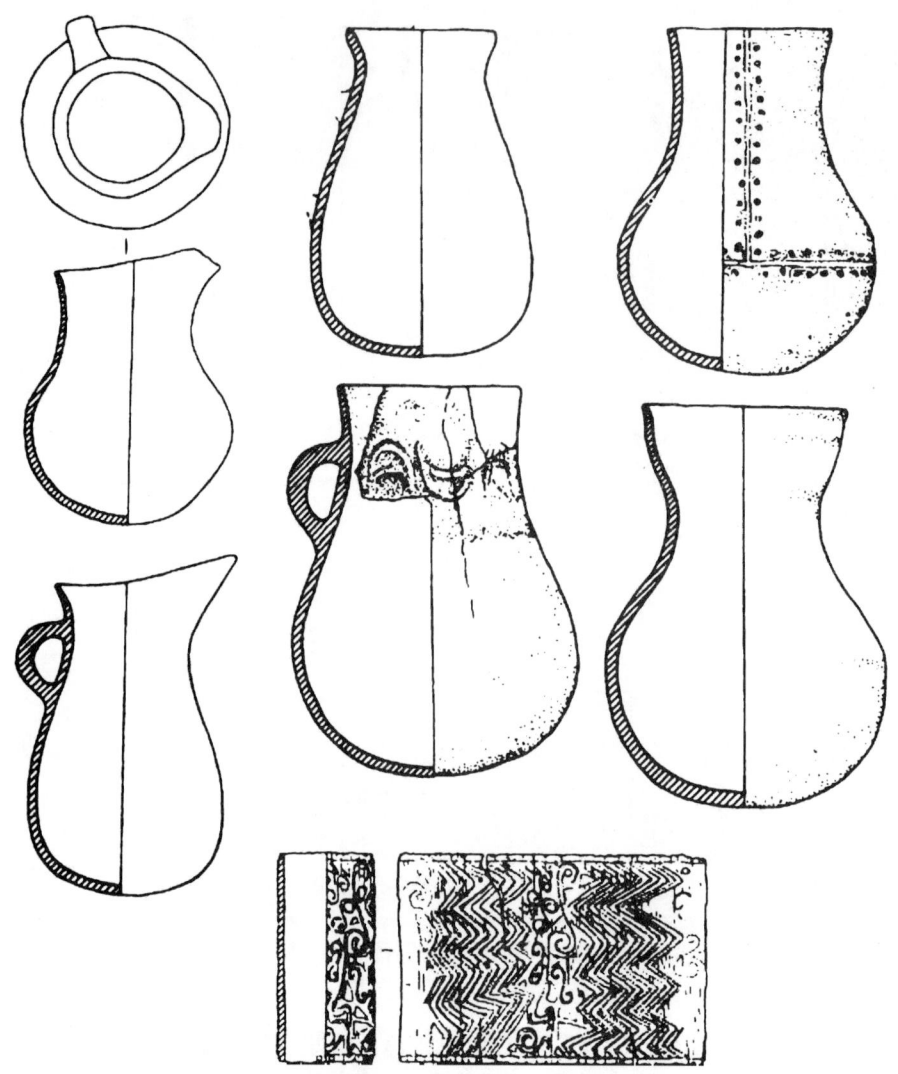

图8　克里雅河下游圆沙H墓地出土陶器、木器

800~前500年。下坂地墓葬群编号为AⅠ-AⅥ，BⅠ-BⅦ。其中编号为AⅡ的墓地发掘了118座墓葬，地表上有石堆、石围石堆和石棺等标志；葬俗以一次葬为主，葬式有仰身直肢，仰身屈肢，俯身屈肢等。随葬品中以陶器、铜器、木器为主。陶器的器型有缸形器、罐、碗、杯、钵等；铜器以装饰品为主，有喇叭形状耳环、戒指、铜泡、铜珠等。此外，下坂地墓地出土了较多的木器，包括了钵、杯、碗、罐、案和勺。下坂地墓葬最早的年代达到公元前2千纪后半叶，香宝宝墓地的年代集中在公元前800~前700年（图9）。

8. 伊犁河谷及周边地区

本区主要包括了伊犁河及特克斯河流域的新源、昭苏、察布查尔、尼勒克等县，

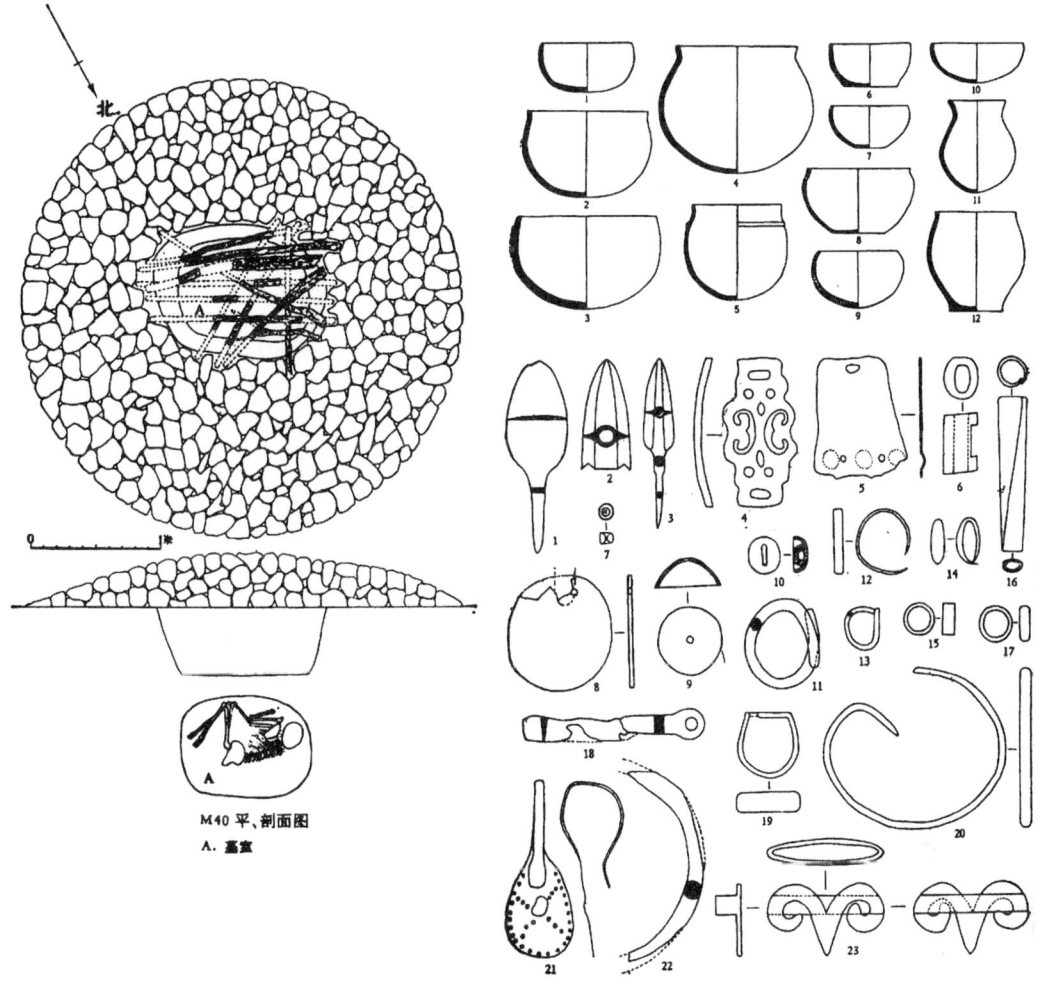

图9 帕米尔高原区墓葬、遗物图

主要包含了两类遗存,即以尼勒克县穷科克一号墓地,察布查尔的索墩布拉克墓地,新源的铁木里克墓地为代表的一类遗存和以昭苏的大型土墩墓为代表的另一类遗存[24]。已有研究者依据苏联学者的研究成果,分别将一、二类的遗存比定为古代塞克和乌孙的墓葬。穷科克与索墩布拉克墓地的墓葬形制有非常多的相似性,大都具有封土堆,封土堆的边缘处有石圈,墓室分竖穴土坑和竖穴偏室两类,葬式以单人仰身直肢葬为主,二次葬较少。陶器皆为夹砂红陶,器形有钵、壶、单耳罐等,均为圜底器;彩陶有红衣黑彩或浅色与红色相间,以三角纹为主。

土墩墓均以巨型封土为标志,封土下一般有一至四个墓室,墓室为竖穴土坑,内有不同规模的木椁、木棺或木质葬具,葬式为仰身直肢。陶器有壶、罐、钵、盘、单耳杯、烛台等,有部分彩陶。此外还有铁器、金器等(图10);以往,第一类遗存的年代集中在公元前500年至公元前300年前后;第二类遗存的年代大致在公元前3世纪左

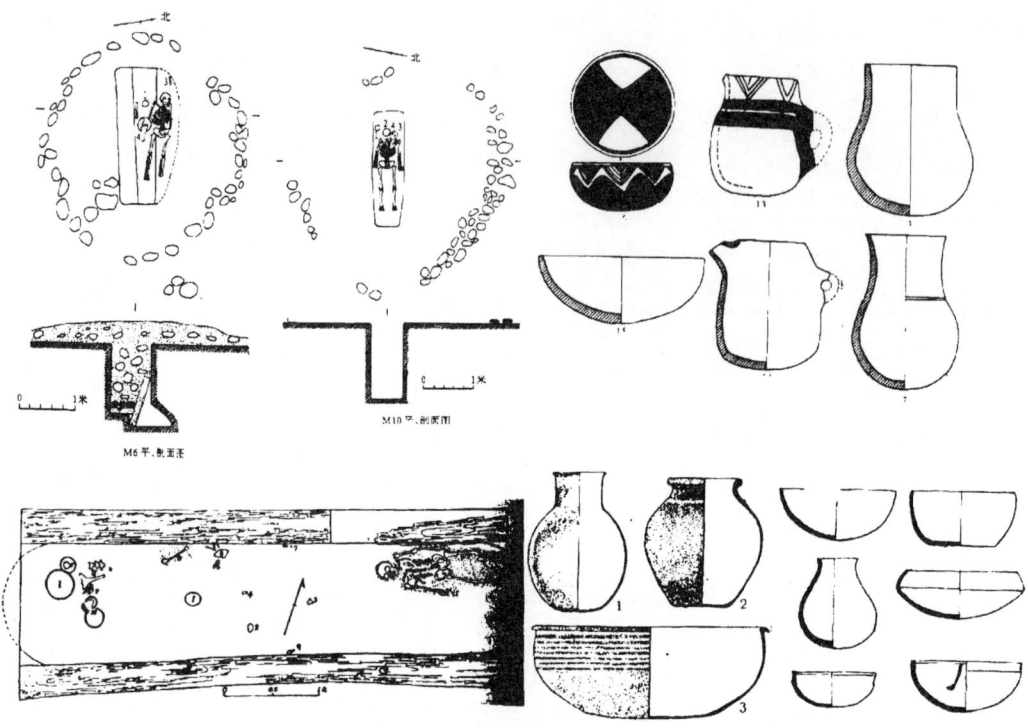

图10 伊犁河谷区墓葬与遗物

右。但新近发表的穷科克的年代可能早到公元前1000年左右，发掘者注意到了与索墩布拉克的差别。这种差别，很可能是时间上的早晚区别，在考古学文化面貌上总体联系紧密。该地区还存在一定数量的偏洞室，从文化特征上具有较为独特的性格。

9. 阿勒泰地区（环准噶尔盆地）

本区的范围内目前有越来越多的材料公布，其中以阿勒泰的切木尔齐克墓葬为代表[25]。地表用石块垒砌出墓葬的分布区（院），在同一分布区内排列数座墓葬。墓葬多为竖穴石棺墓，有的墓前立有条形石标志。葬式为单人侧身屈肢，还包括俯身葬和二次葬。陶器类以尖底橄榄形罐最具特点。此外还见有平底罐和豆形器。纹饰有压印的鳞纹、蓖纹、点纹和几何纹。此外，石质容器也是该类遗存的一个显著特征，器形有罐、钵、小杯以及灯形器（烛台）。这个墓地最早的一类遗存，其年代可能早到公元前2000年甚至更早。

在环准噶尔盆地的西端和东端，近年来都有新遗迹被发现。越来越多的迹象表明，除切木尔切克类型之外，还存在其他类型的文化遗存。

五 新疆各区域之间的文化联系

上述9个区域的考古学文化既有文化性质的差别，也存在时间上的不同。从现有的材料分析，各区域之间仍然存在着这样那样的联系，无论是墓葬形制抑或出土器物都存在若干相关性或关联性[26]。

在新疆东部的两个主要的考古学文化区域，哈密盆地—巴里坤区和吐鲁番—天山中部山谷区的诸遗迹中，以哈密的天山北路墓葬的年代较早，最早的遗存进入了公元前2千纪初期。

对天山北路墓葬的认识，有的学者将其归入焉不拉克文化的范畴之内。就目前所见的材料而言，天山北路墓地的器物群及彩陶的图案特征都与后者有较大的差异，它的代表性器物，如双耳罐（包括彩陶和素面两类）均异于焉不拉克墓葬出土的器物，而与其东部河西走廊地区四坝文化同类器相近，映射出了两地考古学文化间的密切联系。四坝文化源自河西走廊地区，其年代约在公元前2000~前1600年，因此，可以大致将天山北路墓葬的年代比定于此。天山北路墓葬的部分陶器显示了新疆东部地区至迟在公元前2千纪初即与河西走廊地区发生了文化间的交流[27]。

焉不拉克文化在整体年代上晚于天山北路，主要器物种类、组合，彩陶图案等均与前者有较大的差异，焉不拉克出土的壶、豆，在器形和彩陶图案上都显示其另有渊源，并非承自本地区天山北路墓地中的原有因素。至于焉不拉克墓葬中保持了前者的墓葬形制、葬式及部分陶器纹饰等重要的因素，似乎暗示两者在时间上有前后衔接或部分重合的可能。

这一地区的墓葬形制——长方形竖穴土坑墓，从天山北路延续至焉不拉克再至吐鲁番盆地内诸遗址，具有比较清晰的发展轨迹；甚至可能对天山南麓察吾乎沟文化分布区内的遗存也产生了一定的影响。

近年对哈密地区的铜器分析研究显示，铜器群中锡青铜的普遍使用构成了该地区冶金的重要特征，结合部分陶器的形态，研究者进而推断与欧亚北方草原发生联系的可能性[28]。但是，哈密地区主要陶器特征的演化，显示了其受到东部，即河西走廊地区的考古学文化因素持续影响，并对其后的吐鲁番盆地内诸遗址产生了较大影响的基本轨迹。

吐鲁番盆地的诸遗址无论从器形还是装饰纹样都显示出了较多的一致性，虽然其部分因素显然承自哈密的焉不拉克文化，但其整体面貌仍保持了自身的特点。

阿拉沟东口墓葬中的竖穴木椁墓出土的金器（金箔饰件），铜质方座承兽盘等，显示了与伊犁河谷地区乃至欧亚草原地带公元前8~前7世纪的斯基泰遗存同类器物有相似的成分。同时，其墓葬构筑的方式独具特色，与原苏联地区阿勒泰巴泽雷克墓葬的结构具有较多的相似性，可能显示其年代彼此接近。^{14}C年代显示其起始于公元前1000年左右，但其整体的文化因素似乎主要集中于公元前6世纪~前200年。

塔里木盆地东缘区（塔里木河下游）的小河5号墓地，古墓沟及铁板河的无陶遗存，起始年代较早（公元前2000年前后），其葬俗、随葬品等文化特征保持了较独特的遗传特点，与周围区域内的同时期文化遗存有明显的差别，可能表示此类遗存其来有自,该类遗存在塔里木河下游存在的时间直至公元前700年左右(铁板河墓地)。已有研究者根据地表立木的特征,推测塔里木盆地北缘的群巴克的墓葬形制可能与小河墓地有一定的相似性。但是仅就地表立木这个现象恐怕难以将这两处的遗存视为同质的类型。

塔里木盆地北缘区的察吾乎文化材料公布最为完整,因而研究也较深入。该文化中的代表性器物——带流罐在新疆地区出现最早,有清晰的演变序列,对塔里木盆地周边的各遗址影响也较为广泛。察吾乎沟文化目前划分为察吾乎沟(口)类型、群巴克类型和克孜尔类型;作为察吾乎沟文化陶器中最具代表性的器物——带流器,从早到晚在各个时间段(墓地)内,均有与之相对应的陶器作为演化的参照,构成了最具特色的陶器组合;带流器皿的功用推测应该与流动性频繁及相应的生活习俗有关,所以,在广义的中亚、西亚腹地也可以看到相似的器类,应该是共同生活习俗的反映。察吾乎沟口的几处墓地出土的带流罐种类丰富,彩陶也相对繁复,其中呈现斜向飘带式条状彩带图案,尤其具有特色。这种极富特点的彩陶图案及构图特点,目前在塔里木盆地周边的遗存中难以见到,具有较强烈的地域色彩。

该地区的墓葬形制以地表呈现石堆、石围或石堆与石围结合,竖穴石室或土扩墓室为主要特色;但是,如前所述,在这一地区也见有哈密/吐鲁番地区的主流墓葬形式——地表不见封土堆,墓室为土坑竖穴墓式样,随葬物品却保持了典型的察吾乎沟文化特点(上户乡墓地)的现象。应该视为东部因素影响的结果。对于察吾乎沟文化墓葬中习见的地表呈石堆或是石围的封土形式,有研究者将其视为早期斯基泰墓葬的特色之一,并依据察吾乎沟文化的年代上限已经处于公元前第1千纪初,由此提出"早期斯基泰文化"的概念;察吾乎沟文化分布区中的封土石堆,石室竖穴的墓葬形制,客观上说,与新疆境内伊犁河流域、帕米尔高原地区的墓葬形制具有一定的关联性,察吾乎沟文化延续的时间将近500~600年或更长,因此,在墓葬形制上接受相邻地区的因素的可能性是存在的。

对于塔里木盆地南缘区加瓦艾日克墓地和西区圆沙H墓地乃至扎洪鲁克墓地出现的包含有察吾乎沟文化因素的遗存,目前有学者将其归纳为察吾乎文化的另一类地方类型;但这些遗存不论从埋葬形态,器形和装饰特征显示出来的整体面貌均晚于察吾乎文化,上述两区出现的察吾乎文化的因素应该视为是其传播和影响的结果。

帕米尔高原区目前材料较少,其葬俗显示与塔里木盆地诸遗存有一定的联系,同时,与帕米尔西部的中亚也有往来。下坂地AⅡ墓地的葬式及出土品特点,显示出与20世纪40年代原苏联考古工作者在今塔吉克斯坦共和国的东帕米尔地区发掘的青铜时代的遗存有密切的联系[29]。

伊犁河谷区的两类遗存的总体特征,目前研究者倾向强调与伊犁河下游区同类遗存的比较,与上述其他区域的差别较为明显,显示出较强的地域性。在新疆早期考古学文化的时间段中处于较晚的阶段。

准噶尔盆地及其周边地区不断发现的遗存，将会深化新疆的考古学文化类型学的研究。近年来，陆续在西天山地区，尤其是博尔塔拉河流域的调查和发掘工作，显示这一地区至少在公元前2000～前1800年，即开始出现具有相当规模的考古学文化遗存，并且与准噶尔盆地的西部若干遗存具有广泛的联系，乃至与哈萨克斯坦（七河流域）的古代文化也有深入的交往[30]。显示了该区域作为沟通南北广阔区域的桥梁作用[31]。

六　今后的课题：新疆地区考古学文化研究中需重点关注的两个问题

对新疆早期考古学文化的研究，在注重考古学文化区域划分和序列研究的基础之上，还应重点关注以下问题：

一是关注环塔里木盆地考古学文化的研究。环塔里木盆地应该视为一个关联紧密的文化单元，对该区域内诸考古文化及互动关系的研究和了解，是新疆早期考古学研究中重要的一环。目前，对塔里木盆地边缘区域的考古学文化研究等方面的探索仍处于起始阶段。同时，对环塔里木盆地周边其他区域的进一步探索，建立区分不同类型的统一标准的相关研究也仍然有待深入。相信对环塔里木盆地周边诸遗存认识的深化，将会对理解中国古代典籍如《史记》《汉书》中对西域诸国的记载，了解史前新疆地区的基本面貌，进一步提供可靠的背景资料。

二是青铜时代考古学文化与"丝绸之路"的关系研究。新疆地处中西文化交流要冲，对新疆早期考古学文化的深入研究，对于诠释"丝绸之路"的起源、发展及具体内涵等都具有基础性的作用。目前学术界对汉代及其以后时期中西文化交流的研究已取得丰富成果，与之相比，汉以前上溯至公元前2000年之间的中西文化交流方方面面的研究尚显薄弱。伴随新疆早期考古学文化研究的深入，将会极大地推动"丝绸之路"和中西文化交流及中外关系史的研究。事实上，"丝绸之路"的产生是之前几千年东西文化交流的必然结果。

注　释

[1] a.新疆维吾尔自治区博物馆、新疆社会科学院考古研究所：《建国以来新疆考古的主要收获》，《文物考古工作三十年（1949—1979）》，文物出版社，1979年。

b.新疆社会科学院考古研究所：《新疆考古三十年》，新疆人民出版社，1983年。

c.新疆文物事业管理局等：《新疆维吾尔自治区文物考古五十年》，《新中国考古五十年》，文物出版社，1999年。

[2] a.张川：《1990—1995年新疆境内的旧石器调查工作与收获》，《新疆考古发现与研究》，1996年。

b.张川、伊弟利斯·阿不都热苏勒：《关于目前旧石器类型学体系中一些问题的探讨和建立统一分类与命名规则的可能性》，《新疆文物》2003年第2期。

[3] a.陈戈：《关于新疆新石器时代文化的新认识》，《考古》1987年第4期。
b.陈戈：《关于如何认识和界定新疆青铜时代文化的讨论》，《中国文物报》1997年6月1日。
c.水涛：《对于新疆早期文化定性问题的基本认识》，《中国西北地区青铜时代考古论集》，科学出版社，2001年。
d.肖小勇：《关于新疆史前研究的讨论》，《西域研究》2004年第2期。

[4] a.陈戈：《略论新疆的彩陶》，《新疆社会科学》1982年第2期。
b.王炳华：《新疆出土彩陶》，《新疆社会科学》1986年第4期。

[5] a.王炳华：《新疆地区青铜时代考古文化试析》，《新疆社会科学》1985年第4期。
b.水涛：《新疆青铜时代诸文化的比较研究——附论早期中西文化交流的历史进程》，《国学研究》第一卷，北京大学出版社，1993年。
c.陈戈：《史前时期的西域》，《西域通史》第一编，中州古籍出版社，1996年。
d.安志敏：《塔里木盆地及其周围的青铜文化遗存》，《考古》1996年第12期。
e.吕恩国、常喜恩、王炳华：《新疆青铜时代考古文化浅论》，《苏秉琦与中国当代考古学》，科学出版社，2001年。
f.韩建业：《新疆青铜时代——早期铁器时代文化的分期和谱系》，《新疆文物》2005年第3期。

[6] 梅建军：《新疆东部地区出土早期铜器的初步分析和研究》，《西域研究》2002年第2期。

[7] A.基思：《塔里木盆地古墓地出土的头骨》，《英国人类学报研究所杂志》第59卷，1929年（英文），转引自韩康信《丝绸之路古代居民种族人类学研究》。

[8] 韩康信：《孔雀河古墓沟墓地人骨研究》，《丝绸之路古代居民种族人类学研究》，新疆人民出版社，1993年。

[9] 目前，据已发表的报告，初步统计新疆地区的碳素测年数据达280个左右，绝对纪年超过公元前2000年的数据很少，本文暂以公元前2000年为讨论的时间上限。

[10] a.羊毅勇：《新疆的铜石并用文化》，《新疆文物》1985年第1期。
b.陈光祖：《新疆金属时代》，《新疆文物》1995年第1期。

[11] 新疆维吾尔自治区地图集编纂委员会：《新疆维吾尔自治区资源经济地图集》，中国地图出版社，2012年。

[12] 目前的九个分区是从类型学的角度出发，伴随着材料的日益丰富和研究的深入，对新疆青铜时代考古学文化分区的认识也将更加清晰。

[13] a.哈密墓地发掘组：《哈密林场办事处、雅满苏矿采购站墓地》，《中国考古学年鉴（1990）》，文物出版社，1991年。
b.吕恩国、常喜恩、王炳华：《新疆青铜时代考古文化浅论》，《苏秉琦与中国当代考古学》，科学出版社，2001年。

[14] a.新疆维吾尔自治区文化厅文物处、新疆大学历史系文博干部专修班：《新疆哈密焉不拉克墓地》，《考古学报》1989年第3期。

b.新疆文物考古研究所：《新疆哈密五堡墓地151、152号墓葬》，《新疆文物》1992年第3期。

[15] a.新疆社会科学院考古所：《新疆阿拉沟竖穴木椁墓发掘简报》，《文物》1981年第1期。

b.新疆维吾尔自治区博物馆、吐鲁番地区文管所：《新疆吐鲁番艾丁湖古墓葬》，《考古》1982年第4期。

c.吐鲁番地区文管所：《新疆鄯善苏巴什古墓葬》，《考古》1984年第1期。

d.新疆文物考古研究所：《鄯善苏贝希一号墓地发掘简报》，《新疆文物》1993年第4期。

e.新疆文物考古研究所、吐鲁番地区博物馆：《鄯善苏贝希三号墓地发掘简报》，《新疆文物》1994年第2期。

f.新疆文物考古研究所、吐鲁番地区博物馆：《新疆鄯善苏贝希遗址及墓地》，《考古》2002年第6期。

g.新疆文物考古研究所：《新疆萨恩萨伊墓地》，文物出版社，2013年。

[16] a.陈戈、张玉忠：《世纪之交新疆考古学的回顾与展望》，《西域研究》1999年第1期。

b.吕恩国：《苏贝希发掘的主要收获》，《交河故城保护与研究》，新疆人民出版社，1999年。

[17] a.中国社会科学院考古研究所新疆队、新疆巴音郭楞蒙古自治州文管所：《新疆轮台群巴克古墓葬第一次发掘简报》，《考古》1987年第11期。

b.中国社会科学院考古研究所新疆队、新疆巴音郭楞蒙古自治州文管所：《新疆和静县察吾乎沟口一号墓地》，《考古学报》1988年第1期。

c.中国社会科学院考古研究所新疆队、新疆巴音郭楞蒙古自治州文管所：《新疆和静县察吾乎沟口二号墓地发掘简报》，《考古》1990年第6期。

d.中国社会科学院考古研究所新疆队、新疆巴音郭楞蒙古自治州文管所：《新疆和静县察吾乎沟口三号墓地发掘简报》，《考古》1990年第10期。

e.中国社会科学院考古研究所新疆队、新疆巴音郭楞蒙古自治州文管所：《新疆轮台县群巴克墓葬第二、三次发掘简报》，《考古》1991年第8期。

f.新疆文物考古研究所：《新疆察吾乎》，东方出版社，1999年。

g.新疆文物考古研究所：《拜城县克孜尔水库墓地第一次发掘简报》，《新疆文物》，1999年第3、4期合刊。

[18] a.陈戈：《新疆察吾乎沟口文化略论》，《考古与文物》1993年第5期。

b.刘学堂：《新疆察吾乎沟文化的发现与研究》，《中国文物报》1996年4月28日。

c.丛德新：《新疆察吾乎沟文化若干问题研究》，《考古求知集》，中国社会科学出版社，1997年。

[19] a.贝格曼：《新疆考古学研究》，《西北科学考察报告》卷七第一册，1939年。

b.王炳华：《孔雀河古墓沟发掘及初步研究》，《新疆社会科学》1983年第1期。

c.新疆文物考古研究所：《新疆小河五号墓地发掘简报》，《新疆文物》2007年第1期。

[20] 丛德新：《新疆罗布泊小河5号墓地及相关遗存的初步考察》，《东亚古物B卷》，文物出版社，2007年。

[21] a.巴音郭楞蒙古自治州文物管理所：《且末县扎洪鲁克古墓葬1989年清理简报》，《新疆文物》1992年第2期。

b.中国社会科学院考古研究所新疆队、新疆巴音郭楞蒙古自治州文管所：《新疆且末县加瓦艾日克墓地的发掘》，《考古》1997年第9期。

[22] a.中国社会科学院考古研究所新疆队：《于田县流水墓地考古发掘简介》，《新疆文物》2006年第2期。

b.新疆文物考古研究所、法国科学研究中心315所、中法克里雅河考古队：《新疆克里雅河流域考古调查概述》，《考古》1998年第12期。

[23] a.新疆社会科学院考古研究所：《帕米尔高原古墓》，《考古学报》1981年第2期。

b.新疆文物考古研究所：《新疆下坂地墓地》，文物出版社，2012年。

[24] a.新疆文物考古研究所：《尼勒克县穷科克一号墓地考古发掘报告》，《新疆文物》2002年第3~4合刊。

b.新疆文物考古研究所：《新疆新源铁木里克古墓葬》，《文物》1988年第8期。

c.新疆文物考古研究所：《察布查尔县索敦布拉克古墓葬发掘简报》，《新疆文物》1988年第2期。

d.中国科学院新疆分院民族研究所考古组：《昭苏县古代墓葬试掘简报》，《文物》1962年第7、8合刊。

[25] a.新疆社会科学院考古研究所：《新疆克尔木齐古墓群发掘简报》，《文物》1981年第1期。

b.新疆文物考古研究所：《塔城地区文物普查报告》，《新疆文物》1994年第3期。

c.新疆文物考古研究所、塔城地区文管所：《托里县萨仔村古墓葬》，《新疆文物》1996年第2期。

[26] 水涛：《新疆青铜时代诸文化的比较研究——附论早期中西文化交流的历史进程》，《国学研究》第一卷，北京大学出版社，1993年。

[27] 李水城：《西北与中原早期冶铜业的区域特征及交互作用》，《考古学报》2005年第3期。

[28] 梅建军、刘国瑞、常喜恩：《新疆东部地区出土早期铜器的初步分析和研究》，《西域研究》2002年第2期。

[29] 香山陽坪：《沈默の世界史—騎馬民族の遺産だ》，同成出版社，1970年。

[30] a.新疆维吾尔自治区文物局：《新疆维吾尔自治区第三次全国文物普查资料汇编——博尔塔拉蒙古自治州不可移动文物》，科学出版社，2011年。

b.中国社会科学院考古研究所、博尔塔拉蒙古自治州博物馆、温泉县文物局：《新疆温泉县阿敦乔鲁遗址与墓地》，《考古》2013年第7期。

[31] a.郭物：《新疆史前晚期社会的考古学研究》，上海古籍出版社，2012年。

b.邵会秋：《新疆地区安德罗诺沃文化相关遗存探析》，《边疆考古研究》第8辑，科学出版社，2009年。

西周中晚期姬姓诸侯墓葬的比较研究

——以应国墓地M84为例

张长寿

一

《平顶山应国墓地Ⅰ》是河南省文物考古研究所和平顶山市文物管理局共同编写的大型考古系列发掘报告，本编包括他们历年发掘的西周早期和中期的墓葬21座（图1-1），其中包括被推定为应公或应侯的墓葬[1]。但是，可以确认为保存完整、未经扰动的应国诸侯国君墓葬的只有1座M84。

M84随葬有一组青铜礼器。其中1件弦纹鼎，器内壁有"应侯乍旅"一行铭文（图1-2a）。另有1件连体甗，内壁有"应侯乍旅彝"两行铭文（图1-2b）。随葬品中有1件双耳圈足盨，上有矩足器盖，饰长尾鸟纹，器盖对铭，铭四行28字，"应侯再肇乍厥丕显文考釐公尊彝用妥朋友用宁多福再其万年永宝"（图1-2c）。随葬品中还有一组同铭尊（图1-3a）、卣，饰长尾鸟纹，尊铭在器底，卣器盖同铭，铭三行12字，"䍘肇諆乍宝尊彝用夙夕享孝"（图1-3b）。由上述铜器铭文可以确证M84的墓主人为应侯，其名为再，其父考为釐公。应侯姬姓。

报告编写者广泛比较了该墓随葬器物的形制和纹饰，认为其年代特征最早为西周早期，相当数量的器物见于西周早中期，部分器物仅见于西周中晚期，一定数量的器物属于西周穆王乃至恭懿王时期，个别器物最晚可延续到西周晚期乃至春秋早期。上述的器物年代对比跨度从西周早期至春秋早期，应该如何判断。报告编写者认为：根据一般墓葬尤其是大型墓的随葬器物群在年代学上所表现出来的承上启下特点，与墓葬年代当舍其上下而取其中间的原则，并结合墓葬的埋葬年代当略晚于随葬器物制作年代的事实，故推定墓葬年代应为恭王时期或恭懿王之际[2]。用随葬器物的年代舍其上下取中间的原则以确定墓葬的年代并不符合考古学的原则，因此，即使言中也不足为训。

M84的墓主人作为一代应国诸侯，其墓葬形制、随葬器物以及丧葬习俗所表现出的特点可以归结为以下各点。

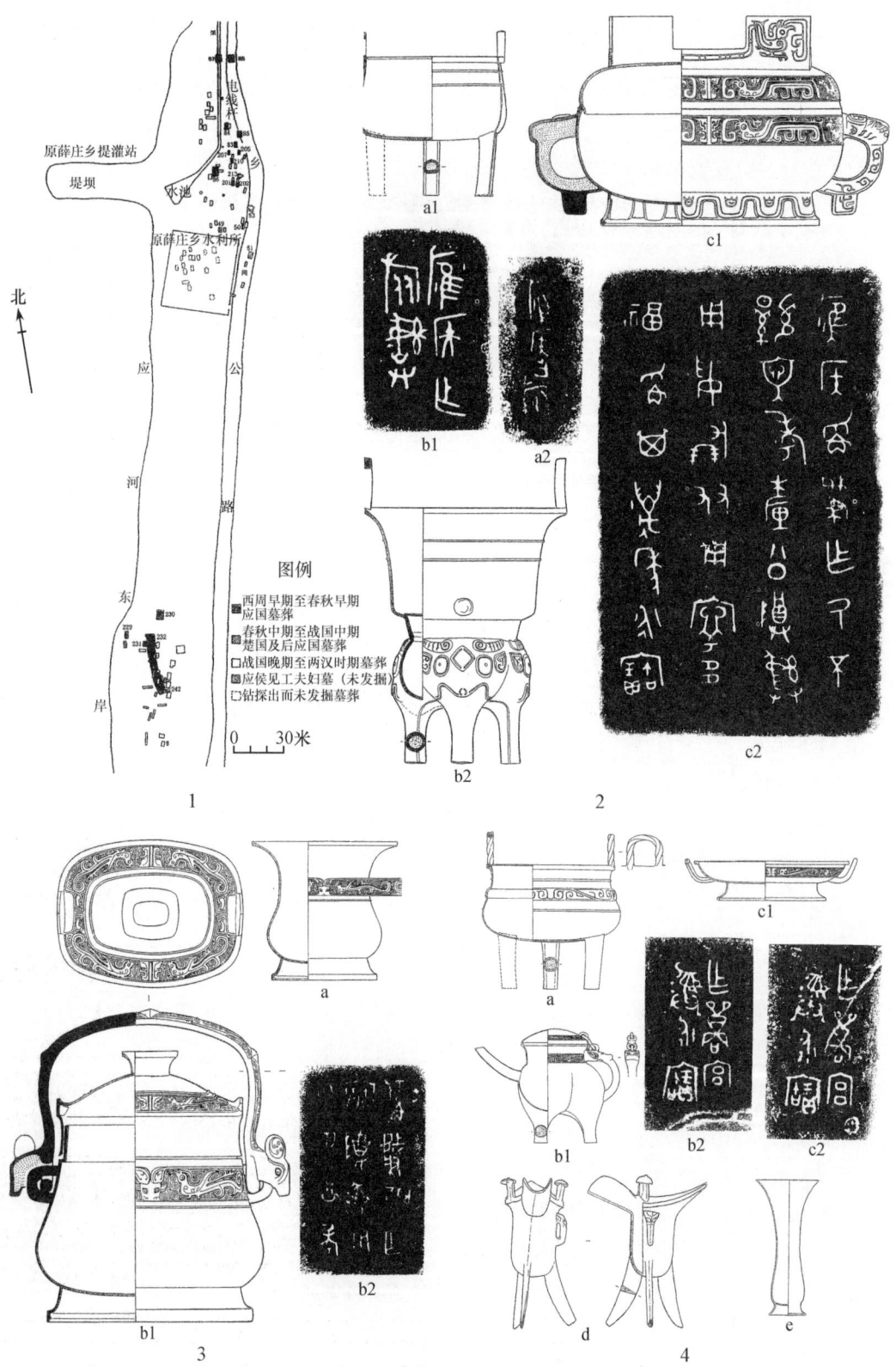

图1　墓葬遗迹、遗物

1. 平顶山应国墓地墓葬（局部）　2. M84随葬青铜器（a. 鼎铭文　b. 甗铭文　c. 盨铭文）　3. M84随葬青铜器
（a. 尊　b. 卣铭文）　4. M84随葬青铜器（a. 云纹鼎　b. 乍兽宫盉铭文　c. 乍兽宫盘铭文　d. 爵　e. 觯）

1）墓穴为长方形土坑竖穴，长4米，宽2.65米，南北向，没有墓道（图2-3）。在应国墓地中被指认为应公或应侯墓的有M232、M230、M86、M84、M87等5座。除了最南端的M232是一座大型带墓道的积石墓外，其他诸墓都是不设墓道的长方形土坑竖穴，可知此是应国诸侯墓墓穴的常态。

2）葬具仅有一椁一棺，未见重棺。棺饰只有铜翣1件，已残，出于椁室西侧中部。

3）在墓的左右两侧没有发现异穴合葬的墓葬。报告编写者指称距该墓东南5米处的M85为应侯禹的夫人墓。

4）M84随葬有相当数量的铜车马饰物，但在该墓附近，乃至整个应国墓地没有发现一座随葬的车马坑。可知应国诸侯墓没有随葬车马坑的葬俗。

5）应国墓地位于平顶山市滍阳镇的一条南北向的狭长土岭上。南端为西周早期墓，共6座，其中2座被指为应公或应侯墓。中部为西周中期，与西端相距约百米，有墓葬16座，其中3座被指为应侯墓。如此，应国墓地或是应侯早期和中期的公室墓地。

6）M84随葬一套青铜礼器，应侯鼎1、云纹鼎1（图1-4a）、应侯甗1、应侯禹簋1、尊1、卣1、乍兽宫盉1（图1-4b）、乍兽宫盘1（图1-4c）、爵1（图1-4d）、觯1（图1-4e），共10件。这组青铜器有两个特点，一是酒器有尊、卣、爵、觯，犹存前期的遗风，一是食器去簠而举簋，寓当世之新意，显示包容交替态势。其实簠的形制并未消失。北京保利艺术博物馆收藏有1件应国禹簋[3]，簋铭称：周王不忘应公室，赐禹贝卅朋，马四匹，禹为其父釐公作器。可证此簋与应侯禹簋为同一人所作器。簋敛口，壁直而腹垂，双耳有珥，圈足下有三兽头小足，盖弧顶，上有圈状捉手，器口及盖沿各有一周长尾鸟纹（图2-1）。该簋圈足下已增加三个小兽足，与一般的圈足簋不是一种形式。

现在已知与应侯禹同名的器形有尊、卣、簋、簋，可略知当时青铜礼器主要形制。

7）M84的随葬器物中没有发现青铜乐器，也没有发现编磬。传世的应侯见工钟，报告编写者推定他们出自较M84年代略晚的M87、M88应侯见工夫妇墓。

8）M84的随葬玉器多出于棺内，器形有戚、戈、璧、柄形饰及各种佩饰，尤以柄形饰为多。然玉质不精，工艺亦拙。以随身的五璜联珠玉佩为例，最上的一璜以细玉管替代，其他四璜均以旧玉改制，其中三璜均无刻纹，且不对称，最下一璜也只是单面刻纹，略无他国诸侯佩饰之品相。

9）M84随葬有8件铜人面具，出于椁顶盖上和椁内侧。有两种形式，4件为光头无发，4件为有发中分，高15厘米左右（图2-2），此类器物或是作为脸罩使用。这种铜人面具在其他墓地很少发现，但在平顶山墓地的被认为是西周早期的应公墓葬中也有发现，M232出土3件，作侧视，有发，脑后梳成髻，高18厘米。M230也发现1件残器。这种随葬铜人面具的习俗，也许是从西周早期就沿袭下来的。

10）M84随葬了1件陶鬲和1件涂釉的陶簋，这是西周时期最常见的陶器器形。

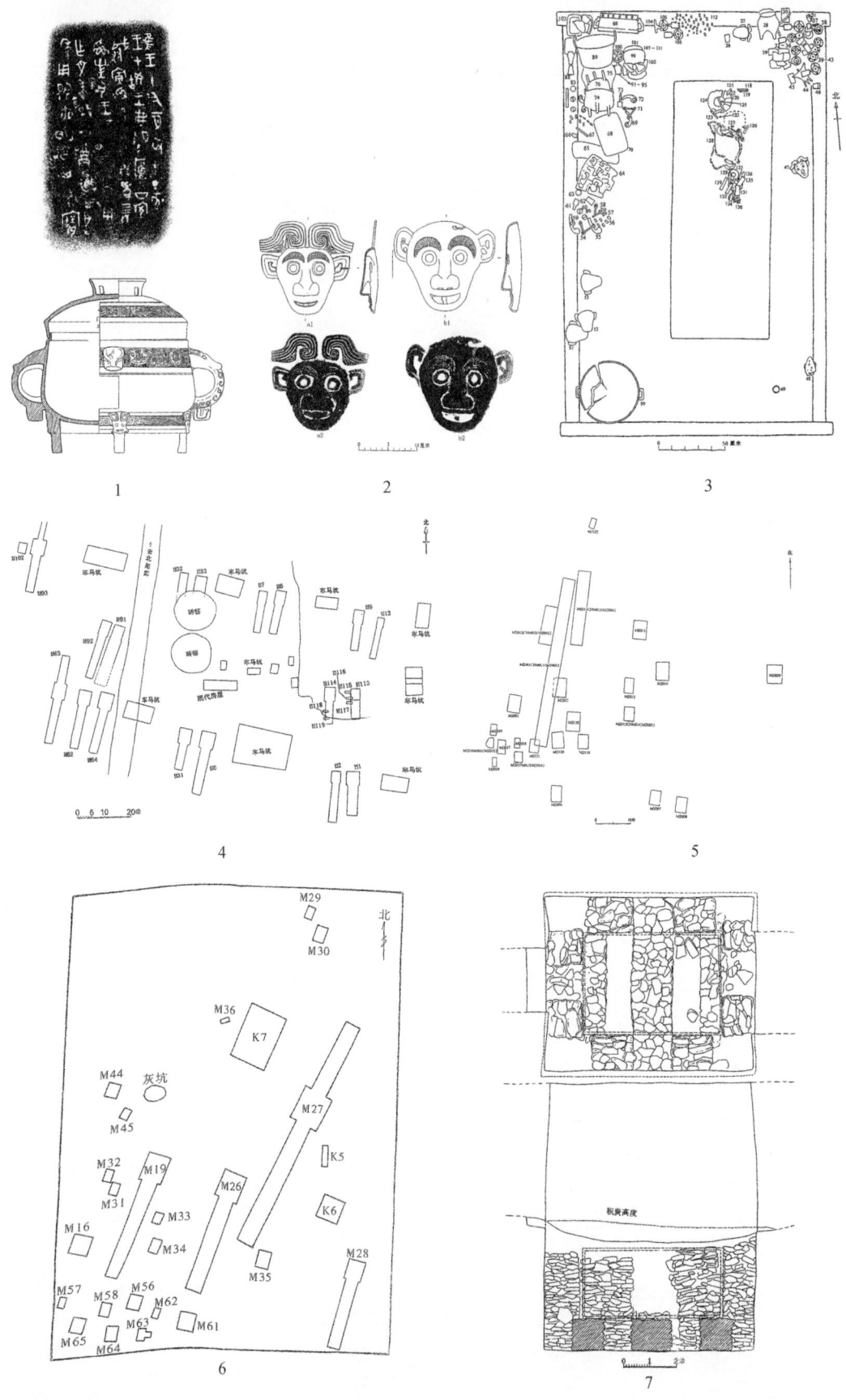

图2 墓葬遗迹、遗物

1. 应国再簋和盖铭 2. M84随葬铜人面具（a. M84:47 b. M84:7） 3. M84墓底平面图 4. 北赵晋侯墓地墓葬分布图 5. 三门峡虢国墓第二次发掘墓葬分布图 6. 梁带村墓地南区墓葬分布图 7. 北赵晋侯墓地M93墓室之积石

二

自20世纪80年代以来，考古工作有了较快的恢复和发展。与之同时，一些大型墓地也屡遭盗掘。文管单位得以探明这些大型墓地的内涵并施以抢救性的发掘，其中不乏西周时期诸侯一级的大型墓，如三门峡虢国墓地，天马—曲村北赵晋侯墓地等。这些大型墓地的发现和发掘不仅极大丰富了西周诸侯墓地的内涵，也为相互间的对比研究提供了考古学的实证。本文拟以平顶山应国墓地M84为例，以西周中晚期的姬姓诸侯国墓地的资料，比较他们之间在丧葬礼俗方面的异同。

在姬姓诸侯国墓地中，晋侯墓地是最重要的比较资料。第一，应晋两支，本是同根，都是武之穆也[4]。第二，晋国的文献资料较为丰富，世系有序，本清流远。《史记·晋世家》可证。第三，在曲沃北赵晋侯墓地发现九组19座晋侯与夫人的异穴合葬墓（图2-4），贯穿整个西周时期[5]。第四，晋国的文献资料和晋侯墓地的考古发现互证。晋侯墓地的M8出土晋侯稣鼎和晋侯稣编钟，而据《史记·晋世家》晋献侯名籍，而《索引》称，籍，"系本及谯周皆作苏"。可证晋侯稣即是晋献侯籍。据《史记·晋世家》"自唐叔至靖侯五世（按指唐叔、晋侯燮、晋武侯宁族、晋成侯服人、晋厉侯福），无其年数"。"靖侯（晋厉侯之子宜臼）已来年纪可推。""靖侯十七年，周厉王出奔于彘，大臣行政，故曰'共和'。十八年，靖侯卒，子釐侯司徒立。釐侯十四年，周宣王初立。十八年，釐侯卒，子献侯籍立。献侯十一年卒，子穆侯费王立。"晋侯墓地M8既是晋献侯，其在位年数约为周宣王的四年至十五年。按晋侯墓地推断的墓序，M8之后的M64墓组应为晋穆侯，穆侯在位二十七年，约当周宣王的后半期。M8之前的M1墓组、M91墓组可能是晋釐侯和晋靖侯，其年代约略相当于共和时期和周厉王的后期。因此，在对比时有可靠的系列年代依据。

虢为周文王弟虢叔之后，始封今陕西宝鸡虢县，世称西虢。西周晚期，东迁至今河南三门峡。公元前655年，晋假虞伐虢，虢公丑奔京师，晋灭虢。三门峡虢国墓地曾有两次较大规模的发现，第一次发掘了虢太子墓（M1052）等二百多座墓葬[6]，第二次是由盗墓引发的抢救性发掘，发掘了虢季（M2001）、虢仲（M2009）等国君级墓葬[7]（图2-5）。

梁带村芮国墓地是最新一处因盗掘而被发现的大型墓地。现已在南区发掘出4座带墓道的大型墓葬（图2-6），根据随葬青铜器的铭文，可以确认为芮国墓葬[8]。芮国，姬姓，芮伯之后，畿内诸侯国。《汉书·地理志》称芮在河西临晋。公元前640年，芮为秦所灭。

三门峡虢国墓地和梁带村芮国墓地无论就文献资料和考古发现与北赵晋侯墓地都相去较远，更何况在墓葬的年代和墓主的认知上还有不少歧见[9]。然而，两者的下限明确，不失为两周之际的遗存，因此，也可以作为比较参考的资料。

三

以平顶山M84比照晋侯墓地等的发现，可以得到以下一些认识和问题。

1）关于墓道的问题。平顶山M84是土坑竖穴墓，没有墓道。而据报告编写者推定的应公墓、应侯墓，除最早的M232外，也都没有发现墓道。反观晋侯墓地，9座晋侯墓都是有墓道的，最晚的M93还有南北两条墓道，可见不是由于年代的差异形成的。有趣的是虢国墓地和芮国墓地也有类似现象。在虢国墓地发现的虢季墓（M2001）和虢仲墓（M2009）也都是土坑竖穴墓，而且在整个墓地没有发现带墓道的墓葬，而芮国墓地南区发现的4座大墓都是有墓道的，最早的一座，也有南北两条墓道。同是姬姓诸侯不知何以有这样的不同。

2）关于夫妇异穴合葬。晋侯墓地的九组晋侯和夫人墓组都是异穴并葬，其中M64墓组还是三穴并葬，这是应侯墓地所不见的。报告指称M84的夫人墓M85在其东南，两者并不形成并穴合葬。虢国墓地的情况与应国墓地相似，未见异穴合葬现象，而芮国墓地的M27，发掘者认为是芮公的三穴合葬，但有不同的意见[10]。无论如何，晋侯墓地和芮国墓地都有异穴合葬，而应国墓地和虢国墓地均无此现象，这种情况与有无墓道颇为相似。

3）关于随葬车马坑。应国墓地M84没有发现随葬的车马坑，整个应国墓地也没有发现任何车马坑。对照晋侯墓地，九组晋侯和夫人的合葬墓，不论早晚都有1座随葬的车马坑，这种情况表明车马坑是在合葬之后埋入的，是专为奉祀该组晋侯和夫人的。而虢国墓地又有不同，无论国君（M2001），还是被推认为国君夫人墓（M2012），甚至是第一次发掘的虢太子墓（M1052），都有单独的车马坑，是丧后埋入的，是专为墓主的。三个墓地在随葬车马坑上的不同表明他们在丧葬习俗上的差异。

4）关于棺椁制度。平顶山M84是单椁单棺而其他墓地的大型墓都是单椁重棺。

M84墓内没有发现积石积炭，也没有发现墙柳荒帷，只有1件残铜翣。

在晋侯墓地中最早出现积炭的是西周中期的M7，西周晚期以后各墓都采用积石积炭的埋葬方法，尤以M93最为完整。墓底筑三道石梁，以替代原来的枕木，墓室周围筑8个石墩，高与椁齐，椁四周及椁顶填以木炭[11]（图2-7）。

荒帷是棺外的饰物，他的发现也有一个过程[12]。晋侯墓地M31是晋侯稣的夫人墓，保存完整。根据发表的该墓的墓室平面图，荒帷遗存清晰可见，铜鱼排列整齐，铜翣形制完整无损（图3-1）。可知已非最初的形态。虢国墓地和芮国墓地的大型墓葬也都发现荒帷遗存，有的保存更加完好，结构也更为繁复（图3-2）。平顶山M84未见积石积炭和墙柳荒帷或与其年代略早有关。

5）关于随葬青铜礼器。平顶山M84随葬2鼎，形制各异，未见列鼎痕迹。晋侯墓地正式报告尚未发表，各墓所出随葬铜器只能根据各种资料整合[13]。晋侯墓地大概从

图3 墓葬遗迹、遗物

1. 北赵晋侯墓地M31荒帷遗存 2. 梁带村芮国墓地M28荒帷遗存 3. 晋侯墓地M91出土缀玉覆面
4. 虢国墓地虢季墓M2001出土缀玉覆面

M8（晋侯稣墓）开始才有正规的列鼎制度，一般晋侯墓都随葬5鼎4簋，晋侯夫人墓都用3鼎2簋（或4簋）。然而，虢国墓地的虢季墓（M2001）却随葬7鼎6簋，似高出晋侯墓地一等。李伯谦讨论了晋侯墓地和虢国墓地的器用制度，并预言"我们也很难说，将来不会发现某诸侯国国君的墓葬使用7鼎6簋的例子"[14]。果然，最新发现的梁带村芮国墓地的M27（双墓道芮公墓）就随葬7鼎6簋，另1座芮公墓（M28）出5鼎4簋，芮太子墓（M26）也出5鼎4簋，而太子妃（M19）只出3鼎4簋。

西周晚期大型墓的随葬青铜礼器，除了鼎、簋以外，晋侯墓地各墓还有甗、双壶、盘、匜（盉），虢国墓地和芮国墓地还增加了鬲，成为西周晚期大型墓的随葬青铜礼器固定的组合模式。

平顶山M84出土了1件应侯禹盨，这种器形，也见于晋侯墓地，据资料，M13曾出土，但件数不详，M91出1件，M92出2件，M1和M2各出4件。以后各墓未见出土。可见此种器形在晋侯墓地只见于西周中期早段至西周晚期早段[15]。但除了M1和M2出土的两种盨现藏上海博物馆，其他都未见图像。

虢国墓地的虢季墓（M2001）在随葬青铜器中有4件虢季盨，与晋侯墓地M1、M2所出的晋侯鞁盨件数相同，而且出了2件虢季簠，盨、簠并存，或是最晚的盨的形式[16]。

6）关于随葬青铜乐器。平顶山M84没有发现随葬的青铜乐器，晋侯墓地中年代最早的2座晋侯墓（M114、M9）也没有发现青铜乐器。随后的2座晋侯墓（M6、M33）因被盗扰，情况不明。晋侯墓地的M91是晋侯墓中最早随葬编钟的，共出7件。其次是M8，共出晋侯稣钟两套16件，其中14件被盗，后由上海博物馆购回，现在上海博物馆[17]。M64随葬楚公逆编钟一套8件，另外还有钲1件。M93出大小编钟两套，每套8件，共16件。虢国墓地M2001出虢季编钟一套8件，外加钲1件；芮国墓地M27也出编钟8件，钲1件。或为随葬青铜乐器的常制。

根据考古发现，宝鸡竹园沟、茹家庄发现的强伯墓、长安普渡村发现出长由盉的西周墓，以及长安张家坡发现的井叔家族墓出土的青铜乐器都是一套3件的编钟[18]。而晋侯墓地中年代相当的晋侯墓却不见随葬青铜乐器，平顶山M84亦是如此。到晋侯墓地出现随葬青铜乐器的时节（如M91），也许已经超越了编钟由一套3件发展到一套8件的阶段。

7）关于缀玉覆面。早在第一次发掘虢国墓地时就已发现缀玉覆面遗存[19]，只是当时未作分期，未能确认哪些是西周时期的。80年代以后在西周墓葬中已发现缀玉覆面的遗物[20]，由此可以确知其年代和形制。平顶山M84没有发现缀玉覆面。晋侯墓地发现的最早的缀玉覆面是M91、M92墓组，后者还出2件。此后，各墓均有发现。M91的缀玉覆面以8件玉器象征五官，周围一圈三角形玉饰以示脸庞（图3-3）。虢国墓地虢季墓（M2001）发现的缀玉覆面更为繁杂，共用了58件玉饰，中间以14件玉器以象五官，周围各用22件玉饰围成内外两圈表示脸形（图3-4）。可以判定西周中期以后，大型墓葬尤其是诸侯一级的墓，都用缀玉覆面随葬，平顶山M84未见覆面迹踪，或是其年代在此之前。

8）关于金器、铁器的随葬。中原地区使用黄金饰品的年代较晚，不像四川的三星堆文化在商代晚期就出现黄金饰品[21]。平顶山M84未见黄金饰品的痕迹。晋侯墓地M91已随葬有金质带饰6件，出于墓主人腰部两侧。晋侯墓地M8出土的金带饰较完整，共15件，有垂叶三角形金饰、圆形环金饰及绞丝状金环饰等（图4-1）。此后，M64也随葬金带饰。虢国墓地虢季墓（M2001）和芮国墓地M27均出土金带饰，成为诸侯级墓随葬器物中的必备品。此外，一些做工精致的工艺品也出现在墓葬中，如镂空的金剑鞘[22]（图4-2）。

铁是当时的一种新的金属，以其锐利而多制作兵刃，为男性所癖爱。在平顶山应侯墓地和北赵晋侯墓地都没有发现随葬这类器物。而在虢国墓地虢季墓中却随葬有2件铁器，1件是玉柄铁剑，另1件是铜内铁援戈（图4-3）。前者是由铁质剑身、铜质柄芯和玉质剑柄合成，通长34.2厘米；后者铜内铁援锻接而成，残长17.4厘米。这2件铁器是综合了当时新器材和新工艺的制作技术，显示了当时最高的科技成就。值得注意的是芮国墓地M27墓中也出土了1件铁刃铜戈和1件铁刃铜削，可见西周晚期诸侯国君的葬俗。

9）关于随葬陶器。各墓都随葬陶器，而其中必有鬲，这一点对于晋侯墓地尤为重要，这是因为他延续时间长，而且排列有序，由此可以排列出一个陶鬲的器形链，用以对照西周各个时期的陶鬲形态（图4-4），作为断代的参考。

四

以上对西周中晚期的4个姬姓诸侯墓地作了比较，可以归结如下。

1）应国墓地和虢国墓地都不见设置墓道，也不行夫妇异穴合葬，与晋侯墓地和芮国墓地大不相同，这种现象到底应该如何解释，还有待进一步的研究。

2）晋侯墓地的M91、M92是一组重要的墓葬，之前的M33、M32和M6、M7，之后的M1、M2墓组均被盗扰，随葬品缺失，所以M91、M92是唯一保存完好的西周中期的墓葬，可以确立为断代的标准。因此，随葬品中青铜礼器之不成列，盨的存在，青铜乐器的不完整，缀玉覆面之存在，以及随葬金器之出现，均是这个时期诸侯墓的丧葬现象。

平顶山M84与之相比，有相同的，也有不同的，其年代应更早于M91。

3）晋侯墓地的M8是西周晚期的典型墓，他的墓主身份可以确认，与文献记载可以印证，其年代可确认为西周晚期的宣王时期。因此，该墓随葬青铜礼器的列鼎组合、青铜乐器的固定组合、金带饰的出现，都是此时期的现象。

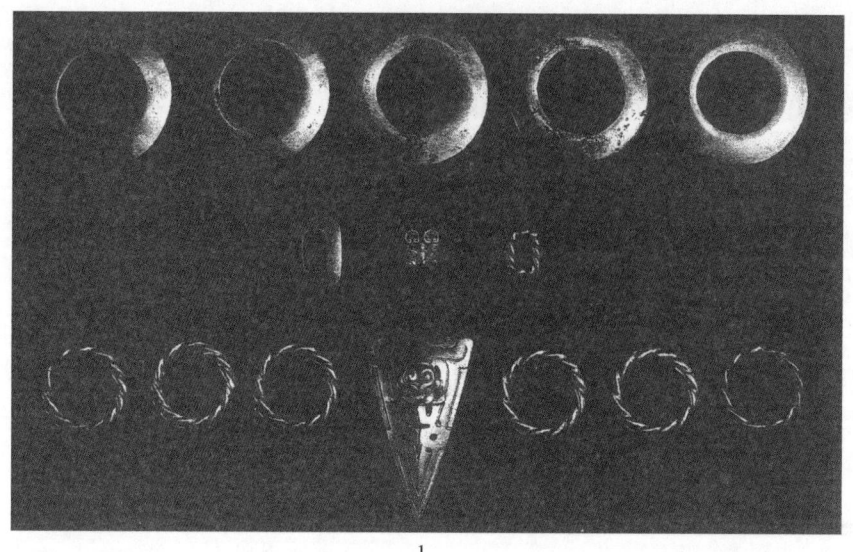

图4 墓葬遗物

1. 晋侯墓地M8出土金带饰 2. 芮国墓地M27出土镂空金鞘 3. 虢国墓地虢季墓M2001出土玉柄铁剑和铜内铁援戈
4. 晋侯墓地出土陶鬲

4）虢国墓地虢季墓（M2001）和芮国墓地M27应是西周晚期最末甚或是两周之际的遗存。铁器的出现应是这个时期最重要的现象。

注　释

[1] 河南省文物考古研究所、平顶山市文物管理局：《平顶山应国墓地Ⅰ》，大象出版社，2012年。

[2] 河南省文物考古研究所、平顶山市文物管理局：《平顶山应国墓地Ⅰ》第646页，大象出版社，2012年。

[3] 李家浩：《应国禹簋》，《保利藏金》，岭南美术出版社，1999年。

[4] 杜预：《春秋左传集解》僖二十四年"（王）将以狄伐郑。富辰谏曰……昔周公吊二叔之不咸，故封建亲戚以蕃屏周。管蔡郕霍，鲁卫毛聃，郜雍曹滕，毕原酆郇，文之昭也。邘晋应韩，武之穆也。凡将邢茅胙祭，周公之胤也"。《集解》"十六国皆文王子也"。"四国皆武王子。"

[5] 北京大学考古系和山西省考古研究所共同对晋侯墓地进行了六次发掘简报分别见于：

　　a.《文物》1993年第3期。

　　b.《文物》1994年第1期。

　　c.《文物》1994年第8期。

　　d.《文物》1995年第7期。

　　e.《文物》2001年第8期。

[6] 中国科学院考古研究所：《上村岭虢国墓地》，科学出版社，1959年。

[7] a.河南省文物考古研究所、三门峡市文物工作队：《三门峡虢国墓》第一卷，文物出版社，1999年。

　　b.虢仲墓（M2009）的资料待刊。

[8] a.陕西省考古研究所、渭南市文物保护考古研究所、韩城市文物旅游局：《陕西韩城梁带村遗址M27发掘简报》，《考古与文物》2007年第6期。

　　b.陕西省考古研究所、渭南市文物保护考古研究所、韩城市文物旅游局：《陕西韩城梁带村遗址M26发掘简报》，《文物》2008年第1期。

　　c.陕西省考古研究所、渭南市文物保护考古研究所、韩城市文物旅游局：《陕西韩城梁带村遗址M19发掘简报》，《考古与文物》2007年第2期。

　　d.陕西省考古研究院，渭南市文物保护考古研究所，韩城市景区管理委员会：《梁带村芮国墓地——2007年度的发掘报告》M28，文物出版社，2010年。

[9] 李久昌：《60年来虢史与虢文化的发现与研究》，《虢史与虢文化研究》，河南科学技术出版社，2012年。

[10] 陕西省考古研究院、上海博物馆：《两周封国论衡》，上海古籍出版社，2014年。

[11] 上海博物馆：《积石积炭墓简介》，《晋国奇珍——山西晋侯墓群出土文物精品》，上海人民美术出版社，2002年。

［12］ 张长寿：《墙柳与荒帷》，《文物》1992年第4期。

［13］ 李朝远：《晋侯墓地出土青铜器综览》，《晋国奇珍——山西晋侯墓群出土文物精品》，上海人民美术出版社，2002年。

［14］ 李伯谦：《晋侯墓地发掘与研究》，《晋国奇珍——山西晋侯墓群出土文物精品》，上海人民美术出版社，2002年。

［15］ 李伯谦：《晋侯墓地发掘与研究》，《晋国奇珍——山西晋侯墓群出土文物精品》，上海人民美术出版社，2002年。

［16］ 李朝远：《晋侯墓地出土青铜器综览》，《晋国奇珍——山西晋侯墓群出土文物精品》，上海人民美术出版社，2002年。

［17］ 马承源：《晋侯稣编钟》，《上海博物馆集刊》第7期，1996年。

［18］ a.卢连成、胡智生、宝鸡市博物馆：《宝鸡㚄国墓地》，文物出版社，1988年。

b.陕西省文物管理委员会：《长安普渡村西周墓的发掘》，《考古学报》1957年第1期。

c.中国社会科学院考古研究所：《张家坡西周墓地》井叔家族墓，中国大百科全书出版社，1999年。

d.据传，近期随州发现的西周早期曾侯墓出土5件编钟，详情有待正式报告。

［19］ 中国科学院考古研究所：《上村岭虢国墓地》，科学出版社，1959年。

［20］ 中国社会科学院考古研究所：《张家坡西周墓地》，中国大百科全书出版社，1999年。

［21］ 四川省文物考古研究所：《三星堆祭祀坑》，文物出版社，1999年。

［22］ 陕西省考古研究院、上海博物馆：《金玉华年——陕西韩城出土周代芮国文物珍品》，上海书画出版社，2012年。

临淄齐故城秦汉铸镜业考古进展及手工业考古的审视

白云翔

山东省临淄齐故城，作为中国著名的古代都城遗址，最初是周代齐国的都城，历时达638年之久，并且在战国晚期发展成为当时全国最为繁华的东方大都市。秦统一六国之后成为临淄郡的郡治[1]，西汉时期作为齐郡的郡治和汉齐王国的都城所在，工商业进一步发展，是当时"人众殷富，巨于长安"[2]的东方工商业重镇。新莽时期，临淄城仍然是东方工商业大都市，是当时的工商业"五都"之一[3]。东周秦汉时期的临淄，以工商业的发达而闻名。20世纪50年代以来的考古调查、勘探和发掘，初步探明了临淄齐故城的形制、布局、结构和文化堆积状况等，同时发现了大量东周秦汉时期的手工业遗存，从考古学上证实了当时临淄手工业的高度发展和繁荣（图1）。秦汉时期铸镜遗存的考古发现和研究，就是临淄齐故城手工业考古的重要一环。

临淄齐故城秦汉时期铸镜遗存的考古学研究及其进展，一方面极大地推进和深化了中国古代铜镜研究尤其是铜镜铸造工艺技术的研究；另一方面，作为手工业考古的积极探索和实践，极大地丰富了手工业考古的内涵。有鉴于此，这里拟在对临淄齐故城秦汉铸镜业考古的历程和收获进行初步总结的基础上，进而对其从手工业考古的视域加以审视，就其理论和实践意义进行思考。

一 临淄齐故城秦汉铸镜业考古的回顾

临淄齐故城秦汉铸镜业考古经历了一个长期的过程。就其肇始来说，可以上溯到20世纪40年代初，但其系统的考古学研究，是进入新世纪以来逐步展开的。

临淄齐故城秦汉铸镜业考古，肇始于20世纪40年代初汉代镜范的发现[4]。1940年春，日本学者关野雄在临淄齐故城进行考古调查时在齐故城大城北部的今傅家庙村从村民手中购得镜范残片1件（即"傅家镜范"），据称出自附近的农田中。1942年关野雄发表了调查报告，并就镜范的制作和使用进行了讨论[5]。

时隔半个多世纪以后的1997年秋，临淄齐故城大城南部今刘家寨村村民在该村东南挖建蔬菜大棚时从地表以下约50厘米处挖出镜范残片1件（即"刘家镜范"），后被

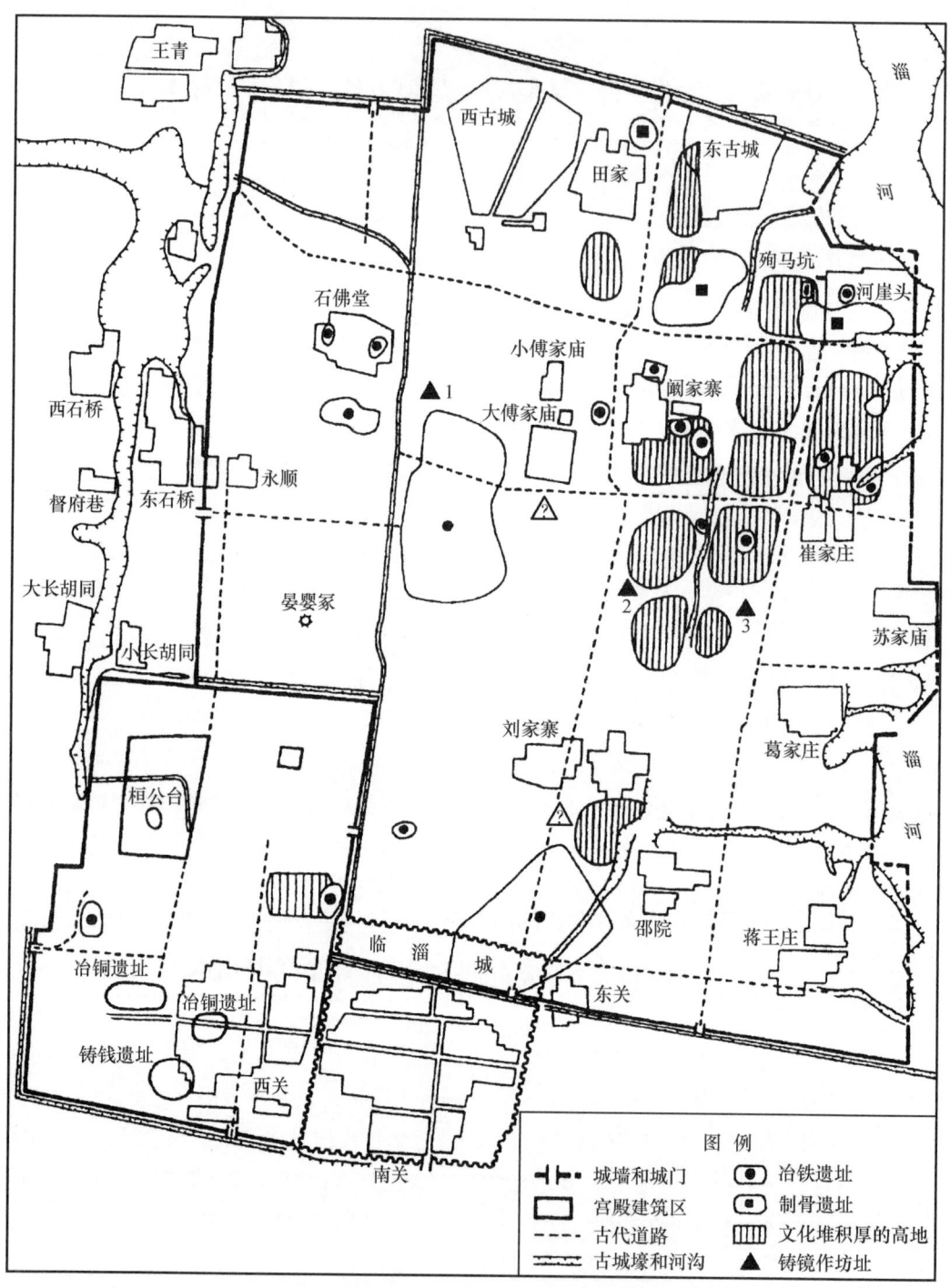

图1　临淄齐故城及铸镜作坊址分布示意图

齐国故城遗址博物馆收藏并进行了报道[6]。次年，笔者亲自到临淄对该镜范及其出土地进行了实地调查，并结合与其铸件属于同类的"见日之光天下大明"铭四乳草叶纹镜进行了专门研究，就汉代镜范的制作和使用以及汉代铜镜制造技术等问题进行了初步考察[7]。

此后的2000年秋，地处齐故城大城东部的今苏家庙村村民在村西一带挖建蔬菜大棚时，挖出镜范残片多件，其中1件由当地干部张氏收藏并进行了记录[8]。

时至2001年，淄博市博物馆收集到一批镜范残片计8件（即"临淄镜范"），据称出自临淄齐故城内的刘家寨村一带。对此，我们进行了细致的观察和测量，并结合以往临淄齐故城发现的镜范进行了综合研究[9]。同时，与科技考古学者合作对其中的1件残损过甚的残块（临淄JF：08）进行了科学分析，并进行了专门研究[10]。

上述汉代镜范的发现、收集、整理和研究及其成果，标志着汉代铜镜及其铸造工艺技术研究进入一个新阶段，同时也为临淄齐故城秦汉铸镜业考古拉开了"序幕"，而真正系统的考古学研究是两年之后逐步展开的。

2003年春，中国社会科学院考古研究所和山东省文物考古研究所联合对齐故城内的汉代铸镜作坊址进行了专题考古调查。调查过程中，先后在齐故城大城西北部的今石佛堂村东南一带采集到镜范残片8件，在大城东部的今苏家庙村西一带采集到镜范残片6件，确认了石佛堂和苏家庙两处铸镜作坊址，并于2004年发表了调查报告[11]。这次调查作为秦汉铸镜遗存的首次考古学调查，其成果很快引起了国内外学术界的关注。

2004年冬，山东省文物考古研究所等与日本奈良县立橿原考古学研究所等联合对临淄齐故城出土镜范的考古学合作研究项目正式启动。这次合作研究，就临淄齐故城近年发现的汉代镜范进行了广泛的搜集，从当地博物馆和文物收藏者手中收集到镜范54件，连同以往调查采集和见诸记述的23件镜范一并进行了细致的考古学观察、测量和记录，并对其进行了科学技术分析等多学科综合研究，取得了重要成果[12]。

2005年夏，临淄齐故城大城东北部的今阚家寨村村民在该村村南改建蔬菜大棚过程中发现镜范残片，随后临淄区文物局文物队工作人员前往实地进行调查和钻探，收集到镜范残片16件，并发现有铸铜遗迹，确认该地点为一处汉代铸镜作坊遗址[13]。

上述临淄齐故城内汉代铸镜作坊址的调查、镜范等铸镜遗物的系统整理和研究及其成果，既是汉代铜镜及其铸造工艺技术研究的重要突破[14]，同时也为临淄齐故城秦汉铸镜业考古的进一步深入开展奠定了坚实的基础[15]。

2011~2014年，中国社会科学院哲学社会科学创新工程"临淄齐故城冶铸遗存考古发掘与研究"实施过程中，在对临淄齐故城包括铸镜作坊址在内的东周秦汉冶铸遗存进行系统的考古调查和勘探的同时，对阚家寨秦汉铸镜作坊遗址进行重点考古发掘，发掘清理出水井、铸坑、房址和灰坑等与铸镜相关的遗迹，出土镜范残片180余件以及其他相关遗物，其年代为秦代至西汉前期[16]。这次发掘的资料正在系统整理中，相关的多学科合作研究正在逐步展开，有望极大地推进临淄齐故城秦汉铸镜业的考古学研究。

二 临淄齐故城秦汉铸镜业考古的进展与收获

新世纪以来的10多年间，在20世纪40年代以后临淄齐故城汉代镜范发现和研究的基础上，临淄齐故城秦汉铸镜业考古逐步展开，并且不断取得新的进展，从而初步揭示了秦汉时期临淄铸镜业的基本状况。其主要进展和收获可归纳为以下几个方面。

通过临淄齐故城内铸镜作坊址的调查、阚家寨铸镜作坊址的发掘以及历年来出土的镜范的考古类型学研究和年代学研究，初步究明了秦汉时期临淄铜镜生产的年代、产品类型及其地方特色。综合铸镜作坊址调查、发掘资料和出土镜范的分析可知：秦汉时期临淄铸镜作坊的生产年代，主要为西汉前期，其年代上限或可上溯至秦代乃至战国末年，年代下限可能会晚到西汉中期乃至西汉后期，但不会晚至新莽和东汉时期。

秦汉时期临淄的铜镜产品，主要有各种蟠螭纹镜、四乳连弧纹带镜、四乳龙纹镜、四乳草叶纹镜、博局草叶纹镜等五类（图2），其中尤以草叶纹镜颇具特色。秦汉时期临淄制造的铜镜，主要是中小型铜镜，但同时也制造少量的大型和特大型铜镜。秦或汉初的四乳蟠螭纹镜和四乳连弧纹带镜，镜体较轻薄，直径一般在10厘米以下，构图简洁、明快，线条流畅；四乳龙纹镜，以四乳和两条比较形象的龙纹为特征，构图稚朴，似乎为临淄地区所特有的一种镜类。西汉前期的铜镜以四乳草叶纹镜为代表，集中表现出临淄造铜镜的独特风格——"临淄风格"，如镜体厚薄适中，制作精良；纹样结构紧凑，布局疏朗；草叶纹清秀、规整、线条流畅；铭文篆书、字体方正等。秦汉时期临淄产铜镜类型尤其是产品风格的究明，对于考察和认识当时铜镜的流通、传播和应用等奠定了坚实的基础。

通过临淄齐故城出土秦汉镜范的科学分析并结合考古学研究，初步揭示了秦汉时期临淄铜镜制造的工艺技术及其发展水平。铜镜铸造采用的是陶质双合范技术，由镜背范和镜面范构成。镜范整体形态呈顶端平齐、底端弧形的扁平钵状；其大小和厚薄因铸件大小而异，重量较轻，一般比重小于1，即放置水中可浮起。镜背范正面有凹下的型腔、浇道、排气道和浇口、冒口，与侯马东周镜范一般不设置冒口或虽设置冒口但较细小、简单等特征明显不同[17]，显示出临淄镜范在结构上更为科学，更为简单、实用，标志着中国古代陶范铸镜工艺技术的全面成熟[18]；镜面范一般为平面，仅在顶端有凹下的冒口。制作镜范使用的原材料是当地一种含有较多黏土的细颗粒黄土、或者是一种灰黄色黏土并羼入稻壳灰，因之镜范断面多见不连续的孔隙，有利于铸造过程中的排气和充型。镜范的制作方法是"模制法"和"刻制法"并用，模制法是直接用硬质模具（范模）整体翻制出镜范，刻制法是先用平面模板制出范坯，然后手工

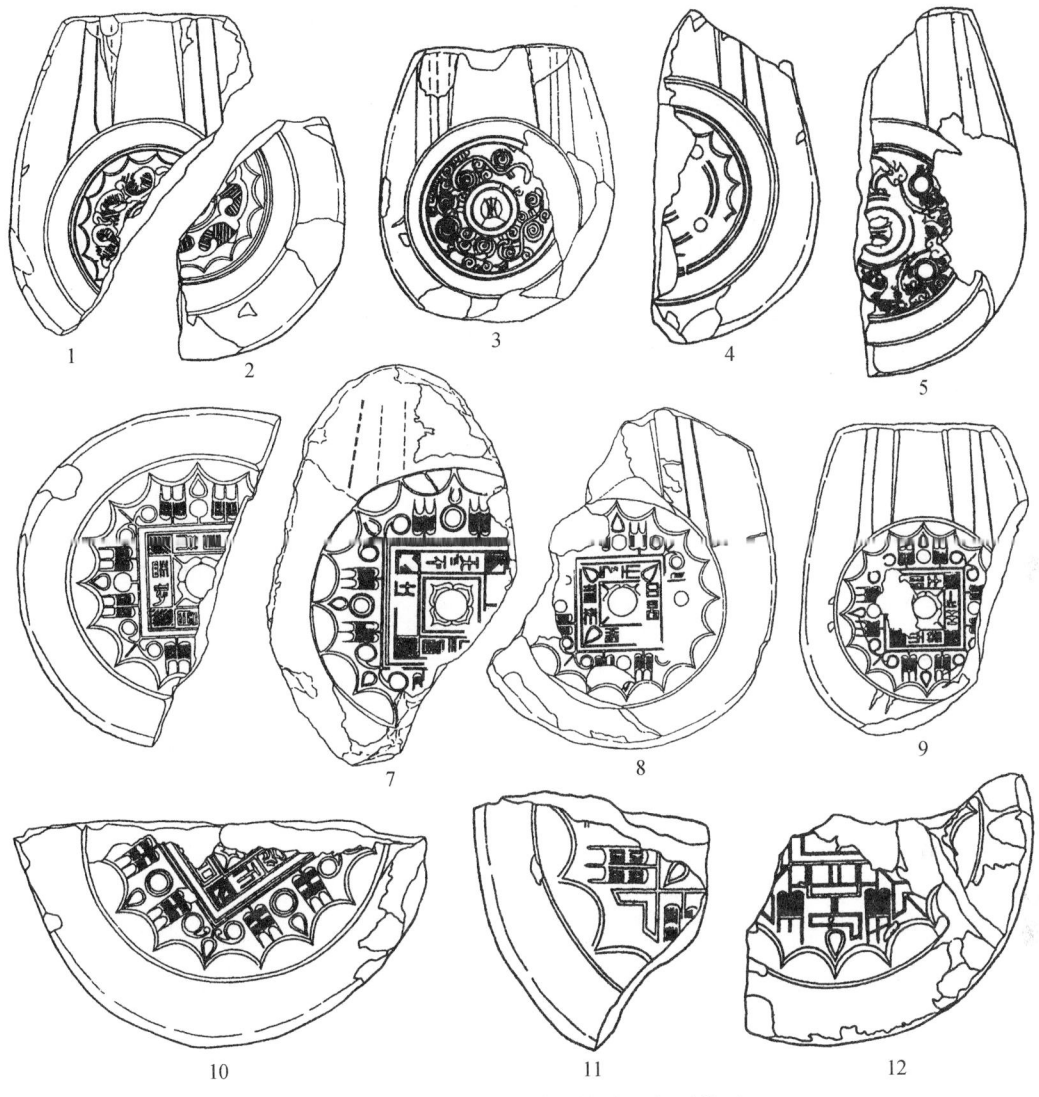

图2 临淄齐故城出土秦汉镜范的主要类型

1. 蟠螭纹镜范（SLQJF：77） 2. 蟠螭纹镜范（SLQJF：29） 3. 蟠螭纹镜范（SLQJF：22） 4. 四乳连弧纹带镜范（SLQJF：20） 5. 四乳龙纹镜范（SLQJF：19） 6. 四乳草叶纹镜范（SLQJF：18） 7. 四乳草叶纹镜范（傅家镜范） 8. 四乳草叶纹镜范（SLQJF：13） 9. 四乳草叶纹镜范（SLQJF：78） 10. 四乳草叶纹镜范（SLQJF：11） 11. 博局草叶纹镜范（SLQJF：74） 12. 博局草叶纹镜范（SLQJF：02）（比例不等）

雕刻出型腔及其花纹和浇道、排气道等。镜范成型晾干后还需经过还原窑进行烘烤和焙烧，其烘烤温度为800℃左右或以下，处于方解石分解温度之上而又未达到烧结温度的合理范围之内。铸镜过程中的熔铜采用的可能是小型火炉加温、坩埚熔铜的方法。合范浇铸前先在镜范的型腔表面涂刷一层涂料剂，以便使型腔表面细腻、光滑并且易于脱范；合范后加以捆绑，放置于小砂坑中加以固定，然后浇铸。浇铸成型后的铜镜铸件，还需进行铸件的后加工处理，一般是物理整形和镜面磨光、抛光，有的还可能存在铸件热处理，以便通过热处理获得"凸面镜"。上述铸镜工艺技术问题的初步究明，极大地丰富和深化了对秦汉时期制镜工艺技术的认识，无论对于中国古代铜镜制作和生产的研究，还是对于深化东亚古代制镜技术的发生、发展和演变的认识，都具有极其重要的意义。

通过临淄齐故城内铸镜作坊址的考古调查和发掘以及出土镜范的收集和整理，首次从考古学上确认了一个秦汉时期的铜镜产地。秦汉时期作为中国古代铜镜发展史上的第一个高峰时期，陶质双合范铸镜技术全面趋于成熟，并且铜镜的制造技术和使用都对周边国家和地区产生了直接和重要的影响。然而，秦汉时期铜镜的发现虽然数以万计，但铜镜产地、铸镜作坊的发现和研究却长期处于空白。在陶质双合范铸镜技术的背景下，镜范是研究铜镜制作和生产的最为直接、最为重要的实物资料。就全国范围来说，迄今秦汉时期镜范能够确认其出土地者，临淄齐故城属于首次，目前也唯有临淄齐故城，并且镜范出土数量多、种类多样。秦汉时期铸镜作坊址的考古调查和确认，临淄齐故城是首次，目前也唯有临淄齐故城，迄今已经确认的铸镜作坊址已有石佛堂、苏家庙和阚家寨等3处。阚家寨秦汉时期铸镜作坊遗址的发掘，是古代铸镜作坊址的首次科学发掘，不仅出土了大批镜范，而且清理出了铸坑、水井、灰坑和房址等与铸镜相关的遗迹。很显然，秦汉时期的临淄是当时全国一个重要的铜镜生产基地。

通过临淄齐故城内铸镜作坊址的考古调查和科学发掘，从考古学上证实了秦汉时期的临淄是当时的一个铜镜制造中心。目前临淄齐故城内经过考古调查已经确认的铸镜作坊址至少有3处，即石佛堂村、苏家庙和阚家寨，集中分布在大城的中部地区，即大城中部偏北处东西向古道路的南、北两侧；据传曾出土有镜范的今傅家庙村西南地点，也位于上述大城中部东西向古道路的西端附近；据传曾发现有镜范的刘家寨村南地点，则位于大城南部的中部地区。阚家寨秦汉时期铸镜作坊址附近还分布有同时期的铁器冶铸、钱币铸造等作坊址。由此可见，秦汉时期临淄城内的铸镜作坊，主要集中分布在大城中北部的东西向古道路的南、北两侧，并且铸镜作坊址附近往往有同时期的铁器冶铸、钱币铸造和骨器加工等手工业遗存，说明当时的铜镜作坊主要分布在临淄城大城中北部的"手工业园区"之内。铸镜作坊如此之多，分布如此之密集，发现的镜范数以百计，其年代至少延续百年以上，证明秦汉时期的临淄是当时的一个铜镜制造中心，并且铸镜业的规模十分可观，是当时临淄主要的手工业生产之一，是当时临淄的重要产业之一。至于秦汉时期临淄铜镜制造业的性质，应当属于民营[19]。

基于对秦汉时期临淄造铜镜的类型和特征的认识，通过与各地出土同时期铜镜的比较研究，关于秦汉时期临淄造铜镜的传播和流通获得了初步的认识。以西汉前期的"临淄风格"四乳草叶纹镜为例（图3）：临淄及其邻近地区即当时的齐国境内，是临淄造铜镜的主要传播和流通地区；与山东邻近的河南以及西汉都城长安所在的关中一带，也是临淄造铜镜的重要传播和流通区域；从更大的范围看，其传播和流通地域，南至长江中下游的今安徽、上海、浙江、江西、湖南等地乃至岭南的桂东一带，西到

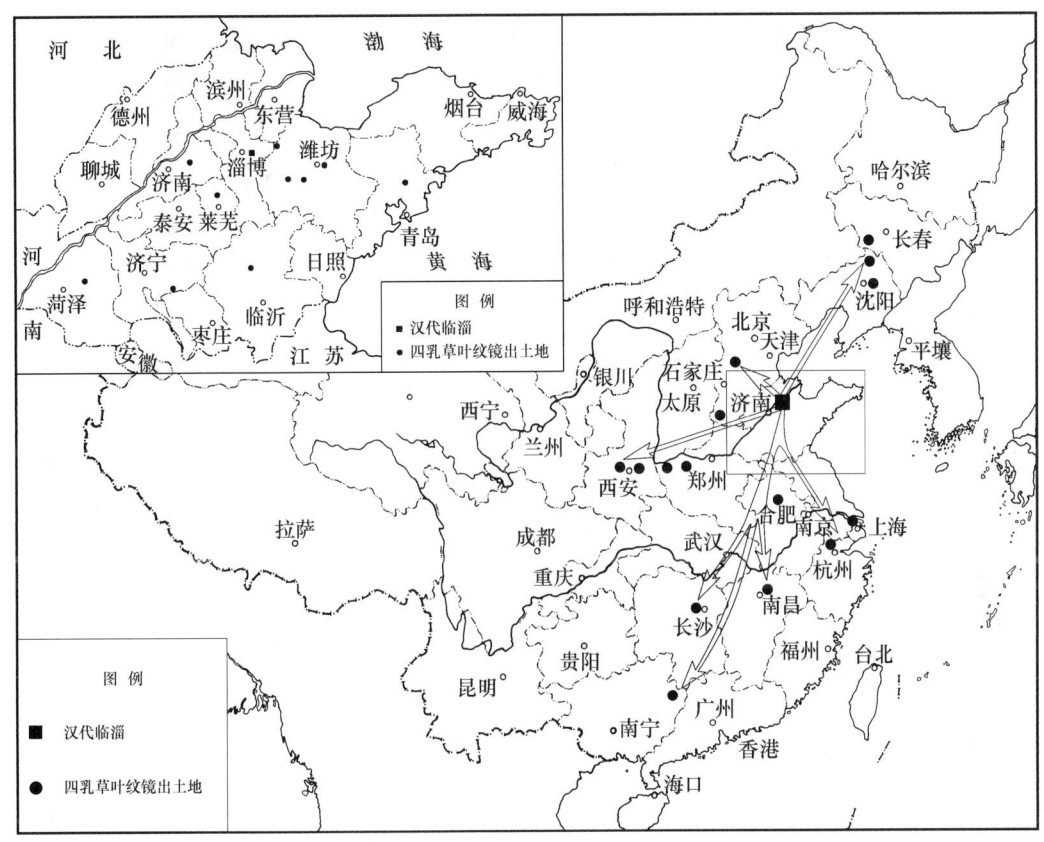

图3 西汉"临淄风格"四乳草叶纹镜出土地分布示意图

当时的首都长安一带,北达今辽宁乃至吉林的西南部地区,向东北则有可能东传到了朝鲜半岛和日本的九州岛。秦汉时期临淄造铜镜的其他镜类的传播和流通范围也大致如此。至于临淄造铜镜的传播方式,一种是商品交换和流通,应当是主要的一种方式;另一种则是随着人们的移动使之流传到全国各地乃至海外。

在整个东亚地区,中国是铜镜出现年代最早、使用历史最长、铸镜技术最发达的国家,而秦汉时期又是中国古代铜镜发展史上的第一个高峰时期,铜镜制作技术全面成熟,铜镜的生产规模空前,铜镜的使用空前普及,是当时重要的手工业生产部门之一[20]。因此,临淄齐故城秦汉铸镜业考古及其成果,作为我国乃至东亚古代铸镜技术研究的重大突破,将极大地推进中国乃至东亚古代铜镜的研究;作为秦汉时期手工业生产及其技术研究的新进展,对于当时社会生产和经济生活尤其是手工业的研究将产生积极的促进作用;同时,还将为秦汉时期各地区间人群移动、贸易往来和文化交流乃至中外文化交流的研究提供新的资料、信息和理论启示。

三 临淄齐故城秦汉铸镜业考古的理论与实践意义

临淄齐故城秦汉铸镜业考古既是古代铸镜业一个时段的专门研究，也是秦汉时期手工业一个门类的专门研究，应该说是手工业考古的一个专题性系统研究。因此，从手工业考古的角度对其加以总结和审视，有助于进一步理解和认识临淄齐故城秦汉铸镜业考古的理论和实践意义。

手工业考古，是基于对考古学性质和任务的认识，基于对我国考古学关于古代手工业研究长期实践的总结，基于对我国考古学学科建设的思考，在当今史学发展、考古学发展和文化遗产事业发展的大背景下提出的一个新命题。所谓"手工业考古"，是指近代工业革命之前加工制造业和矿业等各种传统工业的考古学研究（Archaeology of Traditional Industry）。它作为考古学的一个分支学科，既有考古学的一般特性，又有其特有的研究对象、研究内容、研究领域和研究方法[21]。从手工业考古的视域来看，临淄齐故城秦汉铸镜业考古作为一次积极的探索和成功的实践，从中可以得到诸多有益的启示。

从临淄齐故城秦汉铸镜业考古的研究过程来看，它经历了一个长期的过程，一个由偶然到必然、由表及里、由浅入深的过程。1940年日本学者关野雄在临淄齐故城内傅家庙村偶然收集到"傅家镜范"，并在记述该镜范时指出，铜镜铸范在临淄发现的事实，说明属于此种形式的西汉铜镜是在临淄铸造的；这种铜镜在临淄制造，作为显示铜镜纹样之地方特点的一个实例，值得注意[22]。然而，关野雄的这一发现及其认识，在相当长时间内并未引起学术界的注意；甚至该镜范被带到日本之后，很长时间被认为是赝品。1997年"刘家镜范"在齐故城内的刘家寨村被当地村民发现，同样是一次偶然的发现。直到笔者1998年到当地实地调查并进行专门研究之后，才引起学术界的关注。当然，由于资料的限制，当时的研究还仅仅是初步的，还停留在镜范和铜镜的比较研究以及铜镜制造技术的推论性研究上。此后的镜范研究，是这种研究的进一步深化。2003年铸镜作坊址的专题考古调查，由镜范研究转向铸镜作坊的考察，标志着临淄齐故城秦汉铸镜业考古学研究的真正展开。此后，临淄齐故城出土镜范的系统收集和综合考察、2007年关于汉代临淄铸镜业的综合论述、2011年以来阚家寨铸镜作坊遗址的勘探和发掘等，标志着临淄齐故城秦汉铸镜业考古的逐步扩展和不断深化。

从临淄齐故城秦汉铸镜业考古的研究方法来看，也经历了一个由简单到复杂、由单一到综合、由推论到科学证明的过程。1940年"傅家镜范"的采集和记录和1997年"刘家镜范"的偶然发现和报道，属于考古学上一般性的遗物采集和记述。1999年和2005年先后发表的两篇关于镜范的研究成果，已经不再是考古遗物的简单记述，而是镜范和铜镜的比较研究，并且以此为基础扩展到镜范的制作和使用、铜镜制造工艺技术、铜镜的生产和流通等方面的研究。然而，此时的研究在方法上还属于考古遗物的一般性考古学研究。2003年铸镜作坊址的专题考古调查，标志着以田野考古为基础的近代考古学研究方法的真正应用，而2011年以来阚家寨铸镜作坊遗址的发掘，更是这种研究方法的进一步扩展应用。2005年[23]、2007年[24]和2009年[25]先后发表的关于临淄齐故城出土镜范的化学成分、植硅石等包含物、密度及吸水率、烧成温度、型腔表面涂料等的科学分析和检测，以及临淄出土汉代铜镜的金相观察和成分分析等，把现代科学技术引入到以镜范及铜镜为载体的铜镜铸造工艺技术的研究之中，并取得了重要成果。正是在上述研究及其成果的基础上，2007年完成了关于汉代临淄铜镜铸造业的综合性考察。也正是基于对上述研究方法的应用及其成果的认识，2011年以来包括铸镜业在内的临淄齐故城冶铸业考古项目的实施过程中，基于手工业考古的理论、方法和任务，自始至终坚持两个基本点——"一是立足于田野考古，二是强化多学科合作研究"[26]，已经取得了重要进展。临淄齐故城秦汉铸镜业考古研究的不断进展和逐步深化，在研究方法上，正是从研究的需要和实际出发，科学运用了手工业考古研究的基本方法——以田野考古为基础的考古学基本研究、多学科合作研究、多种视野的系统研究及三者之间的有机结合。

从临淄齐故城秦汉铸镜业考古的研究内容来看，则经历了一个由遗物到遗迹、由局部到整体、由零散到系统的不断扩展的过程。关于手工业考古的主要研究内容，我们曾经总结为10个方面，即：原材料研究、生产工具和生产设施研究、工艺技术和生产流程研究、产品研究、产品流通和应用研究、生产者研究、生产经营方式研究、产业布局和产业结构研究、社会经济研究、社会文化研究。就临淄齐故城秦汉铸镜业考古来说，最初是从生产工具和生产设施——镜范的发现和研究入手的，进而扩展到产品——铜镜的研究，以及铜镜传播和流通的研究；通过镜范材质和制作工艺的科技分析，进行铸镜工艺技术和生产流程的阐释和复原研究。关于铜镜和镜范的原材料、铜镜制造的生产经营方式，秦汉时期临淄铸镜业的产业布局和产业结构等，已经有所涉及，但需要进一步深化；而关于铸镜业的社会经济和社会文化研究等，则有待于进一步开展。从临淄齐故城秦汉铸镜业考古的实践来看，从事某一区域、某一时段的某一手工业门类的考古学研究，其产品及与之直接相关的生产工具和生产设施的发现和研究往往是其研究的发端和起点，而其他方面的研究都是以此为基础展开的；工艺技术和生产流程的研究与生产工具和生产设施的研究以及产品的研究密切相关，往往成为研究的重点，而原材料的研究则往往因其难度大而不易深入；生产者、生产经营方式等其他方面的研究属于手工业考古的重要内容，但仅凭一时一地的考古材料则难以取得大的进展。

这里需要特别提及的是，通过临淄齐故城秦汉铸镜业考古中的产品流通和应用研究，我们在考古遗物的产地研究方面找到了一种方法——产地推定法。我们在研究中发现，西汉时期临淄造四乳草叶纹铜镜上虽然没有关于产地的铭文，但根据镜范可以确定临淄造铜镜具有其自身的特点和风格——"临淄风格";通过对全国各地乃至海外考古发现的具有临淄风格的四乳草叶纹镜的检索可知,"西汉临淄造铜镜在临淄及其邻近地区广为使用的同时,其传播和流通地域,南至长江中下游的今安徽、上海、浙江、江西、湖南等地,乃至岭南的桂东一带,西到当时的首都长安,北达今辽宁乃至吉林的西南部地区,向东北则有可能渡过大海传到了朝鲜半岛和日本的九州岛"[27];而这种铜镜的考古分布,以临淄为王国都城的齐国地区(指汉初高帝时期的齐国疆域,约当今山东中部地区)发现最多、分布密度最大,黄河中下游和长江中下游次之,其他地区虽有发现但数量较少。据此得出的理论启示是:在古代社会(至少是在秦汉时期),手工业产品往往以其产地为中心传播和流通("专供产品"[28]和"定向产品"除外),形成其中心分布区;其传播和流通随着与其产地的距离渐远而减少,形成一般分布区。据此反推,考古发现的某种具有特定风格和特征的遗物,其发现数量最多、分布密度最大的地区,即为其产地或产地所在。据此提出考古遗物的"产地推定法":基于产地形成风格、流通形成分布,那么,根据考古遗物的风格和分布状况,可推定其产地,简言之,即"风格+分布→产地"。这一产地推定法,不仅是手工业考古中产品流通研究的重要方法,而且对于古代社会生产、物产流通以及不同地区间的交流的研究都具有方法论上的意义。

四 结 束 语

临淄齐故城秦汉铸镜业考古在20世纪有关考古发现和研究的基础上,经过近10多年来的考古调查勘探和发掘、现代科学技术的分析和检测,尤其是考古学的综合研究,从镜范到铸镜工艺技术、从产品到其传播和流通等都取得了长足进展,成为古代铜镜研究尤其是铸镜工艺技术和铜镜传播和流通研究的重大突破。随着临淄齐故城秦汉冶铸遗存特别是有关铸镜作坊址及其出土遗迹和遗物的系统整理和多学科综合研究,随着铸镜模拟实验研究以及生产方式、产业布局和产业结构研究等的逐步展开,秦汉时期临淄铸镜业的研究将逐步深化。

临淄齐故城秦汉铸镜业考古作为手工业考古的一次实践,其过程、方法、思路、理念及其进展等,既丰富和完善了手工业考古的理论和方法,尤其是手工业考古的研究内容、研究方法和研究视野,更为其他手工业考古的开展提供了借鉴。不同时间、不同空间、不同门类的手工业考古,都会有其一定的特殊性,需要从实际出发设计技术路线并逐步实施,但其理论和方法应当是相通的,这也是本文就临淄齐故城秦汉铸镜业考古进行初步总结并加以手工业考古审视的意义所在。

注 释

[1] 临淄郡,又称之为齐郡。《汉书·地理志》:"齐郡,秦置"。但据王国维考证,"临淄

郡，实齐郡之本名"（见《秦会要订补》第373页，中华书局，1959年）。本文从。

[2] 《汉书·高五王传》：主父偃曾进言汉武帝"齐临淄十万户，市租千金，人众殷富，钜于长安，非天子亲弟爱子不得王此"。

[3] 《汉书·食货志》：王莽始建国二年（公元10年）"遂于长安及五都立五均官，更名长安东西市令及洛阳、邯郸、临淄、宛、成都市长皆为五均司市师。东市称京，西市称畿，洛阳称中，余四都各用东西南北为称"。

[4] 本文所言之镜范，除特别注明者外，均为陶镜范。

[5] 〔日〕関野雄：《斉都臨淄の調查》，《中国考古学研究》，日本東洋文化研究所，1942年。

[6] 张爱云、杨淑香、刘琦飞：《山东淄博市临淄区齐国故城发现汉代镜范》，《考古》1998年第9期。

[7] a.白云翔：《西汉时期日光大明草叶纹镜及其铸范的考察》，《考古》1999年第4期。
b.白雲翔：《山東省臨淄齊國故城出土の前漢鏡範とその問題について》，（日本）《古代学研究》第149號，2000年。

[8] 张龙海：《临淄齐国故城大城内又出土汉代镜范》，《临淄拾贝》，淄博市新闻出版局，2001年。

[9] 白云翔、张光明：《山东临淄齐国故城汉代镜范的发现与研究》，《考古》2005年第12期。

[10] 刘煜、赵志军、白云翔、张光明：《山东临淄齐国故城汉代镜范的科学分析》，《考古》2005年第12期。

[11] 中国社会科学院考古研究所、山东省文物考古研究所：《山东临淄齐国故城内汉代铸镜作坊址的调查》，《考古》2004年第4期。

[12] 中国山东省文物考古研究所、日本奈良县立橿原考古学研究所（白云翔、清水康二主编）：《山东省临淄齐国故城汉代镜范的考古学研究》，科学出版社，2007年。

[13] 王会田：《临淄齐国故城阚家寨铸镜作坊遗址调查》，《山东省临淄齐国故城汉代镜范的考古学研究》，科学出版社，2007年。

[14] 白云翔：《临淄齐国故城汉代镜范及相关问题研究》，《山东省临淄齐国故城汉代镜范的考古学研究》，科学出版社，2007年。

[15] 白云翔：《汉代临淄铜镜制造业的考古学研究》，《探古求原》，科学出版社，2007年。

[16] 中国社会科学院考古研究所、山东省文物考古研究所、临淄区文物局：《山东临淄齐故城秦汉铸镜作坊遗址的发掘》，《考古》2014年第6期。

[17] 山西省考古研究所：《侯马铸铜遗址》（上）第93、174~177、307页，文物出版社，1993年。

[18] 白云翔：《试论东亚古代铜镜铸造技术的两个传统》，《考古》2010年第2期。

[19] 白云翔：《汉代临淄铜镜制造业的考古学研究》，《探古求原》，科学出版社，2007年。

[20] 秦汉史学家陈直先生指出："铜镜为两汉手工业重点之一"（陈直：《两汉经济史料论丛》第146页，陕西人民出版社，1980年）。中国古代工业史专家祝慈寿也称："铜镜为汉代

铜镜铸造工业中的重要产品之一"（祝慈寿：《中国古代工业史》第208页，学林出版社，1988年）。

[21] 白云翔：《手工业考古论要》，《东方考古》第9集，科学出版社，2012年。

[22] 〔日〕関野雄：《斉都臨淄の調査》，《中国考古学研究》，日本東洋文化研究所，1942年。

[23] 刘煜、赵志军、白云翔、张光明：《山东临淄齐国故城汉代镜范的科学分析》，《考古》2005年第12期。

[24] 崔剑锋、吴小红：《临淄齐国故城汉代镜范和铜镜检测报告》，《山东省临淄齐国故城汉代镜范的考古学研究》，科学出版社，2007年。

[25] 崔剑锋、吴小红、白云翔、黄宝玲、古丽冰：《山东临淄齐国故城遗址出土西汉铜镜的铅同位素比值分析》，《考古》2009年第4期。

[26] 白云翔：《在"科技考古与手工业考古：临淄齐故城冶铸考古多学科合作研究中期讨论会"上的讲话》，2014年5月11日。

[27] 白云翔：《汉代临淄铜镜制造业的考古学研究》，《探古求原》，科学出版社，2007年。

[28] 所谓"专供产品"，是指工官等手工业机构为皇室或官府等专门制造的产品，一般不作为商品进入流通领域；"定向产品"，是指为特定地区专门制造的产品，限于在其特定地区作为商品进行流通，如宋元时期的外销瓷等。

秦汉华南金银器初步研究

刘 瑞

本文研究的文献时间，上起秦帝国建立的秦始皇二十六年（公元前221年），下止东汉帝国灭亡的汉献帝建安二十五年（公元220年），前后440年左右。

由于绝大多数的考古资料，不仅难以开展以年为纪的精确断代，且难以与文献时间一一吻合，因此本文所用考古资料的时代，在整体以前述文献时间为范围的基础上，将可能适当上延至秦始皇二十六年前的战国晚期，下延至东汉灭亡之后的三国初期。

本文研究的华南范围，包括今湖南省、江西省、福建省、广东省、广西壮族自治区、海南省、香港特别行政区、澳门特别行政区共8个行政区域[1]。大体为汉初之外诸侯南越国、闽越国以及内诸侯长沙国地区，也就是汉中期以后的长沙郡、会稽郡南部、武陵郡东部以及零陵、桂阳、豫章诸郡与南海、苍梧、郁林、合浦、珠崖、儋耳诸郡（图1），分别为汉代交趾刺史部以及荆州刺史部、扬州刺史部南部。由于这些地区大部分属于秦汉王朝的统治边缘或域外地区，位于秦汉统治中心的南方，故以"华南"称之[2]。

由于在60多年来华南秦汉遗址、墓葬、窖藏等遗存内发现的遗物品类中，金银器无疑是两个不仅发现数量少，且器物种类也相对甚少的遗物门类，因此过去虽然有一些针对个别墓葬出土金银器的集中探讨，但对本文研究区域内秦汉金银器的较多分析却尚未之见。在2007~2010年开展华南秦汉考古资料系统梳理并较系统收集华南各地出土秦汉金银器资料的基础上，借考古地理信息系统支撑，我想就华南秦汉金银器分布的情况做一初步探讨，不当处请方家批评。

一 金银器种类

据整理统计[3]，截止到2010年，在华南地区秦汉遗存中发现的金银器种类共有22种。而据用途，我将其简略的分为了容器、身饰、其他等三类[4]（表1）。

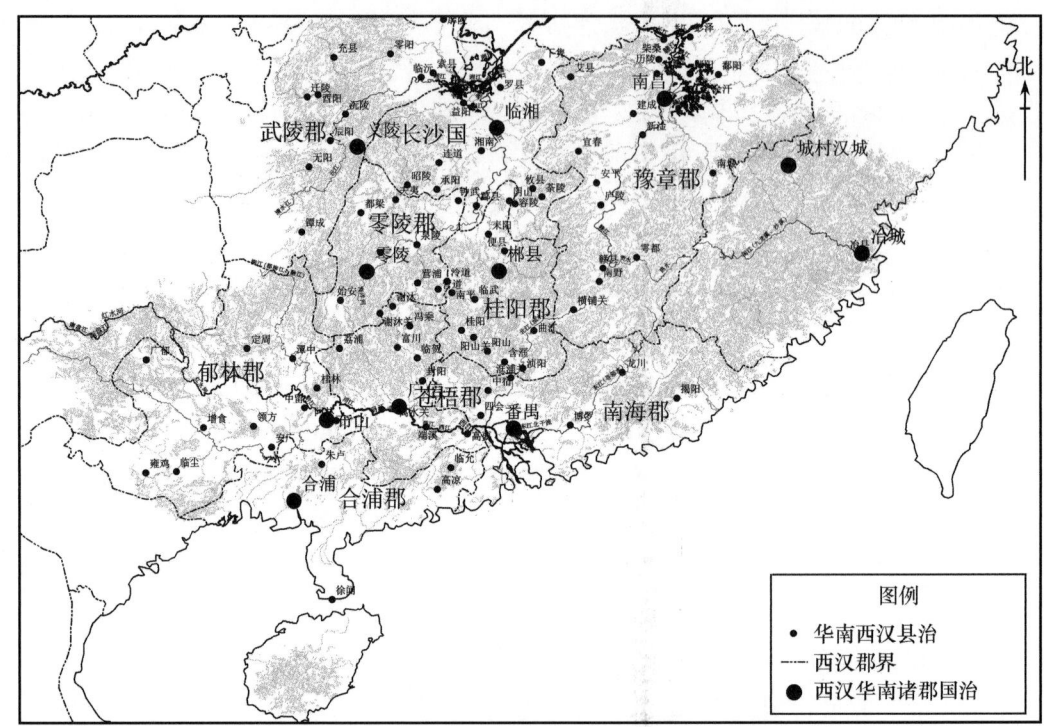

图1　西汉晚期的郡国属县

表1　华南金银器器类分别表

器类	名称	类数
容器	银碗、银碟	2
身饰	金耳环、金指环、银指环、银镯、金带钩、银带钩、银簪	7
其他	金饼、金串饰、金珠、金球、金丝、金叶、银叶、金印、银印、银顶针、银环、金饰、银饰	13

二　墓葬与出土金银器的关系

据统计，华南秦汉墓中出土金银器的总体情况大体如下：

1）出土金银器的华南秦汉墓葬数量极少。在经过统计的2020座介绍有随葬品情况的墓葬中，仅有86座随葬有金银器，其数量仅占2020座墓葬数的4.25%。

2）有限的金银器更集中发现于个别的墓葬。据统计，华南秦汉金银器出土数量共712件，以86座墓葬计，平均每墓出土8.27件。其中长沙59长五M009出土的金银器数量最多，为255件，占全部712件的35.81%。广州象岗南越王墓出土数量次之，为165件，占712件总数的23.17%。从上述统计情况看，前述两墓出土金银器数量占全部出土量的近六成，而其余84座墓葬则仅出土292件，平均每墓出土3.47件，数量相当悬殊。

3）出土金银器墓葬的规格普遍较大。据统计，出土金银器的86座墓葬，平均长5.8

米,平均宽3.08米,平均面积17.837平方米,大于曾统计过的出土铜器墓、出土铁器墓的平均规格(出土铜器的929座墓葬平均长4.31米,平均宽2.6米,平均面积11.204平方米;出土铁器的864座墓葬平均长4.22米,平均宽2.62米,平均面积11.029平方米)。也就是说,墓中金银器出土的数量,其实与出土该数量金银器墓葬的数量之间,存在较明显的反比关系。

一般而言,墓中金银器数量越少,该类墓的数量越大,而墓中金银器数量越多,该类墓的数量越少。随着墓中金银器数量的增加,相关墓葬的规格也在不断加大,大体成正比关系(图2、表2)。与曾经统计的出土铜器、铁器、陶器、石器墓葬的情况基本一样,大量金银器集中出土于少量墓葬之中。

表2 不同数量金银器出土墓葬规格差异统计表

器物数	墓葬数	均长	均宽	面积
1件	29	5.22	2.59	13.524
2件	16	5.22	2.79	14.532
3件	11	5.28	2.66	14.018
4件	6	6.16	3.83	23.601
5件	5	5.28	2.34	12.365
6件	5	6.04	3.14	18.966
7件	1	4.3	3.6	15.48
8件	6	6.36	3.98	25.341
12-15件	5	9.54	4.45	42.443
143-251	2	9.69	6.33	61.289

4)86座墓葬中,以墓葬类型区分,土坑墓(39座)与砖室墓(42座)的数量大体相当。土坑墓中,金银器集中出土于长方形土坑墓。砖室墓中窄长形砖室墓、长方形砖室墓、中字形砖室墓的数量大体接近(表3)。

从墓中出土金银器的平均量看,砖室墓要明显大于土坑墓。

在不同时代,虽东汉墓(7.88件)要明显少于西汉墓(11.61件),但如将西汉早期南越王墓排除在外后,西汉墓中金银器仅平均出土2.58件,远小于东汉墓葬。

也就是说,金银器墓在西汉早期数量甚少,而西汉中期还略有下降,到西汉晚期才有较快增加,此后则再次减少。到东汉早期,金银器墓的数量与新莽至东汉初期持平,而后则迅速上升,在东汉中期达到峰值,此后略有下降。而如前所述,东汉时期大型墓葬的形制多为砖室墓,易受盗扰,使东汉随葬品完好墓葬的数量随之降低,但从出土金银器墓的时代差异看,东汉墓的数量却明显多于西汉墓,而东汉墓中出土金银器的平均数量也明显高于西汉墓,因此可以大体上认为,金银器虽是西汉时期已有的陪葬物种类,但当时应还极不普及,金银器随葬风气在华南地区的开始流行,应是在东汉时期,特别是东汉中期。

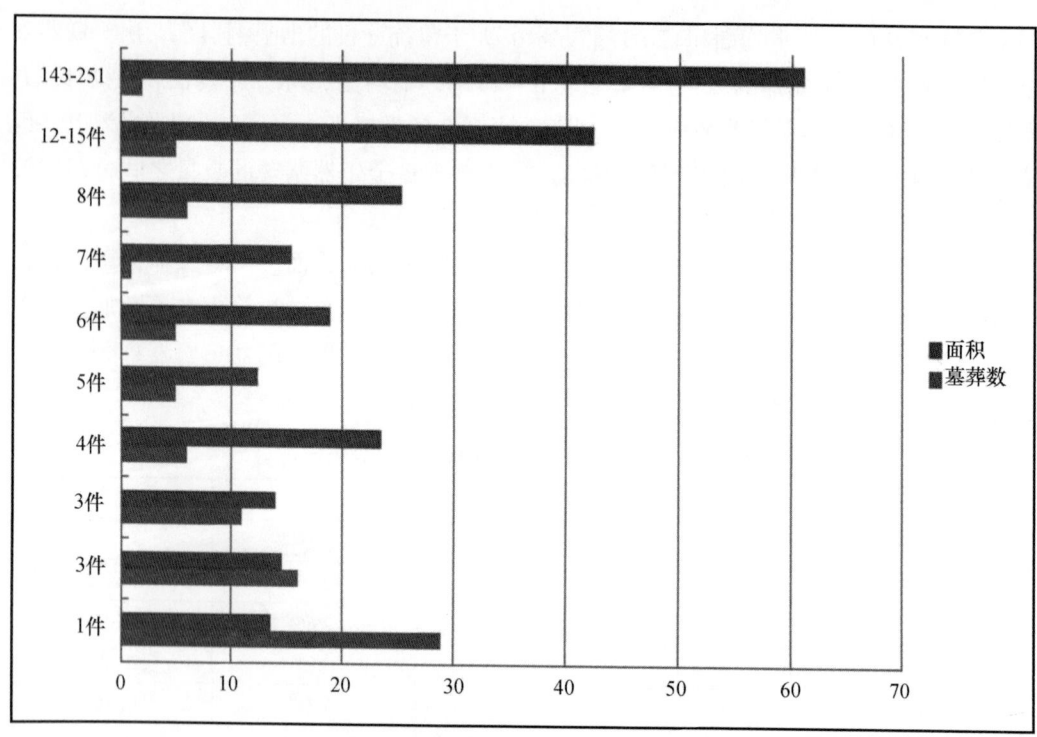

图2 不同数量金银器出土墓葬规格差异统计图

表3 不同时代各形制金银器墓数量统计表

	西汉初期	西汉早期	西汉中期	西汉晚期	新莽至东汉初期	东汉早期	东汉中期	东汉晚期	西汉	东汉	合计	平均金银器
窄长形土坑墓							1				1	4
长方形土坑墓		4	3	9	3	1	8	6			34	2.35
近方形土坑墓							1	1			2	2.5
梯形土坑墓							1				1	1
十字形土坑墓		1									1	14
窄长形砖室墓					2	1	6	4		1	14	3.07
长方形砖室墓					1	1	6	6			14	4.86
中字形砖室墓						1	4	5			10	30.4
土字形砖室墓								1			1	2
十字形砖室墓							1	1			2	7
串字形砖室墓							1				1	4
长方形石室墓						1	1				2	1.5
土字形石室墓	1										1	165
不明					1					1	2	1.5
合计		5	4	9	6	6	30	24		2	86	
平均金银器		33.8	5.5	2	2.33	3.83	12.16	4.04		2		

而从前表看，出土1件金银器的墓葬规格为13.524平方米，而随着墓中金银器数量的增加，墓葬的规格也持续增大。因此，从墓葬规格的大小与墓主社会地位成正比的情况出发，在金银器墓中应同样存在随陪葬金银器数量增加，墓主社会地位增加的情况（目前等级最高的金银器墓为南越王墓[5]）。从西汉县级官吏墓平均规格10.118平方米看，出土1件金银器墓的墓主的身份大体应高于县级官吏。

三　金银器种类的发展变化

1）华南共出土22种金银器，其中金器11种，银器11种，包括容器、身饰、其他等三类器物，其中带钩、指环、叶、饰、印等5种器物具有金、银两种材质，从数量看，银指环发现点数量最多，银镯次之，金指环再次之，金耳环、金丝、银碟、银叶最少，银指环是华南最为常见的金银器种类（表4）。

表4　各时期金银器发现点数量统计表[6]

	西汉初期	西汉早期	西汉中期	西汉晚期	新莽至东汉初期	东汉早期	东汉中期	东汉晚期	西汉	东汉	汉代	合计
金带钩		2		1								3
金耳环							1					1
金指环				4	2	2	8	11		4	2	33
金饼		1	2	3		1	1	1		1		10
金串饰				2								2
金球				3	1		1	1				6
金珠		1	3	1	4	1	2	5		2		19
金饰		2	1	3			1	1	1	1		10
金丝			1									1
金叶		1	1	1	1		1	1		1		7
金印		2		1								3
银印				1						1		2
银顶针								2				2
银环				3	1		3	6		4	1	18
银饰	1	2	1			1	5	2		5		17
银碟										1		1
银碗				1	1	1	1			2		6
银叶										1		1
银指环	1	1	1	3	4	7	28	28		9	1	83
银簪			1				1			1		3

续表

	西汉初期	西汉早期	西汉中期	西汉晚期	新莽至东汉初期	东汉早期	东汉中期	东汉晚期	西汉	东汉	汉代	合计
银镯		1		1	4	2	9	15		7	1	40
银带钩	1	1				1				1		4
合计	3	15	11	26	21	14	62	74	2	39	5	272

从时代看，东汉晚期金银器发现点数量最多，西汉初期最少。大体上金银器在逐步增加的过程中，存在着西汉早期、西汉晚期、东汉晚期三个渐次增大的峰值（图3）。

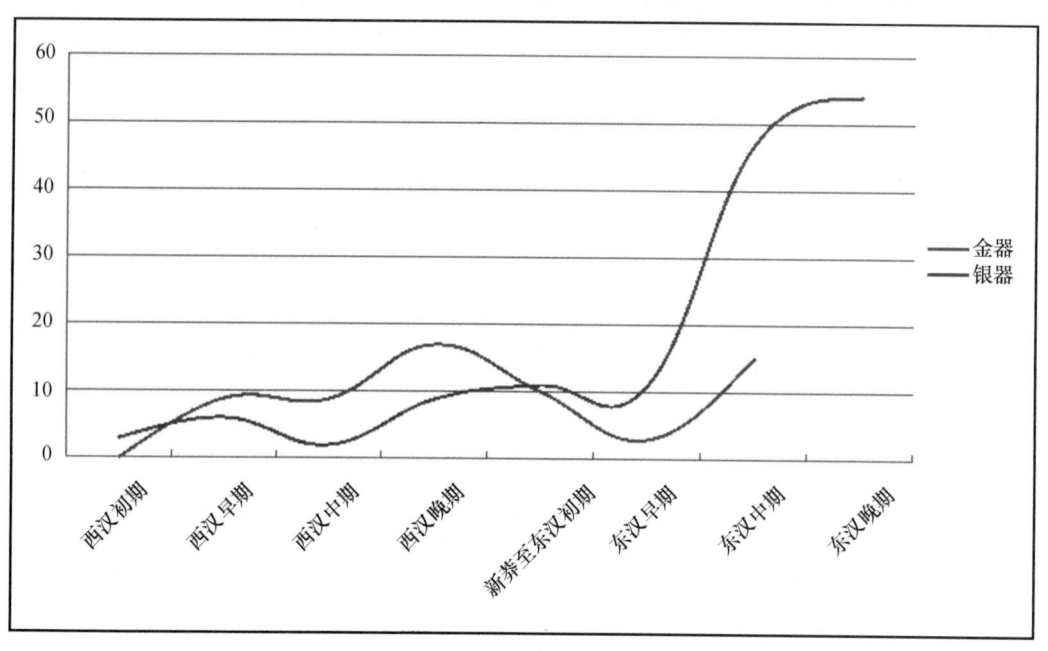

图3　各时期金银器发现点数量统计图

从金、银器的具体发展过程看，银器虽在华南最早出现，但数量一直较少。而当金器在西汉早期出现时，数量明显大于银器。整个西汉时期金器的发现点数量，都明显高于银器。新莽至东汉初期，二者差距已经极小，此后整个东汉时期，银器的发现点数量明显高于金器。金银器发现点数量在东汉中期后的高速增长，主要由于银器数量的剧增而造成。

2）在不同时期内，金银器发现点数量的具体情况存在较大差异。西汉初期仅有银指环、银带钩、银饰3种银器，西汉早期新出现银镯、金珠、金饼、金叶、银簪、金饰、金带钩、金印等8种金银器，数量大增。西汉中期金银器发现点种类和数量均有减少，银镯、银带钩、银簪、金带钩消失，新出现金丝1种器物。西汉晚期，金银器的种类和发现点数量大增，新出现银碗、银印、金串饰、银环、金球、金指环等6种器物，西汉中期原有的银饰、金印、金丝尚未发现，金指环、银指环、金饼、金饰、银环、金球发现点数量较多。这样，在种类更新和数量大为增多的情况下，西汉晚期金银器发现点数量就远超西汉早期峰值。新莽至东汉初期，除重新出现的金、银带钩外未出现新的器物种类，西汉晚期出现的银印、金串饰、金饰消失不见。该时期11种器物中，虽银指环、银镯、金珠发现点数量较多，但其他种类器物的发现点数量较少，成为金银器发展中的低潮阶段。但如前所述，此阶段中银器的发现点数量快速增加，与金器间的距离基本消除，为东汉时期金、银器发现点数量的变化奠定了基础。

东汉早期，不仅金银器的数量甚少，且金银器也仅有6种，少于西汉中期，为西汉晚期之后的最低谷。东汉中期，新出现金耳环1种器物，银簪、金叶、金饼、金钗、金饰、银环等重新出现。在该时期的13种器物中，银指环发现点数量最多，银镯、金指环次之，其他种类的发现点数量均甚少。东汉晚期，是秦汉华南金银器发现点数量最多的阶段，在12种器物中，银指环依然最多，银镯次之，金指环又次之，其他种类器物发现点数量依然不多。大体上，从具体的金银器种类看，银指环在新莽至东汉初期之后的持续而大量的增加，应是前述银器超过金器变化的主因。

四　不同郡国的金银器差异

从统计情况看，华南各郡国内的不同地点在金银器种类和数量上的变化，也存在明显差异（表5）。

首先，从上表看，各郡国金银器发现点中长沙国最多，南海郡次之，桂阳郡、合浦郡又次之，武陵郡、豫章郡甚少（图4）。而长沙国金银器的发现点在西汉初期、西汉中期、东汉中期，南海郡的金银器发现点在西汉早期、东汉晚期，合浦郡的金银器发现点在西汉晚期、新莽至东汉初期，零陵郡的金银器发现点在东汉早期各为最多。豫章郡、武陵郡、除东汉晚期外的苍梧郡的金银器发现点数量，一直较少。

其次，不同郡国各时期的金银器发现点量存在也有显著差异：

1）南海郡西汉早期甚多，西汉中期后不仅发现点数量急剧减少，且减少趋势一直持续到新莽至东汉初期，东汉早期不见，东汉中期重新出现后数量甚多，此后持续增长。

2）合浦郡从西汉中期开始出现金银器，西汉晚期达到峰值，新莽至东汉初期一直保持不变，东汉早期遽减，东汉中期有较大回升，东汉晚期又有减少。

3）苍梧郡西汉早期出现金银器时数量极少，西汉中期至东汉早期一直消失不见，东汉中期重新出现后数量较多，东汉晚期继续增长。

4）郁林郡从西汉早期出现金银器，西汉中期数量大减，但到西汉晚期回升甚快，而后再次减退，东汉早期不见，东汉中期虽重新出现金银器，但直至东汉晚期发现点数量一直甚少。

5）桂阳郡西汉早期出现金银器，从西汉早期到新莽至东汉初期金银器不见，东汉早期重新出现后增速较快，东汉晚期达到峰值。

6）零陵郡内金银器存在时间甚短，仅见于西汉晚期至东汉早期，以东汉早期为最。

表5 各郡国金银器发现点数量统计表

郡国	地点	器名	西汉初期	西汉早期	西汉中期	西汉晚期	新莽至东汉初	东汉早期	东汉中期	东汉晚期	西汉	东汉	汉代	合计	
南海郡	广州	金带钩		2										2	49	57
		银带钩		1						1				2		
		金指环					1			8				9		
		银指环					1		4	8				13		
		银簪		1										1		
		银镯		1		1			1	2				5		
		金球				1								1		
		金珠		1		1			1	2				5		
		金饰		1										1		
		金叶	1	1	1	1		1	1					6		
		金印		1										1		
		银顶针								1				1		
		银饰		1					1					2		
	博罗	银指环										1		1	1	
	佛山	银指环										2		2	2	
	增城	银环							1					1	1	
	深圳	银指环							1			1		2	3	
		银镯							1					1		
	东莞	银指环							1					1	1	
合浦郡	合浦	银碗				1								1	29	33
		金带钩				1								1		
		金指环				2	1		2	1				6		
		银指环				2	3		2	1				8		
		银镯				1	2							3		
		金饼			1									1		
		金串饰				1								1		
		金球				1			1					2		
		金珠			1		2							4		
		金饰				2								2		
	徐闻	银指环						1	1					2	3	
		银镯							1					1		
	北海	银镯				1								1		

续表

郡国	地点	器名	西汉初期	西汉早期	西汉中期	西汉晚期	新莽至东汉初	东汉早期	东汉中期	东汉晚期	西汉	东汉	汉代	合计	
苍梧郡	封开	银指环								2			2		16
	贺县	金印		1									1		
	岑溪	银指环							2				2		
	昭平	银指环							1				1	2	
		银环							1				1		
	德庆	银指环								2			2	6	
		金饼								1			1		
		银环								3			3		
	藤县	银指环							1				1	3	
		银镯							1				1		
		银饰							1				1		
郁林郡	贵县	银碟										1	1		24
		银碗										1	1		
		金指环			1							1	2		
		银指环		1					1				2		
		银簪										1	1		
		银镯							1	1		1	3		
		金饼		1									1		
		金球			1								1		
		金珠			1	1	1					1	4		
		金饰		1									1		
		金叶										1	1		
		银叶										1	1		
		银环			3				1				4		
		银饰		1									1		
桂阳郡	郴州	金指环						1					1	5	35
		银指环						1					1		
		银镯						1				1	2		
		银环										1	1		

续表

郡国	地点	器名	西汉初期	西汉早期	西汉中期	西汉晚期	新莽至东汉初	东汉早期	东汉中期	东汉晚期	西汉	东汉	汉代	合计	
桂阳郡	耒阳	银指环							4	2				6	13
		银镯							1	3				4	
		银环										1		1	
		银饰							2					2	
	始兴	银指环	1											1	35
	资兴	银指环						1	3	4				8	14
		银镯							1	5				6	
	曲江	银饰										1		1	1
	永兴	银环										1		1	1
零陵郡	零陵	银碗						1						1	13
		金指环						1						1	
		银指环						3						3	
		金串饰				1								1	9
		金球				1								1	
		金珠						1						1	
		银饰						1						1	
	兴安	银指环				1								1	2
		银环					1							1	
	桂林	银指环										1		1	2
		银镯										1		1	
武陵郡	常德	银指环						1		1				2	5
		银镯								1				1	
		金饰								1				1	
		银饰								1				1	
	保靖	银指环								1				1	10
		银环								1				1	3
		银饰										1		1	
	大庸	银镯								1				1	
	怀化	金珠			1									1	

续表

郡国	地点	器名	西汉初期	西汉早期	西汉中期	西汉晚期	新莽至东汉初	东汉早期	东汉中期	东汉晚期	西汉	东汉	汉代	合计	
长沙国	长沙	银碗					1		1					2	53
		银带钩	1				1							2	
		金指环				1			1	2		3	1	8	
		银指环			1				7	3		2	1	14	
		银镯							1	2		2	1	6	
		金饼			1	3	1		1					6	
		金球							1				1		
		金珠							1	2				3	
		金饰			1	1			1					3	
		银印				1								1	
		银顶针								1				1	
		银环							1	1		1		3	70
		银饰	1		1				1					3	
	益阳	银指环							1					1	
	衡阳	金耳环							1					1	8
		金指环							1					1	
		银指环							1					1	
		银簪							1					1	
		银镯							1					1	
		金饼										1		1	
		金珠										1		1	
		银饰								1				1	
	临湘	银饰										2		2	
	莲花	金印			1									1	
	湘乡	银指环							1					1	2
		金饰									1			1	
	茶陵	银指环							1					1	2	70
		银环										1		1	
	湘阴	金饰										1		1	

续表

郡国	地点	器名	西汉初期	西汉早期	西汉中期	西汉晚期	新莽至东汉初	东汉早期	东汉中期	东汉晚期	西汉	东汉	汉代	合计	合计
豫章郡	南昌	金指环							4			1		5	7
		银指环							1			1			
		银镯							1			1			
	宜春	银镯									1	1		2	12
		银饰									1	1			
	南康	银指环								1		1		2	
		银镯								1		1			
	遂川	银碗										1		1	
海南岛	乐东	银印								1				1	
牂柯郡	西林	金丝			1									1	
合计			3	15	11	26	21	14	62	74	2	39	5	272	

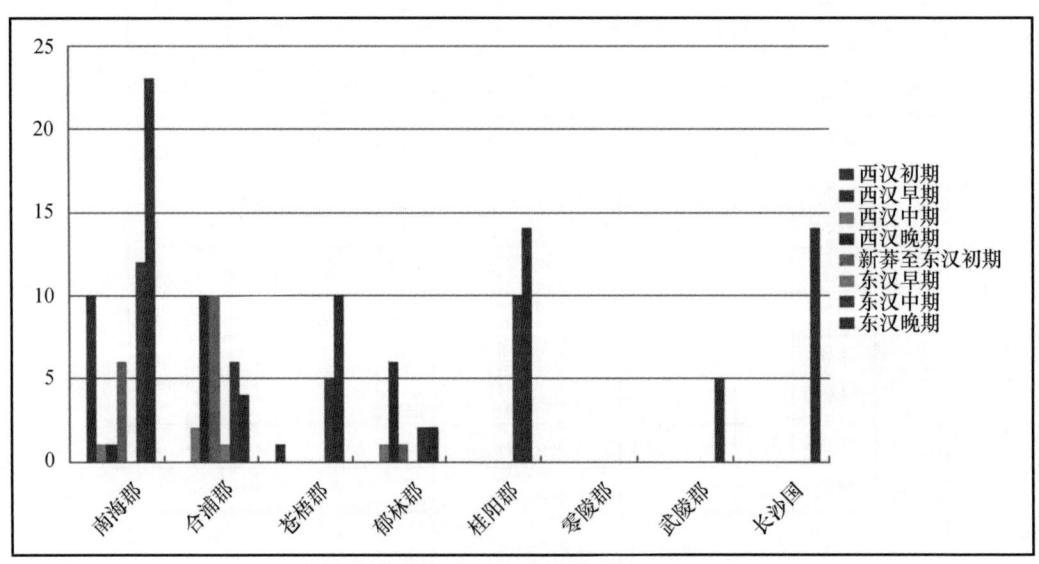

图4　各郡国金银器发现点数量统计图

7）武陵郡内金银器出现于西汉中期，之后时断时续，仅在东汉早期、东汉晚期有所发现，数量均不多。

8）长沙国内金银器出现于西汉初期，但目前尚未有西汉早期金银器的发现。从西汉中期开始数量增加，并在西汉晚期达到峰值，而后开始下降，并与东汉早期不见。但当其在东汉中期重新出现时数量甚高，为该时期华南诸郡国之首，此后又快速减少。

9）豫章郡内金银器晚到东汉中期方始出现，数量较多，但进入东汉晚期后，数量大减。

第三，在金银器的发现点中，郡国治所在地的金银器种类和数量常为最多，而县治、其他地点等地发现点数量一般较少，西汉时期更基本集中于郡国治，县治极少见到金银器。大体进入东汉以后，金银器才逐渐扩散到县治和其他地点。

从金银器发现点的空间分布看，长沙国有8个地点发现金银器，为华南诸郡国之最，郁林郡仅有贵县1地，为诸郡国之末。大体上，南海郡、桂阳郡内发现金银器的地点较多，而合浦郡、武陵郡内的发现地点明显偏少。

第四，总体上，南海郡、长沙国是金银器最为集中的两个郡国，但二郡国的集中时间存在较大差异。南海郡以西汉早期和东汉晚期为最，而长沙国以东汉中期为最，在南海郡金银器发现点数量锐减的西汉中期、西汉晚期，长沙国金银器发现点数量也明显较多，二者大体上交替出现高峰，其在金银器发展上的地域差异明显。在原南越国所属的苍梧郡，金银器在西汉中期之后的长时间内完全不见，而与此同时，合浦郡在西汉晚期、新莽至东汉初期达到峰值，各郡国在金银器数量中的消长之势明显（图5）。

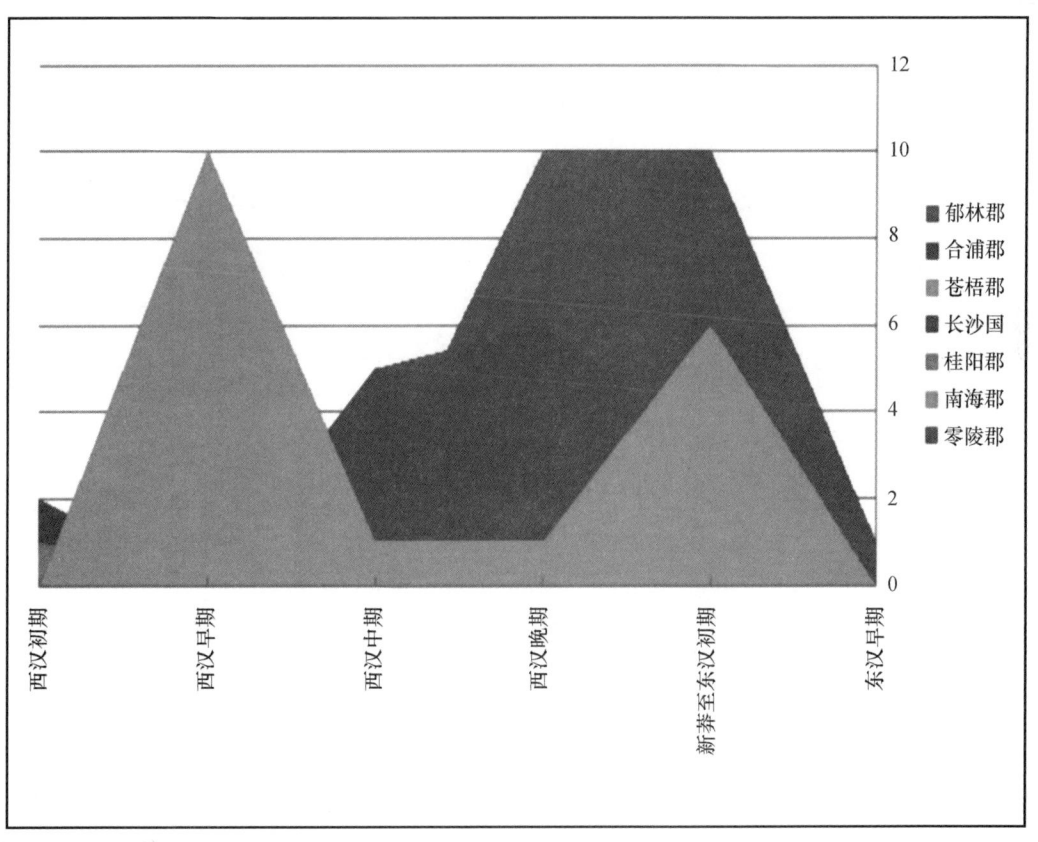

图5　华南7郡国金银器发现点数量变化统计图

注　释

[1] 因缺乏资料，中国台湾地区以及当时归属秦汉政权统治的越南等地区暂不涉及。

[2] 本文为我在周振鹤先生指导下完成博士论文《秦汉华南社会进程研究——从考古视角出发》（复旦大学2010年）的部分内容。

[3] 虽然60年间华南金银器出土数量较少，但为篇幅计，本文还是略去了对60年间出土金银器出土单位及具体情况的描述，本文所述仅为结论，敬请谅解。

[4] 下述分类的器物名称均以原始资料报道为准。从资料整理看，应该会存在一定的一物二名情况，如银环与银指环、金珠与金球、金饰与金叶、银饰与银叶；甚至可能存在包含关系，如金串饰、金珠、金球，但均由于资料发表情况有限，在此无法一一辨别合并。而一些器物，从出土情况看，很多可能应是器物的装饰，如金叶、银叶、金丝、金饰、银饰等等可能原是在漆器等器类上作为饰品使用，但由于原始报告均已将其分开叙述，而漆器多已不存，其本身亦确实为金银质地，故没有贸然将其排除，暂从原始报告。

[5] 金银器数量最多的为长沙59长五M009，该墓规格较小。在该墓出土的金银器中，金珠达193枚，除去金珠外，基本上以首饰为主，与南越王墓出土器物中有"文帝行玺"等标明身份的金银器不同。

[6] 表中数字为出土金银器墓葬、遗址、窖藏、出土点、收藏点的点数合计。不管其中出土多少件金银器，1座墓葬、1个遗址、1个窖藏等等均视为1点。从金银器的发现情况看，墓葬的发现占绝对多数，窖藏次之，而遗址、出土点、收藏点的数量明显甚少。

略论满城汉墓玉器与岫岩玉

卢兆荫

满城1号、2号两座汉墓共出土160余件（套）玉器[1]，其数量之多，在已发掘的汉墓中仅次于广州南越王墓和徐州狮子山楚王墓。南越王墓出土玉器240多件[2]，狮子山楚王墓出土玉器200多件[3]。根据出土资料，并结合文献记载判断，满城1号和2号汉墓的墓主，分别为西汉中山王刘胜和王后窦绾。刘胜死于汉武帝元鼎四年（公元前113年），窦绾之死稍晚于刘胜，前后相差应该不超过10年，两墓营造的年代都属西汉中期[4]。本文拟在概括介绍满城汉墓所出玉器的基础上，对玉料的来源问题，以及岫岩玉与中国玉文化多元一体架构问题，谈一些粗浅的认识，以就正于方家。

一 满城汉墓玉器概况

满城汉墓所出的玉器中，除个别为前代遗留下来的旧玉外，已不见先秦风格的玉器。从器类、器形和艺术风格考察，属于典型的西汉中期玉器。按性质和功能的不同，满城汉墓出土的玉器可分为礼仪用玉、丧葬用玉、装饰用玉、日常生活用玉和厌胜辟邪用玉五大类。

（一）礼仪用玉

主要有圭（图1-1）和璧（图1-2）。玉圭只有3件，玉璧有69件（包括镶嵌在窦绾漆棺外壁的26件）。所出的1件玉琮，已被改造为九窍塞之一的男性生殖器罩盒，不属于礼仪用玉。

（二）丧葬用玉

有金缕玉衣、玉九窍塞、玉握（图1-3）、镶玉铜枕（图1-4）和镶玉漆棺；其中保存完整的金缕玉衣和内镶玉版、外镶玉璧的漆棺是考古工作中首次发现的。还有玉衣内铺垫在死者胸、背的玉璧，也与丧葬习俗有密切的关系，应是先秦"疏璧、琮以殓尸"[5]的遗制。

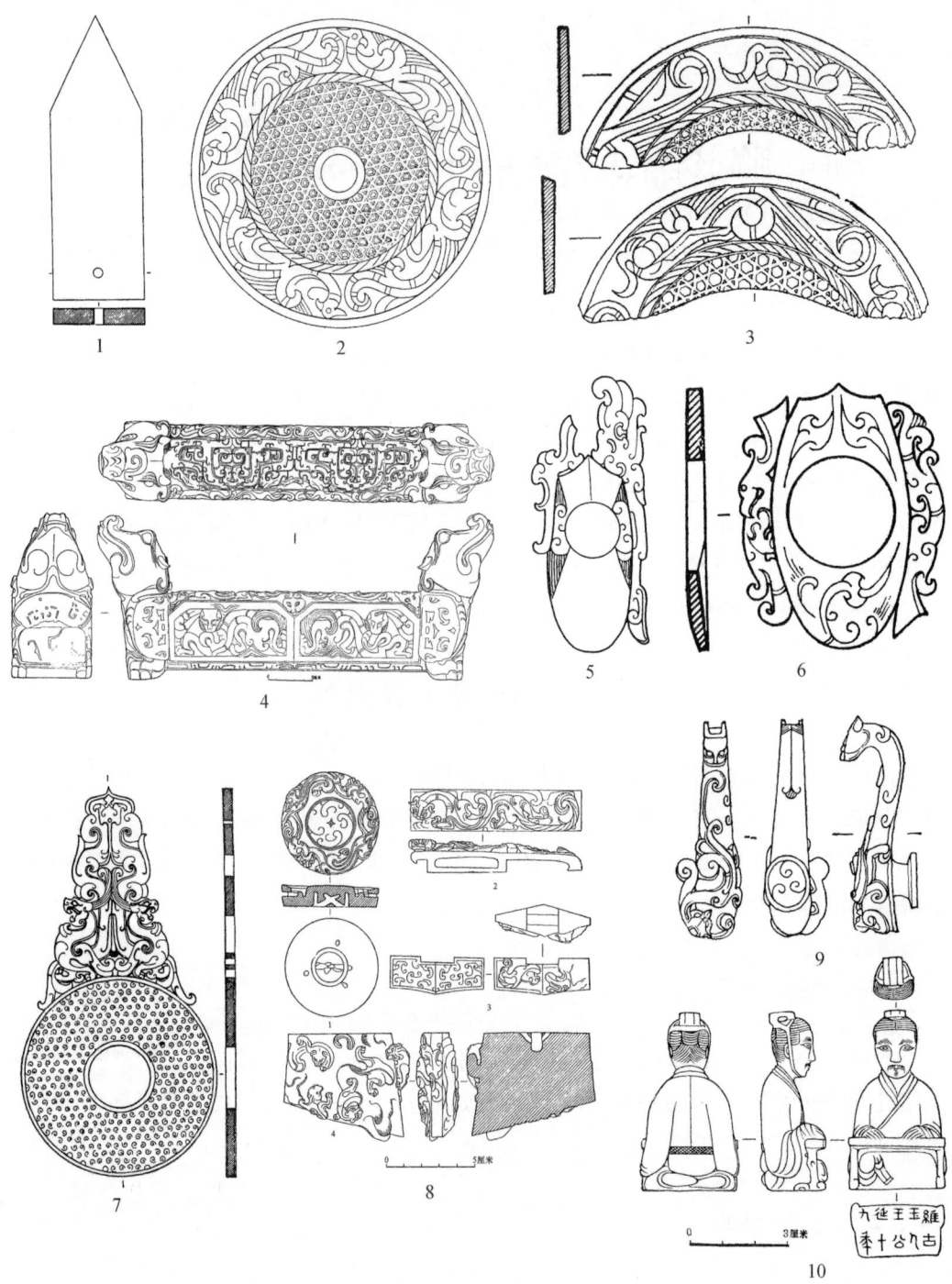

图1 满城汉墓出土玉器
1. 刘胜墓玉圭 2. 窦绾墓玉璧 3. 窦绾墓玉握 4. 刘胜墓镶玉铜枕 5. 刘胜墓鞢形玉佩 6. 窦绾墓鞢形玉佩 7. 刘胜墓双龙卷云纹谷纹璧 8. 刘胜墓玉剑饰（1. 剑首 2. 剑璏 3. 剑格 4. 剑珌） 9. 刘胜墓玉带钩 10. 刘胜墓玉人及其铭文

（三）装饰用玉

有带透雕附饰的玉璧、玉环、韘形玉佩（图1-5、图1-6）以及以玉舞人为中心的玉串饰。刘胜墓出土的双龙卷云纹谷纹璧，在璧的上方有一组透雕的双龙卷云纹附饰，造型生动优美，代表了西汉中期新的艺术风格（图1-7）。此外还有铁剑、铜剑的玉剑饰，也应属装饰用玉。刘胜墓所出的1把铁剑，剑首、剑格、剑璏、剑珌4件玉饰齐备（图1-8），是考古工作中首次发现的汉代玉具剑。

（四）日常生活用玉

有笄、带钩（图1-9）、印章等。

（五）厌胜辟邪用玉

只有刘胜墓出土的玉人1件。玉人作王公凭几而坐的形象，底部篆刻铭文："维古玉人王公延十九年"10个字（图1-10）。

二 满城汉墓部分玉器经鉴定为岫岩玉

为了解决满城汉墓玉器的玉料来源问题，我们在20世纪70年代整理资料、编写发掘报告的过程中，就挑选一些玉器的残片请国家地震局地质研究所的杨杰先生鉴定。当时挑选的标本共10件，包括1号墓玉衣片、2号墓玉衣片各3件，2号墓漆棺内壁镶嵌的玉版2件，2号墓漆棺外壁镶嵌的玉璧1件，1号墓白玉饰片1件。鉴定报告已作为发掘报告的附录发表[6]。其主要内容如下：

各标本的切片，经偏光显微镜检查，分为深玉化的玉质品和半玉化的玉质品两类：

（一）深玉化的玉质品

标本1：1号墓玉衣的玉片（编号：1衣）。至少有一大部分属于叶蛇纹石类矿物——负光性鲍文石。

标本2：1号墓白玉饰片（编号：1白）。玉化物同为鲍文石。

标本3：2号墓玉衣的玉片（编号：2E）。可肯定为鲍文石。

标本4：2号墓玉衣的玉片（编号：2J）。玉化物有负光性的鲍文石，也有少数为正光性的鲍文石。

标本5：1号墓玉衣的玉片（编号：1F）。属于鲍文石类矿物。

标本6：1号墓玉衣的玉片（编号：1E）。此玉片跟标本5很接近。

（二）半玉化的玉质品

标本7：2号墓玉衣的玉片（编号：2B）。无疑也属鲍文石类矿物。

标本8a、b：2号墓漆棺外壁玉璧残片（编号：No.1）。属于蛇纹石类矿物——鲍文石。

标本9：2号墓漆棺内壁玉版残片（编号：123）。属于鲍文石类矿物。

标本10：2号墓漆棺内壁玉版残片（编号：155）。可能是辉石，也可能是别种硅镁质矿物。

鉴定报告最后将这些标本跟辽宁岫岩玉和新疆和田玉进行对比，得出的结论是：上述标本的主要矿物都是从透闪石交代出的鲍文石（蛇纹石的特殊变种），其材料是采自辽宁的岫岩地区。

20世纪80年代初，中国科学院地质研究所张培善先生又对上述部分标本进行矿物研究。他采用显微镜鉴定、化学分析和X射线粉晶分析鉴定等方法，对标本进行了岩矿鉴定；并将标本与辽宁岫岩玉进行比较，所分析鉴定的岫岩玉是来自北京工艺美术工厂，经鉴定，该岫岩玉系由单一矿物蛇纹石组成。比较结果认为：满城标本为透闪石组成，工艺美术工厂岫岩玉为叶蛇纹石组成，故推测玉衣之玉的产地可能是新疆和田[7]。

综合以上两位地质学者的鉴定意见，可以得出以下几点认识：

1）后一次鉴定认为满城汉墓玉衣片等的矿物为透闪石组成，不是叶蛇纹石组成，所以不是岫玉。

2）前一次鉴定认为：满城汉墓玉衣片等玉质品的主要矿物，都是从透闪石交代出的鲍文石（蛇纹石的特殊变种），其材料是采自辽宁的岫岩地区。

3）现在所知，岫岩玉不是单一的矿物，既有蛇纹石，也有透闪石；蛇纹石矿中有一种硬绿蛇纹石，硬度较大，称为"鲍文石"[8]。因而不是叶蛇纹石，并不能排除是岫岩玉的可能。

4）两次鉴定的标本，包括玉衣片及漆棺内、外壁所镶的玉版、玉璧，都属丧葬用玉，其主要矿物为鲍文石；因而满城汉墓中与丧葬有关的部分用玉，其材料可能是岫岩玉的意见应该是可信的。

三 岫岩玉与中国玉文化多元一体架构

根据文献记载，古代许多地方都产玉（包括美石），各地所产的玉有不同的名称。《尔雅·释地》载："东方之美者，有医无闾之珣玗琪焉。"郭璞注："医无间,山名,今在辽东。珣玗琪,玉属。"《说文解字·玉部》载:"珣,医无闾之珣玗璂,《周书》所谓夷玉也。"段注:"盖医无闾、珣玗璂,皆东夷语。"珣玗琪和珣玗璂,其义一也,大概都是东夷语"玉"的音译。

关于医无闾山的位置,郭璞云:"今在辽东"。郭璞为晋人,《晋书·地理志》记载,辽东国的首府襄平,为东夷校尉所居。襄平位于辽河之东[9]。医无闾山当在辽河之东,应该是可信的,其地望与今岫岩相合[10]。

岫岩地区产玉,有着悠久的历史,在周代时称为夷玉。《尚书·顾命》记载,周成王病逝,在丧礼中陈设成王生前"所宝之器物",其中有"越玉""大玉"和"夷玉"[11]。注云,越玉为"越地所献玉也",夷玉为"东夷之美玉"。至于大玉,应为华夏之玉。《尚书·武成》载:"华夏蛮貊,罔不率俾。"疏:"夏,大也,故大国曰夏。华夏谓中国也。"称华夏之玉为大玉,是可以理解的。

中国是统一的多民族国家,多元一体架构是中华文化重要的传统和特征。具有中国特色的玉文化是中华文化的重要组成部分,也具有多元一体的发展过程。根据考古发掘出土的玉器资料判断,中国玉文化的起源是多元的,这可能是目前学术界的共识。但究竟有几个主要源头,学者意见不尽相同。一般认为至少有三个或四个源头,即燕山南北地带的红山文化、太湖流域的良渚文化、海岱区的大汶口—龙山文化以及华西地区的新石器文化[12]。有的学者曾提出中国古代玉器文化有:东夷、苗蛮、华夏三大源头的理论[13]。我认为这符合历史实际。

夷玉,也就是东夷之玉器,为中国古代玉器文化三大源头之一,在中国玉文化形成和发展过程中占有重要的地位。早在史前时期,海岱地区的大汶口—龙山文化的玉器,以及燕山南北的红山文化玉器,都属夷玉的范畴,当无疑义。此外,长江中游石家河文化晚期玉器,也与山东龙山文化玉器有着密切关系[14]。这可能是东夷族向南向西迁徙的结果[15]。

进入历史时期后,中国玉文化开始从多元逐渐走向一体化。玉文化一体化的过程相当漫长,可以分为初级和高级的两个阶段。

玉文化一体化的初级阶段,应该从夏代开始。《左传·哀公七年》载:"禹合诸侯于涂山,执玉帛者万国。"玉器为当时朝聘等礼仪活动中必执的礼物。殷墟妇好墓出土750余件玉器,其文化因素是多元的,首先是继承了二里头文化玉器的传统,但同时也具有较为明显的红山文化玉器和良渚文化玉器的因素[16]。还有个别玉器(如玉凤)的艺术风格与石家河文化玉器相类似,彼此显然有渊源关系。这正是殷商时期不同玉器文化交流、交融的反映,也是中国玉文化发展中由多元走向一体的初步体现,在玉器群中仍然存在不同玉器文化遗留下来的痕迹。这种现象一直延续到西周时期,上述周成王喜爱的玉器,除华夏传统的"大玉"外,还有"夷玉"和"越玉",代表东夷文化的"夷玉"和代表越族文化的"越玉",仍然作为两种特定文化的玉器而存在于周王室朝廷之中,说明当时的中国玉文化尚未发展到彻底一体化的阶段。

东周是我国历史上的动荡时期，频繁的兼并战争，一方面加重了人民的痛苦，但另一方面也促进了各族间文化的融合。为秦朝的统一创造了必要的条件。秦朝建立了以汉族为主体的统一帝国，汉朝进一步加强和巩固了中央集权的封建统一国家。到西汉中期，政治、经济、文化发展到鼎盛阶段，主要为贵族阶层服务的玉器制造业也有很大的发展。

汉代玉器继承了先秦玉器的优良传统，但又有创新，出现了一些新的器类和器形，在造型艺术方面形成了新的风格，从而达到一体化的高级阶段，中国玉文化从多元走向一体的过程基本完成[17]。

满城汉墓营建于西汉中期，所出玉器具有汉代新的艺术风格。当时新疆地区的和田玉已大量输入中原，但如上文所述，墓中出土的一些丧葬用玉，其玉料可能还出自岫岩地区。

总之，岫岩玉和以岫岩玉为载体的东夷玉器（夷玉），在中国玉文化由多元走向一体的过程中，始终占有一席之地，是中国玉文化的重要组成部分；直至汉代，岫岩地区仍然是玉料的主要产地之一。

注 释

[1] 中国社会科学院考古研究所等：《满城汉墓发掘报告》上册第81~84页、第101~104页、第133~143页、第234~246页，文物出版社，1980年。

[2] 广州市文物管理委员会等：《西汉南越王墓》上册第340~343页，文物出版社，1991年。

[3] 王恺：《浅说徐州狮子山楚王墓出土玉器》，《东亚玉器·2》，香港中文大学中国考古艺术研究中心，1998年。

[4] 中国社会科学院考古研究所等：《满城汉墓发掘报告》上册第336~337页，文物出版社，1980年。

[5] 《周礼·春宫·典瑞》。郑注："璧在背，琮在腹。"

[6] 杨杰：《满城汉墓部分玉器的分析鉴定》，《满城汉墓发掘报告》附录九，文物出版社，1980年。

[7] 张培善：《河北满城汉墓玉衣等的矿物研究》，《考古》1981年第1期。

[8] 古方主编：《中国古玉器图典》第20页，文物出版社，2007年。

[9] 参阅《中国历史地图集》第三册第39~40页，中华地图学社，1975年。

[10] 关于医无闾山的位置，《说文解字·玉部》段注："在今盛京锦州府广宁县西十里"，《汉书·地理志》辽东郡无虑县《补注》也说，在广宁县西十里。注［9］所引历史地图和现代的地图上，医无闾山都画在辽河之西、锦州以北处，这可能是根据清代以来的说法，是否可信，似需进一步探讨。

[11] 《尚书·顾命》："越玉五重陈宝，赤刀、大训、弘璧、琬琰在西序；大玉、夷玉、天球、河图在东序。"

[12] 费孝通：《中国古代玉器和传统文化》，《燕京学报》新11期，2001年。

[13] 邓淑苹：《"玉器时代"论辩平议》，《结网编》，东大图书公司，1998年。

[14] 张绪球：《长江中游新石器时代玉器》，《东亚玉器·1》，香港中文大学中国考古艺术研究中心，1998年。

[15] 杨建芳：《石家河文化玉器及其相关问题》，《中国古玉研究论文集》上册，众志美术出版社，2001年。

[16] 郑振香：《殷墟玉器探源》，《庆祝苏秉琦考古五十五年论文集》，文物出版社，1989年。

[17] 卢兆荫：《中国玉文化多元一体架构刍议》，《浙江省文物考古研究所学刊》第六辑，《第二届中国古代玉器与传统文化学术讨论会专辑》，杭州出版社，2004年。

试探大云山汉墓玻璃编磬

安家瑶

大云山汉墓位于江苏省盱眙县马坝镇云山村大云山山顶，西距盱眙县城30千米，南距汉代东阳城遗址1千米，西南与青墩山、小云山汉代贵族墓地相邻。

2009年9月起，南京博物院对大云山汉墓区进行了全面勘探与抢救性发掘，揭示出一处完整的西汉江都王陵园，出土了大量铜器、金银器、玉器等精美文物，许多文物均为首次发现。根据墓葬的规制、出土文物的等级，特别是M1的随葬器物中，有多件器物上有铭文，如"江都食长"封泥、"江都宦者沐盘十七年受邸"银盘、"廿一年南工官造容三升"漆器、"廿二年南工官"漆器、"廿七年二月南工官"明器耳杯等。结合《汉书·景十三王传》记载，可以推定，上述所含文字的器物均为刘非在位时所做，M1的墓主人应当是江都易王刘非，大云山汉墓陵园是刘非的陵园[1]。

一　大云山汉墓玻璃磬的发现

大云山汉墓M1西回廊下层中部和南部出土编钟、编磬各1套及琴、瑟、铃等乐器。其中编磬共22件。

发掘者原以为这批编磬的材质为石质，委托中国艺术研究院音乐研究所王子初研究员对编磬的材质和编磬进行研究，以便进行复制。2011年10月底，王子初邀请国土资源部南京矿产资源监督检测中心和江苏省地质调查研究院测试研究所的汪建民、冯光生研究员一起到盱眙县马坝镇云山村南京博物院考古研究所大云山汉墓考古发掘驻地，共同对大云山汉墓出土的编磬进行了系统的观察分析，初步确定编磬的材质为玻璃。同时选取了3件（09XDM1：3918-9、09XDM1：3918-10、09XDM1：3918-11）编磬的碎片若干，进行实验室研究。

大云山汉墓的考古发掘报告尚未完成，本应等考古发掘报告出版后再进行玻璃磬的研究，承蒙考古发掘领队李则斌研究员的邀请和允许，笔者有机会到大云山汉墓考古发掘现场，观察了这批玻璃磬，并看到汪建民的《盱眙大云山汉墓出土编磬材质的研究报告》。笔者根据目前掌握的材料对大云山汉墓出土的玻璃磬进行初步探讨，以促进对大云山汉墓的深入研究。由于笔者没有对这批玻璃磬精准的测量、绘图，玻璃磬的资料将以考古发掘报告为准。

出土编磬共22件，大小有序。最大的鼓长约70厘米，最小的鼓长约30厘米。磬为倨句形，素面（图1-1），顶部倨孔，圆孔状，未见凿孔的钻磨痕迹（图1-2）。

编磬均已风化腐蚀，磬表面经风化腐蚀后呈黄白色—土黄色—褐黄色。部分风化腐蚀层脱落，可见凹凸不平的玻璃磬面。编磬的古老破损断口亦经受风化腐蚀，断口形态呈贝壳状，黄白色，显强烈的珍珠光泽（图1-3）。10倍放大镜观察，磬体表面的风化腐蚀层和古老断口的风化腐蚀层中均能见到残留的毫米级大小的气泡。

编磬的现代断口为贝壳状断口。磬体呈浅青白色，半透明乳浊状，玻璃光泽（图1-4），在某些角度可见珍珠光泽。10倍放大镜观察，见有较多的毫米级大小的白色气泡和搅动形成的纹理。

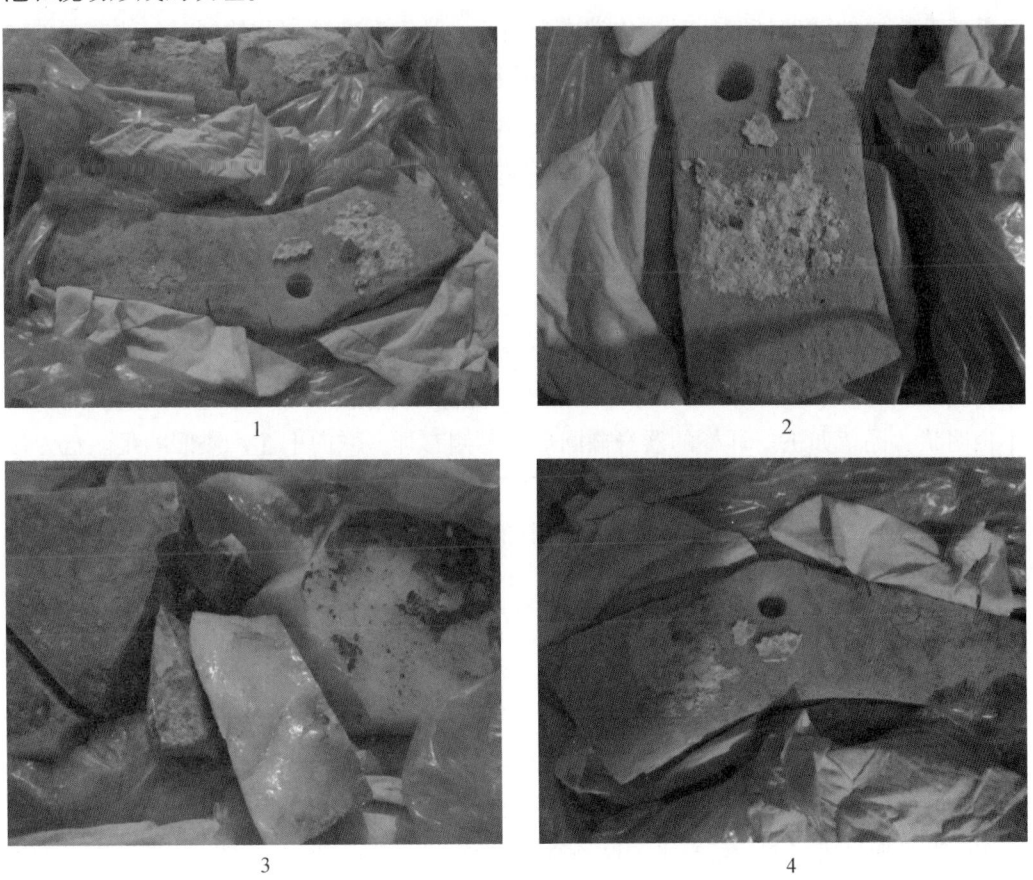

图1　大云山汉墓玻璃磬

二　汉代玻璃制造的水平

汉代是中国玻璃发展史上的重要时期。在经济繁荣和政治稳定的条件下，中国玻璃业得以存在和发展。由于汉代人对玉的偏爱，汉代流行葬玉的风俗，天然玉石供不应求，为玻璃业生产仿玉产品提供了机会和市场。汉代中原的铅钡玻璃生产已具一定的规模，生产较大尺寸的玻璃容器，各式各样的丧葬用玻璃和装饰品。

徐州北洞山西汉楚王墓（公元前128年）出土一批玻璃杯，共16件，其中2件比较完整。杯身呈直筒形，平沿、直壁、平底。玻璃呈淡绿色不透明，内含小气泡，铸造成型。杯身的口沿下，中部和近底部有3道凹槽，可能原有重金属作的箍圈，已被盗墓者砸碎杯身取走。杯身底部距底边0.4厘米处有一道宽0.4厘米的朱色弦纹，是绘上去的。比较完整的2件杯，1件口径8.4厘米，高8.2厘米，底径8.5厘米，厚0.4~0.6厘米；另1件口径8.3厘米，高8.2厘米，底径8.3厘米，厚0.25~0.5厘米。另外十几件的大小厚薄都不一样，说明制作时为一个范模铸造一个杯子，不是同模而铸。徐州北洞山西汉楚王墓出土的玻璃杯残片经过化学成分测定，为铅钡玻璃，与战国时代的镶嵌玻璃珠、玻璃璧的成分基本一致[2]。玻璃杯为淡绿色不透明，与天然玉石很相像，因此在原发掘简报中被误称为"玉杯"[3]，可见汉代玻璃仿玉已达到以假乱真的程度。这些玻璃杯是迄今为止考古发掘出土的最早的玻璃容器。

河北满城西汉中山靖王刘胜及其妻窦绾墓的发掘，是中国重要的考古发现之一，共出土随葬器4200余件，其中有不少汉代艺术瑰宝，以两套"金缕玉衣"最为闻名。一般人却没有注意到这座墓还出了3件玻璃容器，工艺相当精美，其中2件为玻璃耳杯，1件玻璃盘。耳杯高3.4厘米，长13.5厘米，宽10.4厘米；盘高3.2厘米，口径19.7厘米，底径9.5厘米，壁厚0.3厘米。耳杯和盘的玻璃质料相同，都为绿色，微有光泽，呈半透明状，晶莹如玉。耳杯的器身椭圆形，两侧有耳，微向上翘，矮假圈足。盘为侈口平折沿，浅腹起棱，假圈足。部分表面因腐蚀凸凹不平。玻璃盘经光谱定性分析，其主要成分为硅和铅，并含有钠和钡。耳杯的化学成分应与玻璃盘的成分相仿[4]。

玉衣是一种殓服，外观和人体一样，可分为头部、上衣、袖子、裤筒、手套和鞋五部分，全部由玉片编缀而成。编缀玉片的材料是根据墓主人的等级，采用金丝、银丝或丝带。制作一件玉衣所需要的小玉片总数常达到2000余片，仿玉衣的玻璃衣，已经发现了4件。

江苏省扬州甘泉山西麓的一座贵族墓葬出土了约600片玻璃衣片。墓主人系女性，名"莫书"。根据地方志和已发掘的资料来看，这座墓属于刘氏宗族墓之一，年代相当在西汉晚期，可能在元帝与平帝这一时期[5]。

该墓早年被盗，发掘出土的玻璃衣片约600片，大小不等，有长方形、梯形、圆形等11种，其中以长方形（6.2厘米×4厘米）数量最多，厚度均为0.4厘米。多数素面，但圆形和少量长方片印有蟠螭纹和柿蒂纹。长方形玻璃衣片的四角都有穿孔，圆形片、三角形片和窄梯形片穿三孔。少数衣片上还贴有金箔。

扬州西汉"妾莫书"墓出土的玻璃衣片经过化学检测，属铅钡玻璃，氧化铅含量达40.37%，氧化钡含量为21.49%[6]。

1985年江苏扬州市邗江区杨寿乡李岗村的宝女墩发现的一座新莽时期的木椁墓，

出土了19块完整的玻璃衣片。宝女墩玻璃衣片均为长方形，尺寸基本相同，长5.5厘米，宽1厘米，厚0.3厘米。除1片未见穿孔外，余均四角穿孔。有的表面局部还可见到玻璃光泽。衣片除素面外，纹饰均为模铸阴纹，有变体柿蒂纹，云雷纹、云纹和白虎星辰纹。纹饰上原均贴金箔，发掘时有的金箔已脱落。有3块玻璃衣片背面墨书"王"字，可能表明墓主身份，或是王府作坊制作的标志。宝女墩玻璃衣片经化学分析，也是铅钡玻璃。

另外两处出土玻璃衣片的汉墓也在扬州附近，一处是扬州邗江区甘泉乡巴家墩木椁墓和扬州市郊平山乡木椁墓。这两处的玻璃衣片有待于进一步研究发表。

玻璃璧是玉璧的代用品，自战国中期在湖南地区就广泛地用于丧葬。玻璃璧在西汉时期还继续使用，纹饰还是比较简单的谷纹、涡云纹。蒲纹也开始出现。正反两面都有纹饰的玻璃璧比战国时期要多一些。陕西兴平茂陵附近出土的1块西汉玻璃璧，直径达23.4厘米，重达1.9千克[7]，可称为玻璃璧之王了。

与大云山汉墓出土的玻璃磬相比，历年出土的汉代玻璃器真是小巫见大巫。通过大云山汉墓的玻璃磬，使我们重新认识汉代玻璃制造的水平。

玻璃这种人造材料最早不是在中国发明的，但我国从战国时期就开始制造玻璃，多生产玉器的仿制品。与西方普遍的苏打玻璃不同，我国战国两汉的玻璃是以铅钡为助熔剂的铅钡玻璃。在世界玻璃史上我国的铅钡玻璃是非常独特的一支。但根据以往出土的汉代玻璃器数量少，器形小，一般认为汉代玻璃生产规模很小。大云山出土的玻璃编磬的器形大、数量多、质量高，可以看出当时的玻璃制造具有相当大的生产规模，不是原来想象中的小作坊式的加工。玻璃编磬的厚度达3厘米以上，反映玻璃制造工艺很高。因为玻璃制造中产品越厚，里面的应力就越大，若不消除应力，玻璃制品会自然爆裂。消除应力需退火，退火温度和时间的控制，都是玻璃制造工艺中的关键技术。所以，如此尺寸的玻璃制品背后反映的是高度发达的玻璃制造业。这批玻璃编磬的出土肯定要改写中国汉代玻璃制造工艺史的。

三　这批玻璃磬是实物还是明器

磬是一种打击乐器，起源可以追溯到夏商时期。我国迄今为止发现的最早的石磬，出土于山西夏县东下冯夏代文化遗址，形状像耕田用的石犁，其斜上方，有一圆孔用于悬挂，整体打制得非常粗糙，有的棱角还十分锐利，敲击时仍能发出清脆的声音[8]。

1950年春在河南省安阳市武官村商代大墓出土的虎纹石磬，是商代石磬的代表作[9]。磬以青灰色石料精心雕磨而成，为片状，两端一大一小，正是传统的"鲸头型"式样。器身通体光润，长84厘米，高42厘米，厚仅2.5厘米。正面以双勾细线刻一伏虎形纹饰，匀称布满整个磬面。虎作匍匐欲起之状，虎首低含，怒目圆睁直视前方，虎口向下作咆哮状,上下獠牙尖利,清晰可辨。虎首上方有一供悬挂用的圆孔,磨损痕迹十分明显。

编磬的成熟是在春秋战国时期。这个时期磬的制作上已经趋成熟,形状定型为倨句形,即近似曲尺,上部两个直边一长一短,呈130～160度的夹角,下部的边呈弦形。穿孔设在上部靠近折角处。磬的成熟表现在音准,不管敲击磬的哪一个部位,发出的都是一个音阶。春秋战国的编磬以湖北随州擂鼓墩曾侯乙墓出土的32件编磬最为著名。这个时期磬的造型规范合理,编列完整,音阶齐全,音色、音准,还有制作工艺都达到了极高的水准,成为当时重要的打击乐器。汉代的编磬出土的不多,在考古中出土的西汉编磬里面,有一部分不是实物,而是明器。例如长沙马王堆三号汉墓,出土的10件编磬均是明器[10]。这10件编磬均是木质,而且尺寸小,最大的1件两鼓端距11.8厘米,明显不是实用乐器。因此有人推测汉代的编磬已经衰落。2000年山东章丘洛庄汉墓出土灰褐色带黄斑玉质感的洛庄汉墓泗滨浮磬的107件编磬,全部是实物,震惊了音乐考古界。

汪建民的研究讨论中对这批玻璃编磬是否是实用器,提出他的看法:"大云山玻璃质编磬的断裂处,均可见到由于剪切应力作用形成的一组破裂面,它们与磬体中的气泡密切相关,而且玻璃相的聚合程度较低,使强度降低,脆性增大,可能承受击打的能力较差。玻璃相中的大量气泡可能会对声波产生强烈吸收而衰减,使音量、音质发生变化。由此推测大云山玻璃质编磬很可能是明器,而非实用器。"

笔者认为汪建民的推论可以商榷。明器,是专为随葬而制作的器物。常常用陶、木、石、瓷等廉价易得的材料模仿各种礼器或日用器皿、工具、兵器的形状。长沙马王堆3号汉墓出土一组10件明器编磬,木质,尺寸小,鼓距11.8～7.6厘米,股距8～5厘米,厚0.6厘米。从质料和尺寸来看,长沙马王堆3号汉墓出土的编磬只是形状上像编磬,实际上并不能敲出音节,定为明器是准确的。玻璃在中国古代非常珍贵,从来不是作为明器的材料。战国秦汉时期的玻璃不仅仿制玉,而且也是作为"玉"实际应用,只能说玻璃是玉的代用品,而不是明器。制作编磬的材料一般有石、玉、铜、铁等,玉是最珍贵的材料。直到清代乾隆年间宫廷还制作了一套玉编磬,16枚,形状大小相同,厚度有异,采用的是新疆和田碧玉。为了与这套与编磬相配,清宫廷还特制了一套黄金编钟,真正做到了"玉振金声"。玻璃磬作为玉磬的替代品,其外形和音色与玉磬十分相似。

大云山汉墓出土的玻璃磬不是孤品。1997年秋,国家文物局人事处组织安金槐、史树青等老专家到青岛休假。在考察文物市场时,专家们在一家小古董店发现了一批玻璃器,史先生认为是真品,坚持为中国历史博物馆购回[11]。笔者在研究那批玻璃器时,史先生告之青岛附近还有1块大玻璃磬。目前,这件玻璃磬收藏在青岛市博物馆,并且展陈。这件玻璃磬残,保留了长鼓和倨孔,残鼓长约40厘米,厚3～4厘米,湖蓝色半透明。展览标牌写这件玻璃磬的年代为春秋战国。这件玻璃磬的年代判断应再商榷，很可能是汉代。

玻璃易碎，玻璃材料中存在大量密集的气泡，是其易碎的原因之一。是否含有气泡，是鉴定人工玻璃和天然材料的重要标志。现代玻璃工艺已经非常发达，但还是无法去掉玻璃内的所有气泡。玻璃内的气泡肯定会影响其强度，若磬锤的敲打不是十分剧烈，应该可以承受的住。

玻璃也是制造乐器的一种材料，至今还有乐队专门演奏与编磬相似的玻璃嵌板（Glass panels）。

2011年7月底，澳洲乐团在上海宝山玻璃博物馆举行了一场《春天合奏》音乐会，所使用的乐器均为玻璃制作[12]。乐团使用了玻璃竖琴（Glass clarinet）、玻璃长笛、玻璃木琴（Glass xylophone）、玻璃琴（Glass harmonica）等，其中最主要的乐器是玻璃嵌板（Glass panels）。玻璃嵌板与中国的编磬很相似，一个架子上挂着数块大小不一的玻璃板，当打击棒敲打时，不同的玻璃板会发出迥然不同的声音，且余音袅袅，很有渗透力。大玻璃板的声音低沉，小玻璃板的声音清脆悠扬，叮叮咚咚，犹如"大珠小珠落玉盘"。最大的那块玻璃板发出的声音近似贝斯的低沉声。宛若天籁的音乐让听众如痴如醉。玻璃嵌板与编磬的不同，主要是形状和悬挂的方式，玻璃嵌板是方形玻璃板，上部设两个孔，以便悬挂。

笔者观察大云山汉墓玻璃磬鼓边缘并不齐整，有加工痕迹。其中有1件磬的鼓边缘有两道明显的锯痕。这些加工痕迹应是磬制作后期的调音所致。经过调音工序，说明大云山汉墓玻璃磬是实用器而不是明器。

大云山汉墓玻璃磬的出土是非常重要的考古发现，有待于对这批玻璃磬进行更深入的比较研究。

注　释

[1]　李则斌：《江苏盱眙大云山汉墓》，《2010中国重要考古发现》，文物出版社，2011年。

[2]　李银德：《徐州发现一批重要西汉玻璃器》，《东南文化》1990年第1期。

[3]　徐州博物馆等：《徐州北洞山西汉墓发掘简报》，《文物》1988年第2期。

[4]　中国社会科学院考古研究所，河北省文物管理处：《满城汉墓发掘报告》第212页，文物出版社，1980年。

[5]　扬州博物馆：《扬州西汉墓玻璃衣片的研究》，《中国古玻璃研究》，中国建筑工业出版社，1986年。

[6]　周长源、张福康：《对扬州宝女墩出土汉代玻璃衣片的研究》，《文物》1991年第10期。

[7]　王志杰、朱捷元：《汉茂陵及其陪葬冢附近新发现的重要文物》，《文物》1976年第7期。

[8]　东下冯考古队：《山西夏县东下冯遗址东区、中区发掘简报》，《考古》1980年第2期。

［9］ 郭宝钧：《一九五〇年春殷墟发掘报告》第25页图版第捌，《中国考古学报》第五册1951年。

［10］ 湖南省博物馆、湖南省文物考古研究所：《长沙马王堆二、三号汉墓》第一卷第171～173页，文物出版社，2004年。

［11］ 安家瑶：《玻璃考古三则》，《文物》2000年第1期。

［12］ 上海《青年报》2011年7月28日。

从禹王城的手工业遗存看汉代河东郡的经济地位

张岱海

禹王城遗址在今山西省夏县西北鸣条岗东麓，《史记》等文献因传其系夏禹居地而命名。20世纪中叶，中国社会科学院考古所、山西省考古所分别做过多次调查和发掘，确认该遗址为东周时期魏国国都安邑[1]。

据《水经·涑水注》："安邑故晋邑也，春秋时，魏自绛迁此……武侯二年（公元前394年），又城安邑，盖增广之。"《战国策·齐策三》记载"安邑者，魏之柱国也。"高诱注："柱国，都也。"公元前328年，秦逐步取得魏上郡，魏国为了抗衡强秦，遂在河东地设郡，因在黄河之东故名。公元前290年，魏被迫献河东地400里给秦。《史记·秦本纪》：昭襄王"二十一年，（司马）错攻魏河内，魏献安邑，秦出其人，募徙河东，赐爵，赦罪人迁之"。又《史记·秦始皇本纪》谓始皇即位时，秦已"北收上郡以东，有河东、太原、上党郡。"可知秦始皇即位之前秦已占有河东郡，并置安邑县。从考古资料看，秦陶文中见有"安亭"字样，当是安邑县市亭之省文[2]。夏县禹王城遗址，亦出土有"安亭"戳记的陶片[3]。这些发现，当与安邑有关。

有关河东郡的范围，钱书林先生以为"正因为秦完全在魏河东郡故地上置的河东郡，所以魏、秦二郡的辖境也基本相同，即在今山西省西南部，即今黄河以东、以北，太岳山及历山以西，介休、隰县等以南地"[4]。这也就是现今山西省霍山以南以临汾盆地和运城盆地为主的晋南地区。秦统一六国之后仍然沿袭魏治。汉继秦之后，河东郡的辖境亦基本相同于魏、秦时期。

河东地区在战国秦汉时期，是一个比较稳定的地域。此地为中华民族早期文明起源地之一，在中国古代史特别是前期阶段占有重要地位。据调查统计，晋南地区旧石器时代遗址多达100多处[5]。经过正式发掘的早期阶段，有芮城的西侯度遗址和匼河遗址；中期的如襄汾丁村遗址；晚期的有沁水下川遗址和吉县柿子滩遗址。这些都具有典型的代表性。新石器时代和夏、商及两周时期的遗址亦为数不少，且有的遗址规模相当可观，遗迹遗物亦颇丰富，如襄汾陶寺遗址、侯马晋国都城遗址、天马曲村晋侯墓地等。优越的自然条件，使人类得以在此生存繁衍；通过辛勤劳作，使经济得以较快发展；坚实的经济基础，为这一地区的政权提供了有力的支持。西周时期晋为五霸之一。东周战国时期，公元前403年三家分晋之后，魏、赵、韩三家仍然保持着政治、军事方面的强势，位居战国七雄之列。形成这种强势的条件固然颇多，但雄厚的经济实力无疑是重要因素之一。侯马的铸铜作坊，安邑的冶炼铸铁作坊，在当时都是先进少见的。秦统一六国之时，晋南地区经济并未受到大的冲击，而且有所发展，特别是西汉时期农业的快速发展使该地区农业经济跃居全国之首[6]，从而大大提高了河东郡的经济地位。

夏县禹王城是战国时期魏国都城，亦是秦汉时期河东郡郡治所在地，位置在今山西省夏县县城西北约7千米处。东北距胡张镇约6千米，西北与涑水相望，西南不远有著名的河东盐池。南临中条山，北枕鸣条岗，青龙、无盐、白沙、姚暹诸水紧邻东南。根据中国社科院考古所和山西省考古所分别进行的多次调查和发掘，禹王城遗址可分为大城、中城、小城和禹王台四部分。中城在大城西南部，小城在大城中部，禹王台在小城东北角。大城内庙后辛庄村北有一处战国中期的手工业作坊遗址[7]，地层中杂有不少铁渣和铁质琉璃烧结块，陶范可以认出器形的有锄、镢、斧、锛、刀等工具范和平首平足布货币范等，建材有筒瓦、板瓦等。汉继秦后，另在小城北边选址新建一处冶炼铸铁作坊[8]，地层中常见有炉渣、铁渣烧结块和炉壁残块等。新作坊不但扩大了生产规模，而且增加了许多新产品，如铧范、铲范、六角承范、圆承范、车舝范、花纹范等。还见有生活用釜、盆、甑、罐等陶范。货币范为半两和五铢。不明器形的花纹范碎块亦较多见。生活用陶器有壶、罐、盆、碗等，建筑材料有筒瓦、板瓦、瓦当等。从外地出土的实物资料可知此作坊的产品已远销陕西等地[9]。又另在禹王城西南约4千米的师冯发现一处窑址[10]，地层中多处见有炉渣、炭渣、铁渣锈结块以及坩埚残片等与铸造有关的废弃物。从多见的浇铸过或未浇铸过的五铢钱范等货币范分析，此处可能是以铸造货币为主的作坊。这些遗迹遗物反映了河东郡经济地位的重要性。

值得一提的是禹王城小城内汉代铸铁遗址中的"东三"字样。禹王城汉代铸铁遗址所出陶范几乎全部为残块，除工具范外还有生活用品的容器范和用于交换的货币范。铁器范腔内壁表面有一层薄而光滑的面膜，因反复浇铸而多呈灰色。为保护面膜便于浇铸铁器，面膜之上又涂以滑石粉涂料。这类陶范多见外范，其质地、颜色、加固泥等方面的情况都基本相同，其上常见有拍印或刻划的"东三""东三五升"或"东三十升"等文字[11]。小釜、碗类等容器范，其外范由约三分之一细砂加三分之二细黏土调成坯料制作，呈橙色或浅红色，范腔面膜上也涂有白色涂料，在近口沿处见有阴刻"东三五升"等文字。

根据目前已发表的资料可知，凡在设铁官的郡内，如有几个冶铸作坊，其郡治所在地的作坊皆为一号，如"阳一""河一"等。禹王城汉代铸铁遗址中的"东三"铭文，应是河东郡铁官所辖第三号冶铸作坊的简称。铸范上"东"字加数字的铭文，目前仅发现"东二"和"东三"两种。"东二"见于陕西省陇县出土的裤形铲上[12]，同出另1件裤形铲上有"河二"铭文，还同出有布泉等钱币。其地汉时属右扶风隃糜县。据《汉书·地理志》载，该地不产铁，也不设铁官，故其铁制品当为外地输入无疑。又"东二"和"河二"同出，亦可佐证此两件裤形铲及其所代表的铁制品应非当地生产，而是从外地输入的。另1件有"东三"铭文的沙土制齿轮范[13]，系传世品，无出土地点，但从铭文分析有可能出自安邑禹王城遗址。由考古资料可知，出土"东三"铭文较多的遗址乃是河东郡之首府——山西夏县安邑禹王城。据此亦可佐证"东三"冶铸作坊就在汉代安邑，即今禹王城遗址的小城内。若此见成立，河东郡铁官所辖第一、第二冶铸作坊亦应在安邑境内。由此可知河东郡的手工业作坊生产规模已是相当可观。种类繁多的工农业生产工具，产品不仅供应本地所需，而且也有一部分销售外地，由此当可窥见该地区的手工业、农业和商业的发展水平以及该地区的重要经济地位。

禹王城遗址是秦汉时期河东郡之首府安邑，从出土"东三"铭文来看，该产品应是河东郡铁官所辖第三号冶铸作坊制造。以现有材料做出假设，认为在禹王城小城内的汉代铸铁遗址并非禹王城内唯一的铸铁作坊，在陕西陇县出土的"东二"字样，并非当地所产，而是通过商业到达陕西，那就很有可能"东二"和"东一"作坊也坐落于汉代安邑境内，只是由于田野考古发掘中的某些局限性，如揭露面积的大小与多少，遗迹遗物的保存情况，发掘点选择的覆盖面等，都可能直接影响到获取资料的全面性与科学性，以及对遗址遗物的分析与判断。若上述假设成立，便与已知资料所示的一郡有数个冶铸作坊，其中设在郡址所在地的即"阳一""河一"情况相一致，这样也能够解释为何作为郡治的安邑出土的却是"东三"作坊的产品。当然，详细情况只有待我们对"东一""东二"乃至"东四"有了更全面的了解之后才能明了。

另一项引起我们注意的是禹王城出土的瓦当。瓦当是形成中国古建筑独特风格的重要构件。自西周以降及至明清，瓦当艺术绵延不绝，在形制、花纹、文字等各方面形成了系统的发展序列，是我们探讨古代社会的一项珍贵的实物资料。战国秦汉时期的瓦当，不仅出土数量可观，而且风格鲜明，极具特色，是研究中国古代建筑史的实证依据，对研究中国古代艺术史、思想史以及当时的政治、经济和文化均具有重要的学术价值。

山西地区出土的秦汉瓦当基本上都是圆形，且多有纹饰，素面的很少。夏县禹王城遗址出土的双线涡纹瓦当，当中为一大乳丁，其外饰凸弦纹两周，边轮内亦饰两周弦纹，当面各区涡纹间又饰一乳钉，这种构图与陕西华阴京师仓遗址出土的完全相同。夏县禹王城遗址和洪洞古城遗址出土的文字瓦当有"长乐未央""千秋万岁"等，当面以单线十字为界格分为四区，每区各含一字，与包头地区出土的汉代"单于天降""单于和亲""四夷咸服"等瓦当布局相同。

扼天下要冲的地理位置、金属货币的铸造发行、便利的交通运输、产品的外销交流，使得河东郡在汉代拥有其独特的贸易和经济地位。各地区间的频繁交流，在瓦当上便反映出明显的相互影响，如陕西东部华阴京师仓遗址出土的瓦当吸收了河南地区瓦当的若干因素，在许多瓦当上都呈现出河南地区汉代瓦当的特点。同样，在夏县禹王城遗址发现的多个手工业作坊所生产的瓦当也有很重的贸易交流或者与其他地区瓦当艺术互相影响的痕迹。其中比较突出的是与汉朝的另外两个地区即长安和洛阳的联系。在地理位置上，长安、洛阳和安邑形成了一个三角区域，而安邑可以说是联系长安、洛阳这两大汉代城市的经济贸易和文化交流的居中枢纽。

陕西地区出土的秦汉瓦当数量很多，当面形状以圆形为主，半瓦当较少，还有大半圆形和月牙形，但所见不多。当面以带纹饰者多见，素面较少，另有大量的文字瓦当。常见的纹饰有夔纹、方格纹、葵纹、涡纹、云纹、花瓣纹、动物纹等。文字瓦当种类很多，文辞多为寓意祥瑞的4字组合，考古发掘中最常见的如"千秋万岁""长乐未央""延年益寿""亿年无疆""长生未央""与天无极""与华无极""与华相宜""永奉无疆""长毋相忘""光耀宇宙""汉并天下""万岁当家"等；有的似为某个宫殿或其他建筑的专用瓦当，如"来谷宫当""薪年宫当""真泉宫当""竹泉宫当""齐一宫当""齐园宫当""京师仓当""京师庚当""长陵东当""长陵西当""吴尹舍当""巨杨家当"等。还有一些寓意不详的四字瓦当，如"加气始降""屯泽流施""道德顺序""屯美流远""都司空瓦"等。第二大类的当文为两字组合，如"延年""与天""大富""年宫""貌宫""齐园""械阳""甘林""上林""华仓""右空""船室"等。最长的文辞有10多个字，但极少见，如"与民世世天地相方永安中正""维天降灵延元万年天下康宁"等。单字瓦当有"宫""卫""家"等。5个字的如"长主毋敬家"等。

河南地区出土的秦汉瓦当有圆形和半圆形两种，以图案瓦当为主，母题是涡纹、云纹等纹样。此外该地区还出土不少文字瓦当，基本上都是圆形，在洛阳、郑州、固始、灵宝、巩义市等地均有发现。文字的内容有"维天降灵延元万年天下康宁""长乐未央千秋万世昌""长乐未央大富之当如意""千秋万岁""长生无极""长乐未央""长乐万世""高安万世""亿年无疆""延年益寿""延寿王瓦""上林""津门""关"等。

从瓦当的形制和纹饰来看，以长安为中心的陕西地区，以洛阳为中心的河南地区，以及以安邑为中心的河东地区，这三地之间显然存在着互相影响的关系。在形状上长安地区出土的瓦当以圆形为主，偶有大半圆形或月牙形。洛阳地区的是半圆形与圆形并存。而山西禹王城出土的瓦当似更接近长安。从年代上来看，洛阳地区圆形瓦当的流行晚于长安和安邑，可以认为洛阳地区瓦当的形制受到了长安和安邑潮流的影响；从纹饰上来看，长安与安邑出土的瓦当纹饰较洛阳更丰富一些，特别是文字瓦当，长安瓦当的文字内容明显比其他两地丰富，安邑和洛阳的文字瓦当大多带有长安瓦当上出现频率最高的"长乐未央""千秋万岁"等文辞。而从文字瓦当在三地出现的时间来看，长安地区出现得最早，大约在景帝时期便有了文字瓦当，而洛阳地区的文字瓦当则迟至西汉中期才出现。安邑地区的文字瓦当出现的准确时间尚未弄清，据地层资料分析当在西汉中期前后，可能略早于洛阳地区。

关于三地瓦当表现出的趋同性，现在仍无有力的根据证明究竟是瓦当的直接贸易导致的，还是仅系文化因素的传播间接造成的，抑或是二者都有。这有待于进一步的资料补充。

当然，这三地之间绝对不是简单的文化辐射与被辐射的关系，三地瓦当在显出趋同性的同时也保持着一定的独特性。三地因地理位置的不同，所受到的文化波及也不同，比如安邑出土的文字瓦当，其文字常为三地都使用的"长乐未央""千秋万岁"等，但其当面以单线十字为界格分为四区，每区各含一字，反而与包头地区出土的汉代"单于天降""单于和亲""四夷咸服"等瓦当布局相同，显示出区别于其他二地的独特性。

两汉时期，在全国统一的大好形势下，河东郡的手工业作坊有了持续的发展，产品远销外地，促进该郡经济高涨，商业发达，成为都城长安、洛阳附近的重要区域。作为郡址的禹王城，不仅是一个生产发达的区域，也是一个重要的贸易和文化枢纽。它不仅在空间上沟通了长安、洛阳二都，还在时间上为东西两汉之间的经济、政治、文化中心的转移提供了重要的过渡，其在秦汉时期的经济地位以及在促进社会文化发展等方面的显著作用自是不言而喻的。

注　释

［1］晋西南据传说系夏后氏居住活动的地域，《史记》等古文献及其后世的解释中也见有"禹都安邑"之说，因而在该地域内附会出夏城、夏禹城、禹王城、禹王台、禹王庙等地名。中华民族的历史源远流长，有丰富的文献典籍流传于世，成为现今史学研究的重要资料。但由于年代久远，不少史料历经口传手抄，甚至人为篡改，给历史研究造成一定的混乱。考古学研究的一项重要任务，就是在参考文献史料的同时，依据实物资料揭示历史的本来面目及其发展规律。所谓夏县安邑古城系禹、桀建都的"禹王城"一说，仅系文献记载的民间传说。但其为战国时期魏国都城、秦汉时河东郡郡址的记载，可确认为仗史。参见中国科学院考古研究所山西工作队：《山西夏县禹王城调查》，《考古》1963年第9期；陶正刚、叶学明：《古魏城和禹王古城调查简报》，《文物》1962年第4～5期。

［2］俞伟超：《汉代的"亭""市"陶文》，《文物》1963年第2期。

［3］中国科学院考古研究所山西工作队：《山西夏县禹王城调查》插图第五，《考古》1963年第9期。

［4］钱书林：《战国时期魏国置郡考》，《历史地理》第十五集，1999年。

［5］国家文物局：《中国文物地图集·山西分册》（下）第1020、1178页，中国地图出版社，2006年。

［6］赵李娜：《汉代河东郡农业生产状况初探》，《农业考古》2005年第3期。

［7］张童心、黄永久：《夏县禹王城庙后辛庄战国手工业作坊遗址调查简报》，《文物季刊》1993年第2期。

［8］山西省考古研究所：《山西夏县禹王城汉代铸铁遗址试掘简报》，《考古》1994年第8期。

［9］陕西省博物馆、文物管理委员会：《陕西省发现的汉代铁铧和鐴土》，《文物》1966年第1期。

［10］山西省考古研究所、上海大学历史系、夏县博物馆：《山西夏县师冯汉代窑址发掘简报》，《考古》2010年第4期。

［11］山西省考古研究所：《山西夏县禹王城汉代铸铁遗址试掘简报》插图第四、六、八，《考古》1994年第8期。

［12］陕西省博物馆、文物管理委员会：《陕西省发现的汉代铁铧和鐴土》，《文物》1966年第1期。

［13］梓溪：《谈几种古代器物的范》插图第1、2，《文物参考资料》1957年第8期。

汉代博局镜中乳丁配置的研究

孔祥星　刘一曼

博局镜是汉代最主要的镜类之一，也是学者最重要的研究对象，观察一下此前的研究成果，可以说时至今日，对这类镜的名称及其含义、相关纹饰和铭文等论述较多，关于类型学和年代学以及组成博局镜的其他要素研究则较少，有的结论还需要细化、深化，有的看法则需要加以证明。尤其是博局镜发生、发展和衰落的过程若明若暗，一些铜镜有的定为西汉、有的称为王莽、有的则指为东汉镜，流行时代极不明确。伴随着考古出土、馆藏和民间藏镜的资料逐渐公布，为这方面的研究奠定了良好的基础。本文拟从博局镜中乳丁的配置方式，有裨于从一个侧面去认识其发展趋势。

一　乳丁是博局镜组成的重要因素

博局纹镜在很长一段时间被称为规矩纹镜，近20年来不少中国学者开始改称博局镜。西方学者使用"TLV"镜名，概括比较形象。在日本，学者一般则采用梅原末治于1925年提出的"方格规矩四神镜"名。

早在1920年富冈谦藏就注意到这类铜镜，并据镜上铭文认为方格规矩四神镜是以王莽时代为中心。此后梅原末治1925年的《关于方格规矩四神镜》[1]、山越茂1974年的《方格规矩四神镜考》[2]、藤丸诏八郎1982年的《方格规矩四神镜的研究》[3]、樋口隆康《古镜》[4]和冈村秀典《前汉镜的编年与样式》[5]中都对这类镜进行过类型学和年代学的研究。在中国的一些著作中虽对此类镜有所著录，也比较重视其花纹和铭文，如梁上椿《岩窟藏镜》中对TLV纹的来源等均有论述[6]。

所谓组成博局镜的要素，与其他铜镜一样，是指形制（镜形状、纽、纽座、镜缘形式）、纹饰（主题纹饰、其他纹饰、边缘纹饰）、铭文（内容、排列形式）。我们发现此前的研究中，除了纹饰、铭文外，不少学者也注意到其他要素。

樋口隆康首先以主题纹饰分为方格规矩四神、兽纹、砖纹、鸟纹、涡纹、圆圈规矩涡纹、方格乳纹等七类。第1类方格规矩四神镜中又按边缘纹饰分为平素缘、凹带缘、流云纹缘、兽纹缘、复波锯齿纹缘、蔓草纹缘六型，再加上方格规矩圆圈四神和圆圈规矩四神两型，共八型。第五类方格规矩涡纹镜中亦按边缘纹饰分为六型。在这些型中有的又分若干式，这里不再一一列举。可以看出他划分类型的标准除了主题纹饰外，特别重视边缘纹饰的变化。

梁上椿在论述规矩式镜时，除了主题纹饰外，也强调了边缘纹饰，他认为"外缘图案（一作外区纹）极有研究之价值"，并分为流云纹、草纹、双线波纹、禽兽纹、素缘五种。

冈村秀典则根据纽座、主纹、铭文、乳、TLV形、外区纹样（又称周缘纹样）等"单位纹样"综合进行形式划分。每个单位纹样又细分为若干种，如主纹分为五种并加上无主纹的，铭文分为三个系列，外区纹样又分为八种，最后以这些单位纹样的相互关系分为四式，其中第二式又分为三亚式，显然是一个十分复杂的形式划分。但十分明确的是其形式的设定则是以外区纹样和主纹为基准，而且外区纹样作为第一要素，主纹为第二基准排列。这与樋口隆康的主纹和边缘纹饰的分类基准应是相同的。

《长安汉镜》（以下简称《长安》）对其收录的16面博局镜按TLV纹间的纹饰分为四型，有的又分为亚型，其中有的再分式。某些型中还提到"依T形纹两侧有无带圆座乳丁"分式[7]。

分析一下他们的形式划分标准，可以看出除了《长安汉镜》作者提到带座乳丁外，其他几位显然是将边缘纹饰作为确定博局镜类型和流行时代的一个重要方面。所谓边缘纹饰（日本学者称为外区纹样）是指镜背近外缘处高起部分内所饰的纹饰，主题纹饰与边缘纹饰多以一周栉齿圈带为界。

其实，根据我们的初步分析，发现博局镜诸组成要素中，乳丁有无、乳丁的数量和配置方式不仅与其他要素的组合有关联，而且还与博局镜不同类型及流行时代的考察提供了更多的标尺。

二　博局镜中乳丁的有无、数量、类型及配置方式

本文所说的乳丁是指对主题纹饰进行分割、具有区划功能的乳丁，一般形态稍大，有的还十分突出，并非如博局镜中与十二地支相间排列的、形体较小的乳丁。博局镜中对这类乳丁的配置明显有几个特点：

有无：从发表的资料看，博局镜中多数配置有乳丁，也有不配置乳丁的（图1-1）。

数量：配置有乳丁的，其数量有四枚和八枚之分。

形式：学者一般都称乳丁，以突起的圆乳最多（图1-2），但也有一些不是严格意义上的乳丁，如被日本学者称呼为"环状乳"的，呈凹面圆形（图1-3）。还有的呈小小的线条式瓜子形（图1-4），更有的甚至只是小圆点，但它们配置的位置及功能与突起的乳丁是相同的，因此本文也将它们归于乳丁范畴中。从出土资料看，四乳配置的，形式较多，上述那些特殊形式都属于四乳式。八乳配置的形式则规范，都是突起的圆乳（图1-5）。

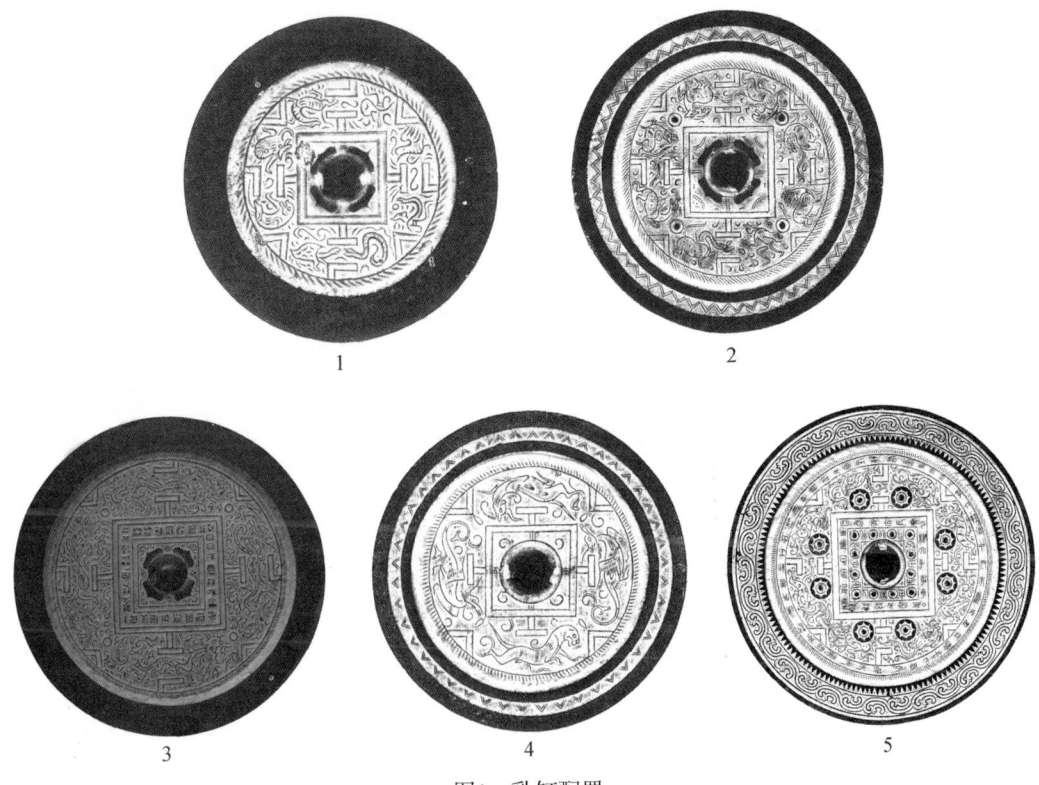

图1 乳钉配置

1. 无乳钉配置，宽素缘　2. 四圆乳配置，凹圈带双线波折纹缘　3. 四环状乳配置，宽素缘　4. 四瓜子形配置，简化博局纹（四T四V），凹圈带齿纹缘　5. 八乳钉配置，云气纹缘

乳座：乳丁绝大多数都有座，配置八乳的乳座形式较多，有圆座、连弧纹座、四叶纹座和几何纹装饰的圆圈座，圆座最多，几何纹装饰很少。配置突起四乳的，一般具圆座，也有极少的四叶座。

位置：本文将TLV各四个组合完整的称为"典型博局镜"，TLV组合不完整的，如只出现其中的一种各四个或两种各四个的，称为"简式博局镜"。两者根据纹饰内容和构图不同，乳丁的配置位置（方式）有很大的差别。

典型博局镜：纽外一般有方格。四枚乳丁型，乳丁配置在方格四角外，介于方格四角和V纹之间。八枚乳丁型，乳丁配置在方格四边外T形两侧。

简式博局镜：排列的形式稍微复杂一些，纽外有方格的，四乳型乳丁多在方格四角，极少的在方格四边外中心点处。八乳型乳丁仍两两分别配置在方格四边外。纽外无方格的，以纽为中心四乳呈"+"字形或"×"形配置。

不难发现，博局镜中乳丁的数量、形态、布局尽管有所不同，但在过去的著录特别是传世品的著录中，收录的多是配置八乳的典型博局镜。随着考古著录的增多，我们发现配置无乳和四乳的博局镜其实数量也不少。例如《南阳出土铜镜》（表1）（以下简称《南阳》）收录了16面博局镜，四乳、无乳的占了一半[8]。《仪征馆藏铜镜》（表2）（以下简称《仪征》）中四乳、无乳有24面，八乳有6面[9]。《长安汉镜》（表3）收录了16面，附有图像的13面中，四乳、无乳的有7面。《陕西省出土铜镜》（表4）（以下简称《陕西》）收录9面，四乳、无乳的有4面[10]。《洛阳出土古镜》（表5）（以下简称《洛古》）收录16面，四乳、无乳的有6面[11]。《汉广陵国铜镜》（以下简称《广陵》）收录37面，无乳15面、四乳及四圆点7面、环状乳3面，八乳12面[12]。可见无乳、四圆乳、四环状乳的占了相当大的比重。当然，这些统计也只是概略的，一些墓葬发掘报告如《洛阳西郊汉墓发掘报告》说共出土了47面博局镜[13]，我们认为这肯定要比《洛阳出土古镜》带有选择性的收录统计更为科学、更能总结规律性的东西。遗憾的是，这些报告中铜镜往往是随葬品的一部分，作者不可能对它们有详细说明。

表1 《南阳出土铜镜》
典型博局镜类型

（1）无乳四乳类型（5面）

编号	乳丁形式	主题纹饰	镜缘纹饰	时代
图版94-1表450	无乳	八区禽兽	宽素缘	西汉晚期
图版94-2图202	四乳	八区禽兽	凹圈内双线波折纹	新莽
图版97-2表461	四乳	八区禽兽	凹圈带内双线波折圆点纹	东汉早期
图版95-1图198	四乳	四方四神	宽素缘	东汉早期
图版97-1图200	四瓜子形	八区四神	云气纹	东汉中期

（2）八乳类型（8面）

编号	乳丁形式	主题纹饰	镜缘纹饰	时代
表457	八乳	八区云纹	一周锯齿一周双线波折纹	西汉晚期
表453	八乳	八区禽兽	禽兽云纹	新莽
表454	八乳	八区四神地支	缠枝花纹	新莽
表456	八乳	八区四神黍言及善铜	云气纹	新莽
表455	八乳	八区禽兽铭文	两周锯齿夹双线波折纹	东汉早期
表448	八乳	八区四神	一周锯齿一周双线大波折纹	东汉早期
表462	八乳	八区四神	两周锯齿夹双线波折纹纹	东汉早期
表463	八乳	八区八鸟	两周锯齿夹单线波折纹	东汉早期

简式博局镜类型（3面）

编号	乳丁形式	主题纹饰	镜缘纹饰	时代
图版92-2图206	无乳	四T八区云气纹	锯齿纹	东汉早期
图版96-2表459	四乳	四T四方禽兽	凹圈带内双线波折纹	东汉早期
图版93-2图203	四瓜子形	四T四V四方禽兽	凹圈带内双线波折纹	东汉早期

表2 《仪征馆藏铜镜》
典型博局镜

（1）四乳无乳类型（17面，9面明确是墓葬出土）

编号	乳丁形式	主题纹饰	镜缘纹饰	时代
82	四乳	四方二龙虎朱雀	宽素缘	西汉、出土
83	四乳	四方四鸟	宽素缘	西汉、墓出土
79	四小乳	八区西王母羽人禽鸟	宽素缘	西汉、出土
87	四乳	八区四神龟蛇分离羽人	凹圈带双线波折纹	王莽、出土
84	四环状乳	四方四神	宽素缘	西汉、墓出土
80	四环状乳	八区西王母玉兔三足鸟	宽素缘	西汉、墓出土
85	四瓜子形	八区四神等	凹圈带双线波折纹	西汉
96	四环状乳	四方龙虎二鸟	凹圈带双线波折纹	王莽、墓出土
92	四瓜子形	四方四兽	凹圈带双线波折圆点纹	王莽、出土
95	无乳	四方禽兽	凹圈带双线波折纹特殊	王莽、墓出土
97	无乳	四方四螭	凹圈带双线波折纹	王莽、出土
91	无乳	四方二虎二鸟	凹圈带双线波折纹	王莽、出土
86	无乳	八区四神	凹圈带双线波折纹	王莽、移交
105	无乳	四方二龙二虎	凹圈带双线大波折纹	东汉、墓出土
104	无乳	四方龙虎禽兽铭文	S形几何纹	东汉、墓出土
100	无乳	四方四鸟	一周锯齿一周波折纹	东汉、出土
101	无乳	八区四鸟四花瓣	凹圈带双线波折纹	东汉、墓出土

（2）八乳类型（6面，3面明确标明墓葬出土）

编号	乳丁形式	主题纹饰	镜缘纹饰	时代
88	八乳	八区四神等地支	云气纹	王莽、移交
90	八乳	八区四神	云气纹	王莽、出土
93	八乳	八区禽兽	凹圈带双线波折圆点纹	王莽、出土
94	八乳	八区六禽兽	凹圈带双线波折纹	王莽、墓出土
98	八乳	八区云纹	凹圈带双线大波折纹	王莽、墓出土
99	八乳	八区四神地支铭文	两周锯齿夹波折纹	东汉、墓出土

（3）简式博局镜（7面，3面明确标明墓葬出土）

编号	乳丁形式	主题纹饰	镜缘纹饰	时代
102	四乳	四T八区禽兽铭文	S形几何纹	东汉、出土
107	四乳	四V云纹 无方格	凹圈带双线波折纹	东汉、出土
108	四乳	四V云纹 无方格	凹圈带双线波折纹	东汉、45号墓出土
109	无乳	四V变形兽云纹无方格	凹圈带双线波折纹	东汉、出土
110	无乳	四V四鸟 无方格	凹圈带双线大波折纹	东汉、出土
106	无乳	四TV八区云纹	凹圈带双线波折纹	东汉、5号墓出土
103	无乳	四TV四方龙虎二朱雀	凹圈带双线波折纹	东汉、7号墓出土

表3 《长安汉镜》
典型博局镜

四乳、无乳类型

编号	乳丁形式	主题纹饰	镜缘纹饰	时代
图39-1图版50-1	四乳	八区四神	凹圈带内双线波折纹	西汉晚期
图39-4图版52-1	四凹面小圆乳	八区四神	凹圈带内几何纹	西汉晚期
图39-2	四瓜子形	八区四神	凹圈带内双线波折圆点纹	西汉晚期
图39-3	四瓜子形	八区四神	凹圈带内波折纹	东汉早期
图40-2	无乳	八区云纹	素宽缘	王莽东早
图40-3	无乳	八区云纹	素宽缘	王莽东早
图40-4	无乳	八区云纹	素宽缘	王莽东早
图40-5	无乳	八区云纹	素宽缘	王莽东早

表4 《陕西省出土铜镜》
典型博局镜

（1）四乳类型

编号	乳丁形式	主题纹饰	镜缘纹饰	时代
41	四环状乳	八区禽兽等（不清晰）	宽素缘	MB号汉墓出土
46	四环状乳	四方四螭	宽素缘	1号汉墓出土
44	四环状乳	四方四神	凹圈带双线波折纹	2号汉墓出土
42	四乳	八区龙虎鸟兽	凹圈带双线波折纹	36号汉墓出土

（2）八乳类型

编号	乳丁形式	主题纹饰	镜缘纹饰	时代
43	八乳	八区四神	两周锯齿夹波折纹	1号汉墓出土
47	八乳	八区四神地支尚方铭文	两周锯齿夹波折纹	东郊出土
48	八乳	八区四神	一周锯齿一周波折纹	天河村出土
45	八乳	八区四神	缠枝花瓣	14号汉墓出土
49	八乳	八区四神地支杜氏四夷服	云气纹	1号墓出土

表5 《洛阳出土古镜》
典型博局镜

（1）四乳无乳类型（6面）

编号	乳丁形式	主题纹饰	镜缘纹饰	时代
67	四乳	八区变形鸟纹	凹面圈内双线波折纹	西汉晚
69	四乳	八区云纹及三角	锯齿及变形云纹	西汉晚

续表

编号	乳丁形式	主题纹饰	镜缘纹饰	时代
68	四环状乳	四方四神（？锈蚀）	凹面圈内波折圆点纹	西汉晚
71	四环状乳	八区四神	凹面圈内双线波折纹	王莽
72	四环状乳	八区四神	凹面圈带内几何纹	王莽
70	无乳	四方四鸟	凹面圈内双线波折纹	王莽

（2）八乳类型（10面）

编号	乳丁形式	主题纹饰	镜缘纹饰	时代
73	八乳	八区四神	凹面圈内双线波折纹	王莽
74	八乳	八区残半	一周锯齿一周波折纹圆点	王莽
75	八乳	八区四神	云气纹	东汉初
76	八乳	八区四神	锯齿几何云纹	东汉初
77	八乳	八区纹饰不清	禽兽纹	东汉初
78	八乳	八区四神善铜铭文	两周锯齿夹双线波折纹	东汉初
79	八乳	八区四神铭文锈蚀	两周锯齿夹双线波折纹	东汉初
81	八乳	八区云纹	花叶瓣纹	东汉初
83	八乳	八区四神地支尚方铭文	两周锯齿夹双线波折纹	东汉中
84	八乳	八区四神地支尚方铭文	云气纹	东汉中

三 博局镜中乳丁配置与其他组成要素的关联

关于博局镜乳丁与其他组成要素的关联，我们先列出《南阳》和《仪征》中相关资料（表1、表2）。这两个地区的铜镜，《南阳》都是墓葬出土，《仪征》绝大多数为出土镜，近半数明确标明是墓葬中出土。

我们在表中列出了"乳丁形式""主题纹饰""镜缘纹饰""时代"四项内容，特别强调了乳丁配置与主题纹饰和镜缘纹饰两个要素的关联。

（一）关于镜缘纹饰的选择

上文已介绍了许多学者对博局镜镜缘纹饰的分类。樋口隆康在第一类方格规矩四神镜中将边缘纹饰分为平素缘、凹带缘、流云纹缘、兽纹缘、复波锯齿纹缘、蔓草纹缘六型，梁上椿分为流云纹、草纹、双线波纹、禽兽纹、素缘五种。冈村秀典关于博局镜形式的设定则是以外区纹样和主纹为基准，而且外区纹样作为第一要素，主纹为第二基准排列。他将周缘纹饰分为素纹、凹带纹、兽纹、画像纹、唐草纹、流云纹、锯齿纹七种。反思一下中国古代铜镜研究学术史，不难发现，我国的文物考古学者在关于铜镜类型学、年代学的研究中，未能重视镜缘纹饰和形式的内容，例如其名称的规范化、纹饰内容的论证和探讨尚有不少问题需要研究。下面参考此前学者划分的种类和名称，我们暂分成七种。

1）素面缘　平缘，其上素地无纹。

2）凹圈带波折纹缘　平缘上两周凸圈带之间夹一周凹圈带，绝大多数凹带内置双线波折纹，有的波折纹间置圆点纹，极少数为正反倒置三角纹相间间断排列。

3）锯齿波折纹缘　缘纹由三圈或二圈组成，冈村秀典统称为锯齿纹缘，划分为四式六种：二周锯齿夹波状纹（复线、单线）、一周锯齿（内）一周波状纹（复线、单线）（外），二周锯齿夹一窄空白带，一周锯齿（内）一周窄空白带（外）。此式的确边缘变化较多，本文亦都暂列于此，不再细分。

4）云气纹缘　亦称流云纹。绝大部分由两圈纹饰组成，内圈三角锯齿纹，外圈云气纹（流云纹），简称云气纹缘。

5）花草纹缘　亦称草纹、花叶纹、蔓草纹。由两圈纹饰组成，内圈三角锯齿纹，外圈花叶蔓草纹，樋口隆康据其形状，又分为忍冬蔓草C状连续式、反S形式、涡云纹式三种。实际上可以明显分出两种类型，一种典型的花叶纹，另一种即是有些学者们归为连续云藻纹、变形云纹的。本文暂将第二种也归为此式中，统称花草纹缘。

6）禽兽纹缘　缘上有线条式和平雕式的灵异瑞兽羽人纹。

7）铭文带缘　有的在平缘凹面带中置一周铭文，有的为一周铭文，有的则与其他纹样共同组成边缘纹饰。

我们大体归类为七种，实际上细部变化会更多、更复杂。为什么一些学者会重视博局镜的边缘纹饰，是因为它们在汉代铜镜边缘中类型是最多的、内容是最丰富的。

那么，乳丁配置与镜缘纹饰的选择有怎样的关联呢？

无乳丁型　边缘纹饰有宽素缘、凹圈带双线波折纹、变形云纹、云气纹、一周锯齿一周波折纹。《仪征》8面典型博局镜中，6面为凹圈带双线波折纹，1面锯齿波折纹、1面S几何纹缘。4面简式博局镜均是凹圈带双线波折纹。

四乳丁型　边缘纹饰有宽素缘、凹圈带双线波折纹、变形云纹、云气纹等。以典型博局镜为例，《仪征》9面中，宽素缘5面，凹圈带双线波折纹4面。《南阳》4面中，宽素缘1面，凹圈带双线波折纹2面，云气纹1面。表3《洛古》5面中，4面是凹圈带波折纹和几何纹。表5《陕西》4面中2面宽素纹、2面凹圈带双线波折纹。四乳丁型中的环状乳，其镜缘几乎都是宽素缘或凹圈带波折纹缘，如《仪征》3面中2面是宽素缘、《千秋金鉴——陕西历史博物馆藏铜镜集成》（以下简称《陕历博》）[14]4面中3面是宽素缘，《洛古》3面都是凹圈带波折或几何纹。

八乳丁型　边缘纹饰有凹圈带双线波折纹、一周锯齿一周双线波折纹、两周锯齿夹双线波折纹、禽兽纹、花草纹、云气纹等。以典型博局镜为例，《南阳》8面中，锯齿波折纹有5面，禽兽、花草、云气各1面。《仪征》6面中，凹圈带波折纹3面、锯齿波折纹1面、云气纹2面。《陕西》5面中，锯齿波折纹3面、云气纹、花草纹各一面。

《洛古》10面中，锯齿波折纹4面、云气纹2面、锯齿几何纹、禽兽纹、凹圈带波折纹、花草纹各一面。

通过以上比较可以发现，在不同的乳丁配置里，边缘纹饰的选择是有一定规律可以总结的。大致是在无乳和四乳配置中，主要选择宽素缘或凹圈带双线波折纹。八乳配置中，主要选择锯齿波折纹，又以两周锯齿夹双线波折纹较多一些，其次是云气纹。当然，我们也应注意边缘纹饰的地方性，如同样被称为凹圈带波折纹缘，但其形式也是有差别的。《广陵》收录的铜镜中包括了《仪征》一些铜镜，9面无乳典型博局镜中，8面是波折纹，但这些波折纹多是较大的三角纹饰。

（二）关于主题纹饰的选择

博局镜的主题纹饰十分丰富、复杂，即使是最为程式化的四神博局镜，也多有变化。为此，本文拟用最简单方式对此类镜进行分类（见本文各地出土铜镜表）。主题纹饰中，青龙、白虎、朱雀、玄武组合完整的，我们称为四神类，有禽兽但四神不齐全的，称为禽兽类（有的更标示具体内容），没有禽兽的称为云纹和几何纹类。由于在许多四神、禽兽镜类中都有羽人，在分类名称中就不强调了，有铭文的则予以标示。不同乳丁配置对主题纹饰的运用，我们选择了河南洛阳、南阳、陕西西安及江苏仪征四地的出土资料。

《洛古》中，西汉晚期3面四乳博局镜，主题纹饰分别是变形鸟纹、云纹与锯齿纹、四方四神纹。但从新莽开始，无论是四乳无乳或八乳博局镜，主题纹饰绝大多数为四神组合。王莽时期4面中有3面是四神，1面四鸟纹，东汉初、中时期7面中，6面为四神纹，其中4面有铭文。

《南阳》5面四乳博局镜，西汉晚、新莽各1面均为禽兽，东汉早、中3面1面禽兽、2面四神。8面八乳博局镜，西汉晚1面云纹，新莽3面中1面禽兽、2面四神纹，东汉早期4面中，2面四神、1面禽兽、1面八鸟纹，也能看出从新莽开始四神组合在增多。

《仪征》的主题纹饰构图与内容与河南有所差别，四乳无乳博局镜9面，西汉、新莽、东汉墓各出3面，8面为四方构图，纹饰除1面四神外，均为龙虎禽兽、四鸟纹、四螭纹。八乳博局镜3面属新莽和东汉时期，分别为瑞兽、云纹和四神纹。可见主题纹饰的规范性还不明显。

《长安》乳丁配置及主题纹饰的选择，倾向性却十分突出。4面四乳博局镜，3面为西汉晚期、1面东汉早期，纹饰均为八区四神，镜缘均为凹面圈带波折纹或几何纹。4面无乳博局镜，均属新莽东汉早期，纹饰都为云纹，镜缘都为宽素缘。

《广陵》26面典型博局镜中，16面为四乳、无乳配置。主纹有3面是四神纹，其他13面内容就比较复杂，有西王母羽人禽兽、禽兽、四虎、四螭、四鸟或八鸟、云纹等。其中4面图纹中有西王母，4面铜镜均为墓葬出土，1面西汉墓、2面新莽墓，这应是汉镜中最早出现的西王母图像，其边缘纹饰3面是宽素缘。10面为八乳配置，其中6面图纹有四神组合。11面简化博局镜仅1面有四神图纹。

值得注意的是，四环状乳的配置对主题纹饰的选择具有一定的倾向性。

通过上述几个地区所呈现的情况，一方面说明四乳无乳与八乳配置对主题纹饰的选择有所区别，另一方面与时代的先后也有关联。博局镜出现的初期，四乳无乳配置较多，主题纹饰还处在多样化、分散化的阶段，铜镜尺寸亦较小。新莽和东汉早期是博局镜最为发展流行的时期，八乳配置居多，主题纹饰以四神组合为中心，逐渐规范化、程式化。尽管出土资料还不充分，但值得我们注意的是，研究汉镜的统一性的时候，必须考虑不同地区的铸镜特点，如《长安》《仪征》《广陵》四乳无乳配置的博局镜主题纹饰反差就很大。对不同地区铸镜作坊、铸镜匠师的分析，这是深化汉镜研究的极为重要的一个方面。

四　博局镜中乳丁配置类型的流行时代

探讨不同乳丁配置类型的流行时代，是我们了解博局镜出现、流行、演变及衰落过程的一个方面。上述藤丸诏八郎的文章中，就以乳的数量和镜缘纹饰为基础，进行分类研究，认为具有素缘或凹带纹缘、四个乳丁的博局镜其时代可以上溯到西汉。数十年来考古出土的铜镜，如本文所引的南阳、洛阳、陕西、仪征墓中出土镜为我们提供了较多的有科学根据的资料，但由于较为集中墓葬出土的资料还是不够充分，本文分析仅供参考（表6）。

表6　洛阳南阳仪征各类型乳丁流行时代

类型数量时代	典型博局镜							简式博局镜	
	四乳无乳				八乳			四乳无乳	
	宽素缘	凹圈带波折纹缘	锯齿及变形云纹	云气纹S纹	凹圈带波折纹缘	锯齿波折纹缘	禽兽缠枝云气缘	凹圈带波折纹缘	锯齿纹缘
西汉	仪3南晚1	洛晚2	洛晚1			南晚1			
新莽		仪3南新1洛新3			仪2洛新1	洛新1	南新3		
东汉	南早1	仪2南早1	仪1南中1		仪1南早4洛初3洛中1	洛初3洛中1		仪3南早2	南早1

为了更科学的统计博局镜中乳丁配置类型的流行时期，表6仅列出洛阳、南阳和仪征墓葬出土资料（分别以"洛""南""仪"标示）。《洛镜》《南阳》还特别标明各时代的时限，如西汉栏内"南晚1"，即南阳西汉晚期墓出土铜镜1面。

从表6看，出土8面博局镜的西汉墓，明确标出早晚时限的均为西汉晚期墓，其中7面为四乳或无乳配置，1面为八乳配置。参考《洛阳出土古镜》所附《古镜出土墓葬年代表》，博局镜分别出自西汉晚期3面、新莽5面、东汉初期7面、东汉初中期1面、东汉中期3面。其中，属西汉晚期墓的3面，均为四乳或四环状乳配置。《洛镜铜华——洛阳铜镜发现与研究》95收录的四环状乳四神博局镜，镜缘圈带铭文中有"永始二年"纪年铭文[15]（表7）。永始二年是西汉成帝年号，即公元前15年，此镜是目前我国发现最早的纪年镜，属西汉晚期。《长安汉镜》中，4面四乳博局镜，3面出自西汉晚期墓，可见在博局镜出现及开始流行的西汉晚期，四乳或无乳是主要的配置方式。再从镜缘纹饰看，表3西汉8面中，4面宽素缘、2面凹圈带波折纹缘，《长安汉镜》西汉晚期3面均为凹圈带波折纹缘，可知西汉晚期主要采用素缘和凹圈带波折纹。

表7 《洛阳出土铜镜》
典型博局镜

（1）四乳无乳类型

编号	乳丁形式	主题纹饰	镜缘纹饰	时代
24	无乳	花瓣式云纹	宽素缘	西汉、墓出土
25	四乳	八区变形鸟纹	凹面圈内双线波折纹	西汉晚同《洛阳古镜》67
30	四乳	八区禽兽	凹面圈内双线波折圆点纹	王莽、墓出土
31	四乳	四方四神	一周锯齿一周波折纹	王莽、墓出土

（2）八乳类型

编号	乳丁形式	主题纹饰	镜缘纹饰	时代
23	八乳	八区云纹	一周锯齿一周波折纹	西汉、墓出土
29	八乳	八区四神地支善铜铭文	云气纹	王莽、墓出土
40	八乳	八区四神	一周锯齿一周变形云纹	东汉、出土

五 小 结

综上所述，博局镜是西汉晚期出现、新莽和东汉时期流行的镜类，以新莽和东汉初期最为流行，纹饰铭文最为丰富，铸造最为精美。这些看法虽然已得到大多数学者认可，但西汉晚期博局镜图纹有什么特点？新莽与东汉流行的博局镜类有什么异同？具有"汉有善铜"铭文的博局镜是新莽前还是东汉镜？都说不太清楚。其实，西汉晚期、新莽和东汉早期不仅是汉代铜镜发展的重要时期，而且在中国古代铜镜发展史上也具有极为重要的地位。研究这个时期的博局镜及其他镜类，从一个侧面为当时思想意识形态和社会生活的研究提供了形象资料。从本文提到的一些结论看，的确，不同时期博局镜的主题纹饰、铭文、构图、镜缘纹饰的整合研究还需深入，这个时期博局镜考古出土资料集成的工作更应系统化、科学化。

注　释

［1］　梅原末治：《关于方格规矩四神镜》，《考古学杂志》第15卷第7号，1925年。

［2］　山越茂：《方格规矩四神镜考》，《考古学ジャ-ナル》第93、95、97，1974年。

［3］　藤丸诏八郎：《方格规矩四神镜的研究》，《考古学论考》，1982年。

［4］　樋口隆康：《古镜》，新潮社，1980年。

［5］　冈村秀典：《前汉镜的编年与样式》，《史林》第67卷第5号，1984年。

［6］　梁上椿：《岩窟藏镜》，大业印刷局育华印刷所，1935年。

［7］　程林泉、韩国河：《长安汉镜》，陕西人民出版社，2002年。

［8］　南阳市文物考古研究所：《南阳出土铜镜》，文物出版社，2010年。

［9］　仪征博物馆：《仪征馆藏铜镜》，江苏美术出版社，2010年。

［10］　陕西省文物管理委员会：《陕西省出土铜镜》，文物出版社，1955年。

［11］　洛阳市文物管理委员会：《洛阳出土古镜》，文物出版社，1959年。

［12］　中国科学院考古研究所洛阳发掘队：《洛阳西郊汉墓发掘报告》，《考古学报》1963年第2期。

［13］　徐忠文、周长源等：《汉广陵国铜镜》，文物出版社，2013年。

［14］　陕西历史博物馆：《千秋金鉴——陕西历史博物馆藏铜镜集成》，三秦出版社，2012年。

［15］　霍宏伟、史家珍：《洛镜铜华——洛阳铜镜发现与研究》，科学出版社，2003年。

汉长安城武库遗址述论

李遇春

汉长安城是西汉王朝首都，是当时全国政治、经济、文化中心，也是军事指挥中心。汉长安城武库，是西汉中央政府的兵器库，是汉长安城重要机构之一，在汉长安城考古中占有重要地位。

一　武库位置

武库建于汉高祖七年（公元前200年）是刘邦定都汉长安城后首批皇家重点建设项目。武库位于汉长安城南部的未央宫与长乐宫之间，经过考古调查，基本确定了武库遗址位于今未央宫街道办事处大刘寨村东面高地上，与文献记载的位置相符（图1）[1]。

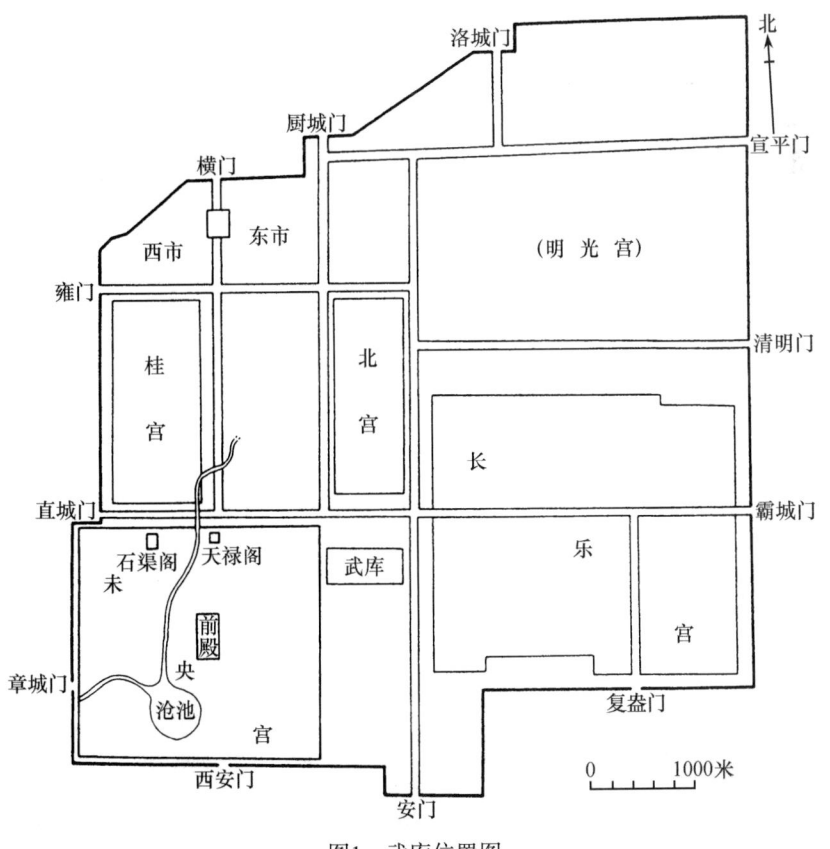

图1　武库位置图

二 武库布局形制

武库遗址四周筑有围墙,平面呈长方形,东西长710米,南北宽322米。东墙上有一门道,向东可通安门大街,西墙上可能也有门道,已不存。南墙东段上有一门道,是东院的南门道,南墙西段上也应有门道,是西院的南门道,已不存。

武库共有7座建筑遗址(图2)由南向北隔墙分为东西两个院,隔墙上应有门道,已不存。东院东西380米,南北322米,西院东西370米,南北322米,东院有4座遗址(1~4号),第1号遗址在东院北面,第2、3号遗址在东院南面,与第1号遗址南北相对,门道在北墙上,第4号遗址在西面,东墙上开门道。西院分布3座建筑遗址(5~7号),第5号遗址在西院东北,第6号遗址在西院西北,东墙上开门道,第5、6号遗址东西相对。第7号遗址在西院南面,南北墙上都有门道。

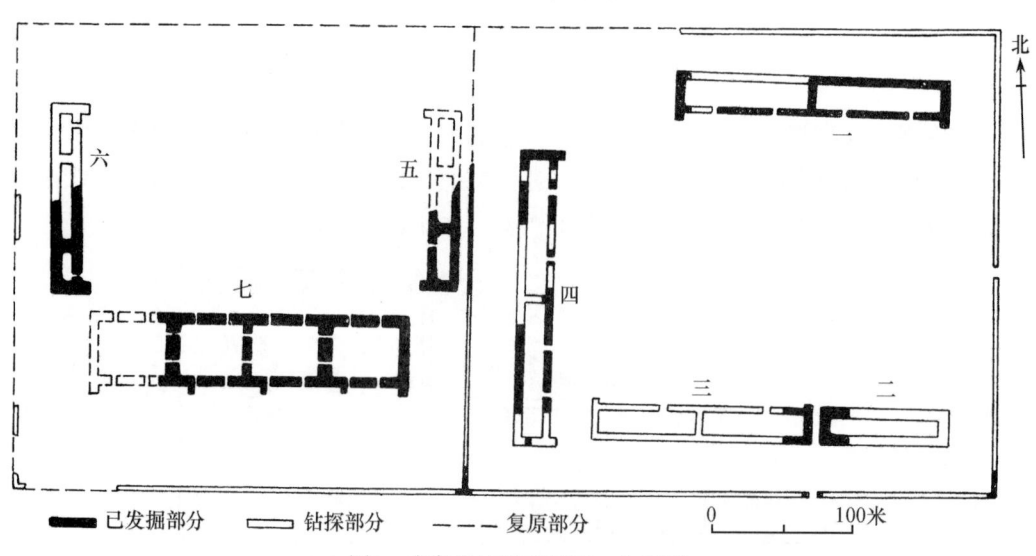

图2 武库遗址平面复原、分布图

武库7座建筑遗址平面皆呈长条形,大小不等,多以隔墙分成若干间房,建筑墙体夯筑,土坯包砌,外抹草泥,表面平整,一面或两面墙上开门,有的遗址还在门道上设守卫用房,房内地面用草泥抹成,一面各遗址正面沿墙有廊道,廊道外有散水。

第7号建筑遗址规模最大,东西长235米,南北宽45.7米,内有三条南北向隔墙,将其分为4个大房间,每条隔墙南北各有一个门道,将相邻的房间连接起来,每个房间南北墙上各开两个门道,南墙西门道设守卫用房,每个房内有四条南北向夯土墙垛,房内柱础石基本清楚(图3)。

第1号建筑遗址南北长196.8米,东西宽24.2米,由1条南北向隔墙分成2个房间,每个房间南墙上有两个门道。

第4号建筑遗址南北长202米,东西宽24.6米,由1条南北向隔墙分成2个房间,每个

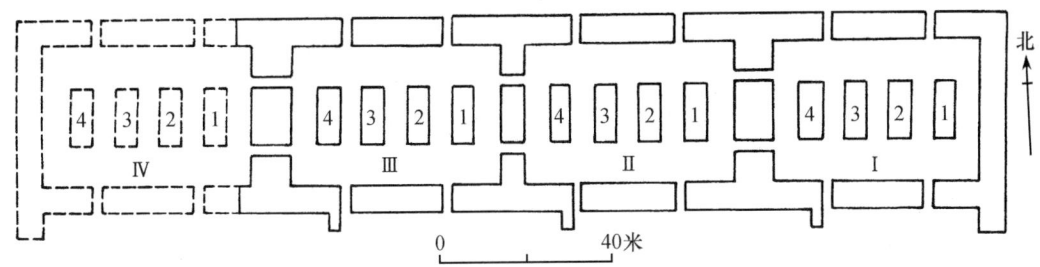

图3 第七号建筑遗址平面图（Ⅰ~Ⅳ为房间编号，1~4为墙垛编号）

房间东墙上有两个门道，该遗址的规模、建筑形制与第1号建筑遗址相近。

第3号建筑遗址东西长155.5米，南北宽24.4米，由1条南北向隔墙分成2个房间，每个房间北墙上有一个门道，该遗址的建筑形制与第1号建筑遗址相近。

第5号建筑遗址南北长122米，东西宽21米，由两条东西隔墙分成3个房间，房间西墙上开门道。

第6号建筑遗址南北长130米，东西宽21.6米，由两条东西向隔墙分成3个房间，房间东墙上开门道。该遗址的建筑与第五号建筑遗址相近。

第2号建筑遗址规模最小，东西长90.4米，南北宽20.1米。北墙上应有门道。

武库建筑物中包括兵器库与士兵兵营两种兵器库较兵营建筑规模大，如1号、3号、4号、5号、7号为兵器库，2号、6号为士兵兵营。由于建筑物用途不同，所以形制也略异，就是同为储存兵器库房，由于存放兵器的种类不同，它们的结构也各具特色，如1号建筑是存放铁铠甲的库房。

三 武库兵器架

武库遗址发现木质兵器架遗迹，如第7号遗址各大房间内除发现立木柱的础石外，还发现大量放置兵器架的柱础石。第4号遗址南房内除发现若干排放置立木柱的础石外，还发现若干排放置兵器架的柱础石。它是固定木质兵器架的遗址，因木质兵器架已被烧毁，留下灰烬和础石，由此可知武库库房内有大量兵器架，储存的兵器放在库房兵器架上。

张衡《西京赋》："木衣绨锦，土被朱紫，武库禁兵，设在兰锜。"李善注："锜，架也。武库，天子主兵器之官也。"刘逵《魏都赋》注曰："受他兵曰兰，受弩曰锜，音蚁。"由此可知，西汉时期兵器架称为兰锜。

西汉时期完整的木质兵器架，近年来在考古发掘中至少获得过3件标本：

第一个例子发现于长沙马王堆轪侯家族墓群的第3号墓中，全高87.5厘米，下部是带方座的木角形木柱，上承方形木板，板面上分三层设有五个托钩，面上有红、黄、绿三色彩绘的云气纹，中层的两个托钩上，横托1柄明器剑。剑长79.1厘米，还套有漆鞘[2]。

第二个例子是江苏扬州邗江区胡场5号墓的出土品。这具兵器架作长方形框状，四条边框各宽4厘米，厚1.5厘米，组成兵器架的面积为57.2厘米×46厘米，上面也有彩绘的云纹图案。在上框和下框各安一对托钩，并在两侧框等高处各安一对托钩。出土时架下发现弓和箭囊。大约是原来陈放在架上后来跌落下来的[3]。

第三个例子出土于扬州东风砖厂9号墓，形制和胡场5号墓出土的兵器架相同，也是木质的长方形框架，已残。边框上墨绘云气纹，框上各安有两个托钩。

东汉时期兵器架的图像资料，在东汉墓葬中时有发现，主要是画像石、石棺画像和壁画，其中较重要的资料有以下诸例：

1953年山东沂南画像石墓中，在前室南壁正中一幅画像上刻画2件兵器架（兵兰），前面1件由两立柱架一横梁，柱下部又置一横枋，在二柱上各挂一面大盾牌，横梁正中悬挂一领铠甲，在兵器架左右两侧各有一下带方座的立柱，柱头各置一顶兜鍪。后面1件在两侧立柱间上下联二横枋，上面横枋上匀称地开有五个插放兵器的孔洞，架上竖立插放五种长柄兵器，左侧是两张戟，右侧是三支长矛，在戟和矛头上都有上饰花纹并垂有流苏的囊套。在偏左侧二戟间和偏右侧三矛间，又各悬一张弩。这三张弩都是弩弓在上，机栝在下。在后室靠南壁的承过梁的隔墙的两面，有另一幅兵器架的画像，刻画3件兵器架（兵兰），前排2件，左侧1件，与竖插两件带套的戟，右侧1件横置的兵器架的架子，在两支柱上端托一横梁，下部连一横梁，在两侧柱上等高处分置五组托钩，横托着四件长柄兵器，自上而下是两支矛和两张戟，在架前倚放着两个大盾牌，后排的1件也是横置兵器的架子，但较窄，用以横置短柄兵器，五组托钩上分别横置着刀、戟和手戟[4]。

1955年山东安丘发现的画像石上，刻画一人凭几座在床上，床后置屏风，屏风上左侧设兵兰1件，上面横置着四件刀剑。这具兵兰呈方框状，上框有钩挂于屏上，两侧框相应的位置上有托钩，用以承托兵器，形状与扬州邗江汉墓出土的相似[5]。

1965年发现的江苏徐州青山泉白集画像石墓中，在中室西壁北部下层，刻画兵兰1具，竖直插放五件长柄兵器，两侧各有一戟，中间是三支长矛，形制与沂南画像石前室南壁中间后面的兵兰相同[6]。

1971年秋发现的内蒙古和林格尔壁画中，在墓门甬道南北两壁，前室通中室的甬道北壁等处，都绘有兵器架（兵兰）。以前室通中室的甬道北壁为例，画的是宁城南门外的情况，中设一建鼓，两侧夹侍披甲武士，陈设弩錡与兵兰。弩錡在前，系两立柱间联；横枋，在上层木枋垂悬着一排弩，弩弓在上，机框在下。由于这些陈于城门外的弩錡有仪仗的性质，所以在錡上饰有红色的流苏，兵兰在后。上面竖直插放着一排饰有流苏的肇戟[7]。

以上西汉时期发掘中的兵器架（兵兰）及东汉时期画像石、石棺画像与壁画等兵器架（兵兰）的图像资料为进一步复原及研究汉长安城武库兵器架提供了重要线索。

四　武库兵器及铁铠甲

武库遗址出土的兵器以铁兵器为主，有刀、矛、剑、戟、镞、镦等，其中以铁镞最多，有1000多件。汉代镞数量多，质量高，经分析，铁镞是采用了铸铁固体脱碳成钢法制成，这也是世界上最早的以生铁为原料造钢铁之方法，这种镞多为长铤圆柱形镞身，镞锋为四棱锥形。长兵器以矛戟较多，短兵器主体是剑刀。除戟、铠甲是熟铁外，其余都是以炒钢为原料，说明我国西汉时期已经有了成熟的炒钢技术。武库遗址出土铁兵器是研究我国汉代冶金技术水平的重要实物资料。史籍记载，汉武帝实行盐铁官营，在全国40个郡设立40个铁官《汉书·地理志》，大量铁兵器的使用也是我国西汉冶铁手工业兴盛局面的生动表现。

武库遗址兵器以铁兵器为主，铜兵器次之，仅有铜镞、铜戈、铜剑格、铜弩机零件等，反映西汉时期铁兵器取代铜兵器的主导地位。

武库第一号遗址出土残铁铠甲4万多片，还有锈蚀在一起的残铁甲块，铠甲片不仅反映数量多，形制也较全，分大型、中型和小型鱼鳞甲片等，小型数量最多。

对武库第1号遗址残铁铠甲片进行整理，对残鱼鳞甲进行复原，复原了1件小鱼鳞铠甲，这领铠甲上的小型蹄形甲片，至今在其他地区未有发现，在西安地区汉代考古属于头一件，这种小型甲片制作规范整齐，在甲片组合结构上有其独特之处，出土于西汉中央兵器库中，应属于实用的防御性武器，盛行年代可能属西汉后期。

西汉铁铠甲在全国各地也有不少考古发现，如内蒙古自治区呼和浩特市二十家子汉代城址外窑穴内出土1领铁铠甲[8]，福建崇安汉城遗址发现36片甲片[9]，河南洛阳西郊302号西汉晚期墓出土1领铁铠甲[10]，河北满城中山靖王刘胜墓出土铁铠甲1领[11]，广州西汉南越王墓出土铁铠甲1领[12]。从武库储存的铁铠甲以及全国各地发现的铁铠甲资料来看，西汉时期铁铠甲使用已很普遍，成为主要的防护装备。

五　结　语

据文献记载，武库由中尉（武帝太初元年更名执金吾）下属的武库令丞掌管。武库所藏兵器由少府属官考工室（武帝太初元年更名考工）令丞督造；并交由执金吾（武帝太初元年前为中威）藏入武库，出土"考工"资料印证了有关的文献记载。另外工官类骨签资料说明武库所藏兵器中有相当一部分是各工官的产品。武库的兵器精良，属于国家武备，直接由皇帝掌控，即使贵如太子也不能调用。武库兵器用于平定内乱，也用于武装边兵，抗击外侵，对于稳定、巩固西汉王朝封建统治，保卫京师长安及边境安全起着积极作用。

汉长安城武库是西汉王朝中央的兵器库，存放的是国家精良的标准的兵器。除京师长安城设中央武库外，当时在全国各地地方政府也设立了武库，代表国家收存当地的兵器，当时在全国收存当地的兵器，著名的洛阳郡设立了洛阳武库，其他郡也设立了武库。

汉长安城武库建筑遗址，是目前唯一经过科学发掘的汉代武库遗址，填补了考古领域的空白。汉长安城武库遗址的发掘，对研究汉代政治、军事制度及汉代兵器种类，保存情况、制作工艺与兵器管理等具有主要意义。

注　释

［1］中国社会科学院考古研究所：《汉长安城武库》，文物出版社，2005年。

［2］湖南省博物馆、湖南省文物考古研究所：《马王堆二、三号墓田野考古发掘报告》，文物出版社，2004年。

［3］扬州博物馆、江苏邗江区图书馆：《江苏邗江胡场五号汉墓》，《文物》1981年第11期。

［4］南京博物院：《沂南古画像石墓发掘报告》，文物出版社，1956年。

［5］山东省博物馆：《山东安丘画像石发掘简报》，《文物》1964年第4期。

［6］南京博物院：《江苏徐州青山泉白集东汉画像石》，《考古》1981年第4期。

［7］内蒙古自治区博物馆文物工作队：《和林格尔汉墓壁画》，文物出版社，1978年。

［8］内蒙古自治区文物工作队：《呼和浩特二十家子古城出土的西汉铁甲》，《考古》1975年第4期。

［9］福建省文物管理委员会：《福建崇安城汉城遗址试掘》，《考古》1960年第10期。

［10］中国社会科学院考古研究所洛阳发掘队：《洛阳西郊汉墓发掘报告》，《考古学报》1963年第2期。

［11］中国社会科学院考古研究所、河北省文物管理处：《满城汉墓发掘报告》，文物出版社，1980年。

［12］广州市文物管理委员会、中国社会科学院考古研究所、广东省博物馆：《西汉南越王墓》，文物出版社，1991年。

考古视野下的吐火罗问题

郭 物

从有实物证据的角度看，最早在古代新疆出现并被当地人使用的文字是汉字，比如尼雅遗址发现的汉简[1]。自汉代开始，随着中原王朝统治古代新疆地区，虽有反复，汉语一直是流行于古代新疆的重要官方和民间生活用语。南北朝至隋唐，随着中亚粟特商人进入新疆及中原内地，粟特语成为新疆使用的一种语言，类似的商用语言还有犍陀罗语和大夏语。由于宗教、商贸等原因，梵语、叙利亚语、婆罗钵语和帕提亚语、希伯来语和犹太波斯语、阿拉伯语等均在古代新疆被使用。公元840年，随着漠北回鹘的分散西迁，属于突厥语系的回纥语开始流行于新疆。在新疆北疆留有考古证据的还有之前的突厥语等。除了历史时期传入的语言文字外，从语言学的研究成果看，历史时期在塔里木盆地流行的印欧语的两种古代语言可能有久远的渊源。首先是属于印欧语系的吐火罗语，这种语言可以归入印欧语系西支，其次是属于伊朗语东支的塞语，这种语言可以归入印欧语系东支。这两种语言在新疆可能从很早的时期就被使用，只不过一直没有书面的文字拼写。由于有人运用字母（印度婆罗米文的变体文字）拼写了这些语言，前者约在公元5世纪时才有文字拼写留下的文献，后者为公元3世纪。由于有字母文字拼写的文献留存至今，这两种语言才为世人所知[2]。

最早在新疆获得这种语言写本的是俄国考察者别列佐夫斯基（M. M. Berezovsky）和驻喀什领事彼得罗夫斯基（N. F. Petrovsky），之后，在新疆的各国探险队大都获得了此类语言文书。著名印度学和佛学家奥登堡（S. F. Oldenburg，1863~1934）在1892年首次发表该语言写本的残页。1907年德国学者缪勒（F.W.K. Müller）在普鲁士科学院学报发表论文，根据一篇回鹘文佛经跋文中的一段文字，认为tw γ ry就是历史上的"Tokharoi"，因此统称为吐火罗语，操吐火罗语的人被称为吐火罗人[3]。德国哥廷根大学印度学教授艾密尔·西克和西克林教授研究格伦威德尔和勒柯克从中国新疆吐鲁番带回柏林的婆罗米字母书写残卷，在1908年发表论文《吐火罗语，月氏人之语言》。作者认为吐火罗语，实为两种方言，定名为甲种吐火罗语、乙种吐火罗语，又因为吐火罗语的一些词和其他印欧语中同义词相似，例如吐火罗A语 tre / B语trai "三"、吐火罗A语okät / B语 okt "八"、吐火罗A语m ā car / B语 m ā cer "母亲"，因此定吐火罗语属印欧语系。甲种吐火罗语即吐火罗语A（又称为"焉耆语"），流行于吐鲁番和焉耆盆地，主要是用于宗教和学校；乙种吐火罗语即吐火罗语B（又称为龟兹/库车语），流行于库车地区，同时也在焉耆和吐鲁番使用，不但用于书写大量佛典，也是世俗与官方用语[4]。玄奘在《大唐西域记》中介绍过古代龟兹流行的这种语言文字，文字"取则印度，粗有改变"。这些结论都是基于新疆发现的公元5～9世纪的材料，值得注意的是，吐火罗语B的材料早晚都有，吐火罗语A大都为晚期的文献。

楼兰/鄯善国使用的犍陀罗语属于印度雅利安语支。其中夹杂很多不同时期混入的伊朗语借词。根据贝利等学者的传统观点，这种语言属于吐火罗语的分支[5]。据研究，鄯善佉卢文书中若干语法现象和词汇似乎接近塔里木盆地北部流行的吐火罗语。鄯善佉卢文书中的这种土著语言因素或称"楼兰语，尼雅方言"，因此，鄯善境内流行的佉卢文的语言和贵霜境内流行的佉卢文的语言是有差异的。佉卢文书语法的编写者巴罗（T. Burrow）教授已经注意到这一点。这是一种混杂有大量当地土著语言因素的犍陀罗语方言，其中许多字母的音值是贵霜佉卢文碑铭中所没有的[6]。总之，这种佉卢文已经过改造，成为适应当地语言特色的一种文字，不能简单地视为贵霜的官方文字，可能也是吐火罗语的一种方言[7]。楼兰语是否是吐火罗语的一种方言还需要进一步的研究，不过，其中存留的吐火罗语因素让学者们可以考虑公元3世纪左右吐火罗语的语言文字线索，其材料相对焉耆语和龟兹语时代又早一些。

有学者认为，进入中国文献记载的吐火罗人是月氏人，春秋战国时他们是中国北方草原上一支重要的力量，中国"胡人"的概念可能最初指的就是深目高鼻多须的大月氏人。匈奴的兴起，使月氏最终逃到中亚并建立贵霜王朝，之后"胡"成了匈奴的别称。因此，在新疆地区，迄今时代较早、比较明确的吐火罗人是大月氏人。遗憾的是，这种结论主要是根据贵霜帝国时期新疆出土的文字材料，其中有吐火罗语的因素，而游牧于中国西北方向的大月氏当时并没有使用文字，因此，不可能找到任何有文字的语言材料，另外在新疆与大月氏相联系的考古学文化迄今还尚未确定下来，最新的进展是把西汉以前大月氏的重要的活动区域之一锁定在伊吾、巴里坤和博格达山北麓一带[8]。关于这个问题，后文将有详细论述。

文章题目所提"吐火罗问题"其实包含很多方面，比如吐火罗语语言、吐火罗语的定名、吐火罗语的借词、语言的翻译、吐火罗语和印欧语的关系、吐火罗人的来源、吐火罗语和吐火罗人的关系等，分属不同的学科。其中，新疆范围内操吐火罗语人群使用文字以前的历史是最难于求证的问题之一，这是考古学能开展研究的领域。本文试图对这个问题进行一些初步的探讨，并不企图解决问题，只是从考古的角度提出一些初步的线索和解决问题的思路，希望能对促进深入认识这个问题有所裨益。

一 问题的背景

现存吐火罗语A和吐火罗语B文献，包括极其残破短小的，共约11000件（其中吐火罗语A文书约2000件，吐火罗语B文书约9000件），但相对完整的所占比例不高，因此实际可供研究的材料数量有限[9]。由于有很多吐火罗语文献的发现，古代龟兹、焉耆和吐鲁番约在公元5~9世纪有人使用吐火罗语毋庸置疑，但对于吐火罗语的定名有很大的争议，已经有很多学者对此进行过讨论[10]。最近有学者推测，这个定名可能并不是使用这种语言的人对这种语言的称呼，可能是高昌回鹘的僧侣根据自己的理解的一种称呼，"吐火罗"原来是摩尼教对其东方教区的一种称呼，这些教区恰巧覆盖了吐火罗语流行的区域[11]。总之，吐火罗语的命名虽然有很大争议，但回鹘文本的《弥勒会见记》的跋文的确说由toxri/toγri翻译而来，而且也的确有toxri/toγri语《弥勒会见记》的文本存在，另外还有些证据显示"吐火罗语就是吐火罗语"，因此，这个词如果不是翻成"吐火罗"，那到底是什么，这种语言在当时到底称为什么语等问题，还需要研究。总之，在新的确凿证据发现之前，只能继续使用"吐火罗"了。

吐火罗语本来就令人困惑，因此而出现的"吐火罗人"一词更是一种容易导致误解的称呼。根据历史文献，吐火罗人应当是居住在阿富汗北部古代巴克特里亚一带的人。巴克特里亚是中亚地区自然环境较好的区域，青铜时代是阿姆河文明（也称为巴克特里亚—马尔吉亚纳考古文化群）的分布区域，阿姆河文明是发达的城市文明，同时北方的安德罗诺沃文化共同体的分支开始渗透到这个地区，之后的萨帕利文化可能是延续这个文明的一个城市国家[12]。这个建立在绿洲农业基础上的城市文明消失后，进入一段沉寂时期，可能受新疆天山地区彩陶文化的影响，公元前第1千纪早期出现在这里的是类似于楚斯特文化的雅孜I期文化，是一种以手制彩陶为特征的半牧半农文化。这个地区分布的类似文化还有瓦克什文化和贝希肯特文化。这些文化可能后来慢慢发展成当地的绿洲城郭国家。之后，这个地区先后被波斯阿契美尼德王朝、马其顿亚历山大的远征军、希腊化时期的塞琉古王朝和安息所征服统治，当地也建立了希腊人主导的大夏国。约公元前2世纪早期，受到大月氏攻击的塞人南迁，侵占了这个地区[13]。据斯特拉波《地理志》记载："从希腊人手中夺取了巴克特利亚的"是来自锡尔河彼岸游牧的"Asii、Gasiani、Tochari、Sacarauli……这四部人群和塞人、早期粟特人相邻，并被塞人所占领（XI，8，2）"。四部之一就是Tochari，应当是"吐火罗"，如果这条记载可靠的话，这个地区被古代希腊地理学家和中国汉文史料，以及后来的穆斯林史家称为"吐火罗"、"睹货罗"及"吐火罗斯坦"可能与此有关。关键是这些人是塞人还是大月氏人，有学者认为Asii，Pasiani，Tochari可能是大月氏人，Asii可能是后来统一大月氏的贵霜[14]。本文认为其中有几点值得注意，其一塞人并没有占领过大月氏的领地，其二，在文中，上述四种人群和塞人是分开说的，可见与塞人Sacae的确还不一样，其三，大月氏早期并没有和粟特为邻，其四，如果说作者把塞人及大月氏两次入侵合起来一次说，前三部是大月氏，那么按入侵时间顺序，也应当把萨喀罗卡伊部放在最前面。彭佩乌斯特洛果斯（Pompeius Trogus）说："塞种萨喀罗卡伊部和亚细亚部夺得了巴克特利亚与索格底亚那"，"亚细亚人成了吐火罗的国王，而萨喀劳卡伊人则败亡了"。因此上述文献中记载的包括吐火罗人在内的人群很可能是被塞人所统治的部落，基本也属于塞人，可能是生活在伊犁河谷至锡尔河一带的塞人，这些人受大月氏所迫，南迁过程中占领了大夏。当然，还有一种可能是大月氏攻击伊犁时，南逃的塞王主要带走了一部分部落，还有一些留下来和大月氏合为一体，即萨喀罗卡伊部。这样倒是可以理解前述很多学者的推测，即这些人都算是大月氏。总之，这个问题还需要进一步的研究。本文倾向认为这四部可能都是第一波攻占巴克特利亚的塞人部落。

塞种人属于印度—伊朗人，其语言为印度—伊朗语东支。这和新疆所谓的吐火罗人在人种和语言两个方面都存在矛盾。公元前2世纪中，大月氏人迁入这个区域，以此为基点扩张，最终建立贵霜帝国[15]。贵霜帝国统治这个地区后，最初用希腊字母拼写他们的语言，称为大夏语，又作巴克特里亚语，也属于印度—伊朗语东支系统。张骞出使西域，出于某些未知的原因，把巴克特里亚地区称为"大夏"，因此有学者主张吐火罗是大夏，而且和大月氏联系起来，实际上这个地区被称为吐火罗可能是因为前一波塞人入侵造成的，但是这个名称却被保留下来，并被用来称呼这个地区以及后来居住于此的人群，包括大月氏。玄奘在《大唐西域记》卷十二中曾提及"觊货逻故国"，自斯坦因（A. Stein）以来，学界都认为即今新疆安迪尔遗址，回鹘文《慈恩传》译本即以toxr为其对译。而在同书卷一，又说到"觊货逻故地"，则在今阿富汗境内。这些说法，是否可以理解为：且末至和田之间（以安迪尔遗址为代表）早先生活的人可能和巴克特里亚有一定的关系。考古证据能提供一些线索，塔里木盆地南缘约在公元前3世纪以后，的确受到中亚、南亚地区的强烈影响，和田山普拉墓地、尼雅遗址和米兰遗址等地出土的希腊—塞克—贵霜风格的文物可以为证[16]。体质人类学的材料也能证明，汉代及汉代以前的确有大量地中海东支的人群进入到这个地区。因此，安迪尔遗址群所在的区域可能和阿富汗北部称为吐火罗的地区有一定关系，可能在早期有一些人群来自巴克特利亚，并和当地人一起在且末地区建立了绿洲国家。如后文所论，就这个地区而言，的确曾有原始欧洲人类型为主的社会存在，因此，和操吐火罗语的人群也不是没有一点关系。总之，这个问题值得今后通过一定的考古工作来验证，特别是对安迪尔遗址群开展进一步的考古发掘。

用吐火罗人来称呼从早到晚使用这种语言的人也容易导致误解，需要继续讨论。可以设想，最初操这种语言进入新疆的人可能数量不多，从人种特征来看，也比较单纯。但很快，这些人就会和不同人种和操不同语言的人群相接触。实际上，这种不同人群和语言的接触其实在这些人迁入新疆之前就已经发生，这样的接触一直会保持到这种语言不再被使用为止。因此，操这种语言的人群以及这种语言本身就会不断融入新的外来因素。而且其活动的区域也在不断变动。今天，我们一般不会认为谁说某种语言就认为他/她是什么人。不过考虑到粟特语和粟特人的称呼，我们也可以就把历史时期在较为固定区域确实使用吐火罗语的人群称为"吐火罗人"，主要是经过证明实际使用吐火罗语的人群。实际上，这些地区的人也有其称呼，比如龟兹人、焉耆/阿耆尼人和车师人。只不过还真的没有一个总称，姑且可以称为"吐火罗人"。但是，我们必须指出，公元5~9世纪使用吐火罗语的人群并不是一个统一的族群，他们主要分布在库车、焉耆至吐鲁番一带，其人种不是单纯的原始欧洲人种（高加索人种），而是融合了很多基因的混合人种。而且这种语言在不同的地区和不同的历史时期的使用范围也大为不同，比如《北史》卷97记载，公元5~6世纪的吐鲁番，学校教授汉文著作《毛诗》、《论语》和《孝经》等，但是用当地语言诵读。唐西州时期的吐鲁番，官方和民间使用的语言和文字主要是汉语[17]。回鹘从漠北迁入新疆，统治东天山以及焉耆、库车地区，最终以其突厥语言全面改变了原来当地人的语言和文化习俗，吐火罗语的使用迅速衰落。随着伊斯兰教和文化的强势东扩，可以说，作为曾经使用过的活的语言，吐火罗语以及其他的一些语言最终从各个地区社会的各个层面渐渐消失了，仅仅在后来使用的回鹘语中留下些许痕迹[18]。

总之，关于"吐火罗语"和"吐火罗人"的命名还需要不断讨论，期待有新的材料能解决这个问题。所谓"真正的吐火罗语"已经有了公认的称呼——"巴克特里亚语"或者"大夏语"，有鉴于此，在铁证发现以前，继续以约定俗成的"吐火罗语"称呼这种公元5~9世纪流行于库车、焉耆和吐鲁番地区的语言也未尝不可。

吐火罗语属于印欧语系，因此，关于吐火罗问题的研究，主要和印欧人的问题联系在一起。印欧人的原始居地、印欧人的迁徙是国际学术界一直在讨论的一个重要课题，由于吐火罗语文献的发现，实际上促进了学界对印欧人原始居地及其迁徙的研究，因此也产生了很多不同的观点[19]。

根据对印欧语系语言的分析，俄罗斯语言学家加姆克列利茨（T.V. Gamkrelidze）和伊凡诺夫（V.V. Ivanov）将印欧人的原始居地定在两河流域北部山区，并描述了各个语支的迁徙情况。他们认为印欧人的原始居地应在今天库尔德斯坦境内，最早和印欧人发生联系的有特勒马格扎里亚（Tel Magzalia）、特勒索托（Tel Sotto）、哈苏纳（Hassuna）等遗址，时代为公元前8千纪到5千纪早期。第一批印欧人大约在公元前5千纪末期与安纳托利亚其他居民一道迁往巴尔干半岛[20]。伦福儒（C. Renfrew）部分地赞同"原始印欧人"起源于中安纳托利亚的观点，他认为印欧人及其印欧语的形成可以追溯到新石器时代（公元前6500年）的巴尔干半岛，更早为安纳托利亚，方式是通过"农业扩散"[21]。然而，这些假说与欧亚大陆考古学概念上的文化进程并不吻合，因此没有得到绝大多数学者的支持。通过词源统计分析法的研究，有学者把印欧语的形成推演到第9~8千纪之前，这倒是和上述几位学者的假设相同[22]。不过另外的学者，通过同样的方法，得出的结论是最早的原始印欧语出现于公元前4670年，晚期的为公元前3810年[23]。马劳瑞（J. P. Mallory）认为印欧人的原始居地不可能在北欧或中欧，因为这些地区的文化在草原地带、安纳托利亚以及伊朗和印度都没有继承者。印欧人的原始居地可能在东欧草原。分布最靠东方的印欧人考古文化是南西伯利亚的阿凡纳谢沃文化，所以马劳瑞推测吐火罗人的祖先是阿凡纳谢沃人[24]。美国威斯康辛大学教授纳林（A.K. Narain）1990年提出，认为印欧语各族本身就是在今天中国西部形成的，因为月氏人从远古时代起就住在黄河以西和中国西域[25]。

现在人们普遍将印欧人的原始居地定在东欧草原。马劳瑞将这种理论称作印欧人研究的"传统智慧"。前面三种观点的争执实际上是因为标准的不同，主要是根据语言何时形成进行的论述。伦福儒、加姆克列利茨（T.V. Gamkrelidze）和伊凡诺夫（V.V. Ivanov）把这个过程追溯到新石器时代的农业社会，而大多数的学者认为语系成型的时间主要还是在青铜时代的畜农社会。

印欧人大约在公元前4千纪初发生了更大规模的迁徙，不同的学者对这些迁徙有不同的复原，操吐火罗语的人群迁徙也属于其中的重要组成部分。对这些操吐火罗语人群最初的原始居地也有不少推测，比如W.Krause认为在第聂伯河与乌拉尔河之间；Adams推测在喀尔巴阡山之北，易北河与德涅斯特河之间；Lane认为和Fatjanovo文化有关[26]。

关于吐火罗语在印欧语系中的位置以及受到的影响有很多研究成果。有学者用统计学方法推断吐火罗语最接近日耳曼语，其次为希腊语、印度语、斯拉夫语、拉丁语，可以归为印欧语系的西北语组[27]。吐火罗语语法的研究证明，早期使用吐火罗语的人群在迁徙时期，操吐火罗语人群的祖先在语言上既与小亚印欧语南部语组有联系（动词中性被动字尾-r），也与波罗的语言有联系。即早期吐火罗人曾先后和这两个语组的人群接触过。在新疆的时候，吐火罗语后期还受到伊朗语东支的影响，比如和田塞语、舒格南语。此外，非印欧语的影响在吐火罗语中也能看出，这些语言包括乌戈尔—芬兰语或北部、中部高加索语，另外还有汉藏语系的影响[28]。根据学者的推测，原始吐火罗人大约在公元前第4千纪分布在印欧人的东南，和北高加索的部落保持着联系。在接下来的阶段里他们的邻居是印度—伊朗人，原始希腊人和原始亚美尼亚人，并且已经接触到塞尔特语和意大利语的方言。另一方面，原始吐火罗人在仪式歌曲和舞蹈中使用一种特殊的韵文规则。当原始吐火罗人建立自己宗教的部落时，这些韵文就被保留下来了。居住在中欧和东欧的原始条顿语系的人、原始波罗的语系的人和斯拉夫语系的人也是他们的邻居。因此在原始吐火罗人迁徙到中亚草原的过程中，他们融合了芬兰—乌戈尔语，甚至东伊朗语的特性[29]。印度的达罗毗荼人可能也卷入其中[30]。从借词可以看出，吐火罗人很快接触到突厥系的人，并和正在兴起的中国文明有了关系[31]。

总之，对印欧语的研究表明，使用吐火罗语的人群在印欧语分化成东西两大支系之前就已经迁移，这些人群带着早期印欧语的特点离开原始居地，不断向东迁徙，虽然人群和语言等方面都会随时间和地点变化，但语言上证明其身份的早期印记一直保留。历史上最可靠的晚期时空坐标是公元5~9世纪的库车、焉耆和吐鲁番地区，而这个地区同时属于汉藏语系和阿尔泰语系的分布区，其西部直至小亚地区这个时期分布的全部是印欧人群分化之后，属于东支语言的人群。因此，以上语言学家关于吐火罗语及其使用人群来源的推测基本合情合理，这种逻辑关系很难推翻，除非否定整个语言学研究的成果。

二 考古学材料及方法研究吐火罗问题的可能性及策略

就像利用人类基因研究人类起源和迁徙一样，语言学的研究能指明一个方向，获得一个故事的梗概，但历史的细节如何，语言学并不擅长。根据语言学、体质人类学等学科的综合研究，这种语言最初可能在印欧语形成、分化为东西两个支系之前，由其中的一些操这种语言的、以原始欧洲人种（高加索人种）为主的人群，分一波或者几波从欧亚草原西部东迁带入到南西伯利亚和新疆一带。这种认识基于历史时期语言学的研究和对考古材料的分析，这个结论是建立在原始印欧人群操原始印欧语的假设之上的，如果这个假定是可靠的，就可以推导出印欧人的迁徙及其语言的扩散和分化。

语言和种族、民族虽然有直接的关系，但也有语言和种族、民族分离的情况。如果加上考古学文化，情况将非常复杂。人种、民族、语言和考古学文化之间是一种相对稳定的动态变化关系，四者之间并不能划连续等号。关于族群，语言文字和心理认同是鉴别族群最重要的依据，最明确的鉴别标准是他们自身的心理认同，但通过考古发现的遗存来确认相同的心理认同是比较困难的任务，因为很难确定哪些遗存是反映其真实心理认同的证据[32]。从近现代的民族学材料看，同一个民族在不同时段或者不同支系往往具有不同的服饰装扮、居址类型等特点。有鉴于此，所以本文（包括以前的所有研究）的探讨只是一种推断，相对准确的结论还需长期的努力。

人种、民族、语言和考古学文化四个因素在历史过程中的变动大致可以分为两种情况四种可能。

第一种情况是自身文化变迁发生的变化，一般是比较封闭的环境会发生这样的变迁。在这种情况下，文化面貌可能发生渐变或者剧变，但可以说这里的人群的心理认同没有太大的变化，文化发生的变化的原因基本是内在的，外来的影响很弱，语言可能也会发生变化，但其语言应当一脉相承。

第二种情况是外来文化影响。外来的文化最重要的影响途径一般是随着军事力量的入侵，其次是具有重要技术的人群的迁入，还有就是宗教的传入、商贸等原因。如果是外来文化影响，情况就会复杂很多，至少出现四种可能。

1）是二者并驾齐驱，这一般在比较宽容或者是和平的情况下出现的现象，这种情况下，不同人群的语言使用的范围还是有所不同，一般来说，外来语言只是在外来人群中使用，原有人群由于各种原因和目的，也会有一部分人能使用外来人群的语言。

2）可能是当地强势文化同化外来的强势军事力量，即所谓的征服者被被征服者所征服。

3）外来文化占优势统治地位，成为官方语言，原有语言、文化仍然在民间存在，这就要甄别其语言在实际使用中的不同范围。

4）可能是新来的文化完全取代原有文化，原有文化消失或边缘化，这就要考虑民族、语言的变化。

史前时期的考古材料因为没有文字材料，并不能证明语言的变动，通过分析考古材料，只能大致了解到古代人群和文化扩散、互动和迁徙的痕迹。人群迁徙在考古材料上的反映主要有四个标准。

1）出现一个新的考古学文化，在当地没有原型。

2）同时存在人骨特征的变动。

3）在迁徙发生之前，这个迁徙的文化在相邻的地区有演化发展的过程。

4）制造某种东西的新方法以及新的技术的引入，语言中核心词汇的引入也是比装饰风格重要的证据[33]。

根据这些初步总结的原理，具体运用到吐火罗人的问题，则可以从考古学文化的角度向早期追溯。汉唐西域有比较详细的文献资料可以参考，基本能了解吐火罗语流行地区社会的变动历史，因此可以作为考虑问题的基础。以汉唐时期的考古学材料为起点，参考汉文文献记载汉唐时期新疆地区古代社会的历史，查看这些地区社会历史及考古学文化变动的情况，是否有足以导致社会使用语言变更的事件，这个工作相对不难。汉唐时期的历史认识清楚后，由考古学材料相对清楚的汉晋时期再向前追溯早期铁器时代和青铜时代的考古学文化。特别是看这些地区的文化变迁主要是内部产生的还是外来文化影响引起。如果是外来影响的话，要考虑外来文化影响的深度和范围，是否会对原先社会语言的使用功能、范围产生影响。

就像挖掘一条时空的隧道，现在学术界对这个问题的研究是分别从相反的方向同时进行，一边是从欧亚大陆西部新石器时代至早期青铜时代的原始印欧人的源头开始寻找其流变，一边是从历史时期中亚（包括新疆）真正的吐火罗语文献开始溯源。如果尼雅、楼兰的不算，迄今可知的吐火罗语文献，大致早到公元5世纪。可以预见，当两个不同方向的研究胜利会师之时，就是关于晚期吐火罗语及其人群的来源、发展和变迁问题解答之时。新疆史前考古学文化的发现，相当于在两头对挖的隧道中部打了一口竖井，无疑会加快整个隧道全面沟通的进度。本文的目的就是利用现有的考古材料，在这条时空隧道的中部挖掘一段，试图442和已经有一定基础的两头连接起来。其中公元5~9世纪这一端比较明确，印欧人及其操吐火罗语人群最初的历史一端尚待进一步的深入研究。

三 从公元前第3千纪、第2千纪的考古研究成果看吐火罗问题

吐火罗问题属于印欧问题的一部分，关于吐火罗语及吐火罗人的来源问题，语言学是通过研究历史时期语言文字的材料拟构史前人群和语言的发展历史。如果要证明

语言学研究的推论，必须有考古资料的实物证据。否则，语言学关于这个问题的研究成果永远只能是一个逻辑推论出来的故事梗概。

1926年，考古学家柴尔德指出印欧人的原始居地是乌克兰黑海北岸草原地区[34]。德国学者金布塔斯（M.Gimbutas）20世纪50年代通过库尔干（Kurgan，意思是封堆墓）的分布探讨古印欧人的起源和扩散这个问题[35]。她在20世纪70~80年代完善了这个库尔干理论，认为库尔干是印欧文化的特征，印欧人起源于南俄草原铜石并用时代至早期青铜时代的石冢墓文化，这是目前所知年代最早的印欧人考古学文化，亦称"竖穴墓文化"，即颜那亚文化，时代约在公元前3600~前2200年[36]。

在研究这个问题的时候，有一个非常关键的考量因素，就是古代人类的骨骼和基因，因为在考古材料中，在距今10000年的历史里，变化最慢的就是人类的骨骼和基因，但随着迁徙等原因导致不同类型的人的混血，不同地区和时代的人类骨骼和基因确实有一些可以被检测的变化。这些既有一些变化但变化不大的人类骨骼和基因就是今天研究不同人类类型迁徙和融合的可靠资料。

从人类骨骼特征分析，新疆青铜时代人种以印欧人为主，包括三种类型：原始欧洲人类型（Proto-European）、帕米尔-费尔干纳型（Pamir-Fergana）和地中海类型（Mediterranean）[37]。原始欧洲类型是最早出现在欧亚草原东部的印欧人种，一般认为和使用吐火罗语的人群有关。在新疆，最初使用吐火罗语的人群被认为是具有原始欧洲人类型（高加索人种）特征的人，当然其他类型的人也可能学会使用他们的语言，因此，这不是一个绝对的标准，但主要是原始欧洲类型（高加索人种）的人。这也符合南西伯利亚和新疆的考古实际[38]。我们可以通过追踪这种类型的人骨来探索这群来自欧亚草原西部地区的人在新疆的历史，一定程度上也就了解了操吐火罗语人群的历史。

南西伯利亚最早的青铜文化是阿凡纳羡沃文化，这个文化的人群主要以原始欧洲类型为主。新疆较早时期，主要有阿勒泰、哈密和塔克拉玛干沙漠东部三个地区的人骨材料包含原始欧洲类型。从颅骨形态学数据上看，阿勒泰布尔津县阿勒帕布拉克墓地发现的2号人头骨分析，显示出原始印欧人的特点[39]。根据体质人类学家的研究，新疆罗布泊的部分古尸和原始印欧人有些相似，从颅骨形态学数据上看，罗布泊古代大部分人群属于人类种族中的原始欧洲类型（即高加索人种）。测量特征的比较说明，这些颅骨与南西伯利亚、哈萨克斯坦、伏尔加河草原和咸海沿岸地带分布的青铜时代居民的颅骨同属原始欧洲人种的古欧洲人类型[40]。哈密天山北路墓地发现的人骨中也有原始欧洲类型的成分，同时该人群虽已经形成了具有自身特点的、共性的体质特征，但人群内部也存在些许差异，尤其是在男性个体数据之中。该人群是由分别具有东、西方体质特征的祖先人群混杂融合而成，是处于当时大人种分布过渡地带的过渡人群[41]。这些材料是迄今所知欧亚大陆上时代最早、分布位置最靠东的古欧洲人类型。在这之后，高加索人种一直在新疆的文化中存在，另外在不同的时期，欧洲人种的其他类型也相继进入新疆。比如根据1353个来自塔里木盆地、哈萨克斯坦草原、中亚、南亚和印度河谷铜石并用时代和青铜时代的头骨测量数据的分析，公元前1200左右，有不少人从帕米尔高原和费尔干纳地区进入到新疆塔里木盆地[42]。

从考古发现的物质文化看，已经有学者推测阿凡纳羡沃文化是原始印欧人最初东迁南西伯利亚的一支，认为是历史时期吐火罗人和吐火罗文化的源头[43]。近来有学者认为顿河流域的瑞品文化和赫瓦宁斯克文化在颜那亚文化的形成过程中起到中心作用。瑞品文化中的一些人因为冲突于公元前3700~前3500年的时候越过乌拉尔河迁到哈萨克斯坦草原地区，之后到达阿尔泰地区，在叶尼塞河中游发展成阿凡纳羡沃文化，一直繁盛到约公元前2400年[44]。有学者建议塔里木盆地（特别是罗布泊地区）发现的一些高加索人种古尸可能是吐火罗人的祖先[45]。有的学者主张阿尔泰山至巴里坤草原之间的月氏人、天山南麓的龟兹人和焉耆人、吐鲁番盆地的车师人以及塔里木盆地东部的楼兰人都是吐火罗人。新疆阿尔泰山与天山之间的切木尔切克文化是最早迁入新疆的原始吐火罗人的考古学文化，而这个文化并不来源于阿凡纳羡沃文化，而是直接来源于欧亚草原西部地区的颜那亚文化。塔里木盆地楼兰地区的小河文化是切木尔切克文化南下发展的结果。新塔拉文化和尼雅北方青铜类型则是原始吐火罗文化和羌文化结合的产物[46]。

切木尔切克文化在天山北麓地区的存在有不少文物可以证明，比如博尔塔拉自治州温泉县查干哈日夏林场发现的石人、吉木萨尔县小西沟遗址附近发现的石人、奇台西坎孜发现的尖圜底刻划纹陶罐，另外还有木垒南闸等地发现的石人[47]。阿凡纳羡沃文化和新疆的切木尔切克文化在墓葬的结构方面有很大的不同。阿凡纳羡沃文化在新疆的影响，确有发现，切木尔切克Ⅲ号墓地M18以及哈巴河县白什土白19号古墓在墓葬形制上和阿凡纳羡沃文化都比较接近。阿勒泰布尔津县阿勒帕布拉克墓地墓葬出土的香炉和阿凡纳羡沃文化的非常接近，就是香炉外一侧有一个把手。因此，切木尔切克文化和阿凡纳羡沃文化的关系还值得今后继续关注，阿凡纳羡沃文化在俄罗斯阿尔泰共和国有一定的分布，这支文化向南传入新疆也有很大的可能性。不过，成熟的切木尔切克文化的确和阿凡纳羡沃文化有很大的区别，从墓葬材料看，切木尔切克文化可能主要受到奥库涅夫文化的影响[48]。

从哈密地区发现的天山北路文化中，可以看到北上的甘青地区马厂过渡类型和四坝文化与北疆南下的古代欧亚草原文化在哈密一带相遇，天山北路墓地中存在两组陶器，一组是欧亚草原系统的陶器，另一组是甘青地区北上的马厂过渡类型和四坝文化陶器，体质人类学的研究结果也反映天山北路文化是蒙古人种中的东北亚类型、欧罗巴人种类型两个不同人种文化的结合，蒙古人种与焉布拉克M组、五堡M151M组、甘肃境内的东灰山组、火烧沟组也较为接近[49]。铜器类型、材质和制作技术方面也有相似性，尤其与四坝文化晚期的干骨崖墓地更为接近[50]。

相对而言，小河文化最为复杂[51]。正如语言学研究显示的吐火罗语中的多种外来影响，实际上，使用这些语言的人群从他们离开最初的居地，就已经和一路上遇到的人群发生了混血。对小河墓地基因进行深入比较研究可知，Y染色体分析揭示只有印欧人单倍群R1a1a，而线粒体分析表明既有东方标志性的单倍群c，又有西方标志性单倍群h和k。结果说明印欧男人与东西方的妇女共同生活在约4千年前的塔里木盆地。新疆的古人类群体属于东亚人群（黄种人）和欧洲人群的混合体。东西方人类基因和文化的融合在新疆至少可上溯至4000年前[52]。小河墓地人骨和DNA分析结果表明，其早期人群是一个东西方混合的人群，并且东部欧亚谱系具有高频率低多态性的特点，可能与青铜时代早期的北亚人群有着密切的联系，到晚期，以欧洲成分为主体，同时南亚和东亚成分也逐渐增多[53]。

文化上也能反映这种融合，从小河文化发现的人骨和草篓装饰纹样看，小河文化明显受到安德罗诺沃文化的影响。历史时期楼兰流行的佉卢文中有印度—伊朗语的借词，显示操印度—伊朗语人群的文化影响[54]。这种影响可能是从小河文化时期就开始了。再比如小河墓地发现糜子做的食物。从最下层泥壳木棺的发现看，这个文化在早期非常崇拜女性，这和印欧文化男性为主的社会习俗是不吻合的，相反和甘青地区新石器时代文化传统相符。小河文化流行的仰身直肢葬令人费解，一般而言，早期印欧人为主代表的文化大多采取屈肢葬，特别是所谓的"颜那亚葬式"，及仰上身，下肢向上曲的葬式。小河文化人骨材料呈现原始欧洲人类型的特点，但在葬式上却没有采取屈肢葬，这和早期的切木尔切克文化、天山北路文化不同，也和晚期的苏贝希文化、察吾呼文化、群巴克文化和扎滚鲁克文化相异（表1）。显然，小河文化本身的来源及其受到的一些非印欧文化的强烈的影响还有待深究，有些影响可能来自相邻的青海和甘肃地区，有些可能来自西亚、南亚。塔里木盆地东部公元前1千纪考古学文化中的颜那亚葬式显然不会是从小河文化传承而来，其间过程一定非常复杂，还需要进一步的探索。

北疆早期主要是切木尔切克文化分布的地区，稍晚巴里坤山北麓为天山北路文化南湾类型所主导。其后在东天山北麓分布的四道沟下层文化是南湾类型融合安德罗诺沃文化和卡拉苏克文化等形成的新文化。新疆的南湾墓地以及甘青地区的卡约文化可能是联结其间传承环节的重要线索，这些遗存年代上可以和西方的赫梯、巴比伦相接，下可以和东方的商代晚期的发现衔接。比较值得关注的是鹿石文化的兴起，切木尔切克文化以及奥库涅夫文化的石人传统可能是鹿石出现的原因之一，制造这些鹿石的人群在时代以及文化上都是草原地区衔接青铜时代晚期至早期铁器时代的重要环节，其分布的范围恰恰和大月氏的活动地域相吻合，如果大月氏是使用吐火罗语的人群，那么探讨大月氏和使用鹿石的人群的关系，就让我们可以渐渐把历史时期的大月氏和最早的切木尔切克文化连接起来。不过，证明这些环节还需要今后新的发现和进一步的研究。

除了南俄草原，在探讨吐火罗人的问题时，欧亚草原南部的西亚非常值得注意。

有学者认为公元前3千纪晚期西亚发生的历史事件可能和吐火罗人有关系,波斯西部山地生活的古提人,可能是最初的吐火罗人。巴比伦统治者纳拉姆辛(Narâm-Sin)就是败在古提人之手,他们主宰整个巴比伦约达125年之久(公元前2228~前2104年)[55]。安纳托利亚地区被认为是古代印欧人最初的原始居地,这些人群随着农业扩散才迁到草原地区,发展成最早的原始印欧文化[56]。有学者尝试从文物的角度论证古提人的问题,譬如管銎战斧和短剑[57]。问题的关键是这些器物出现在中国北方的时间基本是商代晚期,和古提人统治两河流域时代差近800年,西亚发现的个别器物真正和中国北方相似的是巴比伦的。如果看赫梯的战斧,倒是有些相近,时代和东方的也不太远,所以问题还比较复杂,比如古提人本身的文化和人骨还没有找到;古提人出现的时间晚于南西伯利亚以及新疆具有原始欧洲人种(高加索人种)特征的文化的年代,比如阿凡纳羡沃文化,只是和切木尔切克文化其中的一段时间重合;退出两河流域的古提人下落就是其中最大的问题,新疆公元前2千纪的考古学文化中具有西亚特点的文物非常少见,如果古提人进入新疆,应当会发现非常明显的痕迹,但迄今还没有发现这样的证据[58]。2010年在鄂尔多斯举办的会议上,科瓦廖夫放弃了吐火罗人来自西亚的观点,坚持了自己的一个新观点。认为最初进入新疆的吐火罗人是创造切木尔切克文化的人群,这些人群在公元前3千纪的时候,从现在的法国中部迁徙而来[59]。

新疆发现的有些文化因素的确可能来自中亚或者更远的西亚地区,切木尔切克墓地发现的牛头柄石臼可能为这种说法提供一定的证据,时代相近、类似的器物在伊朗西部的苏萨遗址有发现。对牛的崇拜源远流长,牛代表太阳神和契约神密特拉。奥尔得克发现小河墓地时,旁边有一座小木屋,厚木板构成了小屋的墙和顶,屋顶上还盖了一张牛皮,木屋内墙则涂染成红色,屋内放置牛头。在小屋中部,奥尔得克曾挖出一口内盛女尸的棺木[60]。小河墓地发现的牛和两河流域、安纳托利亚地区和北高加索地区发现的牛非常相似。乌鲁木齐附近博格达山顶峰附近发现的动物岩画也值得注意,这些以牛为主的动物的身体采取两个三角形相对连接的方式表现,十分特殊,和苏萨遗址早期陶器上的动物纹饰相似。类似的形象还发现于呼图壁岩画、苇子沟岩画。这种样式的岩画说明天山东部地区与西部地区的联系[61]。不过,对牛的崇拜,在欧亚草原早就流行,因此,新疆发现的牛头柄石臼这些因素也可能是由西部草原传入的。西亚、中亚农耕文明和欧亚西部草原社会都有的器物和技术包括牛拉板轮车、权杖头、小麦、管銎武器和短剑等。有学者注意到四坝文化发现的一个装饰圆雕四羊头的青铜权杖头和西亚马里遗址出土的非常一致,不过欧亚草原西部洞室墓文化中也有类似的权杖头。这位学者关心的肉红石髓珠也反映了中国通过中亚地区和印度等地的关系[62]。我们注意到四坝文化发现的肉红石髓珠串饰和土库曼斯坦纳马兹加V时期的一致,也就是阿姆河文明和中国可能存在着文化的联系,类似的器物在高加索地区的迈科普文化中也有发现。中国发现的文物中与中亚类似的器物还有十字纹的装饰、某些铜器的造型以及古墓沟墓地出土的石质人偶等[63]。稍晚时期,新疆呼图壁康家石门子岩画的很多因素和伊朗古代文化的因素非常相似[64]。

从文物的角度看，公元前第1千纪早期，在新疆发现更多和西亚有关系的文物。主要是吐鲁番盆地和哈密盆地，比如箜篌、鍱雉样式等，这倒是和亨宁的观点相符合，他认为Guti语和Tukri语是早期吐火罗人的两个部落使用的语言，这些人向东迁到新疆后，对应的恰恰是后来的龟兹语和焉耆语。从现在的发现看，的确有这种可能，就是年代差距很大。此时距古提人消失在波斯西部山地已经过去1000多年了，除非我们找到其迁徙过程的线索，或者是在新疆地区悄悄生活了1000年的痕迹。有学者认为古提人可能融于后来的赫梯及亚述人中，这样的话，有可能这些人把西亚的这些文化因素带入吐鲁番。这样的观点倒是值得考虑，不过这些人是否操吐火罗语值得怀疑，如果操吐火罗语，是否能影响到当地的人群也不可知。而根据体质人类学的研究，吐鲁番创造苏贝希文化的人群本身就以原始欧洲人种（高加索人种）为主，因此，他们本来可能就是使用早期吐火罗语的人群。

总之，从考古发现看，虽然有零星的文化因素传入新疆，但尚未发现西亚地区大规模人群和文化进入新疆的迹象。吐火罗人源于古提人一说值得重视，但还需要考古证据的支持。

从这些研究看，学者对欧亚草原上发生的历史变迁的研究已经有了初步的眉目，而且在两个方向的研究上建立了初步的连接。从考古的角度看，新疆公元前3千纪末~前2千纪考古学文化的变动非常大，不断有周边文化进入，文化之间的互动非常激烈。总的来说主要是三支人群的互动。即早期迁入的原始欧洲人种的文化和晚期迁入印度—伊朗人种文化的碰撞，蒙古人种的文化也是参与互动的重要力量，但由于和本文讨论的主题联系不多，因此从略。

四 从公元前1千纪的考古学研究成果看吐火罗问题

历史时期存在使用吐火罗语线索的地区现在比较明确的是吐鲁番、焉耆、轮台、库车、拜城和罗布泊、若羌地区。如果大月氏也是吐火罗人的话，从大月氏活动的情况看，即使不算早期历史，天山北麓和伊犁地区都应当是其活动过的地方。这和"四 Tu γ ri之地"所指的四个王国基本相符[65]。新疆公元前1千纪分布在这些地区的文化主要有以下几支：天山以南主要是哈密盆地的焉不拉克文化、吐鲁番盆地的苏贝希文化、焉耆的察吾呼文化、库车/拜城的群巴克文化，塔里木盆地东南缘且末/若羌地区的扎滚鲁克文化。天山东段以北存在的文化可能有四道沟下层文化、三道海子文化、焉不拉克文化。这些文化的分布恰恰和后来吐火罗语分布的范围大致相当。其中群巴克文化大致对应吐火罗语B（又称为龟兹语）。察吾呼文化和苏贝希文化大致对应吐火罗语A（又称为"焉耆语"）。扎滚鲁克文化则和楼兰/鄯善地区较为接近。东天山以北地区也可能曾是吐火罗语流行的区域。从体质人类学研究的成果看，公元前1000年，新疆的人群类型较为多样，形态距离系数比较及聚类分析的结果也能显示新疆古代人种的复杂构成，比如阿凡纳羡沃组、安德罗诺沃组、古墓沟组、焉不拉克C组和洋海组可构成一个类型，属于古欧洲人类型。山普拉、包孜东、楼兰构成一个类型。昭苏独立构成另一个类型[66]。这和考古发现的文化变迁基本符合。

焉不拉克文化和天山北路文化有很密切的传承关系，天山北路文化同甘青地区辛店、卡约文化进一步融合的结果就是焉不拉克文化。哈密五堡墓地属于焉不拉克文化，1978年和1991年发现的人骨材料，经研究墓葬主人既有蒙古人种的成分，又有欧洲人种的成分[67]。其中焉不拉克C组属于古欧洲人类型。

1992年3～4月，新疆文物考古研究所发掘了鄯善苏贝希墓葬第1和第3号墓地[68]。对成年人颅骨研究后发现19例头骨（其中男性11例，女性8例）分为欧洲人种和蒙古人种两大类。苏贝希墓地人口中的欧洲人种成分，在体质上也并非同一类型，按更小一级种族特点又可以分三个形态组，其中I组比较接近原始欧洲人种的古欧洲人类型。这类头骨约占33.3%[69]。苏贝希文化代表性的材料——洋海墓地的人骨分析结果表明，古欧洲人类型占主体[70]。所以接近古欧洲人种的洋海组和苏贝希墓地I组是苏贝希文化早期的主体人群，也是晚期占主导地位的人群之一。从遗传基因的研究结果看，吐鲁番古代人群所接受的欧洲谱系的影响要比现代新疆及中亚群体的大一些。说明当时吐鲁番及中亚地区存在着欧洲和东亚群体的交叉，而当时欧洲谱系对遗传结构的影响与现在比较要大些。随着东亚群体向西迁徙的增加，欧洲谱系的影响出现弱化的趋势[71]。分子生物学的证据也显示，古墓沟组与洋海组、苏贝希组居民之间存在较为亲密的遗传学关系[72]。

无论是吐鲁番还是天山北麓东段地区，从迄今的考古发现看，深受焉不拉克文化的影响。从吐鲁番的考古发现看，每一期都有一个很大的变化，可能和外来文化的影响有关。最初可能有天山北路文化南湾类型和四道沟下层文化的因素传入，其中也有东部焉不拉克文化早期的人群进入吐鲁番。在公元前7～前6世纪时，文化面貌发生了很大的变化，主要是早期文化中很多有特点的陶器消失，这个变化可能是苏贝希文化不同类型之间势力消长发生的变化，另外焉不拉克文化再次的直接进入也不可忽视。

在公元前5～前4世纪时文化面貌出现了更大的变化，这个变化受外来文化影响很大，比如阿尔泰地区和西部天山的一些文化。但从一些线索看，这个冲击尽管很大，但并没有完全摧毁原有文化，而是很好地被吸收融合了。

天山以北早期的四道沟下层文化、三道海子文化、焉不拉克文化三者之间存在着互动关系。从考古发现可以看到三道海子文化沿天山向西的发展，四道沟下层文化在早一阶段有一个急剧扩张的现象，口沿戳孔的陶器、粟以及马鞍形石磨盘的传播是这个"畜牧—农耕文化"扩散的证据。从柴窝堡的发现看，四道沟下层文化晚期转变成一个游牧为主的文化，并和苏贝希文化在乌鲁木齐南部融合。约公元前6世纪时，苏贝希中期文化扩散到天山北麓东段地区，有的地区取代、有的地区融合了原来的文化，形成苏贝希文化四道沟上层类型。比如南湾类型经四道沟下层文化保留下来的双沿耳罐彩绘了苏贝希文化中期的纹饰，成为这个类型的典型陶器。在伊吾、巴里坤和哈密一带，表现为苏贝希文化同焉不拉克文化晚期遗存和黑沟梁墓地遗存共存互动的局面。

苏贝希文化大规模向北扩张，可以看作是原始欧洲人类型为主的人群再次在天山北麓占主导地位的事件。据最新的研究，这个地区正好是大月氏活动的区域之一[73]。因此，这些向北扩张的苏贝希文化即使不是大月氏，也同大月氏有密切的关系。向北扩张的苏贝希文化，比如四道沟上层类型，再加上东部的焉不拉克文化，这些人群构成了大月氏强盛的联盟基础。

关于大月氏，汉文献记载他们活动地域为"祁连、敦煌间"。焉耆至罗布泊一带，汉文史籍称为"敦薨"，这个敦薨和敦煌可能是同一个词[74]。"祁连"则指的是东天山地区[75]。实际上汉代开通丝路之前，对于西域的情况了解得并不是非常清楚，因此，对于大月氏的分布范围可能认识得不是特别清楚。作为战国秦汉时期一个强大的部落，大月氏如果光是控制东天山一带，是不足于如此强大的。本文的推测是，大月氏是中原西北部强大的游牧部落，强大到在中国战国秦汉时期的史书中留下痕迹，特别在匈奴单于冒顿兴起以前，为中国西北方向草原的霸主。历史上真正强大的游牧部落一定要控制蒙古草原，至少蒙古草原的一部分。新疆历史上真正强大的早期游牧王国就是乌孙，主要是因为其控制了伊犁河谷以及西部广阔的草原。大月氏西迁以前，伊犁为塞人控制，因此，新疆境内最好的草场并不是大月氏控制的区域。从历史上看，除了蒙古草原，其他地区尚未支撑过任何一个强大的游牧国家。本文认为战国时期图瓦、蒙古西部地区以及中蒙边境的阿尔泰山的考古学文化值得重视。这个时期蒙古中、东部分布着石板墓文化，这个文化有可能孕育了最初的匈奴[76]。阿尔泰山中、西部分布的是巴泽雷克文化，这个文化和大月氏关系密切，但可能是著名的格里芬人。其北部是著名的塔加尔文化的分布区——米努辛斯克盆地，可能和坚昆有关系。这三个文化之间恰恰可以分布一个大的文化，很可能就是大月氏人主导创造的文化。分布于这个地区的萨格利文化、乌兰固木文化（或称为"昌德曼文化"）等很可能是大月氏人不同部落遗留的考古学文化，萨格利文化中发现的以马为主题的动物风格艺术饰牌很突出，这和大月氏多马、崇拜双马神的记载相符。战国晚期能对新疆地区产生影响的主要游牧势力，主要是北部草原地区分布的这四支文化。匈奴的兴起和扩张把这几个早期的游牧王国的势力范围完全打散，因此匈奴才称为匈奴帝国，这和中原秦汉帝国的形成是同步的。

环东天山地区，包括焉耆，应当在大月氏比较直接的控制范围之内，巴里坤的确可能是大月氏活动的一个中心，但仅仅是一个举行某些活动的中心而已。这里属于战略要地、是非之地，大月氏的王庭和王族墓地不可能在这个区域，大月氏在这里活动的目的主要是为了控制新疆地区，比较类似后来匈奴在此的权力分配。公元前第1千纪墓葬直径超过70米的大墓，以及同时存在超过3～5座这样规模的墓葬，新疆范围内除了伊犁河谷乌孙时期的土墩墓，迄今尚未发现类似的墓地，这样的墓地只分布在图瓦、米努辛斯克、阿尔泰山和蒙古。因此，大月氏真正的政治中心可能还是在蒙古西北部或者图瓦地区。

学界一直希望在敦煌、祁连山地区找到月氏的踪迹，一度认为沙井文化是月氏的遗存，但甘青地区的体质人类学研究结果表明，这里迄今几乎没有印欧人种的发现[77]。根据永昌西岗柴湾岗墓地人骨的研究结果，沙井文化迄今发现的人骨和北亚蒙古人种有更多的关系[78]。本文认为沙井文化或可以看作是受大月氏控制的一个在河西走廊的部落。祁连山地区的游牧人群可能是所谓的小月氏[79]。这样就可以理解，当这部分人群撤回吐鲁番盆地时，并未对这里的文化，特别是统治阶层的文化造成冲击。所以吐鲁番古欧洲人种得以延续，与人种相联系的语言可能也得以保持下来。但是大量外来人群成为这个地区的新居民，造成民间语言相互的借词和取代，因此形成民间用语的复杂化。吐鲁番地区的人群和文化变动是非常巨大的，前述苏贝希文化中晚期之间发生文化的剧烈变动、汉代车师国被分解、车师国在前5世纪中叶最终灭亡，这些可能是焉耆语仅用于宗教和教育，并且丧失所有原始印欧语末尾元音的原因。

焉耆和吐鲁番互动密切，因此，焉耆盆地后来用于宗教和学校的语言和吐鲁番的一致。从体质人类学的研究结果看，焉耆地区和静县的察吾呼Ⅳ号墓地接近欧洲人种特点。从聚类分析看，Ⅳ号墓地组表现出与哈密焉不拉克、阿拉沟、孔雀河和天山—阿莱乌孙几组之间较密切的关系。从主成分分析的结果看，Ⅳ号墓地与哈密焉不拉克C组接近。考虑到长期封闭内婚制产生的"遗传漂变"的可能性，体质人类学家推测Ⅳ号墓地和焉不拉克C组可能源自属原始欧洲人类型的孔雀河类型[80]。总体而论，察吾呼墓地居民的体质人类学特征以原始欧洲人类型在新疆当地的变种为主[81]。因此，察吾呼文化和原始欧洲人类型关系密切。

焉耆盆地的察吾呼文化的来源和小河文化以及新塔拉文化有很密切的关系，察吾呼文化末期受到苏贝希文化阿拉沟类型的强烈影响，而且可能被这个文化类型所取代。巴仑台墓地的发掘可能为探讨这个变动提供了一定的线索，这些墓葬显示苏贝希文化进入到焉耆盆地北部的山谷地带[82]。汉代时期的察吾呼Ⅲ号墓地的文化面貌已经和早期的察吾呼文化完全不同，只有个别遗物还可以看出同察吾呼文化的关系。体质人类学的研究结果也证明这个巨变，察吾呼Ⅲ号墓地仍然保留许多与Ⅳ号墓地相同的欧洲人种的特征，但已经有些淡化[83]。其流行的竖穴偏室墓（墓室有在北的，也有在西的）可能说明伊犁和焉耆地区的影响加强了。汉代时，这里成为匈奴控制西域的中心，Ⅲ号墓地有明显的匈奴文化特点，因此，这个时期，匈奴显然已经对这个地区施加影响。据冒顿单于公元前174年致汉文帝刘恒书中说："故罚右贤王，使至西方求月氏击之。以天之福，吏卒良，马力强，以灭夷月氏，尽斩杀降下定之。楼兰、乌孙、呼揭及其旁二十六国皆已为匈奴，诸引弓之民并为一家，北州以定。"《汉书·西域传》记载："西域诸国大率土著,有城郭田畜,与匈奴、乌孙异俗,故皆役属匈奴。匈奴西边日逐王置僮仆都尉,使领西域,常居焉耆、危须、尉黎间,赋税诸国,取富给焉。"从此段文献的记载看,也能说明焉耆盆地是匈奴控制南疆的一个行政驻地之一。不过从迄今已有的发现看,匈奴可能没有对当地的语言产生非常大的影响。

就讨论吐火罗问题而言,最值得重视的是库车、拜城地区,这个区域迄今发现最早的青铜文化是克里雅河尾闾地区的北方墓地,应当属于小河文化,之后是尼雅北类型,或者说是新塔拉文化,之后为群巴克文化。从小河文化到新塔拉文化,实际上塔里木盆地受到安德罗诺沃文化共同体中若干支文化的强烈影响,另外还有很多其他方向来的文化影响[84]。小河文化如何能在接受了安德罗诺沃文化等的影响后却又在各方面保留坚持自己的传统,值得今后仔细研究。新塔拉文化之后应当就是群巴克文化,分布于库尔勒至温宿一带的群巴克文化与察吾呼文化有很多相似点。轮台群巴克墓葬有圆丘形沙砾封土,墓口上置棚盖木,且经火烧,显示了安德罗诺沃文化传统的影响。铁器和蜻蜓眼玻璃珠较普遍,这是新加入的文化影响。体质人类学的研究结果也能显示原有人群和新来人群之间的混合。群巴克墓地文化面貌和拜城县的克孜尔墓地、多岗墓地非常接近,属于同一个文化。通过研究显示,克孜尔墓地居民的种系特征归属于欧洲人种的一支——地中海类型[85]。对多岗墓地的研究表明,其人骨的体质特征更接近原始欧洲人类型,和焉不拉克C组、且末、察吾呼4号墓、古墓沟同为一个组群。相比古墓沟的原始欧洲人类型而言,有少许的变化[86]。据中国社会科学院考古研究所赵欣博士对多岗墓地部分人骨基因的分析结果显示,这些人群属于混合基因,既有西方人种的基因,也有东方人群的基因[87]。

从温宿县包孜东墓地发现的蚀花肉红石髓珠看,这个时期受到来自印度的文化影响。从库尔勒上户乡发掘的墓葬看,群巴克文化到汉代以前还仍然存在,但屈肢葬变成了直肢葬,随葬器物方面也有一些变化。晚期时带流器减少,双耳罐增多,夹砂灰陶占主导地位,出现仰身直肢葬,耳环也发生了变化。汉代时期发现的墓葬多为半地穴房屋式的刀把墓,可能来自扎滚鲁克文化的影响加强了。显然在公元前1千纪中期时,群巴克文化发生了比较大的变化[88]。

群巴克文化晚期,或者说群巴克文化之后,古代龟兹地区的考古发现不多,从考古材料上,现在还不能特别清晰地建构早期山地牧业社会如何发展成汉代时期的绿洲小国,其间是否还有强烈的外来影响,也是不知道的。古代龟兹地区是尖圜底陶器和缸形器为代表的两大文化支系面对面的区域,从上面的分析也可以看出文化的冲击和融合非常激烈,在这个过程中,这个地区的人群可能坚持了原有的语言传统。群巴克文化晚期可能自然发展成为汉代的龟兹国,汉代的龟兹国和晋唐时期的龟兹国并没有天翻地覆的变革。这可能是古代龟兹地区的吐火罗语能一直用于世俗的缘由。从晋唐时期克孜尔壁画上人物的体貌特征看,有的人为深目黑色人,这从一个侧面说明,古代龟兹地区人种来源的多样以及混合的程度之深,一旦人群的共同心理形成后,基因和体貌特征已经不是鉴别古代人类共同体的唯一标准[89]。

扎滚鲁克文化是在早期小河文化遗留下的文化遗产上，由苏贝希文化、察吾呼文化和群巴克文化共同作用形成的一个考古学文化。其文化面貌早晚变化不大，特别是刀把形的墓葬形制一脉相承，从楼兰的发现看，到汉晋时期还仍然保持。在贝加尔湖地区发现过这种类型的半地穴房屋，有学者认为是匈奴文化的特点[90]。这种墓葬可能是对类似半地穴房屋的模仿。实际上最早使用刀把墓的应当是扎滚鲁克文化。从克里雅河圆沙古城的发现看，扎滚鲁克文化在战国晚期和汉初还有很大的发展，至少文化影响扩展到塔里木盆地中部一带，比如和田地区洛浦县的山普拉墓地。另外从多岗墓地的刀把墓以及温宿包孜东墓地出土的折肩器看，扎滚鲁克文化还影响到天山南麓原来群巴克文化分布的区域，因此公元前1千纪后半期，扎滚鲁克文化在塔里木盆地中部和东部地区占据了主要的地位，秦汉时期塔里木盆地南缘的很多小国应当是在这个文化的基础上分化、发展起来的。加瓦艾日克墓地位于且末县加瓦艾日克，文化面貌和扎滚鲁克墓地相同，墓地分为早、晚两期，早期的年代相当于中原地区的春秋晚期—战国时期，晚期墓葬的年代相当于东汉时期。研究者对早期墓葬人骨的种族鉴定结果认为，其基本种系特征应属欧罗巴大人种，与周邻地区古代人骨相对比，与焉不拉克C组、察吾呼四号墓地人群具有较为一致的形态特点，同时与天山阿莱乌孙，孔雀河古墓沟及阿拉沟组都存在不同程度的接近[91]。

塔里木盆地南缘后来受到操印度伊朗语东支人群的强烈影响，最后以佉卢文拼写的犍陀罗语为语言文字的贵霜文化给予这个地区深刻的影响。所以其语言如其文化一样，比较复杂，但可以知道其文化最早的源头可能是古欧洲人种为主创造的小河文化、及其后的苏贝希文化和察吾呼文化。所以楼兰—鄯善文化中存在古欧洲人种的因素（比如语言）一点也不令人奇怪。扎滚鲁克文化受到一波波来自南亚和中亚地区的文化冲击，因此，其原始的人群和语言文化变动非常大，这从历史时期，这个地区流行的语言以及吐火罗语在犍陀罗语中的残存现象可以看得出来。《大唐西域记》卷十二记载：自于阗东境，"行四百余里，至觐货逻故国。国久空旷，城皆荒芜。从此东行六百余里，至折摩驮那故国，即且末地也"。且末国和于阗国之间早期分布的文化有一部分是扎滚鲁克文化，西汉时期应当是以尼雅遗址、安迪尔遗址为代表的一些小国，之后，这些小国被鄯善所并。《魏略·西戎传》记载："南道西行，且志国（且末国）、小宛国、精绝国、楼兰国皆并属鄯善也。"又《后汉书·西域传》载"小宛、精绝、戎卢、且末，为鄯善所并"，这应是东汉末年的事情。斯坦因认为安迪尔遗址可能就是觐货逻故国所在。有学者进一步认为这个地区汉代分布的小宛国应当就是玄奘所说的觐货逻故国[92]。这个地区也叫"婼羌"，婼羌国王号"去胡来王"，黄文弼认为"去胡来"是族名，与吐呼罗对音，也就是说婼羌国的统治者为吐火罗人。唐代时期，鄯善国已经人民散尽，无论"觐货逻故国"是上述哪个时期的国家，这个地区从扎滚鲁克文化时期开始，应当说已经有了一个基本的人群构成，就是采取"颜那亚葬式"的原始印欧人。遗憾的是，关于安迪尔遗址的考古工作很少，鄯善国的都城既不完全确定,也没有开展具有实质效果的考古工作,且末国的都城曾经现身,但又消失于沙海之中,尚未找到。因此,虽然从扎滚鲁克文化以及楼兰语言发现的线索看,这个地区一定有操吐火罗语人群的活动,但其在这个地区活动的历史细节尚未得到揭示。特别值得重视的是楼兰国是如何形成的,小河文化之后,这个地区不但环境恶化,人类社会也暂时从罗布泊地区撤出。扎滚鲁克文化现在主要集中发现于且末,在若羌地区发现不多,楼兰国是否由扎滚鲁克文化发展而成,还是另外有一个早期铁器时代的文化存在于若羌,还不得而知。今后可以开展相关的工作,探明这一过程。

以上种种论证说明,从切木尔切克文化开始,经过天山北路文化、小河文化、四道沟下层文化和新塔拉文化,再到焉不拉克文化、苏贝希文化、察吾呼文化、群巴克文化和扎滚鲁克文化,总体上说,属于一个文化系统,在这个发展过程中,虽然不断有东部蒙古人种的文化和西部新的印欧人种文化融合进来,但原始欧洲人类型一直在这些文化中占有重要地位。其中新塔拉文化的情况还不是太清楚,这一系文化可能在人种和文化的融合方面更为激烈,但在语言上可能保持住了东部原始欧洲人种的传统。从文化现象看,这个地区公元前1千纪考古学文化的变动主要还是同一文化系统下各个文化及类型彼此消长的结果,另外值得注意的是,焉不拉克文化、苏贝希文化、察吾呼文化、群巴克文化和扎滚鲁克文化这几支文化都流行过带流陶器,只不过察吾呼文化、群巴克文化和扎滚鲁克文化的带流器流行时间和范围比较突出。带流陶器出现的原因可能和加热、饮用流质的奶制品有关。非常值得注意的是,在公元前1千纪前半期结束时,这些地区的文化发生了一个大的变动,焉耆盆地的察吾呼文化出现封堆墓,随葬品也转变成以壶为主。壶成为主要的随葬品是这个时期大的趋势,塔里木盆地东部、吐哈盆地及天山北麓地区都有开始流行陶壶,彩陶突然减少,封堆墓盛行。不局限于新疆,阿尔泰山地区的文化也如此,比如巴泽雷克文化主要的陶器也是壶。伊犁地区早一个阶段就形成这样的器物组合,这可能是游牧化加深的表现,游牧社会渐渐舍弃煮盛粮食的陶容器,只使用盛放乳制品的壶、钵一类容器。

欧亚草原西部的人群和文化的确向东方传播,主要有以下几项能标示这种一波一波的迁徙和文化影响。就吐火罗问题而言,最有说服力的是原始欧洲人类型的人骨、Y染色体为单倍群R1a1a-M17、线粒体为单倍群h和k、颜那亚葬式、尚红。这四项为独有的因素,尖圜底陶器相对而言也可以作为追踪人群迁徙的要素,不过要具体分析,器形、纹饰、陶质和制作技术都要综合考虑,因为其他文化中也有类似的器物。人偶崇拜不是一个普遍的文化现象,而且早晚材质变化较大,也是需要具体分析(表1)。

综上所述,通过研究各支考古学文化的相互关系,基本可以复原不同时期其他文化对原始欧洲人种为主的文化冲击和融合的情况,这样大致能解释前面提到的吐火罗语中各种成分存在的现象。就公元前第2千纪而言,新疆地区以原始欧洲人类型(高加索人种)、Y染色体为单倍群R1a1a-M17、线粒体为单倍群h和k、颜那亚葬式、尚红和尖圜底陶器为主要特征的考古学文化和欧亚草原西部地区的类似文化有很大关系，同时也大致能和公元前第1千纪的各支文化衔接。以孔雀河下游古墓沟组和楼兰铁板河组为代表的古欧洲人类型，属于古欧洲人类型的居民，除古墓沟组、楼兰铁板河组以及索墩布拉克Ⅱ组之外，还应包括焉不拉克C组、苏贝希Ⅰ组和察吾呼四号墓地组、哈密五堡C组、哈密寒气沟组、洋海组以及且末加瓦艾日克组。焉不拉克C组、苏贝希Ⅰ组、哈密五堡C组较早期稍有变化，出现一些"现代型"特征[93]。

表1

考古学文化	原始欧洲人种类型（高加索人种）	Y染色体为单倍群R1a1a-M17, 线粒体为单倍群h和k	颜那亚葬式	尚红	尖圜底陶罐	人偶崇拜
颜那亚文化	√	√	√	尸体撒赤铁矿粉	√	√
阿凡纳羡沃文化	√	√	√	尸体撒赤铁矿粉	√	
奥库涅夫文化				石雕上涂红色		√
切木尔切克文化	√	未经检测	侧身屈肢	石棺有红色彩绘	√	√
天山北路文化	√	未经检测	侧身屈肢		√	
小河文化	√	√		红色毛线及木柱涂朱等	√草编篓	√
焉不拉克文化	√	未经检测	√	墓地选红土地带，红色毛线		√
苏贝希文化	√	混合基因		墓地选红土地带，红色毛线		√
察吾呼文化	√	混合基因、西部多			√	
群巴克文化	√含高加索人种特征	混合基因	侧身屈肢	头骨涂朱	√圜底器	
扎滚鲁克文化	√	混合基因、东部多	√	红色毛线	√圜底器	

就公元前第1千纪而言，以带流器为典型陶器的文化的起源和发展，在一定程度上，可能反映了早期以原始欧洲人类型为主的考古学文化在新疆变迁的情况。带流器在新疆的扩散可能反映了一定时期新疆中部地区操吐火罗语人群活动的过程。新疆公元前1千纪前半期的考古学文化基本没有大的变动，说明这个时期是各支文化在新疆扎根发展的时期，也是生活相对稳定的时期，同时也是文化交流互动的时期，因此研究这个时期新疆的考古学文化构成，是探讨吐火罗等人群形成的关键。公元前第1千纪后

半期，新疆史前文化无论是考古学文化面貌还是体质人类学特征都发生了很大的变化，欧洲人种的地中海东支类型和欧洲人种中亚两河类型代表的人群开始大规模进入新疆，欧洲人种的地中海东支类型始终是塔里木盆地南缘地区最主要的种族类型。欧洲人种中亚两河类型出现在伊犁河上游甚至更东部的天山地区，乌孙以此类型人为主，车师人中有一些。同时来自东部、北部的蒙古人种也更多地融入新疆的人群之中[94]。

研究操印欧语西支在新疆存在历史时，一定要注意操印度—伊朗语人群的活动。在研究吐火罗语的时候，要特别注意印度伊朗语，因为历史上操吐火罗语的人群接触最多的除了东边的蒙古人种及其语言外，就是这些操印度伊朗语东支的人群，由于同属印欧语和印欧人，所以两者之间的关系不管是紧张还是平和，都是非常密切的。

历史时期的文书证明，和田、巴楚和喀什地区主要流行塞语[95]。塞语归属于印度伊朗语东支。在巴楚发现的十几件塞语文献的语言与和田塞语有较大的区别，学者们称之为巴楚塞语（或图木舒克塞语）。有的学者称为"疏勒语"[96]，有的学者建议称之为"据史德语"[97]。此外还应指出，巴楚塞语虽在语言上属于塞语，但在文化方面（如文字、宗教等方面）则属于北部的龟兹文化圈。另外，从唐代玄奘的《大唐西域记》、慧琳的《一切经音义》和11世纪马赫木德·喀什噶里的《突厥语大字典》等书所透露出的信息来看，当时喀什地区居民所使用的语言也为一种塞语[98]。

五 总 结

通过考古发掘的文字以外的材料来论证吐火罗问题，我们首先必须承认语言学家们关于印欧语系起源、分化历史的研究是对的，特别要相信，吐火罗语属于印欧语的西支，在印欧语分化出印度—伊朗语系之前就从原始印欧语中分离出来，通过人群迁徙被带到遥远的东方中国。其次我们要相信体质人类学家和基因学家对人类骨骼和基因的研究成果，特别是对印欧人种的分类，最重要的是原始欧洲人类型以及相关基因的确认。相信了这两个学科的研究成果，就可以利用葬俗、随葬器物、居址等考古学最重要的要素来研究吐火罗问题。因为我们探索的历史至少有5千年，人类的文化遗存变化很快，人类骨骼和基因是研究历程中一个稳定的锚，如果没有这个基点，考古学的探索将难以完成。在所有材料中，最可靠的锚就是迄今存在的、新疆库车、焉耆和吐鲁番一带，至少从公元5世纪使用到公元9世纪的吐火罗语文书。这些文书既是问题的起点，也是解决问题的基点。

通过梳理新疆的考古材料，可以发现，在公元前第2千纪早期时，以原始欧洲人类型（高加索人种）为主的考古学文化分布于整个北疆、东疆和南疆的东部地区。安德罗诺沃文化共同体兴起以后，不断向东渗透，不断冲击东部原始印欧人群为主的文化，环准噶尔盆地的西部地区成为混合文化区，这里的文化主要为切木尔切克文化和安德罗诺沃文化的混合体，以俄罗斯学者的观点看，别尕兹-丹迪巴耶夫文化是其代表,文化遗存除了哈萨克斯坦发现的外,新疆的库希类型和近年阿敦乔鲁的发现均属于这个文化,其社会中有大量和明显的蒙古人种成分。有学者认为此时有一波从东向西的蒙古人种人群的扩散,可能与这个文化的扩张有关[99]。伊犁河流域主要被安德罗诺沃文化控制,并发展成一个以圈足缸为特征的地方类型或者是地域文化。安德罗诺沃文化有的通过天山进入焉耆盆地,有的通过喀什地区进入塔里木盆地,塔什库尔干以及塔里木盆地克里雅河以西地区也是以安德罗诺沃文化分支文化为主的区域,并将其文化的影响一直扩散到焉耆、罗布泊地区。

体质人类学和语言学研究表明,新疆北疆以哈巴河县、阿勒泰市与乌鲁木齐之间的南北连线为界,南疆以库车县、拜城县与且末县的南北连线为界,东部地区在青铜时代多以原始印欧人种为主,历史时期使用的语言属于印欧语西支的吐火罗语。西部地区在青铜时代和早期铁器时代发现的人骨多为地中海类型和帕米尔—费尔干纳类型,历史时期使用的语言多为印度—伊朗语。在青铜时代和早期铁器时代蒙古人种的比例从哈密开始向西逐渐减少[100]。阿勒泰—乌鲁木齐—拜城—库车—且末一线以东的古欧洲人类型为主的人群涵化了这个冲击,吸取了印度—伊朗人群的文化成果生存下来,可能只有克里雅河上中游流域地区是在这场文化碰撞中失去的控制区域。这些渗入的安德罗诺沃文化和当地原来的文化碰撞融合,比如小河文化受到影响,尼雅北类型、新塔拉文化则是这种文化融合的结果。现在看,安德罗诺沃文化的影响主要存在西天山地区,公元前3世纪以前,环东天山地区基本还是保持了原始欧洲人类型(高加索人种)和蒙古人种为主的局面。之后,天山北麓东段地区则在同匈奴和乌孙的冲突中受到强烈冲击,汉匈对这个地区的争夺导致吐鲁番和焉耆地区原来的人群各个方面的变化。总的来说,汉代以前,各个地区都受到异质文化的冲击,其中西部主要受到安德罗诺沃文化以及中亚、西亚绿洲文明的影响,塔里木盆地南缘受到羌文化以及印度次大陆越过兴都库什山过来的文化冲击,东部地区主要受到河西文化、匈奴文化的冲击。从公元5~9世纪吐火罗语流行的情况看,库车、焉耆和吐鲁番地区似乎都在这种人群和文化的冲击中保持住了自己远古的一些文化特质,主要是语言。

正如我们在前面论述的,一种语言在社会中的使用范围一定程度反映了这种语言在历史中受冲击的程度。三个地区比较,吐鲁番受到冲击是最大的,汉朝和匈奴在这个地区激烈的拉锯战,最后导致公元5世纪中车师国的最终灭亡。焉耆相对而言,受到的冲击最小,不过来自伊犁和塔里木盆地西部的各支安德罗诺沃文化以及后来的塞人文化对这个地区也有很多的影响。最有意思是龟兹地区,从历史时期吐火罗语使用的状况看,吐火罗语在整个社会阶层都在使用,龟兹地区受到的冲击是最小的[101]。但实际上,整个公元前第2千纪,这个地区处于原始欧洲人和印度—伊朗人直接面对面接触的区域,从小河文化以及群巴克文化研究的结果看,应当说,原始欧洲人为主的文化虽然一定程度上保持住了自己的传统,特别是语言,甚至可能使融入这个地区的印度-伊朗人等其他人种的人群接受了吐火罗语,但其本身也融入了非常多的印度—伊朗人的文化因素，包括基因。不过，进入公元前第1千纪以后，特别是形成龟兹国以后，这个地区的确受到的外来冲击是最小的。

总之，吐火罗问题是由语言学家开始注意并研究的学术课题，由于有公元5～9世纪吐火罗语文书的存在，关于这种语言及其使用者的来源的探索就是一个学术硬任务。经过一个世纪的研究，特别是后来考古学家、体质人类学家、基因学家等各学科专家的参与，人们对这个问题已经有了比较深入的认识，语言学、考古学、体质人类学、纺织品学[102]、文献资料和植物考古学的研究大致可以相互印证这些推测[103]。但已经获得的认识大多也只是推论，包括本文的所有讨论，还需要更多时间、新材料和新方法的追究和验证，在这个过程中，肯定还会有新的发现和推论。所以，对于这种涉及石器时代到历史时期、西方到东方的复杂问题，我们应当采取谨慎的态度，避免把推论当成定论。唯有此，才能慢慢接近历史的真实。

后记：本文原为2005年6月答辩通过的博士论文《新疆天山地区公元前第1千纪的考古学文化研究》的一部分，论文经大幅修改后以专著《新疆史前晚期社会的考古学研究》出版时，感觉这一部分所涉及的问题较为复杂，因此单独从博士论文中抽出，继续修改完善。经过修改后，觉得论文能与学界交流了，以达到抛砖引玉的目的。论文初稿曾请吐火罗语专家庆昭蓉博士审阅，提出了非常好的修改意见，于此谨致谢忱！

注　释

[1] a. 林梅村：《汉代精绝国与尼雅遗址》，《文物》1996年第12期。

b. 林梅村：《尼雅汉简与汉文化在西域的初传——兼论悬泉汉简中的相关史料》，《中国学术》第六辑，商务印书馆，2001年。

[2] 林梅村：《西域文明——考古、语言、民族和宗教新论》第60～61页，东方出版社，1995年。

[3] F.W.K. Müller, "Beitrag zur genaueren Bestimmung der unbekannten Sprachen Mittelasiens", Sitzungsberichte der königlich preussischen Akademie der Wissenschaften zu Berlin.Phil.-hist. Klasse, 1907.

[4] Sieg, E. and W. Siegling., "Tocharisch, Die Sprache der Indoskythen", Sitzungsberichte der königlich preussischen Akademie der Wissenschaften zu Berlin.Phil.-hist. Klasse, 1908, pp. 915-932.

[5] H.W.Bailey, "Ttaugara", Bulletin of the School of Oriental and African Studies, 8, 1936, pp. 883-921. Brough, 1965, 1970.

[6] Burrow, T., "Tocharian Elements in Kharosthi Documents from Chinese Turkestan", Journal of the Royal Asiatic Society, 1935, pp. 667-675.

[7] 林梅村：《西域文明——考古、语言、民族和宗教新论》第49～50页，东方出版社，1995年。

[8] a. 余太山：《大夏和大月氏综考》，《中亚学刊》第3辑，中华书局，1990年。

b. 林梅村：《祁连与昆仑》，《敦煌研究》1994年第4期。

c. 林梅村：《吐火罗人与龙部落》，《西域研究》1997年第1期。

d. 林梅村：《汉唐西域与中国文明》，文物出版社，1998年。

［9］ a. http://www.dfdaily.com/html/1170/2013/9/15/1071919.shtml，2013-09-08 10:10。

b. 徐文堪：《维也纳归来谈吐火罗学》，《东方早报》2013年9月8日。

［10］ 耿世民、张广达：《唆里迷考》，《历史研究》1980年第2期。著者在研究"唆里迷"一词时，介绍了学者们关于"吐火罗"一词的争论。

［11］ 2013年4月13日至14日，中国人民大学国学院西域历史语言研究所举办了"吐火罗问题"学术座谈会，北京大学历史系荣新江教授提出此观点。

［12］ Hiebert, F. T., Origins of the Bronze Age oasis civilization in Central Asia, Cambridge, MA, Peabody Museum of Archaeology and Ethnology, Harvard University, 1994.

［13］ 王治来：《中亚通史》古代卷上第46~118页，新疆人民出版社，2004年。

［14］ Abdullaev, Kazim, Nomad migration in Central Asia. After Alexander Central Asia before Islam, Proceedings of the British Academy 133, London, 2007, pp. 73-98.

［15］ 建立贵霜帝国的统治阶级到底是西迁的大月氏人，还是巴克特利亚当地原来的人群，在学术界还有争议。

［16］ a. 王博：《新疆考古出土手制黑衣陶器初探》，《西域研究》2002年第3期。

b. 林梅村：《汉代西域艺术中的希腊文化因素》，《九州学林》第1卷第2期，复旦大学出版社，2003年。

c. 郭物：《新疆洛浦县山普拉墓地中的祆教因素》，《丝绸之路古国钱币暨丝路文化国际学术研讨会论文集》，上海书画出版社，2011年。

［17］ 王樾：《唐代西域与吐火罗》，《考古学视野下的城市、工艺传统与中外文化交流——刘庆柱先生七十华诞祝寿论文集》，科学出版社，2013年。

［18］ a. 耿世民：《试论塔里木盆地民族的融合和近代维吾尔族的形成》，《耿世民新疆文史论集》，中央民族大学出版社，2001年。

b. 杨富学：《吐火罗与回鹘文化》，《龟兹学研究》第二辑，新疆大学出版社，2007年。

［19］ 徐文堪：《关于W.B.亨宁及吐火罗人起源问题的研究》，《西北民族研究》1992年第2期，收入《吐火罗人起源研究》第254~264页，昆仑出版社，2005年。

［20］ Gamkrelidze, T. V. & V. V. Ivanov, Indo-European and the Indo-Europeans: A Reconstruction and Historical Typological Analysis of a Protolanguage and Proto-Culture. Parts I and II. Thomas V. Gamkrelidze and Vjacheslav V. Ivanov. Tbilisi State University, 1984. Gamkrelidze, T. V. & V. V. Ivanov, Indo-European language and Indoeuropeans (vols. I-II). Berlin / New York, 1994-1995.

［21］ Renfrew, Colin., Archaeology and Language: The Puzzle of Indo-European Origins, London." The Indo-European Problem and the Exploitation of the Eurasian Steppes: Questions of Time Depth", Complex Societies of Central Eurasia from the 3rd to the 1st Millennium BC: Regional specifics in light of global models, vol.1, 3-17, Journal of Indo-European Studies Monograph Series Nos. 45, 46, Institue for the Study of Man, Washington D.C., 1987.

[22] Russell D. Gray and Quentin D. Atkinson, "Language-tree divergence times support the Anatolian theory of Indo-European origin", Nature, vol. 426 (27 November 2003, pp. 435-439.

[23] Václav Blažek, "On the internal classification of Indo-European languages: survey", Linguistica online (November 2005).

[24] Mallory, J. P., In Search of the Indo-European: Language, Archaeology and Myth, London: Thames and Hudson.

[25] A.K.Narain, On the "First Indo-Europeans. The Tokharian-Yuezhi and Their Chinese Homeland", Inner Asia, No.2, Bloomington, IN, 1987; "Indo-Europeans in Inner Asia", The Cambridge History of Early Inner Asia, ed. Denis Sinor, Cambridge, 1990.

[26] 徐文堪：《关于吐火罗人的起源和迁徙问题》，《吐火罗人起源研究》，昆仑出版社，2005年。

[27] D. Q. Adams, "The Position of Tocharian among the other Indo-European Languages", Journal of the American Oriental Society, 104, 3, 1984.

[28] a. 此为克劳兹的观点。关于吐火罗语的发现、命名、在印欧语中的地位以及非印欧语成分的综述，可参看耿世民对德国学者克劳兹（W.Krause）论文的整理。

b. 耿世民：《吐火罗语（古代焉耆、库车语）》，《新疆文物》2003年第3、第4期。

[29] K.Menges, Uralisches im Tocharischen, Ural-Altaische Jahrbücher BD 39, 1967. V.V.Ivanov, Tocharian and Ugrian, Studia Linguistica Diachronica et Synchronica, Winter-Festschrift, Berlin, New York, Amsterdam, 1985. Ivanov, V.V. Ivanov, Tokhary (Tocharians).- In: Vostochnyj Turkestan v drevnosti (Eastern Turkestan in the antiquity), Moscow, 1992, 10-13 (in Russian).

[30] K. Menges, Altajisch und Drāvidisch, Orbis, 13, 1964. C.A. Winter, The Dravidian and Manding substratum in Tokharian, Central Asiatic Journal, 32, 1988. Jettmar, 1998, pp. 215-217.

[31] V.V. Ivanov, Tokhary (Tocharians).- In: Vostochnyj Turkestan v drevnosti (Eastern Turkestan in the antiquity), Moscow, 1992, 15.

[32] a. 王明珂：《华夏边缘——历史记忆与族群认同》，社会科学文献出版社，2006年。

b. 王明珂：《羌在汉藏之间：一个华夏边缘的历史人类学研究》，中华书局，2008年。

[33] a. 前三点为Emile Haury在20世纪50年代提出，第四点是Anthony, David W.的认识，均见Anthony, David W. The horse, the wheel, and language : how Bronze-Age riders from the Eurasian steppes shaped the modern world, p.111, Princeton, N.J. : Princeton University Press,

2007.

b. 陈健文：《语言与民族起源及迁徙的关系》，《国教之友》582（1），2006年。

[34] V. Gordon Childe, The Aryans, New York, 1926.

[35] Gimbutas, M., On the origin of north Indo-Europeans. American Anthropologist 54（4）, 1952, pp. 602-611.

[36] a. Gimbutas, M., 1970. Proto-Indo-European culture: the Kurgan culture during the 5th -3rd millennia BC, in Indo-European and Indo-Europeans, eds. G. Cardona, H.M, pp. 155-198.

b. Gimbutas, M., "The Beginning of the Bronze Age in Europe and the Indo-Europeans 3500-2500 BC," JIES 1, 1973, pp. 163-214; M. Gimbutas, "The Kurgan Wave2（c. 3400-3200 BC）into Europe and the Following Transformation of Culture," JIES 8, 1980, pp. 273-315.

[37] a. 韩康信：《新疆古代居民种系人类学的初步研究》，《新疆社会科学》1985年第6期。

b. 韩康信：《丝绸之路古代居民种族人类学研究》，新疆人民出版社，1994年。

c. Han Kangxin: The Physical Anthropology of the Ancient Populations of the Tarim Basin and Surrounding Areas, pp.558-570, In The Bronze Age and Early Iron Age Peoples of Eastern Central Asia, ed by V.H, Mair, 1998.

[38] 徐文堪：《新疆古尸的新发现与吐火罗人起源之谜》，《吐火罗人起源研究》，昆仑出版社，2005年。

[39] 王博、乌东军、郑颉：《阿勒泰古墓出土人颅的种族人类学研究》，《新疆文物》2005年4期。

[40] 韩康信：《新疆孔雀河古墓沟墓地人骨研究》，《考古学报》1986年第3期。

[41] a. 王博、常喜恩、崔静：《天山北路古墓出土人颅的种族研究》，《新疆师范大学学报（哲学社会科学版）》2003年第1期。

b. 魏东、赵永生、常喜恩、朱泓：《哈密天山北路墓地出土颅骨的测量性状》，《人类学学报》2012年第4期。

[42] Hemphill B.E., and Mallory, J.P., "Horse-mounted invaders from the Russo-Kazakh steppe or agricultural colonists from western Central Asia? A Craniometrical Investigation of the Bronze Age Settlement of Xinjiang", American Journal of Physical Anthropology, 124（3）, 199-222, 2003.

[43] Mallory, J. P., In Search of the Indo-European: Language, Archaeology and Myth, London: Thames and Hudson, 1989, pp. 262.

[44] Anthony, David W. The horse, the wheel, and language: how Bronze-Age riders from the Eurasian steppes shaped the modern world, Princeton, N.J.: Princeton University Press, 2007, pp. 307-311.

[45] a. 徐文堪：《关于吐火罗问题研究的过去、现在和未来》（摘要），中国中亚文化研究协会会议论文，苏州，1986年。

b. 林梅村：《开拓丝绸之路的先驱——吐火罗人》，《文物》1989年第1期。

c. Mallory, J. P. & Mair, V. H., The Tarim Mummies: Ancient China and the Mystery of the Earliest Peoples from the West. London: Thames & Hudson, 2000.

[46] 林梅村：《吐火罗人的起源与迁徙》第9～32页，《西域研究》2003年第3期。

[47] 祁小山、王博：《丝绸之路·新疆古代文化》第193页插图第9，新疆人民出版社，2008年。

[48] a. 陈光祖：《新疆金属时代》，《新疆文物》1995年第1期。

b. Peter Wei Ming Jia and Alison V. G. Betts.2010. A re-analysis of the Qiemu'erqieke (Shamirshak) cemeteries, Xinjiang, China. The Journal of Indo-European Studies, Volume 38, Number 3 & 4, Fall/Winter.

c. 郭物：《新疆史前晚期社会的考古学研究》，上海古籍出版社，2012年。

[49] a. 王博、常喜恩、崔静：《天山北路古墓出土人颅的种族研究》，《新疆师范大学学报》（哲学社会科学版）2003年第24卷。

b. 李水城：《从考古发现看公元前二千年东西文化的碰撞和交流》，《新疆文物》1999年第1期。

c. 李水城：《从考古发现看公元前二千纪东西方文化的碰撞与交流》，《文化的馈赠——汉学研究国际会议论文集》考古卷，北京大学出版社，2000年。

d. Shuicheng Li, "The interaction between northwest China and central Asia during the second millennium BC: an archaeological perspective", In Katie Boyle, Colin Renfrew & Marsha Levine Edited, Ancient interactions: east and west in Eurasia, McDonald Institute for Archaeological Research, 2002, pp.171-182.

e. 林梅村：《吐火罗人的起源与迁徙》，《新疆文物》2002年第3、第4期。

f. 林梅村：《吐火罗人的起源与迁徙》，《西域研究》2003年第3期。

[50] 潜伟：《新疆哈密地区史前时期铜器及其与邻近地区文化的关系》，知识产权出版社，2006年。

[51] a. 新疆文物考古研究所：《2002年小河墓地考古调查与发掘报告》，《新疆文物》2003年第2期。

b. 新疆文物考古研究所：《2003年罗布泊小河墓地发掘简报》，《新疆文物》2007年第1期。

c. 王炳华：《古墓沟》，新疆人民出版社，2014年。

[52] Chunxiang Li et al: Evidence that a West-East admixed population lived in the Tarim Basin as early as the early Bronze Age, BMC Biology, 2010.

[53] a. 李春香：《小河墓地古代生物遗骸的分子遗传学研究》，吉林大学博士论文，2010年。

b. 安尼瓦·哈斯木：《多学科合作研究结硕果——小河墓地环境及动植物合作研究交流会纪要》，《新疆文物》2010年2期。

[54] Burrow, T., "Iranian Words on the Kharosthi Documents from Chinese Turkestan", Bulletin of the School of Oriental Studies, VII, 1934-1935.

[55] Henning, W. B., "The First Indo-Europeans in History," in G. l. Ulmen, ed., Society and

History: Essays in Honor of Karl August Wittfogel, The Hague, 1978, pp. 215-30.汉译文见《西北民族研究》1992年第2期,第23~24页。

[56] Colin Renfrew, Archaeology and Language: The Puzzle of Indo-European Origins. Cambridge University Press, 1987. Gamkrelidze, T. V. & V. V. Ivanov, Indo-European language and Indoeuropeans (vols. I-II). Berlin / New York, 1994-1995.

[57] A. A. Kovalev, "The ancient migration from Zagros to China and the problem of the origin of the Tokhars", Археолог: детектив и мыслитель, Издательство Санкт-петерьургского Университета, 2004, pp. 249-292.

[58] 徐文堪:《吐火罗人起源研究》第39~40页,昆仑出版社,2005年。

[59] Alexxei Kovalev, Die ältesten Stelen am Ertix:Das Kulturphänomen Xemirxek, Eurasia Antiqua, pp.135-178, 1999/5.

[60] 王炳华:《"小河"考察断想》,《西域研究》2001年第2期。

[61] 郭物:《通过天山的沟通:从岩画看吉尔吉斯斯坦和中国新疆在早期青铜时代的文化联系》,《西域研究》2011年第3期。

[62] Jessica Rawson, "Carnelian beads, animal figures and exotic vessels: traces of contact between the Chinese States and Inner Asia, ca.1000-650 BC", Bridging Eurasia, Verlag Philipp von Zabern·Mainz, 2010, pp. 1-36.

[63] Guo, Wu., "Contacts of Southern Regions of Central Asia and North-Western China from the End of the Third Millennium BC to the Early of the Second Millennium BC", Modern solutions of actual problems of the Eurasian archeology, Barnaul, 2013.

[64] Guo, Wu., "From western Asia to the Tianshan Mountains: on the early iron artifacts found in Xinjiang", J. Mei and Th. Rehren (eds), Metallurgy and Civilization: Eurasia and Beyond Archetype, London, 2009, pp.107-115.

[65] a. Henning, W. B., "The First Indo-Europeans in History" in G. l. Ulmen, eds., Society and History: Essays in Honor of Karl August Wittfogel, The Hague, 1978, pp. 215-230.
b. 徐文堪:《吐火罗人起源研究》第392页,昆仑出版社,2005年。

[66] 邵兴周、王博:《吐鲁番盆地古墓人颅的种系研究——洋海古墓》,《新疆文物》1991年第3期。

[67] 王博、崔静:《新疆哈密五堡古墓M151、M152出土颅骨种族人类学研究》,《新疆文物》1995年1期。

[68] a. 新疆文物考古研究所:《鄯善苏贝希一号墓地发掘简报》,《新疆文物》1993年第4期。
b. 新疆文物考古研究所、吐鲁番地区博物馆:《鄯善县苏贝希墓群三号墓地》,《新疆文物》1994年第2期。
c. 新疆文物考古研究所、吐鲁番地区文管所:《鄯善苏贝希遗址和墓地发掘简报》,《考古》2002年第6期。

[69] a. 陈靓：《鄯善苏贝希墓葬人骨研究》，《新疆文物》1998年第4期。

b. 陈靓：《鄯善苏贝希青铜时代墓葬人骨的研究》，《青果集》，知识出版社，1998年。

[70] 邵兴周、王博：《吐鲁番盆地古墓人颅的种系研究——洋海古墓》，《新疆文物》1991年第3期。

[71] a. 崔银秋、周慧：《新疆古代居民线粒体DNA研究——吐鲁番与罗布泊》第109页，吉林大学出版社，2003年。

b. 崔银秋、周慧：《从MtDNA研究角度看新疆地区古代居民遗传结构的变化》，《中央民族大学学报》（哲学社会科学版）2004年第5期。

[72] 段然慧：《新疆克里雅河下游古今人群遗传结构的研究》，吉林大学博士论文，2003年。

[73] 林梅村：《大月氏人的原始居地——兼论西域三十六国之形成》，《西域研究》2013年第2期。

[74] a. 王宗纬：《"敦煌"释名——兼论中国吐火罗人》，《新疆社会科学》1987年第1期。

b. 王宗纬：《秦汉之际河西地区的民族及其分布》，《兰州大学学报》1985年第3期。

[75] a. 林梅村：《祁连与昆仑》，《敦煌研究》1994年第4期。

b. "Qilian and Kunlun: The Earliest Tokharian Loan—Words in Ancient Chinese," in Victor H. Mair (eds.), The Bronze Age and Early Iron Age People of Eastern Central Asia, vol.1 (Washington: Institute for the Study of Man Inc., 1998), pp. 476-482.

[76] 乌恩岳斯图：《北方草原考古学文化比较研究——青铜时代至早期匈奴时期》第343～350页，科学出版社，2008年。从文献上梳理也能证明，战国时期的匈奴主要活动于长城之北、大兴安岭以西的蒙古高原。参见余太山：《匈奴的崛起》，《欧亚学刊》第五辑，2005年。

[77] a. 郑晓瑛：《西北地区古代居民人种成份研究》，《考古与研究》1995年第3期。

b. 韩康信：《永昌西岗柴湾岗墓地》，文物出版社，2001年。

[78] 甘肃省文物考古研究所：《永昌西岗柴湾岗——沙井文化墓葬发掘报告》第244页，甘肃人民出版社，2001年。

[79] 余太山：《大夏和大月氏综考》，《中亚学刊》第3辑，中华书局，1990年。

[80] 新疆文物考古研究所：《新疆察吾呼大型氏族墓地发掘报告》，东方出版社，1999年。

[81] 韩康信、张君、赵凌霞：《察吾呼三号、四号墓地人骨的体质人类学研究》，《新疆察吾呼大型氏族墓地发掘报告》，东方出版社，1999年。

[82] 新疆维吾尔自治区文物事业管理局、新疆维吾尔自治区文物考古研究所、新疆维吾尔自治区博物馆、新疆新天国际经济技术合作有限公司：《新疆文物古迹大观》第177页，新疆美术摄影出版社，1999年。

[83] 新疆文物考古研究所：《新疆察吾呼大型氏族墓地发掘报告》第331～334页，东方出版社，1999年。

［84］ 郭物：《新疆史前晚期社会的考古学研究》第263～266页、第318～329页，上海古籍出版社，2012年。

［85］ 陈靓、汪洋：《新疆拜城克孜尔墓地人骨的人种学研究》，《人类学报》第24卷第3号，2005年。

［86］ 张君：《新疆拜城县多岗墓地人骨的种系研究》，《边疆考古研究》第12辑，2012年。

［87］ 中国社会科学院考古研究所、阿克苏地区文物局、拜城县文物局：《拜城多岗墓地》，文物出版社，2014年。

［88］ 中国社会科学院考古研究所、阿克苏地区文物局、拜城县文物局：《拜城多岗墓地》，文物出版社，2014年。

［89］ 陈建文：《月氏种属问题再研究》，《中耘》第1期，1995年。

［90］ Erdélyi, István., "The Settlements of the Xiongnu", Buruno Genito edited, The Archaeology of the Steppes : methods and strategies : papers from the International Symposium held in Naples, 9-12 November 1992 / edited by Bruno Genito. Napoli : Istituto universitario orientale, Dipartimento di studi asiatici : Istituto italiano per il Medio ed Estremo Oriente ; Rome : Distributed by Herder, Napoli, 1994, pp. 553-563.

［91］ 张君：《新疆且末县加瓦艾日克墓地人骨的主要研究结论》，《2002年现代人类学国际研讨会论文集》，复旦大学印刷技术服务中心，2002年。

［92］ 王欣：《吐火罗史研究》，中国社会科学出版社，2002年。

［93］ 韩康信、张君、赵凌霞：《察吾乎三号、四号墓地人骨的体质人类学研究》，《新疆察吾乎——大型氏族墓地发掘报告》，东方出版社，1999年。

［94］ 张全超、崔银秋：《新疆地区古代居民的人种地理变迁》，《社会科学战线》2006年第6期。

［95］ 林梅村：《西域文明——考古、语言、民族和宗教新论》，东方出版社，1995年。

［96］ 林梅村：《疏勒语考》，《传统文化与现代化》1995年第4期。

［97］ 荣新江、段晴：《据史德语考》，《中亚学刊》第五辑，新疆人民出版社，2000年。

［98］ 耿世民：《古代和田塞语》，http://www.eurasianhistory.com/data/upload/hetian.doc

［99］ Kuzmina, E.E., Where had Indo-Aryans Come From? The Material Culture of the Andronovo Tribes and the Origins of the Indo-Iranians. Moscow: Russian Academy of Sciences.Kuz'mina, Elena E.2007. the origin of the Indo-Iranians, edited by J.P. Mallory. Leiden, The Netherlands ; Boston : Brill, 1994.

［100］ 韩康信：《丝绸之路古代居民种族人类学研究》，新疆人民出版社，1993年。

［101］ Winter, Werner., "Tocharian." In Ramat, Anna Giacalone and Paolo Ramat（eds）. The Indo-European languages, London: Routledge, 1998, pp. 154-168.

［102］ Good, Irene. 1998. "Bronze Age Cloth and Clothing of the Tarim Basin-The Chärchän Evidence". In Mair, Victor H. edited. The Bronze Age and Early Iron Age People of Eastern

Central Asia, Volume II, The University of Pennsylvania Museum Publications. Barber, Elizabeth Wayland. 1999. The Mummies of Ürümchi. London. Pan Books.

[103] 徐文堪:《"中亚东部铜器和早期铁器时代的民族"国际学术讨论会综述》,《西域研究》1996年第3期。

邺城规制初论

杨 泓

中国历史的南北朝时期，始自南方刘宋取代东晋的公元420年，其时北方当北魏都平城时期，虽北方尚未统一，但已基本形成南北对峙的格局。此后北魏于孝文帝太和十八年（公元494年）迁都洛阳，进行汉化改革，开启了典章文物规制划时代的新变革。但迁洛后仅数年孝文帝逝世（公元499年），宣武帝"宽以摄下"，朝政趋于腐败，此后皇室内部争斗不断，外部"六镇"乱起，终致皇权旁落、权臣掌权、王朝分裂。高欢拥孝静帝元善见迁都邺，史称东魏；宇文泰拥元宝炬都长安，史称西魏。与西魏利用汉时旧都长安不同，东魏邺都系新建（因位于东汉末曹操所建魏王都邺城以南，故习称"邺南城"），修建时"上则宪章前代，下则摹写洛京"[1]，还拆取洛阳宫殿建筑木料运邺用于修建，更将原洛阳官民40万户迁到邺城，直接承袭着北魏的传统。在典章文物规制方面，也是承袭北魏而更进一步规范化。所以陈寅恪认为"凡江左承袭汉、魏、西晋之礼乐政刑典章文物，自东晋至南齐其间所发展变迁，而为北魏孝文帝及其子孙模仿采用，传至北齐成一大结集者是也"[2]。因此，举凡考古学所见都城、建筑、墓葬、佛寺、造像诸方面的遗迹和遗物，都显示出明显的时代规制，或可用"邺城规制"予以概括。

20世纪末，在郑岩准备他的博士论文时，为了能够总结北朝晚期以邺南城为中心分布的墓葬中壁画的特点，考虑如何进行概括，就用了"邺城规制"一词[3]。当时我也曾考虑到高齐一代在中国历史发展长河中的位置，想用时代冠名称"高齐规制"，但因北齐的规制与东魏分不开，虽东魏时实际是高氏实际掌权，但终究未去掉魏的年号，如用东魏—北齐规制，则显累赘，后来还是采用东魏和北齐的都城——邺（邺南城）来命名更可概括。

邺城规制的内容，对后世曾产生深远影响。陈寅恪在分析隋唐制度的渊源时，曾指明："隋唐之制度虽极广博纷复，然究析其因素，不出三源：一曰（北）魏、（北）齐，二曰梁、陈，三曰（西）魏、周。"又说，"故在三源之中，此（西）魏、周之源远不如其他二源之重要"[4]。可见史学家对魏齐之源，即邺城规制对隋唐制度影响之重视。

随着对邺城遗址等的田野考古工作的新收获，目前除墓室壁画外，对邺城规制内容的认识更是日渐丰富，已有可能进行较全面的概括的叙述。因此，本文将从田野考古发掘中获得的有关"邺城规制"的考古遗迹和考古标本,按都城遗址、建筑遗迹、墓葬遗存、佛教遗迹等项,分别简述于下。

一 都城规制

北魏分裂以后,东魏将都城由洛阳迁到邺,以后北齐继续以邺为都城。由于曹操所建邺北城本为东汉末建安年间的魏王都,规制低于帝都,范围狭小,又遭战乱破坏,故在其南另筑新都。以邺北城的南墙为北墙,向南另筑新城(邺南城)。

对邺南城遗址已进行了全面勘探和部分发掘[5],邺南城最宽处东西2800米,南北3460米,大致呈长方形。现已确定了四周城墙、马面、护城河等遗迹,探明了南墙、西墙和墙上诸门的位置,东墙因在现沙地与漳河河道内,故只能探出南侧一门,其余城门位置难以确定。这些城门除北墙三门为邺北城南墙三门外,其余诸门的名称,据文献记载:"十一门。南面三门,东曰启夏门,中曰朱明门,西曰厚载门。东面四门,南曰仁寿门,次曰中阳门,次北曰上春门,北曰昭德门。西面四门,南曰上秋门,次曰西华门,次北曰乾门,北曰义纳门。"还确定了3条纵向的南北大道(暂名厚载门大道、朱明门大道、启夏门大道)和3条横向的东西大道(乾门大道、西华门大道、上秋门大道)的位置,其中朱明门大道存长1920米,宽38.5米,路土厚0.2~0.4米。并探明宫城在城内中央偏北,东西约620米,南北970米,四周有宫墙遗迹。宫城内及其附近探出主要宫殿基址15座。还对南城正中的朱明门遗址进行了发掘,该门有3个门道,门前左右两侧伸出双阙,门墩长84米,进深20.3米,中央门道宽5.4米,两旁门道宽4.8米,门道之间隔墙均宽6米。门墩向南伸出东西两道短墙,两墙内侧相距56.6米,墙南端接方形的阙,东阙边长14.68米,西阙边长14.8米[6]。为了防御的需要,邺南城的城墙附加的马面设置较为密集,现共探出50座之多,各门之间设置数量不等,少的5~6座,多的9~10座,马面呈长方形,宽18米左右,伸出城墙12米左右。同时还将东、南、西三面城墙修筑成为舒展的曲线,且东南、西南两城角还修筑成圆角[7]。在城外修掘护城河,护城河基本与城墙平行,东、南墙与护城河约距120米,西墙较近,相距约28米,护城河一般宽20米,深约1.8米,东南、西南两城角外的护城河内岸也呈弧形圆角,但外岸为直角,使河面更显宽阔,增强防御效能。在朱明门外的护城河中,曾发掘出部分战争中遗留的甲胄[8]、兵器等遗物。此外,还发掘了南城墙外的佛寺塔基遗址[9]。经研究,上述邺南城遗址应是内城即如唐长安的皇城,应与北魏洛阳一样在城外修筑有外郭城[10],目前对外郭城的考古勘察正在持续进行中。

邺南城延续北魏都城的传统,也修筑有规模宏大的佛寺,已经在南城朱明门外东侧发现并部分发掘了一座大型佛寺遗址。佛寺总平面大致呈方形,东西长552~453米,南北长433~435米,占地面积达19万平方米,四周筑有围壕,壕宽(上口)5~6米,壕深约3米,南面围壕居中辟有通道,应系佛寺正门位置。从南围壕通道向内可达佛寺居中的大型方塔，现仅存塔基。在方塔两侧邻近围壕的西南角和东南角，各有1座院落，布局对称。西南院落平面近方形，边长约110米，是四周以回廊式建筑围护的封闭式院落，院内偏北保存有坐北朝南的一座大型夯土建筑遗迹，面阔38米，进深约20米，原应建有佛殿。东南院落平面亦近方形，边长约117米，也是四周以回廊式建筑围护的封闭式院落，院内偏北亦建有坐北朝南的大型建筑，亦仅存夯土基址，面阔36.6米，进深23.4米，其东西两侧各筑有廊道与两侧回廊相连。在中央方塔两侧有墙，塔后靠近北面围壕处也发现有大型建筑遗址。虽然对这座佛寺的发掘工作还在继续进行，但从已出土的遗迹可以看出其总体布局，中轴线上虽仍沿袭早期以佛塔为中心、前塔后殿的基本格局，但已在两侧增设以佛殿为中心的院落，布局对称。或是与北魏洛阳永宁寺类似的东魏北齐时的一座重要的皇家佛寺。在这座佛寺的东侧，还发现另一座前有佛塔后设多重佛殿的佛寺遗址。

综观自三国时期邺北城，经北魏洛阳到东魏—北齐邺南城等都城布局的变化，明显与以前两汉的长安与雒阳不同，以西汉长安城为例，营建前缺乏规划，而是先筑宫殿，再于诸宫外围筑城墙[11]。到东魏—北齐修建邺都（邺南城）时，能够"上则宪章前代，下则摹写洛京"[12]，承继自邺北城到北魏洛阳都城平面布局创新、发展与演变，进行了新的规划。而且因为是新建的城市，所以能按照预定的城市规划设计施工，故其平面布局更为规整，宫城位置居中偏北，中轴线的设置，三纵三横大道垂直相交，路网络呈棋盘格状分布。可以看出以后隋大兴唐长安城的平面布局，明显承袭自邺南城，因此邺南城在中国古代都城平面布局的承上启下作用不容忽视。总体看来，邺南城显示的都城规制主要有下述几点：

第一，都城内宫殿面积虽在全城总面积中所占比例比汉代减小，但是高度集中，规整地布列于宫城之中，形成内朝诸殿在后，外朝前置的格局，前朝后寝成为以后的封建王朝宫殿布局的传统规制。宫城设置到都城内最重要的北部居中部位。纵贯城区的中轴线，从南墙正门（朱明门）直到宫城南墙正门（阊阖门），入宫城直对正殿（太极殿）。中央官署分置宫城前中轴线两侧。进一步显示了中央集权的皇帝的权威。

第二，中轴线的设置，将都城纵分为二。由四垣诸城门通向城内的三纵三横大道，垂直交错，形成道路网络，呈棋盘格状分布，都城平面规划日益规整。

第三，一般官员居民所居住的里坊区日渐扩大，由三国时期邺北城占南半部近全城二分之一的面积，到北魏洛阳更增加外郭城320坊，邺南城应延续北魏洛阳的规制，开中国中古时期封闭式里坊制城市之先声。

第四，随着佛教的日益兴盛，在北魏平城时期，都城中已出现佛教寺庙。迁都洛阳时，更按规划预留有皇家大寺的位置，后来在那里修建了皇家寺院永宁寺。以后寺庙在洛阳城中大量涌现，居民宗教生活日趋繁荣。邺南城沿袭北魏洛阳，同样修建有大量寺庙。宗教寺庙大量涌现，呈现出汉代都城没有的新景象。

第五，商业活动虽仍受官方严格控制，但商业区即"市"的重要性日益凸显。后来到隋唐时期，长安城中将东、西两市设在宫城前东西两侧，且各占地两坊。

第六，由于北朝时期战争不断，基于军事需要，城防工事更趋完备。特别注意城防制高点的控制，三国时期邺北城在西北侧构筑三台形成的制高点，仍然是邺南城外郭的军事制高点。邺南城更形成由弧曲的城墙走向、圆城角、马面、护城河构成的城防体系。

总的看来，宫殿的集中、民居里坊的发展和宗教的兴盛，以及商业的日趋繁荣，所占面积日益增加的官员府弟、居民宅院、宗教寺院及商市店铺，已成一般建筑行业服务的主要对象。反映出自汉至北朝时城市性质正在不断发生变化，邺南城集其大成，从而孕育出以隋大兴、唐长安城为代表的新的都城布局，形成封闭式里坊制典型城市。

二 建筑创新

南北朝时期，中国古代建筑结构发生了变革，简言之就是土木混合结构的衰落和木结构的发展[13]。这一变革的势头，南朝领先于北朝，在北朝的石窟雕刻图像中，全木构结构图像见于北魏末到东魏时期的龙门石窟路洞之中。但是到东魏—北齐时期，北方建筑结构变革的势头，已经不比南方逊色，而且从已获得的东魏—北齐时期考古标本中，还可以观察到目前在南方已获得的考古资料中尚未能发现的表明建筑结构新变革的实物标本。

北魏迁都洛阳，因是在原东汉、曹魏至西晋洛阳城基础上改建，特别是宫城限于沿用晋时旧址。且孝文帝以后，北魏宫廷内斗严重，除宗教建筑外，缺乏大规模兴建工作。反之东魏—北齐邺南城，是按规划重新修建，且控制政权的高氏家族统治稳固，有能力和权威组织掌控新都的建设，因此能在充分承袭北魏洛阳改建获得的建筑经验的基础上，继续借鉴南方新的建筑技术，还能有所创新发展。在宫殿建筑结构方面，从有关文献，如《嘉靖彰德府志》中已可看到"邺南城宫中外朝正殿太极殿周回一百二十柱，通过制图，可知为面阔十三间进深八间的大建筑。又载宫中内廷正殿昭阳殿周回七十二柱，约为面阔十间进深六间（或面阔九间进深七间）的大殿。二殿沿殿身四周分别有四圈和三圈柱网，是分内、外槽，外有副阶回廊的全木构建筑，其柱网布置已和唐代无殊"[14]。

在探究邺南城建筑技术时，有两项考古发现值得特别关注：

第一项是朱明门外东侧赵彭城佛寺遗址中塔基的发掘。塔基地下基槽为正方形，边长约45米。基槽上筑地面的夯土塔基实体，平面亦正方形，边长约30米。夯土塔基上尚残存有柱础石、承础石、础石坑等遗物、遗痕，可以推知原分布有三圈柱网，在中心处下深约3.5米有刹柱础石。以此与北魏洛阳永宁寺塔相比，虽然赵彭城寺塔的规模略逊于永宁寺塔,永宁寺塔地上部分边长38.2米,比赵彭城寺塔为大。但是永宁寺塔的基址的中心部分,是巨大的实心土坯砌体,没有发现有关塔刹的遗迹。塔身自外向内第二圈柱础之内为方形土坯砌体,每面阔20米,将第三圈以内的柱包砌其中,在土坯砌体内,还有水平纴木。所以这座塔仍属土木混合结构[15]。这为了稳固塔身的夯土砌体,可能高达数层以上,学者对该塔的复原研究,多认为夯土砌体一直筑到塔的第六层或第七层[16],其上是立于夯土砌体之上的木质刹柱。而在当时的南朝佛塔,应是全木构建筑,"塔身方形,中有贯通上下的木制刹柱,柱外围以木构的多层塔身,刹顶装宝瓶、露盘"[17]。但是在邺南城赵彭城寺塔的塔基,已不再砌造巨大的实心土坯砌体,并已出现中心刹柱的础石,应已采用与南朝佛塔相同的全木构建筑。表明邺南城时期比北魏洛阳时期的建筑技术,缩小了与南朝的差距,有了长足的进步。

第二项是在拆除后代修筑于南响堂山石窟的建筑后,重新揭露出第一窟和第二窟的石雕窟檐[18]。两窟前的窟檐都是面阔三间,设四柱,柱头置斗,上托斗栱,上承瓦檐。虽正面的柱头斗栱和瓦檐均已残毁,但两侧立柱的柱头所雕柱头铺作尚有保存,为五铺作出双抄斗栱。柱头施栌斗,斗口前出二跳华栱,第一跳偷心,第二跳跳头之上托横栱(令栱),上承撩檐枋,横栱与外壁之间有枋子联结(衬方头),华栱和令栱栱头均作内䫜式卷瓣。依据在南响堂窟檐雕刻所雕出的构件中没有出现阑额,因此研究者推断此檐柱构架应是前后对应的承重构架,是以排架为主的结构形式,这种形式的木构架建筑南北朝时或曾流行于南方地区[19]。响堂山石窟的发现使我们修正了过去认为类似的五铺作斗栱到唐代才出现的旧看法,表明北朝晚期木构架建筑已趋成熟。斗栱的发展,使殿堂屋宇出檐更深远,利于遮蔽风雨,改善了采光条件,室内举高增加,空间增大,极大地改善了人们生活起居的条件。也用实例反映出东魏–北齐时邺南城建筑技术的进步。

上举考古实例,可以窥知东魏—北齐邺南城时期,建筑技术比北魏洛阳时期有了长足进展,并不再落后于南朝,已能代表时代潮流,直接影响着其后隋大兴的兴建工程。

通过田野考古发掘,还可以看到在邺南城的修建中,特别是在赵彭城佛寺等佛殿建筑遗址中,夯土基址多采用"条形夯",而非全基址整体平夯。"条形夯"的采用,可能会提高工程进度,减少工时,或许因修筑邺南城要求在短期完成,因而相应采用的措施,又或显示一种时代风尚,均未可知。只是这种建筑技术对后世缺乏影响,修建隋大兴城的大型建筑时,夯土基址仍选用费工时但更牢固的整体平夯。

三 墓葬规制

在北魏建国前期,墓葬还缺乏规制。在平城时期,拓跋鲜卑原有的葬俗,与中原北方原存的汉魏葬俗,一些由于南方政权变更而北逃的东晋皇族显贵,也带来南方葬俗的影响。以致各种因素相互碰撞、融汇。同时在北魏统一北方过程中,又将凉州和辽东等地官民大量迁至平城，因而各地传统的葬俗也随之影响到平城。这些诸多因素，不断相互影响交融，在变革中逐渐形成新的葬俗。近年在山西大同对北魏墓的考古新发现，可以看出当时社会上层人士的墓葬，逐渐形成具有新的时代特征的形制，如前设长斜坡墓道、内绘壁画的方形单室，随葬包括镇墓俑、出行仪卫（以鞍马和牛车为中心）的绘彩陶俑群，以房屋形貌的石棺或屏风围护的大床为葬具，等等。前设长斜坡墓道的方形单室砖墓的最高典范，是在方山安葬的文明皇太后的永固陵和原为孝文帝营建的"万年堂"，只是室内未绘壁画，可能是沿袭汉魏帝陵的传统，但永固陵设有雕饰精美的石门。当孝文帝开始汉化改革并迁都洛阳以后，对葬于洛阳的贵族高官墓葬，日渐形成新规制，只是随着孝文帝后北魏皇权衰落、宫廷政变和权臣当政，导致政权分裂、北魏衰亡，有关新规制尚不够成熟。但从已发现的王族墓葬，如正光六年（公元525年）元怿墓[20]，孝昌二年（公元526年）元乂墓[21]，建义元年（公元528年）元邵墓[22]等墓来看，北魏洛阳时期贵族高官墓葬的规制，大致是前设长斜坡墓道的方形单室砖墓，内施壁画，已知甬道绘仪卫，墓室内顶绘天象。有可能四壁绘有四神及墓主坐帐等画像。放置方形石质墓志，上覆石质盝顶墓志盖。随葬俑群包括镇墓俑（形体大于其他陶俑，包括甲胄武士形貌的镇墓俑和镇墓兽），甲骑具装、骑马鼓吹等前导以鞍马和牛车为中心的出行仪卫，家内婢仆和庖厨、畜禽模型。其中身份最高的一座是宣武帝景陵[23]，是一座平面方形的大型单室砖墓，墓壁涂黑色，不绘壁画[24]。棺床纵置，建于右壁偏后位置。因遭盗劫，遗物多已无存。地面神道石刻尚存有一尊侍臣立像。

北魏分裂以后，东魏至北齐时期的墓葬直接承袭了北魏洛阳时期初步形成的规制，并且有所巩固和发展，形成更具时代特征的"邺城规制"。目前在邺城为中心的冀南豫北一带发现的东魏—北齐墓中，纪年最早的是东魏太平四年（公元537年）元祐墓[25]，是一座前设带天井的长斜坡墓道的单室土洞墓，绘有壁画，放置墓志，有随葬俑群。已发现的重要的东魏壁画墓，有武定五年（公元548年）高长命墓[26]、武定八年（公元550年）茹茹公主闾叱地连墓[27]，北齐壁画墓有天统三年（公元567年）尧峻墓[28]、武平七年（公元576年）高润墓[29]和颜玉光墓[30]，还有重要的湾漳大型壁画墓[31]。其纪年始于东魏太平四年（公元537年）至北齐武平七年（576年）。目前所知东魏—北齐时期死者身份最高的几座都集中在这一地区之中，其中规模最大的属湾漳大墓，虽缺乏纪年资料，但可推知是北齐的帝陵之一，其次是闾叱地连和高润两座墓。从上列典型墓例分析，墓葬的"邺城规制"有以下特点。

第一，墓葬形制。均为平面方形的单室墓，依所葬死者身份有大、小之分和砖构、土洞之分。室前设甬道前接长斜坡墓道。棺床纵置室内右壁偏后位置。

第二，墓内安置方形石质墓志，上覆石质盝顶志盖。

第三，在墓道两侧壁、墓门上部、甬道两壁和墓室绘施彩壁画，内容如下：

1）墓道壁画以巨大的龙、虎布置在最前端，青龙和白虎面向墓外，衬以流云、忍冬，有时附有凤鸟和神兽。

2）墓道两侧中段绘出行仪仗，间叱地连墓出现廊屋内的列戟，湾漳大墓仅存廊屋。墓道地面绘有莲花、忍冬、花卉等图案，或认为是模拟地毯。

3）帝王和皇族等墓门正上方多绘正面的朱雀，两侧有神兽等图像，湾漳大墓、间叱地连和尧峻墓保存较好，高长命墓仅残存神兽及火焰。也有在墓门上方绘出门楼图像。门侧多绘有着甲门吏。

4）甬道侧壁为侍卫人像。

5）墓室内壁画，在正壁（后壁）绘墓主正面像，旁列侍仆仪卫。侧壁分绘牛车、鞍马并随从有男吏女侍。墓主绘作端坐帐中的传统姿态，如高润墓。室顶绘天象，其下墓壁上栏分方位绘四神图像，间叱地连墓保存较完整。

第四，随葬有数量众多的绘彩陶俑群。在死者身份最高的三座墓中，湾漳大墓尚存能复原的陶俑1805件，间叱地连墓尚存有1064件。保存较少的如高润墓，也出土有381件。湾漳大墓俑群的组合关系，具典型性，其内容为：

1）镇墓俑，体高较其余俑高大，由武士形镇墓俑和镇墓兽组成。武士形镇墓俑立姿，头戴前有冲角两侧垂多重耳护的兜鍪，身披明光铠，手按带纵脊的金花狮子楯。镇墓兽蹲坐状，背竖三朵鬃毛，头顶戴戟，1件人面，另1件狮面。

2）以鞍马和牛车为中心的仪卫卤簿行列。前导的仪卫中有甲骑具装，具装的面帘是套在马头上的全面帘。还有骑马的军乐——骑吹，乐器由鼓和角组成。也有仅骑士披铠、马不披具装的轻装骑兵和大量步兵，持仪仗的和随从的步行吏卒，以及步行的乐队——鼓吹。还随行有驮运物品的驮马和骆驼。

3）舞乐侍从。有女舞伎，坐姿乐队，还发现有编钟、编磬模型，应是帝王身份的墓中才能随葬的宫廷礼乐。

4）庖厨和牲畜模型。庖厨模型一般包括灶、井、碓、磨、仓等，还有持盆操作的女俑。牲畜模型，有羊、猪、鸡、犬等，常是牝、牡成双放置。

此外，湾漳大墓中在墓门处有2件体高142.5厘米的着裲裆门吏俑，其形体是目前北朝墓俑中最高大的，其余墓中不见出土，应系皇帝陵墓中独有的随葬明器。

四 佛教艺术

东魏—北齐时期，沿袭元魏，佛教兴盛。据有关文献记述，邺都在当时实为北方佛学、译经中心[32]。田野考古调查发掘所获遗迹和考古学标本，表明邺城地区在石窟规制、寺院构建、造像模式诸方面，都呈现出与元魏时期不同的新的时代特征。

东魏北齐时期皇室贵胄在邺城附近凿建的大规模石窟寺院，是位于今河北邯郸的响堂山石窟。综观响堂山石窟的形制，包括北响堂、南响堂和小响堂（水浴寺石窟）诸窟，与洛阳龙门石窟和巩义市石窟的北魏洞窟相比，在外貌上完全改观。响堂山诸窟均采用仿效单层方塔的外观，前沿雕出四柱三开间的塔体，中心间开门，两侧次间或辟明窗，或开龛造护法等像。塔体上檐雕出横枋瓦檐，在檐枋下柱头或雕出斗栱。在窟檐上方的壁面，一般以高浮雕手法雕出塔顶覆钵，其上雕塔刹，并常饰以山花蕉叶及宝珠柱等装饰，颇显华美。窟内平面近方形，早期大窟雕中心塔柱，开龛造像；稍后形制较小的洞窟多采用沿后壁和两侧壁三面设坛造像。这种将洞窟外观雕成佛塔形貌的石窟造型，此前未见，在北齐以后也不再出现，是显示佛教石窟邺城规制的显著特征。由于响堂山石窟曾遭严重盗凿，主要造像几乎无一完好，头部多遭损毁无存，所以较难观察其造像规制。北响堂山石窟中洞中心柱正龛主尊像上还存有后代厚厚的泥塑涂妆。在1957年时，仔细观察还能通过佛体上后代涂妆于的衣饰残破处，窥知原雕衣纹的情况，可知肩部衣纹间距颇大，呈浅阶梯状，显示原衣纹应疏朗下垂，与东魏承袭的北魏洛阳时期造像衣纹不同。胁侍菩萨虽头部损毁，但裸上体斜饰细璎珞的造型，也与北魏像不同。北洞两侧壁塔形龛的华饰，以及装饰纹样中缠枝忍冬改瘦尖为过分宽肥，凡此种种，均应显示着北齐造像新风[33]。

邺南城的佛寺遗址正在持续发掘中，尚难对其布局规制进行全面分析。仅就已发表的赵彭城佛寺遗址的前期考古简报，揭示出的不筑围墙而环以壕沟、佛寺前部以佛塔为中心左右两院（院中建殿）的布局，已显示出一些与北魏洛阳佛寺不同之处，是否代表邺城佛寺规制的特征？尚有待今后继续工作予以确定。

自20世纪50年代以来，田野考古发现的东魏—北齐时期的单体佛教造像，特别出土数量较多的石刻造像埋藏坑，主要发现于当时的定州地区（今河北曲阳、定县、藁城一带）[34]和青州地区（今山东青州一带）[35]。因此，对这一历史时期的佛教石造像的分析探研，主要以定州和青州造像为基础，且更关注两地造像呈现的不同之处，常认为是不同的"地方特征"。但是学界也一直在考虑按照通常的规律，在不同历史时期，都城都是当时的文化艺术中心，也是佛教造像艺术新风的源头。例如当北魏洛阳的佛教造像接受南朝影响后兴起的艺术新风，对周边州郡辐射影响，在定州等处可明显地显示出来。因此东魏—北齐时，特别是北齐时期具有时代新风的佛教造像，应源于当时文化艺术中心的邺都，所以有些地方造像的特征是否本应是接受邺都辐射影响而来。遗憾的是多年来虽然在邺城遗址也有一些佛教石造像被发现[36]，但资料零散，难进行系统探究。令人欣喜的是2012年在河北临漳习文乡北吴庄北地发现了一处佛教造像埋藏坑，经初步清理，编号的佛教造像共2895件（块），另有大量造像碎片，总数量近3000块（片）[37]。据初步观察，出土造像中有纪年题记的约占十分之一，绝大部分属东魏—北齐时期，此外有少量北魏、北周和隋唐时造像，埋入的时期不早于唐代。虽然这处埋藏坑的位置偏居邺南城外郭边缘处，且出土东魏—北齐的标本多为小型的造像，尚难代表邺都佛教造像的最高规制，但依据对这些造像的全面研究，当能得到东魏—北齐造像较完整的编年体系，从而对佛教造像邺城规制有进一步认识，也能对邺城规制向周边地区辐射的影响有更清晰的了解。由于现在对造像的修整还在进行中，正式发掘报告的编著尚需时日，因此我们只能期待这些工作的顺利完成，从而满足学界对进一步深入了解佛教造像邺城规制的热切期望。

综上所述，依据现已获得的考古遗迹和考古标本，已可以极粗略地从物质文化诸方面勾画出"邺城规制"的初步轮廓。能够做到这一步，应该感谢半个世纪以来在邺南城遗址辛勤工作的诸位考古同事。特别是中国社会科学院考古研究所和河北省文物研究所合组的邺城考古队的考古同事，由于他们不断及时地公布所获得的考古新成果，才使得对"邺城规制"的认识得以日趋深入。相信随着他们的田野考古不断获得新成就，对"邺城规制"的认识会不断深入，也会更深入地探研"邺城规制"对此后隋唐时期的影响，以及对相邻的海东诸古代国家的影响。

注　释

[1]　（北齐）魏收：《魏书·李业兴传》第1862页，中华书局校点本，1974年。

[2]　陈寅恪：《隋唐制度渊源略论稿》第1页，中华书局，1963年。

[3]　郑岩：《魏晋南北朝壁画墓研究》第199～203页，文物出版社，2002年。

[4]　陈寅恪：《隋唐制度渊源略论稿》第1～2页，中华书局，1963年。

[5]　中国社会科学院考古研究所、河北省文物研究所邺城考古工作队：《河北临漳县邺南城遗址勘探与发掘》，《考古》1997年第3期。

[6]　中国社会科学院考古研究所、河北省文物研究所邺城考古工作队：《河北临漳县邺南城朱明门遗址的发掘》，《考古》1996年第1期。

[7]　（明）崔铣：《嘉靖彰德府志》卷八记，筑邺南城时"掘得神龟，大逾方丈，其堵堞之状，咸以龟象焉"可能为后人见邺南城圆城角呈"龟象"之附会。

[8]　中国社会科学院考古研究所考古科技实验研究中心：《邺南城出土的北朝铁甲胄》，《考古》1996年第1期。

[9]　中国社会科学院考古研究所、河北省文物研究所邺城考古队：《河北临漳县邺城遗址东魏北齐佛寺塔基的发现与发掘》，《考古》2003年第10期。

[10]　朱岩石：《东魏北齐邺南城内城之研究》，《汉唐之间的视觉文化与物质文化》，文物出版社，2003年。

[11]　杨泓：《汉唐之间城市建筑、室内布置和社会生活习俗的变化》，《汉唐之间的视觉文化与物质文化》，文物出版社，2003年。

[12]　（北齐）魏收：《魏书·李业兴传》第1862页，中华书局校点本，1974年。

[13]　傅熹年主编：《中国古代建筑史（第二卷）两晋、南北朝、隋唐、五代建筑》第277～301页，中国建筑工业出版社，2001年。

[14]　傅熹年主编：《中国古代建筑史（第二卷）两晋、南北朝、隋唐、五代建筑》第289页，中国建筑工业出版社，2001年。

[15]　傅熹年主编：《中国古代建筑史（第二卷）两晋、南北朝、隋唐、五代建筑》第292页，中

国建筑工业出版社，2001年。

[16] a. 杨鸿勋对永宁寺塔的复原，夯土砌体向上逐层收缩直达到第六层，见杨鸿勋：《关于北魏洛阳永宁寺塔复原草图的说明》，《文物》1992年第9期。

b. 钟晓青对永宁寺塔的复原，夯土砌体高达第七层（且推测中心有刹柱上下贯通，夯土把刹柱包砌在内，但缺乏考古发掘证据），见钟晓青：《北魏洛阳永宁寺塔复原探讨》，《文物》1998年第5期。

[17] 南朝木塔目前还没有保留下来的遗迹，除文献的记述外，日本现存飞鸟时代遗构法隆寺五重塔和法起寺三重塔可资参考。见傅熹年主编：《中国古代建筑史（第二卷）两晋、南北朝、隋唐、五代建筑》第297页，中国建筑工业出版社，2001年。

[18] 邯郸市峰峰矿区文管所、北京大学考古实习队：《南响堂石窟新发现窟檐遗迹及龛像》，《文物》1992年第5期。

[19] a. 钟晓青指出：排架式结构形式的木构架建筑"现在已无实例可寻，但我国南方流行的穿斗架民居，是与之十分接近的一种建筑样式，在浙闽一带的宋代建筑中，可以见到这一形式经数百年演变之后的情形；日本飞鸟时期（7世纪）的木构建筑，如法隆寺三重塔、四天王寺金堂（重建）等，也有类似的柱头铺作形象，说明这种形式的木构建筑南北朝时或曾广泛流行于我国的南方地区"。见钟晓青：《响堂山石窟建筑略析》，《文物》1992年第5期。

b. 关于日本飞鸟时期建筑与中国古代建筑的关系，参见傅熹年：《傅熹年建筑史论文集》第147~167页，文物出版社，1998年。

[20] 徐婵菲：《洛阳北魏元怿墓壁画》，《文物》2002年第2期。

[21] 洛阳博物馆：《河南洛阳北魏元乂墓调查》，《文物》1974年第12期。

[22] 洛阳博物馆：《洛阳北魏元邵墓》，《考古》1973年第4期。

[23] 中国社会科学院考古研究所汉魏洛阳城队、洛阳古墓博物馆：《北魏宣武帝景陵发掘报告》，《考古》1994年第9期。

[24] 有报道说永安三年（公元530年）孝庄帝静陵绘有壁画，"静陵发掘工作中途停工，但已确知墓道、墓室中有壁画"。见徐婵菲：《洛阳北魏元怿墓壁画》，《文物》2002年第2期。

[25] 中国社会科学院考古研究所河北工作队：《河北磁县北朝墓群发现东魏皇族元祜墓》，《考古》2007年第11期。

[26] 河北省文管处：《河北景县北魏高氏墓发掘简报》，《文物》1979年第3期。

[27] 磁县文化馆：《河北磁县东魏茹茹公主墓发掘简报》，《文物》1984年第4期。

[28] 磁县文化馆：《河北磁县东陈村北齐尧峻墓》，《文物》1984年第4期。

[29] 磁县文化馆：《河北磁县北齐高润墓》，《考古》1979年第3期。

[30] 安阳县文教局：《河南安阳县清理一座北齐墓》，《考古》1973年第2期。

[31] a. 中国社会科学院考古研究所、河北省文物研究所邺城考古工作队：《河北磁县湾漳北朝墓》，《考古》1990年第7期。

b. 中国社会科学院考古研究所、河北省文物研究所：《磁县湾漳北朝壁画墓》，科学出版社，2003年。

[32] 汤用彤：《汉魏两晋南北朝佛教史》第十四章、第十九章、第二十章，中华书局，1955年。

[33] 关于响堂山石窟的叙述，源于1957年宿白先生指导我和刘勋、孙国璋在响堂山石窟调查测绘时观察的记忆。

[34] 定州北朝石造像，较集中出土的一批获得于曲阳修德寺的埋藏坑中，见罗福颐：《河北曲阳县出土石像清理工作简报》，《考古通讯》1955年第3期。后该批造像被分散藏于故宫博物院、国家博物馆和河北等处，自发现至今也没能编著正式发掘报告，供广大学术界研究，只是由有关收藏单位的个人，可以利用收藏资料写自己署名的文章，如杨伯达：《曲阳修德寺出土纪年造象的艺术风格与特征》，《故宫博物院院刊》1960年总第2期。将来如有可能将各单位收藏的原曲阳修德寺造像整合在一起予以全部刊出，将是对学界功德无量的事。

[35] 青州北朝石造像，较集中的一批获得于青州龙兴寺的埋藏坑中，见山东省青州市博物馆：《青州龙兴寺佛教造像窖藏清理简报》，《文物》1998年第2期。正式发掘报告还在整理中，令人期待。但因不断在国内外展出部分造像，故已出版多种展览图录。

[36] a.河北省临漳县文物保管所：《河北邺南城附近出土北朝石造像》，《文物》1980年第9期。

b.郑绍宗：《河北临漳出土石刻造像记》，《邺城考古发现与研究》，文物出版社，2014年。

[37] 中国社会科学院考古研究所、河北省文物研究所邺城考古队：《河北邺城遗址赵彭城北朝佛寺与北吴庄佛教造像埋藏坑》，《考古》2013年第7期。

扬州城的城门

汪 勃

本文蠡测了隋江都城及其之前广陵城的城门状况，总结了唐和杨吴时期扬州二城（子城、罗城）、两宋时期宋三城（堡城、大城、夹城）的城门的发掘情况，概述了明清时期扬州城的城门情况。在综合考古发掘研究和文献资料的基础上，提出扬州城遗址的历史大致可以分为春秋时期因运河而生的堡垒城市邗城、作为经济城市或诸侯王都邑而存在的战国至六朝的广陵城、一度达到具有行都地位的隋江都城、成为全国第三大城市而繁荣并短期成为地方割据政权的唐杨吴时期的扬州城、后周北宋至南宋时期形成的扬州宋三城、再建并再度繁盛的明清扬州城等6个时期，与扬州城相关的诸多的历史变迁过程在扬州城的城门中都有所反映。

扬州城是因运河而生的城市，始于公元前486年吴王夫差修邗沟而筑之邗城，战国时期楚怀王十年（公元前319年）就邗城故址增修广陵城，两汉时期的广陵城是诸侯国的都邑，东晋太和四年（公元369年）、刘宋大明二年（公元458年）都对广陵城又有修筑。隋扬州城是在汉广陵城的基础上修筑而成的，包含江都宫城、东城等部分，主要在蜀岗之上。唐扬州城包括子城和罗城两部分，子城筑于蜀岗之上，由于城市的扩大而在蜀岗之下向南发展出罗城；唐末五代十国时期修缮了唐扬州城。五代后周时期在唐罗城的东南隅修筑周小城，北宋沿用周小城；南宋时期增筑堡城（含平山堂城）、夹城，构成了由大城、夹城和堡城形成的蜂腰形三城格局；元代沿用了部分宋城。明扬州城以小秦淮河为界分为新旧二城，呈现东市西府的双城格局，清代沿用明城。宋城在唐城范围内，明清城则在宋大城范围内。简言之，蜀岗上的扬州城已历经了2500年的沧桑，蜀岗之下的扬州城则是肇始于隋唐而沿用至明清。

众所周知，著名的长安、洛阳、北京等古都历史绵延悠久，但不同时期的长安城和洛阳城基本上是就近选地再建或新修城墙，北京的金中都、元大都和明北京城在范围上虽有所叠压但城圈位置不同。扬州城在城池的规模、等级等方面与这些古都是无法相比的，然而扬州城历代城池逐层叠压、晚期城墙多有借用早期城墙的现象、城池建设与运河关系密切、古城址的完整水系残存至今、水陆城门并重等特色，在中国古代城址中是较为少见的，故而扬州城在城址考古学中具有重要价值。

历史上的扬州在不同时期的作用和地位是不同的，有时是中央政权控制东南地带的一个重镇，时而成了战争前沿阵地，偶尔成为地方政权的政治中心，但基本上还是作为一个经济繁盛的城市而存在，故而扬州城是一个集经济、文化、军事、政治为一体的地方城市或都邑。

扬州城深邃而厚重的历史底蕴，在历代扬州城的城门在规模和形制上多有反映。扬州蜀岗上城址的城门多从春秋战国时期沿用至南宋，而蜀岗下城址的城门则多从中唐晚期使用到清末。扬州城的城门反映着扬州城的变迁与发展，是扬州城建发展史的一个缩影。

城墙上的"门"是出于城防、交通和运输等的需要而修建的，除了通有道路的城门即陆门之外，还有水门和水关、水涵洞之类的设施。一般所说的城门主要是指陆门，陆门被简称作"门"，而水门可能不包含在门数之内。如唐代苏州城的门就有"七堰八门"（白居易《九日宴集，醉题郡楼，兼呈周、殷二判官》）之说，就将水门或水关（堰）和陆门（门）区分开来。水门是指设置在城垣上的、即可以用于城市给排水系统，又可以供舟船行驶，并且具有防御功能的门道设施。水门的内涵及其与陆门的关系，水门与水关、水涵洞等概念的内涵，或因时代不同而有所不同。隋唐及其以前，水门和水关主要用于城市给排水系统及漕运等，或许尚无明确的区分；宋元时期，水门和水关除了上述用途之外，还成为城市防御体系中极为重要的一个组成部分，加之建筑技术的进步，水门、水关的概念或许产生过分化。明清时期，由于火器的使用增多，随着战争方式的变化城防设施也发生了变化，水关和水门的概念或许又再次混同了。水门和水关、水涵洞在建筑技术上有相通之处，但水门的门道顶部相对要高出水关和水涵洞的顶部，水关和水涵洞的顶部位于城墙基础上下甚或不可目见（图1）。

一　扬州各时期城址及其城门概况

唐代以前扬州的城址位于蜀岗之上，唐宋时期的扬州城范围覆盖蜀岗上下，明清时期的扬州城则退缩至蜀岗下唐宋城的东南一隅。

（一）唐代以前扬州的城址及其城门

关于扬州蜀岗上的早期城址，在《左传》《水经注》等古籍中就已可见；较为详细地记载扬州城的城池和城门的，还是较晚的《嘉靖惟扬志》和清代的《江都县志》或《甘泉县志》等地方志书，《嘉靖惟扬志》中有扬州宋三城图和宋大城图，清代地方志中有江都县图等，留下了宋代和明清时期扬州城城门的位置和名称、形制与布局等信息。遗憾的是，较早文献中的记载仅寥寥数语极为简略，而较晚的文献中涉及唐代及其前城址具体情况的甚少。数十年的考古发掘，找到了战国楚至汉晋六朝的广陵

图1 唐宋时期的扬州城及其城门

城、隋唐至宋的扬州蜀岗上城址的一些线索，但除了宋堡城的城门较为清楚之外，其他时期的城门都尚待解明。故而，关于扬州蜀岗上城址的城门，目前依然处于探寻阶段。

1. 扬州最早的城址及其城门

要寻找蜀岗上最早期城址的城门，先得解决最早期城址所在位置的问题。现存扬州蜀岗上城址城垣的形状不甚规整，该范围内的城垣和水系有一定的规律性，推测这种形状的形成与不同时期的城垣和城壕有关。前代留下的城壕更是后世在筑城时必须考虑的重要因素之一，后代筑城时会受到前代存留城垣及其所形成地貌的影响，较晚城址在范围的扩大或缩小中借用较早的城垣城壕在已知扬州城的沿革中较为多见。基于这种基本认识，根据相关历史文献和考古发掘资料，结合近年开展的勘探调查的结果，全面分析唐子城范围内的地形、地势、地貌，蠡测蜀岗南缘东南隅可能有扬州最早期的城址。该地带东部向东凸出、南部向北凹进，包围该区域外围的水系似可构成一圈城壕。推测勘探出的唐子城东墙南段上的缺口或许与早期城址的东城门有关，南部的缺口或与早期城址的水门相关，北墙上夯土遗存中的南北向缺口或许与早期城址的北城门相关。

扬州城的历史始自古邗国，发现的周简王公元前585年的"邗王"铭文青铜戈（于省吾《商周金文录遗》）早于吴王夫差建筑邗城（公元前486年）约100年。河南卫辉发现的吴王夫差十四年（公元前482年）青铜壶的铭文中有"邗王"，并且在邗王前加有"禺"，即吴的国号，证明公元前482年的邗国已被纳入了吴国的版图。吴王夫差所筑之邗城，其位置当能扼守邗沟入江之处，夫差在北上黄池会盟之前先并掉了邗国，并在邗沟河口的北岸筑城守卫，《左传》哀公九年中将这段历史简洁地概括为"秋吴城邗沟通江淮"8个字。关于扬州蜀岗上最早期城址的蠡测若能通过考古发掘来确认，那么与之相关的城壕就当与邗沟有关，唐子城东南隅的突出地带有可能就是邗城，其南边、东边的城壕或即古邗沟。两千年前的长江北岸较现在靠北，水位也应高出许多，如此蜀岗东缘的水系是可以直接与雷塘水系相连的。

2. 战国楚、两汉、六朝的广陵城及其城门

周元王三年（公元前473年）越王勾践灭掉了吴国，邗城就属越国所有。周显王三十五年（公元前334年）楚威王举兵攻打越国，邗城转为楚国所有。楚怀王十年（公元前319年），就邗城故址增修广陵城，蠡测楚广陵城就是以唐子城东南隅的小城为基础向西、向北增修，早期的小城可能就是子城或金城之一的范围。楚广陵城奠定了其后的广陵城及更后的扬州城的基础，楚广陵城的城门位置或许与唐子城的城门有关。

秦王嬴政二十四年（公元前223年）灭楚，扬州之地属于九江郡的一个属县。汉高祖十二年（公元前197年），刘濞被封为吴王，以广陵为都邑，并在广陵外城的东侧，附郭修筑了一道墙，于是广陵城扩大到了三重，城的一周"十四里半"；"七国之乱"后，汉景帝改吴国为江都国，调汝南王刘非为江都王；汉武帝元狩六年（公元前

117年），又改江都过为广陵国，封其子胥为广陵王；东汉光武帝建武十八年（公元42年），在此地设立广陵郡，自此以后，广陵或为国或为郡，但其作为都邑的性质一直没有变。

晋代的广陵为广陵郡的治所，桓温大修治之。南朝宋广陵王诞于孝武帝大明二年（458年）增加了外城、子城，但未改变广陵城的形制。推测汉广陵城是在楚广陵城的基础上修缮或扩建而成的，六朝广陵城的框架基本与汉广陵城相同，即汉广陵城的形制一直延续到南朝终了，汉晋六朝广陵城城门的位置当与后来的扬州城更为接近。

3. 隋江都宫和东城及其城门

隋炀帝大业元年（605年），废除扬州总管府，改设江都郡，领有江都等十六县。江都郡于开皇九年（589年）改为扬州，江阳于开皇十八年（598年）改县为邗江，大业初更名为江阳，有江都宫、扬子宫。关于江都宫的具体情况，文献中记载较少。《隋书》中记载有江都宫的"东城"，"东城"的名称及相对位置当与隋东都洛阳之东城有渊源。隋代的扬州可以算是隋炀帝的一个行都或陪都，尽管史籍中的隋炀帝是急功近利且有些暴戾的，但对于扬州而言，没有隋炀帝也就没有扬州此后乃至如今的繁盛。

根据勘探结果，对比隋唐洛阳城、隋大兴唐长安城太极宫的形制布局，结合文献中有隋江都宫和东城的记载，蠡测隋扬州城至少有江都宫和东城，江都宫城的西北角或就是现在唐子城的西北角。隋两京的设计者为宇文恺，隋炀帝下扬州沿线建筑也是宇文恺布置的，扬州江都宫城的设计若确实与其人相关的话，将两京的因素揉合起来的可能性也并非全无可能。

通过调查得知，在宫城中轴线以南、十字街偏南的堡城南路西侧民宅下，有几个成列分布的大、小莲花柱础，或与江都宫城正门附近的建筑基础有关，即江都宫的正门可能就在今堡城十字街偏南的位置。隋江都宫城之城门名称，南门为江都门（行台门），北门或为玄武门，北墙上还有芳林门，东门、西门名称失载；"东城"之城门名称失载，西门当与江都宫城之芳林门相同。

另外，由于蜀岗上隋城的水系应与广陵城的水系关系密切，故推测蜀岗上隋城内有穿过宫城的水系，东城的东南角为低地或有水门。

（二）唐和杨吴时期的扬州城及其城门

扬州城在隋唐时期是控制东部地区的重镇，唐代扬州城覆盖蜀岗上下，由位于蜀岗之上的"子城"（亦称"衙城"）和蜀岗之下的"罗城"两部分组成。中唐陈少游建中四年（783年）修筑罗城的记载在扬州城南门遗址的发掘中得以确认，由此可以认为中唐时期的罗城已经初具规模，中唐罗城的规模奠定了晚唐高骈于乾符六年（879年）修缮扬州城的基础。

杨行密于唐景福二年（893年）为淮南节度使入主扬州城，天复二年（902年）为东面诸道行营都统、校检太师、中书令并进封吴王，天祐五年（908年）病逝。其后的杨渥、杨渭一直沿用唐天祐年号。天祐十六年（919年），"温乃册渭为天子，国号大吴，改唐天祐十六年为武义元年"[1]。后晋天福二年（937年）南唐取代杨吴，扬州近20年作为杨吴的都城，基本沿用唐子城和罗城，可能只是进行了修缮，文献中有杨吴时期扬州城有"四面十八门"的记载。

1. 唐和杨吴时期的子城及其城门

唐子城西城墙继续沿用隋江都宫城西墙，只在隋代城墙局部损坏的墙面上用唐代砖加以修补。近年来的发掘结果表明，晚唐时期的唐子城在东南隅修缮使用了隋东城东南隅城墙，而现知的唐子城东南隅城墙确实存在。因此，蠡测由于前期城垣城壕的存在，特别是隋城的残存，形成了晚唐时期唐子城东、北、南三面有双垣双壕，西面或为单垣（可能也有双壕）；至于晚唐前的唐子城东南隅是否亦有双垣双壕的形制，尚需通过发掘解明。

唐子城的门址尚未发掘过，发掘清理出了晚唐时期出唐子城南门的道路的南端。勘探结果表明，现知的唐子城南墙中段通过蜀岗南门处宋墙下还有东西向的较早期墙体，推测此即唐子城南门两侧的墙体。唐子城南门是子城南面的正门，唐代称为中书门，晚唐杨吴改称为天兴门。唐子城南门是唐代子城通过二十四桥中的下马桥与罗城联结的城门，该城门应该是唐代扬州城诸多城门中规格最高的城门。

蜀岗上城址的勘探结果还表明，冲着现在的西华门有道路遗迹，过北门处也有路土遗存，因此基本可以判明唐子城的西门和北门的位置。唐子城东墙上门址分布状况的探寻，目前正在继续勘探调查，从现存地貌地势推测东墙北段可能还有一座城门。另外，北城墙西段上的早期水门，在唐代可能继续沿用；东墙南段上勘探出的2个缺口，虽然因有淤土堆积而倾向于定为水门或水关，但其宽度分别为15米和19米，作为水门似乎有些过宽了。

2. 唐和杨吴时期的罗城及其城门

（1）北墙上的城门

唐罗城位于子城以南，子城南墙隔开了罗城西半，故罗城北墙仅有东段，呈西北—东南走向，《旧唐书》中载唐僖宗光启三年（887年）夏四月"吕用之由参佐门遁走"[2]，《资治通鉴》中亦载"用之乃开参佐门北走"[3]，故推测近子城东南角的该城门称"参佐门"。勘探表明该城门可能为一门一道，门道宽约6、长12米，或有包边砖墙，门道内有路土。

唐子城只有一座南门，且因其是衙城而不宜多开城门，故作坊桥之北的城墙上并不开门。至于参佐门之东与南墙最东端南门相对应的北墙上是否还有1座北门，若可以因为对称的理由而推测东、西城墙上各有4座城门，那么同理也可以推测参佐门之东还有1座城门。因此，认为扬州罗城北部靠东北角的城墙上或许还有一座城门[4]，也是可以的。

另外，在罗城墙与子城墙连接处外侧的，找到了杨吴时期修缮该处的迹象；确认到在不早于中唐时期的夯土墙体之上，还有晚唐的遗存；在参佐门以西的罗城北墙上还有1个缺口，可惜由于水位太高，发掘未能进行到底。

（2）东墙上的城门

与北墙东端相连接的东墙上有4座城门、1座水门和1处过水类设施，发掘了莱茵北苑东门和东关街首东门夯墙，勘探推测最南东门推测位于现广陵路东端（原缺口大街与北河下街交叉处的西侧）。由于东墙南段被宋大城沿用，明清城东墙将唐宋城东墙包含在了城墙内侧，故而除了东关街首东门属于唐宋时期，其他3座城门的时代均为唐至杨吴时期。

东关街首东门的发掘表明，该处的主城墙始建于唐代，发掘出的城门或为杨吴时期的修缮遗存，主城门东部时代较为明确，主要是北宋时期再建、南宋时期修缮过的城门，南宋时期加筑的瓮城。唐代的该城门遗址或在杨吴修缮时破坏，或在杨吴至宋代东门之南侧（该地段因被现代民居叠压而未能发掘）。

莱茵北苑东门的主城门为单门洞，宽度5米余。门道路面较为坚硬，路基采用灰土夹砂土夯筑而成，在路土上有一层较厚的木炭堆积痕迹。在主门道以东50米处有城壕，几组木桩可能为小型码头建筑的遗迹。

最北东门北侧的水门，可能即门位于1号门址之北63米。门址无存，但邗沟河迹在，河水出城部位，遗留一座砖桥。东水门在文献上有记载，如唐开成三年（公元838年）日本和尚圆仁《入唐求法巡礼行记》中提到扬州东郭水门，沈括《梦溪笔谈·补笔谈》中有"河流东出，有参佐桥（今开元寺前），次东水门……"

（3）西墙上的城门

与东墙上的城门东西对应，西墙上亦当有4座南门。发掘了杨庄西门、德豪西门、农学院西门等3座西门，双桥西门亦当曾经存在。

杨庄西门为唐罗城最北的西城门，其上限为唐代中期，下限至五代。城门为一门一道，门道宽5米，夯土墙体外砌包砖墙，城门内口的南北两侧置有马道。城门口内侧有三次修筑，第一次城门口为平齐状，第二次城门口向外凸出墩台，第三次城墙加厚。城门外的护城河呈"凸"字状，向外凸出70余米，推测门外或有方形瓮城。瓮城以西还有一圈外凸的壕沟，范围较大，东西160余米，南北约180米，在壕沟内钻探出2块夯土台基，围绕壕沟内侧有夯筑城墙遗迹，外围壕沟可能是养马城。

杨庄西门以北有西水门，位于观音山以南约100米，现已无存，仅勘探出河道淤土带宽约10米，该位置顺蜀冈南缘向东仍为河床。西水门及其位置在《旧唐书·杜亚传》和梁萧《扬州牧杜公亚通爱敬陂水门记》、沈括《梦溪笔谈·补笔谈》中均见记载。

杨庄西门以南有德豪西门，位于扬州市念四路与白塔街交汇处的东北侧。发现的西墙夯土遗存城墙宽约11米，残存高度1.2米。虽然因夯土城墙西侧为扰乱坑，已无法找到城墙外侧的包砖墙及其基槽，但其地层堆积为东高西低的坡状且夹杂残砖块，似不能排除有包砖墙的可能性。城墙西侧6.6米处有宽约18.5米的城壕遗存，其时代始于唐代而废弃于南宋。

西墙上与东关街首唐宋城东门相对应的位置上，有双桥东门。安藤更生在扬州作考古调查时，曾看到过该处呈豁口状。

最南的西门位于扬州大学农业学院西侧围墙下，故称之为农学院西门，废弃于五代末期。该城门为一门一道形制，门道宽5米，长9米。主门道内口南北两侧有马道，仅残存入口部分。早期城门和城墙起建在唐代文化层之上，路面上残存车辙间距1.6米。晚期城门是在早期城门基础上重建的，门道宽4.3米，长10.6米；门道南北两侧各遗存两个柱洞痕，原当有排叉柱；门道中腰砖砌门槛中间留有15厘米的缺口，可能是过车轮的通口。另外，勘探得知门外有方形瓮城，瓮城门位于在瓮城西墙的南侧，瓮城门道宽5米，长9米；瓮城门与主城门之间有路土；瓮城外有城壕。

（4）南墙上的城门

罗城南墙上有3或4座城门，位于现南门街南端的南门暂称之为南门街首南门，其东西两侧各有1座南门，再东的徐凝门西侧或许还有1座南门。

南门街首南门的发掘得以实施，发掘结果表明该南门及其瓮城始建于中唐，中唐时期的瓮城可能是弧角；晚唐时期的南门，规模较中唐要大，且保存较为完好；杨吴和北宋初期继续使用并均修缮了晚唐南门，但在总体形制上并没有发生太大的变化；晚唐以后的主城门、瓮城门都有逐渐缩小、变窄的趋势。这种变化，与唐之后扬州历史地位的变化相符，唐代扬州奠定了唐宋扬州城的基础，但唐代那种辉煌繁荣的景象已是后代所无。该城门主城门的位置千余年基本未发生变动，这与南门位处汶河、古运河、明清护城河的交汇处有关。历史上的南门是一个水陆交通枢纽，南门遗址东部为包含主城墙和主城门、瓮城墙和瓮城门等在内的陆门遗址，遗址西部为横跨汶河之上的水门和水关遗址。

南门街首南门东西两侧的南墙上，分别与罗城北墙参佐门、唐子城南门相对应的位置处各有一座南门，门道均宽约5米。

3. 杨吴时期扬州城的"四面十八门"

从目前所知文献记载结合发掘研究来看，扬州城的陆门和水门情况基本为：子城的四面各有1座陆门，北门西侧或有1座水门，东墙南段或有2座水门，即子城共有4座陆门、3座水门；罗城的西墙、东墙上各有4座陆门，南墙上有3至4座陆门（在徐凝门西侧是否有最东的南门尚不能确定），北墙上或只有参佐门、或在参佐门之东与徐凝门西侧南门对应的位置上还有1座陆门；罗城各墙上或分别各有1座水门（分别在扬州城南门之西、参佐门之西、杨庄西门、德豪东门之北）合计4座水门，在最西南门之东有1个水涵洞，德豪西门之北、化工技校东门之北或许还各有1个水涵洞或水关（上述

7座水门或水关、水涵洞，除了水涵洞和扬州城南门遗址西侧的水门之外经发掘确认外，其余5处尚需确认，本文只是根据水系与城墙相互关系进行的推测)，即罗城可能有12至14座陆门、7处过水类设施。

唐扬州罗城有13门之说，原为蒋忠义、李裕群2位先生根据勘探发掘结果加之推测而出。然而，《扬州城——1987～1998年考古发掘报告》中在述及罗城南墙上的城门时，只说有3座南门，这实际上是将13门之说修正为12门了。目前尚无充分证据能肯定或否定13门之说，但13门之说中在推论方法上有一个悖论，就是出于东西对称而推测东西墙上各有4门，而不将之用于推测罗城南、北（不含子城南墙部分）墙上的城门。

至于参佐门以东的罗城北墙上是否还有1座北门，若出于应当对称的理由而推测东、西城墙上各有4座陆门，同理就应该推测参佐门以东还有1座陆门。换言之，依照同样的标准或方法，在唐代扬州罗城墙上门数的认识上，若认定北墙上只有1座陆门，就应该倾向于认为南墙上只有3座陆门，而不宜即认为北墙上只有1座陆门，同时又认为南墙上有4座陆门；若认为南墙上有4座陆门，就可以推测北部靠东北角的城墙上或许还有一座城门。

敦煌文书S·529 Ⅴ号《诸山圣迹志》是五代后梁到南唐时期敦煌僧人范海印和尚瞻礼各地佛寺和名山胜迹的记录[5]，其中记载扬州城"都城周围六十余里，四面十八门。南北一连，十字江水穿过。东西十桥，南北六桥。凡一桥上，并是市井。林园地宅连翼甍，战桡楼船窥翳渚"[6]。据此可知，杨吴时期的扬州城可能有"十八门"。

关于扬州城的规模，日僧圆仁《入唐求法巡礼行记》中记为"南北十一里，东西七里，周四十里"；沈括《梦溪笔谈·补笔谈》中记为"南北十五里一百一十步，东西七里三十步"；《诸山圣迹志》中为"都城周围六十余里"。唐代扬州城实测的数据是：子城墙四面长度分别为东1600米，西1400米，南1900米，北2020米，合计约6920米；罗城墙西面长度分别为东4200米，西4100米，南3100米，北（不含子城南墙长度）1470米，合计12870米。实测数据与唐尺的数据相关，换算成"里""步"也因之有异。因与本文所涉及的"城门"关联甚小，故在此不展开探讨。但也由此可知，杨吴时期的扬州城只是在唐代扬州城的基础上有所修缮，规模并未扩大。以下，就与城门相关的"四面十八门""南北一连，十字江水穿过"略作探讨。

"南北一连，十字江水穿过"，与流经扬州城内的河道及流经的线路有关，也就与水门、水关及水涵洞等过水类设施相关。"南北一连"当指曾南北纵贯扬州城的唐代官河（现在唐代官河的南段已成汶河路，中段为玉带河，北段较为复杂但北端当与参佐门之西、唐子城东南角外之间的水门相连）；"十字江水"即说明流经城内的河道交叉成"十"字形状，又说明均源自"江水"。唐代官河构成"十"字的一纵，那么构成"十"字一横的当是后来的漕河（现在西段为瘦西湖内东西向水道，中段为宋夹城南城壕，东段为漕河）。流经沈括所说的"北水门"的河道（浊河），原当为唐子城的南城壕，或从唐子城东南角北折，即使与唐罗城北墙外的城壕构成"一横"，也未"穿过"城内,故推测当与"十字"无关。江水"穿过"城墙之处,即"十字"过墙处或共有4座水门。

关于扬州城"四面十八门"的记载,至少可作如下3种解释:

1)唐罗城东、西、南墙上均有4座陆门,北墙上有2座陆门,合计有14座陆门;加上唐子城的4座陆门,则唐扬州城两座城的陆门合计成"十八门"。这种算法过水类设施均不计入内,但需要徐凝门西侧的南门、参佐门以东的北门的存在。当时扬州城的商业极其发达,在高骈再建罗城之前,扬州城早已有纵横交错的街市,这些街市成为罗城陆门选址的重要因素,故而陆门较多。

2)唐罗城陆门和水门合计为"十八门",而水关及水涵洞之类不计入内。

3)扬州罗城南、北城墙上的陆门数量尚需确认,若南墙上只有3座陆门,而北墙上只有"唯一"的1座参佐门,则扬州罗城只有12陆门;若南墙上有4座陆门,而北墙上只有参佐门1座陆门,则为13座陆门。加上子城的4座陆门,则共计16或17座陆门,陆门数量不足"十八",而若加上水门则又超出"十八"门甚多。即或是"十八门"的记载有误,或是"十八门"还包含有其他的城门。

总之,拙见以为,杨吴扬州城之"四面十八门",并非指罗城有十八门,而是说子城和罗城之陆门相加之和为"十八门"。当然,这一认识终究也还只是推测。

南宋时期宋三城的陆门,堡城5座、夹城4座、大城5座,合计14座陆门。当然,宋代扬州城之3城14门,当与上述之"四面十八门"无关。

(三)宋代的扬州城及其城门

《嘉靖惟扬志》"宋三城图"中,大城北门和北墙西侧各开一门,其北隔壕有"夹城",夹城之北有"宝祐城"(即堡城),合称宋三城。

1. 宋堡城及其城门

北宋时期的杨吴子城状况,因文献缺失而尚无线索。三城图中的堡城为南宋时期取子城西半所筑,因此,较之其前的唐子城城门的位置,宋堡城的东门因东墙西移故西移,北门因北墙南收而南移,西门外加筑了瓮城,南门可能也有所南移。另外,宋代在与唐宋城南门相对应的、作坊桥之北的堡城东墙南段上开门(俗称"象鼻门"),当是因为唐代南门大街向北或有延伸至唐罗城北墙(即象鼻门处)的道路。

宋堡城西门或即西墙墙中段上俗称"西华门"的缺口,其外侧残存半圆形瓮城及月河。圆形瓮城当是南宋时期所筑,城壕亦为南宋时期所修。由于南宋包砌平山堂城,故而宋堡城西门瓮城以南的城壕可能改其前唐子城西城壕南北流向为向西南流。

宋堡城南门可能是以唐子城南门为基础向南扩建而成的,是宋代堡城和夹城北门相联结的城门。在其宋堡城南门位置南端清理出了南宋、宋代、宋元之际的3条道路面和南宋时期的3处夯土墙体遗存,确定了南宋时期宋堡城南门出城道路的存在,基本明确了南宋时期主城门和主城墙的南边缘。堡城东墙内侧城墙的始筑时间、堡城东门是否是被现在的堡城东路及其南北两侧的村庄叠压着，还需要通过发掘来解明。

另外，《嘉靖惟扬志》中"宋三城图"中的宝祐城图中平山堂以被"包"，而尚无外侧城墙城壕，宋理宗给贾似道的敕文中也明确提到有"来图"，由此推测三城图中的宝祐城当为贾似道所筑之城。宋堡城修建增筑的历史，参照文献，大致可划分为3个主要时期：①南宋初年"郭棣筑堡城"，即北宋初期已有堡（砦/寨）城，可称之为堡（砦/寨）城时期；②南宋宝祐年间（1253～1258年），"贾似道修筑堡城，包平山堂城"，南宋时期形成了包平山堂城的宝祐城，可称之为宝祐城时期；③南宋末年李庭芝"筑大城包平山堂"，所谓的"大城"应当是将宝祐城和平山堂城完全包在里面的城，可称之为大城时期。平山堂城亦当有门，但推测其规模或许不似城门。

2. 宋大城及其城门

宋大城西墙和北墙同期所建，故西门和北门的时代均为五代后周至南宋（元）；北门西侧还有一门，是宋大城唯一尚未发掘的城门。宋大城就唐罗城东南隅修筑而成，故其东门、南门和南水门同前文中的唐城东门、南门有关联；西门、北门和北水门也有发掘资料。

宋大城东门遗址的发掘，较为全面的揭露了南宋时期东门的全貌，明确了遗址的布局。东门是宋大城4座陆门中结构最为复杂、保存最为完整的一座门，印证了《嘉靖维扬志》中关于东门的有关记载。南宋时期形成的多重防御体系，更是在扬州的首次解明，可以与《武经总要》的有关记载相印证，对于古代军事和城防研究也有重要的意义。南宋瓮城城壕河道和河道护岸的发现和确认，对于研究扬州水道的演变和古代建筑史提供了新的资料。

宋大城南门即唐罗城南门街首南门，南宋时期沿用并改瓮城为方角，在形制上出现了一些变化。唐宋时期南门的陆门和水门是两座即相联系又相对独立的门，而明清时期的南门则是一个集陆门和水门为一体的城门，这在历史文献图上也有所反映。《嘉靖惟扬志》"宋三城图"和"宋大城图"均有南门，其中"宋大城图"南门门洞的上方分别书有"南门""水门"。

宋大城北门是宋元时期控制扬州城北部水陆交通的重要枢纽，发掘清理出了水门、瓮城和瓮城门、主城门、出城露道和铺砖地面等遗迹，揭露出了南宋时期北门和北水门遗址的全貌，明确了该遗址的主体是宋大城北门和北水门的基础遗存，解决了宋大城北门和北水门的位置、形制、结构以及沿革等问题，证实了主城门、瓮城分别始建于五代后周与北宋时期，北门、北水门在南宋时期经过数次修缮或扩建，证明了文献记载无误。

宋大城西门历经了后周、北宋、南宋和明代四个时期，发掘工作解明了五代之后扬州城的修建年代、继承和演变关系等问题，印证了历史文献。

3. 宋夹城及其城门

考古勘探结果表明，宋夹城内建筑可能较少，说明夹城只是起甬道的作用。夹城本身是一个自成防御体系的军事堡垒，在宋三城中居于可与南北策应的位置。夹城4面城墙上各有1座城门，门道宽5米，长10.5米，连接4门的道路成"十"字形；东、西门外有瓮城遗迹。

发掘出的宋夹城北门，门道宽3.2米，门脸凹进1.5米。北侧门脸破坏严重，门道两侧包砖墙仅剩底部的黄黏土基础以及残留在基础之上的黏合剂；门道内铺青砖，铺法及用砖与宋大城门道的相同；门道南侧城外为斜上坡的道路宽8米，用城砖铺就；城门外侧临水一侧包砖墙基础下，为了防止基础下沉，夯打有1米宽的成排木桩。

夹城北门外的护城河中有木桥桩遗迹，当即下马桥遗址；向北正对堡城南门，过桥后与宋堡城相连；夹城南门当与宋大城北墙西侧城门相通。

宋代扬州城是在杨吴扬州城的基础上修建而成的，南宋时期，扬州城作为与金、元兵火交接地带，战争异常频繁，曾多次修造城池。宋代扬州城诸门的发掘结果都表明，唐末五代之后，历代多次修葺或修建过南门，而两宋时期的修缮次数最多。北宋时期南水门东侧的包砖墙和夯土位于唐代水门包砖墙、夯土以南，包砖墙北端接在唐代包砖墙的南端，即北宋南水门东侧设施只是规模上稍大于唐代水门东侧设施。唐宋时期的南门街首南门的陆和水门是两座即相联系又相对独立的门，而明清时期的则集陆门和水门为一体，故《嘉靖惟扬志》"宋大城图"中分别书有"南门""水门"，而同书"今扬州府城隍图"中则是在门洞上分别书有"南门""水关"，相应的文字记载中亦将陆门和水门、水关合称"安江门"。

宋、金联合灭辽后，金军南下而宋室南迁，扬州城一度曾是宋高宗"驻跸"之处，随后成为抗金、抗元的战争前沿阵地，直至南宋皇帝降元。笔者以为，宋室南迁时，赵构之所以最终并未选择扬州作为都城的原因，并非因其离战争前沿太近，不只是出于怯懦，而是也与扬州偏安一隅、得过且过的地方习俗以及由此而生的生活做派有关。

（四）明清时期扬州城的城门

元代末年的杨基曾有《宿扬州南门》诗云："春风曾在此停留，白发重来又杪秋。何事琼花犹古物？当时玉树总新愁。孤城小驿遍荆杞，野水荒坟见髑髅。夜静有人船上哭，可应乡井是扬州？"明代改扬州路为淮海府，继而改惟扬府，后改扬州府。元至正十七年（1357年），张德林镇守扬州，"以旧城（指宋大城）虚旷难守，乃截城西南隅，筑而守之"，有"城门楼观五座"。《嘉靖惟扬志》之"今扬州府城隍图"上有明旧城的各门名称及其位置，北墙中间有北门，其西侧有水关；东墙北段有大东门，南段有小东门（又名"谯楼"）；南墙上有南门，南门瓮城门东侧有水关（实在主城门西侧）；西墙偏北有西门。

"嘉靖十八年（1539年）巡盐御使吴悌、知府刘宗仁疏通修筑水门。"明朝中期，因海防松弛，倭寇屡犯扬州，知府吴桂芳于嘉靖三十四年（1555年）依旧城东墙接筑新城，并分别在旧城东墙与新城南、北墙连接处东侧修建有水门。明新城城门的位置，或当如清代诸朝《扬州府志》中"扬州府城池图"所示，但其名称应有所不同。《嘉靖惟扬志》中的"今扬州府城隍"上，在南门门洞上分别书有"南门""水关"，文献记载中则将陆门和水门、水关合称"安江门"。可见"水门""水关"称呼因时代而变化，由此或可认为宋代才将水门和陆门分开，南门街首明清时期的南水关尚可见其石拱。

清代"扬州府内外二城，皆因宋大城改筑"，康熙、雍正、乾隆等朝的《扬州府志》中有"扬州府城池图"，各座门的位置及其名称甚为明确。旧城新城之水陆城门的位置如同明旧城，旧城北门称镇淮门，原大东门改作先春门，南门呼为安江门，西门叫做通泗门；新城北墙上从西向东有拱辰门、广储门、变益门，东墙上自北向南有利津门、通济门，南墙上由西向东有挹江门、徐凝门，西墙与旧城东墙同。清代的扬州城门名称还有其他叫法，在此不再赘述。南门街首南门遗址主门道处的最上层遗迹，当即清代修筑的城门，仅残存局部主门道。

要之，元至正年间修筑的城称为旧城，明嘉靖年筑的城称为新城，自此扬州有新旧二城。明新旧城相当宋大城的南半部，清代沿用明代扬州城。明清扬州城的面貌及其城门的情况也较为清楚，可惜基本已被拆毁，且其基址也多被现代建筑所叠压。1916年拆除两城之间墙，1951年全部拆除明代城墙，变为环城路。

二　扬州城城门的变化所反映出的历史变迁过程

扬州城从春秋建城开始到明清乃至当代，是一个因水而生、因水发展的城市，是一个运河水的城市。汉唐时期的扬州城，因其地理位置与今之上海类似，是当时的贸易中心、商品集散地，经济、商业城市。隋唐五代之扬州城，更是风花雪月之文化城市。隋炀帝在位期间、杨吴杨行密时期、南宋初年，扬州还曾一度作为政治中心。晚唐、五代、南宋、元初，战火频仍，兵燹不断。南门街首南门、农学院西门、莱茵北苑东门等遗址中均发现有炭化的梁木或火烧痕迹，宋代夯土中多含红烧土等现象，反映出唐末五代时期，扬州城屡遭兵火的情况。

迄今发掘出的扬州城的城门，均为一门一道，主城门外侧多有瓮城和瓮城门，扬州城城门在形制布局上具有歪门斜道、旁门右道的特点，另外水关水门等过水类设施较多。

扬州城南门、宋大城西门和北门、唐宋城东门等遗址的发掘，说明南门和西门的形制接近，北门和东门的形制接近；北门和西门的时代大致相同，遗迹性质接近；东门和南门的时代较近，遗迹性质接近；北门和西门无唐代遗迹，可作为判断南门某些遗迹为唐代的佐证。从瓮城的总体形制来看，北宋西门瓮城的瓮城门道、便门、道路的修建是借鉴了唐代南门瓮城，两宋之交修建的北门瓮城在便门、露道的位置安排上有所创新，南宋东门瓮城的修建沿用了和南门同期的唐罗城东墙，又借鉴了宋大城北门的形制。

唐宋扬州城瓮城较多，城门整体由较为简单结构，演变为由主门道、瓮城、瓮城门道、羊马城、城壕等构成的复杂城门，并逐渐形成了包含水门和水关在内的水陆城门；唐代已见用拱券式水涵洞，宋代将之用于城门，门道也因此由排刹柱式发展到拱券式；城墙也由用土夯筑，发展为夯土墙体外侧包以砖墙，包砖墙用"露龈造"。瓮城墙也由中唐的弧角变为方角，是否表现出了扬州城在政治地位上的提升。

不同时期的扬州城，按照其城圈的形制变化及规模等大致可分为以下6个时期，这6个时期城圈和城门的变化都反映出了扬州城的历史变迁过程。

1）春秋时期的邗城，夫差会盟诸侯、北上称霸，但邗城依然只是一个因运河而生的堡垒，其规模较小，是扬州城的始建时期。

2）战国诸侯争霸，纷争不断，楚广陵城是东南地区的一个重要城市。两汉广陵城即是诸侯国的都邑，也是汉代的经济发达的重镇之一；汉代据有扬州的吴、江都、广陵多不得善终，与经济发达带来的骄横奢侈不无关系。六朝时期广陵城是广陵郡的治所。这一时期的广陵城向西发展扩大，是其成长壮大时期。

3）隋炀帝征伐高丽，开凿运河，急功近利，超越时代的思维和做法导致众叛亲离；隋代的江都宫城，有江都宫和成象殿、隋十宫、临江宫、迷楼等，一度达到了行都的地位，可惜时日不长。

4）唐代扬州在雄厚的经济条件下，扩大城市建设，城市覆盖蜀岗上下，成为控制东南的一个重镇，且经济活动十分繁盛，达到了鼎盛时期，其规模仅次于长安、洛阳而为全国第三大城市，是地方级的最大城市。唐代扬州城，既受京城规划的影响，又有地方城市的特色。其利用地势规划设计的手法与东都洛阳相近，又具有以运河为中心、围筑城池、城内街道纵横桥梁众多、交通水陆并行等南方城市的特色。晚唐杨吴时期的扬州，成为割据政权的都城。

5）后周北宋时期的扬州只是一个统一弱国的地方小城，而南宋时期的扬州城成了宋金、宋元战争的军事桥头堡，可谓之偏安时期。南宋扬州受战争形式所迫而重新规划，营建出了以防御为主的"宋三城"格局，把三座城有机地联系成为一个整体的重大变革，达到了易守难攻的军事防御目的。

6）明代的扬州城缩小至东南一隅，不失其经济重要性，一度也是抗倭前沿；清代扬州城是其再建并繁盛的时期。明清扬州城保存了丰富的文物古迹，具有重要的历史文化价值。

总之，明清时期扬州城的城门，因相关文献甚多故基本清楚，无需过多研究；五代后周及两宋时期扬州城的城门，文献记载较为明确，考古发掘资料也已证明；唐代扬州城的城门，通过考古发掘勘探取得了较大的进展，依然需要深入探讨研究；而唐代以前扬州城的面貌基本不明，隋扬州城、汉晋广陵城乃至春秋邗城的城门，尚有待继续探寻。

注　释

［1］　（北宋）薛居正等：《旧五代史》（僭越列传第一·杨行密）第1785页，中华书局，1976年。

［2］　（后晋）刘昫：《旧唐书》（列传第一百三十二·高骈 毕师铎 秦彦）第4714页，中华书局，1975年。

［3］　（北宋）司马光：《资治通鉴》卷二百五十七《僖宗纪》，中华书局，1982年。

［4］　郑炳林、陈双印：《敦煌写本〈诸山圣迹志〉作者探微》，《敦煌研究》2005年第1期。

［5］　郑炳林、陈双印：《敦煌写本〈诸山圣迹志〉作者探微》，《敦煌研究》2005年第1期。

［6］　中国社会科学院历史研究所、中国敦煌吐鲁番学会敦煌文献编辑委员会、英国国家图书馆等：《英藏敦煌文献（汉文佛经以外部分）第2卷》，四川人民出版社，1990年。

杏园唐墓出土铜镜的考古学研究

徐殿魁

一 引 言

洛阳是九朝古都，地下文物十分丰富。洛阳的北邙山埋藏着东汉、西晋的帝王贵胄。到了唐代又成了唐东都官员权贵争相购置的墓园，有"北邙无卧牛之地"[1]的俗语。无数的地下珍宝使这里成为盗墓最猖獗的地区，古墓的基本状况是十墓九空。因此洛阳地区很少发现完整的一片墓地，企盼有成批的保存完整的纪年墓出土，那更是一种不切实际的苛求。偃师杏园唐代墓地恰恰是一次例外。我们紧紧抓住了这次难得的机遇，全面发掘了这69座唐墓，认真梳理和研究了这批珍贵资料，及时编写了正式发掘报告。由于笔者主持了这次发掘，在资料整理和报告编写过程中得到考古专家赵芝荃先生、卢兆荫先生和赵超先生的全面指导和帮助，使笔者受益匪浅。在将发掘资料反复梳理和全面排比过程中，笔者相继撰写了七篇与报告相关的学术论文，祈求引起更多专家对这批资料的关注[2]。

《偃师杏园唐墓》正式发掘报告已于2001年问世。是中国社会科学院考古所河南二队在配合洛阳首阳山电厂基建过程中获得的全部唐墓资料，精心编写的正式田野发掘报告（图1）。

唐墓69座，其中纪年墓37座，出土砖、石墓志41方。难能可贵的是这一片墓葬群几乎全部保存完整，未经扰动。出土器物十分丰富，总件数达2200件。其中陶俑614件，陶器123件，瓷器136件，三彩81件（图2-1、图2-2、图2-3），铜镜59面（表1），其他铜器154件，金银器46件（图2-4、图2-5、图2-6），还有玉石器、骨蚌器及货币等。

偃师杏园村位于偃师市西五里，距洛阳唐东都城仅廿多千米。墓地位于杏园村南侧，背山面水，自然风貌极佳，北依邙岭，南瞰伊洛，地势高亢，土坡平缓。汉晋时代这里松柏葱郁，土厚水深，东汉帝陵封土高耸。唐代北邙依然是苍山滴翠，大道宽平，是紧邻帝都的上佳墓园。

今撰此文着重解读杏园出土的59面唐镜在唐镜研究中的地位和作用，提出自己浅显的见解，以求教于方家学长。

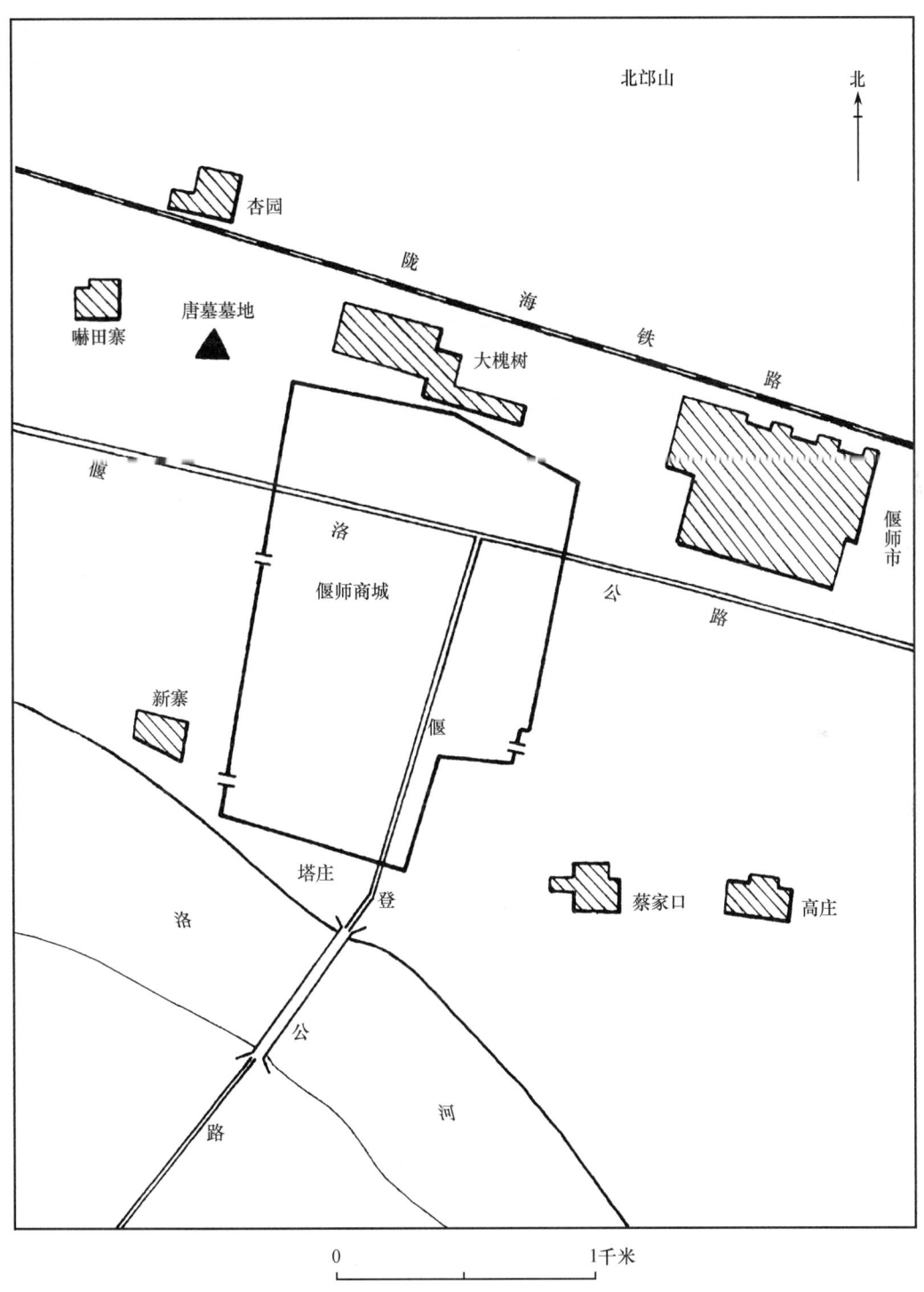

图1 偃师杏园位置示意图

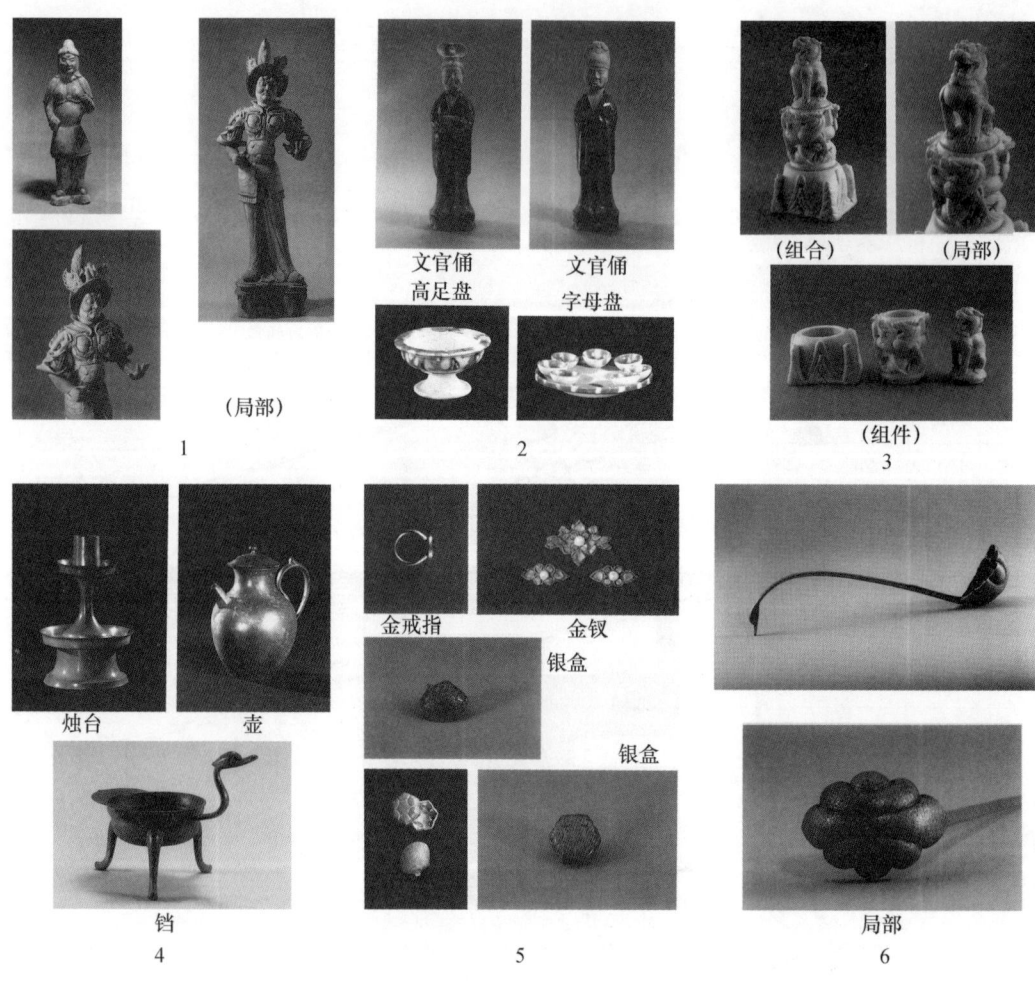

图2 偃师杏园唐墓出土器物
1. 武士俑 2. 三彩器 3. 滑石熏炉 4. 铜器 5. 金银器 6. 银勺

表1 偃师杏园唐墓出土铜镜登记表

序号	墓号	墓主	纪年	镜名	直径（厘米）
1	M1366：12	李守一	武则天长寿三年（694）	圆形瑞兽葡萄镜	13.1
2	M1041：5	宋思贞	武则天正圣元年（695）	圆形瑞兽葡萄镜	9.8
3	M1004：3	宋执	武则天长安元年（701）	圆形素面抛光镜	7.01
4	M1003：7	宋祐	中宗神龙二年（706）	圆形雀绕花枝镜	11.7
5	M1008：5	宋祯	中宗神龙二年（706）	菱花形银壳鸾兽镜	6.5
6	M1008：21	宋祯	中宗神龙二年（706）	菱花形鸾兽镜	12
7	M1008：3	宋祯	中宗神龙二年（706）	圆形素面抛光镜	9.8
8	M1928：2	李嗣本	中宗景龙三年（709）	菱花形素面抛光镜	9.6
9	M1928：1	李嗣本	中宗景龙三年（709）	菱花形瑞兽镜	10.4

续表

序号	墓号	墓主	纪年	镜名	直径（厘米）
10	M1710：20	李珣	玄宗开元六年（718）	圆形瑞兽葡萄镜	9.9
11	M1710：1	李珣	玄宗开元六年（718）	圆形葡萄蔓枝镜	9.2
12	M1137：40	卢氏	玄宗开元十年（722）	圆形瑞兽葡萄镜	10.1
13	M1137：35	卢氏	玄宗开元十年（722）	葵花形双雁荷花镜	14.4
14	M1435：30	袁氏	玄宗开元十七年（729）	菱花形鸾兽镜	16.2
15	M1435：45	袁氏	玄宗开元十七年（729）	圆形素面镜	15.2
16	M0535：12	郑氏	玄宗开元十九年（731）	圆形素面镜	24.5
17	M2603：5	李景由	玄宗开元廿六年（738）	葵花形云龙纹镜	24
18	M2603：24	李景由	玄宗开元廿六年（738）	圆形素面抛光镜	17.8
19	M2603：38	李景由	玄宗开元廿六年（738）	菱花形银壳鸾兽镜	6.5
20	M1204：20	崔悦	玄宗天宝四年（745）	葵花形鸿雁衔绶镜	11.3
21	M2731：25	崔琇	玄宗天宝九年（750）	葵花形雀绕花枝镜	9.8
22	M2731：24	崔琇	玄宗天宝九年（750）	葵花形鸾兽镜	9.7
23	M2503：19	郑夫人	玄宗天宝十三年（754）	葵花形四夔纹镜	16
24	YHM3：11	窦承家	肃宗至德元年（756）	葵花形仙人鸿雁镜	16
25	YHM3：7	窦承家	肃宗至德元年（756）	葵花形鸾兽镜	17
26	M4206：10	王嫆	代宗大历十年（775）	圆形金银平脱三雁镜	15.8
27	M4206：23	王嫆	代宗大历十年（775）	圆形螺钿花鸟镜	7
28	M5036：1	郑洵	代宗大历十三年（778）	圆形金银平脱花鸟镜	21
29	M5036：5	郑洵	代宗大历十三年（778）	圆形金银平脱蝶花镜	15.3
30	M5036：12	郑洵	代宗大历十三年（778）	葵花形团花镜	18.8
31	M5036：4	郑洵	代宗大历十三年（778）	葵花形双鸾衔绶镜	13.5
32	M5111：2	韦夫人	德宗建中四年（783）	圆形素面抛光镜	17.7
33	M2845：14	郑夫人	德宗贞元八年（792）	圆形素面镜	15.2
34	M111：3	李荣初	德宗贞元十年（794）	亚字形万字镜	15
35	M111：4	李荣初	德宗贞元十年（794）	亚字形万字镜	15
36	M2544：15	郑绍方	宪宗元和九年（814）	圆形素面镜	9.2
37	M2544：18	郑绍方	宪宗元和九年（814）	圆形素面抛光镜	19.5
38	M2003：19	韦河	文宗大和三年（829）	亚字形金银平脱蝶花镜	13.8
39	M2019：2	韦友直	文宗大和七年（833）	亚字形刻花镜	16
40	M5013：16	崔防	武宗会昌二年（842）	圆形素面镜	17.5
41	M5013：20	崔防	武宗会昌二年（842）	圆形团花镜	13.6
42	M5013：44	崔防	武宗会昌二年（842）	亚字形素面抛光镜	13.8
43	M1921：15	李郁	武宗会昌三年（843）	圆形铭文瑞兽镜	19.5

续表

序号	墓号	墓主	纪年	镜名	直径（厘米）
44	M2443：10	李郜	武宗会昌三年（843）	圆形对鸟镜	22
45	M2901：14	李廿五女	武宗会昌五年（845）	圆形八卦十二生肖镜	20
46	M1025：46	穆悰	宣宗大中元年（847）	圆形对鸟镜	4.3
47	M1025：7	穆悰	宣宗大中元年（847）	圆形瑞兽葡萄镜	9.4
48	M1025：12	穆悰	宣宗大中元年（847）	葵花形鸾兽镜	14.8
49	M1819：12	卢夫人	宣宗大中十二年（858）	圆形素面镜	19
50	M1819：9	卢夫人	宣宗大中十二年（858）	方形素面划纹镜（残）	
51	M4537：13	李棁	懿宗咸通十年（869）	圆形瑞兽镜	7.2
52	M9302：6			圆形素面抛光镜	11.8
53	M1902：48			菱花形鸿雁花枝镜	13.3
54	M0502：2			菱花形狩猎纹镜	12.5
55	M9104：5			葵花形鸿雁花枝镜	9.3
56	M0920：1			圆形团花镜	17
57	M0601：1			圆形团花镜	16.6
58	M0954：1			圆形星文八卦镜	22
59	M1538：4			亚字形金银平脱镜	12.5

二 杏园唐墓的发现过程极具偶然性

1982年为了给陇海铁路电气化机车输送电力，水利电力部定在洛阳以东建大型火力发电厂。原址选在首阳山南蔡庄附近，那里邻近洛河，土厚水深，地势开阔，很适宜建厂。由于地处洛阳汉魏故城的范围之内，理所当然被文化部及国家文物局给予否定。后来电厂向东选在了偃师县西南的塔庄附近。经过中国社会科学院考古研究所汉魏故城考古队配合钻探，又钻探出1座3600年前的偃师商城。电厂选址又一次遭遇波折。再经过中央几大部委反复磋商之后，决定在偃师商城以西几百米的杏园村附近划定厂区，建立首阳山电厂，占地千余亩。由于电厂新址紧挨商城，考古研究所领导决定将配合电厂的考古任务与偃师商城的发掘研究一并交给刚刚成立的考古研究所河南二队来承担。当时的普探结果，电厂千亩范围内只有4座汉墓资料。考古研究所河南二队队长赵芝荃指派徐殿魁负责此事。徐殿魁曾在考古研究所安阳队工作过2年，知道安阳殷墟西北岗是商代王陵大墓的范围。而首阳山电厂范围也恰恰在偃师商城西北角，距离也是几百米，如果真的把商代大墓从我们手中漏掉，我们将难以承担这样的重大失误。杏园村南侧地表以下1~3米均为邙山冲积层，土沙相间，因此没有多少古墓被发现。可是偃师商城的文化层经考古钻探常在现地面以下5~7米处，徐殿魁与队长赵芝荃商议后决定，电厂范围内地下钻探深度必须达到7米。结果出人意料，钻探穿过了

3米多冲击层后竟然发现了密集的古墓群，共200余座。东汉、曹魏、西晋、北魏及唐宋墓均有发现，其中69座唐墓就是这样揭开面纱的。唐墓墓口以上3米多沙石层均为唐代以后的冲积层。这3米多沙石层即骗过了盗墓贼，也骗过了此前参加普探的老技工。

三 杏园唐墓出土铜镜是唐镜研究领域一次突破

众所周知，纪年墓资料是我们考古断代研究过程中的基石，它更像一个标尺和一块界碑，在考古学研究中举足轻重。偃师杏园唐墓发掘之前，我们掌握的唐镜资料有几千面，但纪年墓出土唐镜不足50面，这次杏园唐墓一次出土59面，而且有51面出土于唐代纪年墓之中，这对于唐代铜镜的断代研究来说当然是一次重要的突破。我们敬爱的夏鼐所长生前曾来到偃师杏园墓地指导工作，当在库房中看到这么多出土文物后非常兴奋，特别叮咛我们可以破例购买保险柜，并一再嘱咐要妥善保管好这批珍贵文物。杏园59面铜镜出土为唐镜研究专家提供了新的证据。例如我尊敬的老师孔祥星先生就对这批唐镜十分关注，并鼓励我尽快将发掘资料整理发表（图3-1、图3-2、图3-3）。

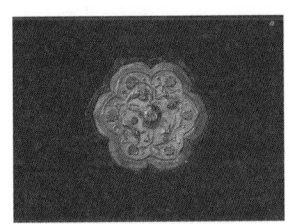
菱花形银壳鸟瑞兽镜

圆形金银平脱对鸟镜

圆形金银平脱三雁镜　菱花形鸾鸟瑞兽镜

菱花形狩猎纹镜

圆形铭文八卦十二生肖镜

1

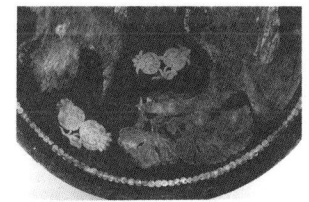
圆形金银平脱对鸟镜（局部）

2

圆形铭文瑞兽镜

菱花形云龙纹镜

3

图3　杏园唐墓出土铜镜

四 关于唐代几种新镜形方面的讨论

唐代之前，铜镜几乎均为圆形进入高宗武则天时期，大唐繁盛已初步显现，唐镜此刻也有了许多新变化。

关于菱花镜，判定它出现在武则天时期，这是因为在菱花镜上发现了铸有"长寿元年（公元692年）腊七日造"[3]的铭文，它与洛阳关林天宝八年（公元749年）纪年墓出土的"长寿二年"铭文内容极为相近[4]。它的主要流行阶段在武则天、玄宗时期,这个结论也经得起实物见证。杏园唐墓中共有8面菱花镜出土,均出现在中宗、玄宗时期的纪年墓中,有力的支撑了这一论断。

关于葵花形镜,过去掌握的纪年墓资料应始造于玄宗天宝初期,流行于玄宗天宝及肃宗、代宗时期。杏园纪年唐墓资料显示,早在开元十年(公元722年)的卢氏墓中已有葵花形镜问世。开元廿六年(公元738年)李景由墓出土的云龙纹镜,镜形规整,构图生动,制镜技艺已十分成熟,成为葵花形云龙纹镜中的精品,比菱花形镜的创始年代只晚了几十年。

关于四方委角镜,过去的发掘报告中都认定四方委角镜出现在晚唐时期墓中。杏园李荣初纪年墓下葬于德宗贞元十年(公元794年),墓中出土了四方委角镜,应归中唐晚期,但主要流行期还应归入晚唐。

五 关于瑞兽葡萄镜的演变轨迹

杏园唐墓共出土瑞兽葡萄镜5面,还有一面葡萄蔓枝镜,他们均出土于纪年墓中。葡萄镜的出现及演变过程几十年来一直是中外学者很感兴趣的话题,除了铜镜专家孔祥星先生之外,日本学者梅原末治、樋口隆康、秋山进午各位先生也花了大量篇幅来阐述自己的见解。

圆形瑞兽葡萄镜大约出现于高宗时期,随后武则天时期纪年墓中大量出现,无疑是这一阶段最受世人钟爱的一种镜形。它用写实的葡萄枝蔓和果实配以瑞兽禽鸟图画式构图富于动感,禽鸟活泼可爱,瑞兽攀爬嬉戏,毫无拘束扭捏;加上铸镜原料纯正,工艺精湛,模范清晰,使此类铜镜达到令人爱不释手的地步。

将写实的葡萄枝、叶、实和传统的瑞兽图像融入一个小小的画面当中,含蓄地表达了中西方文化的血脉相依,值得我们深一步探究。

葡萄原产西域,西汉时期渐渐传入中原,东汉时期在新疆出土的织物上已出现葡萄身影[5],但将优良品种传入长安,专辟葡萄种植园,使之成为宫廷贡果,应该是太宗至高宗时期的真实景象。神龙二年(公元706年)陕西乾县永泰公主墓石椁内南面西间线刻葡萄侍女像[6],侍女手中捧着一盘葡萄果,形象准确逼真(图4-1、图4-2、图4-3)。史籍相关记载还有李世民四征西域,将西域酒师引入宫中,以葡萄为原料,酿造出葡萄酒,以葡萄酒颁赐群臣,京中始识其味[7]。

瑞兽葡萄镜流行的几十年中,构图和布局也在不断地改进之中。笔者相关论文中将葡萄镜演变轨迹(表2)共分为五式[8],五式之间传承和演变轨迹一目了然。我们还知道,瑞兽葡萄镜应是由初唐圆形瑞兽镜直接发展演变而产生的一个新品种。比较早的瑞兽葡萄镜瑞兽形体舒展,与圆形瑞兽镜的图形极为相近。内外区间为宽线界隔,到葡萄镜偏晚时期,瑞兽动作夸张扭捏,内外区分界处枝蔓缠绕,铸造模范也不再清晰精制,或说明其备受青睐的阶段已成过去,受到更新镜类的冲击。

图4　陕西永泰公主墓线刻葡萄侍女像

表2　葡萄镜演变轨迹（图5-1～3）

分式	纪年	纽形	内区	界棱	外区	边缘
A式	665	圆形	四兽奔驰 形体舒张	宽线界棱 斜立锯齿	葡萄实 长尾鸟	斜立锯齿
B式	694	瑞兽纽	四兽奔驰 形体丰腴	两圈突棱 分割内外	葡萄实 长尾鸟	高缘无纹（图5-1）
C式	698	卧兽纽	六兽攀藤 戏耍形态	一圈突棱 分割内外	葡萄枝蔓 瑞兽蝴蝶	小花瓣 密布一周（图5-2）
D式	709	卧兽纽	四兽戏耍 四禽飞舞	突棱变窄 藤蔓"过梁"	葡萄枝蔓 瑞兽蜂蝶	小花瓣 密布一周
E式	722	瑞兽纽颈	四兽攀援 戏耍形态	葡萄枝蔓 缠绕凸棱	葡萄枝蔓 四只飞鸟	小花瓣 稀疏分布（图5-3）

六　关于葵花形双雁绶带荷花镜的问世缘由

杏园卢氏墓为玄宗开元十年（公元722年）纪年墓。墓内出土的葵花形双雁绶带荷花镜（图5-4）有两点值得格外给予关注：第一，这种葵花形镜将葵花镜的初始年代认知提前到开元时期。第二，双雁绶带图案可以归入对鸟镜系列。并将对鸟镜的初始年代提前了几十年。双雁绶带图案与双鸾绶带、鸾凤绶带、鸳鸯镜、鸿雁镜等均应归入

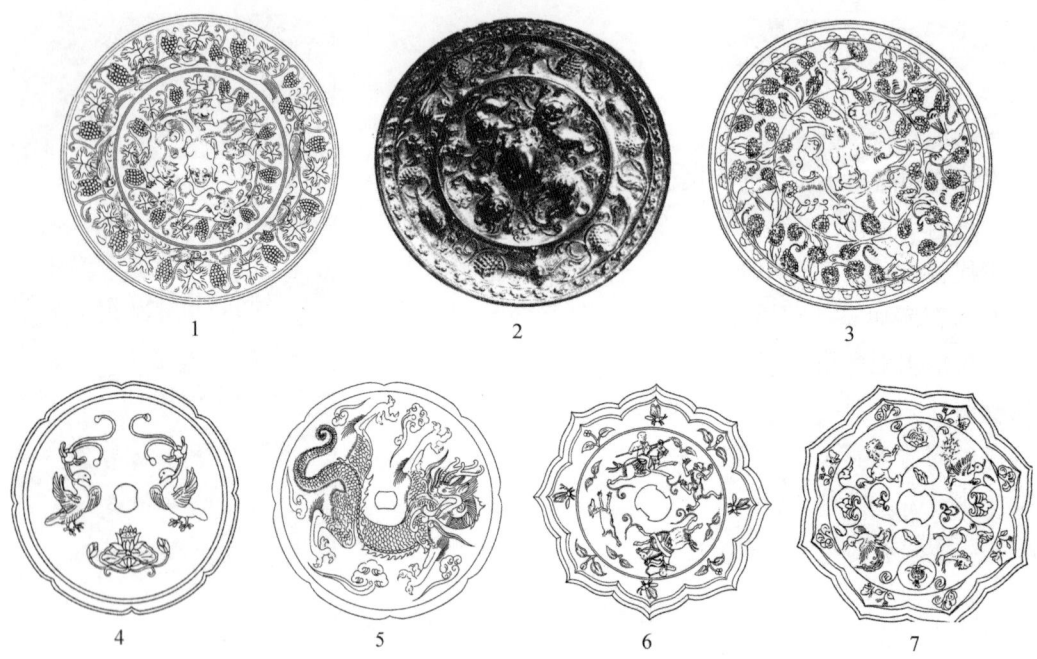

图5　杏园唐墓出土铜镜
1. 瑞兽奔驰葡萄镜　2. 瑞兽攀藤戏耍葡萄镜　3. 瑞兽攀援戏耍葡萄镜　4. 双雁绶带荷花镜　5. 云龙纹镜
6. 狩猎纹镜　7. 鸾鸟瑞兽镜

对鸟镜范畴。它将最美丽的飞禽融入镜背是开元天宝时期铜镜最盛行的一个主题。它产生的时代背景也颇耐人寻味。"绶"与寿同音。玄宗千秋节自题诗中有"更衔长绶带，留意在人深"的妙言佳句。《新唐书·车服志》已将双鸾衔绶、雁衔绶带图案定位三品官朝贺宴会的朝服，因此将美轮美奂的祝寿图案融入铜镜的画面之中，无疑饱含着对帝王祝福的美好意愿。陕西长安斗门唐墓出土1件双鸾双马千秋纹镜[9]，在外区蝴蝶花纹的中心有篆文"千秋"二字，说明双鸾镜是为玄宗八月五日千秋节而特铸的一种镜形。

七　关于杏园唐墓出土的葵花形云龙纹镜

玄宗开元廿六年（公元738年）李景由墓出土云龙纹镜直径达24厘米，龙身躬背，通体鳞片，曲颈回首，面向宝珠，四腿粗壮，伸展自如，三爪突显，尾部卷曲，五朵流云衬托着飞龙翱翔于天际，构图动感十足又富于想象。镜面银白色，光亮如初，在云龙纹镜排比中，无论图案构思还是铸造工艺都应归上乘之作（图5-5）。

浏览铜镜资料，云龙铜镜出土不多，西安郭家滩唐墓出土的云龙纹镜，外区灵芝花瓣中有篆文"千秋"二字，也应与玄宗八月五日千秋节祝寿有关[10]。

八 余 语

1. 杏园唐墓出土59面铜镜值得特别关注

杏园千亩范围内，一次科学发掘69座唐墓，包括保存完好的纪年墓37座，一次出土唐代各种珍贵文物两千余件，一次出土59面唐镜是一次可遇而不可求的重要发现。《偃师杏园唐墓》田野报告的正式出版，对洛阳地区唐代墓葬形制与随葬组合的研究，对洛阳地区唐代陶俑的分期研究，对唐代墓志纹样的排比研究，对洛阳地区唐代陶瓷器的编年研究，对唐代开元通宝的分期研究，对唐代金银器的综合研究都有着十分重要的参考意义。这本专刊2001年问世后，当即获得中国社会科学院科研成果二等奖，获得考古研究所科研成果一等奖。这是对此专刊在科研领域的一次全面肯定。

2. 59面铜镜是大唐开放社会的实物见证

唐代前期经贞观之治和开元盛世的催化，一个国力强盛、经济雄厚、商贸繁荣、文化灿烂、思想开放的大唐帝国伫立于东方。它深沉博大，富于进取，兼收并蓄，社会安定，百姓富足，是名副其实的引领世界的泱泱大国。大文学家鲁迅先生在《看镜有感》一文中说："凡取用外来事物的时候，就如将被俘来一样，自由驱使，绝不介怀。"唐长安城已成为世界少有的几个国际大都会之一。大唐繁盛，声威远播，西域的胡服、胡乐、胡舞渐渐传入中国，早已融入宫廷宴乐之中。更为难能可贵的是就连各种宗教、各种信仰也在大唐得以自由传播，不受歧视。各种民族相聚相融，处处展现的是大唐社会那宽阔的胸襟和坚定自信的理念。在经济领域也是周边诸国十分敬佩和向往的商贸中心。

3. 59面铜镜里的花鸟图案是唐代庄园奢华场景的真实写照

杏园59面铜镜中，包含花鸟、蜂蝶、瑞兽、狩猎的图案达三十多面，它着重描绘的是大唐社会庄园生活的美妙场景。草木茂盛的庄园里鸟语花香，狮群嬉戏，骑马狩猎（图5-6），鸾凤和鸣，是社会安定、生活奢华的具体写照。有一面铜镜最具代表性。开元十七年（公元729年）杏园袁氏墓中出土的菱花形鸾鸟瑞兽镜，最大径16.2厘米。鸾鸟回眸，狮兽戏耍，蜂蝶采蜜，配以流云，将安详欢乐、良辰美景集于一身（图5-7）。这面铜镜的铸造技艺更令人叹为观止。用高浮雕、透雕等技艺将狮兽刻画得淋漓尽致。镜面银白，菱角规整，是此类镜当中不可多得的镜中精品。

我们还注意到，这一时期的铜镜在绘画艺术领域有一跨越式升华。将此前的对称技法、严谨的几何图形排列技法弃之不用，而大胆地向自由绘画式技法大步迈进。大唐时期也是我国在绘画方面万紫千红、大胆突破的发展时期，仅长安城就出现了206名著名画师。他们用画笔记录下那个缤纷的时代，一些名画甚至流传今世。铜镜上的绘画式花鸟图案，同样映衬了唐代绘画领域迅速发展的这样一个值得称颂的阶段。

4. 唐代铜镜由盛至衰的演变轨迹同样是唐代政治生活的一面镜子

初唐时期，高祖拨乱反正，江河循序归于一统，礼仪律法逐渐完备，李世民英雄盖世，四扩疆土，大唐渐入佳境。铸造工艺在前期铸造技术基础上扩大主题，甚至将金戈铁马铸入境中，应是颂扬太宗李世民的功高盖世的一种升华。

高宗、武则天至玄宗开元，百年无战事，大唐进入到一个空前繁盛的阶段，中西交流，贸易通达，君王寿诞，百僚相贺，花香鸟语，路不拾遗，"忆昔开元全盛世，小邑犹藏万室家"。铸镜工艺已达高峰，图样鲜活，百兽狂舞，一派富足景象。安史之乱，神州动荡，八年兵戈，祸及百岁。朋党勾结，主昏臣暗，大唐社会已进入衰败时期。人们只能将乞求安定的信念存留于八卦镜、神仙境、符箓星纹镜、万字镜之中，铸镜工艺再无佳作可言。一面小小铜镜记录是时代的印痕。它是我们全面研究唐代社会不可或缺的一个层面。

注　释

[1]　（唐）王建：《北邙行》，《全唐诗》。

[2]　a. 徐殿魁：《洛阳地区隋唐墓的分期》，《考古学报》1989年第3期。

　　b. 徐殿魁：《试论唐开元通宝的分期》，《考古》1991年第6期。

　　c. 徐殿魁：《唐代开元通宝的主要品类和分期》，《中国钱币》1992年第3期。

　　d. 徐殿魁：《试论唐代的民间茶具》，《农业考古》1994年第2期。

　　e. 徐殿魁：《唐镜分期的考古学探讨》，《考古学报》1994年第3期。

　　f. 徐殿魁：《洛阳地区唐代墓志花纹的内涵与分期》，北京大学《唐研究》第四卷，北京大学出版社，1998年。

　　g. 徐殿魁：《唐代金银器纹饰的内涵与分期》，《新世纪的中国考古学——王仲殊先生八十华诞纪念论文集》，科学出版社，2005年。

[3]　梅原末治：《唐镜大观》插图第99，珂罗版印制，1948年原版。

[4]　洛阳博物馆：《洛阳出土铜镜》插图第105，文物出版社，1988年。

[5]　新疆维吾尔自治区博物馆编：《丝绸之路——汉唐织物》，文物出版社，1972年。

[6]　陕西省博物馆：《隋唐文化》第100页，学林出版社，1997年。

[7]　《唐会要》卷100。

[8]　徐殿魁：《唐镜分期的考古学探讨》，《考古学报》1994年第3期。

[9]　陕西省博物馆：《隋唐文化》第161页，学林出版社，1997年。

[10]　《旧唐书·玄宗本纪》开元十七年"八月癸亥上以降诞日，宴百僚于花萼楼下，百僚表请以每年八月五日为千秋节，王公以下献镜及承露囊，天下诸州咸令宴乐，休假三日，仍编为令，从之"。

唐代渤海国火炕遗址的类型与等级

孙秉根

唐代渤海国（公元698～926年），是我国古代东北地区以粟末靺鞨族为主体，联合靺鞨诸部及其他民族建立起来的少数民族封建地方政权。其首领历来受到唐王朝的册封，封号先后为"左骁卫大将军、渤海郡王，以所统为忽汗州，领忽汗州都督""银青光禄大夫、检校司空、渤海国王""金紫光禄大夫、检校司空、渤海国王""金紫光禄大夫、检校太尉、渤海国王"[1]等。因此，也可以说渤海国是唐王朝在边远地区的一个边州和藩国。渤海国位于我国东北地区的大部和朝鲜半岛的北部及俄罗斯的滨海边疆区。这些地区纬度高，冬季漫长而且寒冷。因此，当地居民首先要解决冬季御寒取暖的问题，否则无法度过严寒的冬季。

自20世纪开展了渤海遗址的考古调查和发掘以来，在各类建筑遗址中陆续发现了一些取暖设施，其中以火炕居多。国内外学者对此也进行了一些研究。有的依靠文献记载探讨了火炕的起源与发展[2]。有的对渤海火炕遗址进行了初步的整理归纳并和高句丽时期的火炕进行了比较[3]，有的对东北地区古代取暖设施和火炕资料进行了系统梳理研究，并探讨了起源、分期等问题[4]。国外有的学者也进行了一些分析研究[5]。但他们收集的资料大多只收到2000年，而且大多未涉及火炕的类型和等级。

我国自改革开放以来，渤海的考古调查与发掘工作，无论是配合经济建设或是进行有计划的科学发掘，都取得了丰硕的成果，特别是对渤海上京龙泉府、中京显德府和东京龙原府城址等的大规模考古发掘，更是取得了举世瞩目的成就。近些年来，先后发表了《西古城》、《渤海上京城》和《八连城》三部大型的田野考古发掘报告，刊布了许多渤海火炕的新资料。此外，朝鲜和俄罗斯的渤海考古工作也取得了不少成果，并发表了一些火炕资料。本文拟在前人研究成果的基础上，对火炕资料特别是发表的新资料进行一些分析研究，探讨火炕的形制、结构和类型，并结合所在遗址的形制特点及性质、出土遗物，对渤海火炕的等级及相关问题，进行了一些初步的分析研究，以起到抛砖引玉的作用。不当之处，请批评指正。

一　渤海火炕遗址发现概况

从目前发表的资料来看，渤海火炕遗址主要发现在上京、中京（西古城）和东京

（八连城）等城址。其他地区发现较少，这和考古工作开展的早晚和工作的多少有十分密切的关系，当然也和遗址本身保存的好坏有一定的关系。火炕的遗迹主要有灶和烟道（也称烟洞）所构成的火炕和烟囱等（也称烟筒、出烟口）组成。此外，也发现了少量的火塘等遗迹。现将已发表的火炕遗址资料加以梳理，简述于后。

（一）上京城的火炕遗址

上京城的考古调查和发掘工作开展的最早，工作做的也最多。早在1933~1934年，日本东亚考古学会在日本关东军的协助和保护之下，对该城址进行了掠夺式的盗掘，宫殿址、城门址、佛寺址等重要遗迹遭到严重的破坏，造成了不可弥补的损失，但出版的《东京城——渤海国上京龙泉府址的发掘调查》[6]考古发掘报告给我们提供了不少信息和资料。新中国成立后，开展了一系列的大规模考古工作，主要有：1963~1964年中国科学院考古研究所东北队对该城址进行了全面的地面踏查和地下勘探，发掘了宫城西区的寝殿、"堆房"、皇城的衙署，外郭城的城门和城内外的佛寺等遗址，并发表了《六顶山与渤海镇——唐代渤海国的贵族墓地与都城遗址》[7]考古发掘报告。1982~1985年黑龙江省文物考古工作队又发掘了宫城的2、3、4号门址以及1号宫殿址两侧的廊庑等，并发表了简报[8]。1997~2007年，黑龙江省文物考古研究所对宫城、皇城、禁苑等许多殿址、城门进行了系统的大规模的考古发掘，取得了一系列的新成果。同时也出版了《渤海上京城》的考古发掘调查报告[9]。

在这些考古发掘中，发现了许多火炕遗址。笔者有幸参加了宫城西区寝殿址的发掘，对渤海火炕的形制结构有了较为深入、具体的了解和亲身感受。现以寝殿址的火炕资料为重点，将上京城各个基址中发现的火炕加以梳理和介绍（图1-1）。

1. 宫城西区寝殿址的火炕遗迹

寝殿址位于宫城西区第二个院落的西北部。是一处坐北朝南的土木结构的瓦顶建筑物。

（1）殿址的形制与结构

寝殿址建于长方形的夯土台基上，系用沙土和黄褐土交替夯筑而成。台基东西长28.95米，南北宽17.3米，厚0.4米（深入当时地面0.25米，高出地面0.15米）。表面铺沙成为屋内的地面。台基四周用长方形条石包砌，其外还铺青砖"散水"。台基南面东西两侧似有砖铺的台阶；台基北面正中有通往北面庭院的砖路。

寝殿的正房分3间，东、中、西三屋相连。东、西屋大，形制、结构相同，均为面阔、进深各3间。东西宽6.95米，南北进深7.55米。中屋较窄，面阔2间，进深3间。东西宽4.75米，南北进深也为7.55米。中屋中间砌隔墙，将中屋分为南北2小间。从布局上看，东、西屋为居室，中屋为过廊。房屋四周用土坯砌墙。墙面抹一层细泥，外涂白灰并有彩绘痕迹。三屋内开设6门，可与三屋及南、北廊相通。房屋四周有回廊，面阔

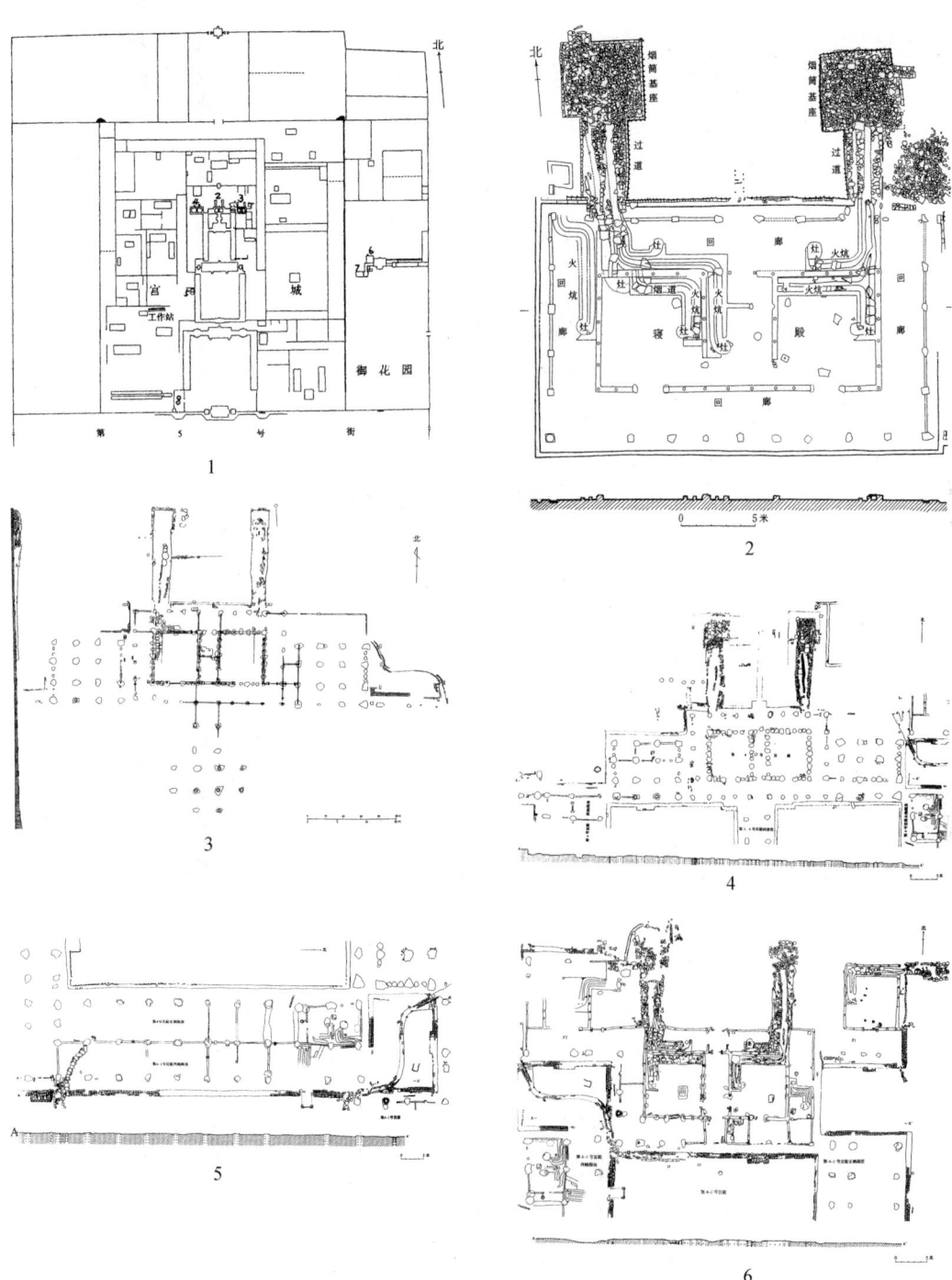

图1 上京宫城火炕遗址分布及平、剖面图

1.火炕遗址分布图 2.西区寝殿遗址及火炕遗迹平、剖面图 3.第四宫殿遗址及火炕遗迹平面图（20世纪30年代）
4.第四宫殿遗址平、剖面及火炕遗迹图（2001年） 5.第四宫殿东侧厢房平面图及火炕细部图
6.第4-1宫殿址及火炕遗迹平面图

10间，进深5间，东西长26.7米，南北宽15米。廊宽3米。东、西、北廊有土墙，墙宽仅为屋墙的二分之一。南面未见墙的痕迹，似为敞廊。北廊中部有1门，可通北面庭院[10]。

寝殿的火炕遗迹，保存较好。有7个灶和12条烟道构成的7铺火炕和2个烟囱。烟囱已倒塌，仅存基座，位于台基北侧的东北、西北部。灶、烟道、火炕均位于寝殿内（图1-2）。

（2）灶、火炕与烟囱的形制与结构

寝殿内的7个灶，4个在屋内，3个在屋外廊间（东、中屋各1个，西屋2个，西廊内1个，北廊内2个）。各灶均用砖竖砌或用小石块围砌成略呈圆形的灶坑（也称灶膛）。灶底内凹，积满炭灰，内遗有兽骨和贝壳。灶口至灶后壁，前低后高。灶口一侧砌灶台，另一侧与火炕的烟道相连。烟道有单、双之分。北廊内的烟道都为单烟道，东、中、西屋和西廊内的烟道都为双烟道。烟道都紧贴墙壁而与之平行，呈曲尺形。烟道两壁有的用四层土坯砌成。烟道高约0.3米，内宽0.4米，外宽0.6~0.7米。内外壁都抹一层5厘米厚的细泥黄沙，外壁的一面还抹一层白灰。烟道顶部铺盖大小不一的石板或土坯，其上还抹一层泥，形成了宽窄不一的火炕面，炕面平整光滑。单烟道火炕宽0.6~0.7米，双烟道火炕宽1.2~1.4米，高0.3米。这样12条烟道构成了7铺火炕。烟囱2个，位于寝殿台基北侧的东北和西北部。2个烟囱的位置左右对称，大小、形制、结构基本相同。烟囱可分基座和过烟道两部分。北部为方形的基座，南侧为长方形的过烟道（也称烟桥）。平面呈"T"形。烟囱已倒塌，仅存下部基座，宽5~5.5米，残高1.7米。基座下大上小，往上逐渐有收分。过烟道呈长方形，南北长4.6~5.2米，宽2.45~3.2米，高1~1.4米。过烟道南低北高，呈斜坡状，以利排烟。内用石块隔成两条烟道，宽0.4~0.5米，深0.6米。有的过烟道南端顶部先用板瓦覆盖，然后再用石板铺盖。过烟道的东西两壁还涂白灰[11]。东屋和北廊东部灶的烟道汇合后，通往东北部烟囱。中屋、西屋和北廊西部灶的烟道汇合后，通往西北部烟囱。

此外，在台基北面的东、西两端，还有一些建筑遗迹，有可能是小烟囱残迹，其形制结构不明。

寝殿址的出土遗物主要是砖、瓦、瓦当等陶质建筑材料和陶器等，未见釉陶质的建筑构件。

综观寝殿址的火炕遗迹，由7个灶和12条烟道构成的7铺火炕及2个烟囱，构成了2套完整的采暖系统，既解决了寝殿的冬季取暖问题，又妥善地解决了室内排烟和进氧气的问题。

2. 第4宫殿址的火炕遗迹

（1）主殿火炕遗迹

第4宫殿址位于上京宫城的南北中轴线上，即宫城中区自南而北的第4座宫殿址。该殿址由主殿、东西配殿及其两侧的东西厢房组成。主殿台基前还有廊道与第3宫殿址相通，形成了坐北朝南，前朝后寝的建筑群格局。

该殿址在20世纪30年代曾遭到日本东亚考古学会掠夺式的发掘。2000～2001年黑龙江省文物考古研究所对该殿址又进行了考古发掘。现根据这两次发掘所报道的资料，综述于下：

a.主殿形制与结构

该殿址的主殿及东西配殿都建于长方形的低矮的夯土台基上。台基用较纯净的黄褐土掺合白灰颗粒夯筑而成。有人称之为"三合土"。主殿台基东西长约28米，南北宽约17.4米，残高约0.3米；东配殿东西长14.6米，南北宽12.6米，残高约0.3米；西配殿台基东西长14.8米，南北宽12.3米，残高约0.3米。主殿及东西配殿台基南部分别与东西厢房的台基相连[12]。台基四周均用长方砖包壁，其外还用青砖铺砌"散水"。

主殿的正房共分3间，东、中、西三屋相连，东、西屋大，中屋小。其形制与结构与宫城西区寝殿的房屋结构相似，但更讲究。东、西屋为居室，中屋为过廊。从《东京城》发表的平面图资料来看，东、西屋面阔3间，中屋面阔1间，三屋的进深均为3间。中屋中间用隔墙将其分成南北2小间。三屋内共开7个门，可使东、中、西三屋及南北回廊相通。三屋四周及中屋的隔墙都砌土墙，墙的底部有排列整齐、大小不一的柱础石，其上还有残木柱。墙壁结构是一种木骨土墙的结构[13]。从《渤海上京城》发表的资料看，东屋东西宽8米，南北长8.7米，西屋和东屋的形制、大小相似。房屋四周有回廊，面阔9间，进深5间[14]，并分隔成若干小间（图1-3、图1-4）。

第4宫殿址主殿的采暖设施，从《东京城》公布的资料看，该殿址和西侧殿址毁于大火，堆积较厚，保存较好，但发掘时许多重要的结构未曾弄清。发表的资料也很少，很不完整。

b.主殿的火炕形制与结构

第4宫殿址至少有两铺火炕和两个烟囱。火炕位于东屋的东墙和西屋的西墙，均为直线形的单面炕，似有双烟道构成并通过北墙与东、西烟囱的过烟道相连。烟道顶部铺石板便成火炕，火炕宽约1.5米[15]。另外在中屋北半部的南侧（紧挨中间隔墙），有一长方形土台，长约2.7米，宽约1.5米，高约0.3米。先用几块石板砌筑台基，上抹黄土泥和沙子并抹一层厚约0.06米的白灰，有人视之为"土床"。至于东、西屋内是否有灶，日本学者未曾搞清。在北廊的南墙（即西屋北墙）似有一铺"曲尺形"火炕，但具体结构未搞清楚，后已破坏无存。两个烟囱位于台基北面的东、西两端，由烟囱基座和南侧的长过烟道组成。烟囱基座略呈方形，边长约6米，四角以大石为础，底部铺石，有三层。东侧过烟道长11.4米，宽3.1米，残高约0.52米，也是用石块砌筑两壁，并在内侧底部填黄土，其上用青砖砌成一道纵向隔墙，将其分为两个烟道，每个烟道宽0.8米。两个过烟道的间距13.7米，两个烟囱的间距为9.5米[16]（图1-3、图1-4）。出土遗物除了普通的陶质建筑材料及铜、铁器等外，还出土了三彩兽头、釉陶质的建筑材料和莲瓣纹及素面的柱围及三彩器等生活用具[17]。

东西配殿均为面阔3间，进深3间，南北均有回廊。在南回廊个别础石上还刻有半圆形的覆盆。从东配殿南侧回廊残存部分台基剖面看，最下层为烧烤的红色砂质地面，其上为一层较坚硬的砂质黄褐土面，再上面是白灰地面，至少有三层白灰面，说明这一建筑的使用时间较长，地面经多次修补[18]。

（2）东侧厢房的火炕遗迹

主殿东侧厢房与第4-1号宫殿的西侧厢房共用一个台基。台基上有东西3排、南北11列的础石。主殿东侧厢房面阔10间，并分隔成七个单元，其中北起第一、二单元内有灶和火炕等采暖设施。厢房的面阔、进深基本相同，面阔约4米，进深约5米。地面较平，但未经特别加工（图1-4、图1-5）[19]。

a.北起第1间内的采暖设施有灶和火炕。东、南、北三面有墙，西侧也可能有墙。灶位于屋内中部偏东南的位置，仅存圆形的红烧土面的灶坑。灶内东与火炕相连。火炕为曲尺形，贴于南壁和东壁，双烟道，炕壁及烟道的隔墙均用夹有颗粒的黑褐土垒筑而成。炕洞在屋内东北角略东转，可能伸出屋墙外，推测是在东北角附近直立伸出屋顶或转折伸出墙外的烟囱（图1-5）。

b.北起第2间内也有灶和火炕遗迹。灶位于北墙中部，仅存圆形的红烧土面灶坑，向东与北壁的火炕相连。火炕也为曲尺形，贴于北壁和东壁，双烟道，结构和其北面的1间的火炕相同。火炕东壁南部已毁，其余结构不明[20]（图1-5）。

3. 第4-1号宫殿址的火炕遗迹

第4-1号宫殿址位于第4宫殿址的东侧。形制结构较为复杂，由主殿及东北部（F1）和西北部（F2）的两座建筑物组成，主殿四周还有回廊并分隔成若干小间，其东边有廊庑，其西还有厢房等附属建筑。

主殿及F1、F2都建于低矮的长方形台基上，高0.3米。系由纯净的黄褐土夹杂少量的白灰颗粒筑成，其外用青砖包壁，包壁外有砖"散水"。包壁及砖"散水"损坏严重。三座台基角部相连，整体呈倒"品"字形。

主殿台基东西长28.7米，南北宽16.4米。F1台基东西长15.3米，南北宽13.4米。F2台基东西长17.2米，南北宽14.5米（图1-6）[21]。

（1）主殿的火炕遗迹

主殿的正房有3间，东、中、西三屋相连。东、西屋较大，中屋较小。东、西屋形制相同，面阔3间，进深3间。东、西屋东西宽约7.5米，南北长8.2米。中屋面阔1间，宽3.2米，进深也为3间。东、西屋应是居室，中屋为过廊。房屋四周砌土墙，保存较好。墙内外都抹黄褐色沙土泥，其外又刷白灰。墙内有柱洞，其下有柱础石。三屋共开设6门，可使三屋互相通连并可进入南北回廊（图1-6）。室内地面较平整，但未发现夯打痕迹。

主殿内的采暖设施保存较好，现存有6个灶、6铺火炕、2个烟囱和2个火塘。火炕及火塘有大小之分。位于东屋西墙及西屋西墙和北廊内南墙的4铺火炕形制较大；位于东廊及南廊内的2铺火炕形制较小，而且结构也较简单。位于东屋内的火塘较小，西屋内的火塘较大。

东、西屋内均有灶、火炕、火塘。灶、火炕和火塘的形制结构基本相同。东、西屋北廊内的东西两边也都有一铺火炕，有灶和火炕等，只是走向相反。东屋内的灶位于屋内西墙中部，紧贴墙壁，略呈椭圆形。灶的南壁为直壁形，由黄褐土垒成，向室内的三面墙抹有白灰。灶内部用石块砌成锅底形，底部呈半圆形，灶坑中间还有一小圆坑，向北与火炕的烟道相连[22]（图1-6）。东屋火炕呈曲尺形，由双烟道组成，高约0.3米，宽约1.4米。火炕紧贴西墙和北墙而行，并于北墙东端穿墙而过并转向北与东烟囱南侧的过烟道相连。烟道两壁及隔墙均由黄褐土垒成，其上铺砌石板和青砖，形成炕面并抹有黄褐沙土，石板大多已缺失[23]。

火塘位于屋内的东南部，呈长方形，南北长1米，东西宽0.8米，深0.2~0.3米。其做法是先在地面上挖坑，然后用残瓦立置成火塘的四壁。火塘内堆积有瓦块、草木灰、木炭等。塘底不平，南部略呈锅底形，塘底已烧成红烧土面[24]（图1-6、图2-1）。

在东屋北廊内的东边单独隔成一个小间，东西长约8.1米，南北宽约2.7米。室内南壁有灶和火炕等设施。灶位于火炕西端，形制与东屋的灶相同。但结构较精致，灶西壁用青砖砌成，外壁抹白灰。灶门两侧铸有缠枝花纹的铁板立于青砖上，灶底有坚硬的红烧土面。火炕也为曲尺形，宽约1.3米，炕壁砌青砖，外抹白灰。紧贴南壁（即东屋北墙北侧）向东折而向北与东屋火炕的烟道相并靠，并向北和东烟囱的过烟道相连。东烟囱位于台基北部的东部，由烟囱基座和南侧的过烟道组成，平面呈"T"形。过烟道长约7.9米，宽约2.7米。烟囱基座平面呈方形，边长约3.9米。烟囱基座四边及过烟道的两壁均用石块筑成，中间为出烟孔（烟囱底部），宽0.6~0.8米。东屋及北廊东部的灶、火炕和东烟囱组成了一个完整的采暖系统[25]（图1-6），但东屋内灶的结构更加讲究，坚固耐用。

西屋的形制、大小和东屋基本相同。屋内也有灶、火炕、火塘等采暖设施。灶址也贴于西墙，向北与火炕相连。火炕也呈曲尺形，贴于西壁和北壁，只是在北壁东端折而向西，穿过北墙与西烟囱南侧的过烟道相连。这样由西屋的灶、火炕和西烟囱构成了一个完整的采暖系统。

西屋内的火塘也位于屋内的东南部，呈长方形，但与东屋的火塘有些不同，但火塘大且未向下挖坑，而是位于地面之上。南北长1.7米，东西宽1.3米。四壁用黄土垒砌，高0.2~0.3米，厚0.2~0.4米。壁外抹白灰。火塘底较平，已烧成红烧土面[26]（图1-6、图2-2）。

（2）主殿回廊内的火炕遗迹

主殿回廊内的采暖设施共有两处，一处位于东屋的南廊内，另一处位于东廊内。

a. 东屋南廊内的火炕遗迹

位于主殿东屋南墙外的西南角，即南廊内东起第四间的小屋内。东西宽2.8米，南北长3~3.1米。四面有土墙。屋内有灶和火炕及烟囱，形制与东、西屋的基本相同。灶

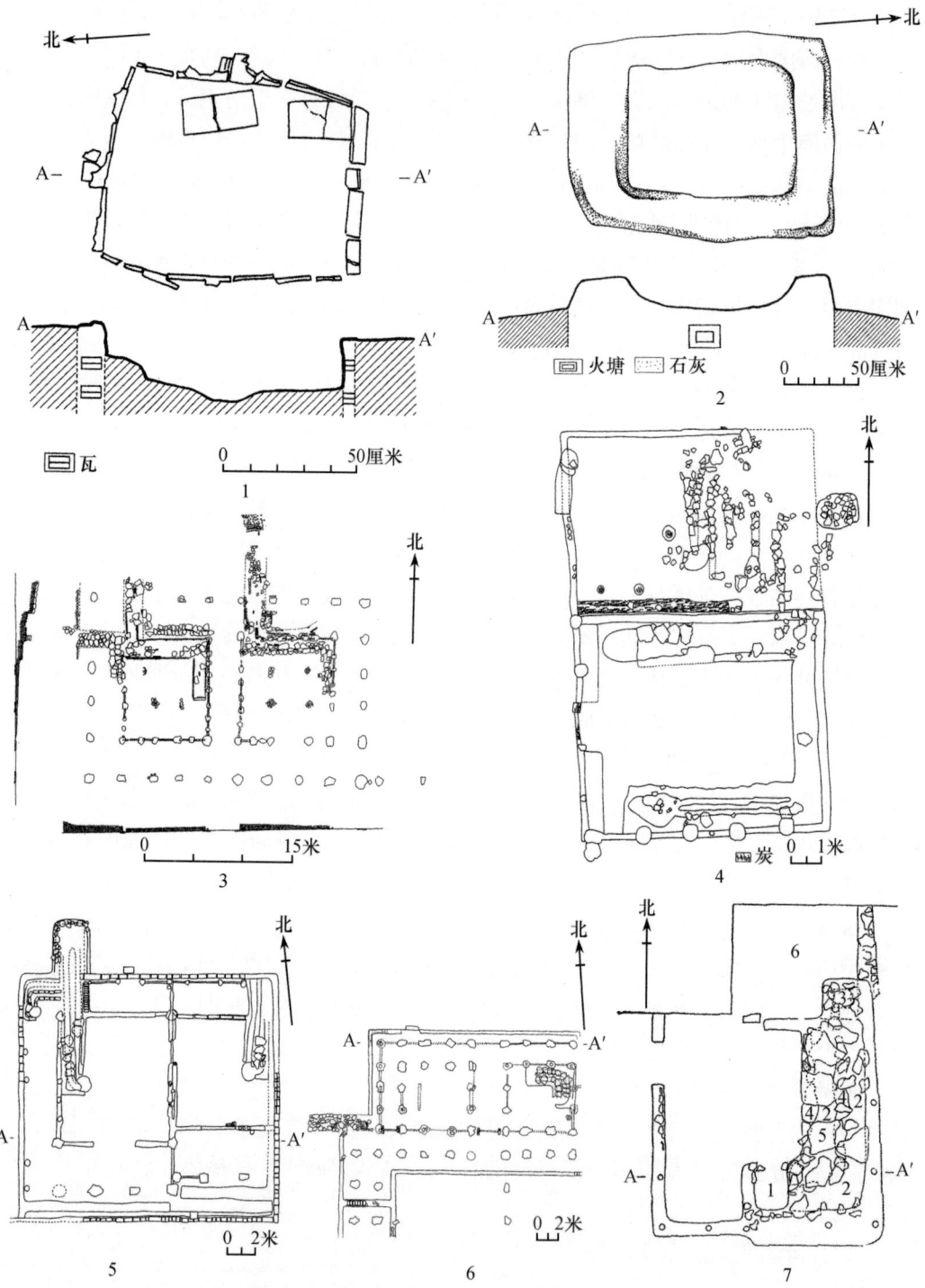

图2　上京宫城火炕及火塘遗迹平、剖面图

1. 第4-1号宫殿主殿东屋内火塘遗迹平、剖面图　2. 第4-1号宫殿主殿西屋内火塘遗迹平、剖面图　3. 第4-2宫殿址及火炕遗迹图　4. 第二宫殿西廊庑西侧房址及火炕遗迹平面图　5. 第50号宫殿址F1及火炕遗迹平面图　6. 第50号宫殿址F5及火炕遗迹平面图　7. 南墙内F1火炕遗迹平面图

位于北壁中部略偏东处，向西与火炕相连。火炕呈曲尺形，贴于北、西两壁，西壁南端的炕洞西转穿过西墙与烟囱相接。烟囱位于中屋南廊内的东南角。火炕与烟囱的相接及烟囱结构未曾究明[27]（图1-6）。

b. 东屋东廊内的火炕遗迹

位于主殿东屋东廊内的南起第二单元内，南北长约4米，东西宽3～3.1米。屋内有灶和火炕，北墙外还有烟囱。灶位于屋内东壁中部偏南处，灶底为圜底状，红烧土面。灶向北与火炕相连。火炕呈曲尺形，位于东壁与北壁，双烟道。灶壁及烟洞内隔墙均为土垒。火炕北壁直达西端并转而向北，与烟囱相接。烟囱位于北壁墙外，即位于北面另一单元的西南角。烟囱底部呈方形，边长约1米。其中有长方形坑，东西长0.6米，南北宽0.4米。火炕与烟囱如何连接未曾搞清，发掘者认为烟囱可能直立于壁角，出烟孔在屋顶或转折出于屋外（图1-6）。

（3）F1的火炕设施

F1屋内有灶、火炕等采暖设施，灶与火炕的形制与主殿东、西屋内的形制基本相同。

F1的房间呈长方形，东西宽7.8米，南北长8.8米。四周墙壁保存较好，均以夹杂较多颗粒的黑褐土垒筑而成，两侧抹黄褐沙土，其外再抹白灰。南壁正中设一门，通向南面的附属建筑，宽1.7米。灶位于室内西部，贴靠西侧墙壁。灶南侧为直边灶壁，黄褐土垒成，向室内的立面抹白灰，灶内以石块砌成锅底形，灶坑呈圆形，向北与火炕相连。

火炕呈曲尺形，贴于西壁和北壁，高0.2～0.3米，西部的炕较宽，约1.5米，北部的炕较窄，约1.2米。双烟道、灶壁及隔墙均用黄褐土垒成。炕面盖石板，其上抹黄褐沙土，而屋内的炕壁立面抹白灰。烟囱位于屋外的东北部，由烟囱基座及过烟道组成。过烟道用石块砌成，通长约4.2米，宽约1.5米，双烟道宽约0.5米。烟囱基座平面呈方形，边长约2.4米，北壁与房屋北墙及过烟道北壁几成一直线，过烟道及烟囱基座呈"刀把"形（图1-6）。

（4）F2的火炕遗迹

F2的建筑由东西两屋及周围的附属建筑组成。东西屋紧相邻，共用一个隔墙，东、西屋内都有采暖设施，但保存较差。

东屋平面略呈长方形，南北长约6.3米，东西宽约6.5米。东墙借用主殿西屋过烟道的西墙，保存较差。南墙偏西处有一缺口，可能为门址，宽约1.9米。屋内地面平整，存有火炕。火炕位于西屋内西北部，贴于北壁，仅存西半部，向东已无存，火炕为双烟道且与西屋的火炕相通，共用西屋的灶。

西屋平面也呈长方形，南北长约6.3米，东西宽约5.8米。屋内存有灶和火炕等设施。

灶位于东墙中部略偏南处，紧贴东墙，仅存一个圜底形的红烧土灶坑，向北与火炕相连。火炕位于屋内东北部，也呈曲尺形。贴于东壁北行并向东转，伸入东屋。火炕也为双烟道，炕壁与炕内隔墙已与地面平齐，余皆不明（图1-6）。

4. 第4-2号宫殿址的火炕遗迹

第4-2号宫殿址位于第4号宫殿址的西侧约10米，也称第4宫殿西侧殿址。主殿曾被日本人盗掘，只发表了零星资料。黑龙江省文物考古研究所只揭露了该殿址东侧厢房的一部分。现摘要如下：

第4-2号宫殿址建于长方形的夯土台基上，坐北朝南，其东侧厢房与第4号宫殿址的西侧厢房共用一个台基。台基是用较纯净但夹少量白灰颗粒的黄褐土筑成。台基四周用青砖包壁，其外再铺青砖"散水"。

第4-2号宫殿址的主殿共有3间房屋，东、中、西三屋相连，进深均为3间。东、西屋大，面阔各3间。中屋较小，面阔1间。东、西屋为居室，中屋为过廊。房屋四周有回廊，面阔9间，进深5间。东西长约27米，南北宽约15米。形制与结构和第4号宫殿址主殿相似[28]。

在东、西两屋和北廊、西廊内都有火炕的采暖设施。在北廊台基外的东西两侧，也各有一个烟囱。东西屋的火炕基本相同。火炕均呈曲尺形，位于东墙中部和北墙。双烟道，都紧贴于墙壁并与之平行。东屋的灶位于东壁中部，北与双烟道相接，沿东墙北行再折向西，在北墙西端穿过北墙北行与东廊内的火炕相并与东烟囱的过烟道相接。烟道上铺盖石板。西屋的火炕和东屋的相似。在北廊内的东西屋北墙外，也各有一铺曲尺形火炕。均贴北墙向西再折向北与烟囱的过烟道相连，但烟囱及过烟道的具体结构不明。西廊内的火炕也呈曲尺形，但灶和烟道走向及烟囱结构不明[29]（图2-3）。

5. 第2宫殿西廊庑西侧F1的火炕遗迹

F1房址位于第2宫殿址西廊庑外侧，坐东朝西，正对西廊址第4排第7~10列础石墙基，相距约2米。F1西有排水沟，北侧2.5米出又一东西向的石砌隔墙基。F1房址的平面呈长方形，南北长12.6米，东西宽8.1米，由南、北2间房屋组成。在南、北两屋内均有火炕等采暖设施。

1）南屋为地穴式建筑。长方形，东西长8.1米，南北宽6.9米，四壁为土墙，灰黑色，土质坚硬，墙面外抹一层黄泥。其北墙与北屋南墙为共用墙。门位于西墙中部，向西开，宽约1.5米。门内两侧沿墙面各砌有宽0.3米的土台，可能为灶前放置东西用。火炕紧贴南、东、北墙，三面有炕，呈凹字形。南、北炕宽1.1米米，双烟道；东炕宽0.7米，单烟道。烟道宽0.15~0.2米，深0.1~0.2米，烟道上铺石板，上抹一层黄泥，平整光滑，炕外壁还抹一层白灰，厚0.15~0.2厘米。屋内有双灶，位于屋内的西南角和西北角。西北角的灶已遭破坏；西南角的灶略呈圆形，径0.5米，坑底内凹。其后部与南墙的双烟道相连。南炕的烟道汇入东壁的东炕，东西炕的烟道在东北角统合为一，穿越北墙后和烟囱的过烟道相接直达烟囱。烟囱位于北屋东墙中部的外侧，椭圆形，径1.1~1.4米，上部已毁，仅存烟囱基座（图2-4）。

屋内的居住面东西长6.2米，南北宽3.8米，低于屋外活动面，呈坡状，东侧深0.4

米，西侧深0.1米。表层抹一层灰黑色草拌泥，质地坚硬，近南、北墙部分已经烧成红烧土。

2）北屋为地面建筑，破坏严重，平面呈长方形，东西长8.1米，南北宽6米。四面墙壁的结构与南屋相近，有的已毁坏。

北屋的火炕位于屋内东半部，长方形，南北长5.5米，东西宽4.2米，残高0.2～0.35米，用石块垒砌，外壁抹一层黄泥土。自西向东共有4条烟道，各烟道宽度不一，在0.15～0.5米，炕面用石板铺盖。灶位于屋内中南部，略呈椭圆形，后壁与火炕烟道相连。所有烟道盘曲回旋，汇聚于火炕的东北，与南屋共用一个烟囱。因毁坏，形制结构不明。屋内居住面为长方形，南北长5.6米，东西宽4米，距现地表0.3米，地面为黑胶泥，质坚硬，无火烧痕迹（图2-4）。

F1位于宫殿中心区外，出土大量碎陶片，从位置、火炕布局和出土遗物分析，南屋为宫内执役人员守值之用，北屋为执役人员居住场所[30]。

6. 50号宫殿址F1的火炕遗迹

F1位于50号宫殿址的西北部，台基平面略呈长方形，夯土筑成。台基四周用长条石包砌。台基东西长约17.5米，南北宽约15.5米，高0.2米。

F1由东、西屋及西、南回廊组成，是50号宫殿的附属建筑，建筑年代晚于宫殿和西廊。在东、西屋及西廊内有灶和火炕等采暖设施（图2-5）。

东屋又分隔成南、中、北室。南室东西长6.35米，南北宽3.2米。中室东西长约6.25米，南北宽约7.2米，北室东西长约6.25米，南北宽约0.9米。中室和南室、北室和西屋均有门相通。在中室和北室内有1铺火炕。火炕位于中屋东墙中部并通向北室的东墙。南北长约4.5米，东西宽约2米。灶位于炕的南端，直径约1.5米，深约0.15米。灶口北部连通火炕的烟道。烟道宽约0.32米，深约0.1米，双烟道。烟道上铺石板成为炕面。北部的烟囱破坏严重，形制与结构不详。

西屋又分隔成南北两室。南室东西长约7.2米，南北宽8米。南墙中部及北墙东部均设有门。北室东西长约5.6米，南北宽约2米。北墙中部有宽约1.4米的门，门两端有石门枕，上存铁门枢。门外包壁石的北部有石踏步，长0.7米，宽0.5米。在南室西壁中部偏南处有1铺火炕，南北长4.8米，东西宽2米。灶设在炕的南部。灶口北部与双烟道相连，烟道宽约0.5米，深约0.1米。烟道上铺盖石板，成为炕面。烟道北端与烟囱相连，烟囱东西宽约2.6米，南北长约3.5米。墙厚约0.4米，残高0.2～0.5米，烟囱用石砌墙，墙外可能有包砖。

西、南回廊呈曲尺形，位于西屋南部及西部。南回廊东西长约7.2米，南北宽约3.2米，西回廊东西宽约2.3米，南北长约14.7米。在西回廊北端，台基西北角有1铺火炕。火炕呈曲尺形，双烟道。烟道先向北，再折向东，与西屋的烟道相接并通向烟囱。烟道宽约0.2米，深约0.03米。灶位于火炕南端，呈圆形。灶口北部与双烟道相接（图2-5）。在西回廊中部偏北处，有1门向西开，宽约1.7米，门内有铁门枢2个[31]。

7. 50号宫殿址F5的火炕遗迹

F5位于50号宫殿址西亭的西侧，平面呈长方形，东西长约20.8米，南北宽11.9~12.1米。是一座坐北朝南，用夯土筑成的矮台建筑，南高北低。周边铺一层细沙。台基东侧依西亭而建，其余三面用砖（石）包壁砌成。

F5的房屋可分3间，东、中、西三屋相连。东、西屋大，面阔各3间，中屋小，面阔1间，进深均为3间。东屋呈正方形，边长6.2米，西屋略呈方形，边长6.2米×5.8米。中屋面阔2.8米，似为过廊。三屋四周都砌土墙，墙面抹白灰。东屋的白灰墙面上还画有彩绘图案。三屋及廊内均有门，可互相连通，在北廊西侧也设有1门并有踏道与外部相通。

在东屋的东北部有1铺火炕，呈曲尺形。东西约3米，南北约2.5米，宽约1.4米。灶位于炕的南部，平面呈椭圆形，灶底内凹，已烧成红烧土面。灶口北部与火炕的双烟道相接。烟道宽0.3米，高约0.12米。烟道上铺玄武岩石板。火炕西部破坏严重，烟囱形制与结构不明（图2-6）。

西屋室内地面经烧烤较坚硬，遗有大量红烧土和木炭。在距西壁约1.15米处，还有与西门相对处有一短墙，长2.45米，宽约0.2米，可能是影壁[32]。

8. 宫城南墙内1号房址的火炕遗迹

1号房址位于宫城南墙西侧3号门址西门墩的西北角[33]，编号为F1（图2-7）。该房址（F1）的构筑及火炕设施较简单，但保存完整。房址建在夯实的地面上，平面略呈方形。除南墙东半部借用3号西门墩北壁偏西一部分外，墙基都用黄沙土夹杂少量石块砌成，宽0.2~0.4米，残高0.15米。墙内有9个柱洞，除个别为长方形外，都呈圆形，径0.1~0.12米，深0.06~0.18米。房内地面东西长2.4米，南北宽3.5米。居住面积为8.4平方米。门开在东墙南端。

该房址的火炕设施，有灶和烟道构成的火炕及烟囱。保存较完好。

灶址位于房内北部居中处，略呈圆角方形，长宽各1米。灶址（也称灶膛）用石块砌成，宽0.2米，高出居住面0.24米，灶门设在灶南偏西处，宽0.4米，高0.15米。灶膛内的西北角设一火口与炕的双烟道相连。火炕位于房内西侧，紧挨西墙，长3.3米，宽1.15米，高0.35米。火炕约占屋内面积的二分之一。炕面用石板铺成。烟道宽0.34~0.38米，深0.13~0.18米。烟囱位于房址的西南角，平面略呈长方形，长0.7米，宽0.92米，残高0.4米。烟囱北侧下方有一圆角方形的烟洞和炕西侧的烟道相接（图2-7）。烟洞宽0.25米，高0.1米。火炕约占屋内面积的二分之一。

（二）西古城、八连城的火炕遗址

从20世纪20年代开始，以鸟山喜一、藤田亮策、斋藤优等为首的日本人对西古城、八连城等城址多次进行调查、测绘。并于1937~1945年先后四次盗掘了西古城、八连城的宫殿、城门和佛寺等遗址,造成了严重的破坏和损失。虽然也发表了《间岛省古迹调查报告》[34]《渤海中京考》[35]《渤海东京考》[36]等报告和文章,但发表的资料只限于1937年的考古资料工作,其他历次的发掘资料,一直未曾正式发表,只是在有关的文章中引用了一些零星资料。这对西古城和八连城的研究造成了无法弥补的损失。进入21世纪以来,吉林省文物考古研究所等单位为了更好地做好这两个城址的保护工作,先后对西古城和八连城进行了大规模的考古调查,测绘和发掘并出版了《西古城》[37]发掘报告和《八连城》的发掘简报、报告[38],为研究渤海考古提供了一批有价值的科学发掘资料,更为研究渤海的火炕提供了新的重要资料(图3-1)。

1. 西古城2号宫殿址的火炕遗迹

2号宫殿址位于1号宫殿址的北部,台基南缘正中有门与1号宫殿址北门相通,并处于西古城南北向的中轴线上,是一座坐北朝南的宫殿建筑。该殿址由主殿及东西配殿组成,曾多次遭到日本人的盗掘。现根据日本公布的零星资料和2002年发掘的结果简述于后:

2号宫殿址的主殿及东、西配殿都建于同一个长方形的夯土台基上,由多层夯土层和河卵石层交替构筑而成。主殿东西长27~27.5米,南北宽15~15.5米,残高0.15~0.3米。东配殿东西长22.5米,南北宽13.5米,残高0.21米。西配殿东西残长22米,南北残宽14米,残高0.2米。台基地表以下还有建筑基槽,由5层河卵石和5层夯土交替夯筑而成。台基北面的东西两侧还残存有烟囱基座。

主殿有东、中、西三屋相连的房屋,东、西屋大,形制结构相同,面阔、进深各3间;中屋小,面阔1间、进深3间。房屋四周有回廊,面阔9间,进深5间。主殿内的灶址、烟道和火炕已无法搞清。在台基北面的2个烟囱,左右对称,形制结构基本相同,烟囱的结构也可分为基座和过烟道两部分,平面呈"T"形。南侧为过烟道,长方形,长约11米,宽约4米,北部为烟囱基座,呈方形,边长6米。烟囱基座及过烟道均为夯土筑成,外缘用河卵石和不规则石块砌成[39](图3-2)。出土文物有陶质和釉陶质建筑材料和釉陶器及铁钉等。

2. 西古城3号宫殿址的火炕遗迹

3号宫殿址位于2号宫殿址的东侧,与2号宫殿址东配殿相距约12米,东距内城东墙约13米,3号宫殿址和2号、4号宫殿址同处于东西向的一条直线上,是一处坐北朝南的建筑。

3号宫殿建于长方形的夯土台基上,系用红褐色夯土层和河卵石层交替筑成。台基东西长约27.8米,南北宽约18米,残高0.15~0.52米。台基南面正中有踏道。

台基上的建筑已毁无存,但从残存的柱网结构看,该殿有东、中、西三屋,三屋东西相连,进深相同。东、西屋大,形制相同,面阔3间。中屋小,面阔1间,三屋进深均为3间。东、西屋面阔约7.5米,进深约8米,似为居室,中屋面阔约3.3米,进深也为8米,似为过廊。房屋四周有回廊,面阔9间,进深5间,廊宽3.5米。主体建筑东西长约25.6米，南北宽约15.1米，总面积约386.96平方米。

3号宫殿址的火炕设施已遭到严重破坏，仅在台基北面的东西两端还有2个烟囱残迹，2个烟囱间距14米。形制结构相同，北为方形的烟囱基座，南为长方形的过烟道。烟囱及过烟道的外周都用石块包砌，内用黑褐土和黄褐土混合夯筑而成。2个烟囱基座长5.5~6米，过烟道长约3.5米，宽约3米[40]（图3-3）。

3. 西古城4号宫殿址的火炕遗迹

4号宫殿址位于2号宫殿址西配殿约17.5米处，西距内城西墙约9.7米。4号宫殿和2号、3号宫殿址同处一条直线上，是一座坐北朝南的建筑物，建筑总面积377.8平方米。

该殿址建于长方形的夯土台基上，系由两层厚约0.2米的夯土筑成。上层为黄褐土，下层为灰褐土。土质细纯、坚硬。夯层下还有河卵石堆积，可能为台基的地下基槽。台基东西长约26.7米，南北宽约18.2米，残高约0.1~0.4米。台基上有东西相邻的两间房屋，两屋共用一墙。东、西屋的形制、结构基本相同，均为面阔3间，进深3间，东西长约8.5米，南北宽约9米。房屋四周残存有灰褐土墙基，墙面抹白灰。四周有回廊，面阔8间，进深5间，廊宽约3.5米。东、西、北三面有廊墙，内外墙面抹白灰。

4号宫殿址的火炕设施保存较好，有灶、烟道和烟囱等。灶、烟道及由烟道构成的火炕位于东、西屋和西廊、北廊内，烟囱位于台基外的西北角（图3-4）。西屋、西廊和北廊内的灶、烟道保存较好，东屋的灶及烟道保存较差。东、西屋和北廊内的烟道呈曲尺形，西廊内的烟道呈直线形。东、西屋和西廊内的灶位于烟道的南端，北廊内的灶位于东屋北墙外的西北角，即北廊烟道的东端。灶址大多已毁坏，仅存底部。灶址用石块砌筑，平面呈圆形或椭圆形，灶底均烧成红烧土面。灶址的北端或西端均和双烟道相连。烟道一边借用相邻的墙，其余均用土坯砌成。烟道宽0.2~0.4米。烟道顶部用石板铺盖。这样，4号宫殿内至少有4铺火炕。所有的烟道都汇集于北廊的西北部，通向北部的烟囱；和烟囱南部的过烟道相接，因遭破坏，结构不明。从残存的烟囱可看到，其形制和上京城的烟囱结构相同，烟囱南有过烟道，呈长方形，长约3米，北为烟囱基座，呈方形，边长4.5米。烟囱基座及过烟道均用黄褐土、灰褐土混合夯筑而成，外缘用河卵石包砌。烟囱的过烟道压在4号宫殿址台基之上。石块之上再用土坯砌筑，其外再抹白灰墙皮[41]。出土文物主要有瓦、砖、瓦当等陶质建筑构件和釉陶质的鸱尾、兽头等建筑构件及陶器、铁钉等。

4. 西古城内城1号房址的火炕遗迹

1号房址位于4号宫殿址北侧约9.3米处。房址建于单层的夯土台基上，夯土黄褐色。台基东西长约9.9米，南北宽约9.6米，残高0.05~0.15米。台基低于4号宫殿址的台基。

台基四周有30块柱础石。础石之间残存有清晰的土墙基。南墙中部有1门址，宽约2米。房址东西墙长7.6~7.7米，南北墙长7.3~7.5米，建筑总面积为56.6平方米。

1号房址内有灶、烟道、烟囱等采暖遗迹。

灶址位于东墙中部，东距东墙1.8米，已遭破坏，仅存坑底的半圆形烧土面。灶

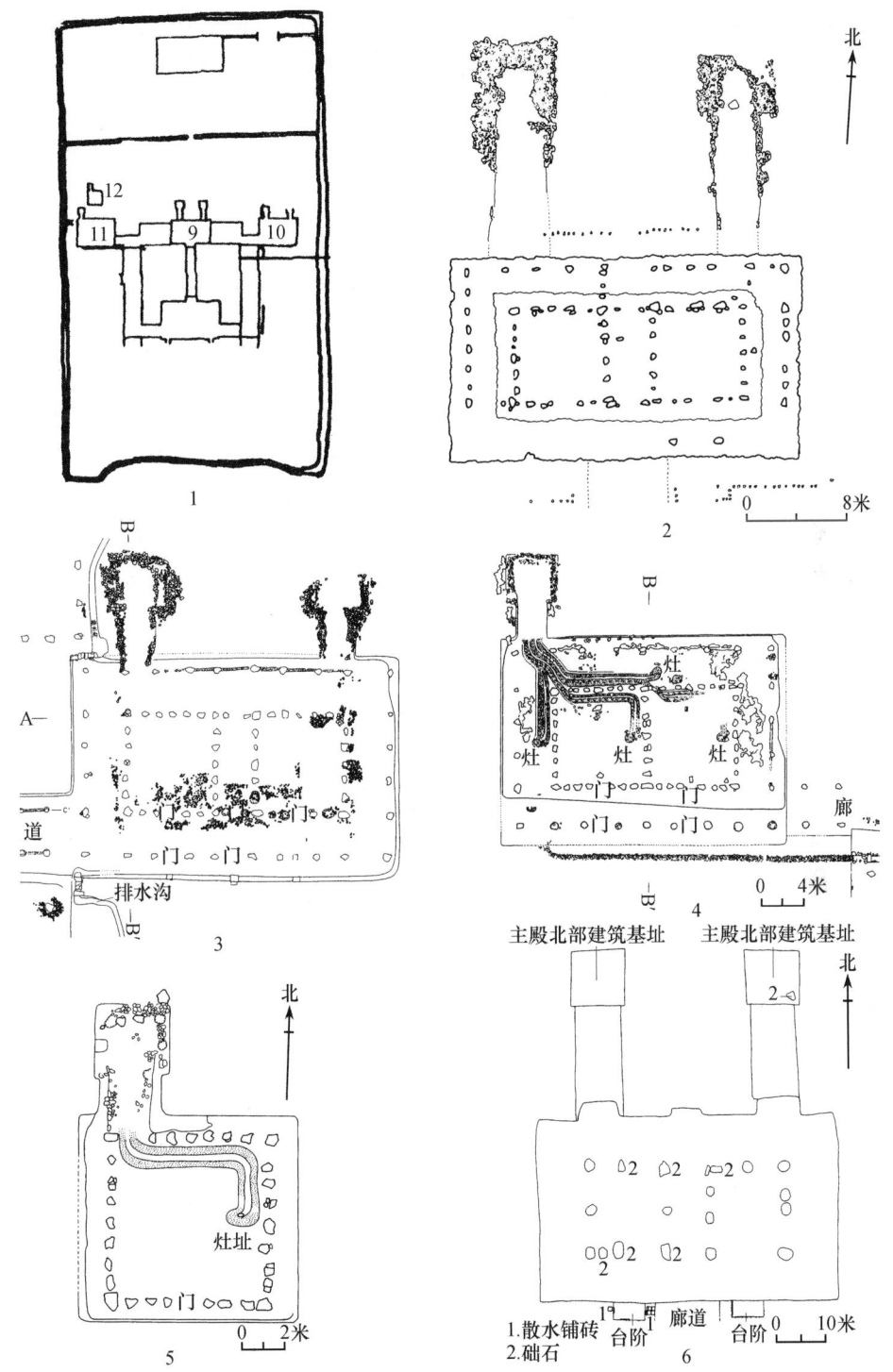

图3　西古城、八连城火炕遗址图

1. 西古城内城火炕遗址分布图　2. 西古城内城二号宫殿址及火炕遗迹平面合成图　3. 西古城内城三号宫殿址及火炕遗迹平面图　4. 西古城内城四号宫殿址及火炕遗迹平面图　5. 西古城内城1号房址及火炕遗迹平面图　6. 八连城内城2号宫殿火炕遗迹平面图

址北部和双烟道相连，烟道呈曲尺形，沿房屋的东、北墙内侧分布，并在北墙西端再折向北，和烟囱的过烟道相连。烟道宽0.2～0.5米，大多宽0.3～0.4米，烟道壁及隔墙土筑。

烟囱位于台基的西北角，残存有烟囱基座及南侧的过烟道，形制结构和其他殿址烟囱相同。烟囱台基和房址台基为一起夯筑，外缘有河卵石包砌，石墙宽0.5～0.6米，其下有0.1米深的基槽。烟囱基座方形，边长2.4米，过烟道长2.7米，宽3.5米（图3-5）。房址内出土文物都为陶质建筑材料和铁钉，未见釉陶质的建筑构件[42]。

5. 八连城第2宫殿址的火炕遗迹

2号宫殿址位于吉林省珲春市八连城内城1号宫殿的北部，和1号宫殿址同处于一条南北向的中轴线上。该殿址于1937年和1942年曾分别被鸟山喜一和斋藤优盗掘过，殿址上的建筑遗迹遭到严重破坏。2004～2006年又重新进行了清理发掘。

2号殿址由主殿及东西配殿和东西廊道组成。主殿建于长方形的夯土台基上，东西长约30.6米，南北宽约18.5米，中央残高约1米，四壁残高0.3～0.5米。台基由一层黄土和一层河卵石交替夯筑而成，台基下还有用多层黄土及河卵石交替夯成的基槽，每层厚0.1～0.15米。东西配殿的台基由黄土夯成，残高0.3～0.5米，低于主殿。东配殿东西长约20.2米，南北宽约15.3米，西配殿东西长约20.8米，南北宽约14.6米。台基上各有南北3排，东西6列的柱础石。主殿应是一座面阔五间、进深两间的建筑。主殿台基南侧正中及东西两侧各有廊庑和1号宫殿相通。在东西配殿外侧各有一条廊道。

2号宫殿址的火炕设施已毁坏无存，仅存台基北面的东西两侧分别有宽约4.5米，向北凸起1.5～1.8米的土台与北边的2个烟囱残迹相连。2个烟囱左右对称，形制结构基本相同，北部为方形基座，南部为长方形过烟道。上部已遭破坏，仅存底部残迹。烟囱基座边长5.3～5.4米。用一层河卵石迭压一层黄土筑成，四边用石块包壁。过烟道仅存底部的黄土台，南北长9.6米，东西宽约4.4米。残高0.2～0.3米。2个烟囱间距约13.2米。过烟道南与台基北面的两个向北凸起的台基面相接（图3-6）[43]。

（三）其他地区的火炕遗址

1. 河口F1003房址的火炕遗迹

河口遗址位于黑龙江省海林市三道河乡河口村东南，牡丹江左岸的二级台地上。河口F1003是一座坐西向东的地上建筑物。它叠压在F1012等5座房址之上，又被F1038房址打破，上部已毁坏，仅存基部。在屋内的西南部有灶、烟道和出烟口等采暖设施。房址平面呈长方形，长9.75米，宽6.6米（图4-1）。

灶址位于屋内西北近西墙处，平面略呈椭圆形。灶门向外凸起。灶面呈红褐色，光滑平整，其下为红烧土，中间厚外缘薄，最厚达0.3米。灶口南边与3条烟道相连，烟道沿西墙南行，折向东，再向北拐。内侧双烟道向北拐时合二为一，并与外侧烟道

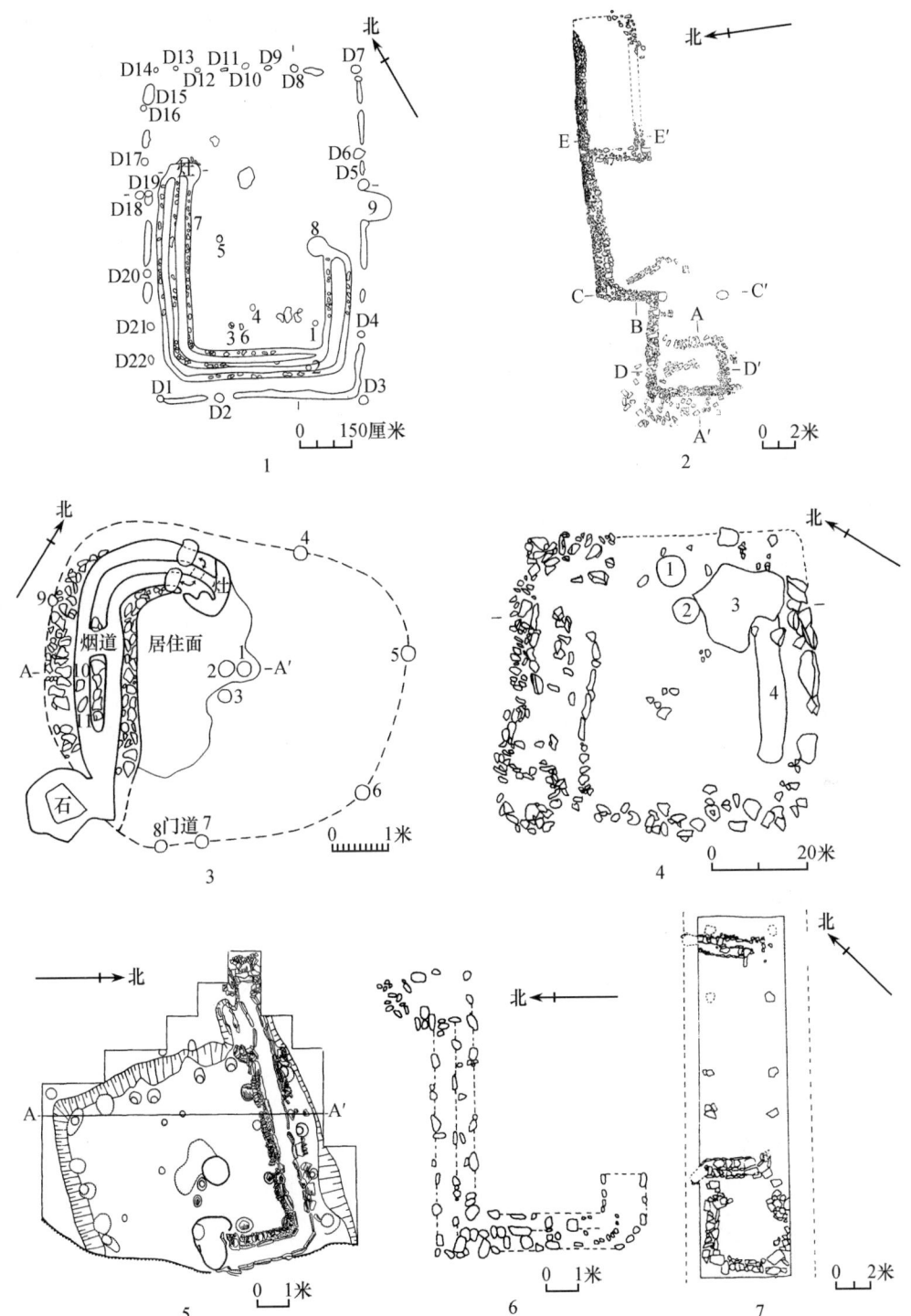

图4 其他地区火炕遗址图

1. 河口F1003及火炕遗迹平面图 2. 甩弯子房址及火炕遗迹平面图 3. 兴农古城F3及火炕遗迹平面图 4. 渡口遗址F2及火炕遗迹平面图 5. 俄罗斯滨海区F4火炕遗迹平面图 6. 青海土城碾米厂附近建筑址及火炕遗迹平面图 7. 金山寺庙1号建筑址火炕遗迹平面图

相併于出烟口相接。出烟口呈圆形。烟道宽0.1~0.2米，深0.1~0.15米。烟道内散布石块，起扰烟和保暖作用。房址四周有较密集的柱洞，共22个，柱洞间有长条形沟槽，深约0.2~0.3米，推测先挖沟槽，再竖木柱，构筑房墙。门址位于东墙中部偏北，门址宽0.8米，长0.9米。在居住面上发现有铁器，砍砸器和石斧等[44]。

另有F2002的房址，破坏严重，仅存部分3个烟道和出烟口。烟道宽0.1~0.2米，深0.18米，烟道内也散置石块。灶呈椭圆形，口径0.6~0.7米，出烟口也呈椭圆形，大小与灶口相近。

2. 甩弯子房址的火炕遗迹

甩弯子房址位于吉林省珲春市英安乡甩弯子村西的沿江台地上。房址坐北朝南，是一座石墙瓦顶3室相连的建筑物。房址建于生土层上，南半部已破坏，北半部保存较好，平面略呈长方形，东西长22米，南北宽5~8米。

房址先向地下挖成半地穴式的房圹，用黄土垫平后用石块砌墙。墙与圹壁间填满黄土。房屋分成东、中、西三屋。中屋东西长7.5米，南北宽7米，是该房址的主要活动场所。中屋内的地面由北向南呈斜坡状。东屋为规正的长方形，东西长8.5米，南北宽3.7米。西屋保存较差，屋内面积东西宽2.5米，南北长4米。三屋的墙厚0.5~0.75米，残高0.3~0.5米，地面均铺一层黄黏土成为屋内的居住面，厚0.05~0.15米，平坦坚实。在东南角附近有近1平方米的红烧土面，厚0.1~0.15米，可能是灶址。从室中部斜向西北角，有一条长约2米，宽约0.7米的瓦垄，倒伏在地，全由或仰或伏的完整筒瓦组成，排列有序，且依次半压成1个圆圈，这很可能是东南角灶址的排烟道或是烟囱残迹。在房址周围有大量瓦片，主要是板瓦，筒瓦，未见瓦当。房址中还出土了一些铁器（图4-2）[45]。原作者推测F1房址的年代为渤海中期以后，房址性质待定。

3. 兴农古城F3的火炕遗迹

该城址为渤海时期的古城址，位于海林市三道河子乡兴农村东北的牡丹江西岸的阶地上。古城平面呈不规则方形，周长642米，城墙夯筑，宽3.8米，残高0.5~1.25米，周有城壕，宽5~8米。南墙中有一城门，在城内中部偏东处发掘了3座（F1、F2、F3）渤海时期的房址，均为地面建筑。房址内有灶，保存较好，以F3为例。

F3的房址遭到严重毁坏，据柱洞遗迹可知，该房址为圆角方形，边长5.75~6.5米。在房址西侧发现有曲尺形的双烟道火炕。烟道土筑，捶实。烟道宽0.2~0.3米，长1.7（东西）~3.8米（南北）。双烟道最后合二为一，成为出口通向烟囱底部。灶址位于房址东北部，直接建在生土上，用黄黏土堆筑而成，已成烧土状。灶平面大致呈圆形，径0.8~1米，高0.35米。灶的后部有两个火口，与双烟道相连，宽为0.2米，0.35米。烟道的出烟口（即烟囱底部）呈浅坑状，平面呈圆形，径1.2~1.3米，深0.2米。在房内中部靠近火炕处有残居住面，呈黑色，较坚硬，东西残长2米，南北残长3.2米，厚0.05~0.06米。居住面上有陶网坠、骨器和角器。推测门道位于东南[46]（图4-3）。通过发掘及钻探显示：该城址的中部及北部分布着较密集的房址建筑。房址多为带曲尺形烟道火炕的地面建筑。该城建于渤海中期以后延续到渤海晚期。

4. 渡口遗址F2火炕遗迹

渡口遗址位于海林市东北部约84千米的牡丹江中下游西岸的台地上，北距河口村约100米。该遗址的文化层可分为四个时期。第三期文化层为渤海时期。在该文化层中发现了4座房址（F2~F5），平面呈长方形或方形，均为地面建筑，且都遭破坏，仅存部分墙基。以F2为例介绍如下：

F2平面呈方形，长约6.2米，宽约5.8米。墙壁用石块砌筑，起建于地下0.1米处，残高0.2~0.3米。墙壁内侧抹一层草拌泥。2个灶址位于东墙中部，平面呈圆形，锅底状，灶的直径0.56~0.65米，深0.12~0.15米。在屋内的东南及南部，发现有较大的红烧土堆积，厚0.05~0.06米。在房址东墙北部和北墙有2道石砌的烟道，每条宽0.4米。出烟口（烟囱）位于墙壁西北角，也用石块砌筑。房内地面较平，经烧烤，质地坚硬，厚约0.1米。房址东墙已破坏，推测门址在东南方向（图4-4）[47]。

（四）俄罗斯滨海地区的火炕遗址

俄罗斯滨海区4号房址的火炕遗迹

在俄罗斯滨海区的尼古拉耶夫斯克1号、2号等古城址和科尔萨科沃等村落遗址以及马蹄山寺庙址中，发现了不少渤海时期的住房遗址。这些房址可分半地穴式建筑和地上建筑两种。其平面大多呈圆角长方形，面积大小不一，但方向朝阳。半地穴式住房在室内往下深挖1米，且挖有灶坑，有时用石块砌成。房址面积为4~16平方米，地面建筑房屋为柱（梁）架结构。房址的面积为12~24平方米[48]。在这些房址内部都发现了灶、火炕和烟囱等采暖遗迹，尤以十月区康斯坦丁诺夫卡1号村落遗址中的4号房址最具代表性。

康斯坦丁诺夫卡1号村落遗址是该区最大的一处村落遗址，南北长1千米，东西宽0.5千米。坐落在绥芬河右岸的河滩台地上，有3个不同时期的文化层：上层为辽金时期，中层为渤海时期，下层为早期铁器时代的克罗乌诺夫卡文化（相当于团结文化）。以渤海文化层最为丰富，文化层厚1~2米，大多为1米左右。4号房址属渤海时期。

4号房址坐西朝东，属半地下式木构建筑，屋顶铺瓦。开口于地下深0.7米，屋内地面距地表约1米。上层被辽金时期的2号、3号房址所压，且压在早期铁器时代的克罗诺夫卡文化5号房址上。平面呈矩形，大小为7.9米×6.5米，面积达42平方米以上。紧靠房址的南、北、西三壁有14个柱洞，径0.25~0.5米，深0.4~0.65米。在房内地面中心，有6个柱洞，径0.15~0.2米。东墙已被河水冲毁，门可能开在东墙。

4号房址的采暖设施保存较好，有灶、火炕和烟囱等。火炕的烟道位于房址的北半部，宽1~1.2米。灶址位于东墙中部，平面呈不规正的椭圆形，径0.8~1.8米，深0.25

米,用石块砌筑。灶口西侧竖两块石板,高0.4米。灶址内积满炭灰且遗有1个陶器和兽骨等。灶口向屋内,另一侧与火炕的单烟道相连。烟道为曲尺形,先沿东壁北行2.8米,再折向西沿北墙西行至房屋的西北角伸出西墙约2米和烟囱相接。北墙烟道总长7.4米。烟道底部由灶口通向烟囱逐渐升高,以利排烟。烟道内壁用扁平石板砌筑并插入地下0.1～0.05米。烟道宽0.4～0.45米,高0.3～0.35米。烟道外壁距墙0.2米,用石块砌成,里壁用三～四层大河卵石加泥巴砌筑,且有5个柱洞,可能横置木板用以加固炕壁。烟囱位于屋外2米处的西北角,平面呈方形,长宽为0.5～0.6米,深0.85米。用二至四层大石板砌筑,其外再铺砌河卵石。在房址北中部还有1个敞口灶址,平面呈圆形,径0.85米,深0.3米。坑内积满草木灰,坑底烧烤坚硬。房址使用时间很长,最后毁于大火[49](图4-5)。

(五)朝鲜境内的几处火炕遗址

在朝鲜东海岸一带,发现了许多渤海时期的城址、居住址和寺庙址等建筑基址。在这些基址中,发现了不少火炕遗迹。"仅青海土城就发现了十多个火炕,梧梅里寺谷建筑址发现了5个火炕。保存较好"[50]。从已报道的这些火炕遗址资料来看,都为地上建筑。火炕均呈曲尺形,大多用石块砌筑。有灶址、双洞烟道和烟囱(或称出烟口)等。现选取发表的资料较全并附有插图的火炕遗迹加以介绍。

1. 青海土城的火炕遗迹

青海土城位于咸镜南道的北青郡内(也称北青土城)。城址土筑,周长2132米。在城内多处发现官厅址、兵营址和居住址等建筑址,并出土了大量的陶质渤海瓦等建筑构件,还发现了鸱尾残件[51]。

该火炕遗迹的建筑址位于青海土城的碾米厂建筑物的西南角附近。平面呈长方形,东西长40,南北宽9米。基址上的建筑分为东、中、西三屋,东西两侧为住房,中间为通道(即过廊)。东、西房间内都有火炕。火炕呈曲尺形,由双洞(烟道)构成。火炕设置彼此对称,2个灶口都位于东西一直线上。东屋内的火炕长10米,宽6.8米。灶口筑于东侧,烟囱在北侧。西屋内的火炕比东屋内的稍小,灶口在西侧,烟囱在北侧(图4-6)[52]。朝鲜学者认为青海土城就是南京南海府城址。

2. 金山1建筑址的火炕遗迹

该建筑址位于琴湖地区梧梅里寺庙建筑址东约140米处的金山半山腰台地上,台地面积约256平方米。金山1建筑址的台基平面呈长方形,东西长20.15米,南北宽5米,高0.35米。台基用沙、黏土和瓦片等混合筑成。台基上的南北两侧各有6个础石,知其面阔5间,进深1间。可分为东、中、西三屋。东西两侧为居室,形制、大小相同,面阔2间,进深1间。东西长8.5米,南北宽3.5米。中间为通路(即过廊),面阔1间,长2.25米,南北宽3.5米。在东、西居室内均有曲尺形火炕。西屋的火炕保存较好,火炕为双炕洞（烟道），东炕洞宽0.4～0.45米，西炕洞宽0.26～0.3米。均用花岗岩砌成，并抹一层黏土。火炕长3.8米，宽1.1米，高0.35米。灶坑在原地面上砌成，宽1.1米，灶坑内有炭灰。烟囱位于台基北部0.55米处，宽0.7米，深0.3米。东屋内的火炕形制、结构与西屋的相同，也用石块砌筑。双炕洞，东炕洞宽0.25～0.35米，西炕洞宽0.3～0.4米。火炕长3.6米，宽1.1米，高0.35米。烟囱位于台基北侧0.9米，宽0.65米，长0.3米。灶址也在原地面上砌成，宽1.1米（图4-7）[53]。

二 火炕遗址的类型

从上述的火炕资料中，可以大致看出火炕遗址的形制、结构及火炕存在着一定的差别。现简要分析如下：

I型：火炕遗址位于上京宫城或西古城、八连城内城的南北中轴线上。火炕遗址规模大，由主殿和东西配殿及两侧的廊庑或厢房组成。主殿和东西配殿都建于同一个长方形的夯土台基上。台基用较纯净的黄褐土掺和白灰颗粒夯打而成，或用一层黄土和一层河卵石交替夯筑而成。台基四周用砖（石）包壁并铺砌散水。主殿台基南侧正中及配殿两侧，都有廊道或廊庑（厢房）和南部的宫殿址相连，形成了坐北朝南、前朝后寝的土木结构的宫殿建筑格局。

主殿台基上建有东西相连的东、中、西3开间的房屋。东西屋大，形制、结构相同，面阔3间，进深3间，为殿堂。中屋小，面阔1间，进深也为3间，为过厅（也称过廊）。木骨泥墙，墙面抹细泥刷白灰并彩绘。房屋四周建有面阔9间，进深5间的回廊。在有的配殿台基的柱础石上还雕刻有圆形或半圆形的覆盆。

在主殿东、西屋和北廊内，紧贴墙壁建有直线形或曲尺形烟道构成的火炕，并通往台基北面的烟囱。在主殿台基北侧的东、西两边各有一个形制、结构相同，平面呈"T"形的高大烟囱。形成了由灶、火炕和烟囱组成的两套完整的采暖系统。

属于这一类型的火炕遗址有上京城第4宫殿址，西古城内城第2宫殿址。八连城内城第2宫殿址的灶和火炕，因遭盗掘而无法确知具体的形制、结构，但从其位置和残存的殿址形制结构及烟囱基址来看，也应该归入这一型。

II型：火炕遗址位于上京城第4宫殿址或西古城内城第2宫殿址的左右两侧，并处于东西向的同一条中轴线上。和上型的主要区别是建筑规模只有主殿而无东西配殿。殿址也建于长方形的夯土台基上。台基夯层的用料和筑法和上型相同或相近，台基四周也用砖包壁并铺砌散水。有的殿址两侧或一侧也有厢房或廊道和其他殿址相连。也是坐北朝南的土木结构的宫殿建筑。

殿址台基上也建有东西相连的东、中、西3间的房屋，其形制、结构和I型的相似。东、西屋面阔3间，进深3间，为殿堂。中屋面阔1间，进深3间，为过厅。房屋墙壁的结构和I型相同，也是木骨泥墙，刷白灰并彩绘。房屋四周也有面阔9间，进深5间的回廊。

在殿址东、西两侧的房间内，紧贴东、北墙和西、北墙各有1铺曲尺形火炕。在北廊内的南侧、紧贴东、西屋的北墙也各有1铺曲尺形火炕。在殿址台基北侧的东、西两边都有形制、结构相同，平面呈"T"形的高大烟囱。形成了由灶、火炕、烟囱组成的2套完整的采暖系统。另外，在有的廊内还有小型的采暖系统，而且都是由灶、曲尺形火炕和烟囱组成。属于这一型的有上京宫城第4-1、4-2宫殿址和西古城内城第3宫殿址。

III型：火炕遗址位于上京宫城第4宫殿址或西古城内城第2宫殿址的一侧，并处于同一条东西向的中轴线上。也是坐北朝南独立的土木结构的宫殿建筑。有的在一侧还有廊道与其他宫殿址相连。殿址建在长方形的夯土台基上。台基夯土仅用黄褐土和灰土或沙土夯筑而成，用料较为简单。在有的台基四周，也用长条石块包壁并铺砌散水。

殿址台基上有东西相连的3间或双开间的房屋，其进深都为3间。3间房屋的形制、结构和上述两型的房屋的形制结构大致相同。东西屋也是面阔3间，为殿堂；中屋面阔两间并分隔成南北2小间，为过厅。双开间的房屋只有东西相邻的两间房共用一墙。房屋都为木骨泥墙，墙面抹细泥、刷白灰，有的还彩绘。房屋四周建有面阔8间或10间，进深5间的回廊。

殿址的房屋或回廊内，都建有数量不等的直线型或曲尺形火炕。在殿址台基外的一侧或两侧，都有平面呈"T"形的烟囱。属于这一类型的火炕遗址有上京宫城西区寝殿址和西古城内城的4号宫殿址。

IV型：火炕遗址位于上京宫城东侧禁苑内的50号宫殿址附近。50号宫殿"是渤海王室贵族宴飨、游乐的地方"[54]。F1位于50号殿址的西北部，F5位于该殿址西廊亭的西侧。这两座火炕遗址都是坐北朝南的土木结构的建筑物。建筑形制、结构较特殊，它们都建在长方形的夯土台基上。台基周围都用长条石（砖）包砌。其外，有的还铺细沙。

F1由东、西屋及西、南回廊组成，是50号殿址的附属建筑[55]。在东、西屋及西廊内设有灶、火炕等采暖设备。

F5由东、中、西3间房屋和北、西、南三面的外廊和西南部的廊道组成。东西屋面阔3间，进深3间。中屋面阔1间，进深也为3间，为过廊（过厅）。三屋四周砌土墙，墙面抹白灰和彩绘。在东屋内有1铺曲尺形双烟道火炕。西屋内地面经烧烤较坚硬，遗有大量的红烧土和木炭。发掘者认为是供烧烤用的房屋。属于这一式的，目前只发现这一处。

V型：火炕遗址位于上京宫城第4-1号宫殿址的东北部（F1）和西北部（F2）。都是坐北朝南的土木结构的建筑物。F1、F2都建于长方形的夯土台基上，但规模较小。夯土台基的用料和筑法和第4-1号宫殿址台基相同。3座台基角部相连，成倒品字形。台基周围也用青砖包壁并铺砌"散水"。

台基上的建筑遗迹保存不太好，特别是F2。F1台基上的东北部尚保存有1个房间，木骨泥墙，墙面抹沙土刷白灰。紧贴西墙中部和北墙有曲尺形双烟道火炕，直通东北角墙外的过烟道和烟囱。平面呈刀把形。F2台基分隔成若干小间，未发现什么遗迹。在中部的两个房间内，也有曲尺形双烟道火炕，并和主殿西烟囱的过烟道相併。属于这一型的，目前只有这一处。

VI型：火炕遗址位于西古城内城4号宫殿址北侧。房址建在用单层夯土筑成的台基上，平面呈长方形。房屋面阔、进深均为3间。南墙中部开1门，在房内东墙中部和北墙建有灶和曲尺形的双烟道火炕。烟囱位于台基外的西北部，其台基和房址台基是同时夯筑成的。烟囱的四边用河卵石包砌。同样形成了由灶和曲尺形双烟道火炕和烟囱组成的一套完整的采暖系统。这是为解决采暖御寒而单独建造的一座坐北朝南、土木结构的单体建筑物。属于这一型的，目前只有这一处。

VII型：火炕遗址位于上京宫城宫殿建筑的附廊或厢房内。这些火炕遗址规模都不大，大多在20平方米以下。虽有独立的采暖系统，但构筑简单，沿墙壁有曲尺形双烟道火炕，但无过烟道和高大的烟囱。只在墙壁拐角处建有出烟口或是伸出墙外的简单烟囱。这样形成的一套完整而简单的采暖系统和主殿内的采暖系统有明显的区别。属于这一型的，目前主要发现在上京宫城第4-1号宫殿的东廊、南廊内和第4-2号宫殿址的东厢房内的火炕遗址。

VIII型：火炕遗址位于上京宫城南墙西侧3号门址西门墩西北角和第2宫殿址西廊庑外侧。这两处火炕遗址都是为了某种特殊需要而专门建造的。前者的火炕遗址建在夯实的原地面上，房址的构筑及火炕设施都较简单。居住面积只有8.4平方米，火炕约占屋内面积的二分之一。这是专门为日夜值守城门，行开合城门之职的"门卒"值更之用的。后者火炕遗址的房址及火炕设施较复杂。火炕遗址坐东朝西，分南、北两屋。南屋为地穴式建筑，四壁土墙。火炕紧贴南、东、北三墙，呈"凹"字形的三面火炕，"为宫内执役人员守值之用"。北屋为地上建筑，也为土墙。火炕位于屋内东半部，石块垒砌，石板炕面。所有烟道盘曲回旋，汇聚于火炕的东北，与南屋共用一个烟囱。居住面为长方形，长5.6米，宽4米，"为执役人员居住场所"。

IX型：火炕遗址位于青海土城和梧梅里寺庙址内，都建于规模较小的长方形的夯土台基上。台基有的用沙土、黏土和瓦片混合夯打而成。台基上只建有面阔5间，进深1间的土木或石木结构的建筑物，其东、西两面是面阔2间，进深1间的两间居室，中间则是面阔1间，进深1间的过廊。

在东西两间的居室内，用石块砌筑灶和曲尺形的双烟道火炕。在居室北外的台基上，用石块砌筑烟囱（或出烟口）。这样形成了由灶、曲尺形双烟道火炕和烟囱组成的一套较完整的小型采暖系统。属于这一型的，目前主要有青海土城和梧梅里金山寺庙址的多处建筑址等。甩弯子的火炕遗址也可能属于这一类型。

X型：分a、b两式：

a式：火炕遗址为半地穴式的土木结构建筑，屋顶铺瓦。房址平面呈圆角长方形、方形和椭圆形。面积大小不一，一般为4～16平方米。房门向阳开。其筑法是先向地下挖1米左右，四周立木柱，然后用半圆形木横置其间成墙或用石块砌筑。房内用石块或石板砌筑灶、曲尺形或凹字形火炕，在屋外用石块砌筑烟囱基座。形成了由灶、火炕和烟囱组成的一套完整的采暖系统。属于这一式的火炕遗址以俄罗斯滨海边疆区最多、也最普遍。尤以康斯坦丁诺夫卡1号村落遗址的4号房址最典型。

b式：火炕遗址大多为梁架式的土木结构的地面建筑。房址平面呈圆角长方形、方形或椭圆形。墙壁为土墙或用石块砌筑。墙面内外都抹草泥土。墙壁大多已毁、仅存底部。房址面积大小不一，大多为30～40平方米。房内有灶、曲尺形或凹字形的双烟道火炕和烟囱。这一式的火炕遗址分布较广泛，目前主要发现在牡丹江流域和绥芬河流域等处。

三　火炕遗址的分类与等级

（一）火炕遗址的分类

综上所述，可以将上述10型火炕遗址归纳为四类：

第一类　是I～III型。这一类的主要特征是：①火炕遗址位于上京宫城或西古城内城和八连城内城的南北向或东西向的中轴线上。②建筑规模大，台基构筑用料和筑法较精致讲究，且都建于长方形的夯土台基上，四周用砖（石）包壁并铺砌散水。③台基上建有面阔7间，进深3间的房屋，其外还有面阔9间，进深5间的回廊。殿堂（正房）都位于东西两面，面阔3间，进深3间，中间则为面阔1间进深3间的过廊。④装饰华丽，使用三彩和釉陶质建筑构件，墙面还彩绘。⑤在屋内和北廊或西廊内都有数量不等的灶和火炕，台基北侧还建有1～2个形制结构相同的高大烟囱。形成1～2套完整的采暖系统。从功能上分析，屋内的灶、火炕主要是冬季供室内取暖用。西廊、北廊内的灶和火炕则一年四季都可能用。当然上述各型之间还有一定的差别，主要决定于主人的身份和等级。

IV型的50号宫殿的F1、F5，从功能上分析，也应归入这一类。

第二类　是V～VIII型。这一类的主要特征是：①火炕遗址位于I型和II型宫殿址的近旁或宫殿址附属建筑的回廊或厢房内。②火炕遗址的居住面积小，灶、火炕和烟囱的形制、结构简单，虽有灶、火炕和烟囱组成的一套完整的采暖系统，功能虽相同，但规模小，无法和第一类宫殿址的采暖系统相比。当然这几型之间也有一定的差别。

第三类　是IX型。这一类的火炕遗址目前发表的完整资料不太多。火炕遗址规模小，虽然也建在夯土台基上，但只建有面阔5间，进深1间的房屋。东西两侧的2间房屋面阔只有2间。居住址和灶、火炕及烟囱组成的一套采暖系统都较简单。

第四类　是X型。这一类的火炕遗址规模都较小，居住的面积也大小不一，而且都无夯土台基。都是建于原地面上或是向地下挖坑的半地穴式建筑。由灶、火炕和烟囱组成的采暖系统只有1套，构筑也更为简单。

（二）火炕遗址的等级

上述的四类火炕遗址，可以将其分为四个大的等级。

第一类火炕遗址为第一等级。主人的身份是渤海国王、王妃等主要王室成员。这是他们的寝宫或寝殿。其中，上京宫城第4殿址、西古城内城第2宫殿和八连城内城第2宫殿址，应是渤海王处理日常朝政和居住的寝宫。上京宫城第4-1号，第4-2号宫殿址和西古城内城第3号宫殿址，应是渤海王妃处理内宫事务和居住的寝殿。有人将其称为"副寝"。从上京宫城第4-1号殿址的东西屋内还设有形制、结构不同、大小不一的火塘遗址来看，该殿址除了日常居住的功用外，可能还有其他功能。特别是从东屋北廊内单独隔成的1间小屋来看，灶址的结构精致，灶门两侧的青砖上，还立有铸成缠枝花纹的铁板。这些都说明该殿址还可能兼有御厨房的性质。至于上京宫城西区寝殿和西古城内城第3、第4宫殿，则可能是渤海王的普通嫔妃的住所。50号宫殿址附近的F1和F5，发掘者认为"是渤海王室贵族宴飨、游乐的地方"。

第二类火炕遗址为第二等级。火炕遗址的主人身份可能是渤海王妃身边的内官、宫女、侍从等宫廷服务人员。其中V型、VI型的主人身份比较高，可能是王、妃身边最亲信的女官或宫女。VII型火炕遗址主人可能是一般的宫女。VIII型则是宫殿区寝宫附近和城门的侍从和值守人员，身份较低。

第三类火炕遗址为第三等级。火炕遗址主人身份可能为寺庙的僧侣和普通的中下级官吏。

第四类火炕遗址为第四等级，火炕遗址主人的身份为数量众多、分布最广泛的平民百姓。

四　简短的结语

根据目前考古发掘的渤海火炕遗址的情况，我们试作以下几点分析：

1）无论是渤海王室的宫殿建筑或是中小城址官吏的居住址或寺庙建筑和分布广泛、数量众多的平民百姓的居住址，都采用了由灶、火炕和烟囱组成的采暖系统。这是解决居室内冬季取暖御寒的最佳办法。具体地说，灶（址）是提供热能的地方，通常都用木柴来解决热源（能）。由烟道构成的火炕是扩散和保持热能的地方，使室内温度升高。烟囱是为了解决居室内的排（抽）烟和增氧问题。烟囱越是高大、过烟道越长，排烟和增氧的效果就越好。可以说，灶、火炕和烟囱是解决居室内取暖的关键因素，三者缺一不可。当然，构筑灶、火炕和烟囱的质量和数量存在着明显的差别。这是由居室主人的社会地位和经济条件决定的。上述火炕遗址的分类和等级的区别已充分说明了这一点。

2）判断火炕遗址性质和等级的主要标志。

①火炕遗址是否建在上京宫城或西古城和八连城内城的南北或东西向的中轴线上，是判断火炕遗址主人身份和等级的最重要标志之一。火炕遗址建在上京宫城、西古城和八连城内城的南北中轴线上，并和南面的宫殿址相连，是火炕遗址最高的等级，具有前朝后寝的寝宫性质。主人身份也最高。

②火炕遗址是否建在夯土台基上，四周是否用砖（石）包壁并铺散水，以及是否建有殿堂和回廊，也是判断火炕遗址等级的重要标志之一。夯土台基上是否建有面阔7间，进深3间的殿堂和面阔9间，进深5间的回廊，殿堂建筑是否都是东西两侧面阔3间，进深3间的正房，中间则是面阔1~2间，进深3间的过廊。2间正房内各有1套由灶、火炕和高大烟囱组成的完整的采暖系统，是火炕遗址的最高等级的重要标志。

③火炕遗址的正殿两侧是否有东、西配殿和其所处的位置，正殿面阔、进深的间数及采暖系统的有无及数量，也是判断火炕遗址等级的标志之一。

④火炕遗址是否出土三彩兽头、釉陶质的鸱尾等建筑材料和釉陶器等生活用品以及墙面上是否彩绘，也可作为判断火炕遗址最高等级的重要标志之一。

这些都充分证明了唐代渤海国的封建等级制度。

附记：本文系"中国社会科学院2012~2013年度老年科研课题"修改补充而成。

注　释

［1］　a.《新唐书·渤海传》第6180~6181页，中华书局标点本，1975年。
　　　b.《旧唐书·渤海靺鞨传》第5360~5363页，中华书局标点本，1975年。
［2］　a. 张国庆：《"北人尚炕"习俗的由来》，《北方文物》1987年第3期。
　　　b. 柏忱：《火炕小考》，《黑龙江文物丛刊》1984年第1期。
［3］　伊铉哲：《渤海国的火炕遗址考》，《渤海史论丛·渤海文化研究》，吉林人民出版社，2000年。
［4］　华阳：《东北地区古代火炕初探》，《北方文物》2004年第1期。
［5］　a. 张相烈：《我国保暖土炕的起源与进化》，《考古与民俗》1966年第4期。
　　　b.〔日〕大貫静夫：《極東における平地居の普及とその周辺》，《渡边仁教授古稀纪念论文集》，日本，1989年。
［6］　东亚考古学会：《东京城——渤海国上京龙泉府址的发掘调查》（以下简称《东京城》），

《东方考古学丛刊》，1939年。

[7] 中国社会科学院考古研究所：《六顶山与渤海镇——唐代渤海国的贵族墓地与都城遗址》（以下简称《六顶山与渤海镇》），中国大百科全书出版社，1997年。

[8] a. 黑龙江省文物考古工作队：《渤海上京宫城第2、3、4号门址发掘简报》，《文物》1985年第11期。

b. 黑龙江省文物考古工作队：《渤海上京宫城第一宫殿东、西廊庑遗址发掘清理简报》，《文物》1985年第11期。

c. 黑龙江省文物考古工作队：《渤海上京宫城内房址发掘简报》，《北方文物》1987年第1期。

[9] 黑龙江省文物考古研究所：《渤海上京城》，文物出版社，2009年。

[10] 中国社会科学院考古研究所：《六顶山与渤海镇》第68~69页、插图第41，中国大百科全书出版社，1997年。

[11] 中国社会科学院考古研究所：《六顶山与渤海镇》第68~69页、插图第41图版第45~46，中国大百科全书出版社，1997年。

[12] 黑龙江省文物考古研究所：《渤海上京城》第251~252页、插图第一八一，文物出版社，2009年。

[13] 东亚考古学会：《东京城》第19~21页插图第一五~一九图版第三三~三四，《东方考古学丛刊》，1939年。

[14] 黑龙江省文物考古研究所：《渤海上京城》第251~258页、插图第一八一、一八二，文物出版社，2009年。

[15] 东亚考古学会：《东京城》第19~21页、插图第一五~一九图版第三三~三四，《东方考古学丛刊》，1939年。

[16] 黑龙江省文物考古研究所：《渤海上京城》第252~258页、插图第一八一、一八二，文物出版社，2009年。

[17] 黑龙江省文物考古研究所：《渤海上京城》第252~258页、插图第一八一、二七〇~二八〇，文物出版社，2009年。

[18] 黑龙江省文物考古研究所：《渤海上京城》第256页，文物出版社，2009年。

[19] 黑龙江省文物考古研究所：《渤海上京城》第257页、插图第一八二、一八四，文物出版社，2009年。

[20] 黑龙江省文物考古研究所：《渤海上京城》第257页、插图第一八二、一八四，文物出版社，2009年。

[21] 黑龙江省文物考古研究所：《渤海上京城》第258、263页，文物出版社，2009年。

[22] 黑龙江省文物考古研究所：《渤海上京城》第258~270页、插图第一八五，文物出版社，2009年。

[23] 黑龙江省文物考古研究所：《渤海上京城》第264页、插图第一八五，文物出版社，2009年。

[24] 黑龙江省文物考古研究所：《渤海上京城》第264页、插图第一八五、一八九图版第

六四.2，文物出版社，2009年。

[25] 黑龙江省文物考古研究所：《渤海上京城》第273页、插图第一八五图版第六八-1，文物出版社，2009年。

[26] 黑龙江省文物考古研究所：《渤海上京城》第260页、插图第一八五、一九〇图版第六九-1，文物出版社，2009年。

[27] 黑龙江省文物考古研究所：《渤海上京城》第274页、插图第一八五图版第六九-2，文物出版社，2009年。

[28] 黑龙江省文物考古研究所：《渤海上京城》第258、277～278页、图第一八三、一九一，文物出版社，2009年。

[29] 东亚考古学会：《东京城》第23～26页、插图第二二至二三，图版第四三2至四七，《东方考古学丛刊》，1939年。

[30] 黑龙江省文物考古研究所：《渤海上京城》第53～55页、插图第三〇，文物出版社，2009年。

[31] 黑龙江省文物考古研究所：《渤海上京城》第493～495页、插图第三五七，文物出版社，2009年。

[32] 黑龙江省文物考古研究所：《渤海上京城》第497～498页、插图第三五九，文物出版社，2009年。

[33] 黑龙江省文物考古研究所：《渤海上京宫城内房址发掘简报》，《北方文物》1987年1期。

[34] 〔日〕大鸟山喜一、藤田亮策：《间岛省古迹调查报告》，1942年。

[35] 〔日〕大鸟山喜一：《渤海中京考》，《考古学杂志》第34卷第1号，日本考古学会，1944年。

[36] 〔日〕大鸟山喜一：《渤海东京考》，《史学论丛》第七辑，岩波书店，1938年。

[37] 吉林省文物考古研究所等：《西古城——2000～2005年度渤海国中京显德府故址田野考古报告》（以下简称《西古城》），文物出版社，2007年。

[38] a. 吉林省文物考古研究所、吉林大学边疆考古研究中心等：《八连城——2004～2009年渤海国东京故址田野考古报告》（以下简称八连城），文物出版社，2014年。
b. 吉林省文物考古研究所、吉林大学边疆考古研究中心：《吉林珲春市八连城内城建筑基址的发掘》，《考古》2009年第6期。

[39] 吉林省文物考古研究所等：《西古城》第159～160、166页、插图第一〇二、图版第一七.1，文物出版社，2007年。

[40] 吉林省文物考古研究所等：《西古城》第192～196页、插图第一二〇图版第二〇～二一，文物出版社，2007年。

[41] 吉林省文物考古研究所等：《西古城》第222～231页、插图第一三九～一四一图版第二二～二四，文物出版社，2007年。

[42] 吉林省文物考古研究所等：《西古城》第287～289页、插图第一七六，文物出版社，2007年。

[43] 吉林省文物考古研究所、吉林大学边疆考古研究中心等：《八连城》第131～134页，插图第一〇六，文物出版社，2014年。

b. 吉林省文物考古研究所、吉林大学边疆考古研究中心：《吉林珲春市八连城内城建筑基址的发掘》第15~22页，插图第三，《考古》2009年第6期。

[44] 黑龙江省文物考古研究所：《河口与振兴——牡丹江莲花水库发掘报告（一）》第46~47页插图第四〇，科学出版社，2001年。

[45] 图珲铁路考古发掘队：《吉林省珲春市甩湾子渤海房址清理简报》第36~42页、插图第二，《北方文物》1991年第2期。

[46] 黑龙江省文物考古研究所、吉林大学考古学系：《黑龙江省海林市兴农渤海时期城址的发掘》第24~35页、插图第六、八、九，《考古》2005年第3期。

[47] 黑龙江省文物考古研究所、吉林大学考古系：《黑龙江省海林市渡口遗址的发掘》第16、21、34页、插图第九，《考古》1997年第7期。

[48] 〔俄〕B·N·鲍尔金、B·3·沙弗库诺夫等：《滨海地区渤海住房的新类型》，《东北亚考古资料译文集：俄罗斯专号》第40~44页、插图第一，北方文物杂志社，1996年。

[49] a.〔俄〕B·N·鲍尔金、B·3·沙弗库诺夫等：《滨海地区渤海住房的新类型》，《东北亚考古资料译文集：俄罗斯专号》第40~44页、插图第一，北方文物杂志社，1996年。

b.〔俄〕沙弗库诺夫等著、宋玉彬译：《渤海国及其俄罗斯远东部落》89~98页，东北师范大学出版社，1997年。

c.〔俄〕克鲁沙诺夫等：《苏联远东史》第224页，哈尔滨出版社，1993年。

[50] 金宗赫：《对东海岸一带发掘的渤海遗迹和遗物的考察》，《7~8世纪东亚地区历史与考古国际学术讨论会论文集》，科学出版社，2001年。

[51] 金宗赫等：《朝鲜东海岸一带的渤海平地城和山城》第3~4页、插图第4，《历史与考古信息·东北亚》2003年第1期。

[52] a. 金宗赫等：《青海土城的性质》，《历史与考古信息·东北亚》2003年第1期。

b. 柳炳兴等：《关于在东海岸一带渤海遗迹发掘中取得的成果》，《历史与考古信息·东北亚》2003年第1期。

[53] 金宗赫等：《朝鲜东海岸一带的渤海建筑址》第17~24页、插图第16，《历史与考古信息·东北亚》2003年第1期。

[54] 黑龙江省文物考古研究所：《渤海上京城》第55页，文物出版社，2009年。

[55] 黑龙江省文物考古研究所：《渤海上京城》第55页，文物出版社，2009年。

佛教传入高句丽时间考

王飞峰

关于佛教何时传入高句丽，目前学界的观点并不一致。本文通过对中国与朝鲜半岛文献的系统梳理，结合目前关于高句丽佛像的发现情况等，认为《三国史记》关于佛教在公元372年由前秦僧人顺道传入高句丽的记录有误，佛教在东晋太元之末（公元390~396年）由后秦僧人昙始传入高句丽，佛教的传入是高句丽莲花纹瓦当产生的重要因素。冬寿墓出现的莲花纹和墓主人位于坐帐内的形象，只是利用当时辽西地区魏晋十六国壁画的某些片段为粉本并根据墓主人身份进行了改造和组合，仅仅是一种装饰纹样，与佛教传入高句丽并无关系。

佛教在古印度产生之后，就开始向外传播，时至今日仍然是世界三大宗教之一。根据《后汉书》等的记载，佛教在东汉明帝时由西域僧人摄摩腾和竺法兰等传入中原地区。朝鲜半岛与我国东北地区通过陆路相连接，汉唐时期中国与朝鲜半岛的交流异常频繁，随着中国的政治、经济和文化等传入半岛，来自中国的佛教也传入朝鲜半岛。佛教进入朝鲜半岛之时，半岛北部存在着高句丽、西南部为百济、东南部为新罗，在百济和新罗之间的区域还一度存在着加耶。由于高句丽与当时的中原及东北诸多政权相接壤，与后者的联系比百济、新罗及加耶更为方便和密切。根据朝鲜半岛史书《三国史记》《海东高僧传》《三国遗事》等的记载，佛教在公元372年由前秦传入高句丽，公元384年由东晋传入百济，公元538年由南朝传入新罗。但是上述史书关于佛教传入高句丽的时间与中国史料及朝鲜半岛发现的一些早期石刻相抵牾，因此研究佛教传入高句丽的时间不但对于探讨中国及朝鲜半岛的交流具有重要的参考价值，而且对于朝鲜半岛佛教史的研究也具有非常重要的意义。

一　相关的文献资料

关于佛教何时传入高句丽，目前研究者的意见并不一致，概括起来主要有以下4种观点。

1）根据《三国史记》的记载，认为公元372年佛教由前秦僧人顺道传入高句丽[1]。

2）根据冬寿墓出现的莲花纹，认为不晚于公元357年的公元4世纪中叶佛教已经传入高句丽地区[2]，甚至认为冬寿本人可能也是佛教信徒[3]。

3）根据《高僧传》中支道林（公元314~366年）与"高丽道人书"的记载，认为"高丽道人"即是当时高句丽地区的佛教徒，因此在公元366年之前佛教已经传入高句丽地区[4]。

4）根据《高僧传》《凤岩寺智证大师寂照塔碑》等关于昙始的记载认为东晋太元二十年（太元为东晋孝武帝年号，公元376~396年，太元二十年即公元395年）佛教由东晋僧人昙始传入高句丽[5]。

其中第1种观点成为目前学界的主流观点，以上各种观点基本上是以目前可以见到的文献材料为基础，并没有实质性的考古证据，因此我们首先将对相关的文献资料进行整理。

目前可以见到最早关于高句丽佛教传入的记录见于南朝梁代僧人慧皎（公元497~554年）撰写的《高僧传》（又称《梁高僧传》），该书实际上是东汉永平年间至南朝梁代天监时期著名僧人的传记，成为以后历代《高僧传》的范本。《高僧传·卷十·昙始传》：释昙始，关中人，自出家以后，多有异迹。晋孝武太元之末，赍经律数十部，往辽东宣化，显授三乘，立以归戒，盖高句骊闻道之始也。义熙初，复还关中，开导三辅。

唐代西明寺沙门释道世（公元？~683年）于总章元年（公元668年）完成的《法苑珠林·卷三十一·昙始传》：宋伪魏长安有释昙始，关中人，自出家以后，多有异迹。晋孝武太元之末，赍经律数十部往辽东宣化，显授三乘，立以归戒，盖高句骊闻道之始也。义熙初，复还关中，开导三辅。

唐代梓州慧义寺沙门神清所撰《北山录·卷三·昙始传》：晋昙始，孝武末（东晋也，帝临位，深奉佛法，苻坚兵至，谢玄破也）适辽东，高丽开导始也。后还三辅（三辅，咸阳市，昔秦皇于此置殿观），三辅人宗仰之。

元初无名氏所撰《神僧传·卷二·昙始传》：释昙始，关中人。自出家以后多有异迹。晋孝武太元之末，赍经律数十部，往辽东宣化，显授三乘，立以归戒。义熙初，复还关中，开导三辅。

我们可以看到自慧皎撰《高僧传》以后，直到元代中国历代文献有关昙始的记录均是以《高僧传》为基础，或是直接援引，或是稍加归纳，并无多大出入，可以确定《高僧传》是以后各种记录昙始史料的祖本。对于昙始的籍贯都说明了为关中，昙始到达高句丽的时间是东晋孝武帝太元（公元376~396年）之末，但是中国文献没有说明昙始到达高句丽的具体时间，仅有太元之末。太元时期有21年，如果分成三期的话，太元之末大体为公元390~396年，此时关中地区正是后秦（公元384~417年）的势力范围，后秦和后燕相邻、而后燕通过辽东与高句丽接壤[6]（图1）；而且《高僧传》等多提及昙始"义熙初，复还关中，开导三辅"，说明昙始可能是从关中出发前往高句丽，以后又返回关中，因此我们认为当时昙始为后秦僧人；至于《高僧传》所记昙始的活动均以东晋年号纪年，我们认为这与东晋南朝时期偏安江南一隅的东晋南

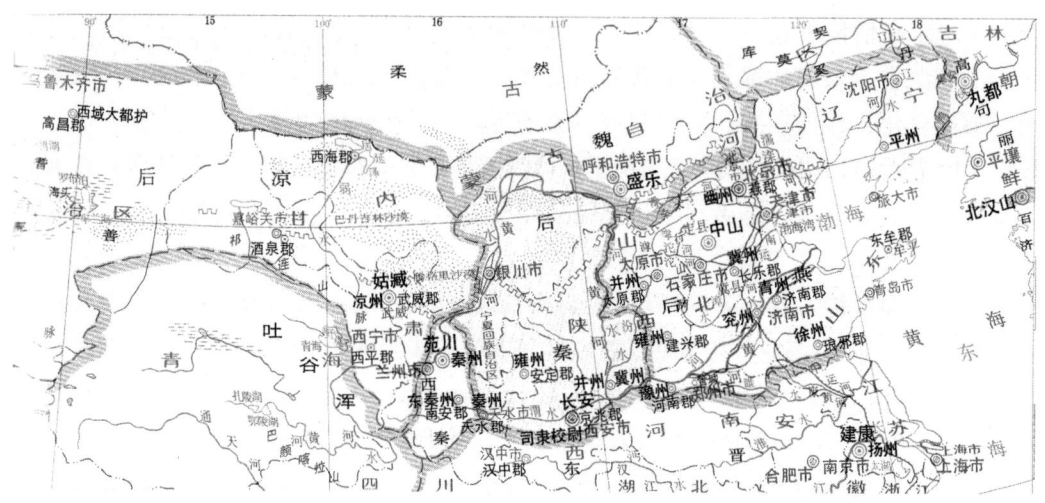

图1　十六国时期后秦、后燕和高句丽位置图

朝上自皇族、下至一般的士大夫始终是正统自居有关，而且慧皎本身就是南朝的僧人。因此结合后秦、后燕和高句丽的相对位置，我们认为当时后秦关中僧人昙始可能通过陆路由关中到达辽西，经辽东进入高句丽。

朝鲜半岛三部成书于高丽王朝的史书《三国史记》、《海东高僧传》及《三国遗事》对佛教传入高句丽均有记载。《三国史记》为金富轼（1075~1151年）奉旨编纂，高丽仁宗二十三年（1145年）成书，《三国史记·卷第十八·小兽林王本纪》：二年（公元372年），夏六月，秦王苻坚遣使及浮屠顺道送佛像、经文。……四年（公元374年）僧阿道来。五年（公元375年）春二月，始创肖门寺，以置顺道。又创伊弗兰寺，以置阿道。此海东佛法之始。

《海东高僧传》为高丽僧人觉训奉旨撰写，成书于高丽高宗二年（1215年）。全书共有两卷，其中第一卷前有"流通一之一"叙述佛教产生、传入中国、朝鲜半岛的过程及成书原因，另有顺道、昙始及阿道等僧人传记。《海东高僧传·卷一·流通一之一》：若我海东，则高句丽味留王（应为解味留王，即小兽林王，笔者注）时，顺道至平壤城。继有摩罗难陀从晋来于百济国，则枕流王代也。后于新罗第二十三法兴王践祚，梁大通元年丁未三月十一日，阿道来止一善县。

《海东高僧传·卷一·顺道传》：释顺道，不知何许人也。迈德高标，慈忍济物，誓志弘宣，周流震旦，移家就机，诲人不倦，高句丽第十七解味留王（或云小兽林王）二年壬申夏六月，秦符坚（应为苻坚，笔者注）发使及浮屠顺道送佛像、经文，于是君臣以会遇之礼奉迎于省门。投诚敬信，感庆流行，寻遣使回谢，以贡方物。或说顺道从东晋来，始传佛法，则秦晋莫辨，何是何非。……后四年神僧阿道至自魏（存古文），始创省门寺以置顺道，记云以省门为寺，今兴国寺是也，后讹写为肖门。又创伊弗兰寺，以置阿道，古记云兴福寺是也。此海东佛教之始。

《海东高僧传·卷一·昙始传》：释昙始，关中人也，自出家多有异迹。足白于面，虽涉泥水，未尝沾湿，天下咸称白足和尚。以晋太元末年赍持经律数十部往化辽东，乘机宣化，显授三乘，立以归戒。梁僧传以此为高句丽闻法之始，是当广开土王五年（应为六年，即公元396年，笔者注）、新罗奈勿王四十一年、百济阿莘王五年，而秦符坚（应为苻坚，笔者注）送经像后二十五年也。……晋义熙初师复还关中，唱道三辅。

《海东高僧传·卷一·阿道传》：释阿道，或云本天竺人，或云从吴来，或云自高句丽入魏，后归新罗，未知孰是。风仪特异，神变左奇，但以行化为任，每当开讲，天雨妙花。始新罗讷祇王时有黑胡子者从高句丽至一善郡，宣化有缘郡人毛礼，家中作窟室安置。于是梁遣使赐衣着香物。

《三国遗事》为高丽王朝僧人一然（1206～1287年）撰写，书中记录的最晚年代为公元1281年，依此推算应完成于公元1281～1287年。《三国遗事·卷三·兴法第三》：顺道肇丽。高丽本记（应为纪，即《三国史记·高句丽本纪》，笔者注）云：小兽林王即位二年（公元372年）壬申，乃东晋咸安二年，孝武帝即位之年也。前秦苻坚遣使及僧顺道送佛像、经文（时坚都关中，即长安）。又四年（公元374年）甲申，阿道来自晋。明年（公元375年）乙亥二月，创肖门寺，以置顺道。又创伊弗兰寺，以置阿道。此高丽佛法之始。僧传（《海东高僧传》）作二道自魏云者误也，实自前秦而来。又云肖门寺今兴国，伊弗兰寺今兴福寺者亦误。

以上三部高丽王朝的史书对于佛教传入高句丽的记载各有特点，三部史书均认为公元372年由前秦僧人顺道将佛教传入高句丽，其中《三国史记》和《三国遗事》未提及昙始；《海东高僧传》不但提及昙始到高句丽弘法之事，而且给出了明确的年代（公元396年）；以上记载究竟源于何处，由于在中国早期史料中并未找到相关资料，我们不得而知。但是就史料学的角度而言，我们认为《高僧传》关于昙始的记载较高丽王朝三部史书的记载更为可信，高丽王朝的三部史书在涉及顺道、阿道及昙始的相关记载中都存在不同程度的杜撰。与此相对的是，统一新罗末期由著名学者崔致远（公元857～？年）撰写的《凤岩寺智证大师寂照塔碑》（全称《大唐新罗国故凤岩山寺教谥智证大师寂照之塔碑铭并序》）中却提到了有关佛教传入高句丽的事情。《凤岩寺智证大师寂照塔碑》[7]（图2-1、2）位于今韩国庆尚北道闻庆市加恩邑院北里凤岩寺，为韩国宝物第138号，碑高2.73米，宽1.64米，厚0.23米，螭首龟趺，碑阴末有"龙德四年岁次甲申六月囗囗日竟建"的题记，龙德为五代时期后梁年号，龙德四年即公元924年[8]，该碑开始部分叙述了佛教传入朝鲜半岛的过程。

该碑第3列下端碑文部分残损，在清朝金石学家刘喜海1832年完成的《海东金石苑》和朝鲜总督府1918年编写的《朝鲜金石总揽》（上）中均没有完整释文，1919年朝鲜学者李能和编写的《朝鲜佛教通史》（上）中首次披露了完整释文。第3列末段：昔当东表鼎峙之秋，有百济苏涂之仪，若甘泉金人之祀，（厥后西晋昙始始之貊，

图2　凤岩寺智证大师寂照塔碑照片及正面碑文拓片
1. 凤岩寺智证大师寂照塔碑　2. 凤岩寺智证大师寂照塔碑正面碑文拓片

如）。第4列上段：摄腾东入，句骊阿度度于我，如康会南行。其中李能和第3列释文（）中部分，刘喜海《海东金石苑》释文为：□□西□□□□□□，朝鲜总督府《朝鲜金石总揽》（上）的释文为：□□西□□□于□如。崔致远虽然误将昙始所处的时代说成西晋，但是却记录了昙始入高句丽传法的事实。碑文中"昙始始之貊，如摄腾东入"，即是说昙始到达高句丽，如同东汉明帝时到达洛阳的西域僧人摄摩腾和竺法兰一样，使得佛教开始在高句丽地区传播。唐代高句丽人也自称高句丽为貊，这一点可以从高句丽灭亡后居住在唐朝的泉男生之子泉献诚的墓志（大足元年，公元701年）中得到证明：君讳献诚，其先高勾骊国人也。……公即襄公嫡子也。生于小貊之乡，早有大成之用，地荣门宠，一国罕俦[9]。因此参考包括慧皎《高僧传》在内的中国史料及崔致远撰写的《凤岩寺智证大师寂照塔碑》我们认为高句丽佛教是在东晋太元末年（约公元390～396年）由后秦关中僧人昙始传入的，昙始当时可能是从关中出发由陆路到达辽西、经辽东进入高句丽。

《三国史记》《海东高僧传》《三国遗事》的作者在编写过程可能并未参照《高僧传》等中国史料及《凤岩寺智证大师寂照塔碑》所记载的内容。至于《高僧传》所记载的与东晋僧人支道林（公元314～366年）书信来往的"高丽道人"虽然在《海东高僧传》也有相关记载，但是我们无法证明这位"高丽道人"就是当时高句丽地区的佛教徒。此外唐代道宣（公元596～667年）所撰《续高僧传·卷二十五·僧意传》：

释僧意,……元魏中,住太山朗公谷山寺。聚众教授,迄于暮齿,精诚不倦。寺有高骊像、相国像、胡国像、女国像、吴国像、昆仑像、岱京像,如此七像,并是金铜,俱陈寺堂。部分学者认为此处所述高丽像即高句丽佛像,此佛像为前秦时期(公元351~394年)高句丽赠送给竺僧朗[10]。也有学者认为此处所述高丽像、相国像均为高句丽佛像,其中相国像可能是好太王时期(公元391~412年)高句丽"相国"赠送给竺僧朗[11]。但是从目前朝鲜半岛特别是高句丽地区发现的佛像资料来看,除首尔纛岛发现的一尊鎏金佛像时代较早外[12],高句丽地区其他佛像资料的时代大体不早于5世纪初。虽然也有学者认为纛岛鎏金佛像属于高句丽佛像,可能是5世纪初制造于中国北方地区[13],但是纛岛佛像周围均为百济墓葬和遗址,没有发现与高句丽相关的遗迹和遗物,因此这件佛像是否属于高句丽佛像还有待进一步研究。

二 冬寿墓的莲花纹

由于冬寿墓发现了多种形制的莲花纹,对于冬寿墓莲花纹的理解也成为研究佛教传入高句丽时间的重要问题之一。冬寿墓又名安岳3号墓,是目前已知年代最早的(公元357年)高句丽壁画墓。冬寿墓封土为覆斗形,其中南北长33米,东西宽30米,高6米,墓葬结构是用石板砌筑的多室墓,南北向,包括墓道、甬道、前室、后室、前室两侧的东侧室和西侧室,后室北侧的北回廊和东侧的东回廊,前、后墓室顶部均为叠涩形成的天井。西侧室入口南侧侍从上部发现7行68字的墨书题记(原题记为竖排):

永和十三年十月戊子朔廿六日
囗丑使持節都督諸軍事
平東將軍護撫夷校尉樂浪
相昌黎玄菟帶方太守都
鄉侯幽州遼東平郭
都鄉敬上里冬壽字
囗安年六十九薨官

冬寿墓前室和后室之间有三根八角形石柱和一根四角形石柱(四角形石柱位于三根八角柱东侧)、后室及北面的回廊之间有三根八角形石柱和两根四角形石柱(四角形石柱位于三根八角柱两侧),除前室和后室之间东侧四角柱、后室与北回廊之间东侧的四角石柱上有一斗二升外,其他石柱上均直接承接栌斗,栌斗正面均绘有兽面纹,前室和后室之间立柱栌斗的东西两侧绘有莲花纹。墓室天井部均为三角叠涩2层加大型盖顶石结构。

冬寿墓莲花纹位于前室西侧室西壁冬寿坐帐两角及顶部(图3-1)[14],南壁冬寿夫人坐帐两角及顶部(图3-2),前室与后室之间四个立柱栌斗的东西侧面,后室天井顶部。除后室天井部莲花纹为俯视莲花纹外(图3-3),其余莲花纹均为侧视的莲蕾或

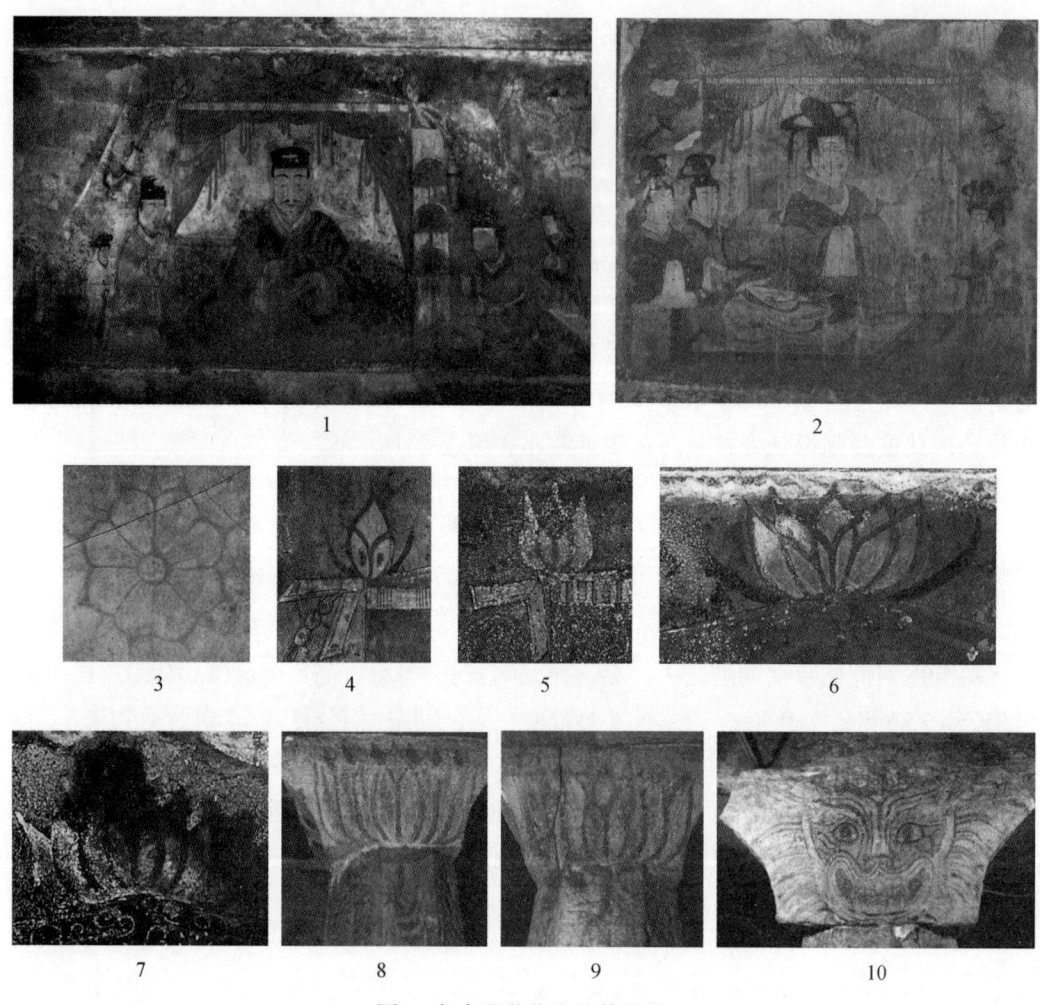

图3 冬寿墓莲花纹及兽面纹

1. 前室西侧室西壁冬寿坐像 2. 前室西侧室南壁冬寿夫人坐像 3. 后室天井顶部莲花纹 4. 冬寿坐帐两角的莲花纹 5. 冬寿夫人坐帐两角的莲花纹 6. 冬寿坐帐顶部莲花纹 7. 冬寿夫人坐帐顶部莲花纹 8. 前室和后室之间西起第一柱东侧莲花纹 9. 前室和后室之间西起第二柱东侧莲花纹 10. 前室和后室之间西起第一柱正面兽面纹

莲花。莲蕾见于冬寿坐帐两角（图3-4）。侧视的莲花纹莲瓣数量有三瓣、五瓣和七瓣三种，其中三瓣莲花纹见于冬寿夫人坐帐两角（图3-5），五瓣莲花纹见于冬寿坐帐顶部（图3-6），七瓣莲花纹见于冬寿夫人坐帐顶部（图3-7）、前室和后室之间立柱栌斗的东西两侧（图3-8、图3-9）。莲花纹绘制时使用的颜料有白色、红色、黑色和黛青色，其中冬寿坐帐两角及顶部的莲花纹以红色颜料绘制莲花轮廓，莲瓣内填有白色颜料，莲花和莲蕾底部以黛青色颜料绘制莲叶和莲蕾上的装饰；冬寿夫人坐帐两角及顶部的莲花纹同样是以红色颜料绘制莲花轮廓，莲瓣内填有白色颜料；前室与后室之间西起第一立柱栌斗东西两侧以红色颜料勾勒莲花轮廓，相邻莲瓣间以黛青色颜料绘出莲叶末端，栌斗下的立柱的上部绘有部分莲叶及莲花的柄部；其余栌斗东西两侧的莲花仅以墨线勾勒轮廓,没有使用其他颜料,栌斗下的立柱上端也没有绘出莲叶及莲花的柄部;后室天井顶部的莲花则是以红色颜料绘出上层莲瓣和莲蓬,上层相邻莲瓣之间以墨线绘出下层莲瓣。由于冬寿坐帐两角及顶部莲花纹、冬寿夫人坐帐两角及顶部莲花纹、前室和后室之间西起第一立柱栌斗上的莲花纹红色轮廓线附近存在墨线,因此我们认为这些莲花纹的绘制过程应是先以墨线起稿,其次以红色颜料绘出莲花纹轮廓,再次在莲瓣和莲蕾中填以白色颜料,最后以黛青色颜料绘出莲叶、莲花柄部和莲蕾上的装饰;西起第二至第四立柱栌斗上的莲花纹仅以墨线勾出轮廓;后室天井顶部的双层莲花纹莲瓣线附近没有发现墨线起稿的痕迹,其绘制方法应是直接用红色颜料绘制上层莲瓣及莲蓬,再以墨线绘制出下层莲瓣。栌斗正面的兽面(图3-10)形制略有差异,其中西起第二立柱和西起第四立柱栌斗上的兽面纹的下端部分绘制于栌斗下立柱的上部。

三 冬寿墓莲花纹的研究

在研究冬寿墓莲花纹之前,我们首先对冬寿的经历作一简单介绍。根据墨书墓志记载公元357年十月69岁的冬寿去世,依此推算冬寿当生于公元288年或289年[15],冬寿在逃往高句丽之前,曾经是前燕的司马。东晋咸和八年(公元333年)五月被东晋朝廷封为辽东郡公的慕容廆去世,六月慕容廆第三子慕容皝嗣辽东郡公,由于即位之初用法严苛等引起了慕容皝的弟弟慕容仁等人的不满,当年十月慕容仁引兵征讨慕容皝,慕容皝随即以高诩、慕容幼、慕容稚、慕容军、慕容汗、司马冬寿等率军讨伐慕容仁。后慕容皝兵大败,慕容幼、慕容稚、慕容军被慕容仁俘获,由于冬寿曾为慕容仁司马,遂降于慕容仁。咸和九年(公元334年)十月至十一月慕容皝征讨辽东并多次击败慕容仁。咸康二年(公元336年)正月慕容皝亲率大军踏冰越海击败慕容仁并将其赐死,冬寿与郭充等逃往高句丽。咸康八年(公元342年)十一月慕容皝大举进攻高句丽,攻破丸都山城,俘虏高句丽故国原王王后、王太后等,发故国原王之父美川王之墓并载其尸体而还。永和十三年(公元357年)十月冬寿去世。通过以上的梳理我们可以知道公元333年十月之前冬寿曾经做过慕容仁的司马,当年十月作为慕容皝的司马讨伐慕容仁,兵败后降于慕容仁,公元336年正月慕容皝击败慕容仁后冬寿逃往高句丽。冬寿到高句丽以后的活动由于各种文献并无相关记载,其具体经历不详但是从公元342年丸都之战高句丽经历的惨败来看,冬寿可能并未经历这场战争而是在其逃到高句丽以后被派往朝鲜半岛北部的高句丽地区,而且从其墓葬规模和内容等来看,冬寿应当受到了高句丽王室的重用。

在研究冬寿墓的莲花纹时,弄清冬寿墓莲花纹的含义和渊源是非常必要的。冬寿墓的莲花纹根据其形态不同大体可以分为A型、B型和C型,A型即莲蕾形莲花纹,见于冬寿坐帐两角;B型即双层八瓣莲花纹,见于后室天井部。C型即侧视莲瓣形莲花纹,依据其莲瓣数量的多少又可以分为Ca型、Cb型和Cc型。Ca型即侧视三瓣莲花纹,见于冬寿夫人坐帐两角;Cb型即侧视五瓣莲花纹,见于冬寿坐帐顶部;Cc型即侧视七瓣莲花纹,见于冬寿夫人坐帐顶部、前室和后室之间立柱栌斗的东西两侧,其中Cc型侧视七瓣莲花纹在莲瓣形态上又有一些差异。

十六国北朝时期曾经流行以莲花或流苏等装饰坐帐,《邺中记》:"石虎御床,辟方三丈。冬月施熟锦流苏斗帐,四角安纯金龙,头衔五色流苏。……帐顶上安金莲花,花中悬金箔,织成綩囊。"与此类似的帐在北朝时期也曾作为北魏太极殿的装饰,《南齐书·卷五十七·魏虏列传》:"正殿施流苏帐,金博山,龙凤朱漆画屏风,织成幌。"冬寿墓的坐帐、帐顶及帐角装饰莲花和流苏(图4-1)不但与上述文献记载有一定相似之处,而且和辽阳上王家村晋墓壁画中男主人的坐帐[16](图4-2)也十分相似。郑岩先生认为魏晋南北朝时期的墓葬壁画在一定时间或空间范围内存在着粉本,而粉本存在着被多次借用、复制、选择、组合、改造的问题[17]。田立坤先生通过对朝阳袁台子壁画墓、冬寿墓和德兴里壁画墓墓主人形象的对比认为魏晋十六国时期辽西和朝鲜半岛墓葬壁画可能流行一种相同的粉本[18]。与辽阳上王家村晋墓墓主人位于坐帐内的形象相比,我们发现冬寿坐帐帐顶出现了侧视莲花装饰、帐角出现了莲蕾形莲花,另有璜、珠子和流苏装饰,冬寿夫人坐帐帐顶及两角的装饰与冬寿的坐帐装饰大体相同;而上王家村晋墓墓主人坐帐帐顶虽然装饰有莲花,但是帐角没有莲花、仅有龙衔流苏的装饰;这些变化可能暗示了这两座墓葬墓主人身份的差异。郭大顺先生认为上王家村晋墓使用了龙衔流苏的装饰、再结合墓葬结构及当时的历史情况等,其墓主人是与中原地区诸侯王级别相当的辽东的公孙氏[19]。由于冬寿墓墓主人位于坐帐内的形象与辽西魏晋十六国时期的墓葬壁画具有很大的相似性,我们认为冬寿墓墓主人位于坐帐内的形象实际上是利用、复制后者壁画中的某些片段为粉本,同时还存在着根据墓主人身份等对粉本进行选择、组合和改造的情况。因此对于冬寿墓的莲花纹及墓主人位于坐帐内的形象在当时的高句丽地区只能视为一种装饰纹样,并不代表佛教已经传入高句丽地区[20]。

由于冬寿是由前燕逃亡到高句丽的将军,而且当时前燕与高句丽领土接壤,因此我们首先来了解一下前燕或三燕时期的莲花纹。三燕时期的壁画墓由于发现数量不多和保存情况不好等原因,目前还没有发现与冬寿墓莲花纹相同的图案,但是在朝阳地区出土的一些三燕遗物上发现了与冬寿墓莲花纹类似的纹样。冬寿墓的B型莲花纹(图4-3)与朝阳袁台子壁画墓(公元354或366年)出土的小铜铃[21](图4-4)和朝阳老城出土的前燕时期莲花纹瓦当[22](图4-5)上的图案比较相似。喇嘛洞三燕墓地采集的鎏金铜箭箙上发现了与冬寿墓Ca型莲花纹相似的纹样[23](图4-6、图4-7),由于箭箙为采集品准确断代有一定的困难,但是可以确定是三燕时期的遗物。虽然冬寿墓A型莲花纹(即莲蕾形莲花纹)在目前三燕地区并未发现相似的图案,但是莲蕾形莲花纹在五胡十六国时期的鎏金铜佛上已经发现,传河北省石家庄出土,现藏美国哈佛大学

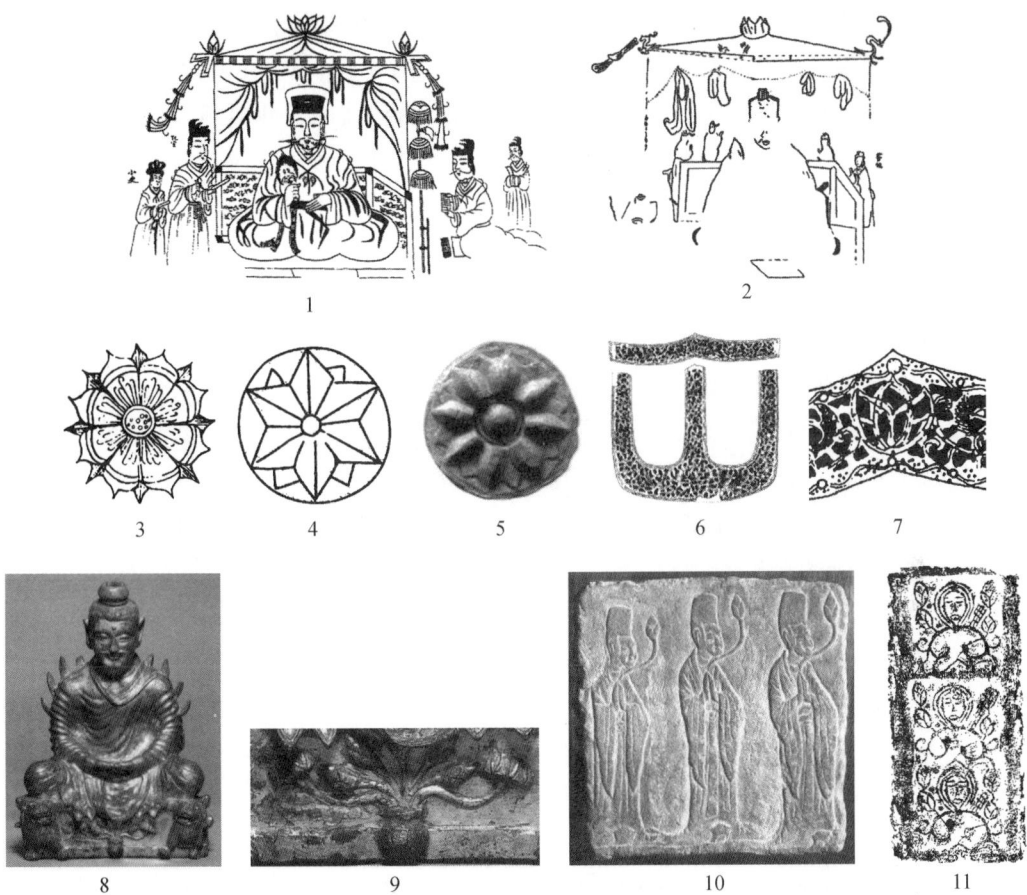

图4　冬寿墓壁画、辽阳上王家村晋墓壁画及相关莲花纹

1. 冬寿墓墓主人像　2. 辽阳上王家村晋墓墓主人像　3. 冬寿墓后室天井莲花纹　4. 朝阳袁台子壁画墓出土铜铃纹样　5. 朝阳老城出土莲花纹瓦当　6、7. 喇嘛洞采集鎏金铜箭箙及其莲花纹　8、9. 十六国时期鎏金铜佛及台座宝瓶中的莲蕾形莲花　10. 天龙山石窟北朝礼佛图　11. 西晋太康九年（288）花纹砖纹样

福格美术馆的鎏金铜佛像是十六国早期典型的佛教造像（图4-8）[24]，其年代大体在4世纪初，也有学者认为年代在4世纪前半叶[25]，佛像结跏趺坐，位于狮子形方形台座上，台座中间有一圆形宝瓶，宝瓶的插花中即有莲蕾形莲花（图4-9）；莲蕾形莲花纹在随后北朝时期的佛教石窟中[26]（图4-10）也非常流行；与北方相比南方的莲蕾形莲花纹可能出现更早，盱眙县发现的与佛教有关的西晋太康九年（公元288年）花纹砖上已经存在此类纹样[27]（图4-11）；因此我们相信随着今后三燕考古工作的逐步深入，与冬寿墓相似的莲蕾形莲花纹应该可以在三燕地区发现。

四　结　语

通过对中国古代及朝鲜半岛相关史料的梳理，再结合高句丽地区佛像的发现情况等，我们认为东晋太元之末（公元390~396年）后秦关中僧人昙始将佛教传入高句丽。考虑到后秦、后燕和高句丽的相对位置，昙始当时可能从关中出发由陆路到达辽西、经辽东进入高句丽。而佛教的传入是高句丽莲花纹瓦当产生的重要因素。冬寿墓出现的莲花纹及坐帐形象应是直接源于辽西地区魏晋十六国的壁画墓，而且是利用后者壁画中的某些片段为粉本，根据墓主人的身份进行了选择和改造，为研究这一时期壁画粉本的传播和分布提供了新的材料，并对以后高句丽壁画墓的发展产生了深远的影响。因此冬寿墓的莲花纹在当时的高句丽地区仅仅是作为一种与坐帐共存的粉本中的装饰纹样，并不代表佛教已经传入高句丽地区。

注　释

[１]　a. 魏存成：《高句丽考古》第74页，吉林大学出版社，1994年。
　　　b. 李裕群：《高句丽佛教造像考——兼论北朝佛教造像样式对高句丽的影响》，《4~6世纪的北中国与欧亚大陆》，科学出版社，2006年。
　　　c. 李乐营：《佛教向高句丽传播路线的探析》，《社会科学战线》2008年第11期。国内学者、朝鲜半岛学者及日本学者也多持此观点。

[２]　梁志龙：《高句丽儒释道三教杂论》，《北方文物》2004年第2期。

[３]　吴焯：《从相邻国的政治关系看佛教在朝鲜半岛的初传》，《中国史研究》2006年第1期。

[４]　a. 温玉成：《集安长川一号壁画墓》，《北方文物》2001年第1期。
　　　b. 李海涛：《佛教在高句丽、百济和新罗传播足迹考》，《全球化下的佛教与民族（第三届两岸四地佛教学术研讨会论文集）》，光明日报出版社，2011年。

[５]　木村宣彰等：《昙始与高句丽佛教》，《博物馆研究》2002年第2期。

[６]　谭其骧等：《简明中国历史地图集》第28页附十六国（略有改动），中国地图出版社，1996年。

[７]　成均馆大学博物馆：《新罗金石文拓片展》（韩文）插图第121页拓片第119~120页，成均馆大学博物馆，2008年。

[８]　龙德为后梁末帝朱友贞的年号，仅仅使用了3年，即公元921~923年，此碑的龙德四年笔者暂定为公元924年。

[９]　周绍良主编：《唐代墓志汇编》（上）第984页，上海古籍出版社，1992年。

[10]　李裕群：《高句丽佛教造像考——兼论北朝佛教造像样式对高句丽的影响》，《4~6世纪的北中国与欧亚大陆》，科学出版社，2006年。

[11]　温玉成：《高句丽"相之国"》，《北方文物》2004年第3期。

[12]　金元龙：《纛岛出土金铜佛坐像》（韩文），《历史教育》1961年第5期。

[13]　李裕群：《高句丽佛教造像考——兼论北朝佛教造像样式对高句丽的影响》，《4~6世纪的北中国与欧亚大陆》，科学出版社，2006年。

[14]　社团法人共同通信社：《高句丽壁画古坟》（日文）第76页插图，社团法人共同通信社，

[15] 现在人们计算死者年龄时是以虚岁计算,这样的结果往往是比实际年龄多出1岁,对于生活在冬寿时代的高句丽人在计算死者年龄时是以虚岁计算还是以实际年龄计算,我们并不知道。因此如果当时以实际年龄来计算冬寿的年龄,则冬寿生于公元288年;如果当时以虚岁计算冬寿的年龄,则冬寿生于公元289年。

[16] 李庆发:《辽阳上王家村晋代壁画墓清理简报》第61页插图第8,《文物》1959年第7期。

[17] 郑岩:《魏晋南北朝壁画墓研究》第267页,文物出版社,2002年。

[18] 田立坤:《袁台子壁画墓的再认识》,《文物》2002年第9期。

[19] 郭大顺:《〈辽阳壁画墓群〉学习笔记》,《东北亚考古学论丛》,科学出版社,2010年。

[20] 王飞峰、夏增威:《高句丽丸都山城瓦当研究》,《东北史地》2008年第2期。

[21] a. 辽宁省博物馆文物队,朝阳地区博物馆文物队,朝阳县文化馆:《朝阳袁台子东晋壁画墓》第38页插图第33-1(略有改动),《文物》1984年第6期。

b. 田立坤先生通过对墓中题记和壁画等的研究认为袁台子壁画墓的年代为公元354年或366年,见田立坤:《袁台子壁画墓的再认识》,《文物》2002年第9期。

[22] 万雄飞、白宝玉:《朝阳老城北大街出土的3～6世纪莲花瓦当初探》图版第一八,5,《东北亚考古学论丛》,科学出版社,2010年。笔者认为该瓦当可能为前燕时期,见王飞峰:《三燕瓦当研究》,《边疆考古研究》第12辑,科学出版社,2012年。

[23] 辛占山:《从三座壁画墓的发现看辽东、三燕、高句丽壁画墓之间的关系》第43页插图第六,《东北亚考古学论丛》,科学出版社,2010年。

[24] 曾布川宽、冈田健:《世界美术大全集·东洋篇第3卷·三国南北朝》第330页插图第261,小学馆,2000年。

[25] 玛丽琳·M·爱丽:《5世纪中国佛像和北印度、巴基斯坦、阿富汗及中亚塑像的关系》,《敦煌研究》1992年第1期。

[26] 孙迪:《天龙山石窟——流失海外石刻造像研究》第171页插图第1,外文出版社,2004年。

[27] 秦士芝:《盱眙县发现一批西晋墓砖》第126页插图第一,《文物资料丛刊》第8辑,文物出版社,1983年。

于阗人的来源与绿洲于阗国的出现

巫新华

西域三十六国之一的"于阗"名称，最早出现于《史记》。司马迁记载了上自中国上古传说的黄帝时代，下至汉武帝太史元年间共3000多年的历史。但对古于阗居民的来源和建国的情况却无明确记载。关于于阗建国的明确记述，一直到了唐代方才出现，而且其中掺杂了大量神话成分。

以白玉河、墨玉河为中心形成的古代和田河绿洲，以及周边皮山绿洲、策勒、于田绿洲、民丰绿洲等地方早期居民来自何处，又是什么人？一直以来学术界都存在不同意见。近些年来历史学和考古学的进展性新成果已经揭开了于阗人来源的历史面纱，现在我们可以肯定早期于阗人主要来自东方。这些西迁于阗等地的人众应该是文献学上世居西北地区的羌戎人部众和考古学方面的齐家文化人众。只是较早的历史典籍并没有明确的记载，但是我们可以从文献的线索性记载结合最新的史学、考古学发现进行梳理。

一 文献资料方面的证据

唐代高僧玄奘前往西天天竺各地取经功德圆满负笈东归时，途经于阗将见闻收集并记载于其著作《大唐西域记》[1]。书中记载：于阗王通晓武略，崇信佛法，并说自己是毗沙门天神的后裔。从前，于阗地方荒无人烟，只有毗沙门天神住在这里。印度无忧王太子有个后母，生性淫荡。她见太子长得漂亮，就想和他勾搭成奸。谁知太子为人正直，拒绝了她的要求。后母恼羞成怒，就设计把太子放逐到呾叉始罗国。不久，又假传王令，挖去了太子的双眼。无忧王得知后大怒，把保护太子的辅臣僚佐及其家族全部放逐到雪山以北的荒凉山谷中居住。这群人为寻找更好的住地，顺着水草渐渐来到于阗的西界。他们推选部众中的头领为王，在这里定居下来。恰在这个时候，东方一个国家的王子被流放到于阗东界，也被手下人拥戴为王。许多年，双方都没有发生过接触。有一次，因为打猎，双方在荒野中相遇，他们互相打听对方的来历，都要以主人自居，争执不下，准备武力相向。手下有人劝说："何必这么急呢？用打猎的人马一决雌雄，施展不出军队的威力。应该各自回去整顿自己的军队，约定时间，正式决战。"于是双方各自返回居地，操练兵马，激励士气。到了约定的时间,双方交锋,西方国王兵败被杀,东方国王乘胜招抚失散人众,把都城迁到于阗两河中间的地方,筹划建立城郭。国王发愁没有适合筑城的泥土,就向各处张贴告示,想了解这里的地理特点。这时有个涂抹着黑灰的外道僧人背着一个盛满了水的大葫芦来到国王面前,说:"我了解这里的地理特点。"说着就把葫芦里的水倒在地上。水弯弯曲曲地流动起来,环绕成一个大圈,来回循环。此刻外道僧人突然消失,不知去向。人们顺着水的痕迹,筑起了城墙,并在此基础上建起了一座城,这就是于阗国的都城。城并不高大雄伟,但是难以攻克。自古以来,从来未曾失陷过。

东方来的那位王子统一着两个部众,修筑了都城,建立了国家,安定了部民。当他到晚年时,仍没有儿子。为了不绝宗断代,便到本国保护神毗沙门天神庙祈祷,乞求赐予后代。国王的祈祷果然感动了毗沙门天,只见毗沙门天的额头裂开一条缝,一个胖男孩蹦了出来。国王捧着天赐的孩子回到宫中,举国庆贺。谁知这个孩子不吃人奶,国王担心孩子,又到神庙中祈求养育之法。这时,神像前的地面凸起来,形状如同妇女的乳房,这个神赐的孩子看见,上前吸吮。就这样,靠着地乳的滋养,这孩子逐渐长大了。他的智慧和勇敢超过了先人,国家治理得当,教化大行,于是兴建神庙,崇祀先祖。于阗国王统从此累世相传,继承有序。东方王子建国后,因继位者吃地乳长大,国家也就以地乳为名[2]。

和田绿洲地处塔克拉玛干沙漠南部边缘,自古便是西域南道的咽喉路段。这里控制着昆仑山中段北缘西行通向帕米尔,南行通往藏北或古代克什米尔拉达克列城,东行通往若羌、河西走廊或柴达木盆地青藏高原东部,北行沿塔克拉玛干沙漠中部和田河、克里雅河两大南北向通道到达天山的交通。这里与古代印度、古代波斯、古代中亚各地,以及东方的中原各地往来频繁。东国王子与西国流人汇聚和田绿洲,在毗沙门天神庇护下开疆立国,反映的自然是各大文明的交互影响与交流互动。其中东国王子一众人等取胜蕴含的历史真实情况必然是古代东亚文明之核心中国文化的强势影响,因为王族来自东国。而西国流人和毗沙门天神反映的则是印度古代文化的深入渗透,大量西来人口,以及印度教、佛教的影响。

唐朝慧立《大慈恩寺三藏法师传》卷五相应的记载虽然略有不同,但是大体一致:于阗王雄才大略,智勇双全,德行广大,受国人崇敬,他说自己是毗沙门天神的后裔。先王是无忧王太子,原来居住在呾叉始罗国,被赶到雪山北,他们逐水草迁移,来到于阗建立都城安居下来。国王没有子嗣,便到毗沙门天神庙祈祷,乞求赐予后代。毗沙门天感应到后,神像的额头裂开跳出来一个男孩。随后神庙前面地上流淌出如同甜蜜乳汁一般的液体,用来养育王子,直至成人。国王去世后,王子嗣立,德行教化远播,拓疆扩土,现在的于阗王就是他的直系后裔。因其先祖由地乳养育长大,所以于阗的正式称呼为地乳国[3]。

以上是汉文史籍的记述,藏文典籍《牛角山授记》、《于阗国授记》和《于阗国教法史》[4]三者记载的这一传说内容详略不同,但大体一致,应属同一个系统。《于阗国授记》中传说内容如下：

当于阗地方还是海子时，佛祖世尊命令北方毗庐舍摩那和比兹舍利子二人说："目前这个海子地方，为三世佛另外一个世界，以后将成为人众居住的处所，现在生长莲花之处，以后将成为一座寺庙，会出现许多菩萨，你去把海子淘干净，使它成为以后人众居住的地方吧。"二人来到昆山下，用锡杖的下端和矛的尖端把海子底部刺穿，海子内的湖水流干了，于是成了人能居住的地方。此时，是佛涅槃后234年，天竺有一个国王名叫法阿育（Dharmasoka）。发宏愿要护持释迦牟尼佛所加持的南瞻部洲诸地佛寺佛塔，此王出大善力加持各地化得八万四千塔寺。

这个时候，于阗国海子虽已干涸，然而土地虚旷无人。阿育王夜间在此扎营，而他的王妃恰好生下一个男婴，婴儿相貌绝好。先前，王妃一次进入一处园林中在莲池中沐浴时，看见毗沙门天王及其眷属等一行众神从空中飘然而过。王妃看所见的毗沙门天神驭空神行的绝妙身形，私下里在心中不断回映，并因此灵感受孕而于海子干涸之地于阗生产。王子出生后，阿育王召集诸相士询问："这个男婴的寿命、相貌、命运如何？"众相士一致回答："这个孩子相貌端好，命运弘通，并非一般凡人，应该在他的父王还在世之时就能做国王。"法阿育王大惊之下心生妒恨，大怒说道："这个孩子命运既然如此宏大，一定会在我有生之年篡夺王位。我不需要这样的王子，必须将其抛弃。"王妃心中不忍，国王却愈加愤怒。王妃害怕国王直接下令杀害孩子，于是不得已忍痛遗弃在野外。尔后，遗弃孩子的土地上隆起一个乳房，王子吸吮地乳逐渐长大。因由地乳哺养，便以地乳（Sa-nu，梵音"瞿萨旦那"）为名。

那时又有一汉地国王，乃一大菩萨，拥有一千个王子。先前，这个汉地国王已经有九百九十又九子，因少一子，难成千数，所以祈求毗沙门天王再赐一子。毗沙门天王接受汉地国王请求后，转暇遥望四方，知此被弃之小儿瞿萨旦那是将来有希望之人，故携之来为此汉王之子。汉地国王很宠爱这个小王子，在一个盛大节日里，汉地国王诸王子们在一起玩耍。地乳和其他王子嬉戏吵打中。其他王子对他说："地乳，你不是我们汉地国王的真正王子，是父王顺手捡来的。你和我们王族有很大差别。"地乳王子大为烦恼，立即去找国王述说："大王，今天我与王兄们在一起玩耍，其他王子说我不是汉地国王之子，是顺手捡来的。请允许我自己再回到原来的地方去吧！"如此恳求。汉王回答说："你确实是我之子！其他王子所言并非真事。我不能让你出走！"地乳又再三恳求，于是国王允许他率领1万多人远赴西方，来到于阗（Li-yul）海子干涸之地。

地乳抵达此地后，适逢此时，其生父阿育王的大臣耶舍（Yasha）因反对国王而在天竺国身败名裂，被迫率其妻、子及随侍臣仆七千余众远离国土，东行寻觅新的落脚之地，也来到于阗玉河上游地方。二者相会，王子与耶舍商谈未妥，寻动干戈，两边锋刃交战，忽有毗沙门天神、吉祥仙女及大地仙女等在中间出现，将当初经过详细叙述给他们听，让两边息甲休兵，不再纷争。地乳王子与宰臣耶舍言归于好，地乳为王，耶舍为臣，汉、梵双方共同创建都城而立国[5]。

佛典《大藏方部》中《日藏经》对于于阗国的初创也保留了另一种传说：佛说二十大支提（Caitya）后，嘱咐诸龙守护这些大支提，诸龙以不能守护辞谢。佛又把它们交给二十八夜叉（Yaksa）将。二十八夜叉将言："二十支提如来咐嘱，岂敢不持。但瞿摩挚罗香山（此即于阗佛教圣地霍瞿室凌伽山）一处，难受取。"诸夜叉因此地难于护持而固辞，遂有龙王自愿承担护持之责。时祇利呵婆达多龙王即白佛言："世尊如来，今者以于阗国牛角峰山瞿摩挚罗乾陀牟尼大支提处咐嘱于我，然彼国土城邑村落悉皆空旷，瞿摩挚罗旧无众生，一切来者皆是他国。此二十八诸夜叉将不肯护持，我今怪此所以者何。以彼不护，我等诸龙得于恶名。"佛言龙王："莫如是说。何以故，今有二万大福德人见于四谛，从沙勒国（即疏勒，今喀什噶尔）而往彼住，以彼二万福德众生有大力故于此瞿摩挚罗香山大支提处，日夜常来，一切供养。龙王当知，如是之时，恒不饥乏。"

这样的记载透露出的信息是，于阗国原来可能无人众居住，其民皆外来。而由喀什噶尔方向来的大概有两万移民。汉文、藏文三藏佛典中于阗之名屡屡出现，一个不容忽视的历史真实情况就是，于阗佛教对于中原佛教和藏传佛教影响之深远。

《日藏经》还说，在迦叶佛时，于阗国名叫迦逻沙摩，国土广大，安稳丰乐。种种果华，众生受用。因此故，"彼土众生，多行放逸。贪著五欲，谤毁圣人，为作恶名，以灰尘土，垒彼圣人，时诸行者，受斯辱己，各离彼国，散向余方。时彼众生，见圣人去，心大欢喜。是因缘故，彼国土中，水天、火天，皆生瞋忿。所有诸水，河池泉井，一切枯竭。时彼众生，无水火故，饥渴皆死，是时国土，自然丘荒"。佛祖如来预言于阗国在他灭度100年后，还将兴立，并"多饶城邑郡县村落，人民炽盛。皆乐大乘，安稳快乐。种种饮食及诸果华，无所乏少"。这个说法似乎在告诉我们，于阗曾亡国一次，后又移民复兴。综合上述汉、藏文献的内容，至少有如下几个共同点：

1）来到于阗国地方建国者为东土帝子，国人为东土来人与西土来人之融合，居民都是移民定居者。无论传说明确说于阗是在东土帝子打败阿育王遗臣后建立王国，还是把阿育王太子变成汉王之子，再西迁至于阗建国，都蕴含有真实的历史根源，可能是于阗受中原王朝强大影响的反映。从历史上看，这种影响应该开始得很早。

2）于阗地方原本虚旷无人，大量人众的进入源于东西方不同部众的迁徙，该地原有居民数量有限，其力量影响不大。出土文物证实至迟在齐家文化（距今4000年左右）及殷商（距今3600～3000年）时期，和田玉就输入到甘青地区黄河上游一带地方和内地。这说明早期采玉、运输玉料的人很可能来自内地的西部地区，于阗地已经生活在那里的人数量不多、力量有限，故而会有"虚旷无人"之说。

3）王室的祖先是毗沙门天王。这反映出此地可能受到早于佛教的古代印度教影响[6]，以及通过昆仑山北麓塔克拉玛干于阗地方沟通南亚古代印度和东亚古代中国核心文化区域的强势交流。这种强势交流的一个直观结果就是大量物质财富的流通与获取。

4) 于阗名称之外还有瞿萨旦那——地乳一名。因地乳哺育了王子，其所建之国因而得名，原因在于毗沙门天的神通和于阗地方建国之前当地民众与外来移民的毗沙门天信仰。同样反映的是古代印度文化的早期强烈深入影响和东西文化交流的体现。

5) 于阗国的建立年代比附在佛灭后100年（《日藏经》护塔品），到《于阗国授记》时更按于阗的王统史，建国的年代被置于佛灭后231年以后的绝对年代里。这些传说反映的历史事实是于阗立国的大略时间。《于阗国授记》记载，于阗王（地乳）19岁时建立李国。此时，佛涅槃已234年。关于佛灭的年代，较可信的说法为公元前486年，据此，于阗建国当在公元前252年。这是很不可靠的估算年代。另有以阿育王在位年代为准推算出的于阗建国年代，与前一数据差别不大。《大唐西域记》与《于阗国授记》中，于阗建国的时代均为阿育王时代。《于阗国授记》说阿育王之治世第13年瞿萨旦那诞生，他19岁时建于阗国。据此，于阗建国相当阿育王治世第31年，阿育王在位时间为公元前268～前232年，那么，于阗建国当在公元前237年。这一年代比按佛涅槃年代推算的年代晚15年。此外还有人根据藏文中的传说，提出一系列推论，把地乳王的时代放在了公元176～218年，称其为首创佛教国家的第一代王。但其说是建立在假说和推论之上，且对文献的取舍也有问题，可不置论。总的来说，上述推论建国年代大致在公元前3世纪。这个建国年代较之和田玉东传和齐家文化的年代差距较大，而且与西戎等西部部众西迁年代差距也过大，所以仍然不足采信。

6) 与阿育王传说的关系。阿育王[7]是古印度孔雀王朝的国王。他立佛教为教，派传教僧团到各地传教，被佛教徒尊为大法王。由于阿育王在佛教徒心目中具有崇高的地位，在印度周围的各佛教小王国都有一种倾向，即把本国历史上的重要人物与阿育王的太子比附在一起。于阗建国传说也是一样不能免俗。阿育王太子乃至阿育王本人都直接成为于阗建国传说中的重要角色，显然是于阗佛教徒的杜撰。不仅如此，于阗的传说把阿育王描写成一个多忌好杀的人，他的太子反被说成是相好绝伦，能力超凡。这显然是传说编撰者为了抬高于阗佛教王国的地位而精心制作的[8]。可以断言，阿育王弘扬佛教对于阗影响重大，但是建国传说中的阿育王及其太子、大臣等可能只是对阿育王广泛派遣由王孙、公主、贵胄为首的弘法传教团的附会，而不是于阗史上的真正建国者。因而，与之相联系的大批阿育王朝南亚印度人参与了于阗建国的说法仍然不足信，可是，却很可能说明了于田绿洲长期以来都居住着一定数量的古代印度移民。印度阿育王在于阗建国方面影响的历史根源，极可能是其强力推广佛教及佛教在于阗和周边广大区域具有巨大社会影响力的反映。

综上所述，早期于阗人的主要部分应该来自东方。那么，这些西迁于阗等地的人众是不是文献学上世居西北地区的羌戎人部众和考古学方面的齐家文化人众呢？

二　民俗学方面的证据

据晋释法显《佛国记》载："自山以东，俗人被服，粗类秦土，亦以毡褐为异。"《魏书·西域传》于阗条云："自高昌以西，诸属人多深目高鼻，唯此一国，貌不甚胡，颇类华夏。"《宋云行纪》说于阗国"王头著金冠，似鸡帻头后垂二尺生绢，广五寸以为饰。其俗妇人袴衫束带，乘马驰走，与丈夫无异。死者以火焚烧，收骨葬之，上起浮屠。居丧者剪发劈面，以为哀戚。发长五寸，即就平常。惟王死不烧，置之棺中，远葬于野，立庙祭祀。以时思之"。这说明公元四五世纪，于阗风俗虽不完全与中原相同，但绝非西方人风俗，而为东方人风俗。这种强烈的中原文化风貌不可能只是魏晋南北时期中国中原主流文化对于阗或西域当下的直接文化影响，而更可能的是长远历史文化传统潜移默化作用的体现。

三　早期历史文献方面的证据

"东土帝子"西迁之说，反映了甘青西部、河西走廊一带西戎部众西迁的史实。说到西戎，和华夏的关系还不算远。尤其是其中的氐羌，与炎黄二帝关系甚是密切。《左传》云："炎帝火师，姜姓其后也。"炎帝本姓姜。"羌"从羊人，"姜"从羊女，甲骨文上，这两字竟然通假，章太炎也曾论证说："羌者，姜也。"很可能西戎和炎黄部众交互融合甚至还有血亲关系，区别仅只在于文化。在西周诸侯中，姜姓者不乏其人，周朝王室的母系宗族人大都是这个姓，申、吕、许以及诸侯大国齐国也都是这个姓。就连神话传说中，共工和鲧也是羌人的天神和祖神。

文献中西戎还有"犬戎，犬夷，混夷"之名，上古时期曾长时期活动在中原北部、西部区域，成为中原王朝强敌，与华夏对立。"昔有成汤，自彼氐羌，莫敢不来享，莫敢不来王。"商朝[9]灭夏之后，成汤便以强大的武力迫使氐羌归顺。商高宗武丁更是一位文治武功极为杰出的国王。从卜辞来看，为了讨伐土方，他征集了5000士兵并亲自作战。土方失败，一部分逃到了北方更远的地方，成为中国来日强敌——匈奴的来源之一。卜辞还记载武丁对北、马两羌的征伐，中国历史上规模宏大古老的人殉可能就开始于此时，无论是祭祖、祭天、祭河岳，还是祛灾祈年，被杀殉葬的多是西戎俘虏，当然，也包括被迫充当供品的羌人。卜辞记载："戊子卜，宕，贞宙今夕用三百羌于丁。"这里的"用"字，即表示羌人充当了殉葬品。有商一代，对西戎的不断征伐，除了剪除西部、北部强敌，还有打通商路获得西来稀缺物品的缘由。比如，青铜制品与技术、羊马牛等驯养家畜，以及和田玉原料。详情还会在下文齐家文化中提及。

商王朝始终没有摆脱西北部的西戎，征伐不断然而西戎依旧不灭。商王朝属臣周国偏居西北。周文王父亲季历对西戎的进攻就十分频繁。武乙三十五年，周军鏖战西部最强大的鬼戎，俘虏十二翟王。太丁四年，周军攻克无余西戎；太丁七年，克始呼之戎；太丁十一年，又讨伐翳徒之戎。可见当时的西戎是克制乃至威胁周王室统治的巨大敌对势力。周文王继位后，"西有昆夷之患，北有猃狁之难"。经过艰苦的战争，西戎"莫不宾服"，于是周文王率领西戎讨伐叛国以辅佐商纣王。而后，商纣王又"赐之弓矢斧钺，使西伯得征伐"，密须和犬戎相继被他击败，周国三分天下有其二的局面逐渐显露，为日后周武王灭商奠定了基础。

周武王继位后开始采用中国历史上最早的机密政策，对西戎采取了比较温和的控制手段，放逐西戎各部到泾洛以北，命令他们按时朝贡，这样一来，从陇山地区到河套一带，乃至更远的甘青地带到处都是向周天子朝贡的西戎部族。长期的战争暂时停止了，处于劣势的西戎也得以休养生息。西戎由于控制着亚欧大陆所有文明区域与东亚文明核心西周交通的咽喉地带，贸易之利使其很快强大起来。

西周的首都镐京地处西戎近前，常受威胁。大战再次开始，周康王两次遣大军击败鬼方，俘获13081人，执兽3人。所谓"兽"就是西戎"酋长"。周穆王以后，与西戎的征战仍然连年不断，后者仍旧被打得四处流窜。只因戎狄不想朝贡，就被周朝军队抓去5个王。这期间正是周王朝国力鼎盛之时，一个流传后世至今的伟大传说[10]：周穆王（公元前1001～前947年）西征来到昆仑丘，见到了西王母，并获得了王母盛情的款待，获得大量美玉。周穆王"取玉版三乘，载玉万只"返回。其他文献记载也都类似，说西王母所居地多出玉石，说明当时的玉石需求，是中原地区西向交流的主要内容之一。

这个传说大概意味着，周穆王曾经进行过一次开通东西方交通的西征活动，很可能来到了现在昆仑山北缘于阗之地。西周末年，国力衰退，情况发生逆转，西戎的侵扰越来越频繁，西周王室只好迁都于槐里。

公元前827年，周宣王登基，周朝中兴，宣王的威名正是因对外征战而起，西北强敌西戎自然是主要对手。此时华夏文化集团代表周王朝与西戎之间长期对峙局面被打破了。公元前824年，秦始皇的祖先秦仲伐戎，失败被杀。宣王派遣秦仲的5个儿子率众七千前去复仇，获胜。转年，周将尹吉甫击败西戎猃狁，一路追杀，西戎被迫投降。到公元前789年，周宣王出战，大败亏输。形势逆转，西戎开始占据上风。到了周幽王时期，出现了烽火戏诸侯的历史闹剧。公元前770年，犬戎攻周镐京，诸侯无人救应，周幽王被杀于骊山之下。西周灭亡，东周开始春秋争霸时期。西戎的新一代敌手——秦国登上历史舞台。

秦的祖先非子，早年只是为周孝王放马的小官，因为马养得好，获得了一小块封地，名为"秦"，地处甘肃清水，与狄戎邻近，环境险恶。秦人自称是颛顼的后裔，不知真假，但与西戎有仇却是真的。周厉王时，西戎杀害秦仲一族，从此双方结下冤仇。周宣王时，秦仲在征战西戎时战死，秦仲长子因功受封西垂大夫，是为秦庄公。

秦仲的孙子秦襄公曾援救周幽王,护驾平王,收复岐周,屡立功勋,因此,获得了诸侯的地位。

从秦襄公到秦武公的百年时间,秦国按部就班地攻击兼并陇山一带西戎部众。秦武公十年,秦国讨伐西戎之后建立了县制。这是中国历史上最早的县制行政机构设立。

春秋五霸之一的秦穆公时期,选贤任能,在百里奚等一干贤才辅佐之下,开地千里,兼并西戎强国12个。其中最著名的便是施展美人计击溃西戎强国义渠,获得戎王谋士由余。秦穆公三十七年,由余参与谋划并亲自讨伐西戎,西戎一溃千里,秦国疆域大开,称霸中国西部广大区域。春秋时期,看一个国家是否属于华夏,最关键的是看它的文化。比如:杞国国君朝鲁时使用夷礼,立刻被贬称为夷,当他朝鲁时改用周礼的时候,又被称为诸夏。范文澜先生说:"'中国'这一名称,含有地区居中的意义,但更重要的意义则是指传统文化的所在地。"秦人也由于长期受到西部、北方游牧民族文化的影响,虽是颛顼后人,并占有宗周旧地却也一度被视为狄戎。公元前753年,秦国引进了戎人的"灭三族法",更是遭到了华夏各国的睥睨。所幸的是,秦国最终全面接受了华夏文明道统,并因而建立了中国历史上第一个统一的集权国家。

春秋时期,也就是公元前770~前476年,因为关中秦国强大起来,西戎被迫向西一再退却。最严重的打击是发生在公元前7世纪下半叶,那时秦穆公征服西戎"益国二十,开地千里"[11],西戎远去。根据公元前5世纪的古希腊作家希罗多德《历史》中的记载,公元前七世纪在欧亚草原上曾发生过一次较大民族迁徙。居住在亚洲游牧的斯基泰人(Scythians)由于在战争中战败而在马萨革泰人(Massagetae)的压力之下,越过了锡尔河(Araxes),逃到了克梅里亚人(Cimmerians)的国土中去,因为斯基泰人现在居住的地方一向是克梅里亚人的土地。伊塞顿(Issedones)人被阿里马斯皮(Arimaspi)人赶出了自己的国土,斯基泰人又被伊塞顿人所驱逐,而居住在南海(里海)之滨的克梅里亚人(Cimmerians)又因斯基泰人的逼侵而离开了自己的国土。

如此我们便可以清楚地看到一条西迁关系链,其中每个部众都是被前一个部众所驱赶而迁徙:阿里马斯皮人→伊塞顿人→马萨革泰人→斯基泰人→克梅里亚人。马萨革泰人:里海、咸海间之一大部落联盟,曾与波斯帝国开国君主居鲁士大战;与斯基泰人类似,南俄草原上印欧语系东伊朗语族之游牧民族,公元前7世纪曾对高加索、小亚细亚、亚美尼亚、米底以及亚述帝国大举入侵,威胁西亚近70年。其后逐渐衰落,分为众多部落,公元四五世纪民族大迁徙时随匈奴入侵欧洲之阿兰人即为其中之一部。这次几乎影响了整个亚欧大陆规模巨大的部族迁徙,地缘政治格局大动荡主要发生在中亚、小亚细亚及东欧。根据西方文献资料,斯基泰人的活动是欧洲区域北方草原游牧民族进入南方古文明地区历史上第一次入侵。联系到同一时期东方也发生的历史大事:秦国崛起、称霸西戎。秦穆公的霸业必然引起了戎人的迁徙,其向西迁徙的部众应该进入塔克拉玛干绿洲区域、天山南北草原地带以及中亚其他各地。故前述西方文献中民族大迁徙链条之首阿里马斯皮人很可能就是在秦国打击下西迁戎人之一支,这些人同属欧亚草原的塞种人范围。西迁的戎人致使"塞种分散,往往为数国",并最终导致西亚亚述帝国覆亡。说到这里可以明确了,我们认为于阗地方早期东土帝子西迁带来的就是西戎部众的一部分。或许可以认为当时有一支塞种迁到了虚旷无人的于阗一带,建立了城郭,过起定居的生活。这就是于阗塞种人真实的历史来历。

这场几乎是横跨欧亚草原的民族迁徙运动涉及之广,不仅在中国古代的史籍中被记录了下来,在西方的古代文献《历史》中,也曾多次提到名叫塞迦(Sacae,Saka,也译作塞克)的人。研究者认为这个塞迦便是马萨革泰人。记载说马萨革泰人是一个勇武善战的强大部族,他们住在东边日出的地方。与斯基泰人是一个民族。当时波斯帝国第一代君主居鲁士二世(公元前558~前529年在位)曾派兵与马萨革泰人开战,结果波斯军团全军覆没,一向战无不胜的居鲁士二世本人战死沙场。

波斯人把上述这些部族和斯基泰人看作一个部落集团,称为塞迦人。波斯阿喀美尼朝大流士一世的贝希斯登(Behistun)铭文中,多次提到了"塞迦"的名字,并说他们的国家"在海的那边,那里的人戴着尖顶的帽子"。从波斯纳黑希鲁斯塔姆的楔形文字石刻上我们得知,古代的塞迦人居住在从黑海到兴都库什山和天山的广大区域,他们分成三个集团:一部分是崇拜叶子的萨迦人,分布在费尔干纳盆地及帕米尔等地;戴尖帽的萨迦人,分布于吉尔吉斯及哈萨克斯坦的草原地带,即从帕米尔、阿赖岭以北至天山、阿尔泰山,包括塔什干、塔拉斯河、楚河、伊犁河流域和巴尔喀什湖以东地区;另一部分萨迦人,即所谓海那边或河流那边的萨迦人,分布在阿姆河以北,咸海东南、索格底亚那(即河中)之地。古代波斯人将这些居住在伊朗高原以北的各游牧部落通称为萨迦人,所以希罗多德说:波斯人是把所有的斯基泰人都称为萨迦人的。希罗多德指的斯基泰人其实就是指前文提到的马萨革泰人,也就是秦国的紧邻西戎。

这里需要额外说明一点,秦穆公征伐西戎,其中恐怕还有为数不少的羌人部众也被迫西徙。其中大部奔往青藏高原,不过也有随同西戎塞种一同迁徙至塔里木盆地南缘各地。以故《三国志》引《魏略·西戎传》说"敦煌西域南山中,从踮羌西至葱岭数千里,有月氏余种、葱茈羌、白马、黄牛羌"等羌族部落。总的结论是:塔里木盆地南部于阗等诸绿洲国以西戎塞种人为主体,其中还包括西迁的羌人。其后大约在公元前3世纪时,河西戎人月氏部众在匈奴的压迫下西迁,其中一小部分很可能进入塔克拉玛干南部绿洲,进一步补充了早前西迁于阗地方的塞种人口。其使用的古于阗语,经考证,属印欧语系伊朗语族东伊朗语支的"胡语",即所谓塞语,与"天竺语"并行。

四 语言和文字方面的证据

Cini,汉语音读可能为"秦""秦尼""秦那"而非"支那"或"支尼",为秦平定西戎十二国，塞种西戎多部西迁远遁于塔里木盆地、葱岭以西各地带去的称呼。大约公元前5世纪，波斯古文献菲尔瓦廖颂词记载了她那遥远的东方邻居以秦国为代表的华夏地方的名称（Cina、Saini），古波斯文称呼中国为"Cin、Cnistan、Cinastan"[12]，这只能是同操古代伊朗语族语言的河西塞种的流传。古印度人也很早就称呼中国"Cini"，大约起源于公元前4世纪的印度史诗《摩诃婆罗多》《罗摩衍那》就有类似记载。至于学界许多人认为这一名称的含义之一是丝绸，本文的解释是商周以降，中原丝绸的西向外销主要通过北部、西部戎狄各部落，从而秦于春秋战国时期完全控制了大商道。

另外，在和田各地古代废墟中发现的古文书，除少量汉文和吐蕃文外，绝大多数是佉卢文和古于阗文。佉卢文流行较早，在中亚地区公元前3世纪就开始使用。19世纪末、20世纪初，英、法、俄、美及中国学者，在和田地区收集和发掘到700多件佉卢文木简和数百枚汉佉二体钱币，其使用年代约在公元初几个世纪。这种文字原为通行于印度西北部的一种文字，经拉普孙教授等外国学者的解读，发现记录的是属印度语系的西北俗语，里面掺杂着一大批雅语名词。英、法、德、日、瑞典学者和外交官于20世纪末、21世纪初，从和田弄走了大量用中亚婆罗迷字母书写的文书，经霍恩雷、洛伊曼、斯坦柯诺、贝利等学者80多年的艰辛努力，终于解读了出来。原来这种文字脱胎于印度婆罗迷字母笈多正体，有楷书、草书、行书三种，其中很多字母与古藏文相似。所记录的语言系塞语方言之一——印欧语系伊朗语族的东伊朗语支，又称于阗塞语。这种文字的使用年代从公元3～10世纪。其中又分早期、晚期两种形式。早期的属3～6世纪；晚期的属7～10世纪。最初德国霍恩雷称其为"未知的语言"，后来他认出其中若干名词初数词与印欧语相近，首次确定了于阗语属印欧语系。1912年洛伊曼提出将其定名为北雅利安语，同时，柯诺则主张称其为东伊朗语。1913年吕德尔斯指出，用印度婆罗迷文写成的于阗语文献在语音方面有不一致的现象，即连音ys与浊音z交替使用，就像公元1～4世纪在北印度摩罗瓦和摩偷罗等地的塞克人居住点所发现的文献里出现的现象一样。吕德尔斯从这个特殊的连音和一些语言结构来推断塞克语和于阗语属于同一语族的一个语支。通称为于阗塞语（Khotan Saka），简称为于阗语（Khotanese）。这样，从于阗使用的语言也证明了古代土著的于阗人应是塞种[13]。也就是说，古于阗语就是塞克语，现在这个论点已得到了公认。语言学的研究也为塞种在和田乃至塔克拉玛干诸沙漠绿洲的存在提供了强有力的佐证。

五　考古学方面的证据

既然说西戎是于阗早期居民的主体来源，那就有必要看一下这些人的文化情况。我国古代传统文化的西部主要分布区在黄河上游地区，而能够与这个时期西戎相对应就是齐家文化。

齐家文化在马家窑文化基础上发展而来，年代为距今4100～3700年。齐家文化是新石器时代到青铜时代的过渡文化，数以百计的青铜器的发现表明齐家文化已进入了青铜时代，是已知东亚最早的青铜文化。从历史上看，齐家文化正处于史前阶段向历史阶段的过渡期，有人称之为"原史"，大体与夏代相始终。

齐家文化主要分布于甘肃、青海、宁夏，另涉及新疆、内蒙古和陕西的部分地区，该区域恰好是青藏高原、蒙古高原和黄土高原的中间地带，兼具三大高原的特征，并且有山、有水、有草地，宜农宜牧。例如青海乐都柳湾、民和喇家，甘肃永靖大何庄、秦魏家、临潭磨沟遗址均位于黄河及其支流两岸；沿黄河到宁夏、陕北，由青藏高原向黄土高原的过渡地带，也均有齐家文化遗址分布。同时，齐家文化分布区也恰是中国地理的中心区，生态多样性为孕育和接受文化多样性提供了有利条件，使这一地区成为上古时期东西文化交流和人类迁徙的要冲，其率先接受青铜、游牧文化的洗礼，逐渐成了中国上古时期文化的中心。

齐家文化人类植物性食物具有多样化的特征，有小麦、大麦或青稞、粟、荞麦、豆类及坚果类等，其中麦类植物、荞麦和粟占淀粉粒总量的70%。当时人们种植粟、黍、水稻、小麦、燕麦、青稞、大豆和荞麦等8种粮食作物，囊括了东亚、西亚两个农业起源中心的主要作物类型。这不仅证实小麦和燕麦早在4000年前已传播到中国西北地区，也揭示了中国最早的农业多样化出现在甘青地区。

齐家文化遗址不仅出土大量猪骨，还出土了不少完整的羊骨、牛骨和部分马骨，在考古图谱中使东亚大地首次出现了"六畜"齐全的局面。目前中国最早的较完整的羊骨架就出现于甘肃永靖大何庄齐家文化遗址，其次是偃师二里头文化遗址。科技考古研究成果表明，河南偃师商城二里头遗址绵羊的mtDNA来自中亚或西亚。由此可以推测，绵羊是由齐家文化传向二里头文化。黄牛与绵羊、山羊生态习性相近，是新石器时代西亚、中亚的主要家畜，到了青铜时代，黄牛才在东亚大量出现。距今约4000年的甘肃大何庄遗址、秦魏家遗址齐家文化层中出土的黄牛骨骼是典型代表。山羊与黄牛经历了大致相同的驯化和传播过程

家马的野生祖先主要分布于欧亚草原的西端。乌克兰和哈萨克草原的新石器时代和青铜时代遗址中曾出土大量马骨，这些马骨显示了马从野生到家养的驯化过程。在东亚数百处科学发掘的新石器遗址中，仅齐家文化等遗址出土了不完整的马骨，确凿无疑的家马和马车见于商代。牛、羊是流动的财富，是游牧民族的衣食之源；马使游牧生活如虎添翼，有了纵横欧亚大陆的可能。牛、马、羊是草原游牧业的基础，这些动物与猪、狗、鸡不同，均可产奶，而奶和奶制品则为游牧生活提供了更加稳定的饮食保障。

彩陶的衰落与青铜的出现标志着齐家文化进入了青铜时代。齐家文化陶器不发达却独具特色，双大耳罐是中亚和西亚共有陶器。宗日遗址出土齐家文化早期铜器10余件，为砷铜，不仅是齐家文化首次发现的铜器，也是中国西北地区迄今所知年代最早

的砷铜，它对中国早期冶金的研究意义重大。齐家文化青铜器与中亚、南西伯利亚的铜器的样式基本相同。自然环境的多样性和文化资源的丰富性使齐家文化成了中国生态文化的早期代表。齐家文化是东亚文化旧传统与中亚文化新风尚相结合的产物，是一种混合文化，展示了丰富的文化多样性；齐家文化是向夏文化过渡时期的文化，它开启了二里头、殷墟文化传统，奠定了中国文化的基调[14]。

齐家文化在吸收西方金文化的同时，没有放弃东方玉文化传统。齐家文化玉器有30多种。武威皇娘娘台、广河齐家坪遗址出土的琮与良渚文化琮相似；皇娘娘台墓地48号墓随葬璧多达83件；2002年喇家遗址出土的1件三孔大玉刀，复原后长66厘米，是目前已知最大的玉刀，与二里头玉刀类似，可能是礼器中的"王者之器"；另外，还出土有三联玉璜、玉铲、玉斧等。

齐家文化玉器使用的玉材，主要是甘肃、青海本地的玉，还有新疆和田玉。但齐家文化玉器已有相当数量是由新疆和田玉制成。一般说来，礼器类的琮、璧、环、璜、钺、刀、璋等，都选择玉质滋润、色泽纯美的本地玉或和田玉。和田玉的发现与运用当早于齐家文化，但大量用来制作礼器和部分工具，当始于齐家文化。

齐家文化盛行制作玉器的手工业，制作玉器的广泛存在，就决定了玉器来源相对较为方便容易，普通人也可能易于接触到玉和玉器。在齐家文化中，尤其是像在喇家遗址这样，如果存在大量制作玉器的情况，或许就有可能存在与外界交换玉器的可能性，如果作为商品交换，那么就一定存在着财富的某种性质和特征，也就在一定程度上或者在一定的范围里面，同时还把玉或玉器看作财富，那也就是完全有可能的。

从本质上说，所谓玉器，如果单纯从功能上讲，并不明显表现出财富特征，甚至应该说是根本就不能够用财富标准来衡量的。之所以在齐家文化可能存在玉器的财富表现，主要是由于齐家文化玉器制作的存在，同时可能还有对外交换的存在，一定程度上显示了财富的特征。齐家文化的这种现象较为特殊，以喇家遗址为例，有不少玉器就是出自墓葬的填土中。而其中该墓葬在特别的墓口上的套口中就随葬了一些玉料和下脚料，但同时也有重要的三璜合璧玉器等完整成型的器物。另外，喇家遗址房址内出土的玉器，表明齐家文化玉器除墓葬用玉、祭祀用玉之外，似乎还存在于日常生活中。虽然所见有玉料和半成品，而现场观察房址发现都非玉器加工作坊，显然它们并不是放在这里用于加工的，但又很容易联想到治玉加工。不管是否与玉器加工有关，这种玉器放置在日常生活起居的房子中的现象，毕竟反映了齐家文化玉器在日常生活中随时存在[15]。

齐家人大规模加工制做、交易玉器现象的普遍存在已是事实。所用原料也是以透闪石为主，这样一来，传统透闪石（和田玉）玉料产地古代于阗，就必然与近邻齐家人发生联系。

六 体质人类学方面的证据

20世纪初，英国探险家斯坦因到和田进行考古考察和地理测绘，同时，也对当地居民作了人类学测量方面的考察，取得了不少资料。这批资料后交给了英国人类学学会，学者研究认为现代和田人在体格、容貌、须发等方面均与廓尔喀种族相似，属于西雅利安人种。和田人以印度—伊朗民族之血统为基础，杂有几分突厥民族的血统。1984年，新疆博物馆文物工作队与和田地区文物管理所于洛浦县山普拉古墓群，先后发掘了52座墓葬，根据^{14}C测定，年代大约在公元前3世纪到公元3世纪之间，据说其葬俗和随葬物品与楼兰地区发现的塞人遗迹、遗物有某些相似之处。随后学者对出土的大量人骨进行了研究，楼兰古城遗址与和田地区洛浦县山普拉墓葬中出土的人骨测量和复原，证明大多数人骨可归入欧洲人种地中海东支类型。其中韩康信、左崇新认为："以桑普拉墓地为代表的古代居民在人类学类型上，即便不是全部，至少也是大部分属于欧洲人种的地中海东支类型。""因此，公元前后和田地区的古代居民不仅和罗布泊地区古楼兰居民的主要成分相同，而且和西边的时代更早的帕米尔塞克具有相同的体质类型。"[16]山普拉M01号墓葬中有个死者的头上戴着一顶不太高的尖顶毡帽，该墓的年代大致在西汉时期，后来人类学家对该处发现的头骨特征所做的研究表明其与帕米尔塞人的头骨特征是一致[17]。这从考古学、人类学角度，确定了塞人在和田地区的存在。

综上所述，早期于阗居民应该主要来自东方。而东土来人与西土来人之融合，既反映于阗受中原王朝强大影响，也反映这个区域西来的文化影响。历史地看，这种影响应该开始得很早。于阗很早就成为通过昆仑山北麓—塔克拉玛干沙漠绿洲地方沟通古代东亚核心文化区域——中国文化与古代印度文化区域为代表的西方强势交流核心。这种强势交流的一个直观结果就是大量人群的迁移和大量物质财富流通与获取。

和田玉，至迟在齐家文化（殷商王朝）时期就输入到甘青地区黄河上游一带地方和内地。早期采玉、运输玉料的人很可能来自今天甘青等西部地区，在于阗地方，已经生活在那里的居民数量不多、力量有限，故而会有"虚旷无人"之说。

总的来说，根据上述推论于阗建国年代应该远早于公元前3世纪。居民来源与和田玉东传和齐家文化的影响关系较大，建国和主要居民的形成应该与我国古代西戎等西部部众西迁关系直接。

注 释

[1] 公元7世纪以后的一些佛教著作详细地记述了于阗建国的传说。这种传说首先见于唐朝初年去印度取经的三藏法师玄奘所著《大唐西域记》中；之后，慧立、彦悰所作的《大慈恩寺三藏法师传》也记下了同一传说。藏文《大藏经》中保存的《牛角山授记》（'Phags Pa ri

glang ru lung bstan pa)和《于阗国授记》（Li yul lung bstan pa），也有大致相同的记载，其成书年代当在八九世纪，因为在敦煌发现的《于阗国教法史》（Li yul chos kyi to rgyus）有内容相同但文字比较简略的记述。这些文献虽然是佛教徒为了宣扬佛教而作，特别是后两种藏文文献是为了记录于阗大小佛寺兴建的缘起而编纂的，佛教浓重色彩，但基本上保留了于阗古老传说的基本内容。

[2] 《大唐西域记》卷十二：王甚骁武，敬重佛法，自云"毗沙门天之祚胤也"。昔者此国虚旷无人，毗沙门天于此栖止。无忧王太子在呾叉始罗国被抉目已，无忧王怒遣辅佐，迁其豪族，出雪山北，居荒谷间。迁人逐牧，至此西界，推举酋豪，尊立为王。当是时也，东土帝子蒙谴流徙，居此东界，群下劝进，又自称王。岁月已积，风教不通。各因田猎，遇会荒泽，更问宗绪，因而争长。忿形辞语，便欲交兵。或有谏曰："今可遽乎？因猎决战，未尽兵锋。宜归治兵，期而后集。"于是回驾而返，各归其国，校习戎马，督励士卒。至期兵会，旗鼓相望。旦日合战，西主不利，因而逐北，遂斩其首。东主乘胜，抚集亡国。迁都中地，方建城郭，忧其无土，恐难成功，宣告远近，谁识地理。时有涂灰外道负大瓠，盛满水而自进曰："我知地理。"遂以其水屈曲遗流，周而复始，因即疾驱，忽而不见。依彼水迹，峙其基堵，遂得兴功，即斯国治，今王所都于此城也。城非崇峻，攻击难克，自古已来，未能有胜。

其王迁都作邑，建国安人，功绩已成，齿耋云暮，未有胤嗣，恐绝宗绪。乃往毗沙门天神所，祈祷请嗣。神像额上，剖出婴孩，捧以回驾，国人称庆。既不饮乳，恐其不寿，寻诣神祠，重请育养。神前之地忽然隆起，其状如乳，神童饮吮，遂至成立。智勇光前，风教遐被，遂营神祠，宗先祖也。自兹已降，奕世相承，传国君临，不失其绪。故今神庙多诸珍宝，拜祠享祭，无替于时。地乳所育，因为国号。见季羡林、张广达等校注：《大唐西域记校注》第1006~1008页，中华书局，1985年。

[3] "其王雄智勇武，尊爱有德，自云毗沙门天之胤也。王之先祖即无忧王之太子，在呾叉始罗国，后被谴出雪山北，养牧逐水草，至此建都，久而无子，因祷毗沙门天庙，庙神额上剖出一男，复于庙前地生奇味，甘香如乳，取而养子，遂至成长。王崩，后嗣立，威德遐被，力并诸国，今王即其后也。先祖本因地乳资成，故于阗正音称地乳国焉。"见孙毓棠、谢方：《大慈恩寺三藏法师传》点校本第120页，中华书局，1983年。

[4] 藏文《大藏经》（Bkah-hgyur 或 Ka^h-gyur）中保存的《牛角山授记》（'Phags Pa ri glang ru lung bstan pa）和《于阗国授记》（Li yul lung bstan pa）。敦煌藏经洞发现的《于阗国教法史》（Li yul chos kyi to rgyus）也有内容相同但文字比较简略的记述。

[5] a. R. E. E. mmerick, Tibetan Texts concerning Khotan, London, 1967: 14~21.
b. 王尧、陈践践：《〈于阗教法史〉——敦煌古藏文写卷P.T.960译解》第19页，《西北史地》1982年第2期。

[6] 毗沙门天王又名北方多闻天王，是古代印度教中护法之神、四天王之一。又名俱毗罗天神，别名施财天（即"财富的赠予者"），在印度古代史诗《摩诃婆罗多》等中都有记载。据说

吉祥天女和他关系密切，是他的妹妹或妻子。在古代吠陀神话中，毗沙门天王本是帝释天的部下。后佛教借用了四天王神话，帝释天在佛教神话中的地位越来越低，尽管佛教传说还保留其名，然势已微弱，毗沙门天王等便逐渐脱离了他，独树一帜。依佛典所载，他是天界诸神中对最为热心护持佛教徒的神祇之一。在四大天王里，他与佛教徒的关系最为密切。此天王为阎浮提北方的守护神，是一恒护如来道场而多闻佛法的良善天神；又因福德之名闻四方，故名多闻天。此外，亦被一般佛教徒视为财神或福神。在印度、西域、中国与日本，此一天王都颇受崇拜。毗沙门天王住在须弥山北方，他拥有可畏、天敬、众归等三城。每城各纵横六十由旬，且有七重栏楯、罗网、行树等装饰，都由七宝所形成，庄严清净；众鸟和鸣，景色殊胜，几可比美佛国世界。此一天王有五位太子，名称分别是最胜、独健、哪吒、常见、禅只。此外还有二十八使者，为其天界所属。随着毗沙门天神作用在佛教中的增强，其所具有的功能不断拓展，从护佑国土、护持佛法到送财迎福无所不能，具有护国神性、护法神性、财富神性等大广神通。这一点应该是于阗早期文化中的特点，并不起始于信仰佛教，但是却随后因佛教传播而流布中原与东亚各地。

[7] 佛灭百年之后，阿育王（Asoka，音译阿输迦，意译无忧，故又称无忧王，约公元前304年～前232年）作为印度孔雀王朝开拓者旃陀罗笈多君王之孙出生，是印度孔雀王朝的第三代君主。他发动了一系列统一南亚次大陆的战争，杀伐过重。后决心皈依佛门，彻底改变统治策略。阿育王向佛教僧团捐赠了大量的财产和土地，还在全国各地兴建佛教建筑，据说总共兴建了84000座奉祀佛骨的佛舍利塔。为了消弭佛教不同教派的争议，阿育王邀请著名高僧目犍连子帝须长老召集1000比丘，在华氏城举行大结集（此为佛教史上第三次大结集），驱除了外道，整理了经典，并编撰了《论事》。阿育王还向边陲地区和周边国家大量派遣了包括王子和公主在内的佛教使团以传播佛教。由此，佛教走出印度，迈向世界。阿育王的知名度在印度帝王中是无与伦比的，他对历史的影响同样也可居印度帝王之首，是印度历史上最伟大的一位君王。有关他的传说非常多，在汉译佛典中就有《阿育王传》七卷（西晋安法钦译）、《阿育王经》十卷（南朝梁僧边波罗译）、《阿育王子法益坏目因缘经》（前秦昙摩难提译）等。

[8] 山崎元一：《于阗建国传说成立之背景》，《国学院杂志》第73卷第3号，1972年。

[9] 夏代，公元前2200～公元前1750年；商汤建国，公元前1750年。迁都安阳，早于公元前1300年。商朝灭亡，大约在公元前1100年；周代，约公元前1100～公元前220年。商汤语言为最早的汉语形式，商人（安阳出土人骨）主体属于蒙古人种特征，体质人类学特征与现代中国海南岛人、日本北海道、琉球人最接近。商周文化一体，只是在细节上有所不同。见张光直：《商文明》，生活·读书·新知三联书店，2013年。

[10] 《穆天子传》是公元3世纪时于一座战国时期魏王墓葬中出土的，入墓时间约在公元前3世纪初期。当时是作为一部珍贵史籍随葬的因此成书年代在公元前3世纪以前。同一古墓出的《竹书纪年》也记载有周穆王西行之事，"十七年王西征，至昆仑丘见西王母"。"昆仑山""昆仑丘"是中国古代早期文献中大量出现的名山。如《山海经》中八处记载"昆

仑"，《尚书·禹贡》《尔雅》《逸周书》《离骚》《庄子》《列子》《吕氏春秋》等都有记载。这些书中大都把"昆仑"描写成一座有众多神仙居住的仙山。《山海经·海内西经》："海内昆仑之虚，在西北，帝之下都。昆仑之虚，方八百里，高万仞。上有木禾，长五寻，大五围。面有九井，以玉为槛。面有九门，门有开明兽守之，百神之所在。"《竹书纪年》记载："穆王北征，行流沙千里，积羽千里，征犬戎，取其五王以东，西征，至于青鸟所解。"

[11] 《史记·秦本纪》。

[12] 季羡林：《中印文化关系史论文集》第76～78页，生活·读书·新知三联书店，1982年。

[13] "上古于阗的塞种居民"，见张广达、荣新江：《于阗史丛考》，上海书店，1993年。
A .F，R. Hoernle，A Report on the British collection of Antiquities from Central Asia，Part II，Jounal of the Asiatic Society of Bengal，LXl，Eatra N0 .1，Calcutta：1901；E .Leumann，Zur nordrischen Sprache und Literatur，Strassburg 1912；P. P'elliot，Un fragment dn Suvarraprabhasasutra en iranien oriental Memoires de la Society de Linguistique de Paris，XVIII 191.3，pp.89～215；S .Konow. Khotan Studies Journal of the Ropal Asiatic Society，1914 pp.939～363；H、Liiders，Die sakas und die nordrische Sprache"，Sitzung sberichte der Preussischen Akademie der Wissenvhaften，phil. -hist. K1，1913，pp.406～427（=philolOgica Indica，Cottingen 1940；pp.236～255），S Konow，Saka Studies，Oslo 1932.

[14] 易华：《夷夏先后说》，民族出版社，2012年。

[15] 喇家遗址17号墓葬计出有三璜合璧2件、玉璧2件、玉璧芯3件、玉锛1件、玉凿1件、玉环1件、玉纺轮（小璧）1件、绿松石玉管饰2件、玉料1件、三角形残玉片（下脚料）1件，共出土玉器15件和1件猪下颌骨，别无其他遗物，没有陶器。见叶茂林：《齐家文化玉器研究——以喇家遗址为例》，《玉魂国魄（三）》，北京燕山出版社，2008年。

[16] a.阿合买提·热西提：《洛浦县山普拉古墓地》，《新疆文物》1985年第1期。
b.韩康信，左崇新：《新疆洛普山普拉古代丛墓葬头骨的研究与复原》，《考古与文物》1987年第5期。
c.新疆楼兰考古队：《楼兰城郊古墓群发掘简报》，《文物》1988年第7期。
d.韩康信：《新疆楼兰城郊古墓人骨人类学特征的研究》，《人类学学报》1986年3期。

[17] a.陈戈：《帕米尔高原古墓》，《考古学报》1981年第2期。
b.韩康信：《塔吉克县香宝宝古墓出土人头骨》，《新疆文物》1987年第1期。

辽陈国公主墓出土的玉佩精品

林秀贞

辽朝（公元916～1125年），是以契丹族为主体建立的封建王朝，统治中国北半部达两个多世纪，其强盛期所辖地域幅员万里，契丹与西域各地保持着友好的往来，据《辽史》记载，"高昌国、龟兹国、于阗国、大食国……以上诸国三年遣使，四百余人，至契丹贡献玉、珠、犀、乳香、琥珀、玛瑙器"[1]，草原丝绸之路因之可以畅通无阻。

1983年在今内蒙古自治区通辽市奈曼旗青龙山镇东北10千米发掘了1座保存十分完好的辽代陈国公主与驸马合葬墓[2]。据出土的墓志及文献记载，陈国公主是死后追封，她原姓耶律氏，祖父是辽代五世帝景宗，祖母是景帝之后，是历史上摄政多年赫赫有名的萧太后。驸马萧绍矩称萧太后为姑母。公主16岁嫁给萧绍矩，两年后即辽天泰七年（1018年）亡故。不多年驸马亡。由于陈国公主与驸马萧绍矩均为皇族，墓葬规模属中等，但墓葬出土的丰富多彩的随葬品，体现契丹贵族的葬俗和皇族的厚葬之风。

陈国公主墓是一座中型多室壁画墓，全墓由墓道、天井、前室、东西耳室和后室六个部分组成。公主与驸马都是按照契丹传统葬俗入葬的。后室内只有砖砌尸床而无棺具，尸床上面用柏木板铺成，其上散落的银构件、漆木板及帷幔式床罩。公主与驸马并列其上，头东脚西，仰身直肢，身穿银丝网络、戴金面具，有鎏金银冠和靴。头下有鎏金银枕。腰系金胯带。胸部佩有琥珀璎珞及多件玉、琥珀、玛瑙、珍珠等佩饰，还有金手镯、戒指等。宝石类23组总计2315件。东西耳室随葬精美瓷器、玻璃器还有马具等。

本文仅从数千件宝石中，选取几件以龙、凤及鱼为主题的盒、瓶类的玉饰加以介绍，并谈谈辽代玉饰的艺术风格对金代的玉饰风格影响。

一 龙凤双鱼佩饰挂件

出土于公主墓尸床东部，标本号Y93，1组6件。玉佩由1件镂雕绶带纹玉饰系鎏金银链下挂5件玉坠组成，全长14.8厘米。白玉制，透亮、洁白、无瑕。镂雕绶带纹玉佩，白色，呈长方形片状，外表抛光。长6.5厘米，宽4.1厘米，厚0.6厘米。其下5个从左至右为摩羯鱼形、双鱼形、双凤形、双龙形、鱼形玉坠（图1-1）。

摩羯鱼形玉坠　坠长5厘米，宽2.7厘米，厚0.7厘米。圆雕，青白色，刻成龙首，鸟翅，鱼身，嘴衔宝珠。鱼体两面用交叉斜线刻成菱形鱼鳞纹，双翅展飞。摩羯是佛教中的一种象征神的动物。

双鱼形玉坠　坠长5.7厘米，宽3.7厘米，厚0.4厘米。圆雕，白色，半透明。双鱼腹鳍相接，双尾相连，眼、鳃微凸有立体感，身刻有鱼鳞纹，腹、脊和尾刻细线纹，双鱼背鳍刻成锯齿纹，两鱼头部上方刻莲花和莲叶，莲花含苞待放，莲叶呈扇形与鱼背相连，双鱼嘴插入莲茎之中，银链系于花纹镂孔之中。

双凤形玉坠　坠长5.4厘米，宽2.2厘米，厚0.4厘米。圆雕，白色泛青，扁平形，双凤相对，有冠，凤嘴对接双翅并拢，长尾下垂，腹部刻菱形羽毛纹，利用凤冠之间镂空系银链。

双龙形玉坠　坠长5.9厘米，宽2.7厘米，厚0.6厘米。圆雕，白色泛青，双龙相对，龙首有角，鸟翅，鱼身，腹刻菱形网状鱼鳞纹，双龙嘴共衔1个宝珠。珠中镂孔，系银链。

鱼形玉坠　坠长7.5厘米，宽2.9厘米，厚0.4厘米。圆雕，白色，扁平形，鱼体细长，圆眼，背鳍锯齿形，腹刻菱形鱼鳞纹，腹鳍浮于荷叶上，荷叶一旁有两个莲蓬。

二　十二生肖纹玉佩挂件

出土于公主腹部，标本号Y131，一组6件。由1件璧形玉饰以鎏金银链垂挂5件玉坠组成。白玉质。玉坠表面抛光，从右至左为蛇、猴、蝎、蟾蜍、蜥蜴5种形象。璧形玉饰呈方形，平雕，白色，略有灰白色杂斑。璧外周刻如意形云纹，正面用细线浅雕十二生肖形象。线条流畅自如，用刀技艺熟练。该璧外缘上端有三个孔，正中孔稍大，内系鎏金银丝，其上有鎏金银环；下部有五个孔，以鎏金银丝系挂玉坠。玉璧长5.35厘米，宽4.7厘米，厚0.5厘米，中间圆孔径1.1厘米，银环直径0.8厘米（图1-2）。

仅举蛇、猴、蟾蜍、蜥蜴为例。

蛇形玉坠　白色，表面光亮。扁头，尖尾，身体弯曲，头部盘卷上翘，嘴部横钻一孔，系鎏金银链，链长3厘米。

猴形玉坠　坠长3.2厘米，宽2.5厘米，高1厘米。白色，表面光亮，左腿曲于胸部，右腿跪于臀下，右手扶膝，左手擒食入嘴，鎏金银链系于尾部，银链长3.4厘米。猴眼、耳、鼻雕刻形象生动可爱。

蟾蜍形玉坠　坠长3.6厘米，宽1.6厘米，高1.6厘米。白色泛青，腹、背有灰白色斑。爬伏状，昂首，圆眼，嘴部横钻一孔，系鎏金银链，银链长2.7厘米。

蜥蜴形坠　坠长5.4厘米，宽1厘米，厚0.8厘米。白色，间有灰白色杂斑，表面光亮。爬形状，三腿弯曲于腹下，一腿向后伸展与尾部相接。嘴部横钻一孔，系鎏金银链，链长3厘米。

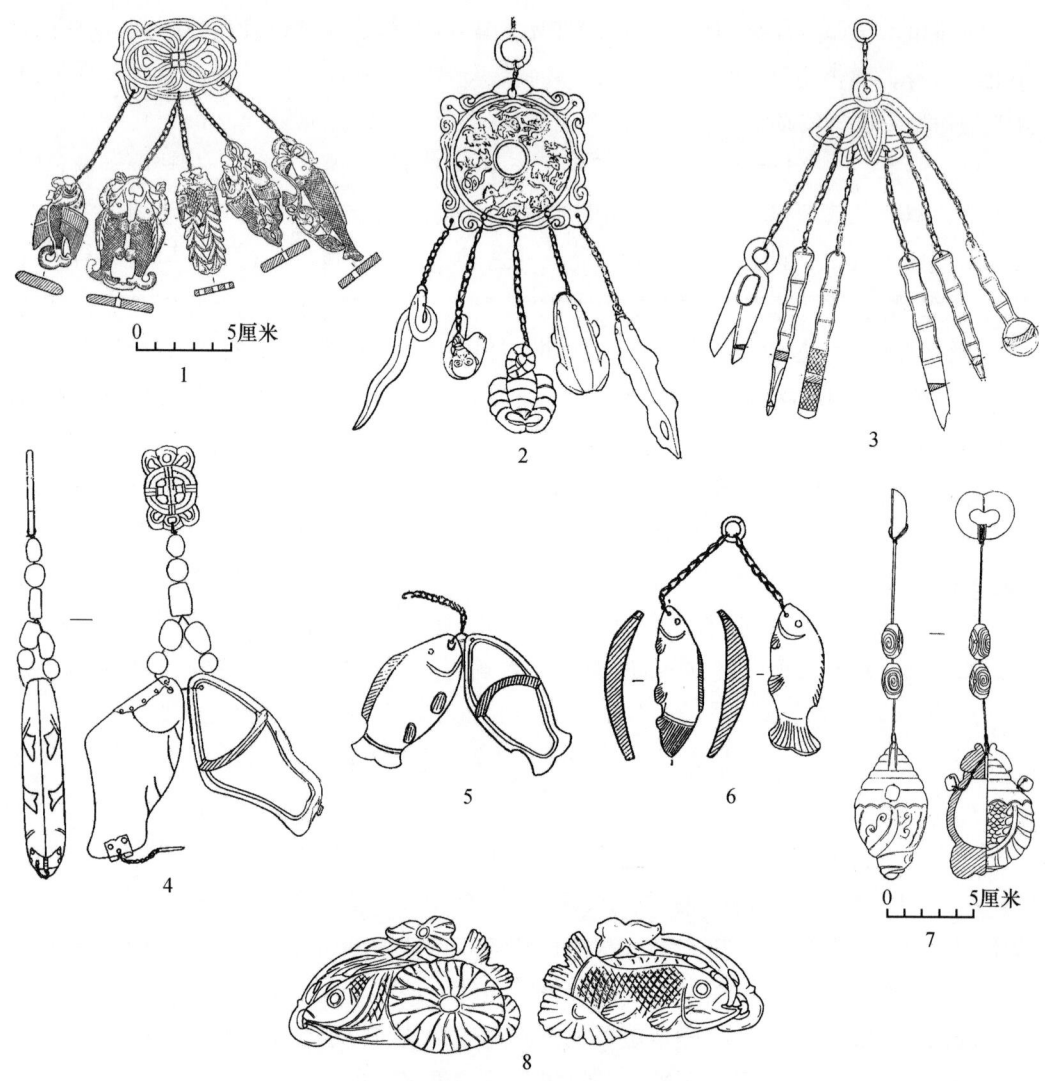

图1 陈国公主墓出土玉佩
1. 龙凤双鱼佩饰挂件 2. 十二生肖纹玉佩挂件 3. 工具形佩挂件 4. 鱼形盒琥珀佩饰 5. 鱼形玉盒佩饰
6. 双鱼玉佩饰图 7. 螺形瓶宝石佩挂件 8. 金代墨玉藻鱼佩（正、背面）

三 用具形玉佩挂件

出土于公主腹部（标本Y130），由1件莲花形玉饰及金链下系6件玉坠组成，均为白玉制成。坠件从左至右为剪、觿、锉、刀、锥、勺。莲花形玉饰，白色，表面有灰白色杂斑，厚0.4厘米，镂孔，线刻花瓣纹，花茎钻有一孔，系金链，链上系1件小金环，用以佩挂。利用花叶中的镂孔垂挂玉坠。金环直径1厘米，链长1.6厘米（图1-3）。

仅举剪、觿形坠为例。

剪形坠　坠长6厘米，宽1.6厘米，厚0.3厘米。白色，间有灰白色斑，剪把环内系金链。

觿形坠　坠长8厘米，宽0.6～1厘米，厚0.5厘米，链长6厘米。

四　以鱼为题材的玉饰件

鱼形玉佩　一组9件。出土于公主腹部，标本号Y137。由1件鱼形盒玉坠，1件长方形雕玉饰，3颗珍珠，2颗琥珀珠，1颗绿松石珠，1颗水晶珠用细金丝穿系而成。鱼形盒玉饰，白玉雕成，表面有灰白色杂斑，鱼体略呈三角形。这是用一块玉料雕成鱼形，从中剖为两块，两个对合面内部凿空，并雕成子母口，相互扣合。鱼身上用极简练的线条刻出眼、鳃、腹鳍、尾等细部。鱼嘴部横钻一孔，内穿金丝。鱼盒头部各镶一块长3.5厘米，宽0.8～1.8厘米的薄金片，并各用5枚金铆钉固定。鱼盒尾部每面钉有合叶形金片各一片，并用两个金铆钉固定，一页金片上系有金链，链的另一端焊于合叶上，一端有一根金插销，鱼盒合上后插入其插孔内。这种玉片金片及链、钉的完美结合，真是巧夺天工精品。花形雕玉饰呈长方形，长4.5厘米，宽2.8厘米，厚0.3厘米，其下串有珍珠直径1厘米；琥珀珠长1.7厘米，宽1厘米；水晶珠长1.4厘米，宽1厘米；绿松珠长1.2厘米，宽0.7厘米。整串佩饰长23.5厘米。

鱼形盒琥珀佩饰　出土于公主腰部右侧，标本号127。橘红色。用两块琥珀料各雕成鱼形，子母口扣合。制作工艺与标本Y137号鱼形盒玉佩基本相同，琥珀盒亦用7厘米金链，一端有金环。鱼尾部各钉合叶形金片，用三个金铆钉固定，一页金片上系有金链，链的另一端焊于合页上，一端有一根金插销，鱼盒相合后插入插孔内。鱼盒长7.8厘米，宽4.7厘米，厚3.5厘米，小金环直径约1.1厘米（图1-4）。

鱼形玉盒佩饰　出土于公主腹部，标本号Y135。白玉，整体呈鱼形，子母扣扣合，内空。用细线条刻出鱼的眼、鳃、脊、腹鳍。鱼嘴部横钻一孔，内穿银丝，系鎏金银链。器表抛光。盒长6.5厘米，宽3.2厘米，厚2厘米，链长3厘米（图1-5）。

双鱼玉佩饰　出土于公主腹部，标本号Y136。白玉，圆雕。双鱼大小基本相同。鱼体弯曲，用细线刻出眼、鳃、腹鳍、背鳍、尾等细部，雕刻十分简练，轮廓清晰，表面抛光。双鱼嘴部各横钻一孔，串一条金链，并将两条金链共系于1个小金环上。鱼长6.4厘米，宽1.9～2.3厘米，厚0.3～0.9厘米，小金环直径1厘米，链各长3.5厘米（图1-6）。

另1件Y132号双鱼玉佩，其形制，雕刻技法，与上述1件大同小异，仅鱼体略显肥大些，长6厘米，宽3.4厘米，厚0.7厘米，小金环径1.1厘米，金链长4厘米。

五　螺形玉佩

出土于公主腰部右侧。标本号Y126号。一组6件，由1件扁桃形玉环，2颗深蓝色玻璃珠，2颗绿松石珠和1件螺形玉坠以银丝穿系而成。螺形玉坠，白玉质，表面有石化斑痕。腹空有盖，盖、身均有钻孔，以便系银丝，银丝一端有1颗绿松石珠。银丝的系法，是从绿松石孔内穿入螺腹内，伸出螺口，与盖相连。连接绿松石的银丝一端打结固定。穿出螺口的两根银丝打扣，最上端为玉环。玻璃珠深蓝色半透明，外表一周有三组椭圆形涡纹。表面有风化层。扁桃形玉环，白色。螺形玉坠通高7.6厘米，长5厘米，宽4.2厘米，玻璃珠直径1.75厘米，长2厘米，玉环长3.4厘米，宽2.6厘米，厚0.8厘米（图1-7）。

这是一件以白色玉雕件螺形佩与玉环并用银、玻璃珠、绿松石珠和不同质地的物质打造的一件佩饰精品，是辽代工匠的巧作。

六　金代墨玉藻鱼佩

黑龙江省绥滨县中兴金墓出土[3]。墨玉。圆雕，长5.6厘米，宽4.2厘米。玉质油润有光泽。形似一条鲤鱼，口微张，衔六根水草，一枝小荷叶负于鱼背，另一枝大荷叶覆于腹及尾部。鱼鳞用平行交叉的斜线纹表现。鱼的背面，更突出的刻划出鱼鳍、鱼尾，将大荷叶的背面作以简单的勾画。负于鱼背上的小荷叶用极简练的刀法几笔勾勒。此玉雕鱼整体造型有稳重而形象生动之美感。刀法娴熟、畅快（图1-8）。这件墨玉藻鱼佩件，在金代玉器中堪称精品[4]，是在黑龙江省绥滨县的女真族墓中出土的，因此具有金代玉器的断代意义，同时说明金代女真族玉匠承继宋辽以鱼与莲花为题材的圆雕玉器，是一种极为普遍的现象；也说明以鱼意为"连年有余"，深受人们的喜爱。

辽朝是以契丹贵族为主体建立的封建王朝。契丹族是以游猎为生的民族，是一个历史悠久、文化灿烂、融中西文化和草原文化于一体的民族，为人类的文明做出独特的贡献。辽代玉器制造业十分发达，他们虽然受中原文化的影响很深，但契丹文化独具特色，玉文化更具有鲜明的民族风格。捺钵文化和尚武精神是契丹文化的精华。辽玉中以"春水"与"秋山"为题材的玉雕器就是捺钵文化的典型器。许多玉石学家有不少专门的论著。我在《契丹春水玉及相关问题》[5]一文，根据考古出土的鹰猎图及辽墓中出的壁画题材，从一个侧面论述了"春水"玉的看法。"春水"与"秋山"为题材的玉器，到了女真族建立的金朝更有沿袭与发展之势。

从陈国公主与驸马合葬墓出土的丰富多彩的遗物，看到契丹贵族厚葬之风多么严重。他们将生前使用及佩戴的宝物统统下葬，尤以他们胸前及腿部出土的宝石最为突出,这些却代表了他们显赫的地位,从纹饰看,有龙凤纹的金冠及腰带的龙纹,看出他们在皇族中的特殊地位。本文介绍的玉佩饰仅是极少的一部分,除崇玉之外,契丹人亦极爱琥珀和玛瑙,琥珀有医药效用,琥珀也是西域使者带来的贡品之一。尤为引人注意的是,墓中男、女主人均有用金、银丝链或铆钉合页将玉雕形盒、瓶、并有盖,有金插销、合页锁住盒、瓶,便于开启,这种盒、瓶式玉器,即有佩饰的作用,又有实用价值,类似清代人的常用的香囊。

金玉结合与一些玻璃、松绿石等宝石有机结合成一种精美无比的佩挂之器,给后代的雕玉工匠开了一个先河。

金玉两者分别是东西方人类物质文化最高的代表。玉器是中国文化的精粹,辽契丹工匠将金、玉及宝石完美地结合在一起,并制造出如此精美的佩挂饰真是巧夺天工之作。

注　释

[1] 叶隆礼:《契丹国志》第21卷,《南北朝馈献礼物》,上海古籍出版社,1985年。

[2] 内蒙古自治区文物考古研究所、哲里木盟博物馆:《辽陈国公主墓》,文物出版社,1993年。

[3] 林秀贞、张泰湘、杨志军:《黑龙江畔绥滨中兴古城和金代墓群》,《文物》1977年第4期。

[4] 林秀贞:《略论金代墓葬中出土的玉器》,《东亚玉器》,香港中文大学,1998年。

[5] 林秀贞:《契丹春水玉及相关问题》,《海峡两岸古玉学会论文集》,台湾国立大学理学院,2001年。

西夏陵形制与建筑特点

蒋忠义　李春林

一　西夏陵概况

西夏是宋代期间，于我国西北地区由党项族为主体建立的一个王朝，曾与宋、辽、金相抗衡，其国都设在兴庆府（今银川市），陵墓规划在都城西35千米的贺兰山前。从地理形势看贺兰山为东北—西南走向，海拔高度2000～3556米。北段山势和缓，南段地势趋缓低，中段是贺兰山主体山峰，山前为洪水冲积形成的坡地，属地质上的老年性堆积，海拔高度在1100～1200米，土质结构致密，地势开阔，是埋葬墓田的风水宝地。西夏陵区坐落在贺兰山中段偏南部位，陵墓皆背山面水（东南面对黄河），坐北朝南。整个陵区南北长10千米，东西宽5千米，占地面积达50平方千米，共葬有9座帝陵，250余座陪葬墓。陵区北端还发现1座建筑遗址，可能为皇家宗庙，性质与宋代皇陵的"下宫"相似。除此之外，陵区的东北面还发现数座砖瓦窑和烧制石灰的窑址，是专为西夏陵提供建筑材料的官办窑场。

西夏陵的考古工作发端于20世纪70年代中期，主要对西夏陵区进行了考古调查和局部的发掘[1]。21世纪初对3号帝陵陵园进行了全面发掘[2]（墓室未动），接着发掘了6号陵陵园[3]。根据考古工作和陵区地形走势，西夏陵从南向北大致分为四区，各区内的帝陵和陪葬墓都编有陵号和墓号。南端为一区，有1、2号帝陵和65座陪葬陵；往北为二区，有3、4号帝陵和62座陪葬陵；再北为三区，有5、6号帝陵和108座陪葬墓；最北端为四区，有7～9号帝陵和18座陪葬墓（图1-1）。

二　帝陵名称和年代

西夏始于开国皇帝李元昊显道元年（即北宋仁宗明道元年，公元1032年），终于末代皇帝李睍宝义二年（即南宋理宗宝庆三年，公元1227年），共196年，传位10帝。李元昊建国前，其祖父李继迁和父亲李德明就被宋朝封为王，为宋朝的附庸国，死后皆选址葬在贺兰山下，奠定了西夏陵的基础，元昊称帝后追谥李继迁为神武帝，李德明为光圣帝。《宋史·夏国传》记载，西夏共有12帝，9个帝王有陵号、谥号和庙号，最后3位帝王无陵号，下面把12帝的基本情况列表如下（表1）：

表1　西夏帝王世系表

陵号	谥号	庙号	名字	在位与死亡时间	备注
裕陵	神武帝	太祖	继迁	北宋太平兴国七年—咸平六年（982—1003年），在位11年，卒：景德元年（1004年）正月二日，年42岁	西夏祖陵
嘉陵	元圣帝	太宗	德明	北宋咸平六年—明道二年（1003—1032年），在位29年，卒：明道元年（1032年），年51岁	西夏祖陵，继迁之子
泰陵	武烈帝	景宗	元昊	西夏显道元年—天授礼法延祚十一年，即北宋明道元年—庆历八年（1032—1048年），在位16年，卒：天授礼法延祚十一年正月，年46岁	西夏帝王首陵，德明之子公元1038年立国称帝
安陵	昭英帝	毅宗	谅祚	西夏天授礼法延祚十一年—拱化五年，即北宋庆历八年—治平四年（1048—1067年），在位20年，卒：西夏拱化五年（1067年），年21岁	元昊之子
献陵	康靖帝	惠宗	秉常	西夏乾道元年—天安礼定元年，即北宋熙宁元年—元祐元年（1068—1086年），在位18年，卒：天安礼定元年（1086年），年26岁	谅祚之子
显陵	圣文帝	崇宗	乾顺	西夏天仪治平元年—大德五年，即北宋元祐元年—南宋绍熙九年（1086—1139年），在位53年，卒：大德五年六月四日，年57岁	秉常之子
寿陵	圣德帝	仁宗	仁孝	西夏大德五年—乾祐二十四年，即南宋绍兴九年—绍熙四年（1139—1193年），在位54年，卒：西夏乾祐二十四年（1193年）九月二十日，年70岁	乾顺之子
庄陵	昭简帝	桓宗	纯祐	西夏天庆元年—十二年，即南宋绍熙四年—开禧二年（1193—1206年），在位13年，卒：西夏应天元年（1206年），年30岁	仁孝之子，被西夏镇夷君王李安全所废
康陵	敬穆帝	襄宗	安全	西夏应天元年—皇建二年，即南宗开禧二年—嘉定四年（1206—1211年），在位6年，卒：光定元年八月五日（1211年），年64岁	乾顺之孙，越王仁友之子
无	英文帝	神宗	遵顼	西夏光定元年—乾定元年，南宋嘉定四年—十六年（1211—1223年），在位13年，卒：西夏宝义元年（1226年），年64岁	西夏齐国忠武王李彦宗子，襄宗死后嗣位。后传位太子德旺。
无	无	献宗	德旺	西夏乾定元年—宝义元年，即南宗嘉定十六年—宝庆二年（1223—1226年），在位4年，卒：宝义二年（1226年）七月，年46岁	遵顼之子
无	无	无	睍	西夏宝义元年—二年，即南宗宝庆二年—三年（1226—1227年），在位1年，卒：宝义二年（1227年）降于蒙军，被杀	宗室清平王之子，在位仅1年，西夏国被蒙古军队灭亡。

从上述列表看，西夏最后三位帝王均无陵号，其中李遵顼有谥号和庙号，李德旺无谥号有庙号，末主李睍谥号庙号皆无。李遵顼和李德旺皆在灭国前一年死亡，已无能力建造陵墓，而末主李睍是被蒙军所杀，不可能建陵。所以文献记载只有九位帝王有陵号，与西夏陵遗址发现的9座帝陵情况一致，表明文献记载是正确的。

西夏9座帝陵分别编为1~9号，墓主明确的只有7号陵，因碑亭中出土的残碎碑额上刻有"大白上国，护城圣德，至懿皇帝，寿陵志文"，7号陵是仁宗仁孝皇帝。6号陵出土的残碑块中，发现有"太宗"庙号的文字，有一残碑块上剖"……有二岁，在位三十……"的文字，从碑文推测只有德明在位时间和庙号与残碑文记载相符，6号陵可能是李德明的嘉陵，其他陵的墓碑因残碎太甚，看不出墓主是哪位皇帝。

三 西夏陵建筑平面特点

西夏深受唐宋两朝文化影响，在帝陵葬制上也不例外。《万历宁夏志》卷上二十三陵墓条记载：西夏陵"其制度、规模仿巩县宋陵而作"。要了解西夏陵布局特点和建筑制度，有必要对唐宋时期有代表性的帝陵形制进行梳理，两相比较，相同部分自然是仿效的，不同之处便是西夏陵建筑的自身特点。

1. 唐陵平面布局

以唐高宗乾陵为例简述如下：

乾陵是以山形地势造陵，气势宏伟，空间尺度大，陵园周长40余千米，按制度地面建筑设施很多，从陵前南端阙台起，向北有乳阙、华表、翼兽，通过漫长的神道（即陵园中线）至陵城南门（即朱雀门），两侧排列着鸵鸟、仗马、翁仲、石碑、门阙和六十一王宾像等百尊石像生（图1-2左）。陵城为正方形，墙四边的正中开门，门前皆有门阙和石狮。地宫坐落在陵城正中的山峰下，南门内有奉祭皇陵的献殿。整座陵园从南（阙台）向北（陵城玄武门）纵贯一条中线，中线两侧按制度对称地建筑上述这些设施，只有献殿坐落在中线上，地宫则坐落在陵城中心点上，突出地宫重要性，地宫上的山峰寓意皇帝至高无上，皇位中正无邪的主题思想。唐乾陵是中国封建社会鼎盛期帝陵建筑的典范。

2. 宋陵平面布局

以巩县北宋永昭陵为例简述如下：

宋皇陵是仿唐陵而建，但两者建陵的地形地貌不同，宋陵是依山下平缓地面建陵，陵墓虽坐北朝南，但地势呈南山北水状，因而陵墓为面山背水形势，宋陵规模又小于唐陵，所以宋陵在陵园规模气势上远逊于唐陵。如保存较好的北宋永昭陵，它建在广阔的平缓地面上，因而陵园平面布局特规整。整座陵园由上宫、后宫和下宫三部分组成（图1-2右）。南北长1000余米，东西宽约400米。上宫（即陵城）是埋葬皇帝的主要陵寝，其平面布局是仿唐陵，但规模小。如上宫前有阙台、乳台、神道及神道

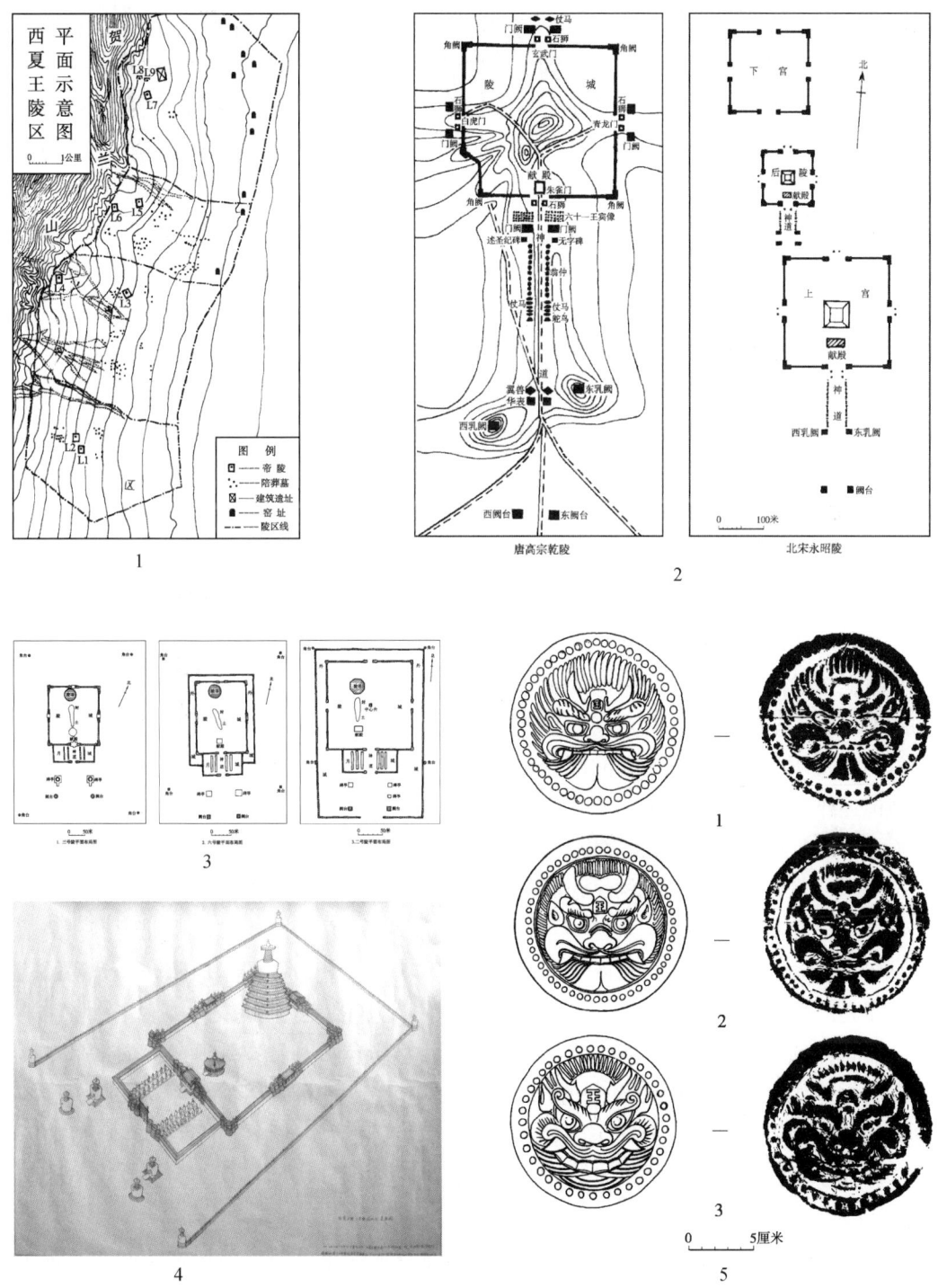

图1　西夏陵遗迹、西夏3号陵出土瓦当
1. 西夏陵分布示意图　2. 唐乾陵和北宋永昭陵平面示意图　3. 西夏王陵平面示意图
4. 西夏3号陵园复原鸟瞰图　5. 西夏3号陵出土的兽面纹瓦当

两侧排列60尊石像生，再后为上宫正南门，门阙建在门旁东西两侧，与陵城墙相接。上宫这组建筑平面的中线，从南（阙台）向北（上宫北门）纵贯上宫，平面方正，左右对称均衡，唯一在中线上的建筑只有献殿和地宫上的覆斗形"方上"封土（位于上宫中心）；后宫位于上宫北面偏西，平面布局与上宫相同，其规模相当于上宫的一半，后宫是葬皇后的陵寝，上宫与后宫的排列形式是宋陵皇帝与皇后合葬的规制；下宫在后宫北面，平面方整，四面宫墙的中间皆有宫门，建筑呈上下左右对称。下宫作用是侍奉死者灵魂，做到"日常所居"和"朝暮上食，四时祭飨"，也是守陵人居所。宋陵制度和设施功能更加完备。

3. 西夏陵平面布局

以3号陵为例简述如下：

3号陵园已经全面考古发掘，是西夏9座帝王陵中茔域面积最大、保存最好的一座陵园。陵园坐北朝南，方向150°，面积15万余平方米。陵园建筑平面布局呈长方形，茔域的四角建有4座角台，陵园南端建有2座阙台，其后建有2座碑亭、1座月城和1座陵城（图1-3左）。这些建筑是以陵园平面的南北中线对称分布的。月城与陵城平面呈"凸"字形，进入月城内有很短的神道，两侧各有2排石像生。陵城为南北向的长方形，城内建有献殿、地宫和陵塔。

从上述帝陵平面布局看，西夏陵与唐宋陵的共同点：都有主体建筑陵城（上宫）和陵前（南）端的阙台、神道与石像生。这些应是帝王陵主要规制，也是西夏陵仿唐宋陵的主要建制。但唐宋陵前除阙台外，还有乳台、华表（望柱）和漫长的神道，唐陵城前还排列有密集的六十一王宾像，以及门阙和碑，所以唐宋陵前建筑设施很多，拉长了从阙台到陵城南门的距离，显示出唐宋大国的皇陵风范。

其一，西夏陵与唐宋陵相比，简化了陵前的诸多设施，如取消了乳台、华表（望柱）、翼兽和漫长的神道及众多的石像生，大大缩短了阙台至陵城的南北距离。陵前只设置2座阙台2座碑亭（仿唐陵），呈左右对称，上下相对布局，而阙台和碑亭的建筑较高大，突出陵前雄伟建筑，显示出王陵气势，是西夏王陵特点之一。

其二，月城的出现是西夏王陵建筑平面的突出特点。月城在陵城南门前，呈东西向的扁方形，只有南门，其形式可能与国都兴庆府城门相同。月城作用有二，一是护卫陵城，二是把神道和众多石像生集中（仿唐陵）放在月城内，使平面布局更加紧凑，加强了月城的威武气势。月城门采用宋营造法式的乌头门，乌头门只在文（武）庙或帝陵前使用，以此提高陵城的地位。

其三，陵城内的献殿、地宫和陵塔布局皆不在中线上，是西夏风俗信仰在建筑布局上的又一特点。西夏党项民族崇拜鬼神，北宋人沈括在《梦溪笔谈》卷十八中曾记载西夏民族的信仰风尚："盖西戎（即党项族）之俗，所居正寝，常留中一间，以奉鬼神，不敢居之，谓之'神明'，主人乃坐其旁"。这种风俗也反映到皇陵建筑布局上，中心是鬼神之位，空出让于鬼神，只有1、2号陵在陵城中心建有中心台，可能为祭祀鬼神之祭台，因此，献殿、地宫和陵塔皆建在陵城中线西侧。

最后一个特点是在陵城内建一座高大的陵塔。陵塔的出现是西夏陵区别于所有帝王陵的重要标志。西夏是以佛教为国教的国家，全国各地建有众多的寺庙和佛塔，至今保存下来的西夏塔有贺兰山拜寺口双塔、同心韦州康济寺塔、青铜峡108塔、贺兰潘昶宏佛塔、贺兰拜寺沟方塔等。西夏王陵区就有9座高大的陵塔矗立于陵城内，周围还有数十座陪葬墓中高低不等的陵塔。塔即为坟，佛涅槃后起塔供养，西夏帝王死后在地宫后方建塔寓意笃信佛的虔诚。佛塔布局在陵城内，起到"陵庙合一"的效果。西夏陵地宫上不起"方上"（即覆斗形封土），而是在墓道上方堆起长条鱼脊状封土，这种做法可能与西夏风俗有关。

西夏9座帝王陵的建筑平面形式虽大同小异，细分有三种类型：第一种以3、4号陵为代表，没有外城，只有四置的角台，茔域面积3号陵15万平方米，方向150°。4号陵面积10万平方米，方向160°；第二种以5、6号陵为代表，它们有半封闭式外城结构（图1-3中），两座陵茔域面积皆10万平方米、方向175°；第三种以1、2、7号陵为代表，它们都有封闭式的外城结构（图1-3右），茔域面积皆8万平方米，方向1、2号陵为175°，7号陵为170°，1、2号陵为并排的二座陵（可能是同辈帝王）；8、9号陵、因被破坏严重，陵园形制不清。

上述三种西夏陵园形式，应有时代早晚关系，从陵园内采集的建筑构件看，1、2、7号陵都出土有高质量的白瓷板瓦和黑釉槽形瓦。已知7号陵出土的碑额上有"大白上国，护城圣德，至懿皇帝，寿陵志文"刻字，证明7号陵是仁宗仁孝之寿陵。李仁孝是西夏建国后的第五代皇帝，16岁继位，在位长达54年（相当南宋绍兴九年至绍熙四年，即1139～1193年），这期间是西夏政治经济发展的鼎盛期，财政丰厚才有能力烧制瓷质的建筑材料。1、2、7号陵是否有上下连接关系？其他6座陵皆不见瓷质瓦，出土的都是陶质的建筑构件。从3号陵出土的陶质建筑构件看，除大量的砖瓦外，还有成套的脊饰构件，如大型的鸱吻、摩羯和海狮等，比7号陵同类的构件在造型上有所区别，形态也比7号陵精美，特别是嫔伽出土数量之多，造型之精美，实属罕见，而7号陵不见嫔伽构件。从3号陵面积最大，陵园平面为方形，陵园内的所有个体建筑都是圆形，体现了"天圆地方"建筑理念，出土的建筑构件最精美，因此，学者一致认为3号陵可能是开国皇帝景宗李元昊的泰陵。距3号陵最近的4号陵、5号陵和6号陵，出土的建筑构件与3号陵接近或相同，在年代上应与3号陵有上下相接关系，初步判断3～6号陵在时代上应属北宋期间，1、2、7号陵的年代可能属南宋阶段。

四 西夏陵建筑形式特点

西夏皇族笃信佛教，佛规意识影响到皇陵的建筑形式，如3号陵的建筑在"天圆地方"和"佛规"的理念下，规划陵园为方形，陵园内所有个体建筑都是圆形的，圆形建筑外观都呈塔形（只有献殿为圆形宫殿式）。如陵前的双阙、双碑亭、门阙、陵城墙的四角角阙、陵塔和茔域四置的角阙等都是圆形塔。塔的形式有两种，一种为藏传佛教的覆钵式塔，如陵前的双阙和双碑亭。另一种为楼阁式加覆钵式的复合形塔，塔身呈楼阁式，塔顶呈覆钵式，类似贺兰县潘昶乡的宏佛塔，这种塔是西夏时期的典型佛塔，陵城中的高大佛塔就是此形。阙台、碑亭和陵塔都是大型塔，另外还有许多小型塔的组合式塔，如门阙和陵城墙的四角阙，门阙都是由3个圆形塔由小到大连环组成，陵城墙的四角阙是由5个或7个圆形塔，由小到大呈拐角连环组成，形如一处莲花环座。3、5、7均为奇数，佛规称奇数为阳、阳即为天。可见3号陵是精心规划，一切按佛教理念建设。3号陵内有大大小小共63座佛塔，使整座陵园置身于塔林中（图1-4），呈现出佛国净土的极乐世界。

五　建筑技术特点

1. 实心夯土建筑加精美的外装修是西夏陵突出的特点

西夏陵的建筑绝大部分都用夯土筑成，约占工程量的五分之三，如双阙台、5座门阙、陵城墙、月城墙、城墙四角角阙、陵塔和茔域四至的角台，它们都是实心夯土筑成，历经千年外表装修模样都已剥落，但夯筑的实体建筑仍屹立在地面上，显示出西夏陵沧桑古朴而宏伟的夯土建筑群和独有的历史景观。这种成熟而实用的夯筑技术是西夏民族传统做法，《宋史·夏国传》载：西夏"俗皆土屋，唯有命者，得以瓦覆之"。西夏陵也不例外，如陵城的四座门和墙壁皆用夯土或土坯建成，墙厚0.7~1米，屋顶全部以瓦覆之，屋脊以各种建筑构件加以装饰。

实心夯土建筑外表粗糙，必须精加工才能包装出建筑外表的形式特点，这是西夏陵建筑的普遍做法，如阙台、门阙、陵城墙和陵塔等墙壁面，都要用麦秸泥打底抹平，然后又用细泥加入红色矿物颜料搅拌成红色灰泥，涂抹在壁面上，使整座陵园建筑的墙壁面皆呈现出赭红色（仅碑亭为白色墙壁），配上墙顶、屋檐和塔檐的绿色琉璃瓦（或灰色瓦）件，呈现出红墙绿瓦的鲜明色调，使陵园建筑变得富丽堂皇。

2. 建筑构件种类繁多，制作精美

西夏陵所有砖瓦构件都是模制的，以覆盖墙顶屋顶的板瓦和筒瓦数量最多，其次是檐头的兽面纹瓦当（图1-5）和滴水。最大的构件是房屋正脊两端的鸱吻，高达1.5米（图2-1）。其次是斜脊前端各种龙头套兽、摩羯和海狮（图2-2、图2-3、图2-4），它们制作的非常精美。3号陵还在屋顶和塔檐上装饰人首鸟身的迦楼嫔伽，为人首鸟身，嫔伽头皆为美女形象，脸宠丰满，双目下垂，双手合十，两侧展翅，神态安详，一心虔诚礼佛，传达美好妙音，因此又称妙音鸟（图2-5、图2-6）。

3. 西夏陵周边建有官办窑场，是烧制砖瓦等建材的基地

西夏陵东侧发现数座砖瓦窑和石灰窑，这些窑址是随着西夏陵的建设而渐次形成

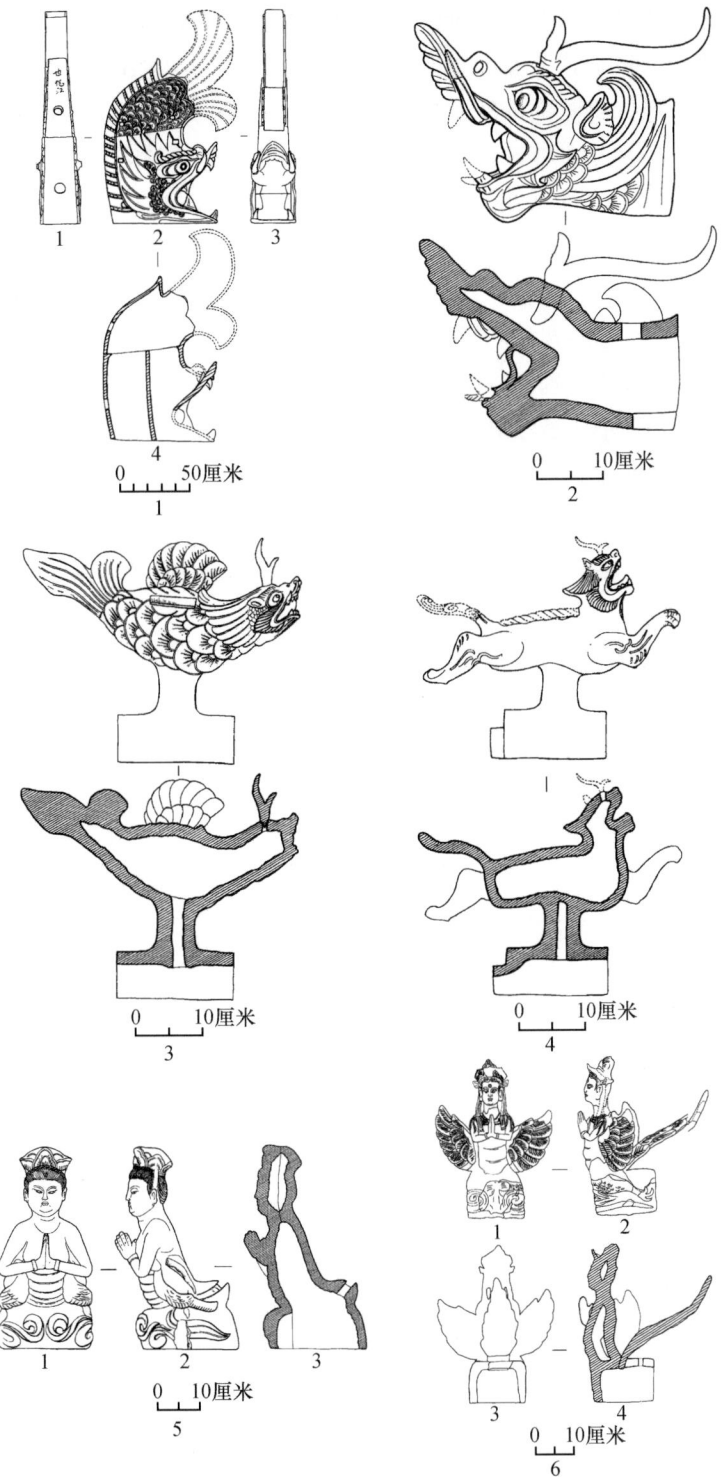

图2　西夏3号陵出土建筑构件
1. 鸱吻　2. 龙头套兽　3. 摩羯　4. 海狮　5. 四角叶纹花冠嫔伽　6. 五角花冠嫔伽

的，专门烧制西夏陵的砖瓦和其他各类建筑构件，因不属商品，生产不计工本，因而烧制的非常精美。陶质产品都是就地取材，挖土淘练，制模成形，装窑烧制，是西夏陵建筑用材的窑场，官办窑场最少存在150年，共烧造9座帝陵和255座陪葬墓的建筑用材，从建筑构件种类和造型上，可看出它们的变化，这种变化应是9座帝陵早晚关系的反映，为研究西夏陵历史和建筑艺术特征，提供了丰富资料。

注　释

［1］　a.宁夏回族自治区博物馆：《西夏八号陵发掘简报》，《文物》1978年第8期。
　　　 b.宁夏回族自治区博物馆：《西夏陵区一〇八号墓发掘简报》，《文物》1978年第8期。
　　　 c.宁夏回族自治区文物考古所：《西夏陵》，东方出版社，1995年。
　　　 d.宁夏回族自治区博物馆：《西夏陵区一〇一号墓发掘简报》，《文物》1978年第8期。
　　　 e.宁夏回族自治区博物馆：《银川缸瓷井西夏窑址》，《文物》1978年第8期。
　　　 f.宁夏文物考古研究所：《银川西夏陵区三号陵园东碑亭遗址发掘简报》，《考古与文物》1993年第2期。

［2］　宁夏文物考古研究所，银川西夏陵区管理处：《西夏三号陵：地面遗迹发掘报告》，科学出版社，2007年。

［3］　宁夏文物考古研究所、银川西夏陵区管理处：《西夏六号陵》，科学出版社，2013年。

元中都现阶段考古成果与元中都形制布局初探

孟凡人

前　言

元大德十一年（1307年）春正月成宗崩，无子；海山夺取帝位，于同年五月在上都即位，为武宗。海山"抚军朔方，殆将十年"，与漠北蒙古贵族关系密切，但因其久离权力中枢，在大都和上都缺乏可依靠的政治基础。为巩固帝位，海山登基后就急于大德十一年六月甲午"建行宫于旺兀察都之地，立宫阙为中都"[1]，以代替上都，使之成为连接大都与漠北的据点和枢纽，监视上都动静，支撑大都海山政权的重要基地[2]。至大元年（1308年）七月"旺兀察都行宫成（按，指宫城）"，续建工程仍加紧进行。至大四年（1311年）正月庚辰（初八）武宗崩，在位不足4年，中都并未全部建成。

武宗死后，其弟爱育黎拔力八达尚未登基，便于至大四年正月壬辰（二十日）"罢城中都"。三月爱育黎拔力八达即帝位，为仁宗；四月"罢中都留守司，复置隆兴路总管府"。次年（皇庆元年）七月"徙中都内帑，金银器归太府监"，十月"改隆兴路为兴和路，赐银印"，至此中都撤销工作结束。上述情况表明，海山执意建中都，仁宗迫不及待地撤销中都，均是出于巩固帝位的政治需要。因此，元中都在皇位更迭，元朝最高统治集团内部政治斗争变幻莫测之中昙花一现，就不足为奇了。

元中都撤销后，到顺帝时宫殿已多颓圮，在元末农民起义战争中又遭严重破坏。明永乐八年成祖北征蒙古过沙城，尚能确指沙城"即元之中都"。到清代已不明元中都故址之所在，《大清一统志》将明代所称沙城名白城子，乾隆时《口北三厅志》疑沙城为金北羊城，1934年《张北县志》则肯定白城子就是北羊城，1981年张北县将"北羊城遗址"定为县级重点文物保护单位。1983年以后，张北县文物和史志工作者在对该城多次调查的基础上，已初步考证其为元中都故址。1997年8月张北县召开"元中都学术研讨会"，经专家论证，最终认定该故城为元中都城遗址，并于2001年定为全国重点文物重点保护单位（图1、图2）。

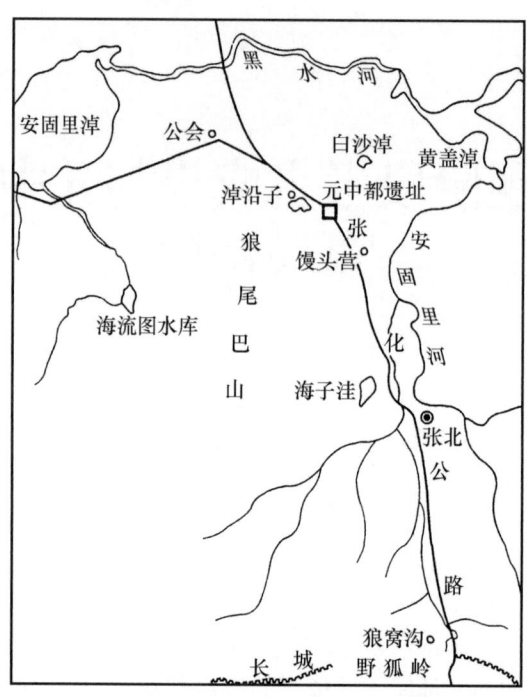

图1 元中都位置示意图（引自《文物春秋·元中都概述》，略改动）

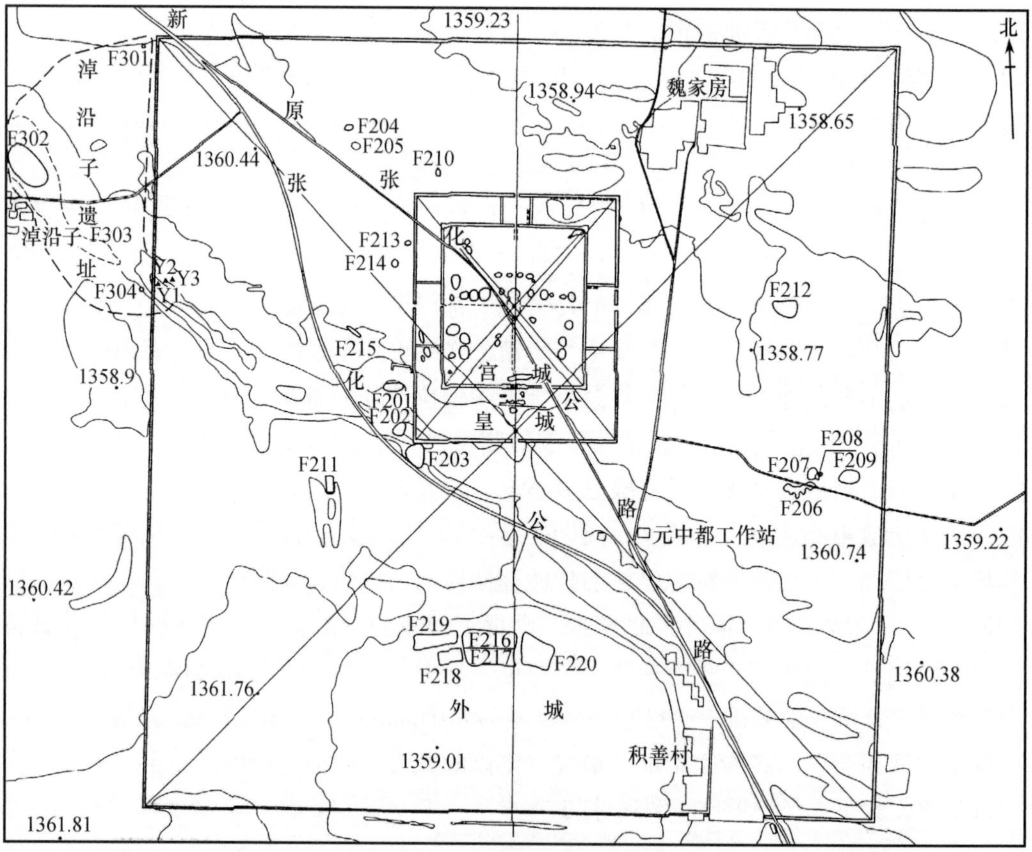

图2 元中都遗址总平面图（引自《元中都：1998—2003年发掘报告》，略改动）

1998～2003年，河北省文物研究所对元中都遗址进行了全面的考古调查、钻探，并发掘了宫城中的主要殿址等多座遗迹，于2012年刊布了考古发掘报告[3]。从此元中都考古揭开了新的一页，元中都遗址的整体形制、宫城主要殿址的形制结构和布局首次展现于世人面前，元中都形制布局研究也随之提到日程上来，本文就是这种研究的初步尝试。文中首先概括介绍了作为研究基础的元中都现阶段考古成果；其次，根据元中都遗址考古调查、钻探资料，探讨了元上都、元大都、元中都，三都宫城、皇城、外城规模和形制间的承袭演变关系。文中重点则放在元中都已发掘遗址的形制与元大都的承袭关系及其变化上，进而分析探究元中都的形制布局。由于《元中都》发掘报告刚刚发表，就着手对元中都形制布局进行研究，在无可资借鉴研究成果的情况下，文中的分析、探讨和研究必有不足，乃至谬误之处，故诚请方家教正。

一 元中都宫城、皇城、外城的形制

关于元中都宫城、皇城、外城的形制仅有考古调查和钻探资料，下面据此介绍元中都宫城、皇城和外城的形制。

（一）宫城

1. 宫城城墙、城门和宫城平面形制

宫城在皇城中间，宫城墙上有民国时期围寨墙，寨墙下为元中都宫城墙。宫城墙遗迹呈土丘状，高出地表3～5米。宫城四隅有角楼台基遗迹，城墙无马面。据钻探资料宫墙东城墙长603.5米，西城墙长608.5米，南城墙长542米，北城墙长548.8米，四墙中间各开一宫城门（图2，图3，东宫门GDM1，西宫门GXM1，南宫门GNM1，北宫门GBM1），宫城周长2302.8米，宫城平面呈南北长方形（图3）[4]。宫城墙与西南角台相接处有基槽，其他部位的城墙无基槽。

2. 宫城内的建筑遗迹和道路

宫城内共发现大小不一，形制各异的土丘32处（图3 D1、F1～F32），土丘残存高度均在3米以下，以1米左右的居多，土丘与地表相接处无明显界限，这些土丘应为宫城建筑之残迹[5]。

宫城内发现5条道路，GL1为大殿D1与宫城南门GNM1之间御道，GL2为大殿D1前殿至宫城东门道路，GL3为大殿D1前殿至宫城西门道路，GL4宫城北门通向大殿道路，该道至遗迹F3～F6之北中断。GL5在遗迹F24之北，路面铺砖（图3，GL1～GL5）。道路多发现路土，据钻探资料，大殿D1与宫城四门间的道路似铺砖[6]。

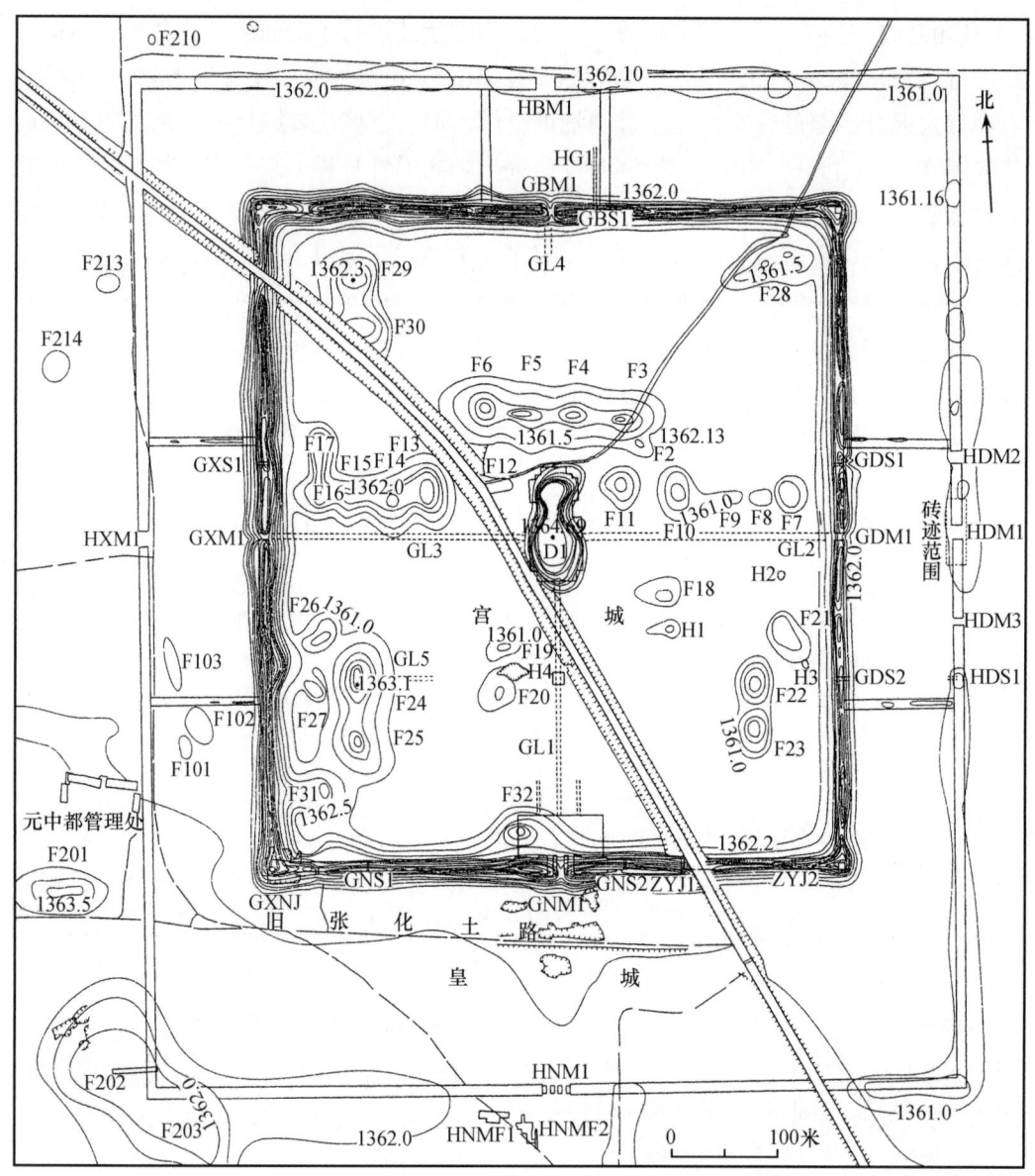

图3 元中都皇城、宫城平面图（引自《元中都：1998~2003年发掘报告》，略改动）

（二）皇城

根据考古调查和钻探资料，皇城东墙长927.7米，距宫城东墙115米；皇城西墙长930.6米，距宫城西墙113.78米；皇城南墙长770米，距宫城南墙207.5米；皇城北墙长778.34米，距宫城北墙115.85米。皇城东、西门在皇城东、西墙中间偏北，皇城南、北门在皇城南北墙中间（图3 皇城东门HDM1，皇城西门HXM1，皇城南门HNM1，皇城北门HBM1），皇城周长3406.64米，平面呈南北向长方形（图3）[7]。皇城未见角楼台基和马面。

在皇城与宫城之间的东区、西区和北区各发现两道隔墙（图3），分别将三区各隔为三段，隔墙在皇城门和宫城门两侧，均在地表呈土垄状，南区未见隔墙。东区内北隔墙（图3，GDS1）距宫城东北角台215.4米，南隔墙（图3，GDS2）距宫城东南角台147.4米，两隔墙间距240.7米。西区北隔墙距宫城西北角台214.7米，南隔墙距宫城西南角台154米，两隔墙间距239.3米。北区内东隔墙（图3，GBS1）距宫城东北角台215米，西隔墙距宫城西北角台217.6米，两隔墙间距116.5米。三区两道隔墙相对，应有门址，但钻探未见门址[8]。

（三）外城墙的探察

外城情况文献缺载，地表无外城遗迹。根据调查线索进行钻探的结果：

东城墙长2964米，距宫城东墙1188.66米；西城墙长2964米，距宫城西墙1150.65米；南城墙长2881米，距宫城南墙1633.74米（南城墙中段与皇城门和宫城门南北中轴线对应处，地表发现料石，或为外城南门位置）；北城墙长2906米，距宫城北墙713.96米，周长11715米，平面略呈方形（图2）[9]。外城墙未挖基槽，外城未见角楼台基和马面。

二　宫城1号殿基址发掘揭示的形制

（一）宫城1号殿址地基和台基

殿址地基基槽南北呈长方形，大于殿址台基，据钻探和解剖资料，可知基槽边较台基周边宽2.5~8米，深2.3~2.4米，基槽斜度深四收一至深六收一不等。基槽整体夯筑，夯至地平后再夯1~3层土，使近台基处略高于外围远端0.1~0.24米，面或铺砖形成散水[10]。

殿址台基筑于地基地平之上，主体呈工字形，并前出月台，后出香阁台基，方向182°。台基现存南北通长99.35米，加台基砖壁基槽宽度南北长101.1米，台基高出地平1.7米，台基共有24个转角（图4 W∠1~W∠12，E∠1~E∠12）。台基宽于大殿址，其各部位由南向北尺度如下：月台之南凸出部分E∠11~W∠11或E∠12~W∠12之间东西宽37.2米（现残宽32.21米）；E∠11~E∠12或W∠11~W∠12间南北长9.22米。与大殿月台和前殿对应的台基为一整体，南北长46.55米，东西宽49.17米。台基与柱廊对应部位，南北长13.69米，东西宽30.82米。台基与寝殿、夹室对应部位，南北长21.89米，东西宽42.81米。

台基与香阁对应向北凸出部位，南部南北3.52米，东西30.4米；北部南北6.23米，

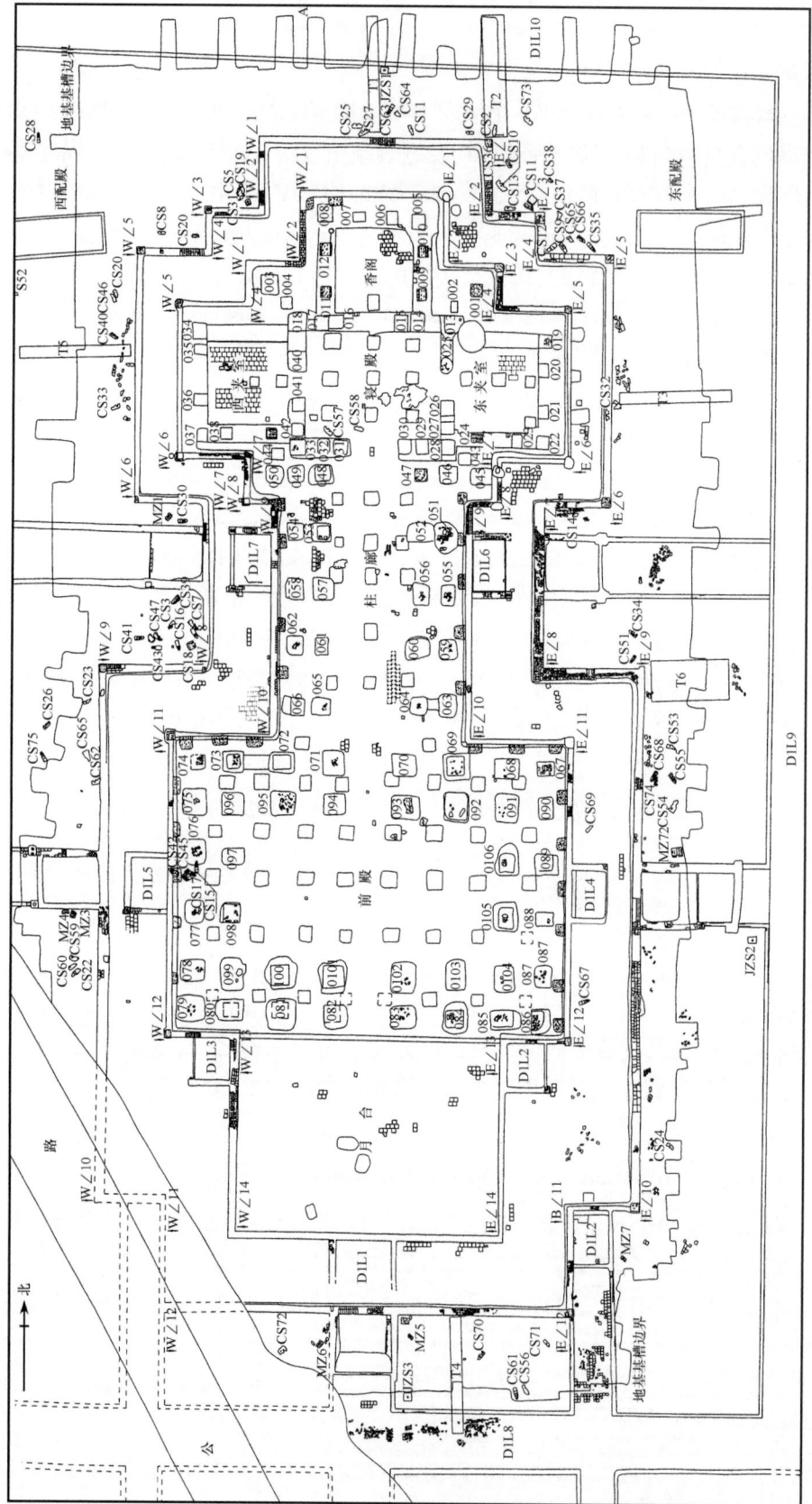

图 4　宫城 1 号殿址平面图（引自《元中都：1998～2003 年发掘报告》，略改动）

东西21.02米。

台基与殿址之间台基原均铺砖，多残毁无存。台基周壁原均包砖，现仅存砖壁基槽，基槽内残存少许砌砖。有的转角部位残存柱础石，其上立角柱石。台基南部被月台殿陛D1L1分为东西两部分，再南破坏严重，边缘已成坡状，仅高出地面0.81米[11]。环绕台基有矩形砖砌沟槽（图4），沟槽是台基外道路（图4，D1L8、D1L9、D1L10）的内侧边沟，西侧台基下道路未发掘[12]。

（二）宫城1号殿基址的平面形制

殿基高出台基面1.25米[13]，从南向北由月台、前殿、柱廊、寝殿和东、西夹室、香阁组成，殿基主体置前殿、柱廊、寝殿和东西夹室，平面呈工字形，月台南出，香阁北出，在香阁东西两侧台基面上各置一配殿（图4、图5）。

1. 月台的形制

月台北与前殿南缘基槽相接，东西长24.8米，南北宽17.5～17.8米。月台面残存少许青灰素面铺地方砖，月台西壁基槽内残存部分砖壁，月台东南角EL141尚存柱础石，月台南缘基槽内砖壁尽毁（图4）。

月台南缘中间出殿陛（图4，D1L1），殿陛上、下两级。月台前第一级殿陛北接月台南缘基槽，下至台基面，结构残，呈坡道状，坡度17°，南北水平残长3.6米，宽6.1米。其下第二级殿陛北接台基南缘基槽，下至地面，呈坡道状，坡度10°，坡道象眼部位毁。坡道南北长5.1米，宽6.1米，坡道与地面相接处砌长方砖牙线一道，牙线之北残存卷草纹长条砖。坡道下地面中部残存龙纹方砖，再南接台基外通道D1L8（图4）。月台东、西北部与前殿相接向外拐角（E∠13，W∠13）部位各有踏道（图4 D1L2、D1L3），亦呈上、下两级，均残呈坡道状[14]（图4）。

2. 前殿的形制

前殿位于主体建筑台基南部横台基上，介于月台与柱廊之间，东西36.36米，南北26.06米。前殿周壁毁，仅余砖壁基槽。前殿东南角E∠12，西南角W∠12，西北角W∠11下有柱础石，东南角E∠12柱础石上立角柱石。角柱石残断，南面浮雕龙纹，东面浮雕牡丹纹，其余两面有凿痕。前殿沿四壁内侧各置内外两列柱础，殿南、北壁内侧两列柱础各8个，东、西壁内侧中间两列柱础各2个，共40个柱础。前殿柱础坑之间有浅坑，浅坑南北5排，东西8列，共38个。前殿面阔7间，进深5间（图4，图5）。

前殿东、西壁外侧中间各置一上下两级踏道（图4，D1L4、D1L5），均残呈坡状。其中东踏道第二级南侧包转残存部分象眼和有骏马祥云的雕砖（图6），坡道东通台基外通道D1L9（图4）。[15]

3. 柱廊的形制

柱廊在大殿主体工字形台基中部竖台基上，介于前殿与寝殿之间，南直通前

图5 宫城1号殿址（东—西）鸟瞰（引自《元中都：1998~2003发掘报告》，翻拍）

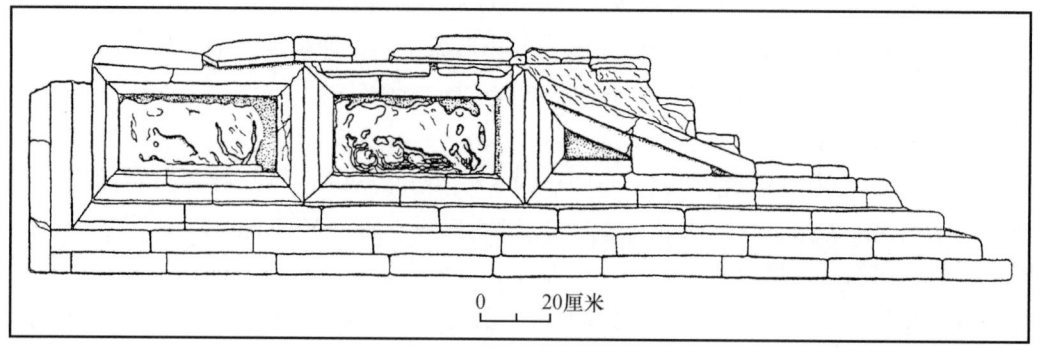

图6 宫城1号殿址前殿东踏道南侧象眼（引自《元中都：1998~2003年发掘报告》，略改动）

殿。柱廊南北直线部分即图4之W∠10~E∠9之间长19.8米，图4之E∠10~W∠10、E∠9~W∠9之间东西宽18.16米。柱廊南北直线部分自图4之E∠9~E∠8、W∠9~W∠8各外扩2.52米后北折至图4之E∠7和W∠7处接寝殿，该东西横长部分东西长23.2米，南北宽3.81米，为柱廊寝殿共用。若将其南北宽3.81米计算在内，柱廊南北通长为23.61米，柱廊北南呈T字形（图4）。柱廊沿东西壁内各置两列柱础，每列5个柱础，最北边柱础位于外扩部分，共24个柱础，东西两列柱础坑间有浅坑（图4）。柱廊东西壁外缘中间偏北各置踏道，上下两级，均残呈坡道状[16]（图4，D1∠6、D1∠7）。

4. 寝殿、东西夹室、香阁和东西配殿的形制

寝殿南接柱廊，寝殿与东西夹室和北部香阁连通，位于大殿台基后部，三者建筑基础相连，属同一建筑单元。该组建筑若加上其南与柱廊共用部分，平面略呈十字形。三者均面阔3间，进深3间，但夹室和香阁开间小于寝殿。

寝殿、夹室和香阁外缘尺寸，按图4标注的转角测量如下：E∠8~W∠8间23.22米（W∠8有柱础石），E∠3~W∠3间23.25米，E∠8~E∠3间20.95米，W∠8~W∠3间20.96米，E∠6~W∠6间35.35米，E∠5~W∠5间35.35~35.4米，E∠8~E∠7间3.8米，W∠8~W∠7间3.81米，E∠7~E∠6间6.13米，W∠7~W∠6间6.13米，E∠6~E∠5间13.52米，W∠6~W∠5间13.49米，E∠5~E∠4间6.13米，W∠5~W∠4

间6.1米，E∠4~E∠3间3.64米，W∠4~W∠3间3.65米，E∠3~E∠2间4.8米，W∠3~W∠2间4.83米，E∠2~E∠1间6.08米，W∠2~W∠1间6.1米，E∠1~W∠1间13.46米（图4）。

寝殿最南和最北部的中间宽约4.6米无柱础，为门道部位。门道与东、西壁之间各东西向横置3个柱础（寝殿柱础均无，仅存础坑），东、西壁内侧从南向北各置2个柱础后中间空2.24米为门道部位，其北又各置1个柱础。寝殿中间有三排浅坑，每排3个浅坑。寝殿基槽内东西面阔12.15米，南北进深9.2米（图4）。东西夹室分别与寝殿东、西墙合一，东夹室柱础和浅坑配置见图4，东夹室总面阔和进深均8.6米左右。基槽内东西7.5米，南北7.3米。西夹室柱网见图4，柱础破坏后础坑有的偏离原位。西夹室面阔8.61米，进深8.48米。香阁柱网见图4，其面洞8.64~8.72米，进深8.92米[17]。

东、西配殿位于大殿台基外的东北角、西北角台基之下，均仅残存墙基基槽，平面呈东西向矩形。东配殿基槽内边间距东西8.1米，南北2.95米，西配殿基槽内边间距东西8.8米，南北2.9米[18]（图4）。

三　宫城南门、西南角台和皇城南门基址发掘揭示的形制

（一）宫城南门及门北矩形庭院的形制

1. 宫城南门的形制

宫城南门位于宫城南墙中间（图3，GNM1）北与1号殿址对直，方向4°，东西通长87.68米。城门由3个门道，两道门道隔墙，门道两侧门楼台基、行廊和朵楼台基及其基北其北侧登城马道，门内矩形庭院组成（图7）。

（1）门道和隔墙

宫城南门3个门道，东西面阔21.48米，南北进深18.35~18.4米。门道建在夯土基础上，其上石砌地面。3个门道间有两道夯筑隔墙，隔墙南、北端包砖。西隔墙在中门道与西门道之间，南北长18.02米，东西宽3.72米，夯土墙底部南北长16.45米，东西宽2.12~2.25米，残高0.3~1.7米。隔墙北端西侧砖壁南北残长2.6米，宽0.6米，残高0~0.55米；东侧砖壁南北残长3.3米，东西宽0.7米，残高0.63米，砖壁较地栿略外扩并部分压在石地栿上。隔墙北端北侧砖壁残存少许，底部有4块土衬石，南端西侧壁砖壁残存一层砖，东侧砖壁无存，南端南侧残存土衬石3块。东隔墙在中门道与东门道之间，隔墙南北长18.23（西侧）~18.34米（东侧），东西宽3.65（北端）~3.75米（南端）[19]。形制同东隔墙，不赘述。

3个门道结构相同。以中门道为例（图7，图8），门道以两隔墙侧壁为门道壁，门道南北进深18.4米，东西面阔地栿石处北端5.81米，中部5.93米，南端5.9米，砖壁

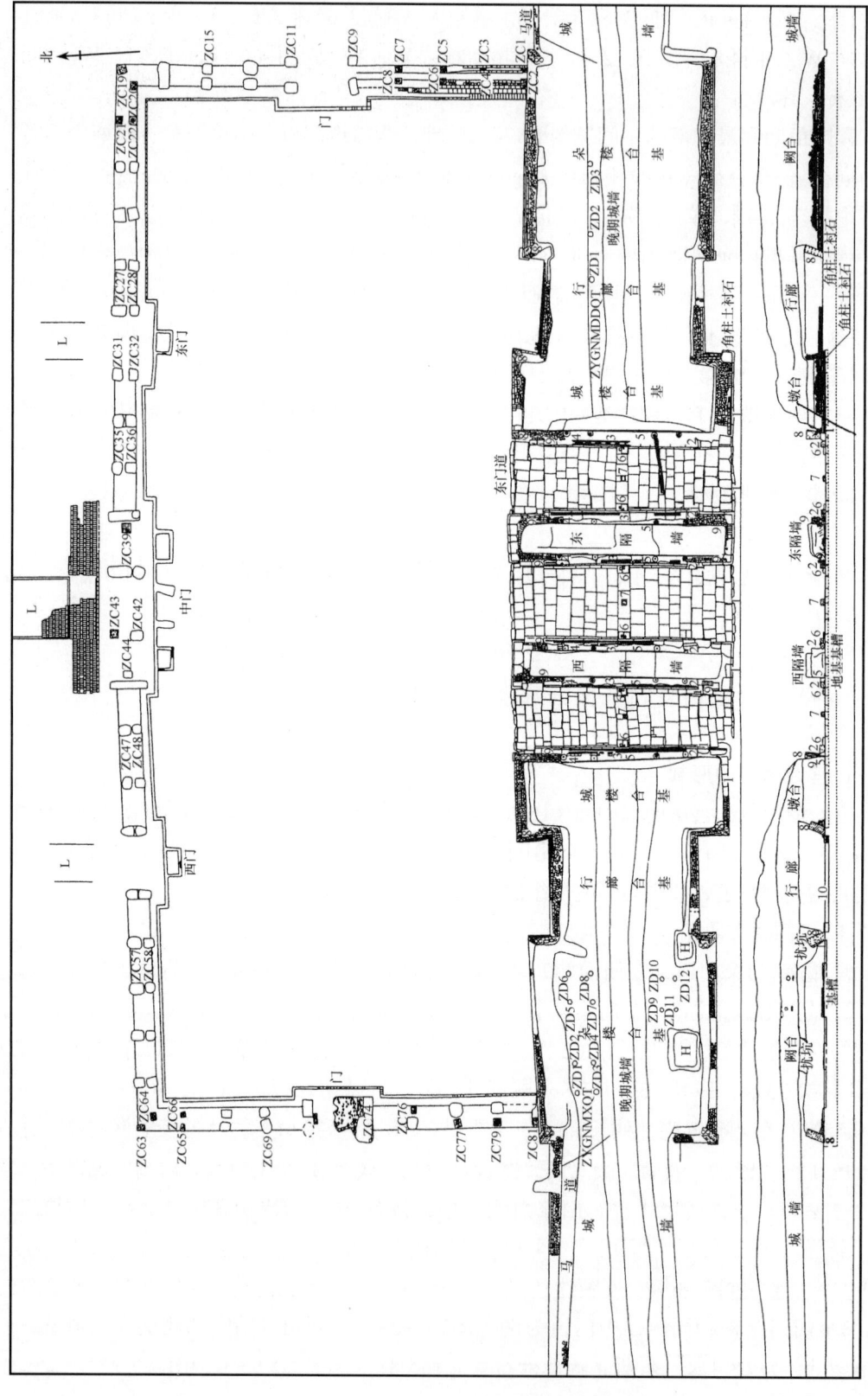

图7 宫城南门和门北矩形庭院平面图及南门立面图（引自《元中都：1998~2003年发掘报告》，略改动）

北端6.59米。门道结构最下面为深埋在东西壁地面下的土衬石，东壁16方，西壁15方。土衬石金边内承托地栿石，东西壁地栿石各9方。地栿石金边内安木地栿，木地栿已成灰烬。东西壁各有四根立柱，地栿石之上立柱无存，立柱底部柱洞径0.4～0.5米，深约0.5米，洞底有柱础石。隔墙木板在门道东西壁立柱、门道地栿石、南北端砖壁与夯土隔墙之间，呈南北长条形，紧贴夯土墙，底部

图8　元中都宫城南门中门门道
（引自《1999中国重要考古发现》）

与门道地面平，地栿石平面以上的木板仅存在残迹。门道地面南北端以长条石砌地面牙线，牙线内铺长方形石板。门道横中线东，西壁各置一门砧石，横中线中间置将军石。东门道南北进深18.35米，东西面阔地栿石处北端5.05米，中部5.1米，南端5.05米，砖壁处北端5.9米，砖壁处南端毁。西门道南北进深18.4米，东西面洞地栿石处北端4.96米，中部5米，南端5.03米，砖壁处北端5.84米，南端残毁（图7）[20]。

（2）城楼台基、行廊台基、朵楼台基和马道

城楼台基在门道隔墙与行廊台基之间，城楼台基与行廊台基相接部位较行廊台基向外凸出，平西呈南北向长方形，大致高三收一至高四收一。台基夯筑，台基内侧与门道隔墙相接部位有贴墙木板，其余部位甃砖面，砖壁四角各立1角柱石，台基南侧砖壁下有土衬石。城楼东台基残高2～3.5米，南、北侧高出地表1.2米处有宽约0.25～0.3米夯土台。台基残存部分砖壁、土衬石和角柱石。城楼西台基残高2.2～3.5米，北侧高出地表1.2米处有宽约0.25米的夯土台。台基残存部分砖壁，砖壁四角除东南角外其余三角各存1角柱石[21]。

行廊台基在城楼台基和朵楼台基之间，南、北两侧窄于城楼台基和朵楼台基。东行廊台基南北13.27～13.75米，东西向北侧7.35米，南侧7.45米，台基北侧距地表0.8米和2.4米处有宽约0.25米的夯土台，台基残存部分包砖。西侧行廊台基南北12.5～12.6米，东西向北侧7.6米，南侧7.7米。北侧距地表高2米处有宽0.25米的夯土台，台基残存部分包砖[22]。

朵楼台基与行廊台基相连，外侧接宫城南城墙，平面呈东西长方形，两朵楼台基东和西侧的南北向砖壁深入到夯土城墙内。东朵楼夯土台基残高1.5～5米，台基南北15.4～15.74米，东西16.63米。台基四隅除东南角外余三角存角柱石，台基残存部分包砖。东侧马道未清理。西朵楼夯土台基残高1.22～4.5米，距底部高1.6米处有宽0.25米的夯土台，台基南北14.82～15.67米，东西16.81～16.6米。台基四角有角柱石，台基残存部分包砖。

西面登城马道位于西朵楼台基西侧，夯筑包砖，由城内地面达台基顶部，呈斜坡状。马道南侧与城墙连为一体，北侧砌砖。马道斜面长26.7米，西窄东宽，残宽0.7~1.52米（不含砖壁），高0~4.3米，大致高三收一。西端北拐接城内地面，东端达朵楼台基西部，马道外侧壁残存砖壁长26.3米，残高0.7米，马道坡面残存平铺素面青砖（图7）[23]。

（3）宫城南门内矩形庭院基址

宫城南门北连矩形庭院，庭院东、西、北三面有夹墙，北夹墙中间开正门，左右两侧各置一掖门，东西墙中间对置东、西院门。东西院墙间距79.65（南侧）~79.9米（北侧），北院墙南侧砖砌平台边缘至城门朵楼台基砖壁31.25（西）~31.75米（东）。三面院墙朝向庭院一侧砖砌平台，台面宽0.9米，高出庭院地面0.25米。砖砌平台接夹墙，砖砌平台内壁至外侧砖墙外壁间总宽2.7米。墙筑于庭院地面上，墙两侧砌砖整齐，中间填碎砖，两道夹墙内间距0.6米，墙体宽0.6米。墙体仅余部分，东夹墙多处发现脱落的红色墙皮痕迹。夹墙内两壁下各铺一排柱础石，柱网配置见图7。[24]

庭院正门在北墙中间，三门道，东西面阔14.4米，南北进深1.81米，中门道宽4.95米，东、西门道宽各约4.5米。门道南侧砖砌平台，东西长16.5米，较两侧墙体处砖砌平台向南凸出0.8米，台面残毁。砖砌平台前出坡道，中门道前坡道东西宽3.4米，南北长1.5米；西门道前坡道东西宽2.1米，南北长1.3米；东门道前坡道长2.5米，南北长1.4米。中门道北侧残存T字形露道，条砖铺砌，露道南侧东西残长15.6米，南北残宽2.1~2.5米。T字形中间向北通1号殿址的南北向露道宽4.95米，残断。露道顺丁平铺砖面，露道东、西边缘及南与横向露道相接处均砖砌路面牙线（图7、图8、图9）[25]。东掖门在东院墙北端之西15.8米，东西面阔5.11米，南北进深1.28米，单门道。门道南侧砖砌平台东西宽7.1米，较两侧墙体处砖砌平台向南凸出0.8米。平台前门道处出坡道，坡道东西宽2.2米，南北长1.3米。西掖门在西院墙北端之东15.1米，东西面阔5.01米，南北进深1.02米，单门道。门道南侧砖砌平台东西宽7.2米，较两侧墙体处砖砌平台向南凸出0.8米。平台前门道处出坡道，东西宽2.3米，南北长1.3米。东西掖门北侧有路土向北延伸（图7）。东墙院门在东墙中部偏北，距北院墙10.75米，南距朵楼台基砖壁12.9米。门南北面阔约5.1米，东西进深2.07米，单门道，门道地面残毁。门道西侧砖砌平台南北宽约8米，较南北两侧墙体处砖砌平台向西凸出0.8米。西墙院门在西墙中间略北，距北院墙10.8米，距南侧朵楼台基砖壁12.8米，单门道，门道地面残毁。门道南北面洞5.1米，东西进深因柱础无存不明。门道东侧砖砌平台南北宽7.6米，较南、北侧墙体处砖砌平台向东凸出0.7米（图7）[26]。

（二）宫城西南角台基址发掘揭示的形制

宫城西南角台主体正方形，台体向东、向北三出阙后与宫城墙相接，总体平面呈

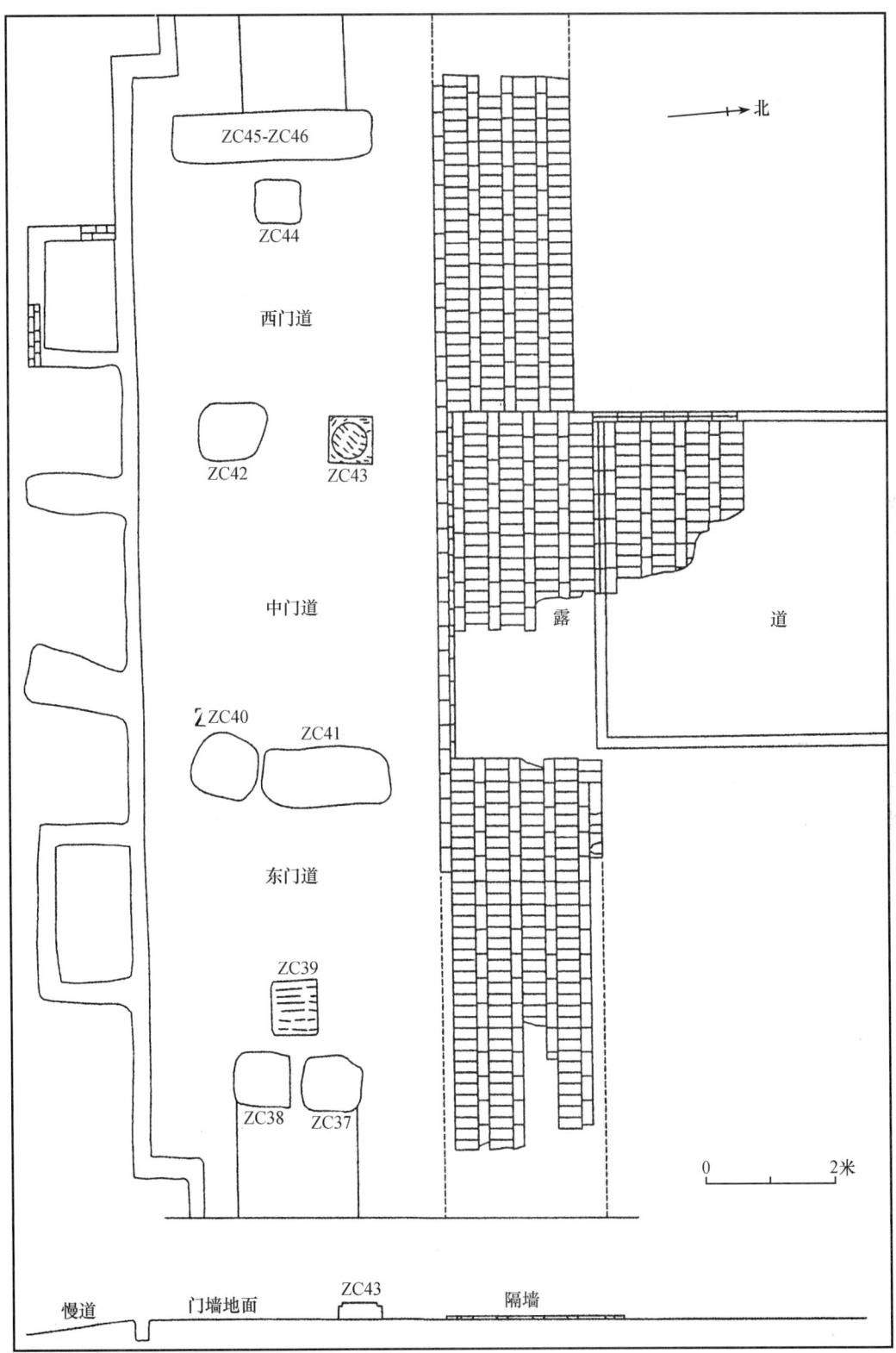

图9 宫城南门内矩形庭院北墙中门平、剖面图（引自《元中都：1998～2003年发掘报告》，略改动）

曲尺三出阙形（图10、图11）。角台夯筑，夯体外甃砖，砖壁基槽底有土衬石，砖壁多毁，残存最高处1.5米。砖壁外侧平齐，内侧多半头砖，角台三出阙后最后一个转角处的砖壁垂直嵌入夯土城墙外皮之内。角台向外凸出的转角处均立角柱石，角柱石向夯土墙内侧倾斜。角柱石和包砖壁面收分较大，大致为高三收一。角台下的地基基槽外缘距角台夯体周壁2.9~3.5米，深0.9~1.35米，基槽外缘随角台形状或直线或转折，内侧西壁基槽外缘（东）无转折，南壁内侧基槽外缘（北）有一处转折。基槽内填红褐土，掺玄武岩小石块和白灰渣夯筑，夯层厚0.05~0.15米。

角台主体正方形，夯土台残高2~3.5米，四边长度以图10标出的角柱石底面外角间距为准测量，东面15.51米（图10 角柱JZ5~JZ10），南西15.73米（图3、图

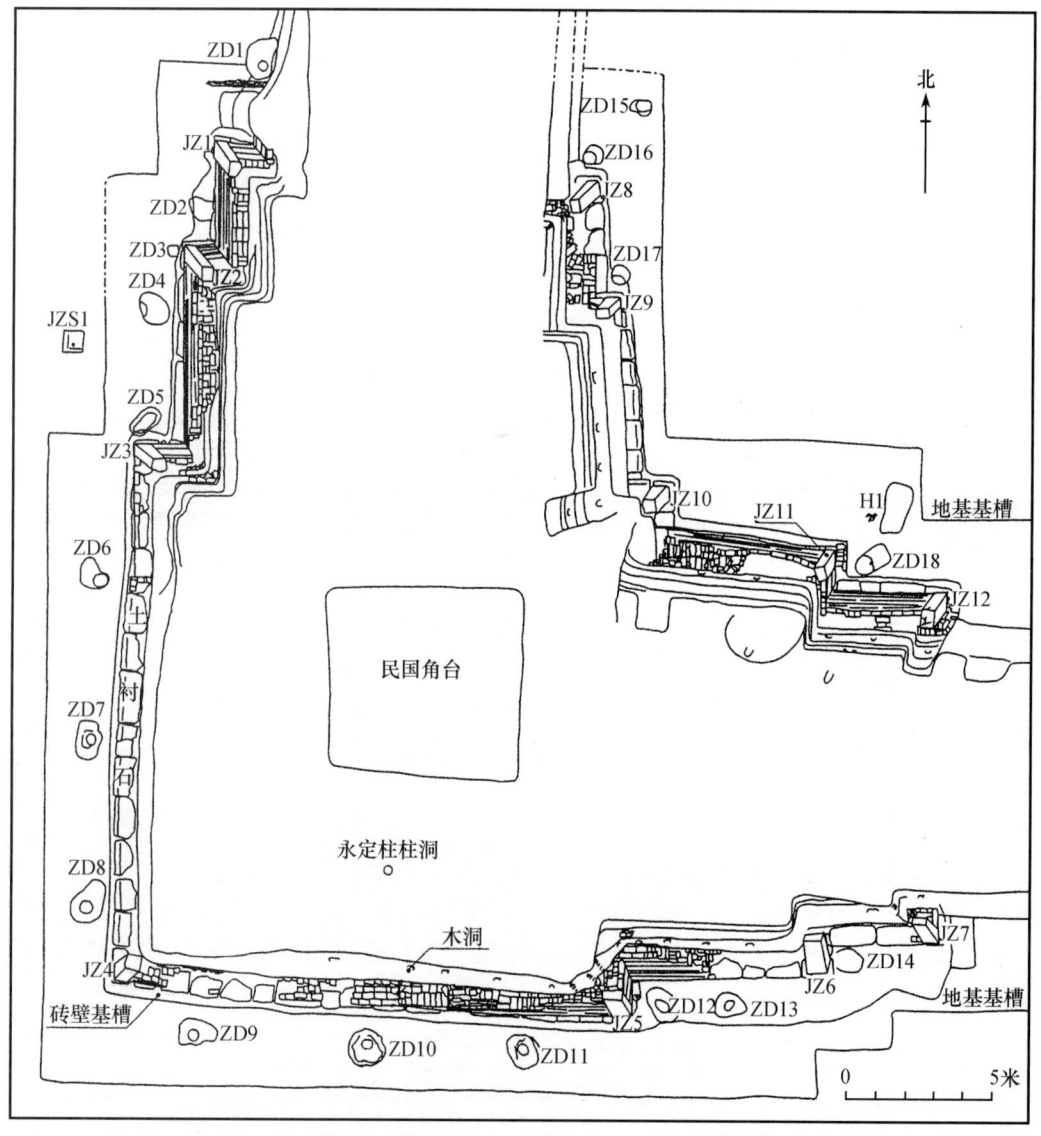

图10　宫城西南角台平面图（引自《元中都：1998~2003年发掘报告》，略改动）

图11　宫城西南角台外侧（西南—东北）（引自《元中都：1998~2003年发掘报告》）

10；角柱JZ4~JZ5），西面15.71米（图10角柱JZ3~JZ4），北面16.14米（图10角柱JZ3~JZ10）。角台主体夯土结构无二层台，由主体夯土台向北向东三出阙的夯土壁面上有一或二层叠涩内收的台阶。角台外侧南墙南壁有一层台阶，西墙西壁有两层台阶；角台内侧西墙东壁和南墙北壁均有两层台阶。

角台西壁从主台向北三出阙后与城墙相接，总长度24.5米（15.71米加角柱石底部外侧角之间长度分别为5.84米，3.04米）；三出阙内折长度分别为1.48米，0.9米，1.1米（角柱石外侧角至砖壁折角线之间长度）。有4个角柱石，角柱石JZ1~JZ3之间砖壁残高1.4米，角柱石JZ1东折后残存砖壁又向北转砌0.18米嵌入夯土城墙内。角台南壁结构同西壁。南壁从主台向东三出阙后与夯土城墙相接，总长25.06米（15.73米加角柱石底部外侧角之间长度分别为5.93米，3.4米），三出阙内折长度分别为1.25米，1.2米，0.82米（角柱石底部外侧角至砖壁折角线间长度）。角柱石4个（JZ4~JZ7），角柱石间残存部分包砖，角柱石JZ7北侧砖壁与城墙垂直相交，嵌入墙内0.2米（图10、图12）。

角台内侧西墙东壁从主台向北三出阙后与夯土城墙相接，总长24.38米（15.51米加角柱石底部外侧角之间长度

1

2

图12　宫城西南角台外侧局部结构
（引自《元中都：1998~2003年发掘报告》）

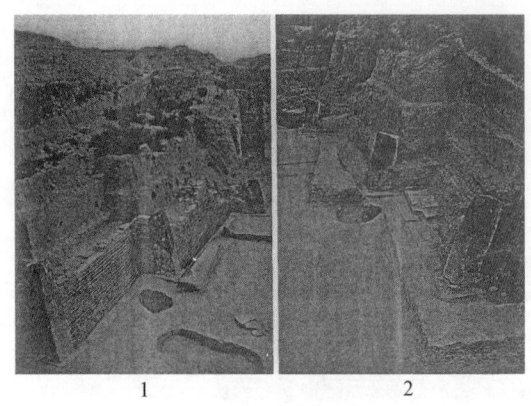

图13 宫城西南角台内侧
（引自《元中都：1998~2003年发掘报告》）

5.47米，3.4米），三出阙内折长度分别为1.05米，0.75米，0.7米（角柱石外侧角至砖壁折角线间长度）。在三个转角处立JZ10、JZ9、JZ8三块角柱石（图10，图13-2）。角台内侧南墙北壁从主台向东三出阙后接城墙，总长24.62米（16.14米加角柱石底部外侧角间长度5.08米，3.4米），三出阙内折长度分别为1.25米，1米，1米（角柱石外侧角至砖壁折角线间长度）。转角处自西向东立JZ10、JZ11、JZ12三块角柱石（图10，图13-1）[27]。

（三）皇城南门的形制

皇城南门在皇城南城墙中都，北与宫城南门相对（图3，HNM1），距宫城南门中门道将军石207米。皇城南门三门道，有两道隔墙及两侧门墙。隔墙间及门墙端部各有1门砧石（图14中1~12，V1），每个门砧石南北两侧的隔墙和门墙外对称配置一戗柱柱础石，共12个（图14中1~12），每个门道中间各置1个将军石，共3个。皇城南门按门墙外端量，东西面阔30.9米、南北进深1.2~1.22米，门道地面未铺砖石。此外，在门道南、北两侧还有筑城门时挖的坑21个（图14中H1~H21）。

门墙和隔墙平面均呈东西窄长方形，全部砖结构，墙下有基槽。西门墙在西门道与城墙之间，西与城墙相接，东部砌于1号门砧石上，东西长3.75米，南北宽1.1~1.2米，残高0.8~1.1米，地面上露明0.5~0.8米，抹白灰浆。门墙北侧地面残存脱落的红色墙皮痕迹。东门墙在东门道与城墙之间，已残毁，据残迹可知门墙长3.75米，进深1.2米。西隔墙在西门道与中门道之间，两端与门柱和门砧石相接，东西长3.27米，南北宽1.17~1.2米，残高0.65~0.7米，地面露明0.25~0.3米。东隔墙在中门道与东门道之间，形制结构同西隔墙，东西长3.54米，南北宽1.22米，残高0.5~0.55米，地面上露明0.25~0.3米（图14）。

三个门道形制结构相同。西门道在西门墙与西隔墙之间，东西宽5.3米，进深1.2米。中门道在东、西隔墙之间，东西宽6.2米，进深1.22米。东门道在东隔墙与东门墙之间，东西宽5.1米，进深1.2~1.22米，门砧石置于门道东西两侧，将军石在门扉中线。戗柱柱础石的配置和形制以1、2号戗柱柱础石为例，1号戗柱柱础石在1号门砧石南侧2.45米，2号戗柱柱础石在1号门砧石北侧2.48米（图14）。戗柱柱础石玄武岩质，面上凿斜底长方形卯槽，槽底由朝门柱（立于门砧石卯眼）的内侧向外渐深，纵断面呈楔形[28]。

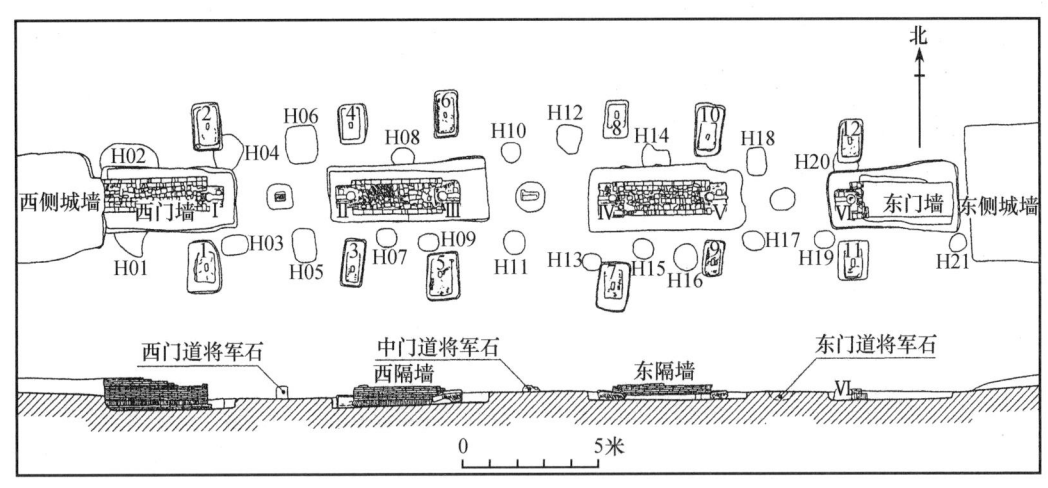

图14 皇城南门平、剖面图（引自《元中都：1998～2003年发掘报告》，略改动）

四 宫城排水涵洞与出土建材建筑构件概况

宫城南墙1号排水涵洞（图3，GNS1；图15）发掘情况，略。

除上所述，元中都宫城1号殿址，宫城南门，西面角台和皇城南门遗址的发掘，还出土较多的建材和建筑构件，其具体情况请参见《元中都：1998～2003年发掘报告》[29]，兹不赘述。下面仅指出两点：其一，出土的建材以砖瓦为主，建筑构件和小型走兽，脊兽残件等为琉璃釉陶质，石构件较少，石构件中以石螭首为主。在上述建材和建筑构件上以造型生动，形态各异的龙纹最为突出，带前肢的白石角部螭首较为罕见[30]，其他如瓦当上的团龙，方砖上的升龙，滴水上的行龙，龙头螭首，琉璃走兽中的小龙，鸱吻龙头等千姿百态[31]。其中琉璃构件上的龙四爪，角柱石上的龙五爪，四爪五爪并用[32]。凡此，均为研究元代宫廷建筑上建材和建筑构件龙纹的构成和使用情况提供了较系统的实物资料。其二，西南角台出土的小型走兽中有行什，行什《清式营造则例》中称为猴，背有双翼，手持金刚杵，过去只有清北京紫禁城太和殿檐角9个走兽外另置行什的孤例[33]。元中都西南角台出土行什猴面，背有双翼断痕，手持螺旋状物[34]，形态与清太和殿行什类似，说明行什在元代已经出现。由于清代只在太和殿上出现行什，故元中都西南角台也使用行什很值得注意。

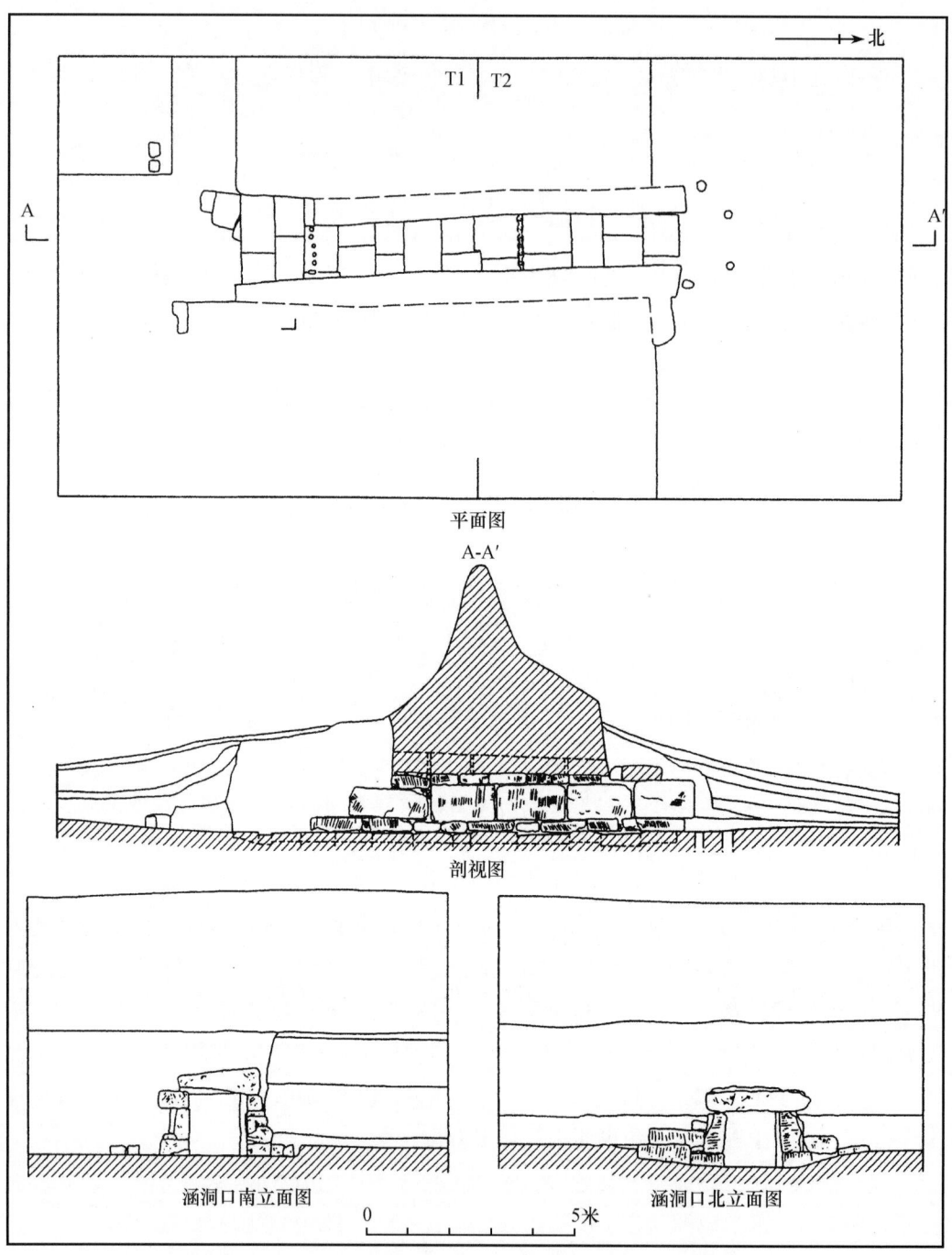

图15 宫城南墙1号排水涵洞（ZYGNS1）平、立、剖视图
（引自《元中都：1998~2003年发掘报告》，略改动）

五 元中都形制略析

——以元中都已发掘遗址的形制与元大都的承袭关系和变化为主

（一）元代三都宫城、皇城、外城规模和形制间的承袭关系和变化

公元1256年忽必烈命刘秉忠等建上都，至元四年（1268年）忽必烈又命刘秉忠等营建大都城。营建上都和大都约时隔12年，主持规划营建者均以刘秉忠为主，故两座都城在规划上有相同之处乃在情理之中。此后营建元中都在形制上多仿元大都，同时与元上都也有一定承袭关系。下面对三座都城规模和形制间承袭演变关系的探讨，多涉及三座都城各种周长比值问题[35]。在换算时考虑到元上都、元中都测量，元大都文献记载和复原研究可能产生的误差，比值采取四舍五入或取近似值，以作大概的比较。

1. 元代三都宫城、皇城、外城周长比值揭示的期间承袭关系

（1）元大都与元上都相关周长比值间的承袭关系

首先，从元上都、元大都宫城、皇城、外城间各自的周长比值来看，元上都皇城周长5620米是宫城周长2295米的2.44倍，近似2.5倍。外城周长8885米是宫城周长2295米的3.87倍，近似4倍，外城周长是皇城周长的1.5倍。元大都皇城周长8263.65米，是宫城周长3389.02米的2.44倍，近似2.5倍；外城周长28600米是宫城周长的8.5倍，外城周长是皇城周长的3.46倍，近似3.5倍。上述情况表明，由于元大都与元上都的皇城宫城周长的比值相同，故元大都在规划皇城和宫城周长时，似以元上都皇城周长是宫城周长的2.5倍为参数进行设计的。

其次，从元大都和元上都间相关周长比值来看，元大都宫城周长3389.02米是元上都宫城周长2295米的1.47倍，近似1.5倍。元大都皇城周长8263.65米是元上都皇城周长5620米的1.47倍，近似1.5倍。据此可认为，元大都在规划皇城宫城周长时又大致是将元上都皇城和宫城周长各扩大约1.5倍而设计的。

（2）元中都与元上都和元大都各种相关周长比值间的承袭关系

元中都与元上都的承袭关系。元上都宫城周长2295米（四面城墙长605米，605.5米，642.5米，542米）；元中都宫城周长2302.8米（四面城墙长603.5米，542米，608.5米，548.8米），二者周长大致相同（仅差7.8米），各面城墙长度亦相近。又元上都外城周长8885米是皇城周长5620米的1.5倍，元中都皇城周长3406.64米是宫城周长2302.8米的1.479倍，近似1.5倍。上述情况表明，元中都宫城周长和平面形制似仿元上都宫城设计的，同时在规划皇城和宫城时或参照了元上都外城与皇城的比值而设计的。

元中都与元大都的承袭关系。元大都宫城周长大致是元上都宫城周长的1.5倍，也大致是元中都宫城周长的1.5倍（3389.02米÷2302.8米=1.47≈1.5）。元大都皇城周长

8263.65米是元中都皇城周长3406.64米的2.425倍，近似2.5倍；元大都外城周长28600米是元中都外城周长11715米的2.44倍，近似2.5倍。元大都外城周长大致是皇城周长的3.5倍，元中都外城周长11715米是皇城3406.64米的3.48倍，近似3.5倍。据上述情况，可指出三点。其一，从表象上看，元中都宫城的周长和形状既比拟于元上都宫城，其周长又大致是按元大都宫城周长缩小1.5倍而确定的。其二，元中都外城和皇城周长比值不仅承袭了元大都外城和皇城周长的比值，而且元中都外城和皇城的周长又大体是将元大都外城和皇城周长各缩小2.5倍而确定的。其三，由于元中都外城和皇城周长的确定均本于元大都，元大都宫城周长同是元上都和元中都宫城周长的1.5倍，加之元中都宫城周长与皇城和外城周长有明确的比例关系（后文有说），所以说到底元中都宫城周长还是本于元大都，只是在宫城规模和形状上或参照了元上都的宫城。总之，元中都宫城、皇城、外城的周长基本上是参照了与元大都宫城、皇城、外城三城周长比值关系而确定的。同时上述比值关系也反映出，元代三都宫城、皇城、外城周长比值之间是有直接或间接内在关联的。

2. 元中都"三城"周长或承袭元大都以宫城为模数的规划方法

据《元中都：1998～2003年发掘报告》记载三城周长数据，元中都皇城周长大致是宫城周长的1.5倍（3406.64米÷2302.8米=1.479≈1.5），外城周长是宫城周长的5倍（11715米÷2302.8米=5），外城周长大致是皇城周长的3.5倍（11715米÷3406.64米=3.48≈3.5）。据此可认为，元中都是以宫城周长为模数来规划皇城和外城周长的。其次，元中都皇城东西城墙长大致是宫城东西城墙的1.5倍（东墙之比为927.2米÷603.5米=1.537≈1.5；西墙之比为930.6米÷608.5米=1.52≈1.5），皇城南北城墙大致是宫城南北城墙的1.4倍（南墙之比为770米÷542米=1.42≈1.4；北墙之比为778.34米÷548.8米=1.418≈1.4）。这个结果若考虑到城墙实地测量时可能产生的误差，基本上可认为皇城的长宽是以宫城长宽为模数的。此外，外城东西城墙长大致是宫城东西城墙的5倍（东墙之比为2964米÷603.5米=4.91≈5；西墙之比为2964米÷608.5米=4.87≈5），外城南北城墙长略大于宫城南北城墙的5倍（南墙之比为2881米÷542米=5.31；北墙之比为2906米÷548.8米=5.2）。外城东西城墙长大致是皇城东西城墙的3倍（东墙之比为2964米÷927.7米=3.19≈3；西墙之比为2964米÷930.6米=3.18≈3），外城南北城墙长与皇城南北城之比不接近整倍数（南墙之比为2881米÷770米=3.74；北墙之比为2906米÷778.4米=3.73）。上述情况表明，发掘报告所言外城南北城墙长度似误差较大[36]。从图2来看，皇城与宫城大体呈相似形，外城与皇城和宫城不呈相似形，这个表象也说明外城的四面城墙，特别是南北城墙长度是不够准确的。但是，由于以宫城周长为模数与以宫城长宽为模数之间是有内在关联的，以此结合上述比值关系，以及后文论证宫城1号殿形制以前殿长宽为模数来看，有理由认为若今后能准确测量外城四面城墙长度，应能证明元中都与元大都一样，也是以宫城长宽为模数来规划皇城和外城的长度[37]。

3. 元中都"三城"形制在承袭元大都时的变化

（1）元中都形制既承袭元大都又发生较大变化的原因

元中都形制承袭元大都的原因大致有二：其一，元中都建于元上都和元大都之后，元大都不仅是当时正在使用的都城，而且其形制也是精心规划设计，堪称当时都城形制的典范，所以元大都对此时任何新建的都城而言，都是独一无二的样板。其二，建元中都时正值皇位交替新皇帝即位之初，财力匮乏之际[38]，加之营建元中都仓促上马，时间短、工期紧，属"急就章"式工程，故使之不可能抛弃元大都这个样板而另作全新的都城规划设计。因此，元中都宫城、皇城、外城规模和宫城布局，以及已发掘的1号殿址等遗址的形制，大体比照元大都的成例而权变规划，乃在情理之中，势在必然。

除上所述，还有两点很值得注意。一是元中都位于北方草原地区，其自然地理环境、民族和人文环境、营建环境，以及建材、工匠、劳动力等施工条件与内地相差甚远，困难重重，大兴土木工程难度很大。二是元中都的性质是行宫式的陪都，兴建的目的只是为满足政治上的一时之需，无百年大计的设想。鉴于上述情况，元中都不可能按中原地区正式都城标准进行营建，只能按元中都离宫式陪都的性质要求及施工。客观条件将元中都的形制简化和权变，将工程简约化，使之初具陪都之形而已。因此，元中都营建既仿元大都，又必须作相应的变化，乃是上述情况使然。

（2）元中都首创有别于元大都和此前历代都城的较标准的三城环套模式

元中都皇城、宫城在外城中间偏北，皇城以夹城形式环套宫城。1号殿址前殿后部大体相当于宝座位置在宫城几何中心点上，皇城南缘略在外城几何中心点之南，主体在外城几何中心点之北。外城几何中心点在皇城南门正北附近，皇城几何中心点略在宫城几何中心点之南（图2）。宫城、皇城、外城几何中心点南北一线，形成元中都南北中轴线和元中都全城的规划中轴线。这种三城环套模式与元大都及其以前历代都城形制均有较大差异，下面就此略作分析。

从北魏洛阳以后历代都城形制来看，北魏洛阳城宫城在内城几何中心点偏北，宫城中轴线与内城中轴线不相合（外城四至迄今未最终确定）。唐长安城宫城、外城中轴线合一，皇城在宫城之南，宫城在外城几何中心点之北，北宫墙与外城北城墙相合。唐洛阳城宫城在外城西北隅，皇城在宫城之南，宫城和外城中轴线不相合。北宋开封宫城在内城几何中心点之北，外城环套内城，宫城、内城、外城不呈相似形，三城中轴线不相合。金中都宫城在外城中间偏西，宫城在皇城内东部，宫城、皇城、外城中轴线不相合。元大都宫城在全城几何中心点之南，大体在外城南半城中间，位于皇城内东部，宫城中轴线在外城中轴线之东129米，宫城和皇城中轴线也不相合（图16）[39]。上述情况表明，自北魏洛阳城以后（此前都城形制无可比性），只有元中都宫城在全城几何中心点偏北的全城中轴线上，并且宫城、皇城、外城中轴线合一，成为全城的规划中轴线，从而开明北京宫城、皇城、外城中轴线合一的先河。其次，最

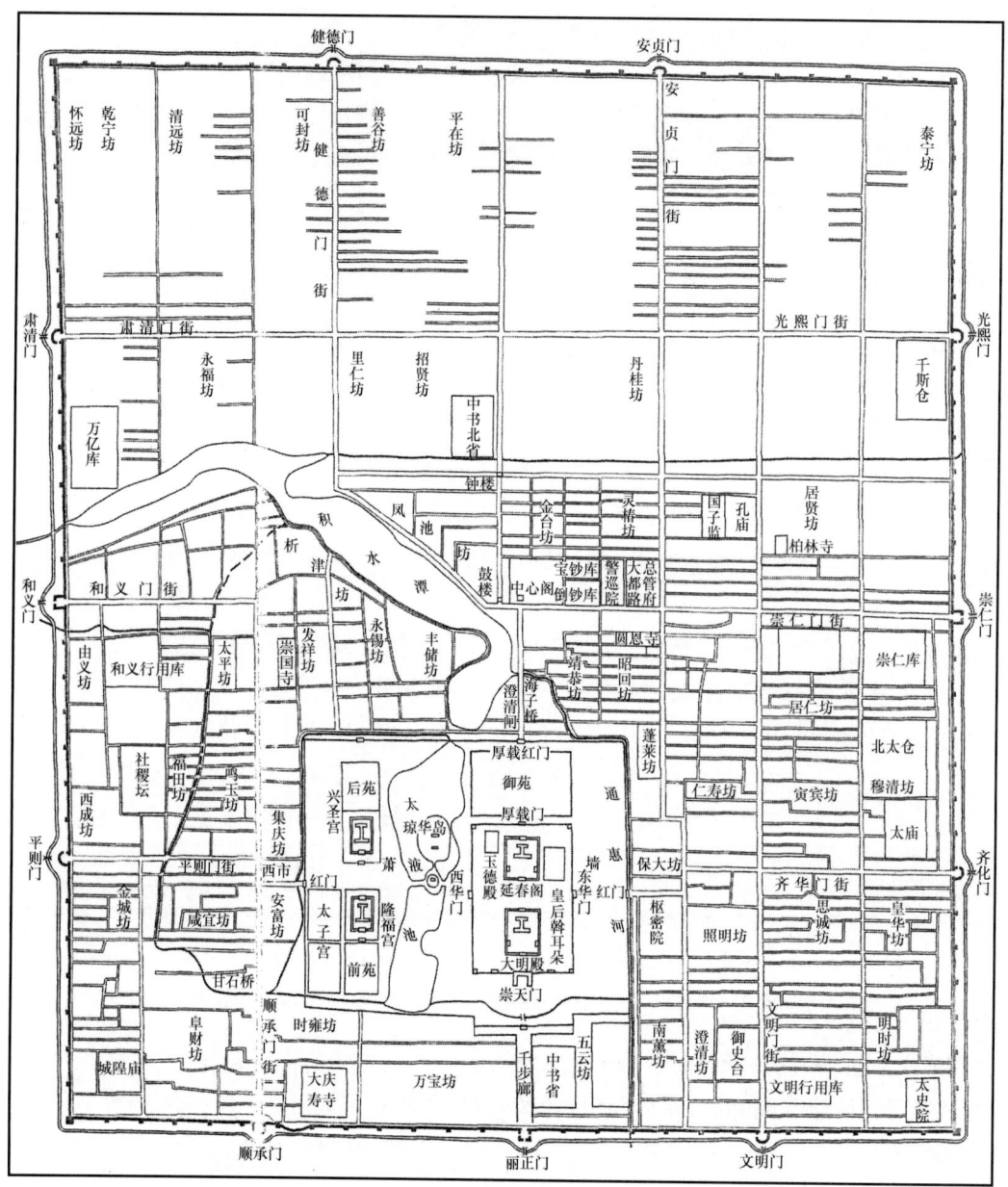

图16　元大都平面图（引自侯仁之《北京历史地图集》27，略改动）

重要的是元中都宫城和皇城几何中心点近在咫尺，外城几何中心点也相距不远，宫城1号殿址前殿后部大体相当于宝座位置甚至在宫城几何中心点上。这是中国古代宫城中"择中立宫"，皇权至上，至尊最集中最完美的体现，使之成为中国古代都城中唯一的外城、皇城、宫城三城环套的较标准的模式。

（二）宫城1号殿址形制与元大都主要殿址的承袭关系和变化

1. 宫城1号殿址形制与元大都主要殿址的承袭关系

（1）秉承元大都传统论，以前殿长宽为规划1号殿址的模数

据前面介绍的1号殿址各部位尺度，以前殿面阔、进深为准与殿址的主要部位面阔进深比较如下。前殿面阔、进深均是月台面阔进深的1.5倍（前殿面阔36.36米÷月台面阔24.8米=1.466≈1.5；前殿进深26.06米÷月台进深17.8米=1.464≈1.5）。前殿面阔是柱廊面阔的2倍（36.36米÷柱廊面阔18.16米=2），前殿进深是柱廊通进深的1倍强（26.06米÷柱廊南北通进深23.61米=1.1）。前殿面阔是寝殿面阔的3倍（36..6米÷寝殿面阔12.15米=2.99≈3），前殿进深是寝殿进深的3倍弱（26.06米÷寝殿进深9.2米=2.83≈3）。前殿面阔是东、西夹室和香阁面阔的4倍强（36.36米÷东、西夹室面阔8.6米=4.22≈4，36.36÷香阁面阔8.72米=4.16≈4）；前殿进深是东西夹室和香阁进深的3倍（26.06米÷东、西夹室进深8.61米=3，26.06米÷香阁进深8.92米=2.9≈3），据上述情况，可知1号殿址秉承元大都的模数规划方法，以前殿面阔和进深为规划1号殿址各主要部位尺度的模数[40]。

（2）1号殿址较全面地承袭了元大都大明殿和延春阁的平面形制

傅熹年先生根据文献记载，对元大都大明殿做出复原图[41]（图17），依据该复原图大明殿台基南北约954尺（元一尺合0.3095米计[42]，954尺合295.26米），东西宽340尺（105.33米），两者比值为2.8（954尺÷340尺）。1号殿址台基南北长99.35米或101米，前殿处台基东西宽49.17米，两者比值为2（99.35米÷49.17米）。可见大明殿台基远大于1号殿址台基，由于1号殿址将大明殿三层台基改为一层台基，故两者台基长宽比值也不相同。但是，具体到殿址的平面形制则基本相同。

关于主要殿址，文献记载大明殿11间，东西200尺（约合61.9米），深120尺（约合37.14米），柱廊7间，深240尺（约合74.28米），广44尺（约合13.61米）；寝室5间，东西夹6间，后连香阁3间，东西140尺（约合43.33米），深50尺（约合15.47米）；南北进深共410尺（约合126.89米）。延春阁9间，东西150尺（约合46.4米），深90尺（约合27.8米）；柱廊7间，广45尺（约合13.9米）、深140尺（约合43.3米）；寝殿7间，东西夹4间，后香阁一间，东西140尺（约合43.3米），深75尺（约合23.2米）[43]；南北进深共305尺（约合94.39米）。大明殿11间，延春阁9间，面阔与建筑群进深之比均为1：2（200尺：410尺；150尺：305尺）。元中都1号殿址前殿进深26.06米，柱廊进深23.61米，寝殿香阁进深按至香阁北墙外缘计算共23.22米（图4 E∠6～E∠5，13.49米；E∠4～E∠3，3.65米；E∠2～E∠1，6.08米），1号殿址南北进深共72.89米。前殿面阔与建筑群进深之比亦为1：2（36.36米：72.89米），同时前已指出1号殿址还将台基面阔与进深之比也改为1：2。其次，元中都1号殿址下的台基主体呈工字形，南北端

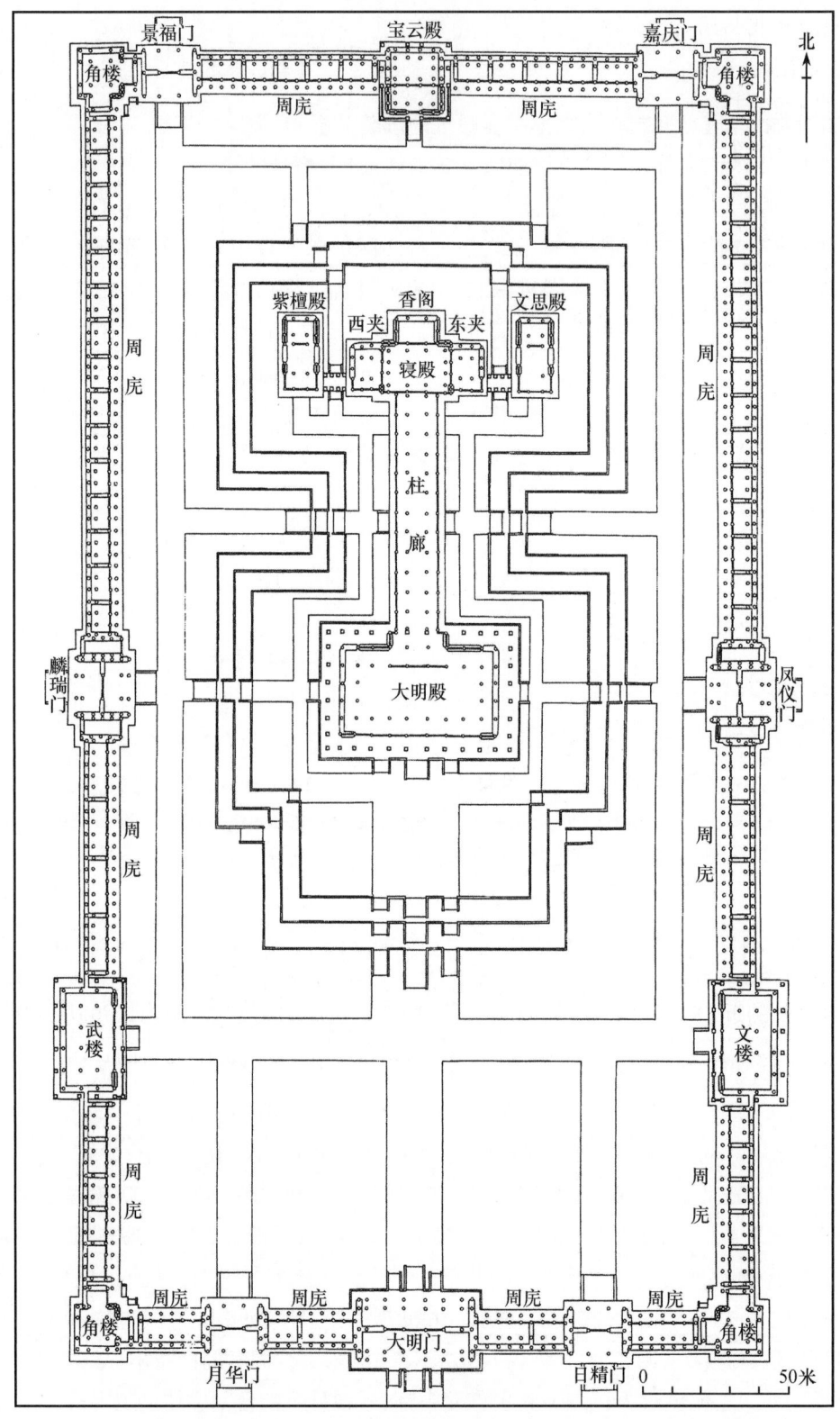

图17 大明殿建筑群总平面复原图（引自《傅熹年建筑史论文集》）

分别向南、北凸出。台基之上建大殿，主体平面呈工字型，南面凸出月台，北面凸出香阁。前殿建于工字型台基南面横台基上，柱廊建于工字形台基中间竖台基上，南北分别连通前殿和寝殿，寝殿建于工字形台基北面横台基上，其两侧建东、西夹室，北建香阁。香阁东西两侧于台基上分建东西配殿（图4）。上述形制布局除东西配殿位置略有变动外，余者与元大都宫城大明殿和延春阁的平面形制几乎完全相同（图17、图18）。以此结合前面大明殿、延春阁和1号殿址主殿面阔与建筑群进深之比相同来看，可以说1号殿址的平面形制较全面完整地承袭了大明殿和延春阁的形制。

2. 宫城1号殿址形制较大明殿和延春阁的主要变化

（1）1号殿址较元大都主要殿址规模缩小，各部位面阔进深变化较大，等级降低

除上所述，1号殿址与大明殿和延春阁的面阔进深差距较大，各部位具体的面阔进深比值也不相同，下面拟作具体比较。首先，对大明殿、延春阁建筑群与1号殿址各相关部位进行比较。大明殿面阔是1号殿址前殿面阔的1.7倍（61.9米÷36.36米），进深是1号殿址进深1.4倍（37.14米÷26.06米）。大明殿柱廊进深是1号殿址柱廊进深3倍（74.28米÷23.61米），1号殿址柱廊面阔是大明殿柱廊面阔1.3倍（18.16米÷13.61米）。1号殿址寝殿和东西夹面阔为29.37米（12.15米+8.61米+8.61米），1号殿址寝殿，东西夹和香阁进深为26.73米（9.2米+8.61米+8.92米）；是大明殿寝室和东西夹面阔为1号殿址同部位面阔1.5倍（43.33米÷29.37米=1.47≈1.5），1号殿址寝殿，东、西夹和香阁进深为大明殿同部位进深1.7倍（26.73米÷15.47米=1.72）。延春阁面阔是1号殿址前殿面阔1倍有余（46.4米÷36.36米=1.27），进深是1号殿址前殿进深约1倍（27.8米÷26.06米=1.06）。延春阁柱廊进深是1号殿址柱廊进深1.8倍（43.3米÷23.6米=1.83），1号殿址柱廊面阔是延春阁柱廊面阔1.3倍（18.16米÷13.9米）。延春阁寝殿和东西夹面阔是1号殿址同部位面阔1.5倍（43.3米÷29.37米=1.47≈1.5），1号殿址寝前殿、东西夹和香阁进深是延春阁同部位进深1倍有余（26.73米÷23.2米=1.15）。大明殿建筑群南北进深410尺（126.89米）较1号殿址长59.1米（126.89米-67.79米），是1号殿址南北长的近1.9倍（126.89米÷67.79米=1.87）。延春阁建筑群南北长305尺（94.39米）较1号殿址南北长26.6米（94.39米-67.79米），是1号殿址南北长的1.4倍（94.39米÷67.79米=1.39）。其次，再对上述各建筑群自身不同部位面阔与进深进行比较。1号殿址前殿面阔进深之比值为1.4（36.36米÷26.06米=1.39≈1.4），柱廊进深与面阔之比值为1.3（23.61米÷18.16米），寝殿、东西夹、香阁面阔与进深比值为1（29.37米÷26.73米=1.098）。大明殿面阔与进深比值为1.7（200尺÷20尺=1.66≈1.7），柱廊进深面阔之比值为5.45（240尺÷44尺），寝殿等一组建筑面阔与进深之比值2.8（140尺÷50尺）。延春阁面阔与进深之比值为1.7（150尺÷90尺=1.66≈1.7），柱廊进深面阔之比值为3.1（140尺÷45尺），寝殿等一组建筑面阔与进深至比值为1.86（140尺÷75尺）。

通过上述诸方面的比较，明显可见1号殿址规模远小于元大都大明殿建筑群，也小

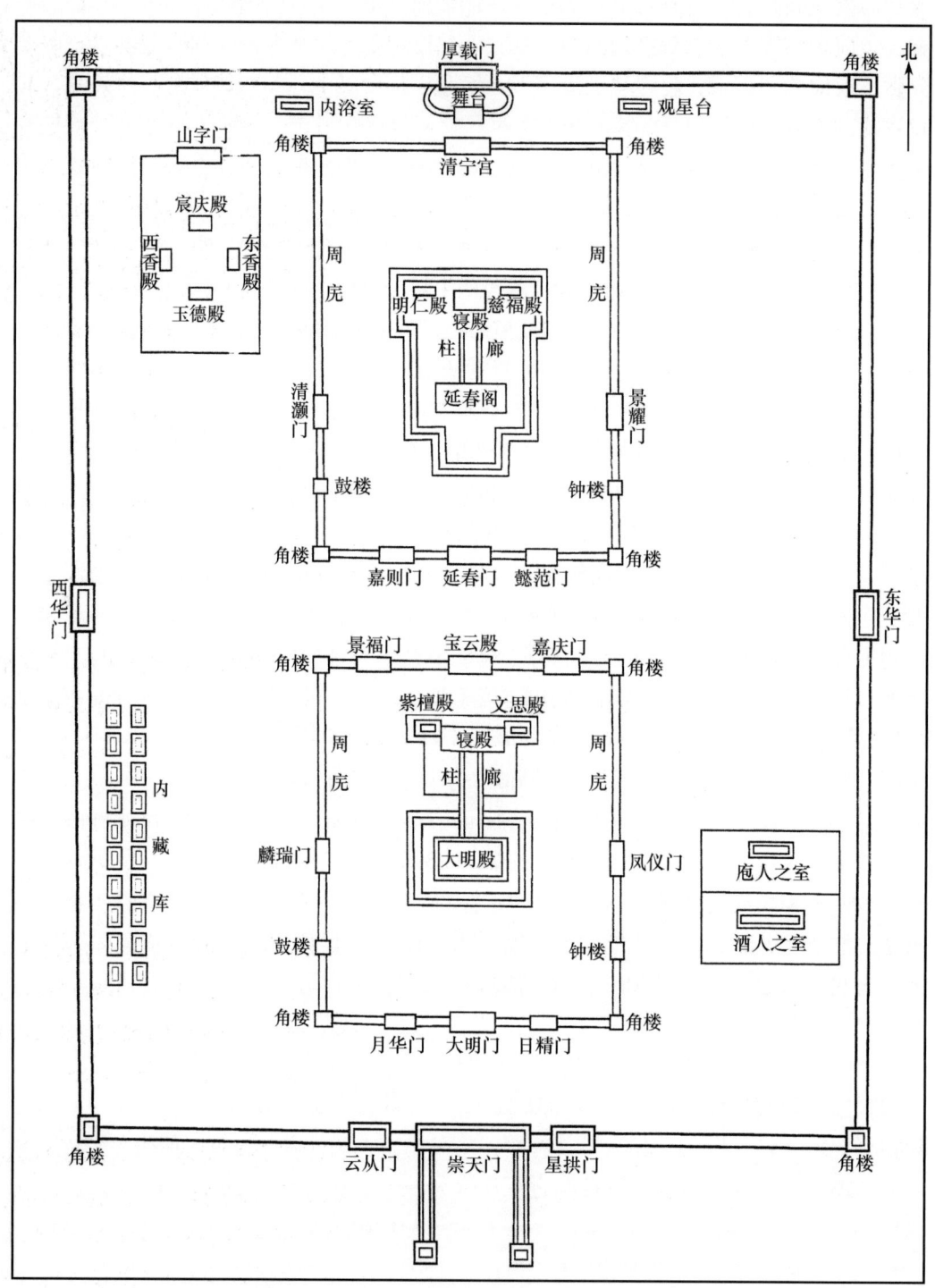

图18 北京元大都宫城平面示意图（引自侯仁之《历史地理学的理论与实践》）

于延春阁建筑群,以前殿为例,约较延春阁缩小1倍。其次,1号殿址各部位面阔进深的比值较大明殿和延春阁建筑群做了较大的调整。比如,1号殿址的前殿在比例上加长了进深,缩小了面阔,面阔与进深的比值小于大明殿和延春阁;1号殿址寝殿一组建筑群在比例上明显加长了进深,缩小了面阔,面阔与进深之比值约1.1∶1,其比值明显小于大明殿和延春阁。1号殿址柱廊在比例上明显加宽了面阔,缩短了进深,其面阔约是大明殿和延春阁柱廊面阔的1.3倍,故1号殿址柱廊进深与面阔的比值明显小于大明殿和延春阁。1号殿址前殿缩小了面阔,因而开间也少于大明殿和延春阁。1号殿址前殿7间,每间约合5.19米(36.36米÷7),大明殿11间每间约合5.6米(61.9米÷11),延春阁9间每间约合5.15米(46.4米÷9)。1号殿址前殿开间尺度与延春阁大体持平,虽小于大明殿开间尺度但较相近。上述1号殿址总体规模较大明殿和延春阁建筑群明显缩小,又缩小或调整了有关部位面阔与进深的比值,前殿开间减少,所以其规格和等级明显在大明殿和延春阁建筑群之下。从元大都兴圣宫的兴圣殿和隆福宫的光天殿同为7开间,其面阔和开间尺度又小于1号殿址前殿来看[44],似可认为1号殿址的等级或在延春阁与隆福宫和兴圣宫之间。

(2)1号殿址形制较大明殿和延春阁简化

1号殿址形制较大明殿简化,主要表现在两个方面,一是台基,月台位置和殿陛形制的简化与变化。大明殿台基三层,前殿和月台分置,前殿与月台均三出陛(图17),元中都1号殿址台基减为一层,前殿与月台相连,月台前一出陛,月台两侧增踏道(图4)。二是东西配殿与殿体结构关系发生变化,形制大为简化。大明殿和延春阁的东西配殿分别位于寝殿东西两侧(图17,图18),均东西35尺(约合10.83米),深72尺(约合22.28米)[45],呈南北竖长方形(图17),面积241.33平方米(10.83米×22.28米)。1号殿址东西配殿在建筑结构上,不与寝殿一组建筑连为一体,分别位于大殿台基外的东北角和西北角,大体与香阁后部相对(图4),东西配殿殿基槽内东西8.8米,南北2.9米,平面呈东西长方形,面积25.52平方米(8.8米×2.9米)。上述情况表明,东西配殿在结构上与1号殿址无关,也不是1号殿址本体的有机构成部分,平面改为东西长方形,面积很小,只是作为仿大明殿和延春阁形制必不可少的象征性配置而已。

(3)1号殿址形制较大明殿和延春阁的主要变化

1号殿址形制较大明殿和延春阁的主要变化表现在两个方面,一是前述1号殿址较大明殿和延春阁缩短加宽柱廊。大明殿和延春阁柱廊均窄而长,但两者亦有区别。大明殿廊柱进深是面阔的5.45倍(240尺÷44尺),只起穿廊作用。延春阁柱廊进深仅是面阔的3.1倍(140尺÷45尺),文献记载有实用功能。1号殿址柱廊宽而短,则延续了延春阁柱廊扩大面阔所占比例的做法,显然有实用功能。二是前述1号殿址寝殿一组建筑加大了进深的比例,从而扩大了其面积在与前殿面积相比中所占的比例。据前面提供的有关数据,1号殿前殿面积947.54平方米(36.36米×26.06米),寝殿一组面积

785.06平方米（29.37米×26.73米），寝殿一组建筑面积占前殿面积的5/6。大明殿前殿面积2298.96平方米（61.9米×37.14米），寝室一组建筑面积670.3平方米（43.33米×15.47米），寝室一组建筑面积占前殿面积2/7强。延春阁（前殿）面积1289.9平方米（46.4米×27.8米），寝殿一组建筑面积1004.56平方米（43.3米×23.2米），寝殿一组建筑面积占延春阁（前殿）面积5/6弱。上述情况表明，在寝殿一组建筑面积与前殿面积的比例关系上，1号殿址远大于大明殿建筑群而与延春阁建筑群基本相同。以此结合1号殿址加宽缩短柱廊并有使用功能来看，1号殿址柱廊和寝殿一组建筑的性质和使用功能显然已较大明殿寝室一组建筑发生了较大的变化，下面具体分析这个问题。

3. 元大都宫城前朝后寝分置，元中都宫城1号殿址前朝后寝集于一体

（1）大明殿寝室与延春阁寝殿的性质和使用功能不同

元大都宫城东西宫墙中间分置东西华门，二门间横街将宫城中分为二。横街之南大明殿建筑群称"大内前位"，为前朝正衙；横街之北延春阁建筑群称"大内后位"，为寝宫，前朝后寝分置两座建筑群（图18）。《南村辍耕录》卷二一"宫阙制度"记载："大明殿，乃登极、正旦、寿节会朝之正衙也"；其后"寝室五间，东西夹六间，后连香阁三间"，"中设七宝云龙御榻"，"并设后位，诸王百寮怯薛官侍宴坐庄，重列左右。前置灯漏……木质银裹漆瓮……贮酒可五十余石。雕象酒桌一……玉瓮一、玉编磬一、巨笙一、玉笙、玉箜篌，咸备于前。"可见大明殿建筑群寝室一组建筑是侍宴之所，故不称寝殿而只称寝室。同书同卷"宫阙制度"又记延春阁"阁上御榻二，柱廊中设小山屏床"，其后"寝殿七间，东西夹四间，后香阁一间"。"寝殿楠木御榻，东夹紫檀御榻一……西夹事佛像。香阁楠木寝床"。《日下旧闻考（一）》卷三十引《大都宫殿考》将延春阁称"寝宫""以贮妃嫔"；同书卷三二引《故宫遗录》记载寝宫设龙床，是皇帝"以处妃嫔""邀临幸"之所[46]。可见延春阁一组建筑的性质为寝宫，其柱廊设小山屏床，亦有使用功能，并与寝殿共同构成寝宫的组成部分。

（2）1号殿址和延春阁之柱廊与寝殿一组建筑性质和使用功能相同

1号殿址柱廊进深与面阔比值为1.3（23.61米÷18.16米），大明殿柱廊进深面阔比值为5.45（240尺÷44尺），延春阁柱廊进深面阔比值为3.1（140尺÷45尺）。延春阁柱廊较大明殿柱廊缩小了进深加大了面阔比例，1号殿址柱廊更较延春阁柱廊明显缩小进深加大了面阔的比例。由于延春阁柱廊加大了面阔比例后有使用功能，是寝宫的构成部分之一，所以1号殿址柱廊又明显加大面阔则更强化了其与寝殿一组建筑的组合，扩大了其使用功能。

1号殿址寝殿一组建筑面阔和进深的比值（29.37米÷26.73米=1.098）与延春阁寝殿一组建筑面阔和进深的比值（140尺÷75尺=1.86）大体相近，而略小，其与大明殿寝室一组建筑面阔和进深的比值（140尺÷50尺=2.8）明显不同。1号殿址和延春阁的寝殿一组建筑面积均占前殿面积的5/6左右，大明殿寝室一组建筑面积约占大明殿（前殿）面积的2/7，1号殿址寝殿一组建筑面积也大于大明殿寝室一组建筑面积。据前所述，大明殿寝室一组建筑进深短面积小，是侍宴之所；延春阁寝殿一组建筑加长了进深扩大了面积是寝宫的主要构成部分。因此1号殿址寝殿一组建筑与延春阁同组建筑相似，则表明两者的性质和使用功能相同。此外1号殿址柱廊不仅明显加大面阔，强化其使用功能，而且柱廊与寝殿相通部位的柱廊两侧还置踏道，显然这是柱廊和寝殿一组建筑与外界相通的踏道。这种组合状况说明，1号殿址柱廊除是连接前殿和寝殿的过渡空间，可起穿廊作用外，还较延春阁柱廊更加强了实用功能，使之与1号殿址寝殿一组建筑共同构成较延春阁柱廊寝殿一组建筑更为完备的寝宫模式。

（3）1号殿址前殿和寝殿分别仿大明殿和延春阁，集前朝后寝于一体

综上所述，已经明确了1号殿址前殿的形制和性质仿大明殿，为前朝正衙；前殿之后则仿延春阁的柱廊和寝殿一组建筑（取消了该建筑群前面的延春阁，以前殿代替延春阁的位置），同时又较延春阁的柱廊和寝殿一组建筑分别加大了面阔，加长了进深的比例，以象征寝宫。这样1号殿址通过柱廊将前殿和寝殿一组建筑连为一体，使之在总体形制上仍一如大明殿和延春阁。虽然如此，但是1号殿址在性质和功能上既不是大明殿，也不是延春阁，而是分别将两者前朝和后寝的形制，性质和功能有机结合集于一体。这种权变的结果，则使1号殿址在性质和功能上形成元代宫城主殿的新类型，从而改变了元大都宫城前朝后寝分置大明殿和延春阁建筑群的配置形式。由于元中都宫城除1号殿址外，再无其他主要宫殿，因此可以断言，元中都宫城1号殿址是将前朝后寝集于一体，未再另建寝宫。这种宫城主殿的新类型，前朝后寝配置的新模式，既是对元大都前朝后寝配置模式的最大的变化和简化，也是中国古代宫城前朝后寝配置模式中的孤例。

（三）宫城南门西南角台和皇城南门遗迹形制与元大都的承袭关系和变化

1. 宫城南门遗迹形制与元大都宫城崇天门的承袭关系和变化

（1）宫城南门遗迹较崇天门形制简化，规模缩小

元大都宫城崇天门的形制，文献记载有门楼，下开5门，门楼东西各有斜廊5间，下行至东西两朵楼（两观），朵楼北侧有马道；自东西朵楼向南各有5间廊庑，通突出于宫城门之外的东西阙楼（图19）。元中都宫城南门遗迹3个门道，门道间有两道隔墙，门道两侧各有东西台基（按此应与门道隔墙共同承托城楼的城楼台基），又东西各有行廊台基和东西两朵楼台基（图7）。这个形制与崇天门阙楼之北城门主体建筑形制相同，只开3门，较崇天门少2门；与已发掘的唐洛阳宫城应天门遗址北面开3门的城门主体建筑形制完全相同（资料待发）。因此，元中都宫城南门的形制乃是从唐长安宫城南门承天门至元大都宫城南门崇天门北面城门主体建筑形制的再现[47]，只是省略了城门主体建筑南面的廊庑和阙楼。此外，《南村辍耕录》卷二一"宫阙制度"记

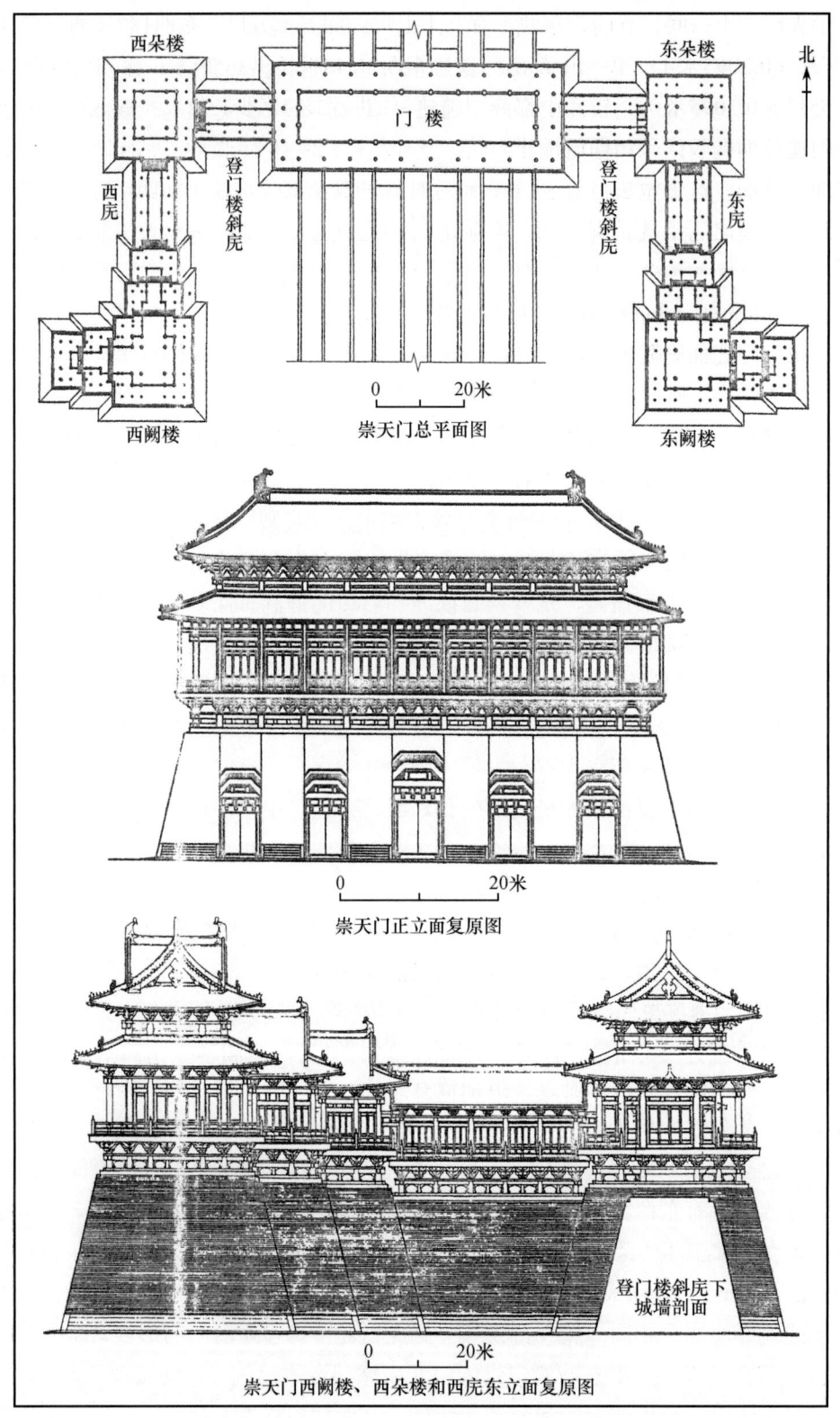

图19 崇天门平、立面图（引自《傅熹年建筑史论文集》）

载，崇天门"十一间，五门，东西一百八十七尺，深五十五尺"东西187尺约合57.87米（187尺×0.3095米），较元中都南门遗迹东西21.48米长出36.39米；深55尺约合17.02米（55尺×0.3095米），较元中都南门遗迹3门进深18.4米少1.38米。据此可知，元中都南门遗迹面阔较崇天门面阔缩小2.7倍（57.87米÷21.48米=2.69），同时又较崇天门略增加了进深，这个做法与前述1号殿址除柱廊的其余部位均缩小面阔增加进深的做法是一致的。总之，上述情况表明，宫城南门遗迹乃是元大都宫城崇天门缩小版的简化形制。

（2）宫城南门北面庭院遗迹形制独特

宫城南门北面庭院遗迹的形制前所未见。表面上看北面庭院似将崇天门向南伸出的两条廊庑改为窄廊式向北伸出，又在其北修窄廊与之围合成庭院，北廊墙开3门，东西廊墙各开1门（图7）。这种独特的形制，必有特殊的功能。比如：三面窄廊式围墙中空，墙内两侧有柱础，廊墙内有脱落的红墙皮痕迹，故窄廊应有实用功能。由于窄廊两墙之间宽仅0.6米，充其量三面窄廊只能作为士兵站岗"戍卫"之所。其次，三面窄廊式围墙朝向庭院一侧均有宽约0.9米的矮平台，其形制与是时北方和西北民族地区普遍存在的较矮的坐炕相似，这种设施或为朝臣在此侍班而置，即庭院似朝臣待班之所。[48]此外，庭院北窄墙式围墙开3门，中门宽大，规格较高，北有露道直通1号殿址，应为御门。两侧门较小，亦有路通向北面1号殿址，应为朝臣们所走之门。这个情况在一定程度上支持了朝臣在此侍班说。但是应当指出，由于该庭院尚未全面发掘，许多现象不明，故上面的推测仅供参考而已。

2. 宫城西南角台遗迹形制仿元大都宫城角楼台基

元中都宫城西南角台遗迹呈曲尺三出阙形（图10），元大都宫城四隅，大明殿和延春阁院落四隅均有角楼。《南村辍耕录》卷二一"宫阙制度"记载，元大都宫城"角楼四，据宫城之四隅，皆三垛楼。琉璃瓦饰檐脊"。《故宫遗录》记载，崇天门外二阙，为"十"字角楼，高下三级，宫城四隅"皆建十字角楼"[49]。"三朵楼"即三重子母阙，其平面呈曲尺形，立面为"十字楼"，这是角楼中只有皇帝才能使用的最高等级。上述文献记载角楼三出阙形制当与崇天门两阙亭三出阙形制相同（图19），元中都宫城西南角楼台基三出阙形制亦如是，故其应仿元大都宫城角楼台基的形制[50]。

3. 皇城南门遗迹的形制

皇城南门遗迹3门道，3门道间两道隔墙和门两侧门墙均砖结构，平面呈东西向长方的窄条形，在门道门石南北两侧对置戗柱柱础石（图9）。这种结构的城门，不可能在窄长条形门道隔墙和东西门墙上置城楼，很可能是一座牌坊门，戗柱柱础石上立戗柱以支撑牌坊门柱[51]。

（四）元中都宫城皇城形制探源

1. 元中都宫城规模、形状、主体殿址位置和性质似源于元安西王府城

元安西王府城在今西安城东北约3千米，约营建于至元十年。安西王府城遗址平面略呈南北长方形，四隅有角楼台基，城东、西墙长603米，南墙长542米，北墙长534米，周长2282米。城东西墙中间偏北对称开门，南墙中间开门，北墙无门。城内只中间偏北有一座大殿台基，台基中间部位与城东、西门相对，南正对南门。台基以土和瓦砾相间夯筑，台基堆土南北长约185米，东西宽约90米，台基残存最高处距地表约3米，其下地基深入地表下约2米，殿基厚度5米左右或更厚。台基埋1石函，内有5件（当为6件）铁铸阿拉伯数码幻方[52]。

根据前面所述元中都宫城资料，可以看出元中都宫城四面城墙长、周长和宫城形状与元安西府城基本相同[53]。元中都宫城和安西王府城内唯一大殿址的位置，构筑技法和形制基本相同。元安西王府城内只一座大殿址，其殿寝集于一体[54]，1号殿址朝寝集于一体与之相同。元中都宫城和安西王府大殿基址均埋阿拉伯数码幻方。由于海山曾与安西王阿难答争夺帝位，海山即位（武宗）后，阿难答被赐死[55]，但安西王府当时仍然存在。这个背景使武宗营建元中都宫城时参照安西王府的形制成为可能创造了条件。因此，上述元中都宫城与安西王府相似之处，恐怕不是偶然的巧合。虽然元中都宫城和安西王府城的规模和形状均与元上都宫城基本相同，两者在这方面可能均参照过元上都，但是上述元中都宫城与安西王府城诸多方面的一致性表明，元中都宫城规模、形状、主殿的位置和性质很可能是源于安西王府城。

2. 元中都宫城具体配置的布局似仿元大都宫城

据前所述，元中都1号殿址在宫城中的位置和形制约相当于元大都宫城大明殿和延春阁，宫城设四门，已发掘的宫城南门和西南角台的形制也源于元大都宫城。因此，考古调查在宫城中发现高出地表，无内在连属关系的各种小土丘之集合分布位置和状态，亦应与元大都宫城主要配置的布局有一定的对应关系。故下面拟与据文献记载复原元大都宫城布局的成果（图16、图17、图18）进行类比，以推定元中都宫城的大致布局。前已指出，元中都宫城内唯一大殿址外朝内寝集于一体，所以元中都宫城东西门间横街（相当于元大都宫城东西华门间横街），不再是外朝内寝的分界。因此，元中都宫城1号殿址就相当于元大都宫城大明殿和延春阁的地位，下面以此为准进行分析。从元大都宫城来看，大明殿、延春阁均由周庑围合成长方形院落，院落形制相同。如大明殿建筑群院落（图17）四隅有角楼，前院墙有殿门，后院墙中间有宝云殿，两侧隅有角门，与大明殿东西踏道相对的东、西墙开门，门南置文楼（东）和武楼（西）；延春阁后院墙中间置清宁宫，后院墙无门（图18）。据此判断，1号殿址亦应由周庑踏道围合成长方形院落，并有前述院墙上的诸种设置。但目前限于资料，1

号殿址周围的院墙几乎无迹可寻。仅从殿址周围土丘分布位置和状态来看，由于宫城北门通向宫内道路止于土丘F3～F6一线。故F3～F6一线似为殿址北围墙位置。前已指出1号殿遗址柱廊和寝殿一组建筑的性质为寝宫，可比延春阁同组建筑，因而F3～F6一线处于中间的土丘F4～F5位置似与延春阁院落北院墙中间"皆处嬖幸"的清宁宫（图18）相近[56]，两侧土丘F3和F6近似于大明殿后院墙两侧角门的位置（图17、图18），图3的1号殿址之南中轴线上西与H4大体相对的小方框或与殿门位置有关，这样南院的墙即在殿门东西一线；1号殿址东院墙似在土丘F10之西，西院墙似在土丘F13之东（以上见图3）。

除上所述，土丘F3～F6以北空旷之地似为御苑，东北隅F28、西北隅F29、F30为御苑内建筑残迹[57]。元中都宫城西宫门横街之北的F13～F17一组土丘，大体相当于元大都宫城以奉佛为主的玉德殿位置（图16、图18），或是元中都宫城修佛事之昆冈殿的位置[58]。元中都宫城东宫门横街之北土丘F7～F10，大体相当于元大都宫城皇后斡耳朵的位置（图16）。元中都宫城南部，宫城东墙之西F21～F23土丘，大体相当于元大都宫城庖人之室、酒人之室位置。西宫墙内侧小土丘F24～F27大体相当于元大都宫城内藏库位置（图18）。

总之，元中都宫城1号殿址之外各种小土丘的位置和集合分布情况，的确与元大都宫城内主要配置的分布状况有一定的相似之处。但是应当指出，上面的类比还只是一种推测，确否尚待今后宫城全面发掘研究后的验证和勘误。

3. 元中都皇城形制似由元上都宫城外石夹城演变而来

元上都宫城外24～25米有石夹城，夹城外有环城道路[59]，其作用显然是加强宫城的保卫。元中都皇城东、西、北墙距宫城东、西、北墙分别为115米、113.78米、115.85米，皇城南墙距宫城南墙207.5米（图3），皇城规模很小，皇城墙与宫城墙间距很窄。这种形制很可能是从元上都宫城外石夹城的形制演变而来，只是根据元中都的具体情况，加大了皇城墙与宫城墙的间距。

其次，元中都皇城与宫城东、西、北3门之间两侧有隔墙（图3）[60]，隔墙显然是重在加强宫城门和皇城门的保卫，这是承袭元上都宫城外石夹城保卫功能的发展，以确保宫城安全。至于皇城宫城南墙间距较其余三面宽约1倍，达200余米，却未发现隔墙，可能与元大都在宫城南面置"宿卫直庐"的情况有关[61]，即这里或同样为建"周庐，以居宿卫之士"之地。但是，不管怎么说，今后发掘皇城时这个部位都是应引起重视的。总之，就目前已知情况而言，元中都皇城主要是卫戍宫城之区，与通常意义上的皇城性质有所不同。

六 结 语

《元中都》发掘报告全面介绍了元中都现阶段考古调查、钻探和发掘的情况。最终确定了元中都的准确方位，确认了元中都遗址真实存在的概况，揭示了元中都遗址的总体形制布局。元中都宫城1号殿址、宫城南门、西南角台、宫城排水涵洞、皇城南门等遗迹的发掘，揭示了这些遗迹的工程做法，形制结构，以及遗迹和遗迹附近出土的建材与建筑构件等的具体情况，首次提供了元代宫廷建筑较系统的考古资料，这是迄今为止元中都考古和元代都城考古最重要的收货之一。

在元代的都城考古中，元上都遗址破坏较严重，仅存残迹，尚未进行全面考古发掘。元大都仅残存部分外城墙遗迹，宫城和皇城无存，城内遗迹除少数个例外，几乎均在现代北京城的叠压之下。因此，元中都的考古成果，使之成为元代三都中唯一呈现都城较完整形制和宫城主要殿址形制结构与布局的实体标本，成为元代都城考古的基石。以此为纽带，可将元代三都串联起来进行内涵式的比较研究。特别是由于元中都形制与元大都有密切关系，所以元中都的考古发掘研究成果，不仅可对元大都有关的复原研究成果是否正确提供验证的实据，而且还可在这种相互的验证中强化研究元中都的力度，提高研究元中都的水平。在此基础上，元中都考古发掘研究成果在很大程度上，又成为促进元代三都有机结合，相辅相成进行整体研究，并将其推向重点深入的专题研究和全面综合研究，走向更高研究阶段的关键。因此，元中都的考古成果有很高的学术价值，在现阶段元代都城考古研究的进程中，无疑是一座重要的里程碑。

元中都的出现将宋代以来中原地区的都城模式移植到长城以北，改变了此前该地区只有草原都城模式的局面，这是中国古代都城史中都城模式位移的重要变化。但是应当指出，元中都并不是一座标准的正式都城，只是在北方草原地区未最终全部建成而短命的一座离宫式的陪都。从元中都基本建成的宫城和皇城来看，其行宫式陪都的性质，加上当时财政困难，仓促上马，短期"急就章"式的营建，使之较元大都宫城皇城的规模和形制大为缩小和简化，同时在工程做法及建筑构件的使用上也较元大都草率和简约化[62]，因而其形制结构和布局出现了许多新变化和新特点。比如，元中都皇城改为夹城式，宫城规模缩小只置一座主殿，并将前朝正衙与寝宫集于一体；宫城南门采用取消元大都崇天门南面廊庑和阙楼的简化形制，宫城西南角台曲尺形，采用内外两面均三出阙形制；皇城南门采用牌坊门形制等。诸如此类和今后将要发现的新变化和新特点，是元中都独具的学术价值之重要体现，是元中都足以立于中国古代都城之林，而代表都城一个新类型的重要标志。同时这些新变化和新特点，也是破解元中都形制结构和布局真谛的锁钥，把握元中都研究能否到位的关键。因此，在今后的元中都考古发掘和研究中，必须善于精准区分和抓住其新变化和新特点及由此而出现的新形制；深入探讨这些新变化、新特点和新形制产生的原因；研究这些新变化新特点所形成的新形制之性质和功能、意义和作用，及其与元大都的内在关联和演变关系。只有这样，才能将元中都及与元中都相关联部分的元代都城考古研究提高到一个新的水平。

注　释

[1] 明中都遗址在河北省张北县城西北15千米，处于馒头营乡积善村、白城子和淖沿子村之间（白城子村西南约400米处），俗称白城子。

[2] 建中都前这里属隆兴府，隆兴府地处漠北，上都、大都间交通要冲，是蒙古贵族主要聚居地之一，是军事重镇，贮粮和兵器制造基地，商业也较发达。这是在此建中都的重要背景。

[3] 河北省文物研究所：《元中都：1998~2003年发掘报告》，文物出版社，2012年。

[4] 河北省文物研究所：《元中都：1998~2003年发掘报告》上册第27~35页，文物出版社，2012年。

[5] 河北省文物研究所：《元中都：1998~2003年发掘报告》上册第47、48页，文物出版社，2012年。

[6] 河北省文化研究所：《元中都：1998~2003年发掘报告》上册第50页，文物出版社，2012年。

[7] 河北省文化研究所：《元中都：1998~2003年发掘报告》上册第35~39页，文物出版社，2012年。

[8] 河北省文化研究所：《元中都：1998~2003年发掘报告》上册第39~41页，文物出版社，2012年。

[9] 河北省文物研究所：《元中都：1998~2003年发掘报告》上册第41~47页，文物出版社，2012年。

[10] 河北省文物考古研究所：《元中都：1998~2003年发掘报告》上册第151、185~189页，插图第98~107；下册图版第106~113，文物出版社，2012年。

[11] 河北省文物研究所：《元中都：1998~2003年发掘报告》上册第151~154页，文物出版社，2012年。

[12] 河北省文物研究所《元中都：1998~2003年发掘报告》上册第151、183~184页，文物出版社，2012年。

[13] 河北省文物研究所：《元中都：1998~2003年发掘报告》上册第155页，将1号殿址的夯土结构称上层台基，由于文中所述上层台基的形制和尺寸及28个转角与1号殿址平面形制完全一致，故其实为殿基。文物出版社，2012年。

[14] 河北省文物研究所：《元中都：1998~2003年发掘报告》上册第172~175页插图第88；下册彩版第261~262；图版第92~93，文物出版社，2012年。

[15] 河北省文物考古研究所：《元中都：1998~2003年发掘报告》上册第155~159页，第180~183页；象眼见下册图版第101，102-1。浅坑，报告认为是铺砌装饰石板的坑位。按，此说证据不足。文物出版社，2012年。

[16] 河北省文物考古研究所：《元中都：1998~2003年发掘报告》上册第159~163、175~180页，文物出版社，2012年。

[17] 河北省文物研究所：《元中都：1998~2003年发掘报告》上册第163~166、168、169页，文

物出版社，2012年。

[18] 河北省文物研究所：《元中都：1998～2003年发掘报告》上册第184、185页，文物出版社，2012年。

[19] 河北省文物研究所：《元中都：1988～2003年发掘报告》上册第339、349～352页；下册图版第152～154、181～184，文物出版社，2012年。

[20] 河北省文物研究所：《元中都：1998～2003年发掘报告》上册第339～349页；下册彩版第351～355，图版第152～180，文物出版社，2012年。

[21] 河北省文物研究所：《元中都：1998～2003年发掘报告》上册第352～357页；下册图版第185～190，文物出版社，2012年。

[22] 河北省文物研究所：《元中都：1998～2003年发掘报告》上册第356页；下册图版第196～197，文物出版社，2012年。

[23] 河北省文物研究所：《元中都：1998～2003年发掘报告》上册第354～356页。朵楼台基，下册图版第191～195；马道下册图版第199～200，文物出版社，2012年。

[24] 河北省文物研究所：《元中都：1998～2003年发掘报告》上册第357、358页；下册图版第201～204；红色墙皮痕迹，下册彩版第360，文物出版社，2012年。

[25] 河北省文物研究所：《元中都：1998～2003年发掘报告》上册第358页、362页，文物出版社，2012年。

[26] 河北省文物研究所：《元中都：1998～2003年发掘报告》上册第362页，文物出版社，2012年。

[27] 河北省文物研究所：《元中都：1998～2003年发掘报告》上册第88～98页，文物出版社，2012年。

[28] 河北省文物研究所：《元中都：1998～2003年发掘报告》上册第447～452页；下册彩版第415～419，文物出版社，2012年。

[29] 河北省文物研究所：《元中都：1998～2003年发掘报告》，西南角台出土建材和建筑构件见第102～142页及附图；宫城1号殿出土建材和建筑构见第200～244页及附图；宫城南门出土建材和建筑构件见第363～408页及附图；皇城南门出土建材和建筑构件见第457～467。文物出版社，2012年。

[30] 河北省文物研究所：《元中都：1998～2003年发掘报告》，第246页插图第136，文物出版社，2012年。

[31] 河北省文物研究所：《元中都：1998～2003年发掘报告》，见前注[20]。

[32] 河北省文物研究所：《元中都：1998～2003年发掘报告》第205页插图第110角柱石五爪龙，文物出版社，2012年。

[33] 于倬云：《中国宫殿建筑论文集》第23页，紫禁城出版社，2002年。

[34] 河北省文物研究所：《元中都：1998～2003年发掘报告》第128页插图第59，文物出版社，2012年。

[35] 元代三都各种周长数据中的元上都和元大都部分，分别参见孟凡人：《宋代至清代都城形制

布局研究》第五章第一节"元上都的形制布局",第六章"元大都的形制布局"。中国社会科学出版社,2015年。

[36] 据《元中都》发掘报告介绍外城墙探查情况,外城只发现城东北交角,西南交角一说推测又说发现,东南和西北交角未真正发现。这个情况,加上外城墙地面无遗迹,并以调查为主,钻探为辅,故很可能产生较大的误差。

[37] 参见孟凡人《元大都的城建规划与元大都和明北京城的中轴线问题》中,关于元大都城以宫城宽深为模数,是精确制定和实施元大都城建规划的标尺的论述。《故宫学刊》2006年总第3辑。

[38] 《元史》卷二二《武宗一》记载,至大元年正月元中都正式开工之后,全国几乎连月大面积饥荒,至大元年十一月丁卯,"中书省臣言:'今铨选、钱粮之法尽坏,廪藏空虚。中都建城,大都建寺,及为诸贵人营私第,军民不得休息。'……惟陛下矜察。"《元史》卷二三《武宗二》记载,到至大二年四月,中书省不得不乞罢中都之役,武宗坚持不允。

[39] a. 北魏洛阳城、唐长安城和洛阳城平面图,分别见《中国大百科全书·考古卷》第182、497、506页,中国大百科全书出版社,1986年。

b. 北宋开封城平面实测图见刘春迎:《北宋东京城研究》第114页,科学出版社,2004年。

c. 金中都城平面图见于杰、于光度:《金中都》,北京出版社,1989年。

d. 元大都城平面图见孟凡人:《从元大都到明清北京城》插图3"元大都城建规划分析图",《千古探秘—考古与发现》,中华书局,2009年。

[40] 孟凡人:《元大都的城建规划与元大都和明北京城的中轴线问题》,《故宫学刊》2006年总第三辑。三(二)"以宫城宽深为模数,是精确制定和实施元大都城建规划的标尺"。但是应当指出,以前殿面阔和进深为规划殿址各主要部位尺度的模数,则是元中都1号殿址秉承元大都的模数规划方法的重要发展。

[41] 傅熹年:《傅熹年建筑史论文集》第326~356页,《元大都大内宫殿复原研究》及其插图第10,"大明殿柱廊、寝室、东西夹、香阁、文思殿、紫檀殿平面复原图",插图第15"大明殿建筑群总平面复原图"(图17)。文物出版社,1998年。

[42] 《元中都》发掘报告以一元尺=0.3162米。前引笔者《元大都城的形制布局》文中,指出徐萍芳以一元尺=0.31米,赵正之一尺=0.308米,傅熹年以一元尺=0.315米。笔者在《元大都城的形制布局》文中,根据元大都城长宽实测数据与宫城长宽比例关系换算的结果为一元尺=0.3095米,一元里=371.42米。这应是元大都实用的尺度标准,本文换算以此为准。

[43] 陶宗仪:《南村辍耕录》卷21第251~252页,中华书局,1997年。

[44] 陶宗仪:《南村辍耕录》卷第21第253页(中华书局,1997年)记载:隆福宫"光天殿七间,东西九十八尺(约合30.33米),深五十五尺(约合17米)",其面积515.6平方米,开间为4.33米(30.33米÷7),小于1号殿址面积947.54平方米(36.36米×26.06米)和开间5.19米。254页记载"兴圣殿七间,东西一百尺(合约30.95米),深九十七尺(约合30.02

米）,"面积为929.6平方米,开间为4.42米（30.95米÷7）。

[45] 陶宗仪：《南村辍耕录》第21,第251、252页,中华书局,1997年。

[46] 于敏中等：《日下旧闻考》（一）卷第30第441、442页；卷第32第486、487页。北京古籍出版社,2001年。

[47] 按,唐长安城承天门,唐洛阳宫城应天门,北宋开封宫城宣德门,金中都宫城应天门,元大都宫城崇天门的总体形制大致雷同,平面均呈凹字形。

[48] 按,元中都宫城南门约相当于明北京紫禁城的午门,午门为百官上朝"待漏"之所,门外架棚,覆松枝,以免百官立风露下。由于元中都宫城南门将元大都宫城崇天门向南伸出的两条廊庑改为窄廊式向北伸出,又与北窄廊围合成庭院,在这种情况下不排除元中都将朝臣侍班之所设在宫城南门北面庭院之内。

[49] 于敏中等：《日下旧闻考》（一）卷第32第486页,引《故宫遗录》。北京古籍出版社,2001年。

[50] 傅熹年：《中国古代城市规划建筑群布局及建筑设计方法研究》上册第136、137页,中国建筑工业出版社,2001年。

[51] 高智瑜主编《紫气贯京华·北京卷》第170页,《中国皇城皇宫皇陵》系列丛书,中国人民大学出版社,1994年。元中都皇城南门相当于元大都皇城（萧墙）南门棂星门,又相当于明北京皇城承天门（清天安门）。《紫气贯京华·北京卷》作者认为永乐时建的承天门是一座"黄瓦飞檐的木牌坊,由工匠蒯祥设计"。永乐时在元宫城和皇城基础上营建紫禁城和皇城,若永乐时承天门呈牌坊式当是承袭元大都皇城棂星门。所以元大都皇城门很可能是牌坊门,元中都皇城门则因之。

[52] 马得志：《西安元代安西王府勘查记》,《考古》1960年第5期。

[53] 安西王府城周长2282米约合6.14元里,（2282米÷371.42米）。元中都宫城东墙长603.5米,西墙长608.5米,南墙长542米,北墙长548.8米,周长2302.8米,约合6.19元里（2302.8米÷371.42米）。

[54] 夏鼐：《元安西王府址和阿拉伯数码幻方》,《考古》1960年第5期。文中指出,安西王府城台基上的殿址与元大都大明殿一样,台基和殿址均呈工字形,前为正殿,中为柱廊,后为寝殿。按至元十年营建安西王府时元大都宫城即将完工,所以安西王府城内唯一大殿址的形制当参照过元大都大明殿和延春阁的形制。此外,元上都宫城东墙长605米,西墙长605.5米,南墙长542.5米,北墙长542米,周长2295米。元安西王府城四面墙长、周长和形状与之几乎完全相同,说明安西王府在这些方面或曾参照过元上都宫城。

[55] 安西王忙哥剌是忽必烈正后所生第三子,至元九年（1272年）被封为安西王。嗣王阿难答皈依伊斯兰教,至元十七年（1280）袭王位。大德十一年（1307年）成宗死无子,阿难答适在京师,有权袭帝位,但海山派击败阿难答一派,海山即帝位（武宗）后,阿难答被赐死。

[56] 于敏中等：《日下旧闻考》卷第30第447页,引《大都宫殿考》；清宁宫"其中皆处嬖幸"。

[57] 由于元中都宫城和皇城北墙之间地方狭窄,故将元大都与宫城等宽的御苑从宫城北墙之外搬

到元中都宫城1号殿址建筑以北与宫城北墙之间。

[58] 《元史》卷第29，《泰定帝一》记载；至治三年（1323年），泰定帝"车驾次中都，修佛事于昆冈殿"。

[59] a. 魏坚：《元上都及周围地区考古发现与研究》，《内蒙古文物考古》1999年第2期。

b. 中国历史博物馆遥感与航空摄影考古中心，内蒙古自治区文物考古研究所：《内蒙古东南部航空摄影考古报告》第159页，航空照片显示宫城外有石夹城，科学出版社，2002年。

[60] 按皇城门与宫城门两侧隔墙应有门，以使皇城内连通为一体，但隔墙门尚未发现。

[61] a.《元史》卷第16，《世祖十三》，至元二十八年二月"丁亥，营建宫城南门周庐，以居宿卫之士"。

b. 陶宗仪：《南村辍耕录》卷第21，"宫阙制度"记述崇天门"……西垛楼之西，有涂金幡竿。附宫城南面，有宿卫直庐"。

[62] 据《元中都》发掘报告介绍的情况，元中都工程做法远较元大都粗糙，无论夯筑方法，夯层厚度，夯土质量，土与瓦砾间筑情况，地基和基槽深度和做法；还是砖瓦、琉璃构件的质量，以及除石螭首外石构件很少等情况，均与元大都有较大的差距。

定陵出土文物与《明史·舆服志》研究

王 岩

考古学是历史科学的主要组成部分，它通过古代人类活动遗留下来的实物来研究古代社会的历史。史前时代尚无文献记载，根据古代人类活动遗留下的实物（包括遗迹和遗物）来研究古代社会历史自不待言，就是进入历史时代这些实物资料仍具有重要意义。"从商代、周代到秦汉及其以后各代，都城的遗址、帝王和贵族的陵墓、平民的居处和墓地，以及矿址。作坊址和窑址等的调查和发掘，为研究中国各历史时代的政治、经济、文化和科学技术的发展提供了大量的资料"[1]。因此，将文献、考古资料两者融会贯通结合起来，去研究中国古代史就能起到互补的作用。

定陵的发掘工作始于1956年5月，历时2年又2个月，于1958年7月结束。定陵发掘缘起于1955年10月，时任北京市副市长又是明史专家的吴晗，会同中国科学院院长郭沫若、文化部部长沈雁冰、人民日报社社长邓拓、中国科学院历史研究所第三所所长范文澜等人，联名上书国务院，请求发掘明代成祖永乐皇帝的陵墓——长陵。其目的有二：其一，是发掘之后就地建立博物馆，为首都的文化生活增加新的内容；其二，根据出土实物，进行明代史实的研究。为此，首先试掘了定陵。

定陵的发掘在我们面前打开了一座真正的地下宝藏，作为皇陵，埋葬着帝后，其随葬品多为生前遗物，无疑是最珍贵的。出土各类文物林林总总多达2600余件，既有绚丽多彩的丝织品，又有富丽堂皇的金银器，精美的瓷器和珠宝玉器。帝后的服饰、冠、带、佩饰、首饰和用品，以及各种丧葬用具。这批珍贵文物不仅具有很高的艺术价值，而且从政治、经济、文化、典章制度等各方面去研究明史，都是极为难得的实物资料。本文主要探讨帝后冠服制度的特点与变化。

一 服 饰

明代帝后冠服制度，详载于《大明会典》和《明史·舆服志》中。明初洪武十六年定衮冕制度，二十六年作了更定，至永乐三年再次更定，至此较为完善具体。但到明中叶，嘉靖皇帝与阁臣张璁就衮冕制度曾有多次讨论。考诸古制，有所订正，但基本上仍以明初定制为准。

定陵出土的各类服饰衣物多达300余件，既有皇帝大典时穿的衮服、裳、蔽膝，常朝时著的龙袍，以及作为常服的绛纱袍、大袖衬道袍，又有皇后穿的单、夹、绵各式女上衣和裙、鞋、袜等。

衮服是皇帝祭祀天地、宗庙、社稷、册拜，以及正旦、冬至、圣节等大典时穿用的礼服。衮服之制，在《明史·舆服志二》中有详细的记载，但历朝又稍有不同。明初洪武十六年定制："衮，玄衣黄裳，十二章，日、月、星辰、山、龙、华虫六章织于衣，宗彝、藻、火、粉米、黼、黻六章绣于裳。"[2] 永乐三年定："衮服十有二章。玄衣八章，日、月、龙在肩，星辰、山在背、火、华虫、宗彝在袖，皆织成，本色领、褾、襈、裾，纁裳四章。织藻、粉米、黼、黻各二，前三幅，后四幅，前后不相属，共腰有辟积，本色綼裼。"嘉靖八年，又更正其制为："玄衣黄裳，衣裳各六章。"

定陵所出衮服中，仅有黄裳1件，其式样与明初定制完全相同。裳作裙式，黄素罗制，其上钉有绒绣的六章，分为左右两行，火、宗彝、藻为一行，米、黼、黻为一行。其他5件，式样基本相同，均作袍服形式，不分上衣和下裳。其中2件为缂丝制成，3件为刺绣。

衮服为盘领、大袖、窄袖口。缂丝衮服地纹织卍字、寿字、蝙蝠和如意云纹，象征"万寿洪福"。十二章纹样中，龙占据显要地位，共有12个团龙，前后身自上而下各3个团龙，下摆左右两侧各2个团龙，两袖各1个团龙。左肩为日，右肩饰月，背部饰星辰、山峦，两袖饰华虫，每袖各2个。宗彝、藻、火、粉米、黼、黻六章分别列于前后衣片中间3个团龙的两侧，左右对称（图1-1）。其中1件，在小襟里侧绣有："万历三十二年十一月初五日造长四尺一寸夹合"字样。另在衮服上放有墨书绢标签一个，残存字迹为"万历四十五年衮服一套收"。

刺绣衮服是将12个团龙十二章纹样分别绣制在绢地上，然后钉在衮服的相应位置上。衮服用料为黄色卍字四合如意云纹缎。

由于衮服为天子大典时穿的礼服，因此就特别庄重神圣。明朝宫廷对衮服的织造十分重视，一般由内织染局承办。织造前先由钦天监选择吉日，再由礼部题请，遣大臣祭告，方可开工。织造时对纹样的设计，织造工艺等要求都十分严格，1件衣制成往往需10年之久。定陵博物馆曾委托苏州刺绣研究所，复制了1件缂丝衮服（图1-2），用工多达3600个。出土衮服中，从小襟内侧绣字和绢书标签题记，也可以看出，1件衮服从织造到收入内库的时间长达13年之久。

定陵出土的衮服，无论从式样、织造或是纹样的设计方面与文献记载都有较大的差别。首先，在式样上改变了上衣下裳分制的形式；其次，在织造十二章纹样时，改变了衣织裳绣的定制，而统一为一种织造方法，或缂丝或刺绣。织法的统一，使衮服纹样的整体效果，显得和谐，富有韵律；再次，十二章纹样中，突出龙纹，将龙纹以夸大的手法，化为12个团龙，各居显要地位，其他各章处于从属地位，有主有从，布局得当，充分显示出皇权的至高无上。这5件衮服不仅具有很高的艺术价值，而且反映出明代后期在衮服制度上的变化，从而丰富了明史的研究内容。

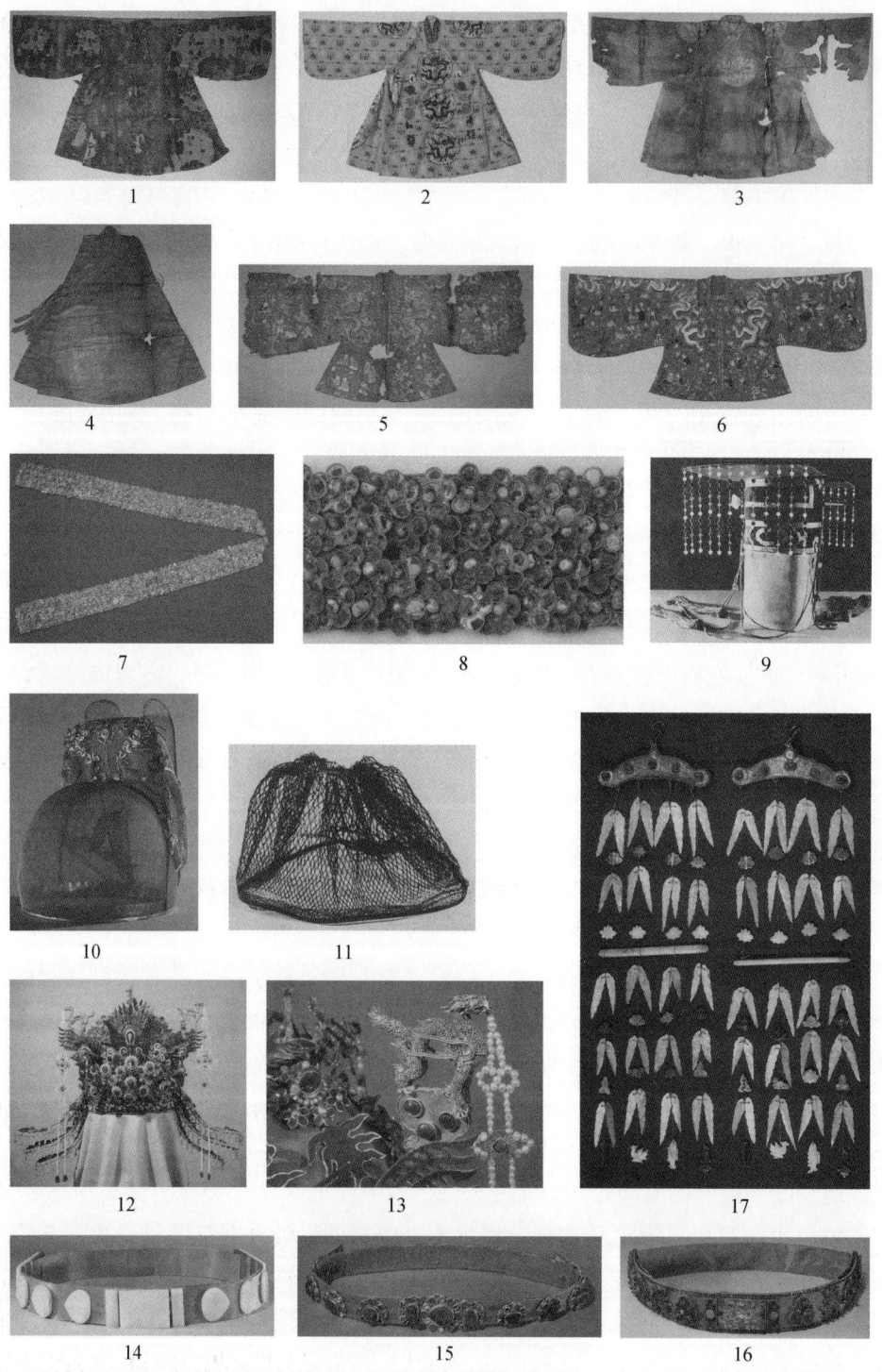

图1　定陵出土文物及复制品

1.缂丝十二章衮服　2.缂丝十二章衮服（复制件）　3.绣四团龙补云纹绸交领夹龙袍　4.暗花绸交领中单　5.绣百子暗花罗方领女夹衣　6.绣百子暗花罗方领女夹衣（复制件）　7.金累丝珍珠霞帔　8.金累丝珍珠霞帔（细部）　9.冕冠（复制件）　10.金翼善冠　11.素网巾（复制件）　12.凤冠、六龙三凤冠　13.凤冠、六龙三凤冠（局部）　14.玉革带　15.大碌带　16.宝带　17.玉禁步另外，出土蔽膝2件。皆呈梯形，上窄下宽，红素罗面，纱里。其中1件面上钉有绣制的龙、火二章，上为一蓝色的行龙，下部是三个红色火焰纹。这件蔽膝的质地、式样及所绣章数与嘉靖八年定制，基本相符，当属皇帝著衮冕时所系[3]。另1件，蔽膝面上不绣章数，且尺寸稍小于前者，应是皇帝穿皮弁服时所系[4]。

大带　出土2条。质料、式样、大小、制作方法完全相同。带以红褐色罗制成，长106厘米。近两端处各系垂带一条，色同大带，均长64厘米，宽8.8厘米。大带及垂带表里均以罗缘边。大带中间下垂两根圆形丝绦带，下系丝穗。

绶　2件。式样、纹饰、大小完全相同。每件包括一大绶，二小绶，均以织金锦织成料制成，背面衬以素纱。大绶，长方形。红黑地，下部以红、黑、绿、黄、月白五色织菱形纹，上部用五色（深红、浅红、黑、黄、绿）纱罗做成扁条形长带，结成四方结，分上、中、下三排用丝线钉在绶上。上排四个结，中排二结，下排三结。大绶两侧各有一小绶，似圭形。其颜色、纹样与大绶对应位置相同，但不施结。大绶长65厘米，宽20厘米。小绶长同大绶，宽9.6厘米。

据《明会典》《明史·舆服志》载皇帝冕服、皮弁服均系有大带。在革带后系有绶。出土实物与文献记载基本相符，唯大带用色稍有不同，绶未见施有玉环，且小绶为二，而非小绶三[5]。

定陵出土龙袍多达60余件，有单袍和夹袍之分。面料以绸面最多，其次为缎面、罗面和纱面、按式样分有交领和圆领（或称盘领）两种形式。按主要纹饰来分有四团龙补，八团龙补，二团龙补，二方补和龙云肩通袖龙襕等多种。主要纹样以刺绣或缂丝制成，然后将其缝在龙袍相应的位置上（图1-3）。地纹纹样丰富多彩，千姿百态。大量的为四合如意云龙纹、"八吉祥"[6]、"八宝"[7]纹，以及吉祥文字和其他纹样共同组成的吉祥如意图案，或取义，或谐音，或音义并重。如用蝙蝠和寿字组成的图案，称"福寿"。由四个云头组成团花状，中心为古钱纹，钱中心饰一"卍"字，称"万古如意"。由五个亚腰葫芦和四只海螺组成的图案，称"五湖四海"。另外，还有"福寿如意吉庆有余"，"卍喜"纹等，不胜枚举。

龙袍为皇帝的礼服和常服，服用最广。明制为黄色，绛纱。盘领，窄袖。前后及两肓各织一金盘龙。出土龙袍实物面料的多样性和纹样的丰富多彩，当是为了适应不同季节，不同场合而穿着的。一方面反映出明代后期在服饰制度方面已不是十分严格，另一方面也反映出当时我国丝织业的发展水平，织造、缂丝和刺绣等各种手工艺有了长足的进步。

大袖衬道袍　共出8件。由其墨书标签自称"大袖衬道袍"，故名。8件式样完全相同，均为交领。绫面，绢里丝绵袍。其形制与龙袍相近似。在里和面之间絮薄丝绵一层。每件袍的小襟里侧有绣字，衣内还夹有墨书纸标签。如其中1件绣字为："万历四十年七月十三日造长三尺八寸五绵二两"。墨书标签残存字迹为："暗回纹四合万古如意绫大袖衬道袍身宽二尺二寸五分万历四十年七月十三日造长三尺八寸……"

大袖衬道袍《明会典》及《明史·舆服志》均不载，但在明刘若愚所著《明宫史·内臣服佩》（水集）中二色衣条记载有："自外第一层为之盖面，如袄褶贴里，圆领之类；第二层谓之衬道袍。"当即指此。联系到万历皇帝喜爱穿内臣服饰，如女裙之制，世人所穿的裢子，曰"衬褶袍"，棺内就出1件。因此，内臣服饰中的"大袖衬道袍"，可能也为万历皇帝所钟爱。

中单　为皇帝冕服、皮弁服之中衣，以素纱为之，领织黻文十三[8]。在万历帝棺内共出中单40件，其中16件是套在衮服和龙袍内。质料有缎、绸、绫，而无纱。且有夹、有绵。中单式样与大袖衬道袍基本相同。有交领和圆领两种形式，有半袖和无袖之分。仅有1件在领面上钉有绒绣黻纹13个。绝大部分（共30件）在小襟里侧有绣字，记载着中单制作的日期、尺寸、单或夹及用绵数量等。如套在衮服内的1件，绣字为："万历四十五年十一月初二日造长四尺"。实测中单长124厘米，与绣字所标尺寸基本相符（图1-4）。所谓绵中单，内絮丝绵也极少，仅有2两。中单除少数为素面外，纹样多为四合如意云纹、小如意云纹、"八宝"纹等。纹样大都疏朗、明快，朴素典雅。

出土中单所用质料与文献记载大不相同，且有单、有夹、有绵。这些厚薄不同的中单，可能是随着季节的变化而穿着。

定陵出土女衣130余件，是分别为孝端、孝靖两个皇后随葬的，包括女单衣、女夹衣和女丝绵袄，这些女衣均为对襟、立领、圆领和方领，大袖。绝大部分前胸和后背缝有方形补子，前胸左、右襟各一块，后背正中饰一块，补子呈梯形。方补多为绣制，少数为缂丝制成。纹饰以云龙纹较多，其次为龙凤纹、凤纹、花卉纹，也有以"万寿""洪福齐天"等吉语文字为主题纹样的。衣服大小尺寸相近，身长70厘米左右，通袖长一般为160厘米，袖宽在40~50厘米。女衣用料以缎、绸和各类妆花织物为多，绫、罗、纱次之。还有少数为织金和双面绒。颜色有黄、红、绿等。面料除素面外，主要纹饰有四季花卉，折枝花果，仙鹤鸾鸟，蜂蝶梅花纹；还有龙云肩通袖柿蒂纹；以及应景服饰艾虎五毒纹；也有以各种花果和吉语文字以谐音或寓意组成的种种福寿吉祥。特别是孝靖皇后的2件刺绣百子衣（图1-5、图1-6）和童子戏花夹衣，以及孝端皇后的1件织金妆花玉女献寿女衣更为珍贵。这些纹样大都设计新颖，格调高雅，图案丰富饱满，线条流畅优美。加以大量使用金钱，使纹样更加显示出皇室后妃服饰的豪华气魄。

从女衣的样式、用料、颜色、纹饰和织造方法等来看与《明会典》《明史·舆服志》所载《皇后冠服》均不相同。但从颜色和纹样看应属常服一类，而《明会典》和《明史·舆服志》所载皇后常服中称为"团衫""大袖衣""大衫""鞠衣""褖襈袄子"的，并没有明确记载其式样[9]，因此也不便一一比附。

为两个皇后随葬的女裙多达47条。裙面用料有绢、绸、纱、罗、缎，妆花缎、妆花绸等。裙的式样有两种：一为两片裙，每片各三幅半，中间打一合抱褶，向两边各打四个褶,在后腰部钉在一起。腰用素绢,两端各钉一条绢带。裙长101厘米,腰肥74厘米,下摆宽213厘米。另一种为大褶裙,每片各打十五个褶,颇类今日百褶裙。裙面除素面外,纹样有蝴蝶海棠纹,菱纹地织金八宝小团龙纹、四季花卉纹、绣球花纹、织金妆花龙襕等。《明会典》卷六十及《明史·舆服志二》均载有皇后常服,有"红罗长裙""襈襈裙,红色,绿襈襈,织金彩色云龙纹。"定陵出土女裙,不仅数量多,而且用料种类多样,颜色以红、黄、绿三种比较多,纹样更是多彩多姿,既有织金妆花带膝襕的云龙纹织成裙,又有刺绣膝襕裙和一般花卉纹样的花裙。还有相当数量的素绢裙。

由此看来,在明代万历朝冠服制度中常服有较大的变化,在制度方面,已不十分严格。

金累丝珍珠霞帔,在分别为两个皇后随葬的器物箱中,各出1件,其用料、制造工艺十分精美。帔作带形,分左右两条。面为红色织金纻丝织成料,两边织金线,中间织云霞和龙纹。带上缀有珍珠梅花形金饰,梅花用金片剪成,正面以花丝圈成梅瓣,瓣内铺翠,花心以铜丝穿系珍珠1颗,然后以合股丝线钉在帔带上。每条带上钉梅花形金饰五十三排,共计206个,全帔共用412个(图1-7、图1-8)。霞帔为皇后常服所佩带,出土实物与文献记载基本相同[10]。从文献记载很难理解其具体样式,它的出土使我们第一次看到具体的实物,并了解到复杂的制造工艺,而且还有一个确切的定名。

二 冠、带、佩饰

在定陵出土的遗物中,作为帝后冠服中的服饰以外,还有各种冠、带、佩饰,以及手持的玉圭等物品。

大典时皇帝戴的礼帽称冕冠,在视朝、降诏、降香、进表、四夷朝贡、外官朝觐、策士传胪时戴的礼帽称皮弁,以及常服所著的乌纱翼善冠均有出土,第一次使我们可以形象的了解其式样及其结构。

冕冠 出土2顶,其中保存较好的1顶尚可复原。冠前圆后方,上覆桐木冕板,冕板长38.7厘米,宽19厘米。上面贴黑素缎,下面贴红素缎。前后各缀12旒,每旒以五彩丝线穿玉珠9颗(其中白色3颗,红、蓝、绿各2颗)和珍珠3颗。旒长17厘米。冕胎以细竹丝编结成六角形网状,髹以黑漆。里衬红素绢,面敷黑素纱,口外沿贴金箍两道。冕顶有1件长19.3厘米的玉衡维冠,玉簪贯纽。两侧系带处贴金花形饰。另有红色圆绦带1根,系于玉簪的两端,带下垂红丝缨。两耳部各系2玉瑱,1白1绿(图1-9)。据《明会典·冠服》载,皇帝冕服,永乐三年定:"冕冠十有二旒,冠以乌纱为之,上覆曰綖,桐板为质,衣之以绮,玄表朱里,前圆后方,广一尺二寸,长二尺四寸(用周尺),前后各十有二旒,每旒五彩缫十有二就,贯五彩玉珠十二,赤白青黄黑相次,以玉维衡,玉簪贯纽,纽与冠武并系缨处,皆饰以金,綖以左右垂黈纩充耳

（用黄），系以玄紞，承以白玉瑱朱纮。"定陵出土的冕冠形制与之基本相同。惟冕尺寸较小，如以23厘米合一周尺计算，冕板长约1尺7寸，宽约8寸。12旒除贯玉珠，还有珍珠。

皮弁　1顶。口径19厘米，高19.4厘米。弁亦是以细竹丝编结成六角形网格状作胎，上髹黑漆，内衬红素绢，面敷黑纱。弁前后各十二缝，每缝内钉包金竹丝一缕，缝内各缀红、白、绿、黑玉珠九9颗，珍珠3颗。在弁口外沿饰箍一道，贯簪系缨处饰花形金饰。玉簪1枚用以维冠。从皮弁的形制、结构、装饰来看与洪武二十六年和永乐三年的定制完全相同[11]。

皇帝常服戴的礼帽称翼善冠，陵内共出3顶，1顶为金冠，2顶为乌纱翼善冠。出土时万历尸体头部戴乌纱翼善冠。金冠和另1顶乌纱冠各自放在一个圆形冠盒内，置于棺内头部一侧。《明史·舆服志二》载，皇帝常服，永乐三年定："冠以乌纱覆之，折角向上，其后名翼善冠"。

乌纱翼善冠　径19厘米，通高23.5厘米。冠以细竹丝编结成六角形网格状纹作胎，髹以黑漆，内衬红素绢，面敷黑纱。后山前面嵌有以金垒丝编结制成的二龙戏珠，后面插有圆翅形金折角两个。每条金龙上还嵌有宝石14块，珍珠5颗。龙体造型矫健有力，作腾飞状，金龙珠宝，交相辉映，甚为富丽。

需要特别提出的是作为皇帝常服所戴的金冠，其形制与乌纱冠完全相同，但全部用金丝编结制成。帽后山嵌以二龙戏珠，龙身外侧以粗金丝为骨，采用传统的掐丝、垒丝、码丝等方法焊接，形成漏孔鳞状，呈高浮雕式，龙首、爪、鳞为打制錾刻而成。金冠结构复杂，制造难度大，是集编织与錾花工艺相结合的典型作品，代表了明代金银细工的高超技艺（图1-10）。

网巾　《明史·舆服志二》载皇帝常服："洪武二十四年，帝微行至神乐观，见有结网巾者。翼日，命取网巾，颁示十三布政使司，人无贵贱，皆裹网巾，于是天子亦常服网巾。"又《明会典》载皇太孙冠礼云："掌冠跪加网巾。"而皇帝、皇太子冠服俱阙而不载、可喜的是在万历皇帝棺内头部，随葬的1个器物匣内，首次发现内装12件网巾，网巾匣形式颇似今日线装书的封套。在匣盖上贴有黑书纸条，其上楷书"青红宝石猫眼石缨子顶"10字。网巾系用生丝编织成菱形网格状，围绕起来呈截尖圆锥体，上口穿丝绳相系结，下端以绢制的绦带缘边，两端缀有丝绳，另在绦带的一端钉有红、青宝石或猫睛石1颗（图1-11）。出土时每1件网巾拴成一束，上系一小绢条，其上有黑书文字三行：

四月二十六日

进

上用缨子顶素网巾一顶

从明史记载与出土实物相印证，可知网巾束发之制始于明初。成书于明末的《天工开物》，在其诸卷的插图中，工人、农民皆戴网巾。在明万历初刻本《三才图绘·衣服图绘》中也有著录。定陵出土的网巾，使我们第一次看到真正的实物，这为研究明代的服饰制度增添了新的宝贵资料。

凤冠　为皇后的礼帽，在受册、谒庙、朝会时戴用。《明会典》《明史·舆服志二》皇后冠服条中所载洪武三年及永乐三年定制均为九龙四凤。在永乐三年定制中对凤冠的具体结构，包括对龙凤的造型、装饰，以及冠上所饰珠花、翠云、珠滴、宝钿花、三博鬓等都有详细的描述和记载。定陵出土的4顶凤冠，分别为两个皇后随葬，造型庄重，制作精美，冠为漆竹胎，金口圈，冠上嵌饰金龙、翠凤。龙或昂首升腾，或四足直立，或行走，或奔驰，姿态各异。凤作展翅飞翔状。龙凤均口衔珠宝串饰。龙凤之间嵌饰的大珠花，均以宝石和串珠组成，另有翠云和翠叶相衬托，每顶凤冠所饰宝石和珍珠均不相等，最多者1顶嵌宝石128块，珍珠5449颗。珠光宝气交相辉映，十分富丽。定陵随葬的4顶凤冠，分别为"十二龙九凤""九龙九凤""六龙三凤""三龙二凤"（图1-12、1-13）。另外冠上所饰珠花、翠云之数也与上述史籍记载不同，由此可知明初所定冠服制度中，凤冠的形制至万历时期已有变化。

革带　是系在袍服之外的一种代表身份地位的饰物。史载皇帝冕、弁服，常服，皇后冠服、常服均系革带。革带是由两层黄色或红色素缎，内夹一层皮革缝制而成的，其上缀连有玉、或金、银饰件，其中以玉带最为珍贵。定陵出土玉带10条，每条上缀连玉饰带版数目不同，分别为12、13、20块不等。其中2条为万历皇帝随葬的玉带，带版玉质纯正，白玉细腻滑润，即是所谓的"羊脂玉"（图1-14）。除玉带外，还有2条堪称稀世珍宝的革带，一为"大碌带"，一为"宝带"。大碌带，是因带上缀连的20块饰件，均以扁金制成缠枝花形金托，每一饰件中心镶嵌祖母绿1颗，四周嵌以石榴子红宝石及珍珠（图1-15）。大碌带出土时在带的外面包有黄素缎带衣，带衣上系黄素绢条，其上墨书"宝藏库取来大碌带"，故名为"大碌带"。宝藏库在宫内，又谓之里库，是专门存放贵重物品的库房。

宝带　是因带上缀连的20块饰件，均以花丝制成精美的"八宝"形及方形金托，其上嵌着色彩绚丽的各色宝石，全带共用红、黄、蓝、绿宝石130余块，其中猫睛石就有8块，真可谓价值连城（图1-16）。

皇帝冕、弁服，常服所系革带用玉数量文献并没有明确记载。只有皇后冠服中记载有：永乐三年定，"玉革带，青绮鞓，描金云龙纹，玉事件十，金事件四"。皇后常服"玉带如翟衣内制，第减金事件一"[12]。另外，1970~1971年在山东邹县境内发掘的明鲁王朱檀墓，墓内随葬玉带2副。其中1副由25节带版组成，除2节用金托镶嵌珍宝外，其余各节均为金托内嵌透雕成灵芝花的白玉版，制造十分精美[13]。还有在江西南城发掘的明益王朱祐槟墓中出土的1副玉带，有羊脂玉带版20块[14]。由此看来，明代冠服制度中，在革带用玉的数量上似乎没有严格的定制。

玉佩　是冠服制度中不可缺少的一项，古代君臣俱佩之。明代皇帝冕、弁服，皇太子冠服，亲王冠服，皇后礼服均佩玉，公、侯、驸马、伯、亲王、文武大臣朝服也各以等级之差服有不同玉料的玉佩[15]。《明史·舆服志二》载，皇帝冕服有"玉佩二，各用玉珩一、瑀一、琚二、冲牙一、璜二；瑀下垂玉花一、玉滴二；瑑饰云龙纹描金。自珩而下系组五，贯以玉珠。行则冲牙、二滴与璜相触有声。金钩二"。定陵出土玉佩7副，每副2件，共14件。分别属于万历帝2副，孝端后2副，孝靖后3副。这7副玉佩从形制特点及所系挂玉饰件情形来看，其中5副与文献记载基本相同，不过有的所系玉饰件更加复杂。如出自万历帝棺内的1副，共有玉饰件19件，所有玉饰件上两面均刻有相同的纹饰，为云龙纹，描金。玉饰件分作七排：顶端为玉珩一；第二排为菱形玉饰一、云朵形二；第三排为多边形一、长头花形饰二；第四排为八角形饰一、磬形二；第五排为玉花形一；第六排为八角形饰一、云朵形饰二；最下部一排垂玉花一、玉滴二、玉叶形饰二。玉珩上有二孔，穿系黄色粗丝线于顶部结在一起。每排玉饰件下穿系玉珠，全佩共用玉珠373颗。全佩通长80厘米。

另外，还有一种新的形式，共2副，分属于孝端、孝靖二皇后。玉佩顶部为一荷叶形鎏金铜提头，两面浮雕有二龙戏珠纹，每面各嵌红、蓝宝石5块。其上有环与挂钩连，下有四环鼻，以黄色丝组穿系玉饰件，共十排：一、三、五、七、九各排，每组系玉叶形饰两片，黄丝穗一个。二、四、六、八、十各排，穿系用玉雕作的花、鸟、虫、鱼等饰件。这2副玉佩制作华丽，精巧玲珑，亦可称为玉禁步[16]（图1-17）。

玉佩系于革带的左右两侧，行则叮当作响，清脆悦耳。《礼记·玉藻》："君子在车，则闻鸾和之声，行则鸣佩玉。"佩玉原为士大夫的礼仪饰物，后世逐渐复杂，作为冠服制度中的佩玉，遂有定制。玉佩本无纱袋相装，有趣的是在嘉靖初年世宗上殿，尚宝寺卿谢敏行捧宝走近皇帝，两人所系玉佩相纠结不得脱，命中官解之。自此皇帝下诏，命中外官员具制佩袋以防勾结，惟祭天时不用袋[17]。此制一直相沿下来，到万历朝玉佩仍用袋装。玉佩出土时，每件都装在一特制的黄色纱袋内，佩钩露于袋外，袋口用丝线缝着。

玉圭　陵内共出土8件，出土时都装在长方形漆匣内。同出的还有玉圭垫、玉圭套、套手玉圭套和玉圭袋，这为我们了解玉圭的执握情况和收藏提供了可靠的实物资料。

4件出自万历皇帝棺内，包括镇圭、脊圭、谷圭和素面圭各1件。镇圭，长23.7厘米。正面刻四山纹，纹饰内描金。四山分上下左右，象征东、西、南、北四镇之山，寓意"江山在握，安定四方"。玉质洁白细腻，制作精美。脊圭，圭长26.8厘米。白玉制成。正面中间有脊，两侧各有一道凹槽突起一条抹角圆棱，或称"双植纹"。谷圭，圭长23.2厘米。碧玉质。每面饰谷纹五行，共108枚。素面圭长25.8厘米。青玉质。底部似有子榫，有对穿三孔。

《明史·舆服志二》，分别记载有皇帝著冕服。皮弁服时用圭制度。皇帝冕服，永乐三年定："玉圭长一尺二寸，剡其上，刻四山，以象四镇之山，盖周镇圭之制，异于大圭不瑑者也。以黄绮约其下，别以囊韬之，金龙纹。"出土的镇圭、脊圭从其形制看，当分别为皇帝著冕服、皮弁服时所持玉圭，但脊圭的尺寸略小于制度规定长度。谷圭和素面圭当为皮弁服用圭或常服时用圭。

4件为皇后随葬的玉圭，3件为白玉，1件为碧玉。谷圭3件，每面饰谷纹五行，共81枚。在圭的下部套有织金黄绮套。其中2件分别长22.4厘米，22.5厘米。另1件16.3厘米。从圭的形制、纹样看，与皇后冠服用圭制度相合[18]。其长度合明尺七寸，如用周尺计算为九寸三分，则逾制。长16.3厘米的1件，约合周尺七寸，则与制度相合。

三　分析研究

冠服制度历来为统治阶级所重视，"辨贵贱，明等威"。它是明确每个人身份地位的重要标志。特别是在等级森严的封建社会，它以明确的礼仪典制《舆服志》规定下来，帝后将相庶民百姓各有所遵。但是历代在服饰制度方面也并非一成不变，各个时代有自己的特点，即或同一时代不同时期也有所变化，一般国初尚质朴。通过对明万历帝冠服的分析研究，我们可以看出在明代早晚期帝后冠服制度变化的脉络。

万历时期冕冠服基本上遵照着明初定制，但也兼有明中期的特点，同时又有新的突破。冕的形制与永乐三年定制的特点基本一致，但同时又具有嘉靖时改定后的一些特点。如永乐三年定："纮以左右垂黈纩充耳（用黄玉），系以玄紞，承以白玉镇朱纮，"。嘉靖八年定："青纩充耳，缀玉珠二。"出土的冕正是在两耳部各系二玉珠，一白一绿。

衮服在形制和织造方面有较大的突破，首先改上衣下裳两部分为袍服形式；其次，在织造方面也一改"衣六章以织，裳六章用绣"的规定，统一为刺绣或缂丝制成；再者，纹样方面，虽然仍遵循十二章的定制，但更加突出龙纹。尤其是缂丝衮服，以圆金缂"卍寿"字，在巨大的团龙内织金地，龙身缂孔雀羽，用金线缂鳞及轮廓线，其他纹饰以蓝、红、绿、黄等色彩绒缂制，配以间色，金翠交辉，既富丽堂皇，又庄重大方。缂丝在宋代已有很高的成就，缂织的名人书画十分珍贵，但多为小幅小品。定陵出土的缂丝衮服不仅形体巨大（身长136厘米，通袖长232厘米，下摆宽105厘米），而且纹样复杂，用色多样，缂工细致，为历代出土和传世缂丝制品中所罕见。

定陵出土皇帝的裳、蔽膝、大带与绶、玉佩、镇圭，以及云履毡袜等，与《明会典》《明史·舆服志》所定皇帝衮冕制度基本相同。这反映了有明一代帝后衮冕制度作为礼制方面的主要法典，一直是严格执行的，即是在嘉靖朝君臣曾对某些冠服式样进行讨论，但也都是在维护明初的定制。万历帝所著衮冕虽然在形式上有所变化，但作为法服的十二章纹样一直延续下来，对龙纹的渲染和夸大，更反映帝王的尊严和神圣。

皮弁服中的皮弁、蔽膝、脊圭等也大都符合明典章中所规定的冠服制度。

作为皇帝衮冕和皮弁服中的中单，无论从质料或制作方面都有较大的变化。永乐三年定。皇帝衮冕"中单以素纱为之。青领襈、襈、裾，领织黻文十三"。皮弁服中，"中单，红领襈、襈、裾。余俱如冕服内制"（《明史·舆服志二》）。出土的中单多达40件，质料有缎、绸、绫，而无纱，制作方面有单有夹有绵。皇帝大典时身着衮服、皮弁服作为外衣，不管春、夏、秋、冬，天气炎热或寒冷，都需按规定着服，但作为中衣，不拘泥于典制，随季节的变化着不同质料的中单，这一变通，也合乎常理。

冠服中的常服变化最大，袍服质地有缎、绸、罗、纱；主体纹样既有龙云肩通袖柿蒂龙襕纹，又有四团龙、八团龙和前后方补地纹更是多姿多彩，大多为吉祥如意，福贵长寿，喜庆祥瑞图案。袍服质地的多样化和纹样的多样化，说明这些袍服是适应不同季节，在不同场合，如婚、寿、嫁、娶等喜庆日子穿用的应景服饰，反映了生活的多姿多彩，克服了单调统一的式样。同时也补充了文献记载的不足。

皇后冠服中凤冠共有4顶，所饰龙凤数目与定制均不同。但所出玉革带、玉佩、玉圭等则与制度基本相符。常服则有较大的变化，形制的多样化，颜色方面红、黄、蓝、绿诸色均有，纹饰更是丰富多彩，制作上既有织成又有刺绣和缂丝。这一变化大致显示出与皇帝冠服中冕冠与常服变化的同一趋势。即作为冠服的大典礼服基本上沿袭明代初、中期的定制，很少逾越，维护着大典礼仪的尊严；而常服的多样化，则反映出当时人们的审美观点、喜好以及时尚潮流的变化。明中叶以后，随着手工业、商业的发展，商品经济的繁荣，富商大贾凭着雄厚的财力，恣意享乐，盛宫室，美衣食。靡丽奢华之俗影响到整个社会，以至于中外臣僚士庶之家，也竞相仿效。世俗之风大变，这一信息最终也影响到宫内。随着时代的前进，我们可以看出在明后期，不管是衮服、朝服和常服趋向穿着更加舒适，织造更加华丽，制作更加精美。尤其是皇后的常服更是式样繁多，色彩绚丽。但同时也不得不指出，作为帝后的服饰尽管有所变化，但终究要受章服制度的制约，只能是在礼制范围内的变更，以故对我们研究明代帝后的章服制度仍有极大的参考作用。

我们相信，通过对明代帝陵出土文物的深入研究，考古学与史学相结合，必将为明史的研究增添更多绚丽篇章。

注　释

[1]　中国大百科全书编委会：《中国大百科全书·考古卷》第12页，中国大百科全书出版社，1986年。

[2]　《明史·舆服志二》卷六十六，中华书局点校本。以下引文均见此版本，不再另注。

[3]　《明会典》卷六十《皇帝冕服·衮冕》嘉靖八年定："蔽膝随裳色，罗为之，上绣龙一，下绣火三，系于革带。"见《万有文库》本，下同。

[4]　《明会典》卷六十《皇帝冕服·皮弁服》洪武二十六年定："蔽膝随衣色"。永乐三年定："蔽膝随裳色，本色缘，有玉钩二。"都不载章数。

[5] 《明会典》卷六十，皇帝冕服、皮弁服均系有大带，形制相同。永乐三年定："素表朱里，在腰及垂皆有綼，上綼以朱，下綼以绿，纽约有素组。"又"大绶六彩黄白赤玄缥绿，纁质，小绶三，色同大绶，间施三玉环，龙纹，皆织成"。

[6] "八吉祥"，是一种吉祥图案。由海螺、法轮、宝伞、天盖、莲花、宝罐、双鱼、盘龙（亦名"百结"或"八结"）八种纹饰组成。

[7] "八宝"（亦称"杂宝"）纹，是由珊瑚枝、珊瑚珠、金锭、银锭、万卷书、单犀角、双犀角、方胜、双胜、古钱、火珠（或称"宝珠"）、笔锭、如意头、法螺等纹样，选用其中八种组成的图案、有时只用其中的六种或四种组成的纹样亦称"八宝"纹。

[8] 《明史·舆服志二》卷六十六。

[9] 《明会典》卷六十；《明史·舆服志二》卷六十六。

[10] 《明会典·皇后冠服》卷六十，《常服》永乐三年定："霞帔深青为质，织金云霞龙纹，或绣或铺翠圈金饰以珠，纻丝纱罗随用"。据《明实录·神宗实录》卷四一七载：万历三十四年正月甲申，御用监上圣母册封册宝冠顶等物中有"金累丝滴珍珠霞帔椀一副，计四百十二个"。

[11] 《明史·舆服志二》卷六十六《皇帝皮弁服》。

[12] 《明史·舆服志二》卷六十六《皇帝冠服》、《皇后常服》条。

[13] 山东省博物馆：《发掘明朱檀墓纪实》，《文物》1972年第5期。

[14] 江西省博物馆：《江西南城明益王朱祐槟墓发掘报告》，《文物》1973年第3期。

[15] 《明史·舆服志》卷六十六、六十七。

[16] 《明实录·神宗实录》卷四一七，万三十四年正月甲申，御用监上圣母册封册宝冠顶等物中有："金钑云龙嵌宝石珍珠荷叶提头浆水玉禁步一副，计二挂，间珊瑚、碧甸子、金星石、紫线宝、黄红线穗头全。"

[17] （明）沈德符：《万历野获编》卷十三，《笏囊佩袋》。

[18] 《明史·舆服志二》卷六十六《皇后冠服》载：永乐三年定"玉谷圭，长七寸，剡其上，琢谷纹，黄绮约其下，韬以黄囊，金龙纹"。

另：本文插图均采自中国社会科学院考古研究所、定陵博物馆、北京市文物工作队：《定陵》，文物出版社，1990年。

从泉州到锡兰山

——明代中国与斯里兰卡交往的考古学实证

姜 波[1]

元明时期,中国与斯里兰卡有着非常密切的交流,至郑和航海时代达于极盛。20世纪以来,在斯里兰卡的南部港口城市和中国的泉州港,各有中斯交往的诸多考古实物发现。斯里兰卡方面,除了中国钱币、陶瓷等习见之物以外,最为重要的是出土于加勒港(Galle)的"郑和布施锡兰山佛寺碑",此碑用三种文字记述了郑和代表大明皇帝向佛教、印度教、伊斯兰教主神贡献布施的史实。中国方面,20世纪九十年代以来,在福建泉州发现了钦赐"世"姓的锡兰国后裔的祖茔与墓碑,揭示了锡兰国后裔留居东方大港泉州的一段珍贵历史。本文即以"郑和布施锡兰山佛寺碑"和泉州出土"世氏"墓碑为线索,剖析元、明时期海上丝绸之路上的族群、语言与宗教背景。

一 "郑和布施锡兰山佛寺碑"

(一)锡兰碑的发现与碑文考释

1911年英国工程师托马林(H.F.Thomalin)在斯里兰卡南部港口城市加勒(Galle)克里普斯(St. Cripples)路口转弯处的一处下水道上发现1块石碑,上面有汉文、波斯文、泰米尔文碑铭,内容是郑和向佛祖释迦牟尼、真主阿拉、印度教神毗湿奴祈愿贡献,这就是有名的"郑和布施锡兰山碑"。此碑被发现后,引起了斯里兰卡国内外学术界的极大关注,许多学者加以关注,其中汉文碑铭的研究,Edmund Backhouse[1]、伯希和[2]、冯承均[3]、向达[4]、李约瑟(Joseph Needham)[5]、山本达郎[6]、Eva Nagel[7]、大隅晶子[8]、袁坚[9]、查迪玛[10]、刘迎胜[11]、李玉昆[12]、邓殿臣[13]、吴之洪[14]、陈得芝[15]、龙村倪[16]等先后撰文介绍;泰米尔文、波斯文碑文则有斯里兰卡学者S. Paranavitana、Rao Bahadur H. Krishna Sastri和J.

1:国家文物局水下文化遗产保护中心

Horrovizi等撰文加以介绍[17]。

"郑和布施锡兰山碑"被发现以后,斯里兰卡考古学家S.Paranavitana先生将中文碑铭拓片寄送英国驻中国大使Edmund Backhouse考证释读。后来向达先生在英国读到该碑的拓片,遂撰文加以介绍,引起学术界的关注。释文方面,斯里兰卡学者查迪玛对此前诸多学者的释文进行了综合比较,并提出自己的释文方案,笔者以为,这是迄今为止最为可靠的释文版本[18];南京大学的刘迎胜先生则对碑文中的汉文、泰米尔文、波斯文进行了综合对比研究,特别是对波斯语进行了解读,其释文也颇具价值[19]。本文介绍"郑和布施锡兰山碑"的情况,即以查迪玛和刘迎胜先生的释文为基础。

郑和布施锡兰山碑原碑现藏科伦坡国家博物馆,笔者无从亲睹。碑文的拓片,据笔者的调查,至少在大英图书馆和中国国家博物馆分别有收藏。前者系当年向达先生进行研究的底本,后者则是新中国成立以后,斯里兰卡代表团赠送中国政府的礼品,经中国社会科学院调拨中国历史博物馆(今国家博物馆)。1992年中国画报出版社出版的《从威尼斯到大阪:联合国教科文组织海上丝绸之路考察》曾刊出郑和布施锡兰山碑彩图照片两幅,但图像不清晰,碑文无从卒读。

按照查迪玛的介绍,锡兰碑高144.88、宽76.20、厚12.70厘米,碑额两面均为二龙戏珠纹饰,两角呈圆拱形,背面平素无文,正面刻三种文字的碑铭,碑右侧为中文,楷书,竖行书写;左上为泰米尔文,横向书写;左下为波斯文,亦横向书写。由于锡兰碑被发现时被用作下水道的盖子,泰米尔文、波斯文碑铭漫漶不清,所幸汉文碑铭大体可认。经学者们的判读,汉文、泰米尔文、波斯文碑铭分别是郑和代表大明皇帝向佛祖释迦牟尼、印度教主神毗湿奴和伊斯兰教真主阿拉祈愿、贡献的内容。

汉文碑铭的内容如下:

(1行)大明
(2行)皇帝遣太监郑和、王贵通等昭告于
(3行)佛世尊,曰:仰惟慈尊,圆明广大。道臻玄妙,法济群伦。历劫河沙,悉归弘化,能仁慧力,妙应无方。惟锡兰山介乎海南,言言梵
(4行)刹,灵感翕遵彰。比者遗使诏谕诸番,海道之开,深赖慈佑,人舟安利,来往无虞,用惟大德,礼用报施。谨以金银织金纻丝宝幡、
(5行)香炉、花瓶、纻丝表里、灯烛等物,布施佛寺,以充供养。惟
(6行)世尊鉴之。
(7行)总计布施锡兰山立佛等寺供养:
(8行)金壹仟钱,银伍仟钱,各色纻丝伍拾足,各色绢伍拾足,织金纻丝宝幡肆对,内红贰对、黄壹对、青壹对。

（9行）古铜香炉伍个，饯金座全；古铜花瓶伍对，饯金座全；黄铜烛台伍对，饯金座全；黄铜灯盏伍个，饯金座全。

（10行）硃红漆饯金香盒伍个，金莲花陆对，香油贰仟伍佰斤，蜡烛壹拾对，檀香壹拾炷。

（11行）时永乐柒年岁次乙丑二月甲戌朔日谨施。

泰米尔文碑文按S. Paranavitana的英文释读转译如下：

（1~6行）：诸事如意！中国的伟大帝王，至高无上的万王之王，如天上光芒四射的满月。他听说了毗湿奴神的圣名，派两位使者郑和和王贵通给锡兰国的毗湿奴神带来了神圣的礼物。

（6~13行）：皇帝陛下昭告，毗湿奴神的慈爱，保佑万民，安乐幸福。毗湿奴神的恩泽，为来往的人们扫平障碍。因此，以下是给毗湿奴神的供养，即金银、丝绸、檀香和香油。

（13~22行）：供养物品具体如下：金壹仟钱，银伍仟钱，各色纻丝伍拾足，织金纻丝宝幡肆对，红贰对。古铜香炉伍个，饯金座全；古铜花瓶伍对，饯金座全；黄铜烛台伍对，饯金座全；黄铜灯盏伍个，饯金座全。金莲花陆对，硃红漆饯金香盒伍个，蜡烛壹拾对，香油贰仟伍佰斤，檀香壹拾炷。

需要说明的是，泰米尔碑文中的供养之神写作Tenavarai-nayinar，按照斯里兰卡学者查迪玛的研究，泰米尔文中的Tenavarai，即僧伽罗语的Devnudara，梵文写作Deva-nagara，现代僧伽罗语写作Devnudara，英语写作Dondra，即栋德拉。在斯里兰卡史书《大史》（Mahavamsa）中，栋德拉是朝拜Uppalavanna的圣地，僧伽罗语中的Uppalavanna在印度《史诗》（Purana）中写作Vishnu，即印度教的大神毗湿奴。在古典时代印度洋航海活动中，航海家常常把毗湿奴奉为航海者的保护神，"郑和布施锡兰山碑"的泰米尔碑文将毗湿奴奉为供养对象，正可谓实至名归。

波斯文碑文释读如下：

（1行）：……

（2行）：伟大的帝王……奉王命……明……

（3行）：……被派来表示敬意……

（4行）：……寻求帮助并……

（5行）：……

（6行）：……知道……

（7行）：……为……

（8行）：这些奇迹……

（9行）：……被送给……
（10行）：……知道……表达敬意
（11行）：……纻丝、香炉、花瓶……和香油
（12行）：……为了善行送来的供养，因此
（13行）：……真主阿拉
（14行）：……供养物品如下：
（15行）：……金壹仟钱，银伍仟钱，……纻丝伍拾足
（16行）：……伍拾……纻丝肆……共贰对
（17行）：黄壹对……壹对……古铜香炉伍个
（18行）：……黄铜座伍个……伍对……戗金红座
（19行）：灯盏伍个，戗金红座伍个，戗金木制伍个
（20行）：……香油……
（21行）：……日期……
（22行）：……柒年……壹日

由上可见，汉文、泰米尔文、波斯文碑文意思大致相同，只是主神对象不同，布施的物品档次、数量也有递减，而以佛世尊享誉最尊，所获贡品也最丰厚。

此碑应该是永乐七年二月郑和第3次下西洋之前在南京刻造。南京东郊汤山即是明代官办采石刻碑的场所，遗址所在至今尚有未及完工的巨型石碑。按照费信《星槎胜览》所记，郑和第3次下西洋，遵照季侯风发舟的传统，永乐七年九月从太仓启程，十月抵福建长乐，十二月从五虎门出洋。从福建抵达锡兰，按3个月航程推算，郑和船队抵达锡兰山应该是在永乐八年春，石碑的树立时间应该就在此前后。Galle在僧伽罗语中被称为Cheena Koratuwa，意即"中国码头"。我以为立碑的地点很有可能就是石碑发现地Galle市，而非许多学者所言的栋德拉（Dondra）。

（二）郑和海外立碑之概况

为宣示大明王朝的国威，在海外封山、立碑、布施是郑和航海所推行的系列外交策略之一，此故，"郑和布施锡兰山碑"不是郑和在海外立碑的孤例。考诸史籍，郑和在海外立碑的情况有以下诸例（因为海上航行需季侯风而行，故镌碑年代与立碑年代，往往会有一定偏差，这里都以镌刻年代为据）[20]：

1）永乐三年（1405年），在满剌加国首都之西山（今马来西亚马六甲州的升旗山）立"封西山镇国碑"。

2）永乐七年（1409年），在满剌加首都之西山立"封王建国碑"。

3）永乐六年（1408年），在渤泥国（今加里曼丹岛北部文莱一带）立"封长宁山镇国碑"。

4）永乐七年（1409年），在锡兰国立"布施锡兰山佛寺碑"（此碑发现于今斯里兰卡加勒港，藏科伦坡国家博物馆）。

5）永乐十年（1412年，一说永乐十五年），在印度南部柯枝国（今印度科钦Cochin）立"封大山镇国碑"。

6）永乐六年（1408年），在印度西南部的古里国立"古里封王碑"。

以上郑和在海外树立的石碑，迄今只有永乐年间在锡兰山所立的"布施锡兰山佛寺碑"孤悬海外，弥足珍贵。它的发现，也有力地证明了有关郑和在海外封山立碑的文献记载是可信的。

其他的碑石，虽然未见考古发现实物，但历史上却是有人做过观摩与记载的。郑和树立锡兰山碑的事件，郑和的随从费信曾经目睹，并在所著《星槎胜览》中对此事做了简略的记载："永乐七年，皇上命正使太监郑和等赍捧诏敕、金银供器、彩妆、织金宝幡、布施于寺，及建石碑"。这段记载，与汉文碑铭的内容正好可以互相印证。锡兰山碑后来还被中外旅行家提及，如清代王韬曾游历斯里兰卡，在其《随行漫录》中曾言及一小佛寺，内有卧佛，且言"明永乐年间，太监郑和曾赍法器、宝幡，布施寺中"。另一位曾经游历斯里兰卡的清代学者黄遵宪，在其诗作《锡兰岛卧佛》（收入《人境庐诗草》）中，也曾咏及郑和。由此可见，锡兰山碑被郑和树立以后，不少中外旅行家是确曾看到的。

南印度的古里港是郑和船队在西印度洋海域的重要中转港口，郑和在这里曾经树立"古里封王碑"。这块石碑，曾经被西方旅行家看到，并有记述。《伊本·白图泰游记》甚至提到在古里港口看到有13艘中国商船。这些记载，可与英国考古队在印度南部科钦港发现的中国宋代沉船"泰加勒沉船"相印证[21]。可惜的是，古里碑连同其他几块郑和在海外树立的石碑，至今未能发现。

（三）郑和及其团队的宗教信仰

"布施锡兰山佛寺碑"记录了郑和及其船队分别向佛祖释迦牟尼、印度教主神毗湿奴和伊斯兰教真主阿拉祈愿、布施的情况，1块石碑、三种宗教，反映出郑和本人及其航海团队的宗教信仰是十分复杂的。

郑和本人的伊斯兰背景无疑是首先值得关注的。永乐三年郑和为其父亲立碑，碑文明确提到其父、祖都曾远赴天方朝拜，有"哈只"之名号。据现存《重修西安羊市大清净寺记》，永乐十一年，郑和为下西洋征求人才，曾赴西安清净寺，云："永乐十一年四月，太监郑和奉敕往西域天方国，道出陕西，求所以通译国语，可佐信使者，乃得本寺掌教哈三焉。"又，随同郑和下西洋的马欢就是回回人，费信也可能是回回人。

按照刘迎胜先生的研究，"布施锡兰山碑"波斯语第十行"……已知……致敬"

（原文残），对应的是汉文碑铭中"历劫河沙，悉归弘化，能仁慧力，妙应无方。惟锡兰山介乎海南，言言梵刹，灵感翕遵彰。比者遣使诏谕诸番，海道之开，深赖慈佑，人舟安利，来往无虞，用惟大德，礼用报施"。讲述的是郑和为祈求航海"人舟安利，来往无虞"而向真主阿拉祈愿、布施的情况[22]。由此观之，"布施锡兰山碑"与泉州灵山伊斯兰圣墓 "郑和行香碑"堪称姊妹作，后者碑文为"钦差总兵太监郑和，前往西洋忽鲁谟厮等国公干，永乐十五年五月十六日于此行香，望灵圣庇佑，镇抚蒲和日记立"。

郑和与佛教渊源颇深，并有法名福善、福吉祥等，考古实证郑和与佛教相关的事例有：

1）永乐元年郑和捐资刻印的《佛说摩利支天菩萨经》（中国国家图书馆藏）
2）永乐七年"郑和布施锡兰山佛寺碑"
3）南京大报恩寺琉璃塔（明宣宗敕谕郑和督造）
4）永乐十八年郑和捐资刻印的《五华寺大藏经题记》（云南省图书馆藏）
5）宣德七年郑和捐印的《妙法莲华经》（2002年浙江平湖报本塔天宫发现）
6）宣德六年郑和等发心铸造铜钟（国家博物馆藏）
7）明天顺六年《非幻庵香火圣像题记》（记郑和捐赠南京碧峰寺铜像及郑和客死印度古里事）
8）南京静海寺（郑和曾捐赠锡兰佛牙、佛像等于该寺）（静海寺尚存南京）

郑和布施锡兰山碑没有提及的另一位重要海神是妈祖（天妃），妈祖之所以没有被提及，肯定是与立碑地点有关系。但是不得不提到的是，妈祖很可能是郑和及其航海团队最重要的祭祀对象。郑和与天妃信仰之关系，考古实证材料很多，略举几例如下：

1）宣德六年郑和修长乐天妃宫，存世有著名的《天妃之神灵应记》碑
2）宣德五年郑和刻《娄东刘家港天妃宫时刻通番事迹碑》，碑已毁，但拓本尚存。
3）永乐十四年南京天妃宫立御制《南京弘仁普济天妃宫碑》，褒扬天妃保佑郑和下西洋。
4）永乐、宣德间，郑和修整湄洲天妃宫（湄洲天妃宫尚存）
5）永乐五年，郑和奏修泉州天妃宫（泉州天妃宫尚存）
6）永乐七年，郑和修长乐文石天妃宫（原址尚存，2001年重修）
7）永乐十五年，郑和在福建东山刻《舟师往西洋记碑》，赞天妃灵佑。

由上可见，郑和本人及其海航团队，有多种宗教信仰并存的现象，为祈求航海平安，郑和及其团队对佛教、印度教、伊斯兰教、妈祖都尊崇有加，这也是锡兰山碑三种文字、三种宗教并存的原因。

二 锡兰国后裔墓碑在泉州的发现

1996年以来，在泉州发现了钦赐"世氏"的锡兰国后裔文物考古资料，包括世氏祖茔、世氏族人墓碑、留有世氏族人名录的碑刻、世氏族人买卖田宅的契约、流传至台湾地区的《世氏族谱》等。这些文物考古发现，可与乾隆《泉州府志》"世拱显传"、道光《晋江县志》"人物志·世拱显传"等地方文献对留寓泉州锡兰后裔的记载相印证，揭示出一段鲜为人知的珍贵历史。

泉州发现的有关世氏家族的碑刻、题记材料，计有以下诸例[23]：

1. 泉州东岳山锡兰世氏家族祖茔地与墓碑　1996年，在泉州东岳山世家坑发现世氏祖茔，计有"世家坑"摩崖石刻1通、世氏族人墓碑24方。墓碑现已入藏于泉州海交史博物馆。锡兰世氏后裔墓碑多有"世公""世门"等家族姓氏标志。这里按李玉昆先生的统计列举如下：

  锡兰世氏祖茔
  锡兰世氏□□
  皇清孙振世公祖坟
  皇清锡兰考开仕世公，妣顺懿林氏，翰林院庶吉士外甥杜中士勒石
  锡兰宗什、敦岸世公祖茔
  锡兰故考为□，孺人变官陈
  锡兰世氏吴门
  锡兰何公祖坟
  明使臣世公，孺人蒲氏，孙华立
  通事世公，慈淑谢氏茔
  世氏祖坟
  缙甫世公祖坟
  清植轩世公茔
  世府君，黎孺人祖坟
  清敦睦世公，恬慈张氏
  清二陟世公，妣翁氏
  清缘督世公，备德蔡氏坟
  意斋世公，贞德黄氏
  清世母翁氏坟
  世门王氏祖茔
  世母肖氏祖坟

世门张祖□
康慈世妈祖□
□□丁氏世

2)《泉郡守五岳蔡公德政碑》此碑立于泉州洛阳桥蔡襄祠，明万历四十七年庄际昌撰，碑文列举泉郡名流，锡兰后裔世寰望以举人身份位列其中[24]。

3）世氏族人买卖田宅的契约 计有清雍正三年、乾隆四十八年、光绪十一年世氏族人买卖田宅的契约3份，前者发现于泉州释迦寺，后二者发现于泉州涂门街120号林金铮宅。

4）流传至台湾地区的《世氏族谱》抄本，泉州世氏族人原有族谱流传，惜"文革"中被焚毁。90年代流寓台湾的世氏后裔将《世氏族谱》手抄本复印件带回泉州。据抄本，《世氏族谱》大约在清光绪十八年前后重修，它记述了世氏家族的谱系与寄寓泉州的历史，十分重要。

按照《世氏族谱》的记载，世氏祖茔分为五处，即东岳山世家坑、西福唐西乡世厝墓、潘山世厝山、清源山鼎底乡陈三坝、清濛乡和州同知墓左畔园。目前只有东岳山世家坑墓地得到发现确认。

三 海上丝绸之路上的商旅、族群、语言与宗教

（一）锡兰后裔的汉化进程

泉州的锡兰后裔，在初到泉州之时，应该使用的是锡兰本族语言——僧伽罗语。但是，世氏族人定居泉州以后，与泉州当地人迅速融合，族外通婚、继嗣的情况非常普遍。从考古发现的墓碑资料来看，被世氏纳入为妻的情况有：林氏、杜氏、陈氏、吴氏、谢氏、张氏、瓮氏、蔡氏、黄氏、王氏、肖氏、童氏、周氏、赖氏、蒲氏、丁氏等；世氏族女外嫁的现象亦不少，可确考的例子有《凤栖杜氏家谱》杜庵公之妻为世来舍。尤为令人瞩目的是，世氏与同样寄寓泉州的伊斯兰蒲氏、丁氏也存在通婚现象。如现藏泉州海交史博物馆的明使臣碑碑文为"明 使臣世公，孺人蒲氏，孙华立"，此处蒲氏必为泉州蒲寿庚一族，是掌控泉州海外贸易的伊斯兰望族[25]。世家坑出土的另一方墓碑碑文为"□□丁氏世……"，众所周知，丁氏是泉州伊斯兰大族，其余脉延至今日仍十分兴旺。

除了通婚，世氏与外族之间还存在过继为嗣的现象。世家坑墓碑中有"锡兰何公祖坟"一方，查《世氏族谱·懋昭公小传》载：何家有恩于世氏，何家无嗣，世懋昭欲拨子女入何家为嗣，先后以两个女儿（一女不幸夭折）和次男宗炎继嗣何家，"锡

兰何公祖坟"墓碑即入嗣何家的世宗炎（何宗炎）的墓碑。宗炎既然已经过继于何家，却依旧归葬于世氏祖茔之地，颇有意味。不仅如此，世氏族内的过继现象也是存在的，世宗炎的兄长世宗汉，就被过继给了其伯父，这在《世氏族谱·懋昭公小传》中也有记载。

世氏与泉州当地人的融合，还突出地表现在世氏的汉化现象。《世氏族谱·祖训》言"吾家世读儒书，凡事须依礼而行"，所以嫁女娶妇以"耕读人家"为首选。按乾隆《泉州府志》和道光《晋江县志》所记，明清时期世氏家族有两人中举，一为世寰望，明万历四十六年举人；一为世拱显，康熙五十二年举人。《世氏族谱》所记，世氏家族中品学兼优、推为名儒者还有多人，甚而至于有十五世世星垣东渡台湾，在彰化设馆授徒。

值得说明的是，自锡兰山流寓泉州港以后，世氏族人还有人从事海洋贸易。世家坑墓碑中，即有"明使臣世公"墓碑1方、"通事世公"碑1方，此两人的经历显然与航海贸易有关，前者有"使臣"头衔，元明时期，福建沿海港口出洋贸易，官府冠之以使臣名义，是非常普遍的现象，逮至清代琉球贸易，仍然如此，更何况，他的夫人就是从事海洋贸易的蒲氏家族。第二方墓碑主人的身份为"通事"，通事即翻译，郑和团队中的马欢、费信的身份就是"通事"，明清时期从事翻译工作的四夷馆、回回馆就有通晓波斯语、阿拉伯语等各种语言的"通事"。世氏家族从事海洋贸易的情况，在《世氏族谱》中也有反映，如世星垣，在杭州从事贸易，被洋贼剥抢一空；世哲"贸易到漳（漳州港），中途被害"。

（二）海上丝绸之路上的族群和语言

从郑和布施锡兰山佛寺碑和泉州发现的石刻材料来看，元、明时期海上丝绸之路上的语言与族群呈现出复杂的多样性。汉文、阿拉伯语、波斯语、泰米尔文都曾被使团、商旅和宗教朝圣者使用。世氏墓碑的发现，说明斯里兰卡的僧伽罗语也曾被使用。阿拉伯文的情况，吴文良先生《泉州宗教石刻》所录阿拉伯文碑铭材料，已生动展示阿拉伯语在泉州港交流使用的情况，我们这里不作详细讨论。下面仅对波斯语和泰米尔文的情况略作说明。

波斯语是古代东西方贸易活动中所使用的主要语言之一。以波斯语参与商业贸易活动的商团，其宗教信仰以伊斯兰教为主。而操波斯语、信奉伊斯兰教的族群则相对比较复杂，波斯湾口的忽鲁谟斯人，即是其中之一。我们通过东西方旅行家的记载，可以看出活跃在中东和印度洋航线上的很多商人、水手，都来自忽鲁谟斯王国。波斯人至迟在宋代就已定居泉州。日本东山寺所藏《波斯文书》，系日本僧人庆政上人从泉州带回的。《波斯文书·序》载："此是南蕃文字也，南无释迦如来，南无阿弥陀佛也，两三人到来舶上望书之。尔时大宋嘉定十年丁丑于泉州记之"、"为遣本朝辨和尚，禅庵令书之，彼和尚殊芳印度之风故也，沙门庆政记之"[26]。

波斯语在泉州被使用的一个重要考古实证是艾哈玛德墓碑，碑文反映了泉州城内波斯人与汉人通婚的现象。按碑文所记，阿含抹的父亲艾哈玛德是混血儿，其母亲应当是泉州城内的汉人女子[27]。1965年，泉州通淮门外津头埔出土了1方墓碑，正、反面分别刻汉文、波斯文。此碑非常有名，西方文献中屡屡提到的东方大港"刺桐"，其确切的位置在汉文文献中一直找不到对应的港口，此碑因为明确提到"刺桐城"，从而使国际学术界聚讼多年的一宗悬案最终尘埃落定。此碑的汉文内容为：

> "先君生于壬辰六月二十三日申时，享年三十岁。于元至治辛酉九月二十五日卒，遂葬于此。时至治二年岁次壬戌七月日，男阿含抹谨志。"

碑文波斯语译文为：

> "人人都要尝死的滋味。艾哈玛德·本·和加·哈吉姆·艾勒德死于艾哈玛德家族母亲的城市刺桐城。生于692年（伊斯兰历）即龙年，享年三十岁"。

泉州港出土的波斯文汉文墓碑和日本东山寺藏《波斯文书》，有力地证明了泉州港有操波斯语的族群存在。郑和布施锡兰山佛寺碑，因为是在中国预先制备的，其波斯碑文也是在中国刻造的，如果锡兰碑是在南京刻造的，那么，南京等地应该也有波斯语族存在。笔者最近注意到，韩国新安沉船上有波斯釉陶盘出水，此盘为生活用器皿，不是贸易陶瓷，这说明，新安沉船上，很有可能也有波斯商人。

使用泰米尔语、信奉印度教的南印度人，也是活跃在这条海路上的族群之一。南印度和斯里兰卡自不必说，中南半岛、苏门答腊和爪哇都曾经有过印度化的历史进程，爪哇的普兰巴南寺、马来半岛发现的泰米尔文石碑、越南美兰印度教遗址都是这一历史进程遗留下来的考古踪迹。迄今为止，中国泉州发现的印度教石刻总数多达300余方，其中包括泉州开元寺留下的印度教石刻。特别要提到的是，1956年，吴文良先生在泉州五堡豆芽巷发现了一方泰米尔文石刻，记载了1281年泰米尔人圣班达·贝鲁玛在泉州建立印度教寺院——番佛寺的情况，生动表明了泰米尔语族定居泉州的史实[28]。

佛教徒也是这条海路上的常客，斯里兰卡是法显、义静等中国佛教徒曾经朝圣过的国度，前者取海道归国，后者则是取海道往返。印度僧人真谛（拘那罗陀）、智亮、罗护那等也曾走海道东航到达中国泉州，弘扬佛法。这方面的研究成果十分丰富，这里就无须多言了。

（三）海上丝绸之路上的族群与宗教冲突

郑和布施锡兰山佛寺碑三种语言、宗教并存，反映了海上丝绸之路上不同族群、语言和宗教共存的现象。泉州锡兰后裔墓碑的发现，也生动说明了僧伽罗语族与汉族、阿拉伯族群的融合与交流。但如果仔细考订相关资料与文献，也能看到不同族群与宗教之间的冲突。

郑和布施锡兰山佛寺碑背后隐藏的另一个史实，就是"锡兰山之战"。锡兰山之战在汉文文献中有一些记载，而以《大唐西域记》"僧伽罗国"条所记最详："今之锡兰山，即古之僧伽罗国也。王宫侧有佛牙精舍，饰以众宝，晖光赫奕，累世相承，敬礼不衰。今国王阿烈苦奈儿，锁里人也。崇祀外道，不敬佛法，暴虐凶悖，縻恤国人，亵慢佛牙。大明永乐三年，皇帝遣中使太监郑和奉香药诣彼国供养。郑和劝国王阿烈苦奈儿敬崇佛教，远离外道。王怒，即欲加害。郑和知其谋，遂去。后复遣郑和往赐诸番，并赐锡兰山国王，王益慢不恭，欲图害使者。用兵五万人，刊木塞道，分兵以劫海舟。会其下预泄其机，郑和等觉。亟回舟，路已阻绝。潜遣人出舟师拒之。和以兵三千，夜由间道攻入王城，守之。其劫海舟番兵，四面来攻，合围数重，攻占六日。和等执其王，凌晨开门，伐木取道，且战且行，凡二十余里，抵暮始达舟。……永乐九年七月初九日至京师"。

《大唐西域记》所言锡兰国王阿烈苦奈儿崇敬外道，暗指其信奉伊斯兰教。阿烈苦奈儿来自锁里国，锁里，按陈高华、刘迎胜等先生的考订，即汉文文献中的南印度的西洋锁里，元明文献中又称注辇、锁里、马八儿，锁里是印度当地土著的自称，马八儿则是回回商团的称号，意即"渡口"[29]。锁里（马八儿）的宗教社会结构很有意思，其上层社会由伊斯兰背景的商人集团控制，土著的社会底层则是佛教、印度教教徒。阿烈苦奈儿来自锁里的伊斯兰商团，在以佛教和印度教为主流的锡兰国自然被看做是"崇敬外道"。郑和劝其归奉佛教，遭到阿烈苦奈儿的拒绝，最终导致"锡兰山之战"，郑和由间道攻取王城，俘虏阿烈苦奈儿而回。

不同族群与宗教团体在海洋贸易方面的冲突，在《元史·马八儿等国传》中也有案可查。至元十八年（1281年），元使哈撒儿海牙、杨庭璧出使南印度俱蓝国，至马八儿，马八儿宰相马因的和不阿里告知算弹（苏丹）"籍我金银田产妻孥"，表明马八儿当地贵族与回回商贾实力之间存在一定的矛盾。马八儿五王回避与元朝贸易往来，回回商贾实力却力图推动双方的经贸交流，态度截然相反。

锡兰国后裔在泉州从事海洋贸易，也曾遭遇劫难。如《世氏族谱》记载，世星垣曾经在杭州遭洋贼抢劫，世哲在赴漳州月港进行贸易时，中途被害。由此可见，元明时期的海洋贸易，除了风暴海难，不同族群、宗教团体之间的冲突也是不可回避的贸易风险。

注　释

[1]　S. Paranavitana, The Tamil Inscription on the Galle Trilingual Slab, Epigraphia Zeylanica, London, 1928-1933, Vol III, pp 331~340.

[2]　Pelliot（伯希和），Tung Pao（《通报》）第3~4期，1935, Paris, pp 237~452.

[3]　冯承均曾转述伯希和文，见《郑和下西洋考》，商务印书馆，1934年。

[4]　巩珍等：《西洋番国志》第50页之附录"郑和在锡兰所立碑"，中华书局，1961年。

[5] 李约瑟：《中国科技史》第一卷第二分册第475页，科学出版社，1975年。

[6] 山本达郎等：《郑和西征考》第398~399页，《文哲季刊》第四卷第2期，1935年。

[7] Eva Negas, The Chinese Inscription on the Trilingual Slabstone from Galle Reconsidered: a Study Case in Early Ming-Chinese Diplomatics, Ancient Ruhuna: Sri Lankan-German Archaeological Project in the Southern Province, Ed. H.J. Weisshaar, H.Roth and W.Wijeya Pala, Vol. Ⅵ, Mainz, pp 385~467.

[8] 大隅晶子：《科伦坡国立博物馆所藏"郑和碑文"研究》第53~72页，《东京国立博物馆研究志》第551期，平成九年，1997年。

[9] 袁坚：《斯里兰卡的郑和布施碑》，《南亚研究》1981年第1期。

[10] （斯里兰卡）A. Chandima（查迪玛）、武元磊：《郑和锡兰碑新考》，《东南文化》2011年第1期。

[11] a.刘迎胜：《"锡兰山碑"的史源研究》，《郑和研究》2008年第4期。
b.刘迎胜：《海路与陆路：中古时代东西交流研究》第93~101页，北京大学出版社，2011年。

[12] 李玉昆、李秀梅：《中斯友好与泉州的锡兰王裔》，《海交史研究》1999年第2期。

[13] 邓殿臣：《斯里兰卡的"郑和碑"》，《百科知识》1983年第9期。

[14] 吴之洪：《郑和"布施锡兰山佛寺碑"碑文考》，《黑龙江史志》2009年第20期。

[15] 陈得芝：《关于郑和下西洋年代的一些问题》，《郑和与海洋》，中国农业出版社，1988年。

[16] 龙村倪：《郑和布施锡兰山佛寺碑汉文通解》第1~6页，《中华科技史学会会刊》第10期（2006年12月）。

[17] S. Paranavitana, The Tamil Inscription on the Galle Trilingual Slab, Epigraphia Zeylanica, London, 1928~1933, Vol Ⅲ, pp 331~340.

[18] （斯里兰卡）A. Chandima（查迪玛）、武元磊：《郑和锡兰碑新考》，《东南文化》2011年第1期。

[19] a.刘迎胜：《明初中国与亚洲中西部地区交往的外交语言问题》，《纪念郑和下西洋600周年国际学术论坛论文集》，社会科学文献出版社，2005年。
b.刘迎胜：《"锡兰山碑"的史源研究》，《郑和研究》2008年第4期。
c.刘迎胜：《海路与陆路：中古时代东西交流研究》第93~101页，北京大学出版社，2011年。

[20] 徐玉虎：《郑和下西洋于诸番国勒石立碑新考》，《郑和航海与世界文明——纪念郑和下西洋600周年论文集》，北京大学出版社，2005年。

[21] 林梅村：《郑和下西洋海外遗迹调查》，《紫禁城》2005年第4期。

[22] 刘迎胜：《明初中国与亚洲中西部地区交往的外交语言问题》，《纪念郑和下西洋600周年国际学术论坛论文集》，社会科学文献出版社，2005年。

[23] 李玉昆：《中斯友好与泉州的锡兰王裔》，《海交史研究》1999年第2期。

[24] 按乾隆《泉州府志》和道光《晋江县志》所记，明清时期世氏家族有二人中举，一为世寰

望，明万历四十六年举人；一为世拱显，康熙五十二年举人。

[25] 桑原骘藏等：《蒲寿庚考》，中华书局，1954年。

[26] 李玉昆：《庆政上人从泉州带回〈波斯文书〉等》，《外国人在泉州与泉州人在海外》，海风出版社，2007年。

[27] 李玉昆：《混血儿艾哈玛德》，《外国人在泉州与泉州人在海外》，海风出版社，2007年。

[28] 碑铭释文参阅李玉昆：《印度人圣班达·贝鲁玛建番佛寺》，《外国人在泉州与泉州人在海外》，海风出版社，2007年。

[29] a.陈高华：《印度马八儿王子孛哈里来华新考》，《南开大学学报》（哲社版）1980年第4期。

b.刘迎胜：《从〈不阿里神道碑铭〉看南印度与元朝及波斯湾的交通》，《海路与陆路：中古时代东西交流研究》，北京大学出版社，2011年。

考古学几个关键概念的辨析

施劲松

语言是"约定俗成"的。我们今天的语言经过历史和生活的长期"筛选"而形成了相对固定的习惯用法，这些用法还在随着时间的推移和社会生活的变迁而发生变化。就汉字发展史言，许多字的写法和含义在汉代已基本明确。汉代产生了我国第一部字书《说文解字》，现代汉语中许多字词的含义和用法等，至少可以追溯至此。

同样，一门学科的专业概念或术语也是"约定俗成"的，只不过这里的规约主要来自学科自身的规定，以及在科学研究中形成的习惯。这些概念或术语在符合汉语基本语义的同时，还因在该学科中的运用而具备了特定的含义。因此，专业概念或术语反映了一门学科的基本特征；准确认识和把握专业概念和术语，有助于认识和理解该学科的相关问题。

与其他学科一样，考古学也有自身的专业概念和术语，其中一些关键的概念尤其需要辨明。另外，在考古出版物中，又常可见到一些基本概念用法不一，或是文字使用不当。这些不当使用的情况并不仅是文字规范问题，更多则涉及我们对考古学中一些基本问题的理解。以下仅就考古学的研究对象、基本理论和方法、研究目标等方面所涉及的概念或术语，各举几例加以讨论。

一 "遗存"、"遗迹"与"遗址"

考古学是一门通过古代人类遗留下来的"遗迹"和"遗物"来研究古代历史与文化的学科。在考古学的研究对象中，"遗存"、"遗迹"、"遗物"和"遗址"是几个相关联的基本概念[1]。

考古"遗存"是指过去人类活动遗留下来的所有实物。这些实物作为"过去"的证据，构成了考古学研究的基础。考古"遗存"又可分为"人工遗物"（arti-facts）、"生态遗物"（eco-facts）和"遗迹"三个基本类别，以及"遗址"和"区域"两个复合类别[2]（在这几个概念中，作为"遗存"类别的"区域"在中国考古学中很少使用，"遗物"将在下文中讨论）。

"遗迹"是指不可移动的人工物体，它包含位置和布局两个关键因素，因而"遗迹"不可搬动但可以重建。"遗迹"既有简单者如柱洞、灰坑，也有复合者如居址。在"企鹅"考古学辞典中，"遗迹"（feature）被扼要地定义为较大"遗址"中不可移动的要素[3]。

"遗址"则是指"遗物"和"遗迹"在空间上的集合体，无论其具体形式和内容如何，所有"遗址"都表明人类曾在此居住或活动过。在《企鹅英语辞典》中，"遗址"（site）被定义为任何有人类行为证据的地方，小至单件人工制品的出土地，大至城址[4]。

辨明这几个概念的意义不仅在于明了它们之间的相互关系，而且可以更清楚地认识到考古学研究的对象和考古资料的构成。

二 "遗物"与"文物"

顾名思义，"遗物"即是指从古代遗留下来的实物。作为考古学研究对象的"遗物"又可分为"人工遗物"和"生态遗物"两类。"人工遗物"是可移动的实物，它们全部或部分受到了人类行为的改变，即或是根据人类的用途加以改变的自然物（如石锤），或是全部由人类行为形成的新物品（如陶器）。"生态遗物"则是非人工制成、但却具有文化意义的实物遗存。它们虽然并非由人类活动直接创造或改变，但却能提供有关过去人类行为的重要信息。如"生态遗物"包括野生或家养的动植物遗存等，通过它们可以揭示出环境状况、食物和其他资源的种类，因而有助于我们理解过去的人类行为[5]。所有类别的出土"遗物"都是考古学的研究对象。

与"遗物"相关但又有所不同的概念是"文物"。"文物"是"文化之物"，特指那些具有文化意义的"遗物"和人类历史发展过程中留下的"遗迹"。"文物"有出土者，也有传世者。虽然各类"遗物"和"文物"都可以在不同程度上或从不同的侧面反映各个时期人类的社会活动、社会关系、意识形态，以及利用自然、改造自然的状况等，但"文物"更多地指那些历史上遗留下来的、在文化发展史上有价值的实物，如建筑、碑刻、工具、武器、生活用器和艺术品等。不仅如此，通常所说的"文物"还蕴含了一个民族特有的精神价值、思维方式、想象力，体现着一个民族的生命力与创造力。如果从哲学的角度看，"文物"还有更深刻的含义：可以将"一切的'文物'都作'文献'看，即随着'时光'之流逝，此类'物品'之'实质'性、'物质'性功能以及由之而来的'装饰'性功能隐去，而其精神性、文化性功能则显现出来，故而'物'成了'文物'"[6]。这应该是"文物"之于人类的最高层面的意义。

"文物"具有上述多层含义，故博物馆中收藏和陈列的"遗物"适合称"文物"。这些用于"教育"的展陈品是古代"遗物"中的特殊部分，被赋予了特定的文化含义或具有较高的艺术性。根据历史价值或艺术价值的不同，"文物"还可以被分为不同的等级。

"遗物"与"文物"显然有别。对考古发掘的资料进行客观报道和研究的应是"遗物"而非"文物",因为"遗物"的内涵大于"文物",并且也不专门体现文化成就与创造力。更重要的是,"遗物"是考古发掘出土的资料和科学研究的对象,是中性的客观存在物,不具主体情感色彩。不论何种"遗物",研究者都应以平等的态度相对待。李约瑟指出,科学研究在伦理上必须是中立的,研究者需以同样的态度对待一切事物而拒绝予以区别,不对自然界及人类社会中的事物作道德判断,这正是科学的精髓所在[7]。于是,考古学研究有别于文物研究,考古学研究属于科学研究,文物研究则近于艺术史研究。在报道考古资料和进行考古研究时用"遗物"而非"文物"的概念,体现的是考古学的科学性。

三 "叠压"与"迭压"

考古学的产生得益于地质学和生物的发展。考古学从地质学中借用了一些关键术语,如用"叠压"描述遗址中地层或遗迹等的连续堆积。一个遗址上不同内涵、不同时代的堆积层通常以相互"叠压"的形式出现,构成地层或遗迹单位的"叠压关系"。在正常情况下,同一地点较晚的堆积总是"叠压"较早的堆积,即较早时期形成的堆积在下、较晚时期形成的堆积在上;在一个有多层文化堆积的遗址,位置靠下的堆积早于位置靠上的堆积,这是考古地层学的基本原则之一[8]。古代遗址上成层的地层堆积反映的正是地质学中的"叠压"原理。

"叠压"之"叠",繁体为"疊",《说文解字》解为"重夕为多,重日为叠"。考古地层学的"叠压"正是取"重叠"之意,直观地表达出不同的堆积层层上下"叠压"所形成的空间关系。通过这种空间关系,我们可以知道堆积形成的早晚关系。

但在考古出版物中常见"叠压"被写为"迭压"。《说文解字》说"迭"为"更迭也"。"迭"在现代汉语中意为轮流、替换,或表示次数,并无上下相压的意思。"迭"表达的是一种与时间有关的顺序而非空间关系。考古地层学并不能仅据堆积的"叠压"关系而推知地层的具体年代,而是需要将"叠压"原理和地层关系判断结合起来,利用堆积中的包含物,并借助其他年代判定方法,才可能确定堆积的绝对年代,从而将地层上的空间关系转换为明确的时间次序。在考古学中,"叠"与"迭"或许可以说分别反映了考古遗存的空间与时间关系。

现代汉语中既无"迭压"一词,考古地层学也无法用"迭"表达堆积的空间关系。"叠"与"迭"本为异字,两者之所以混淆应与新中国成立后的文字改革有关。我国曾于1956年和1977年两次公布并实行简化字方案,其中一些音同意不同的字被合并,其中就包括"叠"与"迭"。第二次简化字方案废止后,1986年国家重新发布了《简化字总表》,调整了此前被合并的八组同音异义字,重新将各字的用法和含义分开,如"象"与"像"、"了"与"瞭"、"罗"与"啰"、"复"与"覆"、

"仇"与"雠"等，八组字中就有"叠"与"迭"。遗憾的是，这种纠正并未完全消除"叠"与"迭"因曾经合并而混用的现象。

四 "类型"与"器形"

考古学同样从生物学中借用了一些重要术语，其中之一是由生物形态分类学借鉴而来的"类型学"。"类型学"是通过研究考古遗存外在形态的分类、变化的逻辑序列来判断遗存的相对年代早晚，建立遗址相对年代序列，确立考古学的文化谱系。遗存在同时期内的形制差别通常标为"型"，随时间而产生的形制变化通常标为"式"[9]。"类型"之"型"，《说文解字》释为"铸器之法也"，"以木为之曰模，以竹曰范，以土曰型"。在现代汉语中，"型"除指模型外，还指类型，即具有共同特征的事物所形成的种类。

考古学中一个与"类型"相关的术语是"器形"，它在研究中通常用来指发掘出土的各种器物。《说文解字》说"形"为"象也"，指象形，现指形状、形体、实体。各类不同形状的器物被称之为"器形"，其实际用法近于"器类"。但在考古出版物中"器形"经常被误写为"器型"。"型"在古汉语中并不指形体或实体，在考古学中主要指分类。可见"类型"与"器形"，两者无论是在古今汉语还是考古学的语境中都有区别，这种区别体现的正是考古"类型学"的分类原则与逻辑。

五 "综合"与"分析"

"综合"与"分析"并非考古学的专有术语。不过在考古学研究的论著中，常见"综合分析"之说。在不同的情况下，"综合分析"有不同的用意，或是用以说明研究的方法、特点，或是突出研究的全面、系统，或是强调经"综合分析"而得出的结论合理、可信。但"综合"与"分析"的词义完全相反。《说文解说》中说"析"为"破木也"。从木从斤，十分形象。"综"则是指织机上使经线和纬线相交织的装置，"综"由此也有总聚、总和之意。"综合"与"分析"不仅词义完全相反，更重要的是在现代科学研究中"综合"和"分析"是两种不同的研究方法。"分析"是把一件事、一种现象或一个概念分解成较简单的组成部分，找出这些部分的本质属性和彼此间的关系。分析细密而有条理即谓"条分缕析"。而"综合"则是把对象或现象的各个部分、各属性联合成一个统一的整体，或者是将不同种类、不同性质的事物组合在一起。因此，"综合分析"并不能合用而成为一种研究方法，"综合"就是"综合"，"分析"就是"分析"。所说的"综合分析"若是为了强调分析法，其意可能为"全面分析""深入分析"；若是在强调综合法，那就应当是"综合研究"，对二者应当加以分辨。在具体研究过程中，如果需要同时运用两种方法当然无可厚非，但是，若仅把"综合分析"当作一句套话使用，则是未能分清的两种不同的研究理路与研究方法，或是表述不够严谨。

六 "复原"与"重建"

"复原"与"重建"与前几组概念不同，这里并不存在误用或使用不当。考察这组概念的目的在于促使我们进一步思考考古学的目标和定位：考古学究竟是"复原"历史还是"重建"历史。

考古学的目标常被认为是"复原"历史，甚至一项非常具体的研究也都被说成是在"复原"历史。"复原"一词的基本含义是"恢复原状"，这个愿望对人几乎是根深蒂固的。在面对事物时，我们希望透过现象看到事物的"本质—本来面目"；面对纷繁复杂的过去，希望洞悉其"真实"面貌，发现推动历史前进的动因；甚至在面对历史人物时，也希望了解其内心的"真实"想法。各种"外史""野史"的出现或源自此愿望。但是，历史能否彻底"复原"？即使"复原"自己曾经"亲历"的历史都非易事，更何况"复原"数千年前的历史。鉴于此，我们毋宁把"复原"历史当作考古学的"理想"和"终极目标"，而以"重建"历史作为考古学在实践过程中的可操作目标。

之所以如此，首先是因为考古学面对的是人类遗留下来的"物质遗存"。在很多情况下，这些"物质遗存"只是宏观历史图景中的一些"碎片"或"片断"，往往呈现出芜杂、无序、无规则的面貌，它明显不同于用历史话语构建出的"线性"发展的宏观历史图景。考古学努力把这些"碎片""拼接"起来，"重建"出一个个历史的"横断面"，甚至还会"重建"出多元的、多层面的、分叉的"复线历史"，立体化地"增补"着我们对历史的认识[10]。

其次，考古学要由这些"物质遗存"认识历史，需要经过由实物导向理论、由理论"重建"历史、再由考古材料检验理论的科学途径。为此，考古学发展出了众多的理论流派。每种理论对考古学研究都有促进，但每种理论又都只是提出了不同的问题或提供了不同的研究视角，或者说都只是提出了一些关于历史的合理的命题。在这个意义上，任何一种理论都是在以自己独特的方式"重建"历史，但没有任何一种理论可以宣称自己能"复原"整个历史。

第三，现代认知科学告诉我们，人并不是外在世界的被动接收器，而是主动的接受者，我们的经验都是"具身性的"，也就是说，我们在看世界的同时，就是在创造和解释着我们所看到的。从这个意义上说，即使我们以客观中立的态度无等差地面对研究材料，我们的研究也不可能是纯粹客观的——纯粹客观只是形而上学的构想。这也就是说，研究者自身的社会、经济和政治背景对研究课题的选择和最后的结论必然产生影响。考古学理论流派中的文化历史主义和文化过程主义主张采用"客位"的视角，即研究者的视角来解释考古资料。后过程主义力图采用一种"主位"的视角，即试图通过留下遗存的古代人的视角来进行解释[11]。尽管如此，解释最终还是要由研究者得出。因此，任何研究都是研究者主体的"构建"，而非"复原"。

最后，作为历史学科，考古学不能依靠可控的、可重复的实验来验证假设。所以，历史能否"复原"为原初的面貌是我们无法验证的。但是，考古学有信心通过不同的视角、利用不同的理论来"重建"古代的环境、技术、文化和行为模式等，并以此"重建"人类历史。

通过对上述几个考古学基本概念的辨析，我们得出认识，正确使用学术概念或术语不仅仅是文字规范的问题，而是涉及我们对考古学基本问题的把握，甚至关乎我们对这门学科的认识与理解。举凡科学概念和术语都超出了单纯语言学意义，一个概念蕴含着一门科学的基本任务、目标和方法。因此学科专业概念或术语的完善程度与精确程度，体现着这门学科的成熟程度乃至科学性，准确理解和掌握科学概念与术语是科学研究的第一步。

注　释

[1] 在上海辞书出版社2014年出版的《中国考古学大辞典》中，没有"遗存"、"遗址"，以及下文将要讨论的"文物"、"器形"等词目。《中国考古学大辞典》将"遗迹"定义为"遗剩之痕迹"（见《中国考古学大辞典》第13页），将"遗物"定义为"遗剩之物品"（见《中国考古学大辞典》第25页）。"遗物"应为由过去遗留下来的实物，"遗迹"之"迹"意为"过去留下的事物"（相对于"遗物"而言指不可移动者），并不是"痕迹"的意思。"遗迹"、"遗物"之"遗"均非"遗剩"之意。

[2] 这几个概念的含义见罗伯特·沙雷尔、温迪·阿什莫尔著，余西云等译：《考古学：发现我们的过去》第92、93页，上海人民出版社，2009年。本文中的"人工遗物"和"生态遗物"在该书中分别译为"人类遗物"和"自然遗物"。

[3] Dictionary of Archaeology, edited by Paul Bahn, London: Penguin Books Ltd, 2004, pp. 161.

[4] Dictionary of Archaeology, edited by Paul Bahn, London: Penguin Books Ltd, 2004, pp. 442.

[5] 〔美〕罗伯特·沙雷尔、温迪·阿什莫尔著，余西云等译：《考古学：发现我们的过去》第92、93页，上海人民出版社，2009年。

[6] 叶秀山：《关于"文物"之哲思》，《愉快的思》，辽宁教育出版社，1996年。

[7] 〔英〕李约瑟著、上海交通大学科学史系译：《中华科学文明史》第73页，上海人民出版社，2014年。

[8] 栾丰实、方辉、靳桂云：《考古学理论·方法·技术》第23、24页，文物出版社，2002年。

[9] 王巍：《中国考古学大辞典》第6页，上海辞书出版社，2014年。

[10] 王齐、施劲松：《三星堆启示录》，《南方民族考古》第7辑，科学出版社，2011年。

[11] 〔美〕罗伯特·沙雷尔、温迪·阿什莫尔著，余西云等译：《考古学：发现我们的过去》第88页，上海人民出版社，2009年。

关于田野考古发掘管理的认识和建议[1]

缪雅娟

学术管理是学科发展宏观调控的重要手段，学术管理工作对任何学科的发展和延伸都十分必要，对于考古学研究和田野考古发掘而言，当然也不例外。

自19世纪末20世纪初，现代意义的考古学传入中国。1926年，李济在山西夏县西阴村遗址的发掘，揭开了中国学者田野考古发掘的序幕。至今，中国的田野考古发掘已走过了80余年的历程，考古发掘遍及全国各个省、市、自治区，各种书刊、报纸、电台对我国的考古发掘成果进行了全面而充分的报道。但时至今日，对于我国田野考古发掘的另一方面，即田野考古发掘管理方面的文章却寥若晨星，虽然近年来部分学者有关于田野考古发掘方面的回忆录出版，但仍弥补不了这方面的学术缺陷。

笔者在中国社会科学院考古研究所（以下简称考古所）考古发掘管理岗位上工作已有14年，对田野考古管理工作有一些经验和体会。本文将通过以下几个方面问题展开研究：一、田野考古发掘在考古学科中的学术地位、学科内涵及管理工作特点；二、田野考古发掘管理工作的主要内容；三、考古所近60年来田野考古发掘管理模式与特点；四、存在问题和建议。本课题的研究将填补此方面的学术空白。

一　田野考古发掘在考古学科中的学术地位

学科内涵及管理工作特点。

考古学属于人文社会科学领域，考古学研究包括两大部分，室内整理研究和田野调查发掘。田野考古发掘管理是田野调查发掘的重要组成部分，一项田野考古发掘计划的实施，从项目申报、审批、组织发掘到项目的结项和成果的出版，中间诸多环节，其中任何一个环节被疏忽或管理不当，都将影响田野调查发掘的正常开展。反之，如果对田野调查发掘采取科学而严谨的组织管理，不仅对田野调查发掘工作本身，而且对成果的出版、人才的培养以及学科的发展都具有积极促进作用。因此田野考古发掘管理在田野调查发掘和考古学研究中具有重要的作用。

关于田野考古发掘，在1986年出版的《中国大百科全书·考古学》卷中，将其视

---

[1] 2006年立项为中国社会科学院院级科研究管理深题。

为一个考古学分支学科,称其为"田野考古学"。该书认为,田野考古发掘与考古学研究是一个有机的整体,两者不能截然分割。"但是,由于调查发掘工作有一套完整的方法论,而且还使用许多特殊的器材和设备,又要广泛采用自然科学的手段,这就使得田野考古学有其相对的独立性。把它作为考古学的一个重要的分支,也是理所当然的"[1]。该书同时又认为:"'田野考古学'的名称,是20世纪初正式提出来的。但当时的田野考古学主要是勘查地面上的遗迹和遗物,依靠地图进行调查,有时则要根据调查结果,测绘地图,作为记录附件。以后,世界各地的田野考古转入以发掘为中心,并扩大调查的对象和范围,方法逐渐完善,技术快速进步。各种自然科学的手段相继被采用,许多机械设备被用作调查发掘的工具。……调查发掘的对象也由一般的居住址和墓葬等扩大到道路、桥梁、沟渠、运河、农田、都市、港口、窑群和矿场等各种大面积的遗址,从而使得考古工作者必须与各有关学科的专家协作,才能完成全面的、综合性的研究任务。"[2]。该书对田野考古学的学科内涵和发展特点作了全面而详细的论述。为统一全国各地的田野考古发掘操作规程,1982年,考古所编著出版了《考古工作手册》一书,书中对田野考古发掘工作的性质、工作对象、操作方法等作了更详细、更具体的论述[3]。全书分九章:(一)田野考古方法——调查、发掘与整理;(二)出土物的清理和修复;(三)考古摄影;(四)考古测量;(五)考古绘图;(六)花粉分析与考古学;(七)人骨鉴定;(八)兽骨鉴定;(九)介绍几种断代方法(^{14}C断代、陶器热释光、古地磁断代法、钾—氩法断代、裂变径迹断代、树木年轮断代法、黑曜岩水合断代法)。

学科内涵决定管理工作内容和特征,从上面的论述我们可以看到,"田野考古学"作为考古学的分支学科,不仅在考古学研究中具有十分重要的作用和地位,而且它自身还有一套学科发展体系和野外操作方法,其学科特点应属于人文科学和自然科学相结合的交叉学科。若从管理角度而论,田野考古学的管理模式也应具有人文科学和自然科学相结合的特点。

二 田野考古发掘管理工作主要内容

根据《中华人民共和国文物保护法》《中华人民共和国文物保护法实施条例》规定,国家文物局统一管理全国考古发掘和文物保护工作,其下所属各省文物局和考古研究所,分管地方考古发掘和文物保护工作。国家文物局关于田野考古发掘管理工作的内容,主要可分为以下四个方面:(一)项目申请和审批,(二)项目执行和检查,(三)项目结项、汇报和成果出版,(四)项目评奖和颁奖。

（一）项目申请和审批

国家文物局在《考古发掘管理办法》中规定，只有经国家文物局批准的具考古发掘团体领队资格单位的指派，本人又具有考古发掘领队资格的个人方能担任考古发掘项目的领队。若要进行田野考古发掘工作，首先领队要填写《中华人民共和国考古发掘申请书》。申请书的内容包括以下几方面：①申请单位的名称及单位负责人的姓名；②发掘对象的名称、时代、保护级别、具体地点、历年发掘情况和年度报告完成情况；③发掘计划及有关情况，包括发掘的时间、面积、经费来源等；④发掘地点的具体位置（附图）；⑤发掘现场出土文物保护的技术准备；⑥考古发掘项目领队姓名、性别、出生年月、职称、学术专长，相关领域的学术成果和业务经历及主要业务人员的构成等。申请书填好后，由考古发掘单位经发掘所在地的省、自治区、直辖市文物行政管理部门向国家文物局提出申请。文物行政部门在审核、批准考古发掘项目前还要征求社会科学研究机构及其他科研机构和有关专家意见。田野考古的主动发掘项目，一般在头年第四季度向国家文物局提出申请，而配合基建的考古发掘则要视具体情况而定。

（二）项目执行和检查

在获得国家文物局批准后，得到国家文物局颁发的考古发掘证照，项目领队就可以带领其他业务人员和技工到田野进行考古发掘了。田野考古发掘的具体操作按《田野考古工作规程》执行，首先选点开考古发掘探方，考古发掘探方的面积，一般史前遗址为5米×5米，进入历史时期后则可大到10米×10米。此外为了解地层堆积，也可开各种面积不等的探沟。在田野考古发掘期间，领队和业务人员除每天写工作日记，对出土遗迹、遗物进行绘图、照相外，一个探方发掘完毕，要有完整的探方记录，还要有遗址平、剖面图及出土遗迹、遗物绘图和照相等。另外，还要对出土遗物进行分类登记和入库保管。

国家文物局非常注意田野考古发掘的质量，要求各考古发掘单位每年对本单位发掘的工地进行自查，国家文物局每年还要组织考古专家对考古工地进行抽查。检查的内容包括领队是否长住工地，考古发掘探方记录、绘图、照相等资料是否完整，出土文物的安全工作是否做好等。如果检查不合格就要通报批评，严重者取消发掘资格。

（三）项目结项、汇报和成果出版

田野考古发掘工作结束以后，就要进行项目结项、汇报及成果出版工作。按照《中华人民共和国文物保护法实施条例》（以下简称条例）第26条规定：从事考古发掘的单位应当在考古发掘完成之日起30个工作日内向省、自治区、直辖市人民政府文物行政主管部门和国务院文物行政主管部门提交结项报告，并予提交结项报告之日起3年内向省、自治区、直辖市人民政府文物行政主管部门和国务院行政主管部门提交考古发掘报告。

考古所作为国家级研究机构，严格执行（条例）规定，每年年底要求本所各个田野考古队填写《考古发掘情况汇报表》，报告每年的考古发掘项目名称、发掘地点、面积、遗迹、遗物状况及考古发掘收获和意义等，统一报国家文物局。如果有一些大型的配合基建项目，如南水北调工程，则要求项目人员在完成田野考古发掘后除向本单位汇报外，还要向当地的文物主管部门通报。

项目结项的第三个工作就是编写考古发掘报告。考古所一般视工作量及田野考古发掘收获大小，分别要求各田野考古工作队编写发掘简报、中型考古报告、考古学专刊。考古简报一般发表在《考古》杂志上，中型报告发表于《考古学报》和《考古学集刊》上，考古学专刊则以专著的形式面世。

国家文物局也重视田野考古发掘工作的结项、汇报和成果出版工作，每年组织专家定期检查全国各省、市考古研究所田野考古发掘情况，每两年还要召开一次全国性考古发掘情况汇报会。近些年来，为保证田野考古发掘成果尽快出版，还加强了对考古学专刊编写的经费投入。此外，国家文物局又于1999年开始编写《中国重要考古发现》，选择当年全国重要的考古发掘项目，采用中英文配合多幅照片或线图的形式，快速报道每年的中国田野考古发现成果。而考古所则以《中国考古学》英文版的形式向世界报道每年重要考古发现，两者都颇受国内外学术界的关注。

（四）项目评奖和颁奖

为奖励在我国田野考古中做出突出成绩的考古研究单位和个人，国家文物局制订了一系列田野考古奖励办法。截至目前，比较有影响的田野考古奖励有三项：一由国家文物局主持的《国家文物局田野考古奖》，每两年评选一次；二是由国家文物局指导或主管，中国考古学会和中国文物报社等单位合办的《全国十大考古新发现》，每年评选一次；三是由中国社会科学院主办，中国社会科学院考古研究所、考古杂志社承办的"六大考古发现"，每年举办一届。

1. 国家文物局田野考古奖

根据《中华人民共和国文物保护法》的有关规定，国家文物局制定并设立田野考古奖。田野考古奖的奖励范围是：具备团体考古发掘资格的单位在我国领土（领海、内水）所进行的，经国家文物局批准并能严格执行国家文物局制定的《田野考古工作规程》各项要求的田野考古发掘项目。申报国家文物局田野考古奖，首先要填写《国家文物局田野考古奖申报书》，申报书内容包括项目名称、主要业务人员、项目承担单位、发掘证照、申报项目的主要工作情况、工作成果及《田野考古工作规程》执行情况等内容。国家文物局设立田野考古奖评审委员会，负责田野考古奖的评审工作。田野考古奖可分为一等奖、二等奖、三等奖这三个等级，一旦批准获奖，国家文物局将授予田野考古奖状、证书及奖金。

2. 全国十大考古新发现

《全国十大考古新发现》评选工作自20世纪90年代开始，其评选范围和申报条件与《国家文物局田野考古奖》基本相同。不同的是《全国十大考古新发现》每年评选一次，奖项限十项。《全国十大考古新发现》评选分两步走。第一步初选，根据评选要求，《全国十大考古新发现》评委从申报项目中首先评选出入围项目，公布于《中国文物报》上；第二步评选，申请项目初选入围者，以多媒体演示形式向评选大会汇报，最后由评委统一投票表决评选结果。

3. 六大考古发现

"六大考古发现"评选工作创始于2002年，"中国社会科学院考古学论坛"作为新世纪中国考古学术讲坛，每年举办一届。从全国重要考古新发现中根据评选要求评出年度六大考古新发现。该项目由中国社会科学院主办，中国社会科学院考古研究所和考古杂志社承办。

从20世纪90年代国家文物局开始评田野考古奖至今，考古所共有10个田野发掘项目获国家文物局颁发的田野考古奖。其中，史前遗址有内蒙古敖汉旗兴隆洼聚落遗址、安徽蒙城尉迟寺遗址、广西桂林甑皮岩遗址、河南灵宝西坡遗址；夏商时期有河南偃师二里头宫殿区、河南偃师商城宫城内二号宫殿遗址、河南安阳孝民屯遗址、陕西扶风周原云塘西周大型建筑基址、北京房山琉璃河遗址；另外还有先秦时期内蒙古赤峰喀喇沁旗大山前遗址的发掘。《全国十大考古新发现》评选工作，考古所共有16个项目入选。其中新石器时代4项，夏商周时期5项，汉唐及以后6项，还有1项是基建项目，三峡工程淹没区的考古调查。"中国社会科学院考古学论坛"评出的六大考古发现项目，考古所共有9个项目入选。其中新石器时代3项；夏商周时期3项，汉唐及以后6项。这些奖项，集中体现了一个国家级科研机构的田野考古发掘和管理水平。

三 近60年来考古研究所田野考古发掘管理模式与特点

田野考古发掘工作是考古所学术研究的前沿阵地，为把考古所办成世界一流的研究所，长期以来，考古所非常重视对田野考古发掘工作的组织和实施，从老一辈的考古学家梁思永、夏鼐、苏秉琦及其后的几代考古学者，均以身作则，把参加田野考古发掘作为考古工作者重要的职责和任务。在前辈的倡导下，考古所建所伊始，就着手创建了一套科学而严谨的田野考古发掘方法，颁发了"田野考古操作规程"，采取了一系列具体的管理措施，由各田野考古工作队遵照执行。总结考古所近六十年来田野考古发掘管理模式，可用八个字进行概括：队为基础，三级管理。这八个字实际包含了三个不同层面的管理内涵。具体运行方式为：第一层面研究所管理，研究所制定长期学术规划，布置每年的田野考古发掘工作任务，汇总并组织出版田野考古发掘成果；第二层面研究室管理，研究室根据所里制定的学术规划，制定本研究室学科建设计划。考古所现今有四个研究室：新石器时代考古研究室、夏商周考古研究室、汉唐考古研究室、边疆民族考古研究室。每个研究室根据本学科的特点制定学科建设和发展计划，具体工作则落实到各个田野考古工作队；第三层面田野考古队管理。田野考古队以课题制的形式实施田野考古发掘和研究计划，田野考古队长为该研究项目学术带头人。考古研究所这种田野考古管理模式一直持续了近60年，可以说是考古所建所以来一贯制的管理模式，这种田野考古发掘管理模式，使考古所的田野发掘和研究工作呈现出以下两方面特点。

（一）学科发展目标明确，学术计划性强

学科发展目标明确，学术计划性强，既是近60年来考古所作为国家级研究机构考古学科发展的特点，也是考古所和国内其他各省所显著的不同点。虽然考古所近60年来在全国各个省市开展过不同程度的田野考古发掘工作，涉及的地域面很广，但和国内地方考古所相比，考古所的绝大部分田野发掘都是以主动考古发掘姿态出现，具有明确的学术目标和很强的学术计划性。即使有配合基建和抢救性考古发掘项目，也都尽量围绕学术目标进行工作。因此，近60年来，全国许多重要的考古发现和发掘项目，如史前时期的西安半坡遗址、河南陕县庙底沟遗址、湖北京山屈家岭和郧县青龙泉遗址、青海乐都柳湾遗址、内蒙古敖汉旗赵宝沟遗址、山东王因和胶县三里河遗址、内蒙古敖汉旗兴隆洼遗址、广西顶蛳山遗址；夏商周时期的内蒙古敖汉旗大甸子遗址、内蒙古敖汉旗周家地遗址、山西襄汾陶寺遗址、河南偃师二里头遗址、偃师商城遗址、安阳殷墟遗址、陕西沣镐遗址遗址、北京琉璃河遗址；秦汉及以后陕西秦阿房宫、汉长安城、隋唐长安城遗址、河北曹魏邺城遗址、河南汉魏洛阳城、隋唐洛阳城遗址、江苏唐宋扬州城遗址、北京元大都遗址。另外，还有一些历代的重要陵墓，如广州南越王墓、陕西汉杜陵陵园、河北满城汉墓、河北北朝壁画墓、北京明定陵。重要的窑址如浙江龙泉窑、南宋官窑、福建建窑，都出自于考古所的田野考古发掘工作。有些重要的都城遗址如河南偃师二里头、安阳殷墟、陕西汉长安城、唐长安城、汉魏洛阳城等，发掘时间长达40年以上或更长时间。考古所这种有计划，有明确学术目标进行的田野考古发掘研究，不仅取得了许多重要的田野考古发掘成果，为中国考古学的系统研究提供了大量的实物资料，而且也使考古所在学术界享有较高的学术地位。

（二）田野考古发掘与人才培养同步进行，学术梯队循序渐进

考古所的田野考古发掘工作除前面提到的学术目标明确，组织计划性强外，它的另一特点就是田野考古发掘工作与人才培养紧密结合，同步进行。综观近60年来考古所人才培养方式，基本可分为四个步骤：第一个步骤，田野考古发掘初次实践。大学毕业生一分配到考古所工作，马上将他安排到一个田野考古队，让他们在队长的具体指导下进行田野考古发掘实践和学习。学习内容：从考古发掘遗址选点，布开考古探方，到遗迹、遗物的发掘及探方记录的撰写等等，使其对田野考古发掘操作规程有一个基本了解。第二个步骤，田野考古发掘资料整理和初步研究。经过二三年的考古发掘，发掘者对田野考古发掘工作有了一定的感性认识，就开始对田野考古发掘资料进行整理实践。在队长或队内老同志带领下，写一篇考古发掘工作报告，发表在《考古》等刊物上，这种报告考古界一般称之为考古发掘简报。第三个步骤，编写中型考古报告或撰写论文。经过数年工作后，发掘者对田野考古发掘有了较深刻的认识并有一定的发掘成果，编写一个中型考古发掘报告，发表于《考古学报》上，如果其对某一考古学文化有一定的研究，还可以撰写相关的研究论文。第四个步骤，编写考古学专刊。一项田野考古发掘工作完毕，并具有一定的学术价值，就在队长的带领下全队人员分工合作，编写考古学专刊。首先对田野考古发掘资料进行室内整理，内容包括对出土文物的清洗、修复、绘图和照相，对遗迹和遗址的发掘记录整理等等。第一步基础工作完成后，方能执笔进入田野报告的具体编写。由于田野考古工作是一个系统工程，因此，一个考古学专刊的形成所需时间甚长。从以往的考古学专刊编写情况看，一本专刊的出版，从项目立项到考古专刊出版，期间少则3~5年，多则10~20年。考古学专刊对一个考古工作者来讲，其重要性由此可见一斑。

一个初入考古学门槛的人，经过这么一套完整的田野考古基本功训练，又经过了一个实践、认识、再实践、再认识，对考古学反复认知的过程，对考古学从感性认识一步步上升到了理性认识。实践证明，用这种方式培养出来的考古专家，其田野发掘和学术研究的基本功都较扎实。考古所用这种传统方式培养出了一大批能在田野发掘工作上独当一面，又能在考古学研究上有所造诣的专家和学者。同时，由于考古所采取了一系列理论联系实际的培养人才方法，使得考古所一大批初高中毕业生经过长期的学习和实践，同时也成为各个领域的专家，这是考古界有目共睹的事实。20世纪90年代以后，由于国内外博士生的大量培养，上述培养人才模式有所改变，但不管其进所状态如何，只要他们一脚踏进考古所工作，领导首先考虑的仍是如何安排到田野第一线实践或锻炼。

考古所这种田野发掘管理模式运行了近60年，既保证了考古所各项科研工作的顺利进行，也保证了考古所出成果出人才。纵观近60年来考古所田野考古发掘工作取得的重要收获，笔者认为，主要可以总结出以下三方面原因：一是长期以来，考古所历

届领导对田野考古发掘工作在考古学科中的重要性和学术地位有明确认识，二是考古所有一支稳定的田野考古工作队伍和科学而严谨的组织管理措施，三是考古所有一套行之有效的田野考古发掘管理办法，能积极组织管理和协调各项田野考古发掘工作的顺利实施。明确的学术目标加之各种有效的管理措施，为考古所在许多重大的学术活动如国家级科研项目——夏商周断代工程、中华文明探源工程中发挥重要作用。但从管理的角度观察，在考古所田野考古发掘工作取得成绩的背后，我们同时也发现了一些存在问题和不足，尚需今后继续完善和改进。

四　存在问题和建议

从前面的论述我们可以看到，田野考古发掘管理不仅涉及考古发掘工作本身，而且涉及考古学研究的方方面面，如成果的出版和评价、人才的培养和发展等等。有关田野考古发掘管理存在的问题和建议，本文不想在此全面展开，仅从田野考古发掘管理体制方面存在问题谈以下两点认识并提出建议。

（一）考古所科研管理模式和我院科研管理体系之间存在的问题和建议

多年来，考古所的科研管理工作虽然也纳入了中国社会科学院（以下简称社科院）科研管理体系之中，但在具体工作和操作方法上，和社科院其他研究所的管理模式有着明显的不同：其一是学科特点不同。前面我们提到，社科院各研究所主要属人文科学范畴，其管理方法也属人文科学管理方式，而考古所的科研管理则具有人文学科和自然科学相结合的特点，其中自然科学成分还占相当比例；其二是研究方法不同。人文学科的研究方法基本是从书本到书本，可称一张纸一支笔的研究，而考古学研究则需要从野外到室内，从室内到野外，有一个从实践—认识—再实践—再认识的过程；成果形成不仅时间长，而且投入经费和工作精力均较大；其三是管理方法不同。社科院其他研究所科研管理比较直接。课题立项后，课题负责人立刻就可以进入研究状态，管理工作也可以一步到位，可谓静态科研管理模式。而考古学研究则不同，它属于一种动态科研管理模式。项目立项后，项目负责人首先要到考古工地去进行田野考古发掘，考古发掘完毕，还要进行室内整理，然后再写研究报告。须经过三个工作程序才能完成课题计划，因此，考古所的科研管理工作同时也须经过三个步骤才能到位。鉴于上述三方面原因，笔者认为，我院对考古所的科研管理无论从课题设置，还是经费拨款方面都存在一定的问题，其中尤其是对田野考古发掘支持力度问题。学术研究贵在创新，科学的田野考古发掘是考古学研究创新的前沿阵地，也是考古学产生和不断发展的生命线。如果没有经费支持就不能开展田野考古发掘，而没有田野考古发掘不断补充新资料，考古学也就不能持续创新和发展。所以，如何做好考古所这个特殊学科的科研管理工作，希望引起科研局领导和院领导的关注。

（二）关于考古所田野考古发掘行政管理体制方面存在的问题和建议

考古所1977年以前属中国科学院领导，1977年中国社会科学院（以下简称社科院）成立后，考古所成为社科院院属机构，无论是行政领导还是学术研究，都由社科院管理，科研经费也由社科院统一划拨。但是考古所的田野发掘计划、田野项目的申报、审批均由国家文物局管理。这种双重管理出现的问题是什么呢？考古所出于学科需要设定的主动发掘项目往往不能落实，社科院划拨给考古所的科研经费，对于考古所的田野考古发掘项目而言，只能作维持现状或部分小规模发掘，而大的田野发掘项目如要启动则须另谋出路。另一方面，国家文物局对考古所则只批项目不拨钱，原因是考古所不归国家文物局管辖。近年来，国家文物局对于重大考古发现拨款颇有力度，如陕西周公庙遗址发掘，向国家文物局申请拨款数百万；东北地区一处汉代城址的发掘，也一次申请拨款三百余万。而考古所虽有许多重要的都城遗址如偃师二里头、偃师商城、安阳殷墟、河北曹魏邺城、洛阳汉魏故城、汉唐长安城等，却无法进入国家文物局重点拨款的行列。这些年，考古所也有一些田野考古工作队采取和地方省所合作的办法争取到一些考古发掘经费，一是所拨经费有限，二是经费只拨到地方，考古所没有使用主动权，加之现在个别省市地方保护主义的倾向比较严重，致使考古所的田野发掘工作日益受到限制，为此，特建议我院能否和国家文物局协商，将考古所的田野发掘工作纳入国家文物局的经费划拨范围，每年给考古所相应的田野考古发掘和大遗址保护经费，以支持考古所田野考古发掘和大遗址保护工作的顺利开展。

总之，80余年的考古发掘实践证明，田野考古发掘作为考古学研究的基础，是一项具有开拓性的科学实践，田野考古发掘作为考古学的分支学科，其在考古学研究中有着十分重要、不可替代的作用。80余年的考古发掘也实践证明，田野考古发掘管理工作，不仅是田野考古发掘工作顺利实施的重要组织保证，也是了解人才成长发展、探测学科发展规律、制定学科发展计划的重要手段。因此，从学术发展的角度讲，田野考古发掘管理研究也是一种高层次的学术研究。我们应不断总结田野考古发掘管理经验，继往开来，推陈出新，为繁荣和发展中国的考古事业做出新贡献。

注　释

[1]　中国大百科全书总编辑委员会《考古学》编辑委员会：《中国大百科全书·考古学》第17页，中国大百科全书出版社，1986年。

[2]　中国大百科全书总编辑委员会《考古学》编辑委员会：《中国大百科全书·考古学》第17页，中国大百科全书出版社，1986年。

[3]　中国社会科学院考古研究所：《考古工作手册》第1页，文物出版社，1982年。

科技考古三题

袁 靖

中国考古学界自20世纪80年代末提出科技考古这个词，到现在已经20多年过去了。相关研究人员经过数十年的刻苦钻研，在科技考古这个领域中取得了诸多重要科研成果。如出版的涉及综合研究的专著有《现代实验技术在考古学中的应用》[1]、《科技考古学概论》[2]《科技考古》[3]《科技考古学》[4]《科技考古文集》[5]《科技考古进展》[6]等6本，论文集有《科技考古论丛》第一、二、三辑[7]，《科技考古》第一、二、三辑[8]和《文物保护与科技考古》[9]第7本，另外，涉及各个具体研究方向的专著和论文集多达20余本，而论文和研究报告则有1000多篇，把全部科研成果汇总到一起，可以用蔚为大观这4个字来形容。科技考古附属于考古学，考古学现在已经成为一级学科，科技考古的发展是与考古学的发展密切联系在一起的。这里围绕参加与科技考古相关的几次学术会议得到的启发和思考，就进一步推进科技考古建设的三个专题阐述自己的认识，敬请方家指正。

一

在参加"二里头遗址发掘50周年学术研讨会及《二里头》报告首发式"之前，这本报告的总负责人许宏研究员要我围绕二里头报告的第七至十章[10]，即关于二里头遗址的科技考古的研究内容谈主编体会。我认真准备之后，在会上阐述了自己的认识，会后又跟多位学者交流，颇有收获，整理成文发表，希望引起考古研究人员对科技考古的更多指导和关注。

仔细想来，考古学自开始至今，作为学科而言，其最主要的特征就是通过在遗址中发掘遗迹和遗物，在认识、研究遗迹和遗物的形状与特征的基础上，探讨特定时空范围内古代人类的文化和历史。考古学家无论是面对出于学术目的主动发掘的遗址，还是面对在修路、架桥、建厂、盖楼等基本建设工程中发现的遗址，其最为基本的研究方法和研究目的概莫能外。

考古学研究人员从认识遗址中出土的人工遗迹和遗物的形状和特征起步，在推进研究的过程中，发现需要探讨的对象绝不仅限于人工遗迹和遗物，而单纯地用肉眼观察的方式也无法实现研究的目的。因而与自然科学相关学科的研究人员合作，逐渐开发、拓展研究的对象，增加、完善研究的方法。其开发和拓展的对象，除对遗址中出土的遗存进行^{14}C年代测定之外，既包括当时的自然环境、人骨、动植物遗存的形状，也包括多种遗迹和遗物的成分、元素、基因等特征。而增加和完善的方法，既包括肉眼的判断，也包括用自然科学相关学科的仪器设备开展的多种测试和分析。

尽管从形式上看，考古学在不断地向前发展，但是从根本上说，从认识、研究遗迹、遗物的形状和特征入手这个考古学的基本研究方法没有改变，探讨特定时空范围内的历史这个考古学的研究目的也没有改变。只是当今考古学研究的方法更加多样化了，内容更加丰富了，在这样的基础上，研究的层次就得到了全面的提升。

我们现在还是习惯把考古学中各种与生物学、物理学、化学、地球科学等学科相关的研究领域都归入科技考古的范畴，可以说，科技考古在全面拓展考古学研究的领域、深化考古学研究的内容，进一步增强考古学研究的科学性，提升考古学研究的精确度等诸多方面，发挥了重要的推进作用。

我个人认为，二里头遗址是迄今为止科技考古各个领域介入最多的一个遗址，研究人员依据考古学的研究思路，秉承"将今论古"的原则，借用自然科学相关学科的方法与技术，对遗址所在的区域进行勘探、调查和采样，对出土的大量遗物进行多种鉴定、测试和分析，然后结合研究对象各自的考古背景、长时间埋藏过程中可能造成的影响、当时可能存在的人为作用等诸多因素，开展探讨和研究。依据现有的研究结果，我们认识到二里头遗址的绝对年代大致为公元前1750～前1500年；当时的气候温暖湿润，洛河在二里头遗址以西改道注入伊河。二里头遗址的居民在土质肥沃、距离邙山不远、濒临伊洛河的二级阶地上建立居住地；当时人的健康状况较好；可持续发展的多品种的农业生产已经成为社会稳定发展的基础，多品种的家畜饲养保证了肉食来源，可能还存在对绵羊进行剪羊毛等二次开发的行为；当时已经能够做到依据石器的功能特征选择合适的石材制作石器；陶器制作的规模化生产进一步稳定，出现专门用于礼制或贵族专用的陶器生产部门；制作金属器和玉器的专门性技术更加完善，可以对那些产品进行规模化生产，那些产品是为贵族专用的；出现具备规范化特征的制骨技术等。概括起来说，稳定适宜的自然环境、达到较高程度的农业及手工业生产力水平、剩余产品的增加、专业化分工的巩固及当时已经存在人口和家养动物的交流等等，均为早期国家在二里头的形成奠定了很好的环境及生业基础。

总结二里头这本报告第七至十章的学术意义，主要有两点，一是参与全方位地研究二里头的历史，其担当的内容包括绝对年代、自然环境、人（骨骼特征、食物结构和迁徙状况等）、农业（动植物品种、家养动物的饲养方式、数量和来源等）、手工业（铜、陶、石、玉、骨器的制作工艺）等。二是历史学、民族学、人类学、社会学、第四纪地质、植物学、动物学和自然科学史等人文社会科学和自然科学相关学科的研究人员都可以从中获取宝贵的资料和有益的启示。客观地讲，在科技考古各个领域的研究全面参与之前，我们是很难对这两点做出具有学术自信的阐述的。

尽管取得了很好的成果，我们认为，二里头的工作还有待于提高，比如如何对科技考古的多个研究对象进一步开展多角度的研究，如何在报告的思路上和体例上做到把科技考古的研究内容与不同时期、不同地域的人工遗迹和遗物的形状描述更加有机地融合在一起等等，仍然有文章可做。

希望我们今后能够尽可能地把科技考古各个领域的研究继续聚焦到一个一个具体的考古遗址的发掘和研究之中，为推动众多遗址在绝对年代、自然环境、生产力、经济基础等方面的横向和纵向比较研究奠定基础，提升考古学的研究层次，进一步突出考古学在人文社会科学研究中的特色。诚如有的学者所言，考古学现在正处于一个重要的转型期，一个学科的转型对于其今后的发展意义重大，作为在转型期里活跃在一线的科技考古研究人员，总结我们开发研究方法的创新、归纳我们填补学术空白的收获、把握我们在考古学中不可或缺的位置、认识我们有待于进一步提高的方面，有感而发，希望能够增加转型过程中的正能量。

二

近年来，国家文物局博物馆与社会文物司和全国文物保护标准化技术委员会指导建立了多部与科技考古研究领域相关的田野采集及实验室操作规范，内容涉及动物考古[11]、^{14}C年代测定[12]、植物考古[13]、食性分析[14]、古DNA研究[15]等。规范的基本含义是指对某一工程作业或行为进行能够定性的操作规定。由于科技考古这个领域包含自然科学相关学科的诸多内容，上述的每一个规范都强调自然科学相关学科与考古学的具体结合，这些规范有一个共同的特点，就是都在体现考古学研究目的和特征的基础上，强调科学性、严谨性和逻辑性。这几年在对这些规范的执行过程中，我觉得总体上还是比较成功的。日前参加北京大学考古文博学院组织的"冶金技术与中华文明发展学术研讨会暨田野冶金考古信息采集方法专家咨询会"，参与讨论如何制定关于冶金考古的样品采集和实验室操作规范，这里提出与制定规范相关的五点认识，与大家共同讨论。

其一，指导思想要明确。认识为什么要制定规范，为谁制定规范，是制定规范的重要前提。我认为，制定规范的目的就是对一个研究领域现有的工作状况进行总结和归纳，按照学科发展的要求，确立一套科学的操作流程，引领学科进一步向前推进。因此，在制定规范时，前瞻性是不可或缺的，要尽量考虑理想化。但是，因为考古发掘的偶然性和局限性，在制定规范时注意可操作性，也是不可忽视的。我们应该做到理想化与可操作性的最大程度的结合。另外，既然是冶金考古这个专业研究领域的规范，其针对性也应该明确，即对象是冶金考古专业研究人员，而不是面对所有的考古研究人员。当然，从发展的角度看，考古研究人员今后能够做到全面领会规范的操作流程是最为理想的。但是既然要突出前瞻性，目前的规范必须就高不就低，不能写成工具书的形式和内容。用一句话概括，这个规范就是告诉冶金考古的专业研究人员按照什么规矩做，不用具体解释和说明。

其二，用语首先要规范。科技考古的每一个具体研究领域，都涉及某种自然科学相关学科与考古学的结合。既然涉及自然科学相关学科，其科学性、严谨性和逻辑性都是不可或缺的。因此，在规范的开始部分，就应该对规范中用到的全部术语做出明确的界定，即词意要清晰明了。比如，从宏观着眼，要明确什么是冶金考古，从微观考虑，要说清楚什么是金属片，什么是金属块等。全部用语的科学界定，对于后文中操作流程的阐述，乃至于今后研究工作的开展、研究成果的相互比较、数据库的建立而言，都是基本前提。

其三，采集样品的流程。既然涉及冶金考古的样品采集及实验室操作等内容，肯定需要先介绍如何采集样品。我认为，依据冶金考古面对的多种遗址和遗物，样品采集可以分为四大块内容。即在采矿遗址如何采集样品、在冶炼遗址如何采集样品、在铸铜遗址如何采集样品和在一般遗址的发掘过程中如何采集出土的金属器样品。对具有不同功能的遗址分别制定具体的采集方法十分重要，可以做到有的放矢。这个撰写过程可以结合已经发掘或调查过的典型遗址为例，比如，采矿遗址可以内蒙古自治区克什克腾旗喜鹊沟遗址为例，冶炼遗址可以内蒙古自治区巴林右旗塔布敖包遗址为例，铸铜遗址可以河南省安阳市殷墟遗址为例，一般遗址中的采集要求可以参考考古发掘中如何采集小件遗物的方法。为了保证在冶金遗址采集样品这个过程的全面性，还应该参考国外的相关文献，如果那里存在我们现在还没有遇到，但是在日后的田野发掘过程中可能出现的现象，同样要写入操作流程之中。总之，要在全面考虑到各种可能性的基础上，制定相关的采集规范。

其四，实验室的操作过程。这个过程相对而言就比较简单了。因为各种仪器操作都有明确的规定，依照具体要求照抄即可。但是，考虑到一些不同的仪器可以做同样的研究，因此，对这一点要有明确的说明，即如何做好各种仪器测定的同类数据的参照和比较。另外，还要考虑对一件冶金遗物如何做好全方位的测试和分析，即充分获取一件冶金遗物上保存的全部信息，操作流程的内容要包括现在能够想到的全面提取一件冶金遗物中的各类信息。

其五，兼顾其他规范。调查和发掘冶金遗址属于田野考古的范畴，国家文物局在数年前颁布过《田野考古工作规程》[16]，对考古调查、发掘、采集、取样、记录、库房管理、资料整理和样品送检等内容均提出了简明扼要的原则性要求。对冶金遗址的考古调查和发掘属于田野考古工作，必须遵照那个规程规定的基本原则执行。此外，如果在冶金遗址中发现人骨遗存或动植物遗存，那么，就要注明参照即将颁布或已经颁布的人骨、动物遗存和植物遗存的相关规范进行操作[17]，因为在那些规范中有更为详细和具体的要求。

没有规矩，不成方圆。希望《田野冶金考古信息采集方法》这个规范能够早日问世，也希望科技考古所属的各个研究领域都能够提出自己的规范，制定成文的规范，本身就是加强各个研究领域的科学性的具体表现，而这些规范集成到一起，既体现了考古学这门一级学科的独特性，同时也是在方法上保证考古学作为优秀的一级学科的有力支撑。

三

日前参加第五届全国动物考古学研讨会暨中国考古学会动物考古专业委员会成立大会[18]，认真聆听各位代表的学术报告及大家对动物考古专业委员会如何发挥作用提出的积极建议，颇受启发，这段时间一直在思考中国动物考古学研究如何进一步发展这个问题，归纳成以下六点认识，希望得到大家的评议。

其一，动物考古学研究与考古学文化特征。20世纪80年代，中国考古学界提出区系类型的概念，主要涉及中国新石器时代考古研究[19]。我曾经撰文详细探讨过动物考古学研究与区系类型的关系[20]，随着认识的深化，我认为现阶段的动物考古学研究不能单纯地考虑新石器时代的问题，必须考虑到古代不同时空框架内的具体文化特征，这类特征在新石器时代往往以考古学文化类型为单位，进入历史时期之后，则多以地域范围为单位。我们要把对特定遗址的动物考古学研究的具体认识，放到这个遗址所属的由多个遗址组成的考古学文化或区域性文化的层面上去认识。如果属于同一个文化或同一个区域的其他多个遗址已经开展了动物考古学的研究，那么我们要把这个新认识和从其他多个遗址里已经得出的认识进行比较，把握它们的同一性和差异性，以求更加客观、更加全面地完善自己的认识。如果其他遗址还没有做这方面的研究，或者所做的遗址数量不多，我们则要加强这方面的研究，在属于同一文化或同一区域的其他遗址开展工作。从考古学文化或地域性文化层面上提出的动物考古学的研究结果，必须建立在对一定数量的遗址进行全面、扎实的基础性研究工作之上。这样的研究在时间坐标上可以是横向的，也可以是纵向的。总之，是从中归纳他们之间是否存在连续性、关联性、变异性、差异性等，提出规律性的认识，以求在全国范围内全面认识动物考古学的研究结果。

其二，动物考古学研究与追求创新。考古发掘总是能够获取新的资料，其中当然包括出土的动物遗存。如果我们将科学地鉴定、系统地报道新出土的动物遗存就视为创新，这是大大降低了创新的层次。我在多个场合都强调要考虑全面研究，其意思就是要在全面收集资料的基础上，开展多角度的研究，比如除了形态学的观察、测量、统计和分析之外，还要对典型样品开展古DNA、同位素及年代学方面的研究，还要把握与我们研究的遗址在空间上、时间上、文化上相关的其他遗址的同类成果，还要了解国际动物考古学界关于这方面的前沿研究动向，如果有条件的话，还要参考古代文献中的相关记载，在这样的基础上进行深入探讨，才可谓是全面研究，而通过这样扎扎实实的长期研究，才有可能真正做到有所创新。归纳起来说，就是要做到五个科学性，即研究思路的科学性，研究材料的科学性，研究方法的科学性，判断依据的科学性，讨论分析的科学性。

其三，动物考古学研究与畜牧史研究的关系。动物考古学研究主要依据考古遗址中出土的动物遗存进行探讨，而以往的畜牧史研究往往较多地从文献研究的角度开展工作。随着这两个学科各自研究的深入，两者相互之间的交流和借鉴越来越密切。我认为，动物考古学研究包括探讨人类对各种动物的驯化方式和饲养方式的进步，包括研究古代文献中的相关记载。但是不能以这些特征局限动物考古学研究的方法与内容的内涵和外延。作为动物考古学研究而言，还是应该强调自身的研究方法和研究目的，即始终以考古遗址中出土的动物遗存作为最主要的研究对象开展多个方面的研究，其根本目的是探讨古代人类在经济基础和上层建筑这两个方面，是如何利用动物资源的，其原因、特征、作用和意义为何。这个研究方法和研究目的是动物考古学研究作为考古学的一个组成部分的价值所在。

其四，动物考古学研究与现生动物标本库建设。现生动物标本库的建设是我们动物考古学研究持续发展的重要基础之一，必须引起我们的足够重视。现在各个动物考古学研究和教学机构都有自己的现生动物标本库，但是，因为多种原因，大家各自的现生动物标本库既有自己的特色，也都存在局限性。我们要克服这种局限性，就要认真考虑现生动物标本资料共享的可能性。我认为有两种方法，一种方法是把国内各家机构现有的现生动物标本状况汇聚到一起，供大家参考。研究人员可以依据需要，有目的地到专门机构对照标本。这是立竿见影，切实可行的。另一种方法是充分推广现在开发出来的三维建模技术，对各个研究和教学机构的现生动物标本进行三维建模，放到动物考古专业委员会的专门网页上，供相关研究人员共享。从长远看，这种方法可以做到一劳永逸，快捷方便，对充分发挥现生动物标本的作用是十分有益的。

其五，动物考古学研究与数据库建设。这里所谓的数据库包括两种性质，一种是动物考古学研究专用的数据库，包括测量、测试的大量数字和专业描述等，另一种是动物考古学研究的文献数据库。先说动物考古学研究专用的数据库。动物考古学研究中常用的数据具有独特的学科特性，具体体现在学科的基本概念是为国际动物考古学界所公认的，是可以标准化的：比如二名法动物拉丁名、骨骼及骨骼部位的名称、量化的计数方法、骨骺愈合状况、牙齿萌出次序及磨蚀程度、测量点与测量值、标本重量、衍生数据的计算方法等，这为建立专用数据库奠定了科学的基础。我们可以根据现有的动物骨骼的鉴定和研究的基本需求，制定考古遗址出土的动物骨骼鉴定记录登记表。按照通用格式进行记录，将鉴定结果输入计算机，研究者可以对其中的数据进行分类、检索、合并和统计，极大地提高衍生数据的计算的准确性和效率；另外，以数据库的方式保存各个遗址出土动物骨骼的信息，还为数据分享和传播，及对经过鉴定的材料进行个案研究和再次检验提供了便利。至于动物考古学研究的文献数据库则与一般的人文科学的数据库形式基本相同,这里不再赘述。总之,我们要充分认识这两个数据库的学术价值,开始建立这两个数据库。

其六,动物考古学研究与文化遗产保护和宣传。动物考古学研究是一个重要方面,而对于动物遗存的保护及研究结果的宣传同样是十分重要的。从宏观上说,考古发掘出土的动物遗存属于文化遗产的范畴,在考古遗址中有时会发掘出土完整的动物骨架,这类动物骨架不但包括一系列完整的数据和信息,而且在展示上也具有独特的价值。我们需要在考虑观察、测量、测试和分析的前提下,进行风化处理、附着物清理、加固、裂隙黏合及外观效果处理等,做好长期保存的准备。另外,各个遗址出土的各种动物遗存往往是破碎的,虽然其保留的信息有限,但是这类动物遗存不但属于古代各个时空范围节点上的珍贵文物,将来随着学科的发展,很有可能对其开展进一步的研究。这些安然无恙地在地下埋藏数千年、经过发掘出土的动物遗存一旦遭到再损坏,就是不可弥补的重大损失。我们一定要分门别类地做好永久性的保存工作。除考虑到全面保护动物遗存这类文化遗产之外,我们还应该向大众宣传我们的研究成果,做到科研成果大众化。从某种角度说,动物考古研究成果的大众化具有先天的独到优势,因为动物在大家的心目中永远有着可爱的形象,人类的历史始终离不开与动物同行。

相比中国考古学的其他分支学科,我们动物考古学无论在思路、方法、成果和队伍建设等各个方面都是走在前列的。我们从事动物考古研究的人员要志存高远,继续全方位地把中国动物考古学研究推向前进,争取有朝一日,迈入世界动物考古学研究的前列。

以上三题,其一涉及科技考古诸多领域在同一个遗址中的应用,强调全面获取信息,深入推进研究。其二论及一个研究领域操作流程的制定及规范化,突出科技考古研究的科学性。其三展望一个研究领域的全面发展,意在更好地发挥学科的引领作用。尽管内容各异,但是目的是一致的,就是从理论上、方法上、实践上思考如何做好科技考古研究,为中国考古学的进一步发展贡献力量。

注　释

[1]　秦士雍:《现代实验技术在考古学中的应用》,科学出版社,1991年。
[2]　赵丛苍主编:《科技考古学概论》,高等教育出版社,2006年。
[3]　杨晶、吴家安:《科技考古》,文物出版社,2008年。
[4]　陈铁梅:《科技考古学》,北京大学出版社,2008年。
[5]　袁靖:《科技考古文集》,文物出版社,2009年。
[6]　王昌燧:《科技考古进展》,科学出版社,2013年。
[7]　a.《科技考古论丛》编辑组编:《科技考古论丛》,中国科学技术大学出版社,1991年。
　　b.王昌燧主编:《科技考古论丛》第二辑,中国科学大学出版社,2000年。

c. 王昌燧主编：《科技考古论丛》第二辑，中国科学大学出版社，2003年。

[8] a. 中国社会科学院考古研究所考古科技中心编：《科技考古》第一辑，中国社会科学出版社，2005年。

b. 中国社会科学院考古研究所考古科技中心编：《科技考古》第二辑，科学出版社，2005年。

c. 中国社会科学院考古研究所考古科技中心编：《科技考古》第三辑，科学出版社，2005年。

[9] 西北大学文博学院、中国化学会应化委员会考古与文物保护化学委员会、中国科技考古学会（筹）编：《文物保护与科技考古》，三秦出版社，2007年。

[10] 中国社会科学院考古研究所：《二里头（1999-2006）》，文物出版社，2014年。

[11] 中华人民共和国国家文物局：《田野考古出土动物标本采集及实验室操作规范》，文物出版社，2010年。

[12] a. 中华人民共和国国家文物局：《碳十四年代测定考古样品采集规范》，文物出版社，2012年。

b. 中华人民共和国国家文物局：《碳十四年代测定骨质样品的处理方法》，文物出版社，2012年。

[13] 中华人民共和国国家文物局：《田野考古植物遗存浮选采集及实验室操作规范》，文物出版社，2012年。

[14] 中华人民共和国国家文物局：《碳氮同位素食性分析骨质样品采集及实验室操作规范》，文物出版社，2012年。

[15] 中华人民共和国国家文物局：《田野考古出土人类遗骸DNA获取技术规范》，文物出版社，2012年。

[16] 国家文物局：《田野考古工作规程》，文物出版社，2009年。

[17] 国家文物局：《田野发掘出土人骨体质人类学现场及实验室操作规范》，待颁布。

[18] 贾昌明：《中国考古学会动物考古专业委员会成立》，《中国文物报》2014年11月18日。

[19] 苏秉琦、殷玮璋：《关于考古学文化的区系类型问题》，《文物》1981年第5期。

[20] 袁靖：《论动物考古学研究与区系类型的关系》，《科技考古文集》，文物出版社，2009年。

忆一次古代制陶模拟实验

白荣金

考古学研究的范围极为广泛，包含古代人类社会历史发展过程的方方面面，伴随着时光的流逝，许多过去的生产工艺和器物的制作技术久已失传，为究明当初的具体操作过程，很需要通过模拟实验的手段来验证，在1986年出版中国大百科全书的考古卷导言中，夏鼐和王仲殊二位先生对此有精当的论述，而今，模拟实验已是考古研究中一个不可或缺的分支——实验考古学。

1963年我和修复组内的王振江同志一起对新石器时代仰韶文化陶器的成型技术"泥条盘筑法"做过一次模拟实验。回忆起那次实验的起因并非偶然，1956年我进入考古所工作的前6年里，主要分配在黄河水库考古队的河南和山西分队从事发掘和野外调查工作，除在陕县后川、三门峡市区，上村岭等地发掘古墓葬外，在对陕县庙底沟、山西芮城县东庄村和永济县西王村工地发掘仰韶文化类型遗址时，对出土的许多陶器做过较系统的统计、拼对和整理记录，因而对各类陶器的质地、造型、纹饰和制法有初步的了解，陶器的起源是人类历史进入新石器时代的重要标志之一，出现陶器烧制技术，孕育了后来冶金和青铜文化的兴起，故对之产生了很大兴趣和探索的欲望，这是发起此次制陶实验想法的根本原因，而1961年底所领导把我从山西侯马发掘东周铸铜遗址工地调回所内技术室修复组工作，又为这次实验创造了便利条件。

我到修复组工作时与王振江同志共事，应付各田野队运回所内重点标本的修复，两个人力量较薄弱。原先组内还有三位主力：资深的白万玉老师1961年退休走了，擅长修铜器的高英师傅因所里精简机构，自己联系调去中国历史博物馆工作，另一位技术全面，工作勤恳的刘增堃师傅，因在安阳工作站为一点小事受了魏队长的过分责备，辞职去了河北省博物馆。

1962年冬，所里修复任务不多，领导为了支援北大，派我和老王去学校配合李伯谦和高明二位先生整理昌平雪山遗址发掘报告，我们去那边修复一批出土的器物，我因留住在校内19斋客房，利用业余时间，烧制了雪山遗址陶鬲、东庄村仰韶文化彩陶盆，陕西华县泉护村鸮鼎，甘肃征集的马家窑文化彩陶罐等一些陶器小模型（而今仍保存着，必要时可拍照时做个小花边用），我是1963年初夏最后离开北大回到所里的。

由于对古代制陶工艺的兴趣逐渐增长，常想找机会搞一次正式的模拟实验。1963

年夏天，所内的修复工作仍不很忙，我把想搞实验的事和王振江同志商议，他表示很赞成，于是起草了一个计划，内容包括收集资料，去近郊制陶作坊做一次调查访问，在所内资料室选借一些有关的陶器标本，以及相应的其他准备工作。

我们把起草的实验计划上交了技术室赵铨主任，之外还提到想请安志敏先生给予指导，此事曾向上级反映，虽未明确正式列入所内工作计划，但也未受阻止，却在赵主任的大力支持下而得以顺利进行。在实验过程中还请韩悦同志拍了一批照片（图1），一直保存至今。

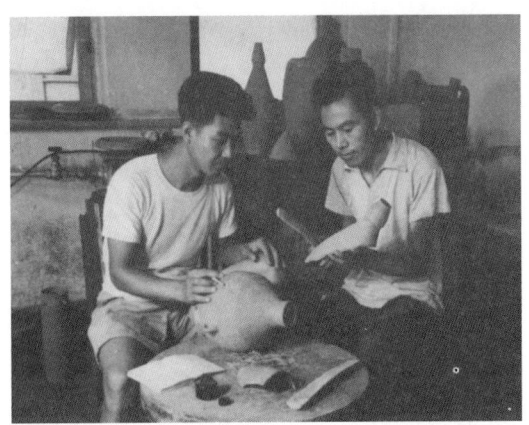

图1　1963年制陶模拟实验中分析陶器标本
（左白荣金　右王振江）

按照计划，我和王振江同志首先走访了东郊一个制陶作坊。1963年5月17日上班后，我们从所里开了封介绍信，前往东郊朝阳门外枣子营陶器生产合作社去考察访问，那里办公室一位蒋主任热情地接待了我们，说明来意后，他很痛快地领我俩看了陶器生产流水线的全过程，主要分为泥料加工、拉坯成型和入窑烧成三个步骤。

一　泥料加工

是专为轮制陶器拉坯使用，历史上手制陶器用泥的加工或较为简单。

我们被领到一个晒泥场上，见到三位师傅在阳光下正把当地选挖的黏土晾晒，用锨翻来翻去，并把较大的土块拍碎，有位师傅介绍说，土料经此晒过可使泥性改变，投入泥浆池中才容易散开。

往下，蒋主任把我们带至从高到低用砖砌的一组泥浆池旁，只见操作师傅把晒好的土块放入最高的池中，当被水泡开后，即用一个前端装有小横木的长杆在池中不断搅动，稍停，泥水中较粗的沙粒下沉到池底，就打开池的一个木板闸门，将泥汤放入下一个池中，仍如前搅动，又停了一下，较细的沙粒再沉到池底，再放入下一个池中，如此经过几番沉淀，至把最后一个池中的水放净后，池底上即成为合用的澄浆泥，师傅用铲将泥切成块状取出后即送入了踩泥室。

我们在踩泥室见到两位师傅垂着手，在一大堆泥料上从周边往当中转着圈用脚踩踏，这道工序很像做饭时的"和面"，据说在南方加工泥时多赶着牛踩，踩完的泥还要用一种镂空的铁铲将泥铲起，不断地摔打，有时还以棍子抽打，然后再用手揉成许多泥团放入窖中，这些泥料"醒"过一段时间后，使用起来才会得心应手。泥料加工至关重要，有了好的泥料，才能烧制出理想的陶器，后来我们在所里搞实验，使用的泥料都是从这里买的,当时陶泥的价格近两角钱一斤,与食用的富强粉价值相当。

二 拉坯成型

下一步蒋主任领着我们去看一道"拉坯"工序。据说以前在这个成型车间使用的是植于地上一个石磨盘状的转轮,以木棍拨搅轮上凹窝使之转动,利用其惯性来操作,拨动起来很吃力,而今见到的是经过改良用马达带动的电动转盘,不但省力还可以变速。只见一位师傅坐在转盘前小凳之上,打开电开关,手上沾点水,熟练地将右手插入转盘中心的泥团,左手附在泥团外,两手合力先是向上提拉成筒状,而后向外扩展形成器口,略加整理,很快就完成一个陶盆泥坯,接着用一根细铁丝套在盆底处往怀里一拉,即将泥盆取下。将其排放在一块木板上,随手有人接过去送出,阴干后再经晾晒,即可焙烧成器。

三 焙烧入窑

干后的泥盆成批码放入一座很大的窑内点火烘烤,而后加柴烧成,这道工序与1958年冬我和王振江、左崇新三人在洛阳古今陶瓷厂学习、回工作站建柴窑成功仿烧制一批唐三彩的情况基本相似。

在这次访察过程中,我们在现场也拍了一些照片,作为技术资料保存起来。

在走访陶器生产合作社回所后,翻阅了以往作的有关古代陶器的卡片,又去图书室查阅新石器时代从手塑到轮制陶艺发展过程的文献资料,重点对仰韶文化泥条盘筑法的论著作了摘录,感觉国内外学者在这方面的论述过于笼统,缺少操作的细节和要领,很有必要通过模拟实验进一步研讨。

随后我们去了资料室,找到了主管文物标本的魏善臣老先生,说明情况,很顺利地从库房里选借出以泥条盘筑法制作的仰韶文化平底的筒形器和小口尖底瓶,另外还选了一些相关的残片,作为实验中分析对比之用。

在准备工作中,我们还用竹片、骨料等材质制作了刮削、矽光工具,还用小木条缠麻绳做了拍打工具,又做了几块木托板,代替出土的仰韶文化陶转盘,其余还有水盆、麻布等。

本文中选用了一些当年操作时的照片,以便于展示那次模拟实验的具体操作过程,在实验中我们不断地切磋和改进,老王以盘筑筒形器为主,我则以小口尖底瓶成型操作为主。

下面结合模拟两件陶器成型实验中所拍照片,将其操作要点略加说明。

筒形器的制作过程,是从一泥片为器底开始,用泥条一圈圈地向上盘接直至筒口,并在升高过程中随用"陶拍"拍打,在器表拍印出密排的绳纹,最后完成收口,

图2 仰韶文化筒形器制陶实验
1. 从底部开始盘 2. 随盘高随拍纹 3. 拍纹前先找平 4. 修口 5. 安耳

经一番修整，在近口沿处用小泥条等距离安装出四个喙形器耳，以便使用时拴绳提起（图2）。

在作小口尖底瓶成型方法的模拟实验前，充分考察和分析了瓶壁残片上各圈泥条之间的叠压状态及其走向，从中摸索出当初的操作规律，并搓泥条进行了局部的模仿试验。根据此器两头小中腹大的特点推断，瓶体泥型的制作，当分为以下四个步骤：

1. 从中腰向尖底盘筑

所用泥条一般随时搓成小指粗细、七八寸长，开始时是以左手执泥条，在木托板上圈出一个与瓶标本中腰相仿的圆环，而后用右手引领按逆时针方向运行往上续接，随着托板反向转动，顺势将泥条在盘升各点上以右手的拇指和食指相对捻压，在紧密圈接过程中渐使圆经缩小，在近顶尖时将泥条掐断塞入顶孔内形成一个球状，从而完成瓶体下半截的泥型，达到与标本残片内壁形象相一致。

2. 从中腰向瓶颈盘接

将完成下半段瓶身的表面略加刮平并翻转过来，使尖底朝下置于事先备好的一件器座之上，在其接口处用梳状工具刮出毛碴再抹上些稀泥，而后如前法用泥条往上盘筑，并逐圈缩小直达瓶颈。在对接出二三圈时，仿照原件腰部的绳纹带，以左手握卵石状物衬垫于内壁，右手持绳纹拍子拍打，于是在外壁形成一周绳纹，其作用既为了装饰，又对上下两段对接处的牢固度作了加强，收到了一举两得的效果，显示出先民完美的技术和巧妙构思。

3. 瓶身收口

用泥条自瓶颈往上续接，塑成一个较宽的环形瓶口，从而完成小口尖底瓶体的制作，并用工具在其表面作了一番修整和砑光。

4. 安装瓶耳

在瓶腹部绳纹带下的两侧，用工具刮后抹上稀泥，将捏作半环形的泥耳黏接其处，按紧并将周边抹平，至此完成了小口尖底瓶泥坯的手制过程，与所选半坡类型标本对比，达到整体上颇为相似的地步（图3）。

由于洛阳、陕西、内蒙古、东北等地田野队的修复任务接踵而来，我们的实验工作就此打住，而模拟制成的泥型因未烧为陶器故没能保存下来。虽然这次实验浅尝辄止，而兴致颇有所提高。

1974年我所接受了一项为墨西哥和秘鲁复制一大批多种文物的对外文化交流任务，其中烧制过的彩陶、蛋壳黑陶、夹砂陶鬲等器物时，也算是弥补了制陶工艺的全过程。

1985年1月上旬，我曾起草了一个《关于设立考古学（模拟）实验机构的建议》，请打字室魏莉同志打印了几份，分别交给王㐀、赵铨先生等过目，均认为可以考虑，但事关重大，开展起来需多学科协作等原因，终未上报给所领导审议。

四　结　语

20世纪50年前在考古所内的一次古代制陶模拟实验，只是重点在"泥条盘筑法"造型陶器方面做了些初步尝试，可视为一次有益的探索，虽收获不多，却成了一个新的起步，后来结合田野发掘、室内整理和修复任务，除单独搞过燧石质细石器制作、鎏金、金银错技术等实验外，更与所内外师友合作对新石器时代彩陶、蛋壳黑陶，商周青铜器铸造、采矿冶铜、甲骨文字契刻、皮甲胄制作，以及唐三彩烧制工艺等做了一系列的模拟实验，均取得了一定进展。

很幸运，基于考古所内宽松和谐的工作环境，聚集了各科室的合力，并与有关兄弟单位密切合作，为我们的续后的模拟实验创造了十分有利条件，这说明工作取得成功除需具备天时、地利、人和条件外，及时抓住转瞬即逝的良机也是必不可少的。

图3 仰韶文化小口尖底瓶模拟制作实验

1. 自中腰向尖底盘起 2. 自中腰向尖底盘起 3. 收尖 4. 内壁痕迹与出土实物残部对比
5. 稍晾硬翻转置座上盘筑拍绳纹使接牢 6. 继续盘筑、收口 7. 修整口沿 8. 安装两耳 9. 原标本与模拟制作品对比（左为原件）

学术界在对古史研究过程中，凡属古代生产工艺和制作技术范畴的复原，不能仅仅局限于利用相关的实物、图像、遗迹等资料，进行静态的分析和推断，其研究成果往往难与客观存在完全吻合，还需要通过动态的实验手段加以印证，来揭示事实真相把静与动两方面结合起来，才能将科学性提升一步，才更会让人们理解和认可。

科技进步无止境，实验考古学在我国一些科研单位中尚处于发展的初期阶段，对于弘扬和继承传统文化，繁荣科技事业不断有所创新，促进社会进步，有着无限宽广的扩展空间，应予以关注，加强倡导，使之充分发挥应有的作用。

西朱封龙山文化大型墓葬M203出土绿松石的检测

赵春燕　梁中合

西朱封龙山文化大型墓葬M203被认为是迄今为止山东龙山文化发现的墓葬中所罕见，不仅对于研究史前时期的绘画艺术和琢玉工艺的水平与成就，而且对于深入探讨海岱地区有关文明起源等重大课题，都具有极其重要的价值[1]。M203出土绿松石的检测对于探索绿松石的矿料来源，了解该遗址古代先民的活动范围和不同考古学文化之间的联系等问题都具有特殊意义。

目前国内外对出土绿松石的研究工作主要有两方面，一是考古学家根据出土绿松石制品的种类、形制、功能、工艺等特征来研究其考古学价值[2]。二是利用自然科学手段对绿松石的矿料来源问题开展的研究[3]。有鉴于此，我们采用X射线荧光光谱技术及电感耦合等离子体质谱技术对M203中出土的绿松石的残片进行了检测，从绿松石所含常量元素及稀土元素等方面对其来源进行了探讨，现将结果报告如下。

一　绿松石样品的外观形貌

M203出土绿松石均为片状，蓝绿色夹杂铁线，大小从3毫米×0.2毫米到16毫米×10毫米不等；厚度也不一样，最厚的大约1.2毫米，最薄的仅0.8毫米。

二　绿松石的常量元素检测

绿松石是一种含水的铜铝酸盐类矿物；其标准化学式为$CuAl_6(PO_4)_4(OH)_8·4H_2O$，理论值含9.78%的氧化铜（$CuO$）；37.6%的氧化铝（$Al_2O_3$）；34.9%的五氧化二磷（$P_2O_5$）和7.72%的水（$H_2O$）。任何矿物都是在某一地质历史时期，由某种地质作用在特定的地质环境中形成的。自然界中的绿松石由于地质环境不同，其中的铝离子可以部分地被铁离子所取代，铜离子则可以被钙、锌、锰等离子取代，因而，天然绿松石的成分与理论成分有很大差别。所以，我们首先从绿松石的常量元素检测入手，检测M203出土绿松石中氧化铜（CuO）；氧化铝（Al_2O_3）；五氧化二磷（P_2O_5）

等化合物的含量,与其他地区绿松石样品进行比较,看看是否相同或不同。

首先利用X射线荧光光谱技术对出土的绿松石碎片进行了化学组成分析。X射线荧光光谱分析是确定物质中元素的种类和含量的一种方法。该方法的主要优点是一种无损检测方法,对分析样品的形状、大小和材料没有特殊要求,被测样品在测量前后,无论其化学成分、重量、形态等都保持不变,因此,比较适合文物的检测。在古代文物的鉴定中,主要是对文物的主量元素和微量元素进行测试,从而通过与其他样品数据进行对比,以达到对古代样品进行断代和断产地等方面的研究。考虑到出土绿松石残片样品数量少,还要进行多种检测,所以,首先采用不破坏样品的X射线荧光光谱方法对样品进行检测,所用仪器为瑞士产ADVANT'XP+型X线荧光光谱仪,测试结果见表1。

表1是利用X射线荧光光谱技术对M203出土绿松石主要成分的检测结果,为方便比较,将其他地区样品的检测结果一并列入其中。

表1 X射线荧光光谱技术对M203出土绿松石的检测结果

样品产地	化学组成(%)							出处
	P_2O_5	Al_2O_3	SiO_2	CuO	Fe_2O_3	SO_3	ZnO	
西朱封M203	14.81	55.62	6.44	16.30	4.21	0.72	0.79	自测
湖北郧县云盖寺	31.48	26.12	24.98	11.89	3.70	0.69	0.16	自测
湖北郧县	42.28	50.47	0.37	0.13	1.69		0.64	[4]
湖北郧县	34.39	33.00	3.63	10.2	16.6		0.30	[4]
马¹鞍山	31.84	35.45	4.39	4.53	6.52		0.04	[5]
马鞍山	39.63	40.00	0.51	16.50	3.36			[5]
湖北竹山县秦古镇	42.20	41.60	0.88	13.60	1.73			[5]
湖北竹山县楼台乡	42.23	35.31	0.57	5.99	14.36	1.54		[5]
湖北竹山县溢水镇	40.56	46.41	2.65	7.56	1.50	1.32		[5]
伊朗	28.32	33.32	16.91	8.03	7.72		0.09	[4]
西藏	33.69	37.35	2.15	0.81	7.57			[4]
理论值	34.9	37.6		9.78				[4]

为了更直观地表示各地绿松石主要矿物成分的异同,依据化学组成数据绘成曲线,表示在图1中。图中不同颜色的曲线代表不同地点的绿松石矿物。

从表1和图1的检测数据显示,西朱封M203出土绿松石的化学组成与各地绿松石矿物组成均有较大区别,特别是P_2O_5和Al_2O_3的含量与理论值差别更大。似乎表明,西朱封M203出土的绿松石自成一系。

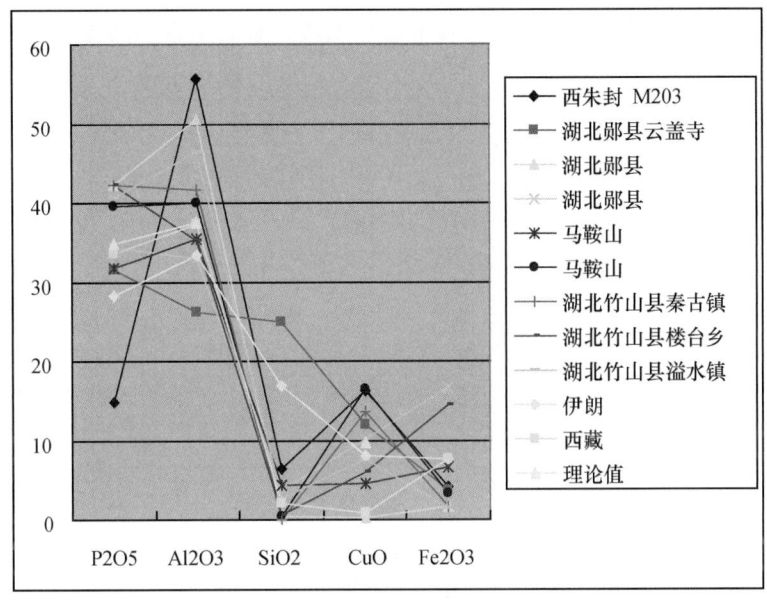

图1 不同产地绿松石的化学组成

三 绿松石样品的稀土元素检测

稀土元素是化学元素周期表中IIIB族钇和镧系元素之总称。他们都是很活泼的金属，性质极为相似，常见化合价+3，其水合离子大多有颜色，易形成稳定的配合物。地质学研究表明，稀土元素是一个良好的地球化学指示剂，在陶器、青铜器、石器的产地研究中都有广泛的应用[3~5]。我们采用电感耦合等离子体质谱技术对西朱封M203墓中出土绿松石残片进行了稀土元素含量测定，并与历史上最为著名的湖北郧县云盖寺、竹山喇嘛洞、陕西白河月儿潭一带古绿松石矿物的稀土元素含量做对比，以便为判断西朱封M203墓中出土绿松石的产地提供信息。

电感耦合等离子体质谱，一般简称ICP-MS。其工作原理是利用感应耦合等离子体作为离子源，产生的样品离子经质量分析器和检测器后得到质谱，从而可以对样品进行定性或定量分析，其所用仪器为电感耦合等离子体质谱仪。电感耦合等离子体质谱技术在考古学上的应用优势主要体现在微量元素和同位素分析方面。所用仪器为美国PE公司生产的DRC II 型电感耦合等离子体质谱仪。检测结果列于表2中。为方便比较起见，一些著名古绿松石矿样品检测结果也一并列入其中。

以表2的检测数据为基础，我们经过计算绘出各地绿松石所含稀土元素配分图（图2）。从图2可以看出，西朱封M203墓中出土绿松石的稀土配分模式与各地不尽相同，都有一些差别。

表2 绿松石样品的稀土元素检测结果

元素\地点	La	Ce	Pr	Nd	Sm	Eu	Gd	Tb	Dy	Ho	Er	Tm	Yb	Lu	出处
西朱封	25.300	45.500	9.490	43.700	10.200	4.970	7.300	1.120	4.400	0.717	2.010	0.205	1.260	0.152	自测
湖北竹山喇嘛洞	0.240	0.070	0.130	0.690	0.300	0.380	0.470	0.120	0.690	0.120	0.300	0.050	0.270	0.040	[6]
湖北竹山喇嘛洞	1.550	2.650	1.020	6.680	3.340	1.190	3.930	0.700	2.970	0.400	0.790	0.110	0.550	0.070	[6]
湖北郧县云盖寺	0.480	0.560	0.270	1.460	0.500	0.290	0.590	0.140	0.760	0.130	0.340	0.060	0.300	0.400	[6]
湖北郧县云盖寺	0.420	0.460	0.220	1.240	0.500	0.430	0.650	0.180	1.180	0.240	0.650	0.110	0.620	0.090	[6]
湖北竹山县秦古	0.160	0.020	0.120	0.510	0.110	0.210	0.110	0.030	0.150	0.030	0.070	0.020	0.080	0.010	[6]
湖北竹山县秦古	0.240	0.020	0.130	0.520	0.110	0.340	0.200	0.080	0.660	0.180	0.590	0.120	0.700	0.100	[6]
陕西白河县月儿潭	0.780	1.110	0.230	0.900	0.260	0.180	0.290	0.070	0.350	0.060	0.160	0.030	0.120	0.020	[6]
陕西白河县月儿潭	0.670	2.360	1.020	9.680	4.500	1.230	2.900	0.470	1.860	0.260	0.560	0.080	0.460	0.070	[6]
安徽马鞍山	72.884	165.222	21.151	81.908	11.05	1.577	8.093	0.741	3.406	0.5	1.194	0.135	0.915	0.115	[6]
安徽马鞍山	77.226	175.897	18.555	67.738	7.594	0.979	5.723	0.601	3.172	0.414	0.846	0.092	0.619	0.069	[6]

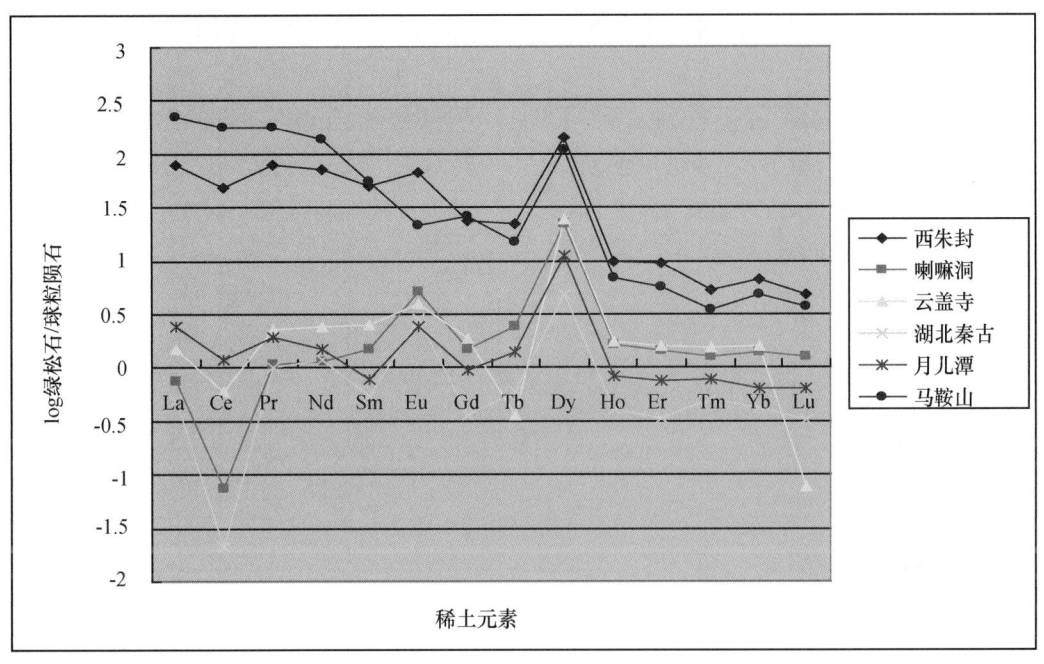

图2 各地绿松石所含稀土元素配分图

四 结 论

利用X射线荧光光谱技术及电感耦合等离子体质谱技术对西朱封M203中出土的绿松石的残片进行了检测，并与文献报道的各地绿松石样品的化学组成进行了比较分析，结果表明，以绿松石所含常量元素而言，西朱封M203出土绿松石的化学组成与文献报道的各地绿松石的化学组成无一相同；是目前所检测过的一种组成特殊的绿松石；而且，西朱封M203出土绿松石的稀土配分模式与各地绿松石的稀土配分模式也都有一些差别。

致谢 本文检测的湖北郧县云盖寺出产绿松石样品由中国社会科学院考古研究所徐良高研究员提供，特此表示感谢。

注 释

[1] a. 中国社会科学院考古研究所山东队：《山东临朐朱封龙山文化墓葬》，《考古》1990年第7期。

b. 佘玲珠、秦颖、罗武干、黄凤春、李桃元：《利用稀土等微量元素示踪鄂西北一带古代绿松石的产地》，《稀土》2009年第5期。

[2] 方辉：《东北地区出土绿松石器研究》，《考古与文物》2007年第1期。

[3] a.王荣、王昌燧、冯敏等：《利用微量元素探索绿松石的产地》，《中原文物》2007年第2期。
b.毛振伟、冯敏、张仕定、张居中、王昌燧：《贾湖遗址出土绿松石的无损检测及矿物来源初探》，《华夏考古》2005年第1期。

[4] 赵虹霞、伏修峰、干福熹、马波、顾冬红：《不同产地绿松石无损检测及岩相结构特征研究》，《岩矿测试》2007年第2期。

[5] 何煦等：《竹山和马鞍山绿松石微量元素和稀土元素特征》，《岩矿测试》2011年第6期。

[6] 佘玲珠、秦颖、罗武平、黄凤春、李桃元：《利用稀土等微量元素示踪鄂西北一带古代绿松石的产地》，《稀土》2009年第5期。

湖北枣阳九连墩楚墓出土木质遗物的研究

王树芝[1] 赵志军[1] 胡雅丽[2]

一 引 言

在我国，虽然木炭分析起步较晚，但是考古遗址木材分析却开始得很早，几乎与国际同步。早在20世纪40年代，许多考古学家认识到了木材分析的重要性。如夏鼐把采集的甘肃敦煌西汉时期的简牍残片、棺木接榫、甘肃武威唐朝时期的马鞍，石璋如采集的河南安阳殷商时期的铜矛木柄，郭宝均采集的河南浚县辛村西周时期的銮戟柄、轭木、河南汲县山彪镇东周时期的铰链残木、周王戈柲等珍贵的研究材料送给何天相进行树木种属的鉴定。在1948年和1951年，何天相把鉴定结果分裸子植物类和双子叶植物类分别发表在Quart. Journ.Taiwan Mus.和《中国考古学报》上[1, 2]。文中强调了古木鉴定有三个意义：可知前人以使用目的而选材，略明各木之天然耐久性，及旁助植物之地理分布记录。在此之后，一些学者陆续发表了有关古代木材鉴定的文章。

纵览这些文章，多数是对葬具材质、船舶材质、木器和漆器的鉴定和分析。如对葬具材质进行鉴定的墓葬有四川成都洪家包西汉木椁墓[3]、湖南长沙马王堆西汉墓[4]、河南信阳黄君孟夫妇墓[5]、北京大葆台汉墓[6]、包山楚墓[7]、河北磁县湾漳壁画墓[8]、广西合浦县凤门岭西汉墓[9]、贵州赫章可乐遗址墓葬[10]等40余座墓葬。其中有些墓葬出土的燕器、兵器、乐器、车马器、工具和俑等木质遗物也被鉴定。船舶材质鉴定的有广州秦汉时期造船工场遗址木材[11]、江苏武进区出土汉代木船[12]、南通如东县元代古船[13]、山东蓬莱古船[14]、淮北柳孜运河沉船木构件[15]等。还有一些研究是对遗址所处的局域气候环境进行的研究。如徐永吉等对新石器时代的常州圩墩遗址出土的一些木质工具和器具进行鉴定，根据树种生物学特性和生态学特性确定五六千年前圩墩存在落叶常绿阔叶混交林带，属温暖、湿润的亚热带植被类型[16]。杨家驹等对武汉市出土古木油杉的研究表明万年以前武汉地区的气候是炎热多雨的[17]。王树芝等对长江流域最早的新石器时代文化遗址湖南澧县八十垱遗址湿木材和木器进行了分析和鉴定，从鉴定树种的木材性质和制作的器物两方面考虑，认为古人类有意

1：王树芝、赵志军：中国社会科学院考古研究所
2：胡雅丽：湖北省文物考古研究所

识地利用木材,并认为湖南澧县八十垱遗址在彭头山文化时期的气候温暖湿润,与湖南省现今气候相比,年平均气温,年降水量,1月份平均温度与现今相差不大[18]。靳桂云等通过对日照两城镇遗址湿木材分析,认为龙山文化时期,气候比现今温暖湿润[19]。

虽然,考古遗址木材分析取得了一些成绩,但在探究古代人类因使用目的进行选材方面未进行深入的分析。

湖北枣阳市九连墩1号墓和2号墓是出土木质遗物最多的墓葬,除棺椁为木质外,出土了大量漆木器和铜木构件的木材,木质遗物种类繁多且保存良好,是一批难得的非常有研究价值的木材资料。应湖北省文物考古研究所之邀,我们对其中的113件木质器物进行了取材,试图对各种功能器及其各个部件的木材材质进行鉴定,结合木材材性的研究文献、社会背景及古文献,探讨古代人类利用木材的信息。

二 研究背景

九连墩墓地位于枣阳市吴店镇东赵湖村与兴隆镇乌金村以西,地处枣阳南部大洪山余脉的一条南北向低岗上(图1)。岗地的基岩为白垩纪第三系紫红色砂岩,原生土为第四纪黄褐土母质发育形成的山冈土壤,海拔高程在110~136米。岗地以南约1千米处有滚河由东向西流过,其西、南两面地势开阔平坦的河畈地带现为农耕区。墓地全长约3千米,地势北高南低,低缓起伏,现存有大中型墓冢9座,大致呈南北向排列在岗脊上。九连墩墓地北有桐柏山,南有大洪山,两山之间为著名的随枣走廊。自古以来这里都是鄂西北和豫西南地区通往江汉平原的必经之地,成为中原大地与江汉平原之间的交通要道。

2002年9~12月,湖北省文物考古研究所等对孝襄高速公路施工范围内的九连墩墓地1号、2号墓及附属车马坑进行了抢救性发掘。1号墓为二椁二棺,墓主为大夫级,墓葬的时代为战国中后期,年代距今约2400年。墓中的随葬器物包括礼器、乐器、兵器、车马器、生活用器、丧葬用器等,初步统计共计617件(套)。2号墓也为二椁二棺,墓中随葬器物包括礼器、乐器、生活用器、车马器、丧葬用器等共587件(套)。2座墓为夫妻异穴合葬墓[20]。

三 研究方法

2008年在湖北省博物馆采集样本,从漆木器和铜木构件破损部分取1厘米见方的小块样品,放在盛水的塑料袋里,记录样品标号。用徒手切片法,在软化的木材上按照横、径、弦三个方向切出木材薄片,用1%的蕃红染色,用加拿大树胶封片,制成永久光学切片。对难判断构造特征的采用水浸泡恢复原状,聚乙二醇(PEG-3000)置换、包埋的方法,对更难判断构造特征的采用解离方法。

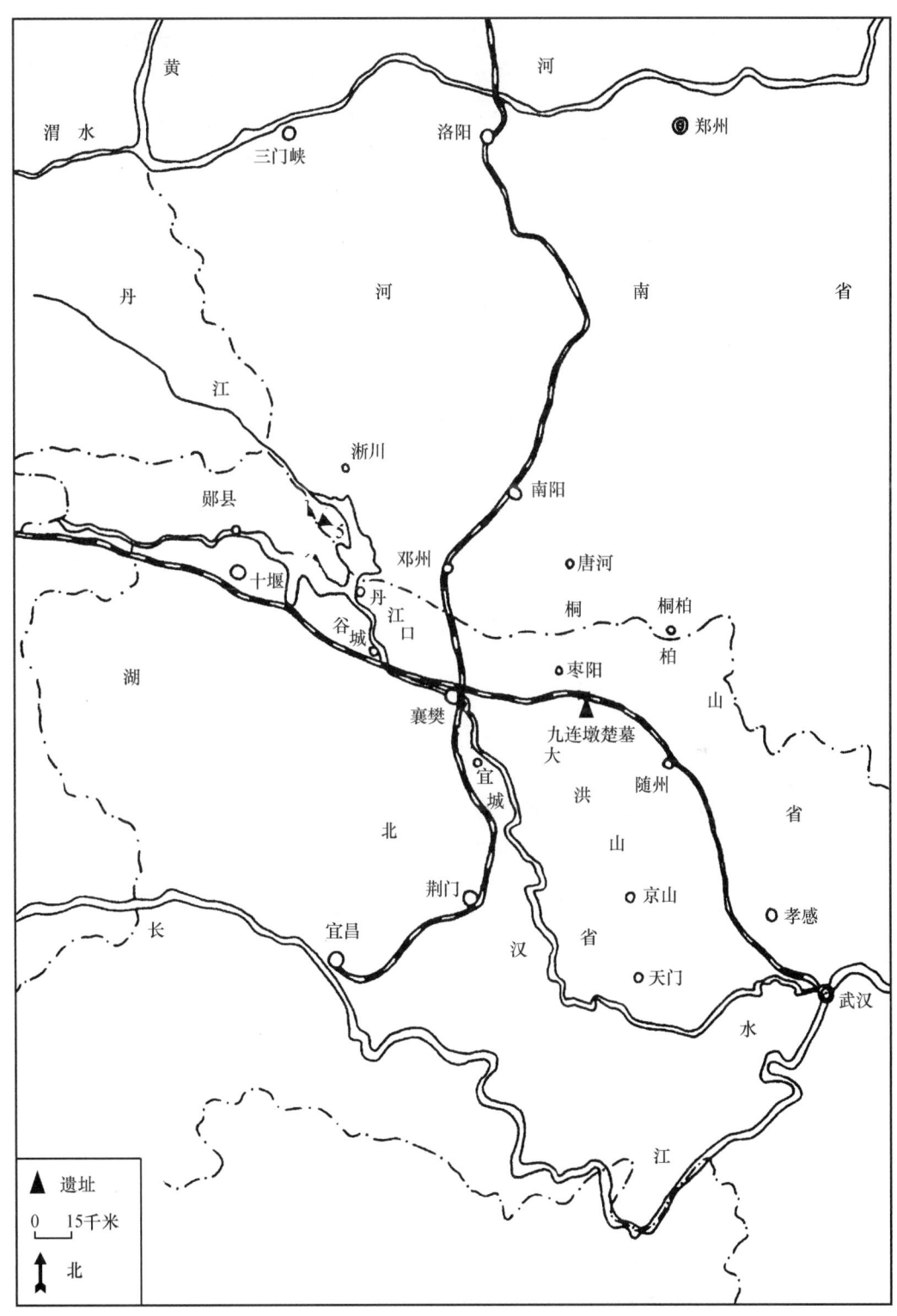

图1 遗址地理位置

在光学显微镜下观察木材横切面、径切面和弦切面三个面上的构造特征，在横切面上主要观察年轮、管孔、轴向薄壁组织、木射线、树胶道、树脂道和管胞等构造特征；在径切面上主要观察管胞、射线管胞、交叉场纹孔、导管和阔叶树材的同型射线和异型射线等构造特征；在弦切面上主要观察射线宽度、高度、射线组织类型、横向树脂道和树胶道等构造特征。这些构造特征与《中国木材志》[21]等相关的专业书籍的描述及现代树种的显微照片相互比对，进行识别和鉴定。

四 鉴定结果

漆器品种多样，可大致分为葬具、祭器、乐器、生活用具、生产用具、兵器和车马器等七大类。下面按墓葬分别介绍鉴定结果。

（一）1号墓（M1）

葬具

从九连墩1号墓的棺和椁上取到了13件木材样品，其中包括4件木棺样品和9件木椁样品。木棺样品包括内棺侧板、内棺盖板、外棺挡板、外棺盖板；木椁样品包括内椁盖板、内椁北墙板、椁室隔板4号、北室椁盖板7号、西室椁盖板7号、椁室隔板10号、北室椁墙板10号、北室椁盖板10号、椁墙板。

通过观察和鉴定，这13件木材样品分别属于3个树木种类，梓树属（*Catalpa* sp.）、榆属（*Ulmus* sp.）和糙叶树属（*Aphananthe* sp.），鉴定结果见表1。

祭器 木俑1件。M1：895木俑木样经过鉴定，属于枫杨属（*Pterocarya* sp.）。

表1 九连墩1号墓棺椁部件的木材鉴定结果

样品	鉴定结果
内棺侧板	梓树属
内棺盖板	梓树属
外棺挡板	梓树属
外棺盖板	梓树属
内椁盖板	梓树属
内椁北墙板	榆属
椁室隔板4号	榆属
北室椁盖板7号	榆属
西室椁盖板7号	榆属
椁室隔板10号	榆属
北室椁墙板10号	榆属
北室椁盖板10号	榆属
椁墙板	糙叶树属

乐器

乐器包括3件瑟、5件笙部件、2件竽部件、2件磬部件、1件瓒和1件单柄鼓，共14件，经过鉴定，分别属于梓树属（*Catalpa* sp.）、枫杨属（*Pterocarya* sp.）、麻栎（*Quercus acutissima*）、朴树（*Celtis sinensis*）、榉属（*Zelkova* sp.）、葫芦（*Lagenaris siceraria*）、苦竹（*Pleioblastus amarus*）和芦竹（*Arundo donax*），具体的鉴定结果见表2。

表2　九连墩1号墓乐器部件木材鉴定结果

墓号	注明	木器名称	种属	器物
M1	680	瑟	梓树属	乐器
M1	600-1	瑟	梓树属	乐器
M1	916-1	瑟	梓树属	乐器
M1	677-1	竽苗管	苦竹	乐器
M1	677-2	竽盒	朴树	乐器
M1	829	（笙）吹管、斗、苗管、黄片	梓树属、葫芦、芦竹	乐器
M1	677-1	（笙）斗	梓树属	乐器
M1	911	编磬架	枫杨属	乐器
M1	911-3	磬槌	麻栎	乐器
M1	136	瓒	梓树属	乐器
M1	894	单柄鼓	榉属	乐器

瑟　瑟3件。包括M1：680、M1：600-1和M1：916-1，3件瑟都是整板凿成。经鉴定都为梓树属。

磬　磬附件2件。其中，M1：911编磬架木件为枫杨属，M1：911-3磬槌木件为麻栎。

竽　竽部件2件。其中，M1：677-1竽苗管为苦竹，M1：677-2竽盒木样为朴树。

笙　笙部件5件。其中，M1：829吹管木样为梓树属，斗为葫芦，苗管和簧片为芦竹。另1个斗 M1：677-1为梓树属。

瓒　瓒1件。M1：136瓒木样为梓树属。

单柄鼓　单柄鼓1件。M1：894单柄鼓木样为榉属。

生活用器

生活用器包括1件木梳、3件几、2件俎、1件房俎、1件耳杯、1件方盘、1件酒具盒、1件卮、1件绕线棒、1件箱、1件案、2件竹筒和1件铜鼎竹盖，共17件。经过鉴定，分别属于黄杨属（*Buxus* sp.）、梓树属（*Catalpa* sp.）、枫杨属（*Pterocarya* sp.）、榆属（*Ulum* sp.）、香果树（*Emmenopterys henryi*）、椴树属（*Tilia* sp.）米老排（*Mytilaria laosensis*）、水竹（*Phyllostachys heterocycla*）、毛竹（*Phyllostachys heterocycla*），具体的鉴定结果见表3。

表3　九连墩1号墓生活用器木材鉴定结果

墓号	注明	木器名称	种属	器物
M1	705	木梳	黄杨属	生活用器
M1	588	几	榆属	生活用器
M1	792	曲形几	梓树属	生活用器
M1	674	几	枫杨属	生活用器
M1	46	俎	榆属	生活用器
M1	122	俎	香果树	生活用器
M1	32	房俎	椴树属	生活用器
M1	99-13	方盘	米老排	生活用器
M1	593-7	耳杯	香果树	生活用器
M1	593-1	酒具盒	榆属	生活用器
M1	759	卮	梓树属	生活用器
M1	638	绕线棒	梓树属	生活用器
M1	606	箱	米老排	生活用器
M1	95	案	枫杨属	生活用器
M1	155	竹筒	水竹	生活用器
M1	92-1	竹筒	水竹	生活用器
M1	107	铜鼎竹盖	毛竹	生活用器

木梳　1件。M1：705木梳木样为黄杨属。

几　3件。M1：588几木样为榆树属，M1：674几木样为枫杨属，M1：792曲形几木样为梓树属。

俎　3件。M1：46俎木样为榆属，M1：122俎木样为香果树，M1：32房俎为椴树属。

方盘　1件。M1：99-13方盘木样木材为米老排。

耳杯　耳杯1件。M1：593-7耳杯木样为香果树。

酒具盒　1件。M1：593-1酒具盒木样为榆属。

卮　1件。M1：759卮木样为梓树属。

绕线棒　1件。M1：638绕线棒木样为梓树属。

箱　1件。M1：606箱木样为米老排。

案　1件。M1：95案木样为枫杨属。

竹筒　2件。M1：155竹筒，M1：92-1竹筒为水竹。

铜鼎竹盖　1件。M1：107铜鼎竹盖木样为毛竹。

生产用具

铜插柄　2件。M1：111铜插柄木样为麻栎属（*Quercus* sp.），M1：112铜插柄木样为黄檀。

兵器

兵器包括铜戈杆1件、铜柲杆1件、铜戟杆1件、箭镞杆2件、箭筒1件、剑鞘1件和棱1件，共8件。经鉴定分别属于梓树属、青檀（*Pteroceltis tartarinowii*）、箭竹（*Fargesia spathacea*）和毛竹（*Phyllostachya pubescens*），其中1个箭镞杆未鉴定（表4）。

表4　九连墩1号墓兵器部件木样鉴定结果

墓号	注明	木器名称	种属	器物
M1	790	铜戈杆	青檀	兵器
M1	99	铜柲杆	青檀	兵器
M1	667	铜戟杆	青檀	兵器
M1	681	箭镞杆	未鉴定	兵器
M1	845-2	箭镞杆	箭竹	兵器
M1	845-1	箭筒	毛竹	兵器
M1	694	剑鞘	梓树属	兵器
M1	608	棱	梓树属	兵器

铜戈杆　1件。M1：790铜戈杆木样为青檀。

铜柲杆　1件。M1：99铜柲杆木样为青檀。

铜戟杆　1件。M1：667铜戟杆木样为青檀。

箭镞杆　2件。M1：681箭镞杆木样未鉴定，M1：845-2箭镞杆木样为箭竹。

箭筒　1件。M1：845-1箭筒为毛竹。

剑鞘　1件。M1：694剑鞘木样为梓树属。

棱　1件。M1：608棱木样为梓树属。

车马器

车马器包括辕首1件、圆饼形构件1件、纛1件、车伞弓1件和车伞柱2件，共6件。经鉴定分别属于榉属、榆属、梓树属、青檀，具体鉴定结果见表5。

辕首　1件。M1：302辕首木样为榉属。

圆饼形构件　1件。M1：407-1圆饼形构件木样为杨属。

纛　1件。M1：194纛木样为梓树属。

车伞弓　1件。M1：191车伞弓木样为青檀。

车伞柱　2件。M1：191车伞柱木样为榆属，M1：192车伞柱木样为榉属。

表5　九连墩1号墓车马器部件木样的鉴定结果

墓号	注明	木器名称	种属	器物
M1	302	辕首	榉属	车马器
M1	407-1	圆饼形构件	杨树属	车马器
M1	194	蠹	梓树属	车马器
M1	191	车伞弓	青檀	车马器
M1	191	车伞柱	榆属	车马器
M1	192	车伞柱	榉属	车马器

（二）2号墓（M2）

祭器

祭器包括2件木俑，经鉴定，M2：242木俑和M2：86-1木俑木样都为枫杨属。

乐器

乐器包括1件竹簴和7件笙部件，共8件，经过鉴定分别属于梓树属、苦竹（*Pleioblastus amarus*）、芦竹（*Arundo donax*）和葫芦（*Lagenaris siceraria*）。

竹簴　1件。M2：436竹簴木样为苦竹。

笙　笙部件7件。M2：349笙的笙斗为葫芦，M2：420笙的笙斗木样为梓树属，M2：423笙斗为葫芦。M2：426笙有吹管、斗、苗管和簧片，吹管为梓树属，斗为葫芦，苗管和簧片为芦竹。

生活用器

生活用器包括3件俎部件、1件勺、4件壶、1件盒、1件鬲、1件豆、1件缶、1件耳杯、2件匕、1件圆鉴、1件筒形器、2件枕、3件竹笥和5件竹席等，共278件。经过鉴定，分别属于梓树属（*Catalpa* sp.）、枫杨属（*Pterocarya* sp.）、香果树（*Emmenopterys henryi*）、厚壳树（*Ehretia thyrsiflora*）、毛竹（*Phyllostachys heterocycla*）、水竹（*Phyllostachys heterocycla*），具体的鉴定结果见表6。

俎　3件部件。M2：135俎腿木样为梓树属，M2：194俎木样为梓树属，M2：241俎木样为香果树。

勺　1件。M2：29勺木样为枫杨属。

壶　4件。M2：33壶、M2：54壶、M2：64壶和M2：313壶木样都为枫杨属。

盒　1件。M2：18盒木样为枫杨属。

鬲　1件。M2：412-1鬲木样为枫杨属。

豆　1件。M2：162豆木样为枫杨属。

缶　1件。M2：13缶木样为枫杨属。

耳杯　1件。M2∶161-10耳杯木样为香果树。

圆鉴　1件。M2∶4圆鉴木样为枫杨属。

筒形器　1件。M2∶389-2筒形器木样为毛竹。

枕　2件附件。M2∶185枕木样为梓树属。M2∶185枕竹木为水竹。

竹笥　3件。M2∶274竹笥、M2∶361-1竹笥、M2∶7竹笥竹样为水竹。

竹席　5件。M2∶244竹席、M2∶272竹席、M2∶245竹席、M2∶254竹席、M2∶247竹席竹样为水竹。

表6　九连墩2号墓生活用器部件木样鉴定结果

墓号	注明	木器名称	种属	器物
M2	135	俎腿	梓树属	生活用器
M2	194	俎	梓树属	生活用器
M2	241	俎	香果树	生活用器
M2	29	勺	枫杨属	生活用器
M2	33	壶	枫杨属	生活用器
M2	54	壶	枫杨属	生活用器
M2	64	壶	枫杨属	生活用器
M2	313	壶	枫杨属	生活用器
M2	18	盒	枫杨属	生活用器
M2	412-1	鬲	枫杨属	生活用器
M2	162	豆	枫杨属	生活用器
M2	13	缶	枫杨属	生活用器
M2	161-10	耳杯	香果树	生活用器
M2	94	匕	厚壳树	生活用器
M2	427-2	匕	梓树属	生活用器
M2	4	圆鉴	枫杨属	生活用器
M2	389-2	筒形器	毛竹	生活用器
M2	7	竹笥	水竹	生活用器
M2	361-1	竹笥	水竹	生活用器
M2	274	竹笥	水竹	生活用器
M2	185	枕（木）	水竹	生活用器
M2	185	枕（竹）	水竹	生活用器
M2	244	席子	水竹	生活用器
M2	272	席子	水竹	生活用器
M2	245	席子	水竹	生活用器
M2	254	席子	水竹	生活用器
M2	247	席子	水竹	生活用器

兵器

兵器包括1件戈杆、1件柲杆和1件弓,共3件。经鉴定,分别属于青檀、柘树属(Cudrania sp.)。

戈杆　1件。M2∶335戈杆木样为青檀。

柲杆　1件。M2∶334柲杆木样为青檀。

弓　1件。M2∶270弓木样为柘树属。

五　讨　论

葬具

1. 棺的材质

从以上鉴定结果可知,九连墩1号墓的4件木棺样品皆为梓树属。梓树属为落叶乔木,我国分布有6种,梓树(Catalpa ovata)、楸树(Catalpa bungei)、藏楸(Catalpa tibetica)、黄金树(Catalpa speciosa)、滇楸(Catalpa fargesii)和灰楸(Catalpa fargesii)[22]。由于梓树属木材特征差异非常微小,因此统称梓木。另外,人们常说的楸木也是梓木,《说文》:"梓,楸也。" 解"楸"曰:"楸,梓也。" 从树木分类角度,梓树与楸树是同属不同种。

梓木是一种优良的木材,在中国古代常被选作棺木的用材。宋代著名大经学家陆佃著《埤雅》记载:"今呼牡丹谓之花王,梓为木王,盖木莫良于梓。"后魏贾思勰所著《齐民要术》中述说楸木(梓木)的用途时写道:"车板、盘合、乐器,所在任用。以为棺材,胜于松、柏。"这说明,我国古代先民很早就把梓木作为制造棺木的珍贵用材了。

梓木作为古代棺木的用材,这也可以从多年来的考古发现得到证明。根据目前现有的材料,从周代到汉代,有24个墓地的27座墓的棺木被鉴定(见附表1),其中就有15个墓的棺是用的梓木,占55.6%。而且墓主人身份已知的13座墓中,下士以上贵族阶层(包括其亲属)棺木用梓木的就有11座墓,占84.6%。这说明梓木不仅是一种优质棺材,而且还标志着墓主人的等级较高。九连墩1号墓的棺用的是梓木,由此推测九连墩1号墓棺的用材也是有选择的。

梓木的材质优良,纹理通直,不翘不裂,耐腐耐湿[23]。古代棺木之所以选用梓木,首先是因为梓属木材耐腐性强。梓木之所以耐腐性强,可能是因为具有抗菌作用的化学成分对羟基苯甲酸[24]。其次是因为梓属木材抗蚁蛀,如西晋张华著《博物志》有记载:"广州西南接交州数郡,桂林、晋兴、宁浦间人有病将死,便有飞虫大如小麦,或云有甲,尝伺病者,居舍上,候人气绝。来食亡者,虽复扑杀有斗斛,而来者如风雨,前后相寻续,不可断截,肌肉都尽,惟余骨在,便去尽。贫家无相缠者,或殡殓不时,皆受此弊。有物力者,则以衣服布帛五六重裹亡者。此虫恶梓木气,即以板障防左右，并以作器，此虫便不敢近也。"

2. 椁的材质

九连墩1号墓椁的材质用了梓木、榆木和糙叶树3类木材。关于梓木前面已经阐述，这里就不赘述。

榆木和糙叶树都属于榆科，其他重要的榆科树木还包括榉属（Zelkova sp.）、朴树（Celtis sinensis）等[25]。多数榆科树种的木材材质优良，坚硬、细致，耐磨损，韧性强。

清人揭宣《璇玑遗述》一书中有记载："……如榆则取心一段为钻，柳则取心方尺为盘，中凿眼，钻头大，旁开寸许。用绳力牵如车钻，则火星飞爆出窦，薄煤成火矣。"说明了榆木质硬。

从考古发现看，一些棺椁也用到了榆科的木材，如包山楚墓1号墓椁南侧板第1、第2号墓外椁盖板第3、第2号墓外椁北室分板第3、第4号墓外棺盖板为榆科的榉木[26]；战国时期的江陵九店东周墓M632椁盖板、椁墙板、椁底板及M633椁盖板椁底板为榆科的榉木[27]；贵县罗泊湾汉墓1号墓棺板、外棺板为榆科的越南榆[28]。

3. 葬具的等级

棺椁的使用，早在先秦时期便已强烈地显示了贵贱的等级差异和阶级性。由于帝后的棺用梓木制成，所以又称为"梓宫"。应劭在《风俗通义》说："梓宫者，礼，天子敛以梓器。"《汉书·霍光传》颜师古注云："以梓木为之，亲身之棺也。为天子制，故亦称梓宫。"西汉时期，经过皇帝的恩赐，诸侯以及贵族也可用梓宫，如《后汉书·蔡茂传》说："赐东园梓棺。"《汉书·霍光传》称光死时，宣帝赐以"玉衣梓宫"。

九连墩墓主人的身份为大夫，用了梓木棺，是否属于僭越，反映出战国时期的"礼崩乐坏"大环境，有待进一步研究。

九连墩1号墓的椁只有盖板部位用了梓木，其余部位用的是榆木和糙叶树木。既然梓木是一种表示身份地位的优质棺木用材，而且椁盖板已经使用了梓木，为什么整个椁不用同种木材梓木，而是在其他部位选用了规格较低的榆木和糙叶树木？这可能有两个原因。

其一是当地梓木缺乏。九连墩墓地地处枣阳南部大洪山余脉的一条南北向低岗上，属于现今的随（州）枣（阳）走廊上。现如今，随枣走廊南部的大洪山上有大量的用材林梓树属，梓树属是该地区的乡土树种，由此推测梓木在人为破坏比现今要小得多的战国时期应为呼之即来的一种常见木材。另外，与九连墩墓同位于随枣走廊且同属战国时期的湖北随州曾侯乙墓，墓主的棺和椁用的都是梓木，整个木椁包括盖板、墙板、底板，总共由171根长条木垒成，经鉴定全部为梓木。这进一步说明，在战国时期，当地并不缺少梓木，就地取材很容易做到。因此九连墩1号墓的椁没完全使用梓木不应该是资源缺乏造成的。

其二是受礼制的限制。《礼记·丧大记》云："君松椁，大夫柏椁，士杂木椁。"这段记载虽然没有提到梓木、榆木和糙叶树木此次鉴定出的木材种类，但清楚地表明了古代丧葬制度中，不同等级的人使用的椁木材质是有尊卑之分的。曾侯乙墓墓主人为诸侯，其棺和椁都用梓木，而九连墩1号墓主人为大夫，其棺为梓木，椁使用了其他木材，这应该是地位尊卑在棺椁制度中的具体体现。但是九连墩1号墓椁盖板却使用了梓木，这耐人寻味。考虑到盖板是椁的最醒目部位，这其中是否像棺的用材一样有僭越的含义是值得今后进一步研究的[29]。

祭器

俑，古代殉葬用的偶人，一般为木质[30]或陶质[31]，也有少量的泥质[32,33]、石质[34]和玉质[35]。其内涵有三：首先，俑必须是用于陪葬，其他非陪葬像人之物均不能称为俑；其次，俑必须像人，其他模型明器不能称为俑；最后，俑是用以替代刍灵而特指偶人的专用名词，具有一定的历史性[36]。

陶俑多出现在中原，木俑多出现在湖北和湖南[37]。俑的出现可以追溯到殷商后期，如河南安阳小屯M5出土10件玉石俑[38]。俑葬多出现在级别较高的墓葬中，俑的出现代替了人殉。木俑葬在东周时期较为盛行，但这时的楚墓俑制工拙稚，到西汉时期，木俑艺术造型已比战国楚墓木俑有了很大提高，能够表现所模拟人物的特点，而且姿态生动传神[39]。

到目前为止，木俑的研究多集中在造型特点的描述上，而对其用材上很少研究。只有对江苏省泗阳县大青墩汉墓出土的300多件木制人俑进行过鉴定，多为泡桐[40]。泡桐属于玄参科，泡桐属，是阔叶材，材质优良。纹理直、结构粗，甚轻，刨面光滑，油漆后光亮性颇佳。而且，导管内含有许多侵填体，渗透性很差，但耐腐性较强。

九连墩木俑的木材为枫杨属。枫杨属为胡桃科，落叶乔木。木材纹理常交错，略均匀，轻而软，干缩小，强度低。油漆后光亮性颇佳，胶粘容易，握钉力弱，不劈裂，可制小船、鼓板、农业工具、雕刻，为人们喜用的木质材料。

从此二例看来，用作俑的材质应刨面光滑，油漆后光亮性要佳，不劈裂，容易造型。

乐器

我国素有礼仪之邦的美誉。乐器是古代人类物质财富以及社会地位的象征，也是宝贵的传统文化资源。对于揭示不同文化时期的礼制与乐制，礼乐的基本内涵与艺术功能，研究当时乐器的制作、发声等有极为重要的意义。

古代音乐文化的物质遗存大体分为乐器、乐谱、文字与形象等四类，其中乐器是表达音乐作品的工具，是音乐作品的载体，是音乐文化的重要组成部分[41]。音乐本身虽是看不到摸不着的声波，但乐器是音乐史的物化，通过乐器可以洞察相关社会的文化生活、礼乐制度和审美意趣。古代乐器制作材料多为陶质、石质、铜质和木质。以前有关出土乐器的研究主要集中在乐器的断代[42]和乐器的形制及性能[43]研究上，而对乐器制作材料和材料的性能上很少进行研究。

木材和其他具有弹性的材料一样，在冲击力或周期性外力的作用下能产生和传播振动，这种对外力振动的反应是木材产生声音效果的源泉。振动的木材表面将触发周围的空气，以空气为媒介，将振动以波的形式传入人耳。声学性能好的木材具有优良的声共振性和振动频谱特性，能够在冲击力作用下，由本身的振动辐射声能，发出优美音色的乐音，并将弦振动的振幅扩大并美化其音色向空间辐射声能。振动的木材及其制品所辐射的声能，按其基本频率的高低，产生不同的音调；按其振幅的大小，产生不同的响度；按其共振频谱特性，即谐音（泛音）的多寡及各谐音的相对强度，产生不同的音色。乐器和声学器具广泛应用木材作为共鸣音板，就是利用了木材的声振动特性及其辐射声能的能力，乐器的质量最基本的有赖于选用材料的声学特性。

由此看来，乐器对材质的要求很高。木质乐器用材的树种与其材质的好坏都与乐器的质量紧密相关。一般来说，选择某些树种的木材制作乐器时，首先选择其材性、构造、音声性能（声振特性及其辐射能力）以及工艺性能等，例如，木材的容积、软硬、强度、弹性、干缩湿涨性能、结构粗细、纹理、传声性、声学常数、弯曲性和耐磨性等。木材的传声速度愈快，它的弹性模量愈大，其共振力就愈强，而木材共振力的强弱是影响乐器音质的重要因素。尤其是拨弦乐器，如果没有好的面板材料作共振，弦与面板不能产生好的共鸣[44]。

1. 瑟

瑟是一种弹奏板箱体弦鸣乐器。瑟的得名不详。《释名·释乐器》："瑟，施弦张之瑟瑟然也。"训解牵强，不足信据。瑟在考古发现的弦乐器中所占比重最大。它的出土地点集中在湖北、湖南和河南三省，并且绝大部分是出自东周楚墓，而江苏、安徽、山东和辽宁等省只有一些零星发现，年代也大多较晚。

到目前为止，对出土瑟的材质鉴定的很少。在1978年，从河南固始侯古堆春秋战国时期的墓葬出土了6件瑟。瑟体材质为桐木[45]。瑟体之所以选用桐木，除了纹理比较细腻均匀、质地比较轻柔外，更重要的是因为它有较好的共振性，发音清脆、透彻、醇厚。

曾侯乙墓出土12件瑟，它包括整木雕琢、半拼半琢、全部拼板的三个形制，其中10件是用整木雕琢，通体髹漆彩绘，色泽艳丽。所用木材经鉴定为梓木。半拼半琢的瑟为长方体，木料经鉴定也为梓木[46]。

九连墩出土3件瑟，整板凿成，3件瑟木样经鉴定均为梓木属。曾侯乙墓和九连墩出土的瑟，之所以选用梓木，是因为梓木纹理紧密、干缩性小、尺寸稳定、坚硬而沉重，不仅使瑟体牢固不易变形，更重要的是能使面板的发音得到良好反射和回响。

梓木是制作乐器的好材料。《埤雅》载："今呼牡丹谓之花王，梓为木王，盖木莫良于梓。"还赞其"取材为器，其音清和"。适做各种乐器。《诗经·风·定之方中》说："树之榛栗，椅桐梓漆，爰伐琴瑟。"诗中

"榛""栗""椅""桐""梓"、"漆"都是树木名称,"栗"是板栗树,"桐"是梧桐(很可能是泡桐,因为古时常把泡桐叫作桐木),"椅"是山桐子,可能是油桐,"梓"就是梓树。这些树木材质坚硬,纹理细致,宜做琴瑟等乐器。《宋史·乐志十七》:"夔乃定瑟之制:桐为背,梓为腹。"《文献通考·乐考十·鼓筝》:"昔魏文帝曰:'斩泗滨之梓以为筝。'则梓之为木,非特以为琴瑟,亦用之为筝者矣。"古人制琴以泡桐属的木材做面板,梓树属的木材做背板,故云"桐天梓地"。可见古人对琴瑟用材已经积累了相当丰富的经验。

2. 笙与竽

笙和竽都是一种自由簧编管气鸣乐器。竽是"笙之大者"。《礼记·明堂位》:"女娲之笙簧。"《北堂书钞》卷一一〇引《世本》:"随作笙。"《文选·吴都赋》刘《注》引《世本》:"随作竽"诸如此类的传说都表示笙、竽有着悠久的历史[47]。

在先秦文献里有笙、竽的名称记载。如《诗经·小雅·鹿鸣》有"鼓瑟吹笙","吹笙鼓簧"的诗句。《周礼·春官》:"笙师……掌教吹竽、笙、埙、籥、箫、篪、篴、管。" 河南信阳长台关1号楚墓遣策记有"二笙一,一埙竽,皆有缘。"马王堆3号汉墓遣策记有"郑竽瑟各一,吹鼓者二人""楚竽瑟各一,吹鼓者二人"[48]。

关于笙的组成和构造,也有记载。《尔雅·释名》有:"笙,笙也,竹之贯匏,象物贯地而生也,以匏为之……,大笙谓之匏,小笙谓之和,列管匏中施簧管端。"[49]

关于笙斗的用材,无论从文献的记载还是从出土实物,似乎都显示出笙斗最初的用材是葫芦匏。对于古代用匏作笙斗,宋代陈旸《乐书》中曾有这样的记述:"匏之为物,其性轻而浮,其中虚而通,笙则从匏为母,像植物之生焉。"葫芦笙,古称瓢笙,因其笙斗用葫芦而得名。晋人崔豹《古今注》:"瓢亦匏也,匏其总,瓢其别也。"[50]

在1984年湖北当阳曹家岗春秋晚期楚墓出土2件残笙斗。笙斗由截去直柄端的悬瓠制成,直柄作吹嘴,腹作斗,这是我国发现年代最早的笙斗。1978年战国早期的随县曾侯乙墓出土6件。发掘报告根据斗、嘴结合处有一周不规则的印痕,认为这"主要是据设计要求,以一定圆径的外范套入幼匏上端,使之长成长筒状,以作吹管;幼匏下部未加约束,便长成较圆的自然形态,用作斗腹"[51]。葫芦有五个品种:扁蒲(果实细长,椭圆,又名瓠);长柄葫芦(果实长柄有腹,又名悬瓠);亚腰葫芦(果实上小下大,中部纤细,又名腹瓠);大葫芦(果实圆大形扁,无柄,又名瓢葫芦);小葫芦(果实很小)。曾侯乙的笙斗是用长柄葫芦制作的。苗管,竹质管状,经鉴定取材于芦竹竿的上部,多数笙管是单节,少数较长的是双节。笙簧出土时有十件较为完整,竹质,细条状,经鉴定取于芦竹竿下部,切成较厚的长片雕琢而成。

竹制簧片虽不及铜制簧片响亮宏大,经久耐用,受天气、温度、吹奏时的口气湿度影响小、但竹制簧声音的清澈纯净,清脆明亮,淳朴恬静,柔和甜美像雾像雨又像风,悠长旷远如茫茫群山,圆润深沉如远古气息,节奏轻快如跳动的火焰[52]。

九连墩楚墓出土的笙斗既有葫芦的又有梓木的，吹管都为梓木，苗管和簧片为芦竹。战国时期木制吹嘴就存在，并非像《唐书·音乐志二》所言，始于唐代。

竽，竹制的吹奏簧管乐器。《韩非子·解老》："竽也者，五声之长者也。故，竽先，则钟瑟皆随；竽倡，则诸乐皆和。"可见竽在乐队中发挥着领奏或指挥的作用，其地位自不可小视。战国至汉代曾广泛流传，古籍中也有滥竽充数的典故。竽由竽斗、竽管和竽簧组成[53]。九连墩楚墓出土的竽苗管为苦竹。

3. 磬

磬是我国一种古老的打击乐器，在夏代出土的文物中就有实证，《尚书》记载的"击石拊石，百兽率舞"。系用石头打制，可能是起源于先民的劳动工具。不同大小的石头可以敲击出不同的音高，多具一组的称编磬，成为"雅乐"中重要的乐器。《世本》说："黄帝使伶伦造磬""无句作磬"（广博物志卷之三十五）。《山海经·西山经》曰："小华之山，……泾水出焉，而东流注于渭，其中多磬石、青碧。"《尚书·禹贡》说"泗滨浮磬"。这些古老的传说不仅说明了磬的久远历史，也反映出古代先民对磬的石材和音色的认识[54]。

在九连墩楚墓出土2件磬附件。编磬架木件为枫杨属，磬槌为麻栎。

磬槌要求木材重硬，抗冲击能力强，不劈裂，此外要求木材结构细，有良好的车旋性能。麻栎木材强度大，耐冲击，富于弹性，颇耐腐，木材硬，耐磨。与磬槌的要求一致。

4. 鼓

我国古代文献中有"鼓法天，钟法地"的记载，将钟鼓与天地并论，鼓在人们生活中的重要性可见一斑。鼓是人类较早发明的乐器之一。

最早的鼓是土鼓，后来才有木鼓，到了商代才出现了铜鼓。我国早在新石器时代就有陶鼓，如泰安大汶口遗址第二、第三次发掘中发现，北辛文化时期陶鼓共有5件、大汶口文化时期陶鼓有1件[55]。黄河上游的甘青地区，曾出土大量陶鼓[56]。不过，有的学者认为，这类陶器之中，可能有的属于鼓，有的属于生产生活器皿[57]。

陶鼓也称为土鼓。如《世本》说："夷作鼓，盖起于伊耆氏之土鼓。"《礼记·明堂位》载："土鼓、蒉桴、苇籥，伊耆氏之乐也。"《周礼·春官·籥章》"掌土鼓豳籥"。"杜子春云，土鼓，以瓦为框，以革为两面，可击也。"木鼓容易腐朽，也许比陶鼓要早。现发现较早的木鼓是山西襄汾陶寺3015号墓出土的木鼓，鼓腔用树干挖成，周壁饰以彩绘，鼓面原蒙鳄鱼皮，皮已腐朽，鼓腔内尚有残存碎片。还有铜鼓[58,59]，如湖南崇阳汪家咀发现的商代晚期铜鼓，鼓面光滑。但铜鼓多出土于广东以西地区。

九连墩的单柄鼓木样为榉属。榉属木材重硬，材色、花纹美丽，光泽性强，油漆性能优良，越用越光滑、越发亮，民族乐器中常用，为江南地区民间惯用木材。

5. 竹篪

竹篪为横吹竹笛，在曾侯乙墓发现2件，是由天然细竹管加工制成的。它的两端有竹节，侧面的中部镂五个指孔，正面的头尾两端各有一吹孔与出音孔，正侧面的孔为90°角。竹笛的表面有彩绘花纹。它是我国目前发现最早的2件横吹竹笛。

九连墩楚墓竹篪是由苦竹制成。苦竹虽不粗，但相当坚硬，表面干净整洁，节间较长。适合做竹笛。

生活用器

木质生活用器在考古遗址中有所发现。如河姆渡遗址T231:30漆木碗[60]，木质，敛口，体呈椭圆、瓜棱状，有圈足；台西第二号水井J2:2出土1个木水桶，底椭圆口，身似盔形，用一木瘿掏挖而成[61]；湖北圻春毛家咀西周遗址中发现1件用整木雕挖而成的木瓢[62]。这些木质生活用器的形态、大小等有详细的记载，而对木质生活用器是利用那种木材制成却很少进行探究。为此，我们在九连墩楚墓采集了32件木质生活用器，对其木材的种属进行了鉴定，并对木材的材质进行了探讨。

1. 梳篦

梳篦古称之为栉，《说文解字》曾记载，"栉，梳篦之总名也。"自古以来木梳在中国文化中一直具有独特的文化内涵和情感价值。

古代梳有骨质的、玉质的、象牙质及木质的。如山东省邹县野店大汶口文化遗址中出土过1件透雕骨梳，长6.8厘米，柄宽3.7厘米，齿部宽3.2厘米，共有15齿。除柄部正面上下各刻一道凸棱外，余均素面无纹[63]。山东莒县陵阳河墓地79M12和79M19的墓葬中各出土1件骨梳[64]。山西襄汾陶寺龙山文化墓葬出土1件玉梳[65]。山东宁阳大汶口文化墓地M26中出土1件象牙梳[66]，象牙非常坚硬，用非金属的雕刻工具来雕刻很不容易，表明当时的雕刻技术已有相当高的水平。

淮北柳孜运河遗址出土的木梳为枣木梳[67]。枣木木材有光泽，无特殊气味和滋味。木材纹理直或略斜，结构甚细，均匀，耐腐性强，抗蚁蛀，刨面光滑，木材旋切效果优良；油饰及胶粘性能良好；握钉力强，适宜作工农具柄、雕刻、木梳、擀面杖、槌棒、支柱等。

九连墩出土木梳为黄杨木木梳。黄杨木木材表面黄褐或黄色，心边材区别不明显，有光泽。木材性质斜纹理；结构甚细，均匀，略重硬，切削面极光洁，油漆后光亮性很好，胶粘容易，握钉力优良。性耐腐、耐虫，锯解不难，车旋及雕刻性能特别好。由于结构细致、材色均匀，雅淡悦目，切削时无坚硬之感，最适宜作雕刻和车旋装饰品。木梳要求木材结构细致，切面光滑，硬而重。因此，枣木和黄杨木木材适合作木梳的要求。

2. 酒具盒

酒具盒要求木材无嗅、无味、色浅、无变色及初腐。

九连墩的酒具盒用材是榆属。榆属为榆科，落叶乔木或灌木，树皮富含黏液，本属的内树皮和叶可供食用。《云桑通诀》载"昔丰沛岁饥，以榆皮做屑煮食之，民赖以济"崔寔曰："二月，榆荚成，及青收，干，以为旨蓄。色变白，将落，可作食。"[68]"榆叶曝干，捣罗为末，盐水调匀，日中炙曝，天寒于火上熬过，拌菜食之，味颇辛美。"[69]在《王祯农书》中记载"榆皮，去上皱涩干枯者，将中间嫩处，刹，干，硙为粉，当歉岁，亦可代食"，树皮含淀粉和榆胶，可制成榆皮面[70]。正是它的内树皮可食用，说明它没有什么异味。榆属木材，边材浅褐色，心材浅栗褐色，无特殊气味和滋味。另外，榆属木材含侵填体。侵填体是与导管邻接的薄壁组织细胞内原生质穿过细胞壁上的纹孔腔伸入导管分子腔内，形成的一个囊状构造。一般侵填体丰富的树种，天然耐久性较高，也耐水湿。所以，古人类选用榆属木材做酒具盒，是情理之中的选择。

3. 箱

做箱的木材胀缩性要小，不干裂，重量轻。九连墩的箱是用米老排木材制成的。米老排木材红褐色，心材边材区别不明显，有光泽，无特殊气味和滋味，纹理略交错，结构甚细，均匀，重量及硬度中，干缩小。适宜制作客车车厢、仪器箱盒。木材车旋性能好，为车工、雕刻方面的用材。

4. 竹笥

竹笥是放置铜镜、带钩和梳、篦等服饰用具。如随县曾侯乙墓东室出土的1件小竹笥里，放置有木梳与铜带钩各1件，小园木棒3根[71]；再如常德市德山25号墓的1件竹笥里放置铜镜与装饰品等物[72]。水竹竹材甚韧，宜劈篾编制用具。九连墩的竹笥是用水竹编制的。

5. 勺、壶、鬲、豆、缶

勺、壶、鬲、豆、缶等是与饮食有关的用器，要求木材无味、干缩性小。

九连墩的勺、壶、鬲、豆、缶都是用枫杨属和香果树木材制造的。枫杨属为胡桃科，落叶乔木。木材浅黄褐色或灰褐色，心边材区别不明显，光泽弱，无特殊气味和滋味。木材纹理常交错，略均匀，轻而软，干缩小。香果树木材黄白至黄褐色，心边材无区别，有光泽，无特殊气味和滋味，纹理直，结构甚细，均匀，干缩小，干燥容易，不翘裂，切面光滑，生活用具方面做盆、桶、盒、饭甑、锅盖等。所以九连墩的勺、壶、鬲、豆、缶选用了枫杨属和香果树木材。

生产用具

生产工具是社会生产力基本要素之一，人类的历史是从制造工具开始的，几百万年来，人类在前进的道路上，后代总是从祖先那里继承传统的技术，并不断创造新工艺，使之有所改进，同时也为后人开辟了前进的道路。木质工具也和其他事物一样，有其产生发展的过程。木质工具渊源于木棒（棍棒），然后在实践中不断的改进和提高。

木质工具被广泛发现于考古遗址中。如八十垱聚落使用柘属木材制作锥、杵、耒形器生产工具等[73]；跨湖桥聚落用柘树制作锥[74]；田螺山聚落中木桨和木耜多选用桑属[75]。

随着青铜、铁的冶炼，纯木质工具逐渐减少，含木质部件的工具迅速增加。

如耜为直装木柄的带金属锋刃的犁耕工具，天星观1号墓填土中出土1件"㞕"，可能就是耜；再如锄是横装或曲装木柄，器体为木质，套接金属锋刃，金属锋刃多为凹口形。可分大锄和小锄两种，天星观1号墓出土1件完整的小锄，木柄长46.5厘米，铁锋刃长11厘米，刃宽11.5厘米[76]。

此外，长沙马王堆M3出土的木柄铁锸为化香树[77]。化香树为胡桃科化香树属，化香树木材纹理直或稍斜，结构细至中且不均匀，重量重，硬度中或硬，油漆胶粘性能好，轻重不一，硬的制作工具柄。

生产用具要求木材抗冲击、有弹性、抗劈裂、抗弯曲的特性。九连墩铜插柄木样为麻栎属和黄檀，二者都具有这些特征。前面已经谈到栎木具有抗冲击、有弹性等。

黄檀，湖北又称其为檀木。木材黄色、浅黄褐色至黄褐色，心边材无区别，有光泽，无特殊气味和滋味。纹理斜，结构细至中，均匀，材质硬重，强度高至甚高，冲击坚韧强，富于弹性。切面很光滑，尤适于车旋，油饰及胶粘性能良好，握钉力强，适做车辆、工具柄、农具柄、家具及日常用具、木梭、雕刻、算盘、玩具、乐器等。

兵器

不同时代的兵器与其所处时代的文化、技术经济及民族的强弱盛衰有密切的关系。兵器是战争的工具，用于进攻和防卫，它是可以直接发挥战斗力杀伤敌人的器械。兵器，在我国古代简称"兵"，《荀子·议兵》解释兵："古之兵，戈、矛、弓矢而已矣。"[78]以前有关出土兵器的研究主要集中在兵器的主要部件的材质、形制及性能研究上。我们知道，不论远射的弓箭，还是进攻用的长矛、戟、戈的杆都要用到木材，而很少对此部件所使用木材的种属及其材性进行研究。

一般认为，兵器要求木材重量和硬度适中，抗弯弹性模量、冲击韧性高。吸收冲击力大，抗劈裂强度稍大，才能抵抗连续的震动，避免木材破裂；其次是结构均匀，纹理直，胀缩性小，不翘曲变形，无腐朽，耐磨损，油漆性能良好，花纹材色美观。

1. 弓箭

弓箭是古代一项重要的发明，也是人类懂得利用机械储存的能量的最好的例子。弓身选用有弹性的木材，能弯曲变形但不折断，再以坚韧的弦把它牵紧，当用力拉弦时，就迫使弓身改变形状，也就把能量储存了进去。把弦猛然松开，被压迫的弓身得到了复原状的机会，就在它急速复原的同时也把刚才储存的能量释放了出来，这释放的过程是极其迅速而猛烈的，于是把扣在弦上的利箭有力地弹射到远方。弓箭的发明和它的普遍应用，对于以狩猎和畜牧经济为主的原始氏族部落，具有极大的意义。

弓箭最原始的形态，就是《周易》所谓的"弦木为弧，剡木为矢"。也就是说最原始的弓，仅是用单片的木头或竹材弯曲成弓体，再将木棍或竹竿的一端削尖成箭。新石器时代以后，原始的弓箭进一步改进，弓体由简陋的单体弓发展为复合弓，加大了弓的弹力[79]。

"弓",从甲骨文、金文字形上看,弓是一个象形字,就是一个弓的形状。

《说文·十二下·弓部》:"弓,以近穷远。象形。古者挥作弓。"就是说"弓"能够射到很远的地方,是一个象形字。段玉裁则用叠韵的方法释"弓:穷也",意思是很远[80]。

弓由弓臂和弓弦两个部件构成。弓臂的中部称"弣",也称"弝",利于握持;末端弯曲处称"弭",也称"弰",能固定弓弦;"弭"与"弣"之间称"渊",能反弹扭曲,产生弹力[81]。

箭,《说文》释曰:"箭,矢竹也",《方言》卷九曰:"箭,自关而东谓之矢,江淮之间谓之镞,关西曰箭。"箭是依靠弓弩发射的武器,由镞、羽、杆、栝组成。镞以杀敌,羽以保证箭之稳定飞行,杆以连接镞羽,栝以瞄准。《急就篇》卷三云:"以竹曰箭,以木曰矢。"箭有竹制之箭,汉简中有"竹箭"条,晋戴凯之《竹谱》注曰:"箭竹,高者不过一丈,节间三尺,坚劲中矢,江南诸山皆有之,会稽所生最精好。"为了加强竹木所制箭矢的杀伤力,在箭矢的头部装上金属制的箭头,即成了"铜镞箭"。

有关制造弓箭的选材、工艺流程、记录使用人身份而规定的弓的等级等在《考工记》中的"弓人为弓"和"矢人为矢"两节中详细阐述[82]。制造弓所需的六材是干、角、筋、胶、丝和漆,"六材既聚,巧者合之",只有六材准备好了,才有可能合成弓。六材所起的作用,分别是"干也者,以为远也;角也者,以为疾也;筋也者,以为深也;胶也者,以为和也;丝也者,以为固也;漆也者,以为受霜露也"。对于六材的选用标准,书中也有较详尽的规定,如弓干,书中列举了七种原材料,并排定了他们的优劣次第,明确指出"凡取干之道之七:柘为上,檍次之,檿桑次之,橘次之,木瓜次之,荆次之,竹为下",认为七种树木中,以柘木制弓是最好材料,而最差的是竹材。

在湖南、湖北等地的楚墓中出土有竹弓和木弓。在长沙市的楚墓中曾发现一把保存较好的战国时期公元前475~前221年的弓,全长146厘米,弓体为竹质,弓臂中部用四层竹片叠成,竹片外还粘有呈胶质薄片状的动物筋,并缠丝抹漆。在九连墩楚墓出土的弓为柘木,柘木强韧和弹性大,即弯曲后有完全恢复原形的性能,纹理直。证明柘属木材(黄桑)自古即为制弓的好材料。

除了古代文献记载的七种制弓材料外,生活在东北松花江下游的赫哲族,20世纪初使用的原始弓箭使用"水曲柳"树做原料,这是因为水曲柳材质优良,富有弹性。水曲柳修整成型之后,即弯曲而缚上用鹿筋或鱼鳔制成的弦,一张弓就算制成。生活在外兴安岭中的鄂伦春人也使用过原始的单体弓和木箭,弓是由落叶松或榆木制造弓体,鹿筋为弦。箭只不过是削尖的桦木而已。游牧在额尔古纳河的鄂温克人使用过一种初级复合弓,这种弓的弓体使用韧性大的黑桦木做里层,落叶松木做表面,两层木胎之间加垫着鹿或牛的筋，然后用细鳞鱼皮熬成的胶把它们牢固的粘在一起；弓体制成以后，缚上鹿皮做的弦[83]。在中石器时代，丹麦发现榆木制成的弓把[84]。

箭由镞、杆、羽和括四个部件构成。镞是弓箭的杀伤部位，置于箭首，用金属材料或非金属材料制成，有时涂上毒药，以提高杀伤力。箭杆直体，用竹或木材制作。羽为飞禽的羽毛，确保箭体飞行稳定，导向准确。括位于箭杆尾部，中有小槽，以扣弦。箭镞附在箭杆上，使用时利用弓的弹力将箭镞与箭杆一起射向远方。九连墩的2件箭镞杆为箭竹和木质。箭竹与筋竹相似，质坚。《尚书·禹贡》说："篠簜既敷。"篠（箭竹）。又说："惟金三品，瑶、琨、筱、簜、齿、革、羽、毛惟木。"孔《传》："篠，竹箭；簜，大竹。"古代南方进贡之物中，就有竹箭，是以竹加工而成。周去非《岭外代答》转引《金志》说："箭秆竹，节疏肉厚。"民国《都安县志》载："箭竹，高万丈，叶与苞芒竹同，质坚，老尤甚。夷江区各乡皆产之，为射箭之用。"[85]

2. 戈杆、矛杆和戟杆

戈，《说文·十二下·戈部》："戈，平头戟也。从弋、一，横之象形。"意思是说，戈是一种平头戟。戈由内、胡、援三个部分组成。段注："内谓胡以内接柲者也，戈的柄叫作柲。""柲犹柄也。……柲之引申为凡柄之称。""援之下近柲为胡。"因戈有横刃，故兼有勾与击两种功能。段注："戈者兼勾与击者也。用其横刃则为勾兵，用横刃之喙以啄人则为击兵。击与勾相因为用。"

矛，《说文·十四上·矛部》：酋矛也。矛是一种兵器。段注引徐锴注释："钩兵也。"《尚书·牧誓》："立尔矛。"《传》："矛长，故立之于地。"从这里来看，矛是一种比较长的兵器，因此在持矛时将矛立在地上。"矛"是一种刺杀兵器。段注："矛，刺兵也。""矛专于刺者也。"

戟，是一种分枝状兵器。《说文·十二下·戈部》："戟，有枝兵也。会意。从戈，从榦省。今字误作戟。"段注："戟为有枝之兵，则非若戈之平头。"段玉裁引《周礼·冬官·考工记》对戟的尺寸说明："戟广寸有半寸，内三之，胡四之，援五之。"徐锴这样分辨"戈"与"戟"的差别："戟小支上向则为戟，平之则为戈。一曰戟偏距为戈。"而《增韵》的解释则简洁明了："双枝为戟，单枝为戈。"这也正好符合"有枝兵也"的说法。戟是将矛、戈合成一体，既能直刺，又能横击的兵器，兼有勾、啄、撞、刺四种功能。段注："戟者兼刺与勾者也。"[86]

九连墩铜戈、矛杆和铜戟杆都为青檀。青檀又称檀树（河北南口），翼朴（河北、广西），青藤（陕西、甘肃），榆树（安徽滁县）。青檀是我国特产的单种属多用途珍贵树种，落叶大乔木，高达30米，胸径117米。因树叶及幼树干皮呈青（深绿）色，故名青檀。木材黄褐色，心边材区别略不显明，有光泽，无特殊气味和滋味，纹理斜，径面具交错纹理，结构细至甚细，均匀，材质硬重，强度高，坚韧，富于弹性，耐冲击。青檀木材特性适合铜戈击与勾的要求。

车马器

我国车子的使用时间可能在夏代。1996~1997年，中国社会科学院考古研究所河南第二工作队在偃师商城东北隅发现了车辙痕迹[87]，一度将我国双轮车的出现及使用提前至商代早期。在2004年春的考古发掘中，考古人员在二里头文化早期宫殿外的路土上又发现了车辙，从而将我国双轮车的出现及使用提前至夏代。

《尚书·甘誓》载："左不攻于左，汝不恭命，右不攻不右，汝不恭命。御非其马之正，汝不恭命。"意思就是说，战车上左边的战士如果不使劲打，就是没有完成任务，右边的战士如果不使劲打，就是没有完成任务，赶车的人，如果不把马赶在正道上而出了轨，也是没有做到他应该做的。《甘誓》是夏王启（大禹的儿子）征伐扈氏时，在甘誓与军旅作的誓词，"左""右"和"御"指车上的3名甲士。说明这时已有乘3人的战车。战国时史官所写的一部书《世本》和《左传》中记载奚仲是夏代有名的制车者。黄帝之后，是夏代的车正，即掌车的官，居于薛。但是遗憾的是，时至今日，我们未能发现二里头文化时期，甚至二里冈时期的车马实物。能被实物直接证明我国最早使用马车的时间仍是殷墟时期。

商代的车马殉葬为以后的车马制度奠定了基础[88]。西周时期的车马制度在一定程度上继承了商代的车马制度，但是也有自己的特点。与前一阶段相比有了较大的发展。春秋时期，车马随葬现象更为普遍，车马制度与礼制进一步结合。战国时期的社会大转变是车马制度走向衰落的根本原因，此时的等级制度受到冲击，人们的思想观念也开始转变，战争方式由车战为主转为骑兵成为战争主力，都是车马制度走向衰落的直接原因。西汉诸侯王墓内随葬真车马的现象就是受到了先秦车马制度的影响。汉代统治者以法令的形式禁止随葬车马，此时真车马制度真正退出历史舞台。

车的组成有四部分，转动部分、曳引部分、承载部分和系马部分。转动部分包括轮和轴。《考工记》："察车自轮始。"车軎是墓葬中最常见车器之一，往往以一对车軎代表一辆车随葬。据吴晓筠的研究，车总的演变趋势也与车轴一致，是由长向短过渡。曳引部分包括车辀和衡轭。衡为辀前横木，用以缚轭架马。系马部分包括系马材料和御马材料。1）系马材料。系马部分控制马及行车的工具，除轭以外，主要有控马之鞅、引车之靷、平抑辀、衡上轩之䩦、拘限骖马之靳、稳车后退之靰及控制骖马的游环胁驱等。2）御马材料。主要有络马头的勒、封马口的笼嘴、驱马使进的鞭策，顿马使正的衔、镳，指示方向的辔，牵之使不得逃逸的缰绳[89]。

榆科包括榆属、榉属、青檀属、朴树属和糙叶树属等。多数种类的木材坚硬、细致，耐磨损，韧性强，材质优良，可供家具、器具、建筑、车辆、桥梁、造船、农具等用。九连墩楚墓取到的1件辕首是榆科的榉属，满城汉墓的车辕为榆科的榆木，九连墩楚墓车衡为榆科的青檀和朴树，轭木为榆科的朴树。

车伞柱和车伞弓要求木材坚实，车旋性能优良，抗弯强度大，弹性好，不开裂，耐磨损。榆属、榉属和青檀木材适合这些要求如满城汉墓的伞柄也是榆科的青檀制成的，九连墩楚墓的车伞柱为榆科的榆属和榉属，车伞弓为榆科的青檀。

六 结 论

湖北省枣阳市九连墩墓群是战国中晚期楚国的墓葬,也是中国目前已发掘的楚墓中规模最大、保存最完好的墓葬,墓中出土了许多珍贵遗物,其中木质遗物种类繁多,如1号墓和2号墓中的随葬器物均有大量漆木器、乐器、兵器、车马器、生活用器、生产用具、丧葬用器等,在2号墓还发现大量竹简、1乘形体较大木车和一批木俑。木质棺椁和大部分木质遗物保存良好。我们对113件木质遗物的植物种属进行了鉴定,并结合木材材性、材质、社会历史背景和古文献记载进行综合分析。

葬具

葬具内外棺木材用的是梓树属木材,椁用的是梓树属、榆属和糙叶树属木材。根据梓树属木材的性质和多年来的考古发现证明,九连墩1号墓棺的用材是有选择的。梓木棺只有帝后和受到皇帝恩赐的诸侯以及贵族才可以享用,至于士一级的1号墓墓主人为什么用梓木棺,有待今后进一步研究。在梓木资源并非缺乏的条件下,墓主人的椁只在醒目的椁盖用了优良木材梓树属的木材,其他部位用了榆木和糙叶树木,这可能受礼制的限制的缘故。

祭器

丧葬品人俑用的是人们喜用的枫杨属木材。该木材轻而软,干缩小,油漆后光亮性颇佳,胶粘容易,不劈裂,易造型,易搬运。

乐器

瑟和瓒用的是制作乐器的优良木材梓树属木材,梓木纹理紧密、干缩性小、尺寸稳定、坚硬而沉重,不仅使瑟体牢固不易变形,更重要的是能使面板的发音得到良好反射和回响。

笙斗是葫芦和梓木的,吹管都为梓木,苗管和簧片为芦竹。木制吹嘴,战国时期就存在,并非像《唐书·音乐志二》所言,始于唐代。

单柄鼓用的是榉属木材。榉属木材重硬,材色、花纹美丽,光泽性强,油漆性能优良,越用越光滑,越发亮,民族乐器中常用,为江南地区民间惯用木材。

磬槌用的是麻栎。麻栎木材强度大,耐冲击,富于弹性,颇耐腐,木材硬,耐磨,与磬槌的要求一致。

竽苗管和竹篪为苦竹,苦竹虽不粗,但相当坚硬,表面干净整洁,节间较长。适合做竹笛。

生活用器

木梳用的是黄杨木,黄杨木木材表面黄褐或黄色,淡雅美观,有光泽。木材性质斜纹理;结构甚细,均匀,略重硬,切削面极光洁,油漆后光亮性很好,胶粘容易,握钉力优良。性耐腐、耐虫,锯解不难,车旋及雕刻性能特别好。

箱用的是米老排木材，米老排木材红褐色，有光泽，无特殊气味和滋味，纹理略交错，结构甚细，均匀，重量及硬度中，干缩小。适宜制作客车车厢、仪器箱盒，木材车旋性能好，为车工、雕刻方面的用材。

竹筒用的是水竹，水竹竹材甚韧，宜劈篾编制用具。

勺、壶、鬲、豆、缶等这些与饮食有关的用器选用了枫杨属和香果树木。这两种木材无特殊气味和滋味，轻而软，不翘裂，干缩性小，结构甚细，均匀。

生产用具

生产用具选用了黄檀和麻栎属的木材，这两种木材强度高，抗冲击、有弹性、抗劈裂、抗弯曲。

兵器

弓用的是柘木。柘木强韧和弹性大，即弯曲后有完全恢复原形的性能，纹理直。在《考工记》中列举了七种制弓的原材料，并排定了他们的优劣次第，认为柘木是制弓的最好材料。

箭镞杆用的是箭竹和一种木材，箭竹与筋竹相似，质坚。

戈杆、矛杆和戟杆用的是青檀木材，青檀结构细至甚细，均匀，材质硬重，强度高，坚韧，富于弹性，耐冲击。青檀木材特性适合铜戈和铜戟击与勾的要求。

车马器

辕首用的是榆科榉属木材，榉属木材坚硬、细致、耐磨损，韧性强，材质优良，是很好的车辆用材。

车伞柱用的是榆科的榆属和榉属，车伞弓用的是榆科的青檀，这些木材车旋性能优良，抗弯强度大，弹性好，不开裂，耐磨损。

总之，战国中、晚期古代人类有丰富的木材利用经验，不同的木材用于不同的目的。该研究不仅使我们了解了不同木质遗物是用什么树种制造的，而且，知道了为什么用不同的木材制造不同的功能器，实实在在地认识古代人类在当时社会条件下所达到的木材利用水平。不仅如此，该研究结果还有助于指导古代木材保护和现代木材的开发利用。

附记： 中国社会科学院考古研究所"湖北枣阳九连墩楚墓出土木材研究"课题资助。

注　释

[1] 何天相（Ho，T.H.）. The woods of ancient China I，15～21，Gymnospermae. Quart. Journ. Taiwan Mus. 1948年.

[2] 何天相：《中国之古木（二）》，《中国考古学报》1951年第五册。

[3] 江学礼：《成都洪家包西汉木椁墓清理简报》，《考古》1957年第3期。

[4] 江西木材工业研究所：《长沙马王堆一号汉墓棺椁木材鉴定》，《考古》1973年第2期。

[5] 河南信阳地区文管会、光山县文管会：《春秋早期黄君孟夫妇墓发掘报告》，《考古》1984年第4期。

[6] 大葆台汉墓发掘组、中国社会科学院考古研究所：《北京大葆台汉墓》第404~407页，文物出版社，1989年。

[7] 湖北省荆沙铁路考古队：《包山楚墓》第400~403页，文物出版社，1991年。

[8] 王树芝：《河北磁县湾漳北朝壁画墓木材的鉴定和树轮分析》，《磁县湾漳北朝壁画墓》，科学出版社，2003年。

[9] 王树芝、王增林：《出土樟木的鉴定报告》，《合浦凤门岭汉墓2003~2005年发掘报告》，科学出版社，2006年。

[10] 王树芝、王增林：《赫章可乐墓葬出土木材样本的鉴定》，《赫章可乐2000年发掘报告》，文物出版社，2008年。

[11] 广东农林学院林学系木材学小组：《广州秦汉造船工场遗址的木材鉴定》，《考古》1977年第4期。

[12] 吴达期、徐永吉：《江苏武进县出土汉代木船》，《考古》1984年第4期。

[13] 徐永吉、吴达期、李大纲、陈瑞英：《南通元代古船的木材鉴定》，《福建林学院学报》1995年15卷第1期。

[14] 腰希申：《蓬莱古船木材鉴定》，《蓬莱古船》，文物出版社，2006年。

[15] 卫广扬、邵卓平：《淮北柳孜运河沉船木构件鉴定报告》，《淮北柳孜运河遗址发掘报告》，科学出版社，2002年。

[16] 徐永吉、吴达期、张耀丽：《圩墩遗址古木研究》，《南京林业大学学报》1994年第3期。

[17] 杨家驹、齐国凡、徐瑞瑚、范士凯：《武汉市出土古木油杉的研究》，《林业科学》2003年第39卷第1期。

[18] 王树芝、王增林：《木材鉴定》，《彭头山与八十垱（上、下）》，科学出版社，2006年。

[19] 靳桂云、于海广、李丰实、王春燕、A. P. Underhill、腰希申：《山东日照两城镇龙山文化（4600~4000a B.P.）遗址出土的古气候意义》，《第四纪研究》2006年第26卷第4期。

[20] 湖北省考古研究所：《湖北枣阳市九连墩楚墓》，《考古》2003年第7期。

[21] 成俊卿、杨家驹、刘鹏：《中国木材志》第1~819页，中国林业出版社，1992年。

[22] 中国树木志编委会：《中国树木志（4）》第4701~4702页，中国林业出版社，2004年。

[23] 陶炎：《梓树古今考》，《鞍山师范学院学报（综合版）》1995年第16卷第3期。

[24] 张秀娟：《梓树中抗菌化合物分离纯化及其抗菌性的研究》第50页，山东大学硕士论文，2009年。

[25] 中国树木志编委会：《中国树木志（3）》第2339~2449，中国林业出版社，1997年。

[26] 湖北省荆沙铁路考古队：《包山楚墓》第4003~4004页，文物出版社，1991年。

[27] 湖北省文物考古研究所：《江陵九店东周墓》第56~59页，科学出版社，1995年。

[28] 广西壮族自治区博物馆：《广西贵县罗泊湾汉墓》第140页，文物出版社，1988年。

[29] 王树芝：《湖北枣阳九连墩1号楚墓棺椁木材研究》，《文物》2012年第10期。
[30] 驻马店地区文管所等：《河南泌阳秦墓》，《文物》1980年第9期。
[31] 巩发明、季兵：《绵阳出土的汉代说唱俑》第72页，《四川文物》1982年第2期。
[32] 负安志：《陕西长武上孟村秦国墓葬发掘简报》，《考古与文物》1984年第3期。
[33] 杜葆仁、呼林贵：《陕西铜川枣庙秦墓发掘简报》，《考古与文物》1986年第2期。
[34] 韩伟：《凤翔秦公陵园钻探与试掘简报》，《文物》1983年第7期。
[35] 邱东联：《楚墓中人殉与俑葬及其关系初探》，《江汉考古》1996年第1期。
[36] 凌宇：《俑义考述》，《理论月刊》2011年第7期。
[37] ［日］松崎权子、陈洪译：《关于战国时期楚国的木俑与镇墓兽》，《文博》1995年第1期。
[38] 北大历史系商周考古组：《商周考古》，文物出版社，1979年。
[39] 张广立：《漫话西汉木俑的造型特点》，《文物》1982年第6期。
[40] 张金萍、陈年：《泗水国出土泡桐材性研究》，《南京文物保护与考古科学》2005年第17卷第4期。
[41] 胡小满：《中山国古都出土乐器简论》，《中国音乐》2007年第4期。
[42] 王子初：《石磬的音乐考古学断代》，《中国音乐学》2004年第2期。
[43] 郑祖襄：《出土磬和编磬的考古类型学分析》，《武汉音乐学院学报》2005年第3期。
[44] 田祝延：《拨弦乐器面板选材问题》，《中国音乐》1995年第4期。
[45] 李纯一：《中国上古出土乐器综论》第425页，文物出版社，1996年。
[46] 程丽臻：《曾侯乙瑟复原研究》，《中国文物科学研究》2009年第2期。
[47] 李纯一：《中国上古出土乐器综论》第430页，文物出版社，1996年。
[48] 方建军：《中国古代乐器概论》第147页，陕西人民出版社，1996年。
[49] 程丽臻：《曾侯乙笙复原研究》，《中国文物科学研究》2009年第4期。
[50] 王巍：《古代匏类乐器的遗存——葫芦笙》，《乐器》2008年第11期。
[51] 李纯一：《中国上古出土乐器综论》第411页，文物出版社，1996年。
[52] 王巍：《古代匏类乐器的遗存——葫芦笙》，《乐器》2008年第12期。
[53] 吴小燕：《长沙马王堆汉墓出土乐器浅议》，《艺海》2009年第6期。
[54] 郑祖襄：《出土磬和编磬的考古类型学分析》，《武汉音乐学院学报》2005年第3期。
[55] 何德亮：《大汶口文化的打击乐器——陶鼓浅析》，《东南文化》2003年第7期。
[56] 中国艺术研究院、甘肃省文物考古研究所、敦煌研究院：《中国音乐文物大系（甘肃卷）》第127页，大象出版社，1998年。
[57] 方建军：《陶鼓之疑》，《音乐研究》1989年第1期。
[58] 张维：《广东地区新发现和出土的铜鼓》，《考古与文物》1987年第6期。
[59] 蒋廷瑜：《铜鼓史话》第67页，文物出版社，1982年。
[60] 河姆渡遗址考古队：《浙江河姆渡遗址第二期发掘的主要收获》，《文物》1980年第5期。

[61] 河北省文物研究所：《藁城台西商代遗址》第86页，文物出版社，1985年。

[62] 中国科学院考古研究所湖北发掘队：《湖北沂春毛家咀西周木构建筑》，《考古》1962年第1期。

[63] 山东省博物馆等：《邹县野店》第91页，文物出版社，1985年。

[64] 山东省文物管理处等：《大汶口——新石器时代墓葬发掘报告》第95页，文物出版社，1974年。

[65] 中国社会科学院考古研究所山西工作队：《山西襄汾县陶寺遗址发掘简报》，《考古》1980年1期。

[66] 山东省考古研究所等：《山东莒县陵阳河大汶口文化墓葬发掘简报》，《史前研究》1987年第3期。

[67] 卫广杨、邵卓平：《淮北柳孜运河沉船木构件鉴定报告》，《淮北柳孜运河遗址发掘报告》，科学出版社，2002年。

[68] 卢嘉锡：《中国科学技术史·农学卷》第213页，科学出版社，2000年。

[69] （元）王祯撰：《农书译注（上）》第339~343页，齐鲁书社，2009年。

[70] 张敦论、林新福、王铁章等：《白榆》第10页，中国林业出版社，1980年。

[71] 随县擂鼓墩一号墓考古队：《湖北随县曾侯乙墓发掘简报》，《文物》1979年第7期。

[72] 湖南省博物馆：《湖南常德德山楚墓发掘报告》，《考古》1963年第9期。

[73] 湖南省文物考古研究所：《彭头山与八十垱》第557~582页，科学出版社，2006年。

[74] 浙江省文物考古研究所：《浦阳江流域考古报告之一——跨湖桥》第192~217页，文物出版社，2004年。

[75] 浙江省文物考古研究所：《浦阳江流域考古报告之一——跨湖桥》第40~52页，文物出版社，2004年。

[76] 铃木三郎、大山干成：《田螺山遗址树木鉴定综合报告》第108~162页，《田螺山遗址自然遗存的综合研究》田螺山遗址研究课题组，2008年。

[77] 湖南省博物馆、湖北省文物考古研究所：《长沙马王堆二、三号汉墓》第一卷第256~264页，文物出版社，1994年。

[78] 刘申宁：《中国古代兵器》第1页，山东教育出版社，1988年。

[79] 杨毅、杨泓：《兵器史话》第8~9页，中国大百科全书出版社，2000年。

[80] 赵惠敏：《逐渐远去的刀光剑影——〈说文解字〉中所映射的古代兵器文化浅论》，《喀什师范学院学报》2009年第30卷第2期。

[81] 游战洪：《先秦两汉时弓弩的制作技术和作战性能》，《清华大学学报（哲学社会科学版）》1994年第3期。

[82] 杨泓：《中国古兵器论丛》第269~280页，中国社会科学院出版社，2007年。

[83] 杨泓：《中国古兵器论丛》第269~280页，中国社会科学院出版社，2007年。

[84] 张森水：《弓箭》，《化石》1974年第1期。

[85] 覃乃昌：《广西古代竹子说略》，《广西民族研究》1996年第1期。

［86］　赵惠敏：《逐渐远去的刀光剑影——〈说文解字〉中所映射的古代兵器文化浅论》，《喀什师范学院学报》2009年第30卷第2期。

［87］　王学荣：《商代早期车辙与双轮车在中国的出现》，《寻根》1998年第4期。

［88］　郑若葵：《论中国古代马车的渊源》，《华夏考古》1995年第3期。

［89］　萧圣中：《楚国车马制度考述》，《江汉论坛》2005年第6期。

附表1 周代到汉代棺椁被鉴定的墓葬统计表

编号	墓葬	时期	墓主人	棺椁重数	具体名称（棺）	种属	具体名称（椁）	种属	资料来源
1	河南黄君孟夫妇墓	春秋早期	国君夫人孟姬	一棺二椁	棺板	梓木	椁板	栎木	河南信阳地区文管会、光山县文管会：《春秋早期黄君孟夫妇墓发掘报告》，《考古》1984年第4期
2	河南信阳长台关墓	战国早期	/	二棺二椁	棺木残片	梓木	/	/	陈彦堂、左超、刘维：《河南信阳长台关七号楚墓发掘简报》，《文物》2004年第3期
3	湖北曾侯乙墓	战国初期	国君乙	两层棺和外椁	外棺板	梓木	椁	梓木	湖北省博物馆编：《曾侯乙墓》（上），文物出版社，1989年
4	湖北江陵九店东周墓	战国时期	下士	一棺一椁	M632棺盖板、棺墙板、棺挡板	梓木	M632椁底垫木	枫杨	湖北省文物考古研究所编著：《江陵九店东周墓》，科学出版社，1995年
							M632椁盖板、椁墙板、椁底板	榉木	
				M633棺盖板、棺墙板、棺底板	梓木	M633椁盖板②、椁底板	榉木	
						M633椁墙板	梓木	
						M633椁盖板	楠木	
5	浙江绍兴凤凰山木椁墓	战国时期	/	一棺一椁	棺	楠木	椁	楠木	绍兴县文物管理委员会：《绍兴凤凰山木椁墓》，《考古》1976年第6期
6	四川新都战国木椁墓	战国早、中	蜀王	一椁分三棺	棺	楠木	椁	楠木	四川新都博物馆等：《四川新都战国木椁墓》，《文物》1981年6期

续表

序号	墓葬名称	时期	墓主身份	棺椁制	部位	木材	部位	木材	资料来源
7	山东栖霞县占疃乡杏家庄战国墓	战国时期	士大夫	一棺一椁	棺盖板、东西南北壁板、棺底板	柏木	椁	柞木	李元章:《山东栖霞县占疃乡杏家庄战国墓清理简报》,《考古》1991年第1期。
8	湖北包山楚墓	早于316 B C	元士	两棺一椁	一号墓外椁底板	松木	椁	榉木	湖北省荆沙铁路考古队:《包山楚墓》,文物出版社,1991年。
		316 B C	大夫	三棺两椁	二号墓椁底板	桢楠	外椁北室分板第3号、外椁盖板第3号	榉木	
		战国晚期	元士	两棺一椁	二号墓外椁南侧板	榉木	内椁盖板第3号	桢楠	
					四号墓内椁盖板	桢楠	四号墓椁东挡板2号	梓木	
					四号墓外椁盖板	榉木	/	/	
9	河南新蔡葛陵楚墓	战国中、晚期至西汉早期	上卿	两椁 5个椁室	外椁壁板	楸木	/	/	河南文物考古研究所编著:《新蔡葛陵楚墓》,大象出版社,2003年。
10	陕西秦公一号大墓	秦朝	诸侯	/	/	/	主椁	侧木	马振智:《试谈秦公一号大墓的椁制》,《考古与文物》2002年第5期。
11	安徽阜阳市双古堆	西汉	汝阴侯夏侯灶	椁室内分为几个部分	一号墓棺板	楸树	椁	楠木	安徽省文物工作队、阜阳县文物局:《阜阳双古堆西汉汝阴侯墓发掘简报》,《文物》1978年第8期。

续表

	墓葬	年代	墓主	四层棺木	1号墓棺木	梓属	樟	杉木	资料来源
12	湖南长沙马王堆西汉墓	西汉初期	利苍轪侯妻子	樟室 三层套棺	—	楸木	樟	杉木	江西木材工业研究所：《长沙马王堆一号汉墓棺椁木材鉴定》，《考古》1973年第2期。
			利苍轪侯儿子	—	3号墓	楸木	樟木	杉木	湖南省博物馆，湖南省文物考古研究所《长沙马王堆二、三号汉墓》第一卷，文物出版社，1994年。
13	广西合浦县凤门岭	汉	—	—	—	—	樟木	望天树	王树芝、王增林：《出土椁木的鉴定报告》见：《合浦凤门岭汉墓-2003-2005年发掘报告》科学出版社，2006年1月。
14	安徽天长县西汉墓	西汉	—	—	三号椁头墙	梓木	三号墓的椁盖	楠木	唐汝明、卫广扬、徐全章：《安徽天长县汉墓椁木材构造及材性的研究》，《考古》1979年第4期。
					三号墓的椁身	楠木			
					九号墓椁内衬板	梓木			
15	北京大葆台汉墓	西汉	燕王墓	三椁两梓	内椁	楠木	内梓	楠木	大葆台汉墓发掘组，中国社会科学院考古研究所：《北京大葆台汉墓》，文物出版社，1989年。
					外椁	楸木	外梓	楸木	
					棺底板	檫木	—		
16	山东诸城县西汉木椁墓	西汉初期	东武故城琅琊郡统治者或亲戚	一棺一椁	棺木鉴定	—	樟	楸木	任日新：《山东诸城县西汉木椁墓》，《考古》1987年第9期。
17	广西贵县罗泊湾一号汉墓	西汉	—	—	一号棺板、外棺板	越南榆	—	—	广西壮族自治区博物馆编：《广西贵县罗泊湾汉墓》，文物出版社，1988年。

续表

序号	墓葬名称	时代	墓主	葬具结构	内棺	楸树	内椁	楸树	参考文献
18	江苏高邮神居山二号墓	汉	厉王胥夫人	三椁两棺	/	/	中椁	楸树	吴达期、徐永吉、邹厚本：《高邮神居山二号汉墓的木材鉴定（自然科学版）》，《南京林业大学学报》，1985年第3期。
19	四川成都洪家包西汉木椁墓	西汉	/	/	外椁 樟	楠木	樟	楠木	江学礼：《成都洪家包西汉木椁墓清理简报》，《考古》1957年第3期。
20	四川重庆涪陵县家坝西汉墓	西汉	/	一号墓 一椁一棺 / 二号墓 一椁一棺	棺 / 棺腐朽	楠木 / /	樟 / 樟	/	楠木 / 杉木	重庆市博物馆、涪陵县文化馆：《涪陵县家坝西汉墓发掘简报》，《考古与文物》1990年第5期。
21	陕西西安北郊汉代积沙墓	汉宣帝至王莽时期	/	一椁一棺	棺木	松木	樟	柏木	陕西省考古研究所：《西安北郊汉代积沙墓发掘简报》，《考古与文物》2003年第5期。
22	贵州赫章可乐遗址墓葬	西汉后期	地方民族墓	/	棺木	松木	/	/	王树芝、王增林：《赫章可乐木样本的鉴定》，见：《赫章可乐2000年发掘报告》，文物出版社，2008年。
23	湖南长沙咸家湖西汉曹𡢃墓	西汉早期	可能是定王（发）妃	二椁两重棺	/	/	外椁、内椁	柏木	长沙市文化局：《长沙咸家湖西汉曹𡢃墓》，《文物》1979年3期。
24	甘肃省武威磨咀子6号汉墓	东汉	/	木棺两口	柏木	柏木	/	/	甘肃省博物馆：《甘肃省武威磨咀子6号汉墓》，《考古》1960年第5期。

掐丝珐琅和眼镜制作技术的传入

马文宽

一 掐丝珐琅制作技术的传入

（一）珐琅概说

珐琅是中国著名的工艺品种，但它的生产技法起源于国外，而非本土。然在其传入中国后却得到了长足地发展，成为传统的工艺名品，长盛不衰，直至今日仍在国内外享有极大声誉。

中国古代金属镶嵌颇为发达，西方则以金属珐琅著称。珐琅是以珐琅料（即玻璃质料）施放在金属表面已加工的窝、槽中，经窑烧后而成为装饰，用以代替镶嵌在金属器上昂贵的珍珠、宝石等。在其生产过程中，珐琅料的配制及烧造工艺起有决定性的作用，这是金属珐琅与金属镶嵌（恰似）最大的区别，前者属于热加工，后者属于冷加工。古代欧洲有一些金属掐丝珐琅块的器具，其珐琅块的形成虽属于热加工，而掐丝在金属器上则仍属于冷加工，因而它是属于金属掐丝到金属珐琅的过渡阶段。

珐琅根据其生产技法可大致分为四种。

1. 錾胎珐琅（champleve enamel）

在已成形的金属胎器或定型金属板上錾刻出图案、纹饰，从而形成窝、槽等单独的空间，然后填入粉末状的珐琅料，入窑烘烧，出窑后再经打磨、镀金始为成品。錾胎珐琅需要较厚的金属胎，以保证錾刻窝、槽等有一定的深度。因而多用铜或其他贱金属制胎。錾胎珐琅的錾刻技法与在陶瓷胎的生釉上使用的剔刻技法是相同的。因而有学者认为剔刻花陶瓷是受到錾胎珐琅的影响而出现的。这是有一定道理的。

在公元前7世纪，即前斯基泰时期，在高加索库班地区首先出现了錾胎珐琅。公元前3世纪居住在欧洲的凯尔特人，分布在德国、法国、瑞士、意大利、英国和爱尔兰等国的部分地区。凯尔特人的一支高卢人（今法国人）熟练地掌握了这种技术，用来制作武器和车马具的装饰，常用红珐琅代替珊瑚。在罗马时期的北部省份，即原凯尔特人居住地区生产錾胎珐琅。哲学家菲洛斯特拉托斯（Philostratus）曾在公元2世纪描述了在不列颠群岛的凯尔特人的錾胎珐琅马饰。

据说，在海洋的野蛮人［即凯尔特部落］浇铸彩色物质（珐琅）到青铜模具中，这些彩色物质变成像石头一样坚硬,还保存了纹样。

这一记载正确描述了錾胎珐琅的制作过程,并记录了公元2世纪在不列颠群岛的凯尔特人生产錾胎珐琅马饰。在爱尔兰一直持续到12世纪。此时錾胎珐琅多用贱金属如红铜、青铜作胎。11世纪晚~13世纪时在西班牙、德国科隆附近的莱茵河谷和比利时的默兹河谷、法国的利摩日生产錾胎珐琅。

2. 透明珐琅(浅浮雕珐琅,basse-taille)

是在金属胎或定型金属板上錾刻出浅浮雕的图案、纹饰,然后在其上遍施珐琅料,如是使烧成后的珐琅釉面高于浅浮雕的图案、纹饰。这样,透过深浅不同的釉面反映出各种不同的色调把浅浮雕纹饰惟妙惟肖地展现出来,显得清幽可爱。透明珐琅可以说是錾胎珐琅的精妙延伸,也可以说是錾胎珐琅的亚种。透明珐琅的代表作以收藏在伦敦不列颠博物馆的14世纪法国皇室透明珐琅金杯最为有名,是在胎上錾刻浅浮雕纹饰,再将雕好的金属片贴在胎体上预先雕琢出的凹陷处,然后施以透明的珐琅釉,烧成后经打磨、抛光,与周围的金色质地交相辉映,颇为美观。此杯是法王查里五世(Charles V,1338~1380年)给查理六世(Charles VI,1380~1422年在位)的礼物。其腹部展示的场景是圣阿耆尼斯(St.Agnes)的生平,足部是四福音的象征物——天使(圣马修)、有翼狮子(圣马克)、公牛(圣路加)和鹰(圣约翰)[1]。

我国透明珐琅可分为软透明珐琅与硬透明珐琅两种。硬透明珐琅仅在广州生产,生产技术与原料均来自欧洲,制法是"在铜胎上镀银色,錾花,上蓝、绿、紫等色珐琅,贴金花焙烧而成。其工艺复杂,珐琅焙烧要求极高,产品数量有限,十分宝贵"。此类珐琅仅在故宫博物院有所收藏。软透明珐琅"即银胎透明珐琅,全国各地首饰楼都可制造"[2]。

3. 掐丝珐琅(起线珐琅,Choisonne enamel)

在金属胎或定型金属板上焊接柔韧的铜、银、金丝或金属片组成图案、花纹。然后在图案、花纹间形成的窝、槽内填以各色的珐琅料,再入窑高温加工使其融熔。出窑后经打磨、镀金始为成品。这种珐琅因施有多色珐琅与金属丝相配,显得金碧辉煌,惹人喜爱。目前已知国外最早的掐丝"珐琅"出现于塞浦路斯西海岸老帕福斯(Old Paphos)即库克里亚(Kouklia),在发掘1座公元前13~前11世纪属于迈锡尼文化(公元前1600~前1100年)晚期的古墓中,出土的6枚有掐丝珐琅金戒指[3]。经科学测试表明,戒指上不同颜色的"珐琅"不是粉状形式经烧成融合在一起的,而是彩色的玻璃(或珐琅)块。因而这6枚戒指还不能称之为真正的珐琅制品,而是介于金属掐丝与金属掐丝珐琅的过渡阶段。希腊米克涅时代在老帕福斯有其殖民者定居,因而希腊人可将这种掐丝"珐琅"技术从亚洲的塞浦路斯传入欧洲。罗马时期欧洲很多地方生产掐丝珐琅。

前述凯尔特人熟练地掌握了錾胎珐琅的生产技术,也有些地区生产有掐丝珐琅器。如1857年在英国泰晤士河巴特西地方挖掘出1件掐丝红珐琅青铜盾[4]。从其纹饰上看具有凯尔特人的艺术风格。但有的学者认为此盾不是真正的珐琅器，而是红色的圆玻璃黏结在胎的空穴中[5]。那么，它应属于金属掐丝与金属掐丝珐琅的过渡阶段。此盾年代约公元前100年。

拜占庭帝国在6～12世纪生产掐丝珐琅，10～11世纪达到了鼎盛时期。其最有名的精品是约1105年在君士坦丁堡（今伊斯坦布尔）生产于的金掐丝珐琅圣坛屏风[6]，现保存在意大利威尼斯圣马克教堂。拜占庭在我国古籍中称之为"拂郎""拂菻"。

在拜占庭统治下的埃及和叙利亚也生产掐丝珐琅，进入伊斯兰时期仍保持了这种工艺，但产量较少。收藏家哈里里保存1件金银丝细工项链，其上一些圆饰件上有掐丝珐琅装饰，另1件为新月形坠饰[7]。纽约大都会艺术博物馆保存1件11世纪产于埃及的金银丝细工项链坠。该项链坠把金丝细工、掐丝珐琅、镶嵌绿松石结合在一起，颇为精致[8]。这种掐丝珐琅在12世纪的伊斯兰西班牙也有生产[9]。

伊朗最早的掐丝珐琅出土于其西北边境的哈桑卢（Hasonlu）。该地位于阿塞拜疆省的索尔杜兹河流域，在公元前2100～前825年哈桑卢人在此居住，公元前10～前9世纪是其鼎盛时期。在发掘其公元前9世纪马纳时期2号建筑时出土1件金掐丝珐琅刀把，珐琅大部分丢失，但仍有少量保存。这种器物制作虽有些潦草和笨拙，但应是伊朗最早的掐丝珐琅[10]。另1件掐丝金珐琅项圈出土于伊朗西部苏萨的1座阿契美尼德王朝（公元前559～前330年）墓中。其时代约为公元前4世纪。该项圈用掐丝和錾刻技术形成窝、槽，内填绿色珐琅，现仍有部分停留其上[11]。但这2件器物是掐丝玻璃（或珐琅）块，还是烧制珐琅？仍有待进一步研究。

我国掐丝珐琅（或玻璃）出现于唐代，目前发现极少，仅在日本奈良市东大寺正仓院收藏1件掐丝珐琅（或玻璃）的银镜。此镜正面光素明亮，起到镜子作用，背面为掐丝珐琅装饰，有掐丝起线六出莲瓣花纹三周，呈十二尖瓣莲花形，细部仍用掐丝起线组成凸起的花瓣脉络，中心有花蕊式纽[12]。有学者认为其上"釉面光亮，略显凝滞，似未做抛光处理，颇似唐三彩陶器上的低温铅釉效果……因此，以此孤证作为唐代已烧造金属胎起线珐琅制品，尚缺乏必要的科学根据"[13]。笔者认为，从此镜背面的装饰技法上看与掐丝珐琅完全相同，至于所填是铅釉，还是珐琅料？或是彩色玻璃块？目前尚未做科学测试，所下结论为时尚早。即使镜背面所填是低温铅釉亦应属于掐丝珐琅一类；如是彩色玻璃块也不排除其在生产过程中使用的是掐丝珐琅生产技法，应属于金属掐丝玻璃到金属掐丝珐琅的过渡阶段。

此银镜虽属孤品，但它确属唐代所产，而且达到了相当高的水平。以后这种技术竟失传达300余年，到元惠宗时（1333～1368年）经伊斯兰世界再次传入我国，恢复了生产，明代达到鼎盛时期，清代继续生产直至今日。这与青花瓷的发展有相似的特点。唐青花瓷在衰落了300余年后，到元代中晚期又突然兴起，明清时成了瓷器生产的主要品种。

掐丝珐琅在我国称之为景泰蓝。景泰是明朝代宗皇帝朱祁钰的年号，他在位不足7

年（1450～1456年）。杨伯达先生对景泰蓝名称提出质疑，他在考察故宫博物院所藏众多的景泰蓝上的款识后，认为：

> 绝大多数是后刻的，只有1件存疑，确凿无疑者仅1件。

他还对这批景泰蓝的镀金铜工艺装饰、成型工艺及清宫造办处仿古珐琅活动进行了考察，认为在这些：

> 伪景泰款的珐琅中，相当一批器物是明代生产的，从其掐丝、釉料方面，可分为若干类型，反映出明代早、中、晚各期珐琅生产的不同特点，因而是研究明代掐丝珐琅的极其宝贵的资料[14]。

这种景泰伪款不仅在明代，而且在清代乃至今日都在生产。这可能是把掐丝珐琅称为景泰蓝的原因之一。景泰皇帝时期国力衰微，政局不稳，处于内忧外患之际，但并不排除这位生活奢靡的皇帝在内廷建立作坊，不惜工本，烧造珐琅器，产生出少量精品。但也有学者认为，在土木之变后明英宗被瓦剌释放回国，因此时景泰已立为皇帝，英宗只能以太上皇的名义住在南宫，致力于自己喜爱的手工艺，建窑烧制了一些自己设计的器物——掐丝珐琅。这样在景泰年间开创了掐丝珐琅的黄金时代，也是取名景泰蓝的最重要的原因[15]。然景泰时期生产的掐丝珐琅究竟是在景泰皇帝，还是在明英宗的指导下生产的？这有待进一步研究。掐丝珐琅早在元顺时就已生产了，因而，景泰蓝之名是不尽科学的称呼，只是长期以来约定俗成后，人们已经习以为常，也就不便更改了。但后面所谈的画珐琅决不能称之为景泰蓝。

另外，在河北省大厂回族自治县从明初至今仍在用"恰克图工艺"生产的"花丝镶嵌"应是掐丝珐琅的一种。也可以说"花丝镶嵌"是用"恰克图工艺"制作的掐丝珐琅。其生产过程是在银胎上施釉，再大面积使用点蓝、搓丝等工艺，釉面上再绘以各色图案。其花丝是由金、银丝搓成缠枝状，形同自然藤蔓，花丝高出釉面，使画面具有明显的立体感，具有凹凸之美。这是"花丝镶嵌"与"掐丝珐琅"最主要的区别。

据称上面所谈"花丝镶嵌"工艺来自恰克图。其地原是中俄边界上的一个中国境内的小镇，为两国通商口岸。清雍正五年（1727年）中俄在此签订了《恰克图条约》，规定两国以恰克图为界，以旧市街归俄国，清朝另建新市街于旧市街之南的中国界内。雍正七年（1729年）起由藩理院派遣司员一人驻其地，监理当地中俄互市，汉名"买卖城"。俄境内的仍名恰克图，蒙古国独立后，改名为阿尔丹布克拉。

很有可能，前述古代伊朗、俄罗斯曾生产过掐丝珐琅，流传到恰克图后而有所变更而形成"恰克图工艺"，后辗转传入伊朗。据传在明永乐年间有些来华的伊朗、中亚人，即回族的部分先民，随永乐大帝迁至大厂县定居，才将这种工艺传至其地，遂将恰克图生产技法发展成"花丝镶嵌"。今大厂回族自治县有"花丝镶嵌"生产世家马作文、马福良父子，均掌握着"花丝镶嵌"生产绝技。马福良大师是国家级非物质文化遗产项目代表性传承人。他设计制作的产品融合了多朝代、多民族的宗教、文化、美学、技艺元素，形成了独特的艺术流派，在工艺美术界独树一帜，享有极高声誉。他的作品《花丝孔雀蜡台》被国际友人作为馈赠总统的礼品；蒙藏工艺摆件、刀剑多次获得金奖和最佳出口产品奖，在海内外广受赞誉，被誉为"大厂花丝镶嵌第一人"。《沉香·莲花熏》是马福良大师代表作[16]。

附带谈及，过去有些学者把元代著名文人吴渊颖以五古长诗描述的《大食瓶》认为是掐丝珐琅，并用之作为探索掐丝珐琅来源。其实，吴渊颖描述的《大食瓶》是指伊朗伊尔汗国生产的伊斯兰拉斯特彩陶器，而非掐丝珐琅[17]。

4. 画珐琅（Painted enamel）

多为铜胎，按要求将金属胎料切割成所需尺寸和样式，用稀酸或清水冲洗，然后用一种不透明珐琅料，一般是白色，施在铜胎上，烧结后用液态彩色珐琅料绘画其上，再次烧制而成。画珐琅出现年代较晚，可能于1425~1450年间首先在佛兰芒（比利时两个民族之一，分布在比利时北部）的工匠中生产。他们为勃艮第（即勃艮第公国）宫廷制造产品。1450~1500年间在威尼斯和北意大利得到发展。16世纪初年法国利摩日（Limoges）的作坊使之达到了最高水平。其时全部使用灰色作为底色，所绘图案颇有立体感，或用不同色调的灰色珐琅技术制作[18]。17~18世纪在英国和法国盛行生产小型珐琅器件，或画有小肖像、风景、花卉的制品。18世纪在英国伦敦巴特西区制造的画珐琅亦颇为有名，称之为巴特西珐琅。

17世纪早期，在印度莫卧儿王朝（1526~1858年）宫廷内工作的欧洲珍宝匠人将画珐琅传入印度。莫卧儿工匠很快掌握了这种技术，并将印度的建筑装饰纹样、手抄本插图及地毯图案等融入画珐琅器上，其主要产地有阿格拉、德里、斋浦尔[19]。

蓝浦所著，成书于嘉庆二十年（1815年）的《景德镇陶录》记载了画珐琅的有关情况，云：

> 洋磁窑，西洋古里国造，始者著代莫考。亦以铜为器骨，甚薄，嵌磁粉烧成，有五色缋彩可观。推之作铜声，世称洋磁。泽雅鲜美，实不及瓷器也，今广中多仿造[20]。

此条文献记载了印度生产画珐琅是正确的。今日多数学者认为画珐琅生产技术应是康熙、雍正时经西方基督教传教士传入[21]，但亦不排除也受到印度画珐琅的一些影响。

此条文献有两处错误。

其一　前述印度生产画珐琅之地在德里及其附近的阿格拉和斋普尔。古里即今之印度西海岸（即马拉巴尔海岸）的著名港口卡利卡特。此处不生产画珐琅，可能是印度所产画珐琅经此港出口。古里之名早在元代航海家汪大渊所著《岛夷志略》中已有记载，摩洛哥人伊本·白图泰也从德里出发经古里起航到中国。故此在17世纪晚期画珐琅技术经印度古里传至中国是有可能的，但云"洋磁窑，西洋古里国造"是欠妥的。

其二　蓝浦所记"嵌磁粉烧成"也是不正确，因画珐琅没有"嵌"的工序，亦非用"磁粉烧成"，而是用液态珐琅料彩会后烧制而成。

康熙皇帝对画珐琅特别喜爱，情有独钟。这在一些来华的欧洲传教士的日记和信件中得到了证实。

法国来华传教士洪若翰在康熙三十五年（1696年）10月31日写往威尼斯的信中说：

> 在我们住所旁边的大块空地上，康熙皇帝正在建设一个漂亮的玻璃工厂……遵照皇帝的旨意，纪理安神父承揽了此事。我请求你们立刻从我们优秀的玻璃工厂选派一至二名优秀的工匠给我们……同时选派一名精良的画珐琅工匠来。

意大利传教士马国贤在康熙五十五年（1716年）三月的日记中写道：

> 康熙皇帝对我们欧洲的珐琅器以及珐琅彩绘的新技法着了迷。想尽办法要将画珐琅的技术引进到他早就为此目的在宫中设立的作坊中[22]。

画珐琅在康熙（1662~1722年）时期传入我国后，北京、广东是主要生产之地，扬州、苏州亦有生产。因画珐琅生产技术主要是来自法国利摩日和其他欧洲地区，故在国内称之为"洋瓷"。但从康熙、雍正所产的画珐琅在"造型、装饰、色彩都很难看到西方影响的痕迹"。这反映了两位帝王摈弃西洋题材的"大国帝王心态"[23]。康熙时所用珐琅料全系进口，到雍正时已能自己烧炼。雍、乾时广东生产的画珐琅质量迅速提高，很快成为外销商品，不仅出口到欧洲英、法等国，也出口到印度、伊朗、土耳其等亚洲其他国家。

画珐琅对我国珐琅彩瓷器的生产有着深远影响。这是因为康熙大帝对其时进口的画珐琅器有着独特的喜爱，便命令宫廷艺人将画珐琅彩的技法移植到瓷器上。虽经多次试制失败，他仍执著地追求，将珐琅作划归宫中的造办处管理，以后又将瓷胎珐琅作从如意馆迁至内廷深处的养心殿，以便于皇帝巡视和督察。如是，在康熙晚期生产出了成熟的珐琅彩瓷器。雍、乾两朝著名的瓷艺家唐英（1682~1755年）在景德镇督陶时（1728~1748年），其产品中就有：

> 洋彩器皿，新仿西洋画珐琅画法，山水、人物、花卉、翎毛，无不精细入神[24]。

朱琰著，成书于乾隆三十九年（1774年）的《陶说》中已有记载：

> 今增洋彩一种，绚艳夺目[25]。

这两文献所说的"洋彩"指的就是珐琅彩瓷。同时也说明"珐琅彩瓷"是"仿西洋珐琅画法"，即珐琅彩瓷是受西洋画珐琅影响的新品种。清宫中将珐琅彩瓷称为"瓷胎画珐琅"。附带谈及，过去有商人、学者将珐琅彩瓷称为"古月轩"，今已弃之不用。

康熙时不仅将画珐琅技术移植到瓷器上，还移植到玻璃器上。康雍时还少量生产过紫砂胎（宜兴胎）画珐琅，多为茶具[26]。

珐琅除上述的四个主要品种，尚有金属铸胎珐琅、锤胎珐琅等均与錾胎珐琅相似，可视为其亚型。在我国只有掐丝珐琅流行时间最长、影响最大，是本文论述的最主要部分。

（二）掐丝珐琅有关问题的讨论

1. 东方瓷器与西方玻璃

自古以来，中、西方文化存在着巨大的差异。这反映在众多方面，其差异的形成是由众多因素决定的。国内外很多学者对此进行了多方面的探讨。笔者在过去的30余年中对中国瓷器进行了初步研究，也涉及西方的玻璃（主要是伊斯兰玻璃），因而对这两种物质进行了多方面的对比。两者共同的地方是都属于硅酸盐类物质，两者也都是偶然的发明而传之后代，至今兴盛。瓷器与玻璃均是中、西两方最主要的物质文化，都对人类文明做出了巨大贡献。

瓷器与玻璃早在四千年前已出现，一直持续到今天仍大量生产，是古今中外人们不可须臾即离的物品。究其原因有多种，本文仅想谈谈其原料问题。瓷器与玻璃均属于硅酸盐物质，其生产原料普遍存在于地壳中。

硅是一种非金属元素，占地壳组成的27.7%，其丰度仅次于氧元素，居第二位。但自然界不存在非化合态的硅，而在所有岩石中以及砂、黏土和土壤中都存在硅的化合物，或者与氧化合成二氧化硅（SiO_2），或者与氧和铝、镁、钙、钠、钾、铁等元素形成硅酸盐。硅酸盐类物质约占地壳和上地幔的95%。硅的最重要化合物有二氧化硅（硅石）和各种硅酸盐。以砂和黏土形式存在的二氧化硅用作制造水泥、砖、耐火材料等建材。作为矿物石英的二氧化硅加热时变软，并可加工成石英玻璃制品。硅酸盐大多不溶于水，但均可用来制造玻璃、搪瓷、陶器、瓷器和其他陶瓷材料[27]。

玻璃是西亚、北非、欧洲的传统产品，有4000余年的历史。其生产技术优势长期保持，领先于东方几近4000年。瓷器是中国的传统产品，其生产技术优势亦长期保持，从山西夏县东下冯出土20片原始青瓷[28]算起，领先西方3000余年。西亚、北非以及欧洲的玻璃与中国的瓷器代表了东、西方各自重要的物质文化，均占有独特的地位。

瓷器与玻璃两者有很多不同的地方，则表现在多方面。

瓷器有着明亮、光洁甚或如玉的釉质，有着优美的器形，精美的纹饰，最重要的是它有着坚固耐用、隔热性能良好的半透明胎质，这些都优于玻璃。瓷器成为饮茶、进食及陈设的最理想的物品。瓷器的种种优点符合中国人的审美理念与情趣。中国人对瓷器的迷恋几乎达到无以复加的地步，并使瓷器制造技术达到了顶峰。然而中国人却忽视了玻璃生产技术的发展与研究。这极大地影响了中国近现代工业发展的进程。

早期的玻璃是不透明的，约到公元前100年欧洲大部分地区掌握了制造无色玻璃和彩色玻璃技术并发明吹制玻璃。此时吹制玻璃能制造种类繁多的生活和日用器皿，而且洁净、美丽、价格低廉。平面玻璃的出现可使室内明亮舒适，提高了人们居住环境质量，保护了人们的视力。玻璃镜无疑要优于铜镜。玻璃透镜的出现不仅可制成眼镜，进而提高了人们视觉和观察能力，延长了人们的智力生活，更重要的是透镜在科学仪器的发展和近现代工业化的进程中发挥了极为重要的作用。玻璃棱镜可使光学得到充分发展亦是不争的事实[29]。

正是由于欧洲的玻璃工业长盛不衰,与之有关的珐琅工业不仅历史悠久而取得了巨大的成果。珐琅生产在欧洲已有3000余年的历史;在中国唐代已有零星制作。前述正仓院所藏掐丝珐琅(或玻璃)银镜很有可能是在来华的外国商人或技术人员指导下制成的。元代晚期珐琅工艺经伊斯兰世界再次传入我国后,使之得到了进一步发展,已能生产多种产品,取得了一些成果。明、清两代工匠制作的掐丝珐琅享誉全球。

2. 文献上记载的掐丝珐琅

1)明人曹昭所著,成书于洪武二十一年(1388年)的《格古要论》云:

> 大食窑器皿,出以铜作身,用药烧成五色花者与佛郎嵌相似。尝见香炉、花瓶、盒儿、盏子之类。但可妇人闺阁之中用,非士大夫文房清玩也。又谓之鬼国窑。

明人王佐于景泰七年(1456年)增补如下:

> 今云南人在京多作酒盏,俗乎曰鬼国嵌。内府作者,细润可爱[30]。

《格古要论》是我国古代文献中关于珐琅的最早记载,有三点值得重视。

其一,证实珐琅出现年代应在元代晚期。因在明初的前20年不具备珐琅技术传入的条件。故曹昭所记反映的是元代晚期掐丝珐琅生产的情况。

其二,对珐琅的评价不高,这可能是珐琅器在初创时生产技术尚不成熟,或与曹昭的审美理念有关。

其三,曹昭把珐琅器与拂郎连在一起有一定的道理。拂郎即拜占庭帝国及其所属西亚地中海沿岸一带。阿拉伯帝国自建立时起,便与拜占庭帝国展开了数百年的斗争,其领土逐渐被阿拉伯帝国占领。早在阿拉伯帝国初期就占领了拜占庭帝国统治下的叙利亚、巴勒斯坦和埃及。在11~13世纪突厥塞尔柱克人与拜占庭帝国展开斗争,占领小亚细亚半岛大部。14世纪初建立了奥斯曼帝国,到15世纪奥斯曼帝国占领了整个小亚细亚半岛,并于1453年渡海占领了君士坦丁堡(今土耳其伊斯坦布尔)。这标志着拜占庭帝国的灭亡,震惊了整个欧洲。从上述可知,伊斯兰世界与拜占庭帝国并存了数世纪,双方除了战争,也存在着经济交往与文化交流。拜占庭的一些文化也被伊斯兰文化所吸收,珐琅技术就是其中之一。位于小亚细亚半岛东南部的迪亚巴克尔原属于拜占庭帝国,该市久以金银丝细工产品闻名。故在塞尔柱克热统治的阿尔图格王朝(1098~1232年)生产出带有阿拉伯文的掐丝珐琅双耳高足铜盘,但其产量极小,产品亦不精制。埃及、叙利亚亦是如此,仅生产少量的掐丝珐琅。

《格古要论》所述有三点值得进一步探讨。

其一,曹昭把生产珐琅之所称"大食窑"是不确切的。"大食"是唐宋以来对阿拉伯帝国的称呼。入元以来"大食"一词应用较少。因1258年"大食国"即阿拉伯帝国阿巴斯王朝已被成吉思汗之孙、拖雷之子、忽必烈之弟旭烈兀所灭亡。故在《元史》中不再列"大食传"。元代《岛夷志略》一书中也未有专条记述;在记述圣地麦加则直称之为"天堂"[31]。另外，在伊斯兰世界以陶器、彩色壁砖、玻璃、金属器等工艺品享誉世界，而珐琅则很少生产。目前尚没有直接的文献和实物证据，在伊斯兰世界主要地区存在珐琅生产中心。现在仅保存1件掐丝珐琅，即前述有阿拉伯铭文的掐丝珐琅双耳高足铜盘。此盘是阿尔图格王朝达乌德·本·苏克曼（Daud ibn Suqman）苏丹（1114～1144年）时生产的。阿尔图格王朝有两个统治中心——阿米德和希斯因·凯法。阿米德即今土耳其东南，底格里斯河右岸的迪亚巴克尔。该盘是用青铜丝粘接在红铜胎上[32]。其上所写阿拉伯铭文欠规范，说明书写者缺乏阿拉伯文语言知识。因而有学者推测，这件有阿拉伯铭文的珐琅盘可能是一名拜占庭的工匠在阿尔图格王朝境内生产的。但也有可能就是阿米德本地工匠所造，因迪亚巴克尔原在拜占庭境内，并以生产金银丝细工饰品闻名。埃及、叙利亚虽有少量的制品，但其亦为原拜占庭属地，是继承拜占庭珐琅的生产传统。故"大食"所属之地区并非是生产珐琅期的重要地区。把元明时生产掐丝珐琅器的作坊称为"大食窑"是欠妥的。所以有此名称，可能是因为掐丝珐琅是经"大食"地区传来的。

其二，曹昭所言珐琅器"与佛朗嵌相似"。这句话把佛郎所产錾刻珐琅说成"嵌"珐琅是不确切的。因珐琅器是把珐琅料施在胎体上已形成的槽、窝之内烧成，而不是嵌入固体的珐琅块。从掐丝珐琅的整个生产过程来看，找不到任何"嵌"的痕迹。

其三，曹昭所云大食窑亦称"鬼国窑"也是不对的。因为在我国历代文献中从没有把"大食"称为"鬼国"。这里是否把佛林称为"鬼国"呢？这是有可能的，但有待进一步考证。

王佐增补亦有两点值得重视。

其一，证实明代云南曾制作过珐琅，且有云南人来到京城作酒盏。

其二，说明景泰时期在宫内设官窑制作，烧造得很精美。可能其时珐琅多以蓝为底色，故后人称之为景泰蓝，并沿袭至今。另外还需说明，王佐亲历了景泰一朝，他在增补《格古要论》时，正是景泰一朝结束之年。因而他的这一记载是可信的。这些应是掐丝珐琅取名"景泰蓝"最可靠的依据。

2）明晚期人高濂在其成书于万历十九年（1591年）的《遵生八笺》中云：

> 大食窑，铜身，用药料烧成五色。有香炉、花瓶、盒子之类。窑之至下者也[33]。

高濂对珐琅器的评价很低，这是明人热衷于瓷器而忽略珐琅的结果，亦与其时的审美观念有关。

3）明末清初人孙承泽（1592～1676年）在《砚山斋杂记》中云，

> 大食国器以铜骨为身，起线、填五采药料，烧成，俗谓法郎是也。宋官窑色鲜菁可爱，明官窑亦佳，又谓之鬼国[34]。

这里所说的"起线"即"掐丝"，"填五色药料"即在"起线"内填珐琅药料。这样孙承泽把"掐丝珐琅"的四个重要的制造程序：铜骨、起线、填药料、烧成说得非常清楚。同时这一记载首现"法瑯"（珐琅）之名。

此处，孙承泽认为掐丝珐琅在宋代已有之，并有官窑生产，但没有其他文献或实物佐证，仅聊备一说而已，但明代宫内设有官窑生产珐琅。

4）明末清初人方以智（1611~1671年）在《通雅》一书中云：

> 大食窑则以铜作身，用药烧成五色，与拂郎嵌相似，今发蓝。或曰拂菻能为之，广语呼林为郎。永乐窑质贵厚，成化窑质薄，或淡青、或烧宝石为彩色。宣德有散青者苏勃泥青也[35]。

这一记载说明在明末清初时珐琅亦称发蓝，亦说明此时除北京外，广东也在生产掐丝珐琅器。此处所云"与拂郎嵌相似"，"拂菻能为之，广语呼林为郎"值得注意。第一，说明"拂郎"即"拂菻"。第二，"拂菻"之地生产掐丝珐琅。"拂菻"即原拜占庭帝国。

入清以后有关掐丝珐琅的记载渐多，但多重复《格古要论》所云。

5）朱炎著，成书于乾隆三十九年（1774年）的《陶说》云：

> ……大食窑与佛朗嵌相似。通雅云，佛菻能为之。广语读菻为郎，故曰佛郎，亦曰拂郎，今发蓝也。然所谓佛郎嵌者，以铜作身，用药烧成五色花。其鲜润不及瓷也。洋彩只仿其彩法，器品实出其上[36]。

朱琰认为掐丝珐琅不及瓷器之"鲜润"，珐琅彩瓷（即"洋彩"）仅仿掐丝珐琅的彩法，实更为精良。这一评述是正确的。

6）蓝浦所著，成书于嘉庆二十年（1815年）的《景德镇陶录》云：

> 大食窑，大食国所造，以铜作骨，用药烧成，五色华绚，有见其碗、盏、壶、盒者，谓与佛朗嵌器颇相似，不知著于何代。
>
> 佛朗嵌窑，亦呼鬼国窑，今所谓发蓝也，又讹珐琅。其窑甚狭小，制如垆器，亦以铜作胎，用色药嵌烧，颇绚采可玩[37]。

7）程哲所著的《蓉槎蠡说》云：

> 大食窑，器以铜骨为身，起线，填五采药料，烧成，俗谓之珐琅是也。
>
> 宋官窑色鲜菁可爱，明官窑亦佳。又谓之鬼国窑[38]。

这完全重复了前述《砚山斋杂记》所云。

另在梁同书（1723~1815年）的《古铜瓷器考》[39]、黄裔的《瓷史》[40]等也均有大同小异的记载。

3. 中国金属镶嵌及金属掐丝技术的发展

金属镶嵌与金属掐丝技术在中国有着悠久的历史。最早金属镶嵌出自河南偃师二里头文化遗址的嵌绿松石兽面纹铜牌[41]。年代在公元前1750~前1530年之间。河南省安阳殷墟妇好墓出土的嵌绿松石象牙杯亦是不可多得的珍品，距今也有3千余年的历史了[42]。此器虽是象牙镶嵌，但与二里头出土的镶嵌绿松石铜牌在技术上是一脉相承的。春秋战国时期出现了错金银技术，河南省辉县固围村1号大墓出有错金铜车饰，同时还出有包金嵌玉银带钩[43]。河北省满城陵山1号汉墓出有极为精美的错金博山炉，2

号西汉墓出有精致的错金流云纹铁尺、错金铜豹[44]。错金技术是在贱金属胎或板上铸出或錾刻出纹饰，再填（错）以金、银丝或金、银片。这种技术与錾胎珐琅的生产技法是相通的，区别仅是填金、银，属于冷加工，填珐琅料属于热加工。

金属掐丝技术分两部分，一是根据所设计的纹饰将金属抽成长短不等的丝段；二是将所设计的纹饰由金属丝组成焊接在金属胎上。焊接技术在汉代已很成熟。当时已有子金粒焊工艺，如河北定县北陵头村43号东汉墓所出掐丝镶嵌金辟邪、天禄、羊群和龙都是极为精细的工艺品。尤以金龙身上的掐丝工艺为最。龙首平伸，龙身中空，用掐丝、焊接、锤、镶嵌等工艺装饰。以金丝勾勒出龙的面部轮廓和双角，龙角缠以细若发丝的金丝。背部镂空，嵌绿松石和红玛磃，周身焊缀金粒装饰[45]。此墓出土金辟邪、天禄、羊群和龙使用的掐丝、镶嵌、金粒焊接等技术代表了汉代制作的最高水平。

唐代在金银器上的掐丝装饰很为精美。陕西省西安何家村出土的掐丝团花金杯，是在单柄杯的腹部用金丝组成团花焊（或粘）接到外腹壁上，焊接技巧纯熟，焊缝不易发现[46]。前述唐代出现的掐丝珐琅（或玻璃）银镜，从器形、纹饰、掐丝技法等方面都说明它是唐代本土产品无疑。此银镜即使是掐丝玻璃也应属于金属掐丝到金属掐丝珐琅的过渡阶段。那么，为什么掐丝珐琅技术在唐宋及元代中期以前停滞不前呢？

4. 掐丝珐琅技术在我国发展较迟缓的原因

在这里我们可以思考一个问题，就掐丝珐琅而言，它包括两种技艺，一是掐丝、焊接在铜胎上，二是珐琅料的配制与填烧。那么，是什么原因阻止了唐代掐丝珐琅技术的发展呢？从前述唐代金银器的发展来看，其掐丝焊（粘）接技术已恢复到东汉时期的最高水平，唐以后也不乏精品出现。关于唐代珐琅彩料的配制我们只能做一简单的推测。先简要回顾一下我国玻璃的发展情况。

我国从周代开始已生产不透明玻璃，战国已生产数量较多的玻璃璧，仅湖南战国楚墓就出土57件[47]，有些还很精美[48]，广州汉代南越王墓也出土5件精美的玻璃璧和其他玻璃制品，经测试为铅钡玻璃[49]。长沙西汉墓也出土过玻璃璧[50]。东汉时还能生产玻璃双面凸透镜——阳燧。北魏时已能生产出透明玻璃。惜玻璃璧、阳燧和透明玻璃的出现均是昙花一现，未能坚持生产。陕西法门寺出土国产玻璃器皿，透明且较为精致[51]。但就唐代玻璃生产整体而言，规模极小，产品极为有限。由于唐代玻璃制造业欠发达，限制了珐琅料的配制基础，当时即使掌握了珐琅料的配制，也仅是偶然一现未能流传。这主要原因是唐代的制瓷业太发达了，人们沉醉于南青北白的精美瓷器，而忽略了玻璃手工业。这严重地影响了玻璃和珐琅工艺在唐代的发展。除此之外，可能也与当时人们的审美理念与情趣也有着密切的关系。这种情况在宋代及元代中期以前仍是如此。

玻璃与珐琅的关系极为密切，从某种意义上来说珐琅是由玻璃发展而来。欧洲及西亚珐琅制造业发达是以其先进的玻璃制造技术为基础的。

5. 掐丝珐琅技术传入中国

成吉思称汗以前，蒙古就与中亚地区有着贸易往来，当他西征以后双方关系及贸易更加活跃，这种势头一直持续了约半个世纪直到忽必烈登基时（1260年）。此后其弟阿里不哥为争夺汗位与他进行了大战，再后又有宗王海都纠集窝阔台、察合台诸宗王与忽必烈展开了长期的战争，1309年窝阔台汗国灭亡，战争结束。在中西交通受阻近50年后，丝绸之路又恢复了勃勃生机，贸易繁盛。另一方面海上陶瓷之路则一直畅通无阻，很少间断，且有"官本船"参与其中。中国与伊斯兰世界的接触更加频繁。此时特别值得注意的是，原属于拜占庭帝国的小亚细亚领地大部并入到伊斯兰世界。这样拜占庭帝国传统的珐琅产品及其制作技术就经由伊斯兰世界传入中国。因而在元顺帝时北京已生产出了掐丝珐琅制品。

其传入路线，有学者认为是从伊斯坦布尔地区经高加索传入中国[52]。这是很有可能的，因元朝与金帐汗国的关系密切，双方有使节往来，交通畅通。摩洛哥旅行家——伊本·白图泰曾在他5次朝觐后遍游伊拉克，又进入小亚云游直至钦察汗国，并陪同月即别汗的王妃经巴尔干半岛到伊斯坦布尔。因之，原拜占庭帝国发达的珐琅生产技术是可以通过高加索地区传入中国，这应在情理之中。

另一条传入路线是经海路传至云南。王佐于景泰七年增补《格古要论》时写到，今云南人在京多作酒盏。

这一记载是值得注意的。在元明时云南可能是一处烧造珐琅的地区。这是因为云南自唐以来一直是伊斯兰侨民聚居地区。早在唐时与南诏联合大败吐蕃军，俘获的"康、黑衣大食兵"2万人，其中有些人定居云南。元代赛典赤·瞻思丁住持云南政务时，带有大量西域回人在那里定居。明初回族将领沐英在镇守云南时亦带去大量西域回人。这些人把伊斯兰文化带到了云南，因而云南有人掌握了烧造珐琅技术。另一方面云南是海上丝绸（陶瓷）之路往来的一条支线。从红海、波斯湾、南亚来华可通过马六甲海峡经南海达广州、泉州等港。亦可不绕行马六甲海峡而经由缅甸的印度洋港口马达班（今莫塔马），再上溯萨尔温江至曼德勒，然后弃船陆行至云南。这条海上航线直到清代仍在应用。如清代著名的回族学者、阿訇马德新前往麦加朝圣就从昆明出发经西双版纳至缅甸的曼德勒，再乘船沿伊洛瓦底江至仰光，然后乘船去麦加圣地[53]。此时仰光港的地位已超过马达班，成为重要港口，因而伊洛瓦底江代替了萨尔温江。在元代一些伊斯兰世界商品也经这条路线运到了云南，如正德时所用的回青就是从云南输入的。成书于万历十七年以前的《窥天外乘》记载：

回青者出外国，正德间大珰（即大太监）镇云南得之[54]。

与此同时，我国明代的青瓷亦通过缅甸马达班港输往国外，外国学者称之为"马达班器"[55]。上述说明王佐所记"云南人在京作酒盏"是可信的。另外从这一记载中也间接反映出，在元末明初时期云南亦应是珐琅制作中心。当然，在元代也不排除经广州或泉州将珐琅彩技术传至中国。

二 眼镜制作技术的传入

（一）视力的困惑

由于人体内部组织有着自然的发展规律，年过四旬中期以后往往形成远视而为花眼，逐渐丧失看近物的能力。这在眼镜出现以前是无法弥补的。西方人患远视的比例较大。相对花眼而言，中国人患近视的人较多，其原因有诸多因素，如长期从事阅读、书法、绘画、精细的手工业而引起的视疲劳，或由于遗传，营养不良等所致。当然平面窗玻璃在中国的出现是很晚的事情，室内光线不足是普遍存在的。在眼镜发明以前，有众多的眼疾患者存在，不利于社会各方面的发展。

无论古今中外，人们都知道眼睛在人身体上所起的重要作用，想出一些方法保护眼睛的视力。如在古代中国强调坐立、阅读、书写的姿势，扩大门窗面积以及开采水晶体石英制成平镜用以养目等。古人对玻璃的研究与利用一直停滞在汉代玻璃璧的礼制作用、透镜取火的功能，北魏时或许出现窗玻璃，但仅倏忽一现，均没有得到广泛的应用。

古人对玻璃透镜进行了一些研究，前述东汉时已发明了双面凸透镜取火的功能，使人们对玻璃有了一些科学的认识。东汉人王充在《论衡》中对其时国产的玻璃给予了很高评价：

> 禹贡曰，"璆琳"琅玕者，此则土地所生，真玉珠也。然而道人消烁五石，作五色之玉，比之真玉，光不殊别。
>
> 消烁五石，铸以为器，磨砺生光[56]。

他还记载了玻璃阳燧（即阳遂，是向太阳取火的器具）的制造：

> "今使道家铸阳燧，取飞火于日……五月丙午日中之时，消炼五石铸以为器，乃能得火"。

1974~1977年考古工作者在安徽亳县城南郊清理了汉魏时期的曹操宗族墓，出土了一批文物。在元宝坑1号墓出土2件聚光玻璃器：

1件扁圆形，径2.4厘米，凸高0.6厘米。1件扁桃形，长2厘米，宽1.8厘米，凸高0.55厘米。亮度与水晶相同。在放大镜下可以看到内含微泡，硬度同玻璃一样。

在董园村1号墓出土3件聚光玻璃：

1件扁圆形，径1.5厘米。2件扁桃形，长1.2厘米。形状、质量与元宝坑的相同。边有铜绿[57]。

元宝坑1号墓和董园村1号墓的时代为东汉末期。2墓出土的5件聚光玻璃应是王充所记的"阳燧"。但以后史书记载较少。已故著名史学家范文澜对阳燧的出现及未能普遍流传给予了极为精辟的解释：

西汉以前阳燧用铜制，东汉始用玻璃。由于方士故作神奇，说是要五月丙午时铸造才能有效，所以熔炼法流传不广，制玻璃业不能发展[58]。

东汉人对凸透镜的利用虽仅限于取火，且以后也没有普遍的应用，但它的出现比欧洲人、阿拉伯人利用凸透镜要早数百年。在欧洲只有到了13世纪才对透镜有了突破性的认识和利用。但是中国自汉代以后很少或几乎没有对透镜进一步研究，当然谈不到利用，更谈不到用玻璃来矫正人们在视力上的疾患了。对于中国人来说，年过40岁以后多患有远视，如长期得不到矫正的话，就减少了人们的智力生活。而青少年中有高比例的近视患者，一些长期在昏暗光线从事于近距离精细作业的人员也易患近视。无论是远视还是近视，都是很多人长期存在的视力疾患。那么1800余年前已知双面透镜的聚光作用而发明了"阳燧"，为什么长期以来不能对凸透玻璃进一步研究以解决人们普遍存在的视力疾患呢？这的确是一个巨大的困惑。这说明古代中国人对玻璃的研究远远落后于他们所心仪的瓷器。

（二）眼镜制作技术的传入

眼镜是欧洲人的发明。英国学者麦克法兰·马丁谈到眼镜在欧洲的出现：

> 用两片双面凸镜制成的，架在鼻梁上的老花（老视）眼镜，大约是公元1285年前后在意大利北部发明的。嗣后一个世纪，其用途迅速传播开来。
> 矫正近视的凹透镜比凸透镜要难以研磨得多。在制造老花眼镜之后大约200年，西方才发明近视眼镜[59]。

一般认为，老花眼镜是意大利人阿马蒂（S.D. Armati）于1285年发明的。

老花眼镜的出现使人们的生活得到改善，使专业工作者的智力生活延长了15年，甚至更久。

欧洲发明眼镜以后，首先传入伊斯兰世界，然其传入的准确年代有待进一步研究，至迟是在14世纪。眼镜在宣德（1426~1435年）时才经伊斯兰世界传入中国。

眼镜，阿拉伯语ainak，音译为蹙乃克，意译为"叆叇"、"僾逮"。关于伊斯兰世界使用眼镜的情况，笔者掌握的资料很少，仅知在一段很长的时间使用的都是夹鼻眼睛，如1673年伊朗伊斯法罕细密画家所绘的一幅细密画，表现了画家带着夹鼻眼睛作画的情景[60]。

在明代的一些文献中记载了眼镜传入我国的情况。明代浙江海盐人张宁，字靖之，景泰五年（1454年）进士，他在"方州杂言"一书中首先记载了宣德时期眼镜的传入，

> 向在京时，尝于指挥胡豅寓所，见其父宗伯公所得宣庙赐物，如钱大者二，其形色绝似云母石，类世之硝子，而质甚薄。以金相轮廓而衍之为柄，纽制其末，合则为一，歧则为二，如市肆中等子匣。老人目昏、不辨细字，

张此物于双目，字明大加倍。近者又于孙景章参政所，再见一具。试之复然。景章云，以良马易得于西域贾胡满剌，似闻其名倭逮。二物皆世所罕见。若论利用于人，则火浣虽全足，亦当退处于倭逮也[61]。

此处宗伯公指胡镛之父胡濙。明代称礼部尚书为大宗伯，礼部侍郎为少宗伯。此处宗伯实指大宗伯。据《明史》记载，胡濙"历事六朝"（惠帝、成祖、仁宗、宣宗、英宗、代宗），三朝（宣宗、英宗、代宗）为礼部尚书，达31年[62]。故胡濙为明代重臣。宣德皇帝（1426~1435年）把刚刚传入的眼镜赏赐给胡濙，很可能是郑和第七次下西洋有关人员回国后献给宣德皇帝，他再赐给臣下的。说明其时确是稀罕之物。"硝子"即玻璃。"合则为一，岐则为二"指夹鼻形的老花镜。当时眼镜的价格昂贵，高于火浣布。从"西域贾胡"处购买需一匹良马。这说明当时眼镜已从海、陆两途输入到中国。

《回回馆译语》亦录有眼镜之名——蹉乃克。另在《回回馆译语》中的《来文》亦多处提到眼镜作为贡品传入中国，如：

天方国使臣……进贡……眼镜二十副。

吐鲁番使臣……进贡……眼镜二十副[63]。

明晚期记载眼镜的资料较多，但亦未提到眼镜的制造，可能仍需进口。如浙江钱塘（今杭州）人田艺蘅所著，成书于隆庆六年（1572年）的《留青日札》云：

提学副使潮阳林公有二物如大钱形，质薄而透明如硝子石，如琉璃，色如云母。每看文章目力昏倦，不辨细书，以此掩目，精神不散，笔画倍明。中用绫绢联之，缚于脑后。人皆不识，举以问余。余曰，此靉靆也，出于西域满剌国，或闻公得自南海贾胡，必是无疑矣……或似闻其名为僾逮，则其二字之讹也。盖靉靆，乃轻云貌，言如轻云之笼日月，不掩其明也，若作瞹瞜亦可[64]。

上述说明在明晚期眼镜仍是稀罕之物，是用方法从夹鼻变成了中用绫绢联之，缚于脑后。并指出眼镜从西域、南海两途输入。

慎懋官所著，成书于万历九年（1581年）的《华夷花木鸟兽珍玩考》亦对此有所转述。

靉靆，以金镶轮廓而衍之为柄，纽制其末，合则为一，岐则为二，如市肆中等子匣……若作瞹瞜亦可[65]。

张燮所著，成书于万历四十五年（1617年）的《东西洋考》亦云：

瑷瑭（俗名眼镜……瑷瑭乃轻云貌，如轻云之笼日月，不掩其明也。若作靉靆亦可[66]。

前述明末清初人孙承泽在《砚山斋杂记》对眼睛在明代的流传有所谈及。

眼睛初入中国名曰靉靆，唯一镜之贵，价准匹马。今则三五分可得。然不过山东米汁烧料玻璃者贵多，水晶尤贵。水晶之墨色者贵至七八金，余值以渐而减。真读书之一助也。西洋天主教人神奇说，云自万历中彼教传入中国始有者。非也……又知文定公目近视。所云产西域，则文定为吏侍当在弘治、正德间，像时中国久有此镜矣。何待天主教始能造也[67]。

这段文献说明，到明中晚期眼镜有了一定的流传，价钱也降低了很多，仅水晶眼镜价钱较贵。孙承泽对眼镜的使用价值给玉很高的评价——"真读书之一助也"。他还认为眼镜传自西域，并非由天主教徒所传。笔者对文中所言山东米汁烧料玻璃不知所指，有待进一步研究。

清人赵翼所著，成书于1790年的《陔余丛考》写道：

古未有眼镜，至明始有之，本来自西域……（郎）瑛嘉靖时尚罕见也。……名曰叆叇云。则此物在前明极为贵重，或颁自内府，或购之贾胡，非有力者不能得，今则遍天下矣。盖本来自外洋，皆玻璃所制。后广东人仿其式，以水晶制成，乃更出其上也[68]。

生活在乾隆时期的赵翼记载了其时眼镜使用已较为普遍，并认为广东生产的水晶眼镜要好于玻璃眼镜。这一点与1793~1994年陪同英国使臣玛噶尔尼来华使团成员吉兰的记载相同：

中国人大量使用眼镜……眼镜皆以水晶制作[69]。

当今学者刘迎胜在其《丝路文化·海上卷》中承袭了前述学者的观点后云：

眼镜，这个名称起于明代。明茅瑞征所编《华夷译语》中之《回回馆译语》中的器用门（序号1360）为"蹊乃克，眼镜"。足以证明代已有眼镜这个词。

……叆叇应为阿拉伯ainak（蹊乃克）的音译[70]。

他在《〈回回馆杂字〉与〈回回馆译语〉校释举例》一文中也谈及：

叆叇，应是阿拉伯ainak的另一种音译[71]。

刘迎胜所述，眼镜一词起于明代是正确的，但叆叇是阿拉伯语ainak的音译则有待进一步研究。

叆叇一词早在战国时期已出现，晏子云：

星之昭昭，不如日月之叆叇。

这说明叆叇一词古已有之，即轻云的意思，覆盖日月亦不掩其明，仍较星星光亮。故后人用叆叇作为一种增强人们视力（即使被照物由暗变明的作用）的器物名称，到明代叆叇则成为眼镜的代称。故叆叇不是明代才传入的阿拉伯字ainak的音译，而是其意译。

借助于透明的物体以增强人们的视力，在北宋时期已有之，即通过水晶来完成。北宋东光（在今河北省）人刘跂在《暇日记》中记有：

史沆断狱，取水晶十数种以入。初不喻，既出，乃知案牍故暗者，水晶承目照之，则见[72]。

这说明以"水晶承目"可使较暗的字迹变得清楚一些，但绝不能以此认为在宋代已发明了眼镜。因为史沆没有说明"取水晶十数种"是凸透镜，均应是"平镜"，如是"平镜"则不能起到将字迹变大作用。况且史沆断狱所用水晶十数种,没有说明同时使用两种水晶,只能是单独使用。

嘉庆时人陆风藻在《小知录》云:

> 叆叇,眼镜也,《洞天清录》载,老人不辨细书,以此掩目则明[73]。

陆风藻所云"叆叇,眼镜也"是正确的,但后面引文不知所出。查阅了南宋宗室赵希鹄《洞天清录》(亦称《洞天清录集》)两个版本,即黄宾虹主编的《美术丛书》[74]本及景印《四库全书》[75]等版本均未找到此段文字,不知出自何版本。现存疑,以待将来。

上述说明在明代早期眼镜通过伊斯兰世界经海、陆两途传入中国,称之为优逮。明代中期始有眼镜之名,并有所流传,但在其时仍是稀罕之物,且仅是凸透镜制成的远视镜,即花镜。到了明末清初在广州、苏州制作眼镜,而且还以水晶代替玻璃,更有了养目作用。此后眼睛逐渐传播开来,而且还出现了用凹透镜制成的近视眼镜。在欧洲制作工艺较为复杂的近视镜的出现要晚于远视镜约300年,直到15世纪前半期才出现。1517年拉斐尔所绘教皇利奥十世佩有之。德国传教士汤若望(1592~1666年)于1619年来华,为中国宫廷制造了多台望远镜,并与我国的李祖向于1626年共同翻译了《远镜说》,1630年刊于北京。此书中把凸、凹透镜的原理和用法介绍到中国。书中云:

> 夫远镜者,二镜合之以成器也,其利用既如斯矣;乃分之而制造如法,则又利于用焉,即中国所谓眼镜也[76]。

我国眼镜的制造出现在明末清初之时。此时出现了一位玻璃仪器制造专家孙云球(1628~1662年),生于江苏吴江市,后寓居苏州虎丘。他为人机敏,喜爱制造器械。他是苏州眼镜业的创始人,以水晶磨制出远视镜、近视镜,而且他制造出镜片后,还采用"随目对镜"的方法,使患者配到合适的眼镜。

入清以后眼镜制造业得到了发展,广州、苏州均制造眼镜,广州还出现了眼镜街,不久杭州、北京、上海也都出现了眼镜店。上海的"澄明斋"建于康熙年间;北京的"三山斋"则建于乾隆初年[77]。

三 小 结

综上所述,早在唐代已能制造极为精致的掐丝珐琅(或掐丝玻璃),但仅有孤品流传至今,而其制造技术未得而传。欧洲及拜占庭等地长期掌握着珐琅生产技术,在元顺帝时经伊斯兰世界传入中国,在明代进入繁荣时期。明景泰时生产的数量不多,但质量颇佳,故称景泰蓝。经明清数百年的发展景泰蓝已成为中国传统工艺名品,声誉远播国内外,至今不衰。康熙时画珐琅技术传入中国,经雍乾两朝的发展,产品远销海外。在画珐琅的启迪影响下,经康雍乾三朝不断地探索、钻研,生产出了我国瓷器中的名品——瓷胎画珐琅,即珐琅彩瓷。

13世纪晚期老花眼镜首先出现于意大利北部。其后眼镜制造技术首先传入伊斯兰世界。明初时眼镜经伊斯兰世界由海、陆两路传入中国。约在明末 清初首先在广州制作,以后逐渐传播开来。

掐丝珐琅和眼镜制作技术的传入再次说明,伊斯兰世界在中西文化交流中确系起着桥梁的作用。

注　释

[1]　10,000 Years of Art,p.280,Phaidon Press Limited,2009,Printed in China.

[2]　a. 杨伯达:《中国金银玻璃珐琅器全集·7·》第8～9页,河北人民出版社,2002年。

　　b. 杨伯达:《十八世纪中西文化交流对清代美术的影响》,《故宫博物院院刊》1998年第4期。

[3]　福布斯等:《西亚、欧洲古代工艺技术研究》第309页插图第248,中国人民大学出版社,2008年。

[4]　10,000 Years of Art,Phaidon Press Limited,Printed in China. 2009,pp.113.

[5]　a. 福布斯等:《西亚、欧洲古代工艺技术研究》第310～311页插图第205,中国人民大学出版社,2008年。

　　b. 10,000 Years Of Art,Phaidon Press Limited,Printed in China,2009,pp.113.

[6]　拜占庭圣屏风图版

[7]　Nasser D Khalili,Vision of Splendour in Islamic Art and Culture,The Khalili Family Trust,Print and Bound in China. 2008,pp.132～133.

[8]　Institute du monde arabe,Tresors fatimides du Caire,paris,1998,pp.76.

[9]　Nasser D Khalili,Vision of Splendour in Islamic Art and Culture,The Khalili Family Trust,Print and Bound in China. 2008,pp.132.

[10]　Edith Porada,The Art of Ancient Iran,PL.31,Crown Publishers INC. New York,1965,pp.117～118.

[11]　Edith Porada,The Art of Ancient Iran,PL.51,B,Crown Publishers INC. New York,1965,pp.117～118.

[12]　唐掐丝珐琅铜镜图版。

[13]　李久芳:《中国金属胎起线珐琅及其起源》,《故宫博物院院刊》1994年第4期。

[14]　杨伯达:《景泰款掐丝珐琅的真相》,《故宫博物院院刊》1981年第2期。

[15]　梁秀伟:《景泰蓝史话》,《中国科技史料》1984年第3期。

[16]　中外首工美术馆:《〈沉香·莲花熏〉中情调生活回归之作》,《收藏》2011年第4期。

[17]　马文宽:《宋元两〈大食瓶〉新解》,《考古》2013年第12期。

[18]　弗雷德里克·莫尔万:《卢浮宫不容错过的300件典藏精品》第69页右上图,阿桑出版社,

中文版，2010年。

[19] Sheila S.Blair & Jonathan M.Bloom, The Art and Architecture of Islam 1250~1800, Pl.379, 1995.

[20] 蓝浦：《景德镇陶录》，《美术丛书》第二集八辑第158~9页，神州国光社，1947年。

[21] a. 施静菲：《十八世纪东西交流的见证——清宫画珐琅工艺在康熙朝的建立》，《故宫学术季刊》24卷第3期，2007年。
b. 许晓东：《康熙、雍正时期宫廷与地方画珐琅技术的互动》，《宫廷与地方：十七至十八世纪的技术交流》，紫禁城出版社，2010年。

[22] 许晓东：《康熙、雍正时期宫廷与地方画珐琅技术的互动》，《宫廷御地方十七至十八世纪的技术交流》，紫禁城出版社，2010年。

[23] 许晓东：《康熙、雍正时期宫廷与地方画珐琅技术的互动》《宫廷与地方：十七至十八世纪的技术交流》，紫禁城出版社，2010年。

[24] 唐英：《陶成纪事碑》见《景德镇陶录》，《美术丛书》第二集八辑第94页，神州国光社，1947年。

[25] 朱琰：《陶说》，《美术丛书》第二集七辑第74页，神州国光社，1947年。

[26] 刘万航：《画珐琅与彩色锅》，《故宫文物月刊》1983年第4期。

[27] 《简明不列颠百科全书》编辑部：《简明不列颠百科全书·3》第532页，中国大百科全书出版社，1985年。

[28] 黄石林等：《山西夏县东下冯龙山文化遗址》，《考古学报》1983年第1期。

[29] 艾伦·麦克法兰、格里·马丁著，管可秾译：《玻璃的世界》，商务印书馆，2003年。

[30] 曹昭等：《新增格古要论》卷七第二三页，中国书店，1987年。

[31] 王大渊等：《岛夷志略》第352页，中华书局，1981年。

[32] 该珐琅盘现存于奥地利因斯布鲁克蒂罗尔朗德博物馆。

[33] 高濂：《遵生八笺》，《影印四库全书》第871册第713页，台北商务印书馆，1986年。一般书籍所载《燕闲清赏笺》并非是书名，而是《遵生八笺》的一部分。

[34] 孙承泽：《砚山斋杂记》193页，《景印四库全书》第872册，台北商务印书馆，1985年。

[35] 方以智：《通雅》第642页，《景印四库全书》第857册，台北商务印书馆，198年。

[36] 朱琰：《陶说》第81页，《美术丛书》第二集七辑，神州国光社，1947年。

[37] 蓝浦：《景德镇陶录》第158~9页，《美术丛书》第二集八辑，神州国光社，1947年。

[38] 程哲：《蓉槎蠡说》第265页，《续修四库全书》第1137册，上海古籍出版社，2002年。一般书籍中所载《窑器说》并非是书名，而是摘录《蓉槎蠡说》的一部分。

[39] 梁同书：《古铜瓷器考》第160页，《美术丛书》初集五辑，神州国光社，1947年。

[40] 黄矞：《瓷史》第116页，《古瓷鉴定指南》（三编），北京燕山出版社，1993年。

[41] 中国社会科学院考古研究所：《考古精华》图版第九四，科学出版社，1993年。

[42] 中国社会科学院考古研究所：《考古精华》图版第一二四，科学出版社，1993年

[43] 中国社会科学院考古研究所：《考古精华》图版第一八四、第一八五，科学出版社，1993年。
[44] 中国社会科学院考古研究所等：《满城汉墓发掘报告》第277页图版第189，文物出版社，1980年。
[45] 定州市博物馆编辑：《定州文物藏珍》图版第2~4，岭南美术出版社，2003年。
[46] 陕西省博物馆、文馆会革命写作小组：《西安南郊何家村发现唐代窖藏文物》插图第26，《文物》1972年第1期。
[47] 后德俊：《楚国的矿冶髹漆和玻璃制造》第255页，湖北教育出版社，1995年。
[48] 《中国美术全集》编辑委员会：《中国美术全集·10·金属玻璃珐琅器》图版第205，文物出版社，1996年。
[49] 广州文物管理委员会等：《西汉南越王墓》第113页，文物出版社，1991年。
[50] 中国社会科学院考古研究所：《长沙发掘报告》第84页，科学出版社，1957年。
[51] 《中国金银玻璃珐琅器全集》编委会：《中国金银玻璃珐琅器全集4·玻璃器（一）》，河北美术出版社，2004年。
[52] Jane Portal, later Chinese Cloisonne, Orientatings——Monthly Magazine for Collectors and Connoisseurs of Asian Art, November, 1992, PP.72~77.
[53] 马德新等：《朝觐图记》第17~24页，宁夏人民出版社，1988年。
[54] 王世懋：《窥天外乘》第20页，《风州杂编（及其他二种）》，丛书集成初编本，中华书局，1985年。
[55] Daisy Lim –Coldschmidt, trans. by Katherine Watson, Ming Porcelain, pp.253-254, London, 1978.
[56] 王充：《论衡》卷第二第17页，中华书局，1985年。
[57] 安徽省亳县博物馆：《亳县曹操宗族墓葬》，《文物》1978年第8期。
[58] 范文澜：《中国通史简编》修订本第二编第165~166页，人民出版社，1965年。
[59] 艾伦·麦克法兰等：《玻璃的世界》第159~160、第164页，商务印书馆，2003年。
[60] Robert Irwin, Islamic Art, Pl.206, Laurence King, 1997.
[61] 张宁：《方洲杂言》第8页丛书集成初编本，中华书局，1985年。
[62] 张廷玉等：《明史·胡濙传·七卿年表》第4537、第3412~3425页，中华书局，1974年。
[63] 胡振华、胡军：《回回文献〈回回馆译语〉》第15、第242、第245页，中央民族大学东亚学研究所，2005年。
[64] 田艺衡：《留青日札》卷二十三第十五页，上海古籍出版社，1985年。
[65] 慎懋官：《华夷花木鸟兽珍玩考》，《续修四库全书》第1185册第555页，上海古籍出版社，2002年。
[66] 张燮：《东西洋考》第68页，中华书局，1981年。
[67] 孙承泽：《砚山斋杂记》，影印四库全书第872册第187~188页，台北商务印书馆，1985年。
[68] 赵翼：《陔余丛考》，《续修四库全书》第1152册第6~7页，上海古籍出版社，2002年。

[69] 艾伦·麦克法兰等：《玻璃的世界》第162页，商务印书馆，2003年。

[70] 刘迎胜：《丝路文化·海上卷》第309~310页，浙江人民出版社，1995年。

[71] 刘迎胜：《〈回回馆杂字〉与〈回回馆译语〉校释举例》第267页，《中亚学刊》第五辑，1996年。

[72] 刘跂：《暇日记》，《影印四库全书》第1121册，台北商务印书馆，1985年。

[73] 陆风藻：《小知录》。

[74] 赵希鹄：《洞天清录集》初集第九辑，神州国光社，1947年。

[75] 赵希鹄：《洞天清录集》，《影印四库全书》第871册，台北商务印书馆，1985年。

[76] 李兰琴：《汤若望传》第37页，东方出版社，1995年。

[77] 王锦光、洪震寰：《中国光学史》第157~159页，湖南教育出版社，1986年。

蚝岗人吃什么

——来自人骨碳氮稳定同位素分析的讨论

张雪莲

一 引 言

位于广东省东莞市南城区的蚝岗博物馆始建于2007年，这是一座建立于原蚝岗遗址上的原址博物馆。进入该馆后可以发现，这里不仅展示着遗址中出土的各类遗物，还有墓葬中发现的完整的人骨架。这应该是目前所发现的最早的蚝岗人。依据出土遗存，学者们围绕蚝岗人从其衣食住行等各个方面展开研究[1]。这其中最令人关注的首先是蚝岗人的衣和食两方面，因为这是生活中最为基本的两个方面。由于遗址中发现了数量较多的石拍，有学者认为这应该是树皮布的制作工具[2]，由此推测蚝岗人的衣着应该是由树皮布制成，这一结论已引起学界的关注。而蚝岗人的"食"会是怎样的呢，关于这一话题的讨论还不是很多，本文拟由人骨 $\delta^{13}C$（简称为 δ 碳十三）、$\delta^{15}N$（简称为 δ 氮十五）稳定同位素分析方法对此作些探讨。

过去关于古人类吃什么的问题，研究方法已有多种，如通过遗址、墓葬中出土的植物、动物骨骼等来探讨人类的主食结构；通过对出土器物中的食物残留来推测其食物组成；通过对出土生产工具的门类、用途等的分析来研究其耕作方式从而对其作物种类做出评判等等。而人骨碳、氮稳定同位素分析通过人骨骨胶原中所含同位素的比值追溯其食物结构，由此获取来自人类本身关于食物的直接信息，再结合其他遗存进行分析，使所得结果更为明确、具体，成为以往研究的补充。该研究目前已成为国际科技考古界的热点。

^{13}C（碳十三）和 ^{15}N（氮十五）分别是C（碳）和N（氮）的稳定同位素，它们在生物体中的含量通常分别用其与一种标准物质的比较值来表示，即 $\delta^{13}C$ 和 $\delta^{15}N$。^{13}C 的比较标准一般选择产地为美国卡罗来（Caroline）南部白垩纪庀地层中的箭石（Cretaceous Belemnite，Belemnitella Amercana），称为PDB标准（Peedee Belemnite Chicago Limestone Standard）。而 ^{15}N 的比较标准一般为大气。

$\delta^{13}C$ 分析方法的建立是基于植物光合作用途径的研究。自然界的植物依据光合作用途径可以分成三大类，C_3类、C_4类和CAM类，每一类皆具有各自的$\delta^{13}C$值的范围。研究发现，植物最初生成3个碳的化合物的一类植物，遵循的是卡尔文途径，其$\delta^{13}C$平均值为-26‰，这一类的植物称为C_3类，麦类、稻类属此类植物。植物最初生成4个碳的化合物的一类植物，遵循的是哈斯途径，其$\delta^{13}C$平均值为-11‰，这一类的植物称为C_4类，粟、黍、玉米、高粱等属此类植物。通过CAM途径生成的多汁类植物，其$\delta^{13}C$平均值为-17‰，这一类的植物称为CAM类，菠萝、甜菜等属此类。植物进入人体或动物体中，由于分馏效应，人体或动物体中不同组织对所食食物的分馏值有些差别[3]，使得$\delta^{13}C$分析值比之植物原先的$\delta^{13}C$值有些偏正。这样，若人或动物长期食用某一类植物，其体内组织就会有对应的$\delta^{13}C$值。反过来，通过人体组织或动物组织，如人骨或动物骨中的$\delta^{13}C$分析，就可由此探讨其主食状况。

人骨或动物骨中的$\delta^{15}N$值，与食鱼肉程度、蛋白摄入状况有关，反映营养级的高低。一般海洋鱼类的$\delta^{15}N$值高于陆相动物。生物的食物链越长，其$\delta^{15}N$值越高，营养级也越高。

两种分析相结合可以区分出样品出自旱作农业区、牧区，还是海河边等。

国际上人骨稳定同位素$\delta^{13}C$、$\delta^{15}N$分析用于古人类食物状况研究方法的建立分别是在20世纪60年代和70年代。我国是在20世纪80年代随着^{14}C年代的校正研究而建立了$\delta^{13}C$分析方法并用之于古人类以及动物的食物分析[4]。20世纪初，在夏商周断代工程中年代学研究的基础上通过实验研究建立了用于人或动物营养级分析的$\delta^{15}N$分析方法[5]。随着分析仪器的逐渐市场化，目前该研究在国内已有较大的发展。近十余年来，在科技部、国家文物局等课题基金资助下，在配合考古学研究过程中通过该方法的应用，先后分析了中原、长江下游及青海、甘肃、新疆、内蒙古等区域中的许多考古学遗址出土人骨的食性状况，特别是一些年代久远的史前遗址，为古人类食物研究提供了依据[6]。

通过人骨稳定同位素分析研究古人类的食物状况，具体在黄淮河流域、中原一带，以及更靠北的地方其研究案例较多，长江流域近年也逐渐增多，但华南地区相对还是较少见，本文希望通过该方法的应用，为蚝岗人的食物探讨寻找依据，为该地区古人类食物研究增添例证。

二 分析方法与材料

1. 分析方法

具体分析方法为先由骨骼中提取出骨胶原并水解成为明胶[7]，之后进行质谱分析。骨胶原—明胶制备在中国社会科学院考古研究所进行，质谱分析由农业科学研究院质谱室承担，所用仪器为质谱测量仪，Thermo Finnigan公司的DELTA-plus，碳、氮测量所用标准物质分别为USGS-24和IAEA-N1。

2. 所分析的材料及其背景

所分析的材料为M1人骨。

据考古报告，蚝岗遗址20世纪80年代前后发现，2003年发掘。该遗址发掘面积大致为600平方米，发现沟、房址、墓葬等遗迹，出土石器、陶器等遗物。据考古学研究，该遗址文化内涵属新石器时代，文化分期可分为三期。"属于第一期的单位是开口在最早的地层第6层下的灰坑和墓葬。属于第二期的单位包括第5、第6两个文化层及开口在第5层下的沟和房子。属于第三期的单位包括第2~4层和位于第2层下的H5和第3层下的红烧土面等。"其分期的绝对年代，"初步估计一期年代在距今5500~6000年，二期为距今5000~5500年，三期为4000~4500年"[8]。M1开口为第6层下，属于第一期。

三 结果与讨论

1. 分析结果

分析结果见表1。

表1 蚝岗遗址墓葬M1人骨同位素δ^{13}C、δ^{15}N分析结果

实验室编号	原编号	样品物质	δ^{13}C (‰)	δ^{15}N (‰)	C/N
SP2344	M1	人骨	-19.69	13.6	3.05

2. 结果与讨论

①关于样品的制备

如前所述，人骨稳定同位素δ^{13}C、δ^{15}N分析方法虽然揭开了许多遗址先民的食物之谜，但对于长江流域及其以南的考古遗址的研究与应用还是比较少，其中的主要原因是由于这些区域中的埋藏环境较差，如土壤的湿度较大，偏酸性等，使得骨骼难以保存，或者使其中的有机组分破坏殆尽。而δ^{13}C、δ^{15}N分析主要是应用其中的有机组分。在这样的情况下，能否提取出骨骼中的有机组分，是分析工作中首先面对的问题。对于保存较好的骨样品的分析，通过多年来的研究与实践，已建立了一套成熟的操作方法，夏商周断代工程中的年代学研究结果表明了方法的可行性[9]。但对于保存状况较差的样品来说，固定的模式可能就难以奏效，必须进行实验方法上的研究改进，之后再对得到的有机组分进行检验，看是否符合数据可靠性的参照标准。

所取M1人骨，外形保存基本完好。制样过程中通过实验研究，得到一定量的明胶，碳氮比结果显示，其值为3.05，处于可用的参考值范围之内（参考值为2.9~3.6）[10]。

②δ^{13}C、δ^{15}N分析结果讨论

由δ^{13}C分析结果，其值为-19‰左右，考虑到人骨对于所食植物的分馏效应，M1

墓主人的主食基本应为C_3类植物。至于所食用的具体植物种类，则需依靠所发现的植物遗存来进行判别。

在已有的结果中可以发现，其中距今7000年前后的河姆渡人和距今5000多年的青浦崧泽文化的人的$\delta^{13}C$值与蚝岗人的相近。但在河姆渡遗址不仅发现了大量的稻壳，还发现了稻作工具[11]，所以推测河姆渡人应是以稻为主食的。处于同一气候区，在时代上稍晚于河姆渡文化的崧泽文化的人则也应是如此。而蚝岗人的主食，虽显示了相同的$\delta^{13}C$值，但其具体内容却不容易推定。

在中原、黄河流域一带的一些考古学遗址中，比如距今8000年前后的磁山、裴李岗等遗址发现了数量较多的粟或黍的遗存，而这类植物遗存属于C_4类植物，因而，在其周边乃至更大区域内的遗址中，通过人骨或动物骨分析得到的$\delta^{13}C$值若为C_4类的话，则属于粟或黍的可能性较大。通过多年来的分析实践也证明，其分析结果与考古遗存的发现也比较对应。比如与蚝岗遗址时间上相差不太远的距今5000多年的灵宝西坡遗址、距今6000年前后的郑州西山遗址以及西安鱼化寨遗址等，人骨同位素分析值显示其主食中C_4类植物的百分比大致在80%左右，表明了这些遗址的人应是以粟或黍为主食的[12]。所以说，这样的分析与判断对于黄、淮河流域以及北方地区的许多遗址中人或动物的食物的分析判断还是很有意义的。而且到目前为止，除了所获得的粟或黍之外，能与C_4类植物对应的其他可能的可食用植物还鲜有发现，所以这样的推论一般来说也是比较合理的。

另外，这其中相对更为复杂的一点还有，C_3类植物不仅包含麦和稻类，还有许多各类坚果以及野生植物，所以对于长江流域、华南等地，若没有具体的植物遗存的发现，则难以推断其主食为稻类等栽培植物还是野生类的植物。当年在美洲，玉米的引进对于玛雅文化发展的研究中，恰恰是在C_3类植物这样一个大的植被的背景下，通过人骨同位素分析，获得了C_4类的信息，使之获得研究进展[13]。

近年来关于华南史前人类的食物研究中，有学者依据植硅石分析以及周边的环境条件认为大约在距今6000年以后在顶蛳山遗址出现了一定规模的稻作遗存，并推测有可能当地人的食物中也有块茎类植物[14]，而块茎类植物也属C_3类。而此类植物是否也会出现在蚝岗人的主食中呢。依据遗址中所发现的遗物遗存发掘者认为此时这里的人是以采集与渔猎为生的，这一结论与分析结果也不矛盾。但具体的主食种类仍有待进一步的研究。

人骨的$\delta^{15}N$分析值为13.6‰，显示其数值相对较高，表明蚝岗人的食物中蛋白类的成分是较高的。

据以往所分析的结果，中原的人一般其值为8‰～10‰，如我们前面提到的西坡遗址、西山遗址、鱼化寨遗址等基本处于这一范围[15]。而在海边、新疆一些地方的人的分析值则较之更高一些。如山东的长岛、新疆的焉不拉克等，其值在13‰左右[16]。可以看出，蚝岗人的$\delta^{15}N$分析值与后者比较相近，明显高于中原一带的人。

如前所述，由于 $\delta^{15}N$ 值与是否食鱼、肉，以及食鱼、肉的多少有关。结合该区域的环境分析，中原地区的人，一般为定居农业，假如附近的水资源比较有限的话，其肉食来源仅有可能为家畜以及一定量的狩猎，所以其食肉量比较有限，因而其 $\delta^{15}N$ 值也不是太高。而新疆焉不拉克的人，其周围有牧草的环境，有放牧的条件，有可能食用较多的肉，或许还有奶产品，因而其值会较高。山东长岛的人，地处海边，据考古发掘研究，在该遗址发现了与捕鱼有关的鱼钩、网坠等捕捞工具[17]，因而有可能食用较多的鱼类产品。如前所述，$\delta^{15}N$ 值与食物链有关，食物链越长，则 $\delta^{15}N$ 值相对越高。一般陆相动物的 $\delta^{15}N$ 值高于陆相植物，而海洋鱼类的 $\delta^{15}N$ 值又高于陆相动物。因此，生活在海边的人，其体内的 $\delta^{15}N$ 值也相对较高。这样看来，蚝岗人的 $\delta^{15}N$ 值较高，也有可能是由于食用了较多的水产品。

蚝岗遗址的突出特征是在遗址上有堆积如山的蚝壳，这是其命名之由来，也同时提供给我们关于蚝岗人的可能的食物环境。由发掘者的研究，蚝壳堆积层反映出其蚝壳体积有大小之别[18]。处于较早期的层位，其蚝壳的体积相对较大，而较晚期的层位，则其体积相对较小。似乎可以表明，对于蚝岗人来说较早的时期，蚝资源应更为丰富，其获得也相对较为容易，因而蚝岗人对其食用的量也应相对较大。除此之外，还在遗址属于一、二和三期的地层中均发现了用于食用蚝的石质工具"牡蛎啄"。由此，蚝岗人的 $\delta^{15}N$ 分析值应是蚝作为其主要食物来源的体现。蚝是水生类动物，在相对偏北的地方，如山东等地也称为牡蛎。我们曾采集青岛、烟台的现生牡蛎做过分析，所得其 $\delta^{15}N$ 值在9‰左右[19]。海洋生物的 $\delta^{13}C$、$\delta^{15}N$ 值应与其所在海域的生态环境相关，因而同样种属的生物，处于不同区域时，其值可能会有些差别。由于缺乏蚝岗人时代当地的蚝的分析样本，这里只能将所分析的取自山东的现生的牡蛎 $\delta^{15}N$ 分析值与蚝岗人的 $\delta^{15}N$ 值进行大致比较。可以发现，蚝岗人的 $\delta^{15}N$ 值较之我们分析的现生牡蛎高一些。这其中一方面可能会有分馏效应的缘故，因为人骨 $\delta^{15}N$ 值应高于所食食物的 $\delta^{15}N$ 值，一般为3‰左右[20]。另外，依据遗址具有较丰富的水资源的条件推测，由于鱼类的 $\delta^{15}N$ 值一般稍高于牡蛎等这类海洋贝类的值，所以，蚝岗人除了食用较大量的蚝，还可能同时也食用一定量的鱼类。

近年来，依据食物分析结果并结合墓葬、随葬品状况探讨分层社会获得研究进展。比较典型地如新石器时代的西坡墓地[21]，晚商时期的前掌大墓地等[22]。分析结果显示，一般墓葬面积相对较大，规格较高，随葬品相对较多的墓主人其 $\delta^{15}N$ 值相对较高，表明这样的人的营养级也较高。而墓葬面积相对较小，规格较低，随葬品也相对较少的墓葬主人，其 $\delta^{15}N$ 值也较低，表明其营养级较低。以往对于文明进程、社会分层状况的研究一般仅是通过可以看得见的这些遗迹、遗物如墓葬规格、随葬品的优劣、多寡等来分析，而食物状况分析从肉眼难以观察到的层面为这一研究开拓了新的途径，增添了新的依据。这里也可以由这一角度来对蚝岗遗址M1人骨的情况作一大致的考察。依据发掘资料可知[23]，该墓葬为长方形土坑竖穴，长为2.1米，宽0.5米，深

0.2米。面积、深度均显示该墓葬属较小型的,其规格并不高。从其随葬品方面看,该墓中无随葬品。由此表明可能该墓葬主人的社会地位不会是很高,因而他的食物状况以及营养级状况较可能代表的应该是当地一般人的水平。

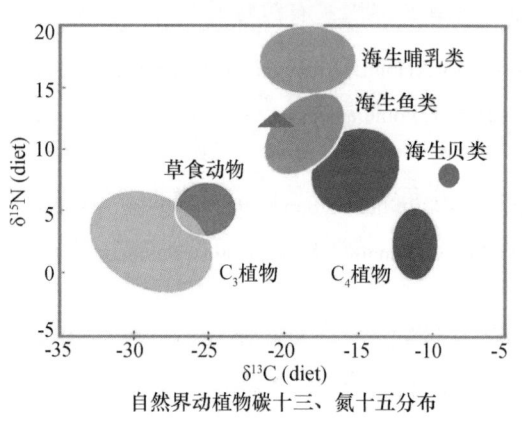

自然界动植物碳十三、氮十五分布

图1 图中三角形为蚝岗人分析值所在位置

上面依据数据结果对于蚝岗人的食物状况作了大致的分析。最后将所得的分析结果放到碳、氮分析的背景图上(图1),以便进行直观的考察。

该图是由日本学者绘制的[24],图中显示了C_3类植物、C_4类植物,陆相动物,鱼类等在碳、氮分析坐标图上所在的位置。由前述,由于所在区域环境条件的不同,其背景材料的分析结果也不尽相同,所以这里的背景图可能会同我们所探讨的地域的背景有些差别,因而只能将其作一大致的参考。

图1中三角形显示的是蚝岗人的分析结果,可见其营养级已达到海生鱼类的水平。最小的圆点显示的是前述几处中原遗址人骨分析平均值的大致的位置,可见其营养级略高于食草动物。蚝岗人与中原人相比,在表示$\delta^{13}C$的横坐标上的位置相对更负一些,即食用C_3类植物明显较多。而在表示$\delta^{15}N$的纵坐标上的相对位置更高一些,即其营养级明显高于这几处遗址的中原人。

注　释

[1] a. 苏桂芬:《序》,《东莞蚝岗博物馆》,岭南美术出版社,2007年。

b. 冯孟钦:《蚝岗遗址发掘的主要收获》,《东莞蚝岗博物馆》,岭南美术出版社,2007年。

c. 陈健枝:《珠三角第一村》,《东莞蚝岗博物馆》,岭南美术出版社,2007年。

d. 娄欣利:《蚝岗探古 三江彩韵》,《东莞蚝岗博物馆》,岭南美术出版社,2007年。

[2] 邓聪:《环珠江口东莞"蚝岗式石拍"探索》,《东莞蚝岗博物馆》,岭南美术出版社,2007年。

[3] 蔡莲珍、仇士华:《碳十三测定和古代食谱研究》,《考古》1984年第10期。

[4] 蔡莲珍、仇士华:《碳十三测定和古代食谱研究》,《考古》1984年第10期。

[5] 张雪莲、王金霞、冼自强、仇士华:《古人类食物结构研究》,《考古》2003年2期。

[6] a. 胡耀武、王昌燧:《中国若干考古遗址的古食谱分析》,第七届全国科技考古会议,2004年10月。

b. 魏彩云、吴小红:《稳定同位素分析中国部分地区古代居民饮食结构》,第七届全国科技考古会议,2004年10月。

c. 张全超等：《内蒙古察右前旗庙子沟遗址新石器时代人骨的稳定同位素分析》，《人类学学报》2010年第29卷第3期。

d. 胡耀武等：《江苏金坛三星村遗址先民的食谱研究》，《科学通报》2007年第52卷第1期。

e. Ekaterina A. Pechenkina, Stanley H.Ambrose, Ma Xiaolin, Robert A. Benfer Jr. Reconstructing northern Chinese Neolithic subsistence practices by isotopic analysis, Journal of Archaeological Science, 2005, 32: 1176~1189.

f. Hu Y, Ambrose S, Wang C. Stable isotope analysis of human bones from Jiahu site, Henan, China: mplications for the transition to agriculture. Journal of Archaeological Science, 2006, 33: 1319~1330.

[7] a. Ambrose SH. Preparation and characterization of bone and tooth collagen for stable carbon and nitrogen isotope analysis. Journal of Archaeological Science, 1990, 17: 431~451.

b. DeNiro MJ. Post-mortem preservation of alteration of in vivo bone collagen isotope ratios in relation to palaeodietary reconstruction.Nature, 1985, 317: 806~809.

c. 张雪莲：《应用古人骨中元素、同位素分析研究其食物结构》，《人类学学报》2003年第22卷第1期。

[8] 冯孟钦：《蚝岗遗址发掘的主要收获》，《东莞蚝岗博物馆》，岭南美术出版社，2007年5月。

[9] 张雪莲、仇士华、蔡莲珍：《琉璃河西周墓葬的高精度年代测定》，《考古学报》2003年第1期。

[10] a. Ambrose SH. Preparation and characterization of bone and tooth collagen for stable carbon and nitrogen isotope analysis. Journal of Archaeological Science, 1990, 17: 431~451.

b. DeNiro MJ. Post-mortem preservation of alteration of in vivo bone collagen isotope ratios in relation to palaeodietary reconstruction.Nature, 1985, 317: 806~809.

[11] a. 浙江省文物管理委员会、浙江省博物馆：《河姆渡遗址第一期发掘报告》，《考古学报》1978年第1期。

b. 河姆渡遗址考古队：《浙江河姆渡遗址第二期发掘的主要收获》，《文物》1980年第5期。

[12] 张雪莲等：《中原地区几处仰韶文化时期考古遗址的人类食物状况分析》，《人类学学报》2010年第29卷 第2期。

[13] Nikolaas J. Vander Merwe, etc, Isotopic evidence for prehistoric subsistence change at Parmana, Venezuela, Nature, Vol. 292 6 August 1981.

[14] 赵志军、吕烈丹、傅宪国：《广西邕宁县顶蛳山遗址出土植硅石的分析与研究》，《考古》2005年第11期。

[15] 张雪莲等：《中原地区几处仰韶文化时期考古遗址的人类食物状况分析》，《人类学学报》2010年第29卷第2期。

［16］ 张雪莲、王金霞、冼自强、仇士华：《古人类食物结构研究》，《考古》2003年第2期。

［17］ 北京大学考古实习队、烟台地区文管会、长岛县博物馆：《山东长岛北庄遗址发掘简报》，《考古》1987年第5期。

［18］ 冯孟钦：《蚝岗遗址发掘的主要收获》，《东莞蚝岗博物馆》，岭南美术出版社，2007年。

［19］ 张雪莲、王金霞、冼自强、仇士华：《古人类食物结构研究》，《考古》2003年第2期。

［20］ 张雪莲、王金霞、冼自强、仇士华：《古人类食物结构研究》，《考古》2003年第2期。

［21］ 张雪莲：《西坡墓地人类食物状况研究》，《灵宝西坡墓地》，文物出版社，2010年。

［22］ 中国社会科学院考古研究所：《滕州前掌大墓地》，文物出版社，2005年。

［23］ 冯孟钦：《蚝岗遗址发掘的主要收获》，《东莞蚝岗博物馆》，岭南美术出版社，2007年。

［24］ 米田 穰，吉永 淳：《骨の化学分析から見た縄文時代人・弥生時代人の食生活》，《日本人和日本文化》，第15期，2001年。

后　　记

　　时光如白驹过隙，转眼间就是10年。2005年我国著名考古学家王仲殊先生八十华诞之际，中国社会科学院考古研究所曾组织编集《新世纪的中国考古学——王仲殊先生八十华诞纪念论文集》以示庆贺。10年过去了，今年10月25日，我们将迎来王仲殊先生九十华诞。为此，我们编集这本《新世纪的中国考古学（续）——王仲殊先生九十华诞纪念论文集》庆贺之。

　　王仲殊先生作为我国著名考古学家，自1950年北京大学历史系毕业后即进入中国科学院考古研究所（1977年以后改属中国社会科学院）从事考古事业，迄今已是65年。65年间，王先生以其超人的天赋加勤奋，在考古学这片广阔的沃土上辛勤耕耘，无论是在田野考古调查和发掘上，还是在以汉唐考古为中心的东亚考古学和古代史研究上，都取得了卓越的成就，受到国内外学术界高度评价，获得诸多荣誉和奖励，为我国考古学的繁荣发展做出了巨大贡献。同时，王先生长期担任考古研究所的领导工作，为考古研究所的建设和发展殚精竭虑，呕心沥血，成为深受考古研究所同仁爱戴和尊敬的老领导、老专家。

　　更令人敬佩的是，2005年以来的10年间，年逾八旬的王先生仍然以极大的学术热情，从事他心爱的考古学研究，成绩斐然。王先生先后多次应邀访问日本或参加上海世博会期间关于日本遣唐使历史的大型学术活动并做学术讲演，其讲演稿都作为论文在中国和日本的刊物上发表；《汉长安城城门遗址的发掘与研究》的长篇文稿，是王先生早年主持的汉长安城城门遗址发掘资料的系统梳理并结合历史文献进行深入研究的优秀之作；应社会科学文献出版社和中国社会科学出版社的要求，先后编辑出版了《王仲殊文集》（四卷本）和《古代中国与日本及朝鲜半岛诸国的关系》的专题文集；外语教学与研究出版社编辑出版了汉英双语对照本的《汉代考古学概说》（Han Civilization）专著；王先生担任主编并参与条目撰写的《大辞海·文物考古卷（考古学科）》，作为单行本著作已由上海辞书出版社出版发行；王先生和夏鼐先生共同撰写的《中国大百科全书·考古学》的总条目《考古学》，最近也已作为《中国大百科全书·名家文库》出版了单行本。王先生10年来的业绩，既有不少学术研究新作，更有60多年来的学术成果总结，成为中国考古学乃至东亚考古学的宝贵财富，再一次展现了王先生的学术大家风范。

　　在王先生即将迎来九十华诞的2014年春，中国社会科学院考古研究所根据有关科研人员的建议，决定编辑出版《新世纪的中国考古学》续集，并根据王先生的建议由

《考古》杂志社顾智界同志具体负责编辑出版事宜，丁晓雷负责英文目录等翻译。征稿通知发出后，得到了考古研究所科研人员的积极响应，先后有54位学者提交了46篇论文。其中，既有多位与王先生共事半个多世纪的年近九旬的资深专家，更有一批在王先生领导下长期在考古研究所工作过的年逾六旬的学者，也有不少是敬仰王先生的中青年科研人员。这些论文在研究年代上，从史前时代直至宋元明时期；在研究内容上，既有古代墓葬、聚落、城址的研究，也有关于手工业考古、佛教考古、中外文化交流考古、科技考古等诸领域的专题研究，更有不少是关于考古遗物的各种专题研究，以及田野考古管理的探讨等。这些论文，时间跨度长，内容丰富，从一个侧面展现了新世纪以来中国考古事业繁荣发展的时代图景。

文人以文会友，学者以学术论文为尊敬的长者祝寿。在本论文集即将出版之际，让我们衷心祝福王仲殊先生健康、长寿、幸福！

白云翔

2015年4月30日

(K.2205.01)
ISBN 978-7-03-045732-5